EL IMPULSO SISTEMÁTICO DEL DERECHO ADMINISTRATIVO CHILENO (1861-1890)

Este libro ha sido preparado en ejecución del proyecto ANID (originalmente, CONICYT) Fondecyt/Regular n° 1170137, "El derecho administrativo chileno en el período de incorporación de la codificación sustantiva decimonónica (1861-1890)", cuyo investigador responsable es el autor.

EDICIONES UNIVERSIDAD CATÓLICA DE CHILE
Vicerrectoría de Comunicaciones y Extensión Cultural
Av. Libertador Bernardo O'Higgins 390, Santiago, Chile

editorialedicionesuc@uc.cl
lea.uc.cl

EL IMPULSO SISTEMÁTICO DEL DERECHO ADMINISTRATIVO CHILENO (1861-1890)

Gabriel Bocksang Hola

Agosto 2024
ISBN 978-956-14-3314-4
ISBN digital 978-956-14-3315-1

Diseño: Salvador Verdejo Vicencio | versión productora gráfica SpA
Impresión: Equipo Gráfico Impresores

CIP – Pontificia Universidad Católica de Chile

Nombres: Bocksang Hola, Gabriel Orlando, autor.
Título: El impulso sistemático del derecho administrativo chileno : (1861-1890) / Gabriel Bocksang Hola.
Descripción: Santiago, Chile : Ediciones UC | Incluye bibliografía.
Materias: CCAB: Derecho administrativo – Chile – Historia – Siglo 19 | Derecho – Codificación – Chile – Historia – Siglo 19.
Clasificación: DDC 342.8306 –dc23

Registro disponible en: https://buscador.bibliotecas.uc.cl/permalink/56PUC_INST/vk6o5v/alma997528389203396

EL IMPULSO SISTEMÁTICO DEL DERECHO ADMINISTRATIVO CHILENO (1861-1890)

GABRIEL BOCKSANG HOLA

EDICIONES UC

In honorem Beatissimae Mariae Virginis, Mater Dei

A Magdalena, Clara, Jerónimo e Isabel

ÍNDICE GENERAL

TÍTULO SEGUNDO. El contencioso administrativo

TÍTULO TERCERO. Los medios sustantivos

TÍTULO CUARTO. Los medios normativos

TÍTULO QUINTO. La responsabilidad del Estado

ABREVIATURAS

ANCE: Archivo Nacional, Consejo de Estado
BLDG: Boletín de las leyes y decretos del Gobierno
C. Ap.: Corte de Apelaciones
CE: Consejo de Estado
CM: Corte Marcial
CS: Corte Suprema
FV: Archivo Nacional, Fondo Varios.
GT: Gaceta de los Tribunales
JCAU: Archivo Nacional, Archivo Judicial de Cauquenes
JLAND: Archivo Nacional, Archivo Judicial de Los Andes
JQUIR: Archivo Nacional, Archivo Judicial de Quirihue
JVALP: Archivo Nacional, Archivo Judicial de Valparaíso
LOAT: Ley de Organización y Atribuciones de los Tribunales
SCN: Sesiones del Congreso Nacional
TEM: Tribunal de Elecciones Municipales

INTRODUCCIÓN GENERAL

Una vez que Chile hubo terminado de consolidar la reformulación de las grandes instituciones de derecho administrativo en ambas claves de un Estado independiente y de un gobierno republicano —proceso arduo, pero notable, que analizamos en *El nacimiento del derecho administrativo patrio de Chile (1810-1860)*—, el terreno quedó dispuesto para una segunda etapa en la evolución de esta disciplina. Esta nueva etapa no sería, en realidad, menos compleja que la primera y sus características serían diferentes.

Desde ya, el contexto general fue notoriamente distinto. La estabilidad política interna, más allá de los naturales sobresaltos de una institucionalidad joven, superó con creces los estándares —o quizás las zozobras— a las que se había acostumbrado el país durante las décadas que siguieron al inicio de la Emancipación. Pero, al mismo tiempo, Chile debió enfrentar dos guerras externas, la Guerra contra España y la Guerra del Pacífico, la última de las cuales hasta el día de hoy subsiste como el episodio bélico más importante en la historia del Chile independiente. Y todo lo anterior se vio envuelto en las primicias de cambios técnicos, económicos y culturales que cimentarían buena parte de la evolución posterior de nuestro país.

Es cierto que todo ello no es propiamente jurídico. Pero, aun no siéndolo, condicionó sensiblemente el desarrollo del derecho en Chile, sin que desmereciera el influjo de la evolución de las ideas propiamente jurídicas, que, en realidad, terminaron imprimiéndole un sello tan fuerte y tan marcado a este período, que le dieron —como se verá— una consistencia propia y la base de su delimitación.

Esta época fue la de la cosecha de una siembra vigorosa y esforzada. Es la época en que se cristalizaron los esfuerzos de décadas en torno a dotar a Chile ya no solo de una mayor unidad y claridad *política* —interna y frente al mundo—, sino que también de una mayor unidad y claridad *jurídica*. Es la época de los grandes monumentos del Código Penal, del Código de Comercio y —qué duda cabe— del inmenso Código Civil con que Chile honró a la tradición jurídica hispánica y a la legislación universal. Es la época de notables pensadores del derecho, muchos de ellos desgraciadamente eclipsados por la figura colosal de Andrés Bello. Desplegaron su talento y su sentido de justicia —y de justicia administrativa— durante estos años figuras tan notables y disímiles como José Clemente Fabres, Aníbal Pinto, Francisco Vargas Fontecilla, Gabriel Ocampo, Robustiano Vera, José Victorino Lastarria, Manuel Montt —ahora, como Presidente de la Corte Suprema de Justicia—, Jorge Huneeus Zegers, Domingo Santa María y Carlos Risopatrón Argomedo. Y es la época de un desarrollo fenomenal de la jurisprudencia, que floreció con la labor, si no anónima, a lo menos muy silenciosa y discreta de jueces, auxiliares y abogados.

Es una época, por lo demás, que se inició en 1861, año en que no solo concluyó Manuel Montt su segundo período como Presidente de la República —con la consabida connotación política de la transición al gobierno de José Joaquín Pérez—, sino que también se constató el inicio de la aplicación masiva del primero de nuestros grandes códigos —el Civil— y la conclusión de los pleitos derivados de los traumas jurídicos derivados del proceso de Emancipación. Y que se extendió hasta el acaecimiento fulminante de la Guerra Civil de 1891, cuyo impacto terminó siendo tan fuerte sobre nuestro derecho público —y administrativo, en particular, al punto de desarrollarse en él dos ordenamientos jurídicos paralelos— que resulta inevitable escoger el año 1890 como el conclusivo de este período.

Por cierto, para efectos de esta obra resulta imprescindible especificar el alcance de esta etapa en consideración a la disciplina específica del derecho administrativo. Sin querer anticipar las distintas elaboraciones que se contienen en estas líneas, y sin pretender siquiera aproximarnos a un concepto único que pudiese monopolizar el análisis que se formule, nos parece que la confrontación del concepto de sistema[i] con la realidad jurídica de la época puede aportar un trasfondo que permita apreciar el aporte de esta época sobre el derecho administrativo con un alcance que supere la mera reminiscencia histórica.

Como es sabido, la relación entre el derecho administrativo chileno y la sistematización ha sido evocada entre nuestros autores, pero tal aproximación muchas veces ha ido coordinada con la visión de que la sistematización habría sido caracterizada por un "sistema aparte" de regulación jurídica, independiente del civilismo y, *a fortiori*, de cualesquiera otras disciplinas[ii].

Nuestra aproximación, como se verá, sostiene que el derecho administrativo de la época efectivamente estuvo marcado por un *impulso sistemático* —y de ahí el título de la obra—. Sin embargo, este impulso estaba dotado de una naturaleza distinta a la *sistematicidad total, independiente y normativa* usualmente planteada respecto de esta disciplina. Esta caracterización, tal como podrá intuirse, pasa por tres puntos axiales, que marcan a esta área del derecho en su conjunto y que quisiéramos enunciar desde ya, de modo que el lector pueda comprender el espíritu que se desprende en general de las elaboraciones desplegadas en esta obra.

En primer lugar, estimamos que debe descartarse una visión de sistematicidad *total* del derecho administrativo. Esto quiere decir que no se dio propiamente una *sistematización* en su sentido más pleno, sino un *impulso sistemático*; dicho de otro modo, se dio la propulsión de una mentalidad *alimentada* —ni más ni menos— por la idea de sistema. Por ello, la inserción de lo sistemático no llegó a ser omnicomprensiva ni tampoco —en general— distorsionadora de la realidad jurídica. Como podrá desprenderse de las líneas que siguen, a pesar del entusiasmo codificador —devenido acaso también una obsesión—, a pesar del constitucionalismo ya arraigado y también a pesar de la paulatina sedimentación del positivismo, el administrativismo seguía muy influido por un método *tópico* y una fuerte efervescencia de la lógica inductiva.

En segundo lugar, es importante tener presente que a los juristas de la época jamás se les pasó por la mente imaginar un derecho administrativo que constituyese una órbita totalmente distinta del derecho en su conjunto, *independiente*, sin ligazones con otras disciplinas, anclada en fundamentos normativos exclusivos y desarrollada a través de normas que no servían ni de referencia ni de puente a cualesquiera otras áreas del derecho. Lejos de lo anterior, el maravilloso equilibrio que muchas veces se obtuvo en la búsqueda de soluciones jurídicas dependió de la riqueza conceptual derivada de normas de espectro más bien general, partiendo, ciertamente,

---

i Según la Real Academia Española, se trata de un "conjunto de reglas o principios sobre una materia racionalmente enlazados entre sí".

ii Ferrada Bórquez (2005), p. 101.

por los dos grandes hitos del Código Civil y del Código Penal. La influencia de estos dos cuerpos normativos en el desarrollo de nuestro administrativismo fue determinante, aunque hasta el día de hoy, en general, no abunden en nuestra doctrina los análisis que den cuenta de ello.

Y, en tercer lugar, es importante no vincular la existencia de esta sistematicidad con un reduccionismo de lo sistemático a un orden desarrollado en lo mera y estrictamente *normativo* o *regulatorio* —vocablo este último tan en boga en nuestros días—. El *impulso sistemático* al que nos referimos en esta obra fue mucho más plástico y rico que la rígida consideración supuestamente geométrica de un conjunto de reglas escritas. Su extensión fue muy superior y abarcó múltiples factores, de los cuales puede por de pronto destacarse el celo de la actividad de los tribunales de justicia en ofrecer, ellos mismos, una cierta sistematicidad en la búsqueda de soluciones jurídicas. Dicha tarea resultaba mucho más compleja que en las décadas precedentes, en razón de la mayor abundancia de sentencias —que daba cuenta de una creciente litigiosidad—, así como de su mayor extensión promedio —que daba cuenta de una conciencia muy asentada en torno a la necesidad de la fundamentación de las sentencias, que fue objeto de varios impulsos legislativos durante el siglo XIX—. A pesar de los errores, de los vaivenes y del tanteo que en muchas materias era connatural a la propiciación de la determinación de lo justo, no cabe ninguna duda de que nuestros jueces, tal como nuestros legisladores, procuraron ofrecer una consistencia interna en el panorama del derecho que rara vez es reconocida entre nuestros autores.

Esta triple perspectiva que compone el que hemos querido llamar *impulso sistemático* se explica muy bien, por lo demás, desde una perspectiva histórica. Se trataba de la continuación, constitucionalismo y codificación mediante, de la creativa, maleable y ardua labor de los juristas de épocas anteriores, que —no obstante la esperable diferenciación de los espíritus de las épocas respectivas— habían desplegado sus esfuerzos por brindar un orden jurídico general adecuable a la diversidad de situaciones particulares. Un germen de sistematicidad siempre existió en nuestro ordenamiento jurídico —como se advierte desde el Fuero Juzgo hasta la Novísima Recopilación, y desde los primeros Reglamentos Constitucionales hasta las leyes de organización política patria de mediados de siglo XIX—, pero sin constituir propiamente un sistema en el sentido más irreductible, lo que se advertía con toda claridad en el período 1810-1860, en donde, lejos de constatarse un *sistema administrativo*, se había desplegado "un régimen administrativo específico dentro de un orden jurídico unitario"[iii].

Durante el período 1861-1890, el régimen administrativo siguió desarrollándose sobre la base de los fundamentos previos, y el orden jurídico unitario no se vio ni seriamente desafiado desde el exterior ni sometido a seducciones internas de desintegración. En ello no hay sino una continuidad con la época anterior. Sin embargo, quizás nunca antes ni nunca después de esta época de nuestra historia nacional se desplegó un fervor tan consciente, minucioso y deliberado por el orden jurídico y una confianza tan briosa en el éxito de su aplicación. Y si no floreció un *sistema* mecanicista, obsesivo y reductivo —que hubiera terminado por asfixiar al Derecho más temprano que tarde—, el *impulso sistemático* al que nos hemos referido se irguió como la gran síntesis que dicha época nos podía ofrecer entre el orden y la confianza

iii Bocksang Hola (2015 a), conclusión general.

antedichos, una irresistible pluralidad de situaciones jurídicas, y una paulatina evolución de la Administración y de la sociedad en general.

Las líneas que ofrecemos a continuación buscan delinear, por primera vez en nuestra literatura, una síntesis transversal de esta época de nuestro derecho administrativo, de esos treinta años profundamente marcados por dicho impulso sistemático.

Tal como aconteció con la obra que precedió a la que el lector tiene entre sus manos, la realización de este libro se vio enfrentada a una dificultad bibliográfica importante: la carencia de alguna obra académica de la época estudiada —o de alguna época posterior— que hubiera examinado en detalle el conjunto de la legislación, la jurisprudencia y la actividad administrativa que incidió sobre el objeto de estas líneas[iv]. Ello no obsta a la existencia de obras de gran mérito y sumamente útiles en relación con la investigación, pero lo cierto es que ellas son más bien incidentales y de repercusión parcial en este actual objeto de estudio.

Por consiguiente, la preparación de este libro implicó un trabajo muy arduo de búsqueda y selección de las fuentes, que se ha extendido por varios años. En cuanto a la jurisprudencia, conviene destacar que, a pesar de que la *Gaceta de los Tribunales* cubrió a la jurisdicción ordinaria por completo en este período —a diferencia del anterior—, situación que podría suponerse como un elemento simplificador del análisis, lo cierto es que la cantidad de sentencias fue considerablemente superior a la que se desplegó hasta 1860 y su longitud promedio fue extendiéndose progresivamente, lo que reviste desafíos importantes. Por otra parte, tal como en el primer libro, estimamos que el hecho de restringir el análisis de la jurisprudencia a las meras sentencias *civiles* de derecho administrativo hubiera producido una distorsión del análisis de esta disciplina, que no puede verse completo sino es incorporando también las sentencias *penales* concernientes al derecho administrativo. Y también, siguiendo el método de nuestro anterior libro, incluimos el examen de la jurisprudencia militar, que resulta de gran importancia para consolidar una visión panorámica del derecho administrativo. Solo excluimos —tal como en el libro anterior— al derecho eclesiástico del Estado, más allá de algunos rasgos puntuales que pareció pertinente subrayar. En fin, la consulta de las sentencias del Consejo de Estado, que no fueron publicadas por la *Gaceta de los Tribunales*, requirió una investigación directa de los libros y documentos correspondientes en el Archivo Nacional Histórico.

Y no solo la cantidad y dimensiones de la jurisprudencia se amplificaron en estos años. Quien consulte el *Boletín de Leyes y Decretos del Gobierno* se dará cuenta igualmente de cómo el paso de los años fue densificando la labor legislativa y la normación por vía administrativa, que no se vieron inhibidas por el auge de la codificación. Por supuesto, también hemos procurado integrar la escasa doctrina de la época, así como las obras posteriores —no muy

---

iv Estas dificultades bibliográficas no solo comprometen a nuestro país. Por ejemplo, en Francia, a pesar de que, como subraya Ferreira (2019), el argumento histórico desempeñó varias funciones entre los administrativistas del siglo XIX, en lo sucesivo el análisis de la historia del derecho administrativo se deterioró a tal punto que, en plena segunda mitad del siglo XX, Drago (1972) lamentaba elocuentemente la carencia de estudios sobre el derecho administrativo francés decimonónico. La carencia de una perspectiva histórica se ha revertido en buena medida desde entonces, gracias a excelentes estudios de académicos franceses, pero aún quedan campos importantes por explorar. Desgraciadamente, tal como destaca Touzeil-Divina (2019), pp. 115-153, el *mito* de que el derecho administrativo francés solo habría nacido alrededor de 1870 sigue muy presente entre los administrativistas y juristas en general.

numerosas— que se han referido a algunos aspectos puntuales del derecho administrativo de estos años.

Deliberadamente adoptó esta obra una estructura general similar a la del libro concerniente al período 1810-1860. Con ello se pretende facilitar la comprensión de la evolución de las instituciones de derecho administrativo durante el siglo XIX. Por lo demás, la estructura escogida permite —con sus limitaciones, como toda obra humana— englobar un abanico amplio de temas que fueron relevantes para el derecho administrativo de la época, en lugar de focalizarse en cierta tópica selecta que tendría el demérito de no colocar los elementos específicos en su contexto general de derecho administrativo, en circunstancias de que este es aún bastante desconocido en relación con el período que se extiende entre 1861 y 1890.

Así, a esta sencilla introducción general le siguen cinco títulos, cada uno dividido en dos capítulos: el marco general del derecho administrativo (*título primero*), el contencioso administrativo (*título segundo*), los medios sustantivos del obrar de la Administración (*título tercero*), los medios normativos de la referida actuación (*título cuarto*) y la responsabilidad del Estado (*título quinto*). Una conclusión general cerrará la obra, aunando las consideraciones más transversales.

Sin embargo, no todo se recoge en la estructura general. Quien compare las estructuras de las unidades más pequeñas —desde los capítulos hacia abajo— notará profundas diferencias con la obra anterior, que dan cuenta de que, más allá de la continuidad en las instituciones fundamentales, este período fue muy distinto, con énfasis y desarrollos característicos.

Al punto de concluir el esfuerzo que ha significado la elaboración de esta obra, cuya revisión final me significó más tiempo del que hubiera querido, quisiera agradecer de todo corazón a quienes me han sustentado para que ella haya llegado a buen puerto —o, al menos, al mejor que me ha sido posible.

Por sobre todo, a Dios; a la Santísima Virgen María, a quien está expresamente dedicada y cuya intercesión ha sido determinante para este libro y para otras alegrías mucho más grandes que este libro; a Magdalena, Clara, Jerónimo e Isabel, por su amor y su bondad, que —entre otras muchas cosas— les ha permitido soportar con inefable entereza mi ausencia en los largos momentos en que este libro fue redactado y luego revisado; a mis padres, mis parientes y a mis amigos; a mi querida Facultad de Derecho de la Pontificia Universidad Católica de Chile, que me ha permitido desarrollarme en la belleza de la vida académica; a los profesores Eduardo Soto Kloss y Étienne Picard; al muy querido equipo directivo en la Dirección de la Facultad, en el que durante los años en que he servido como decano han participado Carmen Elena Domínguez, Cristián Villalonga, Nicolás Cobo, Marco Antonio González, Juan Ibáñez, Javier Infante, Cristóbal Izquierdo, Magdalena Ossandón, Alex Rojas y Cristián Valenzuela; a los exdecanos Arturo Yrarrázaval (quien partió al encuentro del Señor poco antes de enviarse la última revisión de este texto), Roberto Guerrero y Carlos Frontaura; a los profesores Arturo Fermandois, Sebastián Soto y Miguel Ángel Fernández, Directores del Departamento de Derecho Público durante el período de desarrollo y edición de esta obra; a Luisa Arenas, Karen Pacheco, Magdalena Velásquez y María Rosa Martínez, secretarias del Decanato; y a Ediciones UC por acoger la publicación de esta obra y por preocuparse con esmero de su adecuada revisión, representando este agradecimiento especialmente en María Angélica Zegers, Patricia Corona, Rosario Pacheco y Juan Rauld.

También quisiera agradecer especialmente a mis ayudantes de Derecho Administrativo, que me asistieron con amistad y paciencia en la búsqueda de fuentes para esta obra: Tomás Appelgren, Ignacio Bas, José Luis Bustamante, Karl Conrads, Joaquín Correa, Philippe Danet, Agustina Delgado, Santiago Edwards, Ignacio García, Benjamín Gutiérrez, Camila Jovel, Teresita Maturana, Luciano Pardo, Juan Ignacio Pitta, Florencia Portales, Beatriz Prieto, Mauricio Riquelme, Francisco Salles, Matías Sanhueza, Gabriela Santibáñez, Consuelo Toresano y María Trinidad Tupper. Asimismo, le agradezco al general (r) Marcelo Núñez Morales, por su apoyo en la búsqueda de fuentes relacionadas con el derecho militar de la época; a la Agencia Nacional de Investigación y Desarrollo (ANID) y su Fondo Nacional de Desarrollo Científico y Tecnológico (FONDECYT); al Sistema de Bibliotecas de la Pontificia Universidad Católica de Chile (SIBUC), y muy especialmente a la Biblioteca de Derecho y Comunicaciones; y a las autoridades y funcionarios del Archivo Nacional, por su invaluable apoyo.

Conviene también mencionar que otras obras más breves fueron desarrolladas durante la ejecución del proyecto de investigación que ha dado lugar a este libro, varias de las cuales han sido integradas de alguna forma en el transcurso de sus líneas.

Primeramente, hay dos obras ya difundidas bajo la forma de artículos monográficos indexados. *Derechos adquiridos y retroactividad en el derecho público chileno: los debates derivados de la Ley de Instrucción de 1879*, fue publicado en la Revista Chilena de Derecho vol. 47 n° 2 (mayo-agosto 2020), pp. 437-457, y ha pasado a constituir, con revisiones y adiciones, el segmento B.II del capítulo primero, título primero. Un segundo artículo, *La jurisprudencia del Tribunal de Elecciones Municipales de Chile (1865-1888)*, publicado en la Revista de Estudios Histórico-Jurídicos vol. 43 (2021), pp. 519-543, fue integrado solo en los aspectos orgánicos, contenidos en la introducción en el punto B.II del capítulo primero, título segundo; el cuerpo de dicho trabajo no fue trasegado a la presente obra, a fin de no densificar en exceso las líneas centrales de la exposición, pero contiene información relevante —y mucha más jurisprudencia del Tribunal de Elecciones Municipales— que podrá ser fácil y orgánicamente consultada a través de la lectura del artículo original.

Segundamente, tres comentarios de sentencias vieron la luz desde este proyecto: los concernientes a las sentencias *Larraín* (1864), en Ius Publicum n° 39 (septiembre 2017), pp. 233-239; *Valdés* (1864), en Ius Publicum n. 41 (septiembre 2018), pp. 293-301; y *Boucherat* (1884), en Ius Publicum n° 42 (marzo 2019), pp. 259-266. Del primer comentario hay elementos diseminados a lo largo del libro, en las correspondientes secciones; mientras que el segundo y el tercero fueron incorporados al menos parcialmente, al abordarse las expropiaciones (Título tercero, capítulo segundo, B.I.b.1) y la responsabilidad contractual (Título cuarto, capítulo segundo, B.II.c), respectivamente.

Terceramente, una última obra relacionada con este proyecto de investigación, un *Comentario al Título XX del Libro IV del Código Civil, "De la nulidad y la rescisión"*, integrante del *Comentario Histórico-Dogmático al Libro IV del Código Civil de Chile* dirigido por el profesor Carlos Amunátegui Perelló (Tirant lo Blanch, 2023, tomo I, pp. 721-776), contiene desarrollos que podrán complementar las observaciones de las secciones correspondientes a la nulidad de los actos administrativos (Título cuarto, capítulo primero, A.II) y la nulidad de los contratos administrativos (Título cuarto, capítulo segundo, A.II.b.2).

Finalmente, a quienes se interesen en este libro podrá quizás también interesarles otro artículo monográfico, *La reconfiguración y consolidación de la alcabala en el derecho patrio chileno*

(1810-1866), publicado en Revista Chilena de Derecho vol. 44 n° 3 (septiembre-diciembre 2017), pp. 727-753. Dicho artículo no emanó del proyecto de investigación que dio origen a este libro, pero sus especificidades, que enlazan a distintas ramas del derecho, podrán ofrecer algunos puntos de vista distintos sobre una materia poco explorada y relacionada con este período histórico.

Ofrezco este libro a nuestro mundo jurídico con mucha humildad, consciente de sus limitaciones y de sus imperfecciones, y, sobre todo, de las mías propias. Pero guardo la esperanza de que nuestro derecho administrativo pueda beneficiarse en algo de su existencia, así como la de que otros autores, teniendo presente lo señalado en este libro, desplieguen otras obras y reflexiones, mejores y más certeras que las mías.

Por los errores que puedan contener mis líneas, pido disculpas de antemano; y, en cuanto a los aciertos que encierre, estoy seguro de que los que más merecen la atención del lector serán los que se develen respecto de la enorme labor realizada por nuestros juristas entre 1861 y 1890 en torno al derecho administrativo y al impulso sistemático que estas líneas procuran describir.

Gabriel Bocksang Hola
Abril de 2024

TÍTULO PRIMERO

EL MARCO GENERAL DEL DERECHO ADMINISTRATIVO

El sentido arquitectónico de nuestro derecho administrativo llevó el sello de una configuración general que le dio unidad y sentido a la determinación de lo justo administrativo durante estas tres décadas. Sobre la vertebración generada en el primer medio siglo de nuestro derecho patrio, se desarrolló una osamenta cada vez más sofisticada y compleja, testimonio de que el derecho administrativo chileno —a pesar de sus limitaciones y deficiencias— se hallaba entre los regímenes más avanzados del mundo en esta materia.

Dos vertientes encuadraron el funcionamiento general de nuestras instituciones jurídicas en esta disciplina. Si por una parte se constata la existencia de un ordenamiento funcional y variado, que permitió el desenvolvimiento y el control de la Administración bajo la lógica de una legalidad no meramente legalista, sino propiamente jurídica (capítulo primero), por otra también se advierte una evolución y un robustecimiento de la organización administrativa que permitió un creciente alcance en los distintos ámbitos de influencia del Estado (capítulo segundo).

CAPÍTULO PRIMERO
EL ORDENAMIENTO DE LA ADMINISTRACIÓN

Bisagra entre el pensamiento jurídico clásico y el auge del positivismo nacional, el derecho administrativo del período 1861-1890 aún recogía "la milenaria distinción entre lo que es derecho en sí mismo, por ser justo *iustum* —y que, como tal, toca a los entendidos, el jurista de profesión y el juez determinar— y lo que es derecho en virtud de una decisión del poder, por estar así mandado *iussum*, determinación que por su naturaleza misma compete al gobernante"[1].

En tal sentido, procuró desarrollar un raro equilibrio entre una aproximación normativa cada vez más evidente (A) y una mentalidad todavía profundamente jurídica en torno a la determinación del *ius* como algo distinto a la mera norma escrita (B).

A. UN ORDENAMIENTO NORMATIVO

El régimen de las normas que imperan sobre la Administración era en el período estudiado —como lo sigue siendo a nuestros días— de gran importancia para la determinación de lo justo administrativo. La aproximación desarrollada en estos años se articuló por dos movimientos complementarios: la continuidad y profundización de la impronta del legalismo, que se había ido arraigando en el derecho patrio, muy frecuentemente reconocida (I) se vio complementada con una flexibilidad menos evidente pero igualmente presente (II).

I. La confirmación del legalismo

La normatividad en ejercicio durante el período en estudio estuvo fuertemente influida por el legalismo. Este acento no solo se desarrolló a través de una creciente producción de normas positivas de todo tipo, sino que también de una mayor sutileza y complejidad en su tratamiento. Quizás el mejor ejemplo de esto último sea el problema de la regulación de los efectos de las leyes en el tiempo, que, sobre la base del criterio general de irretroactividad previsto en el artículo 9° del Código Civil[2], resultó fuertemente moldeado por uno de los cuerpos normativos más influyentes de nuestra historia, la ley sobre efecto retroactivo de las leyes[3].

---

1 Bravo Lira (1996), pp. 344-345.

2 En el ámbito del derecho público, sostenía el principal autor de esta época que el legislador "podría, si ello fuere absolutamente indispensable —ya que solo un caso de extrema necesidad justificaría tal procedimiento— dictar leyes con efecto retroactivo, con tal que no lo hiciere en materias penales": Huneeus Zegers (1880), II, p. 317.

3 Ley de 7 de octubre de 1861, BLDG, XXIX, p. 366.

También resultó de alta importancia el tratamiento de la publicidad de las leyes, cuyas disposiciones fundamentales aparecieron en el Título Preliminar del Código Civil y eran complementadas por las disposiciones concernientes a la publicación. Aunque en un inicio siguió vigente la norma que fijaba a *El Araucano* como periódico oficial[4], en la década de 1870 se modificó este cuadro en razón de la creación por ley del *Diario Oficial de la República de Chile*[5], seguida pocos meses después, a través de un decreto supremo, de la proclamación expresa de su carácter institucional[6]. Con todo, el conocimiento de las leyes no solo se facilitaba a través del *Diario Oficial*, sino también, bajo la forma de un compendio, en virtud del *Boletín de las Leyes y los Decretos del Gobierno*, que había sido establecido en 1823[7] y cuyo marco normativo fue complementado por distintas disposiciones de esta época[8].

La actividad legislativa, en todo caso, abordó muchos otros problemas técnicos, en ocasiones relacionados con cuestiones de derecho administrativo, tales como la emisión de declaraciones confirmatorias de la vigencia de leyes previas[9], la corrección de referencias normativas erróneas en leyes anteriores[10], la proclamación del carácter irrenunciable de las disposiciones de una determinada ley[11], el reconocimiento de la vigencia de normas que habían sido derogadas por una ley posterior derogatoria[12], la aplicación de las leyes chilenas en antiguos territorios extranjeros con posterioridad a la Guerra del Pacífico[13], la rápida sucesión

---

4 Decreto Supremo de 16 de septiembre de 1830, BLDG, V, p. 219: "Las resoluciones del Gobierno que se publicaran en el periódico titulado *El Araucano* se tuvieran como auténticas y oficialmente comunicadas para que obligara su cumplimiento a las personas y cuerpos a quienes tocasen".

5 Decreto Supremo de 15 de noviembre de 1876, BLDG, XLIV, p. 377.

6 Decreto Supremo de 26 de febrero de 1877, BLDG, XLV, p. 50: "Visto lo dispuesto por el art. 6° del Código Civil, y por el decreto de 16 de setiembre de 1830, decreto: Las leyes, los decretos y demás resoluciones del Gobierno que se publiquen en el *Diario Oficial de la República de Chile*, se tendrán como auténticas y oficialmente comunicadas, para que obliguen a las personas y corporaciones a quienes correspondan".

7 Decreto Supremo de 8 de febrero de 1823, BLDG, I, p. 1, con reglas complementarias en el Decreto Supremo de 11 de enero de 1854, BLDG, XXII, p. 39.

8 *V. gr.*, Decreto Supremo de 28 de abril de 1881, BLDG, XLIX, p. 122; Decreto Supremo de 28 de septiembre de 1886, BLDG, LV, p. 916; Decreto Supremo de 17 de octubre de 1890, BLDG, LIX, p. 922. En cuanto al vínculo entre el diario oficial y el Boletín, recién vino a establecerse el vínculo a través del Decreto Supremo de 21 de agosto de 1876, BLDG, XLIV, p. 257, que establecía que "a fin de facilitar la consulta de las leyes de la República y del día en que comienzan a regir, su inserción se hará en el *Boletín,* expresándose al frente de cada una de ellas, la fecha y el número del periódico oficial en que hayan sido promulgadas".

9 Ley de 21 de octubre de 1865, BLDG, XXXIII, p. 540, declarando estar en vigor la ley de 28 de julio de 1860, "en lo relativo a monedas de plata".

10 Ley de 11 de septiembre de 1878, BLDG, XLVI, p. 390.

11 Ley de 15 de octubre de 1875, BLDG, XLIII, p. 509, art. 7°.

12 Ley de 2 de agosto de 1865, BLDG, XXXIII, p. 454: se trató de la derogación de la Ley sobre Responsabilidad Civil, "quedando vigentes las leyes que hubiere modificado o derogado aquella disposición".

13 Ley de 31 de octubre de 1884, BLDG, LIII, p. 1139, habilitándose la aplicación de las leyes chilenas en la nueva provincia de Tacna.

de leyes sobre una misma materia[14] y la remisión al Ejecutivo para poner en ejecución leyes aprobadas por el Legislador[15].

Con todo, aunque el legalismo se manifestó a través de un movimiento general, al punto de poder sostenerse con posterioridad —de un modo algo hiperbólico[16]— que "dentro del sistema político instaurado en 1833 la ley era omnipotente"[17], existen dos acentos relacionados con la influencia de las normas escritas cuya confluencia caracterizó a este período. Por una parte, el constitucionalismo, que pasaba a hallarse ya propiamente *en régimen*, como manifestación de la primacía de una ley escrita fundamental (a); y, por otra parte, el arrebatador ímpetu de la codificación sustantiva, que moldeó enérgicamente a nuestro derecho en estos años y para el futuro (b).

a. La Constitución en régimen

El período 1861-1890 se caracterizó por la estabilidad de un solo texto constitucional: la *Constitución Política de la República Chilena*, de 1833. La vigencia permanente de esta Constitución no significó, ni con mucho, que ella se transformara en un cuerpo inerte. Tal idea sería incorrecta tanto desde el punto de vista de su propio texto como del de su aplicación[18].

Desde la perspectiva de su texto, bien se sabe que la Constitución de 1833 fue objeto de varias evoluciones en el curso de estos años, en lo que se ha denominado la "segunda etapa" de esta Carta Magna[19]. Ellas fueron planteadas originalmente por diversas leyes de declaración de reformabilidad[20] y luego concretadas a través de varias leyes de reforma constitucional:

---

14 El caso más claro de estos años es el de las dos Ordenanzas de Aduanas correspondientes a este período: la de 1864 (BLDG, XXXII, p. 305 y p. 447, y la de 1872 (BLDG, XL, p. 1130).

15 Ley de 22 de diciembre de 1875, BLDG, XLIII, p. 640, art. 30.

16 Por de pronto, nuestros jueces tenían claro que, a pesar de la codificación, existían vacíos en la legislación y que subsistía, por lo tanto, una labor integradora de su parte. Así, por ejemplo, frente al supuesto hallazgo de una suma de dinero bajo una piedra, que no era subsumible bajo la categoría de tesoro contenida en el Código Civil, se juzgó que "no habiendo disposición alguna que decida claramente el caso ocurrido, debe juzgarse por analogía conforme al Supremo decreto de 1° de marzo de 1837 dictado con fuerza de ley": *Castro* (1865). También podía dejarse sin aplicación alguna legislación supuestamente en vigor, por atentar contra aspectos relevantes del ordenamiento en general, tal como aparece de *Ruiz* (1865). Esta percepción realista y más flexible de las limitaciones del legislador no era nueva, y también surgía de la aplicación de las normas precodificadoras, como aparece de *Herederos de Larraín* (1878), o en *Cood* (1863), en relación con el reconocimiento de que cierta legislación antigua no podía aplicarse por ser contraria al nuevo régimen político.

17 Lira Urquieta (1956), p. 58.

18 Y quizás también desde un punto de vista conceptual, si se atiende a posiciones como las de Courcelle-Seneuil (1887 b), p. 272, ni, con mucho, exclusivas de este autor: "En verdad, la constitución de un Estado, de cualquiera manera que se comprenda, no se decreta en un día dado, bajo la inspiración de una especie de arquitecto político más o menos hábil: *se forma lentamente en la oscuridad de los siglos, sufriendo modificaciones constantes*". Las cursivas son nuestras.

19 Carrasco Delgado (2002), p. 127.

20 Ley de 28 de agosto de 1867, BLDG, XXXV, p. 213; Ley de 3 de enero de 1873, BLDG, XLI-1, p. 9; Ley de 4 de julio de 1877, BLDG, XLV, p. 375; Ley de 3 de noviembre de 1884, BLDG, LIII, p. 1249; Ley de 20 de diciembre de 1887, BLDG, LVI, p. 1813; y Ley de 12 de diciembre de 1888, BLDG, LVII, p. 2125.

la modificación del régimen de reelección del Presidente de la República[21]; el cambio del quórum para sesionar en las cámaras parlamentarias[22]; la adecuación del tratamiento de la nacionalidad y ciudadanía, a más de la introducción de varias garantías fundamentales, incluyendo la libertad de enseñanza[23]; la reforma del régimen electoral parlamentario[24]; la modificación de las atribuciones del Congreso, de la Comisión Conservadora, del Presidente de la República, del Consejo de Estado, del tratamiento de la acusación constitucional, y del artículo 161[25]; del procedimiento de reforma constitucional[26]; y una ley de modificaciones misceláneas, incluyendo la supresión de la descripción del territorio de Chile en el artículo 1° y el encargo de una nueva edición de la Constitución a dos senadores y dos diputados[27]. Dicho texto actualizado implicó la nueva numeración del articulado y fue despachado el 20 de agosto de 1888 por los cuatro parlamentarios a quienes se les encargó[28].

Pero donde más se advierte la vitalidad de la Constitución de 1833 es en su aplicación práctica y, eminentemente, ante los tribunales de justicia; pero, desafortunadamente, esta faceta de la Constitución es prácticamente desconocida. Como hemos tenido oportunidad de subrayar, la operatividad directa de los textos constitucionales se dio desde el inicio de nuestro constitucionalismo, pero la magnitud con la que ella se manifestó fue mucho mayor en relación con la Constitución de 1833 que con los textos que la precedieron[29]. Y dicha magnitud, ostensible hasta 1860, fue aún mayor en los treinta años que continuaron, como puede advertirse de una práctica jurisprudencial tan interesante como ignota, y que abordó desde normas de alcance general, artículos concernientes a derechos o garantías fundamentales, y disposiciones que regían la estructura orgánica del Estado.

Entre las disposiciones constitucionales generales, quizás la que recibió la aplicación directa más notable fue el artículo 160[30], que cumplió funciones de realce del principio de juridicidad, obligatorio no solo para los funcionarios administrativos[31], sino también los del

---

21 Ley de 8 de agosto de 1871, BLDG, XXXIX, p. 283.

22 Ley de 25 de septiembre de 1873, BLDG, XLI-2, p. 122.

23 Ley de 13 de agosto de 1874, BLDG, XLII-2, p. 62.

24 Ley de 13 de agosto de 1874, BLDG, XLII-2, p. 64.

25 Ley de 24 de octubre de 1874, BLDG, XLII-2, p. 219.

26 Ley de 12 de enero de 1882, BLDG, L, p. 12.

27 Ley de 9 de agosto de 1888, BLDG, LVII, p. 1132.

28 Boza Lillo, Anguita Acuña (1898), I, 17: "[...] *certificamos*: que sólo el que precede es el texto literal, hoy vigente, de la Constitución de la República, jurada y promulgada el 25 de mayo de 1833, cuya numeración primitiva se conserva en cada artículo a la derecha de la nueva. *Jorge Huneeus. Ventura Blanco. Aniceto Vergara Albano. José Miguel Valdés Carrera*".

29 Bocksang Hola (2015 a), capítulo preliminar, A.II.2.

30 "Ninguna magistratura, ninguna persona ni reunión de personas pueden atribuirse, ni aun a pretexto de circunstancias extraordinarias, otra autoridad o derechos que los que expresamente se les haya conferido por las leyes. Todo acto en contravención a este artículo es nulo". Moraga Klenner (2008), p. 284, sostiene que "llama la atención que nuestros tratadistas del siglo XIX no analizaron en profundidad el art. 160". Tal omisión, a la luz de lo que se explicará en estas líneas e *infra*, título cuarto, capítulo primero, A.II, es tanto más sorprendente. Respecto de la situación en el período 1810-1860, véase Bocksang Hola (2015 a), título cuarto, capítulo primero, B.

31 *Mellado* (1882).

Poder Judicial[32], incluyendo a los de la Corte Suprema[33]; de deslinde entre la función ejecutiva y la función judicial[34], entre la jurisdicción ordinaria y la jurisdicción militar[35]; y de radicación normativa de la nulidad de derecho público, por cuya aplicación un acto administrativo ilegal "es nulo y no tiene, por lo tanto, fuerza alguna obligatoria, ni puede producir efectos legales" [36], y justificando por lo tanto su desobediencia[37], la que no es punible[38].

En materia de garantías fundamentales, la Constitución de 1833 recibió aplicación directa en relación con el artículo 12 n° 4[39], a fin de justificar la imposición de una pena derivada de la violación de la libertad ambulatoria[40]; con el artículo 12 n° 5[41], resguardando el derecho de propiedad[42], y la plenitud jurisdiccional para conocer de sus controversias[43], que comprendía el derecho al pago de honorarios[44], la indemnización integral de una expropiación[45], los derechos de aguas[46] e incluso la propiedad sobre derechos personales[47]; con los principios de la jurisdicción penal[48], previstos en el artículo 133[49]; con la prohibición de juzgar por

32 *Vera* (1890 b).

33 *Watson* (1881).

34 *Larraín* (1864), *Balbontín* (1883). Este deslinde fue tendiendo en ocasiones a una separación que lindaba en la indefensión de los particulares y la negación de la plenitud jurisdiccional: *Balbontín y otros* (1885).

35 *Comandante General de Armas de Arauco* (1866).

36 *Chávez* (1878).

37 *Samit* (1878 a).

38 *Samit* (1878 b).

39 "La Constitución asegura a todos los habitantes de la República... La libertad de permanecer en cualquier punto de la República, trasladarse de uno a otro, o salir de su territorio, guardándose los reglamentos de policía, y salvo siempre el perjuicio de tercero; sin que nadie pueda ser preso, detenido o desterrado, sino en la forma determinada por las leyes".

40 *Andrade Huidobro* (1882).

41 "La Constitución asegura a todos los habitantes de la República... La inviolabilidad de todas las propiedades, sin distinción de las que pertenezcan a particulares o comunidades, y sin que nadie pueda ser privado de la de su dominio, ni de una parte de ella por pequeña que sea, o del derecho que a ella tuviere, sino en virtud de sentencia judicial; salvo el caso en que la utilidad del Estado, calificada por una ley, exija el uso o enajenación de alguna; lo que tendrá lugar dándose previamente al dueño la indemnización que se ajustare con él, o se avaluare a juicio de hombres buenos".

42 *Ovalle* (1861), *Larraín* (1864), y *Andrade Huidobro* (1882).

43 *Sepúlveda* (1888 a), *Sepúlveda* (1888 b), y *Villagra* (1888). En el Consejo de Estado, *Gobernador de Limache con Juez de Letras de Quillota* (1887), *Gobernador de Maipo con Corte de Apelaciones de Santiago* (1887), y *Gobernador de Coelemu con Juez de Letras de Coelemu* (1887) —en este caso, citando el artículo, pero sin identificarlo—.

44 *Gormaz y otros* (1868): "[...] debe estarse al precepto general establecido por la Corte, que ha hecho inviolable la propiedad, de que forma parte el trabajo, a menos de caso de expropiación por causa de utilidad pública declarada por la ley".

45 *Fisco con Monasterio de las Rosas* (1869), *Guzmán* (1882), *Oviedo* (1887), *Viuda de Rivera* (1888) y *González y compartes* (1890).

46 *Dueñas* (1871).

47 *Willcock* (1890).

48 *Comandante General de Armas de Arauco* (1866) y *Andrade* (1871).

49 "Ninguno puede ser condenado, si no es juzgado legalmente, y en virtud de una ley promulgada antes del hecho sobre que recae el juicio".

comisiones especiales[50], prevista en el artículo 134[51]; con los requisitos para la legalidad de un arresto[52], en aplicación de los artículos 135[53], 136[54] y 138[55]; con el artículo 139[56], para determinar si en el proceso seguido contra un reo rematado prevalecía el carácter de reo o el de procesado[57]; con el artículo 142[58], en relación con los requisitos para la excarcelación[59]; con la prohibición de la pena de confiscación[60], o de la aplicación de tormentos[61], que se dispone en el artículo 145[62]; el artículo 146[63], justificando la no imposición de una sanción en caso de haberse entrado a un recinto que no era una morada particular[64]; el artículo 147[65], en aras de justificar una sanción por violación de correspondencia[66]; con la legalidad en la imposición de contribuciones y servicios personales[67], y la necesidad de remunerar tales servicios[68], prevista en los artículos 148[69]

50 *Comandante General de Armas de Arauco* (1866).

51 "Ninguno puede ser juzgado por comisiones especiales, sino por el Tribunal que le señale la ley y que se halle establecido con anterioridad por ésta".

52 *Castro Pérez de Arce* (1878) y *Mellado* (1882). En el Consejo de Estado, *Intendente de Llanquihue* (1885 b).

53 "Para que una orden de arresto pueda ejecutarse, se requiere que emane de una autoridad que tenga facultad de arrestar, y que se intime al arrestado al tiempo de la aprehensión".

54 "Todo delincuente *infraganti* puede ser arrestado sin decreto, y por cualquiera persona, para el único objeto de conducirle ante el juez competente".

55 "Los encargados de las prisiones no pueden recibir en ellas a nadie en calidad de preso sin copiar en su registro la orden de arresto emanada de autoridad que tenga facultad de arrestar. Pueden, sin embargo, recibir en el recinto de la prisión, en clase de detenidos, a los que fueren conducidos con el objeto de ser presentados al juez competente; pero con la obligación de dar cuenta a este dentro de veinticuatro horas".

56 "Si en algunas circunstancias la autoridad pública hiciere arrestar a algún habitante de la República, el funcionario que hubiere decretado el arresto deberá dentro de las cuarenta y ocho horas siguientes dar aviso al juez competente, poniendo a su disposición al arrestado".

57 En el Consejo de Estado, *Gobernador de Constitución con Juez de Letras de Constitución* (1887 a).

58 "Afianzada suficientemente la persona o el saneamiento de la acción en la forma que según la naturaleza de los casos determine la ley, no debe ser preso, embargado, el que no es responsable a pena aflictiva o infamante".

59 *Aguirre* (1875) y *Zelaya* (1888).

60 *Aravena* (1868); y *Silva* (1871 b), en que no se menciona el artículo preciso, pero la referencia es inequívoca.

61 *O'Ryan* (1871).

62 "No podrá aplicarse tormento ni imponerse en caso alguno la pena de confiscación de bienes. Ninguna pena infamante pasará jamás de la persona del condenado".

63 "La casa de toda persona que habite el territorio chileno es un asilo inviolable, y solo puede ser allanada por un motivo especial determinado por la ley y en virtud de orden de autoridad competente".

64 *Retamal* (1881).

65 "La correspondencia epistolar es inviolable. No podrán abrirse, ni interceptarse, ni registrarse los papeles o efectos, sino en los casos expresamente señalados por la ley".

66 *Sepúlveda* (1878).

67 *Zúñiga* (1878), *Gaete* (1879), *Vallejos* (1880), *Méndez* (1882) y *Fuentevilla* (1889).

68 *González y Mancilla* (1878), *Edwards y otros* (1885), *Sayago* (1885), *García* (1886), *Campino* (1887), *Badilla* (1888), *Mujica* (1888), *Villagrán* (1889), *Poblete* (1889), *Irarrázaval y Gaymer* (1890), *González Montt* (1890), *Zambrano* (1890) y *Carrión* (1890).

69 "Solo el Congreso puede imponer contribuciones directas o indirectas, y sin su especial autorización es prohibido a toda autoridad del Estado y a todo individuo imponerlas, aunque sea bajo pretexto precario voluntario, o de cualquiera otra clase".

y 149[70]; y con la libertad de industria, contemplada en el artículo 151[71], y que justificaba la no aplicación de una pena a un particular en relación con los monopolios del estanco[72], así como la imposibilidad de la autoridad administrativa en orden a autorizar monopolios comerciales[73]. También incidía en esta materia el artículo 36 n° 6 de la Constitución, en relación con la eventualidad de restricción de derechos fundamentales, y que bajo su redacción modificada en 1874[74] fue aplicada alguna vez de modo bastante incómodo, por no decir contrario a derecho[75]. Y, ciertamente, también impactó sobre esta área el desarrollo de la acción de *habeas corpus*, entonces llamada "acción de protección"[76], fundándose en el artículo 143 de la Constitución[77].

70 "No puede exigirse ninguna especie de servicio personal o de contribución, sino en virtud de un decreto de autoridad competente, deducido de la ley que autoriza aquella exacción, y manifestándose el decreto al contribuyente en el acto de imponerle el gravamen".

71 "Ninguna clase de trabajo o industria puede ser prohibida, a menos que se oponga a las buenas costumbres, a la seguridad o a la salubridad pública, o que lo exija el interés nacional, y una ley lo declare así".

72 *Valenzuela* (1878).

73 *Cood* (1883). No aparece una cita textual del artículo 151, pero la referencia es inequívoca.

74 "Dictar leyes excepcionales y de duración transitoria que no podrá exceder de un año, para restringir la libertad personal y la libertad de imprenta, y para suspender o restringir el ejercicio de la libertad de reunión, cuando lo reclamare la necesidad imperiosa de la defensa del Estado, de la conservación del régimen constitucional o de la paz interior. / Si dichas leyes señalaren penas, su aplicación se hará siempre por los tribunales establecidos. / Fuera de los casos prescritos en este inciso, ninguna ley podrá dictarse para suspender o restringir las libertades o derechos que asegura el artículo 12".

75 *Sucesión de Valdés* (1876). Al sostener el tribunal que "el inc. 6° del art. 36 de la Constitución, al fijar el término de la duración de las leyes excepcionales y de duración transitoria, fijó el plazo de un año, únicamente para las leyes que habían de restringir la libertad personal y la libertad de imprenta, y suspender o restringir el ejercicio de la libertad de reunión; pero no lo fijó para las leyes que hubieren de restringir los derechos asegurados por el art. 12 de la misma Constitución, como se ve de la redacción de ese artículo en que la limitación se pone expresa y determinadamente para los derechos enumerados en la primera parte del inciso citado", se advierte que distorsiona el alcance del artículo, pues su sentido propio era el de eliminar la posibilidad de restringir otras garantías, y no el de dejar a estas otras garantías más expuestas que las expresamente enunciadas en el 36 n° 6. *Cfr.* Huneeus Zegers (1880), I, p. 126: "[...] que fuera de los dos casos que quedan indicados, ninguna ley (¡cuánto menos los decretos o bandos de las autoridades administrativas!) podrá dictarse para suspender o restringir las libertades o derechos que asegura el art. 12". La incomodidad del tribunal procedía de haber constatado que las leyes de expropiación afectaban una garantía del artículo 12 (el n° 5), y que no tenían la duración máxima de un año ni versaban sobre las materias enumeradas en la nueva redacción del 36 n° 6; pero la manera de resolver esta situación —a fin de no limitar la duración de las leyes expropiatorias a un año desde su promulgación— fue bastante desafortunada y, a nuestro conocimiento, no se repitió posteriormente. A nuestro juicio, para resolver el supuesto problema hubiera bastado con señalar que el artículo 12 n° 5 era especial dentro de la propia Constitución y, por lo tanto, no estaba sometido al marco introducido por el artículo 36 n° 6.

76 *Maturana* (1883), *Marcó* (1886).

77 "Todo individuo que se hallase preso o detenido ilegalmente por haberse faltado a lo dispuesto en los artículos 135, 137, 138 y 139, podrá ocurrir por sí o cualquiera a su nombre, a la magistratura que señale la ley, reclamando que se guarden las formas legales. Esta magistratura decretará que el reo sea traído a su presencia, y su decreto será precisamente obedecido por los encargados de las cárceles o lugares de detención. Instruida de los antecedentes, hará que se reparen los defectos legales y pondrá al reo a disposición del juez competente, procediendo en todo, breve y sumariamente, corrigiendo por sí, o dando cuenta a quien corresponda corregir los abusos".

En materia orgánica, cabe destacar la aplicación de la Constitución en relación con el dominio legal del artículo 37, vinculado a la fijación anual de los gastos de la Administración pública[78], a la ilegalidad del establecimiento de contribuciones no previstas por la ley[79] o al establecimiento de los empleos públicos y sus dotaciones según la ley[80]; con la atribución presidencial del artículo 82 n° 10[81], en miras de dejar a firme la destitución de un funcionario[82]; la del artículo 82 n° 11[83], con el fin de declarar la incompetencia del Poder Judicial en la asignación de un montepío[84] o jubilación[85], o de sostener la sujeción del Presidente a las leyes para su asignación[86], pero resguardando su eventual competencia en caso de incumplimiento por parte del Ejecutivo[87]; el artículo 104, para determinar la competencia especial del Consejo de Estado[88]; el artículo 108[89], a fin de excluir de los órganos administrativos el ejercicio de atribuciones jurisdiccionales[90], exceptuadas las que específicamente fueran conferidas por las leyes[91], de plantear la "contención" como criterio de competencia judicial[92] y también a fin de plasmar el principio de impugnabilidad de los actos administrativos[93]; el artículo 109[94], con las miras de plantear la reserva legal en las atribuciones y la integración de los tribunales[95]; el artículo 110[96], para fundar la inamovilidad de los alcaldes, en cuanto jueces[97]; los artículos 116[98]

---

78 *Arrizaga* (1890).

79 *Méndez* (1882) y *Mendiburo y Lafrentz* (1888).

80 *Fábrega* (1890).

81 "Destituir a los empleados por ineptitud, u otro motivo que haga inútil o perjudicial su servicio, pero con acuerdo del Senado y en su receso con el de la Comisión Conservadora, si son jefes de oficina o empleados superiores y con informe del respectivo jefe, si son empleados subalternos".

82 *Paredes* (1878).

83 "Conceder jubilaciones, retiros, licencias y goce de montepío con arreglo a las leyes".

84 *Martínez* (1867), *Caminos* (1872).

85 *Garrao* (1883).

86 *Pradel* (1874).

87 *Astorga* (1884).

88 *Reos de Constitución* (1883).

89 "La facultad de juzgar las causas civiles y criminales pertenece exclusivamente a los Tribunales establecidos por la ley. Ni el Congreso ni el Presidente de la República pueden en ningún caso ejercer funciones judiciales, o avocarse causas pendientes, o hacer revivir procesos fenecidos".

90 En el Consejo de Estado, *Gobernador de Constitución con Juez de Letras de Constitución* (1887) e *Intendente de Aconcagua con Juez de Letras de Los Andes* (1888).

91 *Larraín* (1864). En el Consejo de Estado, referente a tiempos de guerra, *General en Jefe del Ejército del Norte con Corte Suprema* (1883).

92 En el Consejo de Estado, *Juez de Letras de La Victoria con Gobernador de La Victoria* (1878).

93 *Valdivia* (1869).

94 "Solo en virtud de una ley podrá hacerse innovación en las atribuciones de los Tribunales, o en el número de sus individuos".

95 *Letelier, Lagos y Romero* (1883).

96 "[...] Los jueces de comercio, los alcaldes ordinarios y otros jueces inferiores desempeñarán su respectiva judicatura por el tiempo que determinen las leyes. Los jueces no podrán ser depuestos de sus destinos, sean temporales o perpetuos, sino por causa legalmente sentenciada".

97 En el Consejo de Estado, *Rodríguez* (1877).

98 "El Gobierno superior de cada provincia, en todos los ramos de la administración, residirá en un Intendente, quien lo ejercerá con arreglo a las leyes y a las órdenes e instrucciones del Presidente de la República, de quien es agente natural e inmediato. Su duración es por tres años; pero puede repetirse su nombramiento indefinidamente".

y 117[99], a fin de asociar a intendentes y gobernadores la prohibición que pesa sobre el Presidente de la República por el artículo 108 de ejercer funciones judiciales o avocarse causas pendientes[100]; el artículo 121[101], declarando antijurídico el nombramiento de un inspector por otro inspector[102]; el artículo 122[103], en relación con los lugares en que debe existir municipalidades[104]; el artículo 126[105], en lo concerniente al requisito de residencia para ser municipal[106]; el artículo 128 n° 6[107], en torno a la administración de propios y arbitrios de las municipalidades[108]; y el carácter no deliberativo de las fuerzas armadas, previsto en el artículo 157[109], en relación con la obligación del Ejército de cubrir guardias de cárcel[110].

Residualmente, se siguió invocando las Constituciones de 1823 y 1828 con diversos propósitos. Por una parte, para estimar derogadas disposiciones anteriores de rango legislativo que preveían prerrogativas sancionatorias de intendentes y gobernadores, incompatibles con el orden de la Constitución de 1828 que la de 1833 retomó[111]. Y también, hasta la entrada en vigor de la Ley de Organización y Atribuciones de los Tribunales (LOAT) en 1876, cupo la aplicación de ciertas normas de la Constitución de 1823 y 1828 relativas al orden jurisdiccional, en virtud de la disposición tercera transitoria de la de 1833, que preceptuaba que "ínterin no se dicte la ley de organización de tribunales y juzgados, subsistirá el actual orden de administración de justicia". Así se dio respecto de los artículos 149 y 156 de la Constitución de 1823, en relación con la competencia jurisdiccional para conocer de vejaciones[112]. Y también respecto del artículo 137 de la Constitución de 1828[113], en relación con el principio de doble

99 "El gobierno de cada departamento reside en un Gobernador subordinado al Intendente de la provincia. Su duración es por tres años".

100 En el Consejo de Estado, *Gobernador de Constitución con Juez de Letras de Constitución* (1887).

101 "Los distritos son regidos por un inspector bajo las órdenes del subdelegado, que este nombra y remueve dando cuenta al Gobernador".

102 *Meneses* (1868).

103 "Habrá una Municipalidad en todas las capitales de departamento y en las demás poblaciones en que el Presidente de la República, oyendo a su Consejo de Estado, tuviere por conveniente establecerla".

104 *Pozo y otros* (1888). En el Consejo de Estado, *Vecinos de Toltén* (1888). En el Tribunal de Elecciones Municipales, *Nulidad de elecciones municipales de Valdivia* (1888 a) y *Nulidad de elecciones municipales de Valdivia* (1888 b).

105 "Para ser alcalde o regidor, se requiere: 1° Ciudadanía en ejercicio. 2° Cinco años, a lo menos, de vecindad en el territorio de la Municipalidad".

106 En el Consejo de Estado, *Vives* (1869).

107 "Corresponde a las municipalidades en su territorio... administrar e invertir los caudales de propios y arbitrios, conforme a las reglas que dictare la ley".

108 *Municipalidad de Loncomilla con Municipalidad de Linares* (1875).

109 "La fuerza pública es esencialmente obediente. Ningún cuerpo armado puede deliberar".

110 *Luco y otros* (1887).

111 *Torres* (1868).

112 *Olea* (1873).

113 "Ningún pleito tiene más recursos que primera instancia y apelación. El recurso de nulidad solo será admisible faltándose a las formas esenciales de la ritualidad de los juicios, determinadas literalmente por la ley: reteniendo y conociendo en estos casos el Tribunal que declara la nulidad sobre el negocio principal".

instancia[114], y de su artículo 102[115], en relación con los requisitos para poder servir como juez de letras[116].

Por supuesto, la gran amplitud de aplicación de disposiciones constitucionales no sería verdaderamente relevante si la Constitución hubiera sido una mera referencia abstracta o exhortación lírica. Por el contrario, la aplicación de la Constitución tenía consecuencias concretas, que dependían del tipo de juicio de que se tratara. Entre otras posibilidades, si el objeto del litigio era el de fijar la competencia de los organismos estatales, la Constitución determinaba el criterio de distribución[117]; si comprometía la declaración de nulidad de cierto acto, la Constitución proveía un parámetro para determinar si era válido o no[118]; y si versaba sobre la aplicación de una determinada pena, la Constitución permitía fundar o desestimar las eventuales consecuencias criminales de la conducta[119]. Y a ello debe añadírsele dos técnicas especialmente notables relacionadas con la Constitución, que analizaremos en las secciones respectivas y que encuentran sus raíces en esta época: el examen de antijuridicidad de las leyes por razón de inconstitucionalidad, que se relaciona tanto con la inaplicabilidad como con la nulidad de las leyes[120], y la inaplicabilidad de disposiciones *constitucionales* por aplicación de los criterios hermenéuticos previstos en el artículo 24 del Código Civil[121].

b. La irrupción codificadora

Desde un punto de vista normativo, el elemento más característico de este período está dado por la aparición de los tres grandes códigos sustantivos[122]: el *Código Civil de la República de Chile*, de 14 de diciembre de 1855[123], entrado en vigor el 1° de enero de 1857; el *Código de Comercio de la República de Chile*, de 23 de noviembre de 1865[124], que rigió a partir del 1° de enero de 1867; y el *Código Penal de la República de Chile*, de 12 de noviembre de 1874[125], cuya vigencia comenzó el 1° de marzo de 1875. A ellos deben agregarse los dos *Códigos de Minería*, el primero de 18 de noviembre de 1874[126], entrado en vigor el 1° de marzo de 1875, y el segundo de 20 de diciembre de 1888, que imperó a partir del 1° de enero de 1889; y, en materia judicial, la *Ley de Organización y Atribuciones de los Tribunales* (LOAT), de 15 de

114 *Comandancia General de Armas de Concepción* (1866).
115 "Para ser juez letrado de primera instancia, se necesita ciudadanía natural o legal, y haber ejercido por dos años la profesión de abogado".
116 *Municipalidad de Freirina con Montt y Ca.* (1873).
117 *V. gr.*, *Comandante General de Armas de Arauco* (1866), *Caminos* (1872), e *Intendente de Aconcagua con Juez de Letras de Los Andes* (1888).
118 *V. gr.*, *Rodríguez* (1877) y *Chávez* (1878).
119 *V. gr.*, *Aravena* (1868) y *Sepúlveda* (1878).
120 Véase *infra*, título segundo, capítulo segundo, A.II.b.3.
121 Véase *infra*, en este mismo capítulo, B.I.a.1.
122 En razón de una *priorización*, según Tschorne Venegas (2017), p. 273.
123 BLDG, XXIII, p. 296.
124 BLDG, XXXIII, p. 578.
125 BLDG, XLII, p. 394. Véase también la ley de 12 de noviembre de 1874, BLDG, XLII-2, p. 395, que autorizó al Presidente de la República a alterar las referencias de unos artículos a otros.
126 BLDG, XLII-2, p. 395.

octubre de 1875, que comenzó a regir el 1° de marzo de 1876[127], y que representa una suerte de Código, antecedente del actual *Código Orgánico de Tribunales* de 15 de junio de 1943[128].

La mentalidad sistematizadora del proceso codificador aparece con total claridad en la irrupción de los tres grandes códigos sustantivos. Ella no solo se advierte en la disposición interna de sus partes, ordenada y dotada de una lógica interna[129], sino en los efectos que ellos mismos proyectaban respecto de la normativa preexistente. El modelo, en este sentido, estuvo dado por el artículo final del Código Civil, al disponer que, a partir de su entrada en vigor, "quedarán derogadas, aun en la parte que no fueren contrarias a él, las leyes preexistentes sobre todas las materias que en él se tratan". Tal fórmula fue seguida muy próximamente por el Código de Comercio[130] y por el Código Penal[131], dando cuenta de que estos cuerpos normativos no eran meramente un sustrato supletorio de la legislación existente, sino que asumían ellos mismos un carácter *basal*, por así decirlo, del ordenamiento jurídico en el estrato de la legislación. Y, por su parte, y sin perjuicio del rol de las disposiciones constitucionales, el Código Civil asumía un rol integrador general, al disponer en su artículo 4° que "las disposiciones contenidas en los códigos de Comercio, de Minería, del Ejército y Armada, y demás especiales, se aplicarán con preferencia a las de este Código"[132].

El más influyente de nuestros códigos, el *Código Civil de la República de Chile*, fue, según el decir de Guzmán Brito, no solo "un producto técnico, como obra legislativa destinada a señalar dirección y sentido a las actuaciones humanas", sino que también "un modelo absorbente sobre organización social"[133], que "vino a superar a todos los códigos de su época, incluso al francés"[134]. Su impacto, por lo tanto, debía involucrar el ámbito del derecho público y, en

127 BLDG, XLIII, p. 543.

128 También debe tenerse presente el interés del Gobierno en promover un *Código Militar*, cuya redacción se encomendó a José María Sessé y Justo Arteaga por decreto supremo de 22 de octubre de 1862 (BLDG, XXX, p. 362). A fines del período, el presidente José Manuel Balmaceda impulsó la idea de redactarse una Ordenanza Naval, convocando a un concurso para redactar un proyecto (BLDG, LVIII, p. 939).

129 "Orden, claridad, unidad", como destaca Chabot (2005), p. 39, a propósito del espíritu geométrico del Código Civil.

130 Artículo final: "[...] y en esa fecha quedarán derogadas, aun en la parte que no fueren contrarias a él, las leyes preexistentes sobre todas las materias que en él se tratan, en cuanto puedan afectar los asuntos mercantiles".

131 Artículo final: "Desde la vigencia de esta ley, quedan abolidos los recursos de fuerza, y derogadas, aun en la parte que no fueren contrarias a ella, las preexistentes sobre todas las materias que en la misma se tratan. / Sin embargo, las disposiciones del Código Civil, las del Código de Comercio y las relativas a la confección de instrumentos públicos y deberes de los ministros de fe, solo se entenderán derogadas en lo que sean contrarias a las de esta ley". Por supuesto, surgieron controversias acerca de la derogación o no de disposiciones contenidas en leyes que podían considerarse como especiales frente al Código Penal, como las Ordenanzas de la Armada, de origen hispánico —*Encina* (1885)— pero también la derogación parcial de las Ordenanzas del Ejército, ley patria anterior al Código —*Ríos y otros* (1886)—.

132 Por ejemplo, respecto del Código de Minería, *Sayago* (1888): "No tratando el Código de Minería sobre remuneración de los ingenieros de distrito, deben aplicarse sobre esta materia las disposiciones generales del Código Civil".

133 Guzmán Brito (1982), t. I, p. 434.

134 Guzmán Brito (2017), p. 82.

particular, del derecho administrativo. De dicho impacto da cuenta la propia jurisprudencia, que hasta 1860 lo aplicó en materias relacionadas con la Administración[135], debiendo, sin embargo, tenerse presente que el grueso de su influencia se desplegó con total intensidad a partir del período que es objeto de este libro, como se advertirá en las secciones correspondientes a las distintas materias[136].

En general, su introducción parece haber resultado bastante cómoda en el mundo jurídico nacional[137], pues había sido escrito teniendo muy presente la tradición jurídica chilena[138], sin perjuicio de introducir innovaciones ostensibles y de representar al fenómeno de codificación moderna que se apartaba de la técnica recopilatoria que normalmente había representado las síntesis castellano-indianas. Tal como enfatizó Lira Urquieta, al referirse a Andrés Bello, "su afición al derecho romano y al viejo derecho español está de sobra acreditada en sus escritos. No podría decirse que los abandonó al componer el Código Civil, pues los sigue en todo aquello que conserva aplicación y de preferencia cogió su espíritu; pero podría, sin empacho, asegurarse que de todos los elementos que dan carácter a una obra jurídica es este, el del culto a la antigüedad, el que una menor importancia tiene en su trabajo. Por una maravillosa complexión de su cerebro, Bello supo utilizar lo antiguo y lo nuevo"[139]. En atención a esto último —lo nuevo—, el Código, "empapado de clasicismo jurídico, no vino a sustituir a una legislación revolucionaria. Casi por el contrario, pasó a ser él mismo revolucionario en la medida que acogía instituciones y novedades que desconocía la vieja ley colonial. Su carácter

---

135 Tales sentencias son *Fisco con Casa de Germain Hermanos y otros* (1857), *Municipalidad de Santiago con Empresarios del Teatro Municipal* (1858), *Empresa del Ferrocarril con Valdés* (1858), *Municipalidad de Curicó con Lazcano y otros* (1858), *Fisco con Luco* (1859), *Vial* (1859), *Vásquez* (1859), *Price* (1859), *Zelaya* (1859), *Tesorero de los Establecimientos de Beneficencia con Errázuriz* (1859), *Izquierdo* (1859), *Fisco con Arestizábal y Arana* (1859), *Municipalidad de La Serena con vecinos de la Pampa* (1859), *Espinosa* (1859), *Fisco con Parga* (1860), *Municipalidad de Concepción con Castillo y otros* (1860), *Fisco con Letelier* (1860), *Bates y Pilcher* (1860), *Fisco con Gallo* (1860) y *Olmedo* (1860).

136 Ello no obsta a que existe un buen número de sentencias posteriores a 1860 en las que el Código Civil no aparece invocado en materias que en él se tratan; por ejemplo, en especies cuyos hechos se habían suscitado antes de 1857: *v. gr.*, *Molinié* (1863), por cobro de pesos o devolución de unas especies, *Municipalidad de Vallenar con Rojas Salamanca* (1869), y muy claramente en *Marín* (1867), respecto de un contrato celebrado en 1856. Pero si los hechos habían acontecido a partir de 1857, el Código Civil pasaba a ser de aplicación, tal como aparece de *Díaz* (1865 a): "[...] el Código Civil, *al que debe atenderse, considerada la fecha del contrato*, no impone la pena de perder lo indebidamente pagado cuando se hizo el pago sabiéndose que no había deuda [...]". Con todo, hay especies en las que el Código Civil se aplicaba respecto de contratos posteriores a 1856: *Waddington* (1869). Las cursivas son nuestras.

137 Por supuesto, hubo aspectos en los que los criterios de las leyes antiguas siguieron influyendo en nuestros jueces. Para un ejemplo significativo en derecho tributario en relación con el Código Civil, véase Bocksang Hola (2017), pp. 741-743.

138 "Consolidación del Derecho vernáculo", en palabras de Guzmán Brito (2019), p. 205. Esfuerzos similares de síntesis se habían desarrollado en otros países, como en el Perú, en miras del Código Civil de 1852, como refiere Gálvez Montero (2010). Respecto de la pervivencia del derecho castellano-indiano en Colombia, véase Mayorga García (1991). De modo más vasto, Mirow (2018), p. 804, destaca que el derecho castellano-indiano no solo se recogió en los países latinoamericanos, sino también en los sectores de Estados Unidos que habían dependido antaño de la Corona española.

139 Lira Urquieta (1956), p. 26.

clásico no pierde una tilde con esto. Es fruto maduro que llega a la vida jurídica a su debido tiempo, cuando retardarlo hubiera sido mengua"[140].

Y en lo que concierne al derecho público, con justicia también Lira recordaba que "la tarea codificadora de Bello *constituyó una prolongación de la obra política de 1833*. La misma filosofía es la que da vigor a la carta fundamental de ese año, a leyes patrias que la siguen y al Código Civil. No en balde fueron, en general, unos mismos los hombres que idearon esos textos y que supieron aplicarlos"[141]. Aunque este rol político del Código, de complemento a la Carta de 1833, merece una intensa atención, él no ha atraído especialmente a nuestros iuspublicistas[142]. Sin embargo, distintos elementos útiles en este sentido podrán ser tenidos en cuenta a partir de lo expresado en este libro.

Sin entrar a los desarrollos que se efectuarán respecto de cada materia concreta, lo primero que debe enfatizarse es que la aplicación del Código Civil en materias de derecho administrativo fue intensa y muy fecunda[143]. De la jurisprudencia chilena de la época aparece nítidamente su invocación en materias cruciales como las normas sobre estado civil[144], sobre muerte civil[145], aquellas referentes a los plazos[146] y las concernientes a interpretación de la ley[147] y de los contratos[148], la determinación de la calidad de menor o mayor de edad para efectos contractuales[149], la personalidad jurídica[150], la calidad de ausente aplicable a un demandado por el Fisco[151], la calidad de asignatario forzoso[152] o la prelación de créditos en relación con el Fisco[153]. Jamás se entendió que un área como el derecho administrativo —ni el derecho público, en general— fuera inmune a la aplicación del Código Civil, ni mucho menos que constituyera una suerte de sistema totalmente autónomo regido únicamente por sus propias normas especiales. Ello hubiera sido inimaginable en esta época, tributaria del pensamiento de la época anterior, fundado sobre las Partidas y la Novísima Recopilación. El rol de estas antiguas normas hispánicas como sustrato jurídico general de todo el ordenamiento jurídico pasó a subrogarse en un nuevo cuerpo normativo: el Código Civil; y ello, por supuesto, sin perjuicio ni del papel que le correspondió a la Constitución en el nuevo orden, ni de la

140 Lira Urquieta (1956), p. 25.

141 Lira Urquieta (1956), pp. 57-58. Las cursivas son nuestras.

142 Esto se extiende desde la misma aparición del Código Civil. Si se advierte, por ejemplo, el caso de Huneeus Zegers (1880), la principal obra de derecho público del período, las menciones al Código Civil, aunque existentes, son poco numerosas y más bien tangenciales (*v. gr.*, I, p. 48).

143 Muy notoria hasta nuestros días, de lo que sorprende una aseveración como la de que nuestro derecho administrativo carecería "de reglas generales que determinen su aplicación o permitan una aplicación coherente y sistemática de sus normas": Ferrada Bórquez (2005), p. 118.

144 *García* (1876 b).

145 *Ruiz y Aldea* (1886).

146 *Wittwer y compartes* (1880).

147 Véase, *infra*, en este capítulo, B.I.a.

148 Véase, *infra*, título cuarto, capítulo segundo, A.I.c.

149 *Municipalidad de Coelemu con Lagos* (1864).

150 *Hospital de Chillán con Hermosilla* (1878).

151 *Fuentealba* (1873).

152 *Rojas Chacana* (1881).

153 *Fisco con Valdés* (1874) y *Fisco con Sociedad de Sainte Marie et Lappé* (1882).

supervivencia, menguada pero indiscutible —ya se examinará este punto[154]—, de las antiguas normas castellano-indianas después de la entrada en vigor del Código Civil.

A pesar de su influencia primordial a partir de 1857, debe tenerse presente que entre nuestros juristas se develaba un discernimiento respecto de la pertinencia de las distintas normas del Código Civil y, sin perjuicio de ser bastante favorables a su invocación, también tenían una aproximación selectiva respecto de las disposiciones que mejor sirviesen para resolver un problema. El análisis de la jurisprudencia de la época muestra que, tanto entre los litigantes como entre los jueces, no existía un espíritu de asimilación automática y en bloque del Código Civil, sino que aún permeaba un sentimiento tradicional de entender a las normas como un medio para hallar una solución justa. Y rondaba como un hálito vital, discreto pero perceptible, el criterio de la especialidad de la disciplina del derecho administrativo, enfatizado por el Código Civil —a través de la relación con los otros códigos— en su artículo 4°. Esta especialidad podía asumir diversos énfasis, involucrando las leyes "de hacienda" en general[155] o comprometiendo a ámbitos puntuales, como el de las alcabalas[156] o del cobro de intereses de deudas fiscales[157], entre muchos otros[158].

Podría pensarse que el papel influyente del Código Civil se debía a una deformación intrínseca de la jurisdicción ordinaria, por su tradicional inclinación a resolver las controversias con instrumentos generalistas. Sin embargo, tal conclusión resultaría errónea, pues el Consejo de Estado, habituado a resolver cuestiones de derecho público, fue igualmente claro en sostener y promover la recepción del Código Civil en esta área del derecho, tratárase de la noción de vecindad[159], del régimen del contrato de transporte[160], del arrendamiento[161] y de la compraventa[162], de los efectos de las obligaciones[163], de los modos de extinguir las obligaciones[164], y rigiendo incluso aspectos de contratos innominados de evidente carácter publicista, como el contrato de colonización[165].

---

154 Véase *infra*, en este capítulo, A.II.a.1.

155 Esto se advirtió muy tempranamente. *V. gr.*, *Humeres* (1862): "[...] 2° que el Fisco no se halla en este caso porque las leyes especiales de hacienda no permiten a sus administradores transigir ni entrar en convenios con los deudores fiscales; y 3° que según lo dispuesto en el art. 4° del Código Civil, las disposiciones de los códigos especiales deben aplicarse con preferencia [...]". Análogamente, *Síndico de Gandarillas* (1862): "[...] de no gozar el Fisco preferencia alguna en los concursos por los contratos de mutuo que celebra, no se infiere que dichas leyes especiales en materia de hacienda hayan sido derogadas por el Código Civil, cuyo art. 4° manda por el contrario aplicarlos preferentemente en las cuestiones de ese ramo".

156 *Arrieta* (1871): "[...] el art. 570 del Código Civil no tiene por objeto interpretar o ampliar la ley de 17 de marzo de 1835, por referirse esta a negocios especiales no comprendidos en las disposiciones de dicho código".

157 *Fisco con Béjares y otro* (1881).

158 Y, por supuesto, se aplicaban criterios de prevalencia por especialidad entre las disposiciones del mismo Código Civil: *Miranda y compartes* (1863).

159 *Primer alcalde de San Felipe con Municipalidad de San Felipe* (1873) y *Rodríguez* (1877).

160 *Peña* (1861).

161 *Fisco con Fernández* (1863).

162 *Fisco con Waddington* (1863).

163 *Cisneros* (1862) y *Varin* (1869).

164 *Manterola* (1863).

165 *Gobernador de Angol con Juez de Letras de Angol* (1887).

Como podrá intuirse, este fenómeno de influencia del Código Civil sobre el derecho administrativo no es exclusivo de Chile. En Francia[166] y en España[167], por ejemplo, también se dio, pero bajo derivas no exactamente coincidentes a las nuestras, por la distinta configuración de los respectivos ordenamientos jurídicos y regímenes administrativos.

No puede cerrarse esta explicación sobre el Código Civil sin hacer referencia a las controversias que en nuestros días se han desarrollado respecto de la procedencia o improcedencia de la aplicación del Código Civil en el ámbito del derecho administrativo. Ellas, en general, han prescindido de la perspectiva histórica como método de aproximación al problema —o la han considerado solo marginalmente—, y se han enfocado más bien en una aproximación que gira en torno a una noción más bien formalista de *sistema*. Y ello ha sido así en ambos sentidos: tanto para preconizar como para desfavorecer la aplicación del Código Civil.

Es bajo esta lógica sistemática formalista que Bermúdez Soto plantea que "en el caso de las lagunas del derecho administrativo chileno existen fundadas razones para propugnar y aceptar que se colmen por la vía del recurso al Código Civil"[168], y, bajo la misma lógica y en una dirección completamente inversa, Vergara Blanco apunta que "no tiene sustento la tesis que considera al Código Civil como norma supletoria de todo el resto del ordenamiento nacional"[169], lo que en su énfasis por supuesto involucra preferentemente al derecho administrativo. Pues bien, tal como se advierte a lo largo de la presente obra, ninguna de las dos tesis anteriores es totalmente errónea —ni tampoco totalmente correcta— respecto del derecho administrativo de la época 1861-1890.

El Código Civil, con toda naturalidad, tuvo una influencia indesmentible y muy grande en el derecho administrativo de la época 1861-1890, pero ello no significa que se haya transformado en un sustrato automático de hallazgo de criterios bajo una lógica sistemática formalista, y por lo tanto una *cierta autonomía*, en el sentido más estricto de la palabra, existió y se desarrolló en nuestro administrativismo. Pero no se trató de un *sistema autónomo*. El planteamiento de nuestros juristas —mucho más plástico que rígido, mucho más ampliamente jurídico que restrictivamente normativo— fue propio de la aproximación vital que esta época aún le imprimía al derecho.

Transitando al Código de Comercio, de inspiración francesa y —principalmente— española[170] y en vigor a partir del 1° de enero de 1867, y ya en este período reformado en varias oportunidades[171], conviene apuntar desde ya que tuvo una incidencia mucho menor

---

166 *V. gr.*, Plessix (2003).

167 Martín-Retortillo Baquer (1960).

168 Bermúdez Soto (2012), 120.

169 Vergara Blanco (2010 a), p. 65.

170 Barrientos Grandon (2015), pp. 135-136, subrayando la innovación de un título preliminar; también, Eyzaguirre Gutiérrez (1967), p. 211. Las codificaciones mercantiles tuvieron, en general, dificultades derivadas de la evolución del sustrato de la actividad sobre la que versaban. Renaut (2006), pp. 126-127, destaca que el Código de Comercio francés pronto quedó como una herramienta arcaica, padeciendo dicho país desde el siglo XIX —como señalan Szramkiewicz y Descamps (2013)— un progresivo fenómeno de descodificación. En Italia, un primer Código de 1865 —es decir, casi contemporáneo al nuestro— fue reemplazado por otro en 1882: Padoa-Schioppa (1992), pp. 154-203.

171 Ley de 6 de septiembre de 1878, BLDG, XLVI, p. 361; Ley de 11 de enero de 1879, BLDG, XLVII, p. 39; Ley de 13 de septiembre de 1887, BLDG, LVI, p. 1451, en relación con inspectores de oficinas fiscales.

sobre el derecho administrativo, por las escasas áreas de coincidencia entre este y el ámbito mercantil[172]. En ellas, antes del Código de Comercio, con soltura habían podido hallarse invocaciones del Código Civil, como por ejemplo en materias de transporte[173], lo que no obstaba a que disposiciones especiales de comercio también se invocasen útilmente[174]. A partir de las primeras aplicaciones del Código de Comercio en esta rama del derecho[175], el rol dogmático fundamental corrió por cuenta de la noción de acto de comercio, conocidamente determinante en materia mercantil, y en la época también importante para determinar la competencia jurisdiccional[176]. La influencia del Código de Comercio se extendió en distintas materias, como las obligaciones de los comerciantes[177], los martilleros[178], el ya referido contrato de transporte[179], sociedad anónima[180], materias aduaneras[181], naufragio y varamiento[182], y la prescripción de las obligaciones en el comercio marítimo[183]. Aunque, como bien señala Barrientos Grandon, "el peso de la tradición del mundo anterior conservó aún durante cierto tiempo algunas de sus manifestaciones"[184], por lo que también existió en la codificación mercantil algún tiempo de ajuste transicional con las disposiciones que antiguamente habían regido, lo cierto es que en el área del derecho administrativo ello es apenas perceptible.

Rigiendo a partir del 1° de marzo de 1875[185], el Código Penal fue redactado[186] sobre la base principal del código español de 1848[187], con cierta influencia del belga de 1867[188], y en

172 También puede haber afectado su incidencia su mayor sujeción a la variabilidad de la realidad comercial, que bien destaca Guzmán Brito (2019), p. 208.
173 *V. gr.*, *Gormaz* (1862).
174 *Moyano* (1862).
175 *Fisco con McGrath* (1868).
176 *Municipalidad de Santiago con Ferrocarril Urbano de Santiago* (1883): "4° Que, si bien las empresas de transportes son actos de comercio, *no participan de este carácter los contratos por naturaleza civiles que los que intentan plantear una empresa mercantil celebren para el objeto de procurarse los medios o los elementos necesarios para el establecimiento de dicha empresa*; 5° Que, por otra parte, no debe reputarse mercantil la convención de setiembre de 1864 celebrada entre la Municipalidad y don Enrique Meiggs, porque en dicha convención *la Municipalidad no se ha propuesto efectuar una operación de comercio, sino determinar los derechos y obligaciones propios de la autoridad administrativa que ejerce*, al permitir el establecimiento del Ferrocarril Urbano como empresa pública de transportes. Visto lo dispuesto en los arts. 1° y 3° del Código de Comercio, se revoca el auto apelado de 14 de mayo último, corriente a f. 36, y se declara que el conocimiento de esta causa corresponde a la justicia civil ordinaria". Las cursivas son nuestras.
177 *Fisco con Piedra y Ca.* (1878) y *Sewell* (1887).
178 *Gallardo* (1889).
179 *Salas Hermanos* (1869), *Castro* (1871), *Antúnez* (1880), *Nieto* (1881), *Lanz* (1882), *Molina y Ca.* (1885) y *Naveillán* (1890).
180 *Sociedad del Canal de Maipo con Fisco* (1882).
181 *Fisco con Germain Hermanos* (1873).
182 *Compañía de Vapores Kosmos* (1881) y *Fisco con Solari y Brignardello* (1882).
183 *Aguiar* (1879).
184 Barrientos Grandon (2015), p. 179.
185 Y con aplicaciones en relación con la Administración muy poco después: véase *Echeverría* (1875).
186 Respecto de la gestación del Código Penal y de las condiciones que dieron lugar a su aparición, véase Matus Acuña (2011), pp. 154-184.
187 Eyzaguirre Gutiérrez (1967), p. 211.
188 Peña Wasaff (1982), pp. 308-311; De Rivacoba y Rivacoba (1991), pp. 46-47.

general fue bien acogido por los juristas de aquel entonces[189]. Este Código tuvo un impacto decisivo en el derecho administrativo, poco reconocido en nuestros días, pero evidente a partir del estudio de las fuentes de la época. Introdujo cambios paradigmáticos en la aplicación del derecho penal, como el tránsito desde un régimen que integraba la posibilidad de penas arbitrarias[190] o la aplicación de analogías en materia penal[191], a uno fundado en sanciones ligadas a una legalidad estricta[192]; o la modificación de la edad requerida para la responsabilidad penal, fijada en la Partida Séptima en los diez años y medio[193], y que en el Código Penal pasó a ser de diez años, pero con la posibilidad de establecer en aquel que hubiera cumplido diez años y no hubiera cumplido los dieciséis, si acaso hubiese actuado con discernimiento[194].

Parte de los contenciosos penales relacionados con la Administración eran militares, y por lo tanto —en el caso del Ejército— se hallaban sujetos a la *Ordenanza para el Régimen, Disciplina, Subordinación y Servicio de los Ejércitos de la República* de 1839 —la Ordenanza del Ejército— como legislación especial[195]; con todo, ello no excluyó a partir de 1875 la influencia del Código Penal en este ámbito[196], normalmente supletoria[197], pero que tendía a imprimir un cariz general a la legislación criminal. Así, por ejemplo, apenas entrado en vigor el Código, una especie fue resuelta por la Corte Marcial de Santiago apoyándose dogmáticamente en la noción de delito prevista por el Código Penal:

> "2° Que según lo dispuesto en los arts. 1° y 2° del Código Penal, para que una acción u omisión pueda calificarse de delito susceptible de pena, es necesario que concurran a la vez la voluntad del reo y el dolo o malicia en la perpetración del hecho que la ley castiga;
> 3° Que estos elementos indispensables de todo delito faltan en el caso actual, pues consta que tanto Dinator como Ramírez se hallaban fuera del cuartel donde estalló el motín; y que al salir de sus casas para averiguar lo que ocurría, no tuvieron a su disposición ningún medio eficaz para sofocar la sublevación, en la cual habían tomado parte no solo la tropa del cuartel, sino también una porción considerable del batallón cívico y de los relegados [...]"[198].

En el proceso de transición de las antiguas leyes penales al Código Penal, especial relevancia tuvo el artículo 18 inciso segundo, que, al disponer que "si después de cometido el delito y

---

189 Iñesta Pastor (2003), p. 327.
190 *V. gr.*, *García* (1862).
191 *Henríquez* (1864).
192 Artículo 18: "Ningún delito se castigará con otra pena que la que le señale una ley promulgada con anterioridad a su perpetración".
193 *Olave* (1865).
194 Artículo 10 n° 2 y n° 3.
195 *Ex multis*, *Guzmán* (1864), *Morales* (1868), *Castillo* (1882), *Inostroza* (1889) y *Gajardo* (1890).
196 El Código Penal ni derogó ni excluyó sistemáticamente la Ordenanza. Ver, *ex multis*, *Jaque* (1875).
197 *V. gr.*, *Arenas Maturana* (1885): "[...] la presunción establecida en el art. 454 del Código Penal, solo para los delitos a que se contraen los párrafos 2°, 3°, y 4° del tít. 9° del mismo Código, no es aplicable al caso actual, en que se trata de un delito comprendido en dichos párrafos, por referirse al hurto de un objeto de menos de diez pesos y de valor *y por estar especialmente penado en la Ordenanza General del Ejército*". Las cursivas son nuestras.
198 *Motín de la colonia de Magallanes* (1878).

antes de que se pronuncie sentencia de término, se promulgare otra ley que exima tal hecho de toda pena o le aplique una menos rigorosa, deberá arreglarse a ella su juzgamiento". Esta disposición, que regiría a las modificaciones legales posteriores, también imperó en la entrada en vigor del Código respecto de sus propias normas: "[...] habiéndose cometido el delito que ha dado lugar a este proceso bajo el imperio de la antigua legislación, *debe no obstante aplicarse el Código Penal conforme al art. 18, inc. 2°, por ser menos riguroso en sus disposiciones al presente caso*"[199].

Una de las dudas más importantes respecto de la aplicación antedicha del principio *pro reo* se suscitó en relación con la aplicación de la derogación tácita: si un sector de la Administración —en la especie, el Estanco— era derogado, ¿habían de entenderse derogadas también las disposiciones penales que a él se refiriesen, con lo que, aunque se hubiera perpetrado una infracción a dichas disposiciones, su derogación implicaría no poder aplicarse la sanción respectiva? La Corte Suprema respondió afirmativamente a tal cuestión, declarando por lo tanto que debía sobreseerse en la causa[200]. Con posterioridad, análoga solución se fijó respecto de la abolición de un tributo y las consecuencias penales que se derivaban de la infracción de las normas relativas al tributo mientras este regía[201].

Con todo, estaba claro que si el Código Penal había podido alterar el marco normativo concerniente a la responsabilidad criminal, su influencia no podía extenderse más allá, ni aun a pretexto de preverse otras consecuencias derivadas de los mismos hechos. Así se decidió en una especie temprana, en la que quedaba de manifiesto que la entrada en vigor del Código Penal no podía haber dejado sin efecto las normas que se refiriesen a la responsabilidad civil de los funcionarios:

> "Considerando: que la ley de 8 de octubre de 1859, que creó el empleo de cajero contador de monedas de la Tesorería General, corrobora y confirma aquella responsabilidad, ordenando que el expresado cajero rinda fianza a los ministros, y disponiendo además que esto sea sin perjuicio de la responsabilidad que les afecte respecto del Estado; inteligencia expresa que se le dio a la ley al aprobarse por el Congreso, según aparece de las discusiones de la Cámara en que tuvo su origen;
> Considerando: que *el Código Penal no ha modificado o alterado la responsabilidad civil de los empleados públicos que tengan a su cargo dineros o efectos del Estado* [...]"[202].

Otro aspecto relevante referente al proceso de entrada en vigor del Código Penal en materias administrativas se derivó de las dudas sobre si era ley aplicable sobre todo lo que *formalmente* integraba el territorio nacional, o si no lo era en los territorios que no estaban incorporados en concreto a él. En primera instancia, el Juzgado de Letras resolvió lo siguiente:

---

199 *Del Río* (1876).

200 *López* (1881): "[...] habiéndose abolido el estanco por la ley de 3 de setiembre de 1880, y estando derogadas por consiguiente las leyes penales que a él se refieren; visto lo dispuesto en el inc. 2° del art. 18 del Código Penal, se revoca la sentencia consultada de 22 de junio último, corriente a f. 80 vta., y se declara que debe sobreseerse definitivamente en esta causa".

201 *Martínez y otros* (1886).

202 *Fisco con Ministros del Tesoro* (1878).

"Temuco, julio 23 de 1887 — Teniendo presente que *a la fecha en que tuvo lugar el suceso que ha motivado la presente querella no estaba consumada la pacificación definitiva de la Araucanía*;
Que *es un hecho notorio que los indígenas se encontraban como independientes*, sin estar sujetos a las leyes comunes, y, en consecuencia, sus actos de vandalaje deben ser considerados como represalias por los males que les causaba el ejército organizado de la República.
Y que según se desprende de la información recibida el hecho tuvo lugar en medio de un alzamiento general de indígenas, se declara: sobreséase definitivamente en esta querella y consúltese. *Fuentes. Navarrete, secretario*"[203].

Frente al sobreseimiento dispuesto en primera instancia, la Corte de Apelaciones no vaciló en revocarlo, dado que "atendido lo dispuesto en el art. 5° del Código Penal, la ley criminal chilena es obligatoria para todos los habitantes de la República", ordenando por lo tanto seguir la sustanciación del procedimiento[204].

Un último elemento que convendría apuntar en relación con nuestro Código criminal está dado por el hecho de que en la época de sus primeros comentaristas no se descartó la posibilidad de subsistencia de disposiciones penales correspondientes a la precodificación[205]. Esto probablemente recogía la evidencia de que, por ejemplo, las disposiciones penales en materia militar debían seguir rigiendo, tal como lo hicieron; pero va incluso más allá, comprometiendo el conjunto de las disposiciones penales, de cualquier orden que sea. Bien ha destacado De Rivacoba que "si la ley hubiera querido referirse al derecho penal como porción o rama del ordenamiento existente en el momento de comenzar su vigencia y derogarlo *in toto*, hubiera empleado, y hubiera tenido que emplear, u otra expresión o la palabra *materia* en singular"[206], ejemplificando este autor tal subsistencia de antiguas normas penales en aquella que castigaba el tráfico de esclavos[207], figura que no era objeto de un tipo penal especial en el Código[208].

En fin, en lo concerniente a la LOAT[209], su entrada en vigor el 1° de marzo de 1876[210] produjo no solo efectos legales —al reemplazar el Reglamento de Administración de Justicia de 1824 que había sido el antecesor de la LOAT—, sino también un efecto constitucional. Dado que, según el artículo 3° transitorio de la Constitución de 1833, "ínterin no se dicte la ley de organización de tribunales y juzgados, subsistirá el actual orden de administración de justicia", y que el referido orden de administración de justicia involucraba las disposiciones judiciales de la Constitución de 1823, ello implicó que solo a partir de esta fecha la Constitución de 1823 quedase total y efectivamente derogada. Y aun ello es discutible, pues según Lira, una de las voces más autorizadas de la época, la LOAT habría dejado vigente *un* artículo de la Constitución de 1823, el artículo 129, que disponía que "en toda causa deben

203 *Gaete* (1888). Las cursivas del texto principal son nuestras.
204 En el mismo sentido, poco después, *Elgueta* (1888).
205 Fuenzalida (1883), III, p. 306.
206 De Rivacoba y Rivacoba (1991), p. 53.
207 Ley de 20 de octubre de 1842, BLDG, X, p. 270.
208 De Rivacoba y Rivacoba (1991), pp. 53-54.
209 Impulsada especialmente por Francisco Vargas Fontecilla, tal como destaca Eyzaguirre Gutiérrez (1967), p. 213.
210 A fines del período ya sufriría una reforma: ley de 19 de enero de 1889, BLDG, LVIII, p. 86.

confrontarse los testigos después de sus declaraciones, si lo pide alguna parte. El juez debe examinar los testigos en materias criminales"[211]. Asimismo, el mismo autor sostiene que, a pesar de la entrada en vigor de la LOAT, habrían subsistido algunas disposiciones del Reglamento de Administración de Justicia[212].

La jurisprudencia chilena siguió bastante ceñidamente el criterio de que "según lo dispuesto en el artículo final de la citada Ley de Organización y Atribuciones de los Tribunales han quedado derogadas todas las leyes preexistentes sobre las materias de que en esa ley se trata, aún en la parte que no fueren contrarias a ella"[213]. En efecto, el criterio de que las leyes procesales rigen *in actum* se advierte con bastante claridad en una especie en la que la sentencia de primera instancia, pronunciada en 1874, invocó el Reglamento de 1824, mientras que la de segunda instancia, pronunciada a fines de 1876, invocó la LOAT[214]. Sin embargo, la teoría de Lira parece haber tenido algún asidero, dado que existe jurisprudencia posterior a la LOAT que invoca normas del referido Reglamento y, coincidentemente, se trata de una de las normas que Lira señaló como supervivientes[215].

En términos generales, el impacto de la LOAT fue propiamente de sistematización. Esta ley "racionalizó el sistema tradicional y colmó sus lagunas, y lo precisó, detalló y desarrolló, no sin innovarlo en puntos específicos", fijando en un solo texto "el conjunto de fuentes constitucionales, reglamentarias y aun consuetudinarias precedentemente esparcidas"[216]. Con modificaciones, y aun bajo su reconceptualización de mediados del siglo XX como *Código Orgánico de Tribunales*, esta ley sigue siendo importantísima para nuestra estructura judicial hasta el día de hoy.

II. Una flexibilidad ensordecida

El régimen administrativo no se vio monopolizado por los pilares normativos principales que vienen de examinarse. Lejos de ello, nuestro ordenamiento amalgamó distintos tipos de fuentes, recogiendo la vitalidad de la antigua tradición castellano-indiana. En ello era inevitable que sobrevivieran importantes reglas que precedieron al proceso codificador (a), pero al mismo tiempo sutilmente desplegaron su influencia fuentes que podrían llamarse de trasfondo, algunas

211 Lira Argomedo (1879), III, p. 91: "El presente artículo es, en nuestro concepto, el único, no derogado antes, que ha dejado vigente la Ley de Organización y Atribuciones de los Tribunales".

212 Lira Argomedo (1879), III, pp. 91-93.

213 *Garcés* (1876). Respecto de actos no contenciosos, véase *Raquio y otros* (1881). Sin embargo, tratándose de leyes sectoriales, como la Ley de Municipalidades, las disposiciones concernientes a procedimientos judiciales no se entendieron derogadas, al menos en su totalidad: *Procurador municipal de Coquimbo* (1877).

214 *Guzmán* (1876).

215 *Becerra* (1882), que aplica el artículo 28 del Reglamento: "Vistos: teniendo presente lo dispuesto en el art. 28 del Reglamento de Administración de Justicia, se revoca el auto apelado de 29 de marzo de 1880, corriente a f. 109 vta., y se declara que los testigos que se presenten por parte de don Jorge Martel deben ser examinados por el juez de la causa".

216 Guzmán Brito (2019), p. 217.

de las cuales no fueron en realidad meramente accidentales, sino que condujeron el devenir de lo justo administrativo en estos años (b).

a. Los resabios normativos de la precodificación

La entrada en vigor de los nuevos códigos no produjo una derogación automática de toda la normativa anterior a ellos. En particular, los códigos Civil, de Comercio y Penal disponían la derogación de las leyes preexistentes sobre las materias *que en ellos se trataban*, por lo que era perfectamente posible que existiesen materias que en ellos no se tratasen, permitiendo la subsistencia de la normativa anterior que las abordara, tanto castellano-indiana (1) como patria anterior a la codificación (2).

1. El derecho indiano

Resulta incuestionable la pertinaz vigencia de algunas disposiciones indianas de variada naturaleza. Sorprendentemente, debe tenerse en consideración que durante todo el período es posible encontrar sentencias de término cuyas únicas normas invocadas eran indianas[217].

Sin duda alguna, lo más importante estaba dado por el derecho procesal, aún poderosamente influido por las normas antiguas, en espera de la codificación que finalmente llegaría a dar sus frutos a principios del siglo XX. Ello no obsta al rol que tuvo la nueva configuración de las cuestiones orgánicas jurisdiccionales introducida por la LOAT[218] y a la existencia de algunas normas procesales en el Código Civil, que por su menguada amplitud justificaban el carácter taciturno del inciso segundo de su artículo final: "[...] sin embargo, las leyes preexistentes sobre la prueba de las obligaciones, procedimientos judiciales, confección de instrumentos públicos y deberes de los ministros de fe, solo se entenderán derogadas en lo que sean contrarias a las disposiciones de este Código". Así, no debe extrañar que en esta época se invocasen aún el Fuero Real, por ejemplo, en materia probatoria testimonial[219]; o se exigiese semiplena prueba[220] o se descartase la prescripción de una apelación[221] sobre la base de la Novísima Recopilación; o se rigiera la jactancia[222] o se permitiera la reanudación de una obra paralizada[223] según las Partidas. Los ejemplos son mucho más numerosos y excederían con mucho el propósito de estas líneas.

Pero también la supervivencia de normas indianas es evidente en áreas distintas a la del derecho procesal. Solo con un ánimo enunciativo, debe tenerse presente que antes del Código

217 No solo en la jurisdicción ordinaria, sino también en el Consejo de Estado: *García* (1871). Para un buen ejemplo tardío en el Poder Judicial, *Echeverría* (1890).

218 Aunque ocasionalmente se hallasen soluciones *simultáneamente* fundadas en la LOAT y en las disposiciones castellano-indianas, como en *Mora* (1881) en relación con la regla de la radicación.

219 *Fisco con Riobó* (1861).

220 *O'Ryan* (1871).

221 *Fisco con Tiffon Hermanos* (1883).

222 *Montt* (1879).

223 *Espech* (1890).

de Comercio regían aún las Ordenanzas de Bilbao[224], que aún hallaba aplicación esporádica la Ordenanza de Intendentes[225] y que antes del Código de Minería de 1874 regían las Ordenanzas de Minas con los ajustes realizados por leyes que derogaron algunas de sus disposiciones[226]; para la venta de un inmueble a censo se requería de la autorización del Supremo Gobierno, en aplicación de la Recopilación de Indias y de la Novísima Recopilación[227]; se podían aplicar —antes del Código Penal, es cierto[228]— las Leyes del Estilo en hurtos[229] o menguas de guardia[230] que hubiesen perpetrado soldados, y las Ordenanzas de Correos de 1794 respecto de infracciones postales[231]; en las donaciones no procedía el pago de alcabala, según la Novísima Recopilación[232], y tampoco en las compraventas de bienes pertenecientes a comunidades eclesiásticas adquiridos antes de 1837[233] o en las particiones derivadas de sucesión por causa de muerte[234], según la antedicha Recopilación y la Recopilación de Indias; y se reconocía un dominio de las tierras en principio correspondiente al Rey —y, por consiguiente, como sucesor, al Fisco de Chile—, en aplicación de la Recopilación de Indias[235].

Asimismo, según las Partidas, procedía la prescripción adquisitiva *cuarentenaria* en caso de tratarse de bienes pertenecientes a las iglesias[236], y una servidumbre de aguas lluvia podía adquirirse si su posesión había comenzado antes de la entrada en vigor del Código Civil[237]; era posible ser propietario de un inmueble en una playa, también en aplicación de las Partidas[238]; se regían la recompensa por la denuncia de bienes vacantes o mostrencos[239], y la recompensa referida a tesoros[240] por las disposiciones de la Novísima Recopilación; seguía rigiendo la obligación de registro de las capellanías o imposiciones censuales según lo dispuesto en la Novísima Recopilación[241]; y, por cierto, tratándose de actos ejecutados con anterioridad a

224 *Fisco con Testamentaria de Raveau* (1861).
225 *Alenk* (1861) y *Fisco con Ministros del Tesoro* (1878).
226 Por la ley de 22 de julio de 1861 (BLDG, XXIX, p. 132), se declaró que el art. 22 de la ley de 8 de febrero de 1837 había derogado el artículo 3°, título 19, de la Ordenanza de Minas. Asimismo, por la ley de 15 de julio de 1871 (BLDG, XXXIX, p. 280) se derogaron las autorizaciones a denuncios de bosques.
227 *Municipalidad de San Felipe con Fuentes* (1861).
228 *Ríos y otros* (1886).
229 *Órdenes* (1869), aplicando la ley 109 del Estilo.
230 *Valencia* (1874).
231 *Jamen* (1874).
232 *Urmeneta y Errázuriz* (1869).
233 *Fisco con Convento de la Merced* (1875), *Fisco con Monasterio del Carmen de San Rafael* (1879) y *Monasterio de Agustinas de Santiago* (1887).
234 *Zañartu* (1878), *Jaramillo* (1880) y *Soto* (1880).
235 *Romero y compartes y herederos de Pedro Mendoza* (1862), y *Fisco con Bulnes* (1865) —que enlazó dicha disposición con el artículo 590 del Código Civil—.
236 *León* (1869).
237 *Fisco con Arrate* (1872).
238 *Municipalidad de Valparaíso con Waddington* (1865).
239 *Romero Soto* (1880).
240 *Frías* (1887) y *Jara* (1889) —en este último caso, concretando en la Novísima Recopilación la remisión que el artículo 640 del Código Civil efectuó a las "Ordenanzas de Marina y de Corso".
241 *Arís* (1867).

1857, las normas aplicables eran fundamentalmente las normas indianas[242]. También debe destacarse el rol muy influyente del derecho castellano-indiano en materias concernientes a la Armada, en las que aún regían las Ordenanzas para el Gobierno Militar, Político y Económico de la Armada Naval, de 1748[243], la Ordenanza de Grandallana, de 1793[244], y la Ordenanza para el Régimen y Gobierno Militar de las Matrículas de Mar, de 1802[245].

Entre las Reales Cédulas u Órdenes hubo varias de aplicación relevante en esta época[246]. Un buen ejemplo es la Real Orden de 14 de marzo de 1807[247], que hasta la entrada en vigor del Código Penal continuó siendo fundamental en materia de peculado o descubierto en el manejo de caudales públicos[248]. Otro ejemplo de interés está dado por la Real Cédula de 5 de septiembre de 1791[249], por la cual los contratos y daciones *in solutum*, y las ventas clandestinas, estaban sujetos al pago de alcabala, lo que fundaba el criterio de que "se debe alcabala desde que el contrato de compraventa es irrevocable"[250]. Y, en materia de aranceles judiciales, tuvo vigencia la Real Cédula de 18 de septiembre de 1764 por casi un siglo, hasta su derogación expresa por ley[251].

Nuestros jueces entendieron, sin embargo, que existía un límite intrínseco a la aplicación de las leyes indianas, que no dependía de disposiciones normativas precisas, sino del ordenamiento jurídico en general: la inconciliabilidad de las disposiciones indianas con el régimen jurídico patrio. Así se dispuso, por ejemplo, frente a la existencia de disposiciones antiguas que impedían que un extranjero tuviese titularidad frente a la sucesión por causa de muerte en nuestros territorios:

> "Considerando: 1° Que las leyes 44, tít. 32, lib. segundo de la Recopilación de Indias que prohibía a los extranjeros heredar y ser herederos, es un complemento o una consecuencia directa de las leyes anteriores, incorporadas en el mismo Código, que les prohibían venir a las colonias españolas, establecerse en ellas, y contratar sin permiso o licencia real, bajo la pena de perdimiento de bienes y aún de la vida a naturales y extranjeros que contrataren: 2° *Que las expresadas leyes son incompatibles e inconciliables con el sistema político y civil que Chile independientemente adoptó*; ya llamando a los extranjeros para que viniesen a establecerse en

---

242 *Acuña y compartes* (1862), *Caja de Crédito Hipotecario con Mariño* (1863) y *Luco* (1879). En el Consejo de Estado, *Díaz* (1862).

243 *Pradel* (1874), *Gana* (1880), *Tusche y Fischer* (1883) y *Oquendo* (1884).

244 *Robles* (1864), *Lynch* (1875) y *Amengual* (1878).

245 *Hudson* (1868) e *Iglesias Baeza* (1887).

246 A más de las que se destacan a continuación, se aplicaron otras: *v. gr.*, la Real Cédula de 21 de agosto de 1777, referente a la alcabala sobre censos consignativos, reservativos y enfiteusis, como aparece en *Puente* (1865) y *Errázuriz* (1873); o la Real Cédula de 18 de mayo de 1804, que ordenó trasladar a la caja de amortización los capitales de censos, según se aplica en *Silva* (1870). También, las Reales Cédulas de 22 de noviembre de 1790, 9 de mayo de 1792 y 5 de enero de 1804, en relación con el pago de sueldos correspondientes a un interinato, de acuerdo con *Álvarez Toledo* (1881).

247 Véase *infra*, título tercero, capítulo primero, B.III.b.

248 *Acuña* (1862), *Tardón* (1863), *Arenas* (1863), *Tejeda* (1864), *Vargas* (1864), *Martínez* (1865), *Letelier* (1869), *Espinosa* (1870), *Darrigrande* (1872), *Pérez Veas y otros* (1873), *Molina* (1873) y *Toro* (1873).

249 En Gallardo Fernández (1805), t. II, p. 93.

250 *Humeres* (1865) y *Álamos* (1865).

251 Ley de 21 de diciembre de 1865, BLDG, XXXIII, p. 608.

Chile, permitiéndole expresamente comerciar, adquirir bienes raíces, etc.; ya aceptando como derecho civil patrio las leyes españolas según las cuales los extranjeros podían heredar y ser herederos en España, especialmente los ingleses, en conformidad de lo dispuesto en la ley 4ª, tít. 11, lib. sexto de la Nov. Recop."[252].

Con todo, el influjo del derecho indiano se extendió más allá de la repercusión de las antiguas normas vigentes. Es importante destacar que también algo de su *espíritu* permeó a través de las antiguas técnicas propias del mundo hispánico precodificador. Aunque hoy se ignora casi por completo, la codificación no exterminó automáticamente —al menos, en Chile— a la antigua técnica recopilatoria que había hecho germinar monumentos como la Recopilación de Indias o la Novísima Recopilación mediante la compilación y distribución de antigua normativa.

Ello se advierte con singular claridad en el derecho administrativo. Quizás el mejor ejemplo sea el que en plena presidencia de Balmaceda se haya emitido un decreto supremo con instrucciones generales para las Tesorerías Fiscales, cuyo fin era el de "reunir en un solo cuerpo las diversas disposiciones dictadas respecto a los pagos que se hacen con arreglo al presupuesto y leyes especiales y a los nombramientos, licencias, interinatos, reemplazos, suplencias, anticipos y gastos de viaje de los empleados públicos"[253]. Si se consulta con un mínimo de atención, su técnica es casi una transposición anacrónica de la que habían empleado las recopilaciones españolas, al punto de señalar, tal como antaño, el origen de la norma invocada.

2. El antiguo derecho patrio

Si las añosas normas indianas siguieron recibiendo aplicación hasta 1890 en distintos ámbitos, no ha de sorprender que las normas patrias que precedieron a la codificación siguieran un similar derrotero.

Así, sobre negocios celebrados antes de la entrada en vigor del Código Civil se seguía aplicando la Ley de Prelación de Créditos de 31 de octubre de 1845[254]; respecto de terrenos abandonados por el mar antes de la entrada en vigor del Código Civil no solo se aplicaban normas indianas, sino también la ley de 8 de agosto de 1849 sobre dicha materia[255], e incluso el Senadoconsulto de 8 de octubre de 1819[256]; en relación con la imposibilidad de acumular dos rentas por empleos públicos, seguía invocándose el Senadoconsulto de 19 de noviembre de 1818[257]; en materia de caminos, se aplicaba la ley de 17 de diciembre de 1842[258]; en lo concerniente a las finanzas públicas, continuaban imperando en sus respectivos ámbitos la

252 *Cood* (1863). Las cursivas son nuestras.
253 Decreto Supremo de 22 de febrero de 1889, BLDG, LVIII, p. 156.
254 *Gallo* (1863) y *Contreras* (1864).
255 *Cerveró* (1865) y *Fisco con Compañía de Diques Flotantes* (1874).
256 *Pescadores de la hacienda de Concón* (1866).
257 *Sucesión de Donoso* (1869) y *Álvarez Toledo* (1881).
258 *Cood* (1873), *Intendente de Aconcagua con Juez de Letras de San Felipe* (1884), *Ojeda* (1887) y *Santa María* (1889).

ley sobre deudores morosos al Fisco de 20 de octubre de 1832[259], la Ley de Deuda Interior de 17 de noviembre de 1835[260] y la Ley de Alcabalas de 17 de marzo de 1835[261], y también se vieron las postrimerías de la aplicación de la Ley de Secuestros de 15 de septiembre de 1853[262].

A inicios del período, a falta de otras disposiciones, seguía aplicándose el Senadoconsulto de 23 de julio de 1823 sobre contrabando[263]. Por su parte, hasta el Código Penal, en materia de robo y hurto, siguió rigiendo la ley general sobre dichos ilícitos de 7 de agosto de 1849[264]; y, en cuestiones relacionadas con armas cortas, el Senadoconsulto de 20 de marzo de 1824[265].

Y, por cierto, también seguían imperando en sus respectivas esferas las reglamentaciones que administrativamente hubieran sido adoptadas con anterioridad a la codificación, salvo, naturalmente, que hubieran sido derogadas con posterioridad por vía administrativa como por vía legislativa[266]. Los ejemplos son numerosos, pero debe enfatizarse que ello se acogió tanto frente al Poder Judicial —por ejemplo, con el Reglamento de Corso de 20 de noviembre de 1817[267]— como frente al Consejo de Estado —y así acaeció respecto de un decreto supremo de 24 de julio de 1846 en relación con la contribución de vigilancia y alumbrado en Valparaíso[268]—.

A pesar de la evidente complejidad del entramado normativo, la aparición de algunas normas del primer período patrio puede resultar sorprendente. Es el caso del Reglamento adicional a la Ordenanza de Intendentes, de 1821, que a pesar de la entrada en vigor de la Ley de Régimen Interior de 1844 se entendió aún imperar en algunas materias como "la especial prerrogativa que tiene el Fisco para no litigar despojado"[269], e incluso en la eventualidad de conmutar una pena por parte de un Intendente[270]. Otro tanto podría decirse del Senadoconsulto de 30 de junio de 1823, que había vuelto a introducir el impuesto de balanza y tajamares en nuestro país, y sobre cuya vigencia se disputaba en la década de 1870, sosteniéndose en definitiva que solo había cesado de existir en 1869[271].

b. Las fuentes de trasfondo

Frente a la protagónica sonoridad de la codificación y la Constitución, el estudio del derecho de la época revela una resonancia sosegada de otras fuentes que, con importancias disímiles, nutrieron el impulso sistemático de nuestro administrativismo. Mientras el rol de la costumbre

259 *Fisco con Carrasco* (1884), *Santibáñez* (1887) y *Villalobos* (1888).
260 *Herederos de Manzanos* (1870).
261 *Lamarca y Ca.* (1872).
262 Véase, *infra*, título quinto, capítulo segundo, A.I.
263 *Álvarez y Ross* (1862).
264 *V. gr.*, *Moreno* (1868), *Gutiérrez* (1874) y *Armijo* (1875).
265 *Jarpa* (1871) y *Manríquez* (1874).
266 Respecto de la derogación de un decreto supremo por vía legislativa, veáse, por ejemplo, *Municipalidad de San Carlos con Almarza* (1890).
267 *Riveros* (1886).
268 *Junta de Reclamos con Juez de Letras de Valparaíso* (1871).
269 *Manzano* (1861).
270 *Cabrera* (1864).
271 *Urmeneta y Errázuriz* (1871).

(1) y de los principios generales (3) fue más bien discreto, la doctrina y la jurisprudencia tuvieron evoluciones que deben seguirse con más atención, y muy en especial la jurisprudencia, que, silenciosa, representó una fuerza muy influyente en la construcción de esta disciplina (2).

1. La costumbre

Este período fue bastante restrictivo respecto al rol de la costumbre en el derecho en general y, en particular, en el derecho administrativo[272]. Ello, como puede intuirse, se deriva esencialmente del artículo 2° del Código Civil, que introdujo el criterio de que "la costumbre no constituye derecho sino en los casos en que la ley se remite a ella". Como bien se sabe, el derecho castellano-indiano, y el patrio hasta 1856, había sido bastante más favorable a la costumbre, lo que se había advertido hasta cierto punto en el derecho administrativo[273]. El punto de inflexión que terminó consagrando normativamente el recelo contra la costumbre se dio en las etapas finales de la redacción del Código Civil, dado que los primeros proyectos eran mucho más favorables a ella; y esta mutación se dio a pesar de la resistencia de Bello, quien logró, para salvar en algo el rol de la costumbre, que se aceptase la fórmula de remisión a ella que se plasmó en la redacción final del artículo[274].

Es cierto que, en materia mercantil, el Código de Comercio de 1866 tuvo una aproximación bastante más generosa hacia la costumbre que la del Código Civil, disponiendo en su artículo 4° que "las costumbres mercantiles suplen el silencio de la ley, cuando los hechos que las constituyen son uniformes, públicos, generalmente ejecutados en la República o en una determinada localidad, y reiterados por un largo espacio de tiempo, que se apreciará prudencialmente por los juzgados de comercio", y añadiendo en su artículo 5° el modo de probar la costumbre cuando ella no les fuera constante a los referidos juzgados; pero, tal como ya se ha enfatizado[275], la influencia del Código de Comercio sobre nuestro derecho administrativo fue más bien tangencial.

Nuestros tribunales de justicia se refirieron a la costumbre en pocas oportunidades durante este período. En ocasiones se la alegaba sin mayores repercusiones prácticas[276] y normalmente existía una aproximación negativa hacia ella[277]. En materia contractual, el principio *pacta sunt servanda* obstaba a una eventual relevancia de su impacto. Así, por ejemplo, pudo disponerse

272 Las dificultades referidas a la recepción de la costumbre se han dado en otros regímenes administrativos, como el francés: véase, *v. gr.*, Teboul (1989).

273 Bocksang Hola (2015 a), capítulo preliminar, B.II.a.

274 Barrientos Grandon (2016), I, p. 46.

275 Véase *supra*, en este capítulo, A.I.b.

276 Incluso en materia comercial antes del Código de Comercio, como en *Pradel y Berríos* (1861), y tras su entrada en vigor, se la seguía invocando con la expectativa de que permitiese al menos alterar la carga de la prueba, como en *Nieto* (1881). En materia tributaria, por ejemplo, *Silva* (1888).

277 Máxime si lo que se pretendía era invocar supuestas costumbres *contra legem*. Así se invocó inoperantemente una pretendida costumbre judicial en *Alcaldes de Lebu* (1878); y de *Gaete* (1878) se desprende —particularmente de las alegaciones del imputado, en relación con lo dispositivo— que no era lícito invocar una costumbre para dejar sin efecto la ley. Y aún más claramente se advierte de *Fuenzalida* (1887), en que se pretendía excusarse del pago de un tributo en Tarapacá por no haberse cobrado mientras dicho territorio formó parte de Perú: "[...] aunque consta de autos por las pruebas rendidas que jamás se ha cobrado en Patillos la contribución de mojonazgo y sisa en tiempo de la

que "aunque el demandante ha probado que es costumbre pagar por separado el trabajo de nivelación de las paredes, esta costumbre no puede regir en el caso presente, en que las partes han estipulado claramente la forma en que debía entregarse el trabajo, pues en todo contrato legalmente celebrado debe considerarse lo estipulado como una ley para el contratante y debe cumplirse de buena fe"[278].

Por otra parte, es de interés advertir que el recelo de nuestro régimen jurídico hacia la costumbre se afirmó, tras la Guerra del Pacífico, por la consistencia existente en esta materia entre el criterio chileno y el peruano en esta materia:

> "[...] aunque los demandantes han acreditado asimismo que las autoridades peruanas nunca exigieron que las pertenencias salitreras se amparasen por medio del trabajo, y según las prescripciones vigentes para las minas metálicas, sino que se consideran dichas pertenencias adquiridas definitivamente como de dominio irrevocable por el hecho de la constitución de los títulos originales, y con los testigos que contestan a las preguntas undécima y duodécima del citado interrogatorio, manifiestan que aquellas autoridades no daban cumplimiento a otras disposiciones legales relativas a esta materia, *tales costumbres, aunque realmente hayan existido, no pueden ser invocadas como un precedente legítimo, puesto que el art. 6° del título preliminar del Código Civil del Perú, establece el principio de que las leyes no se derogan por la costumbre ni por el desuso, disposición análoga a la del art. 2° de nuestro Código Civil, que dice que la costumbre no constituye derecho sino en los casos en que la ley se remite a ella*"[279].

Pero, en algunas ocasiones —poco numerosas—, la costumbre se reconocía claramente como fuente útil para determinar lo justo en la especie de que se tratara, en materias civiles y también en materias criminales[280]. Por supuesto, ello se daba en aquellos casos en que la propia ley recurría explícitamente a la posibilidad de que la costumbre se invocase, como el caso del honorario en el mandato, que según el artículo 2117 inciso segundo del Código Civil es determinado "por convención de las partes, antes o después del contrato, por la ley, la costumbre, o el juez"[281]. Pero también se daba en materias de otra índole; así, tratándose de un litigio de aguas, se declaró que "la Ilustre Municipalidad ha probado plenamente *que ha sido práctica antigua observada hasta el presente de disminuir en invierno el agua de la acequia del pueblo de Melipilla para evitar inundaciones en este pueblo*, y que Nef ni ninguno de sus sucesores en el fundo se han opuesto a esa práctica", añadiéndose que "la Municipalidad *no pudo ceder el uso de dicha agua contrariando a una práctica antigua*, en perjuicio de toda una población"[282]. Análogamente, en materia de tarifas de concesiones de servicio público, como la del *balseaje*

---

administración peruana, la ley de 31 de octubre de 1884 da tal derecho, puesto que la ha dictado para todo el territorio de Tarapacá".

278 *Cordero Velasco* (1884).

279 *Carreño y otros* (1888). Las cursivas son nuestras.

280 En España había también una cierta aceptación de la costumbre en el derecho administrativo de mediados del siglo XIX: Nieto García (1986), p. 185.

281 *Allende Padín* (1879).

282 *Beard* (1875). Las cursivas son nuestras.

del Mataquito, la existencia de una costumbre en relación con el precio hacía innecesaria la fijación de tarifa por reglamento[283].

Transitando a la esfera penal, en una causa dirigida contra un funcionario se entendió que la posibilidad de imponer una sanción por defraudación de intereses fiscales pasaba por determinar la existencia de una costumbre, en la propia Administración, en orden a dar vales y anticipos, no existiendo tal posibilidad en la normativa. La sentencia de primera instancia, confirmada por la Corte Suprema, consideró que "los fondos fiscales a cargo de don Manuel Pérez no han sido perjudicados con esos adelantos, ni por haberlos permitido es posible atribuirle un procedimiento irregular, *por cuanto al concederlos seguía una práctica antigua y tolerada, como resulta justificado con los informes y declaraciones*"[284]. El valor de la costumbre también aparece de una causa por internación de mercaderías en la que, habiendo el particular denominado *pana* lo que era *terciopelo*, el tribunal decidió absolverlo, porque "es costumbre constante en el comercio designar con el nombre de pana el terciopelo de algodón" y, por lo tanto, no había habido intención de defraudar los intereses fiscales, necesaria para imponer una sanción[285].

2. Jurisprudencia y doctrina

En cuanto a la jurisprudencia, una primera aproximación muestra que la cosmovisión que sobre el ordenamiento jurídico ofrecía el Código Civil no era muy favorable, en principio, a una efusión de su influencia. Bien se sabe que el inciso segundo del artículo 3° de dicho cuerpo normativo dispuso que "las sentencias judiciales no tienen fuerza obligatoria sino respecto de las causas en que actualmente se pronunciaren". Lira Urquieta subrayaba que "el autor del Código Civil miró con desconfianza a los jueces, fue un enemigo resuelto del llamado hoy Derecho libre. A lo largo del articulado podrá verse que solo en contadas ocasiones deja al arbitrio del juez la resolución de un problema: lo que quiere es que el juez aplique la ley y que no se salga de ella por ningún pretexto ni a ningún título"[286].

Aun teniendo en consideración lo anterior, lo cierto es que una cosa era el articulado del Código Civil y otra muy distinta era la práctica de los propios tribunales. Yendo más a fondo con esta última, lo que se revela es un universo sorprendente, que, sin perjuicio de ciertas contradicciones, desarrolló auténticas líneas jurisprudenciales y, en general, una aproximación bastante consistente respecto del derecho en general y respecto del derecho administrativo en particular.

Sin perjuicio del legalismo que caracterizó a esta época, quizás puede compartirse en buena medida la aseveración de que en la Europa de estos años "el gran motor de la especialidad, incluso antes que la ciencia jurídica, fue la jurisprudencia"[287]. De ello se dará cuenta

283 *Nantuí* (1889): "[…] el subastador se ha comprometido a cobrar los derechos acostumbrados, lo que no hace exigible la existencia de un reglamento especial sobre la materia".

284 *Pérez Vergara y Guevara Rojas* (1879).

285 *Fisco con Mathieu, Brañas y Ca.* (1889).

286 Lira Urquieta (1956), p. 60.

287 Mannori y Sordi (2011), p. 355. En Estados Unidos, las características de su régimen jurídico parecen haber ido más allá, al reconocerse que los jueces de estos años "asumieron un rol amplio, expansivo y activista en la interpretación del derecho público": Wiecek (1998), p. 100.

abundantemente en las distintas secciones de la presente obra, pero quizás conviene enfatizar, para advertir con mayor claridad esta situación, que ocasionalmente los mismos tribunales incurrían en deliciosos deslices que revelaban que el artículo 3° del Código Civil podía ser visto con plasticidad.

Por ejemplo, en una sentencia de 1870 que resolvió un pleito sobre devolución de derechos, uno de los considerandos que fundaba la procedencia de la restitución expresaba que "por las sentencias en copia corrientes a fojas 18 vuelta, *se ordenó en un caso idéntico entre las mismas partes que litigan, la devolución que ahora se solicita*"[288]. Más allá de intervenir las mismas partes, lo cierto es que se trataba de un juicio distinto, que en todo caso servía para justificar la aplicación de la decisión correspondiente.

Un segundo ejemplo procede de finales del período, en un juicio dirigido por muchos titulares activos en contra del Fisco, por cobro de pesos en razón de pagos impuestos en razón de un tributo improcedente. Aunque lo considerativo de la sentencia no revela prácticamente nada de la mentalidad de la época, sería casi imposible encontrar una parte expositiva más transparente y elocuente. La síntesis que la sentencia efectuó de los fundamentos de la demanda fue la siguiente:

> "*En un juicio análogo al presente que siguieron contra el Fisco otros operarios de los ferrocarriles del Estado, la Excma. Corte resolvió por sentencia que corre a f. de la Gaceta de los Tribunales, que debía devolvérseles las cantidades que indebidamente se les había descontado a esos individuos*, y como mis representados se encuentran en un caso semejante y hasta la fecha no se les ha devuelto las sumas que a título de contribución mobiliaria se les dejó de abonar. En consecuencia, solicito se declare que mis representados tienen derecho a las cantidades que se les descontó por contribución mobiliaria desde 1879 a 1883 inclusive"[289].

La controversia quedó prácticamente reducida a nada al tener presente la contestación del representante fiscal:

> "*El señor director del Tesoro, contestando, pide se dé lugar a la anterior demanda en virtud de la resolución judicial que en ella se cita*, con la condición de que los demandantes presenten una certificación de la Dirección General de los Ferrocarriles del Estado en que se exprese:
>
> 1° Que efectivamente fueron operarios a jornal;
>
> 2° Que no han figurado entre aquellos a quienes se les restituyó lo descontado por valor de la contribución; y
>
> 3° Una liquidación de las sumas que les han descontado de sus haberes para cubrir la indicada contribución.
>
> Con la presentación de los expresados justificativos, el señor director del Tesoro y el señor promotor fiscal a f. 20 expresan su conformidad con la demanda"[290].

288 *Urmeneta, Errázuriz y Ca.* (1870).

289 *Scott y otros* (1890). Las cursivas son nuestras.

290 Las cursivas son nuestras.

Casi huelga señalar que el Juzgado de Letras dio lugar a lo pedido en la demanda y que la Corte Suprema aprobó en consulta la sentencia de primera instancia. Allende la justicia de lo pedido por los demandantes, sobresale el grado determinante de influencia que *otra sentencia*, que regía a *otras partes*, terminó proyectando sobre la cuestión materia del pleito analizado. De lo expresado aparece que la cuestión, en la práctica, se zanjó por la vía de asumir la autoridad del precedente jurisprudencial.

También conviene enfatizar que el mundo jurídico seguía con interés la jurisprudencia más reciente, que desde 1841 se había publicado en la *Gaceta de los Tribunales* en lo que concernía al Poder Judicial. En esta época, el incremento en el volumen de las resoluciones judiciales publicadas era notorio, lo que habla tanto de la mayor litigiosidad que se había desarrollado en Chile —en todo tipo de materias— cuanto de la mayor longitud que las propias resoluciones tenían, merced a varios factores, incluida la repercusión de las leyes sobre fundamentación de las sentencias y la publicación de los votos particulares emitidos en los tribunales colegiados[291]. Sin quizás ser propiamente inmanejable, en 1878 se dispuso, por vía administrativa, que no todas las resoluciones judiciales fueran publicadas en la *Gaceta de los Tribunales*: "Desde el 1° de enero próximo, solo se insertarán en el expresado periódico las sentencias, autos o providencias cuya publicación ordene el juez o tribunal del que emanan, con la frase de *Publíquese en la Gaceta de los Tribunales*"[292]. Y en la década siguiente se fijaron reglas adicionales para la publicación de la *Gaceta*[293].

En lo que concierne a la doctrina, quizás conviene detenerse un poco sobre su nivel de desarrollo en la época. Como se ha visto, la doctrina administrativista había tenido, a fines del período anterior, un punto de apoyo en el primer libro chileno sobre esta disciplina, el *Derecho administrativo chileno* que Santiago Prado publicó en 1859 tomando como modelo al *Derecho administrativo español* que Manuel Colmeiro había publicado en 1850[294]. Era esperable que este primer paso de nuestro derecho engendrase continuadores en las décadas sucesivas. Sin embargo, lo que se encuentra en el período 1861-1890 en materia de doctrina propiamente administrativista es una nueva inmersión en la irrelevancia doctrinaria, pues en estos treinta años no surgió ni siquiera una obra de derecho administrativo general que pudiera proseguir y profundizar el precario pero valioso intento de Prado —y también acentuar la juridificación de esta materia, que aún tenía una inclinación muy marcada hacia la ciencia administrativa[295].

---

291 Véase *infra*, título segundo, capítulo segundo, B.II.a.

292 Decreto Supremo de 20 de noviembre de 1878, BLDG, XLVI, p. 507.

293 Decreto Supremo de 1° de octubre de 1886, BLDG, LV, p. 1049.

294 Bocksang Hola (2015 a), capítulo preliminar, A.II.b.

295 Esta mezcolanza entre el derecho administrativo y la ciencia administrativa también aparecía muy patente en la España de mediados del siglo XIX, tal como expresa Alli Aranguren, pp. 577-582 (2005), y también se ha destacado específicamente en la obra de Colmeiro por Rodríguez-Arana Muñoz (1995), p. 154. Debe también tenerse en consideración la aseveración de Neyrat (2019), esp. pp. 210-248, de que, en el período 1861-1890, el derecho administrativo español "se replegó en sí mismo" y se halló más bien cerrado a influencias doctrinales extranjeras, antes de proceder a una renovación en la última década del siglo XIX. Con todo, el énfasis más bien próximo a lo organizacional y funcional de la Administración —y con bastante alejamiento de la jurisprudencia como fuente relevante para el derecho administrativo— subsistía en literatura excelente de esta última década, como Santamaría de Paredes (1891).

Por ende, la influencia del administrativismo vernáculo sobre el desarrollo de la disciplina en las tres décadas en análisis solo podría desencadenarse como consecuencia de la influencia de los autores de la época anterior. Y, nueva sorpresa, debe tenerse presente que sí la hubo, aunque en corriente exclusivamente doctrinaria; es decir, Prado, como *doctrina* administrativista más autorizada, conjuntamente quizás con Lastarria, pudo impactar en cierta *doctrina* posterior, aunque esta no fuera propiamente administrativista, sino *procesal*. Se trata del *Prontuario de los Juicios* de José Bernardo Lira, que, al referirse al contencioso administrativo, incurrió en exactamente el mismo error que los publicistas del período anterior: la deformación de la noción de contencioso administrativo, estimando que solo existiría tal en los casos en que una jurisdicción especial conociese de las controversias relacionadas con la Administración. Lira reconocía, por una parte, el rol de los juicios de hacienda[296], de los juicios de reclamos y comisos[297], y de los juicios de cuentas[298]; pero los contraponía a los "juicios contencioso-administrativos", que comprendían los juicios sobre caminos y los correspondientes al Consejo de Estado[299]; y tratando posteriormente, como "apéndice" las "materias de policía local", en las que tenían un rol importante los alcaldes[300].

Cabe preguntarse qué doctrina administrativista podía desarrollarse sobre la equivocada idea de que lo propiamente administrativo era casi irrelevante en la práctica, al entenderse erróneamente por parte de los autores principales la marginalidad casi total del contencioso administrativo[301]. Cuando mucho, la aparición de una ley importante podía motivar algún *comentario* a su respecto por parte de los especialistas; así sucedió, por ejemplo, con la Ley del Régimen Interior de 1885, que motivó interesantes obras por parte de Robustiano Vera[302] y José Joaquín Larraín[303].

No ha de sorprender que recién a fines del período, en 1887, se estableciera "en la Sección Universitaria del Instituto Nacional una clase destinada a la enseñanza del derecho administrativo", disciplina que se estudiaría "en el quinto año del curso de leyes"[304].

---

296 Lira Argomedo (1867), III, pp. 293-296.

297 Lira Argomedo (1867), III, pp. 297-301.

298 Lira Argomedo (1867), III, pp. 302-309.

299 Lira Argomedo (1867), III, pp. 312-314.

300 Lira Argomedo (1867), III, pp. 315-318.

301 Y trasplantando a Chile sin sentido crítico los mejores estudios españoles de la época, la situación probablemente se hubiese embrollado aún más. Por ejemplo, Gallostra y Frau (1881), pp. 5-6, definía lo contencioso-administrativo como "la administración misma, deteniéndose a examinar y juzgar sus propios actos, en cuanto puedan haber herido derechos o intereses legítimos, por ella creados o amparados". Por ello, en lugar de asumir lo contencioso-administrativo como lo sujeto a una jurisdicción especial, según lo asumía Prado —dada en Chile por el Consejo de Estado—, una transposición literal de Gallostra hubiera producido que lo contencioso-administrativo quedase reducido a las reclamaciones entabladas por la vía administrativa. Como veremos *infra*, en el título segundo, para nosotros el contencioso estuvo dado por el vital control de los tribunales, cualquiera fuera su especie, lo que ciertamente incluía a los tribunales ordinarios como actores protagónicos. Y, por si quedara alguna duda de la naturaleza del control español de la época, Nieto García (1986), p. 195, comentando desde nuestros días la anterior definición de Gallostra, ha calificado a los tribunales españoles contencioso-administrativos de la época como de índole "cuasijurisdiccional".

302 Vera Díaz (1886).

303 Larraín Zañartu (1886).

304 Decreto Supremo de 10 de diciembre de 1887, BLDG, LVI, p. 1842.

Tampoco ha de sorprender que la siguiente obra que intentase promover una síntesis del derecho administrativo apareciera recién en 1900, el *Resumen de derecho administrativo aplicado a la legislación de Chile*[305]. Ausente una visión global de las relaciones de la Administración en sí misma y con los particulares, resultó inevitable que la atención sobre aspectos del derecho administrativo terminara desplazada y restringida a las obras que analizasen aspectos relacionados con la Administración desde la óptica de otras disciplinas.

Por supuesto, la más influyente fue *La Constitución ante el Congreso*, de Jorge Huneeus[306], que, por contenerse en la carta fundamental numerosas disposiciones referidas a la Administración, permitió desde la óptica constitucional delinear aspectos dogmáticos y prácticos de mucha importancia en el derecho administrativo[307]. Y, por lo demás, aportar mucha sensatez a un área que se marchitaba doctrinalmente por la autoimposición de limitaciones para su desarrollo. Habiéndose analizado con detención su aporte a esta disciplina, bien se ha señalado que "Huneeus fue un gran administrativista"[308]. Es importante destacar que Huneeus está en el origen de una renovación vital del derecho administrativo chileno, pues, lejos de cegarse con los ejemplos provenientes del derecho comparado, los utilizó convenientemente para describir y comprender el desarrollo del derecho chileno.

El ya relacionado caso del contencioso administrativo permite explicar este punto de manera muy clara: Huneeus se apartó claramente del eje Prado-Lastarria, de cuño afrancesado, que proclamaba la necesidad de tener en Chile una dualidad jurisdiccional que replicara la existente en Francia entre el orden jurisdiccional ordinario y el orden jurisdiccional administrativo[309]. Huneeus afirmó en su obra la necesidad de preservar un orden jurisdiccional único, pues daría las máximas garantías de que el derecho administrativo no se viese obstaculizado por cuestiones de competencia:

> "Organícense las cosas de manera que no exista posibilidad de que se promuevan cuestiones de competencia y entonces no habrá para qué preocuparse de establecer quién ha de decidirlas. Adóptese el sistema que rige en Inglaterra y en Estados Unidos, países ambos en los cuales jamás juzga la administración, y desaparecerán por completo esas competencias que han sido entre nosotros tan frecuentes, y que, con placer lo notamos, van disminuyendo de día en día, merced al espíritu que, en estos últimos años, ha dominado en nuestra legislación, de arrancar de manos de la administración la facultad de fallar asuntos contenciosos"[310].

Y tal simplificación se había producido a partir de la reforma constitucional de 1874, que suprimió las prerrogativas del Consejo de Estado en contenciosos contractuales: "La reforma efectuada en 1874 es el mejor argumento que puede oponerse a los defensores de la jurisdicción administrativo-contenciosa, si todavía los hubiere en Chile. La unanimidad con que aquella fue acogida por ambas Cámaras, por el Ejecutivo y por la prensa, no admite réplica,

---

305 Amunátegui Rivera (1900).
306 Huneeus Zegers (1880).
307 Ruiz Rosas (2008), p. 19.
308 Zelaya Etchegaray (1986), pp. 5-69; y, específicamente para la cita, p. 12.
309 Huneeus Zegers (1880), II, p. 239.
310 Huneeus Zegers (1880), II, p. 226.

y nos permite afirmar con satisfacción que semejante sistema está definitivamente condenado entre nosotros"[311]. Con toda razón se ha aseverado que "fue en esta materia donde Jorge Huneeus Z. hizo gala de su genialidad jurídica"[312]. Este botón de muestra —otros aparecerán en materias puntuales— hacen de esta obra de Huneeus la doctrina chilena más influyente en nuestro derecho administrativo de todo el período 1861-1890.

Hay otros autores publicados en Chile que se refirieron, al menos tangencialmente, al derecho administrativo. Quizás el caso más notable sea el del francés Jean-Gustave Courcelle-Seneuil. Habitualmente se le reconoce una labor preponderante en nuestro país en el terreno económico, pero debe tenerse muy en vista que Courcelle-Seneuil había tenido formación en Derecho. En consecuencia con lo anterior, publicó en Francia hacia fines del período su *Préparation à l'étude du droit — Étude des principes*[313], traducida y publicada el mismo año en Chile como *Estudio de los principios del derecho o preparación para el estudio del derecho*[314]. Courcelle-Seneuil le dedicó al derecho administrativo un capítulo entero de su libro —el capítulo VIII del Libro III—, cuyo examen a primera vista llama la atención por la agudeza de sus observaciones, sea que se compartan o no sus puntos de vista. Puede tenerse en vista la siguiente aseveración formulada por este autor: "[...] el derecho administrativo se halla íntimamente ligado al derecho público y deslinda con el derecho civil, contradiciendo a veces al primero e invadiendo otras veces al segundo"[315]. Sin entrar en las consideraciones acerca de qué significaba concretamente para Courcelle-Seneuil *derecho público*, o de si sea o no correcta la expresión *invasión* en relación con el derecho civil, lo cierto es que quizás es la aproximación sinóptica más jurídica que en el Chile de esta época se haya publicado acerca del régimen de derecho administrativo. Ello no fue solo producto del acaso, pues aunque este hecho sea poco conocido en nuestro país, Courcelle-Seneuil integró el Consejo de Estado francés una vez regresado a Europa[316] y, por lo tanto, estuvo muy en contacto con la teoría y con la práctica del derecho administrativo.

Fuera del ámbito de los libros o las obras de mayor extensión, cabe destacar la aparición hacia finales de este período, en 1885, de la primera revista jurídica doctrinal de nuestro país: la *Revista Forense Chilena*. En los años que corrieron hasta el final del período en estudio, fueron varios los temas específicos de derecho administrativo que en ella fueron abordados.

---

311 Huneeus Zegers (1880), II, p. 242. Y, por si quedara alguna duda de lo esencial de su pensamiento al respecto, expresaba posteriormente que "en conclusión, acerca de este punto, permítasenos expresar el deseo de que llegue pronto el día en que —con excepción solamente de las acusaciones que la Cámara de Diputados entablare ante el Senado, y de las cuestiones referentes a la validez o a la nulidad de las elecciones populares— el conocimiento de todos los asuntos contenciosos, sin exceptuar las injurias que se lanzaren por medio de la imprenta, corresponda exclusivamente a los tribunales ordinarios creados por la ley" (p. 245).

312 Zelaya Etchegaray (1986), p. 56.

313 Courcelle-Seneuil (1887 a).

314 Courcelle-Seneuil (1887 b). Se expresa en esta edición que la obra fue "traducida y armonizada con la legislación chilena por Manuel Salas Lavaqui", a más de contener una noticia biográfica de Diego Barros Arana.

315 Courcelle-Seneuil (1887 b), p. 298. En el original en francés —Courcelle-Seneuil (1887 b), p. 264—, "le droit administratif se rattache au droit public et confine au droit civil, contredisant quelquefois le premier et empiétant trop souvent sur le second".

316 Nombrado en 1879. Véase, *v. gr.*, Swenson (2013), p. 315.

Quizás merece también enfatizarse que la doctrina no parece haber permeado manifiestamente a la jurisprudencia, si bien hay ejemplos puntuales de explícita influencia que, precisamente por ser muy escasos, resultan llamativos y hasta anómalos. Sobresale la evocación del francés Foucart en el voto particular de los ministros Covarrubias y Lastarria dirigido a fundamentar por qué los exintendentes y exgobernadores no debían entenderse cubiertos por inmunidad constitucional o fuero[317]. Fuera de esta referencia comparativa en un voto disidente, no parece haber más alusiones a doctrina administrativista, y no constan invocaciones de la doctrina nacional, ni siquiera del libro de Santiago Prado.

Únicamente en un ámbito muy especial de la jurisprudencia relacionada con la actividad de la Administración se develan invocaciones más enjundiosas de la doctrina: las cuestiones que involucraban aspectos sustanciales de derecho internacional[318]. Debe subrayarse que estas invocaciones se dieron propiamente en las sentencias y no en votos disidentes. Así, en una sentencia de presas la propia Corte Suprema expresó "que el hecho alegado en favor de los señores Serdio de haberse contratado el cargamento antes de haberse declarado la guerra entre el Perú y Chile, en nada altera la condición de ser dicho cargamento propiedad de súbdito enemigo para el efecto de su confiscación; *y el Derecho de Gentes no hace a este respecto ninguna injerencia, como lo expresan Bugé y Bello*"[319]. Al año siguiente, un ministro de la Corte Suprema, conociendo en primera instancia de una cuestión concerniente al arrendamiento de una salitrera, que involucraba aplicación del derecho internacional, sostenía entre los considerandos que "las autoridades chilenas tuvieron facultad para apoderarse de ella como propiedad del Gobierno enemigo, para percibir sus productos y para establecer el régimen de explotación que juzgaron más conveniente *(Bluntschli - Derecho Internacional codificado, libro 8 - Bienes del enemigo y bienes de particulares en país enemigo - Wheaton, Derecho Internacional, parte 4ª, capítulo 2°)*"[320]. En 1887, se invocó expresamente autores de derecho internacional a fin de conceptualizar lo que era una servidumbre activa de derechos de gentes[321]. Y en 1889, respecto de otra cuestión relacionada con salitreras, pero por indemnización de perjuicios, en primera instancia —confirmada en segunda— se recordaba las "prácticas internacionales y principios de derecho sustentados por los publicistas", apoyándose en Andrés Bello y Carlos Calvo[322].

---

317 *Luco Lynch* (1885).

318 Sobre el especial impulso que desarrolló el derecho internacional en este ámbito, véase *infra*, en este capítulo, A.II.c.

319 *Fisco con Serdio* (1885). Las cursivas son nuestras.

320 *Massardo* (1886). La sentencia fue confirmada por la Corte Suprema en segunda instancia. Las cursivas son nuestras.

321 *Barbé* (1887).

322 *Fréraut* (1889).

3. Principios generales

Los principios generales siguieron desempeñando una función perceptible dentro de nuestro régimen administrativo, pero con una mayor radicación normativa, dado que algunos de ellos eran más claramente recogidos por las nuevas reglas que entraron en vigor en el período[323]. Esto se ve con especial claridad en la jurisprudencia de los tribunales ordinarios.

Así, por ejemplo, el principio *ignorantia legis non excusat*, que en su momento analizamos como principio general de nuestra jurisprudencia temprana[324], pasó en el ámbito civil a recibir un reconocimiento normativo en el artículo 8° del Código Civil, al disponerse que "no podrá alegarse ignorancia de la ley por ninguna persona, después del plazo común o especial, sino cuando por algún accidente hayan estado interrumpidas durante dicho plazo las comunicaciones ordinarias entre los dos referidos departamentos", añadiéndose que "en este caso dejará de correr el plazo por todo el tiempo que durare la incomunicación". En materia penal, a pesar de algunas sentencias que, sustentándose en el referido artículo 8° del Código Civil[325], dieron a entender que no cabía su aplicación, se accedió a aceptarla en algunos casos. Quizás la aplicación más conceptual de la aceptación de este criterio aparece de la expresión de que "ni consta en autos que los vocales acusados hayan ignorado la Ley de Elecciones, ni alegan ellos en su defensa tal ignorancia; y, antes bien, resulta que el hecho por el cual se les ha procesado tuvo por origen una duda a que, en su concepto, se presta dicha ley"[326], con lo que quedaba claro que no bastaba con desconocer *el alcance* de una determinada norma, sino que había que desconocer *la existencia* de la norma. La aceptación de este error de prohibición tenía ramificaciones diversas, tales como cuando, al preverse medidas complementarias de publicidad del acto, ellas eran infringidas por los funcionarios del Estado[327], o en los casos en que en materia militar constara que al imputado no se le habían leído las leyes penales[328]. Pero no se extendía a justificar, al menos a todo evento, la ignorancia que un extranjero hubiera padecido respecto de la norma penal[329].

---

323 Por ejemplo, en *Mery y Fisco* (1861) se expresó que "es un principio generalmente reconocido que el estado civil, una vez adquirido, no se pierde porque otra ley posterior exija nuevos requisitos; a menos que la misma ley lo exprese terminantemente". Dicha sentencia es de 3 de mayo de 1861. En octubre del mismo año, la ley sobre efecto retroactivo de la ley dispondría en su artículo 3° que "el estado civil adquirido conforme a la ley vigente a la fecha de su constitución subsistirá aunque esta pierda después su fuerza".

324 Cfr. Bocksang Hola (2015 a), capítulo preliminar, B.II.b.1.

325 *Guerrero* (1866). Menos enérgicamente, *Meje* (1882), entendiendo, frente a lo previsto en el artículo 8°, que un plazo de tres años es más que suficiente para llegar a conocer una norma penal.

326 *Arenas y otros* (1876).

327 *Fisco con Capitán de la Barca General Pike* (1865).

328 En este caso había norma explícita: el artículo 6° del Título 6° de la Ordenanza del Ejército disponía: "Para que nunca alegue ignorancia, que le exima de la pena correspondiente a la inobediencia que cometa, debe saber con precisión los nombres de los Cabos, Sargentos, Oficiales de su compañía, el de los Ayudantes, Sargento Mayor, Teniente Coronel y Comandante, y estar bien enterado de las leyes penales, que se le leerán una vez al mes, antes de la revista de Comisario en el mismo día de ella, a presencia del que mandare la compañía". *V. gr.*, *Araya* (1868), *García* (1874 b), *Espinosa* (1882) y *Canales* (1886).

329 *Nichols* (1889).

Los casos de invocación de principios son bastante variados, aun sin evocar reglas que los sustentasen concretamente. Abarcan, por cierto, los casos de grandes principios, como la protección de la buena fe[330] o la proscripción del enriquecimiento injusto[331]. También, los criterios tradicionales de que "no hace daño ni mal a otro el que usa de su derecho"[332], de que "nadie debe aprovechar su propio crimen"[333], de que a lo imposible nadie está obligado[334] y de que "cuando la ley no distingue no es lícito hacer distinciones", calificado como "un axioma en derecho"[335].

En materia civil, aparecieron los criterios de que un determinado acto simulado no era tal acto[336], de que la reserva de derechos por parte de una de las partes "no puede ser causa de derechos que la ley no le concede"[337], de que "todo administrador de bienes ajenos está afecto a las consecuencias de su administración hasta intertanto no liquide o finiquite sus cuentas o no prescriban las acciones que le son contrarias"[338], y, sobre la base del Código Civil, de que la solidaridad debe ser explícitamente establecida[339]; y, hasta cierto punto, se pudo integrar algo similar a lo que hoy se denominaría "primacía de la realidad", por ejemplo, para entender como formalmente dividido un predio antes de haberse formalizado tal división[340].

En materia comercial, con anterioridad a nuestro Código de Comercio se planteaba que "la fe debida a las letras mercantiles es indivisible"[341] y, desde lo propiamente tributario, el principio de legalidad implicaba que no fuera reprochable el que, cumpliéndose con la ley tributaria, no se derivara provecho alguno para el Fisco[342]. En materia sancionatoria, estaba claro que a nadie se le podía imponer un castigo en caso de que la infracción se hubiese derivado de un error procedente de la Administración[343] o de un caso de fuerza mayor[344];

---

330 *Miller y Preston* (1862).

331 Con formulaciones aforísticas desde el inicio al final del período: en *Fisco con Municipalidad de Concepción* (1863) —"ninguno tiene derecho para enriquecerse con perjuicio de otro"—, así como en *Jara* (1889) —"es un principio de derecho que nadie puede enriquecerse a costa de otro". También, de modo implícito, *v. gr.*, en *Donoso* (1862), *Puente* (1865), *Finher* (1871) y *Banco de la Alianza* (1876). Sobre esta materia, en el ámbito judicial —el llamamiento de un abogado a servir gratuitamente como juez subrogante y su relación con el enriquecimiento injusto— véase Céspedes Proto (2017).

332 *Bunster* (1865). También, a finales del período, en *Larraín* (1890), "[...] el que ejercita un derecho a nadie perjudica".

333 *Vera* (1865).

334 *Gana* (1880).

335 *Encina* (1885).

336 *Fisco con Bahamondes* (1871).

337 *Oróstegui* (1876).

338 *Municipalidad de San Felipe con Vargas* (1865).

339 *Fisco con Barrera* (1884).

340 *Fisco con Flores* (1878).

341 *Fisco con Testamentaria de Raveau* (1861).

342 *Banco Sud Americano* (1874): "Que, si en el último de estos pagos no sacó provecho alguno el Fisco por haberse tomado como base no las utilidades del año corriente, sino las del anterior, ese perjuicio resulta solo de la aplicación estricta de la ley que así lo ordena, y no puede por consiguiente ser a nadie imputable".

343 *Hernández Hermanos* (1865) y *Pearson* (1866).

344 *Scottish Maid* (1866) y *Fisco con barca Countess of Rothers* (1878).

y también podían hallarse formulaciones del principio *pro reo* sin apoyo de norma alguna específica[345].

Y, por último, desde una perspectiva administrativa general, aparecen varios principios. Se recogió explícitamente el principio de responsabilidad —sin invocarse el Código Civil— frente a los daños producidos por la Administración sobre los derechos de las personas, aun existiendo "interés general" para ello[346]; se expresó que el límite entre un tiempo de guerra y un tiempo de paz está efectivamente fijado por el tratado de paz respectivo[347]; se planteó un germen de reconocimiento de un principio de continuidad de los medios para satisfacer necesidades públicas, o al menos colectivas[348], aunque matizado en caso de existir imposibilidad para prestarlo, por ejemplo, por causa de una guerra[349]; y se fijó un reconocimiento explícito de la defensa de la institucionalidad, descartándose sancionar a los integrantes de una asociación contra la que no constaba "que fuera formada con el objeto de atentar contra el orden social, contra las buenas costumbres, o contra las personas o propiedades"[350]. Y, a más de todo lo anterior, debe también considerarse el principio de protección de los derechos adquiridos, abordado específicamente más abajo[351].

También en la jurisprudencia del Consejo de Estado puede encontrarse la recepción de principios generales. Aunque no son muchos los casos, los que existen son de interés y permiten iluminar esta fuente desde otros puntos de vista. Aparecen, por ejemplo, el criterio del "beneficio público" como elemento relevante para el derecho administrativo[352], la consideración del error común[353], y la imposibilidad de duplicación de funciones entre la Administración y el Poder Judicial[354]. Y en la jurisprudencia del Tribunal de Elecciones Municipales aparecen, por ejemplo, la presunción de buena fe[355] y el criterio *fraus omnia corrumpit*[356].

c. La eclosión del derecho internacional

Aunque el derecho internacional había estado presente desde inicios del período patrio —con aspectos fundamentales, como la sucesión política del Chile independiente respecto del Chile indiano o el reconocimiento de la independencia de nuestro país por parte de España—, el período 1861-1890 vio una eclosión muy especial del rol de esta área sobre el derecho

---

345 *Isaza Bonamaison* (1878) y *Luco y otros* (1887). Obviamente, también podía aparecer con apoyo de tales normas, como el artículo 18 del Código Penal: *De la Fuente* (1890).

346 *Carrasco* (1885).

347 *Arriagada Quiñones* (1890).

348 En aguas, *Fisco con Brieba* (1879): "[...] en un establecimiento en que vivan diariamente seiscientas personas, no puede faltar un momento el agua corriente".

349 *Fariña* (1883).

350 *Asociación Recta Provincia* (1881).

351 Véase *infra*, en este capítulo, B.II.

352 *García Aguilera y otros* (1865).

353 *Gobernador de Maipo* (1885 b).

354 *Jefe de la Oficina de Tramitación con Juez de Letras de San Felipe* (1890).

355 *Nulidad de elecciones municipales de Valparaíso* (1882).

356 *Nulidad de elecciones municipales de Lautaro* (1888), en relación con la conclusión de que no puede declararse una nulidad si es que con ello se favoreciera "los propósitos fraudulentos de los que han cometido estas irregularidades".

administrativo, denominada bajo las fórmulas de "derecho de gentes" o derechamente de "derecho internacional"[357].

Una primera aproximación, efectuada desde un punto de vista estrictamente normativo, parecería mostrar una incidencia restringida en aspectos de derecho internacional. Ella evidenciaría, más que nada, la aprobación de tratados que incidían en materias importantes de la organización y el funcionamiento de la Administración. Así, en materia postal, podía advertirse este influjo en la autorización por ley al Presidente de la República para adherir definitivamente a la Convención Universal de Correos[358], así como la aceptación de las modificaciones introducidas por el Congreso Postal de Lisboa[359].

Sin embargo, el desarrollo real de esta materia fue mucho más profundo. Por de pronto, hay sectores completos de las grandes instituciones del derecho administrativo que requirieron ser abordados desde la perspectiva del derecho internacional y que examinaremos en las secciones respectivas, como la de la responsabilidad del Estado, en relación con los juicios arbitrales concernientes a supuestos daños derivados de la Guerra del Pacífico[360]. Y hay más. Como es de suponerse, el rol del derecho internacional aparece claramente en las cuestiones de presas[361], pero también sobresalió en cuestiones de secuestros de bienes[362], devolución de fletes[363], exención de derechos fiscales[364], posesión o dominio de salitreras[365], responsabilidad contractual[366] y cobro de pesos por no pago de un premio[367].

Entre los temas relacionados con el derecho internacional y su rol en nuestro derecho público sobresale, ante todo, el del valor normativo de los tratados internacionales. En ello puede advertirse múltiples aspectos de interés.

En primer lugar, nuestra jurisprudencia tuvo oportunidad de referirse, en pleno período patrio, a la normatividad de los tratados celebrados entre españoles e indígenas durante el período indiano, de indiscutible interés en el tratamiento de la continuidad política de Chile antes y después de la independencia. Esto aparece con especial claridad en una sentencia de 1864 referida a una disputa de terrenos entre un indígena y el Fisco:

> "[...] que debiendo tenerse este documento por suficiente para constituir plenamente contra la parte que lo presenta y constando por él que en el segundo de los tres pactos o tratados que celebraron y concluyeron el día 8 de setiembre de 1793, en sus arts. 3° y 4° se comprometieron los caciques a ceder sin condición ninguna para el establecimiento de los padres misioneros 'tierras indispensables de las cedidas para los españoles, no solo para la misión de Cuyunco a

357 Por ejemplo, en *Fragata Thalaba* (1867) aparecen utilizadas ambas fórmulas.
358 Ley de 12 de enero de 1880, BLDG, XLVIII, p. 29.
359 Ley de 15 de junio de 1888, BLDG, LVII, p. 703.
360 Véase *infra*, título quinto, capítulo segundo, B.I.b.2.
361 *Fragata Thalaba* (1867), *Abadía* (1867), *Pérez Anguita* (1869), *Fisco con Serdio Hermanos* (1881), *Becagno, Baglietto y Vallarino* (1885), *Fisco con Serdio* (1885) y *Riveros* (1886)
362 *Herederos de Aguirre Solarte* (1870).
363 *Goich Zayos y Ca. y otros* (1885).
364 *López* (1871) y *Neves* (1880).
365 *Vernal y Castro* (1887), *Carreño y otros* (1888) y *Vargas* (1889).
366 *Barbé* (1887), *Fréraut* (1889).
367 *Carrasco* (1883).

orillas del río de las Canoas de la dependencia de los caciques Catriguala, Iñil y Caniu', sino también para la otra a inmediaciones del río Pilinaiquén, cuando el gobierno español juzgare conveniente establecerla, mal puede sostenerse que este convenio, parte integrante de un tratado solemne ya concluido, haya podido ser modificado con la conversación que refiere al final el mismo documento, ocurrida dos días después entre dos solamente de los varios individuos de que se compone cada una de las partes contratantes"[368].

El vigor con que allí se despliega el principio *pacta sunt servanda* fue prolongado ulteriormente, reconociéndose expresamente el valor normativo de los tratados suscritos durante el período patrio, tales como la Convención de Amistad y Navegación con Estados Unidos de América en 1832 —cuya imperatividad satisfacía el principio de legalidad en la atribución de competencias estatales[369]—, el tratado de amistad, comercio y navegación con Cerdeña de 1857 —aplicado luego de la unificación italiana[370]— y el tratado de paz con el Perú de 1883[371].

Sin embargo, para que el tratado se entendiera vigente en Chile, era menester su integración formal al ordenamiento jurídico, para lo que no bastaban ni siquiera las declaraciones unilaterales de un ministro ni la consistencia de su texto con otros instrumentos internacionales. Así se entendió en nuestro país respecto de la Declaración de París de 1856 sobre la abolición del corso, que no podía invocarse como vinculante para Chile[372], tal como se expresa en la siguiente sentencia:

> "Tampoco se pueden considerar abolidas estas disposiciones por el Tratado de París. Porque Chile no lo aceptó como ley del Estado, limitándose el Gobierno, en los oficios del Ministro de Relaciones Exteriores de 13 y de 14 de agosto de 1856 al diplomático francés y al inglés, a declarar que las reglas del Congreso de París eran conformes a su política y que no tenía facultad en celebrar estipulaciones que las sancionasen, como en efecto lo ha hecho la República, aboliendo el corso solamente en su tratado de 1834 con los Estados Unidos, art. 22; en el de 1846 en Nueva Granada, art. 24; en el de 1853 con Francia, art. 15; en el de 1856 con la Argentina, art. 19; en el de 1857 con Cerdeña, art. 14, y en el de 1859 con Bélgica, art. 20"[373].

También debe tenerse presente que la normatividad de los tratados se matizaba a través de ciertas delimitaciones. Algunas de ellas no planteaban mayores dudas, como el hecho de que, si se ponía término a un tratado, sus efectos no se extendían a hechos posteriores, tal como sucedió respecto de la internación de animales una vez cesado el vigor del tratado de comercio de 1856 entre Chile y Argentina, que, por lo tanto, no podía beneficiarse de la libre internación que dicho tratado había permitido[374]. Pero otras eran más llamativas por su dependencia respecto de circunstancias más controversiales. En 1870, frente a hechos acaecidos

368 *Caniu* (1864).
369 *Salamanca* (1880).
370 *Becagno, Baglietto y Vallarino* (1885).
371 *Barbé* (1887).
372 MARTÍNEZ MÉNDEZ (1885), *in totum*.
373 *Riveros* (1886).
374 *López* (1871).

en la Guerra contra España, nuestra judicatura entendió que podía suspenderse el vigor de las leyes y tratados internacionales en razón de un episodio bélico, declarándose que los españoles "por el estado de guerra en que se encuentra la República con España, han quedado privados de todos los derechos conferidos por las leyes *y tratados antes existentes*"[375].

En segundo lugar, y como consecuencia de la Guerra del Pacífico, durante este período pudieron ser precisadas aún más las cuestiones derivadas de la sucesión de Estados en relación con cuestiones de derecho administrativo. Los primeros aprontes se desarrollaron respecto de Bolivia. El más antiguo se dio a través de una sentencia *Neves* de 1880, relacionada con una deuda de un particular, por derechos de internación, con la Aduana de Antofagasta antes de la ocupación chilena. El particular pidió la liberación de los derechos y, en subsidio, que se le compensara con sumas —aún mayores— que él había anticipado a la referida Aduana. Aunque la suma se había pagado mientras la Aduana formaba parte de la administración boliviana, el Fisco chileno accedió a la compensación, aunque solo hasta concurrencia del monto debido por la Aduana y, por lo tanto, no aceptando pagar un reembolso por el exceso que el particular alegaba[376]. En 1883 se dio lugar a la tramitación según las reglas fiscales de un proceso seguido originalmente contra la Municipalidad de Antofagasta, que luego se había tramitado contra la Junta de Alcaldes una vez bajo administración chilena, y que finalmente se había transformado en cuestión de hacienda contra Chile[377].

La cuestión de la sucesión de Estados pasó a abordarse respecto del Perú dos años después, a través de una sentencia que es quizás la más importante en esta materia respecto de los efectos de la Guerra del Pacífico: *Goich Zayos y Ca. y otros*. En ella se abordaba en detalle las distintas etapas que la sucesión de Estados manifestaba en el ordenamiento jurídico. Primero reconocía una etapa de *ocupación bélica*, vigente desde la ocupación, que toleraba disposiciones "abiertamente contrarias a las leyes y dictadas únicamente por motivos de las necesidades y circunstancias nacidas de la guerra y de la misma ocupación". Luego reconocía una etapa de integración al territorio chileno. La entrada en vigor del Tratado de Paz de 1884 produjo la caducidad —así lo califica la sentencia— de las disposiciones especiales de la ocupación bélica, y dio lugar a las nuevas leyes generales y disposiciones "compatibles con la nueva situación creada al territorio adquirido". Y por ello en esta segunda etapa una disposición de la primera "podía ser obligatoria desde la fecha indicada *en cuanto estuviera conforme con las leyes de la República* y con los derechos adquiridos legalmente"[378].

En otras sentencias estas dos fases fueron pormenorizadas. Respecto de la primera y en lo concerniente a la administración en general del territorio, era "un principio reconocido de derecho internacional que la autoridad militar de un ejército vencedor que ocupa con sus armas una plaza, una ciudad o una parte del territorio del enemigo, ejerce sobre él todo el poder público con arreglo a las leyes de la humanidad, de la justicia y del honor"[379]. En este

375 *Herederos de Aguirre Solarte* (1870). Las cursivas son nuestras.

376 *Neves* (1880).

377 *Silva* (1883).

378 *Goich Zayos y Ca. y otros* (1885). Las cursivas son nuestras.

379 *Carrasco* (1886). Sin embargo, debe advertirse que en *Bowey y otro* (1886), no estrictamente de derecho internacional, se expresó que el Presidente de la República era "única autoridad soberana, sin perjuicio de las facultades concedidas al general en jefe del Ejército por la ordenanza del ramo".

mismo punto, y según el Consejo de Estado, "los territorios enemigos ocupados militarmente por un beligerante no están sometidos a la Constitución y leyes de la nación ocupante, sino a las prescripciones que dicte la autoridad marcial, que en estado de guerra corresponde al Presidente de la República o a los jefes del Ejército, con arreglo a los principios del derecho internacional"[380]. Pero en lo que se refería al ejército del país ocupante, estaba claro que "es regido por la ley patria, y los individuos que a él pertenecen gozan de los mismos derechos y garantías que si estuvieran en el territorio de su país"[381]. Y, respecto de la segunda etapa, quedaba claro que la regularización del orden normativo a partir del Tratado de Paz permitía la aplicación de las leyes peruanas anteriores a la guerra en cuanto concerniesen a los derechos que estuviesen siendo ventilados en juicio[382], incluidos los cuerpos normativos generales, tales como el Código Civil del Perú[383].

De cualquier modo, es importante tener presente que, aunque se entendía que la sucesión de Estados originaba una *subrogación* en los derechos y obligaciones correspondientes, esta subrogación podía limitarse en caso de que el ordenamiento jurídico así lo dispusiera[384].

En tercer lugar, es preciso destacar la expresión en jurisprudencia de reglas importantes de derecho internacional[385], tales como la de "no estimar como perjuicio, reclamable por los neutrales, la simple privación de un lucro, nacida del estado de guerra"[386], relacionada con la de que "esta especie de cargos denominados comúnmente perjuicios indirectos no son procedentes en el derecho internacional"[387]; la de mantener "las cosas en el territorio cedido por el tratado de paz en el mismo estado que antes tenían"[388]; y las de que "el establecimiento de una persona imprime en ella el carácter nacional de país en que se halla establecida" y de que "la bandera neutral cubre la mercadería enemiga, excepto el contrabando de guerra"[389]. Y,

380 *Jefe Político de Tarapacá con Juez de Letras de Tarapacá* (1887).

381 *General en Jefe del Ejército del Norte con Corte Suprema* (1883).

382 *Vargas* (1889).

383 *Carreño y otros* (1888).

384 *Massardo* (1886), en materia de salitreras.

385 Y también se perdieron oportunidades de realizar proclamaciones interesantes en esta materia. Así, por ejemplo, la revocación de la sentencia de primera instancia en *Fisco con Serdio Hermanos* (1881) impidió que quedaran a firme declaraciones tales como "el amparo del principio internacional que concede a los ciudadanos del Estado enemigo un plazo para sacar del territorio sus bienes o su valor; *principio adoptado generalmente por todas las naciones civilizadas*". Las cursivas son nuestras. En relación con esta fórmula, debe tenerse presente que ella era empleada en documentos vinculados con las relaciones internacionales; así, por ejemplo, el decreto supremo de 27 de septiembre de 1864 que declaró al carbón de piedra como contrabando de guerra, se hallaba encabezado por un considerando que expresaba lo siguiente: "Que conforme a los principios y reglas adoptados generalmente por las naciones civilizadas, el carbón de piedra que se destine a las naves públicas de un Estado ocupadas en operaciones hostiles contra otro Estado, debe considerarse y en efecto ha sido considerado como un artículo de contrabando de guerra" (BLDG, XXXII, p. 209).

386 *Pérez Anguita* (1869).

387 *Fréraut* (1889).

388 Calificado como principio: *Vernal y Castro* (1887).

389 *Becagno, Baglietto y Vallarino* (1885). Pero la bandera neutral no se hallaba cubierta en caso de simulación, por lo que el último principio "no puede aplicarse al caso actual, por cuanto aparece de los considerandos que sirven de fundamento a este fallo que la barca *Unión* no enarbola legítimamente la bandera de Honduras". La nacionalidad no se veía modificada con el otorgamiento de documentos

de modo más general, se recogía la imperatividad de "los principios reconocidos del derecho de gentes"[390].

Y, en cuarto lugar, es importante subrayar que la visibilidad del derecho internacional se acentuó a través de la estructura orgánica diseñada para el Poder Judicial por la LOAT[391]. Esta ley reconocía en su artículo 117 una competencia especial de la Corte Suprema en "las causas de presas, de extradición y demás que deben juzgarse con arreglo al derecho internacional"[392], lo que, sin embargo, encontraba antecedentes constitucionales anteriores[393]. Esta competencia "no se veía modificada en 1883 por "el estado actual de las relaciones entre Chile y Bolivia", es decir, el estado de guerra[394], lo que es coincidente con la declaración posterior de competencia "para apreciar los efectos de esta autoridad sobre el territorio ocupado *jure belli* y las demás cuestiones a que da origen la demanda, así como para pronunciarse acerca de la fuerza obligatoria que puedan tener para el gobierno de Chile los contratos celebrados por Massardo con el gobierno del Perú"[395]. Pero la amplitud de la competencia no debe mover a suponer que todas las cuestiones derivadas de la Guerra del Pacífico terminaron siendo ventiladas según este fuero especial de derecho internacional; por el contrario, un buen número se sustanció según las reglas comunes de competencia jurisdiccional[396], a lo que no obstaba incluso la aplicación conjunta, en algunos de estos casos, de legislación chilena y peruana.

B. UN ORDENAMIENTO JURÍDICO

Lejos de contentarse en una visión de la Administración que se aquietara en la mera técnica normativa, nuestro régimen administrativo consolidó durante el período 1861-1890 una visión propiamente *jurídica* del ordenamiento; es decir, una concepción que tenía por finalidad determinar *lo justo* en las cuestiones que pudiesen suscitarse entre la Administración y los particulares o bien entre entidades administrativas. Ello puede advertirse en innumerables aspectos, pero desde ya parece importante resaltar dos de ellos: el impulso de la hermenéutica de las leyes y de los actos administrativos en el proceso de determinación de lo justo (I)

---

complementarios, extendidos por otras naciones y destinados a facilitar el tránsito: *Fisco con Serdio* (1885).

390 *Massardo* (1885).

391 Véase *infra*, título segundo, capítulo primero, A.I.b.1.

392 Incluso la expresión se ajustaba ocasionalmente en la jurisprudencia a la fórmula, ligeramente distinta, de "los principios del derecho internacional", que evoca un énfasis algo más conceptual: *Carrasco* (1883).

393 Quizás el principal es que la Constitución Política del Estado de Chile (1823) había dispuesto en su artículo 146 n° 3 la competencia de la Corte Suprema en orden a "conocer en las materias judiciales que permite el derecho natural y de gentes, en los negocios de embajadores y de otros ministros diplomáticos".

394 *Dorado Hermanos* (1884).

395 *Massardo* (1885).

396 *V. gr.*, *Fisco con Larrieu y Ca.* (1886), *Oviedo* (1886), *Albizú de Borbonet* (1886), *Bowey y otro* (1886), *Dávalos* (1887), *Oviedo* (1887), *Contreras* (1887), *Bowen* (1888) y *Jofré* (1888).

y la protección de los derechos adquiridos, que da cuenta de cómo la mentalidad clásica de protección de las personas podía articularse bajo las formas normativas más recientes (II).

I. Una hermenéutica renovada

Durante este período, la inveterada práctica hermenéutica se vio alentada por la infusión, en el Código Civil, de un núcleo de disposiciones destinadas a regir criterios referidos a esta materia. Sin perjuicio del impacto de las normas correspondientes a la interpretación de los contratos[397], las de mayor relieve fueron quizás las que se refirieron a la interpretación de la ley (a), lo que no obstó a que nuestra jurisprudencia formulara interesantes aprontes en torno a la interpretación de los actos administrativos, sobre los cuales también marcó su impronta la codificación civil (b).

a. La interpretación de la ley

Desde nuestra posición de observadores —o actores— de más de un siglo y medio de aplicación de nuestro Código Civil, resulta interesante y hasta sorprendente constatar que en este período existieran opiniones disímiles acerca de la necesidad de contar con reglas de interpretación de la ley en dicho cuerpo normativo.

En efecto, Jacinto Chacón, uno de los primeros comentaristas del Código, observó que "siendo estas reglas meros principios filosóficos, simples reglas de lógica o método para descubrir la verdad, son ellas más propias de un libro de doctrina que de un cuerpo de legislación positiva. Esto no obstante, somos de opinión que, entre la multitud de aforismos de la interpretación doctrinal que en la práctica se destruyen los unos por los otros, conviene que el legislador adopte los que más rectamente conducen a descubrir la razón de la ley y que los eleve a la categoría de axiomas o principios jurídicos"[398].

En otras palabras, si bien Chacón no reconocía la *necesidad* de contar con tales reglas, sí admitía su *conveniencia*. Esta conveniencia parece haber sido corroborada por la práctica, pues en otros regímenes jurídicos —incluso, en algunos tan reputados como el francés—, la carencia de normas escritas de interpretación de las leyes generó importantes dificultades[399]. Quizás por ello un autor francés de especial importancia en nuestro siglo XIX, Courcelle-Seneuil, ya de vuelta en su país natal, advertía las dificultades que suscitaba la hermenéutica, afirmando que "las personas extrañas al estudio del derecho piensan que la redacción y la inteligencia de un texto legislativo son cosas fáciles, a lo menos tan fáciles como si se tratara de un contrato comercial. Este es un error grave que se disipa con el menor estudio y que se atestigua con el gran número de trabajos que tienen por objeto la exposición o la interpretación de las leyes"[400].

---

397 Véase *infra*, título cuarto, capítulo segundo, A.I.c.

398 Chacón Barrios (1868), I, pp. 37-38.

399 Bloquet (2017), *in totum*, incluso al punto de haber movido a parte de la doctrina a aplicar las normas de interpretación de los contratos —que el *Code Civil* sí recogía— sobre la hermenéutica de la ley (esp. sobre este punto, pp. 595-598).

400 Courcelle-Seneuil (1887 b), p. 330.

Advirtiendo la conveniencia de sus preceptos, el derecho administrativo de este período parece haber integrado de manera clara —aunque con énfasis variados— los criterios interpretativos del Código Civil (1); y se introdujo sutilmente en el problema de la hermenéutica legislativa que operase la propia administración (2).

1. El párrafo cuarto del Título Preliminar del Código Civil

Como punto de partida, debe plantearse sin vacilar que el párrafo del Código Civil sobre la *Interpretación de la ley*, contenido en su Título Preliminar, recibió importante aplicación en el derecho administrativo[401]. Es más, ninguna de sus disposiciones fue ignorada por nuestros jueces al momento de resolver litigios en este ámbito.

En cuanto al artículo 19 inciso primero ("cuando el sentido de la ley es claro, no se desatenderá su tenor literal, a pretexto de consultar su espíritu"), es importante enfatizar que la preponderancia del sentido de la ley en materia hermenéutica quedó clara para nuestros jueces[402], aun sin invocarse expresamente este artículo[403]. Sin embargo, también debe tenerse presente que en este período comenzó a desarrollarse la focalización errónea[404] del tenor de este inciso, por la cual, en lugar de enfatizarse como su baricentro la *claridad de sentido*, se tuvo por tal el *tenor literal*[405], con algunos casos de influencia manifiesta en lo dispositivo de las sentencias[406]. El criterio del artículo 19 inciso primero no solo cumplió funciones hermenéuticas en sentido estricto, sino también extendió su influencia en un sentido político. Por ejemplo, contribuyó al afianzamiento del principio de legalidad en materias penales administrativas, al ser aplicado para interpretar disposiciones atributivas de competencia[407]; permitió afirmar

401 Ugarte Godoy (2021), p. 186, subraya que estas reglas "se aplican a la [interpretación] de todo tipo de leyes y no solo a las del derecho civil".

402 *Banco Agrícola* (1882): "[...] no es posible desatender su tenor literal a pretexto de consultar su espíritu, no siendo, como es, oscuro su sentido".

403 *Vivar* (1881).

404 Barrientos Grandon (2016), I, p. 144; Guzmán Brito (2007), p. 125.

405 *Compañía Explotadora de Lota y Coronel* (1878): "Considerando: que el art. 19 del Código Civil establece: que no es dado desatender el tenor literal de la ley so pretexto de consultar su espíritu, regla que debe aplicarse con más estrictez, tratándose de prescripciones tales como las de la Ordenanza de Aduanas".

406 El caso más notable es de fines del período: *Naveillán* (1890), en que la Corte Suprema declaró la prescripción de la acción por haber transcurrido el plazo establecido por la ley sin deducir el reclamo judicialmente, en circunstancias de que el interesado lo había deducido administrativamente en plazo y esperaba la resolución de su solicitud. Mientras el Juzgado de Letras había optado por entender que la reclamación administrativa había interrumpido el plazo, la Corte Suprema modificó el criterio, sosteniendo que "según el art. 2503 del Código Civil, el término de la prescripción se interrumpe civilmente solo por un recurso judicial; y, por consiguiente, el reclamo extrajudicial hecho por Naveillán a la Empresa para la indemnización de la avería no ha interrumpido el plazo de la prescripción señalada por la ley", con lo que se reducía sensiblemente la importancia práctica de los recursos administrativos y su atractivo para los interesados.

407 *Parraguirre* (1862): "Y considerando: 1° que el citado art. 76 dispone literalmente que caerán en comiso 'las especies estancadas entregadas por la Factoría a una administración, que se expendiesen en otra en su estado natural o en cigarrillos': 2° que concretándose esta disposición a las administraciones

el criterio de la legalidad estricta en materia impositiva[408]; y sirvió para limitar la existencia de privilegios fiscales[409].

También halló aplicación en el derecho administrativo el inciso segundo del artículo 19 ("Pero bien se puede, para interpretar una expresión obscura de la ley, recurrir a su intención[410] o espíritu, claramente manifestados en ella misma, o en la historia fidedigna de su establecimiento")[411]. Quizás el aspecto más importante a su respecto es el de la

---

solamente, no debe extenderse a las cigarrerías no mencionadas en ellas; de conformidad con el inciso primero del art. 19 del Código Civil, declárase: que no han caído en comiso [...]".

408 *Freudemburg y Ca.* (1862).

409 *Fuenzalida* (1864): "[...] 2° que aunque es verdad que el Fisco es un acreedor privilegiado sobre todos los bienes del deudor, según los arts. 2481 en su inciso primero y 2486 del Código Civil, no lo es menos que este privilegio o preferencia lo tiene únicamente contra los recaudadores y administradores de bienes fiscales, y no sobre los bienes de los fiadores que garantizan la administración de aquellos, y cuando el sentido de la ley es claro, dice el art. 19, no debe desatenderse su literal tenor a pretexto de consultar su espíritu [...]". También en *Echeverría* (1889), sin evocar el número del artículo: "Considerando: Que según el art. 3° de la ley de 17 de marzo de 1835, el impuesto de alcabala debía pagarse cuando transferían el dominio los bienes enumerados en el artículo primero de la misma; que en el presente caso no se ha operado aquella transferencia, por cuanto según el certificado de f. no se ha hecho la inscripción exigida por el art. 686 del Código Civil; que no es posible consultar el espíritu de la ley como lo quiere el tesorero fiscal, por ser claro su tenor citado [...]".

410 En relación con la intención, hubo también entre nosotros voces muy escépticas, como la de COURCELLE-SENEUIL (1887 b), p. 334: "¡Cuántas veces una ley inspirada en excelentes intenciones produce malos efectos, mientras que otra inspirada en propósitos bastardos da resultados útiles! Una historia comparada de las intenciones del legislador y del efecto de las leyes sería harto chistosa e instructiva". Añadía después (p. 336) que "en lugar de averiguar qué intención tuvo el legislador en otro tiempo, conviene investigar la que debiera tener hoy en presencia de la dificultad que se suscita".

411 *Wormald* (1873): "Y considerando: que el art. 19 del Código Civil dispone: que para interpretar las expresiones y pasajes oscuros de la ley debe recurrirse a su intención o espíritu, claramente manifestada en ella misma, o en la historia fidedigna de su establecimiento, y en la discusión del ítem de que se expresó en el Senado (sesión extraordinaria de 13 de diciembre de 1872, Boletín pág. 120, discurso del señor Barros Luco) de que trata el Gobierno, como la Cámara de Diputados, no comprenderían en la gratificación del veinticinco por ciento a los miembros del Cuerpo de Asamblea, inteligencia que se corrobora con lo dispuesto en el decreto supremo de 13 de enero último, copiado a f. 7 y 8". También en *Fisco con Ministros del Tesoro* (1878), sin citarse expresamente el Código Civil: "[...] que la ley de 8 de octubre de 1859, que creó el empleo de cajero contador de monedas de la Tesorería General, corrobora y confirma aquella responsabilidad, ordenando que el expresado cajero rinda fianza a los ministros, y disponiendo además que esto sea sin perjuicio de la responsabilidad que les afecte respecto del Estado; inteligencia expresa que se le dio a la ley al aprobarse por el Congreso, según aparece de las discusiones de la Cámara en que tuvo su origen". Asimismo, en *Silva e Icaza* (1882): "Considerando: que, si se consulta su espíritu, se ve muy claro que este no ha sido sino igualar la condición de los profesores y rectores de instrucción secundaria y superior de liceos de provincias a la de rector y profesores del Instituto Nacional, que antes de aquella ley tenían derecho a esos mismos premios, conforme a los decretos de 10 de mayo de 1834 y enero 14 de 1845". Incluso se tomaba el argumento histórico a mayor abundamiento, a pesar de la claridad del sentido, tal como en *Aguirre Sáez* (1884): "Que esta inteligencia de la ley, que se desprende de su tenor literal, está conforme con sus antecedentes históricos, puesto que, extendida por el Congreso de la manera indicada cuando se discutía el proyecto que ha llegado a ser ley, se formuló y fue rechazada una indicación para que se reputasen contribuyentes los socios y comuneros por la parte que respectivamente les correspondiese en las contribuciones pagadas por la sociedad o comunidad". Y debe tenerse presente que para estos efectos también se consideraba la historia fidedigna de las leyes periódicas, como la ley de presupuestos,

determinación de cuándo la historia fidedigna permite dar por interpretada una expresión obscura de la ley. Para nuestros jueces, no bastaba con que la cuestión hubiera sido abordada en el Parlamento, sino que la solución que se propusiese debía aparecer con claridad de la discusión legislativa[412].

En cuanto a la hermenéutica relacionada con las palabras de la ley, también puede afirmarse su relevancia en esta materia, en especial en lo concerniente al artículo 20 del Código Civil ("Las palabras de la ley se entenderán en su sentido natural y obvio, según el uso general de las mismas palabras; pero cuando el legislador las haya definido expresamente para ciertas materias, se les dará en estas su significado legal"). Así, si el impuesto de sisa se hallaba establecido "sobre las cargas y carretas o carros cargados" que se introdujeran en ciertos pueblos, se entendía que el sentido de la expresión según su uso natural era que se gravase la carga, pero no el vehículo en el que la carga se transportaba[413]; la palabra *mina* comprendía, "en el lenguaje vulgar" a las de carbón, que no eran metálicas[414]; la palabra *nombramiento*, "entendida en su sentido natural y obvio, según su uso general, no se aplica a la imposición de cargos ordenados por las leyes[415]; *hule* y *encerado* debían tenerse por equivalentes, en vista de que el lenguaje vulgar los tenía por tales, y por lo tanto estaban sujetos al pago de idénticos derechos[416]; el vocablo *sueldo* "según el sentido natural y obvio y el uso general... equivale a pago del estipendio o salario mensual que se debe a un individuo, sin que la ley le haya dado una definición especial en este caso"[417]; y la fórmula *trámites legales* no significa *trámites judiciales*, sino que "los trámites dispuestos por la ley"[418]. Por el contrario, el artículo 21 del Código Civil o el criterio que expresa, concerniente a las palabras técnicas de las ciencias o artes, no parece haber recibido aplicaciones especialmente relevantes[419].

El artículo 22 recibió una aplicación fructífera. Por una parte, su inciso primero ("El contexto de la ley servirá para ilustrar el sentido de cada una de sus partes, de manera que haya entre todas ellas la debida correspondencia y armonía") no presentó mayores problemas

---

lo que aparece de *Montt* (1889), y de las leyes penales, como aparece —aunque sin citarse el Código Civil— de *Gaete* (1889).

412 *Huneeus* (1879): "Considerando que, si del tenor de la ley no nace la facultad de renunciar los recursos ulteriores, tampoco se desprende de los antecedentes e historia de la misma ley; porque, si en una de las cámaras se indicó la cuestión, no hubo resolución expresa y específica sobre ella, y en la otra cámara no fue mencionada directa ni indirectamente, y nada autoriza para afirmar cuál haya sido su voluntad a este respecto".

413 *Municipalidad de La Serena con Empresa del Ferrocarril* (1864).

414 *Cousiño* (1870).

415 *Rubio* (1880).

416 *Fisco con Portaluppi* (1883).

417 *Braga* (1882). También en *Sociedad Chilena de Fundiciones* (1884): "[...] el estipendio o salario mensual que se debe a un individuo, ya que la ley no ha dado a esta palabra una definición especial para el caso dado".

418 *Vivanco* (1886).

419 Al menos explícitas. Pero la jerga técnica podía tener ciertas implicancias, aunque no se invocaran las normas de interpretación. Por ejemplo, en *Fisco con Schutte Heinekein y Ca.* (1881), respecto del vocablo "cortinas", no se sancionó al importador que, habiendo declarado la mitad del número de cortinas que se advirtieron en Aduanas, logró comprobar que "el comercio, al designar el artículo cortinas, entiende siempre hablar de *pares de cortinas*". Las cursivas son nuestras.

ni aplicaciones especialmente llamativas. Corresponde destacar, en todo caso, que se le invocó tanto en materia civil[420] como penal[421]. De mayor interés resultó la aplicación del criterio contenido en el inciso segundo ("Los pasajes obscuros de una ley pueden ser ilustrados por medio de otras leyes, particularmente si versan sobre el mismo asunto"). En relación con él, quizás el caso más importante del período haya sido el de la determinación del sentido de la expresión "empleados civiles", frente a la controversia de si la prohibición de acumulación de sueldos comprometía o no a los eclesiásticos y militares. Los considerandos de la sentencia son importantes y merecen ser tenidos como referencia respecto de esta técnica hermenéutica:

> "[...] que, aunque el Senadoconsulto de 19 de noviembre de 1818 dispone que ningún empleado civil pueda gozar de dos o más sueldos por los destinos, ocupaciones o comisiones de diversas que se le encarguen, o de que esté ya encomendado, su disposición es aplicable a todo funcionario público que reciba rentas o emolumentos del Tesoro Nacional, *como se deduce del sentido de cada una de sus partes, conforme a lo dispuesto en el art. 22 del Código Civil.*
> Considerando: que, si el calificativo de empleado civil se hubiera usado en contraposición al de empleado eclesiástico o militar, y no en el sentido de empleado público, no habría agregado esa ley la frase modificativa 'de cualquiera clase o condición que sea', la cual amplía el sentido de la palabra 'funcionario' con que se designa a todo empleado público, sea cual fuere su clase o jerarquía.
> Considerando: que, *según el principio de interpretación legal que ordena ilustrar dos pasajes oscuros de una ley por medio de otras leyes, particularmente si versan sobre el mismo asunto*, contribuye a fijar el verdadero sentido del Senadoconsulto antes mencionado la ley que ha declarado compatibles los sueldos que corresponden a los militares por su clase con los que ella designa a los gobernadores departamentales; declaración que habría sido innecesaria si la prohibición de percibir dos sueldos impuesta por el Senadoconsulto, se hubiese limitado al empleado civil, y no al militar o eclesiástico"[422].

Es importante destacar que esta técnica interpretativa del artículo 22 inciso segundo se desarrolló no solo teniendo como parangón las leyes patrias, sino también las antiguas leyes hispánicas que les habían antecedido[423]; y no solo teniendo como parangón las leyes patrias

---

420 *Fisco con Brieba* (1879) y *Edwards y otros* (1885).

421 *Yáñez* (1862), en el marco de la Ordenanza del Ejército.

422 *Sucesión de Donoso* (1869). Las cursivas son nuestras.

423 *Cifuentes y otros* (1866): "[...] que en lo considerado bajo el núm. 7 y lo dispuesto en el art. 13 de que se hace mérito no hay contradicción, si se atiende a que en el tít. 80 art. 11 de la misma ordenanza se determinan las personas a quienes comprende las penas que impongan los bandos, lo que guarda conformidad con las ordenanzas españolas que han servido de fundamento a la actualmente vigente, las cuales disponían que los bandos que dicte el Capitán General de Ejército en campaña se observen por todos los que sigan al Ejército, sin distinción de clase, condición, estado, ni sexos [...]". *Monasterio de la Visitación* (1882) podría eventualmente encerrar un criterio contrario, pero no es clara la razón por la cual la Corte Suprema no aceptó el considerando de la sentencia de primera instancia que planteaba tal criterio.

vigentes, sino también las periódicas anteriores[424], y aquellas leyes derogadas que versaban sobre la misma materia de la ley que se procuraba interpretar[425].

En cuanto al artículo 23 del Código, que tenía por objeto introducir[426] la prohibición de la distinción del criterio hermenéutico *favorabilia amplianda, odiosa restringenda sunt*[427] ("Lo favorable u odioso de una disposición no se tomará en cuenta para ampliar o restringir su interpretación. La extensión que deba darse a toda ley se determinará por su genuino sentido y según las reglas de interpretación precedentes"), su impacto es discutible y merecería algún análisis más detenido no solo en derecho administrativo, sino en general en nuestro derecho[428]. En algunas materias, parecía revivir silenciosamente el criterio que este artículo parecía suprimir, lo que ocurría en materias sancionatorias[429] o tributarias[430]. Sin embargo, es imposible determinar cuánto de la solución se desprendía del artículo 23, por una parte, porque normalmente no se le citaba[431], y por otra, porque la solución en estos casos podía apuntar a otros criterios hermenéuticos, como el del artículo 19[432].

Con todo, algunos casos específicos parecieron hacerle guiños más directos al criterio prohibido. Por ejemplo, la consideración de que "siendo la precitada ley de incompatibilidades restrictiva de los derechos que el art. 12 núm. 2° de la Constitución Política confiere a todo ciudadano, no puede darse a sus disposiciones más alcance que el que clara y expresamente le corresponde"[433] sugiere algo más que la evocación del alcance *claro* y *expreso* descrito al final, apuntando su primera parte a que una restricción de derechos políticos debiese ser interpretada de modo también restrictivo. Algo similar se desprende de la determinación del alcance de una norma de la Ordenanza del Estanco que ordenaba el estanco de especies que se comercializaran en el territorio de un estanco diferente: aunque la norma no lo explicitaba, la Corte Suprema aceptó la tesis de que "se refiere la prohibición únicamente a las administraciones y no a los particulares que hayan adquirido legítimamente las especies estancadas"[434].

---

424 *Montt* (1889).

425 *Valdés Carrera* (1880), *Tocornal* (1881) y *Banco Agrícola* (1882).

426 Hasta antes del Código Civil nuestros juristas lo aplicaban sin ambages: véase Bocksang Hola (2015 a), título cuarto, capítulo segundo, B.II.a.

427 Guzmán Brito (2007), p. 181.

428 De cualquier forma, parece excesiva la aseveración de Claro Solar (1898-1945), I, p. 135, de que "estas reglas de aplicación de las leyes eran contrarias a los principios de una correcta interpretación que no tiene otro objeto que reconstruir el pensamiento del legislador y llegar por este medio al conocimiento completo de la ley".

429 *Fisco con Compañía Explotadora de Lota y Coronel* (1878), *Fisco con Cood* (1890).

430 *Compañía Explotadora de Caracoles y otros* (1881).

431 Y los casos que constan de aplicación de este artículo, no parecen ser determinantes en la solución: *v. gr.*, *Ferrocarril Urbano de Santiago* (1890).

432 Algún tiempo después, no muy alejado de la época en examen, el ecuatoriano Borja (1901-1908), I, p. 374, ya temperaba el impacto del artículo 23, exhortando a "no caer en el extremo opuesto, suponiéndose que en todo caso se debe prescindir de lo favorable u odioso de la ley. El art. 23 no se aplica sino cuando, en virtud de las reglas precedentes, el juez llega a conocer a ciencia cierta el pensamiento de la ley; entonces no puede desnaturalizarlo so pretexto de que ella es favorable u odiosa".

433 *Venegas* (1887).

434 *Fisco con Rauch* (1863). La alusión, de índole sistemática, a que con tal solución "guarda consonancia el segundo considerando del Supremo decreto de 8 de julio de 1862", parece ser sobreabundante por el tenor de la redacción.

Otro ejemplo proviene del Consejo de Estado, al plantear que "esta disposición, como que es excepción a una regla general, debe entenderse en sentido estricto y solo debe aplicarse a los intendentes y gobernadores que estén en actual ejercicio de sus funciones", con lo que devendría restrictiva cualquier interpretación de una excepción[435].

La última norma del párrafo cuarto, el artículo 24 del Código Civil, dispuso que "en los casos a que no pudieren aplicarse las reglas de interpretación precedentes, se interpretarán los pasajes obscuros o contradictorios del modo que más conforme parezca al espíritu general de la legislación y a la equidad natural". Este criterio hermenéutico, "creación absolutamente original de Andrés Bello" pese a sus vínculos con el Código de Luisiana[436], recibió varias aplicaciones en materias administrativas. Algunas veces lo fue literalmente[437] y otras, sin hacerse referencia expresa a dicho precepto. Así, por ejemplo, cuando al disponerse la procedencia de una gratificación se entendió que tal solución era "más conforme que la inteligencia contraria *al espíritu de nuestra legislación* sobre este particular"[438] o sencillamente al procurar evitar la posibilidad de un resultado absurdo[439]; o, en materia tributaria, al plantear una categoría de impuesto que terminaría gravando más a contribuyentes más desfavorecidos[440], y al liberar derechos resguardando un "principio que, por otra parte, guarda conformidad con el *espíritu liberal que regularmente ha prevalecido* en nuestra legislación aduanera"[441].

Con todo, cualquiera de las aplicaciones expresas o tácitas del criterio palidece frente a su aplicación en una sentencia que resolvió la exclusión de unos municipales en la ciudad de Iquique, en la cual la "ley" que era objeto de interpretación era, en realidad, la Constitución:

> "7° Que, dados estos antecedentes, ninguno de los señores que han obtenido la confianza de sus conciudadanos para llevarlos a la representación municipal, tienen los cinco años de vecindad en el territorio de la municipalidad y, de consiguiente, objetantes, objetados y no reclamados carecen de ese requisito;
> 8° Que la situación legal extraordinaria de esta provincia coloca en un estado verdaderamente antagónico los preceptos consignados en los arts. 122 y 126 núm. 2 de la Constitución, y núm. 2 del art. 4° de la ley de 12 de septiembre de 1887, que es una reproducción del segundo de los artículos constitucionales citados. Por el primero se ordena que haya una municipalidad en todas las capitales de departamento, y el segundo exige cinco años de vecindad en el territorio de la municipalidad, que nadie los tiene ni puede tenerlos en Tarapacá, lo que envuelve una verdadera contradicción, imposible de haber sido prevista al discutirse la carta fundamental, por contar Chile entonces más de cinco años de vida propia;
> 9° Que en presencia de la necesidad impuesta por el artículo 122 de la Constitución de que haya una municipalidad en este departamento y de la carencia absoluta de ciudadanos que

435 *Gobernador de Vallenar* (1886).
436 Ducci Claro (1997), p. 150.
437 *Municipalidad de La Serena con Empresa del Ferrocarril* (1864), *Fisco con Sociedad Anónima Ferrocarril de Coquimbo* (1881), *Fisco con Anrique* (1884).
438 *Carvajal y otros* (1883).
439 *Florín Latapia* (1883).
440 *Escobar y Browne* (1884).
441 *Dickson Harker y Ca.* (1869). Las cursivas son nuestras.

tengan la vecindad requerida, no puede tomarse el precepto del núm. 2° del art 126 de la misma, en el caso imprevisto de que se trata, como absoluto sino para el caso de haber personas que tengan la residencia exigida;
10. Que sin esfuerzo alguno se armoniza esta teoría con la regla de la interpretación consignada en el art. 24 del Código Civil por la cual, 'se interpretarán los pasajes contradictorios del modo que más conforme parezca al espíritu general de la legislación y a la equidad natural', *y estos aconsejan hacer estricta justicia a las personas que hayan reunido el mayor número de sufragios de sus conciudadanos y que funcione esa rama de la administración pública para evitar hondas perturbaciones, como en todo el resto del país, en cumplimiento de la Constitución y de la ley*"[442].

En esta, una de las sentencias más sobresalientes —y más discutibles— de todo el período, se invocó el artículo de marras para no exigir el requisito constitucional de cinco años de vecindad en el territorio de la municipalidad para poder ser alcalde o regidor, teniéndose presente que el artículo 126 de la Constitución exigía también para serlo el de "ciudadanía en ejercicio". La interpretación sobre la base del artículo 24 del Código Civil se imponía, según nuestra judicatura, para llegar a una solución justa, atendido que, según el considerando primero, "la provincia de Tarapacá fue incorporada al territorio de la República el 21 de mayo de 1884, día en que se publicó y ratificó el tratado de paz con el Perú a que antes pertenecía, y solo desde entonces imperó en esta provincia la Constitución y demás leyes políticas". Como las elecciones habían tenido lugar en 1888, nadie podía tener cinco años de vecindad en Iquique bajo el imperio de la Constitución de 1833 y, por lo tanto, se entendió no ser conforme a derecho excluir a los municipales electos que no cumplían con tales cinco años de vecindad.

En virtud de lo expuesto, la sentencia antedicha es importante por varias razones. En lo más inmediato, por aplicar resonantemente el referido artículo 24 del Código Civil en materias de derecho administrativo. También lo es por su posición histórica en la línea de fallos de nuestros tribunales que han aplicado las reglas de interpretación del Código Civil para determinar el alcance de las normas constitucionales: la "ley" interpretada era en realidad la Constitución. Asimismo, lo es por la peculiar finalidad de la aplicación de la norma hermenéutica del Código Civil en este caso: la prescindencia de la aplicación de la norma *constitucional* para un caso concreto. Como puede advertirse, esto no es propiamente un antecedente de la técnica de la inaplicabilidad que se introduciría formalmente en la Constitución de 1925, sino que audazmente transita a horizontes más lejanos. Ello porque, como se sabe, la Carta de 1925 se circunscribió solamente a la inaplicabilidad de una norma *legal* por razones de *inconstitucionalidad* y no, como en este caso, a la inaplicabilidad de una norma *constitucional* por razones de *equidad natural* o del *espíritu general de la legislación*. Y, en fin, es importante porque puede considerarse como uno de los antecedentes decimonónicos más fuertes en torno a la labor política de los jueces, que tanto suele criticarse y analizarse en el derecho de nuestros días.

Por último, debe también destacarse que existieron criterios hermenéuticos no estrictamente subsumibles en los que contemplaba el Código Civil. El primero que debería destacarse es el de la primacía hermenéutica de la Constitución en la interpretación de las leyes, que

---

442 *Pozo y otros* (1888). Las cursivas son nuestras.

aparece claramente de una gran sentencia de la Corte de Apelaciones de Santiago en materia expropiatoria. Su argumentación, tal como la sentencia de alzada, es breve y, por lo mismo, especialmente distintiva:

> "Santiago, junio 13 de 1882 — Vistos: aceptando la exposición y los considerandos 1° y 4° de la sentencia apelada de 8 de octubre último, corriente a f. 58, *y teniendo presente que el art. 6° de la ley de 6 de diciembre de 1876 establece que la indemnización a que dieren lugar las expropiaciones a que dicha ley se refiere debe hacerse conforme a lo dispuesto en el inc. 5° art. 12 de la Constitución, y que por consiguiente el precio de tal indemnización debe comprender no solamente el del terreno expropiado sino el de las obras que en este se comprenderían y el de los perjuicios que sufra el expropiado, puesto que todas estas son condiciones de la indemnización*, se revoca dicha sentencia y se declara que la Ilustre Municipalidad de Valparaíso debe pagar a don José Manuel Guzmán, además del precio del terreno de que se le expropió, el que tenían las obras que en él había y que Guzmán no ha podido aprovechar, debiendo el juez de la causa citar a comparendo a las partes para que ajusten este precio o, en caso contrario, nombrar los peritos que conforme a dicho art. 6° de la ley citada deben hacer el avalúo. Publíquese y devuélvanse. *Lastarria. Errázuriz. Sanhueza*"[443].

La admiración por la lucidez de la Corte aumenta cuando se tiene presente que el considerando 4° de la sentencia de primera instancia, aceptado en alzada, expresaba que "cuando el sentido de la ley es claro no debe desatenderse su tenor literal a pretexto de consultar su espíritu". En otras palabras, el recurso hermenéutico a la Constitución no era reconocido como una anomalía en el régimen administrativo chileno, sino que, por el contrario, naturalmente compatible con el enaltecimiento del sentido de la ley e incluso parte integrante de este[444].

La hermenéutica "vertical", si quisiera así llamársela, también hallaba una contrapartida hacia los estratos normativos inferiores, con la interpretación de leyes a través de reglamentos, que fue aceptada en alguna oportunidad por la Corte Suprema. Se trataba de la determinación de si las reglas de premios de la instrucción primaria se aplicaban a los directores y profesores de las escuelas normales. El Juzgado de Letras entendió que no, pero la Corte Suprema revocó la sentencia de primera instancia. Lo interesante es que ambas resoluciones se apoyaban en el Reglamento para tratar de determinar el sentido de la ley. Para la sentencia de término, el argumento decisivo era que "el citado reglamento enumera a las escuelas normales entre los establecimientos de la instrucción primaria"[445], solución que descansa en una cierta confianza en la composición general del ordenamiento jurídico, pero que abre riesgos importantes, al permitir permear —e, incluso, vulnerar— la consistencia de la actividad del Legislador con las disposiciones aprobadas unilateralmente por la Administración.

---

443 *Guzmán* (1882). Las cursivas son nuestras.

444 Véase también *Willcock* (1890).

445 *Vargas* (1877).

2. Interpretación del Legislador e interpretación de la Administración

En relación con la interpretación del Legislador, bien se sabe que el artículo 3° inciso 1° del Código Civil estableció el criterio de que "solo toca al legislador explicar o interpretar la ley de un modo generalmente obligatorio". Esta recepción de la *interpretatio generalis et necessaria* del derecho medieval[446] había experimentado una evolución en el proceso de codificación civil, por cuanto en su versión preliminar, contenida en el proyecto publicado en *El Araucano* en 1841, más que establecer la exclusividad del Poder Legislativo para ofrecer este tipo de interpretación, tenía por objeto obstar a la posibilidad de que los jueces pudiesen ofrecerla[447]. La versión final del Código adoptó el carácter más estricto y riguroso que hoy le conocemos, como puede advertirse no solo de este antecedente, sino también de uno correspondiente al propio derecho administrativo y que parece haberse ignorado hasta nuestros días: la visión que las leyes orgánicas de los ministerios tenían de la interpretación.

En efecto, si se compara la ley de 1837 con la de 1887, existe una prerrogativa hermenéutica del Ministerio de Justicia que desapareció totalmente: la de despachar "las consultas de los tribunales sobre interpretación, reforma, derogación de las leyes existentes o formación de otras"[448]. No parece descabellado presumir que la desaparición de toda alusión a la interpretación en el texto posterior[449] se derive directamente de la influencia del artículo 3° del Código Civil. Debe tenerse presente, en todo caso, que rondó como un fantasma en nuestro derecho administrativo un rol de la interpretación administrativa que el Código Civil no alcanzó a intuir en la lógica de sus disposiciones.

En efecto, más allá de la interpretación legislativa de la ley, y de la interpretación judicial de la ley, también cabía la interpretación administrativa de la ley[450]. El análisis cabal de este punto merecería un estudio desarrollado que excede el propósito de estas líneas; pero sí conviene enfatizar que la jurisprudencia chilena, a más de la natural interpretación para casos puntuales sometidos a conocimiento de la Administración, desde el siglo XIX parece haber aceptado, o al menos tolerado, que se efectuaran interpretaciones administrativas de la ley dotadas de algún grado de generalidad[451], y nuestro legislador también expresó esta práctica en algunos textos promulgados[452].

Con todo, los juristas de la época parecen haber estado muy conscientes de los riesgos de esta vertiente de la interpretación administrativa, pudiendo transformarse en un mecanismo de deformación del sentido y alcance de los textos legislativos.

Un caso ilustrativo se dio en una especie en la que un particular le demandó al Fisco la restitución de sumas que le había entregado a Aduanas para el caso de que no se reembarcaren ciertas especies en el término de un año, o de que se consumieran en el interior de las naves que

---

446 Guzmán Brito (2007), p. 24.

447 Barrientos Grandon (2016), I, pp. 49-50.

448 BLDG, VII, p. 75, art. 3 n° 4.

449 BLDG, LVI, p. 709, art. 4°.

450 También aplicada en España en estos años, como bien destaca Nieto García (1986), p. 181.

451 *V. gr.*, *Bowey y otro* (1886).

452 Ley de 30 de abril de 1866, BLDG, XXXIV, p. 145, art. 52: "El Presidente de la República resolverá todas las dudas a que dé lugar la ejecución de esta ley".

las transportaban, caso en el cual pagarían derechos[453]. La Aduana accedió solo parcialmente a la solicitud de restitución de las sumas por la compañía demandante, invocando decretos supremos que señalaban que las especies que se habían consumido no estaban en los casos de excepción a la tributación.

La cuestión giró abiertamente en torno a las prerrogativas hermenéuticas de la Administración. Así, mientras la demandante expresó que "en caso de duda de lo que debe entenderse internación para el consumo, *solo el legislador puede interpretar la ley de un modo generalmente obligatorio, careciendo por esta razón de fuerza los decretos supremos de 19 de julio de 1867 y de 14 de mayo de 1868, que han interpretado la ley*, declarando que el empleo de las planchas de metal en la bahía importa un consumo interior"[454], la Aduana respondió que "*no ha habido interpretación de la ley por parte del poder ejecutivo, habiéndose limitado* el Supremo Gobierno por medio de los decretos de julio de 67 y de abril de 68 *a salvar las dudas que se ofrecían* acerca de esta materia en la oficina de la Aduana, pues por el primero no se hizo más que derogar una solicitud de la casa Heatley y Ca. que reclamaba la devolución de sesenta y tres pesos que pagó por derechos de internación por diez bultos de felpa consumidos en el dique Santiago; y por el segundo se comunicó que, según todos los tratadistas y expositores del derecho internacional, deben considerarse las bahías como parte integrante del territorio de la Nación, y como consecuencia, que las mercaderías que se consuman en ella deben reputarse consumidas en el país"[455].

El Juzgado de Letras, ya en el primer considerando de la sentencia —después confirmada por la Corte Suprema—, expresó "que si bien es efectivo que las bahías deben reputarse formando parte integrante del territorio de la Nación, y no menos cierto que el empleo de las planchas de metal en la carena y compostura de los buques importa un verdadero consumo, como sucede en los materiales de un edificio, en el género de un vestido, todo lo que se considera consumido desde que se emplea en el objeto para que ha sido destinado; y aunque la regla de nuestra legislación aduanera sea que las mercaderías y efectos extranjeros paguen derechos al ser introducidos para el consumo; *no obstante, respecto de las planchas de metal para forro de buques, debe tenerse presente el precepto especial del art. 46 de la Ordenanza de Aduanas*".

En esto hay más que una simple alusión a la jerarquía normativa existente entre la Ordenanza de Aduanas —texto legislativo— y los decretos supremos —texto administrativo—: hay una aserción clara a que la interpretación que efectúe la autoridad administrativa sobre determinado aspecto no puede socavar el genuino sentido de una disposición legislativa. Esto lo reconoció expresamente el tribunal en otro considerando, al sostener que "toda la cuestión se ha reducido a la manera como debe *entenderse y aplicarse* la ley, no habiendo diferencias ni dificultades respecto de la cantidad cuya devolución reclama la casa demandante"[456]. En el "entenderse" se hacía manifiesta referencia a la cuestión hermenéutica, que —por lo demás— el tribunal terminó zanjando en beneficio del particular, reconociéndose de tal modo la invulnerabilidad de la esfera legislativa por la vía de una interpretación administrativa.

453 *Dickson Harker y Ca.* (1869).
454 Las cursivas son nuestras.
455 Las cursivas son nuestras.
456 Las cursivas son nuestras.

b. La interpretación de los actos administrativos

Mientras la interpretación de la ley tenía un juego de reglas bastante destacado en el antedicho párrafo cuarto del Título Preliminar del Código Civil, este cuerpo normativo no contempló normas hermenéuticas concernientes específicamente a otros actos unilaterales de derecho público y, en particular, a los actos administrativos.

Ello no significó, empero, que entre los juristas y en la institucionalidad nacional no se procediera a la interpretación del alcance de las disposiciones contenidas en tales actos. Tal interpretación era, como puede imaginarse, inevitable. Quizás sea imposible sostener que había una unidad doctrinaria en cómo se abordaba esta materia; pero sí es claro que existía una necesidad y algún grado de desarrollo de estos criterios hermenéuticos.

El primer punto que quizás convenga destacar es una piedra angular, que no fue ni podía ser desconocida por nuestros juristas decimonónicos: la supeditación de los actos administrativos a la ley. Desde inicios del período se subrayó esta dependencia como elemento relevante de interpretación de los actos administrativos, sosteniéndose, por ejemplo, "que los Supremos decretos que el señor fiscal cita en apoyo de su solicitud, como cualesquiera otros, *son meramente explicativos y no deben tener más fuerza que la ley que tiene por objeto interpretar*"[457]. Por ende, la interpretación de los actos administrativos no podía disociarse de la interpretación de la ley sobre la que aquellos se apoyaban: una eventual contradicción entre el plano legislativo y el plano administrativo en materia hermenéutica hubiera significado la producción de un contrasentido: que los actos administrativos —los decretos supremos, en la especie— dejasen de ser *explicativos* de la ley y dejasen de ser *subordinados* a la ley. Este era, por consiguiente, un elemento central, sin el cual la jerarquía normativa se tornaba imposible de resguardar tanto en la teoría como en la práctica y, por lo tanto, los actos administrativos que tuviesen la audacia de ignorarlo terminarían siendo jurídicamente irrelevantes[458].

Más allá de que no solía citárselo, es indudable que el párrafo cuarto del Título Preliminar del Código Civil terminó influyendo conceptualmente en los métodos hermenéuticos de esta materia. Atiéndase al razonamiento de la siguiente sentencia, que aborda la claridad del sentido de la norma como criterio hermenéutico central:

"Considerando:

> 1° Que la Ordenanza de plazas y tendales para la ciudad de Vallenar, de 21 de diciembre de 1885, solo grava con la contribución que ella establece a los que ocupen localidades dentro de los mercados y a todos los demás puestos fijos que se sitúen en lugares públicos;
> 2° Que en el art. 4° de la misma no se establece contribución alguna, sino simplemente una disposición reglamentaria para los efectos de la recaudación del arbitrio;
> 3° Que, para los efectos legales, el texto auténtico de toda ley y decreto u otra resolución suprema es el publicado en el Diario Oficial, *y que no cabe, por lo tanto, en el caso actual recurrir al espíritu e historia de la Ordenanza para interpretarla, pues el sentido de ella es claro* [...]"[459].

457 *Fisco con Acuña* (1862).
458 *Valenzuela* (1878).
459 *Marín y otros* (1887). Las cursivas son nuestras.

Como puede advertirse, el parangón con el Código Civil es exacto. Pero nuestra judicatura tenía conciencia de sus limitaciones. Al abordar lo dispositivo, sus expresiones fueron las siguientes: "[...] con arreglo a lo dispuesto en los arts. 1° y 2° de la Ordenanza de 31 de diciembre de 1885, supremo decreto de 26 de febrero de 1877, arts. 1698 del Código Civil, 706 inciso último, 2297 y 2300 del mismo Código, se declara que ha lugar a la demanda [...]". Aunque se invocaba el Código Civil, su artículo 19 no apareció ni mínimamente, lo que ocurrió presumiblemente por la conciencia de que lo que se estaba interpretando aquí no era una ley. Y, lo que era más importante, el principio de la claridad de sentido de la norma se entendía un aspecto compartido entre la legislación y la reglamentación administrativa. Ello significó, por supuesto, que el criterio se aplicara también de modo más discreto y menos evocativo del Código Civil. Cuando una sentencia del período, por ejemplo, expresaba que "esa disposición suprema solo declaró en receso a los jefes y oficiales movilizados que prestaban servicios en oficinas o cuerpos, y Romero Roa se encontraba en esa fecha detenido y procesado, exento de toda ocupación"[460], no hacía sino enfatizar exactamente lo mismo, pero sin formular abstractamente el criterio. Y así sucedía en muchísimos otros casos.

Algo similar puede sostenerse respecto de los criterios contenidos en las otras normas de interpretación de las leyes que contiene el Código Civil. El artículo 22, normalmente relacionado con el criterio sistemático de interpretación, aparecía en toda claridad aplicado sobre los actos administrativos en sentencias como la siguiente:

> "3° Que las excepciones opuestas a este título, de no ser embargables y de pertenecer exclusivamente a los demandantes los fondos que Letelier dejó impuestos en la Caja de Ahorros, solo son procedentes mientras el imponente conserva su empleo o cuando se separa de él con derecho a jubilación, mas no en los casos de pérdida del destino o de separación del mismo por imposibilidad física o moral, pues entonces el art. 7° del decreto de 25 de agosto de 1858 concede al empleado retirar sus imposiciones;
> 4° Que igual derecho se halla consignado en el art. 11 del Reglamento Interior de la Caja;
> 5° Que están en armonía con estas disposiciones las contenidas en el decreto de 25 de junio de 1869, por las cuales solo se exigen garantías al empleado imponente y no al que ha cesado de serlo, para retirar de la Caja los fondos que forman su imposición [...]"[461].

Salta a la vista que múltiples planos de la actividad administrativa estaban comprometidos. No pudiendo apoyarse en disposiciones legislativas para determinar el alcance de la solución, era necesario recurrir a los distintos prismas de la normativa de la propia Administración. Por supuesto, el apoyo en este método interpretativo se acrecentaría a medida que aumentara la cantidad de normas administrativas y la complejidad de la organización estatal.

Pero también en esta época comenzaron a consolidarse ciertos criterios hermenéuticos que terminaron adquiriendo una gran importancia en el derecho administrativo e incluso en disciplinas relacionadas. Téngase en cuenta la siguiente sentencia:

460 *Romero Roa* (1885).
461 *Silva* (1880 b).

> "Concepción, mayo 12 de 1880 — Vistos: teniendo presente:
> 1° Que don Avelino Villalón Ortega, a virtud de su competencia y práctica en la profesión de farmacéutico, fue autorizado por supremo decreto de 28 de agosto de 1876 para continuar regentando por tiempo indeterminado una botica que tenía establecida en Linares;
> 2° *Que la predicha autorización aparece concedida a la persona de Villalón Ortega y no para un establecimiento en local determinado*; por lo cual se encuentra amparado por el artículo transitorio de la Ley de Instrucción de 9 de enero de 1879 y en consecuencia no necesita de título universitario para ejercer la profesión de farmacéutico.
> Por estos fundamentos, se revoca la sentencia apelada de 15 de marzo último, corriente a f. 9, y se declara sin lugar el apercibimiento impuesto al expresado Villalón Ortega y, en consecuencia, que no está obligado a cerrar la botica que tiene establecida en Linares. Publíquese y devuélvase. *Riso. Astorga. Sanhueza. Soto*"[462].

La evidencia es sutil, pero está allí: frente a una autorización otorgada a una persona para ejercer el oficio de boticario, se daba la alternativa de interpretar que tal autorización lo habilitaba a él en abstracto, o bien a él en concreto en relación con el local en el cual desarrollaba sus actividades en Linares y cuyo funcionamiento había sido expresamente autorizado por un decreto supremo anterior. La Corte escogió —a nuestro juicio, con razón— la primera interpretación, que era claramente más favorable para el particular, porque podría seguir desempeñando su oficio sin consideración a un local específico. Es cierto que ello puede relacionarse con una expresión del tenor literal; pero, dado el elemento de la autorización que anteriormente se le había conferido, también parece reflejar el criterio de interpretación *pro cive*, a favor del ciudadano.

Este criterio aparece en otros tipos de situaciones. Por ejemplo, las limitaciones impuestas sobre inmuebles por un decreto supremo expedido por el Perú, en relación con la reconstrucción posterior a un incendio de 1875, no podían regir respecto de reconstrucciones derivadas de incendios posteriores[463]. El criterio *pro cive* sobresale de la redacción, que plantea que la limitación "no puede extenderse indefinidamente a planos y delineaciones posteriores sin violentar el espíritu y la letra del mencionado decreto que concedió la propiedad absoluta".

También aparece de la jurisprudencia de la época el criterio hermenéutico de que un acto administrativo no puede sujetarse a una interpretación que conduzca a una solución intrínsecamente contradictoria. Un caso manifiesto se observa en una sentencia referida a una especie por cobro de pesos dirigida contra el Fisco, por una preceptora que se vio separada de su empleo en razón de haberse dispuesto el cierre de la escuela y la llegada de una persona para *regentar* el establecimiento. Surgió la duda, entonces, de si la separación era lícita, pues no aparecía expresamente que la preceptora terminaría sus funciones. La solución del tribunal fue entender que "el decreto aludido envuelve la separación de doña Fortunata Gallardo, porque, de no ser así, habría dos preceptores rentados para una misma escuela, una que presta sus servicios y otra que no presta ninguno, *lo que es un absurdo*"[464].

---

462 *Martínez Cruz* (1880). Las cursivas en el considerando son nuestras.
463 *Pointis* (1887).
464 *Gallardo* (1878). Las cursivas son nuestras.

Otros aspectos de la interpretación de actos administrativos pueden ser examinados bajo prismas variables. A veces se distingue algo similar a lo que en nuestros días se calificaría como un principio de "primacía de la realidad", como en el caso en que una disposición en materia de contribución de alumbrado y sereno de la ciudad de Concepción, en principio aplicable a los *recaudadores*, se entendió también que regiría para aquellos que informalmente colaboraban con la Administración, con el fin de hacer efectivas las normas sobre responsabilidad que regían sobre la obligación de pagar el valor de las listas de recaudación[465]. En otras ocasiones se puede advertir una posición restrictiva en relación con la interpretación del alcance de determinados tipos de normas atributivas de competencias, lo que encuentra una raíz directa en la visión estricta que de la legalidad tiene el derecho chileno. Un caso manifiesto es el del campo de la legalidad tributaria, como puede advertirse en la siguiente sentencia:

> "Considerando: que la ordenanza dictada para la plaza de abastos de esta ciudad, y que se acompaña a f. 8, no grava en ninguno de sus artículos con los derechos de recova a la leña, carbón y maderas, ni se desprende de ninguna de sus disposiciones el que se haya querido gravarlos con impuesto de ninguna clase;
> Considerando: que, atendida a la naturaleza y forma de la leña, carbón y maderas, y al tenor literal del art. 10 de la expresada ordenanza, invocado por el demandante, no es posible darle cabida, ni suponerlos comprendidos en los mencionados artículos en tal disposición"[466].

Tratárase de una aplicación inespecífica del principio de legalidad en general, o de un caso concreto de recepción de la legalidad tributaria, o de ambos conjuntamente, lo cierto es que no cabe duda de que existe una aproximación que repele analogías o interpretaciones extensivas. Hasta cierto punto, la coordinación del artículo 160 de la Constitución de 1833 en relación con la *juridicidad*, y el artículo 19 del Código Civil en relación con la importancia del *sentido* de la norma, apoyado en su tenor literal, terminaban configurando un espíritu, una atmósfera jurídica, que, combinando lo potestativo y lo hermenéutico, irradiaba al ordenamiento chileno en su conjunto.

II. La protección de los derechos adquiridos

La primera ley patria de carácter estructural y general en materias de instrucción, de 1860, rigió a la instrucción primaria[467], primicia que refleja el carácter prioritario de que durante el siglo XIX gozó esta área de la actividad nacional[468]. Solo casi dos décadas después, el diseño normativo de la instrucción en Chile fue complementado a través de una ley de 1879 que rigió la instrucción secundaria y superior[469], cuya tramitación fue, por lo demás, muy

465 *Municipalidad de Concepción con Rebolledo* (1880).
466 *Gazmuri* (1881).
467 Ley de 24 de noviembre de 1860, BLDG, XXVIII, p. 362.
468 Serrano Pérez *et al.* (2012).
469 Ley de 9 de enero de 1879, BLDG, XLVII, p. 10.

larga[470]. Este cuerpo normativo tenía pretensiones más amplias que las que pudiera entenderse de esta dicotomía principal, atendido el hecho de que era aplicable no solo sobre la instrucción secundaria y a la instrucción superior, sino también sobre la instrucción especial "teórica y práctica que prepara al desempeño de cargos públicos y para los trabajos y empresas de las industrias en general"[471].

Ante todo, conviene destacar que no existen análisis jurídicos pormenorizados en torno a este importante cuerpo normativo. Los escasos textos iuspublicistas de los años inmediatamente posteriores, que hubieron podido tratar esta materia, se limitaron a describir ciertos aspectos generales acerca de la importancia institucional de lo previsto por esta ley, *ratione materiae*[472], o, cuando mucho, abordar alguna situación propiamente normativa, como la inconstitucionalidad de la creación de empleos en materia de instrucción a través de actos administrativos[473].

Con todo, la aplicación de esta ley introdujo controversias jurídicas muy importantes que, hasta el momento, han pasado desapercibidas. Quizás la más significativa de entre ellas giró en torno a la noción de retroactividad[474] y, consecuentemente, de los derechos adquiridos[475] en el derecho administrativo chileno.

Ciertamente, las cuestiones relacionadas con esta materia no eran nuevas en el derecho chileno. Sin entrar en los casos de aplicación de las antiguas leyes españolas en el período indiano y en el primer período patrio, ciertos casos de aplicación en este período son suficientemente elocuentes para advertir su relevancia. Así, ya en 1861 la Corte Suprema declaraba solemnemente la interrelación de los planos de la retroactividad y de los derechos adquiridos[476]; mientras dos años después planteaba la posibilidad de aplicar la noción de derechos adquiridos en beneficio del Fisco, fuera de los casos de invalidez de los actos jurídicos de que se tratara[477] o entendiéndose inválido un cierto negocio[478]; sin perjuicio de los derechos adquiridos por los particulares, los que podían subsistir a pesar de existir una ley contraria,

---

470 Esto no significó que antes de 1879 la educación secundaria y superior no hubiera estado sujeta a intensos debates y ajustes. Véase, por ejemplo, en relación con la educación secundaria, Cruz (2002).

471 Ley de 9 de enero de 1879, artículo 1° n° 2.

472 Amunátegui Rivera (1900), pp. 346-358; una versión discretamente extendida del mismo texto en Amunátegui Rivera (1907), pp. 386-398. También pueden hallarse consideraciones análogas en Letelier Madariaga (1907), pp. 255-281.

473 Huneeus Zegers (1880), II, p. 393. Tampoco la historiografía posterior se ha detenido en el análisis de las consecuencias propiamente jurídicas de estos cambios educacionales, asumiendo más bien un análisis político-institucional: véase, por ejemplo, Serrano Pérez *et al.* (2012), p. 347.

474 Como aproximación a su definición, puede tomarse en cuenta la siguiente de Vaquer Caballería (2005), p. 2291: "La retroactividad de las normas consiste en el efecto de aplicarlas a supuestos de hecho acaecidos antes de su entrada en vigor".

475 Acerca de las dificultades relacionadas con la noción de derechos adquiridos, véase Yannakopoulos (1997).

476 *Mery y Fisco* (1861): "El principio de que la ley no puede producir efecto retroactivo, sancionado en el art. 9° de nuestro código, ha sido universalmente entendido de que no puede destruir los derechos adquiridos ni alterar los hechos consumados al amparo de una ley".

477 *Chacón* (1863): "El mutuo desistimiento de los contratantes no puede perjudicar los derechos adquiridos por el Fisco, a no ser que hubiese causa que anulase el contrato y así se hubiese resuelto por sentencia judicial".

478 *Astudillo* (1875).

como aseveraba la Corte de Apelaciones de Santiago[479]. Nuestros tribunales abordaron los derechos adquiridos —invocando o no, explícitamente, la fórmula— en materias tan variadas como derechos de aguas[480], minas[481], edificaciones junto a las riberas marítimas[482], sueldos[483], posesión de inmuebles[484], expropiación[485], fijación de tarifas de transporte[486] y apertura de calles[487]; pero también entendieron la necesidad de un título para constituirlos, por lo que la mera tolerancia de un comportamiento no daba lugar a derechos adquiridos[488]. Los derechos conferidos por las leyes[489], sin necesidad de actos administrativos complementarios[490], y los derechos conferidos por los actos administrativos[491] eran adquiridos *ipso iure*, operando como actos de autoridad en el derecho público. En cuanto a la aplicación de la ley sobre efecto retroactivo de las leyes[492] sobre el derecho administrativo, no parece nunca haber cabido cuestionamientos sobre su procedencia en este ámbito jurídico[493].

A pesar de esta multiplicidad de fuentes más antiguas, la aplicación de la Ley de Instrucción de 1879 marcó un jalón en la concepción chilena de los derechos adquiridos y la retroactividad en el derecho administrativo, al permitir un análisis propiamente categorial y no meramente puntual de la retroactividad y de los derechos adquiridos, tanto frente a lógicas ampliativas o de beneficio como a lógicas restrictivas o de gravamen[494].

En efecto, frente a la exigüidad de las fuentes doctrinales que abordaron esta materia[495], así como a la dispersión de sentencias que abordaban esta cuestión desde distintas perspectivas —las que en su conjunto brindaban una visión caleidoscópica, aunque desgranada—, la aplicación de la ley de marras desencadenó no solo una, sino dos líneas articuladas y complementarias de examen de la retroactividad y de los derechos adquiridos en el derecho público.

479 *Municipalidad de Valparaíso con Waddington* (1865).

480 *García Huidobro y otro* (1864), *Lambert* (1878) y *Díaz* (1881).

481 *Allendes* (1890) y *Castro* (1890).

482 *Cerveró* (1865).

483 *Rodríguez y Bravo* (1886), pero con cuestionamientos bastante discutibles en *Castro* (1888).

484 *Municipalidad de Linares con Soto* (1869).

485 *Sucesión de Valdés* (1876).

486 *Goich Zayos y Ca. y otros* (1885).

487 *Municipalidad de Coquimbo con Edwards* (1884).

488 *Lavín Matta* (1882). En el Consejo de Estado, *Compañía de Consumidores de Agua de Valparaíso* (1883).

489 *Loyola* (1886).

490 *Bravo* (1890).

491 *Guerra* (1865).

492 Ley de 7 de octubre de 1861, BLDG, XXIX, p. 366. En torno a la importancia de la ley y de su contenido, véase, *v. gr.*, Ugarte Godoy (2021), pp. 256-280.

493 *V. gr.*, *Contreras* (1864), *Fisco con Urriaga* (1883).

494 Aunque, como aparece de Bocksang Hola (2015 a), capítulo preliminar, B.II.b.2, durante el período 1810-1860 el derecho público chileno abordó la retroactividad y los derechos adquiridos, ello se remitió a invocar y aplicar —aun certeramente— dichos conceptos, pero sin escrutar sus fundamentos y límites a través de un contrapunto dual, como el que se dio sobre la base de la ley de 1879 y que es objeto de estas líneas.

495 Lastarria Santander (1864), p. 6; bastante más elaborada es la obra de Fabres Fernández (1912) (cuya edición original fue publicada en 1863), IX, pp. 12-13, y en notas, el análisis de la Ley sobre efecto retroactivo de las leyes, pp. 166-192.

Estas dos grandes líneas se derivaron de dos cuestiones de mucho interés. La primera fue la cuestión de los boticarios (a), relativa al régimen de transición hacia el ejercicio de esta actividad bajo la nueva lógica de detentar un título profesional de farmacéutico, lo que permitía examinar el problema de la retroactividad frente a una disposición legal de mayor restricción de un área previamente poco regulada. La segunda, por su parte, abordó la cuestión de las gratificaciones por años de servicio dentro de la función pública en materia docente, que enfocaba el problema de los efectos de la ley en el tiempo frente a una disposición legal ampliativa, que abría derechos no previstos anteriormente —o, al menos, no previstos con la misma extensión— en el ordenamiento jurídico (b).

Ambas cuestiones, derivadas de la aplicación de disposiciones distintas que, coincidentemente, se hallaban previstas en la misma ley de 9 de enero de 1879, confluyeron en la construcción de las categorías de los derechos adquiridos y la retroactividad, al permitirles a nuestros tribunales de justicia orientar a finales del siglo XIX aspectos cruciales —y hoy, casi desconocidos— relativos a esta materia[496], los que, sumados a la antigua perspectiva caleidoscópica, permiten advertir cuán lejos estaba el liberalismo decimonónico de las aseveraciones con que, durante el siglo XX, se proclamó con tanta ligereza que en derecho público no existían los derechos adquiridos[497].

a. La cuestión de los boticarios

Una primera serie de sentencias, referida a la regulación de la actividad de los boticarios, permitió un examen de la retroactividad frente a una disposición legal de alcance restrictivo o de gravamen (1), que condujo a afirmar, tras algunas vicisitudes jurisprudenciales en la Corte Suprema (2) y algunas Cortes de Apelaciones (3), el vigor de los derechos adquiridos de los particulares frente a la autoridad estatal (4).

1. La restrictividad de un régimen legislativo supuestamente transicional

Poco podría haberse intuido durante buena parte del siglo XIX que el ejercicio de la farmacéutica tuviera el potencial de engendrar controversias jurídicas de relieve en cuanto a los sujetos que podían ejercerla. Es más: en derecho público apenas tenemos conocimiento de una sentencia referida a boticas emitida antes de la entrada en vigor del Código Civil, y que lo hizo abordando esta materia solo de modo tangencial[498]. Ello se explica porque los boticarios desprovistos de estudios formales —al menos, reconocidos oficialmente— eran una realidad que atravesaba todo el territorio nacional y que se remontaba en nuestro país, según los datos más fidedignos, al año 1557[499]. En efecto, aún a principios del siglo XX, Valentín Letelier

---

496 El largo desconocimiento de la labor de nuestros jueces durante el siglo XIX y, particularmente, en el derecho público, fue hace décadas subrayado por Soto Kloss (1996), I, pp. 343-346.

497 Soto Kloss (1984) criticó esta posición asumida por parte del derecho público chileno del siglo XX, calificándola bajo el duro apelativo de "inepcia doctrinaria".

498 *Mancilla* (1846). Se trata de una sentencia penal en que finalmente se absolvió al mayordomo del Hospital Militar de Los Ángeles.

499 Dussaillant Christie (2018), p. 110.

sostenía inequívocamente que "los farmacéuticos necesitan título para regentar boticas. Sin embargo, en casi todas nuestras pequeñas poblaciones las regentan individuos que no lo son, debido al escaso número de estos profesionales que hay en Chile"[500].

Por ello es que puede entenderse que la ruptura del *statu quo* histórico sobre la titularidad en materia de boticas podía transformarse fácilmente en una fuente de disputas. Aunque los empeños en este sentido se habían originado a mediados del siglo XIX[501], solo a fines de la década de 1870 intentó ejecutarse seriamente una política en tal orden[502].

La ley de 9 de enero de 1879 apuntó al corazón del ejercicio del oficio de los boticarios, a través de dos disposiciones. En su artículo 50 inciso final, señaló que "para ser farmacéutico no se necesitan grados universitarios y se dará el título de tales a los que cumplan con los reglamentos especiales". Esta disposición, en principio bastante flexible, debía complementarse con lo dispuesto en el artículo transitorio de la misma ley, que disponía lacónicamente que "las personas que actualmente ejercieren la profesión de médico-cirujano o farmacéutico, con el permiso del Gobierno y sin tener para el efecto los títulos universitarios competentes, podrán continuar en el ejercicio autorizado de dichas profesiones, no obstante lo dispuesto en la presente ley". Esto significaba que la aparente libertad que aparecía del artículo 50 no era tal, puesto que en realidad lo que se establecía era un régimen restrictivo, a partir del cual los boticarios no universitarios ejercerían su oficio solo si gozaban de servicio para ello. Como puede imaginarse, el problema práctico central giraría en la interpretación de la fórmula "con el permiso del Gobierno".

De las sesiones del Congreso Nacional aparece que hubo fuertes discusiones parlamentarias sobre este punto. En las últimas etapas de tramitación legislativa, la Cámara de Diputados lo abordó con especial detención. El debate se inició por una pregunta del diputado Ricardo Letelier, quien inquirió sobre si la disposición comprendía a aquellos farmacéuticos que no tenían título ni tampoco permiso del Gobierno, pero que eran tolerados; Miguel Luis Amunátegui, Ministro de Instrucción Pública, reconociéndose incompetente para dar una opinión oficial del Gobierno en esta materia, sostuvo a renglón seguido que "los individuos que hasta la fecha han ejercido la profesión de farmacéutico sin haber obtenido permiso expreso del Gobierno, sino solo por haber sido tolerados, esos deberán cerrar sus establecimientos u obtener el título para poder seguir"[503]. La reacción fue inmediata, al puntualizarle el diputado Zorobabel Rodríguez

---

500 Letelier Madariaga (1907), p. 281.

501 Dussaillant Christie (2015), p. 110. Los intentos de regular esta materia originalmente fueron discretos, tal como en el Decreto Supremo de 25 de abril de 1866 (BLDG, XXXIV, p. 135), en el que se dispuso: "Los intendentes y gobernadores velarán por que las profesiones de médico, cirujano, farmacéutico, flebótomo, dentista y matrona solo sean desempeñadas por personas que tengan título legal para ello". También en el Decreto Supremo de 29 de julio de 1868 (BLDG, XXXVI, p. 206), en que se autorizó "a los dueños de las boticas actualmente establecidas en diversos pueblos de la República y que no estuvieren regentadas por farmacéuticos recibidos para que continúen despachando en ellas por el término de seis años contados desde el 1° de enero de 1869".

502 Aunque la inquietud venía incubándose desde inicios de la década, con la entrada en vigor del plan de estudios del curso de Farmacia de la Universidad de Chile, por decreto supremo de 3 de junio de 1871 (BLDG, XXXIX, p. 232), y la práctica obligatoria de dos años para obtener el título de farmacéutico, por decreto supremo de 4 de junio de 1873, BLDG, XLI-1, p. 474.

503 SCN, 1877, Cámara de Diputados, 9ª extraordinaria (3/9/1877), p. 92.

que la disposición no decía que el permiso debiera ser escrito ni expreso, y al ahondar Ricardo Letelier en el análisis, arguyendo que "como el artículo no dice que el permiso debe ser dado por escrito, sino que habla de *permiso* simplemente, es claro que este permiso tácito basta para el objeto a que se refiere el artículo en cuestión", recordando que "la misma inteligencia que yo le doy a este artículo, se le dio también en el Senado"[504].

Por su parte, el segundo vicepresidente de la Cámara, Ramón Allende Padín, retrucó entendiendo que "en el Honorable Senado se dijo que la disposición contenida en este artículo se consignaba solo con el objeto de amparar derechos adquiridos por aquellos que sin título legal se encontraban ejerciendo la profesión de farmacéuticos. Yo niego que este amparo tenga su razón de ser, porque la concesión de una gracia en ningún caso puede constituir un derecho. Los farmacéuticos agraciados debían saber que solo habían obtenido una gracia temporal"[505]. A ello respondió Zorobabel Rodríguez no saber "si ese derecho puede ser adquirido ni me importa averiguarlo. Lo que sé es que las leyes españolas establecían la exigencia del título y que la práctica constante, invariable, ha sido tolerar el ejercicio de la profesión a personas no tituladas... ¿Y sería equitativo, sería siquiera prudente, que sin delito alguno cometido por ellas, sin indemnización por parte del Gobierno, de la noche a la mañana fuéramos a quitarles los medios de subsistencia? Esto sería inicuo: el legislador podría sin duda hacerlo: pero eso sería una verdadera iniquidad", rematando al enfatizar que "si el Gobierno los ha estado tolerando y aun ha contratado con ellos como si fueran farmacéuticos legítimos, no comprende por qué se les habría de imponer un castigo y confiscarles los bienes; porque en realidad, de verdad, se trata de una verdadera confiscación"[506].

Como se advierte, la discusión parlamentaria apuntó al fondo de la cuestión jurídica: en primer lugar, a si la situación de los farmacéuticos no titulados respondía a la antigua lógica de la justicia —es decir, un derecho— o a la antigua lógica de la gracia —es decir, un favor—; y, en segundo lugar, focalizada la discusión en la primera alternativa, a cómo se estaba afectando la esfera patrimonial de los sujetos involucrados. El debate apremió en tal modo al ministro Amunátegui, que, debilitando la óptica del gobierno, terminó admitiendo creer que "en esta ley no debían consignarse las disposiciones relativas a los farmacéuticos"[507].

El ministro del Interior, Vicente Reyes, concurrió a plantear su opinión ante la Cámara solo dos meses después. En dicha oportunidad expresó que "es necesario someter esas facultades a ciertas limitaciones necesarias, consultando indudablemente al mismo tiempo el respeto que se debe a la libertad de industrias. La ley de policía sanitaria autoriza al Presidente de la República para dictar ordenanzas generales con el objeto de reglamentar ciertas industrias, atendiendo a los intereses higiénicos de la localidad, y eso sería lo que sucedería en este caso: se dictaría una ordenanza especial y en ella se establecerían los requisitos mediante los cuales se podía obtener la facultad de ejercer la profesión de farmacéutico. Desde luego, ese requisito podía ser muy bien el hecho de haber ejercido cierto tiempo la profesión, el acreditar competencia, o en fin, cualquiera otro que diese una garantía de que la salubridad pública no peligraría.

504 SCN, 1877, Cámara de Diputados, 9ª extraordinaria (3/9/1877), p. 93 (las cursivas proceden del original).
505 SCN, 1877, Cámara de Diputados, 9ª extraordinaria (3/9/1877), p. 94.
506 SCN, 1877, Cámara de Diputados, 9ª extraordinaria (3/9/1877), p. 96.
507 SCN, 1877, Cámara de Diputados, 9ª extraordinaria (3/9/1877), p. 98.

Entretanto, mientras no se dictase esa ordenanza, el Gobierno no impondría mayores trabas ni mayores molestias para el ejercicio de la profesión"[508]. Como puede notarse, las expresiones de Reyes eran más bien indefinidas, remitiendo la solución del problema a las disposiciones locales de policía sanitaria, dado que la situación en distintos lugares del territorio nacional en torno a la disponibilidad de farmacéuticos era muy disímil.

Pocos meses después llegaría la expresión administrativa de esta discusión legislativa. Un decreto supremo de febrero 1878, que disponía en su artículo 1° que "las personas que tienen actualmente abiertos establecimientos de farmacia sin haber obtenido licencia gubernativa, podrán continuar ejerciendo esta industria, sin perjuicio de quedar sujetas a los reglamentos que más adelante se dicten", prescribiendo además en su artículo 2° que "si el Protomedicato o sus delegados notaren en alguno de dichos establecimientos procedimientos o defectos que aconsejen su clausura en obsequio de la salubridad pública, se dictará la medida que corresponda en vista de las observaciones que se hagan"[509].

Como se advierte, esta medida gubernativa respondía perfectamente a lo que Reyes había planteado ante la Cámara. Esto, que desde el punto de vista abstracto parecía aceptable y aun conveniente, en concreto terminaría propiciando que lo no esclarecido por los parlamentarios se transformara en una cuestión de resorte de la judicatura. La Ley de Instrucción Secundaria y Superior se emitió el 9 de enero de 1879. La cuestión de los boticarios no tardaría en detonar.

2. La Corte Suprema y la implantación de una lógica retroactiva

En efecto, el mismo año 1879 marcó el cénit de la disputa en torno a las boticas, en una cuestión ventilada durante el segundo semestre contra varios boticarios correspondientes a la jurisdicción de Santiago[510]. La lectura de los autos da cuenta de varias cuestiones dotadas de matices que perfectamente hubieran podido dar lugar a una variedad de soluciones, pero ya el caratulado de que da cuenta la *Gaceta de los Tribunales* muestra que la inclinación era más bien uniforme: "Contra los boticarios que carecen de título legal para tener boticas abiertas".

En tres audiencias distintas, declararon cinco boticarios que no se hallaban en idénticas situaciones. El primero de ellos, Pedro Claris, expuso que "tenía todos los estudios necesarios para ejercer la profesión de farmacéutico, pero le faltaba el examen general". Lorenzo Gormaz expresó que "para tener botica, se atenía a lo dispuesto en el supremo decreto de 28 de febrero del año pasado".

Pedro de la Fuente, por su parte, hizo presente que "estaba en posesión del permiso que a él y otros de sus compañeros les otorgó indefinidamente el Supremo Gobierno por supremo decreto de 28 de febrero del año pasado, decreto que fue derogado por la ley de 9 de enero último, y la cual en su artículo transitorio lo faculta para continuar con su botica abierta indefinidamente", añadiendo "que nadie se la puede mandar cerrar, a no ser que el Congreso Nacional dicte una nueva ley que derogue la del 9 de enero del presente año".

---

508 SCN, 1877, Cámara de Diputados, 11ª extraordinaria (6/11/1877), p. 123.

509 Decreto supremo de 28 de febrero de 1878, BLDG, XLVI, p. 44.

510 *Claris y otros* (1879).

En fin, Joaquín Luco y Juan Esteban Castro declararon "que no tienen permiso del Gobierno para ejercer su ocupación de boticarios", entendiendo creer "que solamente el Poder Legislativo, por medio de una nueva ley, puede privarlos del ejercicio de la profesión que hace tiempo ejercen".

Como puede advertirse, los cinco casos transitan desde una total informalidad en la regencia de las boticas hasta el cumplimiento de los requisitos tal como habían sido expresados por la combinación de lo dispuesto por el decreto supremo de 1878 y la ley de 1879. Mas, contrariamente a lo que hubiera podido esperarse, el Juzgado de Letras no hizo ninguna distinción e invariablemente apercibió a todos los farmacéuticos para colocar al frente de las boticas a un farmacéutico titulado en el breve plazo de sesenta días, bajo apercibimiento de cierre.

La cuestión subió a la Corte Suprema, la que confirmó todas las resoluciones que habían sido emitidas por el Juzgado de Letras a este respecto. La votación, con todo, fue dividida: el presidente Manuel Montt y el ministro Valenzuela emitieron un voto particular que sostenía abiertamente la ilegalidad de la interpretación escogida. Y en él opinaban por la revocación de todos los autos, por lo que no solo amparaban a los boticarios que habían obtenido una autorización administrativa antes de la entrada en vigor de la ley, sino también a aquellos que no la habían obtenido. Expresaron en su fundamentación que "antes de la vigencia de esa ley, y en 28 de febrero del año anterior, se autorizó por decreto supremo la continuación de los establecimientos de farmacia que estaban en uso y que no habían obtenido licencia especial", con lo que habían quedado comprendidos "en las disposiciones de la ley tanto los establecimientos especialmente autorizados como a los otros a quienes se refiere el decreto antes citado".

El choque de opiniones en lo concerniente a la retroactividad es evidente: por una parte, Montt y Valenzuela pugnaban por la protección de los derechos adquiridos de quienes, formal o informalmente ejercían sus oficios a la época de la entrada en vigor del decreto supremo y de la ley; Barriga, Covarrubias y Reyes planteaban derechamente que cualquier ejercicio del oficio de boticarios sin contar con el título profesional de farmacéutico era ilegal y, por lo tanto, indigno de protección jurídica, aun frente al texto explícito de la ley.

¿Había sido, acaso, el ejercicio del oficio de boticario una mera expectativa? ¿Cabría, por ventura, conceptualizar la regencia de las boticas por parte de los boticarios meramente como "la esperanza de tener un derecho"[511] a dicho ejercicio? ¿Podía el interés profesionalizante del Estado arrasar sin contemplaciones una actividad que por siglos se había considerado legítima e inconcusa? Pareciera ser que no, pero la Alta Jurisdicción dispuso en dicha oportunidad otra

---

511 Según la expresión de Fabres Fernández (1912), p. 175. De hecho, Fabres se refiere a los títulos profesionales en la página siguiente, señalando como era expectativa el caso de las "capacidades que otorga la ley para adquirir un derecho", señalando como ejemplo "la facultad que tengo para recibirme de abogado o para obtener cualquier título profesional", dado que "si la nueva ley exige mayor número de exámenes para adquirir el título profesional u otra clase de requisitos, tendré que cumplirlos, por más que estuviere en aptitud de obtenerlo, y aun cuando hubiere practicado algunas diligencias con ese fin, *con tal que no hubiese cumplido todas las condiciones que exigía la ley anterior*" (p. 176, las cursivas son nuestras). En el caso de marras, justamente se daba el caso opuesto al indicado por Fabres para ejemplificar las meras expectativas: los boticarios, según criterios antiquísimos, habían cumplido las condiciones que les permitían obrar en ejercicio de su oficio; y, por lo tanto, debían considerarse como titulares de un derecho adquirido sobre dicha prerrogativa.

cosa. La desprotección de los derechos adquiridos resultaba evidente y tanto más llamativa cuanto no se fundaba ni siquiera en consideraciones de orden público, como la salubridad o la seguridad públicas.

3. Las Cortes de Apelaciones y las tensiones sobre los derechos adquiridos

Esta materia no volvió a ser revisada por la Corte Suprema bajo el imperio de las mismas normas. Pero sí fue radicada en un par de ocasiones en distintas Cortes de Apelaciones, las que, como se verá, decidieron abordar esta materia en sentidos variados, lo que no excluía decidirla con prescindencia de lo que había decidido la Corte Suprema. Después de todo, conociendo de las apelaciones en sus respectivas materias, tanto la Corte Suprema como las Cortes de Apelaciones eran tribunales de apelación y, en estricto rigor, sus respectivas sentencias de apelación no reconocían una relación jerárquica.

La primera Corte en pronunciarse sobre esta materia fue la de Concepción, en 1880. Se trató de una causa penal en la que se persiguió a un boticario que había obtenido una autorización administrativa para regentar una botica, por el hecho de haber cerrado la botica que hacía funcionar al momento de la autorización y haber operado otro local con la autorización antigua[512]. Conociendo en primera instancia, el Juzgado de Letras fue aún más drástico que el de Santiago que había visto la cuestión en el año anterior, pues resolvió abiertamente contra el boticario y lo conminó a cerrar en un plazo brevísimo de quince días, salvo en cuanto lograra poner en la botica durante ese plazo a un farmacéutico titulado.

Sin embargo, al conocer de este litigio la Corte de Apelaciones de Concepción, el enfoque varió radicalmente. En primer lugar, esta Corte se alejó del planteamiento de la Corte Suprema, por cuanto reconoció que el boticario autorizado por acto administrativo al ejercicio de su oficio tenía un derecho adquirido sobre dicha autorización, que no podía afectarse con posterioridad: "[...] fue autorizado por supremo decreto de 28 de agosto de 1876 para continuar regentando por tiempo indeterminado una botica que tenía establecida en Linares". Con ello, quedaba claro que el tribunal no podía prescindir de dicha autorización y, cualquiera fuera su decisión, debía tomarla como un hecho incuestionable de la causa. Con todo, la segunda fase del razonamiento sería aún más audaz: la autorización otorgada por decreto supremo se entendía conferida a la persona y no al establecimiento que ella dirigía al momento de solicitarla, señalándose que "la predicha autorización aparece concedida a la persona de Villalón Ortega, y no para un establecimiento en local determinado", lo que implicaba que el boticario se hallaba "amparado por el artículo transitorio de la Ley de Instrucción de 9 de enero de 1879" y, por lo tanto, estaba autorizado a ejercer su industria. La sentencia fue unánime y lleva la firma del regente Carlos Risopatrón Escudero, quien algunos años después sería nombrado ministro de la Corte Suprema.

Al año siguiente, la Corte de Apelaciones de La Serena también debió enfrentar esta cuestión. Lo hizo siguiendo el criterio de la Corte Suprema y, por lo tanto, difiriendo de lo que había juzgado su símil de Concepción: "[...] no resulta que el establecimiento de botica de Federico Fraga y Ca. esté regentado por un farmacéutico titulado o autorizado por el Supremo

512 *Martínez Cruz* (1880).

Gobierno"[513]. Sin embargo, debe notarse que la redacción escogida fue más plástica: la evocación del farmacéutico "titulado o autorizado", y no solamente titulado, mostraba también una brecha frente a la retroactividad monolítica de la ley de 1879 que la Corte Suprema había pretendido en esta materia.

Los riesgos de muchos de los boticarios eran evidentes: la estabilidad de su actividad dependía de la jurisdicción en la que se hallaran situados e incluso de si, por alguna razón, la cuestión no era revisada por la Corte de Apelaciones respectiva, sino por la Corte Suprema. Era evidente que esta situación de preocupante inseguridad jurídica debía ser abordada de alguna otra manera.

4. El reencuentro de los derechos adquiridos

La respuesta fue veloz y de índole legislativa. El Congreso Nacional emitió a mediados de 1881 una ley de artículo único para resolver la controvertida materia: "Las personas que, a la fecha de la promulgación de la ley de 9 de enero de 1879, hubieren tenido abiertos establecimientos de farmacia sin título legal y solo al amparo de disposiciones gubernativas no comprendidas en el caso previsto por el artículo transitorio de dicha ley, podrán ejercer esa industria en cualquier lugar del territorio, sin perjuicio de quedar sujetas a los reglamentos que corresponde dictar al Presidente de la República, según el inciso final del artículo 50 de la misma ley"[514].

Así, las tensiones del bienio se resolvían a través de la referida disposición, que constituía una síntesis de los problemas que la judicatura había debido abordar. Por una parte, estaba la extensión de la autorización para operar boticas, que se resolvía en la forma más amplia posible bajo la lógica de la autorización: en el fondo, se trataba de una tregua, por la cual cualquier autorización emitida por vía de acto administrativo se transformaba en suficiente para ejercer la industria. Por otra parte, se asumía la territorialidad de la autorización, la cual se entendía otorgada no para una localidad específica, sino para todo el territorio nacional. Ambas cuestiones controvertidas eran zanjadas de un modo bastante amplio y protector de los derechos de los boticarios.

En los años posteriores, los litigios relacionados con las boticas no desaparecieron, pero pasaron a ser muy escasos, y reforzaron la lógica de protección de los derechos adquiridos que se desprendió de toda esta controversia. En 1882, un delegado del protomedicato en Valparaíso insistía en iniciar persecuciones penales contra un boticario no titulado, aun ante el texto expreso de la ley de 15 de julio de 1881, arguyendo una infracción al artículo 494 n° 8 del Código Penal. El Juzgado de Letras desestimó la alegación y sobreseyó al boticario, y la apelación interpuesta terminó declarándose desierta por la Corte Suprema[515].

El último caso relevante parece datar de 1884, en una controversia derivada de que un farmacéutico titulado hubo solicitado la clausura del establecimiento de un boticario no titulado[516]. La Corte Suprema daría, a través de su sentencia de apelación, un giro total a lo

513 *Delpiano* (1881).
514 Ley de 15 de julio de 1881, BLDG, XLIX, p. 199.
515 *Castagnola* (1882).
516 *Herrera Díaz* (1884).

resuelto en 1879 acerca de la retroactividad en la sentencia *Claris y otros*, juzgando esta vez en favor del boticario, por cuanto "don José Miguel González tenía abierto un establecimiento de botica a la fecha de la promulgación de la ley de 9 de enero de 1879". Como puede advertirse, la fórmula utilizada se inclina hacia la interpretación más expansiva del funcionamiento de las boticas, al punto de que no alude a la autorización administrativa. Dicha fórmula no puede forzosamente interpretarse en el sentido de que la autorización no hubiera sido necesaria para subsumir al caso dentro de la protección concedida por la ley, pues de los autos aparecía que el boticario sí contaba con ella; pero sí desplaza el eje de la reflexión, desde la cuestión formal de la autorización hacia la cuestión sustancial de si el boticario ejercía legalmente o no su industria al momento de entrar en vigor el régimen de las leyes de 1879 y 1881.

Regresando después de cinco años a la Corte Suprema de Justicia, la cuestión de los boticarios había terminado con una rotunda afirmación de protección de los derechos adquiridos que revertía el error pretérito. Lamentablemente, ni Montt ni Valenzuela estaban allí para presenciar la reversión del criterio, pero Covarrubias enmendó su posición, decidiendo en tal sentido junto a Cousiño y Lastarria en una sentencia que es notable por otras razones. Entre ellas, destaca la defensa de la plenitud jurisdiccional de los tribunales por parte de la Alta Jurisdicción, revirtiendo la posición antijurídica del juez de primera instancia, que había estimado que, si la autoridad administrativa tenía prerrogativas resolutivas de una cuestión, ello significaba que "sus resoluciones no pueden ser revisadas ni modificadas por los Tribunales de Justicia".

El siguiente reglamento de boticas, de 1886, procuró mantener la paz en esta materia, y no innovó en los criterios que se habían establecido después de los referidos litigios y disposiciones legislativas[517], expresando que "para poder ser regente se requiere cumplir con alguna de las siguientes condiciones: 1ª Haber obtenido el título de farmacéutico; 2ª Haber tenido abierto el nueve de enero de 1879 algún establecimiento de farmacia al amparo de alguna disposición gubernativa. Los individuos que se encuentren en este segundo caso solo podrán regentar boticas de su propiedad"[518]. La preservación de estas dos vías de regencia de boticas implicaba el reconocimiento del carácter transicional no disruptivo de los nuevos criterios de ejercicio de estas labores y, sobre todo, la proclamación de la vigencia de los derechos adquiridos por parte de los particulares frente a la Administración, aun en medio de cambios técnicos y legislativos[519].

---

517 *Contra*, sorprendentemente, Amunátegui Rivera (1907), p. 306: "En cuanto a la venta de medicinas, el reglamento de boticas de 16 de diciembre de 1886 contiene disposiciones relativas a la exigencia de un título profesional en el individuo que verifica la venta, y a las garantías necesarias para que no se produzcan daños con el expendio de elementos delicados".

518 Decreto Supremo de 14 de diciembre de 1886, BLDG, LV, p. 1283, art. 4°.

519 Finalmente, por Decreto Supremo de 28 de agosto de 1887 (BLDG, LVI, p. 1048) se terminó fijando el listado de las personas que estaban autorizadas para ejercer la profesión de farmacéuticos como consecuencia del reconocimiento de sus derechos adquiridos, siguiendo lo dispuesto por el reglamento de boticas de 1886.

b. La cuestión de la gratificación por años de servicio

Una segunda serie de sentencias, referida a la gratificación por años de servicio de los funcionarios docentes (1), dio lugar a un análisis de la retroactividad frente a una disposición legal de alcance ampliativo o de beneficio, del que se desprendió la procedencia de retroactividades *in melius* para los particulares, así como una subdivisión de tipos de retroactividades (2), la que con posterioridad fue profundizada hermenéuticamente y enlazada con la doctrina de los derechos adquiridos, llegando a enfatizarse que "todo derecho se adquiere desde el momento de cumplirse los requisitos exigidos por la ley para entrar en posesión de él" (3).

1. Los antecedentes normativos de la controversia

En el derecho administrativo chileno, el régimen y los beneficios de la función docente estatal no emergieron transversal y simultáneamente, sino de modo paulatino, a medida que un diseño más o menos consistente de los distintos niveles se configuraba. Uno de los beneficios más característicos estuvo dado por las gratificaciones que se acordaba conferir por la ley a ciertas categorías de docentes que ejercían sus funciones por un determinado tiempo.

Esta figura no era innovadora. En realidad, prolongaba beneficios que se habían acordado décadas atrás en beneficio de funcionarios docentes del Instituto Nacional. Así, un decreto de 1834 creó un estímulo que "anime el celo de sus profesores, sirva de premio a sus servicios y les incline a permanecer en el establecimiento", consistente en que "el profesor que sirva alguna cátedra de ciencias o idiomas en el Instituto, por seis años continuados, gozará, como premio, del aumento de una décima parte de su sueldo; a los diez años de un quinto; a los quince, de dos quintos; a los veinte de tres quintos; a los veinticinco de cuatro quintos; y a los treinta gozará sueldo doble"[520]. Dicha disposición fue complementada por otra de 1845[521], prevista, según su preámbulo, en razón de que "las rentas de los profesores y de algunos otros empleados del Instituto Nacional son insuficientes para compensar sus trabajos, lo cual ocasiona frecuentes variaciones en los individuos que sirven sus destinos y por consecuencia graves perjuicio a la enseñanza", atendiendo también a que los premios que habían sido asignados en el decreto de 1834 "a más de ser excesivos, no están en proporción con la mayor o menor laboriosidad e importancia de cada uno de dichos empleos". Con ello, entonces, se inició el criterio de las gratificaciones por cuarentavas partes anuales, que caracterizaría por largos años a esta materia[522].

Si bien la cuestión de las gratificaciones docentes existió en estas disposiciones que precedieron la entrada en vigor de la codificación sustantiva decimonónica —entendiendo por tal principalmente el Código Civil y el Código Penal—, ella no parece haber suscitado conflictos de buenas a primeras. De hecho, durante el primer período del derecho administrativo patrio,

---

520 Decreto supremo de 10 de mayo de 1834, BLDG, VI, p. 103.

521 BLDG, XIII, p. 4.

522 El artículo 9° del referido decreto preceptuaba que "para determinar el premio que a cada profesor corresponde, se considerará dividido el sueldo que se le haya asignado conforme a lo dispuesto en los artículos precedentes, en cuarenta partes; y desde que hubiere cumplido seis años, se le aumentará una de estas partes por cada año que sirviere".

hasta 1860, la cuestión de las gratificaciones parece haber sido judicialmente irrelevante[523]. Es más; la primera sentencia de relieve en esta materia parece ser una de 1872[524], la que fue sucedida por unas otras pocas en aplicación de las leyes más antiguas sobre esta materia[525]. Curiosamente, en ninguna de estas sentencias se abordó directa y seriamente el problema de los derechos adquiridos sobre estas gratificaciones en conjunción con los problemas referidos al vigor temporal de las respectivas disposiciones normativas.

Según lo anticipamos al inicio de este trabajo, tal análisis sobre retroactividad solo se desencadenó en aplicación de la ley de 9 de enero de 1879. Las razones pueden ser múltiples, pero un criterio determinante parece ser el de la combinación entre una mayor judicialización de este tipo de cuestiones y la aparición de una ley que preveía este tipo de beneficios en un sector docente que antes no lo contemplaba. Esta disposición procedía del artículo 44 de la referida ley, que prescribía que "los rectores y profesores de los establecimientos de instrucción secundaria y superior tendrán, después de seis años de servicios, una gratificación anual equivalente a la cuarentava parte del sueldo que les estuviere asignado, al terminar el sexto año. El tiempo de licencia que pasare de un mes no se tomará en cuenta para los efectos de este artículo".

2. La sentencia fundacional

La Suprema Corte de Justicia tuvo ocasión de enfrentar por primera vez los problemas derivados de la aplicación de esta disposición en una sentencia de fines de 1882, que examinaba la situación de dos personas que habían desempeñado su función docente por largos años en el Liceo de Talca: una, que era profesor, y otra, que era rector y profesor[526]. Los demandantes hacían valer en el expediente dos pretensiones complementarias. Por una parte, pedían que se declarara "que tienen opción a la gratificación que concede el art. 44 de la ley de 9 de enero de 1879 desde que comenzó a regir y con arreglo al número de años de servicio que tenían prestados"; por otra, "que debe pagárseles lo que por esta gratificación les ha debido corresponder hasta la fecha, y continuárseles pagando en lo sucesivo en conformidad al orden establecido". La primera de las dos pretensiones muestra a las claras que en esta sentencia se estaba abriendo un examen sobre retroactividad que no se había efectuado jamás en sede jurisdiccional; ni respecto de las antiguas disposiciones que habían regido al Instituto Nacional, ni respecto de la aplicación de la ley de 1879.

---

523 Aunque distintos problemas relacionados con la función pública eran examinados por los tribunales chilenos, esta cuestión no apareció. Véase Bocksang Hola (2015 a), especialmente título tercero, capítulo primero, A.

524 *Salvo* (1872).

525 Por ejemplo, *Otaiza* (1876) y *Vargas* (1877). En la primera de estas dos especies, la sentencia de primera instancia se hizo cargo de cuestiones de retroactividad, pero en la apelación, de conocimiento de la Corte Suprema, la cuestión se zanjó por aspectos competenciales en el voto de mayoría. No obstante, un par de disidencias de Montt y Covarrubias en la Alta Jurisdicción apuntan a una cuestión de retroactividad, por lo que —en cierto sentido— esta sentencia anticipa las controversias que se desencadenarían en relación con la ley de 1879.

526 *Silva e Icaza* (1882).

Fue el representante fiscal, en su contestación, quien caracterizó por primera vez esta cuestión como una de retroactividad. En efecto, la posición del ministerio público fue la de sostener que, si bien la norma ya integraba el ordenamiento jurídico, los cómputos referentes a la aplicación de la norma solo podían emprenderse desde su entrada en vigor y que, por lo tanto, "los ocurrentes solo están en vía de adquirir los derechos que la ley otorga". Así, expresaba que los efectos de la ley "solo rigen desde la promulgación" y que, por lo tanto, ella "no ha querido favorecer derechos anteriores" porque, de lo contrario, tendría efecto retroactivo. Dicho de otro modo, el Fisco entendía que el efecto inmediato de la ley implicaba, por una parte, que no se pagara ninguna gratificación correspondiente a los años previos al 9 de enero de 1879, pues en tal caso se estaría haciendo como si la norma ya hubiera regido desde antes; y, por otra parte, que no se computara el tiempo de ejercicio de las funciones docentes anterior al 9 de enero de 1879 para el cálculo de las gratificaciones por años servidos en el liceo, pagaderas a partir de dicha fecha.

El Juzgado de Letras aceptó la primera parte del análisis de la defensa fiscal, pero no la segunda. Para ello, invocó la finalidad de la gratificación, entendiendo en el considerando 5° de su sentencia que el beneficio "tiende a premiar servicios o a estimular que se sigan prestando en interés de la instrucción y, por consiguiente, comprende los servicios ya prestados y los que en adelante se prestaren, pues ese premio se acuerda al servicio en sí mismo; y la naturaleza de este no varía en razón del tiempo en que se hubiere prestado dicho servicio". Por lo mismo, en el considerando sexto esclarecía que "la inteligencia de la disposición del art. 44 de la ley citada es que solo desde esa fecha se puede empezar a cobrar los respectivos premios, mas no que para el cómputo del tiempo a que ellos se extienden deban eliminarse los años de servicio prestados en la instrucción secundaria y superior con anterioridad a esa fecha".

El razonamiento del tribunal fue apoyado con una referencia hermenéutica, a través del artículo 19 del Código Civil. Su invocación sirvió para sepultar la pretensión fiscal de no computar para las gratificaciones el tiempo de ejercicio de labores docentes que ya había transcurrido. Asumiendo una cierta obscuridad del artículo 44 de la referida ley de 1879, debía recurrirse a su intención o espíritu, "claramente manifestados en ella misma o en la historia fidedigna de su establecimiento", según el tenor del Código. Tal intención, reconocía la sentencia, era la de "igualar la condición de los profesores y rectores de instrucción secundaria y superior de liceos de provincias a la de rector y profesores del Instituto Nacional", lo que aparecía de la coordinación del antedicho artículo 44 con el artículo 51 de la ley, que había dispuesto la derogación de la ley de 19 de noviembre de 1842 "y las demás relativas a la instrucción secundaria y superior". Debe notarse que la invocación del Código Civil aparece como decisiva en esta especie. Ello no debe sorprender a nadie, pues, lejos de una separación categórica entre el derecho administrativo y el derecho "común", los tribunales de la época integraban en los contenciosos administrativos todas las normas que pudieran ser compatibles con la especificidad de la función administrativa.

En suma, la judicatura declaró que los actores tenían derecho a la gratificación "solo desde que esta ley comenzó a regir y con arreglo al número de años de servicios que a la sazón tenían prestados", y que por lo tanto el Fisco debía pagarles lo que les había correspondido hasta esta fecha, "y continuarles pagando en lo sucesivo en conformidad al orden establecido". En esto, resulta notable la fijación de un criterio de pago aplicable no solo como el resarcimiento de la suma impaga y debida, sino también como la prolongación del criterio en el futuro.

Si bien la solución práctica se planteaba con nitidez, la Corte Suprema entrevió la complejidad del problema de la retroactividad y prefirió mantenerse al margen de declaraciones teóricas explícitas que pudieran comprometerla en el futuro. Esto aparece de manifiesto en que la Alta Jurisdicción suprimió el considerando cuarto de la sentencia del Juzgado de Letras, que señalaba que "no teniendo esa ley efecto retroactivo, los beneficiados que hubieran cumplido los seis años de servicio antes de que ella empezara a regir, no pueden reclamar la gratificación anual a que esta ley se refiere, correspondiente a los años anteriores a su vigencia y posteriores al en que cumplieron los referidos seis años de servicio, pudiendo solo ejercitar ese derecho después de la promulgación de la ley que la concedió". Si la solución que describía el Juzgado de Letras fue también la que asumió la Corte, ¿por qué suprimir entonces ese considerando? Precisamente por el componente teórico del concepto de retroactividad: la Corte no quiso sostener abiertamente que la ley de 1879 no introducía ningún efecto retroactivo, dado que, en cierto modo, sí lo había, al computarse en derecho los años transcurridos antes de la entrada en vigor de la ley para el cálculo de las gratificaciones que se pagarían en el futuro.

De lo anterior se desprende que, aunque no aparezca de modo explícito, esta sentencia marca un jalón decisivo en el análisis de la retroactividad en el derecho administrativo chileno: la distinción entre variantes de retroactividad. Tácitamente, la Corte asumió la existencia de tres alternativas de análisis:

1) Efecto inmediato de la ley[527], que implicaba que no se computaban los plazos de servicios ya prestados ni se pagaban las gratificaciones que se hubieran debido si la nueva norma hubiera regido desde antes[528];
2) Retroactividad fuerte, que implicaba computar los plazos de servicios ya prestados y pagar lo que se hubiera debido, si la nueva norma hubiera regido desde antes, a más de las gratificaciones que regían desde la fecha de entrada en vigor de la ley; y
3) Retroactividad débil, que consistía en computar los plazos de servicios ya prestados para el cálculo de si había o no derecho a gratificación, pero no implicaba el pago de montos por períodos vencidos antes de la entrada en vigor de la ley[529].

527 Aunque, según ciertos autores, cabría considerar esta alternativa como una retroactividad de grado mínimo, consistente en que "la ley nueva se aplica solo a los efectos futuros, nacidos después de su entrada en vigor, aunque provengan de relaciones jurídicas surgidas con anterioridad", lo que, sin embargo, habitualmente no se califica como retroactividad en sentido estricto: Muñoz Machado (2005), p. 2288. Así, por ejemplo, tiende a no considerarlo como genuina retroactividad Corral Talciani (2018), p. 133, expresando que "respecto de los efectos que se despliegan después de la vigencia de la nueva ley, consideran, por regla general, que ellos quedan sometidos a la nueva ley, sin que por ello venga a ser considerada retroactiva".

528 El ministro Prats formuló una disidencia en este sentido, inclinándose por la opción de que "se compute el tiempo de servicios que da derecho a gozar de los premios solo desde la fecha de la vigencia de la ley, reformándose en esa parte la sentencia consultada".

529 Esta es una situación de retroactividad, aunque atenuada; cfr. Roubier (1960), p. 182: "Una ley de este género, cuyo objeto es regular las condiciones de constitución (o de extinción) de una situación jurídica, no puede tomar en consideración hechos anteriores a su entrada en vigor sin ser retroactiva" (la traducción es nuestra; en el original, "*une loi de ce genre, dont l'objet est de régler les conditions de constitution (o d'extinction) d'une situation juridique, ne peut prendre en considération des faits antérieurs à son entrée en vigueur sans être rétroactive*").

Esta última fue la forma reconocida como justa por la Corte Suprema y planteada como situación de retroactividad por la sutil exclusión del considerando señalado. En años sucesivos, la cuestión se complementaría con apreciaciones adicionales sobre el mismo problema de base.

3. La sofisticación del análisis sobre la retroactividad

Algunos meses después de la sentencia antes referida, la Corte Suprema se vio enfrentada a un problema similar, basado en la misma disposición del artículo 44. Un grupo de nueve profesores del Liceo de Copiapó, luego de haber reclamado infructuosamente de la cuestión ante la Tenencia de Ministros de dicha ciudad, ante la Contaduría Mayor y, finalmente, ante el Supremo Gobierno, decidió recurrir ante la judicatura, pidiendo que se les computaran los años servidos con anterioridad a la promulgación de la ley de 1879 para efectos del cálculo de las gratificaciones[530].

Ventilada la cuestión en primera instancia ante el Juzgado de Letras de Copiapó, la discusión se dio en términos bastante diferentes a los verificados en el caso del año anterior conocido en Santiago. Por de pronto, mientras la retroactividad había sido tácitamente evocada en *Silva e Icaza*, en este otro juicio se transformó en uno de los ejes de la discusión. La defensa fiscal expresó abiertamente que se daría "efecto retroactivo a la ley si se computara para los efectos del monto de las asignaciones los años anteriores a la ley", mientras que los demandantes argüían que "no es dar efecto retroactivo a la ley en computar los años de servicios anteriores a ella, desde que no se cobran los caídos anteriores a su promulgación".

El Juzgado siguió la posición de la defensa fiscal, entendiendo que "sería dar efecto retroactivo a la ley el computar para los efectos de fijar el monto de las asignaciones los años anteriores a la ley y posteriores a los seis primeros años, por cuanto ese cómputo vendría a aumentar la asignación de cada profesor, como si la ley hubiese estado en vigencia desde que cada uno de ellos cumplió los seis primeros años de servicio". Por consiguiente, en lo propiamente dispositivo declaró que debía pagarse solamente una cuarentava parte como gratificación, a quienes antes de la entrada en vigor de la ley habían cumplido los seis años de servicios exigidos por su artículo 44, y a quienes no los habían cumplido a la fecha de la entrada en vigor de la ley, se les abonaría la cuarentava parte del sueldo a partir del momento en que los cumplieran.

Puede advertirse que la solución del Juzgado de Letras, al intentar evadir la retroactividad, les rendía un involuntario homenaje a sus dificultades, añadiéndole una cuarta posibilidad a las que aparecieron de la sentencia *Silva e Icaza*: una solución intermedia entre el efecto inmediato y la retroactividad débil, que podría conceptualizarse como retroactividad debilísima. En efecto, la consideración del tiempo servido mayor a seis años antes de la entrada en vigor de la ley con el objeto de reconocer solo una cuarentava parte, cualquiera fuera el tiempo servido, no era radicalmente un efecto inmediato, y asimismo era menor que el cómputo "débil" derivado de la anterior sentencia.

Comoquiera que sea, poco influyó la nueva opción propuesta sobre la Corte Suprema. Esta, en una sentencia muy dura y clara, retomó la solución de retroactividad débil, computando

530 *Carvajal y otros* (1883).

todos los años ya servidos que excedieran de seis para pagar, a partir de la entrada en vigor de la ley, todas las gratificaciones correspondientes[531]. Tal como en *Silva e Icaza*, evitó referirse expresamente a la retroactividad, pero defendió la reiterada solución sobre la base de una labor hermenéutica mucho más detenida.

En primer lugar, aludía a la finalidad de la ley, que era retribuir a los docentes en proporción a los servicios prestados. De adoptarse la solución de retroactividad debilísima, el considerando tercero expresaba que "tendría la misma gratificación el que hubiera servido más de treinta años que el que hubiera servido solamente seis", con lo que la "base y objeto de la ley desaparecerían".

En segundo lugar, en el siguiente considerando invocaba una interpretación sistemática directa, pues manifestaba que debía tenerse en consideración la aplicación de las disposiciones que habían regido al Instituto Nacional, que habían sido las antecesoras de las que regulaban la materia en la ley de 1879; y "estas disposiciones, vigentes hasta la fecha de la promulgación de la recordada ley de 1879, deben tomarse en consideración para ilustrar el sentido de esta, así por haberle servido de antecedente como por versar sobre el mismo asunto que ella". Como dichas normas del Instituto Nacional habían fundado el aumento anual de las gratificaciones, la misma razón hacía que frente a esta nueva norma debiese adoptarse idéntica disposición.

Y, en tercer lugar, invocaba una interpretación sistemática indirecta, considerando "otras leyes análogas dictadas con el propósito de recompensar servicios creando derechos en favor de los servidores del Estado, en las cuales se han tomado en cuenta no solo servicios futuros sino también los prestados con anterioridad a ellas", y entendiendo que el cómputo de los años anteriores era más conforme al "espíritu de nuestra legislación".

Como puede advertirse, las tres consideraciones hermenéuticas desarrolladas en la sentencia eran conciliables con disposiciones del Código Civil: la primera, con el artículo 19; la segunda, con el artículo 22 inciso segundo; y la tercera, con el artículo 22 inciso segundo y con el artículo 24. Sin embargo, esta sentencia no formuló ninguna referencia al referido Código[532] ni tampoco, por lo demás, a la ley sobre efecto retroactivo de las leyes[533]. Esto revela bastante de la mentalidad jurídica de la época: si bien es presumible que la judicatura haya tenido presentes todas dichas normas, no se veía compelida a citarlas enfática y textualmente. Esto muestra la mayor flexibilidad que imperaba en la época sobre la aproximación a las normas que regían una cuestión, la que no repercutía en la claridad de la solución dispuesta por la magistratura. También probablemente obedecía al peso de la tradición hermenéutica que recogían nuestros tribunales y a la razón o finalidad objetiva "de una cierta generalidad de la legislación" vigente a la época[534].

En efecto, la adopción de la solución de lo que en estos casos hemos llamado retroactividad débil, que a través de estas sentencias había permitido develar una serie de consideraciones sobre la variedad de tipos de efectos de la ley en el tiempo, fue recogida en otras sedes

531 *Carvajal y otros* (1883).

532 Cuyas normas de interpretación, tal como en nuestros días —cfr. Guzmán Brito (2019), pp. 113-115— se aplicaban sobre el derecho administrativo en las áreas en que ello fuera pertinente. Véase, por ejemplo, *Larraín* (1869).

533 Ley de 7 de octubre de 1861, BLDG, XXIX, p. 366.

534 Guzmán Brito (2007), p. 191.

jurisdiccionales. Así, una sentencia de primera instancia correspondiente a otra cuestión, ventilada en esta misma época en Los Ángeles, evocó la segunda argumentación hermenéutica —la de la interpretación sistemática directa— de un modo particularmente cáustico, teniendo en cuenta la usual austeridad nacional en este tipo de fundamentaciones: "Si hubiera de interpretarse la ley del 79 en el sentido de que había opción a los premios acordados por ella solamente después de los seis años siguientes a su vigencia, resultaría el absurdo de que los profesores que estuviesen percibiendo el premio que les acordaban los supremos decretos de 10 de mayo de 1834 y 14 de enero de 1846 tendrían que dejar que transcurriesen los seis años siguientes a la promulgación de dicha ley para comenzar a percibirlos nuevamente, por cuanto derogando esta la de 19 de noviembre de 1842 y las demás relativas a la instrucción secundaria y superior, ha derogado también dichos decretos, ya que estos contienen disposiciones relativas a materias que son objeto de ella, y es ello actualmente la base única de este ramo del servicio público"[535].

La Corte Suprema, habiendo ya pronunciado las sentencias *Silva e Icaza* y *Carvajal y otros* a la fecha de resolver esta tercera especie, confirmó la sentencia de primera instancia, con apenas una declaración de deducírsele el tiempo cubierto por licencias que le hubieran sido concedidas por más de un mes. Así, en lo propiamente referido a las gratificaciones, no añadió nada que fuera doctrinariamente relevante. Sin embargo, al confirmar la sentencia del Juzgado de Letras, acogió un criterio importante en materia de retroactividad y de derechos adquiridos, que puede considerarse como central en esta materia: el criterio temporal básico para entender un derecho como adquirido. En efecto, dado que, en línea con todo lo expresado, la mera prestación de los servicios educativos por seis años daba lugar al beneficio, la judicatura destiló el principio general de que "todo derecho se adquiere desde el momento de cumplirse los requisitos exigidos por la ley para entrar en posesión de él", que se había expresado en el considerando tercero de la sentencia de primera instancia.

Puede cuestionarse la elección de las palabras en una aseveración técnica como esta, pero allende cualquier consideración estilística o de quisquillosidad terminológica, el sentido de la expresión es nítido: para que un derecho entre en la esfera patrimonial de un particular, no es necesario que corran los plazos y los requisitos de la prescripción adquisitiva, sino que basta con que se cumplan los requisitos relativos a su titularidad que sean establecidos por el ordenamiento jurídico. Así, la cuestión de las gratificaciones no solo permitió discernir de un modo preliminar pero manifiesto las ramificaciones de la retroactividad en distintos tipos, sino también plantear un criterio fundamental del *dies a quo* a partir del cual un determinado derecho se adquiere. Por lo tanto, de esa manera se marca un jalón en la consideración de si un efecto es o no es retroactivo.

Por último, en 1885 la Corte Suprema cerraría lo esencial de los problemas judiciales de esta década derivados de la referida cuestión de las gratificaciones. Ello se produjo a través de una sentencia *Salas Lavaqui y otros*, que resolvió una cuestión en que numerosos profesores del Instituto Nacional —incluidas personalidades como Abdón Cifuentes, Luis Barros Borgoño y Miguel Luis y Manuel Amunátegui— demandaron al Fisco porque la Administración estaba descontando los seis primeros años de servicios para el cálculo de las gratificaciones. Dicho

535 *Florín Latapia* (1883).

descuento se estaba efectuando por invocación del artículo 44, en cuanto ordenaba pagar "una gratificación anual equivalente a la cuarentava parte del sueldo que les estuviere asignado, al terminar el sexto año", con lo que —según la Administración— no habría derecho a computar los seis primeros años. Así, como base del beneficio, en lugar de pagarse seis cuarentavas partes —una por año hasta el sexto año—, se estaba pagando solo una —una por cada uno de los seis años transcurridos hasta el sexto—, sin perjuicio de las cuarentavas partes que correspondieran por los ulteriores años de servicio.

La Corte Suprema acogió el reclamo de los demandantes y censuró la interpretación que realizaba la Administración. La explicación reside principalmente en el considerando sexto de la sentencia, que expresa que "si se atiende al espíritu de la ley, manifestado en ella misma o en la historia fidedigna de su establecimiento, se ve claramente que ha querido que a los cuarenta años de servicios puedan doblar sus sueldos los profesores y rectores que con constancia hubieran servido en la educación secundaria o superior"[536]. Es decir, la Corte Suprema planteaba que, con el criterio que intentaba propugnar la Administración, los sueldos de las personas interesadas no se hubieran doblado a los cuarenta años de servicios, sino a los cuarenta y seis.

Aunque marcaba una continuidad con las sentencias anteriores, esta solución fue adoptada por una mayoría estrecha de tres a dos, con votos disidentes del presidente Prats y del ministro Lastarria. Mientras Prats recordó escuetamente su opción por el efecto inmediato, que él había sostenido desde la sentencia *Silva e Icaza*, Lastarria procuró argumentar en su disidencia que esta solución se apartaba de la línea jurisprudencial de la Alta Jurisdicción. Sin embargo, lo cierto es que esta sentencia cerraba la evolución de esta línea jurisprudencial continuando, y no desmintiendo, el criterio de la retroactividad débil desarrollado en las sentencias anteriores. En realidad, era la posición de la Administración, que Lastarria aceptó, la que introducía una variación, introduciendo una idea que en algo se parecía a la de la retroactividad "debilísima" que había adoptado la sentencia de primera instancia en *Carvajal y otros*. Con todo, aunque *Salas Lavaqui y otros* haya reafirmado la línea central de la Alta Jurisdicción en esta materia, la sutileza de la argumentación vencida muestra la sofisticación que el análisis de la retroactividad alcanzaba en Chile a fines del siglo XIX en el derecho administrativo.

536 *Salas Lavaqui y otros* (1885).

CAPÍTULO SEGUNDO
LA ORGANIZACIÓN ADMINISTRATIVA

Difícilmente podría haberse hallado una sinopsis más concentrada de la situación de la organización administrativa en el Chile de la segunda mitad del siglo XIX que la que consolidó el Código Civil en el inciso segundo de su artículo 547:

> "Tampoco se extienden las disposiciones de este título a las corporaciones o fundaciones de derecho público, como la Nación, el Fisco, las municipalidades, las iglesias, las comunidades religiosas, y los establecimientos que se costean con fondos del erario: estas corporaciones y fundaciones se rigen por leyes y reglamentos especiales".

Cierto es que se asumía que el Título XXX del Libro I no se aplicaría sobre tales corporaciones o fundaciones, pero sí se podían desprender de tal disposición varios aspectos fundamentales.

Primeramente, la localización del artículo 547 inciso segundo asumía silenciosamente que la personalidad jurídica —es decir, la noción de "una persona ficticia, capaz de ejercer derechos y contraer obligaciones civiles, y de ser representada judicial y extrajudicialmente", según el propio Código— se encontraba intrínsecamente ligada con la organización del derecho público chileno. Bien ha podido sostenerse que "el Código Civil sistematizó el cuadro de las personas en el mundo jurídico, uno de sus grandes méritos pedagógicos, y reconoció la calidad de sujetos de derecho no solo a las corporaciones, fundaciones y sociedades de derecho privado, sino también a las personas jurídicas de derecho público"[537].

Segundamente, se aprecia una tipología bastante genérica de los organismos que integraban el llamado "derecho público", distinguiéndose entre la Nación, el Fisco, las municipalidades y los establecimientos que se costean con fondos del erario —a más de las que se podían derivar de la relación entonces vigente entre la Iglesia y el Estado[538]. Estas categorías, en suma, podían satisfacer las necesidades vigentes en la época de manera bastante completa y, atendido el primer punto, podían relacionarse ellas mismas con la noción de persona jurídica.

Y, terceramente, se afirmaba la escisión entre el mundo de las entidades de derecho privado y el de las de derecho público. Así, el Título XXX se aplicaba sobre las primeras y no sobre las segundas, regidas por sus "leyes y reglamentos especiales". Se reconocía, por lo tanto, que la organización del mundo del derecho público y, en particular, de la Administración, estaba sujeta a sus propias reglas en lo *institucional*, independientemente de que, en lo *propiamente jurídico* —como se advierte a través del presente libro— las reglas del Código Civil sí pudieran ser aplicables en esta esfera pública.

537 Pantoja Bauzá (2004), p. 95.

538 *V. gr.*, las parroquias eran abordadas como personas jurídicas: *Cura de los Doce Apóstoles* (1880).

Este régimen especial del derecho administrativo requirió establecerse en torno a una organización general de envergadura y complejidad crecientes, fundada en una institucionalización —la lógica de las oficinas prevaleciendo por sobre la de los oficios[539], y surgiendo tímidamente el vocablo *órgano* con una connotación propiamente administrativa[540]— y en la asignación de atribuciones que constituyesen una constelación de competencias que permitiesen desarrollar la función de la Administración[541]. Es importante destacar que nuestro derecho siguió construyendo sobre las bases que habían permitido la estructuración y funcionamiento de los poderes estatales durante el régimen de la Constitución de 1833; es decir, que la organización administrativa fue concebida bajo la óptica de la legalidad que, bajo la inspiración de la visión de Mariano Egaña[542], había quedado plasmada en el artículo 160 de la Constitución:

> "Ninguna magistratura, ninguna persona ni reunión de personas pueden atribuirse, ni aun a pretexto de circunstancias extraordinarias, otra autoridad o derechos que los que expresamente se les haya conferido por las leyes. Todo acto en contravención a este artículo es nulo".

La conciencia acerca de esta óptica de competencias expresas del Estado de derecho en Chile —y de sus derivaciones— resulta indispensable para comprender bien el pensamiento sistemático que infundió la construcción de la organización administrativa en el período 1861-1890. En ello, más allá de las esperables diferencias accidentales de aproximación a lo largo de las décadas, existe una consistencia bastante notable. Ella se dio a tal punto que, por cierto, excedía de lo meramente administrativo, comprometiendo a toda la actuación estatal. Adviértase, por ejemplo, el siguiente decreto supremo de 1879, que se refiere a materias del orden judicial:

> "1° Que, *conforme a lo dispuesto en el artículo 160 de la Constitución Política del Estado, ninguna magistratura puede atribuirse ni aun a pretexto de circunstancias extraordinarias, otra autoridad o derechos que los que expresamente le confieren las leyes*; y 2° Que ninguna disposición de la ley de 15 de octubre de 1875 sobre Organización y Atribuciones de los Tribunales faculta al Presidente de la República para autorizar permutas entre funcionarios del servicio judicial, he venido en acordar y decreto:
> 1° Que no ha lugar a la solicitud de permuta de los receptores don José Miguel Vicuña y don Elías Loyola; y
> 2° Que esta resolución debe ser considerada como regla general para todos los casos de igual naturaleza"[543].

539 Tal como aparece, de modo silencioso pero evidente, en *Fisco con Heyer y Ca.* (1864).

540 *Urmeneta y Errázuriz* (1871).

541 Lo que incluía figuras de tratamiento complejo, como la de la delegación del ejercicio de atribuciones: *Yáñez* (1861).

542 Bocksang Hola (2015 a), título cuarto, capítulo primero, B. I. a

543 Decreto Supremo de 6 de mayo de 1879, BLDG, XLVII, p. 146. Las cursivas son nuestras.

En el ámbito administrativo, un aspecto fundamental no tuvo brechas[544]: la necesidad de contar explícitamente con normas atributivas de prerrogativas, descartándose, por lo tanto, un régimen de atribuciones implícitas[545], aunque se pretextase una analogía[546]. Y aunque se tenía en consideración que algunas prerrogativas podían hallarse redactadas de manera amplia[547], también se tenía muy claro que el potencial de tales redacciones no era ilimitado. Así, por ejemplo, en una causa militar se declaró que "por amplias que se consideren las facultades de que estaba investido el gobernador de Magallanes, ellas jamás podían autorizarlo para hacer salir fuera del territorio de la República al jefe y comandante de aquella guarnición"[548].

La escasa doctrina de la época también mostró su adhesión hacia el régimen de atribuciones explícitas, incluso en cuestiones cuyo impacto era más bien restringido[549].

Con todo, la aserción de que no todas las atribuciones estaban establecidas a nivel legislativo, sino que podían serlo por actos administrativos, tenía algún sustento y era incluso aceptada por la jurisprudencia de la época[550]. Pero no lo fue sin más ni más. El mejor ejemplo es el del juicio de antijuridicidad que recibió la imposición de cargas o servicios por acto administrativo, que se podía fundar en normas de diversa naturaleza, tales como la Constitución[551] o el Código Penal[552].

El régimen de competencias rígidas y explícitas imperaba incluso bajo circunstancias extraordinarias y, por lo tanto, por la declaración del estado de asamblea solamente podían

544 En realidad, *casi* no las tuvo. Existió en este período una sola excepción, que se derivó de un resabio de mentalidad indiana: el reconocimiento de que una prerrogativa podía emanar del *uso inmemorial* de ella por parte de una cierta entidad: *Sánchez* (1878), que concernía al monopolio de la venta del hielo por parte de la Municipalidad de Santiago. En dicha sentencia, la Corte de Apelaciones de Santiago se aseguró, no obstante, de no incurrir en una infracción del artículo 160 de la Constitución al complementar, en otro considerando, que "se ha autorizado por el término de dieciocho meses el cobro de las diversas contribuciones municipales que allí se enumeran, y entre ellas se halla expresamente designado el monopolio de la nieve o hielo".

545 Y la desaparición de las atribuciones debía, correlativamente, ser explícita: *Santelices* (1886). Se incluía en ello los casos de atribuciones otorgadas *ratione temporis*, que debían estar bien definidas en el ordenamiento jurídico —*v. gr.*, *Ojeda* (1883)— y en las que el vencimiento del plazo desencadenaba la extinción *ipso iure* de la prerrogativa: *Sucesión de Arteaga* (1886).

546 *Subdelegado de la 3ª subdelegación de Caupolicán con Juez de Letras de Caupolicán* (1887).

547 *Ábalos* (1889). En el Consejo de Estado, *Corte de Apelaciones de Santiago con Presidente de la República* (1867), en donde en el otorgamiento de la atribución presidencial de designar al Conservador de Bienes Raíces se entendió incluir la de remover, dado que no se encontraba prevista en ninguna otra disposición respecto de ninguna otra autoridad, y que era conciliable con la atribución general de la Constitución: "La atribución general conferida al Presidente de la República por el inciso 10° art. 82 de la Constitución, aplicable a todos los empleados públicos excepto a aquellos expresamente exceptuados por la misma Constitución y las leyes, entre los cuales no se encuentra designado el Conservador".

548 *Benavides* (1867).

549 Coo (1889), p. 191, al abordar la eventual existencia de una prerrogativa municipal, destacó que "de esto se desprende que, no existiendo en la ley orgánica una disposición que faculte a las municipalidades para dar en uso sus bienes raíces, no pueden las corporaciones gravarlos con ese derecho real".

550 *V. gr.*, *Márquez* (1866).

551 *Gaete* (1879).

552 *Chandía Figueroa* (1879).

ejercerse los poderes adicionales establecidos por la propia ley[553]. Y si los órganos administrativos excedían el marco de sus prerrogativas, podían obligar con ello al Estado. La idea de que "las autoridades subalternas, cuando extralimitan las atribuciones que les confieren la Constitución política, la ley del régimen interior y demás a que deben amoldar estrictamente su conducta, no obligan al Estado con sus actos" fue velozmente desechada por la Corte Suprema, apenas sugerida por el Juzgado de Letras[554].

Sobre estas bases, el Estado de Chile siguió desarrollando la organización de su Administración. En ella, tal como otrora, se podía distinguir los planos de una Administración central (A) y de una Administración territorial (B), recíprocamente compenetrados pero conceptualmente distintivos.

A. LA ADMINISTRACIÓN CENTRAL

Si bien la Administración de esta época todavía se encontraba muy marcada por la visión liberal decimonónica, el paso de los años comenzó a cambiar la fisonomía austera y reducida de la organización, dando avances muy claros que presagian la aceleración de la presencia del Estado central que caracterizaría al siglo XX.

Bien se ha señalado que "en la década de 1880 se produjo un avance cualitativo de la burocracia en varias de las agencias del nivel central, que se caracterizó por el hecho de que los diseños de estas instituciones fueron más profundos, aumentando los detalles en torno a las estructuras organizacionales, las funciones de cada una de estas agencias, los procesos por desarrollar y la forma en que debían implementarse"[555]. Por consiguiente, la *gramática organizacional* comenzó a responder a parámetros más cercanos a los que conocemos hoy en día, manteniéndose incólume, en todo caso, el predominio del peso específico del que gozaba la administración central frente a la administración territorial, que se derivaba del diseño centralizador planteado por la Constitución de 1833[556].

En este ámbito, cabe destacar el contrapunto de dos elementos que, imbricándose recíprocamente, son claramente distinguibles. Uno de ellos consiste en una continuidad de la estructura medular de la Administración central, que no impide, por cierto, evoluciones considerables (I); el otro, en la aparición de nuevos aprontes que oxigenaron y también energizaron al Supremo Gobierno y su actuación (II).

---

553 *Cifuentes y otros* (1866).

554 *Lazo* (1863).

555 Barría Traverso (2015), p. 80.

556 El fenómeno de una creciente centralización durante este período pudo advertirse también en otros países, como Estados Unidos, cuyo régimen federal no impidió que hacia 1877 se transitase de una suerte de predominio administrativo de los gobiernos locales o estatales hacia un predominio administrativo del gobierno central, como expresa Novak (1996), *passim* pero esp. pp. 235-248. Griesinger (2013), p. 371, subraya que los administrativistas estadounidenses suelen plantear la creación en 1887 de la ICC —*Interstate Commerce Commission*— como el principal punto de partida del derecho administrativo federal.

I. La continuidad de la estructura medular

Durante estos treinta años, Chile perseveró en las vigas matrices de su estructura administrativa, cuyas raíces se extendían en gran parte desde el período indiano y que, bajo la configuración planteada por nuestro constitucionalismo, había permitido una correspondencia, en clave republicana, con figuras bien asentadas en nuestra institucionalidad. Esta estructura medular estaba integrada por una relación entre los motores principales de la Administración activa (a) y de la Administración contralora (b).

a. La Administración activa

Sin mutar de naturaleza, los órganos nucleares de la Administración activa vieron una evolución en sus atribuciones durante estos años, asentándose ciertos fundamentos de los cambios institucionales posteriores. El Presidente de la República, inmutable en la mayoría de sus caracteres centrales —lo que se advirtió en su talante incisivo durante tiempos de guerra—, fue objeto de ciertas adecuaciones, dirigidas a atenuar en algo su predominio institucional y a modernizar el catálogo de sus atribuciones (1). Por su parte, los Ministros de Estado —en el entendido de que, en un régimen político como el nuestro, su suerte seguía los derroteros generales del Presidente de la República— vieron implementadas distintas medidas dirigidas a asegurar su responsabilidad y a responder a la creciente burocratización de la Administración del Estado (2).

1. El Presidente de la República

Siguiendo el paradigma construido por la Constitución de 1833 —que, en realidad, se había venido forjando desde antes de ella—[557], el Presidente de la República seguía siendo el baricentro de la actividad de la Administración del Estado. No ha de sorprender que la figura presidencial seguía guardando el aspecto imponente que había venido construyéndose por varias décadas. Aunque en principio anecdótico, es bastante ilustrativo en cuanto al fondo que una de las más llamativas controversias de propiedad intelectual de todo el siglo XIX concerniera a la reproducción de un retrato fotográfico del presidente Manuel Montt[558].

La fórmula "administra el Estado y es el jefe Supremo de la Nación", contenida en el artículo 59 de la Constitución de 1833, siguió siendo objeto de discusión, pero lo cierto es que la obra doctrinaria más importante de nuestro derecho público de aquellos años quitó dramatismo a las distintas apreciaciones que tal descripción recibía. En efecto, frente a un eventual desdén de la función de gobierno derivada de la elección del vocablo *administra*, Huneeus defendió un complemento del artículo 59 con el artículo 81 de la misma Constitución, que sostenía que "al Presidente de la República está confiada la administración y gobierno del Estado"[559]. Y ante las críticas sobre la expresión *jefe Supremo de la Nación*, este autor entendió saludablemente

557 Bocksang Hola (2015 a), título primero, capítulo primero, A. II. a.

558 *Renard* (1864).

559 Huneeus Zegers (1880), II, pp. 5-9.

que "el título más o menos pomposo que se da a un funcionario público, ni le confiere ni le quita atribuciones. Cuáles son estas es lo que realmente interesa, teniendo una importancia subalterna las cuestiones que son meramente de palabras"[560].

Precisamente, respecto de las atribuciones del Presidente de la República, puede advertirse que en su diseño general poco fueron alteradas durante los treinta años que se examinan a través de estas líneas. El artículo 82 de la Constitución solo vio modificadas dos de las atribuciones presidenciales, en 1874: la tercera y la sexta[561].

En la tercera, el texto original de la Constitución prescribía que era atribución especial del Presidente "velar sobre la pronta y cumplida administración de justicia, y sobre la conducta ministerial de los jueces". La nueva redacción tendió a especificar el modo y la amplitud de dicha vigilancia, plasmándose bajo la figura de "velar por la conducta ministerial de los jueces y demás empleados del orden judicial, pudiendo, al efecto, requerir al ministerio público para que reclame medidas disciplinarias del tribunal competente o para que, si hubiere mérito bastante, entable la correspondiente acusación". Con toda razón Huneeus sostenía que esta había sido una modificación sustancial. Primeramente, el Presidente de la República —y, por lo tanto, también el resto de la Administración— pasaba a ser incompetente para ejercer una *tutela general* sobre la pronta y cumplida administración de justicia, debiendo contraerse solamente al punto específico de la *conducta ministerial*. Y, segundamente, quedaba claro que el Presidente de la República no podía disponer de medidas unilaterales disciplinarias, como una suspensión, que pudiesen afectar a los jueces, lo que había sucedido en algunas ocasiones y hasta 1873[562]. Esto, por lo demás, se articuló consistentemente con el régimen de responsabilidad, expiración y suspensión, aplicable a los jueces que contempló la LOAT, promulgada el año siguiente[563].

Por su parte, la sexta mutó en la redacción correspondiente a la designación de los consejeros de Estado, agregándose la fórmula "de su elección", en concordancia con la modificación, por la misma ley de reforma, del artículo 102 de la Constitución de 1833. La integración del Consejo, que hasta entonces había sido de exclusivo resorte presidencial, pasaba a ser mixta, en el sentido de que había tres miembros elegidos por el Senado y tres por la Cámara de Diputados, y, por lo tanto, la expresión "de su elección" recogía esta pluralidad de orígenes y apuntaba a los cinco consejeros que eran designados por el Presidente de la República[564].

Estas no fueron las únicas mutaciones constitucionales atingentes al Presidente de la República. También durante este período se suprimió la reeligibilidad para el período siguiente, que había previsto la redacción inicial del artículo 61, pero permitiéndose su reelección en períodos no inmediatos, pues, según la nueva redacción del artículo 62 de la Constitución, "para poder ser elegido segunda o más veces deberá siempre mediar entre cada elección el espacio de un período"[565]. Asimismo, a finales de la década de 1880 se introdujo una nueva reforma, destinada a facilitar la posibilidad de escrutinio o rectificación de las elecciones presidenciales;

560 Huneeus Zegers (1880), II, pp. 9-10.
561 Ley de 24 de octubre de 1874, BLDG, XLII-2, p. 219.
562 Huneeus Zegers (1880), II, pp. 51-52.
563 Artículos 159 a 171.
564 Huneeus Zegers (1880), II, pp. 57-58.
565 Ley de 8 de agosto de 1871, BLDG, XXXIX, p. 283.

pues, de estar sujeta —según el texto original del artículo 73— a que estuvieran "presentes las tres cuartas partes del total de los miembros de cada una de las Cámaras", pasó a exigirse solamente "la mayoría absoluta del total de miembros de cada una de las Cámaras"[566]. Y también se modificó sustancialmente el artículo 161, que establecía los efectos de la declaración de estado de sitio, delimitándose con precisión que por dicha declaración al Presidente se le concedían las atribuciones "de arrestar a las personas en sus propias casas o en lugares que no sean cárceles ni otros que estén destinados a la detención o prisión de reos comunes", y "de trasladar a las personas de un departamento a otro de la República, dentro del continente y en un área comprendida entre el puerto de Caldera al norte, y la provincia de Llanquihue al sur", pudiendo disponerse solo durante la vigencia de dicho estado de excepción, y sin violarse las garantías de senadores y diputados[567].

Embozada, una última modificación constitucional a las prerrogativas presidenciales se produjo a través de la reforma al artículo 36 n° 6 de la Constitución[568], cuyo texto original, al prescribir que era atribución exclusiva del Congreso "autorizar al Presidente de la República para que use de facultades extraordinarias, debiendo siempre señalarse expresamente las facultades que se le conceden, y fijar un tiempo determinado a la duración de esta ley", abría las puertas —las que efectivamente se cruzaron varias veces— para la emisión de *legislación delegada*, es decir, lo que hoy llamamos decretos con fuerza de ley. El nuevo texto del artículo 36 n° 6 de la carta fundamental que se introdujo en 1874[569] no era conciliable con dicha práctica, que no reaparecería hasta después de la desaparición de la Constitución de 1833[570].

Teniéndose en cuenta todo lo anterior, hay mucho de verdad en sostener que las reformas constitucionales de este período buscaron, entre otros designios, "disminuir las atribuciones del Presidente de la República, aumentar la actividad e importancia del Congreso, poner término al autoritarismo y acentuar los derechos individuales"[571], aunque el diseño general fuese esencialmente el mismo.

---

566 Ley de 9 de agosto de 1888, BLDG, LVII, p. 1132.

567 Ley de 24 de octubre de 1874, BLDG, XLII-2, p. 219. Como se sabe, el artículo 161 original era de un tenor bastante distinto: "Declarado algún punto de la República en estado de sitio, se suspende el imperio de la Constitución en el territorio comprendido en la declaración; pero durante esta suspensión, y en el caso en que usase el Presidente de la República de facultades extraordinarias especiales, concedidas por el Congreso, no podrá la autoridad pública condenar por sí ni aplicar penas. Las medidas que tomare en estos casos contra las personas no pueden exceder de un arresto o traslación a cualquier punto de la República". Según Huneeus Zegers (1880), II, p. 407, "el artículo precedente envuelve la más importante, tal vez, de las reformas que introdujo en nuestro Código Fundamental la ley de 24 de octubre de 1874".

568 Ley de 24 de octubre de 1874, BLDG, XLII-2, p. 219.

569 "Son atribuciones exclusivas del Congreso... 6ª Dictar leyes excepcionales y de duración transitoria que no podrá exceder de un año, para restringir la libertad personal y la libertad de imprenta, y para suspender o restringir el ejercicio de la libertad de reunión, cuando lo reclamare la necesidad imperiosa de la defensa del Estado, de la conservación del régimen constitucional o de la paz interior.
Si dichas leyes señalaren penas, su aplicación se hará siempre por los tribunales establecidos.
Fuera de los casos prescritos en este inciso, ninguna ley podrá dictarse para suspender o restringir las libertades o derechos que asegura el artículo 12".

570 Bronfman Vargas (2017).

571 Carrasco Delgado (2002), p. 127.

Por supuesto, el tratamiento normativo del Presidente de la República no se agotaba en las disposiciones constitucionales. Había numerosas disposiciones legales que abordaban sus atribuciones, en materias muy diversas. Así, por ejemplo, en materia ferroviaria, al tratarse de la obligación de las empresas de ferrocarriles de cerrar la vía, se establecía en la ley de 1862 que "el Presidente de la República, oyendo a la respectiva empresa, determinará la clase de cierro que debe emplearse en cada camino o en cada sección de él, y fijará el plazo en que debe llevarse a efecto el cerramiento"[572], y tanto en la ley de 1862 como en la de 1884 se preveía la posibilidad de que el Presidente dispusiese de visitas de inspección[573]. En materia bancaria, al tratarse en 1865 de los bancos de emisión, se preveía una prerrogativa tan plástica como la de que "el Presidente de la República tomará las precauciones necesarias para que estos billetes [emitidos por los bancos de emisión establecidos] sean perfectamente garantidos con prenda que consista en títulos de la deuda pública, sin tomar en consideración el capital efectivo del banco"[574]. En relación con los privilegios exclusivos, una ley de 1883 preveía que el Presidente de la República podía extender hasta por veinte años los que fuesen otorgados por nuevos inventos, en vista de informe de peritos[575]. Y la Ley de Policía Sanitaria de 1886 introdujo fuertes atribuciones presidenciales en caso de epidemia contagiosa[576], que, por lo demás, dieron lugar a controversias contencioso-administrativas. En otras oportunidades, el legislador le delegaba al Presidente de la República la regulación de ciertas materias, como la Tarifa de Avalúos[577] o el régimen del muelle fiscal de Valparaíso[578].

Una atribución clave desde el punto de vista arquitectónico se recogió en el Código Civil[579], cuyo artículo 546 dispuso que "no son personas jurídicas las fundaciones o corporaciones que no se hayan establecido en virtud de una ley, *o que no hayan sido aprobadas por el Presidente de la República con acuerdo del Consejo de Estado*"[580]. El impacto de esta disposición apareció con energía de la jurisprudencia, comprometiendo incluso las complejas aguas de los deslindes entre lo profano y lo eclesiástico. Así, se entendió que había existido fuerza al pronunciarse sentencias eclesiásticas respecto de una institución que "no es persona jurídica ni tiene circunstancia alguna que la someta al fuero eclesiástico", porque "la institución que se denomina 'Beaterío de la Purísima Concepción' no ha sido establecida con aprobación del Presidente de la República, según consta de la respuesta del Ministerio de Justicia de 16 de mayo último"[581].

Esta atribución del artículo 546 del Código Civil iba intrínsecamente coordinada con la del 548, que sostenía que "las ordenanzas o estatutos de las corporaciones, que fueren formados

572 Ley de 6 de agosto de 1862, BLDG, XXX, p. 199, art. 14.

573 Ley de 6 de agosto de 1862, BLDG, XXX, p. 199, art. 22; Ley de 4 de enero de 1884, BLDG, LIII, p. 5, art. 8°.

574 Ley de 20 de diciembre de 1865, BLDG, XXXIII, p. 630, art. 2°.

575 Ley de 20 de enero de 1883, BLDG, LII, p. 32.

576 Ley de 30 de diciembre de 1886, BLDG, LV, p. 1311, complementada por la ordenanza general de salubridad, prevista por Decreto Supremo de 10 de enero de 1887, BLDG, LVI, p. 28.

577 Ley de 28 de diciembre de 1882, BLDG, LI, p. 1149.

578 Ley de 16 de diciembre de 1881, BLDG, XLIX, p. 531.

579 Pero que tenía antecedentes indianos, como aparece claramente de *Herederos de Tagle* (1865) y *Luco* (1879).

580 Las cursivas son nuestras.

581 *Ulobo* (1863).

por ellas mismas, serán sometidos a la aprobación del Presidente de la República con acuerdo del Consejo de Estado, que se la concederá si no tuvieren nada contrario al orden público, a las leyes o a las buenas costumbres"; e incluso añadiendo en el inciso segundo una vía impugnatoria especial, por la cual "todos aquellos a quienes los estatutos de la corporación irrogaren perjuicio, podrán recurrir al Presidente, para que en lo que perjudicaren a terceros se corrijan; y aun después de aprobados les quedará expedito su recurso a la justicia contra toda lesión o perjuicio que de la aplicación de dichos estatutos les haya resultado o pueda resultarles". Es difícil no reparar en la profundidad que, sobre la organización general del país, alcanzaba el rol del Presidente de la República: no solo era la piedra angular del Estado, sino que era visto como el guardián de la consolidación institucional general del país.

Algunas otras disposiciones del Código Civil le asignaron prerrogativas especiales al Presidente de la República: por ejemplo, según el artículo 1056, la determinación del establecimiento de beneficencia a que se le confiriesen asignaciones testamentarias cuando el testador no la expresase determinadamente, o las que se dejasen al alma del testador; y en el artículo 2047, figuraba la determinación —con acuerdo del Consejo de Estado— de la fundación o establecimiento pío o de beneficencia a la que se le asignaría un derecho de censo en el caso excepcional del artículo 2045 número 4 excepción 2ª[582].

También el Código de Comercio introdujo prerrogativas presidenciales: entre otras, el nombramiento de los corredores de comercio, a propuesta en terna de los juzgados de comercio (artículo 50); el nombramiento de los martilleros, también a propuesta en terna de los juzgados de comercio (artículo 83); la autorización de existencia de las sociedades anónimas, su modificación, su prórroga o su disolución (artículo 427)[583]; el nombramiento de comisarios que vigilen las operaciones de los administradores de las sociedades anónimas (artículo 436); la autorización del establecimiento de compañías anónimas extranjeras (artículo 468)

Por cierto, siempre quedaba la posibilidad de complementar las normas constitucionales y legales por disposiciones de inferior jerarquía. Así, la prerrogativa constitucional de destitución de los empleados públicos[584] se pormenorizó en cuanto a la publicidad a través de un decreto supremo que ordenó que "los informes que en cumplimiento de su deber expidieren los jefes de oficinas públicas para pedir la remoción de los empleados subalternos de su dependencia, permanecerán secretos y reservados en los archivos, y no se dará copia de ellos a quien lo solicite, sino en virtud de decreto supremo, después de calificar la justicia de la petición y la necesidad o conveniencia de acceder a ella"[585]. Y también por ley se esclareció qué se entendía por "empleo retribuido de nombramiento exclusivo del Presidente de la República"[586] para los efectos de la aplicación del nuevo texto del artículo 23 de la Constitución[587].

582 Y que recibió aplicación en esta época: *v. gr.*, *Fisco con Robles* (1867).
583 En relación con esta prerrogativa, véase *Sociedad del Canal de Maipo con Fisco* (1882).
584 Art. 82 nº 10: "Destituir a los empleados por ineptitud, u otro motivo que haga inútil o perjudicial su servicio, pero con acuerdo del Senado y en su receso con el de la Comisión Conservadora, si son jefes de oficina o empleados superiores y con informe del respectivo jefe, si son empleados subalternos".
585 Decreto Supremo de 7 de septiembre de 1872, BLDG, XL, p. 591.
586 Ley de 7 de julio de 1884, BLDG, LIII, p. 679.
587 Ley de 13 de agosto de 1874, BLDG, XLII-2, p. 64.

El ejercicio de las atribuciones presidenciales en tiempos de guerra podía dar lugar a disposiciones controversiales[588]. De buenas a primeras, esto podría mover a pensar más bien en la Guerra del Pacífico, pero una breve —como la que se sostuvo contra España en la década de 1860— también dio lugar a cuestiones llamativas. Mientras la ley que autorizó para declarar la guerra al Gobierno de España en 1865 contenía esencialmente atribuciones presidenciales en materia financiera y de organización bélica[589], la declaración de guerra[590] tenía un impulso más amplio. En virtud de la declaración, a más de afirmarse que "la República de Chile acepta la guerra que le ha movido el Gobierno de España" (1°) y señalarse quedar "cortados todo trato y comercio y toda especie de relaciones entre los Estados beligerantes" (2°), se añadió que "las autoridades y ciudadanos de la República usarán de un derecho perfecto y cumplirán un deber sagrado hostilizando al enemigo, repeliendo sus agresiones y defendiendo el territorio nacional *por todos los medios que permite el derecho de gentes y están admitidos entre los pueblos cultos, en cualesquiera casos imprevistos en que no hubieren recibido al efecto instrucciones especiales de mi parte*" (3°)[591].

Las medidas adoptadas posteriormente por el Presidente de la República en la Guerra contra España no estuvieron carentes de crudeza. Algunas semanas después de la declaración de guerra se estableció la prohibición para los españoles de celebrar contratos traslaticios de dominio[592], debiendo aclararse seguidamente que ello no comprendía "la facultad de disponer de los depósitos a la vista o de los saldos que por cuentas corrientes tengan a su favor en los establecimientos de créditos"[593]. Pero quizás el cénit de la animosidad se vio reflejado en 1866, a través de un decreto supremo que apuntaba derechamente a los peninsulares que estuviesen residiendo en nuestro país. "Los súbditos españoles residentes en Chile deben dejar el territorio de la República en el término de treinta días contados desde esta fecha", imperaba dicho acto[594], dejando a salvo la excepción de quienes obtuvieren la ciudadanía chilena en dicho breve plazo —lo que explica las dos leyes de 4 de agosto de 1866 sobre carta de naturaleza concedida a súbditos españoles[595]—, y quedando "prohibida irrevocablemente la entrada en el territorio de la República a todo súbdito español, debiendo ser considerados y juzgados militarmente como espías los que se introdujesen en él". El decreto antedicho se complementó con otro del día siguiente, que derogaba la prohibición de despacho de aduana de mercaderías pertenecientes a súbditos españoles o que fueran depositadas a su nombre[596]. Esta ruda aproximación a los nacionales españoles, que recordaba los peores momentos de la crisis durante la guerra de la Independencia, se iría diluyendo paulatinamente. Aunque la tregua con España dató de 4 de junio de 1872[597], la autorización de despacho de buques

---

588 Como puede imaginarse, ello también se dio en episodios bélicos extranjeros del período en curso, como la guerra civil de Estados Unidos: *v. gr.*, White (2012), pp. 426-484.

589 Ley de 24 de septiembre de 1865, BLDG, XXXIII, p. 491.

590 Decreto Supremo de 25 de septiembre de 1865, BLDG, XXXIII, p. 493.

591 Las cursivas son nuestras.

592 Decreto Supremo de 17 de octubre de 1865, BLDG, XXXIII, p. 530.

593 Decreto Supremo de 25 de octubre de 1865, BLDG, XXXIII, p. 531.

594 Decreto Supremo de 28 de mayo de 1866, BLDG, XXXIV, p. 164.

595 Leyes de 4 de agosto de 1866, BLDG, XXXIV, pp. 210 y 211.

596 Decreto Supremo de 29 de mayo de 1866, BLDG, XXXIV, p. 174.

597 BLDG, XL, p. 309.

españoles en los puertos de la República recién se autorizó, por vía administrativa, en medio de la Guerra del Pacífico[598], antes de la firma del tratado de paz con España.

Huelga señalar que la Guerra del Pacífico también introdujo fuertes dosis de ejercicio de poder presidencial. El análisis detallado de tales medidas excedería el propósito de este libro[599], pero es importante tener presente que ellas se extendían a aspectos muy variopintos. Abarcaban desde la organización de los territorios ocupados por la guerra —como sucedió con el territorio comprendido entre los paralelos 23 y 24, que no obstante sustentarse sobre una ley que abarcaba aspectos administrativos y judiciales[600], se organizó concretamente por vía presidencial, incluida la existencia de un Gobernador del referido territorio, que dependía *directamente* del Presidente de la República[601]— hasta cuestiones más domésticas, como las licencias para empleados de hacienda[602], y comprendió materias económica y jurídicamente más complejas, como la constitución de la propiedad salitrera de Tarapacá[603].

Sin embargo, aun teniendo presente todas las consideraciones anteriores, es importante subrayar que nuestros tribunales no cejaron en enfatizar el vigor con que el principio de juridicidad regía respecto del Presidente de la República. Dicho principio lo vinculaba en los actos unilaterales que pretendiese emitir, aun tratándose de atribuciones establecidas por la Constitución[604], y también respecto de los actos bilaterales, en los cuales el Presidente no podía "otorgar concesiones que estaban fuera del límite de sus atribuciones administrativas"[605].

2. Los Ministros de Estado

En lo concerniente a los Ministros de Estado —o Ministros del Despacho, según la fórmula empleada por la propia Constitución de 1833—, puede sostenerse que la óptica general siguió siendo la que había regido sobre toda la vigencia de esta carta fundamental. Se trataba de los colaboradores directos del Presidente de la República en las respectivas materias, cuyo número, según el artículo 84 de la Constitución, sería determinado por la ley.

Sin embargo, no puede desconocerse que su tratamiento fue objeto de reformas en el período 1861-1890. Una de ellas se introdujo por vía constitucional: la del régimen de la acusación constitucional de los Ministros, a través de la reformulación de los artículos 92 a 98, a más del 101[606]. Huneeus sostiene que, mientras el cambio del artículo 92 era más bien cosmético, y que los cambios de los artículos 93 a 96 no eran verdaderamente sustanciales,

---

598 Decreto Supremo de 19 de enero de 1881, BLDG, XLIX, p. 72.

599 Para una recopilación documental concerniente a la Guerra del Pacífico, véase Ahumada Moreno (1884).

600 Ley de 2 de mayo de 1879, BLDG, XLVII, p. 133.

601 Decreto Supremo de 6 de mayo de 1879, BLDG, XLVII, p. 134.

602 Decreto Supremo de 4 de febrero de 1882, BLDG, L, p. 239, complementado por Decreto Supremo de 12 de mayo de 1882, BLDG, L, p. 422.

603 Decreto Supremo de 28 de marzo de 1882, BLDG, L, p. 318, complementado por Decreto Supremo de 26 de enero de 1886, BLDG, LV, p. 78

604 *Pradel* (1874).

605 Según lo sentenció terminantemente el Consejo de Estado en *Compañía de Navegación por Vapor en el Pacífico* (1873).

606 Ley de 24 de octubre de 1874, BLDG, XLII-2, p. 219.

los nuevos artículos 97, 98 y 101 sí introdujeron alteraciones de peso en esta materia[607]. Dicha apreciación es correcta. Con el artículo 97 apareció la suspensión del Ministro como efecto de la declaración de haber lugar a formación de causa. Por su parte, el nuevo artículo 98 —muy elogiado por Huneeus[608]— circunscribió las atribuciones del Senado, emergiendo la fórmula "procediendo como jurado", estableciéndose que el quórum para la declaración de culpabilidad es de dos tercios de los senadores presentes, señalando que el efecto de tal declaración es la destitución del cargo, y ordenando remitir a la jurisdicción correspondiente los antecedentes del funcionario declarado culpable, de modo de hacer efectiva su responsabilidad penal y civil[609]. Y, en fin, el nuevo artículo 101 fijó el período dentro del cual el Ministro podía ser acusado constitucionalmente —durante el ejercicio de sus funciones y hasta seis meses después—, especificó que la prohibición de ausentarse que pesaba sobre los Ministros durante todo ese período se refería al territorio de la República, y flexibilizó tal prohibición, introduciendo la posibilidad de autorizarse su ausencia por el Congreso o la Comisión Conservadora.

Al iniciarse este período, seguía rigiendo el decreto ley del presidente Prieto como regulación básica de los Ministerios[610], que establecía la existencia de cuatro: el Ministro del Interior, el Ministro de Justicia, el Ministro de Hacienda y el Ministro de la Guerra. También estaban vigentes importantes normas complementarias, como las que versaban sobre procedimientos y firmas seguidos ante los ministerios[611]. Una primera alteración de la estructura que había imperado por más de tres décadas apareció a través del establecimiento en 1871 del quinto ministro: el del despacho de Relaciones Exteriores, destacándose que sería "el segundo en el orden de precedencia"[612].

A fines del período, bajo el gobierno del presidente Balmaceda, llegaría la modificación normativa más sustancial en esta materia, a través de la Ley de Organización de los Ministerios[613]. Esta ley era una respuesta a la creciente burocratización del Estado, pues "buscaba dar solución a los problemas administrativos que se arrastraban desde las décadas pasadas y que se incrementaron con el crecimiento de la burocracia y de la acción estatal en tiempos de Balmaceda"[614]. Con todo, no debe entenderse a esta ley como una ruptura con el estado anterior de cosas: "[...] la reforma fue un reacomodo, que no alteraba la función de los ministerios, pero que dejaba abierta la posibilidad para una posterior actuación más activa del Estado"[615], lo que permite percibir a esta ley como un augurio de la creciente estatización que sobrevendría en el siglo XX.

De acuerdo a esta ley, los ministros serían los del Interior, de Relaciones Exteriores y Culto, de Justicia e Instrucción Pública, de Hacienda, de Guerra, de Marina, y de Industria

607 Huneeus Zegers (1880), II, pp. 196-206.
608 Huneeus Zegers (1880), II, p. 206: "El nuevo es acreedor a tanto aplauso, como lo era el antiguo a justísima censura".
609 A más de señalar que los nuevos artículos 95, 96, 97 y 98 serían aplicables en general a las acusaciones constitucionales y no solo a las de los Ministros de Estado.
610 Decreto Ley de 1° de febrero de 1837, BLDG, VII, p. 73.
611 Decreto Supremo de 4 de julio de 1833, BLDG, VI, p. 58.
612 Ley de 2 de diciembre de 1871, BLDG, XXXIX, p. 469.
613 Ley de 21 de junio de 1887, BLDG, LVI, p. 709.
614 López Taverne (2017), p. 73.
615 Barría Traverso (2008), p. 37.

y Obras Públicas, siendo servidos los de Guerra y de Marina por un solo ministro (art. 1°), y existiendo un orden de precedencia entre ellos que correspondería al de su enunciación en el artículo 1° (art. 10), técnica de prelación que está al origen de la que hasta hoy rige en nuestro país. La subrogación entre ellos se regiría por lo que dispusiera expresamente el Presidente de la República; y, a falta de tal disposición, se subrogarían según el orden de precedencia, subrogando al de Industria y Obras Públicas el Ministro del Interior (art. 11). Este mismo cuerpo normativo, según el criterio de atribución expresa y estricta que rige en Chile, se encargó de detallar, entre los artículos 2° y 8°, la esfera de competencia de cada uno de los departamentos de Estado.

También esta ley dotó de una configuración orgánica más compleja a los ministerios. Ante todo, dispuso la existencia, en cada Departamento de Estado, de "un Sub-secretario que será el jefe de la respectiva oficina y tendrá la responsabilidad del servicio interno" (art. 14), estableciéndose, por lo tanto, la especificidad de los subsecretarios en relación con el servicio interno del organismo que rige hasta el día de hoy en nuestro país[616]. También se disponía la existencia, en las distintas secretarías, de "jefes de sección, oficiales de partes, archiveros y oficiales de número de 1ª y 2ª clase", sin perjuicio de poder nombrarse "también oficiales supernumerarios cuando las necesidades del servicio lo exigieren" (art. 17), sucediendo a las figuras funcionariales que habían sido establecidas por una ley de 1853[617] y quedando esta, por lo tanto, derogada.

A más de fijarse todas sus respectivas atribuciones y requisitos, sobresale en el artículo 25 el hecho de que para ser nombrado oficial de número de primera clase, en propiedad, o jefe de sección se requerían conocimientos académicos, generalmente jurídicos, y fuertemente anclados en los conocimientos de derecho público y administrativo. Además, en esta ley se encuentra un origen remoto de los ministros secretarios, sin ser aún ministros, al establecerse un "oficial del Presidente de la República, encargado de su correspondencia y auxiliado, si fuere necesario, por un oficial de segunda clase" (art. 28). Asimismo, se reiteró la existencia de la secretaría del Consejo de Estado (art. 29) y se estableció un archivo general de gobierno (art. 30-33). Y también se incorporó una enigmática disposición, que parece oscilar entre una anticipación de la delegación de firma y una potestad resolutiva general de los ministros: "Los Ministros podrán tomar, a nombre del Presidente de la República, todas las providencias relativas a la ejecución de las disposiciones ya adoptadas por el Gobierno" (art. 12).

La mayor complejidad de la estructura orgánica hacía que las disposiciones de la ley fueran, por ella misma, presagiadas como insuficientes y, por lo tanto, dispuso que "un reglamento dictado por el Presidente de la República determinará en cada Departamento los deberes especiales de cada uno de los empleados establecidos por la presente ley, y señalará las reglas de orden interno de la oficina" (artículo 1° transitorio). Por ello, y sin perjuicio de las adecuaciones que por vía legislativa pudiesen establecerse, tal como sucedió prontamente, en

---

616 Bajo la ley de 29 de julio de 1853, BLDG, XXI, p. 374, el antecesor del subsecretario era el "oficial mayor", caracterizado como jefe inmediato de la oficina. Respecto a esta sucesión, *v. gr.*, Bravo Lira (1986), p. 229. Para una visión más exhaustiva sobre la evolución de esta figura en el Chile patrio, véase Mariani Martín (2003).

617 Ley de 29 de julio de 1853, BLDG, XXI, p. 374.

1888, trasladando el ramo de Colonización desde el Ministerio de Industria y Obras Públicas hacia el de Relaciones Exteriores y Culto[618]. En pocos años se dictaron los reglamentos del Ministerio del Interior[619], del Ministerio de Relaciones Exteriores, Culto y Colonización[620], del Ministerio de Justicia e Instrucción Pública[621], del Ministerio de Hacienda[622], del Ministerio de Guerra[623] y del Ministerio de Marina[624].

b. La Administración contralora

El entramado "bipolar" del presidencialismo chileno[625], dado por la clara relación entre una fuerte Administración activa y una nítida Administración contralora, siguió desarrollándose durante este período, aunque sujeta a algunas evoluciones significativas.

El eje principal de la Administración contralora, el de la Contaduría Mayor, sufrió evoluciones importantes durante este período. Aunque en la década de 1860 este organismo siguió siendo regido por la ley de 1839[626] y por normas complementarias que contenían disposiciones relevantes[627], en 1868 se emitió un reglamento interior que dispuso una mayor claridad en su estructura organizacional[628], hasta entonces no especificada en varios aspectos.

Se estableció, por de pronto, que "los trabajos de la Contaduría Mayor estarán a cargo de cinco secciones presididas por los cuatro contadores primeros y el contador segundo que nombrare el Contador Mayor" (art. 1°), subrayándose que "cada sección será servida por los empleados necesarios para el desempeño de los trabajos de que se halla encargada. Los jefes de ellas serán respectivamente responsables de las faltas de sus subalternos si por tolerancia o disimulo no las pusieren en conocimiento del Contador Mayor" (art. 2°). Luego seguían varios artículos referidos al desempeño de los funcionarios del organismo. Así, este reglamento no desfiguraba la idea de una institución eminentemente administrativa que contenía en su seno un tribunal —el de Cuentas—, sino que, por el contrario, la reafirmaba y la especificaba.

Bajo la presidencia de Errázuriz Zañartu, sin embargo, vendría un intento de reformulación del sistema de la Administración contralora, a través de la ley de organización de las oficinas de Hacienda[629]. Esta ley adoptaba algunas medidas radicales, incluyendo la supresión de la Contaduría Mayor (art. 19), cuyas atribuciones pasaban a ser asumidas por una Corte de

618 Ley de 22 de noviembre de 1888, BLDG, LVII, p. 2078.
619 Decreto Supremo de 1° de agosto de 1887, BLDG, LVI, p. 1027.
620 Decreto Supremo de 7 de mayo de 1889, BLDG, LVIII, p. 426.
621 Decreto Supremo de 16 de abril de 1889, BLDG, LVIII, p. 277.
622 Decreto Supremo de 6 de septiembre de 1892, BLDG, LXI, p. 502.
623 Decreto Supremo de 7 de mayo de 1890, BLDG, LIX, p. 338.
624 Decreto Supremo de 8 de noviembre de 1892, BLDG, LXI, p. 729.
625 Bocksang Hola (2021 a), p. 312.
626 Ley de 18 de mayo de 1839, BLDG, VIII, p. 153.
627 Por ejemplo, el Decreto Supremo de 5 de junio de 1847, BLDG, XV, p. 184, que le ordenaba al Contador Mayor que "siempre que se retarden las cuentas de las oficinas fiscales por más tiempo de aquel en que deban rendirse, lo ponga en conocimiento del Gobierno para proceder como convenga".
628 Decreto Supremo de 17 de abril de 1868, BLDG, XXXVI, p. 97.
629 Ley de 22 de diciembre de 1875, BLDG, XLIII, p. 640.

Cuentas, que no solo englobaba la labor jurisdiccional contable, sino que asumía cuestiones propiamente administrativas, como la representación de los decretos de pago[630] (art. 2°); una Dirección de Contabilidad General, en lo propiamente contable, de formación de presupuestos y de inspección de las Tesorerías (art. 6°); y una Dirección del Tesoro y de Amonedación, dividida en dos secciones, cada una a cargo de uno de dichos rubros (art. 7°). También se disponía la supresión de otros organismos, incluida la Inspección de Oficinas Fiscales (art. 19). Sin embargo, la misma ley disponía que "el Presidente de la República pondrá en ejecución la presente ley dentro del término de dos años contados desde la fecha de su promulgación" (art. 30) y aparece claramente que dicha ejecución no tuvo jamás lugar, al menos en las líneas matrices trazadas por el texto.

Quizás la demostración más clara de lo anterior nos puede ser suministrada por las leyes de presupuestos. La de 1879, por ejemplo[631] —que implicaba ya el transcurso de los dos años a que aludía el artículo 30—, contempla claramente en la partida 2ª del Ministerio de Hacienda a la "Contaduría Mayor", señalando que el sueldo del Contador Mayor se fundaba en la ley de 8 de agosto de 1854, norma que también sustentaba otros ítems de dicha partida. Similar apreciación puede desprenderse de la partida 3ª, que correspondía a la "Dirección de Contabilidad General", respecto de la cual el sueldo del director no se fundaba en el artículo 21 de la ley de 1875, como hubiera podido suponerse si la ley se hubiera propiamente implementado, sino que sobre el "sueldo del director e inspector de oficinas fiscales. Ley de 20 de octubre de 1852"; y, por su parte, en la partida 6ª la Tesorería aparece calificada como "Tesorería General", y no como "Dirección del Tesoro y Amonedación", respecto de cuyos sueldos, nuevamente, no aparece jamás la ley de 1875. Con todo, no puede tampoco sostenerse que la ley de 22 de diciembre de 1875 haya sido completamente inoperante, porque en ciertos gastos puntuales, como el sueldo del teniente administrador de Huasco (partida 13ª ítem 13) aparece expresada como fuente. Lo expuesto respecto de la Ley de Presupuestos de 1879 no fue una excepción; similares consideraciones a las formuladas a su respecto pueden derivarse de la revisión de la Ley de Presupuestos de 1882[632], inmediatamente anterior a la reforma de las oficinas de Tesorería y Contabilidad que se suscitaría al año siguiente.

En efecto, bajo la administración Santa María se promulgó una ley orgánica de la Dirección del Tesoro y de la Dirección de Contabilidad[633], que, a diferencia de la ley de 1875, sí entró

630 La formulación de esta prerrogativa (n° 7) era la siguiente: "Representar al Presidente de la República sobre todo decreto de pago que no sea conforme a la ley. Si, no obstante esta representación, el Presidente de la República ordenase por segunda vez el pago, se anotará el decreto, quedando obligado el presidente de la Corte a dar cuenta a la Cámara de Diputados en su primera reunión para que se haga efectiva la responsabilidad personal del Ministro bajo cuya firma se hubiese expedido el decreto de pago". Si se compara este texto con el del artículo 3° numerales 6 a 9 de la ley de 1839, la redacción es bastante más pobre y flaca en la ley posterior, sin duda fruto de un esfuerzo de simplificación que no percibió totalmente las consecuencias de las modificaciones planteadas, y que —entre otros aspectos— hacía desaparecer la fórmula "tomar razón" que aparecía en el texto de 1839 (numeral 6).

631 Ley de Presupuestos de los gastos generales de la Administración Pública de Chile (1879).

632 Ley de Presupuestos de los gastos generales de la Administración Pública de Chile (1882).

633 Ley de 20 de enero de 1883, BLDG, LII, p. 88.

en ejecución[634], pero que no rigió a la Contaduría Mayor, que seguía, *mutatis mutandis*, el régimen de su antigua configuración[635].

Solo en el gobierno de Balmaceda se completaría la reforma al pilar central de la administración contralora, a través de la ley orgánica del Tribunal de Cuentas[636]. Este nuevo organismo, finalmente, pasaría a suceder a la antigua Contaduría, disponiendo elocuentemente que "en los casos en que las leyes se refieran a la Contaduría Mayor se entenderá esta subrogada por el Tribunal de Cuentas" (art. 46). Lo concerniente a su labor jurisdiccional se examinará en su momento[637], pero es evidente que también implicaba una labor administrativa.

Por una parte, la implicaba respecto del examen propiamente tal de las cuentas (art. 1°) que le correspondía a la primera sección (art. 2°), y que la ley detallaba en su alcance (art. 4°). Y, por otra parte, a la segunda sección —la Corte de Cuentas, propiamente tal— le competió la supervigilancia sobre las oficinas fiscales de la República en estas materias (art. 5°-II) y, finalmente, la atribución de "representar al Presidente de la República todo decreto de pago que no esté conforme a las leyes. Si no obstante esta representación, el Presidente ordenare su cumplimiento, se tomará razón del decreto objetado. Dentro de los treinta días siguientes a la fecha del decreto, dará cuenta de él al Congreso o durante su receso a la Comisión Conservadora" (art. 5°-X). Asimismo, debía la Corte "representar al Ministerio respectivo la incorrección de todo gasto decretado por las autoridades administrativas de su dependencia contrariando el artículo 155 de la Constitución, sin perjuicio de la responsabilidad de los empleados que hayan hecho el pago" (art. 5°-XI).

Sin embargo, lo más llamativo en el rubro de la administración contralora aparece en relación con las atribuciones especiales del Presidente del Tribunal de Cuentas. Se trata del trámite de toma de razón, de antigua raigambre en la antigua Contaduría Mayor. Mientras la *antigua* toma de razón aparecía encomendada a la Corte de Cuentas, según lo ya explicado, bien anclada en su nicho histórico en materias de gastos, el desarrollo de la *nueva* toma de razón —la del control de legalidad propiamente tal, que había comenzado a configurarse a partir de la ley de 1839[638]— siguió profundizándose en esta ley. Es cierto que puede olfatearse un aroma patrimonial en la redacción del artículo 6°-III, que estableció la atribución de "tomar razón de las leyes, decretos y demás disposiciones gubernativas, y de las sentencias de los tribunales que por cualquier motivo tengan relación con el Fisco", aunque también puede argüirse que su tinte es menos marcado patrimonialmente que su equivalente en la ley de 1839 (artículo 3° numerales 6° y 7°) y más tendiente a la mera legalidad.

---

634 De la Ley de Presupuestos de los gastos generales de la Administración Pública de Chile (1886), se advierte la fundamentación de los gastos respectivos en la ley de 20 de enero de 1883. Y, como es de imaginarse, la ley de 22 de diciembre de 1875 aparece, para estos efectos, como totalmente irrelevante.

635 En la Ley de Presupuestos de los gastos generales de la Administración Pública de Chile (1886), aparece claramente la figura del Contador Mayor, cuyo sueldo había sido modificado por una ley de 22 de enero de 1885 (BLDG, LIV, p. 97), mientras se reorganizaba la Contaduría Mayor, apareciendo el nuevo sueldo fundado en la nueva ley.

636 Ley de 20 de enero de 1888, BLDG, LVII, p. 174. Esta ley se complementó con un Reglamento, aprobado por Decreto Supremo de 11 de julio de 1888, BLDG, LVII, p. 996.

637 Véase *infra*, título segundo, capítulo primero, B.III.a.

638 Bocksang Hola (2015 a), título primero, capítulo primero, B.II.a.

Algo similar puede sostenerse del artículo 6°-IV, que introdujo una disposición sin precedentes en la Contaduría: al Presidente del Tribunal le correspondía "representar al Presidente de la República, con acuerdo previo de la Corte de Cuentas, los nombramientos hechos a favor de las personas inhabilitadas legalmente para ejercer empleos públicos, y de las que se hubiera tomado razón, según lo prevenido en el artículo 42 de esta ley". Como el antedicho artículo 42 prescribía que "de toda resolución que imponga al empleado fiscal la pérdida de empleo, suspensión, inhabilidad o que lo reponga en las funciones de que estuviere suspenso se tomará razón por la Corte de Cuentas", aparece que la representación del artículo 6°-IV no está ligada a un control financiero, sino derechamente a un control de legalidad en caso de nombramientos funcionariales. Así, no parece descabellado identificar en esta disposición un punto de inflexión vigoroso en la conceptualización de la toma de razón en nuestro país, en el tránsito desde un control de gastos con fuertes componentes de legalidad hacia un control de legalidad que —como es lógico— podía de todos modos involucrar consecuencias en materias de gastos.

Con todo, y más allá del régimen de atribuciones que viene de describirse, la evolución de 1888 desde la Contaduría Mayor al Tribunal de Cuentas parece encerrar una mutación sutil pero relevante. Sin perder el carácter híbrido *administrativo-jurisdiccional* que había presentado desde su configuración indiana, parece haberse desplegado en 1888 una alteración focal. Si la Contaduría Mayor podía ser descrita como un organismo administrativo con atribuciones judiciales encapsuladas, el nuevo Tribunal de Cuentas parece haberse inspirado en la idea de un tribunal especial con atribuciones administrativas. Así lo indica, por de pronto, el cambio de su denominación. Cuánto de lo uno o de lo otro verdaderamente terminó desplegándose, deberá ser materia de un análisis más detenido, pero parece bastante claro que, de manera casi imperceptible, se produjo una evolución que dotó de un color nuevo a esta figura antigua de nuestro orden administrativo en la etapa que comenzaba.

Por cierto, había más organismos encargados de funciones contraloras dentro de la Administración. A más de los que estuvieran encargados de cuestiones más puntuales[639], merece atención la antedicha ley de 1883 que rigió la Dirección del Tesoro y la Dirección de Contabilidad y que les asignó funciones de esta naturaleza[640]. A la Dirección del Tesoro le correspondía "dirigir y vigilar la recaudación, por las oficinas de su dependencia, de las contribuciones y demás entradas nacionales, la conservación y custodia de los fondos recaudados, su distribución en las diversas oficinas según las necesidades del servicio, y su aplicación a satisfacer las obligaciones del Estado con arreglo al presupuesto general de gastos públicos y a las leyes que se dictaren después de promulgado aquel, y a las que no hubieren podido ser incluidos en el mismo" (art. 2° n° 1); mientras que a la Dirección de Contabilidad le competía, por ejemplo, "anotar los decretos que se expidan con cargo a las partidas variables de los presupuestos y a las leyes especiales" (art. 14 n° 1), y, a través del director de la Contabilidad, ejercer "también el papel de interventor que la ley le atribuye, por medio de visitas de inspección

639 Un ejemplo concreto es el caso de los visitadores de escuelas, cuyo reglamento fue fijado por Decreto Supremo de 26 de mayo de 1883, BLDG, LII, p. 339, declarándose con posterioridad que estaban bajo la dependencia inmediata de los intendentes y gobernadores respectivos, por Decreto Supremo de 19 de mayo de 1884, BLDG, LIII, p. 460.

640 Ley de 20 de enero de 1883, BLDG, LII, p. 88.

de las diversas tesorerías. Esta inspección se extiende a todas las oficinas, establecimientos o empresas que recauden entradas o administren intereses fiscales", agregándose que "cada oficina deberá ser visitada a lo menos dos veces al año" (art. 18). Dicha ley fue pormenorizada por un reglamento complementario bastante extenso[641].

También merece recordarse especialmente la labor de control débil desarrollada por el Consejo de Estado, que, a más de las normas constitucionales, seguía rigiéndose por su reglamento de 1844[642], y cuya secretaría se creó oficialmente por ley bajo la presidencia de Errázuriz[643]. Su rol, de cariz consultivo[644], siguió desarrollándose en este período, pero existe cierta controversia acerca de su evolución. Por una parte, la doctrina más autorizada de la época no ofrecía un parecer benévolo respecto de su función, ni aun después de la diferente composición del Consejo a partir de la reforma de 1874[645] que introdujo los consejeros de nombramiento de las cámaras parlamentarias[646] y modificó la influencia administrativa sobre este órgano colegiado, excluyendo su integración con los Ministros del Despacho[647]. En efecto, Huneeus Zegers sostuvo que "si necesitan consultar las medidas que les sugieren dudas, no vemos por qué ha de haber consejeros oficiales *ad-hoc*, cuando gozan de completa libertad para consultar privadamente a quienes les pluguiere", y añadiendo seguidamente que "todo eso tiene un sabor muy pronunciado al régimen napoleónico, que, debemos suponerlo, nadie querría sostener en Chile" [648].

Sin embargo, la percepción anterior quizás sobreestimó la asepsia del Consejo de Estado. Bravo Lira, en un sentido totalmente contrapuesto al expresado por Huneeus, ha subrayado el impacto institucional de la modificación de 1874, en atención a que "no solo debilita la posición del Presidente frente al Congreso, porque ya no tiene el respaldo del Consejo de Estado, sino además transforma al propio Consejo de Estado en un órgano de presión de los partidos sobre el Presidente"[649].

---

641 Decreto Supremo de 2 de julio de 1883, BLDG, LII, p. 561; y hubo algún complemento en el Decreto Supremo de 30 de noviembre de 1883, BLDG, LII, p. 1088.

642 Decreto Supremo de 17 de mayo de 1844, BLDG, XII, p. 180.

643 Ley de 17 de julio de 1873, BLDG, XLI-2, p. 12.

644 Constitución Política de la República Chilena (1833), art. 104, atribución 1ª.

645 Ley de 24 de octubre de 1874, BLDG, XLII-2, p. 219.

646 Castilla (1919), p. 5.

647 En la integración original de 1833, el Consejo se constituía de los Ministros del Despacho; los miembros de las Cortes Superiores de Justicia; un eclesiástico constituido en dignidad; un general del Ejército o Armada; un jefe de alguna oficina de Hacienda; dos individuos que hayan servido los destinos de Ministros del Despacho, o Ministros Diplomáticos; y dos individuos que hayan desempeñado los cargos de intendentes, gobernadores o miembros de las municipalidades. Tras la reforma de 1874, el mismo artículo 102 preveía su integración con tres consejeros elegidos por el Senado y tres por la Cámara de Diputados; un miembro de las Cortes superiores de Justicia, residente en Santiago; un eclesiástico constituido en dignidad; un general de Ejército o Armada; un jefe de una oficina de hacienda; y un individuo que haya desempeñado los cargos de Ministro de Estado, agente Diplomático, Intendente, Gobernador o Municipal.

648 Huneeus Zegers (1880), II, p. 215.

649 Bravo Lira (1986), p. 208.

II. Los nuevos aprontes de la expansión estatal

Mucho puede decirse del ímpetu con que en estas tres décadas se empujó la labor y el impacto del Estado de Chile. Sin embargo, antes de entrar a detallar sus múltiples facetas, es importante hacer presente que la expansión del ámbito de la Administración no significó una supresión de las esferas de colaboración con los particulares, o bien de figuras especiales que procuraban desacoplarse de la institucionalidad más estricta. Quizás algunos ejemplos permitan comprender la repercusión de estos aspectos.

La participación de los particulares era multiforme y podía llegar a niveles muy estrechos de cooperación. Quizás una manifestación especialmente sobresaliente está dada por el hecho de que el primer organismo migratorio en sentido estricto que existió en Chile fue la Sociedad Nacional de Agricultura, a quien por vía administrativa se le ordenó desempeñar "las funciones de Oficina General de Inmigración"[650], sin perjuicio de que, años después, como se verá, fue superado con una institucionalidad propiamente administrativa[651].

Otro buen ejemplo está dado por la Casa de Corrección de Mujeres, que se había establecido originalmente en 1853[652] y que, cesando en sus funciones los empleados que se desempeñaban en ella, pasó a ser dirigida por las religiosas de Nuestra Señora de Caridad del Buen Pastor[653], dando cuenta del ligamen estrecho que existía entre la Administración y la Iglesia Católica. Asimismo, resulta bastante elocuente una carga pública impuesta por la Ley de Navegación de 1878, que dispuso que "todo buque chileno tiene la obligación de llevar a su bordo y asistir con una decente manutención, cuando el Comandante General de Marina lo determine, a un alumno de las escuelas navales de la República"[654]. Y otras instancias, como las comisiones locales encargadas de la vigilancia y fomento de las escuelas públicas[655], los protectores y protectoras de escuelas[656], y el otorgamiento de personalidad jurídica a entidades muy relacionadas con las actividades de la Administración —como la Junta de Minería de Copiapó[657], o la Caja de Ahorros de los Empleados de la Aduana de Valparaíso[658]— dan cuenta de esta importante relación público-privada.

En lo concerniente a figuras especiales no subsumibles en las categorías habituales de la Administración que ya se consolidaban en estos años, resulta de interés destacar el caso de la Imprenta Nacional. En su régimen normativo[659] se dispuso que "ni el cargo de director, ni

650 Decreto Supremo de 15 de abril de 1872, BLDG, XL, p. 145, art. 1°.

651 Véase *infra*, en este mismo apartado, el punto II.a.

652 Decreto Supremo de 12 de julio de 1853, BLDG, XXI, p. 335.

653 Decreto Supremo de 12 de abril de 1864, BLDG, XXXII, p. 78.

654 Ley de 24 de junio de 1878, BLDG, XLVI, p. 221, art. 139.

655 Decreto Supremo de 3 de junio de 1868, BLDG, XXXVI, p. 181.

656 Decreto Supremo de 14 de febrero de 1877, BLDG, XLV, p. 57.

657 Presidida por el Intendente: Decreto Supremo de 6 de julio de 1868, BLDG, XXXVI, p. 243. Como bien recuerdan FERNÁNDEZ ABARA y JEREZ LEIVA (2020), pp. 112-114, el rol de la Junta de Minería era antiguo y se había extendido desde el tiempo indiano. En la sentencia *Gremio de Minería de Copiapó* (1861) quedaba claro que la junta "*no inviste un carácter público* en virtud del cual debiese cesar en sus funciones desde el momento de trastornarse el orden constitucional".

658 Decreto Supremo de 3 de mayo de 1869, BLDG, XXXVII, p. 127.

659 Decreto Supremo de 15 de noviembre de 1876, BLDG, XLIV, p. 377.

el de los demás obreros de la Imprenta Nacional tendrán el carácter de empleados públicos, sino el de funcionarios particulares de un establecimiento del servicio, sometido a la dirección del Ministerio del Interior (art. 8°), así como que el propio director ejercería sus atribuciones "sin carácter de funcionario público" (art. 1°)[660]. Es indiscutible que la Imprenta Nacional formaba parte de la geografía administrativa de la época; pero su peculiar régimen apunta a configurarla como precursora de las figuras anómalas de escape del derecho administrativo.

Sin embargo, en el ámbito más propio de la acción de la Administración, pueden advertirse evoluciones incesantes en nuestra institucionalidad, tanto en el tiempo de la guerra como en el de la paz. En ello resulta inconcusa una continuación del desarrollo orgánico ya sembrado durante el período 1810-1860, con nuevas entidades o renovadas organizaciones internas, en un fenómeno de clara proliferación que se acentuó a medida que el período avanzaba (a). Y a ella debe añadirse el zigzagueante devenir de las entidades empresariales del Estado, en el que coincidieron organismos en proceso de desarrollo —y aun de auge— con otros que experimentaban derechamente su crepúsculo (b).

a. La proliferación orgánica

A más de deber tenerse presente el rol que a la jurisprudencia del período le correspondió en orden a asentar la noción de "autoridad pública" en la Administración[661], pocas dudas podrían caber del empeño formulado por el Legislador y las administraciones del período 1861-1890 en torno a fortalecer el ámbito de la acción estatal. El desarrollo de la faz ministerial[662] tuvo un correlato en la multiplicación de organismos en los más variados aspectos, abarcando las relaciones exteriores, la demografía y las obras públicas (1), la administración económica (2), la administración cultural (3), la beneficencia, salubridad pública y aprontes de la administración medioambiental (4), y las fuerzas armadas y la administración encargada del orden público (5).

1. Relaciones exteriores, demografía y obras públicas

En materia de relaciones exteriores, Chile ya estaba bien equipado normativamente, en atención a la existencia de una ley de enviados diplomáticos de la República[663], así como a la de una concerniente a su cuerpo consular[664]. Como era esperable, la envergadura de nuestra labor internacional siguió creciendo en el período en estudio; por ejemplo, a través del establecimiento de nuevas legaciones diplomáticas[665], pero también a través de figuras

---

660 Sus obligaciones se vieron pormenorizadas por Decreto Supremo de 25 de abril de 1883, BLDG, LII, p. 246.

661 *V. gr.*, por el Consejo de Estado en *Pinto Concha* (1885): "[...] la Superintendencia de las Aduanas de la República está regida por una ley especial, y conforme a ella ejerce atribuciones administrativas y económicas que le dan el carácter de autoridad pública constituida y mediante las cuales puede imponer penas".

662 Véase *supra*, en este capítulo, A.I.a.2.

663 Ley de 13 de julio de 1852, BLDG, XX, p. 115.

664 Ley de 28 de noviembre de 1860, BLDG, XXVIII, p. 394.

665 *V. gr.*, Ley de 6 de agosto de 1864, BLDG, XXXII, p. 179.

como los adictos *ad honorem* de nuestras legaciones, que requirió durante la administración Errázuriz una regulación sobre su número[666] así como sobre su cesación y renovación[667]. Finalmente, en el gobierno del presidente Santa María terminó impulsándose una nueva ley del servicio diplomático, en orden a regir debidamente esta materia[668]. Lo anterior, que configura la estructura troncal de las relaciones exteriores, se vio complementado por instancias más circunstanciales, sobre todo en relación con los episodios bélicos que protagonizó Chile durante estos años. Así, por ejemplo, en 1882 se decidió crear una comisión para estudiar las reclamaciones extranjeras relacionadas con la Guerra del Pacífico, compuesta por José Victorino Lastarria, Ambrosio Montt y Enrique Cood. A tal comisión se le encomendó que, "tomando conocimiento de todas las reclamaciones que les someta el Ministerio de Relaciones Exteriores, informe y dictamine sobre cada una de ellas e indique, si lo creyere necesario, los medios que convenga poner en ejercicio para comprobar los hechos materia del reclamo o para reunir los documentos, información y pruebas que deban consultarse o ser presentados en defensa del interés nacional"[669]. Finalmente, como se sabe, estas controversias siguieron siendo sustanciadas por la vía arbitral, con variados resultados[670].

También se desarrolló intensamente lo que podría calificarse como la Administración demográfica. El organismo más característico de este período en relación con esta área es, sin duda, el Registro Civil[671], anunciado primero respecto de sus competencias en materia matrimonial a través de la Ley de Matrimonio Civil de 1884[672], y propiamente establecido poco después el mismo año a través de la Ley de Registro Civil[673], cuyas inscripciones tanto respecto de nacimientos, matrimonios y defunciones quedaban a cargo del Oficial del Registro Civil (art. 1°) y estableciéndose un régimen de vigilancia de los oficiales a cargo de dos inspectores (art. 17) y de un juez de letras del departamento respectivo (art. 18). Poco después siguió un reglamento para la ejecución de las leyes de Registro y de Matrimonio Civil[674] y un Reglamento de índices generales del Registro Civil[675].

---

666 Decreto Supremo de 2 de mayo de 1873, BLDG, XLI-1, p. 384.

667 Decreto Supremo de 11 de junio de 1875, BLDG, XLIII, p. 198.

668 Ley de 12 de septiembre de 1883, BLDG, LII, p. 743.

669 Decreto Supremo de 23 de marzo de 1882, BLDG, L, p. 270, art. 1°.

670 Véase *infra*, título quinto, capítulo segundo, B.I.b.2.

671 Cuya finalidad era sencilla: "[...] sustituir el valor civil que tenían hasta entonces las partidas de los libros parroquiales": Bravo Lira (1986), p. 200. Sobre la aparición del Registro y su relación con el sistema de partidas eclesiásticas, véase Irarrázaval Gomien (2014).

672 Ley de 10 de enero de 1884, BLDG, LIII, p. 148. Según Bravo Lira (1986), p. 200, se trató de "la ley más doctrinaria que uno pueda imaginar, más típica del ideario liberal de la época. Nada exigía dictarla y se impuso exclusivamente por razones doctrinarias".

673 Ley de 17 de julio de 1884, BLDG, LIII, p. 687.

674 Decreto Supremo de 24 de octubre de 1884, BLDG, LIII, p. 1155; con modificaciones por Decreto Supremo de 18 de octubre de 1886, BLDG, LV, p. 1052. Algunos aspectos relevantes fueron regidos por disposiciones más específicas, como el Decreto Supremo de 29 de mayo de 1885, BLDG, LIV, p. 259, que declaró que "para proceder a la inscripción de un nacimiento en los libros del Registro Civil, no es necesaria la presentación individual de la criatura ante el oficial correspondiente, bastando para el efecto que este funcionario obtenga el parte verbal o escrito a que se refiere el inciso 2° del artículo 21 de la ley de 17 de julio de 1884".

675 Decreto Supremo de 5 de noviembre de 1887, BLDG, LVI, p. 1676.

Asimismo, seguía en vigor la Oficina de Estadística[676], cuya importancia en materia demográfica era ya constante, y a fines del período recibió una nueva reglamentación general[677]. Además, en esta época se abrió una sección de geografía en esta oficina[678], con el fin de "avanzar en la producción de un plano catastral de los territorios de la república"[679]. En materias de pueblos originarios, este período vio la aparición —transitoria— del protector de indígenas[680], que había tenido un precedente en la institucionalidad indiana a través del protector general de naturales que había sido suprimido en 1819[681]. Estos años vieron también el inicio de la administración encargada de materias migratorias. Sin perjuicio de las atribuciones que en un primer momento le fueron encomendadas a una institución privada en esta materia —la Sociedad Nacional de Agricultura[682]—, y del rol que en la década de 1870 se le dio al inspector de colonización[683], fue a fines del período cuando se le dio un impulso decisivo a la organicidad de este rubro. Primero en 1888 a través de la creación de una Oficina de Inmigrantes en Talcahuano, "puerto de desembarque de los colonos"[684], y luego en 1889 a través del establecimiento de la Oficina de Inmigración en Santiago, "que tendrá a su cargo todos los trabajos que se relacionen con el movimiento inmigratorio libre"[685], y de la formación de la Oficina de Tierras y Colonización[686].

En materia de la administración de obras públicas se presentaron varios elementos salientes. Siguió en vigor, por una parte, la ley del Cuerpo de Ingenieros Civiles[687] y su reglamento[688], y bajo la administración Errázuriz se creó la Oficina Central de Arquitectos Civiles, "que tendrá a su cargo la formación de todos los proyectos y planos, presupuestos de edificios y monumentos públicos que se construyan en lo sucesivo por cuenta del Estado, y todos los trabajos concernientes a arquitectura que el Gobierno le encomendare"[689], encomendándosele, algunos años después, "el cuidado y conservación de los edificios públicos que en esta capital dependen del Ministerio del Interior"[690]. También se estableció la Dirección de los Trabajos Hidráulicos de Talcahuano, "para proceder a la construcción del dique seco de Talcahuano, ordenada por la ley de 30 de diciembre de 1879"[691]. Pero quizás el hito más relevante en este rubro fue la promulgación en 1888 de la ley orgánica de la Dirección de Obras Públicas[692],

---

676 Ley de 17 de septiembre de 1847, BLDG, XV, p. 301.
677 Decreto Supremo de 8 de abril de 1890, BLDG, LIX, p. 221.
678 Decreto Supremo de 14 de noviembre de 1876, BLDG, XLIV, p. 371.
679 Estefane Jaramillo (2017), p. 105.
680 Ley de 4 de diciembre de 1866, BLDG, XXXIV, p. 425, art. 8°, 9° y 10.
681 Bocksang Hola (2015 a), título tercero, capítulo segundo, B.I.b.
682 Véase *supra* el acápite al punto A.II. de este capítulo.
683 Ley de 4 de agosto de 1874, BLDG, XLII-2, p. 82, art. 12.
684 Decreto Supremo de 2 de noviembre de 1888, BLDG, LVII, p. 2075.
685 Decreto Supremo de 11 de febrero de 1889, BLDG, LVIII, p. 141; se le dotó de un reglamento al año siguiente, a través del Decreto Supremo de 4 de junio de 1890, BLDG, LIX, p. 380.
686 Decreto Supremo de 28 de diciembre de 1889, BLDG, LVIII, p. 889.
687 Ley de 1° de octubre de 1845, BLDG, XIII, p. 114.
688 Decreto Supremo de 8 de agosto de 1843, BLDG, XI, p. 129.
689 Decreto Supremo de 25 de enero de 1875, BLDG, XLIII, p. 32.
690 Decreto Supremo de 9 de septiembre de 1880, BLDG, XLVIII, p. 264.
691 Decreto Supremo de 2 de noviembre de 1880, BLDG, XLVIII, p. 415.
692 Ley de 26 de enero de 1888, BLDG, LVII, p. 295.

descrita por el artículo 1° de la ley como la "oficina encargada de estudiar, ejecutar y vigilar todos los trabajos públicos que se emprendan en el país por el Gobierno o por particulares por cuenta del Estado". Con ella, y con su reglamento complementario[693], se remozaba una orgánica cuyos inicios se remontaban a los inicios de la revolución de la Independencia[694].

2. La Administración económica

También se desarrolló en este período la administración económica. Allende la actividad empresarial del Estado, que será analizada separadamente[695], hubo impulsos relevantes durante este período.

Ante todo, es importante tener presente que fue en este sector en donde la figura de la descentralización *stricto sensu*, es decir, la creación de personas jurídicas distintas del Fisco para satisfacer determinadas necesidades públicas, tuvo especial incidencia. Por una parte, siguió existiendo la primera de las que habían sido concebidas explícitamente bajo la noción de persona jurídica[696], la Caja de Crédito Hipotecario, que había sido creada[697] y regulada complementariamente[698] bajo el gobierno del presidente Manuel Montt[699]; ulteriormente, el presidente Santa María solo se circunscribió a formularle algunas disposiciones adicionales[700]. Por otra, se estableció en 1861[701] "una Caja de Ahorros en Santiago bajo la responsabilidad del Estado. El Presidente de la República fundará sucursales de esta Caja en los lugares en que lo estime conveniente" (art. 1°), debiendo tenerse presente que se disponía expresamente que "la Caja de Santiago y sus sucursales serán consideradas como personas jurídicas" (art. 9°)[702]. Desde una perspectiva conceptual, el sistema de la Caja de Ahorros está al origen de la multiplicidad de personalidades jurídicas que con posterioridad se desarrollaría en la Administración chilena, máxime si se tiene presente que el abanico se abría a tal punto en la misma ley que su artículo 15 prescribía que "las municipalidades, las sociedades de beneficencia y los particulares podrán establecer cajas de ahorros, previa aprobación de sus estatutos por el Presidente de la República con acuerdo del Consejo de Estado". Desafortunadamente, la

693 Decreto Supremo de 26 de junio de 1890, BLDG, LIX, p. 430; con modificación en el Decreto Supremo de 8 de octubre de 1890, BLDG, LIX, p. 951.

694 Bocksang Hola (2015 a), título primero, capítulo primero, B.I.b.4.

695 Véase *infra*, en este mismo capítulo, A.II.b.

696 Y su personalidad jurídica impactaba en el hecho de que las cuestiones judiciales que le interesaran eran conocidas en apelación no por la Corte Suprema, sino que por la Corte de Apelaciones de Santiago: *v. gr.*, *Caja del Crédito Hipotecario con Fernández* (1861) y *Montes* (1862).

697 Ley de 29 de agosto de 1855, BLDG, XXIII, p. 128.

698 Decreto Supremo de 14 de mayo de 1860, BLDG, XXVIII, p. 118.

699 En medio de intensas zozobras: Urzúa Valenzuela (1970), p. 91.

700 Decreto Supremo de 10 de septiembre de 1883, BLDG, LII, p. 774.

701 En 1858 se había establecido una Caja de Ahorros para los empleados públicos, que sirvió de base para la de 1861 (Ley de 19 de junio de 1858, BLDG, XXVI, p. 31), cuyos estatutos fueron aprobados por Decreto Supremo de 25 de agosto de 1858, BLDG, XXVI, p. 436, y modificados por Decreto Supremo de 6 de agosto de 1861, BLDG, XXIX, p. 149, y por Decreto Supremo de 25 de junio de 1869, BLDG, XXXVII, p. 151.

702 Ley de 22 de agosto de 1861, BLDG, XXIX, p. 156.

Caja no se desarrolló como se esperaba y su despegue recién pudo producirse en la década de 1880 con el apoyo de la Caja de Crédito Hipotecario[703].

La técnica de las Comisiones fue un recurso útil cuando se trataba de recaudaciones. En ocasiones, se trataba de cuestiones más bien puntuales, como cuando por vía administrativa se nombró una Comisión Central de Subsidios, que estaba a cargo de organizar comisiones "en todos los pueblos de la República que tenga a bien, para colectar las cuotas con que los ciudadanos quieran espontáneamente contribuir para hacer la guerra al Gobierno de España" [704]. Pero en otras oportunidades se fijaron comisiones de una naturaleza menos circunstancial, como la comisión anual para el pago de la patente[705] y las comisiones para avalúo de predios rústicos de la República[706]. También, en medio de la Guerra del Pacífico, se creó una comisión compuesta por parlamentarios "a fin de que estudie y proponga al Gobierno las medidas conducentes a la organización legal y al desarrollo de las industrias del guano y del salitre en toda la República"[707].

Aunque fueron impulsadas durante este período innovaciones técnicas como los Registros de Comercio —en ejecución del Código de Comercio[708]—, nuevos organismos administrativos —como la Oficina "encargada de las operaciones concernientes al salitre"[709] y la Delegación Fiscal de Salitreras[710]— y entidades circunstanciales dependientes orgánica y financieramente del Gobierno —como la Exposición Nacional de Agricultura[711]—, los ajustes más grandes se radicaron en instituciones antiguas. A veces se trataba de ofrecerles una modernización y un nuevo impulso, como en el caso de la Casa de Moneda, que fue regida por una nueva ley orgánica[712] y un nuevo reglamento[713]; pero en otros el crecimiento y la reestructuración constante fue inevitable por la naturaleza de la función desempeñada y el crecimiento general del país, como sucedió con Tesorería y Aduanas. Debe recordarse, por lo demás, que durante este período el ramo de aduanas "se mantenía como la principal entrada de las arcas del Estado" y con una multiplicación manifiesta de sus ingresos[714].

Tesorería y Aduanas estaban sujetas a permanentes ajustes. Muchas veces estos eran puntuales, cuyos casos son muy numerosos. Por no señalar más que algunos jalones importantes, durante este período se creó la Tesorería Fiscal de Valparaíso, a la cual se le encomendó además "las funciones de Comisaría de Ejército y Marina, dependiendo como oficina de Hacienda del Ministerio de este ramo"[715], con lo que se suprimía la Comisaría separada; pero, como

703 Cordero Rebolledo (1999), pp. 49-63.
704 Decreto Supremo de 25 de septiembre de 1865, BLDG, XXXIII, p. 521.
705 Ley de 22 de diciembre de 1866, BLDG, XXXIV, p. 500, art. 7°.
706 Ley de 18 de junio de 1874, BLDG, XLII-1, p. 428.
707 Decreto Supremo de 9 de abril de 1881, BLDG, XLIX, p. 125.
708 Decreto Supremo de 1° de agosto de 1866, BLDG, XXXIV, p. 219.
709 Decreto Supremo de 15 de septiembre de 1880, BLDG, XLVIII, p. 289.
710 Decreto Supremo de 1° de abril de 1889, BLDG, LVIII, p. 299; con reglamento adicional en el Decreto Supremo de 10 de enero de 1890, BLDG, LIX, p. 56.
711 Decreto Supremo de 18 de junio de 1868, BLDG, XXXVI, p. 189.
712 Ley de 20 de enero de 1883, BLDG, LII, p. 115.
713 Decreto Supremo de 11 de mayo de 1883, BLDG, LII, p. 425.
714 López Taverne (2017), p. 70.
715 Ley de 22 de agosto de 1861, BLDG, XXIX, p. 153.

estas materias son sensibles a circunstancias externas, desencadenada la Guerra del Pacífico se dispuso por vía administrativa la separación "por ahora de la tesorería fiscal de Valparaíso, las secciones correspondientes a la comisaría del ejército y marina"[716]. También la Aduana de Valparaíso, como es imaginable, tenía una entidad peculiar: ya en la Ordenanza de Aduanas de 1864 se la trataba en un título propio[717] y el mismo año, por ley especial, se creaba en ella un departamento especial de estadística[718].

Asimismo, por leyes especiales se crearon la aduana y tesorería unidas de Mejillones[719], la aduana de Coronel[720], la Aduana y Tesorería unidas de Melipulli[721], la Aduana de Carrizal Bajo[722], la Tenencia de Aduana de Tomé[723] y la Aduana y Tesorería unidas de Taltal[724], y se dispuso que la administración del muelle de Valparaíso le correspondía a la Aduana[725]. La Ordenanza de Aduanas de 1872 estableció una Superintendencia de Aduanas, con asiento en Valparaíso, y fijó la organización interior de las aduanas[726], en tanto una ley de 1874, de manera bastante llamativa, les encomendaba a las tesorerías departamentales la gestión de un registro público de marcas de animales vacunos y caballares[727]. Luego, mientras la ley de 1875 sobre la organización de las oficinas de Hacienda establecía diversas medidas en materias de Tesorería y Aduanas[728], una ley de 1882 clasificó las oficinas de hacienda en relación con los inspectores fiscales[729]. Posteriormente, dos leyes de 20 de enero de 1883 tuvieron incidencia en estas materias. Mientras una de ellas volvió a formular un diseño general de las aduanas chilenas[730], la otra dispuso la configuración general de la Dirección del Tesoro y la Dirección de Contabilidad[731]. A fines del período, un Decreto Supremo fijó atribuciones del Director del Tesoro en materia monetaria, que antes se hallaban encomendadas al Superintendente de la Casa de Moneda[732].

716 Decreto Supremo de 12 de mayo de 1879, BLDG, XLVII, p. 154.
717 Ley de 31 de octubre de 1864, BLDG, XXIII, p. 305, art. 108 a 142.
718 Ley de 25 de julio de 1864, BLDG, XXXII, p. 169.
719 Ley de 26 de diciembre de 1863, BLDG, XXXI, p. 421.
720 Ley de 20 de agosto de 1864, BLDG, XXIII, p. 191.
721 Ley de 27 de julio de 1865, BLDG, XXXIII, p. 398, suprimiéndose la tesorería de Llanquihue y la tenencia de Aduana de Melipulli.
722 Ley de 5 de diciembre de 1870, BLDG, XXXVIII, p. 417.
723 Ley de 20 de diciembre de 1878, BLDG, XLVI, p. 579, suprimiéndose la Aduana y Tesorería Unidas de Tomé.
724 Ley de 20 de enero de 1881, BLDG, XLIX, p. 67, art. 1°.
725 Ley de 17 de enero de 1884, BLDG, LIII, p. 169.
726 Ley de 24 de diciembre de 1872, BLDG, XL, p. 1130.
727 Ley de 12 de noviembre de 1874, BLDG, XLII-2, p. 417.
728 Ley de 22 de diciembre de 1875, BLDG, XLIII, p. 640.
729 Ley de 13 de enero de 1882, BLDG, L, p. 89, art. 4°.
730 Ley de 20 de enero de 1883, BLDG, LII, p. 69.
731 Ley de 20 de enero de 1883, BLDG, LII, p. 88, posteriormente complementada por un reglamento (Decreto Supremo de 2 de julio de 1883, BLDG, LII, p. 561).
732 Decreto Supremo de 12 de marzo de 1887, BLDG, LVI, p. 372.

3. La Administración cultural

Otra área que recibió un importante impulso fue la de la Administración cultural, siguiéndose la línea que procedía del período anterior. Pero el diseño constitucional general se vería perfeccionado con la inclusión, en 1874, de la libertad de enseñanza entre los principios del derecho público de Chile que la Constitución aseguraba a todas las personas[733].

En materia de instrucción primaria, se siguió edificando sobre la base de la ley de 1860 referente a este rubro[734], complementándola en 1863 con un reglamento general de instrucción primaria[735]. Las escuelas elementales fueron objeto de un decreto supremo[736], así como las escuelas conventuales[737]. También se rigió por vía administrativa la numeración de las escuelas públicas[738], las escuelas alternadas para ambos sexos[739], la posibilidad de establecimiento de escuelas mixtas[740] y la fundación de escuelas con criterios sistemáticos[741], y entraron en vigor reglamentos para la enseñanza en las escuelas elementales[742] y en las escuelas superiores[743]. Y se crearon otros organismos relacionados, como el Servicio de Instrucción Primaria de Tarapacá[744] y las comisiones directivas de instrucción primaria, en Melipilla y Rancagua[745] y en Atacama y Bío-Bío[746].

Respecto de los niveles educativos superiores, su gran jalón[747] se dio a través de la Ley de Instrucción Secundaria y Superior[748]. En ella se preveía un Consejo de Instrucción Pública (art. 6° a 11), que luego se complementó con un reglamento para las delegaciones universitarias[749]. En la ley de 1879 también se reglaba a la Universidad de Chile (artículos 12 a 30)[750], que siguió siendo objeto de profusa reglamentación[751], en la que destacan el reglamento de profesores

---

733 Ley de 13 de agosto de 1874, BLDG, XLII-2, p. 62, art. 12 n° 6.

734 Ley de 24 de noviembre de 1860, BLDG, XXVIII, p. 362.

735 Decreto Supremo de 1° de diciembre de 1863, BLDG, XXXI, p. 371.

736 Decreto Supremo de 2 de febrero de 1871, BLDG, XXXIX, p. 56.

737 Decreto Supremo de 19 de abril de 1869, BLDG, XXXVII, p. 73.

738 Decreto Supremo de 7 de junio de 1872, BLDG, XL, p. 315.

739 Decreto Supremo de 20 de febrero de 1877, BLDG, XLV, p. 68.

740 Decreto Supremo de 6 de mayo de 1881, BLDG, XLIX, p. 147.

741 Decreto Supremo de 24 de mayo de 1881, BLDG, XLIX, p. 149.

742 Decreto Supremo de 26 de mayo de 1883, BLDG, LII, p. 349.

743 Decreto Supremo de 26 de mayo de 1883, LII, p. 334.

744 Decreto Supremo de 18 de octubre de 1880, BLDG, XLVIII, p. 324.

745 Decreto Supremo de 11 de febrero de 1878, BLDG, XLVI, p. 46.

746 Decreto Supremo de 11 de febrero de 1878, BLDG, XLVI, p. 47.

747 Sin perjuicio de algunas medidas previas específicas e importantes. Téngase presente, a guisa de ejemplo, el Decreto Supremo de 6 de febrero de 1877, BLDG, XLV, p. 55, que abrió la posibilidad a que las mujeres rindiesen exámenes para obtener títulos profesionales.

748 Ley de 9 de enero de 1879, BLDG, XLVII, p. 10.

749 Decreto Supremo de 10 de abril de 1885, BLDG, LIV, p. 161: "En cada capital de departamento donde funcione algún liceo sostenido por el Estado habrá una delegación del Consejo de Instrucción" (art. 1°).

750 Respecto de la evolución histórica de la Universidad de Chile durante el siglo XX, véase, *v. gr.*, Pinto Vallejos (1989).

751 Tal como antes de la ley de 1879, por ejemplo, con el Decreto Supremo de 12 de abril de 1869, BLDG, XXXVII, p. 69, que regulaba los asuntos de competencia del Consejo de la Universidad de Chile.

extraordinarios en la Universidad[752], el correspondiente a la Sección Universitaria del Instituto Nacional[753] y el Reglamento de la Escuela de Medicina[754]. También la ley de 1879 preveía el régimen de los establecimientos de instrucción secundaria (artículos 31 a 36).

En este mismo ámbito, el Instituto Nacional fue objeto de nueva reglamentación, tanto en su conjunto[755] como respecto de su biblioteca[756], habiendo debido declararse expresamente que esta era pública[757]. Se crearon otros liceos, como el Liceo de Valparaíso[758], el Liceo Provincial de Arauco[759], el Liceo Provincial de Chiloé[760], el Liceo de Rengo[761], el Liceo de Lebu[762], el Liceo de Tacna[763], el Liceo de Rengo[764] y el Liceo de Angol[765]; y fueron objeto de reglamentación especial otros tantos, como el Liceo de Concepción[766], el Liceo de La Serena[767], el Liceo de Chillán[768], el Liceo de Talca[769] y el Liceo de Cauquenes[770].

En cuanto a la enseñanza y formación en materias específicas, quizás el ámbito más sobresaliente fue el de la preparación de los docentes. La institución en el período anterior de la Escuela Normal de Preceptores[771] y de la Escuela Normal de Preceptoras[772] se vio complementada con reglamentos a lo largo del período, entre los que destacan los de 1863[773] y 1890[774] respecto de los preceptores, y otro de 1890 respecto de las preceptoras[775]. También, por vía administrativa, se dispuso el establecimiento de otras escuelas normales, como la de preceptoras de Chillán[776], cuya dirección poco después fue encomendada a las religiosas del

752 Decreto Supremo de 13 de abril de 1881, BLDG, XLIX, p. 118, complementado con otro posterior que declaró que "los profesores extraordinarios de la Universidad no forman parte del cuerpo de profesores de la respectiva Facultad: Decreto Supremo de 27 de marzo de 1886, BLDG, LV, p. 180.

753 Decreto Supremo de 27 de septiembre de 1883, BLDG, LII, p. 766.

754 Decreto Supremo de 4 de abril de 1889, BLDG, LVIII, p. 251.

755 Decreto Supremo de 5 de octubre de 1863, BLDG, XXXI, p. 280.

756 Decreto Supremo de 5 de junio de 1862, BLDG, XXX, p. 108.

757 Decreto Supremo de 19 de mayo de 1876, BLDG, XLIV, p. 129.

758 Decreto Supremo de 22 de marzo de 1862, BLDG, XXX, p. 54; reglamentado por Decreto Supremo de 29 de abril de 1864, BLDG, XXXII, p. 79.

759 Decreto Supremo de 4 de enero de 1869, BLDG, XXXVII, p. 11.

760 Decreto Supremo de 4 de enero de 1869, BLDG, XXXVII, p. 12.

761 Decreto Supremo de 21 de marzo de 1878, BLDG, XLVI, p. 73.

762 Decreto Supremo de 12 de abril de 1881, BLDG, XLIX, p. 117.

763 Decreto Supremo de 4 de marzo de 1885, BLDG, LIV, p. 135.

764 Decreto Supremo de 4 de marzo de 1885, BLDG, LIV, p. 136.

765 Decreto Supremo de 19 de diciembre de 1887, BLDG, LVI, p. 1844.

766 Decreto Supremo de 16 de enero de 1866, BLDG, XXXIV, p. 38; la Tesorería se rigió por Decreto Supremo de 23 de enero de 1865, BLDG, XXXIII, p. 5.

767 Decreto Supremo de 23 de agosto de 1866, BLDG, XXXIV, p. 233.

768 Decreto Supremo de 24 de agosto de 1866, BLDG, XXXIV, p. 263.

769 Decreto Supremo de 27 de julio de 1868, BLDG, XXXVI, p. 215.

770 Decreto Supremo de 29 de abril de 1870, BLDG, XXXVIII, p. 82.

771 Decreto Supremo de 18 de enero de 1842, BLDG, X, p. 5.

772 Decreto Supremo de 5 de enero de 1854, BLDG, XXII, p. 34.

773 Decreto Supremo de 18 de diciembre de 1863, BLDG, XXXI, p. 396.

774 Decreto Supremo de 24 de julio de 1890, BLDG, LIX, p. 469.

775 Decreto Supremo de 24 de julio de 1890, BLDG, LIX, p. 489.

776 Decreto Supremo de 9 de marzo de 1871, BLDG, XXXIX, p. 92.

Sagrado Corazón de Jesús, con pago de subvención estatal[777]; de igual forma, se estableció una escuela normal de preceptoras en La Serena[778], lo que fue reiterado hacia el final del período asignándosele por territorio "las provincias de Tacna, Tarapacá, Antofagasta, Atacama y Coquimbo"[779]. Y, respecto de la formación de profesores de instrucción secundaria, a fines de este período se creó en este período el Instituto Pedagógico[780].

Otras áreas de formación específica se desarrollaron con bastante profusión. La Escuela de Artes y Oficios fue objeto de un nuevo reglamento[781], al que se añadió bajo el gobierno del presidente Balmaceda un reglamento de la Escuela de Artes y Oficios para mujeres[782]. También el Conservatorio Nacional de Música, creado a fines de la administración Bulnes, recibió bajo el gobierno del presidente Pinto nueva reglamentación[783], anexándosele luego una sección denominada Academia Nacional de Música[784] y, a fines del período, creándose en él una Academia Musical y de Declamación[785]. Esta mayor complejidad llevó a la entrada en vigor de un nuevo reglamento que modificó la denominación del organismo, pasando a denominarse *Conservatorio Nacional de Música y Declamación*[786]. La educación en materia agrícola, a más de lo concerniente a la Quinta Normal de Agricultura[787], se desarrolló a través del Instituto Agrícola, que recibió sucesivas reglamentaciones en estos años[788], y a través de las Escuelas Prácticas de Agricultura[789], originalmente previstas para dar asilo e instrucción gratuita a todos los hijos de individuos del Ejército o Armada fallecidos en campaña, sea en acción de guerra o de muerte natural[790], e instaurándose un Consejo de Enseñanza Agrícola e Industrial[791]. También se desarrollaron en este período algunas Escuelas Prácticas de Minería, como en Santiago[792] y La Serena[793].

---

777 Decreto Supremo de 30 de enero de 1874, BLDG, XLII-1, p. 40.

778 Decreto Supremo de 30 de enero de 1874, BLDG, XLII-1, p. 41.

779 Decreto Supremo de 17 de enero de 1890, BLDG, LIX, p. 47.

780 Decreto Supremo de 29 de abril de 1889, BLDG, LVIII, p. 283; su plan de estudios fue aprobado por Decreto Supremo de 3 de julio de 1890, BLDG, LIX, p. 451.

781 Decreto Supremo de 22 de enero de 1864, BLDG, XXXII, p. 5.

782 Decreto Supremo de 17 de mayo de 1888, BLDG, LVII, p. 658, luego reglamentada por Decreto Supremo de 31 de enero de 1890, BLDG, LIX, p. 168.

783 Decreto Supremo de 12 de mayo de 1877, BLDG, XLV, p. 288.

784 Decreto Supremo de 20 de septiembre de 1879, BLDG, XLVII, p. 310.

785 Decreto Supremo de 3 de mayo de 1890, BLDG, LIX, p. 308.

786 Decreto Supremo de 21 de junio de 1890, BLDG, LIX, p. 404.

787 Decreto Supremo de 18 de enero de 1862, BLDG, XXX, p. 28.

788 Decreto Supremo de 6 de noviembre de 1883, BLDG, LII, p. 1063; Decreto Supremo de 18 de julio de 1885, BLDG, LIV, p. 494; Decreto Supremo de 29 de diciembre de 1888, BLDG, LVII, p. 2345.

789 Decreto Supremo de 15 de junio de 1885, BLDG, LIV, p. 387; con un reglamento de las Escuelas Prácticas de Agricultura aprobado por Decreto Supremo de 25 de agosto de 1887, BLDG, LVI, p. 1306.

790 Ley de 22 de diciembre de 1881, BLDG, XLIX, p. 572, art. 27.

791 Decreto Supremo de 9 de septiembre de 1887, BLDG, LVI, p. 1503.

792 Decreto Supremo de 25 de agosto de 1887, BLDG, LVI, p. 1303; con nuevo reglamento aprobado por Decreto Supremo de 30 de noviembre de 1888, BLDG, LVII, p. 2082.

793 Decreto Supremo de 26 de agosto de 1887, BLDG, LVI, p. 1320.

También surgieron algunas Escuelas-Taller, como la de cigarrería para niñas en Valparaíso[794] y la de labores de mano en Santiago[795]. Las escuelas de sordomudos, que habían recibido una base normativa en el período anterior, vivieron algunas vicisitudes en este: así, habiéndose una escuela en Santiago[796], ella debió suspenderse por tener "una asistencia que no pasa de cuatro alumnos"[797]. Años después, se creó el Instituto de Sordomudos[798]. También se estableció, en Santiago, una escuela para la enseñanza de los ciegos[799].

Por último, en materia cultural, se continuó con el Observatorio Nacional[800] y se siguió desarrollando el ramo de bibliotecas. Respecto de este, seguía existiendo la Biblioteca de Gobierno[801], y la Biblioteca Nacional no solo fue objeto de reglamentación general a comienzos[802] y a fines de este período[803], sino también se le anexó la oficina general de canje de publicaciones[804]. Asimismo, se creó la Biblioteca Pública de Valparaíso[805]. Pero el intento sistematizador más importante se dio en 1889, con la promulgación de un Reglamento de Bibliotecas, que las dividió en Nacional, Departamentales y de establecimientos de enseñanza, y ordenó la creación de un Consejo para las Bibliotecas Departamentales (art. 3°)[806].

4. Beneficencia, salubridad pública y medioambiente

Siguiendo una línea institucional, la administración de beneficencia[807] estaba intrínsecamente ligada a las juntas de beneficencia, en la que normalmente tenía influencia el Gobierno a través del intendente o del gobernador, dependiendo de la localidad de que se tratase. Durante este período muchas juntas fueron creadas o recibieron reglamentación específica: por ejemplo, la de Quirihue[808], la de La Ligua[809], la de Melipulli[810], la de San Antonio de Putaendo[811], la

794 Decreto Supremo de 27 de febrero de 1877, BLDG, XLV, p. 79.
795 Decreto Supremo de 26 de marzo de 1877, BLDG, XLV, p. 137.
796 Decreto Supremo de 31 de marzo de 1875, BLDG, XLIII, p. 94.
797 Decreto Supremo de 8 de noviembre de 1877, BLDG, XLV, p. 551.
798 Decreto Supremo de 10 de abril de 1889, BLDG, LVIII, p. 260, con reglamento aprobado por Decreto Supremo de 30 de julio de 1890, BLDG, LIX, p. 517.
799 Decreto Supremo de 31 de marzo de 1875, BLDG, XLIII, p. 93.
800 Reglamentado por Decreto Supremo de 28 de noviembre de 1864, BLDG, XXXII, p. 395; y posteriormente por Decreto Supremo de 24 de julio de 1890, BLDG, LIX, p. 509.
801 Decreto Supremo de 13 de abril de 1858, BLDG, XXVI, p. 218.
802 Decreto Supremo de 8 de agosto de 1861, BLDG, XXIX, p. 139.
803 Decreto Supremo de 12 de junio de 1890, BLDG, LIX, p. 392.
804 Decreto Supremo de 12 de mayo de 1871, BLDG, XXXIX, p. 187.
805 Decreto Supremo de 27 de febrero de 1873, BLDG, XLI-1, p. 183.
806 Decreto Supremo de 17 de mayo de 1889, BLDG, LVIII, p. 432.
807 Los establecimientos de beneficencia se entendían tener fondos "diversos y distintos de los del Estado", por lo que no eran fiscales: *Fisco con Velasco* (1868). Igualmente, *Establecimientos de Beneficencia de Santiago con Fisco* (1871). Y, tras la Guerra del Pacífico, las Sociedades de Beneficencia chilenas se constituyeron en sucesoras de las que habían operado bajo el régimen jurídico del Perú: *Palmieri* (1888).
808 Decreto Supremo de 19 de mayo de 1875, BLDG, XLIII, p. 152.
809 Decreto Supremo de 6 de septiembre de 1875, BLDG, XLIII, p. 449.
810 Decreto Supremo de 10 de enero de 1880, BLDG, XLVIII, p. 17.
811 Decreto Supremo de 23 de junio de 1880, BLDG, XLVIII, p. 175.

de Combarbalá[812], la de Linares[813]y la de Lebu[814]. Esta dispersión normativa careció de un sustento reglamentario común, hasta que bajo el gobierno del presidente Santa María entró en vigor un Reglamento para las Juntas de Beneficencia, aplicable generalmente a todas ellas[815]. En el preámbulo de dicho reglamento se expresaba con claridad que, "atendido el desarrollo que ha tomado la Beneficencia pública en todos los departamentos, se hace necesario dictar reglas uniformes para su mejor y más acertado servicio, ya que las disposiciones vigentes se han hecho ineficaces y deficientes en razón al tiempo y a las circunstancias en que fueron dictadas".

Siguió la implementación de hospitales[816], usualmente con participación del Presidente de la República y de la junta de beneficencia respectiva, tal como sucedió con el hospital del Tomé[817] y el hospital de Temuco[818], y entró en vigor un reglamento de los médicos de ciudad[819]. Asimismo, se reformuló la antigua Casa de Locos bajo la nueva denominación de Casa de Orates de Santiago, con un nuevo reglamento[820], y se crearon dispensarías como la de la Ligua[821] y la de Melipilla[822], con participación del Supremo Gobierno y las municipalidades respectivas. Otras antiguas instancias de beneficencia, como los pósitos píos —cuya función era principalmente de socorro en agricultura y alimentación—, seguían cumpliendo un rol en nuestra sociedad decimonónica: así sucedió con el Pósito Pío de Petorca, cuya junta inspectora era presidida por el gobernador[823].

La epidemia del cólera que azotó a Chile entre 1886 y 1888 motivó un impulso definitivo en materia de salubridad pública. A pocas semanas de comenzados los contagios, en nuestro país entró en vigor una Ordenanza General de Salubridad[824] de carácter amplio, que en lo orgánico estableció una Junta General de Salubridad y juntas departamentales de salubridad, y, casi simultáneamente, enfocándose específicamente en la epidemia del cólera, se instituyó un Comité Ejecutivo Sanitario para el departamento de Santiago[825]. Superándose la emergencia, se estableció el Consejo Superior de Higiene Pública, así como consejos provinciales de higiene[826].

Durante este período se siguió impulsando, desde la Administración, el área de las vacunas, con adecuaciones más puntuales, como el reglamento de la secretaría de la Junta Central de

812 Decreto Supremo de 24 de septiembre de 1881, BLDG, XLIX, p. 303.
813 Decreto Supremo de 2 de febrero de 1882, BLDG, L, p. 226.
814 Decreto Supremo de 7 de marzo de 1882, BLDG, L, p. 265.
815 Decreto Supremo de 27 de enero de 1886, BLDG, LV, p. 22.
816 La personalidad jurídica de los antiguos hospitales de Chile, y su persistencia después de la entrada en vigor del Código Civil, se discutió en profundidad en *Maldini* (1871).
817 Decreto Supremo de 25 de octubre de 1871, BLDG, XXXIX, p. 368.
818 Decreto Supremo de 5 de junio de 1889, BLDG, LVIII, p. 477.
819 Decreto Supremo de 31 de diciembre de 1887, BLDG, LVI, p. 1816.
820 Decreto Supremo de 19 de diciembre de 1883, BLDG, LII, p. 1105; modificación de algunos artículos por Decreto Supremo de 6 de diciembre de 1890, BLDG, LIX, p. 1033.
821 Decreto Supremo de 12 de enero de 1865, BLDG, XXXIII, p. 2.
822 Decreto Supremo de 29 de septiembre de 1874, BLDG, XLIII, p. 473.
823 Decreto Supremo de 1° de julio de 1869, BLDG, XXXVII, p. 157.
824 Decreto Supremo de 10 de enero de 1887, BLDG, LVI, p. 28.
825 Decreto Supremo de 7 de enero de 1887, BLDG, LVI, p. 14.
826 Decreto Supremo de 19 de enero de 1889, BLDG, LVIII, p. 54.

Vacuna[827], hasta el Reglamento de la Junta Central de Vacuna y de las Juntas departamentales de Vacuna[828], y el establecimiento del Instituto de Vacuna Animal[829].

Por último, irguiéndose como precursor de la regulación medioambiental, sobresale el Reglamento sobre corta de bosques de 1873[830]. Por una parte, disponía de una orgánica constituida, según su artículo 3°, por un inspector general de bosques, un inspector en cada departamento y un guarda en cada subdelegación". Pero quizás su aspecto más notable está planteado en las restricciones de policía que introducía, al prohibir, "tanto en los fundos pertenecientes al Estado como en los pertenecientes a particulares" cortar árboles o arbustos silvestres que se situaran a menos de cuatrocientos metros sobre los manantiales que nazcan en los cerros, y los que se situaran a menos de doscientos metros de sus orillas; cortar o destruir árboles situados a menos de doscientos metros de radio de los manantiales que nacieran en terrenos planos no regados, y cortar o destruir los árboles que existiesen sobre cerros desde la medianía de sus faldas hasta la cima.

5. Las fuerzas armadas y el orden público

En un período marcado por dos guerras externas de importancia, existió un desarrollo institucional bastante intenso en el área de las fuerzas armadas[831]. A más de lo concerniente específicamente a cada una de las dos grandes ramas castrenses —que será examinado a continuación— y de aspectos operativos fundamentales, como su actuación a través de la personalidad jurídica del Fisco[832], conviene destacar algunos aspectos transversales de interés, de naturaleza bastante variada.

En esta época se dispusieron medidas que dan cuenta de la relevancia transversal que en la sociedad tenían las fuerzas armadas, como la creación de una escuela para la enseñanza de la música militar en nuestro país[833], o bien la obligatoriedad de la enseñanza militar en las Escuelas Normales de Preceptores, actividad que sería "dirigida por oficiales del ejército de línea en los establecimientos anteriores y se le dedicarán a los ejercicios tres horas por semana" (art. 2°)[834].

Pero también surgieron medidas de alto impacto, que respondieron a circunstancias especialmente reverberantes, como la Guerra del Pacífico. De ella se derivó, por ejemplo, la instauración de una Intendencia General del Ejército y la Armada, "encargada de proveer oportunamente al Ejército y Armada de víveres, vestuarios, medicinas, forrajes, carbón", entre otros insumos[835], y que sucesivamente requirió medidas complementarias, desde las

827 Decreto Supremo de 24 de marzo de 1873, BLDG, XLI-1, p. 258.
828 Decreto Supremo de 19 de marzo de 1883, BLDG, LII, p. 185.
829 Decreto Supremo de 18 de marzo de 1887, BLDG, LVI, p. 340.
830 Decreto Supremo de 3 de mayo de 1873, BLDG, XLI-1, p. 390.
831 Sorprendentemente, en obras importantes como Campos Harriet (1992), cfr. esp. 417-418, no se hace referencia a este ámbito durante este período.
832 *V. gr.*, *Calderón* (1866).
833 Decreto Supremo de 9 de enero de 1873, BLDG, XLI-1, p. 161.
834 Decreto Supremo de 19 de enero de 1889, BLDG, LVIII, p. 94.
835 Decreto Supremo de 5 de mayo de 1879, BLDG, XLVII, p. 167.

más básicas, como la fijación de sus oficinas[836] o la definición del órgano que haría de jefe de servicio[837], hasta la adjunción de una compañía de cargadores y desembarcadores[838], de un servicio de abastecimiento del ejército expedicionario[839], y de una Dirección del Servicio Sanitario, dependiente de la Intendencia General del Ejército y Armada[840]. También existió una importante reglamentación de la Guardia Nacional, en la que descuella su reorganización una vez que las necesidades de la guerra fueron evolucionando[841]. Y merece también mención el establecimiento de la llamada Oficina de Tramitación, cuyo objeto era facilitar la obtención, por parte de sus destinatarios, de los beneficios que establecía la ley de 22 de diciembre de 1881 en relación con pensiones de invalidez y montepíos derivados de la Guerra del Pacífico[842].

En el área específica del Ejército, siguió teniendo gran importancia la Escuela Militar, la que fue sucesivamente objeto de numerosos reglamentos durante estos años[843]. También mereció especial atención el rubro de artillería, que ya en 1861 recibió una reglamentación muy detallada e importante referida a las Maestranzas de Artillería[844], que incluso estaban encargadas del almacenaje y despacho de la pólvora en Santiago, hasta que dichas funciones se le encomendaron a una de las administraciones del Estanco de Santiago[845]; y, a fines de la misma década, surgiría un Reglamento para la Maestranza de Limache[846], cuyas dependencias poco después se dieron en arrendamiento porque convenía "mantenerla en actividad de servicio a fin de evitar el deterioro de los edificios y maquinaria"[847].

Nuevos organismos fueron cobrando forma durante este período. Así, en 1863 se creó la oficina de ingenieros militares[848]; en 1886, la Academia de Guerra[849]; y —luego de alguna institucionalidad más transitoria— la Dirección del Servicio Sanitario del Ejército[850]. También se *restableció* la Comandancia General de Artillería del Ejército[851].

Obrando sobre la base del Título 60 de la Ordenanza del Ejército, titulado "Funciones del Jefe del Estado Mayor del Ejército, y clases de que este se compone", en 1869 se dictó

836 Decreto Supremo de 14 de mayo de 1879, BLDG, XLVII, p. 176.
837 Decreto Supremo de 19 de agosto de 1881, BLDG, XLIX, p. 288.
838 Decreto Supremo de 28 de octubre de 1879, BLDG, XLVII, p. 364.
839 Decreto Supremo de 28 de octubre de 1879, BLDG, XLVII, p. 365.
840 Decreto Supremo de 12 de diciembre de 1883, BLDG, LII, p. 1188.
841 Decreto Supremo de 26 de septiembre de 1882, BLDG, LI, p. 796.
842 Decreto Supremo de 30 de marzo de 1882, BLDG, L, p. 326. En su momento, se estimó poder prescindir de esta oficina, pero luego debió ser restablecida por Decreto Supremo de 24 de octubre de 1888, BLDG, LVII, p. 1684
843 Decreto Supremo de 2 de junio de 1862, BLDG, XXX, p. 114; Decreto Supremo de 21 de febrero de 1863, BLDG, XXXI, p. 38; Decreto Supremo de 10 de noviembre de 1866, BLDG, XXXIV, p. 395; Decreto Supremo de 9 de octubre de 1878, BLDG, XLVI, p. 441; Decreto Supremo de 1° de junio de 1883, BLDG, LII, p. 489.
844 Decreto Supremo de 16 de agosto de 1861, BLDG, XXIX, p. 169.
845 Decreto Supremo de 18 de agosto de 1863, BLDG, XXXI, p. 172.
846 Decreto Supremo de 7 de enero de 1869, BLDG, XXXVII, p. 31.
847 Decreto Supremo de 5 de julio de 1875, BLDG, XLIII, p. 249.
848 Decreto Supremo de 4 de agosto de 1863, BLDG, XXXI, p. 178.
849 Decreto Supremo de 9 de septiembre de 1886, BLDG, LV, p. 946.
850 Decreto Supremo de 10 de junio de 1889, BLDG, LVIII, p. 515.
851 Decreto Supremo de 27 de marzo de 1890, BLDG, LIX, p. 206.

un Reglamento para el Estado Mayor de un ejército de operaciones[852]. Se trató de un cuerpo normativo bastante extenso, que calificaba al Estado Mayor como "una reunión de jefes y oficinales que son los auxiliares del general o comandante en jefe en el ejercicio de sus funciones; y el órgano por donde se transmiten sus órdenes a las diversas secciones de que se compone un ejército" (artículo 1°), añadiendo que "el objeto del Estado Mayor es hacer más expedita la acción del general o comandante en jefe". Sin embargo, con posterioridad incluso esta reglamentación fue juzgada insuficiente, sobre todo a partir de la Guerra del Pacífico, por lo que le sucedieron otras disposiciones[853].

Esta guerra, como bien puede suponerse, por su duración e intensidad, supuso una reglamentación profusa, cuyo análisis excede del propósito de esta obra, y que era correlativa a la mayor envergadura y complejidad que el Ejército tuvo durante el período bélico. Como puede imaginarse, igualmente existió una reorganización del Ejército después de los tratados con Perú y Bolivia, "siendo conveniente, al reducirlo a pie de paz, darle una organización conforme a las necesidades actuales del país"[854].

En cuanto a la Armada, tal como sucedió en el plano del Ejército con la Escuela Militar, la Escuela Naval fue objeto de varias reglamentaciones generales a través de los años[855]. Bajo el gobierno del presidente Pérez se la impulsó en diversos aspectos institucionales: se establecieron el cuerpo de artillería cívica de marina de Valparaíso[856] y el batallón de artillería de marina[857]; se creó la Oficina General de Enganche de Marineros para la Marina de Guerra y Mercante[858], dotándose luego las oficinas de enganche de marineros de un reglamento[859], y promulgándose una ley de enganche de marineros para los buques de la Armada[860]; se dotó de sendos reglamentos al cuerpo de ingenieros mecánicos de la Armada[861], a la administración de los faros de la República[862], a los condestables y sus ayudantes[863]; se institucionalizó la banda

852 Decreto Supremo de 1° de septiembre de 1869, BLDG, XXXVII, p. 310.

853 Por ejemplo, el Decreto Supremo de 25 de febrero de 1880, BLDG, XLVIII, p. 86, que expresaba que "el Estado Mayor General por su actual organización no corresponde a las necesidades del servicio de un ejército numeroso".

854 Decreto Supremo de 26 de diciembre de 1884, BLDG, LIII, p. 1522.

855 Decreto Supremo de 25 de febrero de 1871, BLDG, XXXIX, p. 61; Decreto Supremo de 3 de junio de 1873, BLDG, XLI-1, p. 578; Decreto Supremo de 6 de julio de 1882, BLDG, LI, p. 580; y Decreto Supremo de 30 de septiembre de 1889, BLDG, LVIII, p. 748. También se la radicó en la ciudad de Valparaíso por Decreto Supremo de 7 de mayo de 1881, BLDG, XLIX, p. 175.

856 Decreto Supremo de 30 de mayo de 1864, BLDG, XXXII, p. 139.

857 Decreto Supremo de 26 de septiembre de 1866, BLDG, XXXIV, p. 331. A fines del período se estableció una Sección de Artillería en el Arsenal de Marina: Decreto Supremo de 19 de junio de 1889, BLDG, LVIII, p. 534.

858 Decreto Supremo de 23 de octubre de 1866, BLDG, XXXIV, p. 372.

859 Decreto Supremo de 19 de mayo de 1868, BLDG, XXVI, p. 145.

860 Ley de 3 de julio de 1868, BLDG, XXXVI, p. 251.

861 Decreto Supremo de 8 de febrero de 1867, BLDG, XXXV, p. 25.

862 Decreto Supremo de 20 de mayo de 1867, BLDG, XXXV, p. 125, con reglamentos especiales para faros, como el de Valparaíso (Decreto Supremo de 20 de mayo de 1867, BLDG, XXXV, p. 131), de Ancud (Decreto Supremo de 20 de mayo de 1867, BLDG, XXXV, p. 133) y de Corral (Decreto Supremo de 20 de mayo de 1867, BLDG, XXXV, p. 135).

863 Decreto Supremo de 26 de marzo de 1867, BLDG, XXXV, p. 57.

de músicos de la escuadra nacional[864]; y se creó una escuela de aprendices de la Armada[865], luego reglamentada[866], y que fue transformada a inicios del gobierno del presidente Pinto en la Escuela de Grumetes[867], con su correspondiente reglamentación[868].

Durante la administración Errázuriz se destacó el impulso de una Oficina Hidrográfica, relacionada con la Armada y el Ministerio de Marina[869]. Y en los gobiernos posteriores no faltaron iniciativas de interés: se definieron más precisamente las atribuciones del Inspector de Contabilidad de la Armada[870], se dispuso la distinción entre guardiamarinas de primera y segunda clase[871], se establecieron un Depósito de Cartas e Instrumentos de la Marina[872], la Escuela de Mecánica de la Armada[873] y la Escuela Náutica de Ancud[874]. Y ciertamente hubo otros aspectos que tuvieron importantes evoluciones, tanto en tiempos de paz como en los de guerra, que no correspondería detallar en esta sinopsis.

En materia de orden público, y dejando a un costado muchas otras iniciativas desarrolladas principalmente por las municipalidades[875], existieron evoluciones bastante relevantes. En materia carcelaria, existió una buena cantidad de reglamentación de distintas dependencias. Por de pronto, la Cárcel Penitenciaria de Santiago, con reglamentación general[876] así como normativa más puntual, concerniente a su guardia especial[877], pero también para otros recintos, como el Presidio Urbano de Santiago[878] y las cárceles de Talca[879] y Lebu[880]. A principios del gobierno del presidente Santa María se promulgó una ley general de policía rural, que contemplaba "una

864 Decreto Supremo de 18 de agosto de 1868, BLDG, XXXVI, p. 278; tratada también posteriormente por un Decreto Supremo de 12 de abril de 1882, BLDG, L, p. 374

865 Decreto Supremo de 3 de julio de 1868, BLDG, XXXVI, p. 252.

866 Decreto Supremo de 26 de junio de 1873, BLDG, XLI-1, p. 596.

867 Decreto Supremo de 16 de noviembre de 1876, BLDG, XLIV, p. 420.

868 Decreto Supremo de 23 de enero de 1877, BLDG, XLV, p. 43; y luego por Decreto Supremo de 29 de diciembre de 1887, BLDG, LVI, p. 1875.

869 Decreto Supremo de 1° de mayo de 1874, BLDG, XLII-1, p. 384. Bajo el gobierno del presidente Balmaceda se la institucionalizó legislativamente (Ley de 1° de febrero de 1888, BLDG, LVII, p. 359) y se la dotó de nueva reglamentación (Decreto Supremo de 1° de febrero de 1888, BLDG, LVII, p. 360).

870 Decreto Supremo de 24 de octubre de 1883, BLDG, LII, p. 1041.

871 Ley de 5 de octubre de 1883, BLDG, LII, p. 1029.

872 Decreto Supremo de 12 de agosto de 1887, BLDG, LVI, p. 1288.

873 Decreto Supremo de 3 de julio de 1889, BLDG, LVIII, p. 603.

874 Ley de 20 de agosto de 1890, BLDG, LIX, p. 788.

875 Y otras que quedaban fuera de la esfera propiamente administrativa: por ejemplo, no se entendían cargos públicos los de celadores que el subdelegado hubiera nombrado para "mantener el orden público revistiendo a varios ciudadanos de cierta autoridad especialísima dentro de un barrio determinado": *Muñoz* (1889).

876 Inicialmente regida por Decreto Supremo de 12 de noviembre de 1850, BLDG, XVIII, p. 404; y luego por actos posteriores; *v. gr.*, Decreto Supremo de 9 de diciembre de 1867, BLDG, XXXV, p. 336; Decreto Supremo de 20 de abril de 1874, BLDG, XLII-1, p. 214; y Decreto Supremo de 14 de julio de 1876, BLDG, XLIV, p. 157.

877 Ley de 8 de noviembre de 1871, BLDG, XXXIX, p. 436; y Decreto Supremo de 14 de noviembre de 1871, BLDG, XXXIX, p. 437.

878 Decreto Supremo de 27 de septiembre de 1865, BLDG, XXXIII, p. 497.

879 Decreto Supremo de 4 de julio de 1862, BLDG, XXX, p. 171.

880 Decreto Supremo de 29 de abril de 1872, BLDG, XL, p. 157.

guardia de seguridad en las subdelegaciones rurales de cada departamento de la República" que estaría "a las órdenes superiores del Gobernador del departamento"[881], y también existían atribuciones de policía encargadas a las autoridades marítimas, que fueron detalladas por un reglamento en tiempos del presidente Pérez[882]. Y ello no obstó al desarrollo de otras materias de policía especial, como el caso del inspector de las empresas de gas hidrógeno y de agua potable en Santiago, de confianza del Presidente de la República y —llamativamente— "pagado con fondos de ambas empresas"[883].

b. Los vaivenes del Estado empresario

Sin perjuicio de la existencia de algunas áreas adicionales[884], en materia empresarial del Estado, tres son probablemente las más significativas: la de ferrocarriles, con un claro auge durante este lapso (1); la del Estanco, cuya desaparición se produce en este período (2); y otra, más discreta, la de los correos y telégrafos, en silencioso crecimiento (3).

1. El auge de los Ferrocarriles del Estado

El notable desarrollo de Chile en materia ferroviaria durante este período se vio acompasado por dos leyes generales sobre la materia: una de principios de la década de 1860[885] y otra de mediados de la década de 1880[886]. No se trató de leyes inconciliables entre sí —al menos, en

881 Ley de 16 de diciembre de 1881, BLDG, XLIX, p. 485, art. 1° y 3°.

882 Decreto Supremo de 13 de octubre de 1865, BLDG, XXXIII, p. 545.

883 Ley de 15 de octubre de 1875, BLDG, XLIII, p. 509. En este cuerpo normativo también se establecía la posibilidad de que el Presidente de la República nombrase inspectores en otras ciudades en que hubiera gas y agua potable (art. 8°).

884 Un buen ejemplo es la Sociedad del Canal de Maipo, respecto de la cual lo más claro era que, dado que el Fisco era accionista de ella, su actividad comprometía el interés fiscal, tal como aparece de *Sanfuentes* (1879), *Gandarillas* (1883) y *Millán* (1888), aunque sin desdibujar su personalidad jurídica propia, lo que se destaca en *Atero* (1862). Sin embargo, su configuración jurídica originó bastantes controversias entre las décadas de 1870 y 1880. Sus nuevos estatutos de 1873 preceptuaban que "la asociación anónima que ha existido hasta hoy con el nombre de Sociedad del Canal de Maipo continuará bajo la misma denominación y se regirá por estos estatutos" (BLDG, XLI-2, p. 33, art. 1°). Nuestra judicatura entendió que aquello configuraba propiamente una sociedad anónima, como aparece en *Rossel* (1880). Pero, en la misma época, en la misma Sociedad la situación comenzó a ponerse más tumultuosa. Originalmente pretendió declarársela no ser una sociedad anónima "sino una simple compañía de administración", lo que fue rechazado por la Corte Suprema, tal como sobresale de *Sociedad del Canal de Maipo con Fisco* (1882). Pero finalmente en *Accionistas del Canal de Maipo* (1884) se solicitó declararse nulos los estatutos de 1873, a lo que en definitiva la Corte Suprema accedió, reconociendo como causal de tal nulidad el hecho de no haberlos aprobado por unanimidad como había exigido el acta de 1827, con lo que esta seguía rigiendo a la referida Sociedad. También debe tenerse presente la actividad de las municipalidades en ciertas actividades de connotación económica, como la explotación de salinas —*Municipalidad de Vichuquén con Silva* (1873)— o cuestiones más inesperadas, como la constitución de rentas vitalicias, que aunque nuestra jurisprudencia terminó aceptando, lo hizo reconociendo que "no entra en la esfera ordinaria de las atribuciones de la municipalidad de Santiago el efectuar negocios de esta naturaleza" —*Puyó* (1881)—.

885 Ley de 6 de agosto de 1862, BLDG, XXX, p. 199.

886 Ley de 4 de enero de 1884, BLDG, LIII, p. 5.

su integridad—, a pesar de la relativa coincidencia de la materia; ello aparece nítidamente del hecho de que nuestra judicatura, una vez entrada en vigor la segunda ley, siguió aplicando la primera[887]. Debe tenerse en consideración que la ley de 1862 regía la actividad en su conjunto, y la de 1884 versó específicamente sobre el servicio de los Ferrocarriles del Estado.

En efecto, el artículo 1° de la Ley de Ferrocarriles de 1862 señalaba que "los ferrocarriles construidos por el Estado o a virtud de concesión o autorización de este, están sujetos a las prescripciones legales relativas a los caminos públicos en todo lo que no contraríen directamente los derechos que al empresario o empresarios que los hubieren construido correspondan, en conformidad a la ley que autorizó la construcción". Con ello, el campo dogmático de los ferrocarriles quedaba delimitado en dos aspectos cruciales: el primero, que la ley abordaba tanto la actividad ferroviaria estatal como la actividad ferroviaria particular; y el segundo, que existía un vínculo conceptual entre la materia general de caminos públicos y la que concernía a específicamente a las vías férreas.

Muchas de las restantes disposiciones de esta ley, más que organizativas o descriptivas, eran propiamente jurídicas. Así, por ejemplo, el artículo 2° abordaba las servidumbres; los artículos 4° a 13, sobre las inmediaciones de las ferrovías y las distancias que debían respetarse respecto de ellas; los artículos 14 a 18, sobre los cierros de las vías; un Título II, de más de cuarenta artículos, reglaba la explotación de los ferrocarriles; y un Título III versaba sobre los delitos o faltas contra la seguridad del tráfico de los ferrocarriles.

La Ley de 1884 muestra el giro que había adoptado el desarrollo de los ferrocarriles en poco más de dos décadas: el impulso, cada vez más importante, de la actividad ferroviaria del propio Estado[888]. La ley no lo escondió. Su artículo 1° disponía que "la administración de los ferrocarriles del Estado será ejercida bajo la dirección superior del Gobierno, por un director general, asistido de un consejo en la forma que establece esta ley". El artículo 3° señalaba que el Director General sería nombrado directamente por el Presidente de la República, por el llamativo término de diez años, que, además, podía renovarse. El Título II reglaba al Director General, quien representaba "a los ferrocarriles judicial y extrajudicialmente" (art. 9°)[889], mientras el Título III normaba al Consejo. El Título IV regía específicamente la explotación o servicio de transporte en esta área estatal, el Título V se refería a la vía y los edificios, el Título VI abordaba el material de tracción y la maestranza, el Título VII regía la contabilidad, el Título

---

887 Y ello no se debió a una eventual ultraactividad de la ley más antigua, dado que, por ejemplo, en *Allendes* (1890), los hechos que daban lugar a la controversia habían tenido lugar en 1888, es decir, con posterioridad a la entrada en vigor de la ley de 1884.

888 A lo que debe añadirse la reglamentación orgánica que precedió a la ley de 1884, como la del establecimiento de un Consejo directivo para la administración del Ferrocarril Valparaíso-Santiago (Decreto Supremo de 27 de abril de 1872, BLDG, XL, p. 142) o para el tramo Chillán-Concepción y Talcahuano (Decreto Supremo de 22 de mayo de 1872, BLDG, XLVI, p. 41), la fijación de la administración del Ferrocarril entre Curicó, Angol y Los Ángeles (Decreto Supremo de 9 de febrero de 1878, BLDG, XLVI, p. 40), la creación de la Junta consultiva de ingenieros jefe de los Ferrocarriles del Estado (Decreto Supremo de 24 de abril de 1878, BLDG, XLVI, p. 99), y la creación de una oficina principal de contabilidad en Santiago y una sección dependiente de la principal en Concepción (Decreto Supremo de 12 de mayo de 1880, BLDG, XLVIII, p. 151).

889 Lo que venía a innovar respecto de la situación anterior, en donde, al menos judicialmente, se entendía que no había una representación única, sino que "los representantes de los Ferrocarriles del Estado son los respectivos superintendentes": *Gómez* (1880).

VIII contenía disposiciones misceláneas y el Título VIII desarrollaba las reglas referidas a los empleados de la administración general de los ferrocarriles. Como puede verse, esta ley era bastante extensa, y podrá imaginarse que el Reglamento que la complementó también lo fue[890].

Debe tenerse presente que, a más de estas dos leyes generales —y de la aplicación del Código de Comercio en el rubro empresarial de transportes[891], llegándose a afirmar que "la condición del Estado como empresario de transporte es exactamente igual a la de cualquier particular, según lo establecido en los arts. 38 y 78 de las leyes de agosto de 1862 y de 4 de enero de 1884 sobre administración de ferrocarriles"[892]—, la abundancia normativa en materia de ferrocarriles fue enorme[893]. Algunos ejemplos podrán ilustrar la complejidad de este entramado regulatorio, sobre todo considerando que las iniciativas iban siendo impulsadas de manera focalizada, por áreas.

La prolongación del ferrocarril que unía Chillán, Concepción y Talcahuano fue ordenada por ley en 1862[894], con nuevas prórrogas por leyes sucesivas de 1865[895] y 1866[896], hasta que finalmente se efectuó por vía administrativa el llamado a propuestas[897]. Se requirió una tercera prórroga legislativa[898] antes de que se admitiera la propuesta de un oferente[899].

El caso del ferrocarril Santiago-Valparaíso fue distinto, porque requirió un proceso de compra de las acciones del ferrocarril por parte del Estado que ya se había iniciado en el período anterior[900]. Una ley de 1862 autorizó "a los Ministros de la Tesorería General para que compren las acciones del ferrocarril entre Santiago y Valparaíso que quieran vender los particulares, recibiendo por precio la cantidad que hubieren erogado por cada una de ellas, en cinco dividendos y en la forma siguiente [...]"[901]. Un par de años después, la situación ya había asumido ribetes propiamente administrativos, pues una ley especial del Ferrocarril de Santiago a Valparaíso preceptuaba que "la administración del ferrocarril de Santiago a Valparaíso correrá a cargo de un Superintendente bajo la dirección superior del Gobierno" y delineaba la estructura y atribuciones del resto del servicio[902]. Es importante recordar que nuestra jurisprudencia entendió que fue a partir de esta última ley que el Ferrocarril

---

890 Contenía 593 artículos: Decreto Supremo de 4 de octubre de 1884, en Boza Lillo, Anguita Acuña (1898), II, p. 1457.

891 *V. gr.*, *Manuel González y Ca.* (1886).

892 *Prado* (1889).

893 Y ya venía gestándose desde finales del período anterior, como respecto del Ferrocarril del Sur, cuyo objeto fue implementar este medio de transportes entre Santiago y Talca: *Sucesión de Valdés* (1876).

894 Ley de 13 de diciembre de 1862, BLDG, XXX, p. 374.

895 Ley de 19 de julio de 1865, BLDG, XXXIII, p. 376.

896 Ley de 26 de septiembre de 1866, BLDG, XXXIV, p. 289.

897 Decreto Supremo de 21 de diciembre de 1867, BLDG, XXXV, p. 323.

898 Ley de 7 de enero de 1869, BLDG, XXXVII, p. 7.

899 Decreto Supremo de 28 de mayo de 1869, BLDG, XXXVII, p. 120. Con posterioridad, se dispuso complementar este tramo con las secciones Curicó-Chillán y Talcahuano-Los Ángeles-Río Malleco (Ley de 30 de septiembre de 1871, BLDG, XXXIX, p. 321).

900 Bocksang Hola (2015 a), título cuarto, capítulo segundo, A.I.b.2.

901 Decreto Supremo de 10 de octubre de 1862, BLDG, XXX, p. 342.

902 Ley de 10 de junio de 1864, BLDG, XXXII, p. 142, art. 1°.

Santiago-Valparaíso era propiamente fiscal[903]. Con posterioridad, se dispuso su prolongación desde la estación de Bellavista hasta los almacenes fiscales[904].

Otro método siguió el ramal del ferrocarril desde San Felipe a Santa Rosa de los Andes, propulsado en cuanto a su plano y presupuesto por vía legislativa en 1864[905], y disponiéndose también por ley, a fines de la década, que se entregase en concesión, pero que, "si no hubiere propuestas, o las que se hicieren no fueren aceptables, el Presidente de la República procederá a la construcción de la línea férrea por cuenta del Estado"[906].

La técnica concesional no fue excepcional, en todo caso[907], y se la encuentra, por ejemplo, en legislación concerniente al Ferrocarril Huasco-Vallenar[908], al ferrocarril trasandino por Copiapó[909], al ferrocarril trasandino por Aconcagua[910], al ferrocarril Santiago-Mineral de Las Condes —con estación en los baños termales de Apoquindo[911]—, en el ferrocarril desde la mina Descubridora hasta La Vega[912], y en el ferrocarril Colico-Colcura[913]. En ocasiones, la designación del particular que construiría la vía aparecía explícitamente de la propia ley, como en el caso en que la Compañía de Salitres y Ferrocarril de Antofagasta quedó encargada de la prolongación de su ferrocarril con dirección a Bolivia[914].

A pesar de la vigencia de la técnica de la concesión, el rol directo del Estado tampoco se eclipsó mientras se avanzaba hacia el final del período, probablemente animado por las perspectivas económicas relacionadas con el salitre. Constan leyes tan variadas como la de autorización al Presidente de la República para invertir hasta veinte mil pesos en trabajos preliminares del ferrocarril Angol-Valdivia[915], análoga autorización para pagar una suma que

903 *Ferrocarril Santiago-Valparaíso con Cajales* (1869), con un considerando 1° dotado de interés conceptual, en el que se señala "que desde que se dictó la ley de 10 de junio de 1864 sobre las reglas a que debía sujetarse en lo sucesivo la administración del ferrocarril entre Santiago y Valparaíso, este ferrocarril debe ser reputado como una empresa exclusivamente fiscal, hallándose como se halla bajo la dirección del Estado, administrada por empleados públicos rentados por el Fisco y sujeta su contabilidad a inspección análoga a la de las oficinas en que se administran caudales públicos". Posteriormente, el mismo año, en *Ferrocarril Central con Cerveró* (1869) se siguió una caracterización bastante similar: "[...] el ferrocarril entre Santiago y Valparaíso es una empresa fiscal, administrada bajo la dirección superior del Estado por empleados públicos, sujeta su contabilidad a inspección análoga a la de las oficinas en que se administran caudales de la Nación, de que forman parte sus entradas".

904 Ley de 11 de diciembre de 1871, BLDG, XXXIX, p. 476; luego se dispuso su financiamiento por bonos del Tesoro Nacional, a través de la Ley de 14 de noviembre de 1872, BLDG, XL, p. 983.

905 Ley de 7 de septiembre de 1864, BLDG, XXXII, p. 204.

906 Ley de 7 de enero de 1869, BLDG, XXXVII, p. 5; complementado por Ley de 6 de diciembre de 1870, BLDG, XXXVIII, p. 385.

907 Véase, *infra*, título cuarto, capítulo segundo, A.I.b.

908 Ley de 13 de enero de 1872, BLDG, XL, p. 27.

909 Ley de 13 de noviembre de 1874, BLDG, XLII-2, p. 358.

910 Ley de 13 de noviembre de 1874, BLDG, XLII-2, p. 362.

911 Ley de 17 de enero de 1877, BLDG, XLV, p. 6.

912 Ley de 30 de octubre de 1877, BLDG, XLV, p. 525.

913 Ley de 17 de enero de 1884, BLDG, LIII, p. 139; y prórroga por Ley de 2 de julio de 1886, BLDG, LV, p. 575.

914 Ley de 17 de enero de 1884, BLDG, LIII, p. 135.

915 Ley de 14 de enero de 1881, BLDG, XLIX, p. 12.

se adeudaba de la compra el ferrocarril Rancagua-San Fernando[916], o aquella concerniente a la inversión de hasta cincuenta mil pesos en la formación de los planos y presupuestos "de las líneas férreas cuya construcción considere más importantes"[917].

2. La desaparición del Estanco

Desde una perspectiva normativa, es curiosa la evolución del Estanco en el período examinado, pasando desde una supuesta robustez arquitectónica hasta su desaparición. Esto puede explicarse por múltiples factores: por de pronto, el de una cosmovisión acerca del Estado y la sociedad, pero también los propiamente económicos; no era irrelevante que, mientras en 1861 el Estanco aportaba alrededor de un 16% de las entradas del erario, hacia la segunda mitad de la década de 1870 su volumen había bajado a márgenes que oscilaban entre un 9% y un 12%[918].

A inicios del período, la Ordenanza del Estanco de 1861[919] reemplazó la reglamentación que la había antecedido y vino a sintetizar toda esta área de la administración empresarial, señalando, por de pronto, que "la compra, administración y expendio de las especies estancadas estarán a cargo de la Factoría General como oficina principal y de los depósitos de especies, Administraciones de Estanco y estanquillos, como agentes de la primera" (art. 1°), y que "la Factoría General será servida por... un jefe, que lo será también de todas las demás oficinas de Estanco con el título de Factor General" (art. 2°). También se establecían depósitos de especies estancadas (art. 3°) y Administraciones de Estanco "distribuidas en toda la República" y que serían servidas cada una por un Administrador (art. 4°). Asimismo, se dispondría de estanquillos por parte de los Administradores "en los lugares en que la demanda de consumidores lo exigiere y estarán colocados a cargo de estanquilleros que obrarán bajo las órdenes y responsabilidad de dichos Administradores" (art. 6°)[920]. Otros muchos aspectos eran tratados en su largo texto, que se extendía por 140 artículos.

El decurso del funcionamiento y estructura del Estanco fue sometido a constantes adecuaciones. Así, por ejemplo, se disponía la creación de nuevas administraciones, como las de Lebu[921], La Unión[922], San Francisco Javier de Loncomilla[923], Cañete[924], Mulchén[925], Coelemu[926],

916 Ley de 5 de noviembre de 1881, BLDG, XLIX, p. 420.
917 Ley de 5 de enero de 1882, BLDG, L, p. 10.
918 Mientras que durante la década de 1820 su importancia se elevaba a alrededor de un 25% de los ingresos. Para estos datos y el panorama general de los porcentajes que significaba el Estanco, Villalobos Rivera y Sagredo Baeza (2004), pp. 126-127.
919 Decreto Supremo de 7 de septiembre de 1861, BLDG, XXIX, p. 300.
920 Y la práctica incluso desarrolló una jerarquía conocida bajo el nombre de *subalternos*, inferior a la de los estanquilleros y meramente tolerada: véase *Escudero* (1865).
921 Decreto Supremo de 10 de septiembre de 1867, BLDG, XXXV, p. 241.
922 Decreto Supremo de 1° de abril de 1871, BLDG, XXXIX, p. 144.
923 Decreto Supremo de 21 de enero de 1874, BLDG, XLII-1, p. 61.
924 Decreto Supremo de 19 de noviembre de 1875, BLDG, XLIII, p. 613.
925 Decreto Supremo de 30 de noviembre de 1875, BLDG, XLIII, p. 615.
926 Decreto Supremo de 21 de diciembre de 1878, BLDG, XLVI, p. 579.

y Antofagasta[927]. Otras se suprimían, como la de Caldera, sucedida por la Aduana respectiva[928], las de Tomé y Talcahuano, también sucedidas por las respectivas Aduanas[929], la de Melipulli, reemplazada por estanquillos distribuidos en el departamento[930], y las de Llanquihue[931], Zúñiga[932] y Alhué[933]. Y otras se restablecían tras haber sido suprimidas, como la de Toltén[934] o la de Melipulli, tras haber concluido el tiempo en que se eximió a los colonos de la zona del pago de contribuciones fiscales[935]; o aun el caso de la supresión de las cuatro administraciones de Santiago, reemplazándolas por dos, denominadas "administración del norte" y "administración del sur"[936]; e incluso el caso notorio de la administración de Constitución, en este período suprimida[937], restablecida[938], y vuelta a suprimir[939].

Este rubro fue sometido a otras reglamentaciones relevantes. Por una parte, dado el factor económico que las regía, no es de extrañar la existencia de actos administrativos específicamente dirigidos a ordenar el desarrollo de la rendición de cuentas, como el que disponía que "los Administradores de Estanco que no hicieren aparecer en las cuentas de su administración en el tiempo a que estas correspondan las especies vendidas ni las contribuciones percibidas, no tendrán derecho a la comisión que la ley les asigna por dichas ventas y recaudación y quedarán sujetos a las demás penas que la ley impone a los ocultadores de rentas fiscales"[940], o, años después, el que imperaba que "las administraciones de estanco rendirán en adelante sus cuentas mensualmente a la Factoría General"[941]. Por otra parte, dado el régimen monopólico que el Estanco representaba, no ha de sorprender la existencia de decretos concernientes a la fijación de precios, tratárase en general de especies estancadas[942] o de cierto tipo de tabaco[943], o en general respecto de los tabacos[944].

Empero, desde inicios del período se advertían señales de erosión del régimen monopólico del Estanco. Ya en 1862 —es decir, el año posterior a la Ordenanza del Estanco— se advertía la rigidez económica del tratamiento de esta institución, a través de una especie en la que se juzgaba a un administrador por haber vendido algunas partidas de tabaco al fiado, y en la que resultaba absuelto por consideraciones teleológicas de no haber perpetrado la conducta con

927 Decreto Supremo de 26 de marzo de 1879, BLDG, XLVII, p. 95.
928 Decreto Supremo de 2 de marzo de 1866, BLDG, XXXIV, p. 124.
929 Decreto Supremo de 27 de marzo de 1866, BLDG, XXXIV, p. 129.
930 Decreto Supremo de 27 de diciembre de 1867, BLDG, XXXV, p. 372.
931 Decreto Supremo de 26 de abril de 1877, BLDG, XLV, p. 275.
932 Decreto Supremo de 5 de mayo de 1880, BLDG, XLVIII, p. 157.
933 Decreto Supremo de 26 de agosto de 1880, BLDG, XLVIII, p. 254.
934 Decreto Supremo de 31 de agosto de 1878, BLDG, XLVI, p. 349. La supresión se había ordenado por Decreto Supremo de 8 de octubre de 1867, BLDG, XXXV, p. 263.
935 Decreto Supremo de 10 de abril de 1875, BLDG, XLIII, p. 138.
936 Decreto Supremo de 28 de diciembre de 1866, BLDG, XXXIV, p. 511.
937 Decreto Supremo de 20 de noviembre de 1865, BLDG, XXXIII, p. 580.
938 Decreto Supremo de 13 de agosto de 1872, BLDG, XL, p. 539.
939 Decreto Supremo de 13 de marzo de 1877, BLDG, XLV, p. 151.
940 Decreto Supremo de 31 de enero de 1862, BLDG, XXX, p. 46.
941 Decreto Supremo de 23 de abril de 1873, BLDG, XLI-1, p. 338.
942 Ley de 19 de junio de 1865, BLDG, XXXIII, p. 353.
943 Ley de 20 de agosto de 1869, BLDG, XXXVII, p. 239.
944 Ley de 15 de noviembre de 1876, BLDG, XLIV, p. 408.

"ánimo de defraudar los intereses fiscales"; apercibiéndolo en todo caso la Corte Suprema "para que en lo sucesivo se abstenga de vender especies estancadas al fiado bajo la multa establecida en el art. 131 de la ley de 7 de setiembre de 1861"[945]. La cantidad de sentencias concernientes a sanciones impuestas a quienes violaban el monopolio, y principalmente por siembra clandestina, fue bastante considerable y se extendió a lo largo de los años[946]. Sin embargo, la propia judicatura atenuó la extensión de las infracciones, interpretando restrictivamente algunas de las disposiciones que regían esta materia.

Por ejemplo, a inicios del período se zanjó el punto de si pesaba o no sobre los particulares la prohibición —fundada en el artículo 76 de la Ordenanza— de comprar especies estancadas en un territorio correspondiente a otra administración, entendiéndose finalmente que no[947]. Asimismo, a principios de la administración Pinto se resolvió el punto de si era conforme a derecho que los particulares picaran y empaquetaran del tabaco comprado en las oficinas del Estanco, decidiéndose por la afirmativa, en una notable sentencia que tomaba en cuenta no solo que la conducta no era típica, sino que además "que el art. 151 de la Constitución del Estado declara libre el ejercicio de cualquier trabajo o industria, a menos que se oponga a las buenas costumbres, a la seguridad, a la salubridad pública o que lo exija el interés nacional y una ley lo determine así"[948].

Finalmente, en Chile se dispuso la abolición general del Estanco a principios de la década de 1880[949]. Mientras Manuel Montt había fallado en su intento de hacer lo mismo a fines de la década de 1850, el impulso en esta dirección de la Sociedad Nacional de Agricultura terminó prosperando bajo el gobierno de Aníbal Pinto[950], a través de la Ley de 2 de septiembre de 1880[951], en cuyo artículo 1° se declaró libre el cultivo del tabaco desde la promulgación de la ley; y, desde el 1° de enero de 1881, libre el expendio del tabaco y la fabricación y expendio de naipes[952]. Desde un punto de vista orgánico, la ley no adoptó ninguna medida directa, sino que, en sus artículos transitorios, se remitió a autorizar al Presidente de la República "para que suprima la Factoría General y administraciones de Estanco, a medida que la realización de las especies estancadas lo permita", y a "adoptar las medidas necesarias a la ejecución de esta ley", determinando "la forma y época de la realización, en subasta pública, de las existencias que

---

945 *Solar* (1862).

946 *V. gr.*, *Arias y Llanos* (1863), *Sepúlveda y otros* (1866) y *Montero y otros* (1869).

947 *Fisco con Rauch* (1863): "[...] parece que se refiere la prohibición únicamente a las administraciones y no a los particulares que hayan adquirido legítimamente las especies estancadas, con lo que guarda consonancia el segundo considerando del Supremo decreto de 8 de julio de 1862".

948 *Valenzuela* (1878).

949 Otras naciones latinoamericanas lo dispusieron con anterioridad a nosotros. Por ejemplo, Colombia lo hizo en 1848, con efectos de libertad de cultivo y comercio del tabaco a partir de 1850: Acevedo Tarazona y Torres Güiza (2016), p. 300.

950 Villalobos Rivera y Sagredo Baeza (2004), pp. 144-157.

951 BLDG, XLVIII, p. 280.

952 Por lo cual desde dicha fecha se sobreseyó en todas las causas criminales incoadas en relación con supuestos ilícitos de violación del Estanco: véase, *v. gr.*, *Gutiérrez y otro* (1881), y muy claramente en *López* (1881): "[...] habiéndose abolido el estanco por la ley de 3 de setiembre de 1880, y estando derogadas por consiguiente las leyes penales que a él se refieren; visto lo dispuesto en el inc. 2° del art. 18 del Código Penal, se revoca la sentencia consultada de 22 de junio último, corriente a f. 80 vta., y se declara que debe sobreseerse definitivamente en esta causa".

hubiere en 1° de enero de 1881 en la Factoría General y sus dependencias", las que debían quedar "totalmente realizadas el 30 de julio de 1881".

No ha de sorprender, por lo tanto, que el Presidente de la República dispusiera rápidamente de medidas administrativas de desmembramiento de la estructura y del funcionamiento del Estanco, como la abolición del resguardo ambulante que existía para la persecución del contrabando de tabaco"[953], así como, en fin, el remate de las existencias que la ley de 1880 había ordenado realizar, "tomando como mínimum el precio de venta del Estanco"[954].

Todo este proceso se vio complementado con una nueva ley, de 7 de enero de 1881[955]. En ella se dispuso que los administradores de especies estancadas de departamentos que no fueran cabeceras de provincias continuarían "ejerciendo en todo el territorio del departamento las funciones que, fuera de las relativas al expendio de especies estancadas, han desempeñado en conformidad a las prescripciones a que hasta aquí han estado sujetos" (art. 1°); mientras que en las cabeceras de provincia, los tenientes de ministros ejercerían las funciones "que, fuera de las relativas al expendio de especies estancadas, han desempeñado los administradores de Estanco, con los mismos emolumentos y en conformidad a las prescripciones a que hasta aquí han estado sujetos estos últimos" (art. 2°). Por último, dispuso la subsistencia de la Factoría General del Estanco mientras rigiera esta ley, pero se autorizaba al Presidente de la República desde ya a suprimir los empleos que llegasen a ser "innecesarios por la realización de especies estancadas" (art. 3°), lo que debía vincularse con lo dispuesto en el artículo 9°, en cuanto la ley disponía una vigencia de solo un año desde la fecha de su publicación[956].

A mediados de 1881, el desmantelamiento del Estanco se hallaba en etapas muy avanzadas, al punto de que el presidente Pinto dispuso la creación de una sección especial para, derechamente, sustituir a la Factoría. "Las funciones que, fuera de las relativas a la realización de las especies estancadas, desempeña la Factoría General del Estanco, serán atendidas por una sección especial que dependerá directamente del Superintendente de la Casa de Moneda, ínterin se dicta la ley sobre reorganización de las oficinas de Hacienda"[957]. La agonía del Estanco —o, más bien, de su sustento orgánico— prosiguió por un par de años más, como demuestra el hecho de que a fines de 1883 se diera la orden presidencial de que "la Factoría del Estanco se irá paulatinamente descargando de los trabajos que este decreto asigna a las nuevas oficinas, haciendo entrega, por inventario, de los documentos y libros relativos a cada ramo del servicio, a fin de preparar su liquidación final"[958].

953 Decreto Supremo de 30 de septiembre de 1880, BLDG, XLVIII, p. 294.

954 Decreto Supremo de 29 de diciembre de 1880, BLDG, XLVIII, p. 501.

955 BLDG, XLIX, p. 55.

956 Como es de imaginar, la implementación de esta ley conllevó algunos conflictos en razón de las adecuaciones: *v. gr.*, *Lorca* (1882), referente a las remuneraciones del exadministrador del Estanco de Valdivia.

957 Decreto Supremo de 18 de junio de 1881, BLDG, XLIX, p. 190, art. 1°.

958 Decreto Supremo de 30 de noviembre de 1883, BLDG, LII, p. 1088, art. 7°.

3. La sutil expansión de Correos y Telégrafos

Por último, cabe destacar el silencioso pero sostenido desarrollo de correos y telégrafos durante el período en curso. La actividad de estos ramos se desplegó sobre la base de cuerpos normativos generales que habían sido aprobados durante la administración Montt: la Ordenanza General de Correos de 1858[959], la Ley de Administradores de Correos de 1855[960] y la Ley del Servicio de Telégrafos de 1852[961].

A ellas durante este período se les añadió nueva normativa, la que, de cualquier forma, no alteró el carácter fiscal que siempre se les había asignado[962]. En el caso de Correos, por ejemplo, una ley sobre franqueo de correspondencia[963], un reglamento sobre giros postales[964] y un reglamento para el servicio de transporte de pequeñas encomiendas[965]. La estructuración del servicio fue pormenorizada por una pléyade de actos administrativos que abordaban aspectos como el establecimiento de administraciones de Correos[966], de oficinas de giro postal[967] o sucursales[968]; la creación[969] o supresión[970] de líneas de correo; el establecimiento[971]

959 Ordenanza de 22 de febrero de 1858, BLDG, XXVI, p. 66.

960 Ley de 5 de octubre de 1855, BLDG, XXIII, p. 177.

961 Ley de 10 de noviembre de 1852, BLDG, XX, p. 268.

962 *V. gr.*, *Fisco con Valdés* (1884).

963 Ley de 19 de noviembre de 1874, BLDG, XLII-2, p. 369.

964 Decreto Supremo de 3 de septiembre de 1877, BLDG, XLV, p. 463.

965 Decreto Supremo de 2 de mayo de 1887, BLDG, LVI, p. 557.

966 *V. gr.*, Decreto Supremo de 19 de mayo de 1864, BLDG, XXXII, p. 115, en Puerto Montt; Decreto Supremo de 14 de septiembre de 1866, BLDG, XXXIV, p. 288, en Curicó; Decreto Supremo de 11 de enero de 1868, BLDG, XXXVI, p. 5, en Sarco y Pan de Azúcar; Decreto Supremo de 17 de agosto de 1877, BLDG, XLV, p. 400, en Taltal y Blanco Encalada; Decreto Supremo de 14 de septiembre de 1888, BLDG, LVII, p. 1272, en Loncomilla; y Decreto Supremo de 13 de abril de 1889, BLDG, LVIII, p. 243, en Itata.

967 *V. gr.*, Decreto Supremo de 9 de octubre de 1872, BLDG, XL, p. 767, en Punta Arenas; y Decreto Supremo de 21 de enero de 1882, BLDG, L, p. 27, en Iquique.

968 *V. gr.*, Decreto Supremo de 22 de marzo de 1887, BLDG, LVI, p. 343, que establece las oficinas sucursales n° 5 y 6 de Santiago.

969 *V. gr.*, Decreto Supremo de 30 de enero de 1862, BLDG, XXX, p. 16, línea entre Ovalle y Tongoy; Decreto Supremo de 5 de octubre de 1863, BLDG, XXXI, p. 255, línea entre Río Bueno y La Unión; Decreto Supremo de 25 de enero de 1865, BLDG, XXXIII, p. 3, línea entre Petorca y la Ligua; Decreto Supremo de 4 de agosto de 1870, BLDG, XXXVIII, p. 253, línea entre Molina y la subdelegación de Pequén; Decreto Supremo de 23 de enero de 1871, BLDG, XXXIX, p. 19, línea entre Los Ángeles y Santa Bárbara; Decreto Supremo de 21 de junio de 1876, BLDG, XLIV, p. 150, línea entre Lliuco y Chacao; y Decreto Supremo de 3 de octubre de 1883, BLDG, LII, p. 917, línea entre Cauquenes y Coronel.

970 A veces masiva, como en el Decreto Supremo de 2 de noviembre de 1876, BLDG, XLIV, p. 368, art. 1°.

971 *V. gr.*, Decreto Supremo de 4 de julio de 1863, BLDG, XXXI, p. 145, en Colina; Decreto Supremo de 5 de noviembre de 1867, BLDG, XXXV, p. 277, en Lampa; Decreto Supremo de 27 de octubre de 1869, BLDG, XXXVII, p. 331, en Punta Arenas; Decreto Supremo de 7 de junio de 1873, BLDG, XLI-1, p. 468, en la estación de La Cruz, en el ferrocarril entre Santiago y Valparaíso; Decreto Supremo de 15 de diciembre de 1875, BLDG, XLIII, p. 623, en Abtao; Decreto Supremo de 10 de junio de 1878, BLDG, XLVI, p. 146, en la estación de Santa Fe, de la línea del ferrocarril entre San Rosendo y Angol; Decreto Supremo de 3 de febrero de 1879, BLDG, XLVII, p. 65, en las estaciones de Renca, Quilicura

o traslado[972] de estafetas; y la periodicidad de las expediciones de la línea[973]. Respecto de Telégrafos, un primer reglamento para la administración de los telégrafos pertenecientes al Estado de tiempos del presidente Pérez[974] dispuso que "los telégrafos del norte y del sur de la República serán administrados por ahora de cuenta del Estado, en la forma que se expresa en este Reglamento y bajo la dirección del Director General de Correos" (art. 1°), quien ejercería "la superintendencia de las líneas telegráficas, en conformidad a las prescripciones de la Ordenanza de Correos y haciendo uso de las atribuciones que en ella se le confieren" (art. 3°). Un segundo reglamento, emanado del presidente Errázuriz[975], modificó la anterior subsunción de los telégrafos a la estructura de Correos, estableciendo en su artículo 1° que "el ramo de telégrafos será dirigido por un inspector general, quien se comunicará directamente con el Gobierno en todo lo relativo al servicio". Con posterioridad se definió una sección de telégrafos dependiente del Ministerio de la Guerra, que comprendía las oficinas de Angol, Cunaco, Collipulli, Chiguaihue, Nacimiento, Mulchén, Los Ángeles y San Rosendo[976].

B. LA ADMINISTRACIÓN TERRITORIAL

El análisis de la administración territorial de Chile en este período involucra un sentido de continuidad con el diseño general de la Constitución de 1833 y que se había venido construyendo por décadas. Quizás el único punto en el que se advierte un ajuste de consideración, ya a fines de este período, está dado por la supresión del artículo 1° de la Constitución, que describía los límites de Chile.

Como se sabe, el texto original de la Constitución de 1833 quedaba encabezado con la proclamación de que "el territorio de Chile se extiende desde el desierto de Atacama hasta el Cabo de Hornos, y desde las cordilleras de los Andes hasta el mar Pacífico, comprendiendo el Archipiélago de Chiloé, todas las islas adyacentes, y las de Juan Fernández"[977]. Pues bien, en 1888 tal disposición desapareció por una reforma constitucional[978], dejando por lo tanto la determinación de los límites del país a los tratados y leyes correspondientes. Tal criterio

---

y Batuco, en el ferrocarril entre Santiago y Valparaíso; Decreto Supremo de 27 de septiembre de 1880, BLDG, XLVIII, p. 268, en Toconey; Decreto Supremo de 14 de agosto de 1884, BLDG, LIII, p. 807, en Codegua; Decreto Supremo de 14 de marzo de 1885, BLDG, LIV, p. 133, en la estación de Nos, del ferrocarril del sur; y Decreto Supremo de 25 de enero de 1890, BLDG, LIX, p. 28, en Bustamante y Lo Prado.

972 *V. gr.*, Decreto Supremo de 18 de agosto de 1886, BLDG, LV, p. 671, que traslada las estafetas de Peralillo, Diaguitas y Rivadavia "a las estaciones del mismo nombre del ferrocarril de Elqui".

973 *V. gr.*, Decreto Supremo de 20 de marzo de 1862, BLDG, XXX, p. 51, entre La Serena y Elqui; Decreto Supremo de 14 de octubre de 1874, BLDG, XLII-2, p. 216, entre Chillán y San Miguel; y Decreto Supremo de 16 de agosto de 1881, BLDG, XLIX, p. 235, entre Valparaíso y Casablanca.

974 Decreto Supremo de 9 de octubre de 1866, BLDG, XXXIV, p. 334.

975 Decreto Supremo de 31 de enero de 1872, BLDG, XL, p. 38.

976 Decreto Supremo de 19 de febrero de 1874, BLDG, XLII-1, p. 128. Poco después se suprimiría tal dependencia de la oficina de San Rosendo: Decreto Supremo de 1° de mayo de 1874, BLDG, XLII-1, p. 383.

977 Constitución Política de la República Chilena (1833), art. 1°.

978 Ley de 9 de agosto de 1888, BLDG, LVII, p. 1132.

no ha sido variado hasta nuestros días, pues jamás Chile volvió a acoger una norma de rango constitucional equivalente a aquella.

Con todo, es importante insistir en que, desde un punto de vista administrativo y dentro de los límites territoriales del Estado de Chile, la arquitectura interna no fue sometida a trastornos drásticos, a pesar de hallarse jalonada por modificaciones numerosas. Examinaremos sucesivamente, en lo territorial, primeramente su *disposición* (I), y segundamente su *régimen* (II).

I. La disposición territorial

Un primer elemento en relación con la administración territorial, a veces poco visible, es el de la disposición de las unidades internas que componían la estructura geopolítica del país. Su rol no era baladí. Como bien ha señalado Cartes a propósito de la provincialización de Chile, pero cuyas conclusiones valen para todo el proceso de configuración territorial, "el desarrollo portuario, minero y agrícola irá justificando su establecimiento; pero también la voluntad del Estado de instalarse y controlar la población y el territorio, avanzando incluso en la incorporación y colonización de las zonas consideradas entonces extremas"[979].

En vistas de abordar convenientemente esta materia, examinaremos primeramente la importancia de la configuración de los estratos territoriales (a), para luego destacar la subsistencia de ciertas unidades funcionales cuya antigüedad no obstaba a su vigencia en estos años (b).

a. Los estratos territoriales

Los estratos del régimen interior siguieron en general la fisonomía consolidada durante las primeras décadas de vigor de la Constitución de 1833, con la disposición tetrapartita de provincias, departamentos, subdelegaciones y distritos.

En cuanto a los dos estratos superiores —las provincias y departamentos, que debían ser creados por ley—, en 1861 se creó la provincia de Llanquihue[980], que comprendía el territorio de colonización de Llanquihue, el departamento de Osorno de la provincia de Valdivia y el departamento de Carelmapu de la provincia de Chiloé. Por la misma ley, dicha provincia se dividió en los tres departamentos de Osorno, Carelmapu y Llanquihue. Un par de años después, en aplicación de la autorización de la referida ley, los departamentos de la provincia se demarcaron por vía administrativa[981]. En 1864, se reorganizó la provincia de Valparaíso, fijándose sus respectivos departamentos[982]. También ese año se creó y deslindó el departamento de Puerto de Coquimbo[983]. En 1865 se creó la provincia de Curicó, ciñéndose a los antiguos límites del departamento homónimo y dividiéndose en dos departamentos[984], de los

979 Cartes Montory (2020), pp. 20-21.
980 Ley de 22 de octubre de 1861, BLDG, XXIX, p. 357.
981 Decreto Supremo de 3 de octubre de 1863, BLDG, XXXI, p. 237.
982 Ley de 19 de octubre de 1864, BLDG, XXXII, p. 252.
983 Ley de 28 de septiembre de 1864, BLDG, XXXII, p. 210.
984 Ley de 26 de agosto de 1865, BLDG, XXXIII, p. 431.

cuales Vichuquén vio definidos sus límites en 1866 por autorización de la ley[985]. En 1869, se crearon los departamentos de Angol, Lebu e Imperial, definiendo sus límites y señalándose por la ley que estos tres departamentos "se considerarán como territorios de colonización y sus autoridades dependientes inmediatamente del Presidente de la República"[986]. Asimismo, se fijaron los límites del departamento de Constitución[987].

Las adecuaciones comenzaron a acelerarse durante la década de 1870. Si bien hay cuestiones más bien colaterales, como la modificación en 1873 del límite sur del departamento de Santiago[988], cuyos puntos concretos por los que pasaba la línea divisoria fueron determinados por la vía administrativa[989], ese mismo año se creó la provincia de Linares, dividiéndose la provincia del Maule[990], y en 1875 se crearon las provincias de Bío-Bío y de Arauco, consolidadas a partir de las existentes provincias de Arauco y de los departamentos de Lebu e Imperial, y se determinaron sus respectivos departamentos[991]. Y, por cierto, la década de 1880 implicaría modificaciones considerables, al punto de haber sido calificada como "un parteaguas en la historia territorial y administrativa del país"[992], en atención a las consecuencias de la expansión hacia el norte como consecuencia de la Guerra del Pacífico y de la incorporación plena de la Araucanía[993].

La organización del nuevo extremo norte se produjo paulatinamente[994]. El primer jalón importante estuvo dado por una etapa de fijación de unidades territoriales provisionales en el "litoral del norte ocupado por las armas de la República", con seis subdelegaciones y sus respectivos distritos[995]. Con posterioridad se fueron sumando otras medidas, como el gobierno civil de Tacna y Arica, para el departamento de Tacna[996], decisión ampliada una semana después "a todo territorio ocupado actualmente por las fuerzas de la República al norte del departamento de Tacna"[997]; el establecimiento de la Gobernación civil de Pisagua[998]; y la Gobernación civil del

985 Decreto Supremo de 2 de agosto de 1866, BLDG, XXXIV, p. 209.

986 Ley de 15 de julio de 1869, BLDG, XXXVII, p. 173. Los territorios de colonización estaban sujetos a cierta normativa que les era especial: *Intendente de Valdivia con Corte de Apelaciones de Concepción* (1874).

987 Ley de 9 de agosto de 1869, BLDG, XXXVII, p. 221.

988 Ley de 20 de noviembre de 1873, BLDG, XLI-2, p. 326.

989 Decreto Supremo de 4 de diciembre de 1873, BLDG, XLI-2, p. 396.

990 Ley de 11 de diciembre de 1873, BLDG, XLI-2, p. 401.

991 Ley de 13 de octubre de 1875, BLDG, XLIII, p. 504.

992 Estefane Jaramillo (2017), p. 106.

993 Arias Yurisch (2010), pp. 46-47, derechamente califica a estos hitos como "situaciones conflictivas que desafiaron el control político efectivo del núcleo gubernamental en su extensión territorial", y destaca que "la respuesta del Estado se materializó en reformas a la división política y administrativa existente a través de la creación de nuevos departamentos y la organización de los nuevos territorios de dominio nacional", así como de las nuevas leyes de Régimen Interior y de Municipalidades, lo que se examinará *infra*, en esta sección, punto B.II.

994 Y, como señala González Miranda (2020), p. 68, no se enfrentó a una realidad administrativa uniforme, observando que "el ordenamiento territorial de las provincias de Arica, Tarapacá y Antofagasta bajo la administración chilena tuvo objetivos diferentes en cada una de ellas".

995 Decreto Supremo de 10 de julio de 1879, BLDG, XLVII, p. 229.

996 Decreto Supremo de 22 de julio de 1880, BLDG, XLVIII, p. 208.

997 Decreto Supremo de 29 de julio de 1880, BLDG, XLVIII, p. 209.

998 Decreto Supremo de 11 de febrero de 1882, BLDG, L, p. 230.

Callao, "cuya jurisdicción se extenderá a todo el departamento del mismo nombre"[999]. La etapa propiamente provincial se concretó a través del establecimiento, por dos leyes del mismo día, de las provincias de Tarapacá y de Tacna. La de Tarapacá se subdividió en los departamentos de Tarapacá y Pisagua[1000]. Por su parte, la provincia de Tacna —que, a diferencia de la de Tarapacá, no era definitivamente chilena según el Tratado con Perú—, quedó dividida en los departamentos de Tacna y Arica[1001]. En cuanto a la provincia de Antofagasta, ella no se creó sino hasta 1888 —esto es, muchos años antes de firmarse la paz con Bolivia— y se dividió en los tres departamentos de Tocopilla, Antofagasta y Taltal[1002].

Por su parte, fue en 1887 que la Araucanía "se integró plenamente al régimen provincial"[1003], mediante la creación de las provincias de Malleco y Cautín a partir del antiguo territorio de colonización de Angol y parte de los departamentos de Cañete e Imperial[1004]. Dicha ley establecía tres departamentos en Malleco —Angol, Collipulli y Traiguén— y dos en Cautín —Temuco e Imperial.

Lo anterior no debe mover a pensar que en esta última década del período en examen no hubo cambios en el resto del territorio nacional. A nivel de provincias, se creó la de O'Higgins, que se dividió en tres departamentos: Maipo, Rancagua y Cachapoal[1005]. Simultáneamente se había examinado la posibilidad de crear una provincia en Illapel, desmembrada de Coquimbo, pero el proyecto —a diferencia del de O'Higgins— no prosperó[1006]. Asimismo, se creó el departamento de Curepto[1007]; se dividió el departamento de Chillán en tres, denominados Chillán, Bulnes y Yungay[1008]; se fijaron los límites del departamento de Concepción[1009]; y se dividieron los departamentos de Copiapó y Caldera en tres, llamados Taltal, Chañaral y Copiapó[1010].

Mientras las provincias y departamentos debían fijarse por ley, la determinación de las divisiones inferiores —es decir, las subdelegaciones y distritos— eran de resorte del Presidente de la República, por decreto supremo, continuando la práctica asumida por nuestra institucionalidad desde el período anterior[1011]. Sin embargo, los actos que las tuvieron por objeto fueron muchísimo más numerosos que hasta 1860[1012]. Y a ellos se debe añadir un número,

---

999 Decreto Supremo de 12 de abril de 1882, BLDG, L, p. 345.

1000 Ley de 31 de octubre de 1884, BLDG, LIII, p. 1130.

1001 Ley de 31 de octubre de 1884, BLDG, LIII, p. 1139.

1002 Ley de 12 de julio de 1888, BLDG, LVII, p. 944.

1003 Estefane Jaramillo (2017), p. 108.

1004 Ley de 12 de marzo de 1887, BLDG, LVI, p. 330.

1005 Ley de 10 de diciembre de 1883, BLDG, LII, p. 1101.

1006 Estefane Jaramillo (2017), p. 109.

1007 Ley de 17 de noviembre de 1882, BLDG, LI, p. 914.

1008 Ley de 10 de enero de 1884, BLDG, LIII, p. 123.

1009 Ley de 10 de enero de 1884, BLDG, LIII, p. 125.

1010 Ley de 14 de enero de 1884, BLDG, LIII, p. 127.

1011 Así lo previó también la nueva Ley de Régimen Interior, de 22 de diciembre de 1885, BLDG, LIV, p. 1309, en su artículo 32: "El número de subdelegaciones de cada departamento y el de distritos de cada subdelegación, sus límites y designaciones, serán fijados por el Presidente de la República, previo informe de la Municipalidad respectiva".

1012 Decreto Supremo de 2 de abril de 1861, sobre división de la subdelegación del Olivar en dos, con la nueva de Requínoa, y sus respectivos distritos (BLDG, XXIX, p. 27); Decreto Supremo de 5 de noviembre de 1861, sobre división del departamento de Melipilla (BLDG, XXIX, p. 419); Decreto

Supremo de 8 de enero de 1862, sobre subdelegaciones y distritos del departamento de Linares (BLDG, XXX, p. 1); Decreto Supremo de 13 de marzo de 1862, sobre subdelegaciones y distritos de la antigua subdelegación n° 1 del departamento de Constitución (BLDG, XXX, p. 49); Decreto Supremo de 3 de abril de 1862, sobre asignación de Gultro al distrito n° 1 del Olivar (BLDG, XXX, p. 59); Decreto Supremo de 24 de julio de 1862, sobre división del distrito 7° de la 5ª subdelegación del departamento de Casablanca (BLDG, XXX, p. 169); Decreto Supremo de 18 de agosto de 1862, sobre orden, número y nombre de las subdelegaciones y distritos del departamento de Santiago (BLDG, XXX, p. 223); Decreto Supremo de 30 de agosto de 1862, sobre subdelegaciones del departamento de Quillota (BLDG, XXX, p. 260); Decreto Supremo de 11 de septiembre de 1862, sobre división de la subdelegación 1ª del departamento de Cauquenes (BLDG, XXX, p. 308); Decreto Supremo de 29 de diciembre de 1862, sobre distritos de la subdelegación 14 del departamento de Ovalle (BLDG, XXX, p. 378); Decreto Supremo de 6 de marzo de 1863, sobre creación de la subdelegación 7ª del departamento de Melipilla (BLDG, XXXI, p. 43); Decreto Supremo de 27 de mayo de 1863, sobre división de la subdelegación 8ª de Elqui (BLDG, XXXI, p. 95); Decreto Supremo de 26 de junio de 1863, sobre subdelegaciones y distritos del departamento de Caupolicán (BLDG, XXXI, p. 123); Decreto Supremo de 17 de agosto de 1863, sobre subdelegaciones del departamento de Petorca (BLDG, XXXI, p. 159); Decreto Supremo de 3 de octubre de 1863, sobre demarcación de los departamentos de Llanquihue, Osorno y Carelmapu (BLDG, XXXI, p. 237); Decreto Supremo de 15 de octubre de 1863, sobre demarcación territorial de los departamentos de Arauco y Nacimiento (BLDG, XXXI, p. 255); Decreto Supremo de 17 de octubre de 1863, sobre demarcación territorial del departamento del Parral (BLDG, XXXI, p. 270); Decreto Supremo de 14 de mayo de 1864, sobre división de la subdelegación 4ª del departamento de Combarbalá (BLDG, XXXII, p. 113); Decreto Supremo de 7 de junio de 1864, de creación de la subdelegación de Pichoy en el departamento de Valdivia (BLDG, XXXII, p. 141); Decreto Supremo de 8 de julio de 1864, sobre subdelegaciones del departamento de Itata (BLDG, XXXII, p. 158); Decreto Supremo de 16 de septiembre de 1864, sobre subdelegaciones del departamento de Caupolicán (BLDG, XXXII, p. 208); Decreto Supremo de 12 de enero de 1865, sobre cambio de numeración de las subdelegaciones del departamento de Melipilla (BLDG, XXXIII, p. 1); Decreto Supremo de 2 de febrero de 1865, sobre subdelegaciones y distritos del departamento de Limache (BLDG, XXXIII, p. 197); Decreto Supremo de 19 de abril de 1865, sobre división de la subdelegación de Yumbel (BLDG, XXXIII, p. 260); Decreto Supremo de 9 de mayo de 1865, que crea el distrito de Rosario en la subdelegación de Lagunillas (BLDG, XXXIII, p. 309); Decreto Supremo de 13 de junio de 1865, sobre división de las subdelegaciones de Quetequete y Cerrillo del departamento de Curicó (BLDG, XXXIII, p. 343); Decreto Supremo de 5 de julio de 1865, sobre división de las subdelegaciones de Chonchi y Lemuy, del departamento de Castro (BLDG, XXXIII, p. 365); Decreto Supremo de 11 de diciembre de 1865, sobre creación de la subdelegación de Papudo en el departamento de la Ligua (BLDG, XXXIII, p. 590); Decreto Supremo de 18 de enero de 1866, sobre subdelegaciones y distritos del departamento de Valparaíso (BLDG, XXXIV, p. 4); Decreto Supremo de 18 de enero de 1866, sobre creación de la subdelegación de Quinteros en el departamento de Quillota (BLDG, XXXIV, p. 30); Decreto Supremo de 5 de febrero de 1866, sobre subdelegaciones y distritos del departamento de Casablanca (BLDG, XXXIV, p. 73); Decreto Supremo de 2 de agosto de 1866, sobre límites del departamento de Vichuquén (BLDG, XXXIV, p. 209); Decreto Supremo de 7 de agosto de 1866, sobre subdelegaciones y distritos del departamento de Lontué (BLDG, XXXIV, p. 211); Decreto Supremo de 31 de octubre de 1866, sobre subdelegaciones y distritos del departamento de Coquimbo (BLDG, XXXIV, p. 340); Decreto Supremo de 12 de noviembre de 1866, sobre subdelegaciones y distritos del departamento de San Carlos (BLDG, XXXIV, p. 379); Decreto Supremo de 17 de diciembre de 1866, sobre subdelegaciones y distritos del departamento de Rancagua (BLDG, XXXIV, p. 446); Decreto Supremo de 28 de enero de 1867, sobre límites del distrito 3 de la 7ª subdelegación de Copiapó (BLDG, XXXV, p. 2); Decreto Supremo de 30 de abril de 1867, que crea la subdelegación de Toltén (BLDG, XXXV, p. 76); Decreto Supremo de 6 de agosto de 1867, que crea un nuevo distrito en la subdelegación 1ª del departamento de Concepción (BLDG, XXXV, p. 185); Decreto Supremo de 14 de agosto de 1867, sobre subdelegaciones y distritos del departamento de San Fernando (BLDG, XXXV, p. 192); Decreto Supremo de 20 de marzo de 1868, que crea la subdelegación de Quidico en el departamento de Arauco (BLDG, XXXVI, p. 48); Decreto Supremo de 13 de abril de 1868, sobre distritos de la subdelegación 14ª de Santiago (BLDG, XXXVI, p. 77); Decreto Supremo de 15 de mayo de 1868, sobre la nueva subdelegación de Chaichuco en el departamento de Castro (BLDG, XXXVI, p. 124); Decreto Supremo de 20 de junio de 1868, sobre subdelegaciones y distritos del departamento de Copiapó (BLDG, XXXVI, p. 161); Decreto Supremo de 21 de noviembre de 1868, sobre división de la subdelegación de Hualamata del departamento de Ovalle (BLDG, XXXVI, p. 387); Decreto Supremo de 26 de noviembre de 1868, sobre subdelegaciones y distritos del departamento de Valdivia (BLDG, XXXVI, p. 393); Decreto Supremo de 17 de agosto de 1869, sobre subdelegaciones y distritos del departamento de Lebu (BLDG, XXXVII, p. 222); Decreto Supremo de 23 de agosto de 1869, sobre subdelegaciones y distritos del departamento de Imperial (BLDG, XXXVII, p. 228); Decreto Supremo de 28 de septiembre de 1869, sobre subdelegaciones y distritos del departamento de Angol (BLDG, XXXVII, p. 246); Decreto Supremo de 30 de septiembre de 1869, sobre subdelegaciones y distritos del departamento de la Laja (BLDG, XXXVII, p. 251); Decreto Supremo de 4 de octubre de 1869, sobre división del distrito n° 2 de la 5ª subdelegación de Curicó (BLDG, XXXVII, p. 322); Decreto Supremo de 18 de octubre de 1869, sobre división de las subdelegaciones 1ª, 2ª y 3ª del departamento de Ancud (BLDG, XXXVII, p. 322); Decreto Supremo de 8 de noviembre de 1869, que crea un 6° distrito en la subdelegación de Chañarcillo (BLDG, XXXVII, p. 367); Decreto Supremo de 3 de enero de 1870, que crea la subdelegación de Santa Rita en el departamento de Rancagua (BLDG, XXXVIII, p. 5); Decreto Supremo de 27 de enero de 1870, que reúne dos distritos de la subdelegación 4ª del departamento de Curicó (BLDG, XXXVIII, p. 9); Decreto Supremo de 18 de febrero de 1870, sobre subdelegaciones y distritos del departamento de Cauquenes (BLDG, XXXVIII, p. 29); Decreto Supremo de 19 de abril de 1870, sobre división de la subdelegación 9ª del departamento de Curicó (BLDG, XXXVIII, p. 76); Decreto Supremo de 17 de junio de 1870, sobre nuevas subdelegaciones del departamento de Talca (BLDG, XXXVIII, p. 166); Decreto Supremo de 24 de junio de 1870, que crea la subdelegación de Quilacoya en el departamento de Rere (BLDG, XXXVIII, p. 173); Decreto Supremo de 23 de agosto de 1870, que fija los distritos de la subdelegación de Quilacoya en el departamento de Rere (BLDG, XXXVIII, p. 260); Decreto Supremo de 31 de agosto de 1870, sobre subdelegaciones del departamento de Puchacay (BLDG, XXXVIII, p. 267); Decreto Supremo de 22 de octubre de 1870, sobre creación de un nuevo distrito en la subdelegación 6ª de Casablanca (BLDG, XXXVIII, p. 332); Decreto Supremo de 7 de diciembre de 1870, sobre creación de una nueva subdelegación en el departamento de Chillán (BLDG, XXXVIII, p. 386); Decreto Supremo de 9 de enero de 1871, sobre subdelegaciones y distritos del departamento de Nacimiento (BLDG, XXXIX, p. 8); Decreto Supremo de 14 de marzo de 1872, sobre creación de las subdelegaciones de Lumaco y Purén en el departamento de Angol (BLDG, XL, p. 113); Decreto Supremo de 27 de marzo de 1872, sobre división del distrito 3° de la subdelegación 6ª del departamento de Quillota (BLDG, XL, p. 116); Decreto Supremo de 13 de abril de 1872, sobre división del distrito 2° de la subdelegación 9ª del departamento de Valdivia (BLDG, XL, p. 133); Decreto Supremo de 7 de septiembre de 1872, sobre creación de la subdelegación de Palquibudi en el departamento de Curicó (BLDG, XL, p. 592); Decreto Supremo de 24 de septiembre de 1872, sobre subdelegaciones del departamento de Nacimiento (BLDG, XL, p. 594); Decreto Supremo de 11 de noviembre de 1872, que crea la subdelegación de Las Condes en el departamento de Santiago (BLDG, XL, p. 934); Decreto Supremo de 30 de enero de 1873, que crea la subdelegación de Linderos del departamento de Rancagua (BLDG, XLI-1, p. 25); Decreto Supremo de 30 de abril de 1873, sobre nueva fijación de límites de la subdelegación de Hierro Viejo del departamento de Petorca (BLDG, XLI-1, p. 320); Decreto Supremo de 3 de junio de 1873, que crea una subdelegación en la colonia de Magallanes, "cuyos límites serán los mismos que tiene dicha colonia" (BLDG, XLI-1, p. 474); Decreto Supremo de 2 de julio de 1873, sobre los distritos de la subdelegación de Reloca del departamento de Cauquenes (BLDG, XLI-2, p. 8); Decreto Supremo de 12 de agosto de 1873, sobre los distritos de la subdelegación de Chanco del departamento de Cauquenes (BLDG, XLI-2, p. 86); Decreto Supremo de 18 de agosto de 1873, que crea la subdelegación de la Florida en el departamento de Copiapó (BLDG, XLI-2, p. 88); Decreto Supremo de 4 de diciembre de 1873, que traza el límite sur del departamento de Santiago de acuerdo con la ley de 20 de noviembre de 1873 (BLDG, XLI-2, p. 396); Decreto Supremo de 23 de diciembre de 1873, que crea la subdelegación de Human en el departamento de la Laja (BLDG, XLI-2, p. 405); Decreto Supremo de 26 de diciembre de 1873, que fija las subdelegaciones y distritos del departamento de Santiago (BLDG, XLI-2, p. 407); Decreto Supremo de 2 de enero de 1874, sobre numeración de las subdelegaciones de Caracol y Tomenelo del departamento de Cauquenes (BLDG, XLII-1, p. 5); Decreto Supremo de 13 de enero de 1874, sobre división de la subdelegación 14 del departamento de Vichuquén (BLDG, XLII-1, p. 18); Decreto Supremo de 2 de febrero de 1874, sobre nuevos límites de la subdelegación del Arenal del departamento de Santiago (BLDG, XLII-1, p. 81); Decreto Supremo de 18 de febrero de 1874, sobre nuevos límites de la subdelegación 4ª de Nacimiento (BLDG, XLII-1, p. 84); Decreto Supremo de 24 de marzo de 1874, que fija los límites de las subdelegaciones de Puchuncaví, Quinteros y Boco, del departamento de Quillota (BLDG, XLII-1, p. 139); Decreto Supremo de 6 de abril de 1874, que fija los límites de la subdelegación 1ª del departamento de Caupolicán, así como los de sus distritos (BLDG, XLII-1, p. 178); Decreto Supremo de 30 de abril de 1874, que crea la subdelegación Del Matadero en el departamento de Valparaíso (BLDG, XLII-1, p. 208); Decreto Supremo de 5 de junio de 1874, que divide en dos la subdelegación de Cato del departamento de Chillán (BLDG, XLII-1, p. 397); Decreto Supremo de 6 de julio de 1874, que convierte al distrito del Paposo en subdelegación (BLDG, XLII-2, p. 5); Decreto Supremo de 16 de julio de 1874, sobre subdelegaciones del departamento de la Victoria (BLDG, XLII-2, p. 12); Decreto Supremo de 31 de julio de 1874, que crea la subdelegación de Melinka del departamento de Castro (BLDG, XLII-2, p. 22); Decreto Supremo de 31 de julio de 1874, que modifica los límites de los distritos de la 1ª subdelegación del departamento de Castro (BLDG, XLII-2, p. 23); Decreto Supremo de 3 de agosto de 1874, sobre límites de la subdelegación de Reloca en el departamento de Cauquenes (BLDG, XLII-2, p. 52); Decreto Supremo de 9 de septiembre de 1874, que crea la subdelegación de los Hornos en el departamento de Illapel (BLDG, XLII-2, p. 141); Decreto Supremo de 12 de septiembre de 1874, que crea la subdelegación de Parga del departamento de Carelmapu (BLDG, XLII-2, p. 144); Decreto Supremo de 24 de septiembre de 1874, sobre subdelegaciones del departamento de Curicó (BLDG, XLII-2, p. 145); Decreto Supremo de 29 de septiembre de 1874, que crea la subdelegación de Los Notros en el departamento de la Laja (BLDG, XLII-2, p. 163); Decreto Supremo de 8 de octubre de 1874, que fija distritos de la subdelegación de Calera en el departamento de la Victoria (BLDG, XLII-2, p. 215); Decreto Supremo de 25 de enero de 1875, que crea la subdelegación del mineral de las Condes (BLDG, XLIII, p. 15); Decreto Supremo de 1° de marzo de 1875, que crea un nuevo distrito en la subdelegación de Lumaco (BLDG, XLIII, p. 57); Decreto Supremo de 5 de abril de 1875, que fija nueva división de distritos en la subdelegación de Bulnes (BLDG, XLIII, p. 101); Decreto Supremo de 6 de abril de 1875, que crea el distrito de Ajencos Nuevos en la subdelegación 8ª del departamento de Copiapó (BLDG, XLIII, p. 103); Decreto Supremo de 20 de mayo de 1875, que divide en dos la subdelegación de Codegua del departamento de Rancagua (BLDG, XLIII, p. 157); Decreto Supremo de 22 de mayo de 1875, que modifica las subdelegaciones de Dañicalqui y de Palpal en el departamento de Chillán (BLDG, XLIII, p. 160); Decreto Supremo de 22 de mayo de 1875, sobre subdelegaciones del departamento de la Imperial (BLDG, XLIII, p. 163); Decreto Supremo de 19 de junio de 1875, que fija límites de las subdelegaciones rurales 3 y 5 del departamento de Santiago (BLDG, XLIII, p. 191); Decreto Supremo de 24 de junio de 1875, que fija límite de la subdelegación urbana 15 de Santiago (BLDG, XLIII, p. 196); Decreto Supremo de 12 de julio de 1875, que fija los límites de los distritos de la subdelegación de Pemuco en el departamento de Chillán (BLDG, XLIII, p. 218); Decreto Supremo de 21 de julio de 1875, que divide en dos la subdelegación de Coronel del departamento de Cauquenes (BLDG, XLIII, p. 221); Decreto Supremo de 23 de julio de 1875, que crea una nueva subdelegación en el departamento de Vichuquén (BLDG, XLIII, p. 223); Decreto Supremo de 11 de agosto de 1875, que crea la subdelegación de Putabla en el departamento de Valdivia (BLDG, XLIII, p. 263); Decreto Supremo de 12 de agosto de 1875, que modifica la numeración de las subdelegaciones del departamento de Carelmapu (BLDG, XLIII, p. 264); Decreto Supremo de 15 de agosto de 1875, que divide en dos la subdelegación de San Ignacio en el departamento de Chillán (BLDG, XLIII, p. 269); Decreto Supremo de 19 de agosto de 1875, que modifica la numeración de algunas subdelegaciones del departamento de Los Andes (BLDG, XLIII, p. 271); Decreto Supremo de 23 de agosto de 1875, sobre límites de las subdelegaciones del departamento de la Victoria (BLDG,

XLIII, p. 275); Decreto Supremo de 15 de septiembre de 1875, que modifica la numeración de algunas subdelegaciones del departamento de La Serena (BLDG, XLIII, p. 462); Decreto Supremo de 12 de octubre de 1875, que renumera las subdelegaciones del departamento de Osorno (BLDG, XLIII, p. 497); Decreto Supremo de 15 de octubre de 1875, que fija el límite norte de la subdelegación de Curanipe del departamento de Cauquenes (BLDG, XLIII, p. 512); Decreto Supremo de 15 de octubre de 1875, sobre subdelegaciones del departamento de Itata (BLDG, XLIII, p. 512); Decreto Supremo de 18 de octubre de 1875, que renumera las subdelegaciones del departamento de la Laja (BLDG, XLIII, p. 516); Decreto Supremo de 4 de diciembre de 1875, sobre distritos de la subdelegación 26ª del departamento de Santiago (BLDG, XLIII, p. 619); Decreto Supremo de 4 de diciembre de 1875, sobre subdelegaciones en el departamento de Mulchén (BLDG, XLIII, p. 619); Decreto Supremo de 28 de diciembre de 1875, sobre distritos de las subdelegaciones 3ª y 6ª del departamento de Curicó (BLDG, XLIII, p. 626); Decreto Supremo de 29 de enero de 1876, sobre subdelegaciones y distritos del departamento de Lebu (BLDG, XLIV, p. 25); Decreto Supremo de 10 de febrero de 1876, que divide en dos la subdelegación 10ª del departamento de Castro (BLDG, XLIV, p. 47); Decreto Supremo de 11 de febrero de 1876, que divide en cuatro distritos la subdelegación 7ª del departamento de Rancagua (BLDG, XLIV, p. 49); Decreto Supremo de 11 de febrero de 1876, que fija límites de la subdelegación de Aculeo en el departamento de Rancagua (BLDG, XLIV, p. 50); Decreto Supremo de 15 de febrero de 1876, sobre subdelegaciones del departamento de Arauco (BLDG, XLIV, p. 52); Decreto Supremo de 19 de febrero de 1876, sobre distritos de la subdelegación de Puqueldón del departamento de Castro (BLDG, XLIV, p. 58); Decreto Supremo de 22 de febrero de 1876, sobre subdelegaciones y distritos del departamento de Nacimiento (BLDG, XLIV, p. 59); Decreto Supremo de 28 de febrero de 1876, sobre subdelegaciones y distritos del departamento de Cañete (BLDG, XLIV, p. 62); Decreto Supremo de 1° de marzo de 1876, sobre subdelegaciones del departamento de Ancud (BLDG, XLIV, p. 87); Decreto Supremo de 3 de marzo de 1876, sobre subdelegaciones del departamento de Mulchén (BLDG, XLIV, p. 88); Decreto Supremo de 22 de abril de 1876, sobre numeración de subdelegaciones del departamento de Lautaro (BLDG, XLIV, p. 120); Decreto Supremo de 1° de junio de 1876, que declara integrar el distrito 2° de la subdelegación de Quilicura un triángulo de terreno (BLDG, XLIV, p. 147); Decreto Supremo de 26 de octubre de 1876, sobre división en dos de la subdelegación de Villucura y el cambio de numeración de otras subdelegaciones (BLDG, XLIV, p. 340); Decreto Supremo de 27 de octubre de 1876, sobre subdelegaciones del departamento de Rere (BLDG, XLIV, p. 341); Decreto Supremo de 27 de febrero de 1877, que crea un nuevo distrito en la subdelegación rural 26ª del departamento de Santiago (BLDG, XLV, p. 54); Decreto Supremo de 16 de junio de 1877, que cambia el nombre del distrito de Pelluhue del departamento de Cauquenes por el de Loveluan (BLDG, XLV, p. 325); Decreto Supremo de 12 de noviembre de 1877, que fija los nombres de las subdelegaciones y distritos del departamento del Parral (BLDG, XLV, p. 546); Decreto Supremo de 5 de abril de 1878, que divide en dos el distrito de Lenca del departamento de Llanquihue (BLDG, XLVI, p. 95); Decreto Supremo de 10 de abril de 1878, que crea sendos distritos en las subdelegaciones 7ª, 12ª, y 18ª de Valparaíso (BLDG, XLVI, p. 96); Decreto Supremo de 13 de abril de 1878, que divide en dos secciones y sus respectivos distritos a la subdelegación de las Condes en el departamento de Santiago (BLDG, XLVI, p. 97); Decreto Supremo de 1° de julio de 1878, que crea la subdelegación de Trumac en el departamento de Osorno (BLDG, XLVI, p. 269); Decreto Supremo de 14 de septiembre de 1878, que crea la subdelegación de Curaco en el territorio de colonización de Angol (BLDG, XLVI, p. 355); Decreto Supremo de 27 de septiembre de 1878, sobre las subdelegaciones de Lumaco y Purén, en el territorio de colonización de Angol (BLDG, XLVI, p. 356); Decreto Supremo de 16 de octubre de 1878, sobre número y denominación de las subdelegaciones del territorio de colonización de Angol (BLDG, XLVI, p. 403); Decreto Supremo de 22 de octubre de 1878, que divide en dos la subdelegación de Doñihue en el departamento de Rancagua (BLDG, XLVI, p. 404); Decreto Supremo de 23 de octubre de 1878, sobre subdelegaciones y distritos del departamento de Putaendo (BLDG, XLVI, p. 405); Decreto Supremo de 11 de noviembre de 1878, que traslada el distrito Gallardo de la subdelegación de Cuncumén a la subdelegación de San Antonio (BLDG, XLVI, p. 501); Decreto Supremo de 11 de diciembre de 1878, que crea un 5° distrito en la subdelegación de Requínoa (BLDG, XLVI, p. 567); Decreto Supremo de 18 de enero de 1879, que crea un distrito en la subdelegación de la Florida, departamento de Copiapó (BLDG, XLVII, p. 7); Decreto Supremo de 3 de octubre de 1879, que fija subdelegaciones y distritos del departamento de la Imperial (BLDG, XLVII, p. 343); Decreto Supremo de 28 de abril de 1880, que fija los distritos de la subdelegación 2ª del departamento de la Imperial (BLDG, XLVIII, p. 121; aparece nuevamente, con fecha 1° de mayo, en BLDG, XLVIII, p. 147); Decreto Supremo de 28 de abril de 1880, que fija los distritos de la subdelegación de Corral del departamento de Valdivia (BLDG, XLVIII, p. 122; aparece nuevamente, con fecha 1° de mayo, en BLDG, XLVIII, p. 148); Decreto Supremo de 23 de junio de 1880, que crea las subdelegaciones 21ª y 22ª del departamento de Copiapó (BLDG, XLVIII, p. 173); Decreto Supremo de 18 de noviembre de 1880, que fija el límite poniente de la subdelegación 16ª de Santiago (BLDG, XLVIII, p. 363); Decreto Supremo de 26 de noviembre de 1880, sobre distritos de la subdelegación de Taltal, del departamento de Caldera (BLDG, XLVIII, p. 369); Decreto Supremo de 4 de marzo de 1881, que crea la subdelegación de Lavaderos de Tucapel en el departamento de Lebu (BLDG, XLIX, p. 89); Decreto Supremo de 8 de marzo de 1881, que fija nueva división de la subdelegación de Los Litres del departamento de Talca (BLDG, XLIX, p. 90); Decreto Supremo de 24 de agosto de 1881, que fija subdelegaciones y distritos del departamento de San Javier de Loncomilla (BLDG, XLIX, p. 304); Decreto Supremo de 3 de octubre de 1881, que crea el distrito de Oliva en la subdelegación de Taltal (BLDG, XLIX, p. 373); Decreto Supremo de 18 de octubre de 1881, que renumera las subdelegaciones de Quinahue y Santa Cruz del departamento de Curicó (BLDG, XLIX, p. 376); Decreto Supremo de 29 de noviembre de 1881, que fija los distritos de la subdelegación Cachiyuyal del departamento de Copiapó (BLDG, XLIX, p. 408); Decreto Supremo de 17 de marzo de 1882, que fija los distritos de la subdelegación Andacollo del departamento de Coquimbo (BLDG, L, p. 266); Decreto Supremo de 26 de agosto de 1882, sobre división administrativa de la subdelegación de Tucapel del departamento de Rere (BLDG, LI, p. 630); Decreto Supremo de 3 de enero de 1883, que divide en dos la subdelegación de Cachiyuyal del departamento de Copiapó (BLDG, LII, p. 5); Decreto Supremo de 12 de junio de 1883, que divide en dos la subdelegación 6ª del departamento de Cañete (BLDG, LII, p. 461); Decreto Supremo de 19 de julio de 1883, que divide en dos la subdelegación 10ª del departamento de Caupolicán (BLDG, LII, p. 546); Decreto Supremo de 10 de noviembre de 1883, que crea el distrito Esmeralda en la subdelegación de Chañaral (BLDG, LII, p. 1048); Decreto Supremo de 13 de noviembre de 1883, sobre agregación del distrito "Cantarrana" del departamento de Caupolicán a la subdelegación 14ª (BLDG, LII, p. 1049); Decreto Supremo de 15 de noviembre de 1883, que crea el distrito El Pingo en la subdelegación de la Florida en el departamento de Copiapó (BLDG, LII, p. 1050); Decreto Supremo de 4 de febrero de 1884, que traspasa el distrito 4° de la subdelegación 12ª del departamento de Coelemu a la subdelegación 11ª, y que traspasa el distrito 5° de la subdelegación 12ª a la subdelegación 1ª del Tomé (BLDG, LIII, p. 213); Decreto Supremo de 12 de febrero de 1884, que asigna el número 5 a la subdelegación de Camarico del departamento de Puchacay (BLDG, LIII, p. 214); Decreto Supremo de 23 de febrero de 1884, que renumera las subdelegaciones del departamento de Melipilla (BLDG, LIII, p. 215); Decreto Supremo de 29 de marzo de 1884, sobre adecuación de las subdelegaciones del departamento de Concepción (BLDG, LIII, p. 269); Decreto Supremo de 3 de abril de 1884, sobre límites de la subdelegación n° 1 del departamento de Copiapó (BLDG, LIII, p. 281); Decreto Supremo de 26 de abril de 1884, sobre subdelegaciones del departamento de Rere (BLDG, LIII, p. 288); Decreto Supremo de 3 de junio de 1884, sobre subdelegaciones del departamento de Chañaral (BLDG, LIII, p. 529); Decreto Supremo de 7 de junio de 1884, sobre subdelegaciones del departamento de Curepto (BLDG, LIII, p. 538); Decreto Supremo de 1° de julio de 1884, que crea la subdelegación de Contulmo en el departamento de Cañete (BLDG, LIII, p. 677); Decreto Supremo de 12 de agosto de 1884, que divide el departamento de Taltal en ocho subdelegaciones (BLDG, LIII, p. 804); Decreto Supremo de 12 de agosto de 1884, que crea una subdelegación 14ª en el departamento de Quillota (BLDG, LIII, p. 805); Decreto Supremo de 21 de agosto de 1884, que crea la subdelegación 12ª en el departamento de Valdivia (BLDG, LIII, p. 810); Decreto Supremo de 12 de septiembre de 1884, que renumera algunas subdelegaciones del departamento de Talca (BLDG, LIII, p. 949); Decreto Supremo de 16 de septiembre de 1884, que renumera las subdelegaciones del departamento de Yungay (BLDG, LIII, p. 950); Decreto Supremo de 1° de octubre de 1884, que fija las subdelegaciones del departamento de Cachapoal

(BLDG, LIII, p. 1095); Decreto Supremo de 21 de octubre de 1884, que fija las subdelegaciones del departamento de Bulnes (BLDG, LIII, p. 1111); Decreto Supremo de 17 de noviembre de 1884, que fija las subdelegaciones del departamento de Pisagua (BLDG, LIII, p. 1261); Decreto Supremo de 18 de noviembre de 1884, que fija las subdelegaciones del departamento de Tarapacá (BLDG, LIII, p. 1264); Decreto Supremo de 5 de diciembre de 1884, que fija los distritos de las subdelegaciones del departamento de Taltal (BLDG, LIII, p. 1368); Decreto Supremo de 5 de enero de 1885, que divide en dos la subdelegación 4ª del departamento de San Carlos (BLDG, LIV, p. 5); Decreto Supremo de 20 de enero de 1885, que fija las subdelegaciones del departamento de Tacna (BLDG, LIV, p. 15); Decreto Supremo de 14 de abril de 1885, que divide en cuatro subdelegaciones la subdelegación de Lumaco del territorio de Angol (BLDG, LIV, p. 148); Decreto Supremo de 9 de mayo de 1885, que divide el departamento de Arica en seis subdelegaciones (BLDG, LIV, p. 229); Decreto Supremo de 18 de mayo de 1885, que divide el departamento de Llanquihue en seis subdelegaciones (BLDG, LIV, p. 233); Decreto Supremo de 3 de junio de 1885, que modifica los límites de las subdelegaciones de Traiguén y Chiguaihue (BLDG, LIV, p. 319); Decreto Supremo de 14 de agosto de 1885, que crea la subdelegación de Bordos en el departamento de Copiapó (BLDG, LIV, p. 585); Decreto Supremo de 16 de octubre de 1885, que fija las subdelegaciones del departamento de Carelmapu (BLDG, LIV, p. 791); Decreto Supremo de 16 de octubre de 1885, que fija las subdelegaciones del departamento de Linares (BLDG, LIV, p. 800); Decreto Supremo de 17 de octubre de 1885, sobre las subdelegaciones 6ª y 18ª del departamento de Lebu (BLDG, LIV, p. 817); Decreto Supremo de 19 de octubre de 1885, que fija las subdelegaciones del departamento de Yungay (BLDG, LIV, p. 820); Decreto Supremo de 20 de octubre de 1885, que fija las subdelegaciones del departamento de Vallenar (BLDG, LIV, p. 828); Decreto Supremo de 21 de octubre de 1885, que fija las subdelegaciones del departamento de Cañete (BLDG, LIV, p. 841); Decreto Supremo de 21 de octubre de 1885, que fija las subdelegaciones del departamento de Arauco (BLDG, LIV, p. 847); Decreto Supremo de 27 de octubre de 1885, que modifica las subdelegaciones 1ª y 2ª del departamento de Cauquenes (BLDG, LIV, p. 860); Decreto Supremo de 29 de octubre de 1885, que fija las subdelegaciones del departamento de Freirina (BLDG, LIV, p. 862); Decreto Supremo de 29 de octubre de 1885, que fija las subdelegaciones del departamento de Itata (BLDG, LIV, p. 870); Decreto Supremo de 2 de noviembre de 1885, que fija las subdelegaciones del departamento de la Serena (BLDG, LIV, p. 995); Decreto Supremo de 2 de noviembre de 1885, que fija las subdelegaciones del departamento de Maipo (BLDG, LIV, p. 1005); Decreto Supremo de 3 de noviembre de 1885, que fija las subdelegaciones del departamento de Pisagua (BLDG, LIV, p. 1015); Decreto Supremo de 3 de noviembre de 1885, que fija las subdelegaciones del departamento de Coelemu (BLDG, LIV, p. 1020); Decreto Supremo de 3 de noviembre de 1885, que fija las subdelegaciones del departamento de Osorno (BLDG, LIV, p. 1035); Decreto Supremo de 3 de noviembre de 1885, que fija las subdelegaciones del departamento de Quillota (BLDG, LIV, p. 1047); Decreto Supremo de 4 de noviembre de 1885, que fija las subdelegaciones del departamento de Castro (BLDG, LIV, p. 1065); Decreto Supremo de 4 de noviembre de 1885, que fija las subdelegaciones del departamento de Valdivia (BLDG, LIV, p. 1075); Decreto Supremo de 4 de noviembre de 1885, que fija las subdelegaciones del departamento de la Unión (BLDG, LIV, p. 1085); Decreto Supremo de 5 de noviembre de 1885, que fija las subdelegaciones del departamento de Ancud (BLDG, LIV, p. 1090); Decreto Supremo de 5 de noviembre de 1885, que fija las subdelegaciones del departamento de Tarapacá (BLDG, LIV, p. 1099); Decreto Supremo de 7 de noviembre de 1885, que fija las subdelegaciones del departamento de Rancagua (BLDG, LIV, p. 1109); Decreto Supremo de 9 de noviembre de 1885, que fija las subdelegaciones del departamento de Talcahuano (BLDG, LIV, p. 1120); Decreto Supremo de 9 de noviembre de 1885, que fija las subdelegaciones del departamento de Tacna (BLDG, LIV, p. 1123); Decreto Supremo de 12 de noviembre de 1885, que fija las subdelegaciones del departamento de Puchacay (BLDG, LIV, p. 1129); Decreto Supremo de 13 de noviembre de 1885, que fija las subdelegaciones del departamento de Lautaro (BLDG, LIV, p. 1139); Decreto Supremo de 14 de noviembre de 1885, que fija las subdelegaciones del departamento de Quinchao (BLDG, LIV, p. 1146); Decreto Supremo de 16 de noviembre de 1885, que fija las subdelegaciones del departamento de Limache (BLDG, LIV, p. 1151); Decreto Supremo de 27 de noviembre de 1885, que fija las subdelegaciones del departamento de los Andes (BLDG, LIV, p. 1164); Decreto Supremo de 30 de noviembre de 1885, que fija las subdelegaciones del departamento de San Felipe (BLDG, LIV, p. 1175); Decreto Supremo de 30 de noviembre de 1885, que fija las subdelegaciones del departamento de La Ligua (BLDG, LIV, p. 1190); Decreto Supremo de 2 de diciembre de 1885, que fija las subdelegaciones del departamento de Combarbalá (BLDG, LIV, p. 1283); Decreto Supremo de 2 de diciembre de 1885, que fija las subdelegaciones del departamento de Illapel (BLDG, LIV, p. 1291); Decreto Supremo de 11 de diciembre de 1885, que fija el límite entre las subdelegaciones 7ª y 9ª del departamento de Rere (BLDG, LIV, p. 1302); Decreto Supremo de 10 de mayo de 1886, que divide en dos la subdelegación de Pachía del departamento de Tacna (BLDG, LV, p. 394); Decreto Supremo de 1° de diciembre de 1886, sobre la subdelegación 3ª del departamento de Tarapacá (BLDG, LV, p. 1277); Decreto Supremo de 1° de diciembre de 1886, sobre la subdelegación 10ª del departamento de Tarapacá (BLDG, LV, p. 1278); Decreto Supremo de 1° de diciembre de 1886, sobre el distrito Espigado de la 7ª subdelegación del departamento de Lautaro (BLDG, LV, p. 1279); Decreto Supremo de 31 de enero de 1887, que fija las subdelegaciones del departamento de Vichuquén (BLDG, LVI, p. 73); Decreto Supremo de 22 de junio de 1887, que fija las subdelegaciones del departamento de Angol (BLDG, LVI, p. 731); Decreto Supremo de 27 de julio de 1887, que divide en dos la subdelegación 7ª del departamento de Taltal (BLDG, LVI, p. 880); Decreto Supremo de 1° de septiembre de 1887, que fija provisoriamente las subdelegaciones del departamento de Collipulli (BLDG, LVI, p. 1327); Decreto Supremo de 1° de septiembre de 1887, que fija provisoriamente las subdelegaciones del departamento de Temuco (BLDG, LVI, p. 1331); Decreto Supremo de 1° de septiembre de 1887, que fija provisoriamente las subdelegaciones del departamento de Imperial (BLDG, LVI, p. 1333); Decreto Supremo de 1° de septiembre de 1887, que fija provisoriamente las subdelegaciones del departamento de Traiguén (BLDG, LVI, p. 1335); Decreto Supremo de 15 de noviembre de 1887, que fija las subdelegaciones del departamento de Vichuquén (BLDG, LVI, p. 1653); Decreto Supremo de 15 de junio de 1888, que fija las subdelegaciones del departamento de Concepción (BLDG, LVII, p. 669); Decreto Supremo de 15 de julio de 1888, que fija las subdelegaciones del departamento de Valparaíso (BLDG, LVII, p. 951); Decreto Supremo de 4 de agosto de 1888, que crea una nueva subdelegación en el departamento de Limache (BLDG, LVII, p. 1125); Decreto Supremo de 24 de agosto de 1888, que fija las subdelegaciones del departamento de Cauquenes (BLDG, LVII, p. 1139); Decreto Supremo de 28 de agosto de 1888, que declara que el pueblo de Pachica pasa a formar parte del departamento de Pisagua (BLDG, LVII, p. 1154); Decreto Supremo de 30 de agosto de 1888, que fija las subdelegaciones del departamento de Petorca (BLDG, LVII, p. 1155); Decreto Supremo de 11 de septiembre de 1888, que fija las subdelegaciones del departamento de Rere (BLDG, LVII, p. 1235); Decreto Supremo de 12 de septiembre de 1888, que fija las subdelegaciones del departamento de Antofagasta (BLDG, LVII, p. 1258); Decreto Supremo de 27 de septiembre de 1888, que traslada el distrito Llepo desde la subdelegación de Ancoa a la subdelegación de Vega de Salas (BLDG, LVII, p. 1298); Decreto Supremo de 29 de septiembre de 1888, que fija las subdelegaciones del departamento del Parral (BLDG, LVII, p. 1300); Decreto Supremo de 8 de octubre de 1888, que fija las subdelegaciones del departamento de la Laja (BLDG, LVII, p. 1375); Decreto Supremo de 10 de octubre de 1888, que fija las subdelegaciones del departamento de Tocopilla (BLDG, LVII, p. 1417); Decreto Supremo de 10 de octubre de 1888, que declara segregarse ciertos minerales de la subdelegación 8ª de Taltal (BLDG, LVII, p. 1420); Decreto Supremo de 13 de octubre de 1888, que fija las subdelegaciones del departamento de Mulchén (BLDG, LVII, p. 1437); Decreto Supremo de 22 de octubre de 1888, que fija las subdelegaciones del departamento de San Javier de Loncomilla (BLDG, LVII, p. 1456); Decreto Supremo de 7 de noviembre de 1888, que fija las subdelegaciones del departamento de Chillán (BLDG, LVII, p. 1710); Decreto Supremo de 6 de diciembre de 1888, que fija las subdelegaciones del departamento de Copiapó (BLDG, LVII, p. 2092); Decreto Supremo de 24 de diciembre de 1888, que fija los límites de la subdelegación Arqueros del departamento de la Serena (BLDG, LVII, p. 2150); Decreto Supremo de 31 de diciembre de 1888, que fija las subdelegaciones del departamento de Ovalle (BLDG, LVII, p. 2159); Decreto Supremo de 4 de abril de 1889, que fija las subdelegaciones del departamento de Antofagasta (BLDG, LVIII, p. 230); Decreto Supremo de 8 de agosto de 1889, que crea la subdelegación de Laraquete y modifica la subdelegación de Carampangue, en el departamento de Arauco (BLDG, LVIII, p. 632); Decreto Supremo de 5 de mayo de 1890, que menor pero también muy considerable, de subdelegaciones con una disposición que podría llamarse especial, creadas en la vía férrea y en dependencias o lugares específicos en los que alguna razón hiciera aconsejable su establecimiento[1013].

---

fija las subdelegaciones del departamento de Tocopilla (BLDG, LIX, p. 277); y Decreto Supremo de 8 de mayo de 1890, que crea el distrito de Dolores en el departamento de Pisagua (BLDG, LIX, p. 280).

1013 Decreto Supremo de 29 de mayo de 1873, que crea dos subdelegaciones en la línea férrea de Curicó a Angol, "con jurisdicción a doscientos metros a uno y otro lado de la línea férrea" (BLDG, XLI-1, p. 383); Decreto Supremo de 3 de agosto de 1877, que crea los distritos del Mercado Central, de El Mercado [de San Pablo], de El Mercado [de San Diego] y de Casa del Matadero, en el departamento de Santiago (BLDG, XLV, p. 399); Decreto Supremo de 29 de septiembre de 1877, que crea la subdelegación urbana denominada "Del Mercado" (BLDG, XLV, p. 479); Decreto Supremo de 8 de enero de 1878, que crea una subdelegación en el recinto de los lavaderos de oro en la hacienda de Catapilco (BLDG, XLVI, p. 6); Decreto Supremo de 9 de enero de 1878, que crea la subdelegación de los Baños de Chillán (BLDG, XLVI, p. 6); Decreto Supremo de 3 de abril de 1878, que crea la subdelegación de la Recova y Matadero de Copiapó (BLDG, XLVI, p. 95); Decreto Supremo de 26 de abril de 1878, que crea la subdelegación del Mercado y la subdelegación del Matadero en el departamento de Quillota (BLDG, XLVI, p. 100); Decreto Supremo de 10 de enero de 1879, que crea un distrito especial en los placeres auríferos de Niblinto, en el departamento de Chillán (BLDG, XLVII, p. 6); Decreto Supremo de 13 de enero de 1879, que crea la subdelegación del Matadero en el departamento de Melipilla (BLDG, XLVII, p. 6); Decreto Supremo de 11 de marzo de 1879, que crea la subdelegación del Matadero en Limache (BLDG, XLVII, p. 87); Decreto Supremo de 10 de julio de 1879, que crea una nueva subdelegación que comprende todo el trayecto del canal de las Mercedes en el departamento de Santiago (BLDG, XLVII, p. 232); Decreto Supremo de 29 de enero de 1880, que transforma en subdelegación especial el distrito de los placeres auríferos de Niblinto, en el departamento de Chillán (BLDG, XLVIII, p. 28); Decreto Supremo de 2 de noviembre de 1880, que crea una subdelegación ambulante en la línea del ferrocarril del sur, un kilómetro desde ambas riberas del estero Guaiquillo en Curicó, y quinientos metros de oriente a poniente (BLDG, XLVIII, p. 355); Decreto Supremo de 26 de noviembre de 1880, que crea una subdelegación ambulante en la línea del ferrocarril del sur, entre las estaciones de Requínoa y Rengo (BLDG, XLVIII, p. 370); Decreto Supremo de 15 de junio de 1881, que crea la subdelegación de Malacara en el departamento de Quillota, cuyos límites son "los del mineral del mismo nombre" (BLDG, XLIX, p. 185); Decreto Supremo de 25 de junio de 1881, que crea una subdelegación ambulante que comprende las faenas para la apertura del camino de los Riscos y hasta dos kilómetros a uno y otro lado de dicho camino (BLDG, XLIX, p. 186); Decreto Supremo de 22 de febrero de 1882, que crea el distrito Del Mercado en el pueblo de Viña del Mar del departamento de Valparaíso (BLDG, L, p. 230); Decreto Supremo de 4 de julio de 1882, que crea la subdelegación Del Mercado en el departamento de Freirina (BLDG, LI, p. 541); Decreto Supremo de 23 de agosto de 1883, que crea una subdelegación ambulante denominada "del camino entre Colliguay y Marga Marga" (BLDG, LII, p. 655); Decreto Supremo de 10 de noviembre de 1883, que crea un distrito ambulante a uno y otro lado del camino que se construía entre Loros y Cerro Blanco en el departamento de Copiapó (BLDG, LII, p. 1049); Decreto Supremo de 19 de marzo de 1884, que extiende a doscientos metros a los lados del ferrocarril la jurisdicción de la subdelegación ambulante de los ferrocarriles de Arauco (BLDG, LIII, p. 267); Decreto Supremo de 11 de marzo de 1885, que crea una subdelegación ambulante en las faenas del ferrocarril entre Cabritería y Viña del Mar (BLDG, LIV, p. 131); Decreto Supremo de 13 de junio de 1887, que crea una subdelegación ambulante para las faenas del ferrocarril de Renaico a Victoria (BLDG, LVI, p. 696); Decreto Supremo de 19 de noviembre de 1887, que crea una subdelegación ambulante en las faenas del ferrocarril de Concepción a Curanilahue (BLDG, LVI, p. 1664); Decreto Supremo de 4 de junio de 1888, que suprime la subdelegación ambulante creada por decreto de 13 de junio de 1887 (BLDG, LVII, p. 667); Decreto Supremo de 17 de diciembre de 1888, que establece dos subdelegaciones ambulantes, en las faenas del ferrocarril de Toltén a Antilahue y de Valdivia a Osorno (BLDG, LVII, p. 2131);

También es importante destacar que en esta época se siguió desarrollando el régimen interior marítimo, dividido en los dos estratos de gobernaciones y subdelegaciones marítimas, en consonancia con la Ley de Territorio Marítimo de 1848[1014].

Las gobernaciones marítimas, cuyo establecimiento y régimen era de resorte legislativo, quedaron originalmente circunscritas a las doce existentes en el período anterior. Quizás el único aspecto de interés que sobresale en este ámbito con anterioridad a la Guerra del Pacífico fue que a la gobernación marítima de Llanquihue —la última creada, en 1859—, se le fijaron límites por ley en 1861[1015]. Los referidos hechos bélicos, con la consiguiente prolongación del territorio marítimo, conllevaron a la creación —provisoria y por vía administrativa— de las gobernaciones marítimas de Tarapacá y Antofagasta[1016].

El tratamiento de las subdelegaciones marítimas, que le estaba conferido a la Administración, se desarrolló a través de múltiples disposiciones. De ellas, quizás la más significativa fue la sistematización de las subdelegaciones marítimas efectuada a fines del gobierno del presidente Pérez[1017], las que fueron complementadas en 1880, con las subdelegaciones correspondientes a las ya referidas gobernaciones marítimas de Tarapacá y Antofagasta[1018]; en 1882, con la

---

Decreto Supremo de 19 de enero de 1889, que crea una subdelegación ambulante en las faenas del ferrocarril de Santiago a Melipilla que se sitúen en el departamento de Melipilla (BLDG, LVIII, p. 46); Decreto Supremo de 29 de enero de 1889, que crea subdelegaciones ambulantes en el ferrocarril entre Palmilla y Alcones y entre Pelequén y Peumo (BLDG, LVIII, p. 61); Decreto Supremo de 6 de marzo de 1889, que crea una subdelegación ambulante en las faenas del ferrocarril de los Vilos a Illapel y Salamanca (BLDG, LVIII, p. 193); Decreto Supremo de 13 de marzo de 1889, que crea una subdelegación ambulante en el ferrocarril de la Calera a la Ligua y Cabildo (BLDG, LVIII, p. 194); Decreto Supremo de 1° de abril de 1889, que crea una subdelegación ambulante en las faenas del ferrocarril entre Talca y Constitución (BLDG, LVIII, p. 228); Decreto Supremo de 8 de mayo de 1889, que crea una subdelegación ambulante en las faenas del ferrocarril entre Huasco y Vallenar (BLDG, LVIII, p. 383); Decreto Supremo de 11 de mayo de 1889, que crea una subdelegación ambulante en las faenas del ferrocarril trasandino por la vía de Uspallata (BLDG, LVIII, p. 384); Decreto Supremo de 16 de mayo de 1889, que crea una subdelegación ambulante en las faenas del departamento de Constitución correspondiente al ferrocarril a Constitución (BLDG, LVIII, p. 399); Decreto Supremo de 1° de julio de 1889, que crea una subdelegación ambulante en las faenas del ferrocarril de Victoria a Temuco (BLDG, LVIII, p. 543); Decreto Supremo de 2 de septiembre de 1889, que crea una subdelegación ambulante en las faenas del ferrocarril de Tocopilla al Toco (BLDG, LVIII, p. 703); Decreto Supremo de 26 de febrero de 1890, que crea una subdelegación ambulante para la faena "Pidey" del ferrocarril entre Valdivia y Antilhue (BLDG, LIX, p. 150); Decreto Supremo de 19 de abril de 1890, que crea una subdelegación ambulante para las faenas del ferrocarril trasandino por Antuco (BLDG, LIX, p. 227); Decreto Supremo de 29 de septiembre de 1890, que crea una subdelegación ambulante para las faenas del ferrocarril en Maipo y en las del pozo de lastre y canteras Lo Herrera (BLDG, LIX, p. 827); Decreto Supremo de 2 de octubre de 1890, que crea una subdelegación ambulante para las faenas del ferrocarril de Parral a Cauquenes dentro del departamento de Parral (BLDG, LIX, p. 913); y Decreto Supremo de 2 de octubre de 1890, que crea una subdelegación ambulante para las faenas del ferrocarril de Temuco a Toltén (BLDG, LIX, p. 914).

1014 Ley de 30 de agosto de 1848, BLDG, XVI, p. 258.

1015 Ley de 23 de septiembre de 1861, BLDG, XXX, p. 338.

1016 Decreto Supremo de 11 de mayo de 1880, BLDG, XLVIII, p. 164.

1017 Decreto Supremo de 11 de julio de 1870, BLDG, XXXVIII, p. 238.

1018 Decreto Supremo de 11 de mayo de 1880, BLDG, XLVIII, p. 164. En la gobernación marítima de Tarapacá, las subdelegaciones marítimas de Pisagua, Mejillones del Norte, Iquique, Patillos, Pabellón

subdelegación marítima de Valdivia[1019]; y en 1890, con el establecimiento de la subdelegación marítima de Isla de Pascua[1020].

Por último, es importante tener presente que durante este período se produjo una fijación de nuevas unidades territoriales destinadas a propósitos específicos. Por ejemplo, la de los distritos mineros[1021], en cumplimiento del Código de Minería de 1874, cuyo artículo 147 prescribía que "el Presidente de la República fijará también, con audiencia de las respectivas municipalidades, los límites o la extensión de los distritos mineros"; y la de las circunscripciones del Registro Civil[1022].

b. Las unidades funcionales

En la segunda mitad del siglo XIX seguían recibiendo atención institucional las categorías de ciudad y puerto, considerados formalmente y no según el habla corriente.

En relación con la *ciudad*, debe tenerse presente que no se trataba de una categoría que tuviera una figuración propiamente constitucional en la Constitución de 1833[1023]. Pero sí se la recogía a nivel legislativo, como en la Ley de Ministerios de 1837, que señalaba que al Ministerio del Interior le competía "la fijación de los límites de las provincias, departamentos, subdelegaciones, distritos y territorios pertenecientes a la jurisdicción de las municipalidades: *la creación de ciudades, villas y cualesquiera otra clase de poblaciones, la designación o variación*

de Pica y Guanillos; y en la gobernación marítima de Antofagasta, las subdelegaciones marítimas de Tocopilla, Cobija, Mejillones del Sur y Antofagasta.

1019 Decreto Supremo de 4 de mayo de 1882, BLDG, L, p. 441.

1020 Decreto Supremo de 29 de noviembre de 1890, BLDG, LIX, p. 985.

1021 Decreto Supremo de 3 de julio de 1875, sobre distritos mineros de los departamentos de Talca y Lontué (BLDG, XLIII, p. 235); Decreto Supremo de 7 de julio de 1875, sobre distritos mineros de la provincia de Atacama (BLDG, XLIII, p. 239); Decreto Supremo de 9 de julio de 1875, sobre distritos mineros de la provincia de Coquimbo (BLDG, XLIII, p. 241); Decreto Supremo de 10 de julio de 1875, sobre distritos mineros de la provincia de Valparaíso (BLDG, XLIII, p. 242); Decreto Supremo de 12 de julio de 1875, sobre distritos mineros de la provincia de Colchagua (BLDG, XLIII, p. 245); Decreto Supremo de 12 de julio de 1875, sobre distritos mineros de la provincia de Curicó (BLDG, XLIII, p. 246); Decreto Supremo de 10 de marzo de 1876, sobre distritos mineros de la provincia de Aconcagua (BLDG, XLIV, p. 98); Decreto Supremo de 9 de septiembre de 1878, sobre el distrito minero de Petorca (BLDG, XLVI, p. 379); Decreto Supremo de 27 de junio de 1879, sobre distrito minero del Litoral del Norte (BLDG, XLVII, p. 216); Decreto Supremo de 14 de enero de 1881, sobre distrito minero de Lebu (BLDG, XLIX, p. 61); Decreto Supremo de 6 de octubre de 1884, sobre distrito minero de Taltal (BLDG, LIII, p. 1197); Decreto Supremo de 18 de noviembre de 1884, sobre distrito minero de Tacna y Arica (BLDG, LIII, p. 1315); y Decreto Supremo de 28 de noviembre de 1884, sobre distrito minero de Tarapacá (BLDG, LIII, p. 1336).

1022 Decreto Supremo de 29 de noviembre de 1884, BLDG, LIII, p. 1284.

1023 De hecho, su última aparición había tenido lugar en la Constitución Política de la República de Chile (1828), cuyo artículo 118 disponía que "en cada ciudad o villa que tenga Municipalidad habrá un gobernador local. Su nombramiento se hará a pluralidad absoluta de sufragios por la Municipalidad. Su duración será por dos años". Pero, como puede advertirse, su relevancia se veía diluida al compartir el objeto de la misma norma junto con la otra categoría de las villas.

de las capitales de provincia o departamento"[1024], derrotero que, medio siglo más tarde, siguió la Ley de Ministerios de 1887, con una norma muy próxima a su antecesora[1025].

Y así se dispuso también en este período, concediéndosele el título de ciudad a las villas de San Carlos[1026], Rengo[1027], Ovalle[1028], San Bernardo[1029], Petorca[1030], Yumbel[1031], la Florida[1032], Vicuña[1033], Molina[1034], Lebu[1035], la Ligua[1036], San Javier de Loncomilla[1037], Bulnes[1038], Limache[1039] y Vichuquén[1040], así como "a la capital del departamento de Putaendo San Antonio de la Unión[1041].

También se formalizaba la denominación de villa, que recibieron en este período las poblaciones, pueblos o aldeas de Yungay y Coihueco[1042], Santa Bárbara[1043], Nancagua y Chimbarongo[1044], San Ignacio[1045], Chanco[1046], Malloa[1047], Doñihue[1048], Placilla de la Ligua[1049], Peumo[1050], Antuco[1051], Collipulli[1052], El Empedrado y Nirivilo[1053], Chépica[1054], Llay Llay, Conchalí y Puchuncaví, del departamento de Quillota[1055], Quilleco[1056], Cobquecura[1057], Lampa[1058] y

---

1024 Decreto Ley de 1° de febrero de 1837, BLDG, VII, p. 73, art. 2° n° 18. Las cursivas son nuestras.
1025 Ley de 21 de junio de 1887, BLDG, LVI, p. 709, art. 2° n° 6.
1026 Decreto Supremo de 9 de junio de 1865, BLDG, XXXIII, p. 342.
1027 Decreto Supremo de 7 de agosto de 1865, BLDG, XXXIII, p. 415.
1028 Decreto Supremo de 31 de diciembre de 1867, BLDG, XXXV, p. 334.
1029 Decreto Supremo de 12 de marzo de 1868, BLDG, XXXVI, p. 37.
1030 Decreto Supremo de 22 de enero de 1870, BLDG, XXXVIII, p. 9.
1031 Decreto Supremo de 16 de marzo de 1871, BLDG, XXXIX, p. 89.
1032 Decreto Supremo de 20 de mayo de 1871, BLDG, XXXIX, p. 190.
1033 Decreto Supremo de 11 de marzo de 1872, BLDG, XL, p. 111.
1034 Decreto Supremo de 7 de noviembre de 1873, BLDG, XLI-2, p. 322.
1035 Decreto Supremo de 10 de enero de 1874, BLDG, XLII-1, p. 13.
1036 Decreto Supremo de 3 de junio de 1874, BLDG, XLII-1, p. 394.
1037 Decreto Supremo de 6 de octubre de 1881, BLDG, XLIX, p. 375.
1038 Decreto Supremo de 14 de marzo de 1887, BLDG, LVI, p. 337.
1039 Decreto Supremo de 2 de mayo de 1887, BLDG, LVI, p. 563.
1040 Decreto Supremo de 30 de enero de 1890, BLDG, LIX, p. 29.
1041 Decreto Supremo de 30 de diciembre de 1868, BLDG, XXXVI, p. 462.
1042 Decreto Supremo de 17 de julio de 1868, BLDG, XXXVI, p. 206.
1043 Decreto Supremo de 2 de enero de 1871, BLDG, XXXIX, p. 5.
1044 Decreto Supremo de 31 de marzo de 1871, BLDG, XXXIX, p. 92.
1045 Decreto Supremo de 19 de mayo de 1871, BLDG, XXXIX, p. 190.
1046 Decreto Supremo de 15 de julio de 1872, BLDG, XL, p. 409.
1047 Decreto Supremo de 17 de febrero de 1873, BLDG, XLI-1, p. 175.
1048 Decreto Supremo de 27 de junio de 1873, BLDG, XLI-1, p. 469.
1049 Decreto Supremo de 3 de junio de 1874, BLDG, XLII-1, p. 394.
1050 Decreto Supremo de 9 de junio de 1874, BLDG, XLII-1, p. 403.
1051 Decreto Supremo de 3 de julio de 1874, BLDG, XLII-2, p. 5.
1052 Decreto Supremo de 22 de agosto de 1874, BLDG, XLII-2, p. 78.
1053 Decreto Supremo de 30 de octubre de 1874, BLDG, XLII-2, p. 227.
1054 Decreto Supremo de 11 de enero de 1875, BLDG, XLIII, p. 9.
1055 Decreto Supremo de 6 de abril de 1875, BLDG, XLIII, p. 104.
1056 Decreto Supremo de 26 de julio de 1875, BLDG, XLIII, p. 229.
1057 Decreto Supremo de 13 de diciembre de 1878, BLDG, XLVI, p. 567.
1058 Decreto Supremo de 6 de junio de 1888, BLDG, LVII, p. 668.

Petorca[1059]. En un caso, además se oficializó un cambio de nombre, pasando la población de Hierro-Viejo a llamarse Villa del Rosario[1060].

Otro título específico fue el de "plaza fuerte, principal y guarnecida", que se concedió en 1872 a Angol, derogándose simultáneamente el decreto de 1847 que había considerado como tal a Los Ángeles[1061].

También pueden hallarse en estos años actos de autorización para la fundación de poblaciones[1062]. Así, por ejemplo, se le dio permiso a don Fabián de la Fuente para que fundase San Fabián de Alico[1063]; a don Gaspar Uribe para fundar San Miguel de Quigua[1064]; a don Gregorio Caro para la fundación de San Gregorio[1065]; a Laureano Almendras para fundar Cachapoal[1066]; y a Federico Benavente para fundar el pueblo de Caillín en terrenos de su propiedad[1067]. También se ordenó establecer las poblaciones de Blanco Encalada y de Taltal[1068]; se aprobó el plano para fundar la *Villa de San Pablo* en Osorno[1069]; comenzó la expansión hacia la zona de Aysén al fundarse la población de Palena en la isla de los Leones, en la desembocadura del río Palena[1070]; y se encomendó al Gobernador de Magallanes la fundación de Muñoz Gamero en la península conocida con el nombre de Tierras del Rey Guillermo, que en lo sucesivo llevaría la designación de "Península Muñoz Gamero"[1071].

Otro aspecto importante acaecido durante este período en relación con los asentamientos urbanos fue el de la fijación de límites urbanos. Ella se desencadenó por primera vez en aplicación de la ley de la contribución agrícola[1072], a la que estaban sujetos los predios rústicos, por lo que la delimitación se hacía especialmente importante[1073]. Una segunda serie

1059 Decreto Supremo de 6 de agosto de 1888, BLDG, LVII, p. 1129.

1060 Decreto Supremo de 1° de septiembre de 1874, BLDG, XLII-2, p. 137.

1061 Decreto Supremo de 2 de diciembre de 1872, BLDG, XL, p. 1268.

1062 Y algunos actos, algo anteriores a este período, suscitaron durante él controversias judiciales. En el caso de la fundación de la población de Limache, la Corte de Apelaciones resolvió a favor del demandante particular un litigio concerniente a una condición resolutoria, por el hecho de que la Municipalidad no había tomado posesión de los terrenos donados bajo tal condición para el establecimiento de la población: *De la Cerda* (1876).

1063 Decreto Supremo de 7 de diciembre de 1865, BLDG, XXXIII, p. 589.

1064 Decreto Supremo de 11 de diciembre de 1865, BLDG, XXXIII, p. 590.

1065 Decreto Supremo de 12 de septiembre de 1866, BLDG, XXXIV, p. 287.

1066 Decreto Supremo de 24 de enero de 1866, BLDG, XXXV, p. 1.

1067 Decreto Supremo de 8 de julio de 1887, BLDG, LVI, p. 875.

1068 Decreto Supremo de 26 de junio de 1877, BLDG, XLV, p. 340. Taltal se aumentó posteriormente en doce manzanas (Decreto Supremo de 31 de mayo de 1879, BLDG, XLVII, p. 137) y Blanco Encalada en veintiséis manzanas (Decreto Supremo de 31 de mayo de 1879, BLDG, XLVII, p. 138).

1069 Decreto Supremo de 9 de septiembre de 1867, BLDG, XXXV, p. 229.

1070 Decreto Supremo de 4 de enero de 1889, BLDG, LVIII, p. 5. El impulso no duraría mucho tiempo y al cabo de menos de dos décadas, la población se encontraría despoblada: Marín Lleucún (2014), p. 143.

1071 Decreto Supremo de 27 de marzo de 1889, BLDG, LVIII, p. 195.

1072 Ley de 18 de junio de 1874, BLDG, XLII-1, p. 428.

1073 Rengo, Decreto Supremo de 4 de agosto de 1874, BLDG, XLII-2, p. 114; Poblaciones del departamento de Rancagua, Decreto Supremo de 12 de agosto de 1874, BLDG, XLII-2, p. 115; Freirina y Huasco Bajo, Decreto Supremo de 13 de agosto de 1874, BLDG, XLII-2, p. 117; Cauquenes y Constitución, Decreto Supremo de 17 de agosto de 1874, BLDG, XLII-2, p. 117; Peumo, Decreto Supremo de 20 de agosto de 1874, BLDG, XLII-2, p. 118; San Luis Gonzaga, Tucapel y Talcamávida, Decreto Supremo de 9 de de fijación de límites urbanos —independiente de la anterior— se daría como consecuencia de la aplicación de la ley de 28 de julio de 1888, que reformuló el impuesto de patentes que regía desde 1866, señalando que sería "percibido por las oficinas fiscales, y su producto entregado a las municipalidades respectivas" (art. 1°), debiendo las municipalidades hacer el "empadronamiento y avalúo de las propiedades raíces ubicadas dentro de los límites urbanos de la ciudad" (art. 2°), y disponiéndose que "la fijación de los límites urbanos se hará por el Presidente de la República previo informe de las municipalidades respectivas" (art. 3°)[1074], lo que fue rápidamente ejecutado[1075].

---

septiembre de 1874, BLDG, XLII-2, p. 177; Vallenar, Decreto Supremo de 23 de septiembre de 1874, BLDG, XLII-2, p. 199; Illapel, Salamanca, Mincha y Canela, Decreto Supremo de 23 de septiembre de 1874, BLDG, XLII-2, p. 200; Santa Cruz, Chépica, Rauco, Lolol, Pumanque, Paredones y Llico, Decreto Supremo de 29 de septiembre de 1874, BLDG, XLII-2, p. 201; Maipo, Decreto Supremo de 14 de octubre de 1874, BLDG, XLII-2, p. 216; La Ligua y Placilla, Decreto Supremo de 1° de octubre de 1874, BLDG, XLII-2, p. 243; Nancagua y Chimbarongo, Decreto Supremo de 2 de octubre de 1874, BLDG, XLII-2, p. 251; San José de la Mariquina, Decreto Supremo de 12 de octubre de 1874, BLDG, XLII-2, p. 254; Lebu y Cañete, Decreto Supremo de 15 de octubre de 1874, BLDG, XLII-2, p. 255; Petorca, Chincolco, Rosario, Pupío, Ramadilla, Quilimarí y Los Vilos, Decreto Supremo de 20 de octubre de 1874, BLDG, XLII-2, p. 257; San Antonio de Putaendo, Decreto Supremo de 30 de octubre de 1874, BLDG, XLII-2, p. 312; San Felipe, Decreto Supremo de 15 de diciembre de 1874, BLDG, XLII-2, p. 470; Los Vilos, Pupío y Ramadilla, Decreto Supremo de 25 de octubre de 1875, BLDG, XLIII, p. 570; La Ligua, Petorca e Illapel, Decreto Supremo de 22 de noviembre de 1881, BLDG, XLIX, p. 466; y Salamanca, Decreto Supremo de 7 de enero de 1882, BLDG, L, p. 62.

1074 BLDG, LVII, p. 1099.

1075 Parral, Decreto Supremo de 22 de agosto de 1888, BLDG, LVII, p. 1139; Talcahuano, Decreto Supremo de 27 de agosto de 1888, BLDG, LVII, p. 1153; Cauquenes, Decreto Supremo de 30 de agosto de 1888, BLDG, LVII, p. 1169; Rancagua, Decreto Supremo de 31 de agosto de 1888, BLDG, LVII, p. 1171; San Javier, Decreto Supremo de 3 de septiembre de 1888, BLDG, LVII, p. 1223; Quirihue, Decreto Supremo de 7 de septiembre de 1888, BLDG, LVII, p. 1231; La Florida, Decreto Supremo de 10 de septiembre de 1888, BLDG, LVII, p. 1233; San Felipe, Decreto Supremo de 11 de septiembre de 1888, BLDG, LVII, p. 1234; Mulchén, Decreto Supremo de 11 de septiembre de 1888, BLDG, LVII, p. 1249; Coronel, Decreto Supremo de 12 de septiembre de 1888, BLDG, LVII, p. 1267; Melipulli, Decreto Supremo de 14 de septiembre de 1888, BLDG, LVII, p. 1270; Traiguén, Decreto Supremo de 14 de septiembre de 1888, BLDG, LVII, p. 1271; Bulnes, Decreto Supremo de 14 de septiembre de 1888, BLDG, LVII, p. 1271; Temuco, Decreto Supremo de 15 de septiembre de 1888, BLDG, LVII, p. 1274; Angol, Decreto Supremo de 15 de septiembre de 1888, BLDG, LVII, p. 1274; Santiago, Decreto Supremo de 15 de septiembre de 1888, BLDG, LVII, p. 1275; La Ligua, Decreto Supremo de 20 de septiembre de 1888, BLDG, LVII, p. 1277; Putaendo, Decreto Supremo de 20 de septiembre de 1888, BLDG, LVII, p. 1277; Lebu, Decreto Supremo de 21 de septiembre de 1888, BLDG, LVII, p. 1282; San Luis Gonzaga, Decreto Supremo de 21 de septiembre de 1888, BLDG, LVII, p. 1284; Curepto, Decreto Supremo de 24 de septiembre de 1888, BLDG, LVII, p. 1291; Constitución, Decreto Supremo de 24 de septiembre de 1888, BLDG, LVII, p. 1292; Iquique, Decreto Supremo de 24 de septiembre de 1888, BLDG, LVII, p. 1293; Los Ángeles, Decreto Supremo de 25 de septiembre de 1888, BLDG, LVII, p. 1294; Viña del Mar, Decreto Supremo de 27 de septiembre de 1888, BLDG, LVII, p. 1295; Curicó, Decreto Supremo de 27 de septiembre de 1888, BLDG, LVII, p. 1296; Quillota, Decreto Supremo de 27 de septiembre de 1888, BLDG, LVII, p. 1297; Tomé, Decreto Supremo de 29 de septiembre de 1888, BLDG, LVII, p. 1309; Linares, Decreto Supremo de 29 de septiembre de 1888, BLDG, LVII, p. 1310; Limache, Decreto Supremo de 29 de septiembre de 1888, BLDG, LVII, p. 1311; Yumbel, Decreto Supremo de 1° de octubre de 1888, BLDG, LVII, p. 1363; Casablanca, Decreto Supremo de 3 de octubre de 1888, BLDG, LVII, p. 1367; Cañete, Decreto Supremo de 6 de octubre de 1888, BLDG, LVII, p. 1368; Copiapó, Decreto Supremo de 6 de octubre

A más de las unidades urbanas, nuestro ordenamiento jurídico puso especial atención sobre una segunda unidad funcional: los puertos. Este concepto, a diferencia del de ciudad o villa, sí estaba recogido en la Constitución de 1833, cuyo artículo 37 n° 5 disponía que "solo en virtud de una ley se puede: [...] Crear nuevas provincias o departamentos; arreglar sus límites; *habilitar puertos mayores* y establecer aduanas"[1076]. La Ley de Régimen Interior de 1844 dejó establecida como competencia del Ministerio de Hacienda, por su artículo 4° n° 11, la "habilitación de los puertos, radas y caletas", de lo que se siguió que tanto los puertos mayores como los menores debían ser formalmente establecidos, con la diferencia de que para los primeros se requería de una ley y, para los segundos, de un acto administrativo.

En esto, el esquema general se siguió sosteniendo en lo dispuesto hasta 1860 —por ejemplo, en la ley de puertos menores habilitados, que ordenaba el establecimiento de poblaciones en ellos[1077]—; aunque, como ha de suponerse, la nómina de los puertos iba variando con el

de 1888, BLDG, LVII, p. 1369; Valdivia, Decreto Supremo de 6 de octubre de 1888, BLDG, LVII, p. 1370; La Unión, Decreto Supremo de 6 de octubre de 1888, BLDG, LVII, p. 1370; Vallenar, Decreto Supremo de 6 de octubre de 1888, BLDG, LVII, p. 1371; Chañaral, Decreto Supremo de 6 de octubre de 1888, BLDG, LVII, p. 1372; Caldera, Decreto Supremo de 6 de octubre de 1888, BLDG, LVII, p. 1373; Antofagasta, Decreto Supremo de 8 de octubre de 1888, BLDG, LVII, p. 1374; Los Andes, Decreto Supremo de 8 de octubre de 1888, BLDG, LVII, p. 1374; Arauco, Decreto Supremo de 11 de octubre de 1888, BLDG, LVII, p. 1420; Illapel, Decreto Supremo de 11 de octubre de 1888, BLDG, LVII, p. 1422; Talca, Decreto Supremo de 13 de octubre de 1888, BLDG, LVII, p. 1445, modificado en la parte occidental por Decreto Supremo de 7 de mayo de 1889, BLDG, LVIII, p. 382; Molina, Decreto Supremo de 13 de octubre de 1888, BLDG, LVII, p. 1446; Ancud, Decreto Supremo de 15 de octubre de 1888, BLDG, LVII, p. 1447; Tacna, Decreto Supremo de 15 de octubre de 1888, BLDG, LVII, p. 1448, y luego Decreto Supremo de 26 de noviembre de 1888, BLDG, LVII, p. 1747; Arica, Decreto Supremo de 17 de octubre de 1888, BLDG, LVII, p. 1449; La Serena, Decreto Supremo de 17 de octubre de 1888, BLDG, LVII, p. 1450; Coquimbo, Decreto Supremo de 17 de octubre de 1888, BLDG, LVII, p. 1451; Vicuña, Decreto Supremo de 17 de octubre de 1888, BLDG, LVII, p. 1452; Concepción, Decreto Supremo de 17 de octubre de 1888, BLDG, LVII, p. 1452; Lota, Decreto Supremo de 19 de octubre de 1888, BLDG, LVII, p. 1454; San Bernardo, Decreto Supremo de 22 de octubre de 1888, BLDG, LVII, p. 1455; Calama, Decreto Supremo de 25 de octubre de 1888, BLDG, LVII, p. 1461; Nueva Imperial, Decreto Supremo de 27 de octubre de 1888, BLDG, LVII, p. 1463; Osorno, Decreto Supremo de 30 de octubre de 1888, BLDG, LVII, p. 1464; Bulnes, Decreto Supremo de 5 de noviembre de 1888, BLDG, LVII, p. 1708; Calbuco, Decreto Supremo de 7 de noviembre de 1888, BLDG, LVII, p. 1709; Valparaíso, Decreto Supremo de 9 de noviembre de 1888, BLDG, LVII, p. 1721; Peumo, Decreto Supremo de 12 de noviembre de 1888, BLDG, LVII, p. 1723; Tocopilla, Decreto Supremo de 12 de noviembre de 1888, BLDG, LVII, p. 1724; Achao, Decreto Supremo de 14 de noviembre de 1888, BLDG, LVII, p. 1725; Vichuquén, Decreto Supremo de 14 de noviembre de 1888, BLDG, LVII, p. 1725; Melipilla, Decreto Supremo de 16 de noviembre de 1888, BLDG, LVII, p. 1732; Petorca, Decreto Supremo de 17 de noviembre de 1888, BLDG, LVII, p. 1733; Chillán, Decreto Supremo de 17 de noviembre de 1888, BLDG, LVII, p. 1734; Buin, Decreto Supremo de 19 de noviembre de 1888, BLDG, LVII, p. 1737; Pisagua, Decreto Supremo de 26 de noviembre de 1888, BLDG, LVII, p. 1748; Castro, Decreto Supremo de 12 de diciembre de 1888, BLDG, LVII, p. 2127; Rengo, Decreto Supremo de 17 de diciembre de 1888, BLDG, LVII, p. 2132; Maullín, Decreto Supremo de 4 de enero de 1889, BLDG, LVIII, p. 7; Yungay, Decreto Supremo de 23 de enero de 1889, BLDG, LVIII, p. 60; Taltal, Decreto Supremo de 1° de abril de 1889, BLDG, LVIII, p. 228; San Carlos, Decreto Supremo de 9 de mayo de 1889, BLDG, LVIII, p. 383; y Ovalle, Decreto Supremo de 10 de junio de 1889, BLDG, LVIII, p. 485.

1076 Las cursivas son nuestras.

1077 Ley de 21 de noviembre de 1846, BLDG, XIV, p. 257.

correr de los años. A fines del período, la Ley de Ministerios de 1887 señaló como atribución de Ministerio de Hacienda "la habilitación de puertos y caletas"[1078].

Respecto de los puertos mayores, había leyes que los habilitaban puntualmente, como respecto de Coronel[1079], Carrizal Bajo[1080] y Taltal[1081]; otras que los habilitaban en enunciación de conjunto, como la Ordenanza de Aduanas de 1864 respecto de Ancud, Melipulli, Valdivia, Coronel, Talcahuano, Tomé, Constitución, Valparaíso, Coquimbo, Huasco, Caldera y Mejillones[1082], sistema que fue replicado en la Ordenanza de 1872[1083]; y en otras oportunidades, por la vía administrativa se suscitaban habilitaciones durante episodios bélicos, como sucedió en relación con la Guerra con España[1084] y en la Guerra del Pacífico, habilitándose primero provisoriamente Mejillones y Antofagasta[1085] para luego hacerlo de manera definitiva[1086].

Y en relación con los puertos menores, las modificaciones también eran considerables. A más de lo que las Ordenanzas de Aduanas disponían al respecto, podían encontrarse múltiples habilitaciones, como las de Queule[1087], Rapel[1088], Quillahue[1089], Boca del Maule[1090], Junín[1091], Quicaví[1092], Pichilemu[1093] y Dichato[1094]. En otras ocasiones se cerraban puertos menores, como Penco y Lirquén[1095], Carampangue[1096] y Rumena[1097]. A veces, puertos otrora declarados mayores devenían menores[1098]. Y, por otra parte, los episodios bélicos podían autorizar habilitaciones masivas, como la de inicios de la Guerra del Pacífico que declaró que "los puertos de Cobija, de Tocopilla y cualesquiera otros del enemigo que sean ocupados por fuerzas chilenas, se considerarán durante la ocupación como puertos menores de la República de Chile"[1099].

1078 Ley de 21 de junio de 1887, BLDG, LVI, p. 709, art. 5° n° 7.
1079 Ley de 20 de agosto de 1864, BLDG, XXXIII, p. 191.
1080 Ley de 5 de diciembre de 1870, BLDG, XXXVIII, p. 417.
1081 Ley de 20 de enero de 1881, BLDG, XLIX, p. 67, art. 1°.
1082 Ley de 31 de octubre de 1864, BLDG, XXXIII, p. 305.
1083 Ley de 24 de diciembre de 1872, BLDG, XL, p. 1130, art. 1° a 8°.
1084 Decreto Supremo de 7 de octubre de 1865, BLDG, XXXIII, p. 535; Decreto Supremo de 17 de noviembre de 1865, BLDG, XXXIII, p. 579.
1085 Decreto Supremo de 19 de febrero de 1879, BLDG, XLVII, p. 76.
1086 Decreto Supremo de 12 de abril de 1879, BLDG, XLVII, p. 122. Como puede advertirse, tanto la habilitación provisoria como la definitiva se suscitaron por la vía administrativa.
1087 Decreto Supremo de 14 de mayo de 1869, BLDG, XXXVII, p. 139.
1088 Decreto Supremo de 6 de diciembre de 1870, BLDG, XXXVIII, p. 419.
1089 Decreto Supremo de 27 de marzo de 1874, BLDG, XLII-1, p. 161.
1090 Decreto Supremo de 10 de febrero de 1879, BLDG, XLVII, p. 69.
1091 Decreto Supremo de 31 de enero de 1882, BLDG, L, p. 99.
1092 Decreto Supremo de 7 de julio de 1886, BLDG, LV, p. 603.
1093 Decreto Supremo de 15 de julio de 1887, BLDG, LVI, p. 953.
1094 Decreto Supremo de 18 de febrero de 1889, BLDG, LVIII, p. 152.
1095 Decreto Supremo de 19 de mayo de 1865, BLDG, XXXIII, p. 339.
1096 Decreto Supremo de 14 de mayo de 1869, BLDG, XXXVII, p. 140.
1097 Decreto Supremo de 29 de septiembre de 1874, BLDG, XLII-2, p. 202, que duró pocos meses, pues había sido habilitada por Decreto Supremo de 27 de marzo de 1874, BLDG, XLII-1, p. 161.
1098 Es el caso de Quintero durante la Guerra contra España, primero declarado puerto mayor (Decreto Supremo de 24 de noviembre de 1865, BLDG, XXXIII, p. 585) y muy prontamente degradado a puerto menor (Decreto Supremo de 16 de abril de 1866, BLDG, XXXIV, p. 143).
1099 Decreto Supremo de 8 de abril de 1879, BLDG, XLVII, p. 116.

II. El régimen territorial

El marco jurídico con el cual se rigió la administración territorial se desarrolló en dos grandes esferas, por lo demás bien reconocidas en la legislación y en la práctica de la época[1100]. Por una parte, el régimen interior, que abordaba la estructura orgánica dependiente del Presidente de la República a través del territorio del país (a); y, por otra parte, el régimen municipal, que prolongaba el antiguo linaje de los cabildos y representaba la organización administrativa de los habitantes de un lugar que había sido habilitado para ello (b).

a. El régimen interior

Un primer elemento que debe advertirse es que ninguna de las disposiciones constitucionales referentes al régimen interior fue modificada durante este período. Por su parte, la Ley de Régimen Interior de 1844 rigió durante gran parte de él, prosiguiéndose la correlación estrato-autoridad que ella establecía, así como el orden jerárquico entre las autoridades respectivas[1101]: las provincias quedaban a cargo de un intendente; los departamentos, de un gobernador; las subdelegaciones, de un subdelegado; y los distritos, de un inspector[1102]. Durante un cuarto de siglo, la mayor parte de las modificaciones introducidas en la esfera de influencia de cada una de dichas autoridades fueron más bien puntuales, más allá de la distinta importancia de la materia sobre la que versaran.

Por ejemplo, a intendentes y gobernadores se les reguló las visitas de corte y tanteo[1103]; se les encargó "la distribución y venta de las medidas arregladas al sistema decimal de propiedad nacional que existen en sus provincias", permitiendo así la efectiva implementación de las nuevas unidades de medición[1104]; se les encargó velar "por que las profesiones de médico, cirujano, farmacéutico, flebótomo, dentista y matrona solo sean desempeñadas por personas que tengan título legal para ello"[1105]; se les encomendó avisar los casos en que se establecieran o suspendieran turnos de aguas, atendidas su "escasez o abundancia"[1106], y se les confirió la

---

1100 En la sentencia *Samit* (1878 b), se escindían aguas entre la Municipalidad y la "autoridad gubernativa", de lo que se desprende que ya en esta época se entendía que las municipalidades desarrollaban actividad de administración, pero no propiamente de gobierno.

1101 Reconocido abundantemente en jurisprudencia: v. gr., *Díaz* (1865 a) y *Del Villar* (1865).

1102 Véase Bocksang Hola (2015 a), título primero, capítulo segundo, A. Durante esta época hubo algunos casos de autoridades de régimen interior que escaparon del marco general, en razón de las circunstancias de la Guerra del Pacífico. Ellas se relacionan con sus respectivos estratos territoriales, que pueden ser consultados *supra* en esta sección, I.a. Por ejemplo, al gobernador civil de Pisagua le competían "las facultades y deberes que según la ley de arreglo del régimen interior de la República corresponden a los gobernadores de departamento; *pero en la parte que sean compatibles con el actual estado de ocupación* [...]" (Decreto Supremo de 11 de febrero de 1882, BLDG, L, p. 230, art. 4°). Una norma análoga surgió al crearse la Gobernación Civil del Callao (Decreto Supremo de 12 de abril de 1882, BLDG, L, p. 345, art. 3°).

1103 Decreto Supremo de 19 de diciembre de 1861, BLDG, XXIX, p. 486.

1104 Decreto Supremo de 21 de octubre de 1864, BLDG, XXXII, p. 259.

1105 Decreto Supremo de 25 de abril de 1866, BLDG, XXXIV, p. 135.

1106 Ordenanza de 3 de enero de 1872, BLDG, XL, p. 5.

prerrogativa de habilitar como puertos menores ciertos puertos o caletas no habilitados para el comercio "en casos especiales"[1107].

En materia ferroviaria, a los intendentes se les encomendaron varias prerrogativas importantes. Por ejemplo, debían intervenir en caso de atravesarse por un canal de riego un ferrocarril ya construido, oyéndose además el parecer de ingenieros (art. 19); debían inspeccionar anualmente las vías férreas para asegurar el cumplimiento de algunas obligaciones fundamentales de las empresas de ferrocarril (art. 22); y debían nombrar una comisión de ingenieros para reconocer las máquinas y carros destinados a la explotación de un ferrocarril (art. 29)[1108].

Y en materia de orden público, la Ley de Garantías Individuales —entrada en vigor en las postrimerías de la vigencia de la Ley de Régimen Interior de 1844— señalaba que "los intendentes y gobernadores, como agentes auxiliares de la administración de justicia y encargados de velar por la seguridad pública, podrán dictar órdenes de arresto o prisión siempre que hubiere verdadero peligro de que la justicia represiva quede burlada por cualquiera demora en recabar orden del juez competente"[1109]. Para entender el alcance de esta norma, es importante contrastar su redacción con el artículo de la ley de 1844 que versaba sobre la misma materia: según esta, era facultad del Gobernador "la de arrestar no solo *in fraganti* sino en todo caso en que aparezcan indicios de culpabilidad en algún individuo y sea preciso asegurar desde luego su persona, dando parte al juez competente, con expresión de causa, dentro de las cuarenta y ocho horas siguientes, y poniendo a su disposición al arrestado"[1110]. Como puede advertirse, el nuevo criterio era más restrictivo para la autoridad política, y sobre él se apoyaría la Ley de Régimen Interior de 1885.

Por cierto, las menciones anteriores solamente se formulan a modo ejemplar; otras muchas disposiciones tuvieron por objeto regular ciertos aspectos del régimen interior. Sin embargo, merece ser destacada una norma general de funcionamiento que, en medio de la pléyade reglamentaria de la época, podría pasar desapercibida. Se trata de un decreto supremo, emitido por el presidente Pérez, cuyo objeto era regular el tiempo que debían durar en sus funciones las autoridades del régimen interior:

> "Todo intendente, gobernador, subdelegado o inspector cesará en el ejercicio de su cargo una vez terminado el período constitucional o legal de su nombramiento; y en caso de no haber sido reelectos, los intendentes y gobernadores entregarán el mando de sus respectivas provincias y departamentos a las personas que señala el título 3° de la ley del Régimen Interior; y los subdelegados e inspectores, el mando de sus respectivas subdelegaciones y distritos a los sustitutos si los hubiere nombrados, o a falta de estos, a los subdelegados e inspectores de las subdelegaciones y distritos que lleven el número inmediatamente inferior"[1111].

1107 Ley de 24 de diciembre de 1872, BLDG, XL, p. 1130, art. 25.

1108 Ley de 6 de agosto de 1862, BLDG, XXX, p. 199.

1109 Ley de 25 de septiembre de 1884, BLDG, LIII, p. 951, art. 14; que luego señalaba que "los subdelegados podrán ejercer esta misma facultad en los casos de asesinato, de accidentes provocados intencionalmente en ferrocarriles, de robo con violencia o intimidación en las personas o de incendio".

1110 Art. 106 n° 1. La excepción, según el mismo artículo, eran los "senadores y diputados al Congreso, los cuales podrán ser arrestados solamente cuando fueren sorprendidos *infraganti*".

1111 Decreto Supremo de 11 de julio de 1864, BLDG, XXXII, p. 159.

A pesar de todas estas adecuaciones, añadiduras y esclarecimientos, se entendió la necesidad de otorgar un nuevo tratamiento sistemático a esta área del derecho administrativo, lo que terminó concretándose en la Ley de Régimen Interior de 22 de diciembre de 1885[1112].

Si se comparan las leyes de 1844 y 1885, salta a primera vista la diferencia en extensión de ambas: mientras la ley de 1844 se extendía por un total de 175 artículos, la de 1885 solo contenía 47. La distancia numérica es muy considerable, pero debe tenerse presente que ella revela más que una cifra, apuntando en realidad hacia un cierto espíritu de la legislación. Si se quisiera graficar de manera más o menos gruesa esta variación, podría sostenerse que mientras la primera ley tenía un espíritu más o menos barroco y recogía una cierta continuidad con la articulación normativa de fines de la era borbónica, la de 1885 tiende hacia una suerte de clasicismo austero, casi lacónico; fiel reflejo, por lo demás, del estilo legislativo que había ido consolidando Chile en sus principales cuerpos normativos y, muy particularmente, en los principales códigos de la época. Cuarenta años no habían pasado en vano, a pesar de que el diseño institucional se mantuviera imperturbable en sus grandes líneas.

En lo propiamente jurídico, había opiniones bastante divergentes en cuanto a la ponderación de la nueva ley. Un artículo contemporáneo —anónimo— se felicitaba de esta nueva legislación, al sostener que "se ha introducido una mejora importantísima en la legislación administrativa de Chile, pues la nueva ley es incomparablemente superior a la de 1844", calificando a esta última de "anacronismo", pues, según el autor, habíamos llegado a una época "en que, sin recurrir a medidas extremas, se asegura el orden público y la tranquilidad general; deslindadas las funciones de los gobernantes, se evita la arbitrariedad; garantizados los derechos del individuo, a la inercia sucede la energía, y renace y se fortifica el espíritu de empresa y de asociación; previstas las necesidades sociales y los mil elementos que constituyen la vida de un pueblo, llega a ser fácil la misión del administrador"[1113].

Pero otras opiniones eran bastante menos entusiastas. Robustiano Vera frisaba el pesimismo y aun el desprecio:

> "No creemos que la presente Ley de Régimen Interior sea de larga vida, ni que ella reemplace con ventajas a la que nos ha regido hasta hace un mes, por espacio de cuarenta y cinco años cabales.
>
> Aprobada en el Congreso sin discusión alguna, ella no ha pasado por el crisol de un debate, en que una discusión tranquila, ayudada con el talento y experiencia de los hombres prácticos, hubiera previsto todos los casos y armonizado sus disposiciones con las demás leyes y Códigos que nos rigen, a fin de que nuestra legislación lleve el sello de la uniformidad, que trae tantas ventajas para su aprendizaje.
>
> No creemos tampoco que esta ley preste grandes servicios, por lo mismo que se ha pretendido establecer solo principios capitales, sin descender a fijar detalles y reglas en los diversos ramos

1112 Ley de 22 de diciembre de 1885, BLDG, LIV, p. 1309.

1113 En *Revista Forense Chilena*, I, n° 14, p. 707.

del servicio que caen bajo la autoridad de los intendentes y gobernadores, como agentes directos e inmediatos del Presidente de la República"[1114].

Y proseguía, con un dejo de amargura, enfatizando que "mejor habría sido dejar vigente la ley de 10 de enero de 1844, suprimiendo lo que se hubiera creído reformable, pero conservando siempre su sistema y quitando lo que ya no estaba en vigor"[1115].

La extensión de la ley de 1885 representa, en cierta forma, un desmentido a las pretensiones de autosuficiencia en su materia que se encuentra en otros cuerpos normativos de la época. Sin ser propiamente una anomalía en el conjunto de nuestra legislación, es sin duda llamativa. Esto lo advirtió uno de sus primeros comentaristas, quien se esmeró en desarrollar doctrinariamente la síntesis de distintas normas que concernían al Gobierno Interior y que no se encontraba concentrada en el texto mismo de la ley, sino que dispersa entre muy distintas normas[1116].

Más lejano a estas controversias contemporáneas, Bravo Lira sostuvo retrospectivamente que la ley de 1885 se propuso "reducir los poderes de los intendentes y gobernadores"[1117]. Tal aseveración no debiera interpretarse, empero, como una desfiguración completa del rol del Gobierno Interior a partir de su entrada en vigor; pero sí a una adecuación, tanto formal como sustancial, a los requerimientos del Estado de derecho y a evoluciones que recientemente había experimentado la legislación, como la Ley de Garantías Individuales —en cuya área efectivamente existió una restricción notoria en relación con el estado anterior.

Un primer título de esta ley de 1885 establecía una serie de normas comunes a intendentes y gobernadores, englobando requisitos (art. 1°), prohibiciones (art. 2°) e incompatibilidades[1118] (art. 3°) para acceder a dichos cargos, la fianza (art. 4°) y el juramento (art. 5°), y el tratamiento de su suplencia o subrogación (art. 6° y 7°).

El Título II abordaba las atribuciones y deberes del Intendente, que, en síntesis, ejercía el "gobierno superior de cada provincia en todos los ramos de la administración", ejerciéndolo "con arreglo a las leyes y a las órdenes e instrucciones del Presidente de la República, de quien es agente natural e inmediato" (art. 8°). Seguía siendo "gobernador del departamento en que está la capital de la provincia" (art. 9°) y "comandante general de armas de la provincia, salvo

1114 Vera Díaz (1886), p. 5. Como se explicará *infra*, en esta misma sección, el vaticinio de Vera acerca de la longevidad de la ley no se hizo realidad, pues sobrevivió hasta la segunda mitad del siglo XX. Quizás su relativa brevedad haya sido un factor relevante de abono a su subsistencia.

1115 Vera Díaz (1886), p. 6.

1116 Larraín Zañartu (1886), *in totum*.

1117 Bravo Lira (1986), p. 230.

1118 Amunátegui Rivera (1900), p. 44, destacaba especialmente en esta ley el haber establecido "incompatibilidad absoluta entre el cargo de Intendente y de Gobernador con cualquier otro empleo público". En efecto ella no existía propiamente en la ley de 1844, cuyo artículo 15 n° 2 señalaba como causal para *eximirse* de servir el cargo "estar empleado en alguna oficina de rentas públicas, o hallarse sirviendo algún empleo público incompatible con el de Gobernador, subdelegado o inspector", sin establecer derechamente la incompatibilidad. Es más; como bien destacó Larraín Zañartu (1886), p. 13, el artículo 14 la ley de 1844 además planteaba el cargo de Gobernador como concejil y de servicio gratuito, lo que significaba tácitamente una aceptación de eventual coexistencia con otro empleo estatal rentado.

que el Presidente de la República nombrare a otra persona" (art. 10), y era "responsable de los abusos que, con su tolerancia, cometan los gobernadores" (art. 11).

El Título III establecía los deberes y atribuciones del Gobernador, quien era "el representante del Poder Ejecutivo en el departamento, y encargado de hacer cumplir la Constitución, las leyes y los decretos del Presidente de la República", a más de ser "comandante de armas del departamento, salvo que se nombre a otra persona" (art. 16). En consonancia con el orden fijado a partir de la LOAT, se destacaba especialmente que "el Gobernador no podrá ejercer funciones judiciales ni resolver asuntos contenciosos, y en resguardo de sus atribuciones podrá promover contiendas de competencia" (art. 17). En atención a algunas controversias suscitadas en los años precedentes, también existía una mención especial a que el Gobernador "no podrá requerir ningún servicio personal. No podrá exigir erogaciones de ningún género, ni por causa alguna" (art. 19). También se contenía una larga lista de sus atribuciones (art. 21), tratándose separadamente las que le concernían en materia de aguas (art. 22).

Un Título IV versaba sobre los subdelegados e inspectores, estableciendo primero las condiciones del ejercicio de estos cargos (art. 23 a 26) y luego señalando sus funciones por lo general de manera accesoria, tanto respecto de los subdelegados —cuyo deber era "auxiliar al Gobernador en el cumplimiento de los deberes y ejercicio de las atribuciones que le asigna esta ley (art. 27)— como respecto de los inspectores —quienes debían "cooperar al buen desempeño de las funciones señaladas al Subdelegado, y cumplir las órdenes que este les transmita o imparta" (art. 30)—. Se reglaba en particular la prerrogativa de disponer arrestos por parte de los subdelegados, remitiéndose para su régimen a la Ley de Garantías Individuales de 1884 (art. 29) y autorizando que los inspectores pudieran capturar a los delincuentes flagrantes (art. 31).

Especial interés revistió el Título V, que trataba de los allanamientos, planteándose como punto de partida que "corresponde a la autoridad judicial dictar los decretos de allanamiento", pero esclareciendo que "el Gobernador podrá expedirlos solo en los casos en que este título lo autoriza" (art. 33). Para el caso de allanamiento por el Gobernador, se distinguía entre el caso de allanamiento de "establecimientos destinados a espectáculos o al servicio y recreo de toda clase de personas" (art. 34) y de "una propiedad particular, contra la voluntad de sus moradores" (art. 35)[1119], permitiendo el allanamiento por parte de subdelegados solo en algunos casos (art. 36), y describiendo el procedimiento a seguir para ello (art. 37)[1120].

1119 Los casos en los que se permitía estaban definidos taxativamente: "1° Para hacer cumplir los decretos que legalmente se dictaren en tiempos de epidemia; 2° Para impedir la propagación de incendios, o las inundaciones; 3° Para extraer un delincuente *infraganti*, por hechos que constituyan un crimen o un simple delito; 4° Para arrestar a delincuentes en los casos en que el Gobernador tenga facultad para ello con arreglo a lo dispuesto en el artículo 8° de la Ley de Garantías Individuales de 25 de setiembre de 1884; y 5° Para extraer un contrabando".

1120 "El allanamiento de casa particular se verificará en esta forma: 1° El ejecutor presentará copia autorizada del decreto judicial o del mandato del Gobernador al dueño de cada, o a falta de este, a cualquiera de las personas que se encuentren en la casa. En caso de no aparecer ninguna persona, lo leerá en alta voz y lo fijará en la puerta de calle; 2° Acto continuo, procederá al registro, sin emplear fuerza sino para abrir las puertas o penetrar en los lugares que se le resistieren, respetando las personas o cosas que no le ordene tomar el mandamiento; 3° Terminado el registro, el ejecutor se retirará, tomando precauciones en caso necesario para evitar perjuicios al dueño de la casa allanada".

En relación con esta materia, al entrar en vigor la ley parece haber existido una conciencia de que, a pesar de eventuales deficiencias, había un avance notorio sobre la situación existente bajo el imperio de la ley de 1844:

> "La nueva ley del régimen interior ha hecho cesar el orden de cosas existente, sancionado por el artículo 112 de la antigua del mismo nombre, con relación a la inviolabilidad del asilo que constituye la casa de toda persona que habita el territorio chileno", destacando que "aun cuando a este respecto el orden de cosas creado por la nueva ley difiere poco del existente antes de ella, pues decretar pueden allanamiento la autoridad judicial, el gobernador y el subdelegado, con todo, basta esa designación y la determinación de los motivos que lo autorizan, para que la nueva ley importe un paso adelantado en el sentido de sacar al mandato constitucional consignado en el artículo 146, de la esfera de *precepto vago y genérico* y del caos de dudas en que se veía envuelto y a cuyo amparo era atacado, más o menos directamente, por todo el que se decía representante de la autoridad"[1121].

Un Título VI estableció normas de responsabilidad de intendentes, gobernadores, subdelegados e inspectores, aludiéndose a ello a su responsabilidad civil y criminal "los delitos que cometan en el ejercicio de sus funciones", la que prescribía en seis meses "contados desde el día en que tuviere lugar el acto u omisión que se les imputare" (art. 38), pero requiriendo de tramitaciones previas (art. 39), y ello sin perjuicio del derecho de los interesados a reclamar ante las autoridades que se estimaran responsables, e incluso de subir de grado en grado hasta el Presidente de la República (art. 40)[1122]. Un Título VII contemplaba normas de secretarías de Intendencia y de Gobernación, y un Título Final disponía la derogación orgánica de la ley de 1844 (art. 47)[1123].

Finalmente, cabe subrayar que la entrada en vigor de esta nueva ley no impidió la aparición posterior de nuevas atribuciones específicas conferidas a las autoridades del régimen interior; por ejemplo, la fijación de obligaciones de los gobernadores respecto del servicio de agua potable[1124].

1121 ARLEGUI GORBEA (1887), pp. 583-584.

1122 Véase también *infra*, título segundo, capítulo primero, A.I.b.2 y A.II.a.2.i.

1123 El sobrio estilo de esta ley le permitió sobrevivir incluso a un cambio constitucional, dado que estuvo en vigor hasta fines de 1959, es decir, en plena aplicación de la Constitución de 1925. Su derogación se produjo por DFL n° 22, de 19 de noviembre de 1959, D. O. n° 24497, p. 1887, art. 92: "El presente decreto con fuerza de ley comenzará a regir treinta días después de su publicación en el *Diario Oficial* y desde esa fecha quedarán derogadas la Ley de Régimen Interior, de 22 de diciembre de 1885, y todas las disposiciones generales y particulares que fueren contrarias a su contenido".

1124 Decreto Supremo de 26 de septiembre de 1889, BLDG, LVIII, p. 715.

b. El régimen municipal

Aunque, tal como el Régimen Interior, el de las municipalidades recibió una nueva legislación a fines del período examinado, existió un sustrato de unidad entre la ley de 1854 y la de 1887, en virtud del marco dispuesto por la Constitución de 1833[1125] y también por el Código Civil[1126].

El artículo 122 de la carta fundamental preceptuaba que habría una municipalidad "en todas las capitales de departamento y en las demás poblaciones en que el Presidente de la República, oyendo a su Consejo de Estado, tuviere por conveniente establecerla". De ello se desprendía que la vía natural para el establecimiento de municipalidades[1127] estuviera dada por la creación de departamentos[1128], estando también abierta la alternativa de resorte presidencial directo, la que se ejerció varias veces durante este período: así, se crearon directamente las municipalidades de Viña del Mar[1129], San Luis Gonzaga de Rere[1130], Lota[1131], Taltal[1132], Maullín[1133], Toltén[1134] y Carrizal Alto[1135].

También hubo algunas adecuaciones que favorecían los inicios de la implementación del régimen municipal en distintas localidades. Por ejemplo, se señalaron municipales en los departamentos de Angol, Lebu e Imperial, recién creados, mientras se elegían las respectivas municipalidades, asumiendo como tales una junta compuesta de dos alcaldes y cuatro

1125 Y por aspectos incluso anteriores a la Constitución de 1833, como la personalidad jurídica especial de cada municipalidad, tal como siguió reconociéndose en jurisprudencia durante este período: *v. gr.*, *Municipalidad de Vallenar con Mendoza* (1872), sosteniendo que "la municipalidad, como persona jurídica capaz de ejercer derechos y contraer obligaciones, está obligada a respetar y cumplir los acuerdos que celebra, en uso de las atribuciones que le otorga la ley organiza".

1126 Como elemento que atraviesa este período, véase *infra*, título tercero, capítulo segundo, A.II.b, lo reseñado en torno a la categoría del dominio municipal.

1127 Las municipalidades se establecían formalmente, y no constituían meramente en la reunión de los vecinos, tal como aparece de *Herrera* (1888): "[...] de manera que este conjunto de facultades manifiesta que no es a los vecinos sino al cuerpo encargado de los intereses locales por la constitución del Estado a quien la ley ha encomendado la administración de las calles públicas, correspondiendo, en consecuencia a este los gastos que imponga su pavimentación".

1128 Véase *supra*, en esta misma sección, I.a. Y si se suprimía el departamento, *ipso iure* se suprimía la municipalidad: *Vecinos de Toltén* (1888), caso en el cual, además, el Consejo de Estado recomendó el establecimiento de una municipalidad por vía presidencial directa. También el Tribunal de Elecciones Municipales ilustró este punto: *Nulidad de elecciones municipales de Valdivia* (1888 a) y *Nulidad de elecciones municipales de Valdivia* (1888 b).

1129 Decreto Supremo de 31 de mayo de 1878, BLDG, XLVI, p. 125.

1130 Decreto Supremo de 5 de diciembre de 1878, BLDG, XLVI, p. 565: "comprenderá las subdelegaciones tituladas de Rere, Quilacoya y Talcamávida. La cabecera del expresado territorio será la villa de San Luis Gonzaga de Rere".

1131 Decreto Supremo de 30 de noviembre de 1881, BLDG, XLIX, p. 410.

1132 Decreto Supremo de 13 de mayo de 1882, BLDG, L, p. 391.

1133 Con territorio de las subdelegaciones 7, 8, 9, 11 y 12 del departamento de Carelmapu: Decreto Supremo de 15 de septiembre de 1882, BLDG, LI, p. 760.

1134 Con territorio de las subdelegaciones del antiguo departamento de Imperial: Decreto Supremo de 5 de septiembre de 1888, BLDG, LVII, p. 1231.

1135 Decreto Supremo de 17 de noviembre de 1888, BLDG, LVII, p. 1733.

vecinos designados por el Presidente de la República[1136]. También, a inicios de la Guerra del Pacífico se fijó una comisión de alcaldes en el territorio de Antofagasta, "y mientras no haya Municipalidad elegida conforme a la ley, ejercerá las funciones a que se refiere el tít. IV de la ley de 8 de noviembre de 1854"[1137] y, al crearse la provincia de Antofagasta, se dispuso que "los bienes, derechos y acciones que correspondían a las corporaciones municipales bolivianas correrán a cargo de las municipalidades o juntas de alcaldes establecidas por ley de 2 de mayo de 1879 y por la presente"[1138].

Más allá de tales particularidades, es importante tener presente que la Ley de Municipalidades de 1854, diez años más reciente que la primera del Régimen Interior, fue, contrariamente a esta última, objeto de una modificación importante a pocos años de haberse comenzado a aplicar. Ello sucedió en 1861[1139] y da cuenta de una especial preocupación en el tratamiento de estos organismos[1140], introduciéndose ajustes por ley a distintas materias[1141]. Primeramente, se suprimió en el artículo 6° el requisito de tener veinticinco años de edad para ser nombrado municipal propietario o suplente. En el artículo 45, se introdujo expresamente la descripción de la forma a través de la cual el procurador entablaría los reclamos sobre contratos municipales o nuevas inversiones de fondos que estimara indebidos: "en la forma dispuesta en el inciso 1° del artículo 44". Por otra parte, en el artículo 48 se introdujo una norma de probidad, pues a la disposición original, que preceptuaba que "el nombramiento de procurador no podrá recaer en ningún miembro de la Municipalidad", se le añadió la fórmula "ni en persona que se halle con algún municipal en las relaciones de parentesco de que trata el art. 8°"[1142]. Asimismo, sobre el artículo 73 se removió la exigencia de contarse con "el asentimiento expreso del procurador municipal" en los casos de adquisición de bienes por herencia, legado o donación que le impusieren gravámenes permanentes a la Municipalidad. En el artículo 82, que versaba

1136 Ley de 24 de octubre de 1869, BLDG, XXXVII, p. 328. Véase también, respecto de la labor jurisdiccional de los alcaldes en dicho contexto, el Decreto Supremo de 16 de agosto de 1869, BLDG, XXXVII, p. 233, respecto de Lebu; el Decreto Supremo de 4 de septiembre de 1869, BLDG, XXXVII, p. 295, respecto de Angol; y el Decreto Supremo de 30 de septiembre de 1869, BLDG, XXXVII, p. 303, respecto de Imperial.

1137 Decreto Supremo de 10 de julio de 1879, BLDG, XLVII, p. 233.

1138 Ley de 12 de julio de 1888, BLDG, LVII, p. 944. Respecto de la Municipalidad de Antofagasta desde la Guerra del Pacífico hasta 1888, puede consultarse González Pizarro (2010).

1139 A lo que debe agregarse la importancia del tratamiento que se le dio en la Ley de Elecciones de 1861 al Tribunal de Elecciones Municipales, que operaría casi por la totalidad del período en estudio: véase *infra*, título segundo, capítulo primero, B.II.

1140 Cuyas controversias no solo podían darse con los particulares o con el Fisco, sino también entre las mismas municipalidades, contándose con casos interesantes, como *Municipalidad de Loncomilla con Municipalidad de Linares* (1875), referida a las consecuencias patrimoniales de las modificaciones de límites territoriales.

1141 Ley de 9 de octubre de 1861, BLDG, XXIX, p. 348.

1142 El artículo 8° disponía que "no podrán ser miembros de la misma Municipalidad dos o más parientes por línea recta, sea por consanguinidad o afinidad, dos o más hermanos, dos o más que se hallen en las relaciones de tíos y sobrinos. En caso de resultar elegidos parientes que se hallen en los grados indicados, entrará el que hubiere obtenido mayor número de votos y en caso de igualdad, el de mayor edad. / El parentesco contraído después de las elecciones, no obsta a que los municipales elegidos continúen funcionando. / En caso de parentesco por afinidad, la muerte de la mujer, acaecida antes de instalarse la Municipalidad, hace cesar el impedimento a que se refiere este artículo".

sobre la posibilidad de transigir en pleitos pendientes o en acciones que la municipalidad tratase de ejercitar o que se hubieren de entablar contra ella, se alteró el umbral que dividía la especificación de la autoridad que debía prestar la respectiva aprobación. En el diseño original de la ley, si la transacción que conllevaba el gravamen excedía de tres mil pesos, ella debía ser aprobada por el Presidente de la República, mientras que, si no lo superaba, bastaba con la aprobación del Intendente: la modificación bajó la cifra a mil pesos, con lo que la intervención presidencial se hacía bastante más probable.

Por último, la reforma de 1861 modificó la distribución de ámbitos en que operaban las ordenanzas, reglamentos o simples acuerdos en la Municipalidad, materia que se abordaba en el artículo 103. La organización del "servicio de las oficinas o empleados encargados de la administración de los fondos o percepción de contribuciones u otros ramos o arbitrios municipales, o prescriben la forma en que deben llevarse y rendirse las cuentas", y la fijación de un modo general de "las condiciones y formalidades de los remates de bienes raíces o ramos municipales", que en el texto primitivo se expresaban como materia de ordenanza, pasaron a serlo de reglamento. Por su parte, "la creación o supresión de empleos municipales, y determinación de sus sueldos o emolumentos", que con una redacción algo diferente se habían hallado encomendadas a ordenanza, pasaban a ser materia de simple acuerdo, aunque con un quórum especial de dos tercios de los municipales presentes y sujetos a la aprobación del Presidente de la República. También se le introdujo algún ajuste, al final del artículo, al tratamiento de la promulgación de los actos municipales.

El mismo año, aunque por vía administrativa, se zanjó un punto importante correspondiente a las votaciones municipales. Dado que el Gobernador presidía las sesiones, surgió la duda de si dicha presidencia era nominal o efectiva para efectos de los quorum. Un decreto supremo imperó que "el voto del Gobernador debe tenerse en cuenta al computar la mayoría en los acuerdos o resoluciones municipales"[1143]. Como se verá, este punto fue modificado en la Ley Municipal de 1887.

Algunas innovaciones en las atribuciones y operatividad municipal fueron más focalizadas. En 1866, se dispuso una autorización general por ley al establecimiento de mataderos municipales, habilitando a hacerlo a las que lo creyesen conveniente, cobrándose los derechos que se fijasen por ordenanza y resguardándose un monopolio para la comercialización: "[...] en el recinto de las poblaciones donde haya mataderos solo podrá venderse la carne de los animales que en ellos se beneficien"[1144]. En 1873 se reforzarían estas prerrogativas, autorizándose a las municipalidades, también por ley, "para prohibir que en los mercados, calles, plazas y casas de la población se expenda otra carne que la de los animales beneficiados en

1143 Decreto Supremo de 27 de febrero de 1861, BLDG, XXIX, p. 7. Poco después se revisó en jurisprudencia si existía algún carácter delictivo en el hecho de que los municipales se reuniesen sin el presidente, entendiéndose que "no es delito el que la municipalidad de un pueblo se reúna y funcione sin la asistencia del gobernador respectivo para objetos que son de su exclusiva competencia; mucho más cuando por aquel funcionario se impone fuerza armada a los miembros de la municipalidad, como ha sucedido en el presente caso": *Municipales de Illapel* (1864). Asimismo, no era *per se* delictivo el hecho de sostenerse sesiones agitadas pero sin coacción ni vejaciones: *Municipales de Santa Rosa de Los Andes* (1864).

1144 Ley de 25 de agosto de 1866, BLDG, XXXIV, p. 219.

los mataderos municipales"[1145]. En materia de cementerios, se dispuso que "los cementerios particulares solo podrán establecerse fuera de los límites urbanos de las poblaciones y previa licencia de la Municipalidad respectiva, la cual calificará las ventajas de su situación local con relación a la salubridad pública", reservándose el Gobierno para autorizar el establecimiento de cementerios dentro de la zona urbana[1146]. Y, en lo concerniente a la vialidad, en algunas oportunidades se autorizó a municipalidades concretas para obligar a propietarios de inmuebles a pagar al menos parcialmente los arreglos de las calles, tal como sucedió en Talca[1147] y en Concepción[1148].

También había casos en que la normativa establecía la apertura de oficinas o servicios complementarios dentro de las municipalidades. En ocasiones, la iniciativa era de la propia municipalidad, tal como sucedió con una ordenanza de Valparaíso que creó una inspección general de máquinas de vapor[1149], pero en otras la obligación orgánica venía dispuesta desde fuera, tal como el registro de marcación de animales, que se derivaba de una ley de 12 de noviembre de 1874[1150] y cuyo reglamento ordenaba que se abriría "en la tesorería municipal de cada departamento y correrá a cargo del jefe de la misma oficina"[1151]. Por cierto, estas cargas también iban aparejadas de ciertos privilegios; así, por ejemplo, al establecerse en 1878 el impuesto sobre las herencias y donaciones, se les eximió de satisfacerlo a las municipalidades de la República[1152].

Pero el gran hito en materia municipal del período estuvo dado por la Ley de Municipalidades de 1887[1153]. Ella no implicó una disminución en extensión normativa que fuera análoga a la que se produjo en el tránsito hacia la Ley de Régimen Interior de 1885, conservando una envergadura bastante considerable. No solo aquello unía a esta ley y a su predecesora: también las estructuras generales de ambas leyes municipales eran bastante similares. En los dos textos, su Título I se denominaba "De la organización de las Municipalidades"; su Título II, "De las sesiones de las Municipalidades"; su Título III, "De las atribuciones y deberes de las Municipalidades"; y su Título VII, "De la administración de los bienes y rentas". Ambas tenían un título consagrado a la Comisión de Alcaldes —el VI y V, respectivamente—, y un título denominado "Disposiciones generales"— el IX y el X, también respectivamente—. Sí hubo modificaciones bastante elocuentes en algunos segmentos: en la ley de 1854 existía un Título V que se denominaba "De los alcaldes y del procurador municipal", que en la de 1887 devino el Título VI, "Del procurador y del tesorero municipal", dando especial preeminencia

1145 Ley de 26 de noviembre de 1873, BLDG, XLI-2, p. 340.

1146 Decreto Supremo de 21 de diciembre de 1871, BLDG, XXXIX, p. 480.

1147 Ley de 19 de octubre de 1877, BLDG, XLV, p. 521.

1148 Ley de 11 de septiembre de 1879, BLDG, XLVII, p. 293: la obligación pesaba, por mitades, entre la Municipalidad y los vecinos; pero si los particulares carecían de bienes, la Municipalidad se hacía cargo, y se gravaba con hipoteca la cantidad en miras de reembolsar a la Municipalidad al transferirse la propiedad de dominio o cuando mejorase el propietario de fortuna.

1149 Decreto Supremo de 6 de febrero de 1871, BLDG, XXXIX, p. 50.

1150 Ley de 12 de noviembre de 1874, BLDG, XLII-2, p. 414.

1151 Decreto Supremo de 17 de noviembre de 1874, BLDG, XLII-2, p. 420.

1152 Ley de 28 de noviembre de 1878, BLDG, XLVI, p. 517, art. 14 nº 3.

1153 Ley de 12 de septiembre de 1887, BLDG, LVI, p. 1351.

a la figura del tesorero municipal[1154]. Este, por lo demás, aparecía tratado en otro Título en la ley más antigua —el VIII "De la inversión y la contabilidad"— que, a su vez, en la de 1887 pasó a denominarse "De los presupuestos y cuentas municipales". Y, por último, apareció en la ley de 1887 un Título IX, inexistente en la de 1854, denominado "De la responsabilidad" y que venía a ser el símil del título VI de la Ley de Régimen Interior de 1885.

La ley de 1887 ha sido calificada como "la primera Ley de Autonomía Municipal", debido a la supresión de "algunas de las arterias con las que el Ejecutivo controlaba la política municipal"[1155]. Si la eventual autonomía pasaba por cuestiones orgánicas y financieras —que son dos parámetros clave en este sentido—, es importante revisar las eventuales modificaciones existentes respecto de la ley anterior.

Desde un punto de vista *orgánico*, el elemento más indicativo de la existencia o no de la autonomía era la dependencia de las municipalidades respecto del poder central. En este sentido, la manija originaria, si se quiere, siguió estando en poder del Presidente de la República, por cuanto la creación de municipalidades continuó siendo de su competencia a través de la creación de departamentos, o bien directamente, tal como disponía la Constitución y que recogió la ley de 1887 en su artículo 1°. La ley introdujo una atenuación —más bien simbólica, si se quiere, pero no por ello irrelevante— del poder que se confería a los gobernadores o subdelegados: tal como antaño presidían la Municipalidad[1156], pero el artículo 16 de esta ley les privó del derecho a voto en las sesiones municipales, mientras el artículo 40 hizo lo mismo en el seno de la Comisión de Alcaldes. Otro factor relevante se advierte en los artículos 28 y 29, que le confiaron al primer alcalde atribuciones considerables, sustraídas del Gobernador o Subdelegado. Algunos años más tarde, Amunátegui Rivera sostendría que esto mostraba cómo la ley de 1887 había introducido "la primera reforma destinada a separar las funciones administrativas locales de las generales"[1157].

Con todo, no podría pretenderse que esto significara que el Supremo Gobierno se desprendiese del control sobre las municipalidades. El artículo 36 le confería un arma muy poderosa, derivada del régimen anterior, aunque también modificada respecto de lo previsto por aquel: "Ningún acuerdo o resolución de la Municipalidad que no sea observancia de las reglas establecidas podrá llevarse a efecto sin ponerse en noticia del Gobernador o Subdelegado en

---

1154 Lo que no significaba que el procurador perdiera la suya, ya bien asentada. En las postrimerías de la vigencia de la ley de 1854, la sentencia *Ovalle* (1886) dejaba de manifiesto la imposibilidad de asumirse sus funciones, aun fuese por el Intendente, como máxima figura de la Municipalidad.

1155 Estefane Jaramillo (2017), p. 111. Muñoz Chiú (2009), p. 278, destaca la existencia durante el siglo XIX de un movimiento dirigido a ir "generando atribuciones cada vez más amplias" para las municipalidades.

1156 El doble carácter de autoridades del régimen interior y de las municipalidades era plenamente reconocido en la práctica, y la imputación a tal o cual organismo dependería de la esfera en la que obraran: *v. gr.*, *Silva* (1888).

1157 Amunátegui Rivera (1900), p. 162. Pero Letelier apuntó a este elemento —al menos, parcialmente— como determinante en los inconvenientes de la ley: Letelier Madariaga (1907), p. 83: "La dualidad entre el alcalde y el gobernador provocó muchos conflictos, provenientes de que al hacer la división de los servicios locales no se procedía científicamente sino empíricamente [...]". De tales choques hay testimonios jurisprudenciales: véase, *v. gr.*, *Intendente de Santiago con Primer Alcalde de la Municipalidad de Santiago* (1889), respecto de la competencia para otorgar permisos de construcción. En nuestros días, Bravo Lira (1986), p. 231, ha subrayado que esta ley "hace del alcalde el jefe de la municipalidad".

su caso, *quien podrá suspender su ejecución si encontrare que ella perjudica al orden público*"[1158], dejando a salvo una vía contenciosa en manos del Consejo de Estado para el caso de ciertas controversias de peso. Además, aunque el Gobernador o Subdelegado habían dejado de tener una competencia general para los actos de administración, seguían teniendo prerrogativas exclusivas de gran importancia, según el artículo 35. Y si bien, como se explicaba anteriormente, el primer alcalde había recibido importantes atribuciones privativas, era perfectamente posible, en aplicación del artículo 38, que respecto del ejercicio de cinco de las atribuciones del artículo 28 se trabara contienda provisoriamente ante el Intendente, y en definitiva ante el Consejo de Estado, en caso de existir discrepancias acerca de ellas entre alcaldes y subdelegados o gobernadores.

Si transitamos al rubro de la autonomía *financiera*, resulta evidente que también se produjo un cambio importante[1159]. Mientras la ley de 1854 disponía que el presupuesto tenía que ser aprobado por el Presidente de la República, el nuevo artículo 69 preceptuaba que "la Municipalidad discutirá y aprobará su presupuesto de entradas y gastos". Pero, nuevamente, el Supremo Gobierno no quedaba inerme frente a esta innovación: al Gobernador o Subdelegado le correspondía, según el artículo 35 n° 3, "formar el presupuesto anual de la Municipalidad, dividido en dos secciones, en conformidad al artículo 72, promulgarlo una vez aprobado, y presentar la cuenta de inversión en la misma forma".

Y en la esfera del juzgamiento de las cuentas también se produjeron ajustes importantes: según los artículos 98 y 99 la ley de 1854, ellas eran examinadas en primera instancia por la comisión de alcaldes y, en segunda, por el tribunal de apelación de cuentas municipales, hallándose este último integrado por "el juez letrado de la capital de la provincia o, en caso de haber varios, el más antiguo; el jefe de la oficina fiscal pagadora, y un funcionario o vecino designado por el Presidente de la República al principio de todo período municipal". El artículo 81 de la de 1887 dispuso que fallaría las cuentas "en primera instancia un inspector de oficinas fiscales, y en segunda el Tribunal Superior de Cuentas". El sistema era bastante distinto, como se puede advertir. De haber tenido un régimen de control especial, esta rama importante de la jurisdicción contable se integraba a la institucionalidad del Tribunal de Cuentas, tronco principal de esta materia.

Por cierto, esta ley contenía otros elementos de interés. Por no detallar más que un par, resulta llamativo que haya subsistido en sus artículos 25 y 59 la terminología antigua de los *arbitrios*[1160], y que el artículo 89 preceptuase que "las resoluciones de la Municipalidad son ordenanzas o acuerdos", haciendo desaparecer la categoría de los reglamentos como categoría específica de los actos administrativos municipales.

1158 Las cursivas son nuestras.

1159 No obstante, las municipalidades padecieron de una "fragilidad económica" durante todo el período: SILVA VARGAS (2005), p. 288.

1160 Muy presente también en jurisprudencia durante todo el período. Véase, *v. gr.*, *Municipalidad de Cauquenes con Del Río* (1874), en que se subrayó la prohibición de subastar o de dar en administración arbitrios municipales a parientes o miembros de la corporación; también, *Gazmuri* (1881) y *Municipalidad de Pisagua con Empresa de los Ferrocarriles Salitreros* (1889). También subsistió la terminología de los *propios*, también de antigua raigambre. Por ejemplo, en *Municipalidad de San Fernando con Arellano* (1869) se reafirmó su carácter no fiscal, mientras que en *Levington* (1870) se afirmaba su imperatividad frente a un privilegio exclusivo.

La Ley Municipal de 1887, con sus luces y sus sombras, y con las limitaciones obvias derivadas de su muy breve existencia —pues fue rápidamente reemplazada en 1891 por la llamada "Ley de la Comuna Autónoma"[1161]—, es un hito importante en la historia de las entidades locales chilenas. Se advierte en ella una tensión entre la conciencia de facilitar el desarrollo local y el celo por no propender a un movimiento excesivamente disgregador. Frente a tal situación, forzosamente han existido opiniones contrarias respecto de su impacto. Si por una parte ha podido aseverarse que la ley de 1887 era "una reforma tímida, incompleta y, en parte, desacertada"[1162], conteniendo "responsabilidades maximizadas pero sin libertad para concebir ni dinero para ejecutar"[1163], parece bastante claro que existió una línea común entre la ley de 1887 y la de 1891. Ello al punto de que, pocos años después, se sostendría por Amunátegui que "la ley de 1891 y las posteriores que la reforman o complementan no han avanzado en materia de autonomía comunal mucho más de lo que hizo la de 1887"[1164]; y, que Letelier, yendo aún más lejos, aseveraría que "la ley de 1887, redactada por acuerdo de todos los partidos, es la más liberal de las leyes de Municipalidad que han existido en la República"[1165].

1161 Ley de 22 de diciembre de 1891, BLDG, LX, p. 261.
1162 Alfonso Cavada (1888), p. 83.
1163 Arias Yurisch (2010), pp. 52-53.
1164 Amunátegui Rivera (1900), p. 162.
1165 Letelier Madariaga (1907), p. 83.

TÍTULO SEGUNDO

EL CONTENCIOSO ADMINISTRATIVO

Inversamente a lo que la inopia de estudios sobre la materia podría sugerir a cualquier observador atento, el contencioso administrativo se irguió en esta época como uno de los principales aspectos de desarrollo en lo referido al derecho administrativo.

En esto, Chile tuvo más estabilidad que países como España, en donde se produjeron ajustes constantes de gran envergadura, transitando zigzagueantemente entre distintos modelos. Así, desde una jurisdicción retenida, radicada hasta 1868 en el Consejo de Estado, se mutó hacia una integración del contencioso bajo la jerarquía del Tribunal Supremo, aunque "sin borrar sus diferencias con el contencioso-judicial"[1166]. Este estado de cosas duró hasta 1875, cuando se regresó al régimen previamente existente, el que a su vez perduró hasta 1888, año en que se implementó un tribunal contencioso-administrativo especial sometido al Consejo de Estado[1167]. Por ello no ha de sorprender la expresión de que en España "el sometimiento de la Administración a los tribunales de justicia no fue pronto ni fácil"[1168].

Algo similar puede advertirse respecto de Italia, donde se promovió entre 1865 y 1889 una configuración con fuerte presencia de la jurisdicción ordinaria, pero con dualidad jurisdiccional bajo la distinción entre "derechos" e "intereses legítimos" —aparentemente simple en lo teórico pero compleja en lo práctico—, que terminó sucumbiendo ante sus bizantinismos y la constatación de que "la mayor parte del derecho público quedaba excluida de la tutela jurisdiccional"[1169]. Asimismo, respecto de Francia, bien es sabido que recién en la década de 1870 se afirmó en el Consejo de Estado el sistema de justicia delegada que posteriormente desplegaría la energía que dio tanto prestigio al derecho administrativo de dicha nación[1170]. Y en Alemania, en 1875 se modificó el régimen contencioso, introduciéndose los primeros tribunales administrativos, que respetaban, sin embargo, amplios márgenes competenciales en manos de los tribunales judiciarios ordinarios en materias relacionadas con la Administración[1171].

En Chile, el contencioso administrativo se reconocía principalmente radicado en "la jurisdicción contenciosa cuyo ejercicio corresponde por las leyes a la autoridad judicial"[1172], y no se entendía comprender los procedimientos administrativos, implicasen estos o no algún

---

1166 Medina Alcoz (2022), p. 164.

1167 Para una síntesis, *v. gr.*, Álvarez-Gendín (1960), pp. 32-34. En particular, la evolución de la jurisdicción contencioso-administrativa entre 1845 y 1868 ha sido estudiada en profundidad por Fernández Torres (1998).

1168 Esteve Pardo (2018), p. 47.

1169 Sandulli (2013), p. 8. Véase también Melis (2003), pp. 95-105.

1170 Evolución que operó desde 1800 hasta 1870 y que fue agudamente descrita por Weidenfeld (2010), pp. 47-78 como "la lente substitution du juge administrateur à l'administrateur juge".

1171 Padoa-Schioppa (2017), p. 571.

1172 *Larraín* (1864).

debate o controversia[1173]. Tal como sintetizó la Corte Suprema, el contencioso administrativo requería que respecto de un asunto "administrativo" se "formara instancia" y que de esta emanase un "fallo judicial"[1174], complementándose lo anterior con la aserción del Consejo de Estado, en relación con los contenciosos penales, de que "una querella dirigida a investigar la existencia y a obtener el castigo de hechos criminales envuelve una verdadera contención"[1175].

También es importante subrayar que la existencia de un contencioso administrativo no se entendía como dependiente de la existencia de tribunales administrativos especiales: en efecto, nuestros tribunales distinguían las nociones —relacionadas, pero diferentes— de *contencioso administrativo* y de *fuero contencioso administrativo*, tal como aparece de una sentencia de 1880 impulsada por una controversia basada en el régimen jurisdiccional boliviano[1176]. En aplicación de esta terminología, Chile contaba claramente con un contencioso administrativo —con jurisdicciones generales y especiales— pero no con un *fuero contencioso administrativo* general, sin perjuicio de la presencia de fueros y competencias especiales según la ley[1177].

Como se explicará a través de las líneas que siguen, la aseveración, formulada por Bravo Lira, referente a que "el constitucionalismo dejó a los ciudadanos aislados e indefensos frente al poder"[1178] parece ser excesiva. Nuestros tribunales entendieron que la sujeción a control de las actuaciones administrativas se desprendía de la Constitución de 1833, lo que abría paso a su impugnabilidad[1179], cuyo alcance no debe ser entendido con ingenuidad. Incuestionablemente, ni el régimen político que nuestro constitucionalismo organizó fue irreprochable, ni la tutela judicial alcanzó a la totalidad de las cuestiones que pudiesen promoverse contra las autoridades administrativas, ni el proceso de configuración del contencioso estuvo exento de errores, en ocasiones graves. Sin embargo, la riqueza y la vastedad del contencioso administrativo de la época da cuenta de un interés en torno a permitir la protección efectiva de los derechos de las personas incluso en áreas muy delicadas[1180].

A fin de analizar convenientemente el contencioso administrativo de esta época, se describirá la configuración orgánica del contencioso administrativo, que encierra elementos de gran complejidad (capítulo primero), para luego transitar al análisis del funcionamiento del contencioso administrativo a través de sus bases operativas (capítulo segundo).

1173 *V. gr.*, *Gobernador de Quillota con Juez de Letras de Quillota* (1887).

1174 *Procter* (1883).

1175 *Intendente de Curicó con Juez de Letras de Curicó* (1877).

1176 *Cockbain Roxburgh y Ca.* (1880).

1177 *V. gr.*, *Corte de Apelaciones de Santiago con Presidente de la República* (1867).

1178 Bravo Lira (1996), p. 163.

1179 *Valdivia* (1869).

1180 Frente al desconocimiento de esta labor de los tribunales, bien Soto Kloss (1996), I, p. 344, ha podido afirmar que ellos fueron "una Cenicienta", eclipsada por los estudios sobre otros aspectos jurídicos.

CAPÍTULO PRIMERO
LOS ÓRGANOS DEL CONTENCIOSO ADMINISTRATIVO

Desde un punto de vista orgánico, el período 1861-1890 está profundamente caracterizado por el tránsito desde el Reglamento de Administración de Justicia de 1823 hacia la LOAT de 1875. Esta evolución se realizó en la conciencia de que el régimen desarrollado por aquel Reglamento no era ni despreciable ni inmanejable, pero que una nueva etapa institucional era requerida para el adecuado funcionamiento del Poder Judicial.

Uno de nuestros primeros autores de derecho procesal expresó tal diagnóstico con singular claridad:

> "Rara vez se disputan los Tribunales o juzgados el conocimiento de una causa o de un negocio, y más frecuentemente disputan sobre su no competencia hasta que el superior decide la cuestión después de muchas costas y dilaciones con que se ha vejado a los litigantes. No será esto siempre un efecto de la malicia de los jueces, *sino de la multitud de leyes esparcidas que aún no se han revisado para trasladarlas a esa nueva ley de organización y atribuciones de todos los juzgados y tribunales de la Nación que nos promete la Constitución*"[1181].

El tránsito de una legislación a otra fue facilitado por el reconocimiento de una visión fundamental, que era la prevista por la Constitución de 1833. Consistente con su diseño general, la LOAT encabezó su texto con un artículo 1° que disponía que "la facultad de conocer de las causas civiles y criminales, de juzgarlas y de hacer ejecutar lo juzgado pertenece exclusivamente a los tribunales que establece la ley", siguiendo muy de cerca la disposición contenida en el artículo 108 de la Constitución[1182]. Esto es consistente con el tenor del Mensaje con que el presidente Federico Errázuriz Zañartu acompañó el proyecto al Congreso Nacional, sosteniendo que "si se ha procurado conservar la constitución del poder judicial, se ha tenido también no menor empeño en ponerlo más en armonía con los principios fundamentales de nuestro derecho público, en aclarar puntos oscuros y llenar notables vacíos de nuestra legislación, en sancionar buenas prácticas consagradas hoy por la jurisprudencia de los tribunales, más bien que por los preceptos de las leyes, y en zanjar los cimientos para la planteación de nuevas instituciones ensayadas ya con buen éxito en otros países"[1183].

El contencioso administrativo de la etapa 1861-1890 se ve anclado en dos grandes lógicas orgánicas: el desarrollo preponderante de la jurisdicción unitaria, que profundizó en estos

---

1181 VILA GARCÍA (1858), v. 1, p. 339. Las cursivas son nuestras.

1182 "La facultad de juzgar las causas civiles y criminales pertenece exclusivamente a los Tribunales establecidos por la ley".

1183 Reproducido en BALLESTEROS RÍOS (1890), I, p. 1.

años su vocación generalista[1184] (A) se vio complementado con un proceso de reconfiguración de las jurisdicciones especiales (B).

A. EL DESARROLLO DE LA JURISDICCIÓN UNITARIA

Radicada en nuestro país desde las reformas de 1823-1824 una jurisdicción de carácter unitario a través del Poder Judicial[1185], el período que es objeto de estas líneas permitió que esta estructura matriz eclosionara, dando lugar a un amplio desarrollo e incluso a una sofisticación en los parámetros de determinación de las distintas competencias.

El perfeccionamiento de este diseño unitario en Chile inspiró una gran confianza, al punto que Ballesteros, al final del período, aseveraba sin ambages que "el ideal en materia de administración de justicia es sin duda el establecimiento de una sola jurisdicción", aun reconociendo las dificultades en establecer un régimen de tal guisa[1186]. Estábamos entonces lejos de tomar a Francia como un parámetro incontrarrestable en materia de jurisdicción administrativa, como parece presumirse en ocasiones —y debe tenerse en cuenta que la estabilización del carácter jurisdiccional del Consejo de Estado francés recién se alcanzaría a fines de la década de 1880[1187].

Este despliegue jurisdiccional chileno estuvo unido a una mayor envergadura organizacional de nuestro Poder Judicial. En materia de jueces de letras, se crearon, por ejemplo, un segundo juzgado del crimen en Talca, al que se le encargó ya originalmente el conocimiento de las cuestiones de hacienda[1188] y al que posteriormente se le añadieron nuevas atribuciones, incluida la de conocer "las infracciones de los bandos de policía y ordenanzas locales"[1189]; un Juzgado de Letras en San Carlos[1190]; otro Juzgado de Letras en Chillán, pasando los dos existentes a conocer "de las infracciones de los bandos de policía y ordenanzas locales de que conocen los alcaldes"[1191]; nuevos Juzgados de Letras en lo criminal en Valparaíso y Concepción"[1192]; un nuevo Juzgado de Letras de Osorno[1193]; un tercer[1194] y un cuarto[1195] juzgado del crimen de Santiago; y, más allá de la esporádica supresión de algún juzgado[1196], se coronó finalmente

1184 Pero no al punto de devenir totalizante, como podría entenderse de Pierry Arrau (2017), p. 420 ("*jusqu'en 1925, les tribunaux judiciaires connaissaient de toutes les matières*").

1185 Bocksang Hola (2015 a), título segundo, capítulo primero, A.II.

1186 Ballesteros Ríos (1890), I, p. 60.

1187 Bigot (2002), pp. 204-207.

1188 Ley de 5 de septiembre de 1866, BLDG, XXXIV, p. 306.

1189 Ley de 30 de noviembre de 1867, BLDG, XXXV, p. 303.

1190 Ley de 11 de diciembre de 1871, BLDG, XXXIX, p. 490.

1191 Ley de 13 de agosto de 1873, BLDG, XLI-2, p. 101.

1192 Ley de 28 de noviembre de 1873, BLDG, XLI-2, p. 345.

1193 Ley de 21 de junio de 1883, BLDG, LII, p. 479.

1194 Ley de 7 de septiembre de 1883, BLDG, LII, p. 761.

1195 Ley de 25 de enero de 1887, BLDG, LVI, p. 87.

1196 Ley de 12 de septiembre de 1866, BLDG, XXXIV, p. 312, concerniente al Segundo Juzgado del Crimen de Valparaíso, "quedando todas las causas criminales de su cargo sujetas a la jurisdicción del otro Juzgado del Crimen de la misma ciudad", y "las causas de Hacienda que por la ley de 19 de julio de

el período con la disposición legislativa de que en cada departamento habría, a lo menos, un Juzgado de Letras[1197].

Se crearon asimismo las Cortes de Apelaciones de Iquique —luego, llamada de Tacna[1198]— y de Talca[1199], y se suprimieron en los territorios de las distintas cortes "los jueces especiales de comercio, de minas, de Hacienda y militares, debiendo proceder dichos Tribunales en el conocimiento de las expresadas causas como en las demás del fuero común", así como "los cónsules en los Tribunales de Comercio, quedando sujetas únicamente a la jurisdicción del juez de letras respectivo las causas del fuero comercial"[1200]. Una ley de fines del período fijó el número de miembros de la Corte Suprema y la Corte de Apelaciones de Santiago[1201] y reiteró que la Corte Suprema continuaría conociendo "de las causas criminales en que hubiere prevenido, y de las causas de hacienda"[1202].

La administración de justicia se amplió territorialmente y necesitó ajustes derivados de las especiales circunstancias de distintas zonas. Así, una Ley de Administración de Justicia en Magallanes dispuso, entre otros aspectos, que dicho territorio "quedaría provisoriamente bajo la jurisdicción de las Cortes de Santiago y de los jueces de letras de Valparaíso"[1203]. En relación con la Guerra del Pacífico, hubo interesante normativa[1204].

1865 se adjudicaron a los juzgados del crimen de Valparaíso, serán en lo sucesivo de la jurisdicción del juez de letras de comercio de la misma ciudad".

1197 Ley de 31 de enero de 1888, BLDG, LVII, p. 41.

1198 Ley de 15 de noviembre de 1884, BLDG, LIII, p. 1280, art. 3°, que disponía crearse "una Corte de Apelaciones ubicada, *por ahora*, en Iquique, cuyo distrito jurisdiccional comprenderá la provincia de Tarapacá y los territorios de Tacna y Arica [...]" (las cursivas son nuestras), otorgándose la prerrogativa al Presidente de la República "para trasladar dicha Corte [de Iquique] a otra localidad de los territorios sometidos a la jurisdicción del mismo tribunal, de acuerdo con el Consejo de Estado". En virtud de un Decreto Supremo de 12 de septiembre de 1887, se ordenó trasladar a Tacna a la referida Corte de Apelaciones, traslado que regiría oficialmente a partir del 1° de octubre (BLDG, LVI, p. 1420), por lo que durante su radicación en dicha ciudad se le conoció como Corte de Apelaciones de Tacna. Este cambio de localización fue recogido en documentos oficiales: por ejemplo, una ley de 15 de junio de 1891, Boletín de las Leyes y Decretos de la Dictadura, p. 375, promulgada por Balmaceda, ordenó suprimir "la Corte de Apelaciones de Tacna, creada por la ley de 15 de noviembre de 1884". Pero debe recordarse que, simultáneamente, otros documentos oficiales la seguían denominando Corte de Apelaciones de Iquique, a pesar de su ubicación accidental; por ejemplo, la ley de 9 de julio de 1891, BLDG, LX, p. 89, disponía agregarse "la provincia de Atacama y el departamento de Taltal al territorio jurisdiccional de la Corte de Apelaciones de Iquique". En esta obra hemos seguido la denominación que se empleaba en la época, es decir, llamarla Corte de Apelaciones de Iquique hasta su traslado a Tacna en 1887, y Corte de Apelaciones de Tacna a partir de dicho momento, solución que propugna, por lo demás, Ballesteros Ríos (1890), I, p. 323. La ley de 16 de julio de 1885, BLDG, LIV, p. 457, fijó el distrito jurisdiccional de esta Corte.

1199 Ley de 28 de julio de 1888, BLDG, LVII, p. 991.

1200 Ley de 26 de julio de 1866, BLDG, XXXIV, p. 196.

1201 Sin perjuicio que la división en salas contenida en los artículos 6°, 7° y 9° de esta ley solo entró en vigor desde la promulgación de la ley n° 953, de 21 de septiembre de 1897.

1202 Ley de 19 de enero de 1889, BLDG, LVIII, p. 82. La primera disposición transitoria de la LOAT ya había dispuesto que "la Corte Suprema continuará ejerciendo la jurisdicción que hoy ejerce en los negocios criminales y de hacienda hasta que comience a regir el Código de Enjuiciamiento Civil".

1203 Ley de 24 de agosto de 1876, BLDG, XLIV, p. 257.

1204 Y alambicados problemas derivados de la complejidad de la organización judicial durante la guerra. Estaba claro, en todo caso, según se expresa en *García Calderón* (1883), que los regímenes jurídicos

Por ejemplo, el apremio movió a que el servicio judicial de mayor cuantía del territorio comprendido entre los paralelos 23 y 24 se rigiera por un decreto supremo, dependiendo dicha administración inicialmente de la Corte de Apelaciones de La Serena[1205]. Por su parte, el servicio judicial de Tarapacá inicialmente también se regló por vía administrativa, tanto en general[1206] como respecto de los asuntos de menor cuantía[1207], especificándose luego que habría dos juzgados de letras en dicho territorio[1208], los que vieron circunscrita su competencia territorial a fin de articularla con la del juez letrado de Antofagasta[1209]. También se creó un Juzgado de Letras en Tacna, "provisionalmente"[1210], pasando luego a ser dos[1211]. Y, en materia de alzada, a poco andar se creó por vía administrativa en Iquique un Tribunal de Apelaciones[1212], luego regulado y calificado como Corte también por vía administrativa[1213], y finalmente —terminada la guerra— regido por una ley que fijaba su extensión territorial tanto sobre la provincia de Tarapacá como sobre la provincia de Tacna[1214] mientras esta permaneciera en poder de Chile en aplicación del tratado de 1883[1215].

---

de Chile y Perú seguían siendo distintos y, por lo tanto, "la jurisdicción de los tribunales de justicia de cada país está circunscrita a su propio territorio y no pueden ejercerla sobre los habitantes de otro país, ni imponer a las autoridades de este la obligación de cumplir sus exhortos, apremios o penas, a menos que exista una ley o tratado que así lo determine". Surgían complejidades también de la existencia de distintos tipos de jueces. Un buen ejemplo nos es dado en *Watson* (1881), especie en la cual, frente a una escisión entre la jurisdicción "constitucional" y la jurisdicción "extraordinaria" derivada de bandos militares, la Corte Suprema se declaraba incompetente para "pronunciarse sobre la inconstitucionalidad o ilegalidad de las autoridades [jurisdiccionales] creadas fuera del territorio de la República, y de los actos ejecutados por estas". Y se daba la ocasión de proclamar importantes principios de la organización jurisdiccional, como en *Carrasco* (1883), donde se aseveraba que no solo en materias penales, sino también civiles y de hacienda, el juzgamiento le corresponde al tribunal que el ordenamiento jurídico haya creado con anterioridad, "circunstancias que no concurren en los Tribunales que existieron en Lima durante su ocupación por las armas de Chile".

1205 Decreto Supremo de 12 de mayo de 1879, BLDG, XLVII, p. 147.

1206 Decreto Supremo de 13 de abril de 1880, BLDG, XLVIII, p. 124.

1207 Decreto Supremo de 15 de abril de 1880, BLDG, XLVIII, p. 128.

1208 Decreto Supremo de 11 de marzo de 1882, BLDG, L, p. 294.

1209 Decreto Supremo de 20 de abril de 1882, BLDG, L, p. 361; y en el Decreto Supremo de 4 de agosto de 1882, BLDG, LI, p. 658.

1210 Decreto Supremo de 9 de septiembre de 1881, BLDG, XLIX, p. 310.

1211 Decreto Supremo de 20 de marzo de 1882, BLDG, L, p. 279.

1212 Detallado en el Decreto Supremo de 28 de noviembre de 1880, BLDG, XLVIII, p. 382. Durante el estado de ocupación, se dispuso por Decreto Supremo de 16 de febrero de 1882 (BLDG, L, p. 235) que sus sentencias quedaban "sometidas a la consulta y resolución del Presidente de la República.

1213 Decreto Supremo de 20 de marzo de 1882, BLDG, L, p. 279.

1214 Respecto de Tacna, ya se había anticipado esta competencia territorial por Decreto Supremo de 22 de marzo de 1882: BLDG, L, p. 301. Un Decreto Supremo de 26 de mayo de 1883 dispuso que todas las cuestiones que fueran de competencia de la Corte de Alzada de Tacna pasarían a ser conocidas por la Corte de Apelaciones de Iquique, sustanciándolas según las leyes chilenas, pero en cuanto al fondo "las fallará conforme a la ley peruana o a las disposiciones especiales que rigen en dichos territorios de Tacna y Arica, respecto de implicancias y recusaciones": BLDG, LII, p. 334.

1215 Ley de 15 de noviembre de 1884, BLDG, LIII, p. 1280.

En fin, también existieron disposiciones respecto del servicio judicial en Lima y Callao[1216] e Ica y Pisco[1217] durante la guerra.

Pero, ciertamente, el hecho más sobresaliente en materia de la organización del Poder Judicial estuvo dado por la promulgación y entrada en vigor de la LOAT[1218], que reemplazó como ley general de esta materia al Reglamento de Administración de Justicia de 1824. En este importante proceso de desarrollo de nuestro Poder Judicial, sus atribuciones jurisdiccionales alcanzaron una organización compleja y bastante notable. Ello se advertía tanto en el contencioso administrativo civil (I) como en el contencioso administrativo penal (II).

I. La competencia en materia civil

En relación con los contenciosos civiles, un debido análisis de esta materia debe abordar al menos una bifurcación fundamental en la jurisdicción unitaria, que distingue entre la estructuración central del contencioso, con materias de índole muy variada (a), y ciertas competencias especiales en materias puntuales que se plantearon bajo la lógica de un fuero transversal por entendérselas sujetas a una connotación de especial delicadeza (b).

a. La estructuración central

El contencioso administrativo civil de que conocía el orden jurisdiccional encabezado por la Corte Suprema estaba constituido principalmente por una competencia amplia y residual que se extendía a todas las cuestiones litigiosas que no estuviesen encomendadas a tribunales especiales o a jueces de otra jerarquía dentro de la estructura del Poder Judicial[1219]. Así, si por una parte puede advertirse que esta competencia civil era de carácter *general* (1), al mismo tiempo se trataba de una competencia *escindida* por la división entre causas comunes y las causas que estaban sujetas a reglas especiales (2).

1216 *V. gr.*, Decreto Supremo de 7 de diciembre de 1881, BLDG, XLIX, p. 491, que regló los jueces letrados, con normas orgánicas y también de procedimiento; el Decreto Supremo de 14 de diciembre de 1881, BLDG, XLIX, p. 511, respecto del servicio judicial de menor cuantía; el Decreto Supremo de 3 de abril de 1882, BLDG, L, p. 351, respecto de las causas de comisos; ya con una perspectiva más sistemática, el Decreto Supremo de 25 de mayo de 1882, BLDG, L, p. 405, sobre servicio judicial de Lima y Callao; el Decreto Supremo de 26 de julio de 1882, BLDG, LI, p. 544, sobre apelación de las sentencias dictadas por los jueces letrados de Lima y Callao; el Decreto Supremo de 28 de agosto de 1882, BLDG, LI, p. 666, que le removía el carácter de Corte Marcial a la Corte de Apelaciones de Lima; el Decreto Supremo de 14 de julio de 1883, BLDG, LII, p. 556, sobre cesación del servicio judicial chileno en Lima y Callao; el Decreto Supremo de 22 de agosto de 1883, BLDG, LII, p. 664, que señalaba que el Tribunal de Alzada de Lima seguirá conociendo de las causas criminales actualmente en tramitación en segunda instancia y en las que deba intervenir el ministerio público, pero ordenaba también fallar las causas hasta el 10 de septiembre de 1883; y el Decreto Supremo de 10 de octubre de 1883, BLDG, LII, p. 929, que suprimió los juzgados de paz en Lima y Callao.

1217 Decreto Supremo de 1° de septiembre de 1882, BLDG, LI, p. 767.

1218 Ley de 13 de octubre de 1875, BLDG, XLIII, p. 509.

1219 *Contra*, Ferrada Bórquez (2005), p. 114, quien sostiene que la competencia del Poder Judicial estaba restringida a "los conflictos derivados de la responsabilidad patrimonial del Estado... ya que ellos son mirados como asuntos meramente civiles en la doctrina y jurisprudencia de la época".

1. Una competencia general

Si se revisa la labor jurisprudencial de nuestros tribunales de justicia, se puede advertir que el carácter general de la competencia del Poder Judicial en torno al contencioso administrativo civil se preservó durante todo el período, sin que a ello haya obstado la entrada en vigor de la LOAT. Sin embargo, esta claridad no significa que su configuración haya estado exenta de vicisitudes o al menos de cuestionamientos.

Un primer elemento que debe tenerse presente es el del alcance de la competencia civil del fuero militar. Originalmente, de acuerdo a la Ordenanza del Ejército, estas materias estaban circunscritas principalmente a los casos de causas civiles militares sobre intereses que no pasaran de trescientos pesos, que eran de conocimiento de los Comandantes Generales de Armas en única instancia[1220], y las causas civiles sobre intereses que pasaran de trescientos pesos, cuyo conocimiento correspondía a los Comandantes Generales de Armas, en primera instancia[1221], y a la Corte Marcial, en segunda[1222]. También gozaban de competencia para conocer de algunos juicios "de inventarios, abintestatos y particiones de los bienes de los militares"[1223].

Pues bien, en atención a la existencia de esta competencia bastante marginal radicada en el fuero militar, surgió ocasionalmente la idea de que otras cuestiones civiles que se derivaban de hechos militares podían estar sujetas a él, lo que significaba al menos que en primera instancia ellas no fueran conocidas por los Juzgados de Letras.

Tempranamente, esta construcción se reveló en una especie *Calderón*, en la cual se ventilaba una cuestión de responsabilidad del Estado por daños inferidos por una fuerza militar durante la revolución de 1859. Examinando el Juzgado de Letras su propia competencia, decidió lo siguiente:

> "Versando la demanda únicamente sobre si el Fisco debe o no indemnizar, y con qué cantidad, a don Pedro Calderón los perjuicios que este expresa, inferidos en sus propiedades por una fuerza militar; se declara competente este juzgado para conocer en la indicada demanda, cuyo traslado evacuarán los representantes del Fisco en el término legal"[1224].

Dicha providencia, confirmada por la Corte Suprema, da cuenta de que la duda en torno a la competencia del Juzgado de Letras se introdujo por los representantes fiscales y no por los demandantes. Es interesante constatarlo, pues los agentes del Fisco estaban en mejores condiciones que nadie para saber que cuestiones similares habían sido juzgadas en el pasado y que invariablemente habían sido ventiladas en primera instancia por los juzgados de letras. Juzgada como cuestión de hacienda, la especie dio lugar a una sentencia importante que examinó la cuestión de fondo[1225].

1220 Ordenanza del Ejército, Tít. LXXIV, art. 10.

1221 Ordenanza del Ejército, Tít. LXXIV, art. 10, según *Garcés* (1852). En este sentido, Vila García (1858), v. 2, p. 242.

1222 Ordenanza del Ejército, Tít. LXXIX, art. 11.

1223 Ordenanza del Ejército, Tít. LXXIV, art. 9.

1224 *Calderón* (1866).

1225 *Calderón* (1867).

Lo esencial de este problema competencial fue examinado nuevamente por la Corte Suprema pocas semanas después. Aunque los hechos de la causa no eran exactamente los mismos —se trataba de una demanda por sueldos insolutos—, la especie es aún más clara que la anterior, porque la Corte revocó la resolución del Juez letrado, quien se había entendido incompetente por estar invadiendo la esfera del fuero militar:

> "Que, por tanto, el reclamo entablado por el señor general don Benjamín Viel, en forma de demanda, impone la necesidad de juzgar su conducta militar posterior al suceso de Lircay y las medidas gubernativas que lo expatriaron y privaron de su sueldo.
> Que, en consecuencia, los antecedentes en que se apoya dicho reclamo no pueden servir de elemento para una demanda civil ordinaria; porque el examen y apreciación de ellos no es del resorte de los jueces del fuero civil"[1226].

El juez civil, como se puede advertir, entendía no poder juzgar la cuestión sin antes pasar por un pronunciamiento de los tribunales del fuero militar en torno al comportamiento del general Viel. La Corte Suprema revocó el auto de primera instancia, "considerando que la acción entablada se dirige a demandar al Fisco por el pago de sueldos que se dicen debidos, y que en esta contención debe conocer la autoridad judicial, se declara: que al Juzgado de Letras corresponde conocer en esta causa". En síntesis, el juzgamiento de una cuestión de derecho correspondiente al fuero civil no se veía obstaculizado por el hecho de deber apreciarse antecedentes de carácter militar.

Con posterioridad, en una cuestión por devolución de vestuario y cobro de pesos, nuestra judicatura declaró la competencia del Juzgado de Letras al ser demandado el Fisco "que en materia contenciosa está sometido a los juzgados y tribunales de hacienda, con excepción de cuestiones determinadas, de que no se trata en este juicio"[1227].

Con la entrada en vigor de la LOAT, el carácter marginal de la competencia del fuero militar en materia civil terminó acentuándose: esta ley dispuso que tal fuero quedaba circunscrito a cuestiones penales[1228], salvo el caso de "las demandas por deudas procedentes de la administración militar, cuyo valor no exceda de doscientos pesos, siempre que fueren interpuestas por los subalternos contra sus superiores"[1229]. Mejor perfilado técnicamente este ámbito civil que en la Ordenanza, lo que evitaba interpretaciones como las que se había intentado propiciar a través de la jurisprudencia antes mencionada, quedaba también más reducido en cuanto a la cuantía, pasando de trescientos a doscientos pesos. Este flanco no volvió a perturbar gravemente, a nuestro conocimiento, la plenitud jurisdiccional de los tribunales ordinarios en materias civiles. Ello fue a tal punto que la LOAT incluso suprimió la posibilidad de que se sometieran a arbitraje las cuestiones civiles de derecho público, en atención a que el artículo 179 lo proscribió en "las causas en que debe ser oído el ministerio público". Entre ellas, según el artículo 263, se hallaban "los negocios que afecten los bienes de las corporaciones o

1226 *Viel* (1866).
1227 *Cotapos* (1871).
1228 LOAT, art. 5° excepciones 4ª y 5ª inciso 1°.
1229 LOAT, art. 5° excepción 5ª inciso 2°.

fundaciones de derecho público, siempre que el interés de las mismas conste del proceso o resulte de la naturaleza del negocio"[1230].

Existieron otros cuestionamientos respecto de la extensión de la competencia jurisdiccional del Poder Judicial en materia civil, pero ninguno llegó a amenazarla gravemente. El repertorio que se deriva de las resoluciones respectivas es bastante importante. Así, frente a la eventualidad de que las municipalidades estuvieran fuera del control de los tribunales ordinarios, se declaró que las corporaciones edilicias están sujetas "a los tribunales de justicia cuando se trata del cumplimiento de sus obligaciones civiles"[1231]; y, en otra oportunidad, subrayando tácitamente el origen corporativo de las municipalidades, se señaló que un litigio en que interviniese un cabildo era "una causa civil o de interés privado cuyo conocimiento corresponde a la justicia ordinaria"[1232].

Asimismo, eran de competencia de los tribunales civiles los juicios posesorios y de dominio[1233], los de expropiaciones —más allá de los conflictos de competencia territorial que pudieran darse—[1234]; las impugnaciones de la conformación de las listas de mayores contribuyentes[1235]; y, en general, recaía en la esfera de la competencia civil general cualquier cuestión que no estuviera conferida a tribunales especiales, aun cuando estos fuesen provisionales, como los establecidos en Perú durante la ocupación chilena[1236].

2. Una competencia escindida

Dentro del Poder Judicial, las atribuciones para conocer de las cuestiones civiles no eran totalmente homogéneas. Por cierto, en caso de no disponerse nada especial, la estructura permaneció en lo esencial inmutable durante este período, antes de la LOAT[1237] y a partir de ella. La primera instancia era conocida por los jueces de letras y la segunda instancia, por las Cortes de Apelaciones.

1230 Sin embargo, por vía de convenciones internacionales o leyes especiales podía darse lugar a un arbitraje, tal como se expresa en *Fisco con Slater y Compañía de Depósitos y Consignaciones* (1884). Véase, por ejemplo, la ley de 18 de julio de 1874, BLDG, XLII-2, p. 25, desde el punto de vista internacional; y también la autorización para transigir o someter a arbitraje las cuestiones de liquidación de contrato y la recepción del ferrocarril de Curicó a Angol (Ley de 22 de noviembre de 1877, BLDG, XLV, p. 548), con ulterior autorización al Presidente de la República a renovar el compromiso (Ley de 17 de enero de 1882, BLDG, L, p. 23) y que suscitó una interesante sentencia por el fallecimiento del compromisario antes de publicarse el laudo: *Sucesión de Vargas Fontecilla* (1886). Respecto de los exhortos dirigidos por un tribunal arbitral a la jurisdicción ordinaria para que se practiquen ciertas diligencias, véase *Perfetti* (1884).

1231 *Cood* (1873).

1232 *Cubillos y otros* (1887).

1233 *Cerveró* (1867).

1234 *A. Edwards y Ca.* (1880). En este caso se advirtió una antinomia —resuelta a favor de la LOAT— entre el decreto ley de expropiaciones de 1838 y el artículo 220 de la LOAT, que determinaba que "el Fisco debe ser demandado ante el juez del lugar donde existe el establecimiento, comisión u oficina que celebró el contrato o que intervino en el hecho que da origen al juicio".

1235 *Ex multis*, *Aguirre Sáez* (1884), según lo dispuesto por la Ley de Elecciones de 9 de enero de 1884, BLDG, LIII, p. 59, artículos 5° y siguientes.

1236 *Jefferson y Ca.* (1884).

1237 *V. gr.*, *Fisco con Ramírez y síndico del concurso de Audois* (1862).

La principal de las escisiones relacionadas con este tronco general estaba dada por el fuero de hacienda. Los juicios de hacienda eran aquellos en los que tenía interés el Fisco[1238], y cuyo proceso de subsunción en la jurisdicción general se había propulsado exitosamente en la década de 1820, evitando un dualismo jurisdiccional que hasta entonces parecía natural sobre la base de las normas vigentes al final del período borbónico[1239]. Dado que en primera instancia los jueces de letras[1240] tenían competencia tanto para conocer de cuestiones fiscales como no fiscales[1241], la principal caracterización competencial del fuero de hacienda consistía en que de sus apelaciones conocía la Corte Suprema y no las Cortes de Apelaciones, lo que se prolongaba desde la década de 1830[1242]. En esto no hubo modificaciones sustanciales durante este período. Ni la LOAT introdujo novedades[1243], pues en sus disposiciones transitorias perseveró en el orden existente sobre las causas de hacienda[1244], ni tampoco la ley sobre reorganización de la Corte Suprema y la Corte de Apelaciones de Santiago de fines del período, que prescribió que "la Corte Suprema continuará conociendo de las causas criminales en que hubiere prevenido, y de las causas de hacienda y para el despacho de estas y aquellas se dividirá mensualmente por sorteo en dos salas"[1245].

Quizás la demostración más palmaria del carácter de Corte de Apelaciones de que gozaba la Corte Suprema en esta materia está dada por una cuestión de competencia suscitada con posterioridad a la entrada en vigor de la LOAT. *Ratione loci*, dos tribunales pugnaban por ser competentes en el conocimiento de una denuncia de obra nueva encargada por el Supremo Gobierno —y, por lo tanto, de naturaleza fiscal— en la zona de Rancagua. La norma que la LOAT preveía para resolver esta cuestión de competencia disponía que "si la competencia se suscitare entre dos jueces de letras o entre un juez de letras y uno de subdelegación o de distrito, conocerá de ella la Corte de Apelaciones de quien dependan los jueces que figuran

1238 *Sota* (1881). Es interesante advertir que las Cortes de Apelaciones derivaban a la Corte Suprema los expedientes cuya apelación *pudiese* ser de competencia de la Corte Suprema, con lo que se advierte un alcance *eventual*, más extendido que los casos que conocidamente fuesen fiscales: *Escalona* (1872).

1239 Bocksang Hola (2015 a), título segundo, capítulo primero, A.I.

1240 Ocasionalmente eran denominados bajo la fórmula "jueces letrados de hacienda", que daba cuenta de la especificidad del fuero: *v. gr.*, *Navarro* (1873) y *Compañía de Ferrocarriles de Tarapacá* (1886). También existía la denominación más simple de "jueces de hacienda": *Ríos y otros* (1890).

1241 Este zócalo común las emparentaba próximamente: así, por ejemplo, *Fisco con Toro Martínez* (1881), en torno a la representación judicial en materias civiles o de hacienda, encontrándose ambas esferas "en el mismo caso". Ocasionalmente podía encontrarse alguna sorpresa en relación con el otorgamiento de atribuciones en primera instancia. Por ejemplo, una ley de 19 de julio de 1865, BLDG, XXXIII, p. 380, les confirió competencia en las causas de hacienda no a los juzgados civiles, sino a los juzgados del crimen.

1242 Ley de 22 de abril de 1835, BLDG, VI, p. 192.

1243 En este punto, naturalmente; en otros aspectos civiles contenciosos, sí incidió el artículo final de la LOAT que quedaban "derogadas, aun en la parte que no fueren contrarias a ella, las preexistentes sobre todas las materias que en la misma se tratan": *Garcés* (1876).

1244 *Fisco con Muñoz* (1877): "[...] no estando todavía completa la Corte Suprema, y disponiendo el art. 1° de los transitorios de dicha ley que continúa ejerciendo la jurisdicción que antes ejercía en las causas criminales y de hacienda, debe entenderse que ha de hacerlo la misma manera que antes lo hacía" (considerando 3° de la incidencia).

1245 Ley de 19 de enero de 1889, BLDG, LVIII, p. 82, art. 15.

en la contienda"[1246]. Como podrá intuirse, atendido el carácter de hacienda, la "Corte de Apelaciones" que resolvió la cuestión de competencia no fue la Corte de Apelaciones de Santiago, sino que la Corte Suprema[1247].

Con todo, durante la época examinada se dilucidaron aspectos interesantes en la relación entre el fuero común y el fuero de hacienda. Por de pronto, su propia calificación como *fuero*, que parecía infundir el espíritu de las sentencias, pero que no fue proclamada con repercusiones concretas sino hasta 1881, a través de una especie en la que se abordaba la subrogación en un crédito del Fisco por parte de un exadministrador del Estanco. La Corte Suprema entendió que "la subrogación debe entenderse solamente sobre los privilegios del crédito *y no sobre el fuero de la causa*", con lo que se entendía que la causa no era de hacienda y, por lo tanto, la Corte Suprema no era competente para conocer de la apelación, sino que la Corte de Apelaciones[1248]. Similarmente, este carácter de fuero se advertía en los casos en que una cuestión en principio fiscal —como la construcción de dependencias de la Biblioteca Nacional— era objeto de una subcontratación por parte del contratista original. En tal caso, las controversias suscitadas entre estos dos particulares no eran examinadas como fiscales, correspondiéndole conocer de la apelación a la Corte de Apelaciones respectiva según las reglas comunes[1249].

El fuero de hacienda no dependía de la cuantía de la especie. En una oportunidad, conociendo de una cuestión que una de las partes entendía ser fiscal por la naturaleza de la materia y por ser él mismo un funcionario fiscal, un Juzgado de Letras se estimó incompetente para sustanciarla, "atendida su cuantía", y la derivó al subdelegado. La Corte Suprema revocó la providencia anterior y declaró ser competente el tribunal que había entendido no serlo[1250].

Estaban sujetas al fuero de hacienda las controversias en las que figuraban como partes no solo el Fisco en sentido estricto, sino también otros organismos que pudieran comprometer su interés. Así, por ejemplo, la Sociedad del Canal de Maipo[1251], el Liceo de Talca[1252] o las Empresas de Ferrocarriles[1253]. También se regían por el fuero de hacienda las cuestiones que comprometieran a la Iglesia y que revistieran un interés fiscal, tal como las cuestiones tributarias que se relacionaran con ella[1254].

1246 LOAT, art. 254 inciso 3°.

1247 *Juez Letrado de Rengo con Juez Letrado de Rancagua* (1881).

1248 *Corbalán* (1881). Las cursivas son nuestras.

1249 *Velasco* (1887). Pero debe tenerse presente que en ocasiones una controversia aparentemente dirigida por un particular contra otro involucraba en realidad un juicio entre un particular y el Fisco. Así, por ejemplo, en un caso sobre contribución territorial, el demandado supuestamente era el administrador del Estanco *personalmente*; pero, entendiéndose que la causa era propiamente fiscal, se ventiló finalmente como cuestión de hacienda y se radicó el conocimiento de la segunda instancia en la Corte Suprema: *Acuña* (1861).

1250 *Martínez Cruz* (1866).

1251 *Lemuhot* (1877), *Sanfuentes* (1879), *Accionistas del Canal del Maipo* (1884) y *Millán* (1888).

1252 *Fisco con Barros Torrealba* (1880).

1253 V. gr., *Guzmán* (1886).

1254 *Fisco con Obispo de La Serena* (1885): "[...] este juzgado es competente para reponer el auto por el cual se manda pagar el impuesto fiscal sobre herencias por el legado de cien mil pesos que don Emeterio Goyenechea dejó en su testamento para el sostenimiento de la iglesia de Copiapó [...]".

Por el contrario, no le correspondían al fuero de hacienda los pleitos ventilados con otras personas jurídicas del Estado y en que no hubiera interés fiscal, y por lo tanto las apelaciones en estos casos eran de competencia de las respectivas Cortes de Apelaciones. Esto englobaba no solo los casos de personas jurídicas de reciente creación, como la Caja de Crédito Hipotecario[1255], sino también los casos que tradicionalmente habían estado fuera de las cuestiones de hacienda, como los pleitos del ámbito de las municipalidades[1256] y de los establecimientos de beneficencia[1257]. Sin embargo, como es de toda lógica, un pleito en que litigase una municipalidad[1258] o los establecimientos de beneficencia[1259] estaba sujeto al fuero de hacienda si es que existía también un interés fiscal. El mero hecho de citarse de saneamiento en el pleito a un representante fiscal no era antecedente suficiente para considerar la cuestión como de hacienda[1260].

Con todo, estaba abierta la posibilidad de que alguna cuestión ordinaria quedara sometida al conocimiento de los jueces de comercio, en cuanto ellos existiesen; así, por ejemplo, si bien eran propiamente civiles una convención municipal que determina "los derechos y obligaciones propios de la autoridad administrativa" y los contratos que propenden al establecimiento de una empresa de transporte, y por lo tanto su conocimiento era de resorte de la "justicia civil ordinaria", en aplicación del Código de Comercio las empresas de transporte eran actos de comercio y por lo tanto sujetos a las reglas competenciales mercantiles[1261].

La prórroga de competencia territorial era posible tanto en la competencia civil común[1262] como en la competencia civil de hacienda, caso este último que quedaba comprendido por el artículo 236 de la LOAT al disponer que "la prórroga de jurisdicción solo procede en los negocios contenciosos civiles"[1263].

1255 *Montes* (1862) y *Caja Hipotecaria con Rodríguez* (1871).

1256 Los casos son numerosos; véase el índice de esta obra.

1257 V. gr., *Fisco con Velasco* (1868), en que se entendió que, aunque interviniese el agente fiscal en estos casos, no había una subsunción automática en el fuero de hacienda.

1258 *Convento de la Merced* (1863).

1259 *Establecimientos de Beneficencia con Fisco* (1879).

1260 *Compañía Financiera y Comercial del Pacífico* (1884). Por involucrar también un contrato celebrado con el Estado, la solución era bastante discutible y mereció un interesante voto particular del ministro Covarrubias.

1261 *Municipalidad de Santiago con Ferrocarril Urbano de Santiago* (1883): "3° Que la concesión del uso de las calles que son bienes inmuebles y los derechos y obligaciones que respectivamente han contraído las partes para el efecto de obtener esa concesión, que es el objeto del contrato, no son actos de comercio conforme a las prescripciones del art. 3° del Código; 4° Que, si bien las empresas de transporte son actos de comercio, no participan de este carácter los contratos por naturaleza civiles que los que intentan plantear una empresa mercantil celebre para el objeto de procurarse los medios o los elementos necesarios para el establecimiento de dicha empresa; 5° Que, por otra parte, no debe reputarse mercantil la convención de setiembre de 1864 celebrada entre la Municipalidad y don Enrique Meiggs, porque en dicha convención la Municipalidad no se ha propuesto efectuar una operación de comercio, sino determinar los derechos y obligaciones propios de la autoridad administrativa que ejerce, al permitir el establecimiento del Ferrocarril Urbano como empresa pública de transportes".

1262 *Municipalidad de Concepción con Jara* (1864).

1263 *Asquet Hermanos* (1881).

Asimismo, debe tenerse en vista que, al coincidir en un mismo organismo —el Juzgado de Letras— la primera instancia en materias civiles ordinarias y materias civiles de hacienda, estaba abierta la posibilidad de que se generase alguna dificultad en torno a la radicación en segunda instancia de algún juicio pendiente. Esto se dio, por ejemplo, en un caso de apertura de un camino público, que se había tramitado en primera instancia bajo el imperio de la ley municipal de 1854, habiéndose deducido la demanda en 1882 con el Fisco como demandado, reiterada en 1885, con intervención del promotor fiscal en representación del Fisco, y juzgada en 1888 a favor del demandante. Al subir en consulta a la Corte Suprema, esta entendió que no era competente para conocer de la apelación, porque la nueva ley municipal de 1887 disponía que "la Municipalidad deberá proveer a la conservación y mejora de los bienes nacionales de uso público, y reivindicar las vías públicas ocupadas o cerradas indebidamente" y que "la Municipalidad no podrá enajenar los bienes nacionales de uso público, angostar las plazas y calles, abrir nuevas en la parte plana de las poblaciones ni prolongar las existentes con una anchura inferior a veinte metros"[1264].

En otras palabras, la Corte Suprema entendió que la titularidad de los bienes nacionales de uso público había variado, transitando desde el Fisco hacia las municipalidades y, por lo tanto, la apelación debía ser conocida no por ella, sino que por la Corte de Apelaciones[1265]. Tal como tuvo oportunidad de subrayar el ministro Cousiño en su voto particular, esta solución era doblemente cuestionable: por una parte, desfiguraba el concepto de bienes nacionales y, por otra, violaba la regla de radicación contenida en el artículo 194 de la LOAT, que prescribía que "una vez fijada con arreglo a la ley la competencia de un juez inferior para conocer en primera instancia de un determinado asunto, queda igualmente fijada la del tribunal superior que debe conocer del mismo asunto en segunda instancia"[1266].

b. Las competencias especiales

En materia civil existieron en la época algunas competencias especiales, radicadas de todas formas en el mismo Poder Judicial, de bastante relevancia teórica y práctica. Por una parte, se integraron como tales en este período las causas de derecho internacional (1), mientras, por otra, estaban los casos de fuero por existir un interés especial de determinadas autoridades,

1264 Ley de 12 de septiembre de 1887, BLDG, LVI, p. 1351, art. 56.

1265 *Correa* (1890).

1266 Entre otras afirmaciones, Cousiño subrayó que "el Fisco no puede ser juzgado sino por la Corte fiscal, así como los reos a quienes se procesa por algún delito no pueden ser absueltos o condenados sino por los jueces que ejerzan la jurisdicción criminal", que "la competencia estaba ya fijada", y que "la *hacienda pública* es el cúmulo de los bienes nacionales, y bajo esta denominación genérica se comprenden los que afectan al patrimonio de la Nación, bien sean de uso público, como las plazas, calles y caminos públicos, bien estén destinados para la defensa nacional, como las naves de guerra o las fortalezas; bien sean las rentas que el Erario percibe por contribuciones, herencias, etc.". En síntesis, destacó que "las dos leyes que acaban de citarse no han cambiado la jurisdicción de los jueces a quienes las leyes de procedimiento la han conferido, ni alterado la naturaleza de los bienes nacionales"; y que la propia Corte se contradecía, porque en otra sentencia del mismo año se había estimado competente para juzgar de una cuestión análoga.

que se transformaron al menos en parte durante este período en una suerte de competencia especial aplicable a la Administración (2).

1. Las causas de derecho internacional

Este rubro se integró al elenco de las competencias especiales solo durante el curso del período en examen. En un inicio, no existiendo normas especiales de atribución de prerrogativas jurisdiccionales a su respecto, se había tratado de cuestiones que eran juzgadas según las competencias generales. Así, en un pleito que versaba sobre la retención de un buque durante la Guerra contra España y en la que explícitamente se juzgaba conforme al derecho internacional, señalándose que "es además una regla de derecho internacional el no estimar como perjuicio, reclamable por los neutrales, la simple privación de un lucro, nacida del estado de guerra", el tribunal competente en primera instancia era el Juzgado de Letras, y en segunda instancia, la Corte Suprema[1267].

Fue la LOAT la que introdujo una competencia especial, a través de su artículo 117, que disponía: "De las acusaciones o demandas civiles que se entablen contra uno o más miembros de las Cortes de Apelaciones, para hacer efectiva su responsabilidad criminal o civil, y de las causas de presas, de extradición *y demás que deben juzgarse con arreglo al derecho internacional*, conocerá en primera instancia uno de los ministros de la Corte Suprema, conforme al turno que al efecto establezca el presidente del tribunal"[1268].

Los pleitos relacionados con esta materia —tal como anticipaba la referida disposición— podían tener objetos bien distintos. De suyo, aparecía la relevancia de las causas de presas, como la del apresamiento de una barca en la Guerra del Pacífico[1269], o de una ametralladora en el mismo conflicto bélico[1270]. En esta última especie se delineaban los contornos de los juicios de presas, entendiendo ser eminentemente una revisión de la legitimidad o ilegitimidad del acto de captura, pero que incorporaba la pretensión restitutoria, y que podía eventualmente relacionarse con una indemnización.

Sin embargo, la presa —y su componente de derecho internacional— no era una competencia especial que arrastrara consigo todo lo que se le relacionara. De allí que surgiera en nuestra judicatura, a fines de la década de 1880, el criterio de que las causas sobre *recompensas por denuncia de presas* no fueran de derecho internacional, sino que estaban sometidas a la competencia ordinaria de los Juzgados de Letras en primera instancia, según las reglas generales[1271].

También se ventilaron como causas de derecho internacional cuestiones concernientes a la responsabilidad "que pudiera afectar al Fisco por los actos de las autoridades militares que

1267 *Pérez Anguita* (1869).

1268 Las cursivas son nuestras.

1269 *Fisco con Serdio Hermanos* (1881).

1270 *Barahona* (1884).

1271 *Jara* (1887) y *Jara* (1889): "El presente juicio no es de presa ni de corso; por consiguiente, no debe fallarse en vista del art. 640 del Código Civil, como lo pretende el representante fiscal, sino con arreglo a las disposiciones del derecho positivo civil, según lo ha resuelto el Excmo. Tribunal en su acto de 26 de septiembre de 1887, corriente a f. 51 vta.".

ocuparon a Lima" durante la Guerra del Pacífico[1272]; a los perjuicios sufridos en relaciones contractuales eventualmente derivados de las resoluciones adoptadas por las autoridades chilenas en Tarapacá[1273]; al pago de sumas adeudadas a unos particulares por Bolivia al momento de la ocupación chilena, derivadas de la construcción por aquellos de los almacenes fiscales de la localidad de Caracoles[1274]; así como a una de las controversias más importantes del período, concerniente a la Compañía de Ferrocarriles de Tarapacá[1275].

En algunas ocasiones la competencia especial era descartada, y reconducido el pleito a la competencia general. Cabe recordar el caso de una expropiación realizada en Iquique, respecto de la cual se debatió acerca de si se regía o no por el derecho internacional. Finalmente, la Corte de Apelaciones se estimó competente para conocer de la cuestión, porque, en atención a la ley que había declarado la utilidad pública, "las relaciones jurídicas nacidas a consecuencia de la expropiación quedaban sometidas a la ley común y no se reglan por los principios del Derecho Internacional"[1276]. En otras oportunidades fueron revisados casos de exención de derechos de aduana, para los cuales se debía atender a las leyes patrias y no al derecho internacional[1277]. También fue de relieve una especie en materia contractual sobre la que se aplicaban disposiciones contractuales de derecho peruano por los tribunales chilenos. Esta característica no hacía que la causa fuese de derecho internacional, tal como lo expuso el fiscal de la Corte de Apelaciones, y sobre cuyo parecer resolvió explícitamente el tribunal: "[...] la circunstancia de aplicar dichas leyes los tribunales ordinarios de Chile, no imprime el asunto el carácter de internacional, pues la aplicación de las leyes extranjeras se efectúa en fuerza de un principio de derecho civil y de nuestro derecho positivo, y que consiste en considerar incorporadas a los actos y contratos las leyes vigentes del lugar y fecha de su celebración"[1278].

Otros razonamientos en que la competencia general era sostenida podían ser más controvertidos. Así, en otro pleito derivado de la Guerra del Pacífico, sobre reivindicación de estacamentos salitrales y restitución de sumas derivadas de venta del caliche aprehendido por las autoridades chilenas, se sostuvo que no eran pleitos de derecho internacional los que se derivan de las acciones reivindicatorias, porque "estas acciones no están fundadas en las reglas del derecho internacional, sino en disposiciones de derecho civil privado, y deben ser resueltas en conformidad a éstas últimas"[1279]. Lo cierto es que el criterio planteado es bastante discutible, porque no parece *a priori* imposible que una acción reivindicatoria pueda ejercerse en una cuestión que contemple, entre distintos factores, aspectos de derecho internacional. La sentencia, más que demostrar la solidez del criterio escogido, muestra en realidad las complejidades que pueden derivarse del desmembramiento de competencias especiales a nivel jurisdiccional.

1272 *Carrasco* (1883).

1273 *Massardo* (1885).

1274 *Dorado Hermanos* (1884): "Tanto estas como las demás cuestiones a que la demanda dé lugar, deben ser falladas tomando en consideración las prescripciones del derecho internacional, sin que obste para ello el estado actual de las relaciones entre Chile y Bolivia".

1275 *Compañía de Ferrocarriles de Tarapacá* (1886).

1276 *Oviedo* (1886). En igual sentido, más brevemente, *Albizú de Borbonet* (1886).

1277 *Compañía de Salitre y Ferrocarril de Antofagasta* (1888).

1278 *Bowen* (1888).

1279 *Quiroga Hermanos* (1889).

2. El fuero civil de las autoridades

El fuero de que gozaban distintas autoridades públicas no era cosa novedosa en nuestro régimen patrio. Tanto la Constitución de 1823[1280] como el Reglamento de Administración de Justicia de 1824[1281], la Ley de Régimen Interior de 1844[1282] y la Ley de competencias en causas de funcionarios diplomáticos y consulares de 1862[1283] contenían disposiciones al respecto.

La LOAT de 1875, a través de su artículo 67 n° 3, actualizó y compendió las disposiciones anteriores, señalando que correspondía a las Cortes de Apelaciones conocer "de las causas civiles o criminales en que sean parte o tengan interés el Presidente de la República, los Ministros de Estado, los intendentes de provincia y gobernadores de departamento, los agentes diplomáticos chilenos, los ministros diplomáticos acreditados con el Gobierno de la República o en tránsito por su territorio; el Arzobispo, los Obispos, los vicarios generales, los provisores y los vicarios capitulares; y de las acusaciones o demandas civiles que se entablaren contra los jueces de letras para hacer efectiva la responsabilidad criminal o civil resultante del ejercicio de sus funciones ministeriales"[1284].

Este fuero, en materia civil, gozó de un discreto desarrollo antes de la LOAT, ventilándose, por ejemplo, pleitos respecto del fuero de los alcaldes ordinarios en su calidad de jueces, fundándose en el Reglamento de Administración de Justicia de 1824[1285], así como respecto de los intendentes en aplicación de la Ley de Régimen Interior de 1844[1286]. La entrada en vigor de la LOAT, animando en algo las materias relacionadas con estos fueros, permitió detallar más su tratamiento. Y en esto se advierte una bipartición: si la esfera natural del fuero personal

---

1280 Art. 146 atribución 5ª.

1281 BLDG, I, p. 271, arts. 34 y 54.

1282 Art. 23.

1283 Ley de 23 de septiembre de 1862, BLDG, XXX, p. 315

1284 El fuero no operaba en los asuntos no contenciosos de estas autoridades: *Rivera* (1886). Hay que tener presente que la LOAT suprimió el fuero eclesiástico: de modo general, *ex multis*, Bravo Lira (1986), p. 198, y Heise González (1959), p. 91; y específicamente sobre este tema, Salinas Araneda (2006), *in totum*, quien destaca que el alcance de la supresión de este fuero es la abolición de un "privilegio ante el Estado", pero no la extinción de la competencia jurisdiccional para los asuntos espirituales, que subsiste en los tribunales eclesiásticos (p. 547). Ello se derivaba también de la declaración del artículo final de la LOAT en cuanto a abolir los recursos de fuerza; pero Eyzaguirre Gutiérrez (1966), p. 114, sostiene que ellos subsistieron veladamente "al declarar que a la Corte Suprema correspondía conocer de las contiendas de competencia entre tribunales civiles y eclesiásticos", en relación con el artículo 255 de la LOAT que preceptuaba que "si la Corte resolviese que el conocimiento del negocio corresponde al primero, solo las resoluciones de este producirán efectos civiles".

1285 *Barros* (1868): "Los procedimientos por los cuales se demanda civilmente a don Francisco Encinas fueron ejecutados en su carácter judicial de alcalde ordinario, y por lo tanto no es competente el juez de letras para declarar esa responsabilidad, sino la respectiva Corte de Apelaciones, según el art. 54 inciso segundo del Reglamento de Administración de Justicia".

1286 *Ravinet* (1874): "Según el art. 23 de la ley de 10 de enero de 1844, esta Corte [de Apelaciones] debe conocer en primera instancia de todas las causas civiles y criminales en que sea parte un intendente, sin más limitación que las comprendidas en el párrafo 5°, núm. 2, art. 38 de la Constitución Política del Estado; y previo el allanamiento de fuero en las demás causas criminales según el art. 104 del mismo Código". También puede consultarse en este sentido, aunque no mencione la fuente normativa, la especie *Concurso de Álamos y Ca.* (1872).

de las autoridades estuvo presente en el derecho administrativo de la época (ii), también lo estuvo una esfera artificial, que consolidó un fuero institucional que deformaba la geometría competencial del contencioso administrativo (i).

i. La esfera artificial del fuero civil

Normalmente, la materia del fuero de determinadas autoridades debiese ser tratada en relación con aquellos como personas naturales, y no en relación con los contenciosos en que alguna de las partes fuera la Administración propiamente tal, a través de cualquier de sus personas jurídicas.

Sin embargo, conviene apuntar esta materia en este lugar, aun entendiendo la imprecisión técnica que conlleva, precisamente porque los tribunales de justicia —y el mundo jurídico, en general— no siempre abordaron la cuestión con rigor técnico. En efecto, la confusión entre los planos institucional y personal, que periódicamente reflotaba durante esta época —incluso los litigantes particulares muchas veces demandaban a las autoridades cuando pretendían demandar a la persona jurídica estatal respectiva—, hacía que el fuero de las autoridades se aproximara al límite de sumar un fuero adicional a la Administración, e incluso lo franqueara.

La jurisprudencia de la época muestra cierta ambigüedad al respecto. Un primer apronte se dio a fines de la década de 1870, en una causa en que un particular se querelló de amparo contra un intendente, versando en realidad en una cuestión que concernía al Estado. Mientras el Juzgado de Letras decidió en primera instancia que el querellante debía ocurrir a la Corte de Apelaciones porque la querella "se dirige contra el intendente de la provincia y por obras ejecutadas por él o de su orden, teniendo presente lo dispuesto en el núm. 3° del art. 67 de la Ley de Atribuciones de los Tribunales". Por lo tanto, reconociendo en este pleito uno que tenía como parte al titular y no a la Administración, la Corte de Apelaciones de Santiago revocó dicha resolución, estimando que "no tratándose de hacer efectiva la responsabilidad penal del Intendente de Santiago, ni de negocio en que don Zenón Freire sea parte o tenga interés personal", los autos debían volver al Juzgado de Letras[1287]. Esta especie, no obstante su bajo perfil, fijaba un criterio de realidad *sustantiva* en torno a la determinación del fuero, evitando que la Administración se viera injustamente beneficiada de un fuero que estaba concebido en torno al titular que ejercía la función respectiva.

Sin embargo, pocos meses después, la Corte de Apelaciones de Concepción plantearía una solución diferente. En un pleito en que un particular demandaba al Intendente a fin de restablecer el nivel de unas calles o adoptar medidas en orden a garantizar su seguridad, dicha autoridad no contestó la demanda, al estimar incompetente a la Corte porque "los intendentes, como agentes del Presidente de la República, solo pueden ser responsables ante este magistrado de sus actos administrativos". Como puede constatarse, el riesgo de plantear un fuero adicional para la Administración pasó a segundo plano ante la amenaza de desconocerse la plenitud jurisdiccional de los tribunales.

En ese contexto, estimando el planteamiento del Intendente como declinatoria de jurisdicción, la Corte, reconociendo la plenitud jurisdiccional, también se estimó competente para

1287 *Martínez* (1878).

conocer de la cuestión, en atención al artículo 67 de la LOAT que indica que "corresponde a las Cortes de Apelaciones conocer de las causas civiles y criminales que se promuevan contra los intendentes, y ahora se trata de una demanda meramente civil comprendida en dicha disposición"[1288]. Sin embargo, no era una demanda "meramente civil", dado que el propio Intendente había reconocido que se trataba del cuestionamiento de sus actos administrativos. Así, el fuero personal del Intendente se transformaba, casi mágicamente, en un fuero especial de la Administración por el cual sus causas se conocieran en primera instancia ante la Corte de Apelaciones. Un par de años después, la Corte de Apelaciones de Santiago adoptaría esta misma posición, en una cuestión que claramente comprometía la actuación oficial de un Gobernador y no su actuación personal[1289].

Empero, en 1884, conociendo de una querella de amparo, la Corte de Apelaciones de Santiago retomaría su posición original. Sin afirmarla explícitamente, todo el razonamiento está construido en torno a entender el fuero solamente como un fuero personal. En efecto, el Juzgado de Letras había señalado no haber lugar a la querella porque "el señor gobernador del departamento en su carácter de tal ha dado ciertas órdenes al comandante de policía que se han ejecutado en terrenos de que el querellante se cree dueño, y en tal caso tendría parte el señor gobernador en este juicio y el conocimiento de la causa en primera instancia correspondería entonces a la Iltma. Corte de Apelaciones", con lo que aparecía que "los hechos en que se funda la querella no están bien esclarecidos, o bien que la acción deducida no procede de derecho". La cuestión subió a la Corte en apelación —y no en primera instancia, a guisa de fuero—, de la que conoció sin ningún problema aun reconociendo que había intervenido en los hechos "una orden del gobernador del departamento y jefe de la Ilustre Municipalidad", y condenó en perjuicios y costas a la Municipalidad[1290].

La dificultad que se había incubado progresivamente ante los tribunales llegó finalmente a la Corte Suprema en el segundo lustro de la década. Declarándose incompetente la Corte de Apelaciones de Santiago para conocer de una querella presentada por un particular contra un gobernador a fin de que se le amparase "en la posesión de un fundo situado a orillas del ferrocarril del sur, en la parte que ha sido perturbado por un decreto de dicho funcionario", reconocía la existencia de un ejercicio oficial de las funciones. En ello coincidía con su jurisprudencia inmediatamente anterior. Sin embargo, la Corte Suprema, conociendo en apelación de la competencia, y acertando en el hecho de que la judicatura ordinaria era competente para conocer de la cuestión, declaró lo siguiente:

> "Considerando... que la querella de amparo que ahora se deduce contra el gobernador de la Victoria a consecuencia del decreto de 24 de agosto en que decidió la contención es esencialmente judicial, y atendido el tenor del art. 108 de la Constitución Política y 5° de la Ley Orgánica de los Tribunales, a estos compete exclusivamente el conocimiento de todos los asuntos civiles y criminales que se promuevan, *cualquiera que sea su naturaleza o la calidad de las personas que en ellos intervengan; visto también el art. 67 de la ley citada*, se revoca el auto apelado de 21 de julio

1288 *Illanes* (1878).
1289 *Hurtado* (1881).
1290 *Municipalidad de Quillota con Castro* (1884).

último, corriente a f. 40, y se declara que la segunda sala de la Iltma. Corte de Apelaciones es competente para conocer de la querella interpuesta a f. 5 por don Diego A. Martínez contra el gobernador de la Victoria [...]"[1291].

La votación en la Corte Suprema fue dividida, de tres votos contra dos, lo que da cuenta de que los ministros estaban conscientes de la gravedad del problema de fondo que atravesaba esta decisión[1292]. Comoquiera que sea, lo cierto es que con esta decisión nuestra Alta Jurisdicción terminó proclamando un fuero que, amparado en la denominación formal que se plantease en el expediente, iba más allá del carácter personal de quienes estaban involucrados: era la Administración misma la que terminaba gozando de fuero, contradiciendo la lógica con que esta competencia especial se había implantado desde hacía muchas décadas. En resumidas cuentas, el fuero personal se transformaba en un nuevo privilegio procesal del Estado[1293].

El Consejo de Estado no parece haber forjado una posición clara en relación con esta materia, en ejercicio de su potestad de conocer "en las competencias entre las autoridades administrativas, y en las que ocurrieren entre estas y los Tribunales de Justicia"[1294]. En cuestiones de esta naturaleza, al sostener la competencia jurisdiccional, sencillamente se remitía a devolver los autos al organismo que había estado conociendo de la cuestión, tratárase del Juzgado de Letras[1295] o la Corte de Apelaciones[1296].

En el resto del período, subsistió una cierta ambivalencia en torno al alcance de esta institución. Aunque por las Cortes de Apelaciones pareció en ocasiones afirmarse el carácter personal del fuero de las autoridades[1297], la Corte Suprema declaró tres veces proceder el fuero frente a actos de despojo de cementerios realizados por gobernadores[1298], especies en las que el eventual reproche al fuero pasaba a un segundo plano frente al riesgo de que la jurisdicción ordinaria en su conjunto fuese declarada incompetente para revisar las actuaciones oficiales.

Cabe preguntarse por qué se adoptó una posición tan clara y, al mismo tiempo, tan cuestionable, a partir de 1886. Es posible que las causas sean múltiples; pero del cruce, por una parte, del momento en que se advierte el cambio y, por otra, de las autoridades que se vieron beneficiadas por esta modificación —intendentes y gobernadores—, todo parece apuntar a alguna modificación legislativa que se haya efectuado poco antes y que haya podido influir en la solución.

La más importante de las posibles es la Ley de Régimen Interior de 1885, que no contiene ninguna disposición que explícitamente establezca la solución a este punto, pero sí una, aparentemente anodina, que da claras luces en tal dirección. Luego de dos artículos —38 y

1291 *Martínez* (1886). Las cursivas son nuestras.

1292 Los ministros Cousiño, Covarrubias y Lastarria votaron a favor de la competencia en primera instancia de la Corte de Apelaciones en este caso; los ministros Bernales y Ábalos votaron en contra.

1293 Sobre esta materia, véase *infra*, en este título, capítulo segundo, A.I.b.

1294 Constitución Política de la República Chilena (1833), art. 104 n° 5.

1295 *Gobernador de Limache con Juez de Letras de Quillota* (1887).

1296 *Gobernador de Maipo con Corte de Apelaciones de Santiago* (1887).

1297 *Municipalidad de Coquimbo con Empresa de Ferrocarril de Coquimbo* (1886).

1298 *Sepúlveda* (1888 a), *Sepúlveda* (1888 b), *Villagra* (1888).

39— en los que se desarrollaba el fuero y el desafuero aplicables a los intendentes y gobernadores, se introdujo la siguiente norma:

> "Art. 40. Sin perjuicio de lo dispuesto en los artículos anteriores, la persona ofendida o perjudicada por actos u omisiones de estos funcionarios podrá reclamar por escrito ante ellos mismos. Si estos persisten en sus resoluciones, el querellante tendrá derecho para ocurrir a la autoridad inmediatamente superior.
> Si esta aprueba lo obrado, podrá el reclamante acudir de grado en grado hasta llegar al Presidente de la República".

El artículo 40 se refiere incuestionablemente a la actuación oficial de los intendentes o los gobernadores, la que se puede impugnar por vía administrativa tanto ante ellos mismos como ante los grados superiores. La yuxtaposición de este artículo con los que trataban del fuero civil movía a entender que las demandas civiles dirigidas en contra de tales autoridades no solo gozaban del fuero especial cuando comprometían su esfera particular o personal, sino también cuando actuaban institucionalmente. Con ello, en consecuencia, una institución prevista para la esfera personal terminó blindando a la Administración en el ámbito propiamente institucional.

En este estado quedó la cuestión a fines del período: con el fuero de ciertas autoridades como una institución multiforme, que podía responder a su naturaleza de garantía de imparcialidad personal, pero que en ocasiones puntuales pero no despreciables mutaba a una naturaleza de privilegio institucional[1299], pendiendo como una espada de Damocles sobre la coherencia jurisdiccional y planteando una amenaza de alteración de las reglas de competencia.

ii. La esfera natural del fuero civil

El fuero, en relación con su esfera propia de privilegio personal, mereció también análisis interesantes de la jurisprudencia[1300] del período[1301]. En lo que concierne a la delimitación del alcance del fuero en relación con el *eventual interés* que lo justificara, la disposición de la LOAT establecía el fuero en "las causas civiles o criminales en que sean parte o tengan interés el Presidente de la República [...]", sin determinar con mayor precisión la naturaleza del interés. La Corte

---

1299 Justamente en el sentido con que Huneeus Zegers (1880), I, p. 48, explica que no puede entenderse proceder un fuero: "Cuando el fuero especial que una ley establece en favor de ciertos individuos, por razón del elevado puesto que ocupan, tiene por objeto no conferir un privilegio a tales personas, sino más bien crear una garantía de imparcial administración de justicia a favor de los individuos que con dichas personas litigan, entonces no hay violación del principio constitucional que prohíbe establecer en Chile clases privilegiadas".

1300 También existieron normas que colaboraron a perfilar el fuero. Por ejemplo, un auto acordado de la Corte Suprema se refirió al caso específico del fuero de los cónsules y vicecónsules, que se reconocía como un "privilegio concedido por la ley chilena", y no de derecho internacional, y que había suscitado dudas en torno a si la renuncia del fuero era revocable o irrevocable. La Corte dispuso que era irrevocable (BLDG, XXIX, p. 479). Al año siguiente, se promulgó la ley sobre fueros diplomáticos y consulares, aplicable tanto sobre funcionarios nacionales como extranjeros (BLDG, XXX, p. 315).

1301 En lo legislativo, quizás el aspecto más destacable surgió a fines del período, al plantearse en el artículo 39 de la Ley de Régimen Interior de 1885 que "para instaurar acción civil contra un Intendente o Gobernador será necesaria la declaración previa de la Corte de Apelaciones de ser admisible la demanda".

Suprema, frente al problema de si declarar o no la procedencia del fuero en una cuestión que involucraba en cierta medida al Presidente de la República en ejercicio, Aníbal Pinto, declaró no haber lugar al fuero porque la referida autoridad "no es parte ni tiene interés *actual* en el presente juicio"[1302]. Aunque el vocablo "actual" no estaba establecido en la LOAT, evidentemente la Corte Suprema se apoyó en su inclusión para delimitar más claramente la esfera de operación del fuero.

También se pronunció nuestra judicatura en relación con el alcance temporal del fuero. Ello sucedió nuevamente a propósito de un pleito en el que figuraba el presidente Pinto, cuya demanda se había deducido mientras este estaba en ejercicio de sus funciones, pero que no se había contestado ni dado por contestada en rebeldía a la fecha en que había terminado su período. La Corte de Apelaciones expresó que esta falta de contestación verdadera o ficta daba lugar a que "el juicio no está aún radicado en este Tribunal, según lo dispuesto en las leyes 3ª y 8ª tít. 10 part. 3ª, para que con arreglo a lo prevenido en el art. 193 de la ley del 75 citada, se considerase fijada la competencia para seguir conociendo en primera instancia en la causa hasta su terminación" y que, como "al presente, el señor Pinto no inviste el cargo de Presidente de la República, y por lo mismo, y no estando radicado el juicio, ha cesado la competencia que a esta Corte confería el inc. 3° del art. 68 antes citado"[1303]. En otras palabras, el límite temporal *ad quem* del fuero estaba dado por el momento en que la entonces autoridad cesaba de ejercer sus funciones[1304] y, para que el fuero se fijase, era menester la contestación real o ficta de la autoridad durante el desempeño de sus funciones[1305]. Radicada la controversia, no se alteraba la competencia aun cuando cesase en ellas[1306].

Por último, se abordó el problema de si las cuestiones sujetas a este fuero admitían ser prorrogadas. El criterio principal era que la prórroga "solo procede entre tribunales de jurisdicción análoga, según lo prescrito en el art. 237 de la misma ley del 75", por lo que no era posible entre un Juzgado de Letras y una Corte de Apelaciones[1307]. Con posterioridad, la Corte de Apelaciones de Concepción especificó más este razonamiento, señalando que "atendidas las funciones ordinarias de ambos tribunales, aquel conoce en primera instancia y este en apelación de los juicios de mayor cuantía, y en los párrafos III y IV, tít. XII de la ley citada, en que se fijan las reglas que determinan la competencia en materias civiles y criminales, se habla de tribunales de igual jerarquía, y en el ejemplo que se aduce en el inc. 2° del artículo citado se habla de funcionarios de igual clase", pero con un voto disidente de Risopatrón que daba a entender que un Juzgado de Letras podía conocer de una cuestión que por fuero competía a la Corte de Apelaciones porque el "asunto es meramente civil, de interés puramente individual y privado de ambos litigantes" y, por lo tanto, el fuero "es un derecho renunciable, según el art. 12 del Código Civil, desde que no hay ley que prohíba su renuncia"[1308].

1302 *De la Cruz con Soto y otro* (1880).

1303 *Mora* (1881).

1304 También, referida a un gobernador, *Argandoña* (1887).

1305 Las normas que la Corte cita de la Partida Tercera aluden a que los pleitos se comienzan "por demanda y por respuesta" (ley 3ª) y que el pleito toma fuerza "después que en juicio fuere comenzado por demanda y por respuesta (ley 8ª).

1306 En el caso de un intendente, *Anguita* (1885).

1307 *Mora* (1881).

1308 *Zañartu* (1887). El voto de mayoría sostenía en el considerando sexto que "la prórroga de jurisdicción en el caso de que se trata importa, no la renuncia de un derecho personal sino la de un privilegio

II. La competencia en materia penal

La definición de las competencias relacionadas con los contenciosos penales pasa por un eje central que consiste en reconocer la distinción entre la jurisdicción penal ordinaria, correspondiente *grosso modo* a las autoridades y funcionarios civiles (a), y la jurisdicción penal militar, cuya tradición había sido sedimentada y normada en las reglas militares, entre las que destacaba la Ordenanza del Ejército (b).

a. La jurisdicción penal ordinaria

Puede sorprender que la descripción de las competencias penales ordinarias requiera algún grado más elaborado de explicación. Sin embargo, debe considerarse que nuestra legislación preveía, por de pronto, un fuero penal dirigido a distintas autoridades (2); y, asimismo, que la lógica interna de las competencias que pudieran llamarse *troncales* estaba sometida a una escisión que era esperable para la configuración contenciosa de dicho período, pero que resulta sorpresiva desde el tiempo presente (1).

1. Un tronco dual

El grueso de los contenciosos administrativos penales ordinarios de esta época estaba construido según la lógica planteada desde el Reglamento de Administración de Justicia de 1824, para el cual de "las causas criminales que merecieren castigo serio de cualesquiera clase o naturaleza que sean" debían conocer los jueces de letras, excluyendo los casos que fueran de resorte los tribunales eclesiásticos y militares[1309], y respecto de cuya segunda instancia era competente la Corte de Apelaciones, salvo disposición en contrario[1310].

La LOAT no modificó sustancialmente este núcleo, tanto respecto de los jueces de letras, para conocer de los crímenes y delitos[1311], como de las Cortes de Apelaciones, que conocían de sus apelaciones[1312], aunque recogiendo la competencia de los jueces de subdelega-

---

acordado por la ley, más bien en atención al prestigio y respetabilidad del cargo de Ministro de Estado que a la persona que lo sirve, circunstancia que hace irrenunciable el fuero e ineficaz la renuncia, y, por consiguiente, la prórroga de jurisdicción".

1309 Reglamento de Administración de Justicia, art. 24.

1310 Reglamento de Administración de Justicia, art. 54 n° 1. Esporádicamente podían encontrarse casos bastante llamativos de competencia penal en alzada: por ejemplo, el artículo 2° la ley de 31 de julio de 1860, BLDG, XXVIII, p. 195, disponía que las sentencias que los jueces de letras de Copiapó pronunciaren en delitos leves serían apelables al otro juez de letras, lo que originó alguna controversia, como en *Castillo* (1863).

1311 LOAT, art. 37. Y, según el artículo 129, la subrogación de los jueces de letras siguió en manos de los alcaldes, a falta de otro juez de letras que subrogase: respecto de los límites temporales de la subrogación y la supuesta radicación en el alcalde, véase *Alcalde de Melipilla con Juez Letrado de Melipilla* (1886). Si un lugar no contaba con un juez letrado al momento de perpetrarse el ilícito, pero se crea con posterioridad, desde el momento de la instalación del nuevo Juzgado de Letras este pasaba a ser competente para sustanciar la cuestión: *Rafael y otros* (1889).

1312 LOAT, art. 67.

ción para conocer de las faltas[1313] y planteando la improrrogabilidad de las respectivas competencias[1314].

En la práctica, sin embargo, se terminó consolidando a lo largo de todos estos años una división tácita, no desarrollada explícitamente a través de la legislación, pero sí en la práctica jurisdiccional. Tal como sucedía respecto de las competencias civiles, el tronco principal se escindió entre una competencia penal "común" y una competencia penal "de hacienda". Y, análogamente a las cuestiones civiles, y sin perjuicio de reglas especiales[1315] que también incidían en la distribución[1316], respecto de las primeras la apelación era de resorte de la respectiva Corte de Apelaciones, mientras que de la apelación de las segundas conocía la Corte Suprema[1317].

La existencia de la competencia *penal de hacienda*, silenciosamente presente desde hacía décadas, apareció con toda claridad hacia fines del período, en relación con la creación de la Corte de Apelaciones de Iquique. La ley que la creó disponía lo siguiente: "[...] créase una Corte de Apelaciones ubicada, por ahora, en Iquique, cuyo distrito jurisdiccional comprenderá la provincia de Tarapacá y los territorios de Tacna y Arica, mientras estos estén sometidos a la jurisdicción chilena; *excluyendo de su competencia las cuestiones de Hacienda, que vendrán en apelación a la Corte Suprema en Santiago*"[1318].

Si esta alusión a las "cuestiones de hacienda" se hubiera restringido a las cuestiones *civiles* de hacienda, la norma transcrita no hubiera tenido repercusión alguna en las cuestiones

1313 LOAT, art. 33 n° 1. Pero, de acuerdo al artículo 37, si un juez de letras ya había prevenido en el conocimiento de una cuestión, ella quedaba radicada en él, entendiéndose aplicable esta radicación a los alcaldes que ejercían dichas funciones jurisdiccionales en los lugares en que no existían jueces de letras: *Alcalde de Mulchén con Juez de Subdelegación de Mulchén* (1876).

1314 LOAT, art. 236. Véase también *Ossandón* (1887).

1315 La Corte Suprema, por la disposición 1ª transitoria de la LOAT, que preceptuaba que seguiría "ejerciendo la jurisdicción que antes ejercía en las causas criminales y de hacienda", debía entenderse que habría de hacerlo "la misma manera que antes lo hacía": *Fisco con Muñoz* (1877).

1316 Había otras disposiciones que incidían en ella, como la Ley de 26 de noviembre de 1845, BLDG, XIII, p. 179, que, ordenando el establecimiento de las Cortes de Apelaciones de Concepción y La Serena, fijó la competencia de estas para conocer en las apelaciones de causas criminales, que por la ley de 22 de abril de 1835 se había radicado en la Corte Suprema; pero aquella ley no hizo lo mismo con la Corte de Apelaciones de Santiago, por lo que de las cuestiones criminales de su territorio siguió conociendo la Corte Suprema. Y la misma LOAT dilucidó determinadas competencias específicas; por ejemplo, al prescribir en su artículo 111 que la Corte Suprema era la magistratura que conocía del *habeas corpus* del artículo 143 de la Constitución: *Marcó* (1886).

1317 Un ejemplo claro de la aplicación de este criterio está dado por la sentencia *Henríquez* (1861). Se trataba de un caso de defraudación de fondos fiscales cuyo conocimiento en primera instancia había correspondido a un Juzgado de Letras de Concepción. Si las leyes de 1835 y 1845 evocadas en la nota anterior se hubieran interpretado en el sentido de que en La Serena y Concepción las apelaciones hubieran sido siempre de competencia de la Corte de Apelaciones respectiva, en este caso la apelación hubiera sido conocida por la Corte de Apelaciones de Concepción. Por el contrario, de dicha apelación conoció la Corte Suprema, lo que indica cómo esta causa no era considerada como causa criminal *simpliciter*, sino como causa criminal *de hacienda*, prevaleciendo este último carácter y correspondiendo entonces su conocimiento a la Corte Suprema. Lo mismo puede constatarse en otras especies, como *Acuña* (1862), *Tardón* (1863) y *Tejeda* (1864), antes de la LOAT; y después de ella, *Portales* (1881) y *Aguayo* (1886). Por el contrario, cuando los caudales comprometidos eran municipales y no fiscales, de la apelación conocía la Corte de Apelaciones respectiva: *Barrena y Contreras* (1881).

1318 Ley de 15 de noviembre de 1884, BLDG, LIII, p. 1280.

penales. Sin embargo, precisamente la cuestión que es motivo de esta observación era una de naturaleza criminal. Y la Corte de Apelaciones se estimó incompetente para conocerla, en aplicación de la referida ley, "tratándose en este juicio de la responsabilidad que pueda afectar a un empleado público por la pérdida de fondos fiscales", y ordenando que los autos volviesen al juez *a quo* para elevarlos "a quien corresponde", es decir, a la Corte Suprema[1319]. Esta misma posición fue reiterada por la Corte de Apelaciones de Iquique en otra sentencia posterior, en la que, además, introduce la expresión "delito de hacienda"[1320]. Es importante destacar que esta estructuración también fue recogida por nuestra doctrina, tal como aparece de Lira, quien expresaba que "son *juicios de hacienda* todos aquellos, civiles o criminales, en que se trata de intereses fiscales, ya sea el Fisco demandante o demandado"[1321].

2. El fuero penal de las autoridades

Así como un fuero de las autoridades estaba previsto en nuestro derecho administrativo en materia civil[1322], también se concibió un fuero en el ámbito penal. Primeramente, existía un fuero propiamente tal, es decir, la definición de tribunales distintos de los comunes para juzgar tales materias (i); pero, segundamente, existían ciertas autoridades que se veían beneficiadas de un paso previo antes del pleito, lo que estaba dado por el desafuero (ii).

i. El fuero *stricto sensu*

Al igual que el fuero civil, el fuero penal había estado dispuesto desde inicios del período patrio. Entre las normas más influyentes, el Reglamento de Administración de Justicia de 1824 disponía que era de competencia de la Corte de Apelaciones "conocer en primera instancia de las causas civiles y criminales en que son parte o tienen interés el Supremo Director, los senadores y los Ministros, y Consejeros de Estado"[1323]. La Ley de Régimen Interior de 1844 añadió el caso de los intendentes, señalando que "en las causas civiles y criminales en que fueren parte los intendentes, conocerá en primera instancia la Corte de Apelaciones, y en segunda la Suprema de Justicia, previa en las criminales la declaración de que habla la parte 6ª art. 104 de la Constitución"[1324]. Por su parte, los gobernadores estaban sujetos a desafuero, pero no a fuero de tribunales superiores, salvo en las causas "por traición, sedición, infracción de las leyes, o por cualquier abuso o mala administración de su cargo"[1325]. Y en 1862, se

1319 *Pérdida de fondos del Correo* (1885). Hay un interesante voto disidente del ministro Fuenzalida, pero lo cierto es que si su argumentación puede tener algún asidero normativo, estaba totalmente desligada de la forma en que en la práctica se había entendido la distribución de competencias penales.

1320 *Coloma* (1885).

1321 Lira Argomedo (1867), III, p. 291. A continuación, señalaba que entre los casos más frecuentes en materia criminal se encontraban "las defraudaciones de rentas o fondos fiscales". Y en p. 296: "Las causas criminales de hacienda se siguen de la misma manera que las del fuero ordinario".

1322 Véase *supra* en este capítulo, la sección A.I.b.2.

1323 BLDG, I, p. 271, art. 54.

1324 Art. 23.

1325 Art. 28.

promulgó una ley sobre fueros diplomáticos y consulares, que preveía la competencia de la Corte Suprema para juzgar causas civiles y criminales concernientes a estos funcionarios[1326].

Al concentrar en su texto los casos en que el fuero procedía, la LOAT modificó esta estructura, haciendo que las Corte de Apelaciones conociesen en primera instancia de las causas criminales "en que sean parte o tengan interés el Presidente de la República, los Ministros de Estado, los intendentes de provincia y gobernadores de departamento, los agentes diplomáticos chilenos, los Ministros diplomáticos acreditados con el Gobierno de la República o en tránsito por su territorio; el Arzobispo, los Obispos, los vicarios generales, los provisores y los vicarios capitulares"[1327]. Los municipales no estaban previstos en esta larga norma, lo que significaba que estaban desprovistos de fuero[1328]. En lo concerniente a los intendentes y gobernadores, la Ley de Régimen Interior de 1885 no quiso establecer configuraciones forales especiales como las que existían respecto de los gobernadores, y por los delitos que cometieran en el ejercicio de sus funciones sencillamente efectuó un reenvío a "los tribunales establecidos por la ley"[1329], lo que significaba reenviar a lo dispuesto por la LOAT.

Algunas de estas autoridades estaban también sujetas a un eventual juicio político por acusación constitucional. Nuestra judicatura estimó, en el caso de un intendente, que ello no desmerecía la posibilidad de perseguirlo penalmente ante los tribunales de justicia, respetando el correspondiente fuero:

> "Considerando: 1° que según el núm. 5°, art. 54 del Reglamento de Administración de Justicia, y art. 23 de la ley del Régimen Interior, las Cortes de Apelaciones en primera instancia y la Suprema Corte en la segunda, son los jueces ordinarios para conocer de las causas contra los intendentes de provincias: 2° *que el caso previsto en el inciso quinto, núm. 2°, art. 38 de la Constitución de 1833 es una excepción de las disposiciones próximamente citadas para cuando la Cámara de Diputados halle por conveniente hacer efectiva la responsabilidad de dichos funcionarios, por los crímenes que expresa:* 3° que no habiendo acusación de la expresada Cámara, el Supremo Gobierno remitió el conocimiento de la presente causa a la Iltma. Corte de Apelaciones de Concepción, donde se ha seguido cerca de dos años sin que se haya interpuesto ni protestado recurso de nulidad, fundado en la incompetencia de dicho Tribunal [...]"[1330].

El fuero operaba en materia criminal tanto si la autoridad respectiva era sujeto activo como si era sujeto pasivo de la acción penal[1331].

Un punto que mereció algo de atención en nuestros tribunales fue el de la extensión temporal del fuero. La especie más importante a este respecto es *Luco Lynch*, de 1885. En un

1326 Ley de 23 de septiembre de 1862, BLDG, XXX, p. 315.

1327 Artículo 67 n° 3.

1328 *Vega* (1889).

1329 Artículo 38, inciso 2°. El inciso tercero fijó una norma especial de prescripción penal: "[...] esta acción prescribirá en seis meses contados desde el día en que tuviere lugar el acto u omisión que se les imputare".

1330 *Yáñez* (1861), en la sentencia de nulidad publicada en GT n° 973 [1861], p. 205. Las cursivas son nuestras.

1331 *Machado* (1882).

juicio por lesiones inferidas a unos particulares, el Juzgado de Letras había encargado reo al Gobernador de Petorca por un auto que se conoció en alzada por la Corte Suprema. Entre sus ministros se controvirtió la competencia del juez de letras para conocer de la causa, expresando el voto de mayoría lo siguiente: "[...] que su acusación se refiere a actos ejecutados por él como gobernador de Petorca, no siendo por este motivo competente para su juzgamiento el juez de letras de dicho departamento". Por consiguiente, se ordenó remitir el expediente a la Corte de Apelaciones de Santiago.

El problema temporal, que es el crucial en esta especie, no sobresale de la sentencia, pero sí aparece claramente del voto particular de los ministros Lastarria y Covarrubias, que por distintas razones es de los más notables de todo el período y que, en lo central respecto de esta cuestión, expresaba lo siguiente:

> "Todas estas disposiciones se refieren a los intendentes y gobernadores en ejercicio, y no hay razón alguna para extenderlas a los que han dejado de ser agentes naturales e inmediatos del Presidente de la República, puesto que a estos no se puede aplicar ni los fundamentos ni los fines que tienen el privilegio constitucional y el fuero legal. Si la Constitución requiere la declaración previa del Consejo de Estado en materia criminal, sin distinguir la naturaleza del crimen, es porque quiere que aquellos funcionarios no sean distraídos por una acusación de particulares, sea esta por un delito común, sea por traición, sedición o cualquier otro abuso o mala administración de su cargo. Pero la Constitución calla respecto de los intendentes y gobernadores que han dejado de funcionar como tales. Si hubiera querido ampararlos aun en este caso, habría establecido algo parecido a lo dispuesto en el art. 14, que hace inmunes para siempre a los senadores y diputados por las opiniones y votos que emiten, o en el art. 83, que solo permite acusar al Presidente de la República en el año inmediato después de su período, o en el 101, que igualmente declara que solo son acusables los ministros del despacho en los seis meses siguientes a su separación.
> El silencio de la Constitución respecto a los exintendentes y a los exgobernadores es lógico, porque no tiene razón para ampararlos con un fuero privilegiado como a los que funcionan actualmente, sobre todo si son acusados por delitos que no son del ejercicio de su cargo. De la misma manera calla la Ley de Organización y Atribuciones de los Tribunales, pues no hay en ella disposición alguna que autorice para conceder a los que han dejado de ser intendentes y gobernadores el fuero especial que favorece a los que ejercen estos cargos. La razón de este silencio está en la naturaleza misma del privilegio del fuero especial.
> Un privilegio no puede jamás suponerse cuando no está expresamente concedido, menos un privilegio que equivale en la práctica a la impunidad, y que en todo caso es denegatorio del derecho de los ciudadanos"[1332].

En resumidas cuentas, la sentencia omitía expresar que, si bien los hechos por los que se perseguía a Luco Lynch habrían tenido lugar mientras ejercía sus funciones como Gobernador, el imputado ya había cesado en tal ministerio y por lo tanto se había trabado controversia sobre la extensión temporal del fuero. Para el voto de mayoría, el fuero se consolidaba al momento de

1332 *Luco Lynch* (1885).

la acción u omisión, y, por lo tanto, aunque cesase en el ejercicio de sus funciones, la autoridad administrativa seguiría beneficiándose de él. Los disidentes, por el contrario, entendían que el fuero tenía que interpretarse restrictivamente a falta de disposición específica a su respecto y, por lo tanto, eran contrarios a que operase una vez que la persona hubiese cesado en el cargo.

Lo esencial de esta posición fue ratificado al menos una vez más en el período, en una cuestión similar de la que conoció la Corte de Apelaciones de La Serena[1333].

ii. El desafuero

A más del fuero en sentido estricto ya referido, bajo el régimen de la Constitución de 1833 determinadas autoridades estaban sujetas a un trámite previo a un procedimiento penal que pudiera dirigirse contra ellos. Este trámite coloquialmente se denominaba *desafuero*, pero en la terminología de la época se expresaba muchas veces bajo la declaración más técnica de "haber lugar a formación de causa"[1334].

La fórmula tenía orígenes constitucionales más remotos, pero en lo que concierne a este período se refirió, desde el texto original de la Constitución de 1833, a la declaración previa a un eventual juicio criminal de intendentes y gobernadores. Era atribución del Consejo de Estado "declarar si ha lugar, o no, a la formación de causa en materia criminal contra los intendentes, gobernadores de plaza y de departamento. Exceptúase el caso en que la acusación contra los intendentes se intentare por la Cámara de Diputados"[1335]. Esto halló normas reflejas en la Ley de Régimen Interior de 1844[1336] y de 1885[1337].

1333 *Miller* (1886). En un voto particular, el ministro Gundián sostuvo que "el ministro que suscribe ha estado de acuerdo con la mayoría del Tribunal en que se haga conforme a lo pedido por los ofendidos en el escrito de f. 28, por ser notorio que el gobernador de aquel departamento, don Diego Miller Almeida, contra quien se dirige la investigación solicitada, *ha dejado en el día de serlo, como lo asegura el señor fiscal, desapareciendo con ello la competencia de esta Corte para conocer de la causa en primera instancia en cuanto se relaciona con el expresado funcionario*, conforme a lo dispuesto en el art. 67 de la ley de 15 de octubre de 1875". Las cursivas son nuestras.

1334 Debe tenerse presente, en todo caso, que esta fórmula también designaba declaraciones previas en otros tipos de juicio, incluso en el ámbito administrativo. Por ejemplo, a partir de la reforma constitucional de 1874 se halló esta fórmula en relación con los Ministros del Despacho, pero estrictamente en relación con la declaración que correspondía a la Cámara de Diputados en relación con un juicio político. Constitución Política de la República Chilena (1833), art. 97 inciso 1°, texto en vigor desde la reforma de 24 de octubre de 1874, BLDG, XLII-2, p. 219: "Desde el momento en que la Cámara acuerde entablar la acusación ante el Senado o declarar que ha lugar a formación de causa, quedará suspendido de sus funciones el Ministro acusado".

1335 Constitución Política de la República Chilena (1833), art. 104 n° 6.

1336 Respecto de los intendentes, art. 23: "En las causas civiles y criminales en que fueren parte los intendentes, conocerá en primera instancia la Corte de Apelaciones, y en segunda la Suprema de Justicia, *previa en las criminales la declaración de que habla la parte 6ª art. 104 de la Constitución*". Respecto de los gobernadores, art. 28: "De las causas civiles y de las criminales por delitos comunes en que fuere parte un Gobernador, conocerá el juez de letras de su provincia, con apelación ante la Corte de Apelaciones, *verificándose previamente respecto a las últimas la declaración que compete hacer al Consejo de Estado con arreglo al número 6°, art. 104 de la Constitución*". Las cursivas son, en ambos casos, nuestras.

1337 Art. 39: "Para proceder criminalmente [contra un intendente o gobernador], deberá preceder la declaración del Consejo de Estado de haber lugar a formación de causa. La respectiva Corte de Apelaciones

La nómina de autoridades a quienes el desafuero les era aplicable era *numerus clausus*[1338]. La ausencia del Presidente de la República y de los ministros de Estado como titulares de esta protección jurisdiccional llamó la atención de los juristas de la época. Para Huneeus, en relación con el Jefe de Estado, esta situación se derivaba de que "en una esfera tan elevada que sus actos y su nombre no pueden ser materia de discusión, lo ha revestido de cierto carácter que le asemeja mucho, mientras ejerce sus funciones, a un monarca constitucional. Alejado así, como lo hemos indicado ya en otra parte, de todo roce inmediato con los gobernados, se encuentra libre del odio y de la calumnia que a menudo despiertan los actos de la administración", mientras que, por el contrario "los intendentes y gobernadores viven en una atmósfera viciada, que los expondría a ser víctimas de acusaciones continuas, hijas de la mala fe, del odio y del espíritu de partido. Multiplicadas tales acusaciones, los puestos servidos por esos funcionarios se convertirían en una verdadera picota, y fácil sería llegar a un momento en que ningún hombre digno se prestara a servirlos"[1339].

Al igual como había sucedido con los fueros propiamente dichos, el lapso que estaba cubierto por el desafuero suscitó algunas controversias. La sentencia más relevante en este sentido dispuso que el artículo 104 n° 6 debía entenderse "en sentido estricto y solo debe aplicarse a los intendentes y gobernadores que estén en actual ejercicio de sus funciones", por lo que no se consideraba "la petición de desafuero presentada contra el Gobernador de Vallenar, don Diego Miller Almeida, que ha dejado de serlo"[1340]. En cuanto al punto de si la interposición de la solicitud de desafuero tenía efectos sobre el curso de la prescripción de la acción penal, a nuestro conocimiento el Consejo de Estado no lo abordó, pero sí lo hizo tangencialmente la Corte Suprema[1341].

También se presentó la cuestión de si una autoridad accidental —en la especie, un gobernador accidental— estaba sujeto a desafuero, decidiendo el Consejo de Estado por la negativa[1342],

recibirá las informaciones que se le ofrecieren para acreditar los hechos en que la petición de desafuero pueda fundarse.
El Consejo de Estado deberá pronunciarse sobre la solicitud en el término de sesenta días y no se entenderá denegada sin el voto de las dos terceras partes del número total de los miembros de que se compone el Consejo".

1338 *Barros Arana* (1863): "[...] que de este principio [de competencia directa de los tribunales ordinarios para juzgar la responsabilidad penal] solo están exceptuados aquellos funcionarios para cuyos actos una ley especial requiere que preceda declaración previa de haber lugar formación de causa, y el Rector del Instituto Nacional no está comprendido entre estos funcionarios, ni goza de este privilegio".

1339 Huneeus Zegers (1880), II, pp. 228-229.

1340 *Gobernador de Vallenar* (1886), con voto disidente del consejero Bernales, quien entendía que el trámite era procedente, "por cuanto los actos en que ella se funda fueron ejecutados por el acusado en su carácter de Gobernador".

1341 *De la Fuente* (1890), con expresiones bastante elípticas: "[...] el hecho que ha motivado este proceso tuvo lugar el 13 de octubre de 1880, y aunque se estimara que la prescripción hubiera estado interrumpida mientras se resolvía la contienda de competencia, se dejó, no obstante, transcurrir más de un año después de puesto el cúmplase a lo resuelto por el honorable Consejo de Estado sin que se hiciera gestión alguna ante este tribunal, que era el llamado por la ley para conocer en primera instancia en este proceso, por ser parte un gobernador de departamento".

1342 *Intendente de Chiloé* (1886).

y la de si eventualmente un juicio civil estaría sujeto al trámite del desafuero, pronunciándose también por la negativa[1343].

La mayor parte de las solicitudes al Consejo de Estado en este sentido terminaban en una declaración de no haber lugar a formación de causa. Aunque un buen número de sentencias se contentaba con solo efectuar una referencia al expediente[1344], otras sí detallaban el razonamiento del Consejo, fluctuando —única o misceláneamente— desde no contener cargos que se sostuvieran en hechos específicos y concretos[1345] a apoyarse la solicitud en meras declaraciones de oídas[1346], a no haber tenido la autoridad correspondiente participación alguna en los hechos[1347], a no haber tenido lugar los hechos[1348], a haber obrado en cumplimiento del ejercicio de su cargo y sin vulneración del ordenamiento jurídico[1349], o aun a haber cumplido con el deber cuya omisión se le imputaba por sí mismo[1350] a través de las autoridades subalternas[1351]. En algunas oportunidades, el Consejo de Estado iba más lejos en sus sentencias y, a más de corroborar el acaecimiento —o no— de determinados hechos, entraba a analizar si jurídicamente la conducta era subsumible en algún tipo penal: por ejemplo, de calumnia[1352], de injuria y de malversación de caudales públicos[1353], de usurpación de atribuciones según el artículo 221 del Código Penal[1354] o de arrogación de atribuciones judiciales de acuerdo al artículo 222 del referido Código[1355].

A pesar de que el trámite del desafuero normalmente no daba lugar a formación de causa contra los titulares respectivos, ocasionalmente se declaraba por el Consejo haber lugar a ella. Quizá el más notorio de los casos de este período fue el del Gobernador de Coelemu[1356], al que finalmente la Corte de Apelaciones condenó a un año de suspensión por la injuria de haber apaleado a bastonazos a un particular en distintos lugares públicos de Tomé, habiéndolo con posterioridad detenido arbitrariamente[1357]. Similarmente, hacia finales del período se desaforó a un gobernador por haber destruido un puente de propiedad privada, so pretexto de que se encontraba en estado ruinoso, incurriendo así en el tipo del artículo 158 n° 6 del Código Penal, correspondiente a aquel empleado público que arbitrariamente "expropiare

1343 *Gobernador de Limache con Juez de Letras de Quillota* (1887).

1344 *Gobernador de Quillota* (1876 b), *Gobernador de La Ligua* (1877), *Gobernador de Vallenar* (1883) y *Gobernador de Rere* (1883).

1345 *Intendente de Llanquihue* (1885 a).

1346 *Gobernador de Vallenar* (1867).

1347 *Gobernador de Quillota* (1876 a), *Gobernador de Arauco* (1886) —en que habían obrado las autoridades judiciales competentes— e *Intendente de Chiloé* (1887).

1348 *Intendente de Aconcagua* (1888 a) e *Intendente de Aconcagua* (1888 b).

1349 *Gobernador de Lautaro* (1877), *Gobernador de Maipo* (1885 a), *Gobernador de Loncomilla* (1886) y *Gobernador de Coelemu* (1886).

1350 *Gobernador de Petorca* (1886).

1351 *Gobernador de Putaendo* (1885).

1352 *Intendente de Talca* (1883).

1353 *Gobernador de Cachapoal* (1887).

1354 *Gobernador de Maipo* (1885 b).

1355 *Intendente de Llanquihue* (1885 b), *Gobernador de Los Andes* (1886) y *Gobernador de Petorca* (1886).

1356 *Gobernador de Coelemu* (1875).

1357 *Vargas* (1875).

a otro de sus bienes o le perturbare en su posesión, a no ser en los casos que permite la ley"[1358].

b. La jurisdicción penal militar

Bajo los términos de la Ordenanza de 1839, la jurisdicción[1359] penal[1360] militar estaba fuertemente, aunque no absolutamente, entroncada en la jurisdicción ordinaria. Ello se derivaba de que las cuestiones penales de mayor relieve, de que conocían en primera instancia el Comandante General de Armas[1361], el Consejo de Guerra ordinario[1362] o el Consejo de Guerra de Oficiales Generales[1363], eran conocidos en segunda por la Corte Marcial[1364], que "se compone de los jueces que constituyen la de Apelaciones, y dos Jefes militares de la clase de Generales, y en su defecto de la de Coronel, los que serán nombrados por el Gobierno, y permanecerán en sus destinos durante su buen desempeño"[1365].

La sujeción a la jurisdicción ordinaria incluso se hizo más manifiesta en este período que en los comienzos de la Ordenanza, de lo que da cuenta una ley de mediados de la década de 1860 que dispuso suprimir "en las Cortes de Justicia los jueces especiales de comercio, de minas, de Hacienda *y militares*, debiendo proceder dichos Tribunales en el conocimiento de las expresadas causas como en las demás del fuero común"[1366].

Con todo, el efecto unificador de esta supresión no fue tan radical como pudiera llegar a pensarse. Es menester reparar en que la disposición no planteó la supresión de los tribunales militares, sino solamente en cuanto comprometieran a jueces especiales radicados en las Cortes. Con ello, la primera instancia correspondiente al fuero militar permanecía incólume. Y en lo que concierne al rol de las Cortes Marciales, este no se vio mermado ni siquiera en la denominación. Aunque en ocasiones la legislación aludía a ella como sala marcial de la

---

1358 *Gobernador de Cañete* (1888).

1359 A más de la comprensión general del derecho nacional sobre el carácter jurisdiccional de estas materias, una sentencia del Consejo de Estado tuvo la ocasión de declararlo solemnemente: *Comandante General de Armas de Bío-Bío con Comandante en Jefe del Ejército de la Frontera* (1884), en relación con los Consejos de Guerra. Aun compuestos por militares, que son en principio funcionarios administrativos, tales órganos eran jurisdiccionales.

1360 Respecto de las atribuciones en materia civil del fuero militar y sus consecuencias en este período, véase *supra* en este capítulo, A.I.a.

1361 Ordenanza del Ejército, Tít. LXXIV.

1362 Ordenanza del Ejército, Tít. LXXVI.

1363 Ordenanza del Ejército, Tít. LXXVII.

1364 Salvo si se estaba en campaña y la sentencia de primera instancia era de un Consejo de Guerra ordinario, caso en el cual la competencia se radicaba en el General en Jefe del Ejército, o Comandante de División en su caso: Ordenanza del Ejército, Tít. LXXIX, art. 10. Si la apelación era de una sentencia de primera instancia de un Consejo de Guerra de oficiales generales, la segunda instancia era de resorte de la Corte Marcial: *General en Jefe del Ejército del Norte con Corte Marcial* (1884): "[...] la circunstancia de haber guardado silencio las leyes acerca de la designación de la Corte de Apelaciones, a quien correspondiera conocer en segunda instancia de las causas que se fallasen en primera, estando el Ejército en campaña fuera de la República, no priva a los oficiales procesados del recurso de apelación".

1365 Ordenanza del Ejército, Tít. LXXIX, art. 1°.

1366 Ley de 26 de julio de 1866, BLDG, XXXIV, p. 196. Las cursivas son nuestras.

respectiva Corte de Apelaciones[1367] —como contrapuesta a la sala ordinaria[1368]— se le siguió denominando Corte Marcial durante el período, tanto por las propias Cortes Marciales[1369] como por la Corte Suprema[1370] y el Consejo de Estado[1371]. La estructura básica pervivió tras las modificaciones de la LOAT, no obstante introducir algunas adecuaciones.

Este período vio el despliegue de importantes esfuerzos en torno a la definición de los límites entre los ámbitos de la jurisdicción común y la jurisdicción militar[1372]. Hasta 1875, la lógica se ciñó al concepto original de la Ordenanza del Ejército (1), pero, al entrar en vigor la LOAT en 1875, se introdujeron parámetros nuevos que cambiaron su fisonomía o la pusieron en cuestionamiento (2).

1. Los límites antes de la LOAT

En el diseño jurisdiccional original de la Ordenanza del Ejército —es decir, con anterioridad a la LOAT—, los contornos de la esfera del fuero militar estaban fuertemente condicionados por la característica de que, a más de los delitos cometidos por militares[1373] —aunque con algunas excepciones[1374]—, ciertos delitos cometidos por particulares estaban también sujetos al fuero

1367 Un caso notorio era el de la ley del recurso de nulidad, de 1° de marzo de 1837, BLDG, VII, p. 136, art. 18: "Cuando la Corte de Apelaciones hubiere pronunciado la sentencia anulada *en sala marcial*, en la de comercio [...]". Las cursivas son nuestras.

1368 *Yáñez* (1861), en la sentencia de nulidad publicada en GT n° 973 [1861], p. 205.

1369 *Mardones* (1887).

1370 *Letelier, Lagos y Romero* (1883), en la sentencia sobre competencia, GT n° 2013 [1882], p. 715: "[...] las sentencias que pronunciaron los Consejos de Guerra de oficiales generales no deben ejecutarse sin consultarlas previamente a la Corte Marcial para su aprobación o reforma, con audiencia de las partes". También, *Comandante General de Armas de Atacama con Corte Marcial de La Serena* (1884).

1371 *General en Jefe del Ejército del Norte con Corte Marcial* (1884).

1372 También, por cierto, hubo un buen desarrollo jurisprudencial en relación con los límites internos existentes entre las competencias de los propios tribunales militares. Aunque muchas sentencias giran en torno a aspectos más bien convencionales y bastante apegados a las disposiciones de la ley, algunas de ellas revisten bastante interés. Por ejemplo, el análisis del hecho de estar o no vigente una campaña, caso este último en que se cambiaba la competencia para conocer de las apelaciones de las sentencias de los Consejos de Guerra ordinarios, radicándose en el General en Jefe del Ejército, o Comandante de División en su caso, y no en la Corte Marcial. La declaración de estado de asamblea permitía entender vigente una campaña, tal como se entendió durante la Guerra contra España: *González* (1866 a). Pero la campaña debía ser actual, por lo que si, bajo un estado de asamblea, una brigada no estaba efectivamente en campaña, porque "no residía allí el ejército designado a operar contra el enemigo", no era competente el General en Jefe o el Comandante de División, sino que la Corte Marcial: *Comandante General de Armas de Atacama con Corte Marcial de La Serena* (1884). También fue importante el desarrollo en distintas ocasiones de la frontera entre lo jurisdiccional, por una parte, y lo meramente disciplinario por faltas menores que no hacía procedente un proceso jurisdiccional y se debía castigar internamente, por otra: por ejemplo, *Rivera* (1871), *Toro y otros* (1885). Por último, cabe consignar que había resoluciones que esclarecían aspectos más puntuales, pero de mucha importancia de todas maneras; a guisa de ejemplo, la sentencia que zanjó el punto de que los guardiamarinas no eran considerados como oficiales, sino como simples cadetes, por lo que estaban sujetos al Consejo de Guerra ordinario: *Saavedra* (1868).

1373 Ordenanza del Ejército, Tít. LXXI.

1374 Dadas por delitos comunes, de que conocía la jurisdicción ordinaria, según la Ordenanza del Ejército, Tít. LXXII.

militar[1375]. Así, por ejemplo, un Juzgado de Letras se entendió incompetente para conocer de una causa en que un civil había "permanecido entre los indígenas insurrectos y ha asistido con ellos a varios asaltos y asedio de poblaciones, lo que hace notar su obcecación por promover el trastorno del orden, cuyo delito es de la competencia de los tribunales militares"[1376], y un Consejo de Guerra se entendió competente para conocer de un motín en que había sido tomado el cuartel cívico de Cauquenes[1377]. En otros casos, el fuero militar sobre civiles procedía no por la calificación penal de la conducta, sino que por las circunstancias en que ella se había dado: por ejemplo, el proveedor de víveres solo estaba sujeto a fuero militar *en campaña* y fuera de ella su juzgamiento era de resorte de los tribunales comunes[1378].

El fuero militar respecto de civiles, en todo caso, era restrictivo, y por lo tanto solo se aplicaba en cuanto correspondiera a los requisitos planteados por la propia Ordenanza. Por ello pudo descartarse la competencia de los tribunales militares en un caso en que "el reo es paisano, que su delito es común sin relación alguna con la milicia ni con el servicio de las armas; que no seguía al ejército y que no concurre ningún hecho de los que por ordenanza o por las leyes comunes someten al fuero militar a personas de fuero común"[1379].

Con todo, surgían complicaciones y ambigüedades en torno a los deslindes entre los delitos cometidos por civiles que eran de competencia del fuero militar y los que no lo eran. Por ejemplo, en un caso calificable como sedición de civiles, mientras el Juzgado de Letras entendió que tal delito —de haberse cometido— hubiera sido de competencia de los tribunales militares, la Corte de Apelaciones excluyó de la aprobación a dicha expresión, entendiéndose, por lo tanto, que hubiera sido de competencia de los tribunales ordinarios[1380]. Algo similar sucedió en uno de los casos de contienda penal de competencia más notables de la época, el de Orllie Antoine de Tounens, en cuya parte considerativa el Juzgado de Letras expuso lo siguiente:

> "Con estos antecedentes, y considerando: 1° que por las diversas constituciones por que se ha regido la República, promulgadas en 30 de octubre de 1822, 29 de diciembre de 1823, 8 de agosto de 1828 y 23 de mayo de 1833, el territorio de Chile se extiende desde el desierto de Atacama hasta el Cabo de Hornos, y desde la cordillera de los Andes hasta el Mar Pacífico, comprendiendo el archipiélago de Chiloé, todas las islas adyacentes y la de Juan Fernández: 2° que el territorio araucano se halla comprendido dentro de esos límites, y sobre el cual la Nación ha ejercido siempre y ejerce su dominio inminente [*sic*] y ejercitado las funciones que son peculiares a su soberanía, sin que jamás se haya dudado de la legitimidad de esos derechos, que por otra parte han tenido un ejercicio activo: 3° que la ley es obligatoria para todos los habitantes de la República, inclusos los extranjeros: 4° que a estos no les es dado probar la manera o forma como la Soberanía Nacional dicta o manda cumplir sus leyes y disposiciones supremas, tendientes al buen régimen y gobierno de sus súbditos, sino que deben cumplirlas

1375 Ordenanza del Ejército, Tít. LXXIII.

1376 *Soto y otros* (1861).

1377 *Sepúlveda* (1866). Aunque no se cita, es posible que se haya tenido en cuenta el artículo 4° del Tít. LXXIII de la Ordenanza.

1378 *Monk* (1874).

1379 *Comandante General de Armas de Arauco* (1866). En sentido similar, *Madariaga y Araya* (1866).

1380 *Municipales de Illapel* (1864).

y obedecerlas en la parte que les corresponda por el solo hecho de avecindarse en su territorio: 5° que todo acto tendente a destruir la eficacia e imperio de las leyes, sustrayéndose a su acción o criando una entidad distinta e impura a la Soberanía Nacional y a las leyes que la gobiernan de pleno derecho, es calificado de subversivo y el que lo comete se hace reo de crimen de alta traición contra el Estado: 6° que Orllie Antonio 1°, al constituirse y llamarse rey de la Araucanía, provocando el levantamiento o insurrección de los indígenas súbditos del Gobierno de Chile, ha tratado de menoscabar la integridad nacional, creando una entidad extraña a su imperio y a sus leyes [...]"[1381].

Y concluía el tribunal declarándose "incompetente para conocer en la causa por ser el delito de que se trata de los deferidos a Tribunales militares", frente a lo cual la Corte de Apelaciones declaró austeramente "que el delito de que es acusado el reo Orllie Antonio de Tounens no se encuentra comprendido en los que determina el tít. 73 de la Ordenanza General del Ejército, por los cuales se somete a la justicia militar a reos independientes de ella, se revoca el auto apelado de 4 de febrero último, corriente a f. 41, y se declara: que el conocimiento de esta causa corresponde al Juez Letrado como juez ordinario de la provincia"[1382].

Otros aspectos eran importantes bajo esta configuración. Si en un mismo ilícito participaban un civil y un militar, cada uno era juzgado por la jurisdicción correspondiente[1383], y si un militar que ejercía como Gobernador era procesado por delitos cometidos en su carácter de autoridad civil, lo debían juzgar los tribunales comunes[1384]. Y si un civil perpetraba un ilícito, y de él entraba a conocer la justicia ordinaria con anterioridad a su nombramiento como militar, no se modificaba la radicación en aquella del conocimiento de la causa[1385].

La existencia de un estado de excepción no modificaba la competencia de los tribunales penales que conocieran de un determinado hecho, la que seguía dependiendo de la naturaleza del ilícito. Por ello se sostuvo por nuestros tribunales "que el estado de asamblea en que se ha declarado la provincia no somete ni de hecho ni de derecho al fuero militar a los individuos del fuero común fuera de los casos excepcionales que establecen las leyes, siendo de notar que en la provincia no se hace actualmente la guerra contra enemigos de la República"[1386].

Por último, es menester tener en vista que, si por alguna razón había un obstáculo en aplicarle a un militar las disposiciones militares, pero los hechos eran también constitutivos de un ilícito común, el imputado no era juzgado por la jurisdicción común, sino que se le juzgaba en la jurisdicción militar según las reglas comunes. Así sucedía, cuando al reo, al ser aprehendido, no se le leían las leyes penales, que era un trámite previsto por la Ordenanza, caso en el cual se aceptaba la excusa de ignorancia de la ley, pero, "no aplicándose

1381 *Tounens* (1862).

1382 En GT n° 1032 [1862], p. 310.

1383 *Ruiz* (1867).

1384 *Benavides* (1867): "Considerando que, aun cuando tales imputaciones fueran ciertas y comprobadas, el consejo de guerra es incompetente para juzgar de la conducta funcionaria del acusado en tal carácter de gobernador".

1385 *Donoso* (1865) y *Donoso* (1866).

1386 *Cifuentes y otros* (1866).

las penas de Ordenanza, queda sujeto al reo a la ley común" y era juzgado por los jueces militares[1387].

2. Los límites bajo la LOAT

La entrada en vigor de la LOAT significó que, en materia penal, "los tribunales que el Código Militar designa" conocerían de "las causas por delitos meramente militares o que consistan en la infracción de las leyes especiales del ramo, y no en la de las leyes comunes"[1388], así como "las causas por delitos comunes que cometan los militares estando en campaña o en actos del servicio militar, o dentro de sus cuarteles"[1389].

Por ende, *in actum* desapareció la competencia que anteriormente tenían los tribunales militares para juzgar a civiles[1390], aun cuando se tratase de civiles actuando bajo órdenes de militares[1391]; exceptuado, por expresa disposición de la LOAT[1392], el caso en que personas sujetas al fuero común fueran cómplices o encubridores de un delito cuyo conocimiento correspondía a los tribunales militares[1393]. No obstante, la jurisprudencia reconocía algunos criterios complementarios respecto de la Armada. Por ejemplo, se reconocía la competencia de los tribunales militares para castigar a aquellos que, no siendo militares, eran tripulantes: tal era el caso de un carpintero, respecto del cual se entendía que, aunque "no tenga a bordo un empleo de carácter enteramente militar, siempre se ha hecho responsable de delitos que la Ordenanza castiga a todo tripulante de la armada"[1394]. Asimismo, y en aplicación de la Ordenanza española de Marina de 1748, el capitán y el piloto de una nave civil que había sido contratada por la Armada estaban sujetos a la jurisdicción militar[1395].

Correlativamente, el vínculo del fuero militar con la condición de militar pasó a ser determinante[1396], asumiendo especial importancia la interpretación de las expresiones técnicas contenidas en dichas disposiciones de la LOAT.

1387 *Araya* (1868). En este caso, por injurias.

1388 LOAT, art. 5° excepción 4ª.

1389 LOAT, art. 5°, excepción 5ª.

1390 *Zapata* (1878): "Que aun cuando fue juzgado en rebeldía en Consejo de Guerra a virtud de lo dispuesto en el art. 4° tít. 73 de la Ordenanza General del Ejército, que atraía a la jurisdicción militar a reos independientes de ella por tratarse de una insurrección de presos que atacaron la guardia de la cárcel, esta disposición se encuentra modificada por el citado art. 5° de dicha ley, que como de procedimiento ha principiado a regir desde su promulgación, según el art. 24 de la ley de 7 de octubre de 1861".

1391 *Competencia entre Juez Letrado de Cauquenes y Comandante General de Armas del Maule* (1882).

1392 LOAT, art. 233.

1393 *Juez de Letras de Tacna con Comandante General de Armas de Tacna* (1886).

1394 *Franco* (1888).

1395 *Tusche y Fischer* (1883): "[...] el capitán y el piloto a cuyo cargo corría la dirección del transporte en su último viaje hecho por cuenta del Estado, tienen fuero militar, según lo preceptuado en el art. 1° tít. 2°, tratado 5° de la Ordenanza de Marina de 1748, y asimismo a virtud de lo dispuesto en el art. 8° del mismo título y tratado, porque el delito de naufragio que motiva este proceso es de juzgamiento de la jurisdicción militar".

1396 Y si no se sabía fehacientemente si el sujeto era o no militar, era indispensable que este punto se esclareciese para dilucidar la competencia: *Poblete* (1890).

En cuanto a la excepción 4ª del artículo 5° de la LOAT, nuestra jurisprudencia enfatizó en algunos ilícitos el carácter de "delitos meramente militares", como el caso de la injuria proferida por un subalterno a un superior, que quedaba bajo el fuero militar aun cuando hubiera tenido lugar en un contexto no oficial[1397], o el de la defraudación de rentas fiscales que, aunque incluso en materia militar estaba entregada en general al fuero común, excepcionalmente se radicaba en la justicia militar en el caso de personas que administrasen fondos pertenecientes a los cuerpos del Ejército[1398].

Por su parte, la excepción 5ª del artículo 5° de la LOAT, que se refería a la expresión "actos del servicio militar", fue objeto de más nutridos análisis. Esto implicaba que un cabo que se encontraba "franco y fuera del cuartel" no debía ser considerado "como militar sino como paisano"[1399]. Por su parte, los actos jurisdiccionales que les correspondiera ejercer a militares eran "actos del servicio militar y en desempeño de funciones ejercidas en virtud de las prescripciones de la Ordenanza General del ramo"[1400], y también lo eran "la guardia y custodia de un preso, tanto en la cárcel como en su conducción de un lugar a otro"[1401].

Quizás el intento más ambicioso de conceptualizar este "acto de servicio militar" se desprendió de una sentencia de 1887[1402]. Según ella, debía "estimarse como inherente al servicio militar todo acto obligatorio ejecutado por los individuos del ejército en su carácter de tales" (cons. 4°). Además, la circunstancia de no hacerse en la Ordenanza mención expresa de algún tipo de acto "no bastaría para eliminarla de los actos del servicio militar" (cons. 3°) y no solo eran actos del servicio militar los actos bélicos, sino también los de "mera policía" (cons. 6°). Por otra parte, "un acto que los individuos del ejército están obligados a ejecutar en razón de su profesión, no pierde el carácter de militar porque también los ejecutan otros individuos o cuerpos distintos del mismo ejército" (cons. 7°).

Asimismo, se produjo la derogación de los delitos comunes contenidos en la Ordenanza debido a la entrada en vigor del Código Penal, cuyos delitos comunes pasaban a ser los únicos aplicables[1403], lo que se advertía en que se aplicase a un soldado por parte de la jurisdicción militar a un soldado el tipo penal común de homicidio[1404], o de lesiones menos graves[1405], y no los correspondientes contenidos en el Título 80 de la Ordenanza. Sin embargo, si la infracción recaía en alguno de los tipos previstos en el Título 72 de la Ordenanza, como el de resistencia

1397 *Zilleruelo y otro* (1887).

1398 *Paredes* (1877). El artículo 11 del Título 72 de la Ordenanza prescribía que "queda desaforado igualmente el individuo perteneciente al fuero militar que defraudare las rentas fiscales, *a excepción de los que administren o conduzcan fondos pertenecientes a los cuerpos del Ejército o milicias, que serán juzgados por el Consejo de Guerra competente*". Las cursivas son nuestras.

1399 *Canales* (1886).

1400 *Silva Vergara* (1887).

1401 *Comandante de Armas de Imperial con Juez de primera instancia de Imperial* (1890).

1402 *Luco y otros* (1887).

1403 *Ríos y otros* (1886): "[...] teniendo el delito que ahora se juzga pena señalada, tanto en la Ordenanza militar como en el Código Penal, no puede pertenecer a la excepción cuarta, referente a los meramente militares, sino a la quinta, y, en consecuencia, es delito común que debe penarse por el Código Penal, pero cometido con circunstancias especiales que someten su juzgamiento a los tribunales militares". También, en DUVAUCHELLE RODRÍGUEZ (1998), p. 270.

1404 *Santander y Ulloa* (1878).

1405 *Madrigal* (1888).

a la justicia, se entendió prevalecer la competencia de los tribunales comunes, que serían los que el Código Militar designa para estos casos[1406].

Por cierto, el fuero militar siguió siendo excepcional. En este sentido, con relación a su extensión temporal, si un delito era perpetrado por un sujeto que había pertenecido al Ejército, pero con posterioridad al cese de su pertenencia a la fuerza armada, normalmente su conocimiento era de resorte de los tribunales comunes y no de los tribunales militares[1407]. Pero, en aplicación del artículo 2° del Título 84 de la Ordenanza, el oficial retirado con sueldo seguía gozando del fuero[1408].

Debe también tenerse en consideración que, en tiempos de guerra, la competencia de los tribunales militares era considerada como extraterritorial, tanto en cuanto al alcance de los delitos militares, cuanto respecto a los recursos disponibles para impugnar las sentencias penales. Así lo plasmó la Corte Suprema en un importante fallo:

> "Considerando: que aunque en los negocios del fuero común la jurisdicción de esta Corte se halla circunscrita al conocimiento de los negocios judiciales que se promuevan dentro del territorio de la República, *esta limitación no puede hacerse extensiva a los delitos militares y a los recursos que las leyes franquean respecto de ellos, desde que el militar que se halla bajo las banderas de la República se reputa dentro de su propio territorio para los actos del servicio militar*, y las disposiciones de la Ordenanza del ramo rigen para él, ya se encuentre dentro o ya se encuentre fuera del territorio nacional, según se desprende del tenor literal de los arts. 1°, 8°, 9° y 11 del tít. 59, y arts. 5° y 15 del tít. 60 del mismo Código"[1409].

Por último, conviene apuntar que la situación especial de las milicias suscitó algunos debates, por la naturaleza de estos cuerpos armados. La Corte Marcial de Santiago planteó el criterio de que "los individuos de los cuerpos de milicias no incurren en responsabilidad militar por los hechos comprendidos en la excepción cuarta ni pueden ser juzgados por los Tribunales Militares en los casos comprendidos en la excepción quinta del art. 5° de la ley Orgánica de Tribunales, sino cuando se hallan en campaña o en servicio de guarnición"[1410].

1406 *Lagos* (1888), en votación dividida. Dos de los cinco ministros —Bernales y Cousiño— estuvieron por atribuir la competencia a los tribunales militares, entendiendo que "esta ley posterior [la LOAT] ha limitado la pérdida del fuero militar por delitos comunes, como son la resistencia a la justicia, la embriaguez, la bigamia y otros que califica de tales el tít. 74 de la Ordenanza, al único caso en que dichos delitos se cometan fuera de los cuarteles, o no estando el militar en campaña, o en actos del servicio militar. Es entonces cuando conoce la justicia ordinaria de los delitos comunes y no en los demás casos señalados por la ley orgánica, en los cuales el militar no pierde el fuero y no queda, por tanto, sujeto a la justicia o jurisdicción ordinaria sino a la militar".

1407 *Lastra* (1889).

1408 *Díaz Villar* (1890).

1409 *Letelier, Lagos y Romero* (1883), en la sentencia sobre competencia, GT n° 2013 [1882], p. 715. Las cursivas son nuestras.

1410 *Mardones* (1887).

B. LAS MUTACIONES DE LA JURISDICCIÓN ESPECIAL

Bajo mutaciones considerables durante este período, la jurisdicción especial tuvo una incidencia menor a la de la jurisdicción unitaria en la determinación de lo justo administrativo, pero con un alcance y una significación también muy destacables.

Se advierten en esta materia tres áreas principales. La de mayor relieve fue la del Consejo de Estado, que experimentó alteraciones importantes entre 1861 y 1890, pero cuyo rol no se vio suprimido por el orden jurisdiccional establecido por la LOAT de 1875 (I). Al Consejo de Estado debe añadírsele un órgano que le era muy relacionado, pero que no se subsumía en él: el Tribunal de Elecciones Municipales, cuya labor intensa ha sido casi olvidada por el derecho posterior (II). Y, en fin, debe tenerse presente la actividad de otras jurisdicciones especiales, entre las que sobresale la labor jurisdiccional en materia contable (III).

I. El Consejo de Estado

A pesar de todos sus inconvenientes y limitaciones, la actividad jurisdiccional del Consejo de Estado era efectivamente un elemento muy importante del derecho administrativo de la época. No en vano sostenía Ballesteros que "la jurisprudencia del Consejo de Estado, cuyas resoluciones han sido redactadas de ordinario con un lamentable laconismo, no es menos digna de ser conocida que la de los tribunales de justicia, aun cuando la extrema brevedad de las sentencias y la insuficiencia de los motivos en que se fundan no arrojen a veces la luz necesaria para comprender los principios generales a que obedecen"[1411].

Incluso la LOAT preservó a partir de su entrada en vigor, de manera genérica, la asignación de atribuciones contenciosas al Consejo de Estado, al señalar en el artículo 5° n° 2 que era una excepción a la competencia jurisdiccional general del Poder Judicial la de conocer "las causas cuyo conocimiento corresponde al Consejo del Estado, con arreglo al art. 104 de dicho Código", es decir, de la Constitución[1412].

Es así como conviene, para consolidar una perspectiva general sobre la labor jurisdiccional del Consejo de Estado en esta época, examinar en primer lugar el alcance de su función jurisdiccional (a), para luego ver las postrimerías del contencioso contractual especial que le había sido encomendado por la Constitución (b), y el detalle de los otros contenciosos que eran de su competencia (c).

a. El perfilamiento del alcance jurisdiccional del Consejo

En el rol institucional que cumplía jurisdiccionalmente el Consejo de Estado existe un sentido de continuidad con la labor que se había realizado hasta 1860 y, por lo tanto, lo esencial de lo expresado en relación con el período precedente[1413] es plenamente aplicable al período objeto

1411 Ballesteros Ríos (1890), I, p. 27.

1412 Este numeral no venía expresado en el proyecto original y fue introducido en la Comisión Revisora por indicación de Huneeus Zegers: Ballesteros Ríos (1890), I, p. 48.

1413 Bocksang Hola (2015 a), título segundo, capítulo primero, B.I.a.

de estas líneas. Ello fue complementado, sin embargo, con la reflexión sobre dos elementos de gran importancia.

En primer lugar, el Consejo se detuvo a conceptualizar *la naturaleza de su actividad*. En efecto, durante este período se dio la primera ocasión en que el Consejo de Estado se entendió —literalmente— como un tribunal a cargo de un *contencioso administrativo*. Este jalón se marcó en 1867, en una larga sentencia en que el Consejo, frontalmente, aprovechó de determinar algunos elementos importantes concernientes a esta materia:

> "[...] en las cuestiones de competencia sometidas al Consejo de Estado por el inciso 5° del art. 104 de la Constitución, ejerce el Consejo las facultades de un verdadero tribunal contencioso administrativo, *resolviendo lo conveniente sobre el caso particular que está llamado a decidir; sin que este importe ni una declaración general de una ley diversamente interpretada, ni una prescripción que tenga el carácter o resultados de una ley*"[1414].

Resolución de un caso particular, ajena a una declaración general y ajena también a la emisión de una ordenación de carácter legislativo: eran todos elementos propios de una noción tradicional de jurisdicción. En ello, el Consejo de Estado no innovaba ni introducía perturbaciones sistemáticas, y se emparentaba deliberadamente con la actividad jurisdiccional de los tribunales de justicia. No ha de sorprender, por lo tanto, que a continuación encadenara las siguientes palabras:

> "Considerando que, al proceder de esta manera, no puede decirse que el Consejo de Estado legisla ni esclarece disposiciones dudosas, como no podría decirse en su caso de los Tribunales de Justicia, los cuales, fallando los casos que se les presentan, no hacen más que aplicar la ley y no dictarla o declararla".

Desde la óptica de nuestros días, resulta muy interesante detenerse sobre lo señalado por el Consejo de Estado, pues muestra una cierta idea fija en torno a despegarse de cualquier imputación de pretensiones legislativas. En ello hay cierta similitud con reparos que se proyectan en nuestros días respecto de otras jurisdicciones especializadas. Pero, más allá de tal consideración retrospectiva, lo cierto es que las expresiones del Consejo dicen bastante de la noción de jurisdicción en general que proliferaba, al menos conceptualmente, en la época: la idea moderna de que el juez no sería más que la boca de la ley[1415].

Sin embargo, el parentesco que el Consejo de Estado reconocía con la labor general del Poder Judicial, fundado en la común naturaleza jurisdiccional, no era catalogable bajo una supuesta identidad, ni mucho menos bajo una sujeción. La independencia del Consejo de

---

1414 *Corte de Apelaciones de Santiago con Presidente de la República* (1867), respecto de la excepción de incompetencia. Las cursivas son nuestras.

1415 MONTESQUIEU (1748), t. I, p. 256: "Los jueces de la Nación no son, tal como lo hemos dicho, otra cosa que la boca que pronuncia las palabras de la Ley, seres inanimados que no pueden moderar de ella ni la fuerza ni el rigor" (*"[...] les Juges de la Nation ne sont, comme nous avons dit, que la bouche qui prononce les paroles de la Loi, des Etres inanimés qui n'en peuvent modérer ni la force ni la rigueur"*). La traducción es nuestra.

Estado frente a la Corte Suprema no parece haber estado nunca en serio entredicho y ello estaba tan claro que la propia jurisdicción ordinaria se encargaba de sofocar rápidamente la propagación de un eventual peligro. Así, frente a un reclamo en materia de integración de las Juntas de Mayores Contribuyentes, si la ley señalaba que "el Tribunal que debe formarse dentro del Consejo de Estado" era el competente para resolver la cuestión, ello significaba que "en ningún caso corresponde a la autoridad gubernativa ni a la judicial el resolver cuál de las juntas de Mayores Contribuyentes es la legítima"[1416].

Esta declaración resulta de interés, porque, como se ve, el Consejo de Estado —o cualquier entidad jurisdiccional relacionada con él— no se entendía como la "autoridad judicial", expresión que designaba propiamente al Poder Judicial, es decir, a la jurisdicción ordinaria encabezada por la Corte Suprema; pero, asimismo, tampoco se entendía como la "autoridad gubernativa". Y ello a pesar de sus fuertes vínculos con el Supremo Gobierno y a que, de manera descarnada, la propia Constitución de 1833 trataba al Consejo de Estado en el capítulo VII, "Del Presidente de la República", y que el Jefe de Estado lo presidía, tanto bajo la redacción original de la Constitución, como a partir de la reforma del artículo 104 operada en 1874 y que introdujo una influyente presencia de origen parlamentario.

Sin embargo, los vínculos con el Supremo Gobierno eran —o, al menos, podían ser— menos inocuos de lo que trataba de proyectarse. Y si bien este influjo estuvo sujeto a altibajos durante estos años, la impresión que se desprende de lo sucedido en las postrimerías del período es más bien ominosa y apunta a un deterioro institucional bastante acendrado. Esto sobresale de una de las sentencias más importantes y delicadas que el Consejo de Estado tuvo ocasión de pronunciar durante el siglo XIX: la de la *Compañía de los Ferrocarriles de Tarapacá*, en 1889. En lo que concierne a este punto específico —pues es una especie bastante compleja—, la cuestión era determinar qué autoridad era competente para revisar la revocación, efectuada por el Gobierno de Chile en 1886, de un permiso y un privilegio que habían sido otorgados por el Gobierno del Perú en 1871.

Después de múltiples consideraciones, el Consejo de Estado coronó su razonamiento con un considerando tan brutal como revelador de los múltiples riesgos a los que se expone un régimen jurídico cuando las consideraciones políticas desdeñan los criterios de justicia. Pretextando que "el artículo 4° de la ley de 15 de octubre de 1875 prohíbe al Poder Judicial mezclarse en las atribuciones de los otros poderes públicos", el Consejo de Estado declaró la incompetencia de la jurisdicción ordinaria para conocer de la reclamación del particular[1417]. Con ello, la única autoridad que podía conocer de ella resultaba ser la propia autoridad gubernativa, dejándose por lo tanto sin ninguna protección a los interesados frente a los eventuales abusos de la Administración.

Para el caso concreto, la solución resultaba insatisfactoria e injusta. Sin embargo, si se toma en cuenta que el razonamiento del Consejo no pareció restringirse a las circunstancias de la especie, sino proclamar un principio de general aplicación sobre la base de una interpretación mañosa de la LOAT, la solución era claramente siniestra, pues abría las puertas a la total impunidad de la Administración por sus actos. Una cosa era que los tribunales no

1416 *Junta de Mayores Contribuyentes de Vallenar* (1882).

1417 *Compañía de los Ferrocarriles de Tarapacá* (1889).

pudieran actuar en lugar del Ejecutivo, pero otra muy distinta era que no pudiera revisarse la legalidad de un decreto supremo y se planteara, en suma, la inimpugnabilidad de la actuación de la Administración.

Los riesgos de un diseño institucional deficiente están a la vista. Vale la pena destacar que el Poder Judicial no se arredró con esta embestida y siguió ventilando las cuestiones que le eran sometidas a su conocimiento; pero sí cabe preguntarse cómo hubiera evolucionado el contencioso administrativo si la evolución política de Chile hubiera seguido otro curso con posterioridad a 1890.

En síntesis, la definición de la naturaleza jurisdiccional del Consejo pasó por un doble movimiento de perfilación: a la potenciación de su carácter jurisdiccional —y de contencioso administrativo— se le superpusieron manifestaciones concretas de irregularidades estructurales que socavaron la estabilidad del sistema en su conjunto. Este proceso quedaría inconcluso a 1890 y su continuación a partir de la Guerra Civil de 1891 es materia de otro estudio.

A más de la definición más concreta de su naturaleza jurisdiccional, el Consejo de Estado desarrolló también en este período una segunda esfera: el *ámbito territorial* de su competencia. Esta es una cuestión que el Consejo no había analizado con detención y que se propulsó en estos años por el carácter de algunas cuestiones de que debió conocer.

Inversamente a lo que podría especularse, la primera especie importante en este sentido fue anterior a la Guerra del Pacífico. Y lo fue en más o menos una década: se trataba de una cuestión derivada de un contrato celebrado por un particular, por una parte, y por los Estados de Bolivia y de Chile, por otra, para la explotación de los depósitos de guano y minerales de Mejillones[1418]. El Consejo de Estado se había entendido competente para declarar la resolución del contrato, pero se trabó controversia respecto de su ejecución. El artículo 14 del contrato había dispuesto que "cualquiera dificultad o controversia que se suscitare con motivo de la ejecución de este contrato entre don Luciano Arman y los Gobiernos de Chile y de Bolivia, será fallado por los tribunales de Chile"[1419].

Emitiendo vista fiscal sobre esta especie, el Fiscal de la Corte Suprema entendió "que el Consejo debe declararse competente, ya sea porque la reclamación actual no es más que un incidente de la cuestión principal, ya porque el art. 14 del contrato da al Consejo la jurisdicción necesaria, o ya finalmente porque el mismo Excmo. Gobierno de Bolivia ha reconocido esta jurisdicción, sometiendo a ella la decisión del negocio principal".

Y, sin embargo, el Consejo de Estado decidió no seguir al Fiscal, declarándose incompetente para conocer de esta cuestión. El concepto sobre el cual el Consejo se apoyó principalmente para sostener su incompetencia fue el de soberanía: "[...] corresponde a los tribunales de cada Nación tomar conocimiento de los actos que están sometidos a la influencia de sus leyes, y su jurisdicción se estima como una parte de la que reside en el Estado a virtud de su independencia y soberanía, y como tal es privativa y absoluta; sin más limitaciones que las que el mismo Estado se haya impuesto". Y, si bien ambos Estados habían sido partes del contrato, los dos no tenían intereses exactamente iguales en él. Ello —que podía derivarse de una interpretación

1418 Respecto de esta negociación y de su azaroso desarrollo, véase Silva Vargas (2019 b), pp. 460-469.

1419 El contrato puede consultarse en BLDG, XXXV, p. 11.

de la conjunción contenida en la fórmula "los Gobiernos de Chile y de Bolivia" del artículo 14 del contrato— terminaba incidiendo en la competencia del Consejo de Estado:

> "Considerando que en el contrato celebrado por los Gobiernos de Chile y de Bolivia con don Luciano Arman hay obligaciones y derechos comunes a ambos Gobiernos, cuyo cumplimiento podía exigirse en Chile o en Bolivia, y obligaciones privativas del Excmo. Gobierno de Bolivia, en cuya observancia no estaban comprometidos los intereses de Chile; y si fue necesario determinar ante qué Tribunales debían ventilarse las cuestiones de interés común, no militaba la misma razón respecto de las cuestiones de interés privativo de Bolivia, desde que la cortesía internacional que pudo aconsejar al Excmo. Gobierno de Bolivia a someterse a la jurisdicción de los Tribunales de Chile respecto de las primeras dejaba de existir en cuanto a las segundas".

Así, el Consejo de Estado entendió que, frente a este *interés privativo de Bolivia*, "toda restricción a que se intentara someter la jurisdicción de los Tribunales de Bolivia y no estuviera apoyada en un consentimiento expreso de su Gobierno, menoscabaría su poder soberano". Dado que "el Gobierno de Chile quedó completamente extraño a esas estipulaciones", no podía "aplicarse a las cuestiones que de ellas nazcan lo estipulado en el art. 14°, según el cual solo deben ser falladas por los Tribunales de Chile las dificultades o controversias que se suscitaren con motivo de la ejecución del contrato entre Arman y los Gobiernos de Chile y de Bolivia". En fin, declaró el Consejo de Estado que "no tiene la jurisdicción necesaria en la presente cuestión para citar a juicio al Excmo. Gobierno de Bolivia; y, en consecuencia, que don Joaquín Gardet debe hacer valer los derechos que crea tener ante quien viere convenirle" [1420].

Así, el hecho de ser el Estado de Chile parte de una determinada convención no significaba una competencia jurisdiccional automática del Consejo de Estado, si con ello se menoscababa la soberanía de otro país. Ello, desde el punto de vista técnico, introducía una distinción conceptual eventualmente susceptible de engendrar complicaciones: por de pronto, la de escindir entre las cuestiones comunes a ambos gobiernos y las que eran privativas de cada gobierno en la ejecución de los contratos que ligan a dos o más países.

Mucho más directa fue la aproximación al carácter territorial de la jurisdicción del Consejo de Estado en una sentencia de fines del período, que examinó el caso en que en 1882, vigente la Guerra del Pacífico, el fiel ejecutor de Tarapacá mandó arrojar al mar piezas de carne que supuso en estado nocivo, lo que además había sido aprobado por el jefe político de Tarapacá. Deducida la demanda, se trabó contienda de competencia entre las autoridades administrativas y las autoridades judiciales, caso en el cual la contienda —en principio— debía ser resuelta por el Consejo de Estado.

Sin embargo, el Consejo advirtió que la "contienda se formuló en diciembre de 1882 entre la autoridad administrativa y la judicial que, a la sazón, funcionaban en el territorio de Tarapacá, que, aunque se hallaba ocupado militarmente por el ejército de la República, no fue incorporado a ella sino por el tratado de paz firmado entre Chile y Perú". No siendo territorio chileno, sino territorio ocupado militarmente, y entendiendo que "los territorios enemigos ocupados militarmente por un beligerante no están sometidos a la Constitución y leyes de la

1420 *Arman con Fisco de Bolivia* (1870).

nación ocupante, sino a las prescripciones que dicte la autoridad marcial, que en estado de guerra corresponde al Presidente de la República o a los jefes del Ejército, con arreglo a los principios del Derecho Internacional", el Consejo se declaró incompetente para conocer de la contienda. En ello, por lo demás, alcanzó a formular una declaración de principio, nuevamente forjada sobre la base del concepto de soberanía: "[...] el Consejo de Estado, así como las demás autoridades constitucionales, no tienen jurisdicción ni pueden ejercer sus atribuciones, por regla general, sino dentro del territorio de la Nación"[1421].

b. El final del contencioso contractual

El artículo 104 n° 7 original de la Constitución de 1833 disponía que el Consejo de Estado tenía la atribución de "resolver las disputas que se suscitaren sobre contratos o negociaciones celebradas por el Gobierno Supremo y sus agentes". La importancia que normalmente se le ha asignado a esta atribución en términos teóricos es muy superior al impacto que tuvo esta prerrogativa en la práctica. Ya en el período que medió entre 1833 y 1860 las causas que el Consejo conoció por este concepto fueron muy escasas[1422]. Tampoco fueron muy numerosas en el período que estamos analizando; a nuestro conocimiento, solo veintitrés[1423] en algo menos de catorce años, hasta la supresión de esta atribución en 1874[1424], tras enfrentar fuertes cuestionamientos en nuestro mundo jurídico[1425].

Sin embargo, debe tenerse presente que la jurisprudencia de este período permite formarse una imagen más completa acerca del alcance del contencioso contractual del Consejo de Estado.

Primeramente, es importante tener presente la multiplicidad de cuestiones que podían ser examinadas a través de esta prerrogativa. Lejos de lo planteado por Mariano Egaña al emitir su vista fiscal de la especie Santos de 1836, sosteniendo que la competencia del Consejo de Estado se circunscribía a "contratos especiales que salgan del orden de la rutina común"[1426] —y, por lo tanto, quedando las demás cuestiones en manos de la jurisdicción ordinaria—, la actividad del

---

1421 *Jefe Político de Tarapacá con Juez de Letras de Tarapacá* (1887).

1422 Bocksang Hola (2015 a), título segundo, capítulo primero, B.I.b.1.

1423 *Peña* (1861), *Cisneros* (1862), *Díaz* (1862), *Manterola* (1863), *Fisco con Waddington* (1863), *Fisco con Fernández* (1863), *Sada* (1864), *Stevenson y Davis* (1864), *Fisco con Compañía de Vapores del Mar del Sur* (1864), *Fisco con Waddington* (1864), *García Aguilera y otros* (1865), *Soaje Hermanos* (1866), *Fernández* (1866 b), *Vial* (1868), *Ovalle* (1869 b), *Varin* (1869), *Fisco de Chile y Fisco de Bolivia con Arman* (1870), *Arman con Fisco de Bolivia* (1870), *García* (1871), *Huici* (1871), *Vergara* (1871), *Navarro* (1873) y *Compañía de Navegación por Vapor en el Pacífico* (1873).

1424 Y como en el período anterior las sentencias habían sido nueve, el total histórico relacionado con esta atribución es de apenas treinta y dos.

1425 Por ejemplo, José Clemente Fabres, quien sostuvo durante la tramitación de la LOAT y un par de meses antes de la supresión de esta atribución del Consejo, que "es cosa chocante que el Gobierno que es parte en estos pleitos vaya a ser juzgado por el Consejo de Estado, que es un tribunal que forma parte del Gobierno, por el Consejo de Estado que es nombrado *ad libitum* por el Gobierno, cuyos miembros son removidos a voluntad del Ejecutivo, que no tiene carácter permanente, que no tiene autoridad para funcionar judicialmente, que apenas dos de las personas que los componen son abogados y que por consiguiente no prestan las garantías que ofrece un tribunal superior de justicia, para que sus fallos en cuestiones de esta especie sean ajustadas a la ley": SCN, 1874, Cámara de Diputados, 27ª ordinaria (4/10/1874), p. 367.

1426 *Santos* (1836).

Consejo deja de manifiesto que las causas que examinaba eran de naturaleza muy distinta. Así, se encuentran litigios por cobro de fletes insolutos[1427] o insuficientes[1428], precios de contrato de construcción[1429], cobro de especies entregadas y no pagadas[1430], multas[1431], "rescisión" de contrato por fuerza mayor[1432], resolución de contrato por incumplimiento[1433], restitución de un inmueble fiscal arrendado[1434], cobro de cánones de arrendamiento[1435], responsabilidad contractual[1436], abono de sueldos[1437], exención de derechos en cumplimiento de un contrato[1438], y la aprobación de una transacción que comprendía un mutuo disenso y una indemnización[1439].

Como puede advertirse, el rango de cuestiones fluctuaba desde materias de sueldos, por una parte, y contratos de gran envergadura, por otra. Esta variedad permite apreciar que, desde la perspectiva del Consejo de Estado, si el Supremo Gobierno había participado en el contrato, el Consejo era competente para conocer de la cuestión. Por lo tanto, el límite que delimitaba su autoridad jurisdiccional no era ni de cuantía ni de materia, y la fórmula de la "rutina común" que Mariano Egaña había planteado ya estaba superada. ¿Cuál sería, entonces, el criterio básico de deslinde? Quizás la respuesta más clara en este sentido no procede del Consejo de Estado, sino de la Corte Suprema, que en 1868 resolvió lo siguiente:

> "Vistos: versando la presente demanda, entre otros capítulos, sobre el fletamento de la barca 'Joven Julia', contrato que fue aprobado por el Presidente de la República y que no es de aquellos a que los jefes de oficina proceden por sí solos y sin orden especial del Gobierno: paso este expediente al Consejo de Estado para los efectos que haya lugar. *Montt. Palma. Barriga. Valenzuela*"[1440].

La solución parece bastante lógica y ciertamente es la que más se apega al tenor literal de la Constitución: se trata de un criterio *orgánico*, oponiéndose la esfera del Supremo Gobierno —eminentemente representado por el Presidente de la República y de competencia del Consejo de Estado— a la esfera de las autoridades subalternas —es decir, "los jefes de oficina por sí solos y sin orden especial del Gobierno", y de competencia de la jurisdicción ordinaria—[1441].

1427 *Peña* (1861).
1428 *Navarro* (1873)
1429 *García Aguilera y otros* (1865) y *Varin* (1869)
1430 *Cisneros* (1862) y *Ovalle* (1869 b).
1431 *Fisco con Waddington* (1863), *Fisco con Compañía de Vapores del Mar del Sur* (1864), *Fisco con Waddington* (1864) y *Soaje Hermanos* (1866).
1432 *Manterola* (1863).
1433 *Fisco de Chile y Fisco de Bolivia con Arman* (1870).
1434 *Fisco con Fernández* (1863).
1435 *Fernández* (1866 b).
1436 *Díaz* (1862), *Stevenson y Davis* (1864), *Vial* (1868), *García* (1871) y *Huici* (1871).
1437 *Sada* (1864).
1438 *Compañía de Navegación por Vapor en el Pacífico* (1873).
1439 *Vergara* (1871).
1440 *Navarro* (1868).
1441 No se desarrollaban filigranas —como las que posteriormente surgirían en derecho comparado—, en torno a la supuesta dicotomía que existiría entre contratos administrativos y contratos de la Administración.

Segundamente, debe tenerse presente que la dependencia gubernativa del Consejo no produjo la consecuencia de dejar en una total indefensión a los particulares litigantes. Por el contrario, del total de sentencias pronunciadas, catorce favorecieron total o parcialmente a los particulares[1442], o aprobaron una transacción que los favorecía[1443]; mientras que ocho absolvieron al Estado[1444], y en una ocasión el Consejo de Estado se estimó incompetente[1445]. Este balance no implica una irreprochabilidad de las sentencias del Consejo ni de sus aspectos orgánicos, pero sí da cuenta de que era una instancia que gozaba de garantías tales en orden a permitir la defensa de los derechos de los litigantes particulares y de soluciones que podían serles favorables.

Terceramente, la competencia contractual del Consejo era irrenunciable e improrrogable, lo que se derivaba de que ella estaba prevista en la propia Constitución. Tanto era así, que la potestad jurisdiccional no era modificable ni siquiera en caso de que el propio Supremo Gobierno hubiera estipulado la procedencia de un arbitraje *en el mismo contrato* del cual emanaban los derechos y obligaciones que eran materia del litigio. Esto lo resolvió claramente la Corte Suprema —y no el Consejo de Estado, quien naturalmente era el más claramente llamado a resguardar su esfera competencial— en una sentencia que versaba sobre el contrato suscrito para construir el ferrocarril de San Fernando a Curicó[1446].

La última sentencia que reconoció la competencia del Consejo de Estado referida a esta atribución fue pronunciada en 1874 por la Corte Suprema[1447]. Finalmente, la reforma constitucional de 24 de octubre de dicho año sustituyó la atribución 7ª del artículo 104 de la Constitución por la de "prestar su acuerdo para declarar en estado de asamblea una o más provincias invadidas o amenazadas en caso de guerra extranjera"[1448]. Con ello no solo desaparecía la atribución, sino que quedaba lapidada con otra disposición que no dejaría ni siquiera entrever que una potestad muy distinta la había precedido en tal ubicación[1449]. La doctrina más autorizada celebró en los años siguientes la supresión de esta atribución, subrayando que "el conocimiento de las cuestiones relativas a contratos celebrados por el Ejecutivo o sus agentes correspondería, como corresponde hoy y como debió y deberá siempre corresponder,

1442 *Peña* (1861), *Cisneros* (1862), *Díaz* (1862), *Fisco con Waddington* (1863), *Stevenson y Davis* (1864), *García Aguilera y otros* (1865), *Soaje Hermanos* (1866), *Vial* (1868), *Ovalle* (1869 b), *Varin* (1869), *Huici* (1871), *Vergara* (1871) y *Navarro* (1873).

1443 *Compañía de Navegación por Vapor en el Pacífico* (1873).

1444 *Manterola* (1863), *Fisco con Fernández* (1863), *Sada* (1864), *Fisco con Compañía de Vapores del Mar del Sur* (1864), *Fisco con Waddington* (1864), *Fernández* (1866 b), *Fisco de Chile y Fisco de Bolivia con Arman* (1870) y *García* (1871).

1445 *Arman con Fisco de Bolivia* (1870).

1446 *Bland Garland* (1867): "Vistos: teniendo presente la naturaleza de esta causa y lo dispuesto en la parte séptima art. 104 de la Constitución del Estado, se revoca el auto apelado de 11 del corriente y se declara que no corresponde su conocimiento al Juez Letrado de primera instancia".

1447 *Fisco con Testamentaria de Reyes* (1874).

1448 BLDG, XLII, p. 219.

1449 Pero ciertamente no desapareció con esta modificación el contencioso administrativo en Chile, como erróneamente sostiene Cárdenas Galli (2004), p. 31.

al Poder Judicial"[1450], y destacando la consistencia de esta modificación con el sistema propuesto por la LOAT[1451].

Coincidentemente, fue al Consejo de Estado a quien le correspondió grabarle el epitafio, un par de años después, a su antigua prerrogativa:

> "No correspondiendo al Consejo de Estado el conocimiento del juicio seguido entre don Luis Brunet y el señor don Manuel Valdés Vigil, por cuanto la ley de 24 de octubre de 1874 suprimió el inciso 7° del art. 104 de la Constitución del Estado, sustituyendo en su lugar una disposición diversa, con lo expuesto por el señor fiscal en el dictamen que precede, se declara: que deben devolverse los antecedentes a la Excma. Corte, a fin de que los interesados hagan uso de su derecho ante el tribunal correspondiente"[1452].

Con la desaparición del contencioso contractual del Consejo de Estado, se reincorporó esta veta contenciosa al cauce que jamás debió haber dejado, que era el de su conocimiento por los tribunales ordinarios. Vale subrayar, por si cupiera alguna duda de ello, que nunca se entendió que la supresión de esta atribución significaba dejar sin posibilidad de revisión jurisdiccional a este tipo de materias.

En lo jurídico, es indudable que en las sentencias emanadas del ejercicio de esta atribución existieron aportes importantes, que serán examinados en la sección correspondiente[1453]. Empero, políticamente se trató de una atribución que no se había justificado. Ni sus defensores más entusiastas hubieran estado satisfechos por la escasa importancia práctica que presentó, que daba cuenta del cariz artificial de su introducción; ni, por cierto, sus detractores se satisfacían con este desgajamiento jurisdiccional que afectaba la coherencia institucional del contencioso administrativo en su conjunto.

c. El desarrollo de los otros contenciosos

A pesar de la identificación que generalmente se infiere entre Consejo de Estado y contencioso contractual, que podría mover a pensar que, suprimido este en 1874, hubieran terminado las atribuciones contenciosas del Consejo, lo cierto es que durante todo el período este órgano desarrolló otras atribuciones contenciosas. Ya se ha señalado el rol del Consejo de Estado en relación con los desafueros de ciertas autoridades, de naturaleza propiamente contenciosa[1454], al cual debe añadirse las atribuciones que le habían sido conferidas en la resolución de cuestiones competenciales de otros órganos (1) y los distintos tipos de reclamaciones en materia municipal (2).

1450 Huneeus Zegers (1880), II, p. 218. Ferrada Bórquez (2005), p. 102, subraya que con ello Huneeus respondía a una inspiración anglosajona de segunda mitad de siglo, reactiva al derecho francés. Hay algo de ello; pero, sobre todo, la posición de Huneeus era derivada de —y consistente con— el régimen judicial unitario construido a partir de la Constitución de 1823. Véase Bocksang Hola (2015 a), título segundo, capítulo primero, A.

1451 Huneeus Zegers (1880), II, p. 242.

1452 *Brunet* (1876).

1453 Véase *infra*, título cuarto, capítulo segundo.

1454 Véase *supra*, en este mismo capítulo, A.II.a.2.ii.

1. Las cuestiones competenciales de resorte del Consejo

Al Consejo de Estado le correspondía resolver "las competencias entre las autoridades administrativas, y en las que ocurrieren entre estas y los Tribunales de Justicia"[1455]. Existe, como se verá, un número bastante profuso de especies en relación con esta materia y tuvieron por objeto distintos tipos de controversias competenciales[1456].

Las más numerosas eran las que oponían a la Administración y a las autoridades jurisdiccionales, y por lo general se trataba de conflictos en que ambas esferas se estimaban competentes, aunque ocasionalmente se daban situaciones en que estas coincidían en entenderse incompetentes[1457]. Es importante atender a que el Consejo sostenía que "las contiendas de competencia de funcionarios del orden administrativo con funcionarios del orden judicial afectan no solo intereses privados, sino directamente las facultades de los poderes constitucionales y, en consecuencia, el orden público"[1458].

Las materias sobre las que se pronunció el Consejo en ejercicio de esta atribución fueron múltiples y bastante numerosas, definiendo de manera bastante intensa la configuración de las funciones estatales durante este período.

Por una parte, examinó cuestiones fundamentales de relación entre ambas esferas, como la de si un intendente podía suspender una resolución jurisdiccional[1459]; de si los tribunales, en caso de que sus agentes no fueran suficientes para la ejecución de sus sentencias, podían solicitar directamente el auxilio de las fuerzas militares o de policía, o debían hacerlo por intermedio de las autoridades políticas[1460]; de si las resoluciones pronunciadas por diputados de minas requerían o no de la concurrencia de los jueces de letras para gozar de imperio[1461]; de si la ejecución de actos administrativos podía ordenarse por un juez[1462]; de si se verificaba o no la existencia de un derecho u obligación, pues, ante la afirmativa, la autoridad judicial era la competente para resolver la cuestión[1463]; de si frente a un despojo podía excluirse la

1455 Constitución Política de la República Chilena (1833), art. 104 nº 5.

1456 Pero si el Consejo advertía que el conflicto se daba entre dos jurisdicciones, se declaraba incompetente, ya que tales cuestiones eran de resorte del Poder Judicial: *Comandante General de Armas de Bío-Bío con Comandante en Jefe del Ejército de la Frontera* (1884). Esta misma sentencia fija el criterio de que, aunque estos órganos se hallaran compuestos por militares, cuya naturaleza usual era meramente administrativa, ellos gozaban de carácter jurisdiccional. En la sentencia hubo un voto disidente de Demetrio Lastarria, quien sostenía una teoría inversa, a fin de sostener la competencia del Consejo de Estado para conocer de la cuestión: si el órgano era esencialmente administrativo ("condiciones esenciales"), no perdía este carácter "porque la ley les atribuya jurisdicción en ciertos casos".

1457 *V. gr.*, *Jefe de la Oficina de Tramitación con Juez de Letras de San Felipe* (1890). En esto siguió el parecer del fiscal Montt: Montt Luco, Ambrosio (1894), t. II, pp. 232-237.

1458 *Gobernador de Parral con Juez de Primera Instancia de Parral* (1887).

1459 Se decidió invariablemente por la negativa: *Velasco con Intendente de Santiago* (1874) e *Intendente de Aconcagua con Juez de Letras de Los Andes* (1888).

1460 El Consejo entendió que debía dirigirse la solicitud a las autoridades políticas: *Intendente de Coquimbo con Juez de Letras de La Serena* (1862). Igual jurisprudencia se pronunció durante la LOAT, en relación con la labor jurisdiccional de los alcaldes: *Gobernador de Chañaral con Alcalde de Chañaral* (1888).

1461 No la requerían: *Diputado de Minas de Atacama con Juez Letrado de Atacama* (1867).

1462 No era posible: *Gobernador de Itata con Juez de Letras de Itata* (1880).

1463 *Intendente de Santiago con Juzgado de Letras de Santiago* (1871), *Intendente de Santiago con Juez de Letras de Santiago* (1880 a), *Intendente de Santiago con Juez de Letras de Santiago* (1883), *Intendente de Aconcagua*

competencia de los tribunales[1464]; la revisión del alcance competencial de la fórmula "conocer y decidir gubernativamente a los empleados del orden ejecutivo" contenida en el artículo 56 de la Ley de Régimen Interior de 1844[1465]; y la fijación de la competencia para ordenar lo correspondiente a reos rematados que eran procesados por un nuevo delito[1466].

Por otra parte, examinó eventuales interferencias en torno a la posibilidad de entablar reclamos contra la actividad de distintas autoridades. Así, abordó la determinación de la autoridad a quien correspondía conocer de los reclamos contra la conducta de subdelegados[1467] o inspectores[1468]; si las reclamaciones en contra de medidas disciplinarias adoptadas respecto de subalternos militares eran de resorte de la autoridad militar o de los tribunales de justicia[1469]; si el conocimiento de las faltas de los policías subalternos era de resorte de los jueces de letras o de los intendentes[1470]; la procedencia de una querella posesoria contra una municipalidad[1471], un intendente[1472], un subdelegado[1473] o un inspector general de colonización[1474]; de la influencia que tenía sobre las atribuciones jurisdiccionales el establecimiento de

---

con Juez de Letras de San Felipe (1884), *Gobernador de Lautaro con Juez de Letras de Concepción* (1884), *Intendente de Talca con Juez de Letras de Talca* (1887), *Intendente de Llanquihue con Juez de Letras de Melipulli* (1887 a), *Gobernador de Maipo con Corte de Apelaciones de Santiago* (1887), *Gobernador de Coelemu con Juez de Letras de Coelemu* (1887), *Intendente de Llanquihue con Juez de Letras de Melipulli* (1887 b) y *Gobernador de Caupolicán con Juez de la 2ª subdelegación de Caupolicán* (1887).

1464 El Poder Judicial era competente: *Intendente de Arauco con Juez de Letras de Arauco* (1875).

1465 Se admitía el carácter imperativo de los actos administrativos, pero no excluía la vía jurisdiccional posterior: *Intendente de Santiago con Juez de Letras de Santiago* (1882 b).

1466 La competencia era jurisdiccional: *Gobernador de Constitución con Juez de Letras de Constitución* (1887 b).

1467 Si la infracción era ejecutada en su carácter de juez, le competía conocerla a los tribunales, mientras que, de serlo en su carácter de funcionario administrativo, el asunto se ventilaba por vía administrativa: *Gobernador de Limache con Juez de Primera Instancia de Limache* (1865) y *Gobernador de Quillota con Juez de Letras de Quillota* (1884). Pero si se trataba de eventuales conductas delictivas, la competencia de la autoridad jurisdiccional no se discutía: *Gobernador de Quillota con Juez de Letras de Quillota* (1877), *Intendente de Curicó con Juez de Letras de Curicó* (1886 b) y *Gobernador de Quillota con Juez de Letras de Quillota* (1887).

1468 El criterio era el mismo que el que se aplicaba sobre los subdelegados, en nota anterior: *Intendente de Curicó con Juez de Letras de Curicó* (1877) e *Intendente de Curicó con Juez de Letras de Curicó* (1882).

1469 La competencia era de la autoridad militar administrativa: *Comandante General de Armas de Chiloé con Juez de Letras de Ancud* (1885).

1470 Las conductas delictivas eran de resorte de los tribunales de justicia: *Intendente de Talca con Juzgado de Letras de Cauquenes* (1871). En cuanto a la calificación de si eran o no delictivas, ella originalmente se entendía corresponderle a la autoridad administrativa: *Juez de Letras de Freirina con Gobernador de Freirina* (1875). Pero luego se entendió que el Poder Judicial podía realizarla directamente: *Intendente de Curicó con Juez de Letras de Curicó* (1886 a), *Intendente de Linares con Juez de Letras de Linares* (1886). *Gobernador de Constitución con Juez de Letras de Constitución* (1887 b), *Gobernador de Petorca con Juez de Letras de Petorca* (1887), *Intendente de Valdivia con Juez de Letras de Valdivia* (1887), *Gobernador de Cañete con Juez de Letras de Cañete* (1888 a) y *Gobernador de Cañete con Juez de Letras de Cañete* (1888 b). Véase también *infra*, título tercero, capítulo primero, B.I.b.

1471 Era procedente: *Intendente de Santiago con Juez de Letras de Santiago* (1880 b).

1472 Era procedente: *Intendente de Santiago con Juez de Letras de Santiago* (1880 c), *Intendente de Santiago con Juez de Letras de Santiago* (1880 d).

1473 Era procedente: *Gobernador de Limache con Juez de Letras de Quillota* (1887).

1474 Era procedente: *Gobernador de Angol con Juez de Letras de Angol* (1887).

una junta especial de carácter administrativo para conocer un reclamo[1475]; de la posibilidad de revisar o no por parte de los tribunales la aplicación de alguna sanción administrativa[1476]; y de la impugnabilidad jurisdiccional de las resoluciones pronunciadas por el General en Jefe del Ejército[1477] o un Consejo de Guerra[1478] fuera del territorio nacional.

Había también controversias sectoriales: por ejemplo, la posibilidad de impugnarse jurisdiccionalmente las materias relacionadas con la ejecución de la ley de 17 de setiembre de 1847[1479]; el esclarecimiento de si, a partir de la LOAT, quedaban o no abolidas las atribuciones administrativas en los procedimientos expropiatorios[1480]; la determinación de si una cuestión era o no de caminos, siendo en este último caso, antes de la LOAT, de competencia del Intendente[1481]; y la definición de la competencia para revisar las controversias sobre aguas[1482].

Conviene tener a la vista que las controversias existentes entre distintas entidades administrativas por el alcance de sus respectivas atribuciones eran menos frecuentes que las que oponían a la Administración y a los tribunales, pero podían tener gran importancia. Por ejemplo, en torno a la dilucidación, tras la entrada en vigor de la Ley de Municipalidades de 1887, de si al Intendente o a los alcaldes les correspondía otorgar los permisos para construir o reparar edificaciones[1483], o abrir los cauces necesarios para la construcción y reparación de las cañerías del agua potable[1484].

También es menester recordar que el Consejo de Estado definió algunas cuestiones procesales importantes en relación con estas contiendas. En algunos casos se resolvían siguiendo criterios generalmente aplicables a la función jurisdiccional, como el término de un proceso debido a la extinción del contrato que estaba al origen de la contienda de competencia[1485].

1475 La cuestión se excluía de la competencia de los jueces ordinarios y se radicaba en la Junta: *Junta de Reclamos con Juez de Letras de Valparaíso* (1871).

1476 Si la prerrogativa se hallaba prevista como discrecional, la revisión no era posible, según *Pinto Concha* (1885). Sin embargo, la realidad del control era bastante más compleja que esa sola aseveración, como se advierte *infra*, en este título, capítulo segundo, B.II.a.2.

1477 En miras de un recurso de nulidad: *General en Jefe del Ejército del Norte con Corte Suprema* (1883).

1478 En miras de un recurso de apelación: *General en Jefe del Ejército del Norte con Corte Marcial* (1884).

1479 Primariamente era atribución administrativa: *Intendente de Santiago con Juez de Letras en lo Civil de Santiago* (1865). Pero si la cuestión era tocante a la determinación de derechos de particulares entre sí, la competencia era jurisdiccional: *Intendente de Santiago con Juez de Letras de Santiago* (1873), en que se ventilaba el problema de una servidumbre.

1480 Entendiéndose que no: *Intendente de Talca con Juez de Letras de Talca* (1879).

1481 *Intendente de Valparaíso con Juez de Letras de Valparaíso* (1873).

1482 Las cuestiones sobre derecho preferente de aguas eran jurisdiccionales: *Gobernador de Limache con Juez de Letras de Quillota* (1880). También lo eran las cuestiones que versaban sobre aguas de canales: *Subdelegado de la 3ª subdelegación de Caupolicán con Juez de Letras de Caupolicán* (1887).

1483 *Intendente de Santiago con Primer Alcalde de la Municipalidad de Santiago* (1889), *Gobernador de La Victoria con Alcalde de la Municipalidad de la Victoria* (1889): el Consejo de Estado entendió que la competencia recaía en los intendentes.

1484 *Segundo Alcalde de la Municipalidad de Melipilla con Gobernador de Melipilla* (1889).

1485 *Primer Alcalde de la Municipalidad de Valparaíso con Intendente de Valparaíso* (1889). En ello el Consejo siguió las palabras de la vista emitida por el fiscal Ambrosio Montt: "[...] no hay pues sujeto alguno de contienda. La resolución del contrato con Hidalgo dejó sin efecto la cláusula del depósito de las arenas en las riberas del mar, y en consecuencia quedó baldío y sin aplicación el decreto gubernativo que prohibía el acarreo de los escombros del estero a la playa contigua a la estación". MONTT LUCO (1894), t. II, p. 212.

También subrayó aspectos como el que no pudieran trabarse las competencias por un juez de letras una vez que ya hubiera concedido la apelación contra la sentencia que había dictado en el pleito[1486]; o que no pudiera hacerlo un Gobernador, en razón del tenor de la Ley de Régimen Interior de 1885, cuando dicha autoridad no podía "invocar una atribución expresamente conferida por la ley"[1487]. Y en otras oportunidades definió aspectos estructurales de la impugnabilidad de la actividad administrativa, como en una importante sentencia en que subrayó que el ejercicio de las reclamaciones administrativas no implicaba la renuncia al ejercicio de las respectivas acciones jurisdiccionales[1488].

2. Las reclamaciones municipales

El Consejo de Estado recibió de las leyes municipales de la época varias atribuciones para conocer de reclamaciones dirigidas contra las corporaciones edilicias.

Tres de ellas giraban en torno a la nulidad de actos municipales, que en su momento destacamos como figuras de carácter afrancesado[1489]. Las tres subsistieron durante el resto de la vigencia de la ley de 1854 que las había previsto, pero no fueron intactamente trasegadas a la Ley Municipal de 1887.

La primera reclamación se refería a los acuerdos municipales celebrados "en reunión a que no hubiere precedido la convocación legal". La ley de 1854 prescribía su nulidad, ordenando que el Gobernador o subdelegado efectuara la declaración correspondiente, abriéndose la posibilidad de reclamar de esta ante el Consejo de Estado[1490]. Al desplazarse a la ley de 1887, la nulidad subsistió respecto de las sesiones *extraordinarias* a que no se hubiera convocado oportunamente, pero el reclamo desapareció[1491].

Dos otras reclamaciones de la ley de 1854 estaban bastante emparentadas. Una se refería a la nulidad de las ordenanzas o reglamentos que se dictaran "sobre objetos que no sean especial y determinadamente locales", correspondiéndole la declaración de nulidad al Intendente, Gobernador o subdelegado, y teniendo la Municipalidad una titularidad activa para reclamar de dicha declaración[1492]. La otra abordaba el caso de que los acuerdos o resoluciones fueran dictados "sobre negocios que no sean de la competencia del cuerpo, o en que se ha excedido de sus atribuciones, o en que contraría una ley o disposición dictada por autoridad competente"; la titularidad activa era de "cualquier ciudadano", quien debía reclamar ante la Municipalidad, y en caso de que esta no diera lugar al reclamo, se daba derecho a dirigir la impugnación ante el Consejo de Estado[1493].

1486 *Intendente de Santiago con Juez de Letras de Santiago* (1882 a).

1487 *Gobernador de La Victoria con Corte de Apelaciones de Santiago* (1887).

1488 *Gobernador de Antofagasta con Juez de Letras de Antofagasta* (1888).

1489 Bocksang Hola (2015 a), título segundo, capítulo primero, B.I.b.2.

1490 Ley de Organización y Atribuciones de las Municipalidades (1854), art. 23.

1491 Ley de Organización y Atribuciones de las Municipalidades (1887), art. 15 inciso 3°.

1492 Ley de Organización y Atribuciones de las Municipalidades (1854), art. 111.

1493 Ley de Organización y Atribuciones de las Municipalidades (1854), art. 114. En el artículo 62 existía una norma similar, que versaba sobre el caso de un fallo de un alcalde o de una Comisión de Alcaldes, pronunciado en única o última instancia, que se apoyase sobre una disposición de policía considerada como "contraria a la ley o dictada sin competencia", caso en el cual el agraviado podía reclamar ante

La semejanza de las dos vías existentes condujo que en la ley de 1887 ambas se fundieran en un solo reclamo: "Cualquier ciudadano podrá reclamar ante la Municipalidad contra sus resoluciones ilegales, que no consulten los intereses locales, o que no sean de su competencia. Si la Municipalidad desestimare el reclamo contra sus resoluciones ilegales, podrá acudirse ante el Consejo de Estado para que resuelva"[1494]. Como puede advertirse, se simplificó la titularidad activa —dejando en tal posición a "cualquier ciudadano" y omitiendo la mención al intendente, gobernador o subdelegado—; y las causales se enunciaron bajo la forma de la ilegalidad o la incompetencia, que procedían de la reclamación del artículo 114 de la ley anterior, y la de no consultarse los intereses locales, que provenía del antiguo artículo 111.

A más de las reclamaciones sobre nulidad de los actos municipales, existía una vía impugnatoria relacionada con la atribución de los gobernadores o subdelegados en orden a suspender la promulgación o ejecución de acuerdos municipales. Ante una suspensión, la Municipalidad podía insistir; y si la suspensión había sido en razón de ilegalidad o incompetencia, el gobernador o subdelegado debía elevar la cuestión al Gobierno para que resolviera con acuerdo al Consejo de Estado[1495]. La ley de 1887 reformuló este mecanismo de suspensión, reduciéndolo al solo caso de perjudicarse el orden público con el acuerdo municipal, y si la Municipalidad insistía, ello se elevaba al Consejo de Estado. Como se advierte, el reclamo que, bajo la ley de 1854 era referido a cuestiones de legalidad, bajo su sucesora se desplazaba a una causal específica de perjuicio al orden público, por mutación de la razón de suspensión que era su objeto[1496].

Debe tenerse presente que estas vías impugnatorias especiales eran tales —es decir, especiales—, con competencia exclusiva del Consejo de Estado para conocerlas[1497]; entendiéndose, correlativamente, que para los casos que no fueran regidos por ellas, la jurisdicción ordinaria seguía siendo plenamente competente[1498].

Con todo, hay algunos antecedentes que apuntan a ciertas matizaciones que beneficiaban al Poder Judicial aun frente a la competencia del Consejo de Estado. Por una parte, consta que los tribunales de justicia en ocasiones prescindían por sí, sin actuación del Consejo de Estado, de actos municipales que estimaban contrarios a derecho, lo que daba cuenta nítida

---

el Consejo de Estado pidiendo que la disposición se declarara insubsistente y, por lo tanto, dando derecho a solicitar a que se le devolviera la multa.

1494 Ley de Organización y Atribuciones de las Municipalidades (1887), art. 96.

1495 Ley de Organización y Atribuciones de las Municipalidades (1854), art. 33.

1496 Ley de Organización y Atribuciones de las Municipalidades (1887), art. 36.

1497 *Espoz* (1871): "Que la ilegalidad de ese acuerdo como tal no tendría influencia en la cuestión presente, ni los Tribunales de Justicia serían llamados a conocer de su valor o nulidad, según los arts. 33 y 114 de la Ley de Organización de las Municipalidades". También, *Lavín Matta* (1882).

1498 *Guerra* (1865). Un caso que generó alguna complicación fue el de las nulidades de los actos de las intendencias, pues debe recordarse que, a la época, los intendentes tenían participación en la actividad de la Municipalidad. Aparentemente, esto siempre se resolvió por la negativa, entendiéndose que lo municipal debía interpretarse en sentido propio y estricto: *Municipalidad de Santiago con Intendencia de Santiago* (1872), *Municipales de Melipilla con Gobernador de Melipilla* (1875 a) y *Compañía de Consumidores de Agua de Valparaíso* (1883). Otros casos puntuales aparecían de tanto en tanto; por ejemplo, el problema de si el Consejo de Estado podía ser competente para conocer de las reclamaciones contra peritos nombrados en conformidad a una ordenanza municipal; ello se resolvió en el sentido de que no era lo mismo reclamar contra la ordenanza que reclamar contra los actos de alguien nombrado por la ordenanza: *Propietarios de Cachapoal* (1872).

del alcance de la teoría de la prescindencia[1499]. También consta que, si lo que se perseguía no era la nulidad, sino un objeto distinto, como los que persiguen las querellas posesorias[1500], o una indemnización de perjuicios[1501], aun derivándose la conducta contraria a derecho de un acto municipal, no había inconveniente en afirmar la competencia de los tribunales ordinarios según las reglas generales. Y consta, asimismo, que a fines del período se entendió que si el análisis de la legalidad requería "entrar a interpretar y aplicar las estipulaciones del contrato y transacción en virtud de los cuales se llevaron a cabo las construcciones referidas", el Consejo de Estado declinaba sustanciar la cuestión[1502], lo que suministra un nítido ejemplo de que una mayor complejidad en las competencias jurisdiccionales puede terminar enredando la protección de los derechos de las personas.

Por último, se previó en ambas leyes municipales —de 1854 y 1887— una acción para reclamar de exclusiones ilegales que se produjesen tras la elección de sus miembros[1503]. La ley de 1854 dispuso que la Municipalidad, al calificar tal elección, debía excluir "los que hubieren sido elegidos contraviniendo a lo establecido en los tres artículos precedentes", pudiendo reclamarse ante el Consejo de Estado[1504]. Este contencioso tuvo alguna aplicación. Por ejemplo, en relación con la ciudadanía en ejercicio, no obstaba a ella el hecho de que el electo no estuviera inscrito en el registro de calificados[1505]. Respecto del requisito de residen-

1499 *Municipalidad de Vallenar con Mendoza* (1872).

1500 Parece haber existido una evolución hacia esta solución. En *Vargas Bascuñán* (1872), frente a una querella de despojo, se resolvió que "los actos ejecutados por la autoridad administrativa no son justiciables ante este juzgado" (es decir, el Juzgado de Letras). Unos meses después, otra Corte de Apelaciones planteó la solución inversa en *Clausen* (1872), revocando el auto de primera instancia en que un Juzgado de Letras, al interponérsele una querella de amparo, ordenaba ocurrir donde correspondía. Finalmente, la solución afirmativa a favor de la competencia de la justicia ordinaria se desprende de modo definitivo de una sentencia en que el propio Consejo de Estado la reconoce, *Intendente de Santiago con Juez de Letras de Santiago* (1880 b).

1501 *Cubillos y otros* (1887).

1502 *Ferrocarril Urbano de Santiago* (1889).

1503 Debe tenerse presente, en todo caso, la maleabilidad de los tipos de reclamaciones. En ocasiones, cuestiones que formalmente estaban concebidas bajo la forma de algún otro reclamo versaban en el fondo sobre materias electorales, lindando con exclusiones ilegales o incluso con las atribuciones del Tribunal de Elecciones Municipales abordado *infra*, II, en esta misma sección. Véase, por ejemplo, *Silva* (1878), sobre nombramiento de primer alcalde; *Lermanda* (1879), en razón de un doble escrutinio; *Sanhueza* (1879 a), por doble escrutinio; *Sanhueza* (1879 b), por nulidad derivada de un acta adulterada; *Miranda Velásquez y otros* (1880), sobre declaración de miembros propietarios de una Municipalidad. Pero, asimismo, el Consejo reconocía limitaciones derivadas de la misma lógica electoral de las municipalidades, entendiendo que a él "no compete designar cuáles son los individuos que deben ser llamados para constituir la corporación que haya de reemplazar a la municipalidad que no hubiere sido elegida; y que ni siquiera pueden invocarse para atribuirle esa facultad en el caso especial de que se trata disposiciones dictadas para otros análogos": *Letelier* (1886). Todo esto no obstaba a que el Consejo resolviera puntos electorales dudosos actuando gubernativa y no jurisdiccionalmente; véase, por ejemplo, ANCE 12, p. 303, dictamen por el cual el Consejo declaraba no haber lugar a nueva elección en caso de empate entre distintos candidatos, debiendo resolverse en aplicación de un artículo específico de la ley.

1504 Ley de Organización y Atribuciones de las Municipalidades (1854), art. 9°.

1505 *Espinoza* (1885).

cia por cinco años[1506] en el departamento o territorio municipal, el Consejo reconocía que el propio electo admitiese la infracción[1507] y aplicaba el Código Civil para definir la residencia y permitía que los otros municipales reclamasen, en conjunción con el artículo 114 de la misma ley[1508]. En relación con las incompatibilidades por parentesco, el Consejo entendió que ellas no impedían que fuese electo un miembro suplente pariente de otro titular, pero implicaban "impedir al propietario y al suplente desempeñar simultáneamente sus funciones municipales, debiendo excluir el primero que es permanente al segundo que es accidental"[1509]. Asimismo, las interpretó restrictivamente[1510], por lo que declaró no existir incompatibilidades por afinidad en la línea colateral, que no aparecían expresadas en la ley[1511]. Con la Ley Municipal de 1887 cesó la radicación de este contencioso en manos del Consejo de Estado, pero no desapareció del todo, confiriéndose la atribución a la jurisdicción ordinaria[1512]. Y, en cuanto a la nulidad propiamente tal de las elecciones, ella se radicó durante casi todo este período en un órgano jurisdiccional especial, el Tribunal de Elecciones Municipales.

II. El Tribunal de Elecciones Municipales

Si bien la historia electoral chilena ha merecido múltiples estudios generales o particulares desde distintas ópticas, como la ciencia política, la estadística o la historia política[1513], todavía existen importantes aspectos de la historia del derecho en esta materia que no han recibido el examen que merecen[1514]. Uno de ellos es la existencia en nuestra institucionalidad republicana de un Tribunal de Elecciones Municipales, prácticamente desconocido en la actualidad[1515], pero que tuvo una importante actividad en la segunda mitad del siglo XIX.

1506 *Lira* (1873).

1507 *Vives* (1869).

1508 *Primer alcalde de San Felipe con Municipalidad de San Felipe* (1873).

1509 *Gobernador de Ovalle con Municipalidad de Ovalle* (1876).

1510 *Herrera Díaz y otros* (1883).

1511 *Donoso y Vergara* (1883).

1512 Ley de Organización y Atribuciones de las Municipalidades (1887), art. 7°. Para un caso temprano de exclusión en manos de la jurisdicción ordinaria, véase *Fuentes* (1890); pero debe tenerse presente que la jurisdicción ordinaria se reconocía competente solamente en caso de exclusión y no de otros tipos de controversias electorales, como aparece de *Vera* (1890 b).

1513 Véase, por ejemplo, Urzúa Valenzuela (1992) y Ponce de León Atria (2017).

1514 Los estudios sobre aspectos históricos relevantes en derecho electoral no son frecuentes, pero los ha habido, y hay algunos buenos ejemplos recientes: así, por ejemplo, véase Jara Reyes (2017).

1515 Lo que se debe no solo a las lagunas en el análisis jurídico de la historia electoral chilena, sino también a las existentes respecto de la administración municipal decimonónica, lo que no excluye que existan obras que aborden esta materia. Por ejemplo, algunas ofrecen una interpretación general de los municipios en el siglo XIX, como, por ejemplo, Salazar Vergara (2019), especialmente pp. 13-123; y, por otra parte, otras desarrollan aspectos específicos, como la de Nazer Ahumada (1999) o la de Rengifo Streeter (2020). Pero aún hay territorios importantes por explorar. Baste recordar las expresiones de Valenzuela Bowie, Arturo (1977), quien, abordando exhaustivamente los municipios durante el siglo XX, lamentaba la falta de estudios analíticos previos acerca de la dimensión local de la política chilena (especialmente en p. x).

Este desconocimiento no debe sorprender. En nuestros días, su presencia no es destacada por obras doctrinales de primera importancia concernientes al estudio de nuestro derecho y nuestras instituciones[1516]. Y las escasas obras de nuestro derecho público en el siglo XIX, que, en principio, hubieran sido las más interesadas en analizar la existencia y el funcionamiento de esta entidad, apenas mencionaban a este tribunal[1517]; y, a nuestro conocimiento, no hicieron jamás mención de la jurisprudencia que desarrolló.

Lo cierto es que el establecimiento normativo de este tribunal se produjo originalmente en virtud de una ley especial de 1849[1518] por la cual, "para conocer de los recursos de nulidad en la elección de municipalidades, se establece dentro del Consejo de Estado un tribunal" (art. 1°), cuya integración era compleja: "Lo compondrán los dos consejeros, miembros de las Cortes Superiores de Justicia, un consejero que haya sido Ministro, y dos consejeros que hayan desempeñado los cargos de intendentes, gobernadores o municipales", sirviendo de Fiscal el de la Corte Suprema (art. 2°). Esta primera versión del Tribunal parece haber tenido escasísima relevancia jurisdiccional, al punto que, en la década posterior, ni siquiera era mencionada en la obra más importante de derecho procesal de la época[1519].

La Ley de Municipalidades de 1854 no integró primitivamente en su texto a este organismo, pero sí lo hizo la Ley de Elecciones de 1861[1520], que modificó algunos de los criterios de funcionamiento previstos en el texto anterior y que parece haberle dado a este tribunal un nuevo impulso. Para facilitar la debida impugnación de los actos que se estimaren ilícitos, dispuso que los reclamos de nulidad se iniciarían "ante el juez letrado de la provincia en el término perentorio de quince días después de su instalación" (nuevo artículo 146), para que de ellos conociera el Tribunal, que mantendría la integración prevista por la ley de 1849. En materia procesal, se añadió el criterio de que el Tribunal fallaría "sin ulterior recurso" (nuevo artículo 147) y que tendría un plazo máximo de tres meses para resolver la cuestión (nuevo artículo 148). En cuanto a las pruebas, ellas serían recibidas por el juez letrado, "sin perjuicio de la que el mismo tribunal creyere conveniente recibir o mandare practicar de oficio" (nuevo artículo 149).

Bajo la forma establecida en la ley de 1861, la jurisprudencia de los tribunales ordinarios tuvo oportunidad de declarar formalmente la competencia especial y excluyente del Tribunal de Elecciones en estas materias[1521]. Sin embargo, debe tenerse presente que el Consejo de Estado

---

1516 *V. gr.*, Bravo Lira (1986), Bravo Lira (1996), Eyzaguirre Gutiérrez (1966), Heise González (1959), y Urzúa Valenzuela (1970). Por su parte, Campos Harriet (1956), p. 506, apenas menciona que la ley de 1861 "establecía en detalle el proceso que debían seguir las reclamaciones de nulidad de elecciones", sin hacer referencia explícita al Tribunal.

1517 Prado Bustamante (1859), p. 129; Huneeus Zegers (1880), II, p. 238. Y, por lo demás, estas obras no repararon en que una de las primeras sentencias de nuestro derecho administrativo patrio había versado justamente sobre la nulidad de unas elecciones municipales: *Del Villar* (1811).

1518 Ley de 28 de agosto de 1849, BLDG, XVII, p. 115.

1519 Vila García (1858).

1520 Ley de 13 de septiembre de 1861, BLDG, XXIX, p. 204.

1521 *Letelier* (1870): "[...] teniendo presente que el conocimiento y resolución de las reclamaciones sobre nulidad de elecciones municipales no corresponden a esta Corte, según lo prescrito en el artículo 147 de la ley de 13 de setiembre de 1861, se declara no haber lugar al recurso de hecho interpuesto a f. 2".

propiamente tal sí intervino en algunas materias electorales que se entendieron no cubiertas por la competencia del Tribunal de Elecciones: así, por ejemplo, la declaración jurisdiccional de no ser municipal un sujeto que, luego de ser electo, declinó su cargo por no cumplir con el tiempo de residencia, lo que había sido aceptado por la Municipalidad[1522]; y, por cierto, el hecho de emitir su opinión, no jurisdiccional, por consulta del Supremo Gobierno, lo que cubría también cuestiones electorales, como la consulta acerca de qué hacer si se producía un empate en una elección municipal[1523].

La Ley de Elecciones de 1874[1524], manteniendo en vigor al Tribunal, introdujo algunas adecuaciones a su régimen. Reconociendo la proliferación de tribunales, la reclamación se presentaría ante "el juez letrado de turno en lo civil de la provincia" (art. 88). En cuanto a la integración, el Tribunal estaría "compuesto de tres consejeros de Estado, nombrados por el Consejo el primer día de su instalación" (art. 89)[1525], ampliándose el plazo para resolver las reclamaciones, "bajo la más estricta responsabilidad de sus miembros, dentro de los seis meses siguientes a la fecha en que se hubieren presentado ante él" (art. 90)[1526], y reconociendo explícitamente el derecho de "los municipales cuya elección se impugna" en orden a hacerse parte en el juicio (art. 91). Mientras rigió la Ley de Municipalidades de 1854, algunas materias electorales distintas, pero bastante próximas, a la de la declaración de nulidad de elecciones municipales, siguieron siendo de competencia del Consejo de Estado. Así, por ejemplo, la resolución de cuestiones concernientes a la nulidad de acuerdos municipales que se hubieran basado sobre un acta electoral adulterada[1527], y la orden de ejecutarse una sentencia del Tribunal de Elecciones por parte de la Municipalidad respectiva[1528].

Mediante la nueva Ley de Elecciones de 1884 se modificaron varios criterios relacionados con estas nulidades[1529]. En lo fundamental, esta materia se mantuvo bajo la jurisdicción del Tribunal que es objeto de estas líneas (art. 114) y quedó regida por ciertas normas generales aplicables a todo tipo de nulidad electoral (art. 93 a 95), y se alteraron ciertas reglas procesales: el plazo para reclamar pasó a ser de ocho días (art. 113), y se previó una pena de multa a los

1522 *Vives* (1869).

1523 Consejo de Estado, dictamen de 23 de abril de 1870, ANCE, 12, p. 303.

1524 Ley de 12 de noviembre de 1874, BLDG, XLII-2, p. 317.

1525 Y, por lo tanto, dada la fuente única de integración del Tribunal, incluso los tribunales ordinarios incurrían en el error de considerar que era el Consejo de Estado mismo quien gozaba de competencia en esta materia. Así, por ejemplo, *Ibáñez* (1882).

1526 Pero debe tenerse presente que este plazo legal, supuestamente establecido en beneficio de los litigantes y de la pronta solución de una situación de incertidumbre, en ocasiones se transformó en un problema. En una oportunidad, el Tribunal, que esperaba la remisión de ciertos antecedentes que supuestamente estaban en poder del juez letrado que había recibido las pruebas correspondientes, no las recibió a pesar de haberlas solicitado con insistencia. Entendiendo el plazo como fatal, dio las infracciones como no probadas al no recibir la información del juez letrado al último día antes del vencimiento del plazo del artículo 90: "[...] finalmente, que el día de hoy fija el plazo que el art. 90 de la Ley de Elecciones fija a este tribunal para resolver en las reclamaciones que ante él se entablen". Véase *Nulidad de elecciones municipales de Chillán* (1880).

1527 *Sanhueza* (1879 b).

1528 *Miranda Velásquez y otros* (1880).

1529 Ley de 9 de enero de 1884, BLDG, LIII, p. 59.

jueces en caso de que el Tribunal excediera de un plazo —reducido, respecto al de 1874— de cien días para resolver (art. 115).

La etapa final del Tribunal fue anunciada por la efímera Ley de Municipalidades de 1887[1530], que no hizo referencia a la figura de un tribunal especial, sino que le encomendó el conocimiento de estas cuestiones a la "autoridad judicial", es decir, a la justicia ordinaria, apelándose la cuestión "en la forma ordinaria" (art. 7°). Empero, debe tenerse presente que en 1888 aún se ventilaban y juzgaban cuestiones radicadas en el Tribunal de Elecciones Municipales[1531], que gozaba de fundamento normativo a través del artículo 114 la Ley de Elecciones de 1884[1532]. Este último sustento legal fue finalmente suprimido por la entrada en vigor de una nueva Ley Electoral, la de 1890, que en su artículo 114 señalaba que "las reclamaciones de nulidad que se entablaren contra la elección de municipales se iniciarán en la forma prescrita en la Ley de Municipalidades"[1533], la que, como sabemos, remitía estas materias a la jurisdicción ordinaria. La Ley de Municipalidades de 1891 —la Ley de la Comuna Autónoma[1534]— perseveró en la decisión de su antecesora en torno a evitar una jurisdicción especial y, por ende, no restauró al Tribunal de Elecciones Municipales[1535], coincidiendo esta decisión con lo que ha sido calificado como el desplazamiento del foco político principal desde el Ejecutivo hacia el Congreso y las autoridades locales a partir del término de la Guerra Civil de 1891[1536].

A pesar de la relativa brevedad de la época en que este tribunal se mostró activo, y aunque pueden ser bastante adversas tanto la apreciación retrospectiva acerca de esta época de nuestro desarrollo electoral[1537] como aquella que concierne la viabilidad de las reclamaciones jurisdiccionales electorales en el siglo XIX[1538], resulta sorprendente que este organismo jurisdiccional

---

1530 Ley de 12 de septiembre de 1887, BLDG, LVI, p. 1351.

1531 Las últimas tres sentencias, referidas a elecciones de Lebu y Arauco, son de fecha 1° de octubre de 1888: *Nulidad de elecciones municipales de Lebu* (1888 a), *Nulidad de elecciones municipales de Lebu* (1888 b) y *Nulidad de elecciones municipales de Arauco* (1888).

1532 Tan vigentes estaban los criterios competenciales y procesales, que el Tribunal, en una de sus últimas sentencias, desestimó una reclamación que había sido interpuesta ante otro órgano jurisdiccional: "[...] la presente reclamación se ha interpuesto el 7 de abril del año en curso, ante el alcalde que desempeñaba las funciones de juez de primera instancia del departamento, quien ha recibido la información y contrainformación rendidas por las partes; y que, en consecuencia, no tiene valor legal por no haber sido iniciada ante el juez letrado, ni dentro del término fatal de ocho días que prescribe el artículo 113 de la ley de elecciones". Véase *Nulidad de elecciones municipales de Arauco* (1888).

1533 Ley de 20 de agosto de 1890, BLDG, LIX, p. 566.

1534 Ley de 24 de diciembre de 1891, BLDG, LX, p. 336.

1535 Siendo, por lo tanto, muy menor la incidencia del Consejo de Estado en materia de elecciones municipales desde 1891 en adelante; de hecho, apenas una sentencia de dicho Consejo (de fecha 23 de diciembre de 1903) abordará, bajo la Ley de la Comuna Autónoma, el tema de las elecciones municipales en general, sin referirse específicamente a la nulidad. Véase Castilla (1919), pp. 249-258.

1536 Valenzuela Bowie, Arturo (1977), p. 192.

1537 *V. gr.*, Bravo Lira (1986), p. 141: "[...] en la práctica, todas las elecciones son manejadas por el Presidente"; *a contrario*, Valenzuela Bowie (1998), especialmente pp. 268-269, "la ley electoral del 21 de agosto de 1890 tuvo la trascendental importancia de contribuir a reformular las prácticas electorales de la época, de tal manera que puede decirse que a partir de entonces el régimen político chileno pasó a cumplir con las exigencias mínimas de una democracia de sufragio incompleto".

1538 *V. gr.*, Valenzuela Bowie (1997), especialmente p. 231: "Pero todo ello significaba un esfuerzo considerable que, salvo para los más politizados, quizá no valía la pena".

haya sido totalmente olvidado. Sin perjuicio de su particularidad institucional como único caso de tribunal electoral de tal naturaleza especial que operó durante este período[1539], y del interés que sobre nuestra historia política puedan aportar las sentencias que pronunció, su actividad está dotada de interés jurídico, que reposa, ante todo, en las líneas jurisprudenciales que desarrolló en materia de nulidad electoral, sentando bases remotas de temas que son de debate aun en nuestros días y que hemos examinado con detalle en otra obra[1540], tanto respecto de su actividad sustantiva como procesal.

III. Otras jurisdicciones especiales

A más del Consejo de Estado y del Tribunal de Elecciones Municipales, otras jurisdicciones especiales desarrollaron su actividad durante este período. La principal de todas, la jurisdicción contable, experimentó adecuaciones institucionales derivadas del reemplazo de la Contaduría Mayor por el Tribunal de Cuentas, primero anunciado y luego consolidado (a); pero otras jurisdicciones especiales menores, que merecen atención, siguieron diversa suerte en las adecuaciones de estos años (b).

a. La jurisdicción contable

El organismo jurisdiccional por excelencia en este ámbito era el Tribunal de Cuentas, sin perjuicio de existir áreas contables circunscritas cuyo juzgamiento le estaba encomendado a autoridades especiales[1541]. Durante prácticamente todo este período, el Tribunal de Cuentas

---

1539 Si se revisan las leyes electorales de 1861, 1874 y 1884, se advertirá que los reclamos de nulidad de todas las otras elecciones regidas por ellas eran sometidos a conocimiento de alguna de las cámaras parlamentarias, o derechamente del Congreso. En ningún caso fueron sometidos a un tribunal formado a partir del Consejo de Estado, como el caso del Tribunal de Elecciones Municipales, ni a otra integración distinta cualquiera. Así, las nulidades correspondientes a elecciones de diputados o senadores eran conocidas por las respectivas cámaras en las leyes de 1861 (art. 130, 133, 134), 1874 (art. 78) y 1884 (art. 96), con diferencias, no obstante, en las respectivas tramitaciones; las de electores del Presidente de la República en la configuración prevista en 1861 eran conocidas por el Senado (art. 141), y de resorte del Congreso bajo las leyes de 1874 (art. 81-82) y de 1884 (art. 103); y, en fin, en las del Presidente de la República el órgano competente fue invariablemente el Congreso según las leyes de 1861 (art. 143), 1874 (art. 83) y 1884 (art. 104).

1540 Bocksang Hola (2021 b).

1541 Por ejemplo, en materia de fuerzas armadas; así, el Título XLIX de la Ordenanza del Ejército preveía la figura del Inspector General del Ejército, competente en materias de cuentas de caja; asimismo, existía el Inspector General de la Guardia Nacional, quien "en conformidad de lo dispuesto en el decreto de 15 de junio de 1842, ejerce sobre estos cuerpos las mismas funciones que están designadas al Inspector General del Ejército": *Márquez* (1866). En materia municipal, la ley de 1854 encomendaba el examen de las cuentas en primera instancia a una comisión de alcaldes, o una comisión especial (art. 98), y en segunda instancia a un tribunal de apelación de cuentas municipales (art. 99), cuyas competencias eran privativas y, por lo tanto, las cuentas aprobadas por ellos no podían ser sujetos a ulterior revisión: *Barrena y Contreras* (1881). Ello fue recogido por la LOAT de 1875, que preveía entre las excepciones a la competencia jurisdiccional general del Poder Judicial la de "las causas sobre cuentas municipales, de las cuales conocerán las autoridades que designa la ley" (art. 5° n° 7). La ley

funcionó sobre la base normativa de la Ordenanza de 18 de mayo de 1839[1542], que recogió la dualidad indiana entre Contaduría Mayor y Tribunal Superior de Cuentas, y bajo las mismas condiciones que habían imperado hasta 1860[1543]. En síntesis, los juicios de cuentas eran de competencia del Contador Mayor, cuyas sentencias de hasta 25 pesos no admitían apelación y las que superaran de tal suma sí la admitían, ante el Tribunal Superior de Cuentas.

Es interesante constatar que, a pesar de la claridad con que en abstracto se reconocía la esfera privativa de la jurisdicción contable, los tribunales inferiores con cierta frecuencia tendían espontáneamente a asumir *motu proprio* dichas atribuciones. Esto generó un cuerpo de sentencias bastante robusto de los tribunales superiores, en el que, desde distintos prismas, se ordenaba respetar la esfera competencial de esta jurisdicción.

Era claro, por de pronto, que el principio general era que la liquidación de la suma debida al Fisco por un funcionario no se determinaba por los tribunales ordinarios, sino que por la "oficina correspondiente"[1544], y que las deudas de los fiadores de los funcionarios también debían examinarse en esta sede[1545]. Así, de pronunciarse una sentencia en transgresión de esta jurisdicción especial, se ordenaba suspender todos los efectos de la referida sentencia y pasar los antecedentes a la Contaduría Mayor[1546]. Si los hechos que comprometían la cuenta del funcionario implicaban la aplicación de una multa en caso de transgresión, el juicio de cuentas debía "preceder al de la aplicación de la multa, en caso de haber incurrido en ella el demandado"[1547].

Una vez concluido el juzgamiento de la Contaduría, se ordenaría deducir las acciones correspondientes contra el deudor o sus fiadores[1548]. Tal como sostuvo la Corte Suprema, "un empleado público que en su carácter de tal recibe una cantidad para ejecutar una obra no es obligado a devolver la suma recibida sino en el caso de no haberla invertido legalmente y, por consiguiente, la acción que compete al Fisco es para pedir la cuenta y, en caso de no estar arreglada, solicitar el pago de lo que no estuviere legítimamente invertido"[1549].

Pero no era de resorte de un juicio de cuentas la declaración de que ciertas especies hurtadas le fueran de abono a un funcionario público, ni la consignación que se le pedía por dicho monto: tal cuestión era de competencia de los jueces de letras[1550]. También entendía la Corte Suprema que se evitaba la vía contenciosa en caso de que la suma correspondiente fuera "aceptada por la parte"[1551]. Y, por cierto, se distinguía claramente entre el juicio de cuentas y el

---

de 1887 dispuso en primera instancia a un inspector de oficinas fiscales y, en segunda, el Tribunal Superior de Cuentas, con lo que se entroncaba este contencioso a la jurisdicción contable general.

1542 BLDG, VIII, p. 153.

1543 Bocksang Hola (2015 a), título segundo, capítulo primero, B.II.a. Existía una regulación específica de la sustanciación de causas ante el Tribunal Superior de Cuentas: Decreto Supremo de 5 de noviembre de 1839, BLDG, VIII, p. 203.

1544 *Martel* (1862).

1545 *Fisco con López y compartes* (1865).

1546 *Muñoz* (1864 a).

1547 *Fisco con Del Campo* (1865).

1548 *Fisco con Prado* (1871) y *Molina* (1873).

1549 *Fisco con Sucesión de Reyes* (1874).

1550 *Fisco con De la Cruz* (1863).

1551 *Fisco con Martínez* (1864).

juicio penal por un delito funcionario[1552], por lo que el hecho de que un funcionario cubriese las sumas adeudadas, extinguiendo los reproches contables, no autorizaba a un tribunal para sobreseer en la prosecución penal, la que debía darse con todos sus trámites[1553].

Un primer remozamiento de la jurisdicción contable fue planteado por la Ley de Organización de las oficinas de Hacienda, de 1875[1554]. En el ámbito de marras, por ella se establecía la Corte de Cuentas[1555] y se suprimía la Contaduría Mayor[1556]. Sin embargo, y a pesar de la terminante disposición que preceptuaba que "el Presidente de la República pondrá en ejecución la presente ley dentro del término de dos años contados desde la fecha de su promulgación"[1557], aparece *ictu oculi* que esta modificación no se implementó[1558]. No ha de sorprender, por lo tanto, la continuidad en las líneas jurisprudenciales antedichas, tanto respecto de la competencia basal de la Contaduría para conocer de los juicios de cuentas[1559] —entendiéndose de modo bastante lato que "las cuentas de los empleados y comisiones que administran fondos públicos deben rendirse ante la Contaduría Mayor"[1560]—, como de la dependencia de los juicios penales respecto del juzgamiento de la respectiva cuenta[1561], y destacándose en este ámbito la aplicación del principio de doble instancia[1562] y el efecto relativo de las sentencias de cuentas[1563].

Por lo demás, el mismo 1875 vio la promulgación de la LOAT, entrada en vigor al año siguiente, cuyo artículo 5° n° 6 preveía entre las excepciones a la competencia del Poder Judicial la de "las causas sobre cuentas fiscales, de las cuales conocerán la Contaduría Mayor y el Tribunal Superior de Cuentas", reconociendo por lo tanto el estado efectivo de cosas en esta materia.

En efecto, la modificación orgánica, que supuestamente se iba a introducir en 1875, solo se concretó como consecuencia de la entrada en vigor, bajo el gobierno de José Manuel Balmaceda, de la Ley orgánica del Tribunal de Cuentas[1564], cuyo artículo 46, por lo demás, disponía que "en los casos en que las leyes se refieran a la Contaduría Mayor se entenderá ésta subrogada por el Tribunal de Cuentas".

El Tribunal estaba "encargado del examen y juzgamiento de todas las cuentas que deben rendir los empleados y los establecimientos o personas que administren, recauden o inviertan valores fiscales o de beneficencia pública, y, en general, las de los que, por leyes especiales,

1552 *N.N.* (1866).
1553 *Municipalidad de Talcahuano con Vergara* (1865).
1554 Ley de 22 de diciembre de 1875, BLDG, XLIII, p. 640.
1555 Artículos 2° a 4°.
1556 Artículo 19.
1557 Artículo 30.
1558 Véase lo ya señalado *supra*, título primero, capítulo segundo, A.I.b. Por ejemplo, entre las sentencias de la época, la Contaduría Mayor aparece mencionada en la documentación hasta 1889 —*Poblete* (1889)— y, correlativamente, la Corte de Cuentas no lo hace sino hasta el mismo año —*Reyes* (1889)—. *Contra*, ALDUNATE LIZANA (2005), pp. 21-22.
1559 *Guzmán Fuenzalida* (1878), *Varela y Román* (1885), *Pérez Izquierdo y otros* (1885), *Pérez de Arce* (1887) y *Toro* (1887).
1560 *Fisco con Testamentaria de Díaz* (1880).
1561 *Arangua* (1878), *Dendariena* (1878), *Gundián* (1882) y *Díaz* (1886).
1562 *Fisco con Pavón* (1882).
1563 *Municipalidad de Puchacay con Muñoz* (1885).
1564 Ley de 20 de enero de 1888, BLDG, LVII, p. 174.

deben rendir sus cuentas al Tribunal" (art. 1°). Asimismo, el Tribunal se dividía en dos secciones: una, encargada del examen de las cuentas y la otra del juzgamiento de ellas; y la segunda sección recibía el nombre de Corte de Cuentas (art. 2°). A esta Corte, que tenía "las mismas prerrogativas y tratamiento que una Corte de Apelaciones" (art. 41 inc. 1°), le competía —entre otras atribuciones— "el conocimiento de todos los juicios de cuentas, tanto en primera y segunda instancia como en los casos de consulta", fallándose en primera instancia por un vocal y, en segunda, por el presidente de la Corte y los vocales no implicados (art. 5°-I). El procedimiento de examen y juzgamiento de las cuentas, que se dividía "en dos partes: sobre la legalidad, veracidad y fidelidad de las cuentas y sobre la exactitud de las operaciones aritméticas y de contabilidad" (art. 9°) se hallaba bien detallado (art. 10 a 25), incluyendo un recurso de nulidad de las sentencias de segunda instancia ante la Corte Suprema (art. 23), y la ley contenía múltiples normas sobre nombramientos, reemplazos, implicancias y recusaciones (art. 26 a 40).

Más allá de las diferencias que puntualmente puedan ser destacadas entre la Ordenanza de 1839 y la ley de 1888, hay una consideración general que conviene avanzar desde ya, a guisa de contraste. La Contaduría Mayor era más bien un organismo administrativo con atribuciones jurisdiccionales encapsuladas y el Tribunal de Cuentas estaba planteado en la ley como un tribunal especial dotado de atribuciones administrativas. La figura híbrida no desapareció con la nueva ley; pero hay una cuestión de énfasis que no parece anodina y que puede haber motivado, al menos en parte, la reformulación del organismo. El reglamento complementario de la ley, anunciado por ella misma[1565], no tardó en emitirse[1566].

b. Jurisdicciones especiales menores

En lo concerniente a otras jurisdicciones especiales, las existentes en el período que se extendió hasta 1860 se agrupaban en dos categorías principales: las jurisdicciones económicas y las jurisdicciones asociadas a la administración territorial[1567]. Ambas vertientes se proyectaron en este nuevo período, pero con suertes bastante distintas.

Si las jurisdicciones económicas, con ciertos acomodos, subsistieron e incluso prosperaron (1), las concernientes a la administración territorial se vieron fuertemente afectadas por la entrada en vigor de la LOAT (2). Y, a más de ellas, conviene apuntar la efímera existencia de los jurados electorales, que también desaparecieron por influjo del Código de Tribunales (3).

1565 Artículos 14 y 3° transitorio. El primero preceptuaba que "los procedimientos y plazos para la presentación, examen y juzgamiento de las cuentas se determinarán por reglamentos dictados por el Presidente de la República a propuesta de la Corte". El segundo, que "esta ley se pondrá en ejecución en el término de seis meses. Dentro de este plazo, el Presidente de la República dictará, en conformidad a lo dispuesto en el artículo 14, el Reglamento para la tramitación de los juicios de cuentas y para el régimen interior de las oficinas".

1566 Decreto Supremo de 11 de julio de 1888, BLDG, LVII, p. 996. Ello, sin perjuicio de la aparición de disposiciones posteriores más específicas, como el Decreto Supremo de 16 de agosto de 1889, BLDG, LVIII, p. 633, sobre juzgamiento de cuentas de correos, o el Decreto Supremo de 28 de agosto de 1889, BLDG, LVIII, p. 644, sobre juzgamiento de cuentas de Beneficencia.

1567 Bocksang Hola (2015 a), título segundo, capítulo primero, B.II.b.

1. La subsunción de las jurisdicciones económicas

En relación con las jurisdicciones económicas, lo más relevante procede de materias aduaneras. La Ordenanza de Aduanas de 1864[1568] continuó la dualidad conceptual que había previsto la Ordenanza de 1851: las materias de comisos, por una parte[1569], y las de reclamos, por otra[1570]. Pero la configuración jurisdiccional de esta dualidad no quedó inmutable; antes bien, fue paulatinamente simplificada y finalmente subsumida en la jurisdicción ordinaria.

En la primera vertiente se establecía en Valparaíso por la Ordenanza de 1864 un Tribunal de Comisos, cuya composición innovaba parcialmente respecto del régimen de 1851, pues lo constituían el juez letrado de Hacienda, el jefe de Aduana, y —lo más novedoso— "un comerciante designado anualmente por el Presidente de la República"; mientras que en las otras provincias pasaba a ser competente, sin más, el "juez letrado de Hacienda"[1571]. Las sentencias de estos juicios eran inapelables hasta la cuantía de quinientos pesos, y, si la superaban, conocía de la apelación o la consulta "el Tribunal de Alzada que conoce de las causas de Hacienda"[1572], que, como sabemos, siguió siendo la Suprema Corte.

En la segunda vertiente, la de los reclamos, la Ordenanza de Aduanas de 1864 optó por absorber totalmente estas materias en los tribunales encargados de los comisos[1573], que bajo el diseño de 1851 habían presentado algunas especificidades[1574].

No había transcurrido una década cuando entró en vigor una nueva Ordenanza de Aduanas, la de 1872[1575]. En ella se mantuvo la misma estructura jurisdiccional proveniente de 1864, sin perjuicio de sincerar en el texto la unificación orgánica de ambas competencias contenciosas: "[...] las causas *de comisos y de reclamos* serán resueltas [...]"[1576], dividiéndose las normas procedimentales en grupos específicos a comisos[1577] y reclamos[1578], y estableciéndose disposiciones comunes, de las cuales la más relevante era la apelabilidad de las sentencias cuya cuantía excediera de mil pesos[1579].

Es importante destacar que, frente a la irrupción de la LOAT de 1875, las atribuciones jurisdiccionales de los jueces letrados de Hacienda en materia de reclamos y de comisos no se vieron afectadas; pero sí lo fueron las del tribunal especial de comisos y reclamos de Valparaíso, comunicándose por parte del Ministerio de Hacienda en 1876 que "las causas de

1568 Sobre el espíritu de esta Ordenanza, véase Zilci Kevorkian (1990).

1569 Que, de acuerdo a nuestra judicatura, "revisten el carácter de los criminales, por tratarse en ellos de delitos cuyas penas se encuentran legalmente establecidas y cuya sanción es menester hacer efectiva tanto en razón de la vindicta pública como del interés fiscal": *Fisco con Curphey y Ca.* (1890).

1570 Véase *infra*, título cuarto, capítulo segundo, B.II.a.

1571 BLDG, XXXII, p. 305, art. 78.

1572 *Ibid.*, art. 82.

1573 *Ibid.*, art. 91.

1574 Bocksang Hola (2015 a), título segundo, capítulo primero, B.II.b.1.

1575 BLDG, XL, p. 1130.

1576 *Ibid.*, art. 95.

1577 *Ibid.*, art. 99 a 106.

1578 *Ibid.*, art. 107 a 109.

1579 *Ibid.*, art. 110.

comisos y reclamos que en adelante se suscitaren en Valparaíso, se resolverán como en las demás provincias por el juez letrado respectivo"[1580].

Con todo, en alguna oportunidad se llegó a pensar que el influjo de la LOAT había sido aun superior, surgiendo la duda de si las causas por reclamos y comisos habrían quedado subsumidas en la jurisdicción penal. Esta duda se derivó de la declaración de incompetencia de un Juzgado de Letras que había entendido lo siguiente:

> "Que en la presente causa se trata de un contrabando, ejecutado al parecer con engaño y con cohecho de empleados, delitos previstos y penados por el Código Penal, el cual derogó, desde la fecha de su vigencia, las leyes y demás disposiciones preexistentes sobre todas las materias de que él se ocupa y, por tanto, las correspondientes de la Ordenanza de Aduanas;
> Que corresponde a la justicia en lo criminal establecer quiénes son los delincuentes, o sea, los personalmente responsables de los delitos cometidos, y, en consecuencia, los obligados a responder al Fisco por los daños y perjuicios que le hubiesen irrogado, siendo de notar que, según el texto impreso de la ley, toda sentencia condenatoria en materia criminal lleva en sí envuelta la expresada obligación respecto de los autores de delito, cómplices y demás legalmente responsables".

Elevada la cuestión en alzada, la Corte Suprema no vaciló en suspender los efectos del auto de primera instancia, destacando que le correspondía "al juez letrado de hacienda el conocimiento de las causas sobre comisos y penas, en conformidad a lo dispuesto por la Ordenanza de Aduanas", y ello sin perjuicio de "que remita al juez del crimen los antecedentes que estime convenientes para proceder criminalmente contra quien hubiere lugar"[1581].

Sin embargo, algunas atribuciones especiales y menores en este tipo de materias sí se entendieron derechamente extinguidas con la LOAT. Una de ellas era la del artículo 136 n° 1 de la Ordenanza de Aduanas de 1872, que disponía corresponderle al jefe del Departamento de Contaduría de las Aduanas "entender en toda multa cuyo valor no exceda de veinte pesos, absolviendo cuando no aparezca claramente el propósito de defraudar los derechos fiscales, u obligando a su pago en caso contrario". Frente a ella, la Corte Suprema decidió posteriormente que, dado "que los jueces de letras deben conocer de los negocios de hacienda, cualquiera que sea su cuantía, según lo dispone el art. 37 de la ley de 15 de octubre de 1875", debía entenderse "derogado el art. 136 núm. 1° de la Ordenanza de Aduanas"[1582]. Ello completaba el círculo

1580 Prístinamente en *Jefferson y Ca.* (1886), sentencia en la que además quedaba claro que, durante la existencia de tribunales provisionales en el Perú, el juez letrado de Valparaíso era competente para conocer las cuestiones sobre comisos y reclamos suscitadas en territorio peruano. Por las dilaciones eventuales de la jurisdicción, algunas cuestiones de comisos ventiladas en Valparaíso concluyeron por sentencia de término de segunda instancia mucho después de la desaparición del Tribunal especial de dicha ciudad: *v. gr.*, *Fisco con Tiffon Hermanos* (1883).

1581 *Fisco con Echeverría y otros* (1890). El Juzgado de Letras se había declarado incompetente, entendiendo que "en la presente causa se trata de un contrabando, ejecutado al parecer con engaño y con cohecho de empleados, delitos previstos y penados por el Código Penal, el cual derogó, desde la fecha de su vigencia, las leyes y demás disposiciones preexistentes sobre todas las materias de que él se ocupa y, por tanto, las correspondientes de la Ordenanza de Aduanas".

1582 *Juez Letrado de Tacna con Administrador de Aduana de Arica* (1886).

que la LOAT fijaba en este ámbito: una unificación de las cuestiones de reclamos y comisos en los jueces de letras, entendidas como cuestiones de hacienda y no como cuestiones penales.

2. Las vicisitudes de las jurisdicciones asociadas a la administración territorial

Aunque las jurisdicciones asociadas a la administración territorial gozaban de una aplicación importante en la primera mitad de este período, la LOAT modificó sustancialmente el panorama, suprimiéndolas. Así, desaparecieron la jurisdicción de caminos (i) y buena parte de las atribuciones jurisdiccionales restantes del espectro territorial (ii).

Sin embargo, debe tenerse presente que la supresión de este tipo de jurisdicciones fue solo derogatoria y no se entendió como derechamente antijurídica[1583], pues de otra manera no hubieran podido ser instauradas, con posterioridad a la LOAT, figuras como la de la junta compuesta por el primer alcalde y dos vecinos que conocía, sin ulterior recurso, de las reclamaciones de insolvencia respecto de los empedrados de Talca[1584], así como el juez de abastos que preveía la Ley de Municipalidades de 1887, "con jurisdicción para conocer en única instancia en todas las cuestiones que se susciten entre compradores y vendedores por cantidad que no exceda de diez pesos"[1585].

i. La jurisdicción de caminos

Como hemos tenido ocasión de examinar, la ley de caminos de 17 de diciembre de 1842 les confería a los gobernadores atribuciones jurisdiccionales en puntos referidos a caminos, fuera ello entre particulares o entre la autoridad estatal y un particular, con posibilidad de reclamar ante una Junta Provincial de Caminos[1586]. Tal competencia, originalmente prevista respecto de los caminos carreteros, tuvo alguna interferencia a principios del período examinado, por cuanto la Ley de Ferrocarriles de 1862 sostenía que ellos estaban "sujetos a las prescripciones legales relativas a los caminos públicos en todo lo que no contraríen directamente los derechos que al empresario o empresarios que los hubieren construido correspondan, en conformidad a la ley que autorizó la construcción"[1587].

Tomado de manera absoluta, este criterio hubiera significado arrancarle importantes controversias a la jurisdicción ordinaria, entregándoselas a la administración territorial. Por ello, nuestros tribunales tuvieron a bien circunscribir las dudas suscitadas en torno al alcance de esta disposición. Así, en 1867 se esclareció el punto de que los juicios de propiedad y de posesión, aun versando sobre caminos, quedaban entregados a la jurisdicción ordinaria[1588]. Y en 1873, en la que probablemente fue la más importante de todas las sentencias en esta materia, la Corte de Apelaciones de Santiago proclamó abiertamente que "las cuestiones que

1583 En este sentido, Ballesteros Ríos (1890), I, p. 58.
1584 Ley de 19 de octubre de 1877, BLDG, XLV, p. 521, art. 3°.
1585 Ley de Organización y Atribuciones de las Municipalidades (1887), art. 100.
1586 Bocksang Hola (2015 a), título segundo, capítulo primero, B.II.b.2. Véase, hacia el final del vigor de esta figura jurisdiccional, *Juez de Letras de San Fernando con Gobernador de Caupolicán* (1874).
1587 Ley de 6 de agosto de 1862, BLDG, XXX, p. 199.
1588 *Cerveró* (1867).

a los jueces de caminos compete decidir son solo aquellas que se refieren a su dirección, apertura, cerramiento y demás análogas a estas, y no a las obligaciones nacidas de contratos, aun cuando se refieran a dichos caminos o calles", restricción en su alcance que se desprendía de la composición de las jurisdicciones de caminos, pues se hallaban formadas "de jueces que por su profesión no están obligados a conocer el derecho"[1589]. Una posición similar fue afirmada el mismo año por el Consejo de Estado, entendiendo que una cuestión era de competencia de la justicia ordinaria si "la cuestión propuesta no es de aquellas cuya resolución compete a la autoridad local, según la ley de 17 de diciembre de 1842, puesto que no se trata de apertura, dirección u otro punto relativo a caminos"[1590].

Este ámbito restringido de jurisdicción especializada radicada en la administración territorial no duraría mucho tiempo[1591], pues desapareció con la entrada en vigor de la LOAT. Esto fue subrayado en varias ocasiones por nuestra judicatura, reconociéndose toda esta materia como de competencia de la jurisdicción ordinaria[1592]. Quizás la expresión judicial más prístina de esta nueva configuración en relación con el contencioso administrativo sobre caminos sea la siguiente:

> "2° Que, según lo dispuesto por el art. 38 de la ley de 17 de diciembre de 1842, las contiendas que, sobre apertura, dirección o cualquier otro punto relativo a caminos se suscitaren por particulares entre sí, o entre estos y la autoridad pública, se decidirán breve y sumariamente por el gobernador del departamento, pudiendo la parte que se sintiere agraviada por la resolución de este, apelar para ante la junta provincial de caminos;
> 3° Que, habiendo cesado a virtud de lo dispuesto por el art. 5° de la ley Orgánica de los Tribunales la jurisdicción de los gobernadores y de las juntas provinciales para conocer en las cuestiones a que se refiere la disposición citada en la ley de 17 de diciembre de 1842, corresponde conocer de ella a la justicia ordinaria, desde que no existe un Tribunal especial a que la ley haya deferido el conocimiento de dichas cuestiones; y
> 4° Que no obsta a las consideraciones anteriores la circunstancia de haber procedido Silva a variar el camino de Chequén en virtud de una concesión hecha por la intendencia, porque a la justicia ordinaria corresponde conocer de las cuestiones que se susciten acerca de los derechos y obligaciones que nacen de las concesiones otorgadas legítimamente por la autoridad sobre la apertura, dirección o cualquiera otro punto relativo a caminos"[1593].

1589 *Cood* (1873). Por consiguiente, "la falta de cumplimiento de las obligaciones que haya podido contraer por el contrato celebrado con el señor intendente de Valparaíso y las responsabilidades que pueda afectarle por su infracción, solo pueden ser declaradas por los tribunales ordinarios, a quienes por regla general compete conocer y hacer efectivas las obligaciones que nacen de los contratos entre toda clase de personas".

1590 *Intendente de Valparaíso con Juez de Letras de Valparaíso* (1873).

1591 Con todo, aún en 1874 se regulaba la jurisdicción de subdelegados e inspectores para el conocimiento de cuestiones de caminos públicos o vecinales. Véase Decreto Supremo de 10 de junio de 1874, BLDG, XLII-1, p. 393.

1592 *Puga* (1881) y *Bravo* (1886).

1593 *Silva* (1884).

Y esta configuración no padecía excepción por el hecho de que fuera el propio Estado el demandante en los juicios sobre caminos. En tal sentido, se decidió a fines del período —en relación con un camino— que "tratándose de un bien nacional o que se dice ser nacional, es al Fisco y, por consiguiente, al promotor fiscal, como representante del Fisco, al que corresponde pedir ante la justicia ordinaria la restitución de ese bien en caso de estar ocupado por un particular"[1594].

ii. Las restantes áreas jurisdiccionales

A inicios del período, el vigor del diseño institucional del Reglamento de Administración de Justicia hacía que las prerrogativas jurisdiccionales de autoridades territoriales establecidas por la ley siguieran en vigor[1595]. Tales prerrogativas debían entenderse estrictamente, con lo que la jurisdicción ordinaria era competente siempre que no existiese una norma que expresamente estableciera la atribución contenciosa especial[1596], lo que seguía fijándose aun bien entrada la década de 1870[1597]. Sin embargo, la LOAT formuló una construcción distinta, de hegemonía de la jurisdicción ordinaria, que aparece con toda claridad en las sentencias de la época.

Esto resulta evidente a partir del examen de la labor del Consejo de Estado. Así, respecto de las eventuales atribuciones jurisdiccionales de intendentes y gobernadores, decidió que "el juzgamiento de las causas civiles y criminales pertenece exclusivamente a los tribunales establecidos; y que, entre estos, la ley de 15 de octubre de 1875 no enumera a los intendentes y gobernadores, a los cuales, por otra parte, el art. 56 de la ley de 10 de enero de 1844 prohíbe toda intervención en asuntos contenciosos"[1598].

En cuanto a los estratos de subdelegados e inspectores, el Consejo entendió que "los únicos tribunales que pueden ejercer esta facultad son los mencionados por la ley citada de 15 de octubre, entre los cuales no figuran los intendentes o subdelegados, a quienes, por otra parte, el art. 56 de la ley del Régimen Interior prohíbe toda injerencia en asuntos contenciosos"[1599].

La plenitud jurisdiccional en esta área fue proclamada abiertamente por el Consejo de Estado, al punto de que, aunque se trataba de autoridades administrativas vinculadas por relaciones jerárquicas, o bien que se relacionaban jerárquicamente con otros agentes —como los de policía—, con lo que pendía la posibilidad de argüirse el ejercicio de una determinada

1594 *Valenzuela* (1890).

1595 *Cuninghan* (1869): "[...] teniendo presente que, según el informe de f. 2 vta., la cantidad demandada no excede de la cuantía en que corresponde conocer a los subdelegados, se confirma la providencia apelada". Ello, sin perjuicio de lo que contractualmente pudiera disponerse en *Plaza de los Reyes* (1866), donde del pleito "deben conocer como juez la Municipalidad y el regidor de abastos".

1596 *Larraín* (1873).

1597 Por ejemplo, la ordenanza sobre policía de los teatros de Santiago y Valparaíso, de 8 de agosto de 1873, disponía que "el Intendente de la provincia y en su ausencia, los alcaldes y regidores por su orden de precedencia, o los delegados que la autoridad competente designe, ejercerán las funciones de jueces de teatros": BLDG, XLI-2, p. 79, art. 1°. Al año siguiente, una disposición análoga se introdujo por decreto supremo de 20 de agosto respecto de la ciudad de Talca: BLDG, XLII-2, p. 70.

1598 *Intendente de Curicó con Juez de Letras de Curicó* (1877).

1599 *Intendente de Curicó con Juez de Letras de Curicó* (1882).

potestad disciplinaria, se subrayó que, de existir imputación de un delito, no existía pretexto alguno para excluir la competencia de la justicia ordinaria[1600].

En materia municipal, aunque la ley de 1854 disponía que "en ningún caso la Municipalidad podrá entenderse ni resolver negocios contenciosos, de cualquier clase que fueren"[1601], principio que se reconocía hasta el final del período[1602], los alcaldes sí podían ejercer funciones jurisdiccionales[1603]. Ello perseveró incluso bajo el régimen de la LOAT, dado que ella misma preveía tal posibilidad: "[...] en los departamentos en donde no hubiere juez de letras ejercerá las funciones de tal el alcalde que desempeñe el juzgado de policía local, con arreglo a la ley"[1604], subrogándose unos alcaldes a otros[1605], y eventualmente pudiendo un regidor ejercer las funciones de tal, por impedimento de todos los alcaldes, siempre que fuera nombrado por el gobernador[1606]. En aplicación de las reglas generales, los poderes disciplinarios sobre los alcaldes en su función de jueces les competían a las Cortes de Apelaciones y no a los otros juzgados de letras[1607].

3. Aparición y disolución de los jurados electorales

Casi una curiosidad histórica, la Ley de Elecciones de 1874 dispuso en su artículo 103 la existencia de *jurados electorales*:

> "Antes de instalarse las juntas de contribuyentes para el nombramiento de juntas calificadoras, elegirán de entre los ciudadanos inscritos en los registros del departamento, un jurado compuesto de cinco miembros propietarios y cinco suplentes que, durante tres años, conocerá en única instancia de las faltas y delitos públicos cometidos dentro del departamento.
> Para la elección de este jurado, procederá la junta de contribuyentes en conformidad al segundo inciso del art. 8°"[1608].

1600 *Intendente de Curicó con Juez de Letras de Curicó* (1886 a), *Gobernador de Petorca con Juez de Letras de Petorca* (1887), *Intendente de Valdivia con Juez de Letras de Valdivia* (1887) y *Gobernador de Cañete con Juez de Letras de Cañete* (1888 a).

1601 Art. 104.

1602 *Intendente de Llanquihue con Juez de Letras de Melipulli* (1887 a).

1603 La especie *Ramírez y Carreño* (1872) enfatizaba claramente que los alcaldes, en cuanto jueces de policía, no podían juzgar delitos comunes, sino que solo "las faltas a las ordenanzas municipales y aplicarles las penas que dichas ordenanzas señalen".

1604 Art. 52.

1605 El artículo 99 de la Ley Municipal de 1887 disponía incumbir "al segundo y tercer alcalde, que no desempeñaren las funciones del primero, ejercer por turno mensual la jurisdicción que defiere a los alcaldes el párrafo II del título III de la ley de 15 de octubre de 1875".

1606 *García* (1878).

1607 *Alvarado y Loaiza* (1878).

1608 BLDG, XLII, p. 317.

En otras palabras, estos jurados eran competentes para conocer de los delitos electorales; mientras que los delitos "comunes cometidos con motivo de actos electorales" seguían siendo de competencia de la justicia ordinaria[1609].

Sin embargo, los eventuales conflictos de competencia entre estas dos esferas jurisdiccionales no alcanzaron a desarrollarse, toda vez que los jurados electorales se entendieron derogados con la entrada en vigor de la LOAT el 1° de marzo de 1876. La Corte Suprema tuvo oportunidad de revisar este punto, que, desde un punto de vista técnico, fue algo menos claro de lo que parece a primera vista.

Ello porque, si bien era cierto que la LOAT era posterior a la Ley Electoral de 1874, también lo era que esta última tuvo una ley complementaria que abordó aspectos de los jugados electorales y que entró en vigor después de la promulgación de la LOAT, pero antes del término de su *vacatio legis*[1610]. Cundió, por lo tanto, una cierta duda acerca de si la LOAT podía derogar una norma que, en cuanto a su fecha oficial, le era posterior y no anterior; de darse una negativa, los jurados electorales hubieran continuado existiendo. En fin, se tomó como referencia la fecha de la entrada en vigor de la LOAT, que era posterior a la entrada en vigor de la ley electoral complementaria:

> "Considerando: que las razones de congruencia que se fundan en la ley de 8 de noviembre de 1875, promulgada después de la de Organización de Tribunales, pero antes de que esta entrase en vigor, no bastan a destruir el precepto claro y expreso del art. 5° que taxativamente enumeró los juzgados especiales que quedaban subsistentes después del 1° de marzo de 1876, se confirma el auto apelado de 6 de marzo último, corriente a f. 11 vta., solo en cuanto por él se declara sin lugar a la declinatoria de jurisdicción interpuesta, debiendo el juez de primera instancia indagar previamente la efectividad de la adulteración de los registros y la falsedad fraudulenta del recibo de f. 2"[1611].

1609 *Ibid.*, art. 104. También en *Juez de Letras de Chillán con Comandante General de Armas de Ñuble* (1876); asimismo, los juzgados de letras eran competentes para conocer de las cuestiones que involucran investigación a militares durante la custodia de un acto electoral, como aparece de *Desórdenes en la Academia Militar* (1878).

1610 Ley de 8 de noviembre de 1875, BLDG, XLIII, p. 576.

1611 *Alcalde de Vichuquén con Jurado Electoral de Vichuquén* (1876). La semana siguiente se pronunció otra sentencia sobre este mismo tema, confirmando que este tipo de cuestiones había quedado radicado en la justicia ordinaria, aunque esta vez descartando la competencia de los tribunales militares: *Juez de Letras de Cauquenes con Comandante General de Armas de Cauquenes* (1876).

CAPÍTULO SEGUNDO
LAS BASES DEL CONTENCIOSO ADMINISTRATIVO

Resulta muy llamativo constatar que, para la mentalidad jurídica del período en examen, el advenimiento de la codificación haya sido reconocido expresamente como un estímulo del método histórico en orden a comprender las instituciones procesales. Así lo expresaba en 1895 la quinta edición del *Prontuario de los Juicios* de Lira:

> "Desde que el Código Civil derogó las leyes preexistentes sobre todas las materias que en él se tratan y dejó subsistentes las relativas a los procedimientos judiciales, los orígenes de estos mismos dejaron de ser los de las demás ramas del Derecho Civil; y el estudio histórico, que antes era innecesario en los tratados de Práctica Forense, vino a tener en ellos precisamente su lugar oportuno"[1612].

Esto, por supuesto, no podía significar que los jueces, abogados y los juristas en general hubieran prescindido de aplicar un método histórico por décadas —y aun por siglos— en orden a desentrañar el sentido de las instituciones procesales y a interpretar las normas procesales vigentes en un contexto permanentemente cambiante. Ello había sido así, y lo había sido naturalmente; con sofisticación y, en general, sentido de justicia. En realidad, las expresiones transcritas —que no se hallan en la primera edición del Prontuario, de 1867— muestran cuánto la codificación modificó los hábitos teóricos y prácticos de los juristas. En menos de tres décadas, el método histórico —que, consciente o inconscientemente, había sido parte de sus vidas en materias civiles y penales cuando no existían el Código Civil ni el Código Penal, o bien cuando por distintas razones la aplicación de las antiguas leyes se había superpuesto a la aplicación de la nueva codificación—, había pasado a ser una curiosidad, reemplazado por los métodos dogmáticos o lógicos más afines a la realidad de la codificación.

Por ello, el estudio de las bases del contencioso administrativo durante estos años revela los últimos vestigios de una aproximación jurídica que a la sazón se extinguía, matizada con los destellos de los aportes que sobre estas materias ofrecían, más o menos directamente, la legislación patria e incluso la codificación. Se trataba de una curiosa mezcla de arcaísmo con vanguardia, de tradición con innovación, que nuestro mundo jurídico exploró con resultados disímiles, pero siempre interesantes. Con las miras de abordar estas bases de un modo lo más completo posible desde una perspectiva general, escindiremos en análisis entre la exposición de la configuración esencial del contencioso administrativo (A) y las etapas de dicho contencioso (B).

1612 Lira Argomedo (1895), I, p. 10. En esta quinta edición, realizada tras el fallecimiento del autor principal, el texto fue actualizado por su hijo Gabriel Lira Palma.

A. LA CONFIGURACIÓN ESENCIAL DEL CONTENCIOSO ADMINISTRATIVO

En cuanto a los pilares fundamentales en la construcción del contencioso administrativo, es conveniente rescatar ante todo una prolongación del influjo de ciertos rasgos fundamentales que constituían criterios centrales para que una genuina justicia pudiese operar en nuestro país respecto de la Administración (I). Ello explica las perentorias expresiones de Huneeus en torno a disponer de los elementos que gesten "un poder judicial que a todos inspire igual confianza"[1613] y que, con especial fuerza, hubieran debido reverberar en aquellos bajo cuya actuación se desarrollaba la resolución de conflictos en que la Administración era parte. Sin embargo, es insoslayable hacer presente que la persistencia de los antedichos rasgos no impidió que el diseño jurisdiccional, construido en sus líneas centrales desde los inicios de la República, fuera objeto de importantes cambios durante este período y, principalmente, desde la entrada en vigor de la LOAT en 1876 (II).

I. La persistencia de rasgos fundamentales

El contencioso administrativo —civil y penal— estaba fuertemente marcado por una geometría general. Esta, por una parte, se manifestaba a través de la recepción de principios básicos de justicia procesal que debían regir los procedimientos jurisdiccionales en general, pero cuya aplicación en este ámbito debe ser doblemente destacada, pues eventualmente podría suponerse que serían susceptibles en él de acomodos o atenuaciones (a). Sin embargo, por otra parte, es indudable que se desplegaban ciertos acomodos que afectaban la igualdad entre las partes litigantes y que se reconocían a través de la figura de los privilegios procesales de la Administración (b).

a. La recepción de los principios básicos de justicia procesal

Es importante reparar en que los dos grandes principios de la "justicia natural" se hallaban recogidos en el contencioso administrativo: *nemo iudex in causa sua* —nadie puede ser juez en su propia causa— (1), y *audiatur et altera pars* —óigase a la otra parte— (2). A la presencia de ambos debe sumarse una referencia a la materialización de principios correspondientes al área específica del proceso penal (3). En cuanto a la independencia de la función jurisdiccional, lo cierto es que sus criterios básicos se habían recibido en el período anterior[1614], pero se vio crecientemente afectada en estos años por la influencia del Consejo de Estado, lo que se ha analizado en su oportunidad[1615].

1613 Huneeus Zegers (1880), II, p. 66.

1614 Bocksang Hola (2015 a), título segundo, capítulo segundo, A.I.

1615 Véase *infra*, en este capítulo, A.II.b.

1. *Nemo iudex in causa sua*

Está fuera de cuestionamiento la importancia que las implicancias y recusaciones tuvieron durante el primer período patrio[1616], así como el impacto que ellas ejercieron en la jurisprudencia de inicios del período bajo estudio en estas líneas. Ello regía respecto de tribunales unipersonales, como los juzgados de letras[1617] y los alcaldes —en su vertiente jurisdiccional[1618]—, así como de los colegiados, como las Juntas de Comisos[1619] o las Cortes de Apelaciones[1620]. Aunque la mayor parte de los análisis efectuados al aludirse implicancias y recusaciones eran más bien simples, ocasionalmente se trababa algún debate interesante, como la solicitud —denegada— de declararse implicado el juez cuando ya hubiese pronunciado otra sentencia entre las mismas partes[1621]. Las disposiciones que regían la materia en general hallaban también aplicación ante la justicia militar, controlando anomalías tales como el caso en que un testigo que había depuesto contra el reo figurase entre los vocales del Consejo de Guerra que pronunciaba la sentencia de primera instancia; cuando así se dio, esta fue declarada nula[1622].

Atendido todo lo anterior, no ha de sorprender que la estructura general de distinción entre implicancias y recusaciones que abordaba el Decreto Ley de 2 de febrero de 1837[1623] fuese continuada por la LOAT. Sin embargo, el desarrollo completo de ambas fue diferente en el nuevo texto, no solo por sus expresiones modernizadas y su mayor claridad, sino por una redistribución de pesos internos: mientras en 1837 las causales de implicancias eran diez y las de recusaciones eran trece[1624], en la LOAT pasaron a ser cuatro y diecisiete, respectivamente[1625].

No es del caso en este párrafo entrar a analizar en detalle el tratamiento específico de estas instituciones, pero sí conviene subrayar que lo dispuesto por la legislación recoge elementos de un criterio mucho más profundo, cuya esencia sintetiza la antigua máxima de justicia natural *nemo iudex in causa sua*, y que en esta época fue desarrollado en profundidad tanto por los tribunales ordinarios como por el Consejo de Estado.

Una sentencia de inicios del período lo expresaba con una claridad asombrosa: "[...] es contra derecho que el mismo señor Intendente que lo hace sea el juez en la cuestión que se origina de tal negativa, pues, careciendo de la imparcialidad necesaria, la propiedad individual quedaría expuesta a su voluntad contra los preceptos constitucionales"[1626]. Es cierto que este fallo fue afectado con posterioridad por una contienda de competencia que terminó favoreciendo al Ejecutivo; pero, así y todo, resulta inconcuso que la idea general gravitaba con fuerza entre los tribunales. La idea, por supuesto, siguió muy presente con posterioridad tras las adecuaciones introducidas por la LOAT, subrayándose que un subdelegado no podía conocer

1616 Bocksang Hola (2015 a), título segundo, capítulo segundo, A.II.a.1.
1617 *Ferrer* (1861), *Fisco con Laharrague* (1863) y *Bravo* (1874).
1618 *Juez de primera instancia de La Unión* (1865).
1619 *Fisco con Beeche* (1863).
1620 *Seminario Conciliar* (1866).
1621 *Guerra* (1866).
1622 *Saavedra* (1868).
1623 BLDG, VII, p. 102.
1624 Artículo 2° para las implicancias; artículo 27 para las recusaciones.
1625 Artículo 248 para las implicancias; artículo 250 para las recusaciones.
1626 *Larraín* (1864).

jurisdiccionalmente de una cuestión por su incongruencia con el nuevo orden judicial, sino "con tanta mayor razón cuanto que se trataba de un hecho que le era personal, en que por lo mismo no podía ser juez en causa propia"[1627]; o que era contrario a derecho que interpusiera acusación en una causa "como promotor fiscal la misma persona que después ha entrado a conocer de ella como juez y la ha fallado"[1628].

También el Consejo de Estado tuvo oportunidad de subrayar en múltiples ocasiones la vigencia de este principio, aunque, paradojalmente, él mismo aparecía como una entidad institucionalmente interesada en muchos de los pleitos que le tocaba resolver. Por ejemplo, enfatizó que una resolución emitida por el Ejecutivo respecto de un contrato celebrado por el gobierno "no surte los efectos de una sentencia pasada en autoridad de cosa juzgada"[1629]; que la atribución municipal de conservar y recuperar los bienes de uso público no importaba "la facultad de resolver las contiendas que se susciten con los particulares, los cuales tienen el derecho de hacer valer las que tuvieren por las vías legales"[1630]; y que una municipalidad no puede resolver una cuestión contenciosa en la que sus pretensiones son contrarias a las de los vecinos[1631], ni juzgar de la subsistencia o no de los derechos derivados de un contrato[1632], caso este último que responde al criterio más general de que "ningún precepto legal establece que el que otorga un permiso o celebra un contrato gratuito tenga jurisdicción para resolver las contenciones que de él surjan, ni para resolverlo por acto de propia voluntad"[1633].

2. *Audiatur et altera pars*

La bilateralidad o contradictoriedad aparece subrayada por la jurisprudencia de los tribunales ordinarios a lo largo de todo el período en análisis, haciéndose presente en distintas materias y de modo enérgico[1634].

En materias del contencioso administrativo civil, se reconocía en general este deber de oír en juicio a las partes[1635]. La citación de las partes era considerada como "formalidad necesaria e indispensable en toda clase de juicios, ya sean ordinarios o sumarios, y que no debe omitirse sino en los casos en que la misma ley prevenga expresamente que se proceda sin dicha formalidad"[1636], no bastando meramente la notificación, sino "citándola y emplazándola conforme a la ley"[1637], lo que se subrayó en distintos ámbitos, tal como el del fiador que no

---

1627 *Rivera Toledo* (1879).
1628 *Marney* (1883).
1629 *Bland Garland* (1867).
1630 *Díaz* (1868).
1631 *Márquez y otros* (1870).
1632 *Compañía de Consumidores de Agua de Valparaíso* (1883).
1633 *Gobernador de La Victoria con Corte de Apelaciones de Santiago* (1887).
1634 Si una parte no había intervenido en el juicio, no podía empecerle lo juzgado: *v. gr.*, *Fisco con Municipalidad de Concepción* (1863) y *Silva* (1878).
1635 *Fisco con Ferreira y Aguiar* (1865).
1636 *Palazuelos* (1870). También respecto de la citación, *Fisco con Laharrague* (1863) y *Banco Sud Americano* (1873).
1637 *Ferrocarril de Copiapó* (1870).

hubiera sido oído en juicio[1638]. Por supuesto, no se hacía excepción a este principio tratándose de materias sometidas a arbitraje[1639]. El derecho a la defensa que involucra el principio *audiatur et altera pars* involucraba además el derecho de todo litigante a rendir sus pruebas sin limitación, especialmente en causas fiscales[1640].

Puede sorprender que en ciertas oportunidades la vigencia del principio tuviera que ser enfatizada no respecto de la intervención de los particulares, sino del propio Estado. Así, era requisito indispensable para un debido contencioso administrativo que la persona estatal correspondiente fuese debidamente representada y oída[1641], y si distintas entidades estaban involucradas, el requisito debía cumplirse respecto de todas ellas[1642]. Pero, por importante que fuera el Estado en un determinado pleito, no podía sustituir el cumplimiento de la contradictoriedad que involucraba a terceros particulares. Así, si un terreno reclamado era poseído en realidad por terceros, y no por el Fisco, eran aquellos quienes debían ser citados y oídos[1643].

Por cierto, el principio también tenía aplicación importante en el contencioso administrativo penal. Sin oírse legalmente a los sujetos imputados, no podía imponerse pena alguna[1644] y ello debía cumplirse en las distintas instancias, lo que regía también para la justicia militar[1645].

3. Los principios procesales penales

Por último, parece relevante destacar el reconocimiento de principios procesales penales aplicados en relación con materias relacionadas con la Administración.

En primer lugar, el principio *pro reo*, que tenía expresiones variopintas. Por supuesto, regía en aquellos casos en que existía un empate en las votaciones de los tribunales colegiados, prefiriéndose la absolución a la condena[1646] o, debiendo fijarse alguna condena, prefiriéndose la pena más benigna[1647]. La LOAT expresó este criterio bajo la redacción de que "en las causas criminales, en caso de empate, formará resolución la opinión más favorable al acusado; bien entendido que esta opinión ha de ser uniforme"[1648].

Ahora bien, en ciertos casos podían constatarse funciones menos usuales en la aplicación del principio *pro reo*. Un buen ejemplo está dado por las siguientes expresiones de una sentencia de finales del período en que se ventilaba la competencia o incompetencia de la justicia ordinaria para conocer de una cuestión:

1638 *Municipalidad de Chañaral con Schjolberg* (1882).
1639 *Mercado* (1863).
1640 *Callfupán* (1884).
1641 *Municipalidad de Valparaíso con Brown* (1866).
1642 *Silva* (1871 a).
1643 *Cid* (1881).
1644 *Toro Rodríguez* (1882) y *Díaz Cárcamo* (1889).
1645 *Canales* (1886)
1646 *Lynch* (1875) y *Velásquez* (1884).
1647 *Cabello* (1861), *Isaza Bonamaison* (1878) y *Salamanca* (1879).
1648 Artículo 87 inciso 2°.

> "Por estos fundamentos y conforme a lo dispuesto en el número 5° del art. 5° de la ley de tribunales, se declara que corresponde a la justicia militar el conocimiento de esta causa, y se revoca el auto apelado de 25 de julio último, corriente a f. 51. Publíquese y devuélvanse.
> Esta sentencia fue acordada por los señores Gallardo y Escobar, contra los votos de los señores Risopatrón y Novoa. Opina aquel por la incompetencia de esta Corte para decidir este incidente de declinatoria, porque, negándose por el acusado la competencia de la jurisdicción ordinaria del juzgado de letras y por este juzgado o tribunal militar, ha suscitado una cuestión de competencia entre tribunales de distintas fuerzas y solo puede resolverla con fuerza ejecutoria el tribunal designado en el art. 255 de la Ley Orgánica de los Tribunales.
> El señor Novoa opina por confirmar la de primera instancia, a virtud de sus mismos fundamentos.
> *Los dos últimos ministros aceptaron que el voto de los primeros es más favorable al acusado, para el efecto de formar sentencia, solo por cuanto es conforme al recurso de apelación entablado por el dicho acusado, no obstante que por regla general no le es ser juzgado por un fuero común*"[1649].

Es interesante que se reconozca la posibilidad de formar sentencia aplicándose el principio *pro reo* en orden a determinar cuál era la posición *competencial* más favorable y, al mismo tiempo, que la determinación de la competencia más favorable —o menos favorable— no dependa de una apreciación de diseño jurisdiccional general sino que se haga en concreto, puntualmente para esta especie, "por cuanto es conforme al recurso de apelación entablado por el dicho acusado".

También extendió su aplicación el *pro reo* a la estimación o cómputo de la prescripción en materia penal:

> "Considerando:
> 1° Que, según lo dispuesto en el art. 38 de la Ley del Régimen Interior de 22 de diciembre de 1885, *la acción penal resultante de los delitos que cometan en el ejercicio de sus funciones los gobernadores de departamento prescribe en seis meses*, contados desde el día en que tuviere lugar el acto u omisión que se les imputare;
> 2° Que el hecho que ha motivado este proceso tuvo lugar el 13 de octubre de 1880, y aunque se estimara que la prescripción hubiera estado interrumpida mientras se resolvía la contienda de competencia, se dejó, no obstante, transcurrir más de un año después de puesto el cúmplase a lo resuelto por el honorable Consejo de Estado sin que se hiciera gestión alguna ante este tribunal, que era el llamado por la ley para conocer en primera instancia en este proceso, por ser parte un gobernador de departamento.
> 3° Que *si después de cometido el delito, y antes de que se pronuncie sentencia de término, se promulgare esta ley que exima tal hecho de toda pena o le aplique una menos rigurosa, deberá arreglarse a ella su juzgamiento, y por lo tanto en el presente caso, siendo más favorable al acusado lo dispuesto en el art. 30 de la ley de 22 de diciembre de 1885 recordada, que lo establecido en el art. 94 del Código Penal en cuanto a la prescripción de la acción penal, debe aplicarse de preferencia aquella disposición*"[1650].

1649 *Luco y otros* (1887). Las cursivas son nuestras.
1650 *De la Fuente* (1890).

Como se advierte, se declaró en esta sentencia la prescripción en materia penal por la entrada en vigor de un nuevo plazo de prescripción aplicable a los gobernadores de departamento, establecido por la nueva Ley de Régimen Interior, y que era más breve que el plazo que se derivaba de la aplicación del Código Penal. Es cierto que podría sostenerse que la preferencia del plazo más breve no se derivaba de la aplicación del *pro reo*, sino que del carácter posterior de la ley que establecía el plazo más breve, o bien de su carácter especial. Sin embargo, lo cierto es que la conclusión de que "debe aplicarse" dicha disposición —es decir, una consecuencia forzosa— escapa del carácter alternativo y voluntario que en materia de prescripciones planteaba la ley sobre efecto retroactivo de las leyes[1651].

Otro principio que estaba muy presente era el de la presunción de inocencia. Fórmulas tales como "es aceptable por ahora la explicación que han dado de su falta, desde que no hay prueba alguna en contrario que la desvirtúe"[1652] cincelaban las sentencias de este período y, por cierto, planteaban una distribución esencial de la carga de la prueba.

Sin perjuicio de los elementos —algunos de ellos, también con carácter de principio— que se derivaban de las leyes penales, con especial relieve a partir de la entrada en vigor del Código Penal en razón de la mayor simplicidad sistemática de dichas normas, es importante destacar la influencia que la Constitución comenzó a desarrollar en esta esfera durante estos años. Bien es sabido que entre las garantías de la seguridad y de la propiedad contenidas en la Constitución de 1833 se hallaban las menciones a que "ninguno puede ser condenado, si no es juzgado legalmente, y en virtud de una ley promulgada antes del hecho sobre que recae el juicio"[1653], y a que "ninguno puede ser juzgado por comisiones especiales, sino por el Tribunal que le señale la ley, y que se halle establecido con anterioridad por ésta"[1654]. A ellas aludía, sin mencionar explícitamente el articulado constitucional, un considerando importante como el siguiente, que insistía en su vigor incluso en el ámbito de los tribunales militares:

> "Considerando: que el mismo Código Constitucional otorga a todo el que se encuentre bajo el imperio de las leyes de la República, como lo está el militar en campaña respecto de los actos del servicio militar, la garantía de no poder ser condenado si no es juzgado legalmente, y en virtud de una ley promulgada antes del hecho sobre que recae el juicio; y la de no poder tampoco ser juzgado por comisiones especiales, sino por el Tribunal que le señala la ley, y se halla establecido con anterioridad por ésta"[1655].

1651 Ley de 7 de octubre de 1861, BLDG, XXIX, p. 366, artículo 25: "La prescripción iniciada bajo el imperio de una ley y que no se hubiere completado aun al tiempo de promulgarse otra que la modifique, podrá ser regida por la primera o segunda, a voluntad del prescribiente, pero eligiéndose la última, la prescripción no empezará a contarse sino desde la fecha en que aquella hubiese empezado a regir".

1652 *Venegas y Sánchez* (1865).

1653 Constitución Política de la República Chilena (1833), art. 133.

1654 Constitución Política de la República Chilena (1833), art. 134.

1655 *Letelier, Lagos y Romero* (1883).

b. La existencia de privilegios procesales de la Administración

A pesar de la importancia de los principios básicos de justicia natural, no puede desconocerse la pervivencia durante este período de privilegios procesales que beneficiaban a la Administración. Para comprender su impacto, conviene destacar en primer lugar su alcance (1), a fin de luego transitar a sus modos principales de expresión (2).

1. El alcance de los privilegios procesales

No podría comprenderse cuál era el genuino alcance de los privilegios procesales sin tener presente en primer lugar su *carácter estricto*. Este aspecto, que solo podía *colegirse* de la etapa anterior de nuestro derecho administrativo[1656], aparece en este período con una mayor claridad. Las fuentes jurisprudenciales pertinentes apoyan distintas miradas sobre esta realidad. Por de pronto, debe tenerse en cuenta que, de acuerdo con nuestra judicatura, los privilegios en general de que gozara el Estado debían interpretarse de manera literal, como criterio general[1657], o en aplicación del artículo 19 del entonces reciente Código Civil[1658]. Igual posición se seguía en el análisis de los privilegios procesales específicamente considerados, disponiéndose, por ejemplo, que "no puede invocarse la excepción que solo respecto de los últimos establece la ley en beneficio de las municipalidades para eximirlas del impuesto en otros casos"[1659].

El carácter estricto, sin embargo, admitía ciertas elasticidades. De la jurisprudencia del período aparece, por ejemplo, la posibilidad de aparición de un privilegio que originalmente no se hubiera advertido por la naturaleza previamente supuesta de la controversia. Así, por ejemplo, si se entiende como un privilegio que la Corte Suprema conociera de la segunda instancia en las cuestiones fiscales, si una Corte de Apelaciones detectaba que el Fisco "parece tener interés" —lo que antes no se había advertido—, rehusaba su competencia en alzada y mandaba devolver los autos al Juzgado de Letras para que se elevaran a la Corte Suprema[1660]. Análogamente, una especie originalmente solo municipal y, por lo tanto, desprovista del privilegio de la consulta, podía después transformarse si se notaba que existían bienes fiscales comprometidos[1661].

También en ciertas ocasiones los tribunales reconocían ciertas adecuaciones que se derivaran de la naturaleza de las personas jurídicas públicas. Fue el caso de la posibilidad de continuar la realización de trabajos paralizados por la interposición de un denuncio de obra nueva. Según disposiciones indianas aún en vigor entonces, el querellado —en este caso, la Administración— podía reiniciar los trabajos siempre que rindiese una fianza, pero la Corte

---

1656 Bocksang Hola (2015 a), título segundo, capítulo segundo, A.II.a.2.

1657 *Contreras* (1864).

1658 *Fuenzalida* (1864).

1659 *Municipalidad de Iquique con De la Cruz* (1886), respecto al impuesto al papel sellado.

1660 *Arriagada* (1868).

1661 *Silva* (1883): "[...] no habiéndose mandado consultar aquella sentencia, porque a la fecha de su pronunciamiento el juicio se seguía contra la Municipalidad, y, por otra parte, no puede darse cumplimiento a una resolución contra el Fisco sin que se cumpla el trámite de la consulta que prescribe la ley para las causas que sean apelables".

Suprema decidió autorizar reiniciarlos provisoriamente sin tal garantía, atendiendo a que "el Fisco tiene responsabilidad suficiente para responder al resultado del juicio, y no le es posible, dada la naturaleza de su personería jurídica, buscar ya garantías o fiadores"[1662].

Pero, más allá de estos ajustes posibles, en todo lo que no obedeciera a lo anteriormente referido la Administración debía sujetarse a la legislación procesal como cualquier otro litigante: la Administración no tenía "el derecho de alterar el procedimiento que debe observarse"[1663].

Esto fue ocasión de distintas controversias durante el período sobre distintos aspectos procesales, resueltas invariablemente a favor de la aplicación general de las normas procedimentales bajo un criterio general de igualdad ante la ley. Así, por ejemplo, el cumplimiento de los requisitos fijados para presentar una querella posesoria[1664], la aplicación de las reglas de mérito legal de los testigos[1665], la imposibilidad de desglosar protocolos notariales[1666] y la sujeción a los plazos establecidos para hacer valer las excepciones[1667] o interponer un recurso procesal[1668].

2. La expresión de los privilegios procesales

Se distinguen en esta época algunos privilegios típicos, que atraviesan el contencioso administrativo de todo el período. Los más destacables de entre ellos son la consulta, el privilegio de pobreza, la exención del papel sellado, la improcedencia de condenar en costas y la ejecución de ciertas sentencias. Ninguna de ellas surgió en este período, pero sí reafirmaron su vigencia, y algunas de ellas vieron reformado su régimen jurídico. Asimismo, en este período parece haber declinado —y aun haberse desvanecido— el antiguo criterio de que el Fisco no litigaba despojado.

El trámite de la consulta, es decir, una suerte de apelación automática de las causas fiscales[1669], se mantuvo en pleno vigor durante estos años[1670] y su conocimiento le siguió

1662 *Espech* (1890).
1663 *Fisco con Canto y otros* (1873).
1664 *Municipalidad de Iquique con Pointis* (1886).
1665 *Fisco con Ramos* (1863).
1666 *Perfetti y otros* (1887).
1667 *Sucesión de Almeida* (1884).
1668 *Fisco con Ramírez y síndico del concurso de Audois* (1862).
1669 El ordenamiento jurídico podía establecer otros tipos de consulta. Lo hizo en materias penales militares en la Ordenanza del Ejército, título 79, art. 5°, fijando la consulta sobre sobre "las sentencias de los Consejos de Guerra ordinarios que condenen al último suplicio o destierro a un reo"; dichas consultas eran de competencia de las Cortes Marciales. Dado el carácter estricto de la consulta, si la cuestión era sobre homicidio, con eventual pena de muerte, pero el reo era absuelto, no procedía la consulta: *Frías* (1867). También, a fines del período, se dispuso por Decreto Supremo de 11 de abril de 1889 que "los fallos que pronuncien los inspectores de oficinas fiscales con arreglo al artículo 81 de la ley de 12 de septiembre de 1887, al examinar las cuentas municipales, serán remitidos en consulta al Tribunal de Cuentas, con todos los documentos correspondientes, aunque sean absolutorios o no se interpusiese apelación de ellos" (BLDG, LVIII, p. 240); esta consulta en materias municipales se justificaba, según los vistos del mismo decreto, por haber "verdadera conveniencia pública en que sean sometidas a la revisión del Tribunal Superior".
1670 *Contreras* (1861).

correspondiendo a la Corte Suprema[1671]. Como se sabe, entre las fuentes patrias ya el Reglamento de Administración de Justicia de 1824 la había contemplado, y ese año se estableció por decreto supremo que toda causa de hacienda en que se condenara al Fisco y que no se apelara, cualquiera fuera su cuantía, sería consultada[1672].

Con el correr de los años, quedó claro que podía darse una dislocación entre la apelación y la consulta. Así, mientras la apelación era improcedente contra sentencias de jueces letrados cuando "la cuantía no excediere de trescientos pesos"[1673], la consulta podía llegar a ser procedente, por lo que la Corte Suprema podía ordenar, declarando no haber lugar a apelación, mandar traerse los autos en relación para verlos en consulta[1674].

Esta asimetría fue corregida por vía legislativa en 1873, declarándose que "en las causas en que tenga interés el Fisco, solo deben consultarse las sentencias que, según las leyes, sean apelables"[1675], pero, continuándose el criterio tradicional de que "los tribunales superiores que vean una causa fiscal en consulta, solo podrán modificar o revocar la sentencia que sea gravosa al Fisco"[1676]. El nuevo criterio de procedencia de la consulta, armonizado con la apelación, entró a regir *in actum*[1677], y sobrevivió a la entrada en vigor de la LOAT, quedando entonces la cuantía de trescientos pesos como zócalo de procedencia[1678].

Como es esperable, la jurisprudencia de la época permitió esclarecer algunos puntos conflictivos relacionados con la consulta. Si una causa se seguía en común por varios patrocinados, actuando a través de un solo representante, la cuantía se definía sumando de todas las cantidades involucradas[1679]. Por otra parte, un fiscal podía desistirse de la apelación interpuesta, pero si había interés fiscal, la cuestión igual subía en consulta si reunía los requisitos para ello[1680]. Igual solución se daba si se declaraba desierto el recurso de apelación[1681].

A más de la consulta, existía el privilegio de pobreza, de larga data en nuestro régimen procesal, y que desde antaño solo regía en los casos establecidos por la ley[1682]. En 1865, una

1671 *Fisco con Ramírez y síndico del concurso de Audois* (1862).

1672 Bocksang Hola (2015 a), título segundo, capítulo segundo, B.II.b.

1673 Ley de 15 de octubre de 1856, BLDG, XXIV, p. 238, art. 53.

1674 *De la Barra* (1872 a).

1675 Ley de 4 de diciembre de 1873, BLDG, XLI-2, p. 435, art. 1°.

1676 *Ibid.*, art. 2°. En jurisprudencia, *Guzmán* (1886).

1677 *Fisco con Tilmans* (1874).

1678 *Gautreau y Ca.* (1880), *Pino* (1884) y *Alvarado* (1886).

1679 *Nieto* (1874), con voto disidente del ministro Valenzuela: "En la causa seguida contra el Fisco por don Germán Nieto y otros, por devolución de alcabala, el que suscribe votó que no era consultable la sentencia librada por el juez de letras de hacienda de Valparaíso; teniendo presente que, aunque la cantidad que se manda devolver es de ochocientos diez pesos noventa y cinco centavos, ella es la suma de las distintas cantidades que se cobraban por diversas personas, ninguna de las cuales pedía más de trescientos pesos. Y a pesar de que la causa se ha seguido en común, y no en expediente separado sobre cada reclamo, como debió hacerse, puesto que las personas demandantes y las cantidades demandadas son distintas, esta circunstancia no puede alterar los derechos de los litigantes ni las prescripciones legales que reglan esta materia".

1680 En una causa penal, *Canales y otros* (1878), pero el criterio debiera ser el mismo en cuestiones de hacienda.

1681 *Ruiz* (1886).

1682 Bocksang Hola (2015 a), título segundo, capítulo segundo, A.II.a.2.

ley de aranceles judiciales estableció con toda claridad —derogando la Real Cédula que desde hacía un siglo regía la materia junto con otras disposiciones posteriores[1683], pero prosiguiendo los criterios históricos— que "no se cobrarán derechos al Fisco ni al que hubiere sido declarado pobre para litigar en el juicio de que se trata"[1684]. La LOAT, por su parte, dispuso que "los jueces de letras tienen la tuición de las personas pobres y desvalidas que se hallen en el caso de entablar ante ellos cualesquiera reclamaciones judiciales. En consecuencia, les incumbe otorgar a las dichas personas el privilegio de litigar como pobres"[1685]. En algunos casos, leyes especiales preveían este beneficio a favor de particulares, como consta, por ejemplo, de su otorgamiento a favor de los beneficiados con la ley de pensiones a los inválidos y familiares de fallecidos en la guerra contra Perú y Bolivia[1686].

Alguna controversia se suscitó en los tribunales respecto de si a las municipalidades se les beneficiaba con el privilegio de pobreza. El criterio general era que no lo tenían de manera automática[1687]. Así, no podía ser pobre una municipalidad que "puede subvenir a los gastos que demanda un litigio", para lo cual era determinante la constatación del presupuesto del Cabildo[1688].

Bien relacionado con el privilegio de pobreza se encontraba el requisito de actuar con papel sellado en distintas tramitaciones del país. En 1866 entró en vigor una nueva ley de impuesto al papel sellado[1689], cuyo artículo 14 preceptuaba que "en los juicios que se sigan ante los Tribunales de la República se empleará papel sellado de tercera clase, y en los juicios de compromisos se empleará papel de segunda clase. Se exceptúan los juicios que se sigan ante los subdelegados e inspectores, en los cuales se empleará papel blanco". A ella le siguió otra ley de contribución de papel sellado, que señalaba que no pagarían dicho impuesto, entre otros, "los escritos que presenten a los tribunales las personas que hayan obtenido declaratoria de pobreza", y "los memoriales o solicitudes que eleven a las autoridades y las copias de instrumentos públicos que necesiten las municipalidades, los establecimientos de educación y de beneficencia u otras personas jurídicas que hayan obtenido declaratoria de pobreza"[1690].

En cuanto a las costas, era un principio bien asentado que al Fisco no podía condenársele en ellas, tanto antes[1691] como después[1692] de la entrada en vigor de la LOAT, lo que se extendía

1683 "Quedan derogados en todas sus partes los aranceles promulgados por real cédula de 18 de setiembre de 1764 y todas las demás disposiciones relativas a la materia de la presente ley".

1684 Ley de 21 de diciembre de 1865, BLDG, XXXIII, p. 608, art. 39. También debe tenerse especialmente presente lo dispuesto en los artículos 40 a 43 sobre esta materia.

1685 LOAT, art. 42.

1686 Ley de 22 de diciembre de 1881, BLDG, XLIX, p. 572, art. 31.

1687 *Municipalidad de San Fernando con Arellano* (1869): "[...] la Municipalidad ni por la ley de papel sellado ni por otra alguna goza del privilegio de pobreza para litigar en juicio".

1688 *Municipalidad de Vallenar con Rojas Salamanca* (1868).

1689 Ley de 13 de septiembre de 1866, BLDG, XXXIV, p. 317.

1690 Ley de 1° de septiembre de 1874, BLDG, XLII-2, p. 166, art. 7° n° 2 y 3. En jurisprudencia, *Municipalidad de Concepción con Navarro* (1875) y *Municipalidad de Concepción con Juez de Letras de Concepción* (1884).

1691 *Fisco con Moreno* (1861) y *Benavides* (1868).

1692 *Fisco con Pérez* (1877) y *Fisco con Hott* (1881). Esto se complementó con algunas otras disposiciones que apuntaban en esta misma línea. Por ejemplo, por decreto supremo se declaró que los notarios

a los funcionarios que hubiesen obrado por el Fisco en las actuaciones respectivas[1693]. Por el contrario, a las otras personas jurídicas administrativas sí podía condenárseles a pagarlas, de las cuales el caso más notorio era el de las municipalidades[1694].

Respecto de la relación entre el Fisco y las costas, en 1878 se suscitó una interesante controversia. Dos peritos que habían intervenido en un juicio demandaron al Fisco para que se les pagasen sus honorarios. Mientras el Juzgado de Letras no dio lugar a ellos porque el juicio había sido seguido "de oficio y en interés público" —lo que ya era digno de crítica—, la Corte Suprema, al conocer de la cuestión en alzada, propuso una justificación aún más llamativa: no se debían los honorarios porque los acusados habían sido absueltos en el juicio principal y —ahora en la materia que estamos examinando— porque el Fisco no pagaba costas. Por supuesto, la consecuencia práctica de lo anterior era que cualquier prestación desempeñada en un juicio pasaba a ser forzosamente *ad-honorem*. Esta insólita interpretación desencadenó una recia disidencia de Montt y Covarrubias, que en lo concerniente a las costas expresaba lo siguiente:

> "Es verdad que el Fisco no paga costas en los procesos que sigue, ya en interés de la vindicta pública, ya en interés de la hacienda nacional. Esta excepción es referente a los servicios practicados por los empleados que reciben una renta a quienes se ha concedido un privilegio exclusivo para desempeñar ciertas funciones; *pero no se extiende hasta interponer general e indistintamente a todos los habitantes de la República el deber de servir sin remuneración*"[1695].

Como era de esperarse frente a tal patinazo jurisprudencial, la doctrina de Montt y Covarrubias no tardó en imponerse. Al año siguiente, y en votación de tres a dos después de haberse llamado a Montt a dirimir como Presidente de la Corte, se declaró que "el servicio prestado por el demandante, trasladándose de esta ciudad a la Ligua, es de aquellos que ninguna ley obliga a prestar de una manera gratuita y da por consiguiente derecho para exigir la remuneración conveniente"[1696]. Con posterioridad, la reversión sería inequívoca, al punto de que a fines del período no subsistían disidencias que sostuvieran que de plano no debieran pagarse tales servicios[1697].

También cabe destacar un privilegio relacionado con la ejecución de ciertas sentencias. Se trata del criterio de que las sentencias y resoluciones de la Contaduría Mayor producen efecto sin requerimiento ni conocimiento del destinatario, lo que, por cierto, tenía gran importancia en los juicios de cuentas:

---

no pueden cobrar emolumentos en pleitos y negocios de hacienda: Decreto Supremo de 31 de mayo de 1882, BLDG, L, p. 436.

1693 *Plaza* (1878).

1694 *Municipalidad de Concepción con Ocampo y Urra* (1879), *Municipalidad de Coquimbo con Edwards* (1884), *Sanhueza* (1884) y *Martel* (1887).

1695 *Bories y Lyon* (1878). Las cursivas son nuestras.

1696 *Allende Padín* (1879).

1697 *Rodríguez* (1887 a).

"1° Que según el art. 1° de la ley de 30 de octubre de 1832, "los deudores a la Hacienda Nacional, en cualquiera de los ramos que pertenezcan a esta, se constituyen en mora pasado el día natural en que debieren hacer el pago de su deuda sin verificarlo";
2° Que, según el núm. 3° del decreto supremo de 20 de diciembre de 1826, "es y se entiende crédito líquido el valor en el todo o parte de los contratos hechos con el Fisco la resulta de cuentas desde que es juzgado por el Tribunal de ellos, sin perjuicio de apelación u otros recursos, sin embargo de cualquier reclamo, las tasas de préstamos y contribuciones, desde que son aprobados por el Gobierno, y los demás pagos que por identidad de razón se hallen en el caso de estos"[1698].

En último lugar, conviene destacar que el criterio de que el Fisco no podía litigar despojado implicaba, ante todo, la necesidad de que existieran garantías suficientes para hacer valer sus derechos si obtenía en el juicio. Este criterio se entendía en vigor a inicios del período[1699], pero nuestra judicatura parece haber tenido una aproximación negativa a sus eventuales excesos, entendiendo —también a inicios del período— que no podía extenderse a obligar a prestar una garantía adicional, si se había cumplido con las establecidas por la ley, ni tampoco podía extenderse a cobrar una fianza que solo estaba prevista en caso de acreditarse un fraude, sin darse tal fraude[1700]. Después de 1862, los rastros de este criterio se desvanecen, lo que probablemente apunta a que su vaguedad era incompatible con el carácter expreso y restrictivo de los privilegios que se asentó con mayor claridad que antes en el derecho de este período[1701].

II. La evolución del diseño jurisdiccional

Aunque durante estos años pervivió la configuración de la función jurisdiccional que había sido introducida durante la década de 1820 a través de varios cuerpos normativos en nuestro país, entre los que destacaban la Constitución de 1823 y el Reglamento de Administración de Justicia de 1824, ello no significó la petrificación de nuestra institucionalidad.

En efecto, dos etapas pueden advertirse durante el período 1861-1890. Una primera, extendida hasta 1875, refleja una continuidad del diseño tradicional que se halló impregnada de una cierta tensión (a). Y una segunda, desplegada desde 1876 hasta 1890, produjo una interferencia sobre el diseño tradicional, la que se fundó sobre la LOAT de 1875 y combinó algunos aspectos dulces con otros agraces (b).

a. La continuidad del diseño tradicional (1861-1875)

La función jurisdiccional desarrollada por el Poder Judicial tuvo originalmente una ligazón profunda con los desarrollos efectuados hasta la década de 1850. Por ello, parece casi natural

1698 *Fisco con Carrasco* (1884).
1699 *Manzano* (1861).
1700 *Fisco con Castro* (1862).
1701 Véase *supra*, en este capítulo, A.I.b.1.

reconocer en su diseño una pervivencia de las grandes líneas institucionales anteriores (1), que ocultaba, sin embargo, una tensión que comenzaba a carcomer por dentro la consistencia del régimen judicial (2).

1. La pervivencia de las grandes líneas

Hasta la entrada en vigor de la LOAT en marzo de 1876, la plenitud jurisdiccional de los tribunales de justicia siguió el esquema general del carril que se había trazado hasta 1860. Esto implicaba, en resumidas cuentas, un reconocimiento de la plenitud jurisdiccional con un régimen abierto, pero marcado por ciertas estrecheces derivadas del influjo de la antigua categoría de las cuestiones meramente gubernativas, procedente del derecho indiano —y, principalmente, del tardoborbónico—[1702]. La actividad jurisdiccional, sin embargo, no se circunscribió a repetir sin más lo planteado en el período anterior, sino que lo delineó de manera más precisa.

La línea principal consistió en el reconocimiento explícito de la plenitud jurisdiccional. Tal vez la especie más representativa de todo este período sea *Viel*, de 1866, que resolvió un artículo de incompetencia del tribunal en relación con la demanda del general Benjamín Viel, derrotado en Lircay en 1830, en orden a que se le pagasen sueldos insolutos posteriores a su baja. La incompetencia fue argüida por los Ministros del Tesoro en atención a que "no es contenciosa sino de orden económica y gubernativa la medida de privar de su destino a un empleado, y consiguientemente del sueldo que gozaba, y piensan que por esto es al Supremo Gobierno a quien compete el conocimiento del indicado reclamo de sueldos". El Juzgado de Letras resolvió lo siguiente:

> "Considerando que la ley de 6 de octubre de 1842 rehabilitó simplemente en sus empleos a los generales, jefes y oficiales separados del servicio en 1830, y que ni esta ley ni otra alguna les ha declarado todavía el goce de sueldo durante dicho período de tiempo.
> Que, por tanto, el reclamo entablado por el señor general don Benjamín Viel, en forma de demanda, impone la necesidad de juzgar su conducta militar posterior al suceso de Lircay y las medidas gubernativas que lo expatriaron y privaron de su sueldo.
> Que, en consecuencia, los antecedentes en que se apoya dicho reclamo no pueden servir de elemento para una demanda civil ordinaria; porque el examen y apreciación de ellos no es del resorte de los jueces del fuero civil".

Y, por lo tanto, se concluía por la incompetencia de la jurisdicción ordinaria. Como queda de manifiesto, ella se fundaba sobre la existencia de "medidas gubernativas", según la doctrina que habían arrastrado, con pesantez e incluso indeterminación, nuestros tribunales durante el inicio del período patrio. Empero, la sentencia de la Corte Suprema apuntó en sentido completamente inverso, con una energía casi correspondiente a la brevedad de la fórmula utilizada:

1702 Bocksang Hola (2015 a), título segundo, capítulo segundo, B.I.a.

> "Vistos: considerando que la acción entablada se dirige a demandar al Fisco por el pago de sueldos que se dicen debidos, y que en esta contención debe conocer la autoridad judicial, se declara: que al Juzgado de Letras corresponde conocer en esta causa. Revócase el auto consultado de 6 de abril último"[1703].

Como se advierte, el eje del razonamiento transitó desde la identificación de una "medida gubernativa" —según el Juzgado de Letras— a una "contención". Aunque una cuestión de sueldos podía resolverse por vía administrativa, la llegada a la etapa contenciosa hacía irresistible el reconocimiento de la competencia jurisdiccional. Algo similar proclamó el Consejo de Estado dos años después, al sostener que la existencia de una atribución administrativa —en la especie, de las municipalidades— "no importa la facultad de resolver las contiendas que se susciten con los particulares, los cuales tienen el derecho de hacer valer las que tuvieren por las vías legales"[1704].

Otra especie detalló aún más la arquitectura de la plenitud jurisdiccional. Basada esta, como se ha visto, sobre la lógica de la *contención*, quedaba entonces por definirse cómo se organizaba la prelación de los distintos organismos con atribuciones de juzgamiento de estas materias contenciosas. La sentencia *Vergara* de 1869 lo describió con toda precisión, a propósito de una controversia derivada de la aplicación de la ley de registros electorales del mismo año[1705]:

> "Vistos: considerando: 1° que el conocimiento de las causas civiles y criminales, y en general de todos los asuntos contenciosos, corresponde a los jueces ordinarios, según los arts. 24 y 25 de la ley de Administración de Justicia, 2° que, *no designando la ley de registros electorales una magistratura especial que conozca de las imposiciones de las penas establecidas en su art. 41, correspondería su aplicación a la justicia ordinaria*"[1706].

Sobresale que, a falta de algún órgano jurisdiccional especial designado por la ley, la contención pasaba a ser de resorte de la justicia ordinaria[1707]. Es notable, asimismo, la invocación de dos artículos de la "Ley de Administración de Justicia" —es decir, del Reglamento de 1824—, para fundar la plenitud jurisdiccional: por el 24 se sustentaba la competencia general de los jueces de letras, mientras que por el 25 se afirmaba la relación contención-judicatura, al sostenerse que "el conocimiento de los jueces de letras y su jurisdicción se limitarán precisamente a los *asuntos contenciosos* del departamento"[1708].

1703 *Viel* (1866).

1704 *Díaz* (1868).

1705 Ley de 6 de agosto de 1869, BLDG, XXXVII, p. 202.

1706 *Vergara* (1869). Las cursivas son nuestras.

1707 Debe tenerse presente que la Corte de Apelaciones revocó el fallo de primera instancia, en el que el Juzgado de Letras se había declarado incompetente para conocer de la cuestión: "Teniendo presente: que la ley de 6 de agosto del presente año no ha cometido a la justicia ordinaria el conocimiento de las causas que se originan, ya sea por su mala interpretación, ya por quebrantamiento u omisión de uno o más artículos, y que en la historia fidedigna de su establecimiento, los legisladores expresaron repetidas veces su intención de extraer de la justicia ordinaria dichos asuntos; me declaro incompetente para este juicio, y esta parte concurra donde viere convenirle".

1708 Las cursivas son nuestras.

Esta línea argumentativa fue complementada al año siguiente por una sentencia *Valdivia*, que declaró que "según lo dispuesto en el art. 108 de la Constitución del Estado, solo a los tribunales establecidos por la ley corresponde la facultad de juzgar las causas civiles y criminales, y en consecuencia el decreto supremo que negó el pago solicitado por el prebendado don Pedro Valdivia no ha resuelto los derechos que este pretende tener contra el Fisco"[1709]. Hay dos aspectos relevantes que se extraen de esta sentencia. En primer lugar, que, a más del Reglamento de Administración de Justicia, se entendía que la Constitución misma fijaba como criterio el de la plenitud jurisdiccional, y que dicha plenitud incorporaba en su seno al contencioso administrativo. Y, en segundo lugar, que tal plenitud no se veía obstaculizada por el hecho de que el acto impugnado hubiese emanado del Presidente de la República. *A fortiori*, el otro gran contencioso administrativo histórico —el municipal— también estaba sujeto al conocimiento de los jueces ordinarios, como siempre se había entendido[1710]. Ello incluso regía en materia contractual, a pesar de la existencia de la competencia contenciosa del Consejo de Estado en esta materia, que se entendía claramente como residual y especial frente a la de los tribunales ordinarios[1711].

Idéntica posición asumía el Consejo de Estado, declarando en 1874 que "si bien la mensura y adjudicación de una mina es un acto administrativo, convertido este en contencioso como en el presente caso, corresponde su juzgamiento a la misma justicia ordinaria"[1712].

Pero en ocasiones se daban figuras algo inciertas de posibilidad de concurrir a los tribunales, como en el caso de subdelegados e inspectores por las infracciones que cometieran en el ejercicio de su función administrativa. Dado que la ley de 28 de septiembre de 1837[1713] confería explícitamente a la jurisdicción ordinaria la posibilidad de juzgar a subdelegados e inspectores en ciertos crímenes que cometieran en su función de jueces, entendieron nuestros tribunales *a contrario* que, ante el silencio de la disposición respecto de las infracciones administrativas, la competencia sancionadora recaería en sus superiores administrativos y no en los tribunales de justicia[1714]. Análogamente, el Consejo de Estado entendió, en vísperas de entrar en vigor la LOAT, que, frente a la duda de si una conducta de policías era delictiva y, por lo tanto, correspondía que se juzgara por los tribunales, del superior jerárquico administrativo dependía la válvula que distribuyera entre la competencia punitiva administrativa y la competencia punitiva jurisdiccional[1715].

1709 *Valdivia* (1869).

1710 *V. gr.*, *Intendente de Valparaíso con Aguayo* (1873).

1711 A quienes "por regla general compete conocer y hacer efectivas las obligaciones que nacen de los contratos entre toda clase de personas": *Cood* (1873). Véase, *supra*, título segundo, capítulo primero, B.I.b.

1712 *Diputado de minas de Atacama con Corte de Apelaciones de La Serena* (1874).

1713 BLDG, VII, p. 191.

1714 *Urzúa* (1866), *Montecinos* (1871).

1715 *Juez de Letras de Freirina con Gobernador de Freirina* (1875): "En el caso de excederse en el ejercicio de sus atribuciones los agentes de policía, corresponde a los gobernadores la calificación del exceso, a fin de reprimirlo y castigarlo por sí mismo, o poner al culpable a disposición del juez competente, según la naturaleza y gravedad del caso". En esto, solamente seguía la posición de la propia jurisdicción ordinaria, tal como aparece de *Pérez* (1872).

Y había, por cierto, un reverso de la medalla, por el cual en determinados casos se excluía la posibilidad de que una cuestión fuera conocida por los tribunales. Esta situación se podía establecer normativamente, por vía legal[1716] o incluso por vía administrativa[1717]. Pero, quizás para efectos dogmáticos, el criterio más importante —traducido en términos actuales— se daba en aquellos casos en que se excluía la competencia jurisdiccional cuando una cuestión debiera ser objeto de un acto administrativo que no se había emitido. Un caso paradigmático era el de los montepíos, cuyo otorgamiento, según la Constitución de 1833, era de resorte del Presidente[1718]. Así, por ejemplo, no podían intervenir los tribunales si no se había solicitado del Presidente de la República el ajuste a un montepío de clase diferente[1719], o si se trataba de declarar un montepío subsistente o insubsistente[1720]. Pero si se trataba de una cuestión de competencia de la judicatura que incidía en el montepío, como la determinación de un estado civil del cual dependía el otorgamiento del montepío, ello subsistía en manos de los tribunales[1721].

Y, a pesar de la relativa claridad con que se establecía la plenitud jurisdiccional como criterio general, aunque no absoluto, un ruido sordo amenazaba su aparente estabilidad.

2. La tensión subyacente

Sin obstar a la relativa armonía que podía percibirse respecto de la plenitud jurisdiccional, era evidente que, ya con anterioridad a la LOAT, existía una tensión de carácter subterráneo en torno al verdadero alcance de este principio. Es posible que uno de los mejores ejemplos de que contemos proceda de una secuencia de dos sentencias relacionadas con un mismo conflicto.

Este se derivaba de una cuestión de aplicación de la ley de 17 de septiembre de 1847, sobre nivelación de calles y acequias, y empedrado de calles[1722]. Autorizaba este cuerpo normativo del decenio de Bulnes al Presidente de la República para invertir del tesoro nacional "la cantidad que sea indispensable para practicar una nueva nivelación del piso de las calles y de las acequias que riegan las casas de las ciudades en que, a su juicio, sea conveniente emprender estas obras" (art. 1°), en orden a procurar "la hermosura, comodidad y salubridad de las poblaciones" (art. 2°). En definitiva, se trataba de una iniciativa destinada a impeler el desarrollo urbano, a la sazón bastante precario en un Chile mayoritariamente rural.

1716 Como al efectuarse un reclamo por avalúo ante la Aduana, según el artículo 40 de la Ordenanza de 1864, cuya resolución era "sin ulterior recurso": *Aguiar Hermanos y compartes* (1870) y *Hesse* (1873).

1717 Por ejemplo, en los casos de "mera policía marítima", como en *Fisco con Capitán de la Barca Palatine* (1865): "[…] el presente asunto es de mera policía marítima y por lo tanto su conocimiento, según el supremo decreto de 26 de noviembre de 1842, corresponde exclusivamente a las autoridades administrativas en dicho ramo".

1718 Constitución Política de la República Chilena (1833), art. 82 n° 11.

1719 *Martínez* (1867).

1720 *Caminos* (1872), revocándose el fallo de primera instancia, que entendía que esta no era materia de "conceder o negar el montepío, sino de hacer efectivos los derechos que dice el demandante le corresponden por el montepío ya otorgado", y por lo tanto era contenciosa.

1721 *Garcés* (1875).

1722 BLDG, XV, p. 297.

El curso que la ley proponía se apoyaba en esfuerzos diversos. Aunque el Gobierno era llamado primeramente a organizar esta nivelación y empedrado, lo cierto es que la ley contenía disposiciones que permitían desplazar sustancialmente sus cargas financieras hacia las municipalidades y los particulares. Así, autorizaba al Gobierno a obligar a los vecinos propietarios a "hacer a su costa el cauce de la acequia que corra por el interior de sus pertenencias" (art. 3° n° 2) y —lo que concierne a la cuestión en comento— "a empedrar a su costa aquella parte de la calle que se halla al frente de toda la extensión de sus fundos hasta la mitad del ancho de la expresada calle, siempre que esta mitad no pase de ocho varas" (art. 3° n° 1).

Cabe preguntarse qué sucedía si el particular colindante a la calle se rehusaba a practicar las obras establecidas por la ley, pues esta no contenía ninguna disposición terminante que fuera directamente aplicable. El precepto más cercano era el del artículo 4°, que preveía que "la Municipalidad respectiva ejecutará estas obras de su cuenta o suministrará los materiales del trabajo en la extensión de aquellos fundos cuyos dueños no tengan cómo hacerlos, en todo o en parte, y cuya imposibilidad sea calificada y declarada por una comisión de vecinos nombrada al efecto por el Gobernador departamental", añadiendo que "la cantidad que la Municipalidad invierta en los casos de este artículo le será pagada cuando el fundo del pobre transfiera de dominio por otro título que no sea el de herencia en favor de otro pobre". Con todo, se advierte que la situación es sustancialmente distinta, toda vez que se refiere al que no hubiera estado en condiciones de pagar, y no al que no hubiera querido hacerlo, y por lo mismo no añadía ninguna medida compulsiva para forzar al deudor a responder por los gastos en que el Municipio hubiera incurrido.

Un decreto supremo de 13 de septiembre de 1853[1723] procuró subsanar los vacíos normativos que la ley revelara, respondiendo al llamado que esta formulaba en su artículo 8°, habilitando al Gobierno para dictar las providencias necesarias para ejecutarla. El decreto dispuso que la Municipalidad haría efectiva, "*en la forma que juzgare más acertada*, la obligación que los números 1° y 2° del art. 3° de dicha ley imponen a los vecinos o propietarios"[1724]. Entre estos cabía la situación del particular que no hubiera querido pagar.

Larraín se negó a reembolsarle a la Municipalidad los $1.509 gastados en el empedrado que esta había colocado en la fracción de calle que quedaba frente a su predio. Ante la negativa, el Intendente procedió a embargar algunas casas de propiedad del particular, atendido a que era la forma que "juzgaba más acertada" —fórmula contenida en el decreto supremo— para asegurar el cumplimiento de la obligación.

¿Podía esta fórmula amplia y genérica invocarse para adoptar cualquier suerte de medidas por parte de la autoridad administrativa? Como se advierte, el conflicto se desencadenó por una deficiente técnica normativa: una atribución de poderes que, al ser genérica a grado extremo, embestía frontalmente el régimen de competencias explícitas y estrictas que, desde la Constitución de 1833 y hasta nuestros días, ha regido a Chile.

Ante esta carta blanca supuestamente conferida por el decreto supremo referido, el Intendente se entendió habilitado para disponer el embargo de propiedades en orden a compeler al particular a responder por los gastos en que la Municipalidad había incurrido.

1723 BLDG, XXI, p. 436.

1724 Las cursivas son nuestras.

El afectado, entendiendo que esta acción era ilícita, recurrió ante el juez letrado, a fin de que alzara tales embargos, reconociendo el derecho de la Municipalidad para que esta solicitara la ejecución ante la justicia ordinaria. En otros términos, el particular se remitió a señalar que el Intendente era incompetente para adoptar por sí un embargo, cuestión que era de exclusiva competencia de las autoridades jurisdiccionales. Estas verían si el reclamo era procedente o no.

Requerido el Intendente para informar sobre la cuestión, se negó a hacerlo, arguyendo que la justicia ordinaria no tenía competencia sobre esta materia: no le reconocía "jurisdicción para rever sus providencias administrativas". El juez de letras se inhibió para conocer la cuestión, declarándose incompetente, y de su auto apeló Larraín ante la Corte de Apelaciones. Su sentencia[1725] es la primera de la secuencia relacionada con esta materia.

La Corte de Apelaciones no resolvió *quién* era competente para conocer de la cuestión. No podía hacerlo, dado que ello era atribución privativa del Consejo de Estado, en razón del artículo 104 n° 5 de la Constitución de 1833. Pero sí tuvo que abordar el problema de *si acaso* había una cuestión de competencia que debía ser trabada. El Intendente sostenía que no la había y que él era plena y naturalmente competente para adoptar las medidas de embargo. El juez de letras se limitó a sostener que él era incompetente, con lo que aún no se constituía la cuestión de competencia entre una autoridad administrativa y una judicial. Por lo tanto, la Corte de Apelaciones se vio forzada a abordar el núcleo de la cuestión: sostener por sí que una autoridad administrativa, *en abstracto*, era incompetente para decretar un embargo y que una autoridad judicial, *en abstracto*, habría de decretarla, llegado el caso. La Corte de Apelaciones sostuvo la existencia de un *deber de defensa activa de la esfera jurisdiccional* por parte de los tribunales, expresando que "es un deber de los jueces y tribunales defender la jurisdicción que les otorgan las leyes siempre que sea invadida por otra autoridad" (considerando 6°). En esto se advierte una censura velada a la posición el juez de letras, quien, sin mayor resistencia, había accedido a reconocerse incompetente en este pleito.

El Consejo de Estado zanjó la cuestión a fines del año posterior[1726], considerando, en lo más concerniente a la materia de marras, lo siguiente:

> "5° Que la jurisdicción contenciosa, cuyo ejercicio corresponde por las leyes a la autoridad judicial, es la que tiene por objeto en materia civil deslindar derechos disputados en dos o más partes interesadas, y en el presente no se trata sino de hacer efectiva una ley cuyo cumplimiento está encargado al Intendente de la provincia y es resistido por don Vicente Larraín;
> 6° Que este mismo ha reconocido la competencia y jurisdicción del Intendente de Santiago y de la autoridad administrativa para entender en el presente asunto, haciendo ante el primero, y ante el Supremo Gobierno, diversas solicitudes encaminadas a eximirse de la obligación que le impuso la mencionada ley de 1847, las cuales han sido desechadas; y
> 7° Finalmente, que, haciendo ejecutar el Intendente una ley de policía, no ejerce en manera alguna funciones judiciales, ni violenta la propiedad garantida por el artículo 12 de la Constitución".

1725 *Larraín* (1864).
1726 *Intendente de Santiago con Juez de Letras en lo Civil de Santiago* (1865).

En resumidas cuentas, cualquiera fuera el objeto de la medida, si se trataba de ejecutar una ley que le otorgaba indeterminadamente a la autoridad administrativa la posibilidad de hacer cumplir una obligación, ello no invadía funciones judiciales, fuera cual fuera el objeto de la medida concreta adoptada. Es interesante ver que dos de las argumentaciones más sólidas en esta materia fueron desechadas por el Consejo de Estado: por una parte, la existencia de una contención, a que alude el considerando quinto ("derechos disputados"); por otra, la existencia de una eventual vulneración a la propiedad, que debiera ser de competencia de los tribunales ordinarios, a que alude el considerando séptimo ("ni violenta la propiedad"). En cuanto al considerando sexto, resulta verdaderamente sorprendente como parte de la argumentación, porque confunde las reclamaciones por vía administrativa y las acciones jurisdiccionales, planteando que el ejercicio de las primeras excluiría la posibilidad de las segundas, lo que parece muy cuestionable. La indefensión a que propende esta sentencia es desgraciadamente notable: no habría una contención al oponerse el particular a un acto administrativo, y no hay una afectación de derechos, por lo que no puede revisarse ante la jurisdicción.

Lo dispositivo de la sentencia del Consejo de Estado linda en la sinrazón: "El Consejo resuelve por unanimidad de votos que compete al Intendente de Santiago el hacer efectiva la obligación que impuso a los vecinos propietarios la mencionada ley de 17 de setiembre de 1847; y, en consecuencia, que ante él y no ante la autoridad judicial debe hacer don Vicente Larraín los reclamos a que se crea con derecho". ¿Qué expectativas de enmienda podía tener Larraín, si ya había reclamado ante la Administración, como el propio Consejo reconocía en su sentencia, y si se negaba la posibilidad de elevar la cuestión ante los tribunales?

Esta especie, tragedia en dos actos, muestra como ninguna otra la exposición total en que se encontraba la plenitud jurisdiccional. Una mancha en la trayectoria del Consejo de Estado, que anticipaba las turbulencias que, en distintos niveles, padecería nuestro derecho administrativo a partir de la entrada en vigor de la LOAT.

b. La introducción del diseño interferido (1876-1890)

La LOAT no solo ordenó el régimen jurisdiccional existente, sino también contribuyó a cincelarlo en algunos puntos que fueron objeto de pocas observaciones por parte de los comentaristas contemporáneos o inmediatamente posteriores. Es indesmentible que las líneas jurisdiccionales tradicionales se prolongaron en estos años, pero no lo hicieron incólumes, sino que se sujetaron a ciertas alteraciones (1). Con todo, una disposición aparentemente anodina de la LOAT —su artículo 4°— demostró encerrar un potencial insospechado de deterioro del contencioso administrativo, que es uno de los elementos más sobresalientes y desafortunados de todo el derecho administrativo de este período (2). Correlativamente, surgió de modo inesperado en nuestro derecho la idea del control judicial de las leyes, discreta pero incuestionablemente impulsado por nuestros tribunales de justicia (3).

1. La presencia modulada de las líneas tradicionales

La entrada en vigor de la LOAT no generó una disolución abrupta de los criterios más amplios que se habían ido consolidando desde el Reglamento de Administración de Justicia de 1824. Por el contrario, ellos siguieron resonando del mismo modo que viene de describirse, aun con ciertas modulaciones.

El reconocimiento de la plenitud jurisdiccional se siguió dando de manera multiforme en la jurisdicción ordinaria. La existencia de una orden administrativa no era obstáculo para recurrir a los tribunales, lo que se declaraba a veces discretamente, como al eliminar una Corte de Apelaciones el considerando de un Juzgado de Letras que sostenía que "este Tribunal carece de competencia para juzgar sobre esa orden dada por el señor Intendente de la provincia"[1727], y los órganos administrativos no quedaban justificados para emitir una cierta orden por el solo hecho de existir una atribución sobre la que se apoyaran[1728]. Tampoco impedía la plenitud jurisdiccional el hecho de haberse aplicado la fuerza pública[1729]; ni que antes de la LOAT se hubiese tratado de materias sometidas a tribunales desaparecidos con ella[1730]; ni que la cuestión se estuviera ventilando por la vía administrativa[1731], y, correlativamente, si se estaba conociendo de una cuestión por la vía jurisdiccional, los interesados igual podían hacer valer sus derechos por la vía administrativa[1732]. Si existía una controversia, se asumía naturalmente la competencia jurisdiccional sin plantearse ningún requisito similar a un agotamiento de la vía administrativa[1733], y las propias autoridades administrativas solían pedir a los interesados concurrir a la vía jurisdiccional al advertir una contención[1734]. Y, como criterio integrador de lo contencioso, se entendía que la discrepancia acerca de si una cuestión era gubernativa o contenciosa era, de por sí, de naturaleza contenciosa y, por lo tanto, sujeta al conocimiento de los tribunales establecidos por la ley[1735].

El Consejo de Estado tampoco se mostraba reacio a subrayar la importancia de esta plenitud, reconociéndola en las contiendas de competencia en desmedro de supuestas atribuciones administrativas. Quizás la más nítida síntesis de ello aparece de una sentencia de finales del período en que se sostenía que "ningún precepto legal establece que el que otorga un permiso o celebra un contrato gratuito tenga jurisdicción para resolver las contenciones que de él surjan, ni para resolverlo por acto de propia voluntad"[1736]. Así, aunque un Gobernador podía permitir o prohibir obras en esteros, no tenía prerrogativas para resolver cuestiones sobre derecho preferente a aguas[1737]; y era de competencia de los tribunales el conocimiento de

1727 *Trujillo y otros* (1878).

1728 *Herrera Díaz* (1884).

1729 *Ruiz* (1881).

1730 *Silva* (1884), en materia de caminos.

1731 *Silva e Icaza* (1882): esto no aparece de los considerandos, sino de lo expositivo, porque lo plantea el Fisco, al señalarse que es una "cuestión que está pendiente desde 1881 y sobre la cual se va a dar un fallo para ver si esta ley tiene aplicación para actos anteriores a su promulgación. Ínter el Consejo no dé ese fallo y lo apruebe el Supremo Gobierno, su deber es oponerse a la demanda y rechazar la solicitud en cuestión".

1732 *Echeñique* (1889).

1733 *Procter* (1883).

1734 *V. gr.*, *Compañía de Vapores Kosmos* (1881) y *Queille y Billwiller* (1884).

1735 *Bravo* (1886): "4° Que, abrogada por la ley de 15 de octubre de 1875 toda jurisdicción de autoridades distintas del poder judicial en materia de caminos, el gobernador de San Javier no tenía ninguna para dictar el citado decreto, porque con la negativa de Encinas sobre la naturaleza que aquel funcionario atribuía al camino de Chanquicó, la cuestión se hizo contenciosa y pasó, por consiguiente, al conocimiento de la justicia ordinaria [...]".

1736 *Gobernador de La Victoria con Corte de Apelaciones de Santiago* (1887).

1737 *Gobernador de Limache con Juez de Letras de Quillota* (1880).

cuestiones en que se alegaba vulneración de derechos particulares[1738], la subsistencia o no de los derechos derivados de un contrato[1739], el dominio de un terreno[1740], las medidas aplicables a reos rematados que eran procesados por un nuevo delito[1741] o las controversias de derechos derivados de distintos títulos emitidos por la Administración[1742], como también los casos en que se solicitaba el cumplimiento de una obligación de hacer y una indemnización por daños y perjuicios[1743]. Y si la ejecución de medidas gubernativas se veía sucedida por resoluciones jurisdiccionales sobre alguna materia, las medidas gubernativas concluían[1744].

Los criterios de exclusión de la competencia de los tribunales de justicia también prolongaban aspectos tratados antes de la LOAT. Por de pronto, se seguía sosteniendo en las distintas jurisdicciones la imposibilidad de someter a juicio una cuestión que debía ser proveída en virtud de un procedimiento administrativo[1745], así como aquellas materias que la ley le encargaba resolver a la Administración sin ulterior recurso[1746]. Pero el Consejo de Estado profundizó algo más en el repertorio, con algunas concepciones que terminarían, tarde o temprano, incidiendo en la configuración del contencioso. De entre ellas, resaltan dos[1747].

Primeramente, la ocasional insistencia en la idea, ya germinal antes de la LOAT, de que la competencia jurisdiccional solo se daba en caso de darse una contienda entre "derechos privados":

> "6° Que, según resulta del expediente, la construcción del muelle de que se trata no ofende ningún derecho que particularmente pertenezca a los denunciantes, ni ofrece en consecuencia materia para una contienda entre partes sobre derechos privados, propia de la competencia de la autoridad judicial;
> 7° Que, si de la concesión o de la manera como se aplica, se derivan restricciones perjudiciales al uso público de los bienes nacionales o embarazos innecesarios al objeto con que se ha concedido el permiso, las reclamaciones que pudieran deducirse deben hacerse valer ante la

1738 *Intendente de Santiago con Juez de Letras de Santiago* (1880 c).
1739 *Compañía de Consumidores de Agua de Valparaíso* (1883).
1740 *Gobernador de Lautaro con Juez de Letras de Concepción* (1884).
1741 *Gobernador de Constitución con Juez de Letras de Constitución* (1887 a).
1742 *Intendente de Llanquihue con Juez de Letras de Melipulli* (1887 a).
1743 *Intendente de Santiago con Corte de Apelaciones de Santiago* (1880).
1744 *Subdelegado de la 3ª subdelegación de Caupolicán con Juez de Letras de Caupolicán* (1887).
1745 El caso más representativo era el del otorgamiento de montepíos —*Sotomayor y otra* (1878)— y jubilaciones —*Garrao* (1883)—, las que tampoco se veían arrastradas por el fuero contencioso militar: *Pérez y otro* (1888). Pero también eran expresión de esta categoría de cuestiones los procedimientos expropiatorios —según declaró el Consejo de Estado: *Intendente de Talca con Juez de Letras de Talca* (1879)—, la orden del Intendente de que las aguas de un río se sujetasen a un turno —*Rodríguez* (1880)— y las pensiones relacionadas con la Guerra del Pacífico en aplicación de la ley de 22 de diciembre de 1881 —*v. gr.*, *Ramos de Claro* (1882), *Vivanco* (1886) y *Riquelme* (1886)—, que finalmente fueron derivadas a una oficina de tramitación: *Pérez y otros* (1889), salvo respecto de la determinación del estado civil que, según el Consejo de Estado, en *Jefe de la Oficina de Tramitación con Juez de Letras de San Felipe* (1890), seguía siendo de resorte de la jurisdicción ordinaria.
1746 Como los reclamos de avalúos: *Kendall y Ca.* (1878), *Seckel e hijos* (1881 b).
1747 Hay más; por ejemplo, el entenderse que no podía ocurrir jurisdiccionalmente un particular si el particular obraba sin autorización de la Administración en una actividad que estaba sujeta a ella: *Intendente de Santiago con Juez de Letras de Santiago* (1883).

autoridad que otorga el permiso, la cual está legalmente llamada a calificar las limitaciones con que se ha autorizado la obra, o las que exigen las necesidades del uso público"[1748].

Esto introducía una desfiguración de la noción del contencioso jurisdiccional que, al remitir a la vía administrativa aquello que exorbitara de los "derechos privados", exhalaba un aroma a influencia extranjera.

Y segundamente, la introducción de los actos discrecionales como categoría que parecía blindar la posibilidad de conducir una cuestión ante los tribunales de justicia:

> "5° Que no sería lógico suponer que la ley que atribuye a un funcionario administrativo la facultad de obrar en ciertos casos discrecionalmente y según su criterio, sin subordinar su acción a reglas ni procedimientos especiales, hubiera querido limitar esa misma facultad sometiendo los actos que de ella emanan a la calificación de la justicia ordinaria, la cual no podría apreciarlos sino con arreglo a las prescripciones estrictas del derecho"[1749].

Es posible que teorías como las expuestas expliquen la creciente proliferación de solicitudes de desafuero de autoridades administrativas durante el período. Si se ahogaba la posibilidad de concurrir a un contencioso administrativo "civil", el desahogo del sistema se produciría a través del contencioso penal, dado que este parecía experimentar una creciente apertura[1750]. En efecto, desde el bienio 1875-1876, en que entraron en vigor el Código Penal y la LOAT, la plenitud jurisdiccional en materia criminal se reforzó. Esto se constató en áreas competenciales delicadas. Por ejemplo, las barreras existentes respecto de los reclamos contra la actividad administrativa de subdelegados e inspectores sobre la base de la Ley de Régimen Interior de 1844[1751] terminaron cediendo frente a la eventualidad de un ilícito penal[1752]. Asimismo, en lo concerniente a la actividad de los policías que hubiera podido tener connotaciones criminales, el cedazo de la vía administrativa que se fundaba sobre la base de normativa procedente de la década de 1830 terminó derrumbándose, según el Consejo de Estado[1753], o sometido a importantes cuestionamientos en la justicia ordinaria hacia finales del período[1754].

1748 *Gobernador de Lautaro con Juez de Letras de Concepción* (1877).

1749 *Pinto Concha* (1885), en materia sancionatoria.

1750 *V. gr.*, *Gobernador de Petorca* (1886 a).

1751 *Güemes* (1876), *Gobernador de Quillota con Juez de Letras de Quillota* (1884) e *Intendente de Curicó con Juez de Letras de Curicó* (1886 b).

1752 *Gobernador de Quillota con Juez de Letras de Quillota* (1877) e *Intendente de Curicó con Juez de Letras de Curicó* (1877).

1753 *Intendente de Linares con Juez de Letras de Linares* (1886) e *Intendente de Curicó con Juez de Letras de Curicó* (1886 a).

1754 En una sentencia *Suárez y Ossandón* (1886) se debatió acerca de la subsistencia del decreto de 17 de febrero de 1838 que establecía la posibilidad de revisar estas cuestiones por vía administrativa; la Corte de Apelaciones de La Serena entendió que el decreto no había sido derogado por la LOAT, por lo que se ordenó poner al policía reo a disposición del Gobernador. La sentencia fue pronunciada en empate de votos y los disidentes concluían que las atribuciones de 1838, cuando habían regido, eran "atribuciones que no habían sido derogadas por la ley de 15 de octubre de 1875 y que en el día no existen, según la nueva ley del Régimen Interior de 22 de diciembre de 1885". Véase también, *infra*, título tercero, capítulo primero, B.I.b.

2. La restricción afrancesada de la LOAT

La tensión que había subyacido hasta 1875 en relación con la plenitud jurisdiccional terminó desatándose una vez entrada en vigor la LOAT, con consecuencias perniciosas para el contencioso administrativo. Ello se concretó a través de una disposición que aparentemente no debía tener efectos nocivos para el régimen chileno, pero que comprometió de manera bastante desgraciada tanto a la jurisdicción ordinaria como al Consejo de Estado. Se trataba del artículo 4° de la LOAT, que disponía lo siguiente:

> "Es prohibido al poder judicial mezclarse en las atribuciones de otros poderes públicos y en general ejercer otras funciones que las determinadas en los artículos precedentes".

Su complejidad y su nocividad aparecen claramente de la evolución que tuvo la norma durante su gestación, cuyo texto original, de pluma de Vargas Fontecilla, era francamente nefasto. Este presentaba la siguiente formulación:

> "El poder judicial no podrá mezclarse en materias gubernativas, ni entorpecer de ningún modo las operaciones de los funcionarios de esta clase.
> Se entienden por materias gubernativas, todas aquellas sobre las cuales se ejercen las atribuciones que, según la Constitución y las leyes del Estado, corresponden al Supremo Gobierno y sus agentes.
> Con todo, estarán sujetas al conocimiento de los tribunales de justicia las contiendas en que figuran como parte el Fisco, las municipalidades o cualesquiera otras corporaciones o fundaciones de derecho público, siempre que en dichas contiendas solo se trate de obtener la declaración de un derecho o la aplicación de las leyes a hechos determinados"[1755].

Como aparece *ictu oculi*, la norma original del artículo 4° estaba concebida en la forma de un resguardo casi infranqueable a favor del Estado y sus organismos, solamente matizado por la posibilidad de "obtener la declaración de un derecho o la aplicación de las leyes a hechos determinados". En la Comisión Revisora, Gabriel Ocampo —el redactor del Código de Comercio— reaccionó rápidamente frente al riesgo que significaba una tal redacción y "opinó por la sola conservación del principio general contenido en el inciso 1°", gestándose la siguiente formulación:

> "Es prohibido a los funcionarios del poder judicial mezclarse en materias administrativas, y entorpecer de cualquier modo las funciones que por las leyes corresponden al Presidente de la República y sus agentes"[1756].

1755 Ballesteros Ríos (1890), I, p. 21.

1756 Ballesteros Ríos (1890), I, p. 21, quien también destaca que esta disposición se complementaba con un artículo inmediatamente posterior —que no subsistió—, que sostenía que "el poder judicial no tiene facultad para dictar disposiciones generales, ni para impedir o suspender por motivo alguno la ejecución de una ley".

Sucedió a la anterior la versión de Cosme Campillo, redactada en los siguientes términos:

"Es prohibido al poder judicial mezclarse en materias administrativas, entorpecer de cualquier modo las funciones del Presidente de la República o sus agentes y, en general, ejercer otras funciones que las determinadas en los dos artículos precedentes"[1757].

Esta versión también fue criticada, pero no por el blindaje que planteaba, sino que por una supuesta redundancia con los artículos anteriores de la LOAT. Finalmente, la Comisión despachó el artículo en una versión propuesta por Jorge Huneeus: "Es prohibido al poder judicial mezclarse en las funciones de los otros poderes públicos, entorpecerlas de cualquier modo, y en general ejercer otras funciones que las determinadas en los artículos precedentes"[1758].

En la Cámara de Diputados, la tramitación del precepto no fue plácida. De entre las personalidades más notables de la corporación, José Clemente Fabres y Domingo Santa María profirieron palabras muy duras a su respecto[1759]. Sin embargo, desechada una indicación del diputado suplente Ricardo Letelier para que se suprimiese el artículo 4° —lo que era consistente con lo que había expresado en su momento ante la Cámara[1760]—, finalmente el artículo fue aprobado con su redacción actual —propuesta por el ministro de Justicia, José María Barceló— por ambas cámaras parlamentarias. Bien se ha sostenido que "si se rechazó la supresión de este precepto fue en el entendido de que en manera alguna su texto privaba a los tribunales de justicia de su misión de ser los guardianes de las libertades públicas. Así enfáticamente lo sostuvieron los defensores del artículo 4°"[1761]. Empero, esta norma —supuestamente, anodina— comenzó muy pronto a propiciar un blindaje de la actividad administrativa en la jurisdicción ordinaria.

Un primer apronte se puede percibir en una sentencia *Lavín Matta*, que, examinando la posibilidad de declararse la nulidad de actos municipales por el Poder Judicial, dispuso que tal declaración no le competía, sobre la base de dos fundamentos: el primero, que la norma atributiva, explícita en la Ley de Municipalidades de 1854, estaba prevista en beneficio de otra autoridad —es decir, el Consejo de Estado— (dispositivo primero), lo que era efectivo y hubiera bastado para resolver la cuestión; y, el segundo, que "es prohibido al poder judicial mezclarse en las atribuciones de otros poderes públicos" (dispositivo segundo), invocando literalmente a la LOAT sin mencionarla. Esta invocación no era para nada necesaria, pero abría inmediatamente un campo de labranza para el bloqueo del acceso a la justicia, al relacionar dicha norma no con la sana distinción entre el ejercicio de la Administración activa y

1757 Ballesteros Ríos (1890), I, p. 21.

1758 Ballesteros Ríos (1890), I, p. 22.

1759 Por ejemplo, Fabres agudamente sostuvo lo siguiente, en SCN, 1874, Cámara de Diputados, 27ª ordinaria (4/8/1874), p. 365: "[...] nada más natural, se dirá, que la ley disponga que el poder judicial no debe mezclarse en las funciones de los otros poderes públicos; pero no es así, esta disposición importa una verdadera celada puesta al poder judicial".

1760 SCN, 1874, Cámara de Diputados, 30ª ordinaria (11/8/1874), p. 407: "La disposición contenida en este artículo yo la creo hasta cierto punto peligrosa. Tomada a la letra, parece que la independencia del poder judicial no queda muy resguardada y se echan por tierra disposiciones patrias, que, dígase lo que se quiera, son una garantía para esa independencia y para los derechos de los ciudadanos".

1761 Caffarena Morice (1957), p. 258.

la jurisdicción, sino que con la exclusión de la jurisdicción frente a la Administración activa (que era el objeto del dispositivo primero, pero entendido concretamente y no de modo universal)[1762]. Al año siguiente, otra especie transitó por los mismos rumbos[1763].

Lo que anunciaban los anteriores litigios terminó amplificándose en una especie fallada en 1883 y derivada de la aplicación de una de las leyes laicas, la ley de cementerios[1764]. El demandante particular, que tenía derecho a una sepultura en un cementerio católico, ocurrió en contra del Fisco en atención a que dicha ley permitía la sepultación de personas no católicas en cementerios católicos, pidiendo declararse que "el cementerio en que se halla la sepultura a que tiene derecho con sus hijos y descendientes es católico o bendito", y que "el Fisco se halla inhabilitado para continuar interviniendo en su administración y debe cesar en ella". La Corte Suprema declaró incompetente a la jurisdicción ordinaria:

> "Considerando: que la demanda de don Manuel G. Balbontín tiene por objeto recabar de los tribunales de justicia una resolución general en virtud de la cual se exima al Supremo Gobierno de uno de sus principales deberes, el de cumplir y ejecutar una ley del Estado, dictada y promulgada en la forma prescrita por la Constitución, la cual resolución no puede ser materia de una contienda judicial; visto lo dispuesto en el art. 160 de la Constitución y el 4° de la ley de 15 de octubre de 1875, que determina taxativamente las atribuciones del Poder Judicial; se confirma, en la parte apelada, el auto de 16 de agosto último, que se registra a f. 5"[1765].

Nuevamente aparecía el artículo 4° de la LOAT —ahora asociado a la norma matriz de la juridicidad, el artículo 160 de la Constitución—, en este caso entendiéndose que lo que se pretendía por el ejercicio de la acción era inhibir a la Administración activa de una atribución que le era ínsita: la ejecución de las leyes. Más allá de la solución concreta, la invocación del artículo 4° de la LOAT seguía clavando la idea de que su función era la de un blindaje frente a las "contiendas judiciales". Y frente a este horizonte el ministro Covarrubias redactó una de las disidencias más egregias del período:

> "Considerando: que sea cual fuere la conformidad de esta demanda con el precepto de la ley, incumbe a los Tribunales de Justicia conocer de ella y fallarla oportunamente, porque es de su competencia exclusiva el conocimiento y resolución de todos los asuntos judiciales que se promuevan en el orden temporal dentro del territorio de la República, cualquiera que sea su naturaleza y la calidad de las personas que en ellos intervengan;
> Considerando: que puede solicitar el amparo de los tribunales de justicia todo el que se crea perjudicado en su propiedad o en sus derechos, sea que el perjuicio provenga de actos meramente privados o de actos de la autoridad pública, y el demandante sostiene encontrarse en este último caso, por cuanto se ha dado al cementerio un carácter y objeto que son contrarios a su derecho;

1762 *Lavín Matta* (1882).
1763 *Vecinos del Barrio de San Juan de Dios* (1883).
1764 Ley de 2 de agosto de 1883, BLDG, LII, p. 643.
1765 *Balbontín* (1883).

Considerando: que las cuestiones de fondo indicadas o debatidas por las partes no deben ser apreciadas por ahora, porque su justicia o injusticia no altera su naturaleza para el efecto de determinar la competencia de la autoridad llamada a decidirlas con su fallo;
Considerando: que en todo juicio se trata de apreciar cuál es la conformidad de la demanda con los preceptos de la ley, y que, siendo esta apreciación contradictoria, lo que constituye el litigio, solo en definitiva puede la autoridad judicial pronunciarse sobre ello, aceptando la demanda o rechazándola; y
Considerando: que esta autoridad se mantiene dentro de la esfera de acción que le es propia, limitándose a tramitar y resolver la cuestión iniciada en la demanda, en ejercicio de las atribuciones que le están conferidas por la ley fundamental y por el art. 5° de la ley de 15 de octubre de 1875, el que suscribe ha sido de dictamen que se revoque el auto apelado de 16 de agosto último, corriente a f. 5, y se declare que el juez letrado de hacienda es competente para conocer de esta causa, debiendo en consecuencia tramitarla y fallarla con arreglo a derecho. Santiago, diciembre 3 de 1883. *Covarrubias*".

Como se advierte, ya estaba lanzada la controversia acerca del alcance del artículo 4° de la LOAT, y ello, mucho más allá de la cuestión del caso concreto. Al año siguiente, en un pleito sobre jubilaciones, la cuestión se invirtió: la mayoría entendió competente al Poder Judicial para revisar si una jubilación había sido o no dada conforme a derecho. Sin embargo, el ministro Cousiño expresó en su voto particular, invocando el artículo de marras, que "el Ejecutivo ha dispuesto en el caso concreto de que se trata que solo le corresponde el abono desde el día 29 de diciembre de 1881, en que se le otorgó la jubilación, y no desde el 15 de junio anterior, como lo pretendía el solicitante", por lo que "si la justicia ordinaria resuelve que se le pague desde esta última fecha, amplía en cierto modo el goce de la pensión y revé el fallo del Ejecutivo, para conceder lo que este denegó", siendo incompetente, por lo tanto, la justicia ordinaria[1766].

En 1885 la teoría del blindaje volvería a ser mayoría, derivándose de la destitución de un funcionario que se había dispuesto por decreto supremo. Dado que la prerrogativa de destituir estaba establecida en el artículo 82 de la Constitución a favor del Presidente de la República, "al entrar el juzgado a conocer en el fondo de la reclamación que motiva la demanda, se arrogaría facultades que no le corresponden, por ser dicha reclamación concerniente a actos privativos de un poder constitucional tan independiente como el judicial"[1767]. Pero Covarrubias seguiría representándole al resto de la Corte en su disidencia, bastante parecida a la del caso *Balbontín*, las dificultades que se derivaban de seguir por la línea del blindaje, la que daba la impresión —entre otras cosas— de que todo decreto supremo sería contenciosamente invulnerable[1768].

1766 *Astorga* (1884).

1767 *Arrieta* (1885).

1768 Entre lo más destacable del voto particular: "[...] considerando que no es antecedente bastante para determinar la incompetencia del juzgado el hecho de que haya un decreto supremo que sea necesario dejar sin efecto para acceder a lo pedido por Arrieta, así porque puede solicitar el amparo de los tribunales de justicia todo el que se crea perjudicado en sus derechos por actos indebidos de la autoridad pública, como porque se trata de esclarecer cuáles son los efectos propios de ese mismo decreto".

Un nuevo jalón se marcó por la Corte de Apelaciones de Concepción, en cuatro resoluciones del mismo día referidas a cementerios[1769], por las cuales, en lo más evidente, se entendió que si un sujeto, nombrado funcionario o autoridad, "procedió en desempeño de los deberes de su cargo, y su procedimiento ha sido aprobado por el Supremo Gobierno" (considerando tercero), el acto no podía ser revisado por los tribunales. Si ello era alarmante, lo era aún más el siguiente considerando:

> "Que el poder judicial no puede ejercer otras funciones que las determinadas en los tres primeros artículos de la Ley de Organización y Atribuciones de los Tribunales, y entre ellas no se expresa la de rever los actos del poder administrativo, cuando como en el caso a que ha dado lugar el presente interdicto, se le niega la facultad con que ha procedido a proveer la administración de un establecimiento público, sujeto a su autoridad por las leyes de la Nación".

La Corte Suprema, conociendo de una querella de despojo, resolvió algo similar el mismo año: "[...] el Poder Judicial no puede ejercer otras funciones que las determinadas por la ley, y no existe disposición alguna que atribuya en general a este tribunal la facultad de conocer y juzgar las contenciones que se susciten por los actos administrativos del Poder Ejecutivo entre los particulares y los agentes de dicho Poder, sobre todo cuando los mencionados actos administrativos recaen sobre materias de la competencia de la administración o afectan derechos que no están asegurados por la ley", complementando esta desafortunada línea de razonamiento con el pretexto concreto de que "la inhumación de cadáveres es un hecho de naturaleza especial cuya ejecución está sujeta a las disposiciones que sobre ella dicte la autoridad que sea competente, y no está comprendida en las facultades anexas al dominio del suelo"[1770]. Podría pensarse que la restricción de la Alta Jurisdicción se derivaba del hecho de introducirse una querella civil; sin embargo, al año siguiente ella misma fallaba —es cierto que por una estrecha mayoría de tres a dos— que una querella de amparo dirigida contra la Administración era "esencialmente judicial": correspondiendo al "conocimiento de todos los asuntos civiles y criminales"[1771].

Era evidente que, a estas alturas, y anticipando en lo jurídico lo que sucedería en lo bélico poco tiempo después, existía una suerte de guerra civil judicial sobre esta materia. A guisa de ejemplo, en 1887 la Corte de Apelaciones de Santiago declaraba terminantemente que la determinación de la forma de funcionamiento de un tributo no podía ser determinada por la autoridad judicial, porque las peticiones relacionadas con ellas "se refieren a actos que emanan de la administración a la cual han sido confiados por la ley, y afectan a materias esencialmente administrativas, y, por tanto, esas peticiones son en todo ajenas de un asunto judicial"[1772]; pero, inversamente, la Corte Suprema en 1890 suprimía considerandos de la sentencia del Juzgado

1769 Son cuatro en total, prácticamente idénticas: *Sepúlveda* (1885 a), *Sepúlveda* (1885 b), *Sánchez* (1885) y *Villagra* (1885).

1770 *Balbontín y otros* (1885).

1771 *Martínez* (1886).

1772 *Rose Innes y Ca.* (1887).

de Letras en los que se contenía la invocación del artículo 4° de la LOAT como argumento para eludir el control de los tribunales sobre la Administración[1773].

A fines del período, también el Consejo de Estado se sirvió de este mismo precepto de la LOAT con consecuencias restrictivas para la plenitud jurisdiccional. Por ejemplo, al excluirla en caso de que el funcionario se haya mantenido "dentro de sus atribuciones", con lo que, para resolver la competencia, el Consejo de Estado se transformaba en cierta forma en juez de la legalidad por vía de una suerte de admisibilidad[1774]. Pero, sobre todo, al coronar el Consejo, a través de otra sentencia, la crisis de la plenitud jurisdiccional que introdujo la aplicación del artículo 4°. Se trata de la sentencia que resolvió —en 1889— la cuestión de competencia en la especie *Compañía de los Ferrocarriles de Tarapacá*.

En lo sustantivo, la controversia versaba sobre la declaración de caducidad, por parte del Gobierno chileno, de un permiso y un privilegio que el Gobierno del Perú había otorgado en 1871 a una compañía para construir varios tramos de vías férreas, que, en parte, se habían cedido a otra empresa con posterioridad. La cesionaria entendía que el privilegio se hallaba vigente a su respecto y, por lo tanto, se oponían a la construcción de otras vías férreas en dichas zonas, solicitándose al tribunal ordenar que se le mantuviera en posesión del privilegio. La cuestión de fondo no se debatió, pues el Fisco se defendió sosteniendo la incompetencia de la jurisdicción ordinaria para conocer de esta materia. Dado que se trataba de una cuestión de derecho internacional, la primera instancia fue sustanciada por un ministro de la Suprema Corte[1775], quien decidió que los tribunales eran incompetentes. Sin embargo, apelada la sentencia de primera instancia, la Corte Suprema decidió revocarla, con un razonamiento que seguía la línea más garantista en materia de plenitud jurisdiccional:

> "Que por claras y precisas que sean las estipulaciones del contrato en que el Gobierno se ha fundado para declarar la caducidad y por expedito que juzgue el derecho que le da, ello ha sido estimado de una manera contradictoria por las partes y ha dado lugar a la presente contención, en la cual se hacen valer hechos sustanciales que deben esclarecerse y excepciones legales que es menester discutir y resolver;

1773 *Fisco con Barruel* (1890). Los considerandos eliminados más pertinentes eran los siguientes: "8° Que, aun suponiendo probados los hechos o fundamentos alegados por el señor promotor fiscal, tampoco podría darse lugar a la demanda, pues su admisión importaría que el Poder Judicial estaba investido de la potestad de rever los actos del Poder Ejecutivo verificados en virtud de sus facultades legales, y, de consiguiente, de modificarlos o revocarlos; 9° Que el art. 4° de la Ley de Organización y Atribuciones de los Tribunales prohíbe al Poder Judicial mezclarse en las atribuciones de otros poderes públicos y, por lo tanto, no es lícito a este juzgado examinar si el Supremo Gobierno, haciendo en el presente caso uso de sus atribuciones o de autorizaciones conferidas por la ley, ha procedido correctamente al conceder al demandado don Ernesto Barruel la hijuela materia del litigio".

1774 *Intendente de Talca con Juez de Letras de Talca* (1887).

1775 Originalmente, la demanda fue deducida ante el Juzgado de Letras; pero se levantó una primera cuestión de competencia que rápidamente fue resuelta por la Corte Suprema, declarando que debía seguirse las reglas competenciales aplicables a las cuestiones de derecho internacional: *Compañía de los Ferrocarriles de Tarapacá* (1886).

Que el conocimiento y resolución de los negocios contenciosos, cualquiera que sea su naturaleza o la calidad de las partes contendientes, corresponde exclusivamente a los tribunales de justicia establecidos por la ley.
Visto el artículo 108 de la Constitución y el 5° de la ley de Organización y Atribuciones de los Tribunales, se declara que a la justicia ordinaria compete conocer y decidir la presente causa y que, en consecuencia, el Fisco debe contestar la demanda promovida a f. 25 dentro del término legal"[1776].

Sin embargo, la arquitectura institucional de la época permitió que la historia contenciosa de este pleito tuviera un segundo acto, insospechado para cualquier observador de nuestros días. El presidente Balmaceda, al tomar conocimiento de la sentencia de la Corte Suprema, formuló una contienda de competencia entre la Administración y el Poder Judicial —materia que era de conocimiento del Consejo de Estado—, aseverando que este no era competente para "rever o derogar un acto administrativo ejecutado dentro de la órbita de sus atribuciones", como era la referida declaración de caducidad. En lo más pertinente a la cuestión de la plenitud jurisdiccional, esta sentencia declaró lo siguiente:

"Que en la demanda interpuesta por la Compañía se pide 'que la justicia ordinaria declare que está vigente el privilegio otorgado en 26 de octubre de 1871 a Montero Hnos. para oponerse a la construcción de líneas férreas entre la costa y las salitreras de la provincia de Tarapacá que tienen ferrocarril o ramificaciones de las líneas de Iquique o de Pisagua, y que la Compañía de los Ferrocarriles Salitreros Limitada, dueña actual de ese privilegio, debe ser mantenida en posesión de él';
Que de los términos de esta demanda aparece que lo que se pretende obtener de la justicia ordinaria no es otra cosa que la revocación expresa del decreto de 29 de enero de 1886, puesto que en ella se pide se declare vigente el privilegio que aquel decreto dio por caducado;
Que el artículo 4° de la ley de 15 de octubre de 1875 prohíbe al poder judicial mezclarse en las atribuciones de los otros poderes públicos;
En mérito de estas consideraciones, y de conformidad con lo prescrito en el artículo 50 y en la parte 5ª del artículo 95 de la Constitución, y en el artículo 4° de la ley de 15 de octubre de 1875, se declara: que no corresponde a la justicia ordinaria el conocimiento de la demanda interpuesta por la Compañía de los Ferrocarriles Salitreros de Tarapacá que ha dado origen a esta contienda de competencia"[1777].

Aunque, como lo hemos explicado anteriormente, la técnica era conocida de la jurisdicción ordinaria —ella misma había impulsado en varias ocasiones la invocación del artículo 4° de la LOAT para blindar a la Administración—, estaba claro que con esto se había transitado a una dimensión institucional muy distinta. La excepción pasaba a revestirse de los caracteres de principio. Se trataba de un descomunal golpe político: a partir de este fallo, las sentencias pronunciadas por la jurisdicción ordinaria que concernían a la Administración del Estado se

1776 *Ferrocarril de Tarapacá* (1887).
1777 *Presidente de la República con Corte Suprema* (1889).

encontraban totalmente expuestas a ser aniquiladas a través de una simple declaración de incompetencia en razón de no poder "mezclarse en las atribuciones de los otros poderes públicos" y, por ende, la plenitud jurisdiccional del Poder Judicial se transformaba en un espejismo.

Así, esta sentencia marcó el nadir de un áspero proceso de degradación del diseño institucional del contencioso-administrativo de la década de 1880, al punto de dejar la posibilidad de defensa de los derechos de las personas al borde del precipicio[1778]. De tal modo, se materializó de la peor manera en la práctica lo que Huneeus había planteado pocos años antes como ominosa reflexión, al advertir que "con semejante sistema, la independencia del Poder Judicial es tan ilusoria como creyó la Constitución que lo sería la del Ejecutivo, si la decisión de las competencias entre autoridades administrativas y tribunales de justicia hubiera quedado confiada a estos últimos"[1779].

Aunque la situación era grave, sería excesivo sostener que la plenitud jurisdiccional desapareció como efecto de la degradación descrita, pues es notoria la robusta cantidad de cuestiones contencioso-administrativas ventiladas y juzgadas durante este período[1780]. Asimismo, debe tenerse presente que la LOAT no solo desempeñó una función de restricción de la plenitud jurisdiccional, que es el factor recién descrito, sino que algunas de sus otras normas más conceptuales también fueron utilizadas como sustento normativo para subrayar la competencia de los tribunales, en orden a juzgar cuestiones contencioso-administrativas. Así, por ejemplo, el artículo 5°, que prescribía que "a los tribunales que establece la presente ley estará sujeto el conocimiento de todos los asuntos judiciales que se promuevan en el orden temporal dentro del territorio de la República", fue útilmente invocado tanto por la jurisdicción común para sostener la procedencia en general de juicios ordinarios o querellas posesorias contra la Administración[1781], como por el Consejo de Estado a fin de resguardar la competencia del Poder Judicial[1782].

1778 Tal como subraya Saavedra Ramírez (2012), pp. 76-78, el punto más destacable de esta sentencia se encuentra en la solitaria disidencia del consejero Altamirano. Bien argumentada y ampliamente desarrollada, contiene expresiones muy notables, de las cuales quizás la más agudamente lúcida para expresar lo que estaba en juego, sea la siguiente (punto VI): "Negar la competencia de la Exma. Corte para conocer y resolver esta cuestión legal, quitarle a la Compañía el único juez que puede fallar el reclamo interpuesto, *importa para el infrascrito una verdadera denegación de justicia*" (las cursivas son nuestras).

1779 Huneeus Zegers (1880), II, p. 225.

1780 También so pretexto de separación de poderes, Argentina vio dificultada la posibilidad de control de los actos de la Administración en esta época: véase Díaz Couselo (1990).

1781 *V. gr.*, *Araya* (1880): "[...] tanto el juicio ordinario como el posesorio que don Rudecindo Araya y don Ignacio Villarroel siguen sobre el uso y goce de las aguas del río Pama son cuestiones contenciosas, y que el conocimiento de todos los asuntos judiciales que se promuevan en el orden temporal dentro del territorio de la República compete exclusivamente a la justicia ordinaria". También, *Achurra* (1880).

1782 *Juez de Letras de La Victoria con Gobernador de La Victoria* (1878), *Intendente de Santiago con Juez de Letras de Santiago* (1880 a) y *Gobernador de Limache con Juez de Letras de Quillota* (1887).

3. Una amplificación inesperada

Un aspecto novedoso de este período resultó ser el control judicial[1783] de la juridicidad de las leyes, lo que también incidía en materias administrativas. Esta evolución notable no apareció abruptamente, sino que fue germinando de modo paulatino. Algunos atisbos de esta posibilidad comenzaron a surgir a principios de la década de 1860[1784]. Puede atenderse, por ejemplo, a la forma de construir la argumentación en una sentencia correspondiente a un juicio por denuncia de terrenos vacantes, que concernía a una norma de las Partidas:

> "[...] 3° que tampoco pudo la expresada ley conceder la exención mencionada, por no haber observado los requisitos prevenidos en el art. 12, núm. 5° de la Constitución vigente, la cual prohíbe que ninguno pueda ser privado de su propiedad, o de una parte cualquiera o del derecho que a ella tuviere, si no en virtud de sentencia judicial; salvo el caso de utilidad pública calificada por una ley y previa la indemnización competente: 4° *que es inconciliable con esta prescripción constitucional, la disposición de la ley 53, tít. 5°, part. 5ª, que sin restricción de ningún género autoriza al Soberano para enajenar la cosa ajena o común, estando en consecuencia derogada y siendo por esto inaplicable en el presente asunto*"[1785].

La fórmula empleada es muy llamativa. Dado que la derogación había sido de tradicional aplicación en el derecho chileno —más allá del remozamiento de su tratamiento a través del Código Civil—, cabe preguntarse por qué el tribunal no se limitó a señalar que se hallaba derogada la norma de las Partidas que contravenía el mecanismo de la expropiación previsto en la Constitución, añadiendo el énfasis final sobre la inaplicabilidad. La respuesta es sencilla: el objetivo del tribunal era bloquear la aplicación de la antigua norma de las Partidas, con lo que la consideración acerca de la derogación era instrumental en relación con dicho propósito y no bastaba para cerrar la correspondiente argumentación. Esto, que es de toda lógica, envuelve, sin embargo, el germen de un desarrollo posterior: la distinción —no necesariamente la disociación— entre derogación e inaplicabilidad. En este caso, la norma legal era inaplicable por haberse derogado, pero la inaplicabilidad podría eventualmente derivarse de alguna otra consideración. Y también envuelve otra vinculación importante: la oposición de una norma legislativa con la Constitución podía configurar una inaplicabilidad. Como puede constatarse, en esta especie podían hallarse distintos elementos referidos al control de juridicidad de las leyes, pero que no cuajarían sino hasta más adelante.

1783 Y, aunque parezca increíble, también hay algunos indicios de control administrativo de la juridicidad de las leyes. Un Decreto Supremo de 2 de marzo de 1876 (BLDG, XLIV, p. 93), advirtiendo que "al hacerse la edición de la Ley sobre Organización y Atribuciones de los Tribunales incluyéndose en su art. 95 la ley de 20 de noviembre citada, *se conservaron por error u olvido los dos últimos incisos del artículo suprimido por el Congreso*", dispuso lo siguiente: "Ténganse como *sin ningún valor ni efecto* los dos últimos incisos del art. 95 de la Ley sobre Organización y Atribuciones de los Tribunales, que dicen así [...]" (las cursivas son nuestras).

1784 Década en la que, en doctrina, Lastarria propuso una revisión judicial de la ley: Verdugo Ramírez (2016).

1785 *Ovalle* (1861). Las cursivas son nuestras.

Bien se ha destacado en nuestra doctrina[1786] el antecedente que cruzó el Rubicón en esta materia: la declaración, por parte de la Corte Suprema, de desconocimiento de la existencia de una disposición legal, la que, por lo tanto, no podía fundar normativamente una sentencia:

> "Vistos: al fallar la presente causa, primera que va a resolverse en conformidad a la ley de quince de octubre del año próximo pasado sobre Organización y atribución de los Tribunales, se ha promovido la cuestión [de] si la sentencia que se pronuncie debe ser precedida de la opinión de cada juez, consignada en el proceso antes de dicha sentencia.
> Los dos últimos incisos del núm. 3° del art. 95 de la expresada ley ordenan en efecto que se consigne en el proceso y antes de la sentencia el voto especial de cada uno de los jueces. Estos dos últimos incisos formaban el art. 95 del proyecto de ley de Organización y Atribución de los Tribunales, reemplazado por la disposición de la ley de 20 de noviembre de 1873 sobre el voto público de los jueces.
> Considerando: que los dos últimos incisos del núm. 3° del art. 95 de la ley de Organización y Atribuciones de los Tribunales no han sido aprobados por el Congreso Nacional y, por consiguiente, no tienen el carácter de una verdadera ley, el Tribunal, de unánime acuerdo, resuelve que la sentencia en la presente causa se pronuncie en conformidad al mencionado art. 95 y sin tomar en cuenta los dos últimos incisos del núm. 3° del predicho artículo"[1787].

Se advierte que, más que contener un problema de vigencia de un precepto legal, la sentencia comentada abordó un problema de nulidad. Una norma que no había sido aprobada tras el procedimiento legislativo correspondiente no tenía "el carácter de una verdadera ley", por lo que no podía entenderse integrar el ordenamiento jurídico. Por ende, el texto que no había sido aprobado por el Congreso no se podía tomar en cuenta como regla para pronunciar la sentencia.

Sería injusto desconocer el carácter sumamente incisivo de esta jurisprudencia, máxime al considerarse que la doctrina más influyente en derecho público era muy poco proclive a apartarse de la majestad decimonónica de la ley. Sostenía Huneeus que "los tribunales llamados a juzgar las causas civiles y criminales han de hacerlo con arreglo a *las leyes*, puesto que su deber y su misión es aplicarlas en las controversias de que conocen. De aquí se infiere que, llamados a fallar un negocio, no pueden dejar *la ley* sin aplicación, aun cuando, a juicio de ellos, fuera *inconstitucional*"[1788].

Con todo, la audacia de la jurisprudencia terminó excediendo incluso a esta doctrina autorizada. Esto se manifestó a fines del período, en 1890, a través de dos sentencias importantísimas que profundizaron en el control judicial de la juridicidad de las leyes como elemento integrante del contencioso administrativo y de la plenitud jurisdiccional.

La primera de ellas concernía un reclamo por sueldos de Robustiano Vera, quien, por lo demás, gozaba de un importante prestigio como jurista y era autor de múltiples obras en distintas materias. Vera era promotor fiscal de Santiago, y su sueldo había sido fijado por una

1786 Navarro Beltrán (2011), p. 18.

1787 *Correa* (1876). Se trata de una causa penal por violación.

1788 Huneeus Zegers (1880), II, p. 252. Las cursivas proceden del original.

ley especial de 1883[1789]. Como en el presupuesto de la Nación para el año de 1889 no se previó en ninguna parte la partida correspondiente a su sueldo, este dejó de serle pagado, lo que, según Vera, era contrario a derecho. A lo anterior, los representantes fiscales respondieron que "el Supremo Gobierno no pudo ordenar el pago de una suma no reconocida por disposición alguna, y, por el contrario, derogada expresamente, sin violar la Constitución y las leyes".

El Juzgado de Letras falló a favor de Vera, ordenando pagar los sueldos adeudados. Ello, en una sentencia que se apoyaba tanto en una cuestión de jerarquía normativa como también en lo que hoy se conceptualizaría bajo la lógica de una oposición entre principios —invocándose el de la inamovilidad judicial— y simples reglas:

> "Que el expresado empleado goza de la misma inamovilidad con que están premunidos los señores jueces y ministros de los Tribunales de Justicia (art. 282 de la ley de 15 de octubre de 1875 y 110 de la Constitución) y solo puede perderla en los casos que enumeran los arts. 169, 170 y 171 de la citada ley, y en ninguno de los cuales se encuentra el demandante;
> Que no es razón atendible la de que en el presupuesto del año de 1889 se haya omitido el sueldo de que se trata, pues el señor Vera en su carácter de empleado público inamovible tiene derecho perfecto al pago de sus servicios, y si no fuera así, el principio constitucional y legal que consagra la inamovilidad judicial sería enteramente ilusorio y letra muerta en presencia de interpretaciones de dudosa inteligencia"[1790].

Resolviendo la apelación interpuesta por el Fisco, la Corte Suprema confirmó la sentencia de primera instancia, pero focalizando la argumentación en una cuestión de antijuridicidad y, por lo tanto, de nulidad:

> "Que al consultarse en el presupuesto de 1889 solo el sueldo del promotor fiscal en lo criminal creado por la ley de 31 de enero de 1888, sin hacerse mención del sueldo de igual cargo creado por la Ley Orgánica de los Tribunales, se ha conformado sin duda el Congreso a la ley antes citada de 16 de setiembre de 1884, la cual en su art. 9° prescribe, en cuanto a la formación de los presupuestos, lo siguiente:
> "Las modificaciones que se introduzcan en las partidas de gastos fijos por las leyes de efectos permanentes y las que *alteren los sueldos* o los gastos establecidos por leyes especiales, se considerarán como *proyectos de ley* que se discutirán y tramitarán como una ley independiente de la de presupuestos";
> Que la supresión del sueldo, en el presupuesto de 1889, del promotor fiscal en lo criminal, creado por la ley de 15 de octubre de 1875, no ha podido considerarse según la ley de 16 de setiembre de 1884 sino como un proyecto de ley que debió discutirse y tramitarse independientemente de la ley transitoria de presupuesto anual, y que el representante fiscal, único que se ha opuesto al pago del sueldo, pues el ministerio público ha aceptado la demanda en primera y segunda instancia, no ha acreditado que dicho proyecto haya sido discutido, aprobado y promulgado, independientemente del presupuesto, en la forma establecida por la Constitución;

1789 Ley de 11 de enero de 1883, BLDG, LII, p. 37.
1790 *Vera* (1890 a).

y, por lo tanto, no reviste los caracteres de una verdadera ley, para tomarla en consideración; se confirma, en la parte apelada, la sentencia de 4 de enero último, corriente a f. 14"[1791].

Estas expresiones de la Corte Suprema se encuentran entre las más memorables de todo el siglo XIX. Por una parte, desde un ángulo *conceptual*, porque *potenció* la aproximación hacia la nulidad de las leyes que procedía de la sentencia *Correa* de 1876: si en esta la nulidad se había dado porque las disposiciones respectivas no habían sido siquiera aprobadas por el Legislador, en *Vera* la Corte Suprema entendía que la supuesta ley no revestía "los caracteres de una verdadera ley", a pesar de haber sido aprobada formalmente por los órganos legislativos. La violación del criterio previsto en la ley de 1884 —que con razón citaba la Corte— implicaba la antijuridicidad de la ley de presupuestos, porque se había prescindido de la "forma establecida por la Constitución". Esta última parte de la argumentación era permeable desde un punto de vista estrictamente formal; pero el criterio de fondo es que, si las reglas procedimentales legislativas eran violadas, la norma en realidad no era una verdadera ley. En esto hay ecos del antiguo derecho hispánico —por ejemplo, de las Partidas—, pero insertados en un contexto institucional de total vanguardia para la época. Y debe tenerse presente que, por otra parte, esta sentencia, a más de lo conceptual, le inyectó *eficacia práctica* a un tema muy complejo: la Corte entendió ser conforme a derecho prescindir de esta falsa ley y, por lo tanto, no podía ser tomada en consideración —son sus palabras— para determinar el derecho del reclamante y, correlativamente, del Fisco[1792].

Es cierto que, estrictamente hablando, la sentencia *Vera*, abordando un problema concerniente al Poder Judicial, no se refería directamente a la Administración. Pero era cosa de meses que el mismo criterio se trasegara al ámbito propiamente administrativo.

Ello se verificó a través de una sentencia *Fábrega*, que invocó la misma ley de 16 de septiembre de 1884 sobre la que reposaba la especie *Vera*, y que abordó el caso de sueldos adeudados a un oficial del Registro Civil, pero en sentido inverso; es decir, se trataba del caso de un funcionario que pretendía que se le pagasen remuneraciones previstas por la Ley de Presupuestos y que eran superiores a las establecidas en la ley especial que regía su plaza. Por esta sentencia se entendió que los emolumentos del funcionario no podían ser "alterados por las leyes de Presupuestos de 1886 y 1887, sino por otra ley especial, hecho que no se ha verificado", y, no sin una elegante ironía, criticó el texto de la Ley de Presupuestos, sosteniendo que debía haber habido "un error en esa designación, ya que no puede suponerse que los legisladores desconocieran las prescripciones de la referida ley y la de 16 de setiembre de 1884".

1791 Las cursivas proceden del original.

1792 Se pronunció en esta sentencia un voto disidente, del ministro Amunátegui, de corte totalmente formalista: "Considerando... Que la ley es una declaración de la voluntad soberana que, manifestada en la forma prescrita por la Constitución, manda, prohíbe o permite, según lo prevenido en el art. 1° del Código Civil; que la ley de presupuestos para el año de 1889, sancionada en la forma constitucional, suprimió la partida correspondiente al sueldo de don Robustiano Vera y que, al hacer esa supresión, prohibió que se le pagara ese sueldo durante un año, modificando temporalmente en esa parte la ley que lo fijaba".

El resto venía de suyo: se dejaron sin aplicación las disposiciones de la Ley de Presupuestos y se absolvió de la demanda al Fisco[1793]. Quedaban abiertas las puertas, por lo tanto, a una plenitud jurisdiccional reforzada, que incluso era capaz de descartar leyes formalmente aprobadas por el Poder Legislativo en orden a resolver problemas contenciosos relacionados con la Administración. Desde esta figura decimonónica hasta la acción de inaplicabilidad que introduciría formalmente la Constitución de 1925, la distancia era en realidad muy corta.

B. LAS ETAPAS DEL CONTENCIOSO ADMINISTRATIVO

Si la configuración esencial del contencioso administrativo había concentrado una combinación de continuidad y de novedad —con altos y bajos—, otro tanto podría aducirse del tratamiento de las etapas del contencioso administrativo. En ello, la riqueza de la tradición jurídica que Chile había cultivado durante largos años se vio complementada con la inyección de importantes factores modernizadores que fueron modificando el paisaje del contencioso administrativo aun antes de la entrada en vigor, a principios del siglo XX, de la codificación procesal.

También en esta materia parece haber incidido un talante de claridad, consistente con el espíritu de la codificación chilena. Por ejemplo, frente al artículo 220 de la LOAT, que fue el único que mencionó en dicha ley al Fisco[1794], el comentarista más agudo de dicho cuerpo normativo aseveró, haciendo referencia al derecho comparado, que "preciso es convenir en la superioridad de nuestra Ley, que, guardando armonía con el Código Civil, establece una regla fácil y adaptable a todos los casos de ordinaria ocurrencia"[1795].

Convendrá, entonces, detenerse en algunos aspectos concernientes al desarrollo de la tramitación del contencioso administrativo que parecen especialmente llamativos en estos años (I), para luego abordar elementos destacables en la conclusión del contencioso administrativo, habiendo o no impugnación (II).

I. El desarrollo del contencioso administrativo

Como ha de imaginarse, un análisis íntegro de las etapas del contencioso administrativo requeriría un estudio más extenso que el que se ha propuesto a través de estas líneas. Pero conviene enfatizar dos aspectos centrales que definieron de manera muy relevante su configuración y su funcionamiento. En cierta forma, se trató de viejas cuestiones que adquirieron

1793 *Fábrega* (1890).

1794 "Cuando el demandado fuere una persona jurídica, se reputará por domicilio, para el objeto de fijar la competencia del juez, el lugar donde tenga su asiento la respectiva corporación o fundación. / Y si la persona jurídica demandada tuviere establecimientos, comisiones u oficinas que la representen en diversos lugares, como sucede con el Fisco o con las sociedades comerciales, deberá ser demandada ante el juez del lugar donde exista el establecimiento, comisión u oficina que celebró el contrato o que intervino en el hecho que da origen al juicio".

1795 Ballesteros Ríos (1890), II, p. 232. Para una aplicación de dicha norma en derecho administrativo en que aparece prístina la simplificación operada —prevaleciendo sobre una norma anterior—, véase *A. Edwards y Ca.* (1880).

nuevas formas bajo nueva normativa: el régimen de las acciones jurisdiccionales, asociado a un proceso de modernización, no obstante hallarse pendiente a la sazón la codificación de los procedimientos civiles y penales (a), y el tratamiento de la representación estatal, cuyas inveteradas reyertas no se aquietaron definitivamente durante estos años (b).

a. La modernización del régimen de acciones

La codificación chilena no generó una perturbación en el régimen de las acciones que Chile había construido por décadas, sino que lo reformuló, impulsó y actualizó. Ello rigió, como es esperable, tanto respecto de la acción contenciosa civil (1) como de la penal (2).

1. La acción civil

La entrada en vigor del Código Civil no modificó la aproximación caleidoscópica que nuestros tribunales habían desarrollado en torno a las acciones civiles en el marco del contencioso administrativo. Incluso podría decirse que la acentuó y modernizó.

En efecto, bien se sabe que el texto del Código Civil contiene múltiples acciones a lo largo de su entramado, relacionadas con distintas pretensiones y con caracteres que se extienden desde lo más específico a lo más amplio o incluso residual. Así, se advierten en la vida práctica de nuestro contencioso administrativo desde las acciones[1796] de responsabilidad[1797] hasta la acción de nulidad absoluta[1798]; desde la acción de evicción[1799] hasta la acción resolutoria[1800]; desde la acción pauliana[1801] hasta la de pago de lo no debido[1802]; y desde la acción de deslindes[1803] hasta la acción de cobro de pesos, que, tal como desde épocas anteriores, en realidad podía contener distintas pretensiones específicas[1804]. Ciertamente también estaba muy presente la acción reivindicatoria, sobre todo respecto de bienes raíces, ejercida tanto por los particulares contra la Administración[1805] como por esta contra los particulares[1806]; pero también lo estaba la acción publiciana[1807].

1796 El régimen no estaba concebido bajo la forma de una sola acción general, según el propio tenor del artículo 2332 del Código Civil, sino que de una multiplicidad de acciones: "*Las acciones* que concede este título por daño o dolo, prescriben en cuatro años contados desde la perpetración del acto". Las cursivas son nuestras.

1797 *V. gr.*, *Lara* (1875).

1798 *V. gr.*, *Sociedad Colonizadora de los Terrenos de Arauco* (1883).

1799 *V. gr.*, *Marín* (1867).

1800 *V. gr.*, *Compañía Financiera y Comercial del Pacífico* (1884).

1801 *V. gr.*, *Fisco con Fuenzalida* (1865).

1802 *V. gr.*, *Compañía Explotadora de Lota y Coronel* (1879).

1803 *V. gr.*, *Price* (1862).

1804 *V. gr.*, *Caja del Crédito Hipotecario con Fernández* (1861), *Astorga* (1882) y *Thompson* (1883); y en el Consejo de Estado, *v. gr.*, *Fisco con Waddington* (1863).

1805 *V. gr.*, *Villarroel* (1866), *Barra* (1876) y *Vera* (1880). De *Gundián* (1881) aparece claramente la importancia de reivindicar contra la persona jurídica correcta.

1806 *V. gr.*, *Municipalidad de Valparaíso con Pérez* (1873), *Municipalidad de Concepción con Pradenas* (1874), y *Vera* (1880) en que el Fisco demandaba reconvencionalmente.

1807 *Fisco con Rebolledo* (1881).

Mención especial merecen las acciones posesorias, cuya popularidad en el contencioso administrativo de la época era bastante distintiva. Si bien la querella de amparo[1808] y la de restablecimiento del artículo 928 del Código Civil[1809] se impetraban ocasionalmente, mucho más popular parece haber sido la querella de restitución, también denominada querella de despojo, impetrándola tanto particulares[1810] como la Administración[1811], e involucrando eventualmente, conforme al Código, alguna indemnización[1812].

Al aumentar su relevancia ante los tribunales, el ejercicio de las acciones posesorias generó alguna controversia en jurisprudencia, pues la Administración tendió a excepcionarse arguyendo una supuesta incompetencia de la jurisdicción ordinaria para conocer de estas cuestiones. En lo central, el Consejo de Estado dilucidó el punto de manera bastante consistente, afirmando que estas cuestiones eran de competencia del Poder Judicial[1813] y que, aunque reconocía que "el ejercicio de las acciones posesorias no es siempre un medio correcto para atacar los actos de un poder público, corresponde apreciar la procedencia de esas acciones al mismo tribunal llamado a fallar sobre el fondo de la cuestión promovida"[1814].

El Poder Judicial reconocía, por su parte, que no siempre era admisible el ejercicio de las acciones posesorias, por ejemplo, en materia de minas[1815] o respecto del derecho a transitar por un camino público[1816]; pero sí era uno de los asuntos judiciales a los que aludía la LOAT[1817], con lo que había una competencia básica de la jurisdicción ordinaria, y no era obstáculo para la querella el hecho de que se aplicara la fuerza pública o que existiera orden expresa de una autoridad administrativa[1818]. La función de las acciones posesorias podía ser bastante variada, girando frecuentemente en torno al resguardo de la posesión de predios disputados. No obstante, algunos casos resultaban menos convencionales. Por ejemplo, en una especie se dedujo una querella de amparo con el propósito de no innovar en un antiguo contrato entre la Municipalidad y la Compañía de Gas, preservándose el derecho de proveer el servicio de alumbrado en la ciudad y de usar la línea férrea de la calle Moneda mientras se resolvía judicialmente la cuestión que era propiamente de fondo, e invocándose la existencia de un "derecho real de uso de las calles"[1819].

1808 *Municipalidad de Quillota con Castro* (1884), *Martínez* (1886) y *Bunster* (1889).

1809 *Fisco con Ruiz y otros* (1873).

1810 *Presbítero González* (1861), *Asociación Patriótica del Corazón de Jesús* (1870) y *Hurtado* (1881).

1811 *Municipalidad de Concepción con Reyes* (1864) y *Municipalidad de Iquique con Pointis* (1886).

1812 *Alarcón* (1873).

1813 *Intendente de Santiago con Juez de Letras de Santiago* (1880 b), *Intendente de Santiago con Juez de Letras de Santiago* (1880 c), *Intendente de Santiago con Juez de Letras de Santiago* (1880 d), e *Intendente de Aconcagua con Juez de Letras de San Felipe* (1884).

1814 *Gobernador de Coelemu con Juez de Letras de Coelemu* (1887).

1815 *Escobar* (1868).

1816 *Benavente* (1881).

1817 *Sepúlveda* (1888 a) y *Castillo* (1890).

1818 *Ruiz* (1881).

1819 *Compañía de Gas de Santiago* (1890). La Corte de Apelaciones de Santiago decidió, de manera algo misteriosa, que "visto lo dispuesto en el art. 602 el Código Civil, se declara que ha lugar a la demanda precautoria, la cual se otorga en la forma relacionada en los considerandos precedentes, y, en consecuencia, que la Ilustre Municipalidad de Santiago no podrá innovar en el contrato referido, sin perjuicio de lo que se resuelva en el juicio contradictorio que promuevan las partes en orden a

También tuvieron relieve las acciones posesorias especiales. Esporádicamente, podían hallarse casos de denuncia de obra ruinosa[1820], pero más numerosos eran los casos de oposición a inscripción[1821] y de denuncia de obra nueva, según lo que se explicará a continuación.

En sus inicios existió alguna resistencia frente a disposiciones de leyes especiales, tal como el artículo 84 de la Ley de Régimen Interior de 1844, que prescribía que "cuando un Intendente diere a cualquiera de los funcionarios o particulares de la provincia que le está confiada una orden que, a juicio del que ha de cumplirla, no sea legal, podrá representarlo con el debido respeto a la autoridad de donde emanó; pero si esta dispusiere que lo ordenado se lleve a efecto no obstante la exposición que se le haya hecho, deberá dársele pleno cumplimiento, pudiendo el encargado de la ejecución y todo aquel a quien tocare lo dispuesto, quejarse en términos decorosos al Presidente de la República contra el jefe que expidió e hizo cumplir la mencionada orden, el cual será responsable de todo atropellamiento o desafuero que se cometa en virtud de las disposiciones que emanaren de él mismo". En la especie, se juzgó que era improcedente la denuncia de obra nueva por existir "una autoridad especial para los reclamos que se hagan contra las órdenes y providencias de un Intendente", que era la dispuesta por el artículo transcrito[1822]. Dicha interpretación era compleja, porque amenazaba gravemente la posibilidad de introducir dicha denuncia en el ámbito del derecho administrativo: bajo tal predicamento, la existencia de una vía administrativa de reclamación hubiera obstaculizado la denuncia de obra nueva.

Tal interpretación no prosperó y en el resto del período la denuncia de obra nueva se desenvolvió en los tribunales con bastante expedición[1823], quedando claro, en todo caso, que solo correspondía "resolver provisoriamente sobre la suspensión de la obra denunciada y a continuar la tramitación del juicio ordinario en la forma legal", estándole vedado al juez resolver "definitivamente las peticiones contenidas en la demanda", pues así faltaría "a todos los trámites esenciales en la sustanciación de los juicios"[1824].

Más allá de los límites del Código Civil, otras acciones eran introducidas por leyes especiales. Un caso relevante procede del ámbito edilicio, en relación con las acciones contra actos administrativos ilegales de las municipalidades, presentes tanto en la ley de 1854[1825] como en la de 1887[1826]. Y, sin perjuicio de las acciones que las leyes planteaban expresamente, también

dicho contrato. Se confirma la sentencia apelada de 31 de diciembre último, copiada a f. 53, en lo que fuere conforme a esta, y se revoca en lo demás".

1820 *Herederos de García* (1890).

1821 Que según *Mendoza y Zúñiga* (1890) "debe reputarse posesoria": También, *v. gr.*, *Bastidas* (1880), *Fisco con Isla y Rodríguez* (1884) y *Ruiz* (1886).

1822 *Vargas* (1861).

1823 *V. gr.*, *Seminario Conciliar de Santiago* (1865), *Tocornal y compartes* (1867), *Convento de Santo Domingo de Valparaíso* (1874), *Sanhueza* (1879) y *Ojeda* (1883).

1824 *Valenzuela Castillo* (1881).

1825 Art. 114: "Cualquier ciudadano tiene el derecho de reclamar contra los acuerdos o resoluciones municipales dictados sobre negocios que no sean de la competencia del cuerpo, o en que se ha excedido de sus atribuciones, o en que contraría una ley o disposición dictada por autoridad competente. Si la Municipalidad, ante quien se interpondrá el reclamo, resolviere declarando legal y legítimo el acuerdo, podrá el reclamante ocurrir al Consejo de Estado para que resuelva".

1826 Art. 96: "Cualquier ciudadano podrá reclamar ante la Municipalidad contra sus resoluciones ilegales, que no consulten los intereses locales, o que no sean de su competencia. / Si la Municipalidad

existía una suerte de lógica tradicional, histórica, en torno a consolidar acciones a partir de la existencia de obligaciones, tal como el caso de la acción de cierre de la línea férrea, derivada de la obligación de la empresa ferroviaria de cerrarla[1827]. Por ello no debe sorprender que en estos años haya surgido con bastante fuerza un prototipo de lo que hoy denominamos *acción declarativa de mera certeza*. En efecto, ella se desprende de múltiples especies que lo que perseguían era la mera declaración de no estar afecta una persona a pagar un determinado tributo, sin referirse a alguna otra prestación complementaria[1828]. Pero esta acción declarativa no estaba exenta de límites, pues se juzgó que la declaración debía pedir eximir del impuesto a la persona para algún año específico y no meramente en abstracto[1829].

Esta restricción a las declaraciones judiciales de tal naturaleza halló un correlato en otras materias. Así, por ejemplo, en una especie en que un alcalde solicitó una interpretación acerca de una eventual incompatibilidad que le aquejaría, se entendió que "el alcalde expresado debe pronunciarse como fuere de derecho y en asunto determinado sobre su competencia para conocer, y si resultare contienda con otra autoridad o reclamación de parte, se elevará el conocimiento del Tribunal que corresponda", porque "las resoluciones de los Tribunales de Justicia solo obligan respecto de las causas en que actualmente se dictaren"[1830].

Otro caso de interés fue el de la aceptación de la renuncia de un funcionario, que luego se dirigía a los tribunales en los siguientes términos:

> "Suplico que se sirva declarar que el decreto expedido por S. E. el Presidente de la República en 3 de noviembre de 1863 no me ha privado de los derechos y prerrogativas que las leyes acuerdan a los empleados públicos de la Nación, y por consiguiente, con opción a los sueldos devengados que me corresponden por el empleo que en esa fecha ocupaba, desde el 3 de noviembre de 1883 hasta hoy, e igualmente a iniciar mi expediente de jubilación cuando mi salud me dé derecho a ella".

Ante dicha demanda, la Corte Suprema entendió que "no corresponde a la justicia ordinaria rever el citado decreto de 3 de noviembre de 1863 para declarar de un modo general y en abstracto que dicho decreto no ha producido efecto alguno respecto del demandante" y declaró la consiguiente incompetencia de la justicia ordinaria para conocer de tal materia[1831].

---

desestimare el reclamo contra sus resoluciones ilegales, podrá acudirse ante el Consejo de Estado para que resuelva".

1827 *Ladrón de Guevara* (1885).

1828 *Cousiño* (1861), *Martínez* (1865), *López* (1871), *León* (1875), *Establecimientos de Beneficencia con Fisco* (1882) y *Ferrada* (1884); pudiendo reservarse el derecho al demandante para demandar a la Administración la devolución de las cantidades correspondientes: *Sebrero* (1889).

1829 *Ortúzar* (1882). Debe tenerse presente, sin embargo, que ciertas exenciones podían generar efectos permanentes hacia el futuro, en caso de que lo que se impugnara fuese un hecho que era presupuesto general de la obligación disputada. Así, por ejemplo, si la inclusión en el rol de contribuyentes de un determinado impuesto quedaba sin efecto, por supuesto se entendía que el sujeto "no está obligado al pago del impuesto agrícola" del todo: *Martin* (1882); en el mismo sentido, *Zúñiga* (1889).

1830 *Zúñiga* (1889).

1831 *Silva* (1890).

2. La acción penal

En relación con la acción penal, un par de aspectos merecen una especial detención. Uno fue el comienzo de la sistematización de estas acciones, consecuencia oblicua de la renovación de las normas penales sustantivas (i); el otro, las primeras eflorescencias del *habeas corpus*, sembrando los aprontes de una figura que con posterioridad hallaría su mayor desarrollo en la práctica (ii).

i. Los albores de la sistematización

En el derecho penal decimonónico, el régimen general de la acción penal se fundaba sobre las antiguas leyes españolas, y principalmente sobre las Partidas y la Novísima Recopilación[1832]. Aquellas, por ejemplo, definían lo que era una *acusación*[1833], se referían a su titularidad activa[1834] y pasiva[1835], abordaban los requisitos de la acusación[1836] y fijaban una norma general de competencia[1837]; mientras que la Novísima Recopilación contenía distintas leyes sobre delaciones y acusaciones[1838].

Como bien se sabe, el Código de Procedimiento Penal no vería la luz sino hasta inicios del siglo XX. Sin embargo, y sin perjuicio de los aspectos que pudieran ser regidos por disposiciones especiales de las leyes patrias, la entrada en vigor del Código Penal en 1875 incidió en ciertas conceptualizaciones. En relación con la acción penal, un par de puntos merecen ser destacados.

En primer lugar, una cuestión terminológica. Hasta el Código Penal, la fórmula predilecta en nuestro derecho era la de "acción criminal", tal como aparece de la jurisprudencia del período[1839]. En la escasa doctrina de la época, la cuestión fluctuaba. Mientras Vila no aludía directamente al concepto de acción[1840], Lira poco después sí destacaba que "de los delitos nacen dos acciones: una *criminal* para pedir la imposición de la pena señalada por la ley, y otra *civil* para demandar el abono de los perjuicios causados"[1841]. Pues bien, el Código Penal introdujo la fórmula *acción penal*, al abordar el tema de la extinción de la responsabilidad penal, enumerando entre tales causales la "prescripción de la acción penal" (art. 93 n° 6), y mencionándola nuevamente en el artículo 94. No cabe duda de que la cosa había existido, pero por efecto del Código ahora sufría una mutación terminológica que se percibiría en jurisprudencia[1842].

1832 Vila García (1858), II, pp. 15-20.
1833 Partida 7ª, Tít. I, ley 1ª.
1834 Partida 7ª, Tít. I, ley 2ª.
1835 Partida 7ª, Tít. I, ley 7ª.
1836 Partida 7ª, Tít. I, ley 14.
1837 Partida 7ª, Tít. I, ley 15.
1838 Libro 12, Tít. XXXIII.
1839 *V. gr.*, *Sanhueza Latorre* (1861), *Tounens* (1862), *Venegas y Sánchez* (1865) y *Jara* (1872).
1840 Vila García (1858), II, pp. 15-20.
1841 Lira Argomedo (1867), III, p. 110.
1842 Y especialmente al tratarse de la prescripción de la acción penal. *V. gr.*, *Zelaya* (1888), *Kingler* (1889) y *De la Fuente* (1890). Pero la antigua fórmula de acción criminal no desapareció del todo: v. gr., *Echeverría* (1890).

Por otra parte, al concentrar el tratamiento de la prescripción de la acción penal en algunos artículos del Título V de su Libro I, el Código Penal asumió un rol sistematizador en esta materia. Ello sobresalía especialmente en la distinción de los plazos de prescripción que hacía el artículo 94 en atención a si se trataba de crímenes a los que la ley imponía pena perpetua o pena de muerte, otros crímenes, simples delitos, o faltas —con veinte, quince y diez años; y seis meses, respectivamente—, y sin perjuicio de otras prescripciones de corto tiempo que la ley estableciese.

Podrían ser subrayados distintos aspectos en torno a los problemas relacionados con la aplicación de la acción penal. Entre los más interesantes estaban las controversias acerca de la titularidad activa. La distinción entre "delitos públicos" y "delitos privados", que venía del antiguo régimen penal[1843], daba lugar a interesantes problemas. Por ejemplo, el hecho de exigirse por un inspector a un particular "el servicio de custodiar a un preso y haberle impuesto algunas horas de prisión por haberse negado a obedecer la orden" se entendió por la Corte Suprema que no se trataba de "un delito por el cual deba ser procesado de oficio dicho inspector, ni a instancia de un tercero"[1844]. Pero el voto disidente del ministro Covarrubias es digno de especial mención, pues vincula directamente la titularidad activa con la connotación de los delitos perpetrados por funcionarios públicos:

> "Aun prescindiendo del interés personal que en este negocio afecta al querellante, el asunto es de tal naturaleza que puede y debe seguirse de oficio.
> Se trata en él de hacer efectiva la responsabilidad de un funcionario público por el abuso cometido en el ejercicio de sus funciones, violando los derechos y garantías individuales acordadas por la Constitución, delito contemplado y penado según los casos en los diversos artículos del Código Penal, comprendidos en el párrafo 4° tít. 3° del lib. 2°.
> Para perseguir el castigo del inspector hay, pues, en opinión del que suscribe, no solo la acción privada que corresponde al que ha sido ofendido en su persona, "en su honor o en sus bienes", acción de que puede usar el querellante, sino además la acción pública que compete a los agentes de la autoridad para perseguirlo de oficio.
> La acción privada está limitada por la ley a ciertos y determinados delitos entre los cuales no se comprende el que es materia de este proceso; y puede establecerse que, salvo los casos de excepción mencionados por la misma ley, en que no puede sino por querella del ofendido o por anuencia o requerimiento de ciertas personas, todos los demás delitos dan lugar al ejercicio de la acción pública.
> No importa para esto que el mal ocasionado por el delito recaiga directa y personalmente sobre un individuo, porque en la seguridad de las personas y de la propiedad, y en el respeto de las garantías que a unas y otras acuerdan las leyes fundamentales y secundarias, está también comprometido el interés social".

Estos debates sobre la titularidad activa se daban también en sentido inverso: es decir, en los casos en que existía algún hecho revestido de caracteres de delito supuestamente cometido por

---

1843 VILA GARCÍA (1858), II, p. 16.

1844 *Gómez* (1884).

un particular en contra de una autoridad. Así, se resolvió que la injuria contra un gobernador no era un delito de acción pública, pero en voto particular se subrayó que el tipo penal estaba siendo incorrectamente identificado, "en atención a que las injurias se profirieron contra el señor gobernador de Imperial estando este en el ejercicio de su cargo, por lo cual el delito es el designado en el núm. 3° del art. 264 del Código Penal y es, por consiguiente, pesquisable de oficio"[1845].

ii. Las primicias del *habeas corpus*

La Constitución de 1833 había previsto en su articulado la figura del *habeas corpus*, hoy usualmente conocido en Chile como recurso de amparo. Su artículo 143 disponía que "todo individuo que se hallase preso o detenido ilegalmente por haberse faltado a lo dispuesto en los artículos 135, 137, 138 y 139, podrá ocurrir por sí o cualquiera a su nombre, a la magistratura que señale la ley, reclamando que se guarden las formas legales. Esta magistratura decretará que el reo sea traído a su presencia, y su decreto será precisamente obedecido por los encargados de las cárceles o lugares de detención. Instruida de los antecedentes, hará que se reparen los defectos legales y pondrá al reo a disposición del juez competente, procediendo en todo, breve y sumariamente, corrigiendo por sí, o dando cuenta a quien corresponda corregir los abusos".

Por varias décadas, sin embargo, la ley no señaló ninguna magistratura, afectando la protección de los derechos de las personas en un ámbito muy relevante[1846]. Con todo, existen ciertos antecedentes de que alguna incidencia germinal tuvo esta disposición en nuestro Poder Judicial. En efecto, la terminología de "recurso de protección" esporádicamente apareció en sus sentencias de la década de 1860, lo que podía darse de un modo inespecífico[1847] o connotando la protección de la libertad ambulatoria. En esta última vertiente, la Corte Suprema se enfrentó a la misma encrucijada que se le había presentado en la década de 1840 respecto de la acción de garantías[1848] y —desgraciadamente— también la resolvió de una manera restrictiva de los derechos de las personas.

Esto se advierte en una sentencia de 1864, por la que la Corte Suprema decidió la controversia iniciada por una acción interpuesta en beneficio de una persona que se hallaba presa e incomunicada por orden de un juez de letras. Aunque en estricto rigor no involucraba a un funcionario administrativo, la solución se construyó de tal manera que era aplicable a cualquier ámbito:

> "Considerando: 1° que los recursos extraordinarios, de la naturaleza del que se ha enumerado, solo son admisibles cuando hay imposibilidad para entablar los ordinarios o el juez los deniega indebidamente: 2° que en el presente caso ni ha habido imposibilidad para intentar estos recursos ordinarios, ni se ha interpuesto ninguno por parte del procesado, se declara: que no tiene lugar por ahora el recurso interpuesto por don Bernardino Opazo con los objetos que quedan expresados"[1849].

1845 *Godoy* (1886).

1846 Bravo Lira (1996), pp. 161-163.

1847 *V. gr.*, *Véjares* (1863).

1848 Bocksang Hola (2015 a), título segundo, capítulo segundo, B.I.a.1.i.

1849 *Opazo* (1864).

Quedaba claro que, bajo la óptica que aparece de la sentencia, poco podían hacer los particulares frente a los atropellos a la libertad ambulatoria. Primeramente, el *habeas corpus* era considerado como un "recurso extraordinario" y, segundamente, era un recurso que solo podía entablarse cuando no los hubiese ordinarios o si el juez los denegaba indebidamente —con lo que la posibilidad de ejercer la acción eficazmente dependía de la calificación que el propio Poder Judicial hiciera de una *indebida* denegación—. Por ende, contrariamente a lo que sostiene Bravo Lira[1850], la disposición constitucional *sí bastó* para introducir el recurso, pues la propia Corte Suprema reconocía su procedencia abstracta, aunque sus condicionamientos concretos fueron tales que no logró prosperar como hubiera debido.

Por ello, cuando la LOAT de 1875 dispuso que "la Corte Suprema... es también la magistratura a que se refiere el artículo 143 del mismo Código"[1851], no hizo más que recoger la competencia que la propia práctica jurisdiccional había reconocido previamente[1852].

La recepción del reenvío efectuado por el artículo 143 de la Constitución no produjo ninguna reacción sísmica en el contencioso penal. Lo cierto es que, desde antes de la aplicación de las disposiciones del Código Penal[1853], y desde su entrada en vigor[1854], e incluso a partir de la aplicación de la Ley de Garantías Individuales de 1884[1855], este tipo de situaciones no se examinaba usualmente por la vía de la acción "extraordinaria" que estamos describiendo, sino que por la vía penal "ordinaria", que no tenía precisamente el carácter de urgencia que el *habeas corpus* sí sugería[1856]. La aplicación de las acciones penales ordinarias se daba incluso cuando en la especie se debatía acerca de la eventual violación de disposiciones constitucionales que el *habeas corpus* protegía[1857]; y, para colmo, se hallaba bajo la sombra de que la Administración invocase no corresponder una prosecución penal, sino un castigo por vía disciplinaria[1858].

Pero que no se actuara usualmente a través del recurso de protección no significaba que no se actuara del todo a través de él. En 1883, en una especie en que un militar reclamaba por la legalidad de su prisión, la Corte Suprema dispuso lo siguiente:

1850 Bravo Lira (1996), p. 161.

1851 LOAT, art. 111.

1852 Y que reconocería en lo sucesivo. Por ejemplo, en *Marcó* (1886) la Corte de Apelaciones de Iquique juzgaría que "teniendo presente que el recurso entablado por don Antonio Marcó es el de protección a que se refiere el art. 143 de la Constitución Política del Estado, y que según el art. 111 de la ley de 15 de octubre de 1875, la Excma. Corte Suprema es la magistratura llamada a conocer de dicho recurso; de acuerdo con lo dictaminado por el señor fiscal, se declara que este Tribunal es incompetente para conocer en el recurso mencionado".

1853 *Vargas* (1875), aplicándose las leyes anteriores por ser menos severas que las del Código Penal.

1854 *V. gr.*, *Salazar* (1878), *Lillo* (1879), *Morales y Gatica* (1880), *Irribarra* (1885), *Santelices* (1886), *Millán* (1886) y *Rodríguez* (1888).

1855 Ley de 25 de septiembre de 1884, BLDG, LIII, p. 951. *V. gr.*, en *Fuentes Norambuena* (1887) y *Córdoba* (1890).

1856 En este sentido, Ballesteros Ríos (1890), I, p. 546-547.

1857 *Castro Pérez de Arce* (1878), *Mellado* (1882).

1858 En la jurisdicción ordinaria, claramente en *Varela* (1880); y, ante el Consejo de Estado, véase *Gobernador de Petorca con Juez de Letras de Petorca* (1887).

> "Considerando: que don Carlos Arrieta ha sido condenado por una sentencia de primera instancia, cuya rescisión en segunda está en competencia entre dos Tribunales, y que, por tanto, no puede reputar que su prisión es violatoria del art. 135 de la Constitución, y tiene su derecho a salvo para pedir en la oportunidad debida, ante quien corresponda, que se le traslade de la prisión en que le ha colocado uno de aquellos tribunales a otro de prevención;
> Considerando: que aparece de las compulsas acompañadas que en el registro de la prisión en que se encuentra están copiadas las resoluciones en virtud de las cuales se le mantiene en prisión, de modo que no se ha faltado a lo dispuesto en el art. 138 de la misma Constitución;
> Considerando: que, según lo dispuesto, están guardadas las formas legales y, por consiguiente, no tiene este Tribunal ocasión de poner en ejercicio la atribución que le confieren el art. 143 del mismo Código, y el 111 de la ley de 15 de octubre de 1875, se declara: que no ha lugar al recurso de protección introducido por don Carlos Arrieta. Publíquese y archívese"[1859].

Más allá de la negativa a entender vulneradas en la especie las garantías protegidas por el *habeas corpus*, se puede advertir un punto favorable en la evolución de la acción: la mención a que se tratase de un remedio extraordinario había desaparecido por completo. La misma Corte, tres días después, subrayaría el hecho de tratarse de una acción de amparo de garantías, y no de otra naturaleza:

> "Considerando: que, según aparece de la misma sentencia antes mencionada, el capitán don Manuel H. Maturana fue condenado por el Consejo de Guerra de Oficiales Generales a sufrir la pena de presidio por quinientos cuarenta y un días, contados desde el día que fue reducido a prisión, y que ya está vencido el término de la pena, por cuya razón se encuentra Maturana en libertad, según se hizo presente en estrados;
> Considerando: que, en tales circunstancias, y cumplida ya la pena, no puede hacerse valer por Maturana el derecho que le acuerda el art. 143 de la Constitución, porque ese derecho no se confiere sino al que se halla preso o detenido ilegalmente, por haberse faltado a lo dispuesto en los arts. 135, 137, 138 y 139 del mismo Código, para el solo efecto de que el detenido sea puesto a disposición del juez competente y se corrijan los abusos que se hubiesen cometido en su arresto. Se declara que no ha lugar al recurso de protección que ha entablado, sin perjuicio de los derechos que pueda hacer valer ante quien viere convenirle respecto de la sentencia del Consejo de Guerra de Oficiales Generales"[1860].

Cumplida la pena y cesada la medida privativa de libertad, el recurso había quedado sin objeto. Esta sentencia también merece atención por un aspecto que podría pasar desapercibido: al ni siquiera abordar el punto de la acción de infracción de garantías, consolida este "recurso de protección"[1861] como una acción especial, prefigurando tácitamente la distinción

---

1859 *Arrieta* (1883).

1860 *Maturana* (1883).

1861 Huneeus Zegers (1880), II, p. 357 sostenía que "las reclamaciones a que se refiere el art. 143 de la Constitución son, en el fondo, verdaderos recursos de protección, establecidos para los casos especiales en él previstos". Esto, aunque la terminología específica de "recurso de protección" no quedara totalmente consolidada con un significado específico. Por ejemplo, Lira Argomedo (1867),

entre la actual acción de protección (general de garantías constitucionales) y la acción de amparo (*habeas corpus*).

b. Las reyertas de la representación estatal

Son manifiestas las complejidades que opusieron a los fiscales y a los tesoreros en torno a la representación del Fisco en las causas de hacienda durante el primer período patrio[1862]. Ellas condujeron a la acción conjunta del Poder Judicial y del Supremo Gobierno a fin de poner orden en un aspecto institucional delicado y que exponía al Fisco a sinsabores procesales relevantes. Así fue como en 1847 la Corte Suprema emitió una declaración que el presidente Bulnes ordenó tener "por resolución del Gobierno" [1863], y que sostenía disponer una interpretación del auto acordado de 16 de diciembre de 1845.

Por esta "resolución del gobierno" se señalaba que los ministros de la Tesorería eran "obligados a promover y defender todas las causas fiscales en materia civil, excepto aquellas que nazcan de asuntos confiados especialmente a otra oficina en la que los jefes de éstas deberán representar al Fisco" (artículo primero). La solución de base era sencilla pero, al abordar la coexistencia de ministros del Tesoro y Fiscales, el asunto ineludiblemente se complicaba un poco más. Así, en aquellos lugares en que hubiera fiscales o agentes, los jefes de oficina de Hacienda eran —ciñéndose al criterio fundamental— "obligados a iniciar y seguir las causas procedentes de operaciones o negocios propios de su oficina", lo que, de acuerdo a la justicia ordinaria, significaba que "en los asuntos de intereses fiscales *que no sean propios de las oficinas de hacienda*, los fiscales o sus agentes deberán hacer las defensas del Fisco en todos los pleitos que contra él se promovieren y deducir las acciones que le correspondan"[1864], pero podían requerir *el auxilio* del ministerio público "ya sea para la iniciación, ya para la sustanciación de estas mismas causas en todos aquellos casos en que por la naturaleza de las cuestiones ventiladas no pudieren expedirse con acierto" (artículo segundo). Una norma residual no colaboraba a esclarecer el orden básico: "[...] en los asuntos no comprendidos en el artículo anterior, los fiscales o sus agentes deberían hacer las defensas del Fisco en todos los pleitos que contra él se promovieren y deducir las acciones que le correspondan" (artículo tercero). Sin embargo, un último artículo les confería a los intendentes la prerrogativa de dilucidar las dudas relacionadas con la determinación de los funcionarios a quienes concretamente les correspondiera actuar en nombre del Fisco[1865], aunque ello no obstaba a que la definición fuera realizada por la propia judicatura[1866].

III, p. 411, optaba por un significado más amplio, definiéndolos como "las quejas que se interponen contra los actos de los poderes públicos en que, abusando de su autoridad, lastiman alguno de los derechos o alguna de las garantías aseguradas por la Constitución a todos los habitantes de la República".

1862 Bocksang Hola (2015 a), título segundo, capítulo segundo, B.I.b.1.

1863 Decreto Supremo de 22 de noviembre de 1847, BLDG, XV, p. 412.

1864 *Albacea de Donoso* (1866). Las cursivas son nuestras.

1865 Cuya aplicación consta de la misma jurisprudencia: *v. gr.*, *Administrador del Estanco de Curicó* (1866).

1866 *Lezaeta* (1873).

Durante el período en examen, la aplicación de este deslinde entre ambas esferas movió a consecuencias prácticas relevantes. Así, por ejemplo, la actuación de un representante incompetente en un juicio ejecutivo podía dar lugar a una excepción de falta de personería por parte del particular[1867], y a que el funcionario competente solicitase nulidad de todo lo obrado en el juicio en caso de que la infracción se hubiese prolongado en toda su extensión[1868] o a partir de la etapa procesal en que el vicio se hubiese producido[1869]. Residualmente, si el ministerio público no podía actuar por no existir empleados en ese sentido, en aplicación del artículo 51 de la Ley de Municipalidades de 1854 podía asumir la representación fiscal el procurador municipal[1870], pero se daban casos en que el procurador municipal también estuviese inhabilitado[1871] y en los que los tribunales sencillamente designaban a un abogado para que representara al Fisco[1872]. Todo lo anterior no obstaba a que ciertas disposiciones legales especiales estableciesen otros criterios de prelación en la representación[1873].

La LOAT de 1875 introdujo un Título XIII titulado "Del Ministerio Público", que estructuraba la mayor regulación orgánica que se había dado en Chile en esta materia[1874]. En su artículo 262 se expresaba que "las funciones del ministerio público conciernen a los negocios administrativos del Estado o a los judiciales", tratando dicha ley solo "de las funciones de la segunda clase". Según el artículo 263, el Ministerio Público debía ser oído[1875], en lo más directamente concerniente al contencioso administrativo, en las "contiendas de competencias suscitadas por razón de la materia de la cosa litigiosa" (numeral 3°), en los juicios "sobre responsabilidad civil de los jueces o de cualesquiera empleados públicos, por sus actos ministeriales" (numeral 4°), y en los negocios "que afecten los bienes de las corporaciones o fundaciones de derecho

---

1867 *Fisco con Moreno* (1861).

1868 *Villarroel* (1862).

1869 *Arestizábal y Ca.* (1865), correspondiente a una controversia entre un administrador del Estanco y un agente fiscal, pero cuya solución se aplicaría al caso de oposición entre ministros del Tesoro y Fiscales.

1870 *Albacea de Donoso* (1866).

1871 Incluso por haber dado dictamen en contra del Fisco en cuanto procurador municipal: *Ruiz* (1865), en que se declaraba que "no está obligado a defender al Fisco en este asunto".

1872 *Letelier* (1875): "Que ni siquiera es posible designar al procurador de la Municipalidad de Talca para que supla la ausencia del agente fiscal propietario e implicancia del que hace sus veces, por ser cuñado del juez que suscribe, se declara que el abogado don Pedro Letelier Silva está obligado a cumplir con lo mandado en decretos de 12 y 17 del presente". En *Fisco con Ramírez y síndico del concurso de Audois* (1862) se examinó si un síndico podía representar al Fisco en un juicio concursal a falta de Ministros del Tesoro y Fiscales; de la sentencia se desgaja que no era posible, pero no con incuestionable claridad, atendido un considerando que disponía que "aun cuando se considere que el último haya podido representar al Fisco, contra este no puede obrar lo resuelto en el juicio mencionado, no estando aprobada o confirmada la sentencia de primera instancia [...]".

1873 En *Fisco con ex administrador del Estanco de Tierra Amarilla* (1862) se abordaba el caso de la Intendencia de Atacama, en que el artículo 2° de la ley de 31 de octubre de 1843, BLDG, XI, p. 180, preveía que "el Intendente que gobierna esta provincia, tendrá el sueldo anual de cuatro mil pesos; el secretario de la Intendencia, *que será obligado a servir el destino de agente fiscal*, mil doscientos [...]".

1874 Barahona Gallardo, Cerón Reyes y Peroti Díaz (2010), p. 751. Preuss Lazo (2021), p. 618, sostiene que el Ministerio Público fue creado por la LOAT, pero lo cierto es que el Ministerio Público preexistía. En este ámbito, el rol de la LOAT fue de sistematización y de desarrollo —lo que, de cualquier forma, no era poco.

1875 Es decir, debía emitir "su dictamen sobre la cuestión pendiente": *Gabella* (1886).

público, siempre que el interés de las mismas conste del proceso o resulte de la naturaleza del negocio" (numeral 6°)[1876].

Según el artículo 266 de la LOAT, el Ministerio Público debía figurar en todos los trámites del juicio cuando obrase como parte principal, mientras que bastaba en los demás casos con que examinara el proceso y expusiera las conclusiones que estimase convenientes antes de la resolución correspondiente o cuando el juez lo estimara conveniente. Asimismo, se subrayaba en el artículo 267 la independencia del Ministerio Público respecto del Poder Judicial y, en lo propiamente orgánico, el artículo 270 recogía la existencia del Fiscal de la Corte Suprema, los fiscales de la Corte de Apelaciones de Santiago y los promotores fiscales que desempeñaban sus funciones en los juzgados de letras.

El artículo 273 disponía cómo se desarrollaría el ejercicio de esta función en caso de que los respectivos fiscales se encontraran "accidentalmente impedidos", previéndose la designación de algún abogado que se encontrase en las listas de personas recomendadas para el respectivo tribunal en el que el funcionario se desempeñase, y estableciéndose que, a falta de ellos, los tribunales podían "nombrar abogados o, en defecto de ellos, personas entendidas en la tramitación de los juicios, que reemplacen a los fiscales o promotores fiscales inhabilitados". Por último, conviene destacar el artículo 280, que ponía de relieve que las funciones del ministerio público eran "incompatibles con las judiciales, con las eclesiásticas y con las del orden administrativo", pudiendo, sin embargo, "acumularse las funciones de promotor fiscal y de secretario de intendencia, excepto en la provincia de Valparaíso y en aquellas en que resida una Corte de Apelaciones".

Rápidamente se trabó controversia sobre el régimen de subrogación en caso de que no hubiera un promotor fiscal nombrado en un cierto departamento, caso que quedaba fuera del artículo 273 de la LOAT porque este solo se refería al caso de un impedimento accidental.

En 1877 una Corte de Apelaciones decidió que, en caso de falta de un promotor fiscal, no se aplicasen las normas de subrogación de la LOAT[1877]. La solución fue ingeniosa: dado que la cuarta disposición transitoria de la LOAT disponía que no se establecerían promotores fiscales en los departamentos, "sino a medida que lo estime necesario el Presidente de la República", en aquellos departamentos en que el Presidente de la República no hubiera dispuesto nada, debía "subsistir el régimen establecido antes de la promulgación de la Ley de Organización y Atribuciones de los Tribunales", con lo que se concluía que, ante la falta de promotores fiscales, los procuradores municipales debían desempeñar las funciones del Ministerio", en aplicación de la Ley Municipal de 1854. Sin embargo, en 1878 la Corte Suprema optó por aplicar en tal caso la LOAT y ordenar al Juzgado de Letras que nombrase promotor fiscal de acuerdo al artículo 273, desechando tanto la posibilidad de apoyarse en el procurador municipal —que se había plasmado en la jurisprudencia del año anterior— como la de que obrase el teniente de

1876 Pero el hecho de que al ministerio público se le debía dar audiencia si el asunto le concernía al Fisco no significaba por ningún motivo que ello se extendiese a representar a las municipalidades y otras personas jurídicas de derecho público en juicio: *Municipalidad de Constitución con Waymann* (1880). Otro punto interesante era que, en las causas concernientes a ferrocarriles en las que tuviera interés el Fisco, era parte legítima un representante judicial establecido por ley, como un superintendente, y por lo tanto el Fisco solo debía ser oído: *Asquet Hermanos* (1881).

1877 *Procurador municipal de Coquimbo* (1877).

ministros —que se había acogido en primera instancia—[1878]. En 1879 se reiteraría la negativa a que el procurador municipal asumiera tales funciones[1879].

Ante estas controversias, en 1880 se promulgó una ley especial que abordaba este caso y que rápidamente se entendió prevalecer sobre las disposiciones contrarias contenidas en la LOAT[1880]. Esta ley especial disponía que "las funciones del Ministerio Público encomendadas a los promotores fiscales, serán desempeñadas, cuando no los haya rentados, en los departamentos cabeceras de provincia, por el secretario de la Intendencia en lo civil y de hacienda; y por el procurador municipal, en lo criminal; debiendo reemplazarse recíprocamente estos funcionarios en los casos de implicancia, recusación u otro impedimento accidental; y en los otros departamentos por el procurador municipal, tanto el civil y de hacienda como en lo criminal", añadiendo que "los secretarios de Intendencia y los procuradores municipales ejercerán, sin otros emolumentos que los asignados a sus respectivos empleos, los cargos a que se refiere esta ley"[1881]. Y a pesar de que la ley empezaba a regir dos meses después de su promulgación, incluso antes de vencer esa *vacatio legis* los tribunales ya la estaban invocando para sostener la conformidad a derecho de la intervención de un procurador municipal en un pleito fiscal[1882]. La labor de subrogación era entendida como anexa al cargo y, por lo tanto, no podía desecharse por parte de quienes estaban llamados a servirla[1883].

El mismo año 1880 se promulgó otra ley que incidió en estas materias, al disponer que "los que hubiesen desempeñado los cargos de Presidente de la República, Ministros de Estado, intendentes de provincia, gobernadores de departamento *o secretarios de Intendencia*, no podrán ser nombrados miembros de los Tribunales Superiores de Justicia, jueces letrados, *fiscales, promotores fiscales*, no relatores, ya sea en propiedad, ya interinamente o como suplentes, sino tres años después de haber cesado en el desempeño de sus funciones administrativas"[1884]. Ante el tenor de la ley, no tardó un secretario de intendencia en solicitar su exención del cargo de ministerio público. Ello fue denegado por la Corte de Apelaciones de Concepción no solo porque él ya había entrado en funciones antes de la entrada en vigor de la ley, sino también —y en lo conceptual, sobre todo— porque "la palabra *nombramiento* de que se vale la misma ley, entendida en su sentido natural y obvio, según su uso general, no se aplica a la imposición de cargos ordenados por las leyes"[1885]. Muy pronto la misma solución fue dispuesta por la Corte Suprema[1886], recogiendo también poco después el razonamiento de la antedicha sentencia de 1880 al subrayar que "para desempeñar las funciones de promotor fiscal no necesita el secretario de intendencia y procurador municipal de nombramiento especial ninguno, pues entran a desempeñarlas por ministerio de la ley, cuando no hay en el departamento promotor fiscal rentado"[1887].

1878 *Allende Padín* (1878).
1879 *Fisco con Coco* (1879).
1880 *Vallejos* (1880).
1881 Ley de 30 de junio de 1880, BLDG, XLVIII, p. 242.
1882 *Fisco con Molina Smith* (1880).
1883 *Fisco con Concha* (1881).
1884 Ley de 31 de agosto de 1880, BLDG, XLVIII, p. 241. Las cursivas son nuestras.
1885 *Rubio* (1880). Las cursivas están en el original.
1886 *Fisco con Toro Martínez* (1881).
1887 *Fisco con Mora* (1882).

Con todo, el foco que desde la LOAT se había puesto en el rol del Ministerio Público no eclipsó al rol de la otra parte histórica en relación con la representación fiscal: los ministros del Tesoro. Este eje —el verdaderamente relevante— se atizó a inicios de 1883 por la entrada en vigor de la Ley Orgánica de la Dirección del Tesoro y de Contabilidad, que disponía, en lo esencial, lo siguiente:

> "Los tesoreros tienen en el departamento en que funcionan la representación judicial y extrajudicial del Fisco, en todos los actos en que esta ley les da intervención.
> El Director del Tesoro tiene esa misma representación con relación a los actos que no correspondan a una tesorería determinada.
> En los asuntos judiciales en que sean parte los tesoreros o el Director del Tesoro, intervendrá el ministerio público como auxiliar de aquellos funcionarios, y deberá ser oído, una vez por lo menos, en cada instancia del juicio.
> El Director del Tesoro y los tesoreros podrán requerir la intervención del ministerio público en los juicios que sigan como representantes del Fisco"[1888].

El énfasis que desde la LOAT había tenido el tratamiento del Ministerio Público había movido el foco de atención hacia este último, pero el tenor de la ley de 1883 en torno a la representación de los Tesoreros no pasó desapercibido[1889]. Ello suscitó inmediatamente la aparición de controversias acerca de la personería para actuar en juicio, declarando la Corte Suprema por unanimidad no haber lugar a un artículo que promovía la competencia básica del Ministerio Público en la representación fiscal:

> "Considerando: que, aunque la ley de 15 de octubre de 1875 ordena que se oiga al ministerio público en los negocios que afecten los bienes de las corporaciones o fundaciones de derecho público; que este ministerio obra según la naturaleza de los negocios, o como parte principal, o como tercero, o como auxiliar del juez; y ha creado especialmente para Santiago un promotor fiscal para la primera instancia de los negocios civiles o de hacienda, *ella no ha determinado los casos en que el promotor fiscal deba ser oído como parte principal, asumiendo la representación fiscal, ni ha derogado las leyes anteriores a su promulgación, en cuanto tocan al procedimiento y autorizan a los Ministros de la Tesorería para gestionar judicialmente por el Fisco*, no obstante la defensa que debe hacer por este el ministerio público"[1890].

En esta sentencia, la única división que existió en la Corte Suprema fue secundaria: la de si, dentro de la Dirección del Tesoro, en el caso concreto les cabía la representación a los tesoreros o derechamente a la Dirección del Tesoro, con relación a la norma antedicha[1891].

1888 Ley de 20 de enero de 1883, BLDG, LII, p. 88, art. 31.

1889 Preuss Lazo (2021), p. 621, enfatiza el origen de la ley de 1883, en cuya historia fidedigna se arguyó que la mayor parte de las controversias versaban sobre puntos de hecho, que serían mejor abordados por la Dirección del Tesoro, y que, de suscitarse disputas en puntos de derecho, la intervención del Ministerio Público podría ser pedida por los propios ministros del Tesoro.

1890 *Compañía Financiera y Comercial del Pacífico* (1883). Las cursivas son nuestras.

1891 El voto particular fue del ministro Lastarria, quien sostenía que, "versando la demanda de f. 1 sobre un contrato de interés fiscal, que no corresponde especialmente a la Tesorería de Santiago, aunque

Pero, si se atiende bien al espíritu de la sentencia, el problema no se hallaba zanjado de modo absoluto, sino que se asumía existir una cuestión de foco. A pesar de que la LOAT se aplicaba, ella no especificaba los casos en que actuase el Ministerio Público, y siempre estaba la posibilidad de que hubiera normas que se refiriesen a los ministros del Tesoro como representantes, caso en el cual se estaría a ellas. En el fondo, y más allá de la unanimidad que había logrado la sentencia, ella no era una victoria total para la Tesorería, sino que en lo más profundo se reconocía en ella la colisión que ambas esferas habían arrastrado desde antaño.

Por ello no ha de sorprender que pocos años después la misma Corte Suprema pronunciase la siguiente sentencia:

> "Considerando: que por el art. 31 de la ley de 20 de enero de 1883 *solo se confiere a los tesoreros fiscales la representación judicial del Fisco en los actos en que ella les dé intervención*;
> Que en el art. 5° de la ley citada, en que se enumeran los actos en que únicamente intervienen los tesoreros fiscales, no se confiere al tesorero la administración de los bienes raíces nacionales, ni puede consiguientemente estimarse como un deber anexo a la tesorería el de representar al Fisco en las cuestiones que versan sobre la propiedad de esos bienes [...]"[1892].

En el fondo, lejos de contradecir el fallo precedente de 1883, esta sentencia confirma su real alcance. Desde un punto de vista normativo, la norma más general era la LOAT, mientras que la Ley de la Dirección del Tesoro era norma particular frente a aquella. La forma de resolver el conflicto pasaba, por lo tanto, en revisar las atribuciones que a los ministros del Tesoro se les asignaba por la ley especial, pues en esos casos la representación les correspondería y, de lo contrario, sería competente el Ministerio Público. En el caso de especie, la administración de bienes raíces nacionales no se hallaba dentro de la esfera de la Dirección del Tesoro[1893] y, por lo tanto, no podía asumir la representación del Fisco en los pleitos relacionados con tal materia. Correlativamente, el artículo 5° contenía algunas atribuciones que obviamente impactaban favorablemente en el espectro de casos en que las Tesorerías representaban al Fisco, tal como la del numeral primero, sobre "recaudar las rentas, impuestos y créditos fiscales"[1894]; y la del numeral quinto, que consistía en "pagar los sueldos, pensiones y demás obligaciones del Estado que corresponda satisfacer en el departamento en que funciona, en conformidad al presupuesto e instrucciones que le transmitiere la Dirección del Tesoro"[1895].

sus ministros hayan intervenido en él por las circunstancias, corresponde al Director del Tesoro la representación del Fisco en este juicio".

1892 *Rozas* (1886).

1893 En el mismo sentido, *Gil* (1886).

1894 *Fisco con Sucesión de Ábalos* (1887): "La ley de 24 de enero de 1883 confiere a los tesoreros departamentales la representación del Fisco en todos los actos en que la misma ley les da intervención, uno de los cuales es el de hacer efectivo el pago de las contribuciones". En el mismo sentido, *Lavanderos* (1888), *Castro* (1889) y *Meza* (1890).

1895 Pero no entraba dentro de esta atribución el cobro de un honorario, que le competía al Ministerio Público: *Rojas* (1889 a).

Pero aun bajo la configuración derivada de la articulación de las leyes de 1875 y de 1883 —probablemente, la mejor solución que se había hallado para resolver este problema— subsistían zonas grises[1896]. Así, por ejemplo, mientras se entendió que el Fisco era representado por el Director del Tesoro en un juicio que versaba "sobre cumplimiento de un contrato celebrado por el director del tesoro en representación del Fisco"[1897], también se entendió que cabía dentro de la esfera del Ministerio Público un juicio que versaba sobre "cumplimiento por parte del Fisco de un contrato para la construcción de un edificio, que se celebró con el demandante"[1898]. Con posterioridad, la configuración interna de la representación fiscal sería pormenorizada por normas complementarias[1899].

En el ámbito de las municipalidades, la representación judicial le correspondía al procurador municipal[1900], lo que fue reiterado por la Ley Municipal de 1887[1901], prevaleciendo contra disposiciones legales expresas anteriores[1902]. Es interesante destacar, en todo caso, que el procurador municipal debía intervenir en juicio en su calidad de tal representante de la Municipalidad; en caso de que solo interviniera en él representando a otra entidad, como un hospital de caridad, se consideraba que la Municipalidad no había sido ni representada ni oída[1903].

II. La resolución del contencioso administrativo

Otro aspecto cardinal relacionado con los pleitos ventilados ante los tribunales que involucrasen la participación de la Administración como parte estuvo dado por el tratamiento de las fases postreras del procedimiento contencioso. Si, por una parte, la conclusión del contencioso mereció un especial análisis por parte de nuestro derecho (a), también se experimentaron reafirmaciones y evoluciones considerables en relación con la impugnación (b).

a. La conclusión del contencioso

Dentro de la gama de cuestiones vinculadas con esta materia, parece conveniente apuntar dos en particular: el tratamiento de los modos de conclusión (1), y el análisis, a lo menos somero, de los poderes que ejercían los jueces en relación con la potestad de juzgar en los contenciosos administrativos (2).

1896 Sin perjuicio de este marco general, era indubitado que una ley especial podía disponer una representación judicial distinta. *V. gr.*, Ley de 6 de agosto de 1887, BLDG, LVI, p. 1142: "El secretario de la Aduana de Valparaíso tendrá la representación fiscal en las causas de dicha aduana".

1897 *Calvo* (1888).

1898 *Marín Solar* (1890).

1899 Por ejemplo, el Decreto Supremo de 16 de marzo de 1888, BLDG, LVII, p. 393, en relación con la Dirección del Tesoro.

1900 En *Municipalidad de Santiago con Martínez* (1878) se subrayó que ni el secretario municipal podía arrogarse la representación del Cabildo.

1901 Ley de 12 de septiembre de 1887, BLDG, LVI, p. 1351, art. 49 n° 1.

1902 *Municipalidad de San Carlos con Almarza* (1890).

1903 *Municipalidad de Valparaíso con Brown* (1866).

1. Los modos de conclusión

Muchos aspectos podrían abordarse respecto de las sentencias de esta época, por lo que solo destacaremos algunos puntos relevantes. En términos generales, la extensión promedio de las sentencias fue mayor que en el primer período patrio, lo que puede explicarse en parte por una asimilación más cabal de la lógica que inspiraban a las leyes de fundamentación de las sentencias[1904]. Quizás también incidió en ello, al menos respecto de los tribunales colegiados, el hecho de comenzarse en esta época a darse cuenta explícita de los votos particulares. Ello se dio originalmente merced a una ley especial que ordenó expresar "nominalmente qué miembros han concurrido con su voto a formar sentencia y qué miembros han sostenido opinión contraria", previendo la existencia de un libro de acuerdos y ordenando publicar los votos particulares en la *Gaceta de los Tribunales*[1905]. El texto se replicó, transfundido, dos años después en la LOAT[1906].

Mención aparte merece la redacción de las sentencias de los Consejos de Guerra, que desde antaño era muy sucinta, al punto de perjudicar su comprensibilidad. Un decreto supremo de 1871 procuró remediar esta situación, criticando la práctica de que ellas se pronunciaran "con arreglo a un formulario fijo e invariable", careciendo "a menudo de los datos indispensables para establecer la naturaleza y circunstancias de los delitos y el grado de culpabilidad de los acusados", mermando la labor de los tribunales superiores, lo que importaba "una verdadera y notable falta contra las garantías de los juicios a que tienen derecho todos los acusados". Ante tal diagnóstico, el Presidente Errázuriz dispuso que todas las sentencias de Consejos de Guerra debían contener "la relación fiel y sucinta de los hechos y del delito que ha motivado la formación del proceso", "la enunciación breve de las circunstancias que puedan atenuar o agravar la culpabilidad del acusado" y "la absolución del acusado, o la pena que se le impone, citando en este caso el artículo o artículos respectivos de la Ordenanza General del Ejército, o cualquiera otra disposición legal que se aplique"[1907].

El impacto de la cosa juzgada, que tenía la fuerza de "ley irrevocable"[1908] y, por lo tanto, las resoluciones correspondientes eran "inamovibles en sus efectos"[1909], se desarrolló en distintos aspectos. Por de pronto, elementos básicos, como el cumplimiento de las consabidas *identidades* para que operase[1910]. Esto, que normalmente no ofrecía desafíos teóricos especiales, ocasionalmente planteaba cuestiones más controversiales, como el debate de si, ventilada y juzgada una cuestión propiamente con el Fisco, había o no identidad de partes en relación con una empresa fiscal que intentaba trabar una litis. Ello se resolvió por la afirmativa, haciendo procedente una excepción de cosa juzgada[1911]. En relación con la identidad en la causa de

---

1904 Ley de 11 de febrero de 1837, BLDG, VII, p. 89; ley de 12 de septiembre de 1851, BLDG, XIX, p. 522.

1905 Ley de 20 de noviembre de 1873, BLDG, XLI-2, p. 342.

1906 Artículo 95.

1907 Decreto Supremo de 2 de octubre de 1871, BLDG, XXXIX, p. 410.

1908 *Valdés* (1864). En algún momento se tuvo que subrayar que la intangibilidad de la cosa juzgada regía también sobre la Corte Suprema, la que no podía resolver contra lo resuelto y ejecutoriado por la Corte de Apelaciones en segunda instancia: *Larraín* (1868).

1909 *Plaza y Ca.* (1882).

1910 *Cajales* (1865).

1911 *Ferrocarril Santiago-Valparaíso con Cajales* (1869) y *Ferrocarril Central con Cerveró* (1869).

pedir, estaba claro que no la existía entre un pleito posesorio y uno de dominio[1912], lo que tenía bastante importancia dado el relieve que tuvieron las acciones posesorias en este período.

Conviene recordar el carácter terminante de la cosa juzgada, que hacía improcedente una suspensión de su cumplimiento so pretexto de subsistir discordancias sobre aspectos puntuales[1913]. Pero si una sentencia se pronunciaba *de plano*, sin que se ventilara "en juicio seguido en toda forma de derecho", no podía considerarse "como una sentencia definitiva de tal naturaleza que, una vez expedida, inhibiera al juez de modificarla o revocarla, oyendo la reclamación del agraviado"[1914].

En cuanto a la incidencia recíproca entre órganos jurisdiccionales en relación con la cosa juzgada, se siguió destacando la importancia de que los tribunales ordinarios respetasen lo sentenciado por la Contaduría Mayor en los juicios de cuentas[1915], sin perjuicio de la influencia que tuvieran las sentencias penales sobre las cuentas referidas al funcionario correspondiente[1916], e incluso a la influencia de algunas sentencias civiles que ordenaban a Contaduría Mayor tener en consideración algunos de sus elementos para la liquidación correspondiente[1917].

También resulta de interés evocar una sentencia que se relacionaba con una de las sentencias más notables del período anterior, que había fijado límites entre la Municipalidad de Linares y la Municipalidad del Parral[1918]. Por su materia —única en la historia de la jurisprudencia patria de Chile— esta última sentencia podría haberse llegado a entender como dotada de un vigor irresistible respecto de las personas a quienes la delimitación hubiera atañido. Sin embargo, la Corte de Apelaciones de Concepción declaró que "cualquiera que sea el alcance de esas resoluciones, ellas no podrían perjudicar los derechos adquiridos por terceras personas, como son los demandados en el presente caso, que no han intervenido en los juicios mencionados ni en el juicio práctico que terminó por la sentencia de 26 de abril de 1860 y que vino a fijar la línea divisoria entre ambos departamentos"[1919]. Con ello, nuestra judicatura subrayaba el efecto relativo de las sentencias[1920] en una materia como la definición de límites administrativos, que eventualmente podría haberse entendido asociada a un efecto *erga omnes*.

1912 *Municipalidad de San Carlos con Rodríguez* (1882).

1913 *Convento de San Agustín de Talca* (1864). En esta especie, concerniente a un juicio posesorio, la Municipalidad pretendía suspender la ejecución de la sentencia pretextando haber controversias sobre el punto de partida de la entrega. La Corte de Apelaciones revocó el auto del Juzgado de Letras, que había dado lugar a tal solicitud, ordenando el cumplimiento inmediato de lo que se había sentenciado en el juicio principal.

1914 *García* (1878).

1915 *V. gr.*, *Herederos de Cárdenas* (1861), *Sotomayor* (1861) y *Municipalidad de Puchacay con Muñoz* (1885).

1916 Había distintos aspectos en ello. En *Letelier* (1861) se advertía que el juicio de cuentas debía recoger las consecuencias pecuniarias referidas al sobreseimiento penal de un funcionario, mientras que en *Paredes* (1874) se juzgó que si un funcionario había pagado un dinero al Fisco por sentencia condenatoria pasada en autoridad de cosa juzgada, y en otro juicio posterior se juzgaba que el culpable era otra persona, el condenado por la primera sentencia no podía pedirle la devolución del dinero al Fisco, precisamente por imperar la cosa juzgada.

1917 *Astaburuaga* (1864).

1918 *Municipalidad de Linares con Municipalidad del Parral* (1848).

1919 *Municipalidad de Linares con Soto* (1869).

1920 Que se tenía en cuenta tanto si la Administración no hubiera intervenido en el pleito de que se tratara —*García y Schroeder* (1878)— como si no lo hubiera hecho un particular —*Municipalidad de Puchacay con Muñoz* (1885)—.

También en relación con el efecto relativo de las sentencias se encontraba el problema del valor de los precedentes judiciales. Aunque este problema no parece haber obsesionado a nuestros tribunales, sí hay antecedentes que se alejan de una visión de efecto relativo totalmente simplista sobre este tema, pues en varias especies los tribunales reconocieron apoyarse sobre sentencias similares anteriores a fin de fundamentar una nueva decisión. Así, por ejemplo, en 1870 se expresó claramente entre los considerandos que "por las sentencias en copia corrientes a fojas 18 vuelta, se ordenó en un caso idéntico entre las mismas partes que litigan, la devolución que ahora se solicita"[1921]. Ya en la década de 1880, un Juzgado de Letras señalaba que "la Iltma. Corte de esta ciudad ya ha resuelto que la representación del ministerio público incumbe en esta ciudad al procurador municipal en lo criminal y al secretario de la Intendencia en lo civil, y como las causas de hacienda se encuentran en el mismo caso, no sería legal ni lógico que en estas representara al Fisco un funcionario distinto del que señala la ley citada de 30 de junio último"[1922]. Y consta también que las propias partes invocaban jurisprudencia anterior favorable al argumentar sus propias pretensiones[1923]. En síntesis, no cabe duda de que, siguiendo al artículo 3° inciso 2° del Código Civil, el criterio básico era que "las sentencias judiciales no tienen fuerza obligatoria sino respecto de las causas en que actualmente se pronunciaren", pero ello no significa desconocer que, en los hechos, los precedentes judiciales sí jugaban un rol argumentativo en esta época[1924].

En relación con otras formas de término del contencioso, no cabía duda de que el desistimiento era procedente en el contencioso administrativo, incluso en las cuestiones fiscales[1925]. Por el contrario, en lo que concierne a las transacciones, hubo una evolución más compleja.

Nuestro derecho administrativo recibió originalmente la antigua visión restrictiva sobre ellas en cuestiones de hacienda[1926]. En efecto, a inicios del período, la Corte Suprema declaraba enfáticamente que "las leyes especiales de hacienda no permiten a sus administradores transigir ni entrar en convenios con los deudores fiscales"[1927]. Y, por ello, todavía en la primera mitad de la década de 1860 surgían leyes de autorización de tales convenios. Así, por ejemplo, para autorizar una transacción en juicio entre el Fisco y Lezana[1928], y entre Fisco y Manterola por una cuestión de tabaco virginio[1929].

1921 *Urmeneta, Errázuriz y Ca.* (1870).

1922 *Fisco con Toro Martínez* (1881).

1923 En *Scott y otros* (1890), por ejemplo, se expresaba que "en un juicio análogo al presente que siguieron contra el Fisco otros operarios de los Ferrocarriles del Estado, la Excma. Corte resolvió por sentencia que corre a f. de la *Gaceta de los Tribunales*, que debía devolvérseles las cantidades que indebidamente se les había descontado a esos individuos, y como mis representados se encuentran en un caso semejante y hasta la fecha no se les ha devuelto las sumas que a título de contribución mobiliaria se les dejó de abonar".

1924 Véase, *supra*, título primero, capítulo primero, A.II.b.2.

1925 *Fisco con Vergara* (1868), *Fisco con Gutiérrez* (1873), *Ferrocarril central con sucesión de Martínez* (1873) y *Fisco con Brito y Arias* (1882).

1926 Bocksang Hola (2015 a), título segundo, capítulo segundo, B.II.a.

1927 *Humeres* (1862).

1928 Ley de 12 de noviembre de 1864, BLDG, XXXII, p. 404.

1929 Ley de 24 de diciembre de 1864, BLDG, XXXII, p. 481.

Sin embargo, esta visión minimalista de las transacciones terminó cediendo durante el período en comento. A fines de la década de 1860, ya se entendía que podía transigirse en pleitos de empresas relacionadas con el Fisco, como las ferroviarias, aun cuando evidentemente se tramitasen según los criterios de competencia de hacienda, como la apelación ante la Corte Suprema[1930]. Y ello explica que las leyes que se referían a las transacciones en esta materia no fueran autorizatorias, sino, por el contrario, de prohibición o restricción de la posibilidad de transigir, como se dio respecto del Ferrocarril Santiago-Valparaíso[1931].

En 1871, el Consejo de Estado cruzaba el Rubicón y proclamaba derechamente en dos sentencias la posibilidad de transigir en materias fiscales, bajo su propia autorización[1932].

Un paso adicional se franqueó en 1873, cuando la Corte Suprema, en una cuestión derecha e incuestionablemente de hacienda, consideró que "la transacción de f. 49 vta. no produce ningún efecto contra el Fisco, *por no haber este intervenido en ella, ni sido aprobado por el tribunal competente*"[1933]. Como puede advertirse, aquí ya se ingresa a un mundo diferente: de la prohibición se transita a la necesidad de participar en el convenio —mera aplicación de criterios contractuales— y una aprobación judicial. La jurisprudencia favorable a la transacción devendría incuestionable en otra sentencia del mismo año, relacionada con una herencia yacente, aprobatoria de un auto que cautamente aprobaba "en cuanto ha lugar en derecho la transacción a que se hace referencia"[1934]. En ella, lo más interesante es que la controversia no se dio sobre si era o no posible transigir *en abstracto* en estos pleitos, sino si *en concreto* era posible una transacción, dado que, para uno de los ministros en su voto particular, "ignorándose el valor de los productos que se ceden a don Juan Francisco Mujica, *no puede saberse si la transacción perjudica o no al Fisco*"[1935]. Es decir, el criterio que había pasado a regir era que no podía aprobarse judicialmente una transacción perjudicial a la hacienda pública.

En lo sucesivo ya no habría dudas sobre la procedencia de estas transacciones en el ámbito fiscal[1936], contrayéndose los debates de la Corte a su conveniencia en concreto[1937] o a cuestiones técnicas, como la necesidad de que los representantes fiscales obrasen con mandato

1930 *Ferrocarril del sur con Valdés y otros* (1868). Posteriormente, *Aldunate* (1879).

1931 Ley de 10 de junio de 1864, BLDG, XXXII, p. 124, art. 3°.

1932 *Huici* (1871) y *Vergara* (1871).

1933 *Del Piano y otros* (1873). Las cursivas son nuestras.

1934 *Mujica* (1873).

1935 Las cursivas son nuestras.

1936 *Waddington* (1890). Aparentemente, la última ley autorizatoria de una transacción en esta esfera apuntaba a una disputa con los herederos de Carlos Thurn, ordenando satisfacerles "la indemnización a que los considere acreedores por las reclamaciones que hacen": Ley de 26 de agosto de 1875, BLDG, XLIII, p. 290.

1937 *Fisco con Compañía de Destilación del Sol* (1886): "2° Que, no obstante que el presente juicio lleva de duración más de diez años, aún no ha sido posible, por las diversas incidencias ocurridas, llevarlo al estado de prueba, y cuando llegue al caso de rendirse prueba, *de los antecedentes de la causa aparece que al Fisco le sería muy difícil producir la conveniente a su derecho*, en vista de lo que el exdirector de la Maestranza de Limache, don Benjamín Viel, expone en el final de la carta de f. 111; 3° Que *es conveniente a los intereses fiscales aceptar la transacción* constante a f. 106, a que se ha hecho mérito, terminándose el juicio y recibiendo el Fisco la suma de cuatro mil pesos, además de lo que ya tiene percibido". Las cursivas son nuestras.

especial para transigir[1938], o la duda sobre si la aprobación de la transacción necesariamente debía pasar por dos instancias —con lo que se requería aprobarla en primera por el Juzgado de Letras— o si la Corte Suprema podía hacerlo directamente y en única instancia. La posición que imperó fue la primera, empero con disidencia del ministro Lastarria[1939]. Si había leyes de autorización de transacción, ellas no eran específicas, como antaño, sino que abordaban una serie de cuestiones, como sucedió respecto de reclamaciones arbitrales inglesas[1940], francesas[1941] e italianas[1942] derivadas de la Guerra del Pacífico.

En materia municipal, ya desde el período anterior era inconcusa la procedencia de las transacciones, dado que bajo el imperio de la Ley de Municipalidades de 1854 había norma expresa que la permitía[1943]. Ella fue retomada en su primera oración por la ley de 1887: "Para celebrar transacciones en pleitos pendientes, o en acciones que la Municipalidad tratare de ejercitar, o que se hubieren de entablar contra ella, deberá calificarse la utilidad de la transacción por los dos tercios de los municipales en ejercicio"[1944].

2. Los poderes de los jueces

Una revisión exhaustiva de los poderes de los jueces en la época estudiada requeriría un análisis profundo y extenso. Sin embargo, parece conveniente plantear brevemente ciertas líneas centrales de su actividad, con el propósito de determinar en rasgos generales el alcance de su actividad.

La jurisprudencia de la época muestra que los jueces no adoptaron una actitud tímida en torno al control de la Administración. Quizás en ello haya influido la continuidad en el ejercicio de sus funciones que, sin perjuicio de turbulencias importantes —como la acusación constitucional dirigida contra los ministros de la Corte Suprema[1945]— no se vio afectada durante estos años por purgas jurisdiccionales, que sí se suscitaron en países importantes durante este período, como Francia[1946]. Como bien puede suponerse, en muchos casos el control no resultaba especialmente intenso, pero ello no excluía que nuestros tribunales pudieran adoptar una posición que hoy pudiera calificarse de invasiva e, incluso, en ciertos casos, de activista.

1938 *Aldea* (1890), resolviéndose, por lo demás, bajo el criterio del artículo 2448 del Código Civil, que consultaba como necesario dicho poder especial: "3° Que el promotor fiscal no puede obligar al Fisco sino como mandatario judicial, o sea, como su representante en el juicio; 4° Que, por consiguiente, el señor Ahumada necesitó autorización especial suficiente para hacer declaraciones en la transacción aludida, pues tal acto no es de aquellos que la ley autoriza a los representantes legales para ejecutarlos por sí solos".

1939 *Fisco con Hidalgo* (1884).

1940 Ley de 21 de noviembre de 1887, BLDG, LVI, p. 1672.

1941 Ley de 30 de diciembre de 1887, BLDG, LVI, p. 1829.

1942 Ley de 31 de enero de 1888, BLDG, LVII, p. 28.

1943 Artículo 82.

1944 Artículo 67.

1945 Sobre este episodio, véase Silva Vargas (2019 c).

1946 La "gran purga" se extendió entre 1879 y 1883, y afectó también al Consejo de Estado: *v. gr.*, Pacteau (2003), pp. 211-214, y Royer et al. (2016), pp. 687-712, pero dejó más o menos incólume a la Corte de Cuentas, quizás por su carácter técnico, como explica Descheemaeker (2019), esp. pp. 114-118.

En esta miscelánea de aspectos controlados, que fluctuaba de un caso a otro, se comprendía, por de pronto, la exactitud de los hechos que daban lugar al pleito[1947]. El aspecto hermenéutico también era relevante, incidiendo en la interpretación de normas legales, con lo que nuestra judicatura podía afirmar en una especie, con toda naturalidad, "que toda la cuestión se ha reducido a la manera como debe entenderse y aplicarse la ley"[1948], e incidiendo también en la interpretación contractual[1949].

En relación con lo anterior, nuestros tribunales podían incidir determinantemente en la revisión de la calificación jurídica que pudiera haber desarrollado la Administración. Esto no se daba siempre: por ejemplo, en una oportunidad la Corte Suprema rehusó revisar la apreciación administrativa de que no era una "justa causa" la que se había invocado por el interesado al presentar una licencia médica[1950]. Pero, por el contrario, sí tenía relevancia en otras áreas, como en la tributaria. En este ámbito, nuestros jueces no tuvieron inconveniente en calificar como minas tanto las metálicas como las no metálicas para efecto del cobro de la alcabala de minas[1951]; en no calificar como hornos a los de calcina en relación con el derecho de patente, que se aplicaba a los hornos de fundición[1952]; o revisar la calificación de urbano o rústico que hacía de un bien la Administración, aunque apoyándose en textos que la misma Administración había emitido previamente[1953]; o incluso en calificar un azúcar como "blanca" o "prieta" —es decir, morena—[1954]. Fuera del ámbito del Poder Judicial, el Consejo de Estado también mostraba tintes expansivos en torno al control: por ejemplo, al entrar a revisar la calificación de la *urgencia* de una medida administrativa que solo era practicable si era urgente[1955].

También se advierten en esta época atisbos de controles de proporcionalidad. Una sentencia muy clara, en el ámbito contencioso penal, afirmó lo siguiente, en orden a sancionar a un subdelegado de Collipulli:

> "Considerando: que la acción de dicho funcionario pudo y debió limitarse a tomar las medidas indicadas, y que, ordenando asegurar las puertas con cerraduras de fierro y dejando custodiada la casa por fuerza armada, extralimitó inconsiderablemente [*sic*] sus atribuciones, porque ninguna autoridad está facultada para clausurar la morada de un ciudadano sin gravísimo fundamento; a lo cual debe agregarse que semejante medida produce descrédito ante el público, y que en el presente caso no se divisa su necesidad ni aun su conveniencia"[1956].

Algunas expresiones intensas del poder de los jueces de la época consistían, entre otras, en prescindir de actos administrativos que se entendiesen nulos, tanto en contenciosos civiles[1957]

1947 *Fisco con Weir Scott y Ca.* (1873).
1948 *Dickson Harker y Ca.* (1869).
1949 *Cood* (1883).
1950 *Guerra* (1865).
1951 *Cousiño* (1870).
1952 *Urmeneta, Errázuriz y Ca.* (1870).
1953 *Bezamat* (1884).
1954 *Fisco con Kendall y Ca.* (1875) y *Fisco con Berstein* (1879).
1955 *Gobernador de Maipo con Corte de Apelaciones de Santiago* (1887).
1956 *Walch y Zúñiga* (1881).
1957 *Municipalidad de Vallenar con Mendoza* (1872).

como penales[1958]; prescindir de disposiciones legislativas[1959]; determinar los alcances de una determinada prerrogativa entregada a las autoridades administrativas[1960]; y declarar judicialmente las derogaciones tácitas[1961].

También corresponden a esta vertiente más intensa los que hemos llamado *dispositivos anómalos*[1962] de las sentencias, cuyos objetos podían ser bien variados. Por ejemplo, apercibiendo a un funcionario "para que en adelante cumpla como corresponde su deber"[1963] o "para que en lo sucesivo se abstengan de sacar reos de los calabozos sin orden competente"[1964]; mandando transcribirle la sentencia al superintendente "a fin de que se puedan adoptar las medidas convenientes que tiendan a evitar la repetición de tales sucesos"[1965]; ordenando practicar una inscripción de defunción[1966]; prescribiéndole al juez de primera instancia dictar providencias para evitar irregularidades en el servicio de la cárcel de Valparaíso[1967]; ordenando poner una medida "en conocimiento del Intendente de la provincia a fin de que tome las medidas que crea convenientes para evitar en lo sucesivo la informalidad ocurrida"[1968]; oficiando a un subdelegado "para que regularice sus procedimientos"[1969]; ordenando prevenirle al encargado del Estanco "que, cuando algún deudor moroso quisiera hacerle el pago de lo que adeuda antes de ser requerido, y estando en su casa o en la población, la ley no lo autoriza para cobrar el leguaje imaginario de la distancia que existe entre el pueblo y la casa del deudor"[1970]; ordenando demandar al ministerio fiscal "contra todos los que de derecho corresponda, el reintegro de la suma en que el Fisco ha sido defraudado"[1971]; estableciendo castigos adicionales a los directamente relacionados con la especie, como el caso en que el tribunal sostuvo que "al agente de Aduana que efectuó el despacho de las mercaderías no se le admitirá en lo sucesivo manifiesto, póliza ni pedimento bajo su firma"[1972]; e incluso comprometiendo al mismísimo Legislador con montos de presupuestos nacionales posteriores, en relación con la orden al Fisco de pagar una suma, en parte inmediatamente, "y el resto con las cantidades que señale anualmente el Soberano Congreso para estos efectos, haciéndose previamente la liquidación por la oficina fiscal que corresponda"[1973].

Aunque los dispositivos anómalos no eran percibidos como una *rara avis in terris* y surgían con cierta frecuencia entre las sentencias de los tribunales, también aparece en esta época un

1958 *Chávez* (1878).
1959 *Claris y otros* (1879).
1960 *Reos de la cárcel de Constitución* (1886).
1961 *Lois* (1890), *Prudant y otros* (1890).
1962 Bocksang Hola (2015 b).
1963 *Montero y otros* (1869).
1964 *Aravena* (1874).
1965 *González Bravo* (1880).
1966 *Ruiz y Aldea* (1886).
1967 *Molina* (1878).
1968 *Olavarría* (1863).
1969 *Meneses* (1868).
1970 *Fisco con deudores de contribución territorial* (1868).
1971 *Del Río* (1876).
1972 *Fisco con Aguiar Hermanos* (1881).
1973 *Núñez* (1880).

fermento de inquietud respecto de lo que ellos podían implicar en el contexto institucional de nuestro país. No fue el Poder Judicial desde donde ello comenzó a darse, sino que en el seno del Consejo de Estado. Se trató de una contienda de competencia entre un Gobernador y un juez de letras, habiendo este último mandado fijar en las puertas de la cárcel algunas disposiciones del Intendente, sin consentimiento del Gobernador, quien dio a su vez la orden de ignorar lo dispuesto por el juez de letras, quien, en fin, libró decreto de prisión contra los funcionarios que estaban obedeciendo lo ordenado por el Gobernador. Se trabó contienda de competencia y, aunque ella no versó directamente sobre un dispositivo anómalo de una sentencia, sino sobre una medida judicial de otra especie, lo cierto es que el fondo de lo expuesto revela una preocupación que es perfectamente aplicable a los cuestionamientos posibles sobre dichos dispositivos:

> "Considerando:
> 1° Que según el número 4° artículo 128 de la Constitución del Estado, corresponde a las municipalidades dentro su territorio cuidar cárceles, hospitales, hospicios, casas de expósitos, casa de corrección y demás establecimientos de beneficencia, bajo las reglas que se prescriban y que por el n° 10 del mismo artículo, corresponde a la misma corporación formar las ordenanzas municipales sobre esos objetos;
> 2° Que los arts. 26 n° 7, 103 n° 6 de la ley de 8 de octubre de 1854 y el art. 103 n° 3 de la de 9 de octubre de 1861 consagran de un modo expreso y terminante aquellas facultades de las municipalidades;
> 3° Que el art. 31 incisos 2° y 4° y el art. 114 citado de la ley de 1854 confieren al Gobernador la facultad de hacer ejecutar todas las órdenes, reglamentos y acuerdos municipales, la inspección sobre todos los establecimientos dependientes de la Municipalidad, y la de suspender la ejecución de esas disposiciones cuando sean ilegales, de acuerdo con el dictamen del señor Fiscal.
> *Se declara: que el juez letrado de Itata no ha tenido facultad para dictar ni para prescribir la observancia de los reglamentos de la cárcel de dicho departamento y que esas facultades corresponden a la Municipalidad y al Gobernador respectivamente*"[1974].

Claramente se entendía que la actividad judicial no significaba atribuir potestades administrativas, entre las cuales se entendían las de emitir actos administrativos y velar por su cumplimiento. La incompetencia del juez está establecida en una forma tan terminante, que resulta casi imposible no suponer que igual principio se aplicaría respecto de dispositivos anómalos que, como hemos visto, versaban sobre objetos muy similares.

Por último, conviene hacer presente que, en ocasiones, los poderes ejercidos por los jueces parecían condicionados por consideraciones de índole política. Algunos ejemplos permitirán ilustrar lo anterior. En el tema de determinación de remuneraciones, tratándose de reconocimiento de heridos o enfermos, o de autopsias, la Corte Suprema no tuvo problemas para determinar ella misma una remuneración, al punto de ajustar la que se había asignado en la primera instancia del juicio[1975]; pero, tratándose de la remuneración que se asignaría a la labor

1974 *Gobernador de Itata con Juez de Letras de Itata* (1880). Las cursivas son nuestras.
1975 *Larraguibel* (1890).

que unos comisionados habían desplegado para redactar un Código Militar, los tribunales entendían no ser "competentes para calificar y decretar la remuneración reclamada"[1976]. No es imposible que la perceptible diferencia de tratamiento haya tenido un móvil político.

Otro caso que puede resultar de interés es el de un litigio en que se pedía indemnizar los daños sufridos por un particular en operaciones bélicas desarrolladas por militares y relacionadas con los esfuerzos en orden a enfrentar la revolución de 1859. La Corte Suprema entendió que "aun cuando el demandante ha pretendido probar que fue innecesario el incendio, las apreciaciones de los testigos están en contradicción con el parte del jefe; *y no puede calificarse la oportunidad y necesidad de la medida, ni si ha habido culpa por su parte que lo haga responsable, sin un nuevo juicio previo sujeto a otra autoridad*"[1977].

Pero quizás ningún caso de todo este período supera en este ámbito a la especie en la que, sin invocar norma alguna, la Corte Suprema aprobó la resolución que ordenó sobreseer en la tramitación de una causa de reparación de secuestros de bienes —que pretendía un español— porque "los súbditos españoles, por el estado de guerra en que se encuentra la República con España, han quedado privados de todos los derechos conferidos por las leyes y tratados antes existentes"[1978].

b. La impugnación del contencioso

Un último aspecto de interés para un examen transversal del contencioso administrativo de la época es el de los mecanismos de impugnación.

En primer lugar, conviene apuntar que, salvo excepciones, regía el principio de la doble instancia[1979]. Es interesante constatar que en la época se planteaba la necesidad de enfatizar una vertiente máxima y una vertiente mínima del alcance de este principio, ambas derivadas del artículo axial en la materia, que era el 147 de la Constitución de 1823, vigente con posterioridad en el orden judicial: "Ningún pleito tiene más recursos que primera instancia y apelación". La vertiente *máxima* consistía en que ningún pleito podía tener más de dos instancias[1980], mientras que la vertiente *mínima* implicaba la posibilidad, autorizada constitucionalmente, de que existieran contenciosos de única instancia[1981].

En la determinación de la posibilidad o no de la segunda instancia, los tribunales de la época actuaron con un sentido garantístico. Quizás la mejor demostración de ello provenga de una especie en la que el demandante había demandado por una cuantía que permitía la

1976 *Sucesión de Arteaga* (1886).

1977 *Calderón* (1867). Las cursivas son nuestras.

1978 *Herederos de Aguirre Solarte* (1870).

1979 Respecto de la consulta, hemos formulado las observaciones respectivas en la sección correspondiente. Véase *supra*, en este capítulo, A.I.b.2.

1980 *Comandancia General de Armas de Concepción con Juez de Letras de Concepción* (1866).

1981 En leyes especiales, *v. gr.*, el reclamo respecto de la clasificación hecha de la profesión o industria en el impuesto de patentes, según el art. 10 de la Ley de 22 de diciembre de 1866, BLDG, XXXIV, p. 500: *Iglesias* (1874) y *Banco Sud Americano* (1874). En leyes generales, baste evocar los artículos 242 y 243 de la LOAT: *v. gr., González* (1881) y *Díaz* (1881). La aprobación judicial de transacciones estaba sujeta a dos instancias: *Fisco con Hidalgo* (1884), con disidencia de Lastarria, quien opinaba que solo procedía una única instancia.

apelación, pero luego, para evitar ciertos embarazos procesales, había convenido con los representantes de la Administración una cuantía inferior. Luego, interpuesta la apelación por el afectado, la Administración invocó la cuantía inferior a fin de objetar la procedencia de la segunda instancia. El tribunal resolvió lo siguiente:

> "Considerando sobre este punto:
> 1° Que el procurador municipal ha entrado directamente a impugnar los fundamentos aducidos por el demandante en apoyo de su derecho, sin objetar en manera alguna la fijación de quinientos pesos hecha expresamente por su contradictor para que la causa fuese tramitada y resuelta por el juez letrado en la forma verbal y atendida su cuantía.
> 2° Que, en virtud de ser este un hecho aceptado por ambas partes, el juez procedió a dictar su sentencia, y Jara apeló de ella en la inteligencia de que su recurso era admisible; *pues de otra suerte el conocimiento del asunto habría correspondido a un inspector.*
> 3° *Que, aceptándose la tasación fijada en el comparendo de que se ha hecho mención, se haría mejor la condición de un litigante con perjuicio del otro, porque en tal caso la sentencia de primera instancia quedaría ejecutoriada y se privaría al demandante de la garantía de la segunda instancia, al paso que el demandado habría tenido expedito este recurso.*
> Se declara en virtud de estos fundamentos que ha lugar el recurso de apelación"[1982].

Se desprende de la sentencia no solo un espíritu garantista, sino también de coherencia procesal, pues, según lo expresado en el segundo considerando, si la cuantía hubiera sido la que la Administración pedía fijar, no es que la apelación no hubiera procedido, sino que derechamente el tribunal competente hubiera sido otro. Lo del considerando tercero es, por otra parte, bastante notable: la segunda instancia se reconocía como un instrumento de equilibrio de los litigantes —lo que, por otra parte, resulta de especial importancia en una disciplina como el derecho administrativo, donde existen desigualdades de base por la propia naturaleza de los sujetos que se relacionan[1983].

El realce de la existencia de una segunda instancia también fue proclamado tras la entrada en vigor de la LOAT. Hay una sentencia especialmente notable en este sentido en torno a las fuentes aplicadas, porque al subrayar el carácter general de la alzada no invocó la ley de 1875, sino que las disposiciones del antiguo derecho español: "[...] según lo dispuesto en las leyes 13, tít. 23, part. 3ª, y 1ª, tít. 20, lib. 11 de la Nov. Recop., puede apelarse y por consiguiente debe concederse la apelación interpuesta en tiempo y forma contra las sentencias definitivas en todos los casos en que la ley no prohíbe este recurso"[1984].

También es importante destacar que, según el Consejo de Estado, la procedencia de la segunda instancia no se veía perjudicada por las especiales circunstancias que rodeaban a los hechos de la especie, ni tampoco por las eventuales deficiencias que aparecieran de la regulación de la apelación que hiciesen las leyes: "[...] la circunstancia de haber guardado silencio

---

1982 *De la Jara* (1871). Las cursivas son nuestras.

1983 Pero si en la demanda se hubiera fijado una cuantía inferior, no hubiera sido posible ajustarla con posterioridad: *Salinas* (1879).

1984 *Novoa, Del Campo y otros* (1878).

las leyes acerca de la designación de la Corte de Apelaciones, a quien correspondiera conocer en segunda instancia de las causas que se fallasen en primera, estando el Ejército en campaña fuera de la República, no priva a los oficiales procesados del recurso de apelación"[1985].

En materia de nulidad de las resoluciones judiciales, siguió rigiendo el decreto ley sobre recurso de nulidad[1986]. Ni siquiera la LOAT logró modificar su vigor, pues, aunque formalmente apareció en ella el recurso de casación[1987], también dispuso expresamente que "mientras la ley no determine los casos en que procede el recurso de casación, no podrán conocer de él los tribunales a quienes corresponde esta atribución. Entre tanto, seguirán ellos conociendo del de nulidad en la forma que actualmente prescribe la ley"[1988].

Si bien la sujeción a lo dispuesto por el decreto ley de 1837 fue determinante respecto de las causales de nulidad[1989], hubo aspectos que a ojos de observadores de nuestros días pueden ser controversiales en relación con las causales de nulidad que en la época se reconocían. Por ejemplo, el hecho de que —al menos, en el fuero militar— una sentencia sin fecha no se considerara nula si es que su fecha se podía determinar a la luz de otra documentación[1990]. También era importante, en relación con la aplicación de dicho decreto ley, el ámbito de procedencia del recurso de nulidad en relación con el tipo de resoluciones que podían ser su objeto, excluyéndose la reclamación de nulidad sobre autos[1991] o sobre sentencias interlocutorias[1992].

Por otra parte, desapareció en esta época el recurso de súplica, que era el "que puede interponerse de la sentencia de 1ª instancia pronunciada por la Corte Suprema en ciertas causas, a fin de que la misma Corte, en Tribunal de súplica, la enmiende o supla por una nueva revisión de los autos"[1993]. Una ley muy breve dispuso lo siguiente: "[...] las causas en que debiere conocer en primera instancia la Corte Suprema de Justicia y que tuvieren recurso de súplica, serán sustanciadas y resueltas por el Ministro que estuviere de turno. En segunda instancia conocerá el mismo Tribunal en la forma prescrita para el recurso ordinario de apelación"[1994]. Según la obra doctrinaria más importante del período en derecho procesal, esta disposición significaba que "el recurso de súplica, que tenía antiguamente ciertas especialidades, no se distingue hoy del de apelación"[1995].

1985 *General en Jefe del Ejército del Norte con Corte Marcial* (1884).

1986 Decreto ley de 1° de marzo de 1837, BLDG, VII, p. 136. Muy claramente en *Novoa, Del Campo y otros* (1878): "[...] del mismo modo procede y debe en consecuencia admitirse el recurso de nulidad contra las expresadas sentencias, siempre que se instaure con arreglo a las prescripciones de la ley de 1° de marzo de 1837".

1987 Artículos 33 (casación de sentencias de jueces de distrito), 37 (casación de sentencias de jueces de subdelegación), 67 (casación de sentencias de jueces de letras), 107 (casación de sentencias de Cortes de Apelaciones) y 187 (casación de sentencias de jueces arbitrales).

1988 Ley de 13 de octubre de 1875, BLDG, XLIII, p. 509.

1989 *V. gr.*, por *ultra petita*, *Municipalidad de Freirina con Montt y Ca.* (1873).

1990 *Fuentes* (1879) y *Fritz* (1883).

1991 *Comandante General de Armas de Santiago* (1889).

1992 *Fisco con Hermosilla* (1881).

1993 Vila García (1858), I, p. 282.

1994 Ley de 7 de septiembre de 1863, BLDG, XXXI, p. 203.

1995 Lira Argomedo (1867), III, p. 187, *in fine*.

En fin, también en este período se abolió el recurso de fuerza[1996], entendido como "la reclamación con que la persona que se siente injustamente agraviada por un juez eclesiástico acude al juez secular implorando su protección para que disponga que aquel alce la fuerza o violencia que hace al agraviado"[1997]. Durante la vigencia de este recurso, que era de competencia de la Corte Suprema desde 1823[1998], ocasionalmente había surgido alguna cuestión de interés para el derecho administrativo temporal en ejercicio de esta vía de impugnación; por ejemplo, que no podían someterse al fuero eclesiástico aquellas agrupaciones religiosas que no contasen con personalidad jurídica otorgada por el Presidente de la República[1999]. Y, correlativamente, así como se había abolido el recurso de fuerza, desde la LOAT también "quedó abolida la jurisdicción eclesiástica para conocer en asuntos judiciales del orden temporal"[2000].

1996 LOAT, artículo final.
1997 Lira Argomedo (1867), III, pp. 401-402.
1998 Constitución Política del Estado de Chile (1823), art. 146 n° 8.
1999 *Ulobo* (1863).
2000 *Rivera* (1878).

TÍTULO TERCERO

LOS MEDIOS SUSTANTIVOS

La evolución del derecho administrativo bajo el impulso de la codificación no podía prescindir de un fuerte impacto sobre los medios sustantivos requeridos para que la acción administrativa pudiese desplegarse. Más allá de los distintos énfasis adoptados por las sucesivas presidencias de Chile, y de las circunstancias cambiantes que debieron enfrentar, en lo propiamente jurídico nuestro derecho abordó los cambios —cada vez más rápidos— con una singular entereza e incluso preparando el terreno para evoluciones posteriores muy significativas.

En las siguientes líneas examinaremos dos categorías de medios sustantivos que, tal como había sido el caso hasta 1860, resultaron decisivas para el desarrollo de la Administración y, por consiguiente, de nuestro derecho administrativo. Primeramente, examinaremos los rasgos generales de la función pública (capítulo primero), para posteriormente escrutar aspectos relevantes concernientes al dominio público (capítulo segundo).

CAPÍTULO PRIMERO
LA FUNCIÓN PÚBLICA

Si algún observador efectuase un parangón en relación con la función pública entre los inicios del período patrio y las postrimerías de la administración Balmaceda, constataría una mutación de gran envergadura. Si bien ciertos pilares centrales seguían rigiendo desde entonces, lo cierto es que la profundización del proceso de burocratización de la función pública siguió un ritmo cada vez más acelerado, que se correspondía con el robustecimiento de la orgánica administrativa que hemos descrito en esta obra[2001].

Entre 1861 y 1890 se puede advertir una doble profundización en esta materia. Por una parte, la función pública *en sí misma*, como medio operativo de la Administración, experimentó una fuerte afirmación, dando cuenta de que los criterios conceptuales principales que se habían venido elaborando serían aquellos que se desarrollarían para la satisfacción de las necesidades públicas (A). Y, por otra parte, la confluencia de la codificación civil y la codificación penal le daría un nuevo impulso a la responsabilidad de los funcionarios públicos, articulando y renovando jurídicamente un marco preexistente (B). Todo ello sería fundamental en la consolidación de lo que Soto Kloss ha denominado "la burocracia del mérito... que permitiera la marcha del Estado, sin sobresaltos, y aun con continuidad"[2002].

A. LA AFIRMACIÓN DE LA FUNCIÓN PÚBLICA

Prolongación de la gestación de la función pública en el primer período patrio bajo la óptica fundamental de las *oficinas*, la función pública afirmó claramente su configuración durante el período en curso, asentando ya definitivamente su rol en el Estado de Chile.

Si bien la óptica de la carrera funcionaria no se encontraba consolidada desde un punto de vista formal, una protocarrera se empezó a asentar y desplegar informalmente durante los treinta años en examen. Por ello, no ha de sorprender que algunos elementos muy ligados a una función pública propiamente burocrática, y que fuese marcada por el sello de la probidad, comenzaron a articularse orgánicamente durante estos años.

Quizás el caso más notable es el de la articulación de un régimen creciente de incompatibilidades, desarrollado a partir de normas especiales[2003], pero, por sobre todo, de normas

---

2001 Véase *supra*, título primero, capítulo segundo.

2002 Soto Kloss (1996), I, p. 332.

2003 *V. gr.*, Decreto Supremo de 7 de septiembre de 1861, BLDG, XXIX, p. 300, art. 138; Decreto Supremo de 2 de abril de 1877, BLDG, XLV, p. 220; Ley de 22 de diciembre de 1885, BLDG, LIV, p. 1309, art. 3°; Ley de 21 de junio de 1887, BLDG, LVI, p. 709, art. 16; y Ley de 26 de enero de 1888, BLDG, LVII, p. 295, art. 8°.

generales, como la que dispuso que "todo empleo, función o comisión públicos retribuidos, es incompatible con el cargo de Diputado o Senador"[2004], y respecto del ámbito judicial, a través de una reforma legislativa que modificó el artículo 169 de la LOAT[2005].

De igual manera, respecto de las relaciones interadministrativas, una ley dispuso en 1889 que "en ninguna oficina pública, cualquiera que sea su naturaleza y jerarquía, establecimiento de instrucción pública, nave de la Escuadra, batallón o regimiento del Ejército, podrán figurar empleados que estén ligados por el parentesco de consanguinidad hasta el segundo grado inclusive con el jefe inmediato de dichas oficinas, establecimiento, naves, batallones o regimientos, ni con ninguno de los jefes de secciones en que estén subdivididos", añadiendo que "para los efectos de esta disposición se considerarán con oficinas aisladas las que dependan de una dirección central". Como si lo anterior no fuese suficientemente llamativo, seguía en el artículo 2° la expresión de que "tampoco podrá existir el parentesco indicado entre jefes de oficinas administrativas que, según la ley, dependan la una de la otra, en lo relativo a la vigilancia, responsabilidad o fiscalización de las funciones que les conciernan, ni entre los miembros de la Corte Suprema y los de la Corte de Apelaciones, ni entre estos y los jueces letrados de su respectiva jurisdicción", y especificaba en su artículo 3° que "para los efectos de esta ley no se considerará jefes de oficinas ni al Presidente de la República, ni a los Ministros de Estado"[2006].

Este aspecto puntual de las incompatibilidades, unido a otros que se examinará a continuación, plantean al período 1861-1890 como una etapa *afirmativa*, bisagra hacia la implantación de un régimen funcionarial más completo, como el que Chile terminaría desarrollando durante el siglo XX. En tal entendido, aparece como especialmente relevante apreciar el grado de afirmación relacionado con la naturaleza de la función pública, en cuanto índice general de su caracterización global (I), y el grado de afirmación derivado de las prerrogativas de la función pública, que abordaron puntos inusitados en nuestra historia institucional (II).

2004 Ley de 12 de diciembre de 1888, BLDG, LVII, p. 2127, añadiendo la figura transitoria de que "esta disposición no es aplicable a los miembros del Congreso mientras dure su actual mandato".

2005 "El cargo de juez expira: [...] 7° Por la aceptación de todo cargo o empleo administrativo conferido por el Presidente de la República, con la excepción de los creados por la ley de instrucción secundaria y superior, del cargo de Consejero de Estado y de los empleos diplomáticos. / 8° Por aceptar o continuar desempeñando el cargo de... Municipal, ya sea en calidad de propietario o de suplente. / 9° Por la aceptación del cargo de Presidente de la República. Es llamativa la ausencia de estas incompatibilidades en el texto original de la LOAT. Es importante destacar que tal ausencia había sido deliberada y voluntaria. Lo que sucedió es que en el texto original de la LOAT se contempló un artículo 171 n° 1 que la misma reforma de 1880 derogó, y que planteaba la superposición de tales funciones no como una incompatibilidad, sino como una causal de *suspensión* del juez correspondiente: "Las funciones de juez se suspenden... por la aceptación de un cargo del orden administrativo, si el nombramiento para este cargo se hiciere con la calidad de retener el juez su destino de tal", añadiendo que "si el nombramiento no llevare esta calidad y el juez lo aceptare, se entenderá que renuncia su destino de tal". Como se advierte, la solución de 1880 era más categórica y clara.

2006 Ley de 31 de diciembre de 1889, BLDG, LVIII, p. 921. Un artículo transitorio finalmente disponía que "esta ley no se aplicará a los empleados públicos que, en la fecha de su promulgación, estuvieren desempeñando sus funciones en las condiciones de parentesco prohibidas. / No obstante, ella regirá en los casos de ascenso, traslación o promoción de estos empleados".

I. La naturaleza de la función pública

Aunque en esta época todavía no estaba configurada una carrera funcionaria en los términos en que hoy estrictamente la conocemos[2007], estos años sirvieron para definir aspectos sumamente importantes en el tratamiento de la función pública cuyas repercusiones se prolongarían hacia el futuro. Eran múltiples las ópticas a través de las cuales la función pública podía formularse, pero quizás las dos más influyentes fueron la formulación categorial (a) y la formulación contractual (b), cada una de las cuales permitió profundizar en aspectos relevantes concernientes a la naturaleza de la función pública.

a. La formulación categorial

Al plantearse en estos años la función pública bajo un prisma categorial, tres fueron las aproximaciones más relevantes que formuló nuestro derecho. En primer lugar —siendo quizás la más influyente— corresponde mencionar la propiamente conceptual (1); en segundo lugar, derivada de la anterior, la correspondiente a la clasificación de las especies de vínculos dentro del género de la función pública (2); y, en tercer lugar, la aproximación categorial por contradicción, es decir, los casos en que se excluía existir el ejercicio de una función pública (3).

1. La conceptualización

En esta época, los funcionarios públicos eran normalmente calificados como *empleados públicos*, aunque podía hallarse otras fórmulas, como "empleado del orden administrativo"[2008] y "empleado del orden civil", caso este último que generó problemas de interpretación en torno a si comprendía o no, a más de los empleos civiles *stricto sensu*, los empleos militares y los cargos eclesiásticos[2009].

Con todo, la fórmula *empleado público* terminó asentándose con especial peso a partir del Código Penal de 1874, pues fue la nomenclatura escogida por dicho cuerpo normativo para designar a esta categoría de forma general. El Título V del Libro II, claramente focalizado en esta área, se tituló precisamente "De los crímenes y simples delitos por *empleados públicos* en el desempeño de sus cargos"[2010], aunque debe tenerse presente que su esfera no era restringida a los empleados administrativos. En efecto, la mayor parte de los tipos concernía —y sigue concerniendo— a los empleados en general, fuesen del espectro administrativo o del judicial, pero una parte menor de ellos se hallaba exclusivamente dirigida a todos o algunos de los

2007 Amunátegui Rivera (1892), p. 20; pero sí comenzó a desarrollarse un sistema de carrera *de facto*, según Barría Traverso (2018), al comenzar la existencia de "un grupo de funcionarios que hizo del trabajo en la administración su ocupación de por vida" (p. 337). En este mismo sentido, Silva Vargas (2005), p. 270.

2008 *Díaz* (1865 b).

2009 Resolviéndose por la afirmativa, al menos respecto de la aplicación del Senadoconsulto acerca de cúmulo de sueldos de 19 de noviembre de 1818: *Sucesión de Donoso* (1869).

2010 Las cursivas son nuestras.

empleados del orden judicial[2011], aunque la vertiente administrativa más estricta podía hallarse en las disposiciones referidas a quienes sirviesen "un empleo público no perteneciente al orden judicial"[2012] o al "empleado público del orden administrativo"[2013]. En contraste, por supuesto, estos tipos no se aplicaban a quien no fuera empleado público. Por ejemplo, no había delito de usurpación de atribuciones si una persona asumía funciones de naturaleza privada[2014].

Pero debe apuntarse otro aspecto muy relevante del referido Título V del Libro II del Código Penal. En su artículo 260 aportó, de manera algo oblicua pero inequívoca, la primera definición general de funcionario público que se pueda hallar en la historia de nuestra legislación patria[2015]. Aseveraba este artículo en su redacción original que "para los efectos de este Título y del párrafo IV del Título tercero, *se reputa empleado todo el que desempeña un cargo público, aunque no sea de nombramiento del Jefe de la República ni reciba sueldo del Estado*"[2016]. Lo más relevante, por cierto, es la relación entre *empleado público*[2017] y *cargo público*, que apunta al requerimiento de una *orgánica* que sustente al empleado para que goce de su calidad de tal[2018]. Pero también se desprenden de la norma ciertos indicios secundarios que pueden ser útiles para determinar la existencia o no de una relación funcionarial: el nombramiento del Presidente de la República y la remuneración a través de un sueldo del Estado[2019].

Curiosamente, fueron estos indicios secundarios los que dieron lugar a la primera definición de empleo *fiscal* efectuada por vía administrativa, dando cuenta que no eran del todo irrelevantes en la conceptualización de la función pública. Ello se dio a través de un decreto supremo del presidente Balmaceda que, a pesar de supuestamente contener una recopilación de instrucciones generales para las Tesorerías Fiscales en materias de pagos, tuvo un impacto real más profundo. Si bien no definió al empleo administrativo en sentido amplio, es evidente que la categoría de los empleos fiscales era la más importante y representativa. De tal guisa, preceptuó lo siguiente:

2011 En algunos casos, la aplicación era común a lo administrativo y lo judicial, como el artículo 217, sobre prolongación indebida de funciones públicas, pero en otros el tipo apuntaba exclusivamente al ámbito judicial, como en los artículos 222, 223, 224, 225 y 226.

2012 Artículo 228.

2013 Artículo 256.

2014 *Pizarro Urbina* (1880).

2015 La jurisprudencia ya había efectuado formulaciones generales al menos desde la década de 1840: véase Bocksang Hola (2015 a), título tercero, capítulo primero, A.I.a.1.

2016 Las cursivas son nuestras. La evolución posterior que padeció este artículo se debió a la modificación de las características de nuestra organización administrativa, como destaca Etcheberry Orthusteguy (2005), III, p. 367.

2017 "Empleado" en este artículo es equivalente a "empleado público", de acuerdo con el Consejo de Estado: *Intendente de Curicó con Juez de Letras de Curicó* (1882).

2018 En jurisprudencia, se rechazó calificar como "autoridad pública" a guardias civiles, dado que no constaba que este cuerpo "tuviera una existencia legal, como emanada de autoridad competente para que pudieran ser considerados dichos individuos como agentes de la autoridad": *Rivera y Navarrete* (1881). Tampoco lo eran los amanuenses, aunque ello se derivaba también de "la forma de su nombramiento": *Pérez Izquierdo y otros* (1885).

2019 Según nuestra judicatura, estos indicios se podían verificar fuera del ámbito estrictamente fiscal, abarcando también el municipal: *Casanova* (1890).

"41. Son empleados fiscales los que *se pagan con fondos nacionales y tienen nombramiento del Presidente de la República*" [2020].

Pago y nombramiento, como puede advertirse, eran para este decreto los criterios primordiales de identificación. *Mutatis mutandis*, los empleados municipales hubieran respondido a análogos criterios bajo la óptica de las municipalidades.

En cuanto al *nombramiento*[2021], estaba claro, en todo caso, que requería un acto administrativo concreto por parte de la autoridad administrativa competente. Por ello, no era empleado público quien era nombrado para una cierta posición por alguien que era incompetente[2022]. Y también por ello no se aplicaba el concepto de nombramiento a aquellos casos de "imposición de cargos ordenados por las leyes"[2023]: dicho de otro modo, por su operatividad, la ley no nombraba, sino que *imponía cargos*.

Cabe asimismo preguntarse acerca de ciertos contornos de la categoría de funcionario público. Quizás la principal interrogante estaba dada en torno a si las *autoridades* también cabían dentro de la categoría general de funcionario público. Aun antes de la entrada en vigor del Código Penal, en jurisprudencia esta cuestión se zanjó de manera bastante temprana. Un caso bastante elocuente es el de la querella que se dirigió contra Diego Barros Arana en cuanto Rector del Instituto Nacional. Frente a la declaración de incompetencia del Juzgado de Letras para conocer de la cuestión, pues suponía la existencia de un eventual fuero que protegería a la referida autoridad, la Corte Suprema decidió revocarla, en atención a que "todo empleado público es responsable de sus actos, y la persona que por ellos se reputase perjudicada en sus derechos puede demandar las reparaciones legales", y que no estaba ajeno a la competencia general de los tribunales ordinarios, pues "de este principio solo están exceptuados aquellos funcionarios para cuyos actos una ley especial requiere que preceda declaración previa de haber lugar formación de causa, y el Rector del Instituto Nacional no está comprendido entre estos funcionarios, ni goza de este privilegio"[2024]. Más aún, el vocablo *autoridad* parecía ser aplicable a todo funcionario público, e incluso allende sus límites, pues hasta los miembros de juntas calificadoras eran considerados como "funcionarios revestidos de autoridad pública"[2025].

También es de interés inquirir si los colaboradores accidentales de la Administración eran subsumibles bajo la categoría de empleado público. Si bien del derecho de la época no parece desprenderse un criterio absoluto, al menos la aplicación del Código Penal arrastró a la órbita administrativa a determinados colaboradores. Un caso bien claro se deriva del artículo 238 del Código Penal, comprendido entre las normas penales referidas a la malversación de caudales públicos, que dispuso que "las disposiciones de este párrafo son extensivas al que se halle encargado por cualquier concepto de fondos, rentas o efectos municipales o pertenecientes a un establecimiento público de instrucción o beneficencia". Esta disposición es interesante

2020 Decreto Supremo de 22 de febrero de 1889, BLDG, LVIII, p. 156. Las cursivas son nuestras.

2021 Respecto del sueldo, véase *infra*, título tercero, capítulo primero, A.II.a.

2022 *Valenzuela Castillo y otros* (1880), en orden a sostener que a la persona nombrada de tal guisa no se le pueden aplicar los tipos relacionados a empleados públicos.

2023 *Rubio* (1880).

2024 *Barros Arana* (1863).

2025 *Cabrera* (1886).

porque muestra un celo especial del legislador en no dejar a dudas de que, aun hallándose en las capas externas del apoyo a la Administración, estas personas se regían por las normas referidas a dicho ilícito penal. Así se entendió, por ejemplo, respecto de un recaudador de fondos municipal accidental, que había sido comisionado para la recaudación de la contribución de sereno y alumbrado por la Municipalidad de Illapel[2026]. Por otra parte, respecto del funcionario público como sujeto pasivo de un ilícito, se entendió que una persona nombrada como *delegada ad hoc* por el Intendente para practicar unas mensuras se consideraba como tal, aun cuando finalmente el delito correspondiente a tal calificación —atentado contra la autoridad— no fuese aplicable por no conocerla el autor de la conducta[2027].

Por influjo de las leyes penales se impulsó la distinción de si un determinado funcionario se encontraba o no en ejercicio de sus funciones. Por ejemplo, desde un punto de vista *activo*, si un funcionario encerraba arbitrariamente a una víctima, pero actuaba en su condición de particular, no podía verificarse el delito de abuso contra particulares, tipo especial contemplado en el artículo 255 del Código Penal, sino que el tipo general del artículo 141 del mismo cuerpo normativo[2028]. Y también regía esta distinción desde un punto de vista *pasivo*, por ejemplo, en relación con el delito de atentado contra la autoridad[2029], no pudiendo castigarse al perpetrador con este tipo si el funcionario no se encontraba en ejercicio de sus funciones[2030].

En cuanto a la institucionalización de los empleos públicos, en principio seguía rigiendo el criterio de la *legalidad*[2031], pero, al igual que en la época

2026 *Briones Báez* (1879). Pero debe tenerse en cuenta que, en general, los recaudadores de contribuciones titulares sí eran considerados como funcionarios públicos: *Ramírez* (1885).

2027 *Corbalán* (1882).

2028 *Islas* (1888).

2029 *Santelices Mena y otro* (1880).

2030 *Leiva* (1876), por estar dentro de otro territorio jurisdiccional que aquel en el que era competente.

2031 De profusa aplicación durante este período. Por de pronto, en la estructura ministerial básica, regida al inicio de este período por la ley de plantas de los ministerios (Ley de 29 de julio de 1853, BLDG, XXI, p. 374) y hacia el final por la Ley de Ministerios de 21 de junio de 1887, BLDG, LVI, p. 709, especialmente en los artículos 26 y 27. Pero, por ejemplo, también estaban establecidos por ley los empleos de los redactores y taquígrafos del Congreso (Ley de 7 de octubre de 1861, BLDG, XXIX, p. 347, art. 1°), y de las Secretarías de las Cámaras Parlamentarias, en varias ocasiones (Ley de 3 de agosto de 1865, BLDG, XXXIII, p. 412; Ley de 12 de enero de 1883, BLDG, LII, p. 8); y los de la Dirección General de Correos, en varias ocasiones (Ley de 18 de octubre de 1870, BLDG, XXXVIII, p. 324; Ley de 9 de noviembre de 1875, BLDG, XLIII, p. 579), de la Comandancia General de Armas de Santiago (Ley de 3 de diciembre de 1873, BLDG, XLI-2, p. 487) y de Valparaíso (Ley de 2 de septiembre de 1875, BLDG, XLIII, p. 487), de la Aduana de Chañaral de las Ánimas (Ley de 5 de diciembre de 1873, BLDG, XLI-2, p. 450), de las distintas oficinas de Hacienda (Ley de 22 de diciembre de 1875, BLDG, XLIII, p. 640, art. 21), de plazas de inspectores fiscales de Hacienda (Ley de 12 de enero de 1882, BLDG, L, p. 89, art. 3°, aunque fijando sus atribuciones posteriormente por vía administrativa, como consta en Decreto Supremo de 18 de enero de 1882, BLDG, L, p. 95 y en Decreto Supremo de 31 de mayo de 1882, BLDG, L, p. 433; también en Ley de 20 de mayo de 1887, BLDG, LVI, p. 678), de la planta de la Caja de Crédito Hipotecario (Ley de 7 de diciembre de 1882, BLDG, LI, p. 1078), de la planta general de Aduanas (Ley de 20 de enero de 1883, BLDG, LII, p. 69, art. 1°), de la planta general de Ferrocarriles (Ley de 4 de enero de 1884, BLDG, LIII, p. 5), de la administración del muelle de Valparaíso (Ley de 17 de enero de 1884, BLDG, LIII, p. 169, pero con delegación parcial a un reglamento), del Registro Civil (Ley de 17 de julio de 1884, BLDG, LIII, p. 687, especialmente el artículo 13, pero remitiendo a las "parroquias y viceparroquias que existen en

anterior[2032], él se hallaba superado por la práctica, en el sentido de que también se establecían, modificaban y suprimían empleos públicos por acto administrativo[2033]. Huneeus Zegers lamentó vehementemente esta violación del orden de la Constitución de 1833:

> "Según esto, la creación de todo empleo, sea o no remunerada por el Fisco, pues no trata la Constitución en el inciso 10° del art, 37 sino de los destinos *públicos*, o sea de aquellos que se establecen para asuntos de interés general, requeriría la intervención del legislador, si se aplicara dicho inciso conforme a su tenor literal y sin introducir distinciones donde la Constitución no las establece.
> Sin embargo, la práctica no guarda conformidad con la opinión precedente. Se ha entendido que el inciso se refiere solo a los empleos *públicos rentados*, porque en él mismo se habla del aumento o disminución de sus dotaciones. Y, lo que es todavía más grave, el Presidente de la República ha creado, por medio de simples decretos y sin que exista ley alguna que le haya conferido esa facultad, empleos públicos rentados, conferidos al nombrado con el carácter de permanentes y con derecho a jubilación"[2034].

Como puede constatarse, la brecha que permitió eludir la reserva legal se había fundado originalmente en una interpretación de que esta solo era requerida en los casos de empleos *rentados*; y luego, como segundo estadio de degradación del cumplimiento de la norma constitucional, la potestad administrativa de creación de empleos se ejercía ilícitamente tanto para los empleos rentados como no rentados. Algo de pudor conservó, en todo caso, nuestro derecho respecto de este entuerto: por ejemplo, la judicatura ordinaria preconizó el criterio

---

la actualidad" con excepción de Santiago y Valparaíso), de tres plazas extraordinarias de general (Ley de 6 de agosto de 1887, BLDG, LVI, p. 1264), de la Aduana de Coquimbo (Ley de 20 de enero de 1888, BLDG, LVII, p. 195), de la Dirección de Obras Públicas (Ley de 26 de enero de 1888, BLDG, LVII, p. 295) y de varias Aduanas (Ley de 28 de enero de 1888, BLDG, LVII, p. 233). El criterio de la legalidad también regía respecto de la supresión de empleos, tanto en materia militar (*v. gr.*, Ley de 31 de agosto de 1865, BLDG, XXXIII, p. 485) como en materia civil (Ley de 27 de julio de 1878, BLDG, XLVI, p. 331).

2032 Bocksang Hola (2015 a), título tercero, capítulo primero, A.I.a.1.

2033 A veces era por delegación legislativa: *v. gr.*, el artículo 83 de la Ley de 6 de agosto de 1862, BLDG, XXX, p. 199, disponía que "el Presidente de la República podrá nombrar, *cuando lo creyere necesario*, en cada camino de fierro o en los puntos de más tráfico de ellos, un empleado que vigile por el exacto cumplimiento de las obligaciones impuestas a toda Empresa para la seguridad y regularidad del servicio" (las cursivas son nuestras); también en el establecimiento de la planta del ferrocarril Santiago-Valparaíso (Ley de 5 de septiembre de 1863, BLDG, XXXI, p. 187); y en el caso de la Ley de 24 de septiembre de 1865, BLDG, XXXIII, p. 491, que en el contexto de la guerra contra España autorizó al Presidente de la República para que "aumente las fuerzas de mar y tierra hasta que lo creyere necesario". Pero otras veces constaba de forma directa: por ejemplo, respecto de la planta de profesores del Instituto Nacional (Decreto Supremo de 31 de marzo de 1863, BLDG, XXXI, p. 67), de los nombramientos y destituciones de los empleados de instrucción secundaria (Decreto Supremo de 6 de mayo de 1879, BLDG, XLVII, p. 142), de las plantas de profesores para los liceos (Decreto Supremo de 9 de enero de 1883, BLDG, LII, p. 33), del servicio administrativo de Iquique (Decreto Supremo de 2 de febrero de 1880, BLDG, XLVIII, p. 73), y de empleos para el servicio de ferrocarriles del Estado (Decreto Supremo de 9 de febrero de 1887, BLDG, LVI, p. 249).

2034 Huneeus Zegers (1880), I, pp. 186-187.

de que los empleos establecidos por ley no podían ser suprimidos sino por una ley[2035], y el Consejo de Estado entendió que "el designar a una persona para desempeñar un puesto que no existe, no importa la creación del cargo, ni mucho menos equivale a dictar reglamentos o disposiciones generales"[2036].

Por último, fue en esta época en que la doctrina comenzó a reflexionar sobre la cuestión de si correspondía o no introducir una lógica de *privata lex* respecto de la función pública. Aunque aún no se configuraba plenamente la lógica estatutaria que florecería con energía durante el siglo XX, desde inicios del período patrio se habían ido introduciendo elementos en este sentido que inquietaron a algunos autores, como el liberal Courcelle-Seneuil. Este aseveraba que tanto los funcionarios públicos como los trabajadores privados "desempeñan funciones verdaderamente públicas, puesto que interesan a todos. Si importa al público que se vele por el mantenimiento de la paz, también le importa que se le prepare el pan, el calzado, los vestidos, etc."[2037]. Por consiguiente —y sobre la experiencia que le brindaba su condición de miembro del Consejo de Estado francés—, era crítico de establecer un régimen aparte, subrayando ácidamente que "el derecho administrativo eleva sobre este ciudadano, que es la Nación, una clase privilegiada que manda y que goza de una condición hasta cierto punto envidiable de los demás"[2038].

2. La clasificación

Se mantuvo en esta época la clasificación ya bastante asentada —porque daba cuenta de una realidad orgánica indiscutida— entre los empleados fiscales[2039] y los empleados municipales. En una especie *Salvo* de 1873, existiendo ciertas dudas acerca de la calidad específica de ciertos empleados, nuestra judicatura entendió que eran fiscales, atendido a que eran "empleados nombrados por el Presidente de la República con derecho a jubilación y demás prerrogativas de los empleados fiscales, y sujetos a los deberes de estos, y no son por consiguiente empleados municipales"[2040].

En este período empezó a buscarse una clasificación más clara de los distintos tipos de empleos públicos. Si bien durante el período algunos esbozos aparecerían en materias puntuales, como las de licencias[2041], la primera clasificación que pudiese llamarse sistemática se

2035 *Vera* (1890 a).

2036 *Gobernador de Maipo* (1885 b).

2037 Courcelle-Seneuil (1887 b), p. 302.

2038 Courcelle-Seneuil (1887 b), p. 303.

2039 En algunos casos, ciertos empleados se *reputaban* como empleados fiscales, como los administradores del Estanco y los estanquilleros, según el artículo 137 de la Ordenanza del Estanco (Decreto Supremo de 7 de septiembre de 1861, BLDG, XXIX, p. 300): "Los Administradores y estanquilleros también se reputarán como empleados de Hacienda, en cuanto a la responsabilidad de sus destinos y a las faltas en el cumplimiento de sus deberes". Dada tal *reputación*, los estanquilleros eran directamente responsables al Fisco, el que podía repetir directamente contra ellos, y no contra los ministros de Aduana u otras autoridades, de los déficits que hubiera en arcas fiscales: *Cordovez* (1872).

2040 *Salvo* (1873).

2041 Que contemplaban las categorías de suplentes y de auxiliares: Ley de 10 de septiembre de 1869, BLDG, XXXVII, p. 304, art. 3°.

introdujo por el Decreto Supremo de 1889 del presidente Balmaceda, que se destacó en el punto anterior. En su punto 41 también organizó, por primera vez de modo general en nuestra historia, un catálogo de los distintos tipos de empleos públicos:

> "Deben distinguirse los que sean propietarios, interinos, suplentes, accidentales, auxiliares y supernumerarios.
> Propietario es el nombrado para ocupar permanente o por un período legal una plaza vacante.
> Interino, el nombrado para desempeñar una plaza vacante mientras se provea en propiedad.
> Suplente, el nombrado para desempeñar una plaza que está ocupada, pero que se encuentra impedido para desempeñarla el que la sirve.
> Accidental, el que reemplaza a otro por el ministerio de la ley.
> Auxiliar, el que no está consultado en la planta legal de la oficina, pero cuyo sueldo se consulta en la Ley de Presupuestos.
> Supernumerario es el nombrado por tiempo determinado"[2042].

La categorización ofrecida por el referido acto administrativo es deslumbrante y da cuenta de la sofisticación que ya se alcanzaba en esta época en el tratamiento jurídico de la función pública. El asombro es aún mayor, si se tiene en cuenta que no existía doctrina nacional que hubiese desarrollado esta materia ni siquiera con una mediana complejidad. Y aún más: si se efectúa un paralelo con la categorización de nuestros días, la que se planteaba entonces, en 1889, era más sutil que la que rige actualmente.

En efecto, hay elementos en los que existe correspondencia conceptual entre entonces y ahora, más allá de diferencias accidentales en las denominaciones: nuestra actual categoría de *titular* coincide con la que entonces se denominaba *propietario*; el actual *subrogante* es el que allí se denomina *accidental*[2043]; y que la que actualmente se conoce como *a contrata* correspondía a la que allí se califica como *supernumerario*[2044]. Pero también se puede advertir una mayor

---

2042 Decreto Supremo de 22 de febrero de 1889, BLDG, LVIII, p. 156.

2043 Pero el término *subrogación* también existe en la normativa de la época: *v. gr.*, en los artículos 135 y 136 de la Ordenanza del Estanco (Decreto Supremo de 7 de septiembre de 1861, BLDG, XXIX, p. 300), que disponían que "en las enfermedades de corta duración y en las ausencias de los empleados de la Factoría por servicios correspondientes a esta oficina, *se subrogarán unos a otros*", y que "*las subrogaciones de que habla el artículo anterior* no dan derecho a mayor sueldo ni a la mitad de la diferencia". Las cursivas son nuestras. Igualmente, en el Decreto Supremo de 16 de diciembre de 1885, BLDG, LIV, p. 1391, que se refería a "la subrogación de los tesoreros fiscales". Debe tenerse presente que otra terminología también existía en estos años: por ejemplo, en el Decreto Supremo de 13 de junio de 1883, BLDG, LII, p. 477, que versaba sobre la subrogación del Rector de la Universidad de Chile, se expresaba la subrogación como reemplazo: "[...] el decano más antiguo de las Facultades de la Universidad debe reemplazar en todas sus funciones al Rector de dicha corporación".

2044 Esta categoría parece no haber tenido mayor aplicación sino hasta fines del período. Aunque tuvo antecedentes en el período anterior —bajo la terminología de *auxiliares*, véase Bocksang Hola (2015 a), título tercero, capítulo primero, A.I.a.1—, hacia fines de este período apareció con toda claridad de la Ley de Ministerios de 21 de junio de 1887, BLDG, LVI, p. 709, cuyo artículo 17 disponía que "podrá nombrarse también oficiales supernumerarios cuando las necesidades del servicio lo exigieren". Sus apariciones en jurisprudencia, por lo demás, son bastante exiguas. Para un ejemplo, véase *Gleisner y Ca.* (1889). También aparecen —sin calificárseles como *supernumerarios*— algunos casos de sujetos nombrados por plazo fijo, situación que tenía efectos jurídicos importantes; por ejemplo,

precisión que la actual en el hecho de que la categoría que hoy se conoce como *suplente* se desgranase entonces en dos categorías diferentes[2045], la de *interino*, que correspondía a los casos en que estaba por nombrarse un propietario nuevo[2046], y la de *suplente*, que correspondía a los casos en que el funcionario que la sirve estaba impedido[2047]. Y, a mayor abundamiento, se reconoce una categoría que hoy nuestra legislación no conceptualiza de forma independiente: la de *auxiliar*, correspondiente a aquellos casos en que la Ley de Presupuestos fijase el sueldo y, por lo tanto, permitía cumplir con el requisito de la legalidad del empleo.

En fin, también tuvo alguna aplicación, aunque bastante menos rutilante que en el período 1810-1860[2048], la categoría del funcionario *de facto*. Ello no desmerece el interés de algunas de las sentencias existentes. En materia penal, el hecho de ejercer las respectivas funciones *de facto* no eximía al autor de aplicársele las disposiciones criminales en vigor, aunque su buena fe podía ser tomada en cuenta para la determinación de la pena[2049]. En materia de contratos celebrados por autoridades revolucionarias, se subrayó que ellas no podían recibir pagos válidamente en lugar de las autoridades constitucionales, pues habiendo habido fuerza de las autoridades revolucionarias, los contratos consecutivos de entrega de víveres durante su ejercicio no son válidos —para lo que se invocó la fuerza como vicio del consentimiento, aplicándose los artículos 1445 y 1457 del Código Civil—, con lo que, de acuerdo con el artículo 1578 del mismo cuerpo normativo, el pago que se efectuase sería nulo[2050].

3. La exclusión

Quizás el ámbito más importante de los vínculos de colaboración con la Administración de quienes no eran propiamente funcionarios públicos era el de los *servicios prestados a honorario*. Esta figura tuvo un especial impulso durante este período y podría decirse que también fue forjando durante estos años una auténtica configuración jurídica.

---

en el ámbito militar, vencido el plazo correspondiente por el que se había contratado a un sujeto, no podía entenderse que fuese susceptible de incurrir en deserción: *Zúñiga Acuña* (1886). Igual desestimación de la deserción se produjo posteriormente, en un caso en que no pudo probarse la existencia de una "contrata por tiempo determinado": *Gajardo* (1890).

2045 Pero la normativa de la época estaba bastante consciente de la cercanía de ambas categorías: por ejemplo, el Decreto Supremo de 3 de noviembre de 1864, BLDG, XXXII, p. 372, trató conjuntamente el problema de los sueldos de empleados interinos o suplentes en el Instituto Nacional; y, análogamente, el Decreto Supremo de 9 de mayo de 1884, BLDG, LIII, p. 385, respecto de los rectores de liceos.

2046 En jurisprudencia, *Adriasola* (1886), precisando que el interino lo es desde su nombramiento hasta que se nombre a otro titular; y desde el nombramiento del titular, salvo que se señale en un acto que es también interino de este segundo titular, cesa oficialmente en su cargo.

2047 En este período siguió rigiendo un Decreto Supremo de 6 de febrero de 1834, sobre suplencia en casos de ausencia o enfermedad, que no se publicó en BLDG, pero sí se reprodujo en Lira Argomedo (1879), IV, p. 37. También la terminología de reemplazo podía utilizarse para designar a la suplencia, tal como en Decreto Supremo de 2 de febrero de 1880, BLDG, XLVIII, p. 84, que dispuso que "los oficiales que se imposibiliten accidentalmente para el servicio por heridas recibidas en acción de guerra *serán reemplazados* por otros de su misma graduación que formaren parte de la dotación del cuerpo a que se les incorpore, mientras dure la imposibilidad de los primeros" (las cursivas son nuestras).

2048 Bocksang Hola (2015 a), título tercero, capítulo primero, A.I.b.

2049 *Meneses* (1868).

2050 *Badillo* (1861).

La jurisprudencia se esmeró en determinar el tipo de relación jurídica que este vínculo comprometía, planteando desde un inicio que se trataba de una manifestación del contrato de mandato, apoyándose en el artículo 2117 del Código Civil para determinar la posibilidad de que el mandato fuese remunerado —cuya remuneración justamente era denominada *honorario* por dicho cuerpo normativo— y en el 2118 para asentar su aplicación respecto del tipo de prestaciones que se había efectuado, al sostener dicho artículo que "los servicios de las profesiones y carreras que suponen largos estudios, o a que está unida la facultad de representar y obligar a otra persona respecto de terceros, se sujetan a las reglas del mandato"[2051]. El elenco de tales profesiones abarcaba las prestaciones relacionadas con la tasación de terrenos en un peritaje judicial[2052] o por hombres buenos[2053], la defensa de un pleito[2054] o realización de informes jurídicos[2055] por parte de un abogado, la autopsia, examen o reconocimiento que realizase un médico[2056] o un farmacéutico[2057], un peritaje contable[2058], o el informe de un ingeniero referente a la muerte del operario de una mina[2059]. En algunas oportunidades, los tribunales invocaron misceláneamente normas del arrendamiento y del mandato[2060], y reconocieron la prevalencia de las leyes especiales sobre el Código Civil, en caso de existir sobre esta materia[2061].

La definición del vínculo también asumió ribetes constitucionales. Invocando el artículo 12 n° 5 —es decir, el derecho de propiedad— una sentencia *Gormaz y otros* estableció a las claras en 1868 lo siguiente:

> "[…] no impuesta ni determinada claramente la obligación de un trabajo no remunerado, debe estarse al precepto general establecido por la Corte, *que ha hecho inviolable la propiedad, de que forma parte el trabajo, a menos de caso de expropiación por causa de utilidad pública declarada por la ley*; y en la cuestión debatida la ley especial, como ya se ha visto, no ordenó que los peritos trabajasen sin pago de honorario"[2062].

2051 *Pertucio* (1866). En el mismo sentido, *Araos* (1870), *Badilla* (1888), *Cortés* (1888), *Le Fort* (1889), *Degeyter* (1890) y *Carrasco Albano* (1890).

2052 *Newman* (1867).

2053 *Gormaz* (1868).

2054 *Mac Iver* (1890). Esta sentencia puede relacionarse con la ley de 19 de enero de 1889, BLDG, LVIII, p. 66, que había autorizado al Presidente de la República a pagar noventa y cuatro mil pesos a la sucesión de José Eugenio Vergara, en razón de haber desempeñado el cargo de Agente y Procurador Legal de Chile en los Tribunales Arbitrales.

2055 *Carrasco Albano* (1890).

2056 *Sanhueza* (1873), *Allende Padín* (1879), *Grez* (1886), *Rodríguez* (1887 a) y *Villagrán* (1889). En este rubro, se estableció en *Sugg* (1882) que "si la ley impone al médico la obligación de practicar las operaciones propias de su profesión, si es requerido para ello por dicha autoridad, no le exige la prestación de esos servicios sin remuneración alguna", deduciéndose la obligación a partir del artículo 494 n° 12 del Código Penal.

2057 *Araos* (1870) y *Larraguibel* (1890).

2058 *González Montt* (1890).

2059 *Sayago* (1885), *Martínez* (1886) y *Arís García* (1889).

2060 V. gr., *Berroeta* (1888).

2061 *Sayago* (1888).

2062 *Gormaz y otros* (1868). Las cursivas son nuestras.

Con posterioridad se añadió al razonamiento judicial el artículo 149 de la carta fundamental, sosteniéndose que, según él, "no puede exigirse a persona alguna servicio gratuito cuya exacción no haya sido establecida por una ley"[2063]. Y si bien casi siempre se entendió que por la naturaleza de la prestación el honorario debía ser satisfecho por la Administración[2064], no faltó el intento por parte de esta de desplazar a otro particular el deber de pagar el honorario, como en el caso de los sujetos que ayudaban a revisar los libros de comercio de los establecimientos para que estos pagaran adecuadamente las patentes. En tal caso, nuestra judicatura decidió que "deben considerarse como gastos de recaudación de la contribución de patentes" y que "esta comisión es retribuida por el Fisco"[2065].

Ocasionalmente se entendió que la prestación no sería remunerada en caso de que el mandato hubiera tenido por cocontratante a un colaborador accidental que actuase como subrogante de un empleado propietario que no habría sido remunerado por el mismo servicio[2066]; o bien en caso de que el servicio hubiera sido anexo a un cargo que el prestador ya servía bajo un régimen de sueldo[2067].

Otra figura, la de los *trabajadores a jornal*, también fue practicada durante este período, y suscitó alguna controversia en relación con la existencia o no de un deber de pagar contribución mobiliaria sobre los jornales recibidos. En tal caso se entendió que no había tal deber, tratándose de "emolumentos de un carácter esencialmente eventual" y "sin que pueda perjudicarles la circunstancia de haberse obligado por un tiempo determinado en un contrato escrito, por cuanto en los mismos contratos se expresa que ganan tanto al día"[2068].

No solamente el aspecto de los servicios prestados a honorarios y de los trabajadores a jornal resultó de interés en las exclusiones de la función pública *stricto sensu*. En esta época se comenzó a introducir la cuña de regímenes anómalos, que, respondiendo a los criterios

2063 *González y Mancilla* (1878). También en *Sayago* (1885), *García* (1886), *Sayago* (1888), *Mujica* (1888) y *Poblete* (1889).

2064 Una buena síntesis de esta radicación se encuentra en *Campino* (1887), que expresa que "tanto *por el interés social que se persigue* en la investigación de un hecho que ha ocasionado la muerte de una persona, como *por haberse decretado esas diligencias de oficio y en obedecimiento a las leyes dictadas por el mismo Estado*". Las cursivas son nuestras. En sentido similar, *Irarrázaval y Gaymer* (1890) y *Carrión* (1890).

2065 *Vidal y otros* (1886).

2066 *Aracena* (1871).

2067 *Montenegro* (1873), que era el caso de un médico de ciudad al que se le había encomendado el conocimiento del cadáver. El mismo año, se especificó en *Sanhueza* (1873) que sí se debía pagar honorarios en tal caso, si se trataba de servicios que estuviesen fuera de las obligaciones del médico de ciudad, como el de la práctica de diligencias de dicha naturaleza *fuera* de la ciudad. La jurisprudencia *Sanhueza* fue continuada en *González* (1881). Podía haber dudas respecto de si la nueva comisión estaba comprendida en las prestaciones correspondientes al cargo por el que se percibía un sueldo; en tal caso, el criterio era más bien *pro Fisco*, entendiéndose que si no se expresaba el pago de honorarios, estos no eran debidos: *Sucesión de Arteaga* (1886), que expresó que el decreto supremo "se limitó a comisionar a los coroneles don José María Sessé y don Justo Arteaga para la redacción de un Código Militar, *sin hacer mención alguna de que debía ser recompensado este trabajo con una remuneración además del sueldo de que gozaban los referidos coroneles correspondiente a su empleo*, ni el Gobierno estaba entonces facultado para hacer esta promesa". Las cursivas son nuestras.

2068 *Edwards y otros* (1885). En *Inzunza y otros* (1889) se les calificaba de "emolumentos de carácter esencialmente *precario y* eventual": las cursivas son nuestras.

generales de funcionarios públicos, eran desestimados conceptualmente como tales por las mismas normas que los creaban. Así sucedió con los trabajadores de la Imprenta Nacional, expresándose con toda claridad en el artículo 8° del Decreto Supremo que creó el Diario Oficial que "ni el cargo de director, ni el de los demás obreros de la Imprenta Nacional tendrán el carácter de empleados públicos, *sino el de funcionarios particulares de un establecimiento del servicio, sometido a la dirección del Ministerio del Interior*[2069].

Por último, tampoco se consideraba como funcionarios públicos a los trabajadores de entidades de carácter privado que colaborasen con la actividad de la Administración. Era el caso, por ejemplo, de los trabajadores de la Junta de Minería de Copiapó. Su tesorero no era "un empleado público, sino un simple dependiente", lo que se derivaba del hecho de que "la misma junta no inviste un carácter público en virtud del cual debiese cesar en sus funciones desde el momento de trastornarse el orden constitucional"[2070]. Y, por último, tampoco eran funcionarios públicos aquellos colaboradores ocasionales cuya prestación era solicitada por un empleado público "de su propia cuenta"[2071].

b. La formulación contractual

A más de la formulación categorial señalada en el párrafo precedente, la función pública tuvo un segundo proceso de definición de su naturaleza, focalizado en su formulación contractual. Este elemento importante de la juridificación de la función pública se desarrolló casi íntegramente a partir de la jurisprudencia, sobre la base de reglas más o menos generales contenidas en el ordenamiento jurídico.

A estas alturas del desarrollo institucional chileno, hubiera sido difícil no advertir caracteres contractuales en la relación existente entre el funcionario y la Administración. Como se verá, la sistematicidad ofrecida por el Código Civil parece haber sido una invitación para disipar las nieblas que aún envolvían a esta relación jurídica. Así, se fueron comprometiendo algunos aspectos importantes en torno a la contractualización general de la función pública, como el hermenéutico, a través de la aplicación de las disposiciones de interpretación contenidas en el Título XIII del Libro IV del Código Civil[2072], o el de los efectos del contrato, sosteniéndose que el Estado adquiría la propiedad de todo trabajo que se realizara con el pago del sueldo correspondiente, y, por ende, en caso de retenerse dicho trabajo por el funcionario, cometía el ilícito del artículo 470 del Código Penal[2073].

Otro tanto se hizo para especificar el *tipo* específico de contrato que envolvía esta relación. Cabe destacar que poco se había avanzado hasta 1860 en este sentido y las evocaciones ofrecidas

2069 Decreto Supremo de 15 de noviembre de 1876, BLDG, XLIV, p. 377. Las cursivas son nuestras.
2070 *Gremio de Minería de Copiapó* (1861).
2071 *Hernández* (1863).
2072 *Salas* (1875).
2073 *Chapron* (1883). Con toda seguridad se refería al artículo 470 n° 1, que señalaba que "las penas del art. 467 se aplicarán también... a los que en perjuicio de otro se apropiaren o distrajeren dinero, efectos o cualquiera otra cosa mueble que hubieron recibido *en depósito, comisión o administración*, o por otro título que produzca obligación de entregarla o devolverla". Las cursivas son nuestras. Como puede advertirse, la aplicación de este tipo retoma el fenómeno de contractualización de la función pública, cualquiera sea la figura que pudiese aplicarse para designar la relación jurídica.

por la jurisprudencia habían sido bastante modestas. Con todo, usualmente la caracterización se dio bajo la figura del mandato, concibiéndose por lo tanto a los servidores públicos como mandatarios. A vía ejemplar, en una sentencia de 1851 se sostenía que "todo individuo y toda corporación deben reconocer y acatar como tales *a los mandatarios legalmente constituidos por la primera autoridad de la Nación*, mientras dicha autoridad los reconozca como tales"[2074]; en otra de 1853 se calificaba de "mandatario Osorio" al gobernador Mariano Osorio[2075]; y aun en otra de 1859 se mencionaba a la figura del Intendente de Atacama como "mandatario que ha regido la provincia de Atacama"[2076]. Se trataba, sin embargo, de menciones puntuales y desprovistas de cualquier desarrollo técnico.

Fue entonces en el período objeto de esta obra cuando se abordó propiamente la configuración jurídica de la función pública. Ciertamente la aproximación *intuitiva* del período anterior ofreció un punto de partida, pues la visión más expandida y recurrente fue precisamente la de un contrato de mandato. Y bien, el desarrollo *técnico* de tal aproximación comenzó a desplegarse desde muy temprano, a través de una sentencia que al describir la relación que vinculaba a un capitán de puerto con el Estado:

> "Considerando: 1° que todo mandatario está obligado a responder hasta de la culpa leve en el cumplimiento de su cargo, especialmente si es remunerado [...]"[2077].

Se advierte que en esta cita el vocablo *mandatario* dista mucho de ser una mera calificación descriptiva, al atribuírsele consecuencias jurídicas explícitas en materia de responsabilidad. Lo más interesante de todo es que, aunque la formulación del considerando transcrito es una paráfrasis de los dos primeros incisos del artículo 2129 del Código Civil[2078], la sentencia no lo citaba, apoyándose explícitamente solo en normas de las Partidas, y de la Ordenanza de Aduanas de 1851, que se hallaba vigente a la sazón. Pues bien, *ninguna* de estas normas invocadas contiene el criterio jurídico principal, que era el de la culpa leve en el mandato. Las normas de la Ordenanza de 1851 eran derechamente sectoriales; mientras, si bien la ley 20 tít. 12 part. 5ª efectivamente era fundamental en la regulación castellano-indiana del contrato de mandato, no preveía ningún criterio específico, sino que se restringía a plantear la existencia de la responsabilidad en caso de incumplimiento: "*otrosí dezimos, que si aquel que recibe el mandamiento faze algun engaño, en non cumplirlo, o por su culpa viene daño al otro; que es tenudo de pecharle todo el daño, que le viniere por razón del: ca tal mandamiento como este reciben los omes, vnos de otros, por fazerles amor, e non por fazerles daño*". En síntesis, esta sentencia resulta de altísimo interés, porque forja un eslabón en la comprensión de la relación contractual de que se trataba, concibiendo a la función pública bajo la figura del mandato, y reconociendo que tal figura era aplicable bajo las leyes españolas y bajo las leyes patrias, estas últimas por la aparición fantasmal pero incontrovertible del Código Civil.

2074 *Ex municipales de Vallenar* (1851). Las cursivas son nuestras.

2075 *Herederos de Urrejola* (1853).

2076 *Mira* (1859).

2077 *Fisco con Martínez* (1861).

2078 "El mandatario responde hasta de la culpa leve en el cumplimiento de su encargo. / Esta responsabilidad recae más estrictamente sobre el mandatario remunerado".

Poco tardaría en aparecer la cita explícita del artículo 2129 del Código Civil. Ello se dio al año siguiente, a través de una sentencia referida a la solicitud de un estanquillero de declarársele irresponsable por especies perdidas en la revolución de 1859[2079].

Por otra parte, no solo el Poder Judicial calificó la relación jurídica como de mandato, sino también lo hizo el Consejo de Estado en una sentencia de 1866. Ella expresaba que "el arrendador Fernández no podía dejar de conocer que los Ministros de la Aduana *no obraban en nombre propio, sino como mandatarios del Supremo Gobierno* a cuyas instrucciones tenían que sujetarse y de las cuales tuvo noticia el citado arrendador"[2080].

Como puede advertirse, el mandato terminó ofreciéndole una forma a la función pública no solo para los casos de colaboraciones ocasionales[2081], sino que también para los vínculos previstos como más permanentes. No ha de sorprender, por lo tanto, que aún en nuestros días al Presidente de la República se le denomine bajo la fórmula —coloquial, pero con connotación jurídica— de *primer mandatario*. La teoría del mandato, sin embargo, tenía importantes bemoles en caso de asimilársele ciegamente. Uno de ellos era que podía conducir a justificar normativamente la irresponsabilidad del Estado, lo que se examinará en la sección correspondiente[2082], pero respecto de lo cual conviene anticipar desde ya que se trató de situaciones puntuales que no impidieron el desarrollo del área de la responsabilidad estatal.

Otras figuras contractuales también fueron esporádicamente utilizadas para calificar la relación jurídica de función pública. Consta que se le aplicaron las normas del depósito a un administrador del Estanco por las especies que custodiaba[2083]; y al arrendamiento de servicios se le aplicó respecto de los servicios prestados por un exadministrador del Estanco luego de haber concertado una prolongación de sus servicios luego de terminado el cargo "oficial"[2084], y se le aludió en el caso de un guardia municipal[2085]. Pero no parece haber existido un desarrollo más sofisticado de estas figuras o de otras eventualmente aplicables.

Ahora bien, aun siendo incuestionable el esfuerzo del derecho administrativo de la época en torno a intentar subsumir este vínculo jurídico bajo alguna de las categorías generales, debe tenerse en vista que no se vaciló en sostener que múltiples aspectos de la relación quedaban sometidos a reglas especiales.

Una buena ilustración de este punto —porque da cuenta de una especial inquietud a nivel político— estuvo dada por las vicisitudes en torno a establecer una ley de ascensos militares, la primera de las cuales[2086], a pesar incluso de haberse reglamentado[2087], no alcanzó a cumplir dos años antes de ser derogada, declarándose "vigentes las [leyes] que al tiempo de su

2079 *González* (1862).
2080 *Fernández* (1866 b).
2081 En esta misma sección, *supra*, punto a.3.
2082 Véase *infra*, título quinto, capítulo primero, B.I.a.2.
2083 *Martel* (1862).
2084 *Lorca* (1882).
2085 *Yáñez* (1866).
2086 Ley de 12 de septiembre de 1878, BLDG, XLVI, p. 391.
2087 Decreto Supremo de 30 de septiembre de 1878, BLDG, XLVI, p. 395.

promulgación regían sobre la materia"[2088]. Una nueva ley se promulgó en 1890[2089], acompañada de su correspondiente reglamentación[2090].

Algunos casos ilustrativos adicionales quizás permitan delinear mejor esta preocupación. Puede tenerse presente la norma de cesación *ipso iure* en el ejercicio de cargo de intendentes, gobernadores, subdelegados e inspectores al terminar su período[2091]; la disposición de la Ley sobre Policía Rural que preveía que "el nombramiento y destitución de los jefes y de los subalternos se hará conforme a lo dispuesto en el artículo 31 de la ley de 8 de noviembre de 1854 sobre organización y atribuciones de las municipalidades"[2092]; también, la de la Ley de Registro Civil que preceptuaba que "los oficiales del Registro Civil se nombrarán y removerán en la forma establecida en la ley de 15 de octubre de 1875 para los notarios públicos, a menos que el Presidente de la República haga recaer el nombramiento en notarios que estén en ejercicio de sus funciones" [2093]; asimismo, el reglamento de nombramiento y destitución de empleados de instrucción secundaria[2094]; el énfasis de la lógica concursal para acceder a diversos empleos de Hacienda[2095]; y la aparición de la declaración de vacancia del cargo en el reglamento interior de la Contaduría Mayor, que planteaba que "si el empleado dejase de asistir a la oficina por un mes sin que haya cumplido con lo dispuesto en el artículo anterior, el Contador Mayor dará cuenta al Ministerio de Hacienda para que se declare vacante el destino y se proceda al nombramiento de la persona que deba ocuparlo" [2096].

La Guerra del Pacífico trajo consigo manifestaciones bastante características de estas reglas especiales. Por ejemplo, a través de un decreto supremo que permitió que "los empleados de Hacienda que, con anuencia de sus respectivos jefes, presten sus servicios en el Ejército o en la Armada, podrán retener, mientras dure la guerra, los empleos que actualmente desempeñan"[2097]. Otro decreto supremo bastante elocuente disponía que "el intendente general podrá, en todos los casos que estime urgentes, nombrar los empleados para el servicio de la Intendencia y determinar sus sueldos, recabando la respectiva aprobación suprema"[2098], disposición que llamativamente sobrevivió varios años después del conflicto armado, siendo "caducada" recién en 1890, cuando se dispuso que dichos empleados pasaban derechamente a ser nombrados "por el Presidente de la República, a propuesta del jefe de la oficina"[2099].

2088 Ley de 22 de julio de 1880, BLDG, XLVIII, p. 225.

2089 Ley de 23 de septiembre de 1890, BLDG, LIX, p. 882. En el intertanto se había emitido alguna normativa complementaria sobre la materia: *v. gr.*, Decreto Supremo de 20 de julio de 1882, BLDG, LI, p. 624.

2090 Decreto Supremo de 23 de septiembre de 1890, BLDG, LIX, p. 888.

2091 Decreto Supremo de 11 de julio de 1864, BLDG, XXXII, p. 159.

2092 Ley de 16 de diciembre de 1881, BLDG, XLIX, p. 485, art. 3°.

2093 Ley de 17 de julio de 1884, BLDG, LIII, p. 687, art. 14.

2094 Decreto Supremo de 6 de mayo de 1879, BLDG, XLVII, p. 142.

2095 Decreto Supremo de 26 de octubre de 1886, BLDG, LV, p. 1081. Sin embargo, este decreto parece haber introducido más una prefiguración que una ejecución, dado que Boza Lillo, Anguita Acuña (1898), II, p. 805, señalaron más de una década después que "*este decreto no ha tenido aplicación*, aunque, a nuestro juicio, no ha sido derogado" (las cursivas son nuestras).

2096 Decreto Supremo de 17 de abril de 1868, BLDG, XXXVI, p. 97, art. 12.

2097 Decreto Supremo de 9 de junio de 1879, BLDG, XLVII, p. 203.

2098 Decreto Supremo de 9 de mayo de 1879, BLDG, XLVII, p. 169

2099 Decreto Supremo de 17 de enero de 1890, BLDG, LIX, p. 110.

Estaba claro que el germen de un régimen general de un vínculo *especial*, distinto de las figuras contractuales típicas, rondaba en el ambiente. Había rondado por muchos años, sin duda, desde el inicio del impulso burocratizador con la lógica de las oficinas, pero ahora podía constatarse transparentemente su coexistencia con la lógica de vocación generalista que se desprendía de la codificación civil. Era imposible que ambas no experimentasen un grado de fricción, a pesar del reconocimiento jurisprudencial de principios importantes relacionados con el vínculo independientemente de su configuración concreta, como el de la estabilidad en el empleo, probadamente vigente hasta 1860[2100], que tuvo clara proyección en la época en estudio a través de importante jurisprudencia[2101].

Chile todavía estaba lejos, en todo caso, de consolidar una lógica estatutaria al mismo pie que la que ya se implementaba en algunos países de Europa. Courcelle-Seneuil, desde su mirada liberal y con su conocimiento de los asuntos administrativos en el *Conseil d'État* francés, advirtió esto muy tempranamente, irguiéndose como ácido precursor de las críticas que posteriormente arreciarían en contra de una lógica estatutaria de los funcionarios públicos: "[...] así, gracias a las leyes administrativas, se encuentra una legión de funcionarios públicos, mal retribuidos y poco laboriosos por regla general, porque poco tienen que ganar si se empeñan en el trabajo y poco que perder si se dan a la holgazanería, pues son considerados propietarios de su empleo hasta la fecha de su retiro, en que se les asegura una pensión vitalicia"[2102].

II. Las prerrogativas de la función pública

Tanto las prerrogativas como las sujeciones de la función pública siguieron desarrollándose durante esta época. Respecto a estas últimas, ellas podrán fácilmente vincularse con los contenidos de la segunda mitad de este capítulo, concerniente a la relación entre la responsabilidad y la función pública[2103].

Con todo, si las sujeciones fueron intensamente desarrolladas durante este período, tanto o más lo fueron las prerrogativas de la función pública, que absorbieron buena parte de los esfuerzos legislativos, judiciales y administrativos en relación con el derecho administrativo. El análisis de este aspecto se desarrollará enfatizando, en primer lugar, la centralidad del sueldo de los funcionarios públicos (a), para luego adentrarse en la pluralidad de otras prerrogativas que fueron objeto de un especial desarrollo (b).

2100 Bocksang Hola (2015 a), título tercero, capítulo primero, A.II.a.1.i.

2101 *V. gr.*, *Gallardo* (1878), que destacaba que las prerrogativas en orden a cesar en las funciones a un empleado público no eran omnímodas, y en la especie era posible en caso de que se hubiese "constituido en incapacidad de desempeñarlo"; *Barros Arana* (1881), bajo el criterio de que la titularidad de un empleo no se veía perjudicada si el titular accidentalmente no podía desempeñarlo; y *Riquelme* (1888), diferenciando la separación del servicio y la separación de un cargo determinado, pues en este último caso, aun con la mutación de la posición, el vínculo con la Administración subsiste y por lo tanto debía remunerarse.

2102 Courcelle-Seneuil (1887 b), p. 302.

2103 Véase *infra*, en este capítulo, punto B.

a. La centralidad del sueldo

Correlativo al principio constitucional de la legalidad de los empleos públicos, se siguió desarrollando en estos años el principio de legalidad de las dotaciones o sueldos con que se retribuía el ejercicio de la función pública. El número de leyes que rigió esta materia fue muy considerable y abarcó las más diversas materias.

Por de pronto, se arrastraba la vigencia de varias leyes capitales de sueldos del período anterior[2104]. Pero en este período fueron promulgadas otras muchas de gran relevancia, encabezadas por la representativa ley de sueldos del Presidente de la República, suscrita por Manuel Montt un día antes de concluir su último período presidencial[2105]. Algunas tuvieron un alcance más general, como respecto de los sueldos de oficiales de las gobernaciones y subdelegaciones marítimas[2106]; de los jefes y oficiales de la Armada[2107]; de los soldados y clases del Ejército[2108], seguida la década siguiente de otra ley de aumentos generales de sueldos[2109]; de los empleados de instrucción secundaria y superior[2110]; y de los diplomáticos[2111]. También hubo nuevas disposiciones referidas a los sueldos de los ministros y empleados de los ministerios[2112], y de Intendencias y Gobernaciones[2113].

Otras fueron más específicas, pero institucionales, como respecto del inspector y los visitadores de la Inspección General de Instrucción Primaria[2114], del guardalmacenes de pólvora en Santiago[2115], del jefe de la oficina de contabilidad del ferrocarril Santiago-Valparaíso[2116], de los funcionarios del Registro Civil[2117], una ley temporal de sueldo del Contador Mayor "mientras

---

2104 De sueldos de los Ministros de Estado (Ley de 16 de septiembre de 1853, BLDG, XXI, p. 439), de sueldos de las Intendencias (Ley de 3 de octubre de 1855, BLDG, XXIII, p. 175), y de sueldos de gobernadores (Ley de 10 de diciembre de 1858, BLDG, XXVI, p. 609).

2105 Ley de 17 de septiembre de 1861, BLDG, XXIX, p. 273. Ella debe conjugarse con la continuación de la vigencia del Senadoconsulto de 3 de noviembre de 1823, BLDG, I, p. 194, que sostenía que no podía haber igual o mayor sueldo que el del Director Supremo —es decir, *mutatis mutandis*, que el del Presidente de la República.

2106 Ley de 26 de agosto de 1865, BLDG, XXXIII, p. 483.

2107 Ley de 16 de diciembre de 1870, BLDG, XXXVIII, p. 422.

2108 Ley de 21 de noviembre de 1871, BLDG, XXXIX, p. 466.

2109 Ley de 25 de septiembre de 1882, BLDG, LI, p. 1049.

2110 En la Ley de Instrucción Secundaria y Superior de 9 de enero de 1879 (BLDG, XLVII, p. 10, art. 43), que revelaba *a contrario* las brechas que experimentaba la reserva legal a esas alturas del siglo, al cuidar de señalar expresamente que los sueldos "solo podrán establecerse y modificarse por medio de una ley".

2111 En la ley del servicio diplomático, de 12 de septiembre de 1883, BLDG, LII, p. 743, sobresaliendo el artículo 15, que disponía una equivalencia: "los sueldos y asignaciones a que se refiere el artículo precedente, serán pagados en libras esterlinas o giros y valores equivalentes, a razón de una libra por cada cinco pesos de dichos sueldos y asignaciones".

2112 En la ley de organización de los Ministerios de 21 de junio de 1887, BLDG, LVI, p. 709, art. 34.

2113 Ley de 19 de enero de 1889, BLDG, LVIII, p. 47.

2114 Ley de 6 de agosto de 1861, BLDG, XXIX, p. 139.

2115 Ley de 25 de julio de 1864, BLDG, XXXII, p. 169.

2116 Ley de 7 de septiembre de 1864, BLDG, XXXII, p. 205.

2117 En la Ley de Registro Civil, de 17 de julio de 1884, BLDG, LIII, p. 687, art. 16.

se reorganiza la Contaduría Mayor"[2118], y una ley de nuevos sueldos de la Caja de Crédito Hipotecario[2119]; también hubo leyes análogas respecto de las Cámaras Parlamentarias, como las de sueldos del oficial de secretaría del Senado[2120], de los edecanes del Congreso[2121], de los oficiales de sala de la Cámara de Diputados[2122], y del portero del Senado[2123]; y en el Poder Judicial, las de sueldos del escribiente de la fiscalía de la Corte Suprema[2124], de los porteros de la Corte Suprema, la Corte de Santiago y los juzgados civiles de Santiago[2125], y finalmente la nueva ley de sueldos para el Poder Judicial[2126].

Y otras aun, siendo también específicas, se hallaban dirigidas a resolver cuestiones más puntuales que institucionales, como la de fijación del sueldo al "redactor del Código de Enjuiciamiento"[2127]; la de sueldos de los militares que sirvieron en el Ejército o en la Armada de la República durante la guerra de la Independencia[2128]; la de sueldos de combatientes de Iquique mientras se dictaba la ley de recompensa nacional[2129]; y la de otorgamiento del "sueldo mayor que disfruta hoy el Ejército" a los jefes, oficiales e individuos de tropa, tanto del Ejército como de la Armada, que "hicieron la campaña del Perú el año de 1838 y 1839"[2130].

Y aún más: hubo leyes derechamente anómalas por su objeto en relación con los sueldos. Frente a un exceso de pago de sueldo, que normalmente debía restituirse, en una oportunidad el Legislador accedió a otorgar una condonación "en atención a los servicios del capitán don Pedro Navarro y a la buena fe con que percibió durante su retiro un exceso de sueldo que asciende en su totalidad a la suma de mil quinientos doce pesos cincuenta y cuatro centavos, se condona, por gracia, esta suma a su viuda doña Antonia Mateluna"[2131]. Un caso correlativo al anterior estuvo dado por el hecho de que el Estado accedió a efectuar un pago a la hija de un funcionario, en atención al descuento de sueldos que se había impuesto a un funcionario durante un preciso seguido contra él en 1859[2132]. Una figura similar, pero no idéntica, se advierte en la ley que condonó sueldo adelantado a los oficiales de la Esmeralda[2133]. Pero quizás

2118 Ley de 22 de enero de 1885, BLDG, LIV, p. 97.

2119 Ley de 14 de enero de 1890, BLDG, LIX, p. 69.

2120 Ley de 15 de octubre de 1862, BLDG, XXX, p. 343.

2121 Ley de 2 de septiembre de 1868, BLDG, XXXVI, p. 320.

2122 Ley de 29 de octubre de 1868, BLDG, XXXVI, p. 328.

2123 Ley de 11 de septiembre de 1874, BLDG, XLII-2, p. 142. Posteriormente, ley de 12 de septiembre de 1877, BLDG, XLV, p. 472.

2124 Ley de 17 de octubre de 1870, BLDG, XXXVIII, p. 338.

2125 Ley de 9 de octubre de 1871, BLDG, XXXIX, p. 380.

2126 Ley de 11 de enero de 1883, BLDG, LII, p. 37.

2127 Ley de 25 de agosto de 1862, BLDG, XXX, p. 293.

2128 Ley de 26 de noviembre de 1873, BLDG, XLI-2, p. 390, implementada por tres decretos: 1° de diciembre de 1873, 22 de enero de 1874, y 11 de marzo de 1874, todos en BLDG, XLII-1, p. 280. Con posterioridad, la ley de 20 de agosto de 1887, BLDG, LVI, p. 1278, restablecería el sueldo de veinticinco pesos mensuales a los militares que participaron en la guerra de la Independencia y que había sido fijado por la ley de 1873.

2129 Ley de 16 de junio de 1879, BLDG, XLVII, p. 204: las tesorerías seguían pagando las remuneraciones por los fallecidos de la *Esmeralda* y la *Covadonga*.

2130 Ley de 21 de diciembre de 1888, BLDG, LVII, p. 2320.

2131 Ley de 17 de agosto de 1865, BLDG, XXXIII, p. 481.

2132 Ley de 29 de octubre de 1868, BLDG, XXXVI, p. 380.

2133 Ley de 1° de octubre de 1880, BLDG, XLVIII, p. 351, art. 1°.

el broche de oro se desprendió de la Guerra contra España, en la que por ley se autorizó al Presidente de la República para disminuir los sueldos, pensiones y jubilaciones que pague, en razón de dicho conflicto bélico[2134].

Sin embargo, como puede intuirse, la relajación en el cumplimiento del criterio de la reserva legal respecto de las plazas de funcionarios públicos tuvo su correlato en la relajación de la reserva legal respecto del tratamiento de los sueldos, apartándose de la aproximación más estricta que había regido hasta la década de 1850[2135]. Consta, por lo tanto, la existencia de un conjunto no despreciable de decretos supremos que rigieron sueldos en esta época. Por no mencionar más que unos pocos, se abordó por vía administrativa la declaración de compatibilidad del sueldo de rector del Instituto Nacional con el sueldo de profesor[2136]; también el *dies a quo* de los sueldos, disponiéndose que "los empleados públicos que para entrar en el ejercicio de sus empleos necesitan trasladarse del lugar donde residen habitualmente, al lugar donde deben ejercer sus funciones, tienen derecho al sueldo respectivo desde el día en que emprendan su viaje para tomar posesión de sus destinos"[2137], y, más elocuentemente, el capítulo III de las instrucciones generales para las Tesorerías Fiscales de tiempos del presidente Balmaceda contenía normas respecto de los sueldos[2138]. Y, como podrá imaginarse, también se establecieron dotaciones por disposiciones del Supremo Gobierno[2139].

Debe destacarse que no hubo definición legal de sueldo aplicable generalmente en el ámbito administrativo, pero nuestra judicatura aseveró que "según el sentido natural y obvio y el uso general, la palabra sueldo equivale a pago del estipendio o salario mensual que se debe a un individuo"[2140]. La jurisprudencia de la época se desplegó en interesantes cuestiones que dan cuenta de un interés y una litigiosidad superiores a los existentes en las primeras décadas de nuestro derecho patrio[2141].

Se entendió, por de pronto, que el derecho al sueldo regía tanto en el ámbito civil como en el eclesiástico, según las correspondientes normas aplicables[2142]. Desde un inicio se entendió que podía beneficiar a empleados propietarios como también a interinos o nombrados

---

2134 Ley de 24 de septiembre de 1865, BLDG, XXXIII, p. 491.

2135 Bocksang Hola (2015 a), título tercero, capítulo primero, A.II.a.1.ii.

2136 Decreto Supremo de 6 de agosto de 1867, BLDG, XXXV, p. 215.

2137 Decreto Supremo de 21 de junio de 1881, BLDG, XLIX, p. 191.

2138 Decreto Supremo de 22 de febrero de 1889, BLDG, LVIII, p. 156.

2139 *V. gr.*, sueldos de los gobernadores y subdelegados marítimos (Decreto Supremo de 20 de mayo de 1870, BLDG, XXXVIII, p. 162), de empleados de instrucción primaria, en el reglamento general de dicho ramo (Decreto Supremo de 1° de diciembre de 1863, BLDG, XXXI, p. 371, art. 74) y hacia el fin del período por decreto específico (Decreto Supremo de 26 de mayo de 1887, BLDG, LVI, p. 622); de vacunadores (Decreto Supremo de 20 de noviembre de 1865, BLDG, XXXIII, p. 562); de los empleados de la Escuela de Artes y Oficios (Decreto Supremo de 17 de marzo de 1874, BLDG, XLII-1, p. 152); de sueldos y jornales en Ferrocarriles del Estado (Decreto Supremo de 25 de septiembre de 1889, BLDG, LVIII, p. 796); del personal para el servicio de los faros (Decreto Supremo de 24 de octubre de 1878, BLDG, XLVI, p. 497); y de los médicos de ciudad (en el reglamento de estos funcionarios, Decreto Supremo de 31 de diciembre de 1887, BLDG, LVI, p. 1816, art. 8°).

2140 *Braga* (1882).

2141 Aun considerando que se seguían aplicando importantes normas indianas en esta materia: Lira Argomedo (1879), IV, p. 31.

2142 *Olavarría* (1863).

accidentalmente[2143], pero sin ser una solución universal. Podía haber situaciones en las que se pagara solamente en caso de *falta* del titular y no de ausencia de este "por asuntos del servicio"[2144]; o en las cuales se pagase al interino o accidental solo si no se hubiese pagado sueldo al titular[2145]; y sin perjuicio de normas especiales que dispusieran soluciones puntuales, como respecto de la subrogación del rector de un liceo, la que no iba asociada a derecho a sueldo[2146]. El decreto de pagos de 1889[2147] procuró determinar un criterio unificado, declarando que "el empleado interino tiene derecho al sueldo asignado al propietario" (n° 47), mientras que "el suplente goza del sueldo íntegro del propietario si no tiene otro empleo público; si es empleado, ganará su sueldo y a más la diferencia con el del puesto que pasa a desempeñar" (n° 48).

Asimismo, el derecho al sueldo comprometía también la noción de derechos adquiridos; por ejemplo, las "leyes comunes" de 1845 y 1871 existentes sobre los sueldos de soldados veteranos de la guerra de independencia seguían rigiendo aun cuando hubiese disposiciones posteriores diferentes[2148].

De todos modos, se requería la existencia de una fuente normativa sobre la que el sueldo se fundase. Por ello, se negó haber lugar al sueldo, aunque se hubiera procedido a un acto de nombramiento, si no había ley que lo asignara[2149]; y también se lo negó, aunque se hubiera prestado el servicio, si las partidas correspondientes no estaban previstas en la ley de presupuestos y si el acto que preveía la función señalaba que el sueldo asignado sería el que asignara el presupuesto[2150]. Con todo, una sentencia de finales del período parece haber entreabierto la posibilidad de pagarse un destino accidental no previsto en leyes previas si el interesado probaba "que fueran necesarios los servicios prestados por él"[2151].

Por otra parte, el título no solo debía existir, sino también ser legítimo. Este aspecto se verificó en una interesante cuestión derivada de un decreto relacionado con la guerra civil de 1830, que señalaba que se protegerían los sueldos de quienes "depusieran voluntariamente las armas". El general Benjamín Viel argüía que el Tratado de Cuzcuz implicaba una deposición voluntaria de las armas y, por lo tanto, no había perjudicado su derecho al sueldo. Sin embargo, la Corte Suprema no dio lugar a lo pedido por el demandante, pues, en primer lugar, lo que se había pedido era que *en virtud del decreto se hubiera depuesto las armas*, y no después, por un acto posterior como el mencionado Tratado; en segundo lugar, el Gobierno no había aceptado el tratado de Cuzcuz[2152]; y finalmente se subrayaba que "el señor Viel vivió fuera del territorio

---

2143 *De la Barra* (1872 a).

2144 *Montt* (1889).

2145 *Anguita* (1890).

2146 *De Arza* (1887).

2147 Decreto Supremo de 22 de febrero de 1889, BLDG, LVIII, p. 156.

2148 *Rodríguez y Bravo* (1886).

2149 *Basterrica* (1888).

2150 *Castro* (1888).

2151 *Arrizaga* (1890).

2152 En este punto aparece en la sentencia un interesante ejemplo de deferencia judicial: "Que dichos tratados, en cuyo art. 1° se estipulaba que 'la división a las órdenes del señor coronel Viel cesará en su actitud hostil en el momento de ser ratificado el presente tratado' (como lo fue en el mismo día por los jefes de ambas divisiones) *no fueron aprobados por el Supremo Gobierno; y este, que era el autor del decreto de 17 de abril, juzgó que el señor Viel no había cumplido con lo dispuesto en su art. 2°*, y dictó

de la República, sin prestar servicio alguno y bajo la influencia de esa medida, hasta que la ley de 6 de octubre de 1842 rehabilitó a los generales, jefes y oficiales dados de baja por acuerdo del Congreso de Plenipotenciarios y por decreto del Supremo Gobierno, expedido en 1840, sin acordarle más que la reposición de sus grados y empleos"[2153].

Seguía rigiendo el principio de la imposibilidad de pagar dos o más sueldos a un mismo empleado, fundado sobre el Senadoconsulto de 1818[2154]. Aparentemente se le aplicó con mayor estrictez que en el período 1830-1860, en que constaban algunas matizaciones a su respecto[2155], al punto de que en 1889 un decreto que sintetizaba el estado de la cuestión expresaba rígidamente lo siguiente:

> "Ningún empleado civil puede gozar de dos o más sueldos (Ley de 19 de noviembre de 1818). Exceptúanse de esta regla general los empleados de instrucción secundaria y superior que, según el artículo 43 de la ley de 9 de enero de 1879, pueden percibir en un mismo establecimiento de instrucción pública un sueldo íntegro y dos tercios del otro o de los otros, y los profesores de instrucción secundaria, que pueden gozar de dos sueldos íntegros"[2156].

En relación con lo anterior, se entendió que las dietas parlamentarias que podían beneficiar a particulares que ejercieran funciones como legisladores no podían beneficiar a quienes servían como empleados públicos administrativos y como legisladores: se entendía que "la ley renta los empleados con el objeto de proveer a las personas que los sirven de los recursos necesarios para su subsistencia"[2157]. Igualmente, se entendió que no podían acumularse la dotación eclesiástica de un obispo y los sueldos derivados del ejercicio de Ministro de Estado[2158]. Respecto del problema de qué sueldo de los correspondientes a dos cargos distintos se pagaría, nuestra judicatura dispuso a las claras que "el empleado deberá ser retribuido con el sueldo mayor"[2159], apartándose del más maleable criterio del Senadoconsulto de 1818[2160].

Se desarrolló durante estos años con bastante intensidad el requisito de que el sueldo era debido a un funcionario público desde su nombramiento hasta su destitución en el cargo por la autoridad competente, lo que se entendía como "*posesión legal del destino*"[2161]. Pero finalmente terminó asentándose el criterio de que el momento *a quo* de deberse el sueldo no era el del nombramiento entendido en un sentido formal, sino el de la toma de posesión efectiva del cargo, lo que primero apareció en jurisprudencia[2162] y luego se recogió en la normativa

---

en consecuencia medidas severas contra su persona, que llegaron hasta el extremo de expatriarlo, según consta por el oficio original de f. 22, y demás prueba rendida" (las cursivas son nuestras).

2153 *Viel* (1870).

2154 Senadoconsulto de 19 de noviembre de 1818, BLDG, 1817-1818, p. 396.

2155 BOCKSANG HOLA (2015 a), título tercero, capítulo primero, A.II.a.1.ii.

2156 Decreto Supremo de 22 de febrero de 1889, BLDG, LVIII, p. 156, n° 29.

2157 *Urízar Garfias* (1868).

2158 *Sucesión de Donoso* (1869).

2159 *Álvarez Toledo* (1881).

2160 "El funcionario que fuere rentado podrá elegir la asignación *que le sea más ventajosa* [...]". Las cursivas son nuestras.

2161 *Yáñez* (1866).

2162 *Salas* (1875).

administrativa[2163]. Por otra parte, si a un tipo de funcionario se le aumentaba el sueldo por una nueva ley, los funcionarios individualmente considerados adquirían el derecho al nuevo sueldo *in actum* desde la vigencia de esta, y no desde el decreto de aplicación de la ley para el caso concreto, lo que demuestra —por lo demás— la relevancia de la ley como modo y título de adquirir. Y, por lo mismo, si el sujeto fallecía con posterioridad a la ley y con anterioridad a la emisión del decreto correspondiente, el heredero tenía derecho a percibir el mayor sueldo de que se trataba[2164].

También en relación con esta posesión legal del destino, es importante tener presente que, en aplicación de un Senadoconsulto de 1823, no podía percibir un sueldo quien no había ejercido el correspondiente cargo[2165], criterio que luego se cimentó en el artículo 1568 del Código Civil —"el pago efectivo es la prestación de lo que se debe"[2166]— y, jurisprudencialmente, sobre la lógica de que si se entiende que "el sueldo de los empleados es una retribución de los servicios que prestan", *a contrario*, no se debe retribución por servicios no prestados[2167]. Esto último se entendió tal cual, aun cuando constase el nombramiento por acto administrativo[2168]. Pero si el funcionario no podía desempeñar su destino por fuerza mayor y no se le destituía en el ínterin, igualmente se le debían los sueldos. En este caso, la fuerza mayor consistía en que el funcionario había sido puesto en prisión por los revolucionarios. Dado que el no desempeño de su función no era voluntario, se entendió que debía pagársele la suma correspondiente[2169]. El mismo criterio rigió en materia eclesiástica: "[...] el pago de ella [de la renta] está sujeto a la condición de que los servicios que con dicha renta se remuneran, deben prestarse efectivamente, salvo que por causas legales se le exima de esta obligación", por lo que "no habiendo el prebendado don Pedro Valdivia residido durante el tiempo antes indicado en su diócesis respectiva, como lo ordena la ley 1ª, tít. 11, lib. 1° de Indias, ni siendo bastante la licencia concedida por su prelado sin la aprobación del Supremo Gobierno, según lo prevenido en la ley 9ª del mismo título y libro, no se le debe en consecuencia emolumento alguno según lo ordenado en la ley 3ª del título y libro indicado"[2170].

En relación con el monto del sueldo, lo natural era que se estuviese a lo fijado por la ley, pero podía darse distintos tipos de complejidades[2171]. Por ejemplo, el caso de antinomia entre dos leyes distintas que fijaran sueldos distintos para una misma plaza; en tal caso, tratándose

---

2163 Decreto Supremo de 22 de febrero de 1889, BLDG, LVIII, p. 156, n° 23: "[...] todo empleado tiene derecho a sueldo desde el día que principie a prestar servicios después de la fecha de su nombramiento, o desde el día que se indique en el decreto respectivo". Preveía también este n° 23 el caso, ya abordado durante la década de 1881 en otra normativa, de que el empleado tuviera que trasladarse para desempeñar el empleo, caso en el cual "gozará de sueldo desde el día que emprenda su viaje".

2164 *Bravo* (1890).

2165 Senadoconsulto de 16 de abril de 1823, BLDG, I, p. 43.

2166 *Gallardo* (1878).

2167 En el Consejo de Estado, *Sada* (1864).

2168 *Santander* (1887).

2169 *Yáñez* (1866).

2170 *Valdivia* (1869).

2171 Y también derivaciones hoy desconocidas. Por ejemplo, la Ley de 13 de septiembre de 1866, BLDG, XXXIV, p. 317, art. 19, estableció una contribución denominada *derecho de título*, "que se descontará por una sola vez a los empleados públicos del primer sueldo que se les pague", estimada "a razón de un peso por cada ciento de su renta anual".

de la oposición entre la Ley de Presupuestos y una ley especial anterior, se entendió prevalecer esta última[2172]. Por otra parte, y relacionado con la mentada flexibilización del requisito de la reserva legal, quizás conviene recordar el caso de un exadministrador del Estanco, al que el Gobierno, al suprimírsele su cargo frente a la abolición de dicho monopolio, accedió a que prolongara sus servicios como continuación de los que anteriormente había prestado. Esta extraña figura se constituyó en fuente de conflictos porque no se tuvo la previsión de fijar explícitamente el monto de los sueldos, los que finalmente debieron ser determinados por vía judicial. Para ello, el tribunal invocó la figura del arrendamiento de servicios, señalando que "no estipulándose precio por el demandante de servicios inmateriales, se presume que las partes han convenido en el que ordinariamente se paga por la misma especie de servicios", sin perjuicio de incluso reconocerle un monto algo superior. En este caso, se invocaron el artículo 1997 del Código Civil ("si no se ha fijado precio, se presumirá que las partes han convenido en el que ordinariamente se paga por la misma especie de obra, y a falta de este por el que se estimare equitativo a juicio de peritos"), y el artículo 2006 del mismo cuerpo normativo ("las obras inmateriales, o en que predomina la inteligencia sobre la obra de mano, como una composición literaria, o la corrección tipográfica de un impreso, se sujetan a las disposiciones especiales de los artículos 1997, 1998, 1999 y 2002")[2173].

Se abordó abundantemente en estos años el punto de los efectos sobre el sueldo de la persecución criminal y la eventual condena. Suspendido un funcionario durante una investigación criminal, y luego absuelto, debía restituírsele los sueldos devengados durante la suspensión[2174]. Pero si era absuelto, y la unidad en la que servía era disuelta antes de su absolución, los sueldos que debían restituírsele se computaban hasta la fecha de tal disolución y no hasta la fecha de la sentencia absolutoria[2175]. Por supuesto, si un sujeto no había sido "acusado de malversación de fondos públicos, ni procesado por delito alguno, ni penado por autoridad competente", no correspondía retenerle ni privarle suma alguna[2176]. Y si se le condenaba, pero no se le destituía, cumplida su condena debía seguir pagándosele el sueldo íntegro y no podía rebajársele a la mitad por parte de la Administración so pretexto de compensación con los fondos cuya malversación había perpetrado. Ello, porque según el art. 1656 del Código Civil la compensación solo es procedente si la suma es líquida, y no podía serlo hasta que se liquidase sus cuentas y, aun liquidadas, "siempre sería necesario decreto judicial para efectuar la retención y compensación consiguientes"[2177].

El criterio de la privación de sueldo fue recogido por el Código Penal, cuyo artículo 40 dispuso que "la suspensión decretada durante el juicio, trae como consecuencia inmediata la privación de la mitad del sueldo al presunto reo, la cual solo se le devolverá en el caso de pronunciarse sentencia absolutoria", a lo que la jurisprudencia posteriormente asimiló el caso

2172 *Fábrega* (1890).
2173 *Lorca* (1882).
2174 *Albano* (1861).
2175 *Aguayo* (1890).
2176 *Douglas* (1889).
2177 *Letelier* (1888).

de la "absolución de la instancia", es decir, el sobreseimiento[2178], mientras que "la suspensión decretada por vía de pena, priva de todo sueldo al suspenso mientras ella dure"[2179].

En el caso de los delitos cometidos por militares, también procedía la retención de sueldos mientras eran procesados, en aplicación de disposiciones especiales de la Ordenanza General del Ejército, como la del artículo 115 tít. 80, que preceptuaba que "al oficial que fuere acusado de un delito que merezca ser juzgado por Consejo de Guerra, o por el juzgado de la Comandancia General, se le satisfará la mitad del sueldo de su empleo todo el tiempo que durare la secuela del juicio hasta la sentencia definitiva; pero si por ella se declarare inocente, le será de abono en este solo caso la otra mitad que haya dejado de percibir durante la formación de la causa"[2180]. Es interesante constatar que esta norma se interpretó en el sentido de que no se requería "que el oficial sea juzgado precisamente por las comandancias generales o consejos de guerra para la privación de los sueldos, sino que sea grave el delito por que se le procesa, pues este es el sentido de las palabras *por el que merezca ser juzgado*, como se comprende fácilmente comparado ese artículo con el 6° y 11 tít. 74, que declaran de la competencia de dichas jurisdicciones militares los delitos graves solamente", con lo que dicha norma también era aplicable si es que la cuestión, por cualquier causa, llegaba a ser de conocimiento de los tribunales ordinarios[2181]. Sin embargo, el motín parece haber tenido características peculiares, pues en una causa rezagada correspondiente a la revolución de 1851 se juzgó que "una de las penas impuestas al procesado por motín militar es la privación de *todo su sueldo* hasta que sea declarado inocente"[2182], lo que se computaba desde el momento del procesamiento; y si el procesamiento no pudo ser inmediato por las mismas dificultades derivadas del motín que el reo colaboró a perpetrar, entonces el cómputo de la privación de sueldo no se atenía al momento del procesamiento, sino que al del mismo motín, invocándose el principio de que "nadie debe aprovechar su propio crimen"[2183].

Los sueldos podían estar sujetos a descuentos civiles en caso de que el funcionario público fuese deudor del Fisco. La deuda, en tal caso, comprendía no solo el capital, sino también los intereses penales, que eran de un dos por ciento desde que se constituyó en mora[2184]. La factibilidad de estos descuentos era concordante con lo dispuesto por el propio Código Civil, toda vez que el artículo 1618, al regular el pago por cesión de bienes, no recogió la inembargabilidad de los sueldos públicos como un principio inquebrantable:

2178 *Concha Marín* (1884), *Encina* (1885), caso este último en que se afirmó explícitamente que "para los efectos de la devolución del medio sueldo que se descuenta al empleado procesado, la ley prescribe que le sea devuelto en caso de pronunciarse sentencia absolutoria, sin hacer distinción si esa absolución ha de ser absoluta o de la instancia, y es un axioma en derecho que cuando la ley no distingue no es lícito hacer distinciones".

2179 *Lagos* (1889): "[...] durante la pena de suspensión de un año y un día contados desde la aprehensión de don Anacleto Lagos, no ha debido de gozar de sueldo alguno".

2180 Aplicada, *v. gr.*, en *Romero Roa* (1885).

2181 *Yáñez* (1862).

2182 Las cursivas son nuestras.

2183 *Vera* (1865).

2184 *Masquiarán* (1869).

"La cesión comprenderá todos los bienes, derechos y acciones del deudor, excepto los no embargables.
No son embargables:
1° Las dos terceras partes del salario de los empleados en servicio público, siempre que ellas no excedan de novecientos pesos; si exceden, no serán embargables los dos tercios de esta suma, ni la mitad del exceso.
La misma regla se aplica a los montepíos, a todas las pensiones remuneratorias del Estado, y a las pensiones alimenticias forzosas".

También en este período hubo varias luces, apoyadas en el Código Civil, acerca del plazo de prescripción extintiva que regiría el pago de los sueldos, aunque parece que ninguna solución logró asentarse con total claridad. Una importante sentencia *Recabarren* de fines del período abordó la eventual aplicación del artículo 2522 del referido Código a los funcionarios públicos, que la Corte Suprema resolvió por la negativa. Ello, en atención a que "esta disposición en sus inc. 1° y 3° se refiere expresamente a los que desempeñan los oficios de mercaderes, artesanos, posadores, acarreadores, barberos, etc., oficios todos que son ajenos a los servicios y funciones que están llamados a prestar y a ejercer los empleados públicos", mientras que "tampoco puede aceptarse que la citada disposición haya querido comprender a estos en la categoría de dependientes" porque, entre otras consideraciones "bastará que uno de ellos no se encuentre en condiciones de dependencia de otro superior, lo que acontece con el Presidente de la República, para deducir con toda evidencia que no se comprende a ninguno de dichos empleados bajo la expresión dependientes, empleada por la ley, y que esta, por lo tanto, no les es aplicable"[2185]. Sin expresar cuál específicamente era la norma de prescripción aplicable, en la misma sentencia anterior se dejó de manifiesto que la acción para el cobro de sueldos *no prescribía mientras el funcionario estuviera en ejercicio de su cargo*: "El derecho para exigir el pago de los servicios que se demandan, como inherentes al cargo público que obliga a su prestación, *debe considerarse subsistir mientras el empleado conserva la posesión de dicho cargo*, así como se halla sujeto al propio tiempo de cumplimiento de las otras obligaciones que él le impone, cumplimiento que no le sería lícito excusar por no haberle sido cubiertos oportunamente los sueldos o emolumentos respectivos"[2186]. Una sentencia posterior declaró también inaplicable a los empleados públicos la prescripción de corto tiempo del artículo 2521 del Código Civil, pues "no trata de los sueldos de los empleados públicos, sino de los honorarios de los abogados y de todos los que ejercen cualquiera profesión liberal"[2187].

Conviene cerrar esta sección destacando que el antes referido decreto supremo de 1889[2188] terminó introduciendo distintas reglas, relevantes y aparentemente nuevas, referidas al pago de sueldos: por ejemplo, que "los sueldos, jubilaciones, pensiones, retiros y asignaciones serán pagados por mensualidades vencidas" (n° 21); que "a ningún empleado se le podrá abonar sueldo, conceder licencias o vacaciones, ni mandarlo agregar a otra oficina mientras no haya

2185 *Recabarren* (1888).
2186 Las cursivas son nuestras.
2187 *Douglas* (1889).
2188 Decreto Supremo de 22 de febrero de 1889, BLDG, LVIII, p. 156.

tomado posesión de su empleo" (n° 27); y que "los ajustes de sueldos de empleados públicos se harán dividiendo en doce partes iguales la renta anual y computando todos los meses a razón de treinta días" (n° 54).

b. La pluralidad de otras prerrogativas

A más del sueldo, los funcionarios podían recibir los beneficios de otras prerrogativas derivadas del desempeño de sus funciones. El abanico a su respecto era bien variado, por lo que examinaremos sucesivamente las licencias (1), las jubilaciones, montepíos y pensiones (2), las vacaciones, becas y premios (3), y finalmente otras manifestaciones del brío expansivo de las prerrogativas funcionarias (4).

1. La consolidación de las licencias

En cuanto a las *licencias*, fue en esta época en que se consolidaron institucionalmente[2189]. Si bien algunas disposiciones procedían de la época anterior, como el decreto supremo sobre diligencias previas para solicitarlas[2190], la institucionalidad en este período se robusteció a un punto muy considerable. El eje del tratamiento normativo de las licencias estuvo dado por una ley general de licencia de empleados civiles[2191], que contiene varias disposiciones interesantes referentes al límite de tiempo aplicable sobre las licencias (artículo 1°), al sueldo que había de pagarse (artículo 2°), su aplicación respecto a suplentes y auxiliares (artículo 3°)[2192], y la eventual declaración de vacancia en caso de que el empleado no se reintegrase (artículo 5°)[2193]. Estas disposiciones generales fueron complementadas con un decreto supremo posterior, sobre otorgamiento de licencias en casos de urgencia[2194].

Por cierto, el régimen general de licencias se veía complementado con disposiciones sectoriales. A la vanguardia se encontró el reglamento interior de la Contaduría Mayor[2195], luego seguido por otras disposiciones especiales, como las correspondientes a los empleados de la instrucción primaria[2196], a los del Instituto Nacional y liceos provinciales[2197], a los oficiales

2189 Amunátegui Rivera (1892), p. 25, subrayaba que las licencias no eran "un derecho del empleado", pero que normalmente no se denegaban, porque "las solicitudes se aparejan con los documentos necesarios que comprueban la justicia del pedido".

2190 Decreto Supremo de 14 de julio de 1857: no publicado en BLDG, pero transcrito en D. O. n° 256.

2191 Ley de 10 de septiembre de 1869, BLDG, XXXVII, p. 301.

2192 Pero no respecto de interinos o accidentales: *De la Barra* (1872 b).

2193 Hubo una circular interpretativa de esta ley, de 20 de febrero de 1871, no publicada en BLDG, pero que se transcribió en Boza Lillo, Anguita Acuña (1898), II, p. 809.

2194 Decreto Supremo de 12 de abril de 1877, BLDG, XLV, p. 228.

2195 Decreto Supremo de 17 de abril de 1868, BLDG, XXXVI, p. 97, *v. gr.*, art. 10: "El Contador Mayor puede conceder licencia a los empleados para no asistir a la oficina por asuntos particulares por tres días y hasta por tres veces en el año; y en los casos de enfermedad o muerte de los padres, de la mujer o hijos, u otros motivos análogos y extraordinarios hasta por ocho días".

2196 Decreto Supremo de 3 de septiembre de 1867, BLDG, XXXV, p. 235.

2197 Decreto Supremo de 3 de septiembre de 1867, BLDG, XXXV, p. 236.

del Ejército y la Armada[2198], a los empleados a contrata de Ferrocarriles del Estado[2199], a los empleados del Ministerio de Hacienda[2200], a los diplomáticos —a los que se excluía de la ley de 1869[2201]—, a los empleados de Hacienda al norte del paralelo 23[2202], a los empleados públicos del Ministerio del Interior[2203] y a los empleados públicos del Ministerio de Justicia e Instrucción Pública[2204].

2. Jubilaciones, montepíos y pensiones

En lo que concierne a las *jubilaciones*, la ley capital siguió siendo la tercera Ley de Jubilación Civil[2205], complementada por una posterior que previó para el cómputo de la jubilación el abono de los servicios prestados como interino, suplente o auxiliar, salvo que estuvieran exceptuados (art. 1°), y redujo a diez años el tiempo necesario para obtener la jubilación, con ciertas condiciones (art. 2°)[2206]. Se añadieron con posterioridad algunas disposiciones administrativas de general aplicación[2207], con el objeto de reglar el procedimiento para

2198 Decreto Supremo de 15 de junio de 1872, BLDG, XL, p. 404. El régimen que establecía podía responder a una buena diversidad de situaciones. El artículo 1° disponía que "las licencias que los jefes y oficiales del Ejército y Armada obtengan por motivos de salud y con goce de sueldo íntegro no podrán exceder del término de dos meses"; el artículo 2°, que "dichas licencias podrán ser prorrogadas por otros dos meses, pero solo con el goce de medio sueldo". En el artículo 3° se preceptuaba que "si después de los plazos establecidos en los dos artículos precedentes subsistieren las mismas causas que motivaron las licencias otorgadas, podrán estas prorrogarse hasta por cuatro meses más, pero sin sueldo alguno", añadiendo el artículo 4° que "si terminado dicho plazo no se encontrare el oficial enfermo en aptitud de volver al servicio, deberá presentarse a calificar, debiendo considerarse separado del Ejército o Armada, si no lo hiciere conforme a la ley". Por último, el artículo 5° determinaba que "las licencias que por justos motivos particulares se concedan a los jefes y oficiales del Ejército y Armada no podrán en ningún caso exceder del término de cuatro meses y nunca se concederán ni se entenderán concedidas con más de medio sueldo". Un Decreto Supremo de 10 de marzo de 1873, BLDG, XLI-1, p. 304, complementó el régimen anterior, declarando que "los términos por los cuales se conceden dichas licencias, ya sean estas continuadas o interrumpidas, deben considerarse con relación al año de 365, contados desde la fecha en que se otorgó la primera licencia".

2199 Decreto Supremo de 26 de diciembre de 1876, BLDG, XLIV, p. 450.

2200 Decreto Supremo de 12 de abril de 1877, BLDG, XLV, p. 228, expresa que "los intendentes y gobernadores al hacer uso de la facultad que les concede el art. 77 de la Ley del Régimen Interior, calificarán, oyendo previamente al respectivo Jefe, si la licencia que solicitan los empleados de Hacienda es por motivos *justos y tan urgentes* que no den tiempo para consultar al Presidente de la República" (las cursivas están en el original).

2201 Ley de 12 de septiembre de 1883, BLDG, LII, p. 743, art. 16.

2202 Decreto Supremo de 4 de febrero de 1882, BLDG, L, p. 239.

2203 Decreto Supremo de 23 de junio de 1888, BLDG, LVII, p. 690.

2204 Decreto Supremo de 23 de mayo de 1889, BLDG, LVIII, p. 436.

2205 Ley de 20 de agosto de 1857, BLDG, XXV, p. 219.

2206 Ley de 3 de septiembre de 1863, BLDG, XXXI, p. 217.

2207 Y, sin perjuicio de jurisprudencia relevante, como la que declaró prescriptible la acción para cobrar pensiones insolutas de jubilación en conformidad a los artículos 2514 y 2515 del Código Civil: *Pradel* (1874), sentencia que por lo demás contenía una espléndida manifestación de la independencia del Poder Judicial, al destacar que no tenía "valor alguno el argumento de haberse reclamado de él ante el Congreso, autoridad extraña al conocimiento de asuntos contenciosos". Asimismo, es digna de destacarse la jurisprudencia que declaró que hay derecho a percibir la jubilación desde el momento

solicitar la jubilación civil[2208], de fijar la integración de comisión de médicos para la jubilación civil[2209] y de determinar la devolución al empleado de la suma pagada para el examen médico relacionado con la jubilación, si es que la obtenía[2210].

A ellas se integró una amplia gama de nuevas disposiciones más puntuales[2211]. Entre ellas, puede destacarse la mención explícita de aplicárseles la ley de jubilación civil a los empleados de la Caja de Ahorros y sus sucursales[2212]; las disposiciones referidas a la jubilación de diplomáticos, contenidas en la ley del servicio diplomático[2213]; el llamativo caso de la exclusión de jubilación de los empleos creados por la Ley de Registro Civil[2214]; la declaración de que para la jubilación de los funcionarios de la nueva provincia de Tacna solo se tomaría en cuenta "el cincuenta por ciento de los sueldos que respectivamente se les asigna"[2215]; la ley de cómputo de pensión de jubilación a guardas de a caballo de los resguardos de las aduanas[2216]; la disposición de que "para las jubilaciones de los empleados de la Dirección de Obras Públicas, se tomará por base el setenta y cinco por ciento de los sueldos que esta ley les asigna"[2217]; y la correspondiente a los empleados de la Caja de Crédito Hipotecario, con la curiosa redacción de que "para los efectos de la jubilación no se tomará en cuenta más que el setenta y cinco por ciento de los sueldos fijados en el artículo anterior"[2218].

A más de lo anterior, existían disposiciones de rango legislativo que, por efecto de una ficción, hacían que se cumplieran los requisitos para obtener cierta jubilación respecto de personas determinadas. Los casos son bien variados y se extienden a lo largo de todo el período, comprendiendo —por ejemplo— la reforma de jubilación por considerar al funcionario como habiendo servido en una plaza distinta a la que efectivamente había servido[2219], el otorgamiento por gracia de jubilación con sueldo íntegro[2220], el abono de tiempo por gracia[2221] o por imputación de los servicios prestados en otras dependencias

en que se comienza a tramitar el expediente de jubilación, y no solo desde el momento en que se termina el expediente correspondiente: *Astorga* (1884).

2208 Decreto Supremo de 6 de junio de 1878, BLDG, XLVI, p. 205.

2209 Decreto Supremo de 11 de noviembre de 1880, BLDG, XLVIII, p. 389.

2210 Decreto Supremo de 4 de octubre de 1881, BLDG, XLIX, p. 389.

2211 Respecto de las cuales se entendió que, más allá de su denominación específica, lo importante en orden a que se computasen era que respondieran al concepto general de jubilación: *Guerra* (1865).

2212 Ley de 22 de agosto de 1861, BLDG, XXIX, p. 156, art. 13.

2213 Ley de 12 de septiembre de 1883, BLDG, LII, p. 743, art. 17, que contemplaba que los Enviados Extraordinarios y Ministros Plenipotenciarios jubilarían de acuerdo al sueldo de un Ministro de Corte Suprema, y que los Ministros Residentes lo harían de acuerdo a un sueldo de Ministro de Corte de Apelaciones.

2214 Ley de 17 de julio de 1884, BLDG, LIII, p. 687, art. 31.

2215 Ley de 31 de octubre de 1884, BLDG, LIII, p. 1139, art. 9°.

2216 Ley de 29 de agosto de 1885, BLDG, LIV, p. 655.

2217 Ley de 26 de enero de 1888, BLDG, LVII, p. 295, art. 14.

2218 Ley de 14 de enero de 1890, BLDG, LIX, p. 69, art. 2°.

2219 *V. gr.*, Ley de 19 de octubre de 1861, BLDG, XXIX, p. 402.

2220 *V. gr.*, Ley de 29 de octubre de 1861, BLDG, XXIX, p. 404, y Ley de 6 de septiembre de 1888, BLDG, LVII, p. 1315.

2221 *V. gr.*, Ley de 8 de octubre de 1862, BLDG, XXX, p. 347; y Ley de 1° de septiembre de 1875, BLDG, XLIII, p. 479.

administrativas[2222] a fin de cumplir los requisitos de la jubilación, la declaración de que un determinado decreto supremo no privaba a una persona del derecho a la jubilación[2223] o la dispensa de edad para el otorgamiento de jubilación a una persona[2224]. Y quizás el más vistoso de todos estos casos, por el impacto político que revestía, fue la concesión por gracia "a los jefes, oficiales y soldados del Ejército que hubieren sido dados de baja a consecuencia de los sucesos políticos y militares de 1830 y 1851 y 1859, el abono de tiempo de los servicios que hubiesen prestado respectivamente antes de esos años"[2225].

En cuanto a los *montepíos*, siguió rigiendo, durante todo el período, la ley de montepío militar[2226]. El régimen general que ella había establecido solo fue objeto en 1890 de una modificación, correspondiente a los respectivos montos (artículo 1°), declarándose además (artículo 2°) que "las pensiones que acuerda la presente ley son incompatibles con los aumentos de montepío que se han otorgado por leyes especiales"[2227]. También se introdujeron algunas adecuaciones de alcance limitado, como el otorgamiento de montepío militar a las familias de los oficiales que fallecieron en los "sucesos políticos acaecidos en el país desde 1851 hasta 1861", pero no entendiéndose comprendidas "las familias de los oficiales procesados y condenados por delitos comunes cometidos con motivo de sucesos políticos"[2228]. Otro caso interesante es la ley que otorgó montepío a la familia de Pedro Lagos, para beneficiarse del montepío aun habiéndose casado sin permiso[2229], situación puntual[2230] que terminó desencadenando una ley general sobre la cuestión anterior, declarándose "que la falta de permiso para contraer matrimonio de los oficiales del Ejército y Armada hasta la fecha de la presente ley no obsta para que sus familias puedan gozar del montepío militar con arreglo a la ley del caso"[2231].

Es de interés recordar que un decreto supremo de 1868 ordenó tener presente una cuestión puntual "como una resolución general para los casos iguales que ocurrieren", en relación de dos puntos concernientes al montepío militar, distinguiéndose el *derecho al montepío*, por una parte, de las *pensiones adeudadas en razón del derecho a montepío*, por otra:

> "En la primera cuestión: '¿las disposiciones generales de las leyes respecto a prescripción de derecho y acciones son aplicables a las pensiones de montepío militar, como lo son a las alimenticias y otros casos análogos?'.

2222 *V. gr.*, Ley de 2 de agosto de 1862, BLDG, XXX, p. 299; Ley de 23 de julio de 1869, BLDG, XXXVII, p. 193; y Ley de 2 de septiembre de 1880, BLDG, XLVIII, p. 282.

2223 *V. gr.*, Ley de 18 de agosto de 1884, BLDG, LIII, p. 809.

2224 *V. gr.*, Ley de 6 de agosto de 1887, BLDG, LVI, p. 1141.

2225 Ley de 29 de octubre de 1868, BLDG, XXXVI, p. 380.

2226 Ley de 6 de agosto de 1855, BLDG, XXIII, p. 139. Hubo también jurisprudencia general relevante, como la que reiteró que los montepíos y las pensiones de gracia no se regían por las mismas reglas: *Lazo* (1866). La atribución presidencial de otorgarlos —*v. gr.*, *Martínez* (1867)— no obstaba a que hubiera cuestiones judiciales anexas, en las que el Presidente de la República no podía actuar, como en la determinación del estado civil de una persona, de incidencia en el montepío —*v. gr.*, *García* (1876 b).

2227 Ley de 22 de septiembre de 1890, BLDG, LIX, p. 869.

2228 Ley de 7 de septiembre de 1864, BLDG, XXXII, p. 229.

2229 Ley de 17 de agosto de 1879, BLDG, XLVII, p. 271.

2230 Aunque no única; véase, *v. gr.*, Ley de 18 de octubre de 1870, XXXVIII, p. 361.

2231 Ley de 11 de septiembre de 1879, BLDG, XLVII, p. 324.

La Corte distingue en esta materia el derecho al montepío y el derecho a cada una de las pensiones que se vencen anualmente. Uno y otro ceden en beneficio de las familias de los militares que han fallecido; pero el primero no puede enajenarse ni trasladarse a otra persona por voluntad del que lo goza, al paso que sobre las pensiones vencidas puede ejercer todos los actos de libre disposición que emanan de la plena propiedad y dominio.
Por la diversa naturaleza de estos derechos cree la Corte que no es prescriptible el de montepío; pero que las pensiones adeudadas quedan sujetas a las reglas generales y comunes de la prescripción.
Dos de los ministros presentes en el acuerdo equiparan, sin embargo, ambos derechos en cuanto a la prescripción y opinan que a ambos son aplicables las leyes de prescripción vigentes en la materia.
La segunda cuestión es "declarándose en favor de la hija del ayudante Campos la pensión de montepío que reclama, ¿desde cuándo deberá principiar a abonársele conforme a la ley?".
En consecuencia de las opiniones manifestadas respecto de la primera cuestión, la Corte es de dictamen que las pensiones de montepío se deben desde veinte años atrás contados desde el día en que se entabló la primera gestión en este asunto. En su concepto, las vencidas con anterioridad a esta época han sido prescritas en favor del Fisco por el lapso de los veinte años, que es el tiempo que la ley señala para la prescripción de las acciones personales.
Uno de los ministros que opina por la prescripción del derecho al montepío, reputa también prescritas todas las pensiones, pero piensa que, reconocido como existente el derecho a un montepío, las pensiones se deben desde el día siguiente al del fallecimiento del ayudante mayor Campos.
La Corte se limita a expresar a V. E. su dictamen sobre las dos cuestiones que preceden, porque son las únicas que se le han señalado.
Si doña Rosario Guillén se mantuvo constantemente en viudedad, si dejó a su fallecimiento varios herederos o solamente a doña Gertrudis Campos que ahora continúa el expediente, si esta última permanece en estado de soltería y otros hechos no comprobados, son materia sobre las cuales V. E. exigirá sin duda las pruebas correspondientes. Sala del despacho, diciembre 20 de 1867. *Montt. Palma. Barriga. Valenzuela. Güemes*"[2232].

Así como sucedió con las jubilaciones, los montepíos estuvieron sujetos a declaraciones legislativas que introducían ficciones en orden a dar derecho a percibirlo, o bien a modificar su cuantía[2233]. Por ejemplo, se habilitó por gracia a una persona "los dos años quince días que le faltan para el completo de los diez que la ley de 1855 fijó para entrar en el goce del montepío militar que por fallecimiento del referido capitán corresponde a su viuda doña Carmen Poblete, debiendo principiar a gozar de la pensión que legalmente le corresponda,

2232 BLDG, XXXVI, p. 62.

2233 Sin estas declaraciones por leyes especiales, el montepío estaba excluido a quien no cumpliera con sus requisitos: *v. gr.*, *Camino* (1873) y *Pérez* (1880), caso este último muy ilustrativo de la severidad en la apreciación de la legalidad del montepío, dejando claramente que este procedía por fallecimiento en acción de guerra o a consecuencia de ella, y no por otras razones, como insolación, aunque se hubiera producido en medio de la Guerra del Pacífico.

desde la fecha del fallecimiento de su marido"[2234]. Otra figura era la de la modificación del beneficiario, tal como sucedió al otorgarse montepío militar a hermanas de coronel fallecido, trasladado desde la viuda que había vuelto a contraer matrimonio[2235]. Otra, la de habilitación para percibir el montepío de una persona que había perdido los requisitos para hacerlo, como una viuda que se había casado en segundas nupcias[2236]. Y otra, la de la modificación de la jerarquía que radicaba un cierto derecho a montepío, tal como cuando se concedió montepío en la categoría de capitán respecto de un militar que había alcanzado el grado de teniente[2237], de teniente coronel respecto de uno que había alcanzado el de oficial mayor[2238] o de coronel efectivo respecto de uno que había alcanzado el de teniente coronel[2239].

Las *pensiones* recibieron algún tratamiento más detallado durante este período[2240]. Entre otras disposiciones, se preceptuó por vía administrativa que "la pensión de inválidos y el goce de los premios de constancia son compatibles y deben pagarse simultáneamente por las oficinas fiscales del Estado"[2241]. Asimismo, se esclareció que "la pensión de inválido debe comenzar a abonarse desde el día 1° del mes siguiente a la última revista pasada por el agraciado en servicio activo; debiendo abonársele hasta esa misma fecha el sueldo de actividad correspondiente a dicha revista"[2242]; y se declararon compatibles "las pensiones de retiro militar con los sueldos de empleos civiles hasta la concurrencia de la suma equivalente al sueldo de que disfrutaban en servicio activo los oficiales que fueren nombrados para desempeñar estos últimos"[2243].

Quizás los cuerpos normativos del período en examen más relevantes sobre esta materia hayan sido dos leyes relacionadas con la Guerra del Pacífico. La primera fue la de recompensas a los jefes, oficiales y soldados del combate de Iquique y a sus familiares, y a Juan Agustín Cabrera, civil a bordo[2244], cuyas pensiones o asignaciones eran incompatibles con las de montepío militar, y que fue objeto de una ley complementaria posterior[2245]. Y la segunda, más extensa, fue la ley de pensiones a los inválidos y familiares de fallecidos en la guerra contra Perú y Bolivia[2246]. Dichas pensiones, según el artículo 22 de la ley, eran "incompatibles con el goce de montepío militar"; pero, según el artículo 25, "las pensiones que la presente ley concede a los inválidos no son incompatibles con el goce de sueldo o gratificación asignado al desempeño de cualquier empleo público". Esta ley, cuyo plazo para efectuar las correspondientes solicitudes

2234 Ley de 22 de agosto de 1861, BLDG, XXIX, p. 190.
2235 Ley de 9 de septiembre de 1862, BLDG, XXX, p. 336.
2236 Ley de 2 de septiembre de 1874, BLDG, XLII-2, p. 203.
2237 Ley de 4 de octubre de 1877, BLDG, XLV, p. 540.
2238 Ley de 8 de octubre de 1862, BLDG, XXX, p. 359.
2239 Ley de 16 de agosto de 1889, BLDG, LVIII, p. 662.
2240 Pero se tuvo que defender la competencia jurisdiccional para conocer de este tipo de cuestiones: *v. gr.*, *Pérez y otro* (1888).
2241 Decreto Supremo de 24 de octubre de 1868, BLDG, XXXVI, p. 377.
2242 Decreto Supremo de 26 de enero de 1882, BLDG, L, p. 221.
2243 Ley de 7 de julio de 1883, BLDG, LII, p. 636.
2244 Ley de 12 de septiembre de 1879, BLDG, XLVII, p. 324.
2245 Ley de 18 de junio de 1880, BLDG, XLVIII, p. 200.
2246 Ley de 22 de diciembre de 1881, BLDG, XLIX, p. 572.

fue prorrogado en varias oportunidades[2247], fue objeto de profusa jurisprudencia en relación con la determinación del estado civil[2248]. Y, al igual que respecto de las jubilaciones y montepíos, el legislador introdujo el mecanismo de la ficción en orden a dar lugar a los beneficios correspondientes en casos específicos que no estaban cubiertos por la ley[2249]. Por último, entró en vigor a fines de este período una ley general sobre *sueldos de inválidos*, que abordaba en realidad *pensiones de inválidos*. Ella dispuso que, ante una declaración de invalidez absoluta, "gozarán el mismo sueldo asignado a los que estuvieren en servicio activo, y los individuos de tropa o mar declarados relativamente inválidos, disfrutarán de los dos tercios de dicho sueldo. Los jefes y oficiales que hayan recibido recompensas por leyes especiales podrán optar entre estas y los beneficios que acuerda la presente ley"[2250].

A las anteriores pensiones por invalidez se agregó el recurso, bastante frecuente, de otorgar pensiones por gracia. Ellas podían beneficiar a funcionarios públicos, o bien a sus familiares, o bien a otras personas, dependiendo del caso. Los casos fluctuaban, por ejemplo, entre la pensión otorgada a José Manuel Bravo de los Reyes, "en mérito de los importantes servicios que prestó a la causa de la independencia del país"[2251]; a Claudio Gay, una renta vitalicia de que podrá gozar aun residiendo fuera de Chile[2252]; a la viuda de Andrés Bello, una pensión mensual de cien pesos, que "no se sujetará a las deducciones prescritas por la ley de 24 de

---

2247 Ley de 4 de octubre de 1882, BLDG, LI, p. 909; Ley de 7 de septiembre de 1888, BLDG, LVII, p. 1329.

2248 Que procedía en tal caso "solo para los efectos de la ley de 26 de diciembre de 1879": *v. gr.*, *Urrutia y otros* (1881), *Silva y otra* (1881), *Mandujano* (1881), *García* (1881), *Ahumada* (1881), *Aspee* (1881), siempre respecto de "asignatarios forzosos". En algunos casos no se daba por acreditado el estado civil, como en *Vega* (1881), y en otros se encuentran fórmulas curiosas, como "es *por ahora* asignataria forzosa" (las cursivas son nuestras) en *Rodríguez* (1881) y la del otorgamiento de la asignación a una persona aun no siendo asignataria forzosa en *Vilches* (1881). Para darse lugar a la asignación, el difunto debía fallecer en acción de guerra o a consecuencia de ella, por lo que no había derecho a asignación si el fallecimiento se había producido por enfermedad —*Veas* (1881)— por obra de un compañero del mismo batallón —*Pizarro y otra* (1881)— o por heridas producidas por la máquina de un buque —*Zapata* (1881)—. También es interesante la interpretación formulada por nuestra judicatura en *Vivar* (1881), en torno a que la fórmula "asignatarios forzosos" presente en la ley de 26 de diciembre de 1879 se extendía a los legitimarios, pero no a los "asignatarios forzosos de alimentos", que hubiera hecho extensible la aplicación de la ley a las hermanas del difunto. A partir de la ley de 22 de diciembre de 1881 [...], estas cuestiones fueron radicadas en vía administrativa, en una oficina de tramitación, como aparece en *Cárdenas* (1882), *Ramos de Claro* (1882), y *Venegas* (1886), aunque a fines de la década el Consejo de Estado relajó la estrictez de la obligatoriedad de esta vía administrativa, señalando que "al dictarse la ley de 22 de diciembre de 1881, el legislador se inspiró en el propósito de hacer rápida y expedita la tramitación de las solicitudes que presenten los que tienen derecho al amparo del Estado" y que "se contrariaría abiertamente ese propósito obligando a todos los interesados a rendir sus informaciones precisamente en Santiago y en la oficina creada por la ley de 1881": *Jefe de la Oficina de Tramitación con Juez de Letras de San Felipe* (1890).

2249 *V. gr.*, Ley de 28 de agosto de 1884, BLDG, LIII, p. 938 ("para los efectos de las pensiones establecidas por la ley de 22 de diciembre de 1881, el contraalmirante de la Armada Nacional don Luis A. Lynch será considerado como fallecido en acción de guerra"); y Ley de 14 de julio de 1887, BLDG, LVI, p. 1003 ("declárase como muerto en acción de guerra, para los efectos de la ley de recompensas militares de 22 de diciembre de 1881, al sargento mayor de artillería don Benjamín Montoya").

2250 Ley de 16 de enero de 1888, BLDG, LVII, p. 263.

2251 Ley de 7 de octubre de 1861, BLDG, XXIX, p. 405.

2252 Ley de 3 de septiembre de 1863, BLDG, XXXI, p. 203.

setiembre de 1865"[2253]; a Nicolás Pradel, quinientos pesos anuales, "sin perjuicio del derecho que tenga para cobrar ante los Tribunales de Justicia los caídos hasta la promulgación de esta ley, de la pensión de jubilación que se le reconoció por resolución de 23 de octubre de 1833"[2254]; y un aumento de asignación a Carmela Carvajal viuda de Prat[2255].

3. Vacaciones, becas y premios

En este período se despliega crecientemente el aspecto de las *vacaciones*. En un inicio, ello se dio a través de la reglamentación sectorial, como en el reglamento interior de la Contaduría Mayor, que disponía que "las vacaciones de veinticinco días que se acostumbra dar a los contadores primeros, y de veinte a los demás empleados subalternos de la Contaduría, serán otorgadas por el Contador Mayor, de manera que no se perjudique el servicio de la oficina" [2256]. Con posterioridad, se procuraría dar un tratamiento unificado de esta materia, primeramente a través de un decreto supremo general sobre vacaciones de los empleados públicos[2257] y, luego, a través de un complemento que especificaba aspectos del procedimiento para pedir las vacaciones[2258].

Comenzó a implementarse en este período de manera institucional, aunque tímida, el régimen de las *becas*. Durante la administración Santa María se emitió un decreto supremo que comisionaba a preceptores específicos a Europa con el objeto de "perfeccionar sus estudios pedagógicos en los establecimientos especiales de aquel continente"[2259]. Los *viáticos* seguían rigiéndose con disposiciones del derecho castellano-indiano, como una real cédula de 1795[2260], pero su tratamiento se renovó con regulaciones especiales concernientes a los de los ingenieros civiles[2261] o de los empleados de los ministerios[2262].

El otorgamiento de *premios* u *homenajes* a funcionarios, o la autorización a recibirlos, gozó de bastante importancia en estos años. Entre otros casos, se autorizó a Diego Dublé Almeyda para aceptar una condecoración prusiana[2263], a Luis Lynch para aceptar una condecoración italiana[2264], a Rodulfo Philippi para aceptar una condecoración prusiana[2265], a Marcos Maturana para aceptar una condecoración francesa[2266], a Juan José Latorre para aceptar una condecoración rusa[2267] y a Jorge Huneeus para aceptar una condecoración austrohúngara[2268]. En cuanto a los

2253 Ley de 14 de septiembre de 1867, BLDG, XXXV, p. 239.
2254 Ley de 3 de octubre de 1872, BLDG, XL, p. 792.
2255 Ley de 1° de septiembre de 1880, BLDG, XLVIII, p. 299.
2256 Decreto Supremo de 17 de abril de 1868, BLDG, XXXVI, p. 97, art. 15.
2257 Decreto Supremo de 15 de abril de 1882, BLDG, L, p. 369.
2258 Decreto Supremo de 13 de octubre de 1882, BLDG, LI, p. 856.
2259 Decreto Supremo de 4 de febrero de 1884, BLDG, LIII, p. 219.
2260 Muy claro en *Astorga* (1884).
2261 Decreto Supremo de 18 de febrero de 1878, BLDG, XLVI, p. 42.
2262 Decreto Supremo de 17 de enero de 1879, BLDG, XLVII, p. 50.
2263 Ley de 12 de agosto de 1876, BLDG, XLIV, p. 271.
2264 Ley de 1° de septiembre de 1876, BLDG, XLIV, p. 318.
2265 Ley de 17 de agosto de 1878, BLDG, XLVI, p. 343.
2266 Ley de 7 de julio de 1881, BLDG, XLIX, p. 223.
2267 Ley de 14 de julio de 1881, BLDG, XLIX, p. 224.
2268 Ley de 28 de julio de 1881, BLDG, XLIX, p. 196.

honores conferidos por el propio Chile, se autorizó la construcción del monumento en honor de Arturo Prat y los demás tripulantes de la Esmeralda[2269], el otorgamiento de una medalla a los participantes del Ejército y la Armada en la Guerra del Pacífico hasta la toma de Arica[2270], y el otorgamiento de una medalla de honor a los militares que tomaron parte en Chorrillos y Miraflores[2271]. Igualmente, el otorgamiento a Manuel Baquedano de por vida de los "honores, sueldo y gratificaciones de un general en jefe en campaña"[2272]; a Galvarino Riveros, igualmente de por vida, de "los honores correspondientes a un comandante en jefe de Escuadra en campaña; el sueldo correspondiente a la actividad de su empleo y una gratificación de mil quinientos pesos anuales"[2273]; y a Patricio Lynch de una gratificación anual vitalicia de dos mil pesos[2274]. En ocasiones, nuestras distinciones beneficiaban a personas extranjeras, con efectos eventualmente más que meramente honoríficos, como resultó de la ley que galardonó a los presidentes de Perú, Bolivia y Ecuador, otorgando "el título de general de división del Ejército de Chile con los honores y preeminencias anexas a él a los excelentísimos señores don Mariano Ignacio Prado, don Jerónimo Carrión y don Mariano Melgarejo, quienes gozarán del sueldo correspondiente mientras residan o permanezcan en Chile"[2275].

4. Las nuevas expansiones

Otro beneficio crecientemente popular fue el de las *gratificaciones* en sentido propio, que contó con distintas disposiciones especiales sectoriales[2276]: por ejemplo, para la

2269 Ley de 12 de septiembre de 1879, BLDG, XLVII, p. 324.
2270 Ley de 1° de septiembre de 1880, BLDG, XLVIII, p. 295.
2271 Ley de 14 de enero de 1882, BLDG, L, p. 217.
2272 Ley de 20 de agosto de 1881, BLDG, XLIX, p. 290.
2273 Ley de 20 de agosto de 1881, BLDG, XLIX, p. 289.
2274 Ley de 29 de julio de 1884, BLDG, LIII, p. 797.
2275 Ley de 17 de agosto de 1866, BLDG, XXXIV, p. 216.
2276 Respecto de algunas, se entendió que las normas que las establecían originalmente no eran bastantes, y que requerían además "medidas reglamentarias que se consideran de absoluta necesidad para este efecto": *Salvo* (1873). Pero no podían otorgarse asignaciones sin existir un fundamento normativo: *López* (1879), *Cisternas y otros* (1889). Si estaban previstas como un porcentaje del sueldo, la noción de sueldo podía incorporar la existencia de una subvención y, por lo tanto, el porcentaje se calculaba sobre la suma del sueldo más otras eventuales subvenciones, pero no sobre la suma del sueldo más otras gratificaciones distintas: *Astorga* (1882). Normalmente era de cargo del interesado la prueba de que el hecho que justificaba la gratificación se hubiera cumplido: *González y otros* (1890). Si se trataba de un tiempo de servicio en la Administración, no había derecho a gratificación, a menos que el servicio fuese *actual*, es decir, efectivo y no meramente nominal: *Barros Arana* (1881). El Estado no podía escudarse, a fin de no pagarlas, en no existir fondos disponibles en las correspondientes partidas: *González* (1887). Por último, a fines de la década de 1880 una asignación específica dio lugar a un interesante análisis acerca de su eventual coexistencia con un sueldo o no. Ella se derivaba de la atribución por la ley de 20 de enero de 1883 (BLDG, LII, p. 88, art. 5° n° 7) a los tesoreros fiscales del deber de desempeñarse como administradores de correos en los departamentos en que no hubiera oficina de correos. Una primera línea jurisprudencial entendió que esta ley había derogado un precepto anterior que, en lugar de sueldo, asignaba a los administradores locales de correos una remuneración del cuarenta por ciento sobre el producto de la correspondencia que giraba por la oficina respectiva; y, por lo tanto, los tesoreros no podrían percibir, a más de su sueldo, una asignación adicional: *Tirado* (1889), *García* (1889) y *Aldunate Lastra* (1889). Pero luego se revirtió el criterio y

Armada[2277], para los liceos de Copiapó y La Serena[2278], para la instrucción primaria[2279], para los establecimientos de instrucción secundaria y superior[2280], para los ingenieros militares[2281], para los empleados de la Intervención de Chile en Mejillones[2282], para los empleados de las cámaras legislativas[2283], para los "jefes y oficiales del Ejército y de la Armada" que prestaron servicios en la guerra de Independencia[2284], para los oficiales de guerra de la Armada[2285], para los tripulantes de la Esmeralda y la Covadonga que participaron en el combate naval de Iquique[2286], e incluso para los profesores cesantes del Instituto Nacional[2287].

Respecto de las *asignaciones*, la paulatina proliferación de prerrogativas ciertamente traía riesgos para las finanzas públicas, con lo que debieron establecerse restricciones explícitas por vía normativa. Un buen ejemplo está dado por el decreto supremo que dispuso que "los jefes y oficiales del ejército no podrán en lo sucesivo imponer asignación alguna pagadera por las oficinas del Estado de cualquiera parte de sueldo, en favor de personas existentes en el mismo lugar de la residencia de aquellos. Las asignaciones existentes que se encuentren en el caso de la presente disposición cesarán desde el día 1° de enero próximo"[2288]. Una norma de tal tenor solo se explica si por la vía de asignaciones especiales ya se estaban teniendo serios problemas. Pues bien, como ratificación de lo anterior, casi quince años después apareció el mismo texto, casi calcado, en un ámbito bastante distinto: "[...] los empleados dependientes del Ministerio del Interior no podrán en lo sucesivo imponer asignación alguna, pagadera por las oficinas del Estado, de cualquiera parte de su sueldo, en favor de personas existentes en el mismo lugar de la residencia de aquellos. Las asignaciones existentes que se encuentren en el caso de la presente disposición cesarán desde el 1° de enero próximo"[2289]. Ello da cuenta

se entendió que ambas disposiciones eran compatibles, solo ajustando el porcentaje de un cuarenta a un veinte por ciento: *Vicuña Mackenna y otros* (1889), *Lois* (1890) y *Zambrano* (1890).

2277 Ley de 3 de julio de 1868, BLDG, XXXVI, p. 251, art. 4°.

2278 Decreto Supremo de 31 de diciembre de 1867, BLDG, XXXV, p. 365.

2279 Decreto Supremo de 1° de diciembre de 1863, BLDG, XXXI, p. 371, art. 75-84. La prescripción del derecho a solicitar estas gratificaciones o premios fue objeto de contiendas judiciales: inicialmente se entendió que prescribía en tres años, aplicándose el plazo de tres años previsto en el artículo 2521 del Código Civil aplicable a los honorarios de los directores y profesores de colegios y escuelas: *Vargas* (1877). Pero en la década siguiente la Corte Suprema declaró que dicha disposición del Código Civil no era invocable en estos casos: *Loyola* (1886).

2280 Ley de 9 de enero de 1879, BLDG, XLVII, p. 10, art. 44 y 45. Estas gratificaciones engendraron una de las primeras reflexiones de envergadura acerca de la retroactividad en la historia de nuestro derecho administrativo patrio: véase *supra* título primero, capítulo primero, B.II.b.

2281 Ley de 18 de octubre de 1870, BLDG, XXXVIII, p. 360. Un caso de aplicación extensiva de esta norma está dado en *Viel* (1872), con gratificación por su interinato en la dirección en la maestranza de Limache, en atención a que dicho cargo requería "conocimientos mecánicos propios, aunque no necesarios de un ingeniero militar".

2282 Ley de 25 de septiembre de 1873, BLDG, XLI-2, p. 221.

2283 Ley de 25 de septiembre de 1873, BLDG, XLI-2, p. 123.

2284 Ley de 17 de diciembre de 1873, BLDG, XLI-2, p. 488.

2285 Ley de 8 de diciembre de 1882, BLDG, LI, p. 1043.

2286 Ley de 22 de septiembre de 1890, BLDG, LIX, p. 896.

2287 Ley de 21 de diciembre de 1887, BLDG, LVI, p. 1848.

2288 Decreto Supremo de 28 de noviembre de 1867, BLDG, XXXV, p. 312.

2289 Decreto Supremo de 2 de septiembre de 1880, BLDG, XLVIII, p. 266.

de un problema ya enquistado en la Administración y de un celo institucional igualmente establecido en defensa de la probidad funcionaria[2290].

Por último, debe tenerse en cuenta que las prerrogativas otorgadas a los funcionarios públicos no se restringieron a las categorías generales ya nombradas en este acápite, pudiendo abarcar otros aspectos, como por ejemplo al reconocerse —o, más bien, tolerarse— jurisprudencialmente la posibilidad de que los funcionarios públicos desarrollasen actividades externas particulares[2291], al asumirse por el Fisco los gastos de entierro de militares en ciertos casos[2292], al efectuarse pagos por presas[2293] o al no deber satisfacer los funcionarios ciertos gastos de transporte. Respecto de esto último, en la Ley de Ferrocarriles de 1862 se preveía el deber de conducir gratuitamente "a las tropas pertenecientes al Ejército o a la fuerza de policía que fueren en comisión del servicio"[2294], privilegio que fue extendiéndose progresivamente a nuevas áreas de la Administración, como por ejemplo al permitirse el otorgamiento de pasaje libre por los Ministros del Despacho, los Intendentes, los Comandantes Generales de Armas —en Santiago— o por los intendentes o gobernadores respectivos en otras ciudades donde pasaran las líneas[2295]. Ulteriormente, la prerrogativa estaba tan extendida que la propia Administración tuvo que comenzar a deslindarla, como cuando se declaró que "los empleados de hacienda solo tendrán derecho a que se les conceda pasaje libre cuando se dirijan del lugar en que deban ejercer sus empleos para asumirlos, o cuando sean llamados por el Gobierno, por exigirlo así necesidades del servicio. En los demás casos de traslación será de cuenta de dichos empleados el valor del respectivo pasaje"[2296]. Y recién en 1884 se dispuso la exención de pasaje para los viajes en tren del Presidente de la República[2297].

2290 Otras restricciones tenían más que ver con estar prestándose servicios efectivos y no meramente nominales, como el caso de las gratificaciones en el Ejército, como en *Wormald* (1873): "[...] este beneficio solo se ha concedido a los oficiales del ejército que tienen cargos o deberes que cumplir diaria o periódicamente, y no a los que están retirados en sus casas sin obligación de ningún género, como sucede a los militares calificados y a algunos del Cuerpo de Asamblea, en cuyo caso se encontraba el señor Wormald en el período a que se refiere en su demanda".

2291 En sentencias penales algo oblicuas, pero inequívocas. En *Romo* (1881) se aseveraba que "todos los testigos revelan la existencia de servicios prestados por Romo, servicios extraños a su empleo; y que, a mayor abundamiento, eran solicitados por los mismos interesados, con la oferta espontánea de una remuneración a veces no aceptada y otras no cumplida". También *Medina* (1881), en que se absolvió a un administrador de aduana y tesorería de la acusación de haber distraído a ciertos funcionarios de aduana para ocuparlos en su servicio personal o de su familia, pues "dichos servicios eran retribuidos por el acusado, que se prestaban fuera de las horas del servicio del resguardo y que aun los solicitaban los marineros".

2292 Decreto Supremo de 5 de diciembre de 1889, BLDG, LVIII, p. 926.

2293 *V. gr.*, *Titus y compartes* (1873), *Riveros* (1886).

2294 Ley de 6 de agosto de 1862, BLDG, XXX, p. 199, art. 54.

2295 Decreto Supremo de 29 de abril de 1872, BLDG, XL, p. 144.

2296 Decreto Supremo de 14 de octubre de 1882, BLDG, LI, p. 868.

2297 Ley de 4 de enero de 1884, BLDG, LIII, p. 5, art. 59.

B. LA RESPONSABILIDAD Y LA FUNCIÓN PÚBLICA

El período 1861-1890 vio un importante desarrollo en la sistematización de la noción de la responsabilidad de los funcionarios públicos, advirtiéndose en esta época que la noción de autoridad no podía desapegarse de ella, y que la terminaba moldeando y condicionando. Bien destacó la Corte Suprema en una gran proclamación jurisprudencial que "*todo empleado público es responsable de sus actos*"[2298].

Aunque debe tenerse presente que algunos elementos de relieve se encuentran tratados en otras secciones de esta obra[2299], el análisis de estos aspectos se desarrollará reconociendo la clasificación tripartita tradicional de la responsabilidad de los funcionarios públicos[2300]. Así, primeramente, se abordará los elementos de reparación y disciplina interna (I), que comprometen las responsabilidad pecuniaria y disciplinaria; y posteriormente serán analizados los aspectos de la responsabilidad penal, en dos vertientes distintas pero complementarias de reafirmación de la autoridad (II) y de limitación de la autoridad (III).

I. Reparación y disciplina interna

La esfera no propiamente penal de la responsabilidad de los funcionarios públicos asumió durante este período un grado llamativo de desarrollo y agudeza, que es explicable por dos factores. Quizás el elemento más determinante fue la experiencia que había podido acumular en el pasado, en una práctica bien asentada que, precisamente por su solidez, había permitido un grado de sofisticación aun sin teorización asociada. Pero un segundo factor incidente tuvo una altura no desdeñable: la configuración de la nueva legislación y, muy particularmente, la de la codificación civil y la codificación penal, que se avino con bastante facilidad al ejercicio cotidiano de la función administrativa. En tal orden de cosas, y por la diferenciación real de sus respectivos objetos, conviene abordar separadamente la responsabilidad pecuniaria (a) y la responsabilidad disciplinaria (b).

2298 *Barros Arana* (1863). Las cursivas son nuestras. Una formulación similar algo más extensa puede encontrarse en *Ovalle* (1868): "[...] cada persona, sea particular o funcionario público, responde de sus propios actos; y, por consiguiente, si alguna de las autoridades abusa o infiere daño, debe el perjudicado ocurrir a las vías judiciales para hacer efectiva la responsabilidad civil o criminal del mismo autor del abuso o de los que lo aprobaron o cooperaron a su ejecución".

2299 *V. gr.*, la reforma al régimen del juicio político o acusación constitucional, *supra*, título primero, capítulo segundo, A.I.a.2; y el fuero de las autoridades, *supra*, título segundo, capítulo primero, A.I.b.2 y A.II.a.2.

2300 Que ya se encontraba bien delimitada en esta época. En la jurisprudencia de la época, estaba clara la distinción central entre la responsabilidad del Estado y la responsabilidad del funcionario, como en *Pradel y Berríos* (1861). Y en el ámbito de la responsabilidad del funcionario, se distinguía la responsabilidad penal de la responsabilidad pecuniaria, como en *Municipalidad de Talcahuano con Vergara* (1865), *Briones Báez* (1879) y *Vega* (1883); y la responsabilidad penal de la responsabilidad disciplinaria, como en *Woodville* (1868), *Del Río* (1870), *Paredes* (1878), *Canales y otros* (1878), *Varela* (1880), *Fisco con Aguiar Hermanos* (1881) y *Luco y Clary* (1886), y en el Consejo de Estado, *Intendente de Curicó con Juez de Letras de Curicó* (1877).

a. La responsabilidad pecuniaria

Continuando el espléndido desarrollo alcanzado en el período 1810-1860[2301], el derecho administrativo del período en examen profundizó en el ámbito de la responsabilidad pecuniaria de los funcionarios públicos. Los aspectos de relieve son poliédricos: si la operatividad general ahora se hallaba muy influida por el Código Civil (1), no desairó el derecho de la época la relación con la responsabilidad penal (2) ni la elaboración de regímenes especiales de responsabilidad pecuniaria (3), todo lo cual iba respaldado por un régimen de fianzas que reacondicionaba la tradición anterior (4).

1. La operatividad general

El criterio principal empleado en esta época era el que giraba del propio artículo 2314: "[...] el que ha cometido un delito o cuasidelito que ha inferido daño a otro, es obligado a la indemnización; sin perjuicio de la pena que le impongan las leyes por el delito o cuasidelito"[2302]. Hay en esta invocación jurisprudencial una cierta ambigüedad, porque, como se verá, también este artículo sirvió para fundamentar la responsabilidad del Estado[2303]. Ello no es sorprendente, dado que también las leyes asociaban —y distinguían— ambas responsabilidades, tal como aparece de la ley de ferrocarriles de 1862. En ella, a la proclamación general de que "la Empresa es responsable, como toda empresa destinada a prestar el servicio de transporte, de los daños y perjuicios procedentes de los actos u omisiones relativos al servicio, causados por los administradores y demás empleados en la explotación del camino" le seguían dos especificaciones: la de declarar que "esta responsabilidad pesará sobre el Estado si la explotación se hiciese por él o de su cuenta", y la de precisar que "*lo dispuesto en este artículo se entenderá sin perjuicio de la responsabilidad personal de los administradores o empleados*"[2304].

Los funcionarios públicos se entendían responder de la culpa leve, de lo que hay constancia sin referencia normativa al Código Civil[2305], pero también con ella. Estos últimos casos son de gran interés, porque no siempre se invocaba la misma norma del Código. En ocasiones, se trataba del artículo 2129, correspondiente al contrato de mandato[2306]; pero consta también la aplicación del artículo 2222, del contrato de depósito[2307], aplicándose el criterio de la culpa leve —y no el general que rige sobre este contrato, que es el de la culpa grave— en atención a la excepción segunda, que dispone aplicarlo "si tiene algún interés personal en el depósito, sea porque se le permita usar de él en ciertos casos, *sea porque se le conceda remuneración*"[2308]. En síntesis, fuese que la función pública se conceptualizase como un mandato, fuese que se la

2301 Bocksang Hola (2015 a), título tercero, capítulo primero, B.II.b.
2302 V. gr., *Acuña* (1862) y *Venegas y otro* (1865).
2303 Véase *infra*, título quinto, capítulo primero, A.I.b.
2304 Ley de 6 de agosto de 1862, BLDG, XXX, p. 199, art. 38. Las cursivas son nuestras.
2305 *Letelier* (1861).
2306 El mandatario responde hasta de la culpa leve en el cumplimiento de su encargo": *González* (1862).
2307 *Vega* (1883).
2308 Las cursivas son nuestras.

conceptualizase como un depósito, el criterio de responsabilidad era el mismo y, por lo tanto, adquiere plena consistencia una afirmación jurisprudencial como la siguiente:

> "La ley impone a los administradores de la renta pública la obligación de prestar la atención y vigilancia que un buen padre de familia emplea en el manejo de sus propios negocios, y los hace, en consecuencia, responsables de la pérdida de las especies o dinero confiados a su administración o cuidado; a menos de justificar que se ha verificado sin culpa"[2309].

Por supuesto, debía existir un perjuicio efectivo para que la responsabilidad se hiciera efectiva. Si un funcionario condonaba antijurídicamente una deuda a un particular, pero este último finalmente la pagaba, no había lugar a responsabilidad pecuniaria[2310].

Dada la jerarquía organizacional en la Administración, ocasionalmente se trató el problema de la responsabilidad pecuniaria de los jerarcas por actos de subalternos. Ello podía ser por vía normativa, como cuando la Ley de Ferrocarriles de 1884, enfatizando que "todo empleado es responsable de los perjuicios causados al ferrocarril o a terceros por malicia o negligencia en el desempeño de su cargo", esclarecía que "a esta misma responsabilidad quedan sujetos los jefes inmediatos, si, conociendo la negligencia o mala conducta de un empleado de su dependencia, o su manifiesta impericia para el cargo que desempeña, no hubieren tomado las medidas que estaban en sus facultades para impedir o prevenir el daño causado"[2311]. Y también podía darse por vía jurisprudencial, en un caso de sustracción de dinero de la Tesorería General, la Corte Suprema entendió que los daños que produjera un subalterno perteneciente al servicio obligaban a los superiores, declarando que "los ministros de la Tesorería General son civilmente responsables por la falta de los caudales que se ponen bajo su guarda o custodia"[2312].

La acción del caso fortuito o fuerza mayor como eximente de responsabilidad pecuniaria siguió plenamente vigente. El caso paradigmático es el de los incendios fortuitos[2313], pero podía haber responsabilidad del funcionario en caso de que, aunque el incendio hubiese sido fortuito, "no atendió como debía el salvamento", siendo por lo tanto "responsable de las consecuencias de su omisión"[2314]. En el caso de la pérdida de una caja de fierro en almacenes de Aduana, se entendió que ella había procedido "de la ocupación militar que se hizo de la casa y almacenes que ocupaba la sección en que se hallaba depositada dicha caja, después de cuyo hecho no fue posible que dichos alcaides prestasen sobre ella la atención y cuidado que les demandaba su destino", con lo que, no obstante haber responsabilidad del Estado, no cabía "responsabilidad alguna para los alcaides, por no hallarse en el caso de haber podido prevenir el mal acontecido"[2315].

Los hechos revolucionarios de 1859 dieron lugar a un buen número de cuestiones en este sentido. Así, frente al saqueo del Estanco por fuerzas revolucionarias en 1859, se entendió que

2309 *Vega* (1883).
2310 *Municipalidad de Puchacay con Muñoz* (1885).
2311 Ley de 4 de enero de 1884, BLDG, LIII, p. 5, art. 69.
2312 *Fisco con Ministros del Tesoro* (1878).
2313 *Becerra* (1864), *Montes* (1869), *Vinet* (1870) y *Muñoz* (1875).
2314 *Fisco con Quinteros* (1875).
2315 *Williamson Duncan y Ca.* (1863).

no podía ser responsable pecuniariamente un administrador de Estanco que había sido puesto por ellas en prisión y a quien se le había forzado a entregar las llaves de tales dependencias: la sustracción había operado "a virtud de fuerza mayor empleada en la persona del administrador del Estanco, por lo que no debe ser responsable del valor de las especies fiscales que tenía bajo su guarda y que le fueron sustraídas con violencia"[2316]. Pero, en consonancia con el artículo 1547 del Código Civil, recaía sobre el funcionario la prueba de la fuerza mayor correspondiente, por lo que, si no era satisfecha, él debía responder pecuniariamente[2317]; y aun constando un motivo de fuerza mayor, era menester para la irresponsabilidad que se probase que las especies perdidas existían al momento de producirse tal fuerza mayor y hubieran podido verse afectadas por ella[2318]. Adicionalmente, en alguna oportunidad también se tomó en cuenta haber actuado con la debida diligencia en medio de las circunstancias de excepción[2319].

Pero si la acción u omisión del funcionario facilitaba el acaecimiento de un determinado daño, debía responder. Así se dio, por ejemplo, frente la sustracción de fondos que no se derivaba de un hecho imprevisible, sino de un desorden en el servicio que había facilitado la perpetración del ilícito, y aun cuando no hubiese de su parte responsabilidad penal[2320]. Sin embargo, si el desorden se había dado con anuencia de sus autoridades superiores, el funcionario sí se entendía exento de responsabilidad pecuniaria[2321]. Análogamente, si la sustracción había afectado dinero que con anterioridad hubiera debido ser entregado por el funcionario, y este no lo había hecho, infringiendo su obligación, él debía responder por la pérdida[2322].

Aunque no parece haber existido un gran número de sentencias sobre el plazo de prescripción de la acción de responsabilidad dirigida contra los funcionarios, sí consta que se formuló bajo la impronta del Código Civil, invocándose el plazo general de cuatro años planteado por el artículo 2332[2323]. Más resonante que el anterior planteamiento técnico fue el planteamiento del principio general por nuestra judicatura:

2316 *Moreira* (1863). En *Tagle* (1864) se expresó que "por sí solo el hecho de expedirse la orden de entrega por el jefe revolucionario, pues que, rebelado contra la ley y contra la autoridad legalmente constituida, todos sus actos llevan en sí el sello de la fuerza". En *Ortega* (1865), más parcamente, se aludía a que había "entregado don Manuel Florencio Ortega al jefe de montoneros Nicanor Herrera la cantidad de quinientos pesos que le exigió por la fuerza".

2317 *Fisco con De la Cruz* (1863) y *Merino* (1864). En ocasiones, el juramento del funcionario podía constituir la prueba correspondiente por juramento, tal como aparece de *Martínez* (1864), en que se lo declaraba irresponsable, atendida "la ley 5ª tít. 11 part. 3ª, que dispone que en cuanto a la apreciación del daño que se sufrió por hecho ajeno e ilícito se esté al juramento del agraviado"; igual mecanismo aparece de *Valenzuela* (1864) y *Morales* (1865). Simplificaron bastante su situación probatoria los funcionarios que tuvieron el cuidado de levantar un inventario de las existencias al tiempo de la derrota de los revolucionarios: *Vega* (1866).

2318 *Poblete* (1864).

2319 *Avello* (1867). En *Administrador del estanco de Freirina* (1869) se tomaba la diligencia como principio, debiendo probarse la negligencia: "[...] no hay antecedente alguno que haga presumir que el administrador del estanco haya sido culpable de negligencia en la pérdida del dinero y especies que estaban a su cargo".

2320 *Martel* (1862).

2321 *Astaburuaga* (1864).

2322 *Zañartu* (1868).

2323 *Fisco con curador de la herencia yacente de Núñez* (1880).

"Todo administrador de bienes ajenos está afecto a las consecuencias de su administración hasta intertanto no liquide o finiquite sus cuentas o no prescriban las acciones que le son contrarias"[2324].

Ello no obstaba a que existieran plazos especiales de prescripción, como el de seis meses que dispuso la Ley de Régimen Interior de 1885 respecto de la responsabilidad civil —y también penal— de intendentes, gobernadores, subdelegados e inspectores, por delitos que cometieran en el ejercicio de sus funciones[2325]; y el de un año "desde el día en que tuviere lugar el acto u omisión que se imputaren" que introdujo la Ley de Municipalidades de 1887 respecto de las acciones dirigidas contra sus funcionarios[2326].

La transmisibilidad de la responsabilidad pecuniaria de los funcionarios siguió reconociéndose en nuestro derecho[2327]. Este criterio desembocó en una interesante sentencia por la que se determinó que, condenado un sujeto a pagar una determinada suma, y luego fallecido, sus herederos estaban efectivamente llamados a responder por ella, pero —lo que es de especial interés— no se les consideró como deudores al Fisco, sino que como simples depositarios de una cantidad retenida, con lo que no estaban en mora respecto del Fisco y, por lo tanto, no debían intereses[2328]. Otra delimitación importante efectuada por nuestra judicatura podría pasar fácilmente desapercibida: el hecho de que la transmisibilidad no podía interpretarse en el sentido de que la responsabilidad se transmitiera desde el funcionario que había producido el daño hacia quien lo había sucedido en el cargo correspondiente[2329].

Mutatis mutandis, el criterio de transmisibilidad se recogió también en el Código Penal en relación con la transmisibilidad de la responsabilidad penal respecto de penas pecuniarias: "[...] la responsabilidad penal se extingue... por la muerte del reo, siempre en cuanto a las penas personales, *y respecto de las pecuniarias solo cuando a su fallecimiento no hubiere recaído sentencia ejecutoria*"[2330].

En fin, debe tenerse presente que la vertiente tradicional de la responsabilidad pecuniaria como consecuencia de un juicio de cuentas siguió vigente de modo incuestionable, a pesar de los cambios de institucionalidad que padeció la administración contralora durante este período[2331].

2324 *Municipalidad de San Felipe con Vargas* (1865).

2325 Ley de 22 de diciembre de 1885, BLDG, LIV, p. 1309, art. 38.

2326 Ley de 12 de septiembre de 1887, BLDG, LVI, p. 1351, art. 88.

2327 *Fisco con curador de la herencia yacente de Núñez* (1880), con una memorable fórmula de cierre en los considerandos, memorable tanto por ecléctica como por certera: "declarada yacente la herencia de Núñez, de todos modos, los fondos que le correspondan deben pasar al Fisco, *ya sea por indemnización*, ya por derecho hereditario" (las cursivas son nuestras).

2328 *Fisco con Letelier* (1882).

2329 *Fisco con De la Cruz* (1865).

2330 Artículo 93 n° 1.

2331 Véase *supra*, título segundo, capítulo primero, B.III.a.

2. Responsabilidad pecuniaria y responsabilidad penal

Muchas veces la responsabilidad pecuniaria estaba asociada a una responsabilidad penal. El Código Penal recogió la relación entre ambas en varias disposiciones, las que ciertamente eran aplicables sobre los funcionarios delincuentes, llegado el caso.

El aspecto más sobresaliente en este sentido es que el artículo 105 del Código Penal explicitó el caso de la prescripción de la "responsabilidad civil proveniente de delito", la que también regiría las infracciones de carácter criminal perpetradas por los funcionarios públicos: "La prescripción de la responsabilidad civil proveniente de delito se rige por el Código Civil".

En esta solución se desapegó de uno de los modelos más influyentes que tuvo a la vista, el del Código Penal español de 1848, que contenía un capítulo completo referido a esta materia. Sobre ella versaba el capítulo II, Título II, Libro Primero del Código español, *De las personas responsables civilmente de los delitos y faltas*, que tejía un elegante contrapunto con el capítulo I que le antecedía, denominado *De las personas responsables criminalmente de los delitos y faltas*. El artículo 15, que encabezaba el referido capítulo, disponía la norma básica de que "toda persona responsable criminalmente de un delito o falta, lo es también civilmente"[2332]. La austeridad del Código Civil chileno, en comparación con lo que se había advertido en el régimen español, es perfectamente explicable por el avance comparativo de la codificación en ambos países, pues mientras España en 1848 no tenía un Código Civil —y no lo tendría sino hasta 1888—, en Chile el Código Civil antecedió al Código Penal y, por lo tanto, este último podía descansar en las disposiciones del primero.

En resumidas cuentas, al hacer girar sobre el Código Civil el tema de la prescripción, terminó asentando sobre este mismo Código el problema de la responsabilidad pecuniaria. Aunque Vera entendió que el tenor del artículo 105 era "bien natural"[2333], Fuenzalida lúcidamente advirtió dificultades en la inteligencia de esta remisión y, no obstante asumir un reenvío al plazo establecido por el artículo 2332 del Código Civil, también añadía que "la acción para hacerse efectiva la responsabilidad civil declarada por sentencia ejecutoria prescribe en conformidad a las disposiciones del tít. 42 lib. 4° del Código Civil", es decir, con las disposiciones del título "De la prescripción"[2334].

Pero el Código Penal sí introdujo alguna norma propia de interés en esta materia, como el artículo 48, que fijó un orden para responder por las correspondientes responsabilidades pecuniarias en caso de que los bienes del culpable no fueran bastantes para ello. En esto tuvieron prioridad las costas procesales y personales, seguidas del resarcimiento de los gastos ocasionados por el juicio; en tercer lugar, "la reparación del daño causado e indemnización

---

2332 También comprendía dicho Código reglas referidas a la relación entre exención de responsabilidad penal y exención de responsabilidad civil (artículo 16); a la responsabilidad civil subsidiaria de posaderos, taberneros o personas que estén al frente de establecimientos semejantes, en algunos casos que la norma designaba (artículo 17); y a la responsabilidad civil subsidiaria de amos, maestros y personas dedicadas a cualquier género de industria, por los delitos y faltas cometidos por sus criados, discípulos, oficiales, aprendices o dependientes en el desempeño de su obligación o servicio (artículo 18).

2333 Vera Díaz (1883), p. 278.

2334 Fuenzalida (1883), I, pp. 386-387.

de perjuicios" y, en cuarto lugar, la multa. Respecto de tal prelación, Vera se mostró complaciente[2335], pero Fuenzalida expresó con toda claridad la crítica que merecía, subrayando que no había antecedentes de por qué se había preterido la responsabilidad pecuniaria al tercer lugar, siendo que el modelo de nuestro Código en este artículo —el Código Penal español— la ubicaba en el primer lugar[2336].

Debe tenerse presente que, aunque muchas veces los daños producidos por la conducta delictual de un funcionario desencadenaban su responsabilidad pecuniaria, el ámbito de la eventual responsabilidad del Estado no estaba presente en el razonamiento de nuestra judicatura. Así se puede advertir en casos de diversa gravedad, tal como la especie en que un funcionario de policía que le disparó a un particular para intimidarlo, causándole lesiones leves luego de ponerlo en la barra por un tiempo corto[2337], o la de un inspector que dio muerte en ejercicio de sus funciones a un particular, aun declarándose expresamente por el tribunal que "la acción [del inspector] era innecesaria"[2338].

También es menester reparar en que, dada la diferenciación entre la responsabilidad penal y la responsabilidad pecuniaria, la absolución del funcionario en el proceso penal podía igualmente estar asociada a una responsabilidad pecuniaria[2339], y que incluso hay alguna sentencia que admitió la exigibilidad de la suma antes de que concluyese el juicio criminal, en aplicación de una antigua norma de 1825[2340]. En este último caso, frente a una absolución de término, el funcionario tenía derecho a solicitar la devolución de lo pagado[2341].

El Código Penal contuvo otra mención expresa a la responsabilidad pecuniaria, relativamente secundaria frente al tratamiento general del régimen, pero igualmente de interés y de eventual aplicación en caso de condenas de funcionarios públicos: el artículo 88 n° 3, que señalaba que "el producto del trabajo de los condenados a presidio será destinado... a hacer efectiva la responsabilidad civil de aquellos [es decir, de los condenados] proveniente del delito"[2342].

3. Los regímenes especiales de responsabilidad pecuniaria

Existían regímenes especiales de responsabilidad pecuniaria de los funcionarios. Uno especialmente llamativo es el que se relacionaba con la responsabilidad del Estado por las mercaderías depositadas en almacenes de Aduana[2343] y que se preveía en la Ordenanza de

---

2335 Vera Díaz (1883), p. 205.

2336 Fuenzalida (1883), I, pp. 249-250.

2337 *Pinto* (1866).

2338 *León* (1878).

2339 Lo que ya se constataba en la aplicación de las normas castellano-indianas: *v. gr.*, *Escuela Normal de Preceptores con Cortés* (1869), *Silva* (1871 a), y *Municipalidad de Ancud con Andrade* (1872).

2340 *Robo en Tenencia de Ministros de Vallenar* (1881).

2341 *Hurtado* (1890).

2342 Fuenzalida (1883), I, p. 347, y Vera Díaz (1883), p. 257, entendían que en los numerales de este artículo existía una prelación, aunque no se expresara textualmente. Fuenzalida reiteraba, en lo concerniente a este artículo, la crítica que había lanzado en el artículo 48 en torno a la prelación escogida, entendiendo que, en el primer lugar y no en el tercero, hubiera debido colocarse la responsabilidad civil.

2343 Véase *infra*, título cuarto, capítulo segundo, B.II.a.

Aduanas de 1864[2344]. En este caso, el modo en que los funcionarios debían responder al Fisco por las sumas satisfechas por concepto de responsabilidad dependía de cómo se produjese el respectivo daño. El artículo 55 declaraba que los primeros llamados a responder al Fisco eran los alcaides, a los cuales debían responder "los empleados de su dependencia por cuya culpa hubiere sobrevenido el daño". Sin embargo, la norma más frecuentemente invocada fue la del artículo 56[2345], que disponía lo siguiente:

> "Si no pudiese averiguarse el origen de las pérdidas ocurridas en los almacenes o no hubiere empleado determinado sobre quien recaiga la culpabilidad, las cantidades que el Fisco pagase, como asimismo los correspondientes derechos, si el juez condenare al pago de ellos, serán reintegrados en la forma siguiente: una tercera parte los Alcaides; una tercera parte los guardalmacenes, rateándose en proporción de sus sueldos, y el resto la caja del gremio de jornaleros"[2346].

El artículo 57 disponía que, si no había caja del gremio de jornaleros en las dependencias correspondientes[2347], la prorrata era por mitades entre los alcaides y los guardalmacenes. Y el artículo 58 planteaba la norma de exención de responsabilidad pecuniaria de los funcionarios:

> "Si se justificase que las averías que han sufrido las mercaderías han procedido de un defecto peculiar e inherente a los almacenes, y que los empleados han ejercido el celo y vigilancia precisos para precaver el mal, quedarán estos libres de todo cargo, y la responsabilidad será exclusivamente del Fisco".

Finalmente, el artículo 60 preveía el caso de que apareciesen los bultos extraviados por los cuales los funcionarios ya hubieran satisfecho su responsabilidad pecuniaria. En tal caso, como era esperable, se entregarían "sin cargo a los individuos que hubiesen sido condenados al pago de ellos, si hubieren ya satisfecho la condena, para que se dividan de su valor en la proporción correspondiente".

2344 BLDG, XXXII, p. 305. Este régimen tenía antecedentes en la Ordenanza de Aduanas de 1851 (BLDG, XIX, p. 295), en sus capítulos 14 y 17. Véase, *v. gr.*, *Williamson Duncan y Ca.* (1863).

2345 Que no parece tener antecedentes directos, más allá de una idea común pero diferentemente concretada en el artículo 14 del capítulo 17 —especial para la Aduana de Valparaíso— de la Ordenanza de Aduanas de 1851, que disponía que "la responsabilidad de los guardalmacenes, por la tercera parte del valor de las faltas, que se establecen arriba, se distribuirá entre aquellos, cargando al primer guardalmacenes, dos novenas partes del valor total de las especies perdidas, y una novena parte al segundo".

2346 *V. gr.*, *Zahn y Ca.* (1866), *Werner* (1866), *Huth Gruning y Ca.* (1866), *Fisco con Gremio de Jornaleros* (1873), y *Fisco con Gremio de Jornaleros de Valparaíso* (1874).

2347 Los gremios de jornaleros justamente comenzaron a proliferar en esta época, lo que comprendía también reglamentarlos: *v. gr.*, reglamento para el gremio de jornaleros y lancheros de cabotaje en el puerto de Valparaíso (Decreto Supremo de 30 de abril de 1861, BLDG, XXIX, p. 39), Reglamento para el gremio de jornaleros y lancheros de Valparaíso (Decreto Supremo de 7 de febrero de 1874, BLDG, XLII-1, p. 85), Reglamento para el gremio de jornaleros de Iquique (Decreto Supremo de 18 de junio de 1888, BLDG, LVII, p. 845), Reglamento para el gremio de jornaleros de Talcahuano (Decreto Supremo de 7 de octubre de 1889, BLDG, LVIII, p. 811). Por Ley de 30 de agosto de 1890, BLDG, LIX, p. 681, fueron abolidos los "gremios de jornaleros, lancheros y demás que se hallaren establecidos" (art. 3°), quedando la fianza como garantía de su actividad (art. 2°).

La Ordenanza de Aduanas de 1872 perseveró en el mismo diseño, modificando ligeramente la redacción e introduciendo alguna modificación de fondo, como las proporciones por las cuales respondían los funcionarios en caso de que los deterioros no hubiesen emanado del defecto de los almacenes: pasaba a ser de "una cuarta parte los alcaides, dos cuartas partes los guardalmacenes, a prorrata de sus sueldos, y el resto, la caja del gremio de jornaleros"[2348]. Esta responsabilidad, bajo su configuración de 1872, tuvo múltiples aplicaciones en lo sucesivo[2349], y a fines del período surgió la cuestión de si el Fisco, sin esperar el acaecimiento de una demanda dirigida contra él por parte del particular cuyas especies habían sido custodiadas en depósito, podía perseguir la responsabilidad de los funcionarios. La respuesta de nuestra judicatura fue afirmativa[2350].

Otro régimen especial de responsabilidad pecuniaria fue introducido por la Ley de Municipalidades de 1887[2351]. Su artículo 82 preceptuaba que "toda persona agraviada por una resolución ilegal de la Municipalidad tendrá acción civil para ser indemnizada por los que la acordaron", enfatizando entonces el carácter de la responsabilidad pecuniaria del funcionario por sobre la responsabilidad de la municipalidad propiamente tal. Los artículos sucesivos introducían lo más interesante de estas disposiciones. Al establecer el artículo 83 que "esta indemnización procede por los decretos y resoluciones legales, siempre que pueda justificarse que se obró sin tomar principalmente en consideración el bien de la comunidad", le hacía un guiño a la responsabilidad estricta, que en su vertiente de responsabilidad del Estado ya estaba desarrollándose en nuestro país[2352]. Y cuando el artículo 84 expresaba que "en la misma forma podrá hacerse valer la responsabilidad resultante de omisiones graves en el cumplimiento de los deberes que imponen las leyes", le abría paso claramente a la responsabilidad pecuniaria por omisiones.

Cabe añadir que en algunas normas aparecía mención explícita de la responsabilidad solidaria de los funcionarios. Al establecerse el impuesto sobre los haberes se dispuso que "los tesoreros municipales, los directores de la Caja de Crédito Hipotecario y demás instituciones análogas... que no paguen la contribución que esta ley les encarga recaudar, serán personal y solidariamente responsables por la contribución, recargada con el interés del dos por ciento mensual[2353]. Y, al definirse en 1883 la responsabilidad de los funcionarios de la Dirección de Contabilidad, se estableció que ellos serían "solidariamente responsables con los tesoreros por las faltas de recaudación y por las inversiones ilegales que al comprobar las cuentas de las tesorerías o al visitar esas oficinas no hubieren reparado y puesto en conocimiento del director

2348 Ordenanza de Aduanas de 1872 (BLDG, XL, p. 1130), artículo 76.

2349 Algunas aplicaciones en jurisprudencia: *Schuchard y Ca.* (1878), *Weber y Ca.* (1879), *Huth Gruning y Ca.* (1880) —en que los alcaides intentaron focalizar, infructuosamente, la responsabilidad en sus subalternos—, *Devès Frères* (1883), y *Queille y Billwiller* (1884). No había responsabilidad de los funcionarios por deterioros por humedad en especies almacenadas, si se acreditaba "la diligencia de los respectivos empleados para obtener la reparación de los defectos que se notan en los almacenes de la Aduana": *Gleisner y Ca.* (1889).

2350 *Fisco con empleados de la Aduana de Valparaíso* (1890).

2351 Ley de 12 de septiembre de 1887, BLDG, LVI, p. 1351.

2352 Véase *infra*, *v. gr.*, título quinto, capítulo segundo, B.III.a.

2353 Ley de 20 de mayo de 1879, BLDG, XLVII, p. 156, art. 21.

general. La responsabilidad solo afectará a los empleados que intervengan directamente en los actos u omisiones a que se refiera este artículo"[2354].

Para cerrar este apartado, es importante enfatizar el hecho de que una práctica que apenas había asomado sus narices hasta 1860[2355] se desarrolló con especial intensidad en los treinta años en análisis: la de las *leyes especiales eximentes de responsabilidad pecuniaria de un funcionario*, también en ocasiones calificada bajo la expresión más decorosa de *remisión de deuda*. Normalmente operaba con exoneración de una responsabilidad pecuniaria ya judicialmente declarada[2356], que también podía beneficiar a la sucesión del funcionario público, si es que este hubiese fallecido[2357]; y también se encontraban las figuras de devolver de una cantidad ya pagada[2358] o de exonerar el pago de intereses penales[2359].

4. La garantía de la fianza

La garantía de mayor raigambre en la función pública, la fianza, fue objeto de un tratamiento normativo muy intenso durante esta época. Existieron disposiciones sectoriales sobre fianzas rendidas por los administradores del Estanco[2360], por los empleados dependientes del Ministerio de Hacienda[2361], de Aduanas[2362], de las oficinas de Hacienda[2363], de la Dirección del Tesoro y de la Dirección de contabilidad[2364], de la Biblioteca Nacional[2365] y de Correos[2366]. En

---

2354 Ley de 20 de enero de 1883, BLDG, LII, p. 88, art. 22.

2355 Con tres manifestaciones: véase Bocksang Hola (2015 a), título tercero, capítulo primero, B.II.b.

2356 Ley de 19 de octubre de 1861, BLDG, XXIX, p. 402: "[...] se exonera a los ministros de la Tesorería General don Ignacio Reyes y don Tadeo Izquierdo, de la responsabilidad pecuniaria declarada por sentencia de la Excelentísima Corte Suprema de 8 de octubre del presente año". También en la ley de 16 de octubre de 1868, BLDG, XXXVI, p. 374, más de diez años después de la sentencia que había condenado al funcionario; Ley de 31 de diciembre de 1878, BLDG, XLVI, p. 584; Ley de 2 de octubre de 1880, BLDG, XLVIII, p. 315; y Ley de 14 de septiembre de 1883, BLDG, LII, p. 763.

2357 Ley de 9 de septiembre de 1863, BLDG, XXXI, p. 219; Ley de 15 de septiembre de 1883, BLDG, LII, p. 764, caso en el que operó una devolución de la suma que el funcionario ya había enterado en arcas fiscales.

2358 Ley de 16 de julio de 1887, BLDG, LVI, p. 950.

2359 Ley de 6 de agosto de 1887, BLDG, LVI, p. 1143.

2360 Decreto Supremo de 22 de marzo de 1869, BLDG, XXXVII, p. 54; Decreto Supremo de 31 de diciembre de 1870, BLDG, XXXVIII, p. 421.

2361 Decreto Supremo de 3 de noviembre de 1869, BLDG, XXXVII, p. 375.

2362 Ley de 24 de diciembre de 1872, BLDG, XL, p. 1130; Ley de 20 de enero de 1883, BLDG, LII, p. 69, art. 5°.

2363 Ley de 22 de diciembre de 1875, BLDG, XLIII, p. 640, art. 24. El artículo 25 preceptuaba que "si no fuere conocido el empleado directamente responsable del perjuicio o pérdida que experimente el Fisco en una oficina, serán responsables todos los empleados con fianza de la misma oficina, a prorrata de sus rentas", mientras que el artículo 26 planteaba la posibilidad de sustituir la fianza con hipoteca suficiente. El artículo 27 subrayaba la calificación de las fianzas en la Corte de Cuentas; el 28, la ejecutividad de las fianzas; y el 29, el criterio de que mientras no se rindiera fianza, no podría pagarse sueldos, que fue reiterado por el Decreto Supremo de 4 de septiembre de 1878, BLDG, XLVI, p. 371.

2364 Ley de 20 de enero de 1883, BLDG, LII, p. 88, art. 21.

2365 Decreto Supremo de 7 de febrero de 1887, BLDG, LVI, p. 275.

2366 Decreto Supremo de 14 de mayo de 1890, BLDG, LIX, p. 283.

la administración territorial, sobresalió el caso de las fianzas de intendentes y gobernadores previsto en la Ley de Régimen Interior de 1885[2367], complementado con un decreto supremo posterior que destacaba que "los funcionarios encargados de recibir el juramento que deben prestar los intendentes y gobernadores, en cumplimiento de lo dispuesto en el artículo 5° de la ley de 22 de diciembre de 1885, no lo aceptarán sin que se le manifieste previamente por los interesados un certificado en el que conste que el Tribunal de Cuentas, con arreglo al artículo 46 de la ley de 20 de enero último, haya calificado la fianza que deben rendir los indicados intendentes y gobernadores, conforme al artículo 4° de la ley de Régimen Interior, todo sin perjuicio de la sanción establecida en los artículos 216 y 218 del Código Penal"[2368].

Pero también hubo disposiciones más abstractas y generales. Así, respecto de las escrituras de fianzas[2369], se ordenaba hacer "mención expresa de la responsabilidad que afecta al fiador por los cargos que resulten contra el afianzado, no solo en el desempeño de las funciones propias a su empleo, sino también en el de aquellas comisiones que en razón de este se le confieran"[2370]. Otros decretos supremos rigieron la obligación de dar aviso a la Intendencia de las fianzas otorgadas[2371], y la cancelación de fianzas[2372].

También la jurisprudencia desarrolló algunos aspectos destacables en el tratamiento de las fianzas, con frecuente influjo del Código Civil. En este orden de cosas, dado su carácter de contrato unilateral, "no es necesario para su constitución y validez que haya constancia escrita de haber sido aceptada por el contratante en cuyo favor se otorga, bastando que este ejecute la convención para que se la entienda consentida o aceptada", dándose por aceptada al haber ejercido durante algún tiempo el afianzado un cierto cargo[2373]. También entendió que el célebre principio de que "el Fisco no litiga despojado" no podía interpretarse en orden a obligar a que el funcionario prestase una garantía adicional, siendo que se cumplió con las establecidas por la ley; ni tampoco podía extenderse a cobrar una fianza que solo estaba prevista en caso de acreditarse un fraude, sin darse tal fraude[2374]. Pero una fianza otorgada por un monto superior al que señalaba un decreto supremo valía por el total, y no por el monto señalado por dicho decreto, en aplicación del artículo 1545 del Código Civil[2375]. Asimismo, es de interés que para la interpretación de las fianzas rendidas por los funcionarios debía estarse a los criterios hermenéuticos de los contratos contemplados en el Código Civil[2376]. Muy importantes fueron también las precisiones en torno a que, si una fianza no era condicional y sujeta a ninguna modalidad, ella garantizaba los hechos originados tanto con anterioridad

2367 Ley de 22 de diciembre de 1885, BLDG, LIV, p. 1309, art. 4°.

2368 Decreto Supremo de 26 de abril de 1888, BLDG, LVII, p. 465.

2369 Respecto de la obligación de escriturar las fianzas, véase *Sanhueza Latorre* (1861).

2370 Decreto Supremo de 15 de mayo de 1877, BLDG, XLV, p. 303.

2371 Decreto Supremo de 3 de noviembre de 1869, BLDG, XXXVII, p. 375.

2372 Decreto Supremo de 3 de septiembre de 1878, BLDG, XLVI, p. 369; Decreto Supremo de 8 de noviembre de 1887, BLDG, LVI, p. 1718.

2373 *Municipalidad de Chañaral con Schjolberg* (1882). En *Municipalidad de Puchacay con Barriga* (1887) puede constatarse un caso de invalidez de fianza con claros ribetes de nulidad-inexistencia.

2374 *Fisco con Castro* (1862), y respecto del carácter inmodificable de la fianza de fraude, también *Fisco con concurso de Silva y Rivas* (1865).

2375 *Fisco con Soto Aguilar* (1863).

2376 *Fisco con Acuña y fiadores* (1863).

como con posterioridad a haberse suscrito la escritura de fianza[2377]; y al criterio de especialidad de la fianza, significando que si los fiadores afianzaban a un funcionario en su calidad de titular de tal cargo, la fianza no se extendía a los otros cargos que eventualmente llegara a desempeñar[2378], salvo que —como se añadió en una sentencia posterior— el segundo cargo se entendiera como "anexo" del primero, lo que debía aparecer del contrato y debía ser acreditado por el interesado[2379].

b. La responsabilidad disciplinaria

El desarrollo de la responsabilidad disciplinaria de los funcionarios públicos fue bastante más silencioso que hasta 1860 y guardó bastante consistencia con la línea que venía siendo construida bajo el imperio de la Constitución de 1833[2380]. En esta, la prerrogativa disciplinaria que estaba explícita era la más fuerte, la de destitución, a través del artículo 82 n° 10:

> "Son atribuciones especiales del Presidente: [...] Destituir a los empleados por ineptitud, u otro motivo que haga inútil o perjudicial su servicio, pero con acuerdo del Senado y en su receso con el de la Comisión Conservadora, si son jefes de oficina o empleados superiores y con informe del respectivo jefe, si son empleados subalternos".

A la destitución[2381] se añadían el poder de suspensión y el de imposición de multas, que las leyes podían establecer en torno a las respectivas dependencias administrativas. Esta arquitectura básica, en el período en estudio, no se vio modificada sustancialmente, de lo que da cuenta la aplicación jurisprudencial. Por ejemplo, se entendió que "el jefe de una oficina o establecimiento... tiene derecho para *pedir* la destitución de sus subalternos"[2382], lo que significaba tácitamente una remisión a la prerrogativa constitucional de destitución encomendada al Presidente de la República[2383]. Asimismo, respecto del poder de destitución, en una especie se declaró que si el Presidente de la República destituía por vía gubernativa a un funcionario público, los tribunales no podían mandar que se le repusiera en el empleo[2384], consolidando un caso de providencia meramente gubernativa. De manera más amplia, ante la lejanía en que se encontraba un resguardo de Aduanas, se declaró que "es indispensable convenir en la

---

2377 *Fisco con Viel* (1879), con voto disidente de Covarrubias, quien estimó que el fiador solo debía responder "por los actos de su administración posteriores a la fecha de la escritura de fianza". Pero el relevo de una nueva fianza marcaba un deslinde entre las responsabilidades del primer fiador y del segundo: *Barrera* (1888).

2378 *Fisco con Béjares y otro* (1881).

2379 *Fisco con Anguita* (1884).

2380 Bocksang Hola (2015 a), título tercero, capítulo primero, B.II.a.

2381 *V. gr.*, *Molina* (1873).

2382 Las cursivas son nuestras.

2383 *Barros Arana* (1863). En el mismo sentido, *v. gr.*, *Díaz* (1865 b), *Silva* (1880 a), y muy claramente en *Douglas* (1889): "[...] únicamente al Presidente de la República le es dado decretar la destitución en conformidad a las prescripciones del art. 82 de nuestra Constitución; y esto con acuerdo del Senado, en unos casos y con el informe del jefe de la respectiva oficina en otros".

2384 *Paredes* (1878).

facultad económica del jefe de la oficina para reprimir los desmanes de sus subordinados", pero que ella debía ejercerse de modo "circunspecto"[2385].

Pero si la arquitectura básica no se vio modificada sustancialmente, sí se vio influida sistemáticamente en este período por parte de un cuerpo normativo específico[2386]: el Código Penal, que abordó expresamente el tema de la responsabilidad disciplinaria.

Aunque no era su objeto específico, el Código Penal cumplió tres funciones importantísimas en torno a la responsabilidad disciplinaria: reconoció su procedencia en la función pública, la escindió conceptualmente de la responsabilidad penal y delimitó el alcance de las medidas disciplinarias que podían adoptarse. Ello se desprende con facilidad de la fuente más importante sobre esta materia está dada por el artículo 20 del Código Penal:

> "*No se reputan penas*, la restricción de la libertad de los procesados, *la separación de los empleos públicos acordada por las autoridades en uso de sus atribuciones* o por el tribunal durante el proceso

---

2385 *Herrera* (1866).

2386 Hubo algunas otras influencias, por cierto, pero menos amplias que las del Código Penal. Un caso interesante es el de la influencia de la LOAT (y del Código Penal) en orden a suprimir una suerte de fuero que en lo correccional había favorecido a los funcionarios de policía "por las faltas que cometan u omisiones en que incurran, contraviniendo a las órdenes que hayan recibido o las otras obligaciones que les están impuestas, con tal que dichas faltas u omisiones no sean de las que tienen pena determinada en el código criminal, o de tal gravedad por las circunstancias que las acompañen, que merezcan un castigo más serio que el que pueda imponer el Gobernador" (artículo 120 de la Ley del Régimen Interior de 1844). Tal disposición, algo vaga, se relacionaba con un decreto supremo de 17 de febrero de 1838 (BLDG, VIII, p. 8) que preceptuaba que "siempre que el Comandante de Serenos, o alguno de sus subalternos, fuere acusado de exceso en el ejercicio de sus funciones, debe llevarse la queja ante el Intendente, *quien procediendo gubernativamente impondrá la corrección debida, si el exceso fuese falta de disciplina y de corta gravedad; o pasará el conocimiento de la queja a la justicia ordinaria*" (las cursivas son nuestras). Como aparece de lo anterior, el decreto supremo parecía entregarle la llave de la eventual prosecución penal al arbitrio del Intendente, al punto de que dos meses después, por decreto supremo de 18 de abril de 1838 (BLDG, VIII, p. 26) debió abrirse una impugnación de la calificación anterior al Consejo de Estado; con ello no se eliminaba el cedazo fijado, pero al menos no se dejaba a los interesados en una total indefensión frente a la Administración. Pues bien, aún en las postrimerías del estado de la administración de justicia antes de la LOAT el Consejo de Estado defendía la consistencia del fuero establecido respecto de los policías: *Juez de Letras de Freirina con Gobernador de Freirina* (1875). Pero desde la entrada en vigor de la LOAT, el criterio se cambió, declarándose la competencia de los tribunales de justicia sin el examen administrativo previo: *Intendente de Curicó con Juez de Letras de Curicó* (1886 a), *Intendente de Linares con Juez de Letras de Linares* (1886). *Gobernador de Constitución con Juez de Letras de Constitución* (1887 b), *Gobernador de Petorca con Juez de Letras de Petorca* (1887), *Intendente de Valdivia con Juez de Letras de Valdivia* (1887), *Gobernador de Cañete con Juez de Letras de Cañete* (1888 a) y *Gobernador de Cañete con Juez de Letras de Cañete* (1888 b). Sorprendentemente, en la justicia ordinaria de fines del período ocasionalmente se reconocía la existencia del examen administrativo previo: *Suárez y Ossandón* (1886), con voto disidente notable del ministro Gundián: "[...] la subsistencia de la facultad conferida a la autoridad administrativa por los supremos decretos de 17 de febrero y 18 de abril de 1838, para la calificación de los delitos que se atribuyen a los agentes de policía de su dependencia por exceso en el ejercicio de sus funciones, tenía su fundamento racional o razón de ser en las atribuciones que, de acuerdo con el art. 120 de la Ley de Régimen Interior de 10 de enero de 1844, conferían aquellas disposiciones a los intendentes para imponer a los expresados funcionarios la corrección debida cuando el exceso fuera falta de disciplina y de corta gravedad, atribuciones que no habían sido derogadas por la ley de 15 de octubre de 1875 y que en el día no existen, según la nueva Ley del Régimen Interior de 22 de diciembre de 1885".

o para instruirlo, *ni las multas y demás correcciones que los superiores impongan a sus subordinados* y administrados *en uso de su jurisdicción disciplinal o atribuciones gubernativas*"[2387].

La distinción de la responsabilidad disciplinaria respecto de la responsabilidad penal, derivado de la fórmula "no se reputan penas" tuvo, tal como respecto de las sanciones administrativas externas, una gran importancia para asegurar la subsistencia de esta vía punitiva. De no haber existido la referida expresión, bien pudo haberse entendido que la aplicación de medidas sancionatorias en ambos ámbitos —penal y administrativo— constituyese un *bis in idem* inaceptable en el diseño general.

Ahora bien, al interrogarse acerca de la razón profunda por la cual debían no reputarse penas los castigos disciplinarios, una respuesta cómoda no era fácil de obtener[2388]. En esta época, para Fuenzalida "la separación de los empleos públicos acordada sin proceso por cualquiera autoridad que no sea judicial, y las multas o correcciones que el superior imponga a los subordinados o administrados, en uso de su jurisdicción disciplinal o de atribuciones gubernativas, tampoco pueden tener el carácter de penas, porque estas medidas se dictan por motivos discrecionales y sin ninguna responsabilidad"[2389], quizás aludiendo en esto último a la falta de procedimientos formalizados en orden a hacer efectiva la responsabilidad disciplinaria, así como al carácter de confianza que prevalecía en la época. Fuenzalida adelantaba otra justificación, más consecuencialista que conceptual: que las personas castigadas "no puedan ser consideradas como delincuentes para los efectos de las atenuaciones y agravaciones: así, el que ha sido destituido de su empleo y que cometa después un delito podrá todavía alegar su conducta irreprochable como atenuación; y cualquiera que haya sido absuelto de una acusación, que hubiese obligado a la justicia a privarlo de su libertad durante el proceso y que también cometiera después un delito, no podría ser considerado como comprendido en la agravación del art. 12, número 15 y menos como reincidente"[2390].

En cuanto al alcance de las medidas disciplinarias correspondientes, hay varios aspectos dignos de destacarse.

Primeramente, se reconoció la existencia de la medida de "separación" de los empleos públicos "acordada por las autoridades en uso de sus atribuciones". Vera explicaba esta figura señalando que "estas separaciones puede aconsejarlas el buen servicio público, la política, por ser cargos de confianza u otras razones de las cuales no hay que dar cuenta y por eso los empleados amovibles a voluntad del Presidente de la República no pueden mirar como pena el que se use de un derecho. La ley penal, siguiendo la opinión pública a este respecto, ha venido a sancionar un principio reconocido y aceptado por todos"[2391].

2387 Las cursivas son nuestras.

2388 En jurisprudencia, algún apronte ofrece una sentencia del Consejo de Estado, *Corte de Apelaciones de Santiago con Presidente de la República* (1867), entendiendo que "la separación del Conservador don Julio César Escala *no puede calificarse de pena, porque no ha sido el resultado de un juzgamiento ni obsta tampoco a la prosecución de un proceso* que según lo indica la Corte se ha iniciado contra el ex Conservador" (las cursivas son nuestras).

2389 Fuenzalida (1883), I, p. 166.

2390 Fuenzalida (1883), I, p. 167.

2391 Vera Díaz (1883), p. 157.

Segundamente, se señaló expresamente a la multa como medida disciplinaria. Como se ha visto, la Constitución preveía la potestad disciplinaria del Presidente de la República como asociada a una *destitución*, pero no se refería a ninguna otra medida en concreto. Por consiguiente, debe tenerse presente que el artículo 20 del Código Penal, por primera vez, plantea a la multa como una medida disciplinaria generalmente aplicable, allende los casos en que también leyes especiales las establecieran respecto de áreas circunscritas[2392]. Vera destacaba que "la multa es más bien en estos casos un llamado paternal que hace el superior al inferior cuando ha faltado u olvidado un deber; falta que no es lo bastante para autorizar su separación del cargo o dictar otras medidas más enérgicas. Por eso la ley no ha querido elevar esta facultad correccional a la esfera penal, y en ello ha hecho bien, porque los efectos de la pena son graves y no deben prodigarse por hechos leves y de poca o tal vez ninguna trascendencia"[2393].

Y terceramente, reconoció la procedencia de "otras correcciones" por parte de los superiores a los subordinados, con lo que normativamente se disponía una norma de apertura del catálogo de medidas que pudiesen adoptarse[2394]. Tal como respecto de la multa, esta norma de apertura tampoco había existido anteriormente. Los autores de la época no quisieron introducirse en los meandros de las eventuales sanciones disciplinarias; cuando mucho, justificaron su exclusión del carácter de la pena en atención a la supuesta inferior gravedad de la medida[2395]. Y parece que la práctica posterior tampoco aceptó que la norma de *apertura*

2392 *V. gr.*, el reglamento interior de la Contaduría Mayor (Decreto Supremo de 17 de abril de 1868, BLDG, XXXVI, p. 97), cuyo artículo 4° preceptuaba que "la insubordinación o falta de respeto a los jefes será castigada por el Contador Mayor *con pena pecuniaria* o pidiendo al Gobierno la destitución del empleado que la cometiere, según la gravedad de la falta" (las cursivas son nuestras), y cuyo artículo 8°, respecto de otro tipo de infracción, disponía un régimen pormenorizado de determinación de la multa: "Los que sin justa causa concurran al desempeño de sus funciones quince minutos después de la hora fijada en el artículo anterior, o que las abandonen o se retiren antes de la hora designada, sin conocimiento del jefe, perderán por la primera vez la cuarta parte, por la segunda la mitad, y por la tercera el todo del sueldo del día en que incurrieron en la falta. La reincidencia por cuarta vez en el transcurso de un mes será penada con la cuarta parte del sueldo mensual". También puede tenerse como referencia el artículo 97 de la Ley de Municipalidades de 1887, que dispuso que "las multas que la Municipalidad fijare por simples acuerdos para el buen servicio de sus empleados podrán llegar hasta cien pesos".

2393 Vera Díaz (1883), p. 157.

2394 La apertura ya existía en algunas áreas, como la castrense. Valga este ejemplo, entre varios otros, contenido en las Ordenanzas del Ejército de 1839 (tít. 31, art. 6): "Sin permiso del Coronel o Comandante, no podrá separarse del cuerpo Oficial ni individuo alguno de él; *y al que lo ejecutare, podrá mortificarle a su arbitrio, o suspenderle de su empleo, según el carácter del súbdito y circunstancias de su falta*, sin que sobre este particular se entiendan los Jefes subalternos dispensados más que cualquiera otro" (las cursivas son nuestras). Por ejemplo, existía el castigo de palos, cuya procedencia originalmente no parecía ser cuestionada por nuestra judicatura —*v. gr.*, *Del Fierro* (1865)— pero que con posterioridad se fue limitando, al punto de que en *Escobar* (1884) se castigó a un capitán por haber aplicado palos a un empleado de la Intendencia General del Ejército del Sur "sin que ley alguna lo autorice para ello". Pero esta amplitud de correcciones no significaba que pudiese adoptarse cualquier medida. Por ejemplo, en *Ossa Varas* (1866) se precisaba que el Comandante General de Armas era incompetente para *suspender* a un oficial; y en *Guajardo* (1874) se apuntaba que el superior no puede aplicar un castigo que pueda el inferior tomar como una provocación, caso en el cual el superior podía ser objeto él mismo de una medida correccional.

2395 Vera Díaz (1883), p. 158: "Si la multa en el caso anterior no es pena, con mayor razón no lo será una medida correccional que se aplica en uso de facultades disciplinarias o gubernativas y de las cuales fuese una norma de *habilitación* general para las jefaturas, sino que se requería una potestad expresamente conferida, pues a fines del período, en relación con la medida de suspensión, se sostuvo que "la suspensión de las funciones de un empleado no existe en nuestro régimen administrativo, sino por excepción en casos graves y para facilitar la acción que corresponde al poder judicial"[2396].

En síntesis, es importante tener presente que una norma breve como el artículo 20 del Código Penal introdujo una verdadera —aunque sutil— condensación de los aspectos correspondientes a las potestades disciplinarias de las instituciones, muy particularmente aplicables en el ámbito de la Administración. De hecho, evitando toda ambigüedad, la norma expresamente señalaba que estas prerrogativas sancionatorias se ejercerían en virtud de la "jurisdicción disciplinal o atribuciones gubernativas". Tal redacción prácticamente impedía cualquier interpretación conducente a señalar que el artículo 20 no se hubiese podido aplicar en el ámbito de la responsabilidad disciplinaria administrativa.

II. Responsabilidad penal y reafirmación de la autoridad

La aparición del Código Penal no significó una aniquilación de la experiencia construida sobre la base de las leyes castellano-indianas y las leyes patrias de la precodificación. Muy por el contrario, permitió un tránsito articulado que respondía a la mentalidad de la época. Esto no se ha destacado suficientemente en consideración al Código Penal —contrariamente al Código Civil—, ni siquiera entre quienes vivieron personalmente el cambio operado por esta codificación.

En efecto, entre los primeros comentaristas del Código Penal podían encontrarse dos visiones. Una, más vehemente y política, como la de Robustiano Vera, quien aseveraba que "tiempo era ya que desaparecieran del todo esas leyes criminales, a la par que inhumanas, imperfectas y desproporcionadas, y que se oponían, por otra parte, a los principios republicanos de una nación libre"[2397]; y otra, más ponderada y jurídica, como la de Alejandro Fuenzalida, quien reconocía que "es cierto que la arbitrariedad judicial necesaria con las Partidas y la Novísima no se notaba casi; pues la ciencia y honorabilidad de nuestros tribunales y especialmente de la Corte Suprema suplían en lo posible los defectos de las leyes"[2398]. Fuenzalida reconoció, como se advierte, el rol descollante de la judicatura en torno a adaptar las viejas leyes penales a un contexto muchas veces muy disímil a aquel en el que habían entrado en vigor, y quien estudie la jurisprudencia de la época advertirá la sabiduría impresa en esa época de transición entre el antiguo mundo del derecho penal y el nuevo, marcado por el Código Penal. Ambos autores coincidían, de cualquier modo, en que la codificación no solo había sido conveniente, sino derechamente necesaria.

---

es preciso revestir a ciertas autoridades para el mayor orden y buena marcha ya en lo judicial como en lo administrativo".

2396 *Douglas* (1889).

2397 Vera Díaz (1883), p. 17.

2398 Fuenzalida (1883), p. ix.

Esta transición se extendía a muchos aspectos. Por no poner más que una buena muestra, puede tomarse en cuenta la noción misma de delito —en torno a la cual gira toda esta disciplina— y respecto de la cual nuestra judicatura nos ofreció en 1862 un eslabón espléndido entre el antiguo régimen penal y el nuevo que ya comenzaba a vislumbrarse:

> "Delito, según la definición más conforme con la jurisprudencia criminal, es toda acción u omisión voluntaria penada por la ley, o como dice el proemio de la part. 7ª, "malos hechos que se fazen a placer de la una parte, et a daño et a deshonrra de la otra", concordante hasta cierto respecto con la definición que se ha establecido"[2399].

Más de una década antes de nuestro Código Penal, dicha sentencia mostraba la consistencia entre dos definiciones de delito separadas por siglos de distancia; pero, como puede advertirse, anticipaba, palabra por palabra, la definición de delito que dicho Código plasmaría en su artículo 1°: "Es delito toda acción u omisión voluntaria penada por la ley". Lo anterior daba cuenta sin duda del influjo del derecho comparado —y, particularmente, del Código Penal español— sobre nuestro mundo jurídico, pero por sobre todo da cuenta de los vínculos entre las dos etapas del derecho penal, que los juristas de esta época no podían sino reconocer a pesar de las profundas diferencias existentes entre ellas.

Reflejando claramente tales vínculos, el derecho penal de la época 1861-1890 prosiguió la labor de construcción de la autoridad administrativa, que había sido una prioridad en el primer período patrio[2400]. La idea era que bajo las nuevas formas jurídicas se permitiera reafirmar la autoridad que con tanto esfuerzo —y en medio de importantes vicisitudes— había logrado establecerse y desarrollarse. A fin de examinar la influencia del derecho penal en la reafirmación de la autoridad durante estos años, revisaremos en primer lugar el aporte de la penalización de conductas (a), y, seguidamente, el que ofrecieron las circunstancias modificatorias de responsabilidad en esta materia (b).

a. La reafirmación por penalización de conductas

En la jurisdicción ordinaria, las figuras penales de las antiguas leyes indianas siguieron permitiendo la protección de la autoridad administrativa por penalización de conductas atentatorias contra quienes ejercieran cargos públicos. Muchas veces estas situaciones consistieron en agresiones o resistencias dirigidas contra la policía[2401], pero también constan casos de injurias

---

2399 *Tounens* (1862).

2400 Bocksang Hola (2015 a), título tercero, capítulo primero, B.I.

2401 *V. gr.*, *Cabello* (1861) —en que por haber igualdad de votos en la Corte Suprema sobre si había o no intencionalidad, se aplicó el criterio *pro reo* respecto de un particular que le disparó a un policía, condenándosele a un año de presidio en lugar de pena de muerte—; también, *Castro* (1863), *Cortés* (1863), *Navarro y Dublé* (1865), *Valdivia y Morales* (1865) —con conmutación de pena de muerte por diez años de presidio, por el presidente Pérez—, *Pizarro* (1870) —homicidio castigado con pena de muerte—, *Bravo* (1871) —pena de muerte, con conmutación a ocho años de penitenciaria, en GT n° 1.543, p. 129—, *Villagrán Acuña* (1872) —homicidio castigado con pena de muerte— y *Rojas* (1874) —homicidio castigado con pena de muerte, conmutada por doce años de presidio por el presidente Errázuriz—.

verbales[2402], agresiones[2403], tumultos[2404] o resistencias[2405] contra autoridades políticas[2406], y otras infracciones dirigidas contra personas a las que se les había encomendado "una comisión pública"[2407].

En ocasiones, los hechos eran susceptibles de tener repercusiones políticas más amplias. Así sucedió en la especie *Tounens*, en la que frente a los hechos de quien se había declarado Rey de la Araucanía —que implicaban un desafío a la institucionalidad chilena—, se le terminó sobreseyendo por demencia, declarándose "que Orllie Antonio de Tounens no estaba en su sano y entero juicio cuando intentó consumar el delito por que se le procesa, y que actualmente se halla bajo la influencia de la misma enajenación mental que se denomina monomanía"[2408]. Naturalmente, otros casos han pasado a ser menos conocidos[2409]. Pero era importante que estos delitos de connotación más política fueran probados específicamente, y no meramente colegidos a partir de otros tipos de infracciones[2410], y que tuvieran alguna proyección de realidad, y no constituir meramente una idea "irrealizable y quimérica"[2411].

El tránsito al Código Penal significó una reformulación técnica del funcionamiento de las normas criminales, pero prosiguió en general la idea de protección de la autoridad por tipos penales. En este ámbito, el tipo más recurrentemente aplicado fue el de atentado contra la autoridad[2412], previsto en los artículos 261 y 262 del Código Penal. Mientras este último artículo

2402 *V. gr.*, *García* (1862), en que se aplica la *pena arbitraria* —es decir, sujeta a ponderación estimativa y no a legalidad— de tres meses de prisión a un sujeto que imputó delitos a un gobernador; *Pérez* (1864), contra un subdelegado; *Jaque* (1864), contra un inspector; *Donoso* (1865), contra un intendente; y *Hen* (1871), contra un gobernador.

2403 *Castro* (1862), contra un subdelegado; *Arancibia* (1864), contra un inspector; *Briseño* (1865), contra un inspector; y *Pedraza y otros* (1867), contra un inspector.

2404 *Mesa y otros* (1862), acometiéndose a un subdelegado.

2405 *Torres* (1866) y *Valledor* (1871).

2406 Incluso consta un caso que fue caratulado como intento de asesinato de un gobernador, que concluyó con una absolución de los imputados por no haberse podido siquiera probar un principio de ejecución: *Rosas* (1871).

2407 *Edmund* (1868).

2408 *Tounens* (1862).

2409 *Motín de Carrizal Alto* (1864); y el pintoresco *Rivera y otros* (1864), sobre un motín por la implementación de una "ley seca" en Chañaral.

2410 *Ortiz* (1864), un expediente por alzamiento.

2411 *Loncochino y otros* (1868).

2412 *Rojas* (1877), por heridas a cuchillo contra un inspector; *Irribarra* (1877), por dos pedradas a policía; *Reyes y otros* (1878), por resistencia a la policía; *Miranda Ávila* (1878), por injuria y agresión con piedras a policías; *Henríquez y Araneda* (1878), por violencia sobre policías; *Flores Carvajal* (1878), por resistencia a la policía; *García Ramírez y Bustamante Alarcón* (1879), por resistencia a guardia de cárcel; *Hinojosa Mella* (1879), por resistencia a un inspector; *Espinosa Moraga* (1880), por ataque a celador; *Leyton* (1880), por violencia a inspector; *Santelices Mena y otro* (1880), por ataque a policías y homicidio de celador; *Muñoz y otros* (1881), por reos que "pusieron mano en la fuerza pública"; *Córdova* (1881), por resistencia a inspector; *Briseño* (1882), por dispararse un revólver contra un inspector; *Barraza* (1882), en que un comandante de policía esquivó una botella arrojada por un particular; *Durán* (1883), por golpes contra policía; *Álvarez* (1885), por resistencia a celadores; *Figueroa y otros* (1886), corrigiendo la Corte de Apelaciones la errónea denominación del delito que había formulado el Juzgado de Letras —"desacato contra la autoridad"—; *Puelma* (1886), por bofetada de particular contra el Gobernador; *López y otros* (1887), por resistencia a la policía; *Rodríguez* (1887 estableció las penas aplicables, expresando ciertas circunstancias especiales que aumentasen su gravedad, el primero contuvo la descripción básica del tipo:

> "Cometen atentado contra la autoridad:
> 1° Los que sin alzarse públicamente emplean fuerza o intimidación para alguno de los objetos señalados en los arts. 121 y 126.
> 2° Los que acometen o resisten con violencia, emplean fuerza o intimidación contra la autoridad pública o sus agentes, cuando aquella o estos ejercieren funciones de su cargo".

El ejercicio actual de la función pública era entonces central para la aplicación del atentado contra la autoridad[2413], porque de otra manera la figura aplicable pasaba a ser la de la falta del artículo 495 n° 3, si era un "subordinado del orden civil que faltare el respeto y sumisión debidos a sus jefes o superiores", o la del 495 n° 4, correspondiente al caso del "particular que cometiere igual falta respecto de cualquier funcionario revestido de autoridad pública, mientras ejerce sus funciones, y respecto de toda persona constituida en dignidad, aun cuando no sea en el ejercicio de sus funciones, siempre que fuere conocida o se anunciare como tal; sin perjuicio de imponer, tanto en este caso como en el anterior, la pena correspondiente al crimen o simple delito, si lo hubiere"[2414]. A más de lo anterior, debe tenerse presente que fue frecuente la aplicación del artículo 75 por concurso del delito de atentado contra la autoridad con otros, como el de lesiones[2415] o el de homicidio[2416].

Respecto de las injurias proferidas contra autoridades, el artículo 263 previó un tipo especial aplicable al Presidente de la República y a otras autoridades, respecto de quien los injuriare gravemente de hecho o palabra; y el artículo 264 n° 3 estableció el tipo de desacato por injurias o amenazas "a los Ministros de Estado u otra autoridad en el ejercicio de sus

---

b), por apedreamiento de policías; *Contreras* (1888), por injuria de obras al capitán de la guardia municipal; *Guajardo* (1888), sobre particular que agrede a policía; *Arriagada y otros* (1890), por apedreamiento a policía; y *Peña* (1890), sobre apedreamiento a policía. También hay constancia de agresiones a policías que no vieron la aplicación de este tipo penal y ni siquiera lo mencionan: *v. gr.*, *Jara y otros* (1887).

2413 De acuerdo con el artículo 266, "para todos los efectos de las disposiciones penales respecto de los que cometen atentado o desacato contra la autoridad o funcionarios públicos, se entiende que ejercen aquella constantemente los ministros de Estado y las autoridades de funciones permanentes o llamadas a ejercerlas en todo caso y circunstancias". Según *Cortés Carvajal* (1878), no eran autoridades públicas o agentes públicos la guardia civil de voluntarios.

2414 *Leiva* (1876), en que se aplicó el art. 495 n° 4 porque no constaba "de autos que el inspector don José García Leiva se hallara dentro de su distrito cuando fue ofendido por Leonor y Gracia Andrade después de haber desempeñado la comisión que se le había conferido"; *Miranda Velásquez* (1878), con sanción de diez días de prisión o quince pesos de multa por actitud irrespetuosa de un particular respecto del gobernador; y *Sánchez y Cerda* (1881), con ataque a mano armada a policía que no estaba en ejercicio de sus funciones.

2415 *San Martín* (1878), *Ibarra Lobos y Morales Plaza* (1879), *Rojas Córdova* (1880), *Dunn* (1880), *Arévalo y Castillo* (1885), y *Achurra y otros* (1887).

2416 Sobresaliendo *Fernández Blanco y otros* (1890), sobre el homicidio de Antonio Sanhueza, gobernador de La Ligua.

cargos"[2417], y "a un superior suyo con ocasión de sus funciones"[2418], mientras que si se trataba de una injuria proferida en el ámbito privado, se aplicaría el tipo penal común[2419]. El artículo 265 dispuso las penas aplicables al tipo del artículo 264.

Otros tipos eran también de interés en relación con la protección de la autoridad. Sobresalen los tipos de alzamiento —artículo 121 del Código Penal— y de sedición —artículo 126 del Código Penal[2420]; y, en el ámbito interno administrativo, el de resistencia a la autoridad por parte de un empleado público, contenido en el artículo 252 del Código Penal[2421], y que abría la puerta a la representación al superior, contemplando la posibilidad de suspenderse la ejecución de la orden y que luego el superior desaprobase tal suspensión[2422]. Otras figuras también eran ocasionalmente aplicadas[2423]. También puede haber alguna influencia tangencial en tipos relacionados con el orden público, como el de asociación ilícita —artículo 292 del referido Código[2424]—; y a más de los previsibles casos de aplicación de tipos básicos respecto de funcionarios públicos, como el de homicidio[2425], o de lesiones[2426], cabiendo destacar la existencia de un expediente por un fallido atentado por paquete-bomba contra el presidente Santa María, que finalmente se sobreseyó[2427].

Pero quizás en la esfera militar se advierte aun con mayor claridad —y severidad— la vigencia del principio de autoridad por vía penal; y principalmente en el ámbito del Ejército, con plena continuidad durante este período dada la permanencia de la Ordenanza de 1839, que establecía las correspondientes disposiciones penales. La autoridad era un deber de quienes debían ejercerla y no meramente un derecho; y por lo cual era también delictivo el hecho de no ejercer la autoridad debida[2428], lo que involucraba el estricto apego a las disposiciones

---

2417 *Aguirre* (1875), por injurias contra un gobernador.

2418 *Salazar* (1878), en que un comandante de policía trató de cochino y bribón a subdelegado, desobedeciendo sus órdenes.

2419 *Puelma* (1885), con un interesante voto particular. Pero también hay casos de aplicación del tipo de injurias a casos en que el injuriado estaba en ejercicio de sus funciones: *Calvo* (1887).

2420 *V. gr.*, *Salazar Cordero y otros* (1879) y *Sublevación de Linares* (1879). Pero no había alzamiento al faltar el elemento de "desconocer la autoridad del gobierno", como aparece en *Macaya Soto y otros* (1880).

2421 *V. gr.*, *Bahamonde* (1882), respecto de funcionarios administrativos que se negaron a obedecer las órdenes de un juez; y *Cañas y Vial* (1885), entendiéndose al notario como subalterno del Gobernador.

2422 Y, tal como apunta Fuenzalida (1883), II, p. 250, es importante relacionar este artículo con el 159 del mismo Código Penal. Véase también lo expresado respecto del derecho de resistencia, *infra*, en este mismo capítulo, B.III.a.

2423 *V. gr.*, el artículo 272, de embarazos a la ejecución de trabajos públicos ordenados o permitidos por autoridad competente, que según *Villagrán* (1877) no se podía aplicar en caso de que el lugar donde se producían los hechos litigiosos no fuera "un camino del dominio público", con lo que el trabajo que se ejecutara tampoco podía calificarse como público.

2424 *Asociación Recta Provincia* (1881), en que se descartó sancionar por asociación ilícita por no constar "que fuera formada con el objeto de atentar contra el orden social, contra las buenas costumbres, o contra las personas o propiedades".

2425 *Núñez Alfaro* (1879) versó sobre el homicidio de un policía en ejercicio de sus funciones, pero no se invocaron ni el artículo 75 ni el 261.

2426 *Díaz* (1882), por lesiones graves a un gobernador que terminaron produciéndole la muerte.

2427 *Atentado contra S. E. el Presidente de la República* (1890).

2428 *V. gr.*, *Orrego* (1870), en aplicación del artículo 26 del título 11: "El sargento que a la tropa que tuviese a sus órdenes, no la hiciere observar la más exacta disciplina, será castigado severamente y

legales vigentes. La jurisprudencia lo expresaba claramente en relación con los comandantes de los cuerpos armados: "[...] el comandante, a más del deber común a los demás oficiales mencionados en orden a la administración de los fondos, tiene el especial de velar, en conformidad de los arts. 16 y 19, tít. 35 de la Ordenanza, porque se cumplan por el segundo jefe, los demás oficiales y tropa todas las disposiciones de dicho código y las demás que se refieran al ejército"[2429].

Tal deber se circunscribía a su propio ámbito de competencia y, por lo tanto, no se podía sancionar a un oficial al que, habiéndosele ordenado desalojar una compañía, se limitaba a informar que no podía hacer nada porque la tropa que se le ordenaba desalojar no estaba a su mando[2430]. Y tampoco podía sancionarse al oficial que no hubiera podido impedir la afectación de la autoridad, tal como en el caso de un oficial al que se le amotinó su tropa y se incoó un proceso en su contra. En dicho caso se entendió que no había responsabilidad penal, porque no era culpable del motín, no había motivado el descontento en la tropa, había hecho cuanto pudo para apaciguar a los amotinados, y porque no se le podía reprochar no tener guardia de prevención, dado que no había tropa suficiente para ello[2431].

Lo aseverado por la autoridad supuestamente agraviada no era automáticamente aceptado, de lo que hay constancia en nuestra jurisprudencia: tal es el caso de una especie en la que al entonces sargento mayor Adolfo Holley se le acusó de insubordinación por su comandante, desestimándose finalmente cualquier imputación a falta de pruebas[2432].

En el Ejército se veía con bastante asiduidad la aplicación de penas —muchas de ellas muy severas, incluida la pena de muerte— en varios delitos militares concernientes a la contravención de la autoridad militar, como la inobediencia de un inferior a un superior[2433], el insulto contra superiores[2434],

---

responsable con su persona y empleo de los excesos que cometiere, si no hiciere constar que puso de su parte todos los medios posibles para evitarlos y castigar los culpados".

2429 *Wormald y otros* (1873).

2430 *Lagisse* (1880).

2431 *Lorca y Palomino* (1885).

2432 *Holley* (1871).

2433 Véase en el Título 80 de la Ordenanza, el apartado "inobediencia" que se extendía entre los artículos 75 y 83. En jurisprudencia, *Córdova* (1863), con pena de muerte a soldado que rehusó ir a un calabozo y acometió contra sus superiores; *Guzmán* (1867), en que se manda pasar por las armas a un soldado que no solo desobedece la orden que se le había dado de no tirar hacia el mar, sino que también "profirió palabras y amenazas que pudieron formar un desorden en los demás soldados y que estuvo a punto de acontecer una lamentable desgracia" y concluía dirigiéndole la puntería a su cabo; *Aravena y otros* (1875), con cuatro meses de prisión por "desobediencia fuera de facción"; *Carrillo* (1875), con pena de muerte a cabo que desobedece un castigo impuesto por su superior; *González* (1875), con pena de muerte sobre un cabo por "insultos de hecho" contra un teniente; *Figueroa* (1876), con seis meses de prisión sobre soldado que no guardó silencio frente a su cabo, lo maltrató de palabras, y al final le infirió una herida; e *Inostroza* (1889), en que se aplicó el artículo 75 y no el 86, por no haber puesto mano el insubordinado a un arma ofensiva, que fue igualmente condenado a pena de muerte, conmutada por el Presidente Balmaceda en tres años de presidio.

2434 Véase en el Título 80 de la Ordenanza, el apartado "insulto contra superiores", que se extendía entre los artículos 86 y 92. En jurisprudencia, *Moscoso* (1864), que aplica el criterio de que si no se pone mano a arma ofensiva, no hay pena de muerte; *Arteaga* (1864), con pena de muerte contra el inferior aun cuando hubiera mediado provocación del superior; *Salcedo* (1865), en que la mera expresión de desobediencia del inferior le vale cuatro meses de prisión; *Galindo* (1865), con cuatro años de prisión a un soldado por insultar y amenazar a un oficial; *González* (1866 b), con pena de muerte contra un soldado por acometer con armas contra un capitán; *Dardignac* (1867), en el que un subteniente daba un puñete a teniente que lo reconvino, y que se sancionó con seis meses de prisión, en atención a que "el hecho ha tenido lugar fuera del servicio" y que "no ha producido consecuencia alguna"; *Fuentealba* (1868), con cuatro meses de prisión a un cabo que le contestó irrespetuosamente a un capitán; *Carrasco* (1870), con pena de muerte por insubordinación con armas; *Martel* (1870), con dieciocho meses de prisión en un fortín a un oficial que se negó a conducir correspondencia para el jefe de su cuerpo; *Peña* (1870), de la que se desprende que se podía castigar a un soldado insubordinado aun cuando ya hubiera sido licenciado oficialmente por "inutilidad física"; *Quiroz* (1870), en que se manda pasar por las armas a un soldado por heridas graves producidas contra un sargento 2°, bajo cuyas órdenes estaba; *Ortiz* (1871), por herida de soldado a cabo; *Rivera* (1871), que subraya que no se perpetraba este delito si, de palabra, no la había ninguna injuriosa o "descompasada", y de obra, si el sargento —supuestamente agresor— se limitaba a impedir que el alférez le continuase pegando; *Flores Villanueva* (1871), con presidio "por el tiempo que le falta para cumplir el tiempo de su empeño" a soldado que "echó mano de una picota con el ánimo de ofender de obra a su cabo"; *Valenzuela* (1872), con tres años de servicio en presidio o plaza fuerte de la frontera a sargento que desobedeció la orden de pasar a un calabozo; *Navarrete* (1874), con un año de presidio por maltrato de palabra de soldado a subteniente; *Delo* (1874), con pena de muerte a músico de la banda que abofetea a sargento bajo cuyas órdenes se encontraba; *Retamal* (1874), con seis años de presidio a soldado ebrio que maltrató de obra a un cabo de su compañía; *Ramírez* (1874), con seis años de presidio con grilletes a soldado que abofeteó a cabo; *Guajardo* (1874), con pena de muerte a soldado que atacó a hachazos a sargento; *Bahamondes* (1875), con seis meses de prisión a un cabo que insultó a sargento; *Quiñones* (1875), por murmuración, con cuatro meses de prisión, deposición del cargo y reducción a último soldado, a cabo que dijo que su capitán le había quitado unas navajas suyas; *Soto Dávila* (1875), con ocho meses de prisión a subteniente por desobediencia e injuria en presencia de la guardia al Comandante de armas y jefe de la brigada; *Quezada* (1875), con pena de muerte a soldado por lesiones de puñal a sargento, al tratar de escaparse de una comisión que lo llevaba preso por otro delito; *Torres* (1875), con pena de muerte a soldado que infiere una herida a su cabo, la que finalmente le significa la muerte; *Lobos* (1875), con pena de muerte a soldado que hiere con lima de acero a teniente de su mismo cuerpo; *Durán* (1875), con seis años de presidio con grillete en la cárcel pública a soldado que hiere con una bayoneta a su cabo; *Soto* (1876), con seis años de presidio por bofetadas de soldado a cabo; *Albornoz* (1876), con seis años de presidio por cachetazo de soldado a cabo, soldado que por lo demás era reincidente en el mismo tipo de delito; *Pedreros* (1878), con un año de presidio por insultos de un soldado a un superior; *Caris Donoso* (1884), con pena de muerte a un soldado que dio un culatazo públicamente a un sargento de su compañía; *León Sánchez* (1885), con tres años de presidio para un soldado que "profirió los insultos más obscenos e indecentes a presencia de la tropa contra su alférez y su señora madre"; *Toro y otros* (1885), con separación del empleo de un teniente que había agredido a un capitán, "llegando instigar a un subalterno suyo a que desobedeciera a ese mismo superior jerárquico, lo que pudo haber producido gravísimas consecuencias"; *Carrizo* (1886), con pena ligera, dado que "la desobediencia del soldado Estanislao Carrizo no ha sido cometida en actos del servicio"; *Araya* (1886), con pena de muerte, conmutada por el Presidente por treinta meses de relegación, contra un sargento que desobedeció a sus superiores y les dirigió graves insultos; *Alderete Díaz* (1887), con pena de muerte a un soldado que abofeteó a un cabo por haberle dado dos varillazos como amonestación; *Moraga* (1887), con tres años de presidio a un soldado que apedreó a un sargento, no estando en actual servicio, circunstancia que lo salvó de la pena de muerte; y *Stulzel* (1889), con un año de presidio a sargento que desobedeció e insultó a capitán.

los robos en contextos militares[2435] y la sedición[2436]. Por supuesto, también eran fuertemente castigados delitos como los homicidios[2437], fuese la víctima otro militar[2438] o un particular[2439]; las lesiones inferidas a particulares[2440]; los robos perpetrados contra particulares[2441]; la embriaguez[2442]; y las agresiones entre militares sin existir relación de jerarquía entre ellos[2443]; y consta que estas conductas podían ser subsumidas en los tipos más generales relacionados con la autoridad[2444]. No había un tipo específico para el caso en que la corrección de un superior a un subalterno fuese excesiva, pero dicha situación se abordaba con cierta plasticidad hermenéutica sobre la base de los tipos que concernían el respeto a la jerarquía[2445]. Menos numerosas eran las cuestiones concernientes a la Armada, pero igualmente las había y eran de interés porque involucraban la aplicación de normas especiales correspondientes a esta rama de las Fuerzas Armadas[2446].

2435 Véase en el Título 80 de la Ordenanza, el apartado "robo hecho en cuartel", que se extendía entre los artículos 126 y 135. En jurisprudencia, *Yáñez* (1867), en que se manda pasar por las armas a soldado que roba a su oficial quince pesos en total.

2436 Véase en el Título 80 de la Ordenanza, el apartado "sedición" que se extendía entre los artículos 141 y 148. En jurisprudencia, *González* (1864), con pena de muerte contra un capitán sedicioso; *Riquelme* (1874), con pena de muerte tras motín en cárcel; *Núñez Valenzuela* (1888), con pena de muerte, conmutada por el presidente Balmaceda en dos años de presidio, por "inobediencia, insubordinación e insulto a sus superiores *e intento de sedición*" (las cursivas son nuestras).

2437 Título 80, artículo 5°, denominado "asesino": "El que matare a otro tiene pena de la vida, según las circunstancias".

2438 *Urzúa* (1870). Hay algunas especies más controvertidas a este respecto, considerando precisamente el principio de autoridad, como *Muñoz* (1874 b), que versó sobre la muerte de un soldado 35 días después de la aplicación de un castigo de cien palos por parte del comandante. En tal oportunidad se entendió que "es facultad privativa del comandante de un cuerpo castigar la ebriedad con pena arbitraria", lo que significaba que "deja la mayor o menor extensión de la pena a la prudencia del jefe que la aplica", añadiéndose que "si es verdad que en el presente caso la ha aplicado con algún rigor, no aparece ni se ha justificado que la impusiera por saña para con el soldado castigado, ni con otro propósito que el de corregir la falta cometida".

2439 *González* (1871).

2440 *Gamboa* (1870), por disparo de revólver con alevosía contra dos personas.

2441 O incluso los *conatos* de robos, en terminología de la época, es decir, los robos no consumados: *Rodríguez* (1870), perpetrado por un músico militar y sancionado en la especie con pena de muerte. Ello, en aplicación del artículo 128 del Título 80 de la Ordenanza del Ejército: "El que hiciere fractura de puerta, ventana, pared, techo o suelo, cofre, papelera, falseos de llave, violencia o uso de armas, aunque no llegue a verificarse el robo, y verificado desde un peso arriba, será pasado por las armas".

2442 Título 80, artículos 53 y 54. En jurisprudencia, *v. gr.*, *Coronado* (1874).

2443 *V. gr.*, *Vergara* (1866), el caso de un soldado que agredió a otro con espada, actuando "con alevosía premeditada", aplicándosele seis años de penitenciaria.

2444 Por ejemplo, en *González Carrasco* (1878), el "intento de asesinato" perpetrado por un soldado contra el capitán de su compañía se subsumió en el artículo 86 del Título 80 de la Ordenanza.

2445 *Martel* (1871), con un mes de presidio a un teniente que infería un maltrato a un cabo sin causarle "contusión o daño grave".

2446 *Hudson* (1868), sobre insubordinación de oficial subalterno a oficial superior, penada con "dos meses de prisión en un castillo"; *Hurtado y López* (1870), por insubordinación y falta de respeto de guardiamarina contra un capitán, con pena atenuada por "la manera inconveniente con que el capitán les comunicó la orden de arresto"; *Pradel* (1874), sobre deserción y desobediencia de guardiamarina; *Andrade* (1874), con dos años de presidio por falta de respeto al oficial de guardia por maestre de víveres de la Armada; *Cavincura* (1874), con pena de muerte para cabo que atropelló a un centinela e

Cabe una última observación sobre el tema de este apartado. El rol que, como se ha visto, tuvo la protección de la autoridad por vía penal no impidió que, a comienzos del gobierno del presidente Pérez, se dictara una ley de amnistía destinada a aplacar las tensiones políticas acumuladas durante la década de 1850. Esta ley disponía conceder "amplia amnistía a todos los individuos que desde el año 51 hasta la fecha hubieren sido o pudieren ser enjuiciados por razón de delitos políticos", añadiendo que "el Estado condona las indemnizaciones fiscales a que dichos individuos pudieran ser responsables por causa de los mencionados delitos"[2447].

b. La reafirmación por circunstancias eximentes y modificatorias de responsabilidad

Esbozaremos en estas líneas algunas apreciaciones acerca de la aplicación de circunstancias eximentes, atenuantes y agravantes de la responsabilidad penal en relación con la autoridad administrativa.

Un aspecto importante en la protección de la autoridad estuvo dado por la circunstancia eximente del artículo 10 n° 10 del Código Penal: "Están exentos de responsabilidad criminal... El que obra en cumplimiento de un deber o en el ejercicio legítimo de un derecho, autoridad, oficio o cargo".

Aunque la doctrina la criticó por innecesaria[2448], debe tenerse en cuenta que esta causal también se reconocía antes de la codificación. Se le tuvo en consideración frente al reconocimiento de las consecuencias penales por cumplimiento de órdenes jerárquicas, tal como en el caso del homicidio de unos indígenas perpetrado por unos militares, en el que se ordenó poner a disposición de los tribunales militares al superior que había dado las órdenes, mientras que se eximió de responsabilidad a sus subalternos[2449]. También se tomó en cuenta en materia policial, por ejemplo, respecto de un inspector que dio muerte a un reo que se fugó,

---

insultó, amenazó y desobedeció al oficial de guardia; *Uribe* (1875), con seis meses de prisión a bordo de una nave a teniente que reprochó en público al almirante por comentarios que este habría dicho respecto de su cónyuge y que luego se rehusó a obedecer las órdenes de los superiores en torno a embarcarse en la *Magallanes*, con atenuación de la pena por las circunstancias; *Amengual* (1878), con seis meses de prisión en un castillo por abandono de una nave sin permiso; *Ramírez* (1880), con dos años de presidio a marinero por insubordinación, destacándose que "el art. 3° tít. 35 de la Ordenanza Naval castiga con pena arbitraria el delito de insubordinación cuando la materia no parezca digna de la pena capital"; *Arancibia* (1884), con seis meses de prisión a bordo, con medio sueldo, por la grosería proferida por un ingeniero a un teniente; y *Caldera y otros* (1887), con pérdida del empleo y un año de prisión en un castillo a guardiamarina por "la persistente desobediencia y resistencia a mano armada del reo a cumplir la orden que sucesivamente le fue intimada".

2447 Ley de 18 de octubre de 1861, BLDG, XXIX, p. 355.

2448 Fuenzalida (1883), I, p. 64: "Establecer en este artículo que están exentos de responsabilidad todos los que obran en cumplimiento de un deber o en ejercicio legítimo de un derecho, autoridad, oficio o cargo, equivale a decir que no hay pena cuando se obra dentro de la esfera legal o que no hay responsabilidad para los que no quebrantan las leyes penales. Creemos, por lo tanto, que la comisión habría obrado cuerdamente suprimiendo esta causa de exención inútil de responsabilidad, como lo hizo con el número 12 del Código Español".

2449 *Soto y otros* (1861): "[...] no hay mérito para proceder contra los autores del homicidio de los indígenas de que se ha hecho mención, por cuanto obraban bajo las inmediatas órdenes del sargento Soto, quien recibió sus instrucciones del Comandante de Armas del departamento".

entendiendo que estaba en su derecho de dispararle, luego de haber agotado todos los medios para conducirlo hacia el subdelegado[2450], o de un subdelegado que hirió a un particular que se había resistido a su aprehensión, de lo cual con posterioridad se siguió su muerte[2451].

En aplicación del Código Penal, esta eximente se aplicó bajo su nueva formulación, en distintas circunstancias. En una oportunidad, unos particulares hacían carreras de caballos a alta velocidad, ante lo cual un agente de policía en servicio les dio orden de detenerse; los particulares interpelados decidieron apearse de los caballos y acometer al policía, quien respondió haciendo uso de su espada y lesionándolos. El tribunal entendió que, "hallándose en actual servicio el policial Bernardo Lagos, procedió en cumplimiento de un deber y para impedir la falta que cometían" los infractores, con lo que "la riña y sus consecuencias deben imputarse a la resistencia ilegal de los referidos paisanos", y por lo tanto se absolvió al policía invocándose el artículo 10 n° 10[2452]. Algo similar sucedió en la especie en que una persona iba a ser aprehendida por autoridades competentes, y ante la resistencia de su familia primero, y suya propia después, terminó recibiendo un balazo que le causó la muerte, declarando la Corte Suprema que "no aparece que procediera con dolo o malicia, sino tan solo en cumplimiento de su deber"[2453]. Y, asimismo, frente a la aprehensión ordenada por un subdelegado de una persona que había incitado a que se golpeara con un palo a la referida autoridad[2454].

La lógica jerárquica de esta causal, reconocida bajo las leyes indianas, siguió aplicándose bajo el Código Civil. Un caso interesante se dio frente a una sublevación, respecto de la cual se entendió que la orden de dar muerte a los sublevados estaba amparada por el artículo 10 n° 10 del CP, siempre que primero se les intimase retirarse. Si desobedecían, era lícito hacer fuego; y se reiteró, asimismo, el ya expresado criterio de que "con mayor razón" —que respecto del superior que había dado la orden— los subalternos estaban exentos de responsabilidad, "en razón de su oficio y obediencia disciplinaria a su jefe inmediato"[2455]. En otra oportunidad, se absolvió a un sujeto procesado por prisión arbitraria, atendido que había apresado al afectado por orden del Gobernador del departamento[2456]. En otros ámbitos de la Administración, se eximió de responsabilidad al mayordomo de un cementerio al que se le había imputado una sepultación ilegal, en atención a que el mayordomo solo había dado cumplimiento a la orden de su superior, el administrador del cementerio[2457]; y al agente policial que, por orden de su jefe —la que, por lo demás, no podía ser "calificada de ilegal y arbitraria"— detenía a un particular por injurias que habría proferido contra la policía[2458].

Un caso terrible de aplicación de esta configuración correspondió al homicidio de un grupo de indígenas por algunos militares, contra los cuales inició el juicio otro militar. Se aplicó la

2450 *Longworth* (1863).

2451 *Patiño* (1872).

2452 *Barra, Elgueta y Lagos* (1878).

2453 *Díaz* (1877), con voto en contra de Montt y Valenzuela, quienes estaban por aplicar el cumplimiento del deber como atenuante en este caso y no como eximente.

2454 *De la Fuente* (1877).

2455 *Sublevación de Rancagua* (1879).

2456 *Ruiz* (1883).

2457 *Coloma* (1890).

2458 *Ibáñez, Venegas y Correal* (1883).

figura ya descrita: los jefes eran estimados como responsables, mientras que los subalternos que habían obedecido las órdenes fueron declarados exentos de responsabilidad criminal, en aplicación del 10 n° 10[2459]. Uno de los jefes, un militar, había fallecido en el intertanto, por lo que no pudo aplicársele una pena; pero, curiosamente, se había reconocido cierta jerarquía a un civil, contra el cual sí se pronunció pena de muerte[2460]. Dado lo anterior, el ministro Galvarino Gallardo en la Corte Marcial suscribió un voto que terminó siendo de minoría y que apuntaba a determinar responsabilidades penales por las órdenes en niveles superiores a los que se había examinado[2461]. En este voto de minoría resonaban reflexiones como las de Robustiano Vera, quien apuntaba que "lo que necesitamos establecer es hasta dónde llega este principio de obediencia. Él no es absoluto; tiene sus condiciones y es preciso que exista algo que lo legitime"[2462]. Un caso dotado de una configuración similar fue el de la condena a ocho años de presidio pronunciada contra un subdelegado por haber ordenado a un grupo de soldados acometer contra un grupo de personas en medio de un acto electoral, lo que terminó con la muerte de una persona. En dicha especie, los soldados resultaron absueltos en atención a que el subdelegado "era el jefe a quien debían obediencia", enfatizándose que el Código Penal no daba "a los inferiores el derecho de examinar la legitimidad del mandato del superior"[2463].

Tiene relación con la lógica del articulo 10 n° 10 respecto de los funcionarios públicos el artículo 159 del Código Penal, que, en relación con los tipos penales del párrafo IV, dispuso que "si en los casos de los artículos anteriores de este párrafo, el inculpado justificare que ha obrado por orden de sus superiores a quienes debe obediencia disciplinaria, las penas señaladas en dichos artículos se aplicarán solo a los superiores que hayan dado la orden"[2464].

Por cierto, el 10 n° 10 se aplicó en otras oportunidades[2465] y no de manera automática, porque consta la existencia de especies en las que pudo haberse aplicado por presencia de la autoridad y no se hizo[2466], lo que debería dar especial cuenta del ejercicio de una ponderación de las circunstancias. En este sentido, quizás una buena demostración está dada por

---

2459 *Sepúlveda y otros* (1885).

2460 "Este consejo de guerra de oficiales generales estima en conciencia que el paisano Juan de Dios Sepúlveda ha inducido directamente al sargento José Ireneo Jara y los soldados que le acompañaban a ejecutar el crimen descrito en el número segundo de la vista fiscal, y, por consiguiente, conforme con el núm. 2° del art. 15 de Código Penal, debe reputarse el autor de dicho crimen".

2461 "El señor Gallardo opina además porque continuara el proceso para averiguar la responsabilidad que pudiera afectar a los jefes que dieron la orden de f. 93, en la cual se recomienda que la guarnición de Cato y Luan den "cumplimiento estricto a cualquier orden" que imparta don Juan de D. Sepúlveda respecto al servicio, teniendo presente para ello lo dispuesto en el art. 7° del tít. 80 de la Ordenanza General Ejército, y el hecho que consigna la relación de la sentencia de primera instancia en la parte que dice (refiriéndose a Sepúlveda) "que tenía orden de acabar con todos esos indios que eran unos ladrones, y ordenó concluir con todos", indicación que no fue aceptada por los demás miembros del Tribunal".

2462 Vera Díaz (1883), p. 106.

2463 *Eguiluz y otros* (1877).

2464 Se aplicó esta norma, *v. gr.*, en *Retamal* (1881), *Hernández* (1882), *Parot y otro* (1886), *Valdés, Muñoz y Gutiérrez* (1886), y *Ahumada y Rojas* (1887).

2465 *V. gr.*, *Reyes y otros* (1881), *Valdés, Muñoz y Gutiérrez* (1886), *Aninat* (1887), *Briones* (1890) y *Espina* (1890). En ocasiones se aludía al cumplimiento del deber, pero no se citaba el artículo, como en *Abarca y otros* (1886), *Contra varios policiales* (1887) y *Páez* (1890).

2466 V. gr., *León* (1878), *Hidalgo* (1887).

una sentencia de 1880 de la Corte Suprema de la cual se pueden desprender cuatro requisitos para que procediese la eximente: en primer lugar, la conducta debía darse en cumplimiento de su deber; en segundo lugar, debía contarse con antecedentes bastantes; en tercer lugar, debía haberse agotado los otros medios para asegurar el cumplimiento de la ley; y en cuarto lugar, que fuera inminente que se burlase el imperio de la ley si no se actuase como se había actuado[2467].

Esta norma, en todo caso, a pesar de su flexibilidad, no daba para todo; en una oportunidad, frente a la muerte de un delincuente por parte de policías, la Corte de Apelaciones de La Serena suprimió un considerando del Juzgado de Letras que parecía erguir a la opinión pública y a la opinión de las autoridades como parámetros para medir la procedencia de esta causal[2468]. Como atenuante por ser eximente incompleta, también consta alguna aplicación del criterio con anterioridad a la entrada en vigor del Código Penal[2469] y, ya entrado este en vigor, hay constancia de casos en que se aplicó como atenuante[2470], y de otros en que se desestimó la aplicación de esta figura como eximente y como atenuante[2471].

Con similares efectos de quienes habían obedecido órdenes jerárquicas, también en alguna oportunidad se invocó una norma constitucional, el artículo 157 de la carta fundamental de 1833: "La fuerza pública es esencialmente obediente"[2472].

Era también posible la aplicación del artículo 10 n° 4, referente a la legítima defensa, para amparar la acción de los funcionarios públicos y muy especialmente en materias de policía. Tal situación se dio frente a la agresión de un particular con un puñal a un policía, trabándose una reyerta que concluyó con la muerte del agresor[2473]; o la situación de un policía, que "habiendo ocurrido a reprimir un desorden promovido por varios individuos en las altas horas de la noche, fue recibido a pedradas y herido", por lo que "atacado de este modo, Valenzuela

2467 *Arias Madariaga y Pérez Guajardo* (1880). La expresión concreta de la Corte Suprema fue la siguiente: "Considerando: que el subdelegado don Ramón Antonio Arias procedió a capturar a Eusebio Aliaga *en cumplimiento de su deber y con antecedentes bastantes, y que solo disparó las armas de fuego cuando ya había agotado los otros medios y cuando ya era inminente que se le escapase el fugitivo*" (las cursivas son nuestras).

2468 *Carmona y otros* (1879). El considerando suprimido entendía lo siguiente: "[...] que ambos hechos merecieron no solo la aprobación y aplauso general, sino que personas caracterizadas de Copiapó, Antofagasta y otros pueblos, como asimismo la Ilustre Municipalidad de este departamento y la honorable corporación Junta de Minería, enviaron al capitán Soto notas de felicitaciones y una suma de dinero como justa remuneración por el señalado servicio prestado, restituyendo la tranquilidad tantas veces perturbada por la presencia de esos bandidos".

2469 *Contreras* (1874); aunque, al dejar la Corte Suprema como único considerando confirmado el que sostenía que "Contreras solo confiesa haber aplicado los azotes por orden del subdelegado de Tucapel, no habiendo procedido de propia autoridad en la ejecución de ese castigo", no queda claro por qué no se aplicó como eximente.

2470 En *Monje* (1882) se entendió no concurrir el mero cumplimiento del deber del 10 n° 10, dado que, al momento del disparo, el desorden que el policía estaba llamado a controlar ya no existía. En *Gamboa* (1889), al echarle encima deliberadamente el caballo un inspector a un celador ebrio, provocándole lesiones menos graves, se entendió que no se había justificado "que haya habido necesidad racional de emplear esos actos".

2471 *León* (1878).

2472 *Luco y otros* (1887).

2473 *Cáceres* (1875).

estuvo en su derecho para repeler la agresión usando de su espada"[2474]. Y en más de una ocasión fueron invocadas conjuntamente las eximentes de los números 4 y 10[2475].

Y también debe advertirse que en algunas ocasiones los tribunales eximían de responsabilidad fuera de las causales del artículo 10 del Código Penal, o por lo menos lo hacían sin subsumir la eximente en una causal escrita determinada. En un caso de evasión de reos, no se sancionó a los funcionarios porque la conducta se debía exclusivamente a las malas condiciones del servicio: "[...] sin otra causa que las malas condiciones de seguridad con que el señor gobernador departamental tiene a bien hacer salir a los reos"[2476].

En cuanto a las atenuantes, puede destacarse la del artículo 11 n° 10, de "haber obrado por celo de la justicia", cuyas raíces estaban en las Partidas[2477]. Ella tuvo aplicación, por ejemplo[2478], respecto de un subdelegado que había impuesto una exacción ilegal —incurriendo así en el ilícito del artículo 157 del Código Penal— al "haber exigido del querellante, don Ángel Fuentealba, que diese un mozo para que llevara ciertos oficios del juez de subdelegación y otro para que condujera un reo al Juzgado de Letras"[2479]. También se la aplicó en un caso de detención indebida, ordenada por un inspector que había procurado controlar los disturbios que ocasionaban la víctima y su familia, quienes, de acuerdo a la sentencia, vivían "siempre en fiestas y orgías con gentes de mala fama" y causaban desórdenes[2480]. Sin embargo, esta causal no podía invocarse si el lugar donde se ejecutaba el acto reprochable está fuera del ámbito territorial de competencia del funcionario[2481].

Asimismo, podía aplicarse la atenuante del artículo 11 n° 5, "obrar por estímulos tan poderosos que naturalmente hayan producido arrebato y obcecación", tal como en una especie en que un inspector lesionó con un latigazo a un policía, siendo el estímulo poderoso que aquel había padecido "el verse injuriado por un inferior" a través de insultos groseros que este último había proferido[2482].

También corresponde hacer presente que la excusa de embriaguez, no pocas veces invocada, jamás fue aceptada con consecuencias penales eximentes o atenuantes[2483]. Fernández

2474 *Valenzuela* (1888).

2475 *V. gr.*, *Peña* (1890), que en considerandos sucesivos sustentaba cada una de las circunstancias: por una parte, "de autos resulta que la fuerza de policía fue agredida por los particulares, colocándosela en la necesidad para repeler la agresión, de hacer uso de sus armas" y, por otra, "además de haber procedido en defensa propia, la fuerza de policía obró en cumplimiento de los deberes correspondientes a su cargo y en ejercicio legítimo de su autoridad, al reprimir un desorden público de grandes proporciones que perturbaba grandemente la tranquilidad del vecindario".

2476 *Arias y Garrido* (1882).

2477 FUENZALIDA (1883), I, p. 94. Se trataba de la regla 16 del Título XXXIV, Partida 7ª, que hacía referencia al "encendimiento de saña", el que, si bien no daba lugar a eximir de la pena, sí podía menguar de la culpa "quando el mouimiento de la saña fue con razon".

2478 Los casos señalados a continuación no están muy lejos de la ejemplificación formulada por VERA DÍAZ (1883), p. 117.

2479 *Zúñiga* (1878).

2480 *Fuentes Norambuena* (1887). Otra aplicación similar en *Andrade Huidobro* (1882).

2481 *Escobar* (1884).

2482 *Carmona* (1888).

2483 El criterio era de una "larga y constante jurisprudencia", como destaca ETCHEBERRY ORTHUSTEGUY (2005), I, p. 220: *V. gr.*, *Guzmán* (1870), *Tapia* (1872), *Olivares* (1881), *Gutiérrez* (1881) y *Araya*

destacó explícitamente en su texto que, al incorporar el Código Penal en su artículo 10 n° 1 la fórmula "por cualquier causa independiente de su voluntad", se excluía "al que delinque en caso de *delirium tremens* producido por el exceso del licor"[2484].

Y en cuanto a las agravantes, el artículo 12 n° 13 contemplaba la de "ejecutarlo en desprecio o con ofensa de la autoridad pública o en el lugar en que se halle ejerciendo sus funciones", lo que implicaba una protección especial de la significación social de la autoridad[2485], pero no parece haber suscitado un interés especial de nuestra jurisprudencia durante estos años. Quizás pudiese relacionársele, aunque no se expresa en la sentencia, con el caso de un soldado procesado tras primera deserción y habiendo sustraído ilícitamente un abrigo, "con la circunstancia agravante de haber sido aprehendido en la calle pública vestido de oficial, en completo estado de embriaguez, deshonrando, por consiguiente, el uniforme del ejército en general y especialmente el de la oficialidad del batallón"[2486].

Por su parte, el artículo 12 n° 18, concerniente a la agravante de "ejecutar el hecho con ofensa o desprecio del respeto que por la dignidad, autoridad, edad o sexo mereciere el ofendido", sí fue invocado por nuestra judicatura en especies de consideración. Quizás el caso más llamativo sea el del atentado contra el Gobernador de Los Andes, José Domingo del Canto, perpetrado en octubre de 1881 y cuyas heridas le terminaron ocasionando la muerte. En esta especie se advierte una interesante tensión en torno a aplicar el tipo común de lesiones, o bien el tipo especial de atentado contra la autoridad, prevaleciendo finalmente el primero, dado que el gobernador se encontraba en la calle pública y no estaba en ejercicio de sus funciones, pero sí se aplicó la agravante del artículo 12 n° 18[2487]. No era la primera vez, bajo el imperio del Código Penal[2488], que se advertía esta tensión; en una especie de 1878 se la había examinado pero con hechos menos llamativos, de meras lesiones leves respecto de un policía[2489]. Por último, debe tenerse presente que esta causal también aparecía ocasionalmente *de modo implícito* en jurisprudencia relacionada con funcionarios públicos, sin invocarse explícitamente la norma en la sentencia[2490].

(1886). El artículo 53 del Título 80 de la Ordenanza del Ejército sostenía que "para ningún delito de los explicados en la. Ordenanza General podrá servir de excusa la embriaguez, cuyo vicio deberá ser cuidado de los jefes militares el corregirle y castigarle con penas arbitrarias, haciendo entender a la tropa de su cargo, que el alegato de estar privado no le relevará del castigo que merece por el delito que cometa".

2484 Fernández (1875), p. 7.

2485 Fuenzalida (1883), I, p. 108; Vera Díaz (1883), p. 129.

2486 *Álvarez Rodríguez* (1889).

2487 *Díaz* (1882).

2488 También hay aspectos relacionados, aunque no coincidentes, en sentencias anteriores al Código Penal. Véase, *v. gr.*, *Susarte* (1862): "[...] y que todas las faltas cometidas por Susarte contra los dos empleados precitados, sucedieron a presencia de varios subalternos de estos y a la de algunos vecinos".

2489 *Cortés Carvajal* (1878).

2490 Por ejemplo, en *Núñez Alfaro* (1879), frente al homicidio de un policía, obraba contra el reo "la circunstancia agravante de haber ejecutado el delito en la persona de uno de los guardianes del orden y en los momentos mismos en que este cumplía con los penosos deberes de su cargo". Aunque no se citó el artículo 12 n° 18, la agravante es inconcusa. Con todo, queda la duda de por qué no se aplicó el delito de atentado contra la autoridad, pues el policía estaba desempeñando actualmente sus funciones.

III. Responsabilidad penal y limitación de la autoridad

Correlativamente a lo concerniente al impacto del derecho penal en la reafirmación de la autoridad, que venimos de revisar, esta época vio también favorecer una *limitación de la autoridad* en relación con dicha área del derecho. Aunque dicho movimiento es poco reconocido, el examen de la normativa y de la práctica jurisprudencial de la época lo deja de manifiesto.

En orden a esbozar las continuidades —y también las eventuales discontinuidades— en este orden de cosas, será conveniente advertir la existencia de un *espíritu* favorable a la limitación de la acción de las autoridades en el derecho penal de la época (a), que fue complementado por una renovada *tipificación* por el Código Penal de los ilícitos principales concernientes a este ámbito y que coincidía con las miras de tal limitación (b).

a. La limitación por espíritu

Desplegándose bajo la óptica del Estado de derecho promovida por la Constitución de 1833, el derecho penal de esta época enfatizó un espíritu de limitación de la autoridad. Hay varios aspectos generales que es menester tener presente en relación con este punto.

Por de pronto, tanto antes del Código Penal como a partir de su vigencia estuvo claro que las autoridades y funcionarios que se desempeñaran en la Administración podían estar sujetos al desarrollo de acciones penales en su contra. Así se dio, en el ámbito de la administración territorial, respecto de inspectores[2491], subdelegados[2492],

2491 *V. gr.*, *Degelone* (1864), expediente que se originalmente se inició por una querella por injurias del inspector contra el afectado, y que concluyó con sobreseimiento respecto del particular y abriendo causa criminal de oficio contra el inspector; *Bunster* (1865), en que se declaró no haber delito de abuso de poder en un inspector que exigió por la fuerza el pago de una deuda sin haber orden de autoridad competente en este sentido, por el hecho de que la deuda había sido confesada por el deudor como efectiva y exigible; *Franco* (1866), por golpear a un particular con una rienda, condenado apenas con multa a beneficio fiscal; *O'Ryan* (1871), por azotes calificados como delito de fuerza y no de lesiones, cinco años de destierro, conmutables en quinientos pesos de multa; *León* (1878), con presidio de ochenta días por homicidio con varias atenuantes; *Chandía Figueroa* (1879), por imponer servicio personal no obligatorio y prisión ilegal; *González Pizarro* (1880), por detención arbitraria; y *Gamboa* (1889), por lesiones producidas a un celador al que se le embistió con un caballo.

2492 *V. gr.*, *Fernández* (1866 a), con destitución, prohibición de ejercicio de cargos públicos por cinco años, multa y condena en costas por haber infligido tratos vejatorios a un reo; *Contardo* (1874), por azote a particulares, destituyéndosele del cargo e imponiéndole inhabilidad para ejercerlo por cinco años, y en que en voto de minoría el presidente Montt opinó por añadir ocho meses de prisión "porque los hechos probados tienen una gravedad especial por su naturaleza, por el carácter que investía la persona que los ha cometido, por la incertidumbre y perturbación que introducen en las pruebas en los procesos y por la frecuencia con que desgraciadamente suelen cometerse"; *De la Cerda* (1874), con un año nueve meses de prisión por azotes a un particular como medio de investigación, respecto del cual, habiendo muerto después de tuberculosis, se estimó no haber "datos suficientes para establecer, como se pretende en la acusación, que el mal tratamiento anterior dio origen a la enfermedad que le causó la muerte"; *Salamanca* (1879), por amenaza con arma de fuego a un ciudadano; *Lillo* (1879), por extender el máximo plazo a que la ley autoriza a mantener recluido a un particular en miras a que sea juzgado por la autoridad competente; *Barros* (1880), con reclusión y suspensión por aprehender y engrillar ilícitamente a una persona; *Monzalne* (1882), con multa e inhabilitación temporal para ejercer cargos públicos por aplicación de castigos ilegítimos —en la ocurrencia, multas—; y *Espina*

gobernadores[2493] e intendentes[2494], sin perjuicio de los eventuales fueros aplicables[2495].

En el ámbito de las autoridades militares tampoco faltaron causas de interés, y valga como ejemplo el de la especie *Lynch*, de 1875, por el naufragio de la corbeta *Esmeralda*. En dicha oportunidad se acusó al comandante de dicha nave de haber pernoctado fuera de ella una vez que el temporal había comenzado, lo que habría propiciado el abordaje y el naufragio que sufrió. La cuestión se decidió tomándose en consideración que "durante el temporal se tomaron todas las medidas oportunas o posibles para salvar la nave, tanto por el teniente Bannen que por ausencia de Lynch comandaba, como por este último, cuando con inminente peligro de su vida se trasladó a bordo durante lo más recio del temporal", atendiendo asimismo a que "el único antecedente del cual podía deducirse alguna responsabilidad de parte de Lynch es el haber pasado en tierra la noche que precedió al temporal y cuando se anunciaba ya el mal tiempo, y este cargo..., caso de importar una falta, no tendría relación con el naufragio, único motivo por el cual se ha instruido este proceso". Así, se absolvió a Luis Lynch, en igualdad de votos, en aplicación del criterio *pro reo*[2496].

Por las características de la labor desempeñada, muchas cuestiones penales contra funcionarios públicos se dirigieron contra policías. Con ello se dio lugar a algunos de los pleitos penales más delicados concernientes a la función pública, involucrando desde casos de lesiones[2497]

(1890), sobreseído en el sumario por matar a un delincuente contra el que corrían tres órdenes de aprehensión. También ilustra el punto *Chiarella* (1877), especie civil pero que analiza la responsabilidad patrimonial de un subdelegado que es condenado por inferir injurias a un particular.

2493 *V. gr.*, *Lecaros Valdés* (1873), concerniente a un gobernador bajo cuya jurisdicción se azotó a varios particulares por el hurto de unos caudales públicos y que, negando haber autorizado los azotes y haber tenido conocimiento de ellos, es absuelto de la acusación a pesar de existir "presunciones vehementes" contra él; *Vargas* (1875), con suspensión del gobernador por un año, multa y costas, por detención arbitraria; y *De la Fuente* (1890), en que se declaró la prescripción de la acción penal.

2494 *V. gr.*, *Intendente de Ñuble* (1886).

2495 Véase *supra*, título segundo, capítulo primero, A.II.a.2.

2496 *Lynch* (1875). Votaron en contra Bernales, Vargas Fontecilla y Ugarte Zenteno, dejando enjundiosos votos de minoría.

2497 *V. gr.*, *Larrieta* (1865), respecto de un policía que hirió gravemente a un particular, y luego este, por irse del hospital contra las recomendaciones del médico, recayó y murió, entendiéndose que la muerte de la víctima "no fue resultado inmediato y preciso de la herida"; *Poblete* (1866), por sargento que, acometido, le arrancó un ojo con la espada al particular agresor; *Pinto* (1866), con condena de diez años de destierro e inhabilidad temporal para cargos públicos; *Pontón* (1867), con expresión de que "aun sucediendo el hecho como lo refiere Pontón y los testigos que le son favorables, aquel no tuvo una causa justificable para hacer uso del sable, pues los que rodearon a él y al sereno no le maltrataron de ninguna manera en ese acto ni él les intimó prisión o que se retirasen"; *Hernández* (1868), absolviéndose al policía por haber utilizado el sable de plano y no de filo, lo que descartaba un exceso de parte del funcionario; *Muñoz* (1874 a), con dos años de presidio por acometer a un particular con el filo de una espada; *Pérez* (1874), con problema de calificación bajo las antiguas leyes penales, entendiéndose que no era *fuerza con armas*, porque no hubo intención torticera de causar daño a los reos que se escapaban, pero sí de *injurias graves*, por no haber habido necesidad de hacer fuego para capturarlos; *González* (1877), con condena a policía que infirió una herida mortal, pero expresándose en un informe que el afectado pudo haberse salvado si hubiese sido de una constitución "robusta y hubiese estado rodeado de todas las condiciones higiénicas más favorables"; *Pérez Cortínez* (1879), en que se condenó al policía por lesiones, dado que el espadazo no fue causa precisa de la muerte de la

hasta homicidios[2498], que no pocas veces concluyeron con sentencias condenatorias.

Otro punto que merece ser destacado es el del reconocimiento —y no pocas veces— de la existencia de un *ius resistendi* en cuestiones penales. En efecto, debe tenerse presente que distintas disposiciones —en la legislación antigua y en el Código Penal— giraban en torno a la ilicitud de resistencias desplegadas por funcionarios o por particulares[2499]. A pesar de ello, la jurisprudencia de la época revela distintos casos de aplicación del derecho de resistencia, dando cuenta de que la obediencia debida a la autoridad no debía comprenderse como una obediencia ciega y a todo evento[2500].

Las especies de la época dan cuenta de una cierta variedad en torno al reconocimiento del derecho de resistencia de los particulares. Por ejemplo, el caso de resistencia frente al intento ilícito de un subdelegado de abrir un camino en el terreno de un particular, entendiéndose que este "usó de su derecho impidiendo la apertura de un nuevo camino en su fundo sin que procediese orden de autoridad competente que le fuese debidamente notificada"[2501]; o la resistencia de una orden de arresto no expedida ni intimada en forma legal[2502], o derechamente inexistente, con lo cual el particular "no cometió delito al hacer resistencia a un acto que no estaba autorizado por la ley, aunque fuese ejecutado por un agente de la autoridad"[2503]; y aun sosteniéndose que la existencia de una orden no necesariamente significaba su legalidad, con lo que la resistencia era conforme a derecho porque "aunque hubiera recibido semejante orden, ella habría sido ilegítima y no obligaba a su cumplimiento"[2504]. En efecto, era menester que la autoridad administrativa se circunscribiera a sus atribuciones, y, si las excedía, la resistencia podía ser legítima, como en el caso del arresto decretado sobre unos indígenas que se negaron a la aprehensión de unos animales suyos, tras la suposición de que pertenecían a otra persona por parte del funcionario[2505].

---

víctima, sino una infección purulenta; *González* (1882), con dos años de presidio por lesiones graves contra una persona que después fallece, no constando del informe del médico "que la causa precisa y necesaria de la muerte de Dionisio Nilo ha sido la herida"; *Espinosa* (1884), con presidio por cinco años a policía que hace marchar a una persona entre los caballos unas treinta cuadras, golpeándolo en el camino; y *González* (1888), con 541 días de presidio por herida a bala contra particular.

2498 *V. gr.*, *Del Río* (1866), en que un policía es condenado a pena capital por haber dado muerte a un preso en contravención de órdenes superiores de conducirlo a su casa; *Contreras* (1870), con absolución del policía en votación dividida; *Zuleta* (1868), con un año de confinamiento en Chiloé por azotes contra particular, después de hacerlo poner en la barra y de remacharle una barra de grillos; y *Ponce de León* (1873), en que se le absuelve porque solo había cumplido una orden de prisión dispuesta por una sentencia.

2499 En el Código Penal, *v. gr.*, la resistencia por empleados públicos prevista en el artículo 252; el atentado contra la autoridad de parte de particulares previsto en el artículo 261; o las faltas del artículo 495 números 1, 3 y 4, y del artículo 496 número 1.

2500 Incluso separando de la órbita de los delitos ciertas prácticas, como en *Rosas* (1876), en que el hecho de calificar verbalmente como arbitraria la orden de una autoridad —en la especie, un gobernador— "no puede estimarse ni aun como falta".

2501 *Morán* (1866).

2502 *Castro Pérez de Arce* (1878).

2503 *Jarabrán Lizana* (1879).

2504 *Vásquez Urrutia* (1881).

2505 *Quilaqueo y otros* (1883).

En algunas ocasiones el derecho a resistencia fue enlazado con la legítima defensa, "dentro de los límites de la justa defensa de su persona y derechos"[2506]; y en otras se le vinculó con los derechos fundamentales, al declararse que no era delito la resistencia en caso de "negarse una persona a ser desposeída o privada de lo que tiene como propiedad que cree pertenecerle, y lejos de estar declarado tal por ley expresa, es un derecho que garantiza explícitamente el artículo 10, inciso 5° de la Constitución Política del Estado, mientras no haya sentencia judicial en contrario"[2507].

En otras ocasiones, aun cuando no se reconociese el derecho de resistencia en la especie, existían votaciones divididas que daban cuenta de una efervescencia subterránea en torno al tema. Tal fue la especie en la que se analizó la resistencia de un agricultor a que la policía se llevara su carreta en razón de no tener clavada la patente en ella. Al imputado se le condenó por resistencia injusta, pero con el voto disidente de Montt y Barriga, quienes entendieron que "no hay verdaderamente resistencia, porque, prescindiendo de las consideraciones de si el policial es o no una autoridad, el procesado no se negó a que se cumpliese la orden de que la carreta fuese a la policía, sino que únicamente pidió y exigió que previamente se permitiese bajar a unos pocos metros de distancia la carga que la carreta tenía"[2508].

Pero quizás el caso más notable de resistencia legítima de parte de un particular está dado por la especie *Wichoff* de 1887, muy propia de las turbulencias sociales de fines de este período. En ella se ventiló el caso de un particular que no obedeció la orden administrativa de retirar un cadáver de un lugar particular donde se había enterrado y de llevarlo al cementerio en donde se había autorizado la inhumación. La Corte entendió que si lo único que se hizo fue negarse a retirar el cadáver, no podía entenderse que había resistencia, pues "no habiendo ley alguna que autorice a la autoridad administrativa a ordenar la extracción de un cadáver de un cementerio, ni a un inspector para ordenar a tal o cual persona a que lo haga, no han podido delinquir los que se negaron a obedecer esa orden"[2509].

A más de los casos de resistencia de los particulares, también existe en jurisprudencia el reconocimiento de la posibilidad de entenderse legítima la resistencia de funcionarios a las órdenes de sus superiores, recogiendo la idea de la representación[2510]. Un caso muy prístino está dado por la cuestión *Benavides*, en que se declaró que "por amplias que se consideren las facultades de que estaba investido el gobernador de Magallanes, ellas jamás podían autorizarlo para hacer salir fuera del territorio de la República al jefe y comandante de aquella guarnición; *de manera que él estuvo en su legítimo y natural derecho al representar como lo hizo los inconvenientes de esa medida, y a protestar contra ella y contra la orden que por tal motivo le deponía del*

2506 *Hurtado* (1882).

2507 *Herrera* (1889 b).

2508 *Ibáñez* (1878).

2509 *Wichoff* (1887).

2510 Y más que ello. Debe tenerse presente que, tal como aparece de *Lemus Velasco* (1880), si un subalterno se estimaba calumniado por el superior —en la especie, imputándosele falsificación y contrabando— podía ejercer la acción legal correspondiente y darse finalmente lugar a una condena contra el superior. Y en *Torres, Morandé y Mardones* (1864) se aplica el criterio de que formar una cuestión de competencia contra un Intendente en caso de estimarse que su orden era nula no podía dar lugar a una condena por desobediencia.

mando"[2511]. Asimismo, se entendió que les era lícito a los guardias de la cárcel desobedecer una orden del alcaide, si es que ella era contraria al reglamento interno de dicho establecimiento[2512], y que un funcionario podía oponerse a una orden del superior que no tuviera fundamento en una obligación[2513]. Una figura algo diferente apareció en una especie en que se analizaba la ocurrencia de órdenes contradictorias de distintas autoridades, entendiéndose que no es desobediencia del alcaide de una cárcel el hecho de negarse a liberar a unos presos tras orden verbal del alcalde en ese sentido, si el Gobernador le señalaba que no debía hacerlo[2514].

Una última manifestación de este espíritu de limitación de la autoridad por vía penal está dada por la aplicación con dicha finalidad de ciertas circunstancias modificatorias de responsabilidad.

En ello estaban llamadas a desempeñar un rol significativo dos causales agravantes de responsabilidad penal. Por una parte, la del artículo 12 n° 6 del Código Penal, que consistía —en lo pertinente— en "abusar de la superioridad... de las armas, en términos que el ofendido no pudiera defenderse con probabilidades de repeler la ofensa", que por su naturaleza estaba más bien dirigida a las fuerzas armadas y de orden. Y, por otra, la del artículo 12 n° 8, que versaba sobre "prevalerse del carácter público que tenga el culpable", y que por supuesto tenía una vocación más amplia que la causal anteriormente señalada; pero que no alcanzaba a aplicarse sobre la totalidad de las conductas desarrolladas por los funcionarios públicos en el ejercicio de sus atribuciones, sino que requerían que se emplease "como medio, el influjo especial que les da el carácter de que están revestidos para otros fines"[2515].

En una especie, ambas causales fueron aceptadas y aplicadas por el tribunal. Se trataba del caso de un policía que había herido a una persona en la cabeza con una espada, lesión que finalmente le había ocasionado la muerte. La Corte Suprema entendió que las lesiones eran menos graves, a pesar de haber ocasionado la muerte del afectado; pero con voto de minoría del ministro Covarrubias, quien estimaba que "la gravedad de las lesiones y las penas con que deben ser castigadas se determinan por los efectos que producen". Comoquiera que sea, y probablemente con especial consideración a que la única testigo presencial depuso que "Sierra descargó dos golpes con la espada sobre la cabeza de Ibáñez, *cuando este, huyendo de aquel, ya había penetrado a la casa de la testigo*"[2516], sí existió unanimidad en la Corte en que concurrían contra el reo "las circunstancias agravantes de haber abusado del arma que llevaba,

2511 *Benavides* (1867). Las cursivas son nuestras.

2512 *Saavedra y Gómez* (1878).

2513 *Toro Rodríguez* (1882) expresa que "de todos modos Toro estaba en su derecho al negarse a obedecer esa orden, puesto que él no tenía ninguna obligación de barrer".

2514 *Oñate* (1879).

2515 Fuenzalida (1883), I, p. 108. En un sentido algo diferente, Vera Díaz (1883), p. 126: "Lo que aquí buscamos es cuando como individuo privado delinque y para ello se vale de las influencias que directa o indirectamente puede darle el puesto que ocupa... Nada más bajo que ver a un centinela de la sociedad convertir su vigilancia en medios ominosos para cometer delitos o saciar pasiones innobles". Como veremos, la jurisprudencia existente parece haberse inclinado hacia la posición de Fuenzalida, que hacía compatibles el ejercicio de una función pública y la aplicación del artículo 12 n° 8.

2516 Las cursivas son nuestras.

en términos que el ofendido no podía defenderse con probabilidad de repeler la ofensa, y de haberse prevalido del carácter público que investía"[2517].

En otra especie, también sobre lesiones de un policía a un particular, la aplicación del artículo 12 n° 8 fue añadida por la Corte Suprema sobre lo juzgado en primera instancia —que no había tomado en cuenta dicho precepto—, dejando de manifiesto que el ejercicio de cargos administrativos —en la especie, de policía— implicaba un "carácter público" de quien lo ejercía[2518].

En cuanto a las eximentes de responsabilidad, quizás el rasgo más destacable en torno a la limitación de la función pública estaba dado por el hecho de que la legítima defensa de particulares era invocable frente a los funcionarios públicos, tal como ya se había entrevisto más arriba en este mismo apartado en relación con el derecho de resistencia. Esto rigió incluso bajo el imperio de las antiguas leyes penales. En ocasiones podía aparecer tal reconocimiento de manera implícita, como cuando se expresó que "no es legítima la defensa del que no solo resiste una orden de prisión dada por la autoridad competente, sino que llega en su resistencia hasta a ofender a esa autoridad del modo que queda expuesto"[2519], con lo que se anticipaba el requisito del Código Penal de la "necesidad racional del medio empleado para impedirla o repelerla" en orden a que operase. No debe sorprender, por lo tanto, que la misma eximente se aplicara bajo el imperio del Código Penal. Un caso ilustrativo es el de un policía ebrio que impedía la entrada y salida a una casa particular, amenazando dar huascazos a los particulares que intentaban salir o entrar, y al cual se le dieron dos empellones de los que el policía resultó con lesiones graves. Los particulares fueron absueltos, en aplicación de los artículos 10 n° 4 y 6[2520], dejando muy claro que en el nuevo régimen penal era posible la legítima defensa de particulares frente a funcionarios públicos.

b. La limitación por tipificación

El Título Quinto del Libro II del Código Penal condensó aquellas figuras que implicaran "crímenes y simples delitos cometidos por empleados públicos en el desempeño de sus cargos". Extendido desde el artículo 216 hasta el artículo 260, este título puso al día figuras penales de antigua raigambre en nuestro país, e insertó otras que no parecen haber tenido aplicación —al menos, de manera destacada— previamente en nuestro derecho. Abandonando la dispersión de disposiciones penales que rigió hasta 1874, el Código Penal sistematizó en este Título lo esencial de esta materia y, en cierta forma, configuró una especie de protoestatuto administrativo, estableciendo directrices generales de comportamiento y de moralización administrativa.

Desde antaño, las cuestiones más numerosas y relevantes de las tratadas en este Título eran las concernientes a los aspectos patrimoniales de la función pública[2521], que el Código Penal sintetizó en las figuras generales de *malversación de caudales públicos*, compendiadas

2517 *Sierra Vásquez* (1883).
2518 *Espinosa* (1884).
2519 *Madariaga* (1866).
2520 *Bown* (1882).
2521 Rodríguez Collao y Ossandón Widow (2008), pp. 383-441.

entre los artículos 233 y 238[2522], y de *fraudes y exacciones ilegales*, sintetizadas entre los artículos 239 y 241.

Gran incidencia, hasta la entrada en vigor del Código Penal, tuvo sobre estas figuras una Real Orden de 14 de marzo de 1807, que por su importancia y por su desconocimiento parece conveniente transcribir:

> "Y para que en lo sucesivo se verifique así inviolablemente y sin la más mínima contravención, *declaro y mando*: que, si faltando alguno a obligación tan precisa e indispensable, abusase de mis reales haberes para otros fines, aunque sea sin ánimo de hurtarlos, y sí con el de reponerlos y aprontarlos, y aunque los apronten, quede por el mero hecho privado del empleo, y de poder otro alguno de mi real servicio: que si no reintegrase el descubierto que por este abuso resultase en el preciso término de tres meses, contados desde el día en que se descubriese la quiebra, y empezare a proceder en la causa, se añada a la pena insinuada de privación de empleo, la de presidio en uno de los de África o de las Américas, según parezca, por el tiempo de dos hasta nueve años, según el perjuicio que haya causado a mi real hacienda, aumentando la calidad de que no salgan de ellos sin mi real licencia, cuando la malicia o gravedad del abuso lo requiriese: que si la quiebra o falta procediese de haber los Tesoreros sustraído, alzado u ocultado dolosamente los caudales, se les imponga la pena de galeras no siendo nobles, y a los que lo fueren se les condene a los trabajos de bomba de los arsenales; debiendo extenderse este castigo a los que cooperasen y auxiliasen el hurto, alzamiento u ocultación, según se dispuso por la ley 18 tít. 14 part. 7ª, que quiero y mando se observe inviolablemente, con absoluta responsabilidad de los jueces y ministros de los tribunales que la alterasen: que no se liberten de estas penas, ni haya minoración de ellas, porque la quiebra o falta haya dimanado de puras y leves omisiones suyas, o de confianzas prudentes y racionales, con que conciben tener a la mano la satisfacción de los alcances, ni tampoco los contadores de provincia que deben intervenir las arcas, los intendentes y subdelegados, que deben presenciar estos actos, ni los administradores y oficiales mayores interventores, los cuales han de tener iguales responsabilidades en la parte pecuniaria, excepto el administrador, que se tendrá por principal en donde esté unida la Tesorería a la administración, aunque no tenga el nombre de Tesorería"[2523].

Los casos precedentes al Código Penal y correspondientes a estos delitos son bastante numerosos, y su denominación en las carátulas giraba en torno a ciertas fórmulas básicas: peculado[2524], defraudación de fondos o de rentas fiscales[2525], mala versación[2526], alzamiento

2522 Sintetizados por el Consejo de Estado en *Gobernador de Cachapoal* (1887), sosteniendo que "ninguno de los actos que el reclamante califica de malversación de caudales públicos y municipales constituye tal delito, puesto que ellos no importan sustracción ni aplicación de fondos a usos propios o ajenos, o a otros diferentes de aquellos a que estuvieren destinados".

2523 Publicada, con el acápite "vigente", en GT nº 1.078 (1863), p. 143. También, en Rodríguez de San Miguel (1839), t. III, p. 400.

2524 *V. gr.*, *Arenas* (1863) y *Jara* (1872).

2525 *V. gr.*, *Pradel y Berríos* (1861), *Goicolea* (1861), *Henríquez* (1861), *Sáez* (1863), *Tardón* (1863), *Tejeda* (1864), *N.N.* (1866), *Muñoz* (1866), *Bustos* (1869) y *Serrano Montaner* (1877).

2526 *V. gr.*, *Solar* (1862) —subrayando que no hay responsabilidad ni sanción aplicable en caso de que no exista "ánimo de defraudar los intereses fiscales"—, *Acuña* (1862), *Del Río* (1863) y *Álvarez de Araya* (1863).

de fondos municipales[2527], fraude[2528], falsificación[2529], sustracción[2530], los genéricos "faltas"[2531], "cargos"[2532] o "abusos"[2533], e incluso "supuesto salteo"[2534]. Con la entrada en vigor del Código Penal comenzó a regir la actual distribución de figuras penales[2535], hallándose casos de aplicación del *peculado doloso* del artículo 233[2536]; del artículo 234 y su *malversación por abandono o negligencia inexcusable*[2537]; del artículo 235 y su *malversación por distracción*[2538]; del artículo 239 y su *fraude al Estado*[2539]; e incluso la falta del artículo 494 n° 19 calificada como

2527 *V. gr.*, *Vargas* (1864), *Silva Latorre* (1867) y *Rodríguez* (1875). Pero es interesante que en *Andrade* (1871) no se la haya aplicado, "porque ella [la Real Orden] se refiere únicamente a los administradores de rentas fiscales y el acusado solo tiene a su cargo la administración de los fondos municipales".

2528 *Alenk* (1861), una de las especies más sobresalientes del período, en que se condenó por el Juzgado de Letras "al reo ausente don Flavio Alenk a la pena ordinaria de muerte, y tanto a este como a los Ministros don Ignacio de Reyes y don Tadeo Izquierdo a pagar de *mancomun* et *insolidum* la cantidad de cuatro mil cien pesos que en dinero efectivo sustrajo Alenk de la caja que estaba a su cargo, y todas las demás cantidades en que resultare gravado el Fisco a consecuencia de los fraudes cometidos por el expresado Alenk". La Corte Suprema confirmó la sentencia anterior, esclareciendo que "aun cuando está plenamente probado que don Flavio Alenk ha sido el único delincuente, los Ministros del Tesoro son no obstante pecuniariamente responsables para con el Fisco por los hechos que han motivado este proceso". Por ley de 19 de octubre de 1861, BLDG, XXIX, p. 402, se exoneró a Reyes e Izquierdo de la responsabilidad pecuniaria. También, *v. gr.*, *Fáez* (1871), *Molina* (1873), *Rojas* (1873), *Armijo* (1875) y, cerrando la línea, *Monk y otros* (1876), en que, revocando la sentencia de primera instancia, la Corte Suprema absolvió al principal imputado "aun cuando hay en autos muy vehementes presunciones de fraude", pero sin existir "la plena prueba necesaria para condenar".

2529 *Ruiz* (1865), en que por la adulteración de partidas de libros de la Tesorería con 57 pesos de defraudación se le condenó a 10 años de destierro a Chiloé.

2530 *V. gr.*, *Darrigrande* (1872).

2531 *V. gr.*, *Valverde y Boza* (1863), *Letelier* (1869), *Bates y Medina* (1871), y *Pérez Veas y otros* (1873).

2532 *V. gr.*, *Del Fierro* (1866).

2533 *V. gr.*, *Morales* (1868), *Espinosa* (1870) —"abuso de confianza"— y *Astorga* (1873) —"abuso de confianza"—.

2534 *M. y L.* (1862), en que un funcionario pretendió ocultar un déficit en cajas fingiéndose robado, para que su familia lo pagara.

2535 Algunas veces transitándose por todo el repertorio, aun frente a una absolución, como en *Ríos Egaña y otro* (1887).

2536 *V. gr.*, *Guzmán Fuenzalida* (1878), *Dendariena* (1878) —mostrando que esta figura era aplicable al ámbito municipal—, *Tapia* (1878), *Silva* (1880 a), *Portales* (1881), *Pérez de Arce* (1887), *García* (1889) y *Salas* (1889) —absuelto por no haber sustracción, sino "procedimientos indebidos"—.

2537 *V. gr.*, *Del Río* (1876), *Canales y otros* (1878) —en que "no habiéndose efectuado por los procesados o por otra persona sustracción de caudales públicos o del Fisco, no es aplicable al presente caso lo prescrito por el art. 234 del Código Penal"—, *Quezada* (1881) —sobre un oficial que se emborrachó y al que le sustrajeron caudales públicos que transportaba—, *Vega* (1883) —con absolución, pero con fuerte voto de minoría—, *Pérez Izquierdo y otros* (1885) —también con absolución y con fuerte voto de minoría—, y *Schuth* (1888) —en que finalmente se absuelve por no haberse comprobado un abandono o negligencia inexcusables "a pesar de los antecedentes que obran en autos"—.

2538 *V. gr.*, *Cifuentes* (1878) —remitiéndose al 233 por no haber reintegrado la cantidad sustraída—, *Briones Báez* (1879), *Hermosilla Sanhueza* (1887) —sin daño o entorpecimiento del servicio público—, *Redolés* (1887), y *Casanova* (1890).

2539 *Rojas Huerta* (1879) —por haber enajenado losas de la Municipalidad y, luego, haberlas restituido—, *Aguayo* (1886), *Alfieri y otros* (1887) —en sede militar, por un sujeto que extrajo objetos de un buque y los vendió—, y *Gaete* (1889) —en que se declara que el tipo "comprende a los vistas y demás empleados de Aduanas, según la discusión de dicho artículo en la sesión del 13 de junio de 1873"—.

"defraudación"[2540]. Otro aspecto importante que quedó de manifiesto en la jurisprudencia es que, si se cometían varias infracciones, no se regularía la pena tomando en consideración el importe total de los objetos substraídos, sino que sumándose las penas correspondientes a cada infracción[2541]; pero si no constaba cuántas veces el reo había cometido el delito para apropiarse el total de la cantidad, se debía estimar como un solo delito, "por ser esto lo más favorable al reo"[2542].

En cuanto a los delitos contra los aspectos operativos de la función administrativa[2543], el Código Penal destiló las figuras de *anticipación y prolongación indebida de funciones públicas* entre los artículos 216 y 219, de *nombramientos ilegales* en el artículo 220, de *usurpación de atribuciones* en los artículos 221 y 222, de *prevaricación administrativa* entre los artículos 228 y 230, de *infidelidad en la custodia de documentos* entre los artículos 242 y 245, de *revelación de secretos* en los artículos 246 y 247, de *resistencia y desobediencia* en el artículo 252[2544], de *denegación de auxilio* en el artículo 253, de *abandono de destino* en el artículo 254, y de *abusos contra particulares* entre los artículos 255 y 259. Este elenco de tipos se derivó directamente del Código Penal español[2545], adoptándolo el nuestro con injertos terminológicos inusuales para nuestro vocabulario de esta área del derecho: por ejemplo, las "disposiciones generales" en el artículo 221 —que en España tienen un significado técnico preciso, a diferencia de Chile[2546]— y la fórmula "negocio contencioso-administrativo" en el artículo 228.

Quizás por el carácter más novedoso de varias de ellas, estas figuras tuvieron una aplicación bastante limitada en el período examinado. Pero hay casos de interés. Por ejemplo, la *anticipación indebida de funciones públicas* del artículo 216 aparece, en relación con el artículo 218, de una especie en que un fiel ejecutor había percibido emolumentos sin tener los padrones necesarios para verificar la conformidad de pesos y medidas, por lo que, a pesar de haber sido nombrado, se entendía que no había llenado las "demás formalidades exigidas por la ley"[2547]. En cuanto a los *nombramientos ilegales* del artículo 220, puede destacarse una especie judicial —cuyo principio se puede transponer al ámbito administrativo— en que se enfatizaba que cometían delito quienes nombraban y no quienes aceptaban el nombramiento[2548]. Transitando a la *usurpación de atribuciones*, se subrayó que no podía cometerla un sujeto que "obró en virtud

2540 *V. gr.*, *Canales y Díaz* (1878), sobre empleados del ferrocarril que hacían pasar al tren pasajeros por tarifas reducidas, embolsándose las cantidades.

2541 *Guzmán* (1877 a): no se podía aplicar la regla del artículo 451, que, establecida taxativamente respecto a hurtos, no puede ni debe extenderse a defraudaciones, delitos diversos clasificados y penados como tales por la ley". Sin embargo, la primera sentencia que aplicó este criterio *no fue publicada en la Gaceta de los Tribunales*: *M.C.O. y J.E.G.* (1876), con una pena que excedía de 124 años y que se conmutó en el Consejo de Estado por ocho años de presidio, según expresa VERA DÍAZ (1883), p. 426.

2542 *Aguayo* (1886).

2543 RODRÍGUEZ COLLAO y OSSANDÓN WIDOW (2008), pp. 443-484.

2544 Véase *supra* lo referido a este delito, en este mismo capítulo, B.II.a.

2545 FUENZALIDA (1883), II, pp. 187-260.

2546 Asociable a la noción amplia de reglamento: *v. gr.*, NIETO GARCÍA (1986), p. 170.

2547 *Álvarez* (1889). Pero debe tenerse presente que esto podría reñir con lo sostenido por FERNÁNDEZ (1875), p. 63, en cuanto a que en la Comisión Redactora entendía que esta disposición comprendía formalidades externas y "no las condiciones del funcionario, como son la edad, ejercicio de la profesión durante un cierto tiempo, etc.".

2548 *Flores* (1887).

de atribuciones propias, encargadas por la ley"[2549]; que para incurrir en la infracción penal era indispensable cumplir con lo dispuesto en el inciso tercero, referente a transgredir lo dispuesto en una competencia previamente resuelta[2550]; que no puede perpetrarla un particular, aun cuando ejerza funciones similares a los funcionarios administrativos[2551]. Igualmente, se aplicó el artículo 229, correspondiente a la prevaricación de funcionarios administrativos "que, por malicia o negligencia inexcusables y faltando a las obligaciones de su oficio, no procedieren a la persecución o aprehensión de los delincuentes después de requerimiento o denuncia formal hecha por escrito"[2552]. También consta la aplicación del artículo 254 respecto del *abandono de destino*[2553] y del artículo 255 respecto de *abusos contra particulares*[2554].

En cuanto al *cohecho*, como delito del mismo Título Quinto contra la imparcialidad en el ejercicio de la función pública[2555] y tratado entre los artículos 248 y 251, aparentemente no suscitó mayor atención durante el período.

Por supuesto, fuera del Título antes referido podían encontrarse tipos relevantes para el derecho administrativo. Destaca especialmente, en el mismo libro, el párrafo cuarto del Título Tercero, titulado "De los agravios inferidos por funcionarios públicos a los derechos garantidos por la Constitución". Entre sus importantes tipos penales, cabe destacar la aplicación de la *detención o prisión ilegal* de los artículos 148 a 151[2556], con antecedentes y aplicación anteriores al Código[2557]; de la *imposición arbitraria de castigos* de los artículos a 152 a 154[2558], relacionados anteriormente con abusos de autoridad[2559]; del *allanamiento ilegal* del artículo 155[2560], que también era objeto de prosecución penal antes de la codificación[2561]; de

2549 *Henríquez* (1876).

2550 *Díaz* (1878).

2551 *Pizarro Urbina* (1880). También, indirectamente, de *Navarro Santelices* (1881), en que, a pesar de ser caratulada como usurpación de atribuciones, esta no se toma en cuenta para la imposición de sanciones.

2552 *Concha* (1877).

2553 *Soto y Contreras* (1882).

2554 *Salazar* (1878), y *Morales y Gatica* (1880).

2555 Rodríguez Collao y Ossandón Widow (2008), pp. 317-381.

2556 *Herrera* (1877), *González Pizarro* (1880), *Mellado* (1882), *Fuentealba* (1883), *Irribarra* (1885), *Santelices* (1886), *Millán* (1886), *Fuentes Norambuena* (1887), *Pérez y Aldunate* (1887), *Rodríguez* (1888) y *Córdoba* (1890). Pero en el caso de un policía *rural* que había procedido al arresto, no se aplicó este tipo, sino el del artículo 141, con lo que queda claro que no se le consideraba como funcionario público: *Lucero Maldonado* (1885).

2557 *V. gr.*, en *Caballero Samit* (1872), en donde se sobreseyó definitivamente en razón de haberse emitido la orden por autoridad competente; en *Olea* (1873), con notable voto disidente de Manuel Montt a favor de que estas cuestiones estuvieran sometidas al principio de doble instancia; y en *Vargas* (1875), que enfatizaba que el artículo 142 del Reglamento de Administración de Justicia "castiga con multa o prisión el delito de detención arbitraria".

2558 *V. gr.*, *Monzalne* (1882) y *Huerta* (1888).

2559 *O'Ryan* (1871), correspondiente a un subdelegado, por azotes: "[...] contra persona que no tiene medio de defenderse", lo que motivaba la aplicación de la ley 1ª, Tít. 10, Part. 7ª: "[...] fuerça es cosa que es fecha a otro tortizeramente, de que non se puede amparar el que la recibe".

2560 *V. gr.*, *Molina y Venegas* (1879).

2561 *V. gr.*, *Mora* (1863).

la *violación o intercepción de correspondencia* del artículo 156[2562], que tenía como antecedente un antiguo tipo contenido en una ordenanza de correos de 1794[2563]; de la *exacción ilegal* del artículo 157[2564], reforzándose con él el principio de legalidad tributaria[2565]; y de los abusos misceláneos mencionados por el artículo 158[2566]. Pero ello no obstaba a la evidente aplicación de otras figuras, como la *falsificación de documentos por empleado público*, contemplada en el artículo 193, que tuvo una aplicación sobresaliente en un caso en que el primer oficial de la Intendencia de Curicó adulteró un permiso otorgado a un particular para el expendio de frutas, modificando su fecha y su beneficiario[2567]; la de *evasión de detenidos*, contenida en sus artículos 299 a 304[2568], que también había tenido nutrida aplicación bajo el imperio de las leyes penales castellano-indianas[2569]; y las concernientes a ferrocarriles —artículos 320 y siguientes del Código—, cada vez más asociadas a la actividad estatal a medida que progresivamente se incrementaba la participación fiscal en este rubro[2570].

2562 *Fariña* (1883), sobre interceptación de correspondencia oficial de los Estados Unidos que le es remitida por el funcionario postal a Vicuña Mackenna, pensando que con ello servía a su país, pero que Vicuña no abre y reenvía a los diplomáticos norteamericanos.

2563 *Piña* (1866) y *Jamen* (1874).

2564 *Gaete* (1879).

2565 *Fuentevilla* (1889): "[...] solo en virtud de una ley puede imponerse contribuciones, y sin este requisito, es prohibido a toda autoridad o individuo imponerlas, no pudiendo exigirse ninguna contribución sino virtud de un decreto de autoridad competente fundado en la ley que autoriza la exacción, según lo prescrito en los arts. 139 y 140 de la Constitución".

2566 *V. gr.*, *Barazarte* (1882), por prohibición arbitraria de un trabajo o industria que no se opone a la ley, a las buenas costumbres, a la seguridad y a la salubridad públicas.

2567 *Guzmán* (1877 b).

2568 *V. gr.*, *Escobar* (1876), *Reyes y Elufí* (1876), *Ramírez* (1876), *Aguayo* (1876), *Prado Toro* (1879), *Lagos Marchant* (1880), *Bordón y Ledesma* (1881), *Olivares* (1881), *Orovia y Arenas* (1881), *Medina Pantoja* (1881), *Plaza y Rojas* (1883), *Valdés y otros* (1884), *Fritis* (1887), *Briones y otros* (1887), *Díaz* (1888) y *Cabrera* (1890).

2569 Tanto en la jurisdicción ordinaria como en la militar: *Zapata* (1867), *Vielma y otros* (1868), *Guerra* (1869), *Pérez* (1871), *Valencia* (1874) y *Merino* (1874).

2570 *V. gr.*, *Mellado y otros* (1880), y *Figueroa* (1882).

CAPÍTULO SEGUNDO
EL DOMINIO PÚBLICO

Es posible que el dominio público sea una de las materias en las cuales la incidencia de la codificación más haya repercutido en la configuración general del derecho administrativo chileno en relación con el período anterior.

El Libro II del Código Civil, titulado "De los bienes, y de su dominio, posesión, uso y goce", abordó de manera general el régimen de los bienes en Chile, lo que comprendió, en una elección deliberada, el tratamiento del dominio público —o, al menos, parte de él. El Título III, denominado "De los bienes nacionales", se transformó silenciosamente en el estandarte de una época de adecuaciones y cambios en esta materia, que se extendió hasta suministrar una verdadera reconceptualización del dominio público en Chile (A).

No obstante, sería excesivo atribuirle al Código Civil la exclusividad del impulso de los cambios que en materia de dominio público se advirtieron en los treinta años en examen. Otras influencias, tanto legislativas como jurisprudenciales, confluyeron en orden a circunscribir el dominio público en materias tan importantes como la expropiatoria y la del régimen indígena (B).

A. LA RECONCEPTUALIZACIÓN DEL DOMINIO PÚBLICO

Si el talante clásico de la codificación civil chilena ha sido bien enfatizado por nuestros autores, no debe olvidarse la existencia en ella de distintos elementos que bien pudieran calificarse como innovadores, de avanzada, y que alteraron el diseño jurídico preexistente. Uno de estos casos es el del tratamiento del dominio público, respecto del cual nuestro Código asumió deliberadamente una posición de modernización, la que se advierte tanto en el sentido de introducir aspectos novedosos, como de responder al espíritu de la modernidad y sus consecuencias en lo jurídico.

En efecto, el Código Civil introdujo propia y sutilmente una reconceptualización del dominio público, que operó a través de la articulación de dos movimientos complementarios: una simplificación (I) y una expresión tópica marcada por ritmos y acentos modernos y con una notoria presencia dogmática de la Administración (II).

I. La simplificación del dominio público

Las brumas del tiempo, aunadas a una reglamentación bien articulada, son capaces de ocultar largos y profusos desarrollos institucionales. Quizás haya pocas ejemplificaciones más claras de lo anterior que el proceso de simplificación del dominio público que operó el derecho de estos años, sobre la base principal del Código Civil. Hoy en Chile damos por sentado que el dominio público tiene una determinada configuración, invariable e incuestionable, que es la que recogió nuestra codificación civil, como si otras fórmulas no fueran posibles o no hubieran existido en el pasado.

Sin embargo, es importante subrayar que el Código Civil no solo recogió elementos históricos del dominio público, sino que los cinceló bajo una matriz nueva. La óptica del liberalismo se hizo sentir con fuerza en un proceso que bien puede catalogarse de simplificación, a través de la absorción de la mayor amplitud posible del dominio público en una dogmática de marcado tinte unificador. Esta dogmática pasó, ciertamente, por una convergencia de la idea de dominio bajo una óptica identitaria (a), pero también por un desgranamiento que apuntó a hacer practicable, desde una óptica iuspublicista, esta subsunción dogmática del dominio público por el dominio en general (b). Como veremos, algunas de las asperezas de este fenómeno siguen marcando contradicciones en el tratamiento del dominio público en nuestros días.

a. La identidad dogmática

Quizás la principal proclamación en relación con el dominio público que efectuó el Código Civil —y, como veremos, realizó varias— se radique en la singular posición de su tratamiento dentro de este cuerpo normativo. El Título III del Libro II, titulado "De los bienes nacionales" se encuentra situado en rigurosa sucesión al Título II, titulado "Del dominio". Con ello, aunque hoy parezca poco perceptible, se daba una señal poderosa de unificación técnica en torno al dominio en sus distintas vertientes, toda vez que el derecho de la precodificación estaba impregnado de una lógica más bien tópica, e incluso estatutaria en algunos aspectos[2571]. Los *bienes nacionales*, por esta singular posición, pasaban a depender conceptualmente de las "varias clases de bienes" del Título I y de la figura del dominio, del Título II, definida esta última por el artículo 582 como "el derecho real en una cosa corporal, para gozar y disponer de ella arbitrariamente; no siendo contra ley o contra derecho ajeno".

Por ello, al definirse los bienes nacionales en el artículo 589 del Código Civil, se invocó precisamente el concepto de dominio: "[...] se llaman *bienes nacionales* aquellos cuyo *dominio* pertenece a la Nación toda"[2572]. La noción básica de dominio pasaba a ser compartida por los propietarios particulares sobre sus bienes y por el Estado en cuanto titular de los distintos bienes nacionales.

Esta solución distaba de ser incontrovertible desde un punto de vista teórico, pues históricamente se habían planteado distintas elaboraciones o énfasis acerca de la naturaleza del dominio público, y tales divergencias han seguido suscitándose hasta nuestros días[2573]. A fines del siglo XIX, Courcelle-Seneuil manifestó en general que "el Estado, que no es sino un ser ideal, sin realidad objetiva y concreta, no puede ser considerado en rigor como propietario.

2571 Bocksang Hola (2015 a), título tercero, capítulo segundo.

2572 Las cursivas en la palabra *dominio* son nuestras.

2573 *Ex multis*, Montt Oyarzún (2002), pp. 25-133.

Por más que se diga sobre este asunto, el Estado no podría gozar ni disponer de los bienes que se le atribuyan"[2574].

Sin embargo, en la práctica, nuestro derecho administrativo no parece haber sufrido mayores dificultades para asimilar esta subsunción del dominio público bajo el manto de una categoría común a todo —o casi todo, como veremos— nuestro régimen jurídico de bienes. Las manifestaciones que de ello aparecen en la jurisprudencia son muy robustas.

Aparentemente, la primera gran expresión en este sentido en aplicación del Código Civil fue concerniente a una muralla, en un caso de demolición: "[...] siendo exclusivamente del Estado la muralla y ni siquiera medianera; y existiendo por otra parte en suelo propio, *es indudable el derecho que le asiste para levantarla como un efecto inmediato del dominio*"[2575]. En esta especie no cabría plantear interrogantes acerca de si se amparaba o no la calificación de dominio sobre el Código Civil, porque la sentencia se fundaba precisamente sobre normas de dicho cuerpo normativo para zanjar la contienda.

También es relevante destacar que la lógica del dominio permeaba totalmente incluso las contiendas que ligaban a dos partes de derecho público, con lo que se despeja totalmente la eventualidad de un "arrastre" en protección de un particular. Esto sobresalía incluso cuando las cuestiones se resolvían a través de las antiguas leyes españolas. La más resonante de todas estas cuestiones estuvo dada por el litigio que sostuvieron el Fisco y la Municipalidad de Concepción en torno a "la propiedad y dominio de la isla Santa María", declarándose finalmente que "el dominio de la isla Santa María pertenece al Fisco"[2576]. Y ello, invocándose explícitamente la ley 10 tít. 33, Partida 7ª, entre cuyas palabras definidas está precisamente la *propriedad*, que "es el señorío de la cosa"[2577].

Pero la principal expresión de demostración de la subsunción troncal del dominio público en la noción general de dominio está dada por vía de consecuencia: la conceptualización concreta y sistemática de la *práctica* jurídica en torno a este tema. Dado que el artículo 889 del Código Civil expresó que "la *reivindicación* o *acción de dominio* es la que tiene el dueño de una cosa singular, de que no está en posesión, para que el poseedor de ella sea condenado a restituírsela", la referida subsunción se vería demostrada si para los juristas de la época la acción reivindicatoria hubiera sido admisible en especies cuyo objeto eran bienes que se hallasen dentro de la órbita del dominio público. Pues bien, no cabe ninguna duda de ello: la acción reivindicatoria *era la acción que se deducía con dichas miras*. Y ello consta tanto con el Estado en rol de demandante[2578] como con el Estado en rol de demandado[2579]; y tanto respecto de

2574 COURCELLE-SENEUIL (1887 b), p. 310.

2575 *Fisco con Riobó* (1861). Las cursivas son nuestras.

2576 *Fisco con Municipalidad de Concepción* (1863).

2577 Otra en aplicación de leyes del período indiano entre el Fisco y una Municipalidad es *Municipalidad de Los Ángeles con Fisco* (1872). En aplicación de leyes del período indiano entre una Municipalidad y un particular, *v. gr.*, *Municipalidad de Concepción con Reyes* (1867).

2578 *Empresa del Ferrocarril con Municipalidad de Caldera* (1870), *Municipalidad de Concepción con Figueroa* (1874), *Municipalidad de Concepción con Navarro* (1877), *Municipalidad de Concepción con Figueroa y compartes* (1879), *Fisco con Gutiérrez* (1881), *Fisco con Cárdenas* (1885) y *Municipalidad de Iquique con Pointis* (1888).

2579 *Catalán* (1871), *Pérez* (1873), *Tapia* (1874), *Ugalde* (1875), *Villegas* (1878), *Vera* (1880), *Flores* (1884), *Viuda de Rivera* (1887), *Dávalos* (1887), *Campos* (1888), *Vera* (1889), *Waddington* (1889) y *Belcke* (1890).

bienes disputados por el Fisco[2580] como de bienes que lo eran por las municipalidades[2581], e incluso por los establecimientos de beneficencia[2582].

Siendo patente que el Código Civil unificó las distintas categorías de dominio bajo el concepto común, cabe preguntarse cuánto de los atributos principales que la doctrina le ha asignado al dominio público fueron recogidos por nuestra codificación. Esta cuestión, en concreto, pasa fundamentalmente por determinar si los caracteres de imprescriptibilidad y de alienabilidad aparecen tratados en el Código Civil.

Desde un inicio, nuestra doctrina trató de abordar este tema. Chacón, por ejemplo, sostuvo que "siendo en todo tiempo y en toda legislación inalienables e imprescriptibles los bienes nacionales de uso público, no puede adquirirse sobre ellos derechos absolutos de propiedad"[2583]. *A contrario*, la categoría de los bienes del Estado o bienes fiscales sería tratada como un dominio sin tales atributos. Siguiendo a Chacón, por lo tanto, el edificio de la Moneda pasaba a ser alienable y susceptible de prescripción adquisitiva, pero una plazoleta situada en algún otro lugar de la ciudad era inalienable e imprescriptible. Sin embargo, no existe ningún fundamento normativo para sustentar la propuesta de distinción de regímenes expresada por Chacón. Es cierto que su planteamiento destila elementos de doctrina más antigua[2584], pero también lo es que un examen atento de las disposiciones del Código Civil no provee ningún elemento en el sentido sugerido por Chacón. Antes bien, parecen formular sobre el dominio público una aproximación menos privilegiada —en el sentido más técnico y menos peyorativo que esta palabra puede transmitir.

En primer lugar, es interesante destacar que en ninguna parte del Código Civil se señaló explícitamente que los bienes nacionales llevasen consigo el atributo de la imprescriptibilidad[2585]: ni respecto del género *bienes nacionales* ni tampoco respecto de la especie *de uso público*,

---

2580 *García* (1874 a), *Fisco con García* (1875), *Fisco con Pérez* (1877), *Cid* (1881), *Fisco con Ampuero* (1885), *Fisco con Geisse* (1885), *Fisco con Warner* (1888), *Rosas* (1889), *Sucesión de Almeida* (1889) y *Waddington y otros* (1890).

2581 *Pérez* (1873), *Municipalidad de Concepción con Figueroa* (1874), *Acuña* (1874), *Municipalidad de Concepción con Ocampo y Urra* (1879), *Municipalidad de Santiago con Páez Jaramillo* (1880), *Leiva y otros* (1885), *Tillería* (1888) y *Gallegos* (1889).

2582 *Hospital de Mujeres de Concepción* (1873).

2583 Chacón Barrios (1868), II, p. 75.

2584 Y de influencia del derecho comparado. Un buen ejemplo es suministrado por Courcelle-Seneuil (1887 b), pp. 312-313, quien, aludiendo al derecho francés, diferenciaba el "dominio público" del "dominio privado", sosteniendo que "al declararlos inalienables e imprescriptibles, la ley moderna reprodujo los términos de la antigua legislación, que consideraba como parte integrante del dominio de la corona todos los derechos pertenecientes al poder soberano o reputados indispensables para su ejercicio; por lo cual había también impuestos que formaban parte de este dominio y que eran permanentes, mientras que los demás eran temporales y accidentales. Este punto de vista es puramente administrativo y excluye la idea de cualquiera semejanza entre el dominio público y la propiedad privada", mientras que "a más del dominio público, el Estado y las municipalidades tienen bienes que constituyen su dominio privado y que son enajenables y prescriptibles en las mismas condiciones que los de particulares... pero no por esto son verdaderas propiedades, porque les falta el carácter constitutivo de la propiedad particular: el propietario de ella no goza de ellos ni puede gozarlo, y quienes los gozan no son propietarios".

2585 Montt Oyarzún (2002), p. 258. Implícitamente, y de manera bastante oblicua, el principio podría desprenderse del artículo 602, que será comentado a continuación en razón de la inalienabilidad,

como sostenía Chacón. El artículo 2498 se limitó a sostener que "se gana por prescripción el dominio de los bienes corporales raíces o muebles, *que están en el comercio humano*, y se han poseído con las condiciones legales"[2586], sin sostenerse que los bienes nacionales —u otra categoría análoga— estuviese marcada por la incomerciabilidad[2587]. Como destacaremos más abajo, el artículo 585 expresó que "las cosas que la naturaleza ha hecho comunes a todos los hombres, como la alta mar, no son susceptibles de dominio", pero entre ellas no se encontraban los bienes nacionales[2588], que, por el contrario —como ya hemos recordado— sí se definían en torno a la categoría del dominio[2589]. Y, a mayor abundamiento, la jurisprudencia de esta época se volcó a la aplicación de la prescripción de manera casi total[2590].

---

pero no tenemos conocimiento de ninguna jurisprudencia que lo haya aplicado en tal sentido durante este período.

2586 Las cursivas son nuestras.

2587 En *Montano* (1890) se aceptó que las partes de un contrato pudiesen acordar que el objeto del acto quedase fuera del comercio humano, al menos en lo referente a cosas que habían sido consagradas para el culto divino y que por lo tanto estaban regidas —según el artículo 586 del Código Civil— por el derecho canónico: "[...] expresándose en dicho acto por Montano y sus hijas que, para regularizar la propiedad como destinada al culto divino, ponían dicho sitio y templo fuera del comercio humano y era su voluntad que, si fuere necesario, se inscribiera esta declaración en el registro conservador, no hay fundamento alguno para invalidar los efectos de esta manifestación de voluntad, perfectamente congruente con los antecedentes que obran en autos, y bastante para obligar a las personas que la hacían".

2588 Claro Solar (1898-1945), VI, pp. 175-176, al sostener la incomerciabilidad de los bienes de dominio público, no lo hizo sobre la base de normas del Código Civil, sino sobre la base del derecho romano, y reconoció expresamente que "no existe en el Código Civil ninguna disposición expresa que establezca este carácter de los bienes nacionales de uso público; pero su no comerciabilidad se desprende, como una consecuencia lógica y necesaria, de la afectación misma de estos bienes al uso general de todos los habitantes de la Nación".

2589 Existe una especie que rozó la aceptación de la teoría de la imprescriptibilidad del dominio público: se trata de *Cárdenas* (1872). El considerando que parecía abordar la cuestión en primera instancia es el siguiente: "Considerando... que el largo uso de una calle o plaza para transitar y abrir ventanas o puertas no puede transformarse ese simple goce, común a todos, en una verdadera servidumbre en provecho de un individuo, sobre esa calle o plaza, porque la prescripción no puede adquirirse y producir efectos cuando no puede suponerse ningún derecho, *por cuanto solo se ha estado gozando de una cosa que está fuera del comercio humano*, y que por lo tanto no puede prescribirse". El considerando fue suprimido por la Corte de Apelaciones de Santiago al conocer de la apelación; pero es evidente la cercanía de las expresiones con la materia que estamos reseñando. Sin embargo, dada la materia —una servidumbre—, es también posible que, más que a una proclamación dogmática sobre el dominio público, las expresiones transcritas se refiriesen indirectamente al artículo 882 del Código y la imposibilidad de adquirir una servidumbre discontinua sin un título, ligándola al artículo 2498 del mismo cuerpo normativo.

2590 Aplicó los plazos de prescripción a favor del Fisco en invocación de las leyes hispanas, como en *Waddington* (1863), y del Código Civil, como en *Barra* (1876) y *Becerra y Cortés* (1886); y también en contra del Fisco, como en *Fisco con Bulnes* (1865) —sobre el dominio de la hacienda de Las Canteras—, *Del Campo* (1870), *Fisco con Farías* (1872), *Fisco con Sucesión de Ahumada* (1874) y *Fisco con Municipalidad de Laja* (1887). La excepción que puede hallarse en esta época concierne a los caminos, tanto frente a la jurisdicción ordinaria, como en *Benavente* (1881) —"no pudiendo ganarse por prescripción el dominio de los caminos públicos, no procede en favor de ellos la acción sumaria de despojo"— como frente al Consejo de Estado, que en *Intendente de Santiago con Juez de Letras de Santiago* (1882 b) invocaba la ley de caminos de 1842, cuyo primer artículo adicional ordenaba que "todos los caminos públicos y calles que hayan sido variados sin permiso de la autoridad competente,

Y en cuanto a la inalienabilidad, cabe tener presente que ella tampoco parece desprenderse del Código. Por el contrario, si se atiende al tenor del artículo 602, la conclusión inversa pareciera ser la correcta:

> "Sobre las obras que con permiso de la autoridad competente se construyan en sitios de propiedad nacional, no tienen los particulares que han obtenido este permiso, sino el uso y goce de ellas, *y no la propiedad del suelo.*
> Abandonadas las obras, o terminado el tiempo por el cual se concedió el permiso, se restituyen ellas y el suelo por el ministerio de la ley al uso y goce privativo del Estado, o al uso y goce general de los habitantes, según prescriba la autoridad soberana.
> *Pero no se entiende lo dicho si la propiedad del suelo ha sido concedida expresamente por el Estado*"[2591].

En otras palabras, la "propiedad del suelo" en los predios nacionales, por excelencia uno de los bienes característicos del dominio público, podía ser enajenada por el Estado si este así lo dispusiera. Debe tenerse además en consideración que el artículo 602 no era lírico, pues se tomó muy seriamente en cuenta en jurisprudencia de la época; por ejemplo, en una especie en que el Fisco obtuvo en el juicio porque se estimó que "los demandados no han justificado que el expresado agente de colonización estuviera autorizado para disponer del terreno fiscal litigado y que concedió a Cuadros y a Pérez"[2592]. Y, a mayor abundamiento, la cantidad de leyes que autorizaron o dispusieron la enajenación de bienes nacionales no fue precisamente escasa[2593].

---

y los terrenos de dichos caminos y calles de que el público haya sido despojado por usurpaciones de los propietarios de los terrenos colindantes, *serán restituidos a su antiguo estado, sea cual fuere el tiempo transcurrido desde que las expresadas variaciones o usurpaciones se efectuaron*" (las cursivas son nuestras).

2591 Las cursivas son nuestras.

2592 *Fisco con Ehrenfeld* (1875).

2593 Ley de 22 de agosto de 1861, BLDG, XXIX, p. 152, con autorización al Ejecutivo para que la venta de los terrenos fiscales de la población de Peumo, que se había autorizado por ley de 1857, se verificase a censo redimible del cuatro por ciento anual; Ley de 5 de septiembre de 1866, BLDG, XXXIV, p. 307, sobre donación al Liceo provincial de Curicó de ciertos fundos rústicos "que han sido adjudicados al Fisco como heredero de don Francisco Donoso"; Ley de 9 de diciembre de 1867, BLDG, XXXV, p. 366, en que se dispone que los demás bienes de la antedicha sucesión "se venderán en remate público, aplicando su producto a la construcción de cárceles en los departamentos que carezcan de ellas"; Ley de 7 de diciembre de 1867, BLDG, XXXV, p. 316, sobre cesión del Fisco a la Municipalidad de Talcahuano del "sitio que posee en dicho puerto tras el cuartel, con el objeto de erigir en él un hospital, y el terreno denominado Gálvez para establecer un lazareto"; Ley de 26 de junio de 1868, BLDG, XXXVI, p. 198, sobre cesión del Fisco a la Municipalidad de Santiago de "la casa número 91 de la calle nueva y la número 20 de la calle vieja de San Diego, que el Fisco ha heredado de doña Carmen Montoya y de doña Ignacia Gutiérrez. El valor de las mencionadas propiedades se destinará a la construcción de nuevas escuelas públicas en el departamento de Santiago"; Ley de 12 de junio de 1872, BLDG, XL, p. 296, sobre autorización al Presidente de la República para permutar un terreno fiscal en San Pablo por los que tenía allí la Municipalidad de Santiago; Ley de 3 de octubre de 1872, BLDG, XL, p. 766, sobre autorización al Presidente de la República para ceder a la villa de Río Bueno 150 hectáreas de terrenos fiscales adyacentes a la villa; Ley de 12 de noviembre de 1874, BLDG, XLII-2, p. 420, sobre autorización al Presidente de la República para enajenar los terrenos fiscales en Valparaíso comprendidos entre la estación Bellavista, la calle Blanco, el mar y la calle de Valdivia; Ley de 18 de noviembre de 1874, BLDG, XLII-2, p. 368, sobre cesión de terreno "que formaba parte de

Por consiguiente, la aproximación del Código Civil sobre la inalienabilidad y la imprescriptibilidad parece confirmar, por una cuarta vía —a más de la de la localización del Título de los bienes nacionales, la de la definición de bienes nacionales y la de la práctica en torno a la acción reivindicatoria— el impulso unificador de nuestra codificación respecto del tratamiento del dominio[2594].

Pero esto no debe conducir a una exaltación conceptual, como si esta perspectiva hubiera sido adoptada de modo monolítico e inquebrantable. La jurisprudencia de la época estaba ya consciente de las limitaciones que el tratamiento normativo del Código Civil podía tener en materia de bienes en general, y en especial a través de especies que comprometían al derecho administrativo[2595]. La unificación del dominio significaba un esfuerzo de síntesis

---

la plazuela del antiguo castillo de San Agustín" en Talcahuano, y que por sentencias de 1860 y 1861 se había declarado fiscal; Ley de 5 de agosto de 1875, BLDG, XLIII, p. 255, sobre cesión de terreno a la Municipalidad de Copiapó de bienes adjudicados al Fisco como sucesor de un particular; Ley de 2 de diciembre de 1875, BLDG, XLIII, p. 617, sobre cesión de una casa que el Fisco adquirió como sucesor de un particular, y el valor de un sitio, al Hospital de La Serena; Ley de 2 de diciembre de 1875, BLDG, XLIII, p. 618, sobre cesión de un terreno del Fisco a la Municipalidad de Angol; Ley de 13 de septiembre de 1876, BLDG, XLIV, p. 278, sobre cesión de un terreno del Fisco a la Municipalidad de Talca; Ley de 20 de marzo de 1877, BLDG, XLV, p. 155, sobre cesión del terreno del Teatro Municipal, fiscal, a la Municipalidad de Santiago; Ley de 31 de julio de 1877, BLDG, XLV, p. 379, sobre cesión de un terreno del Fisco a la Municipalidad de Angol; Ley de 24 de agosto de 1877, BLDG, XLV, p. 427, sobre usufructo por quince años a favor de las municipalidades de Valdivia, Llanquihue y Chiloé, constituido sobre "los terrenos de propiedad del Estado existentes en dichas provincias"; Ley de 24 de agosto de 1877, BLDG, XLV, p. 428, sobre cesión de varios terrenos fiscales a la Municipalidad de Los Ángeles; Ley de 24 de agosto de 1882, BLDG, LI, p. 629, sobre cesión de algunas propiedades fiscales a la Municipalidad de Mulchén; Ley de 16 de agosto de 1884, BLDG, LIII, p. 808, sobre cesión de terrenos fiscales para "bienes comunales" del pueblo de Río Bueno, a la Municipalidad de la Unión; Ley de 16 de octubre de 1884, BLDG, LIII, p. 1198, sobre cesión de terrenos fiscales a particulares para la construcción de un malecón en Coquimbo; Ley de 31 de octubre de 1884, BLDG, LIII, p. 1130, sobre cesión de terrenos baldíos en las inmediaciones de Pisagua para la municipalidad; Ley de 17 de noviembre de 1884, BLDG, LIII, p. 1260, sobre cesión de terrenos fiscales a la Municipalidad de Lautaro; Ley de 24 de julio de 1885, BLDG, LIV, p. 510, sobre cesión del usufructo de islas Raque, Pescadores y Santa María a la municipalidad de Arauco; Ley de 2 de julio de 1886, BLDG, LV, p. 601, sobre cesión de terrenos fiscales denominados "Potreros de las Ánimas" a la Municipalidad de Nacimiento; Ley de 16 de junio de 1887, BLDG, LVI, p. 833, que autoriza al Presidente de la República para enajenar un terreno de propiedad fiscal en Valparaíso; Ley de 1° de febrero de 1888, BLDG, LVII, p. 340, que autoriza al Presidente de la República para vender en subasta pública "los terrenos fiscales que se están formando en Valparaíso", en cierta ubicación, bajo ciertas condiciones; y Ley de 20 de diciembre de 1888, BLDG, LVII, p. 2258, sobre cesión de terrenos fiscales a la Municipalidad de Itata.

2594 Quizás en ello pueda existir un parangón del fundamento natural que RENOUX-ZAGAMÉ (2009) desarrolla a propósito del tratamiento de la propiedad en el Código Civil francés, y que explicaría su "sorprendente capacidad de resistencia" a través del tiempo (p. 329).

2595 Los ejemplos son varios; dos podrán servir de ilustración. En *Castro* (1865) se decidió que "las disposiciones del Código Civil referentes a cosas perdidas tienen más analogía con el hecho relacionado que las relativas al tesoro, y en tal caso debe el reo perder, conforme al art. 631 del Código Civil, la parte que le hubiera correspondido dando aviso a la autoridad pública: que este modo de mirar la cuestión no solo es más conforme a la ley, sino que también se pone en más armonía con la equidad y con la razón". Y en *Sánchez* (1879) se configuró un debate por la fragmentación del tratamiento del dominio público y el derecho a unas aguas por la Empresa del Ferrocarril, marcado por un vibrante voto de minoría de Manuel Montt, que sostenía la indivisibilidad del régimen aplicable: "[...]

intelectual[2596], pero no una garantía de irreprochabilidad del desarrollo del articulado del Código ni de imposibilidad de introducir clasificaciones o matizaciones en su mismo texto, o a través de otras normas.

b. La clasificación dogmática

Bien es sabido que el artículo 589 del Código Civil chileno planteó una clasificación fundamental de los bienes nacionales, construida sobre la base de una dicotomía entre los "bienes nacionales de uso público" o "bienes públicos", por una parte, y los "bienes del Estado" o "bienes fiscales", por otra:

> "Se llaman *bienes nacionales* aquellos cuyo dominio pertenece a la Nación toda.
> Si además su uso pertenece a todos los habitantes de la Nación, como el de calles, plazas, puentes y caminos, el mar adyacente y sus playas, se llaman *bienes nacionales de uso público* o *bienes públicos*.
> Los bienes nacionales cuyo uso no pertenece generalmente a los habitantes, se llaman *bienes del Estado* o *bienes fiscales*".

Sin embargo, tanto había de consolidarse en nuestra teoría y nuestra práctica lo establecido en este artículo, que poco se ha destacado la novedad que esta categorización significaba para nuestro régimen jurídico, que apareció desde el primer proyecto que conocemos del libro de las cosas y de su dominio, posesión, uso y goce[2597], cuya autoría es

---

la cuestión se ha limitado últimamente a saber si también el Ferrocarril puede usar del agua en esta nueva parte agregada a la estación y para los fines que le sean necesarios o convenientes al servicio a que está destinada. El que suscribe opina que el derecho del Ferrocarril se extiende al uso del agua en toda la estación y tal como en la actualidad está formada. La adquisición hecha por la Empresa fue para el servicio de la estación, y este objeto marca y determina los límites del derecho que adquiría. No se puede circunscribir el uso del agua al terreno primitivo de la estación, porque la adquisición no tuvo lugar en consideración a este terreno, sino a las necesidades y exigencias del servicio, el que puede por tanto verificarse en un lugar más o menos limitado con tal que no se aplique a destinos diversos. No se concibe, en efecto, que sea lícito el empleo del agua para proveer la máquina, por ejemplo, mientras está detenida en la parte antigua de la estación, y no se la puede proveer cuando se detiene en la parte nueva de la misma estación. Y lo mismo puede decirse de las demás aplicaciones que se den al agua, siempre para satisfacer las necesidades de la estación".

2596 Derivado conceptualmente, por lo demás, del espíritu de la Revolución francesa, como apunta Herzog (2019), pp. 264-266.

2597 Primer Proyecto de Código Civil de Chile (1978), pp. 149-150. En un artículo que contiene el germen de varias disposiciones posteriores: "Se llaman *bienes nacionales* aquellos cuyo dominio pertenece a la Nación toda; si su uso pertenece a todos los habitantes de la Nación, como las calles, plazas, puentes y caminos, el mar adyacente y sus playas y los ríos mayores se llaman *nacionales de uso público*. / Los puentes y caminos construidos a expensas de personas particulares en tierras que les pertenecen no son bienes nacionales, aunque los dueños permitan su uso y goce a todos. Lo mismo se extiende a cualesquiera otras construcciones hechas a expensas de particulares y en sus tierras, aun cuando su uso sea público por permiso del dueño. / Se entiende por playa la extensión de tierra hasta donde llegan las olas del mar en las más altas mareas. / Se entienden por ríos menores las corrientes naturales de agua que en todo su curso atraviesan las tierras que son o han sido de una sola heredad, hasta su desembocadero en un mar o lago. Las corrientes naturales de agua que atraviesan tierras que de

incierta[2598], pero que ya existía al 30 de agosto de 1843[2599]. En efecto, hasta antes del Código Civil, la clasificación del dominio público se había formulado sobre la base de las antiguas categorías hispánicas, con una geometría y un vocabulario distintos de los que se introdujeron en 1857[2600]. Sí se había insertado la terminología de los bienes nacionales[2601]; pero en torno a las dos subcategorías, es más difícil encontrar expresiones coincidentes con nuestro vocabulario actual, lo que revela que la introducción de estas dos categorías en el Código Civil no se debió a una inducción a partir de una práctica jurídica masiva de la época[2602].

La escisión de los bienes nacionales entre aquellos cuyo uso pertenece a todos los habitantes de la Nación y aquellos en que no les pertenece es rotunda y comprensible. Sin embargo, es llamativo que el Código Civil no se haya empeñado en esclarecer cuáles serían las repercusiones prácticas de esta diferenciación, más allá de la evidente diferenciación en torno al uso[2603].

Del puñado restringido de artículos del Código Civil que recogen estas figuras, la más relevante para estos efectos es la del artículo 598, que planteó lo siguiente:

> "El uso y goce que para el tránsito, riego, navegación y cualesquiera otros objetos lícitos, corresponden a los particulares en las calles, plazas, puentes y caminos públicos, en el mar y sus playas, en ríos y lagos y generalmente en todos los bienes nacionales de uso público, estarán sujetos a las disposiciones de este Código, y a las ordenanzas generales o locales que sobre la materia se promulguen".

Dicho de otro modo, más ajustado a las expresiones de nuestros días, el artículo 598 planteó que el uso y el goce de los bienes nacionales de uso público están sujetos a las regulaciones correspondientes. Los escasos otros artículos que recogen la expresión "bienes nacionales de uso público" o "uso público" no aportaron mucho en torno a la dogmática de la categoría[2604]. Y, relativamente a los "bienes fiscales", cabe consignar que, fuera de su enunciación en el artículo 589, esta categoría solamente se recogió en el artículo 2481 n° 1, al señalar, respecto a la prelación de créditos, que "la cuarta clase de créditos comprende... los del Fisco contra

---

tiempo inmemorial han sido de dominios diversos se llaman ríos mayores, y su dominio pertenece exclusivamente a la Nación".

2598 Al menos en este punto: Guzmán Brito (1978), p. 98.

2599 Guzmán Brito (1978), p. 79.

2600 Bocksang Hola (2015 a), título tercero, capítulo segundo, A.I.a.

2601 A más de algunos elementos de legislación, también apareció en jurisprudencia, como en *Matos* (1842), invocando "bienes nacionales" en relación con terrenos fiscales.

2602 En la jurisprudencia anterior a 1857, apenas *Angulo* (1826) menciona la expresión "bienes fiscales". Por su parte, todo apunta a que "uso público" solo se utilizaba en un sentido vulgar, como en *González Palma* (1846).

2603 Que delimitaba el ámbito de aplicación de reglamentaciones tan incidentes como la Ordenanza General de Policía sobre reuniones populares o *meeting* en lugares de uso público, aprobada por Decreto Supremo de 20 de diciembre de 1890, BLDG, LIX, p. 1038.

2604 "Bienes nacionales de uso público", el artículo 595, en relación con las aguas. "Uso público", el artículo 839, en relación con las servidumbres legales; el artículo 948, en relación con acciones posesorias especiales; y el artículo 1105, en relación con la nulidad de legados de cosas que al tiempo del testamento sean propiedad nacional o municipal y de uso público.

los recaudadores y administradores de bienes fiscales". Una alusión algo más diagonal a esta fórmula, la del artículo 599 —"nadie podrá construir, sino por permiso especial de autoridad competente, obra alguna sobre las calles, plazas, puentes, playas, *terrenos fiscales* y demás lugares de propiedad nacional"[2605]— se torna irrelevante frente a la alusión consecutiva a la propiedad nacional, que englobaba tanto a los bienes fiscales como a los nacionales de uso público.

Del examen de los proyectos del Código Civil poco más puede extraerse. Quizás si el indicio más interesante en esta materia sea el artículo 726 del proyecto de 1853, que, procurando regular los bienes fiscales, preceptuaba lo siguiente:

> "Los bienes nacionales que no son de uso público, ya sean destinados inmediatamente al servicio del Estado, como castillos, fortalezas, buques de guerra o de transporte, oficinas, palacios del Gobierno o de los Tribunales; ya consistan en fincas o en muebles, que se tengan o se administren por cuenta y a beneficio del Fisco, verbigracia, tierras baldías, haciendas, minas, artículos de comercio estancados, etc., están sujetos, en cuanto a su uso y administración, a las ordenanzas y reglamentos respectivos, si los hubiere, y a las órdenes del Gobierno".

Este artículo, desaparecido a partir del Proyecto Inédito, era un reflejo que formulaba una correspondencia a guisa de espejos con el actual artículo 598 —artículo 706 en aquel Proyecto—, ofreciendo cuatro aportes concretos. Por una parte, brindaba una enunciación de ejemplos de bienes fiscales con la que el Código Civil finalmente no contó; por otra parte, escindía la categoría de los bienes fiscales entre aquellos que eran "destinados inmediatamente al servicio del Estado" y aquellos que "se tenían o administraban por cuenta y a beneficio del Fisco"; en tercer lugar, dejaba relucir que la categoría de los bienes fiscales comprendía tanto a los bienes muebles como a los inmuebles; y, finalmente, tal como el 598, esclarecía cómo habría de regularse su tratamiento, defiriéndolo necesariamente a las "órdenes del Gobierno" y, eventualmente, si los hubiere, a las "ordenanzas y reglamentos respectivos". En relación con este último punto, la diferencia más perceptible con los bienes nacionales de derecho público consistía en que en los bienes fiscales no había una remisión a una regulación por parte del Código. Quizás ello explique, por lo demás, la inopia de disposiciones en relación con los bienes fiscales, que ya desde 1853 el Código Civil había renunciado a regular, entregándola al legislador o a las autoridades administrativas competentes.

Con todo, se advierte que el régimen de ambas especies de bienes nacionales en el Código Civil quedó casi totalmente abierto[2606]. Y, por ello, desde los primeros comentaristas se intentó dotar de una cierta consistencia conceptual a estas dos categorías. Así, Chacón abrió una línea argumentativa que sigue presentando adherentes hasta nuestros días:

2605 Las cursivas son nuestras.

2606 Parcialmente *contra*, Lira Urquieta (1956), p. 20: "También constituyó un adelanto innegable el título consagrado en este Libro segundo a los bienes nacionales. Podría observarse que muchas de sus disposiciones parecen más propias del derecho administrativo que del derecho civil, pero es lo cierto que forman un conjunto jurídico armonioso y de muy grande aplicación".

> "Los bienes fiscales, a diferencia de los de uso público, se rigen por los principios generales del derecho, pues ellos componen el patrimonio del Estado. Los bienes públicos, desde que no son susceptibles de propiedad privada, se apartan del derecho común y se rigen por principios particulares"[2607].

Con las expresiones anteriores, Chacón abrió en Chile la posición de asignarle una distinción drástica al tratamiento dogmático de ambos tipos de bienes nacionales. Los bienes fiscales se sumirían en un tratamiento de derecho privado, con aplicación irrestricta del Código Civil y la demás legislación correspondiente a dicha área. Los bienes de uso público tendrían un tratamiento especial, con aplicación privilegiada de normas.

Más allá de la crítica que pudieran merecer la invocación de Chacón a los "principios generales" y a los "principios particulares" —cuyo sentido no parece ser técnico, y que parece apuntar más bien a la distinción que posteriormente se formuló entre "derecho común" y "derecho especial"—, y la identificación de "bienes fiscales" con "patrimonio del Estado" —como si los bienes de uso público no fueran parte de él—, quedaba claro que el Código Civil dejaba una brecha considerable en torno a cómo dotar de armonía a un tema que apenas quedaba enunciado en su articulado.

Cabe preguntarse de dónde obtuvo Chacón la inspiración para plantear los caracteres del tratamiento que él planteó. La cuestión merece probablemente un análisis especial, pero no es inverosímil que la referencia haya sido una que Bello tuvo a la vista en la redacción del Código: el *Cours* de Delvincourt. Al abordar el régimen de los distintos tipos de bienes, ya en su primera edición Delvincourt dividió a los bienes nacionales en dos especies —división que el Código francés no había formulado explícitamente:

> "Los bienes nacionales son aquellos que pertenecen al Estado; son de dos especies: la primera comprende los bienes que dependen de tal forma del dominio público, que no pueden, sin cambiar de naturaleza, cesar de formar parte de él: tales son los caminos, rutas y calles conservados por el Tesoro Público, los ríos principales y ríos afluentes, navegables o flotables, las riberas, los depósitos aluvionarios del mar, los puertos, refugios marítimos y radas, así como las puertas, muros, fosos y murallas de las plazas de guerra y fortalezas.
> Los bienes nacionales de la segunda especie son aquellos que le pertenecen al Estado, pero que pueden, no obstante, sin cambiar de naturaleza, devenir propiedad privada, sea por enajenación voluntaria, sea por prescripción. Tales son todos los bienes nacionales que no están comprendidos en la enumeración anterior, los bienes vacantes y sin dueño, los que son adjudicados al Estado por herencia vacante, las islas que se forman en los ríos principales y afluentes navegables o flotables, y, en fin, los terrenos, fortificaciones y murallas de las comunas que han cesado de ser plazas de guerra"[2608].

2607 Chacón Barrios (1868), II, pp. 59-60.
2608 Delvincourt (1813), I, p. 146.

En la eventualidad de que Bello o Chacón hubiesen tenido a la vista esta clasificación de Delvincourt, está claro, de todos modos, que ella no corresponde exactamente a la distinción que formuló el Código Civil, porque no está construida sobre el eje del *uso*, sino sobre el de la *naturaleza*. Los bienes que Delvincourt asignaba a la "primera especie" perfectamente podían responder o no a un uso público, pero por su naturaleza no podían ser enajenados; y los de la segunda especie, cuya naturaleza era compatible con su alienabilidad, perfectamente hubieran podido sustraerse del uso público si un acto de la autoridad así lo hubiera dispuesto. Por ello, suponer que de la distinción de Delvincourt podrían desprenderse las consecuencias que Chacón expresó en relación con el tratamiento de cada uno de los términos de la dicotomía, implicaría desfigurar tanto a Delvincourt como al Código Civil chileno.

Comoquiera que haya surgido la clasificación de Chacón, y viendo prospectivamente la evolución del derecho chileno, es importante señalar que el tratamiento que dicho autor introdujo, y muy particularmente su asociación entre bienes fiscales y aplicación del derecho privado, arrastró casi totalmente a nuestra doctrina hasta mediados del siglo XX[2609] y sus reverberaciones se siguen advirtiendo en nuestro derecho actual.

Pero, volviendo a la época que estamos examinando en esta obra, un indicador muy elocuente acerca de la relevancia de esta clasificación dogmática es el de su aparición en las leyes de la administración territorial; vale decir, en las del Régimen Interior y de Municipalidades.

La categoría de los bienes de uso público *no apareció* en la Ley del Régimen Interior de 1844, pero sí lo hizo en la Ley de Municipalidades de 1854, casi coetánea con el Código Civil y cuyos proyectos pudieron ser consultados sin obstáculo durante su confección, permitiendo una transfusión conceptual incluso antes de la entrada en vigor del Código Civil en 1857. Así, el artículo 27 n° 1 señalaba que le competía a la Municipalidad proveer "al buen orden en las calles, plazas, espectáculos y demás lugares destinados al uso público y común de los vecinos"[2610]. Otro tanto podría aducirse respecto de los artículos 64 y 68 de la misma ley, que serán abordados más adelante[2611].

No ha de sorprender que, ya asentada la categoría por varias décadas, la Ley de Municipalidades de 1887 haya retomado en lo esencial el vocabulario de la ley anterior en sus artículos 24 n° 1, 56 y 58. Y que, frente a la carencia de estas categorías en la ley de 1844,

---

2609 MONTT OYARZÚN (2002), pp. 238-247.

2610 Añadiendo a continuación una suerte de definición de "uso público" aplicable a establecimientos particulares: "[...] se entenderán públicos, para los efectos de esta disposición, los cafés, posadas, mercados, casas de diversiones públicas y demás lugares a que se concurra libremente, sujetándose a las condiciones establecidas de un modo general para los concurrentes, por los dueños o empresarios". En este mismo sentido, el artículo 103 que fijaba como materia de ordenanza "las [resoluciones] que reglamentan el servicio o uso de establecimientos de particulares destinados al uso público, o que por su naturaleza deban destinarse a este uso, como aguas termales, etc.". La eventualidad de aplicar el "uso público" a bienes no nacionales aparece también del propio Código Civil, al precisar su artículo 592 que "los puentes y caminos construidos a expensas de personas particulares en tierras que les pertenecen no son bienes nacionales, aunque los dueños permitan su uso y goce a todos". El esclarecimiento solo es posible en cuanto los bienes de particulares pudiesen ser considerados como de "uso público" —por su uso y goce permitidos a todos— y por esa vía hubieran podido subsumirse erróneamente bajo el concepto de bienes nacionales —como *pseudo* bienes nacionales de uso público—.

2611 Véase, *infra*, en este capítulo, A.II.b.

la Ley de Régimen Interior de 1885 sí las haya hecho figurar. Su artículo 21 n° 16 prescribía que era deber y atribución del Gobernador "procurar que se respeten y conserven en el uso a que estén destinados los bienes fiscales y nacionales de uso público" —con lo que aparecían simultáneamente ambas categorías de bienes—, y el n° 18 del mismo artículo planteaba la de "conceder permiso para cargar armas prohibidas, para hacer un uso especial u ocupar alguna parte de los bienes nacionales de uso público hasta por un año con excepción de las plazas y vías públicas, y para todo acto que la ley lo exija de autoridad competente, sin determinar cuál sea esta".

II. La expresión tópica del dominio público

El dominio público tuvo un desarrollo tópico en esta época, con distintos *lugares* que dotaban de variedad al régimen general planteado por las grandes líneas dogmáticas. En ello el Código Civil recogió distintos elementos del derecho administrativo de la precodificación.

Es más: el Código incorporó elementos que solo *grosso modo* podían ser asimilables a una lógica de dominio público, pero que están tan intrínsecamente ligados con él que es difícil integrarlos en relación con otras instituciones. Es el caso de la antigua categoría de las *res communes omnium*, recibida expresamente por el Código Civil en su artículo 585:

> "Las cosas que la naturaleza ha hecho comunes a todos los hombres, como la alta mar, no son susceptibles de dominio, y ninguna nación, corporación o individuo tiene derecho de apropiárselas.
> Su uso y goce son determinados entre individuos de una nación por las leyes de esta, y entre distintas naciones por el derecho internacional".

Esta categoría quedó fuera del tratamiento de los bienes nacionales, cuya *publicidad* está dada por el vínculo inespecífico y universal del aprovechamiento de los bienes por parte de cualquier persona; es decir, responde eminentemente a lo *público* como vínculo con el *pueblo*, más allá y más profundamente que lo meramente estatal. Con todo, a pesar de su peculiaridad, no parece haber suscitado aplicaciones resonantes durante este período.

Pero el resto de las categorías desarrolladas sí responden a la lógica del dominio público en sentido estricto; es decir, se hallaban englobadas por la conceptualización dogmática del dominio. Algunas fueron desarrolladas aparentemente por el Código Civil (a); pero hay una, de singular importancia, que lo fue solo inaparentemente y, por desgracia, ha pasado a sumirse en la noche de un injusto olvido: la de los *bienes municipales* (b).

a. La tópica aparente

El Código Civil no se remitió a señalar que existiría *un dominio público* en abstracto sobre distintos tipos de bienes que determinarían en su conjunto otras leyes, sino que también señaló una *tópica central del dominio público*, enunciando una tipología que persiste fuertemente hasta nuestros días.

La primera enunciación que formuló, en el artículo 590, fue la de que "son bienes del Estado todas las tierras que, estando situadas dentro de los límites territoriales, carecen de otro dueño"[2612]. Esta disposición, lejos de tener solo una misión tipológica, estaba coloreada con una dimensión política muy importante, al declarar *por defecto* como perteneciente al Estado cualquier tierra que no estuviese asignada a otra titularidad determinada[2613]. En otras palabras, una tierra[2614] nunca podría ser entendida como una *res nullius* que permitiera su apropiación por algún particular llegado el caso[2615]. Este criterio no fue una innovación del Código, sino que había venido aplicándose con anterioridad durante el Chile patrio[2616], y que fue objeto de regulación adicional por parte del Supremo Gobierno[2617]. Es importante subrayar que esta norma no fue interpretada por nuestros tribunales en el sentido de que estableciese también *por defecto* una carga probatoria favorable al Fisco y perjudicial a los particulares[2618] o a las municipalidades[2619] respecto a las contiendas en que se arguyese existir un terreno vacante.

2612 Su primera aplicación jurisprudencial en derecho administrativo parece haberse dado a fines del período anterior, en *Municipalidad de Concepción con Castillo y otros* (1860).

2613 Las *denuncias de terrenos vacantes* fueron relevantes en este período y movieron a la avidez de los particulares denunciantes porque se les reconocía, en aplicación de una disposición de la Novísima Recopilación, una cuarta parte de los terrenos denunciados. En jurisprudencia, véase, *v. gr.*, *Ovalle* (1861), con la aplicación del precepto hispánico, y *Palacios* (1873), que da cuenta de la seriedad de los tribunales en torno a verificar si efectivamente se probaba la vacancia. En *Coñiam* (1873) se advierte el grado de perturbación que estas denuncias podían inferir a los particulares, los que eran protegidos efectivamente por los tribunales si probaban suficientemente su posesión o dominio: "[...] ha probado también el demandante que no solo es dueño del terreno a título de comprador, sino que lo ha poseído más de veinte años, no pudiendo haber cuestión sobre límites, porque la parte sur, se halla separado por un foso de los terrenos fiscales y por los demás puntos con terrenos de particulares y el mar".

2614 Y no cualquier bien. Chacón Barrios (1868), II, p. 60, enfatizaba este aspecto como un contrapunto al Código Civil francés: "Nuestro Código así aleccionado, reconoció el derecho de ocupación, atribuyendo al primer ocupante ciertas cosas sin dueño, y adjudicando solamente al Estado la propiedad de *todas las tierras*, no de todos *los bienes*, que carecen de dueño".

2615 Es relevante el principio planteado en *Convento de Santo Domingo de Valparaíso* (1874), sobre que un terreno, por estar abierto y en comunicación con la calle, no necesariamente es un terreno público: "[...] considerando que la expresada callejuela, aunque abierta y en comunicación con la calle, no puede considerarse pública, atendido el objeto con que fue dejada por sus dueños, pues debe servir a los habitantes de las piezas laterales de ella, que necesitan de una entrada común como esta".

2616 Bocksang Hola (2015 a), título tercero, capítulo segundo, A.I.a.

2617 V. gr., Decreto Supremo de 16 de enero de 1879, BLDG, XLVII, p. 8, que estableció ciertas limitaciones en la administración de terrenos fiscales de Angol, Arauco, Valdivia y Llanquihue, reservándose fajas de montaña para caminos y una faja de un kilómetro de bosque a partir de la cumbre de los cerros; y Decreto Supremo de 22 de agosto de 1888, BLDG, LVII, p. 1193, sobre arrendamiento o uso de terrenos baldíos.

2618 *Fisco con Andrade y Oyarzo* (1885). Respecto de juicios posesorios, *Fisco con Urrutia* (1890).

2619 *Fisco con Municipalidad de Laja* (1887), que es la sentencia principal en esta materia. En el considerando 1° se abordaba en concreto el problema del *onus probandi*: "[...] según el art. 889 de Código Civil, la acción que se ejercita en estos autos es la reivindicación, y el demandante no ha justificado en forma legal el dominio que alega a nombre del Fisco sobre los predios que deslinda en el escrito de demanda de f. 1". Y en el considerando 2° se agregaba la siguiente confirmación del criterio, suprimiendo la posibilidad de una interpretación en sentido contrario: "[...] si bien es verdad que el art. 590 del Código citado da al Estado la propiedad de las tierras que estuvieron situadas dentro de los límites territoriales y que carecen de dueño, *también es cierto que esta disposición no puede prevalecer*

La segunda enunciación, la del artículo 591, concerniente a las *minas*, fue también dogmáticamente muy importante:

> "El Estado es dueño de todas las minas de oro, plata, cobre, azogue, estaño, piedras preciosas, y demás substancias fósiles, no obstante el dominio de las corporaciones o de los particulares sobre la superficie de la tierra en cuyas entrañas estuvieren situadas.
> Pero se concede a los particulares la facultad de catar y cavar en tierras de cualquier dominio para buscar las minas a que se refiere el precedente inciso, la de labrar y beneficiar dichas minas, y la de disponer de ellas como dueños, con los requisitos y bajo las reglas que prescribe el Código de Minería".

Es importante recordar que, a la fecha de la entrada en vigor del Código Civil, Chile se seguía rigiendo por las disposiciones de minería procedentes del derecho indiano[2620]. No cabe duda de que el Código Civil absorbió el régimen de las minas bajo la lógica general del dominio: "[...] una verdadera propiedad; algo distinta de la privada, pero propiedad al fin y al cabo"[2621]. La regulación patria de esta materia se consolidaría recién a partir de 1874, con la promulgación del primer Código de Minería[2622], "clara reacción en contra de la legislación minera colonial"[2623]; luego sustituido por un segundo Código, de 1888, "dictado bajo la evidente influencia de las ideas liberales individualistas", a partir del cual desaparece el antiguo criterio del trabajo efectivo de la mina como forma de justificar la respectiva concesión[2624].

El artículo 593 abrió también nuevas fronteras, al disponer un tratamiento explícito del *mar más próximo* a la costa del país:

> "El mar adyacente, hasta la distancia de una legua marina, medida desde la línea de más baja marea, es mar territorial y de dominio nacional; pero el derecho de policía, para objetos concernientes a la seguridad del país y a la observancia de las leyes fiscales, se extiende hasta la distancia de cuatro leguas marinas medidas de la misma manera".

---

sobre aquellos bienes en que, por el transcurso del tiempo y por actos posesorios, se ha llegado a establecer un título constitutivo de dominio en conformidad a los preceptos legales" (las cursivas son nuestras).

2620 En torno a la evolución histórica del derecho de minería en Chile, véase Vergara Blanco (1992), *in totum*; pero especialmente pp. 53-170, en relación con el desarrollo que en nuestra tradición precedió al Código Civil.

2621 Vergara Blanco (2010 b), p. 82. Para un análisis más detallado sobre la noción de dominio que rige este artículo, véase Vergara Blanco (1992), pp. 210-220 y 229-230, quien realiza una crítica de la aplicación de la doctrina del *dominio eminente* que ha elaborado el civilismo chileno.

2622 BLDG, XLII-2, p. 395. Entre toda la jurisprudencia en relación con el dominio del Estado bajo el Código de 1874, hay aspectos muy interesantes, como el de la minería del carbón. El artículo 1° inciso segundo del Código de 1874 disponía que "la explotación del carbón y demás fósiles no comprendidos en el inciso anterior cede al dueño del suelo, quien solo estará obligado a dar aviso de ella a la autoridad administrativa", con lo que en *Fisco con Goyenechea* (1889) se entendió que era improcedente una acción reivindicatoria del Fisco respecto de una mina de carbón. El Código de 1888, en su artículo 2° inciso 2°, variaría el criterio de relación con la Administración, preceptuando: "La explotación del carbón y demás fósiles no comprendidos en el inciso anterior cede al dueño del suelo, quien estará obligado, en caso de trabajar, a constituir propiedad minera practicando las diligencias que prescribe esta ley".

2623 Vergara Blanco (1992), p. 50.

2624 Vergara Blanco (1992), p. 48.

Es sabido que el cómputo y la extensión de las distancias no ha subsistido hasta el día de hoy. Pero el principio organizativo sí pervive, contraponiéndose el "derecho de dominio y el derecho de policía"[2625]: el reconocimiento de un mar adyacente, correspondiente al dominio público propiamente tal —con la calificación de bien nacional de uso público en el artículo 589—, y de una extensión complementaria con propósitos de policía[2626].

El artículo 594 definió *playa de mar* como "la extensión de tierra que las olas bañan y desocupan alternativamente hasta donde llegan en las más altas mareas"[2627], mientras el artículo 589 la calificó como un bien nacional de uso público[2628]. Dicho tratamiento fue distinto al que tenía bajo la legislación castellano-indiana, e incluso bajo la primera legislación patria, que lo consideraban una *res communes omnium*. Por ello, bien puede sostenerse que, luego de una evolución muy sutil operada hasta la década de 1850[2629], el Código Civil concluyó un proceso de apropiación estatal de las playas[2630], con la notable salvedad de los derechos adquiridos por particulares sobre playas con anterioridad a la ley de 1849, que la jurisprudencia nacional respetó aún con posterioridad a la entrada en vigor del Código Civil[2631].

2625 Chacón Barrios (1868), II, p. 71.

2626 En lo marítimo, según *Muñoz* (1872), pronunciada antes de la LOAT, los tribunales chilenos eran competentes en "el mar territorial de la República".

2627 Chacón Barrios (1868), II, p. 73, destacaba el criterio técnico elegido para definir las playas: "[...] nuestro Código fija por límites a las playas del mar la línea donde alcanzan las más altas mareas, como el francés, y no el mayor flujo y reflujo, como el derecho romano, porque nuestro mar, que es un Océano, tiene mareas como el que baña la costa Atlántica de Francia". Con todo, debe tenerse presente esta no fue una innovación del Código, pues el mismo criterio ("la más alta marea ordinaria") ya aparecía escogido en un senadoconsulto de 1821 (BLDG, 1821-1822, p. 106).

2628 La calificación como *terreno fiscal* que aparece en *Gundián* (1881) no debe entenderse como técnica, sino solo descriptiva: sencillamente, la playa de mar le pertenecía al Fisco, lo que no desmiente su uso público.

2629 Bocksang Hola (2015 a), título tercero, capítulo segundo, A.II.

2630 En estricto rigor, formuló el criterio conclusivo, sin llevarlo a sus últimas consecuencias. Ya en esta época surgió el inconveniente de determinar qué sucedería con las playas que no fueran las del mar, situación que no estaba prevista explícitamente por el Código. En *Herederos de Larraín* (1878), que versaba sobre la playa de un estero, se aplicó por analogía el régimen de las riberas de playas sobre las riberas de los esteros. Llamativamente, para ello se apoyó el tribunal sobre normas indianas: "[...] según la ley 9 tít. 28 part. 3ª, los arenales que estaban en las riberas eran bienes comunales de uso público, y por analogía debe decirse lo mismo respecto de los arenales que existían en las riberas de los esteros", con lo que, también por analogía, se extendía a los esteros la absorción de sus playas en los "bienes nacionales de uso público". Y si en lo inmediato esta especie daba a la Municipalidad de Valparaíso como victoriosa en el pleito, en lo mediato significaba que las riberas de los esteros terminarían asentándose en el dominio nacional y no en el municipal. La sentencia quedó a firme en ese sentido; pero es lamentable que en segunda instancia el recurso de apelación haya quedado desierto, pues quizás la Corte de Apelaciones hubiera podido revisar —o confirmar— el criterio de fondo de manera expresa.

2631 En *Cerveró* (1865) se declaró que "aunque la ley de 8 de agosto de 1849 declaró del dominio público los terrenos abandonados por el mar en los puertos y caletas, dejó no obstante en vigor la propiedad adquirida ya por los propietarios riberanos en la parte comprendida dentro de sus muros o linderos"; en *Municipalidad de Valparaíso con Waddington* (1865), que "los edificios hechos en la caleta de Las Habas, o se hallan dentro de los límites que encierran los terrenos disputados de Playa Ancha y los cuales ha adquirido bien don Josué Waddington, según lo expuesto en los considerandos anteriores, o bien han sido construidos en la parte de playa que las leyes anteriores al año de 1848 conceden al

Los *ríos* fueron objeto de tratamiento en el artículo 595:

> "Los ríos y todas las aguas que corren por cauces naturales, son bienes nacionales de uso público. Exceptúanse las vertientes que nacen y mueren dentro de una misma heredad: su propiedad, uso y goce pertenecen a los dueños de las riberas, y pasan con estas a los herederos y demás sucesores de los dueños".

El Código no definió lo que era un río, pero en los artículos 697 del proyecto de 1853 y del proyecto inédito se encuentra la siguiente conceptualización: "[...] se da el nombre de *ríos* a todas las aguas que corren en cauces naturales". Los artículos 698 y 699 del proyecto de 1853 también los clasificaba entre ríos mayores y menores, de que también prescindió el texto definitivo. La jurisprudencia permitió entender que los llamados *esteros* debían regirse también por lo dispuesto en este artículo[2632], y que los *pozos* no son "vertientes que nacen y mueren dentro de la misma heredad"[2633].

El caso de los *lagos* se previó en el artículo 596:

> "Los grandes lagos que pueden navegarse por buques de más de cien toneladas son bienes nacionales de uso público.
> La propiedad, uso y goce de los otros lagos pertenecen a los propietarios riberanos".

Hasta el proyecto inédito, existió —tal como respecto de los ríos— una división de los lagos entre mayores y menores, que no llegó a consolidarse en el proyecto definitivo, posiblemente por añadir complejidades adicionales en lugar de simplificar la eventual ocurrencia de conflictos. Otro elemento llamativo en los proyectos de Código es que la división entre los lagos de propiedad particular y los de propiedad estatal se daba no en las cien toneladas que finalmente imperaron, sino en treinta toneladas.

El artículo 597 normó el caso de las *islas*, con la redacción que subsiste hasta el día de hoy: "[...] las nuevas islas que se formen en el mar territorial o en ríos y lagos que puedan navegarse por buques de más de cien toneladas, pertenecerán al Estado".

El proceso de administrativización del territorio marítimo y de los ríos navegables se vio incrementado hacia fines del período con la entrada en vigor de un Reglamento General de Policía Marítima, que declaraba corresponder "a la autoridad marítima la policía del mar territorial, de los puertos, bahías, canales, mares interiores y ríos navegables. La policía de los muelles y embarcaderos también corresponde a la autoridad marítima; la cual deberá prestar auxilio al resguardo de aduanas para la consecución de los fines a que este sirve, siempre que sea requerida por él. El resguardo a su vez y la Guardia Municipal podrán ser requeridos por la autoridad marítima para auxiliarla en el mantenimiento del orden y aprehensión de delincuentes"[2634].

---

primer poseedor". Pero, según lo dispuesto por la misma ley, los particulares no podían lícitamente apropiarse de una playa con posterioridad a 1849: *Fisco con Compañía de Diques Flotantes* (1874).

2632 *Bissig* (1888).

2633 *Fuenzalida* (1885).

2634 Decreto Supremo de 5 de octubre de 1887, BLDG, LVI, p. 1614, art. 1°.

Los artículos 598 a 605 del Código sintetizaron normas de derecho administrativo en relación con las distintas categorías tópicas antes enunciadas, y hasta hoy se mantienen vigentes en su redacción original. Cada uno cumplió un designio preciso, quizás no lo suficientemente reconocido. El artículo 598 sentó las bases de una función administrativa general, a más de lo que correspondiese al Código, en la regulación del uso y goce en los bienes nacionales de uso público[2635]; el artículo 599 dispuso la posibilidad de construir por parte de particulares en los "lugares de propiedad nacional", bajo condición de contar con el correspondiente permiso[2636]; el artículo 600, la inviolabilidad del espacio de los bienes nacionales por parte de los edificios, con una norma transitoria de tolerancia —prevista en el inciso segundo— para el caso de infracción existente en 1857, que cesaría en caso de que se reconstruyeren; el artículo 601, una norma de límites relativa a las edificaciones que sobresalieran del plano vertical que las divide de calles y plazas; el artículo 602, una norma de inviolabilidad del dominio público en caso de otorgarse permisos sobre bienes nacionales a particulares, que permite expresamente, en todo caso, la enajenación de tales bienes a particulares; el artículo 603, la sujeción de la extracción del agua de ríos hacia los canales a las disposiciones legislativas o administrativas del rubro; el artículo 604, el régimen general de acceso a las playas para las naves nacionales o extranjeras; y el artículo 605, una norma de clausura que dispone la protección de los "derechos adquiridos por particulares antes de la promulgación de este Código" sobre ríos, lagos e islas. Hubo reglamentación administrativa complementaria respecto de algunos de estos preceptos[2637].

El Código no regló en profundidad el rubro de los *caminos*[2638], pues a la entrada en vigor del Código Civil se hallaban tratados en una ley especial de 1842[2639], complementada durante el período en estudio con nuevas regulaciones sobre su apertura y reparación[2640], y sobre la inversión de fondos fiscales destinados a ellos[2641]. Las

2635 Por lo que no era lícito eximirse de la aplicación de sus disposiciones, tal como aparece de *Pescadores de la hacienda de Concón* (1866).

2636 Del Consejo de Estado, *Gobernador de Lautaro con Juez de Letras de Concepción* (1877): "[...] el art. 599 establece que con permiso especial de las autoridades competentes pueden construirse obras que modifiquen o restrinjan el uso que corresponda a los particulares, y que dentro de ciertos límites lo hagan exclusivo del que ha construido la obra".

2637 *V. gr.*, Decreto Supremo de 2 de noviembre de 1885, BLDG, LIV, p. 1235, de uso y goce de propiedades nacionales en los casos de los artículos 599 y 602 del Código Civil.

2638 Respecto de los caminos hubo declaraciones jurisdiccionales expresas que reconocían su imprescriptibilidad: *v. gr.*, *Benavente* (1881) e *Intendente de Santiago con Juez de Letras de Santiago* (1882 b). Los caminos vecinales fueron absorbidos, tras el Código Civil, bajo la lógica de las servidumbres: según *Santa María* (1889), "los caminos vecinales no son otra cosa que servidumbres de tránsito establecidas por la ley y que se rigen por el Código Civil".

2639 Ley de 17 de diciembre de 1842, BLDG, X, p. 367. Su aplicación se extendió durante todo el período: *v. gr.*, *Bravo* (1886), *Ojeda* (1887), y *Lezana con Bravo* (1888) que declaraba que "lo que constituye un camino público o vecinal es el espacio determinado de terreno, claro y demás condiciones que en estos artículos se establecen, y destinado a servir de comunicación entre asientos de población y a los fundos de particulares con los caminos públicos".

2640 Decreto Supremo de 23 de diciembre de 1871, BLDG, XXXIX, p. 484.

2641 Decreto Supremo de 7 de mayo de 1878, BLDG, XLVI, p. 116. Según Lira Argomedo, I, p. 239, este reglamento derogó tácitamente el Reglamento para la Ejecución de Obras Públicas de 1857. A fines del período, véase Decreto Supremo de 30 de marzo de 1889, BLDG, XLVIII, p. 221.

calles[2642], por su parte, estaban entregadas por la ley a la gestión preponderante de las municipalidades[2643], pero en estos años fueron objeto de varias leyes conducentes a darles mayor consistencia en ciertas ciudades como Santiago[2644], Curicó[2645] y Valparaíso[2646], que deben considerarse como antecedentes importantes en la historia de la legislación urbanística[2647].

También abordó el Código la adquisición de ciertos bienes por parte del Estado en el Título IV del Libro II, sobre la *ocupación* como modo de adquirir el dominio. Quizás el más relevante sea el artículo 640, que se refiere a las presas[2648] o botín bélico[2649] en guerras externas[2650]: "[...] el Estado se hace dueño de todas las propiedades que se toman en guerra de nación a nación, no solo a los enemigos sino a los neutrales, y aun a los aliados y los nacionales según los casos, y dispone de ellas en conformidad a las Ordenanzas de Marina y de Corso". El artículo 641 privó de valor como título legítimo a las presas hechas por bandidos, piratas o insurgentes, y el 642 rigió la situación de los bienes represados cuyos bienes no aparecieren. Y el artículo 650 del Código, en el Título V, sobre la *accesión*, previó que un aluvión en puertos beneficiaría al Estado.

Por cierto, la tópica desarrollada por el Código Civil no agotó la tópica aparente del período. Otras categorías importantes también fueron abordadas por normativa especial.

2642 Según *Herrera* (1888), "las calles de una población son bienes nacionales de uso público, en los que los particulares solo tienen el uso y el goce de ellas para el tránsito y otros objetos ilícitos, sin que puedan estimarse como pertenecientes al patrimonio de cada uno de ellos ni, por consiguiente, comprendidos dentro de los bienes, sobre los cuales puede ejercitarse el derecho de dominio y su libre administración". Hubo controversias en torno a la determinación de si una calle era pública o privada: *v. gr.*, *Municipalidad de Coquimbo con Edwards* (1884).

2643 *V. gr.*, Ley de Municipalidades de 1854, art. 27 n° 1, 5 y 7; y Ley de Municipalidades de 1887, art. 24 n° 1 y 5.

2644 Ley de 25 de junio de 1874, BLDG, XLII-1, p. 416.

2645 Ley de 23 de junio de 1875, BLDG, XLIII, p. 193.

2646 Ley de 6 de diciembre de 1876, BLDG, XLIV, p. 424.

2647 En cuanto a los puentes, merece alguna observación, por lo que implicaba la técnica escogida, la ley de 16 de julio de 1868, BLDG, XXXVI, p. 204, que cedió a la Municipalidad de Rancagua el producto del puente de Cachapoal.

2648 En este período hubo interesantes cuestiones sobre presas. Véase, *v. gr.*, *Fragata Thalaba* (1867), *Thompson* (1871) —derivado del caso Thalaba, declarando que pertenecía a sus captores el valor de la fragata y de su cargamento—, *Titus y compartes* (1873), *Fisco con Serdio Hermanos* (1881), *Serdio Hermanos* (1883), *Barahona* (1884), *Remolcador Isluga* (1884), *Becagno, Baglietto y Vallarino* (1885), *Fisco con Serdio* (1885), *Riveros* (1886) y *Jara* (1889). En doctrina, *v. gr.*, Ávila Martel (1978) y Dougnac Rodríguez (1983).

2649 Sobre la ocupación bélica, véase *Massardo* (1886), concerniente a propiedades del gobierno del Perú; *Vernal y Castro* (1887) y *Carreño y otros* (1888), sobre salitreras que habían pasado a dominio fiscal del Perú por su abandono; y *Fréraut* (1889), con la declaración de que "el Gobierno de Chile, en uso de sus derechos de beligerante, tomó posesión durante el estado de guerra, del territorio de Tarapacá y bienes nacionales comprendidos en él; y hecha después la paz adquirió los derechos anexos a la soberanía en los términos y condiciones establecidos en el respectivo tratado de paz promulgado en 21 de mayo de 1884". También, en contexto bélico, *Fisco con Romero Roa* (1885), sobre internación de bienes procedentes del Perú, que el Estado disputaba con un particular, obteniendo este último en el juicio.

2650 Chacón Barrios (1868), II, pp. 109-115 y Claro Solar (1898-1945), VII, p. 105. La práctica de la toma unilateral de propiedades internas no era un modo de adquirir válido para el Estado: *Parroquia de Caldera* (1869), *Establecimientos de Beneficencia de Santiago con Fisco* (1871).

Un caso manifiesto es el de las *guaneras*, cuya importancia económica en el período movió a superar la legislación de 1842[2651], introduciéndose sucesivas nuevas leyes base sobre la materia en 1863[2652], 1879[2653] y 1884[2654], a más de la inevitable reglamentación administrativa[2655]. Por otra parte, hubo una profusa emisión de normas concernientes a la construcción o conservación de inmuebles estatales[2656], y algunas sentencias que colaboraron a esclarecer

---

2651 BLDG, X, p. 299.

2652 Ley de 26 de diciembre de 1863, BLDG, XXXI, p. 421.

2653 Ley de 17 de enero de 1879, BLDG, XLVII, p. 46.

2654 Ley de 3 de noviembre de 1884, BLDG, LIII, p. 1309.

2655 *V. gr.*, Decreto Supremo de 19 de diciembre de 1876, XLIV, p. 476, referente a la explotación de guano en Coquimbo; Decreto Supremo de 2 de marzo de 1880, BLDG, XLVIII, p. 107, que autorizó a los tenedores extranjeros de bonos peruanos la extracción de guano de los depósitos del Perú ocupados por Chile, bajo ciertas condiciones; y Decreto Supremo de 19 de octubre de 1880, BLDG, XLVIII, p. 340, que comisionó a la Sociedad Nacional de Agricultura "para el expendio de los guanos que el Gobierno repute conveniente destinar al consumo nacional", precisando también que "el precio de los guanos será fijado con acuerdo del Gobierno".

2656 *V. gr.*, dos leyes por las que se asignaban sumas cuantiosas para concluir el edificio de la Universidad de Chile, de 20 de agosto de 1864, BLDG, XXXII, p. 186, y de 27 de julio de 1865, BLDG, XXXIII, p. 381; Ley de 18 de diciembre de 1867, BLDG, XXXV, p. 369, que ordenó construir en Valparaíso "un muelle y los almacenes que sean necesarios para el depósito de mercaderías en Aduana, pudiendo gastarse en estas obras hasta la suma de ochocientos mil pesos"; Ley de 11 de enero de 1872, BLDG, XL, p. 84, que ordenó construir un muelle en Valparaíso, "debiendo llamar a licitación pública", y, en su defecto, construirlo directamente el Fisco; Ley de 28 de agosto de 1872, BLDG, XL, p. 515, que autorizó al Presidente de la República a invertir hasta cincuenta mil pesos para "la construcción de las obras necesarias para mejorar las obras del Maule", sucedida por la ley de 25 de agosto de 1875, BLDG, XLIII, p. 436, y la ley de 4 de noviembre de 1875, BLDG, XLIII, p. 575, con impuesto en Constitución; Ley de 14 de noviembre de 1872, BLDG, XL, p. 983, que autorizó al Presidente de la República a emitir bonos para la conclusión del Palacio del Congreso, seguida de otra ley, de 29 de diciembre de 1875 (BLDG, XLIII, p. 628), dirigida a invertir hasta doscientos cincuenta mil pesos para tal fin; Ley de 7 de agosto de 1873, BLDG, XLI-2, p. 103, que autorizó al Presidente de la República para invertir doscientos cincuenta mil pesos "en la construcción de un edificio destinado a exposiciones generales y nacionales"; Ley de 30 de diciembre de 1879, BLDG, XLVII, p. 480, referente a un dique seco en Talcahuano; Ley de 14 de octubre de 1880, BLDG, XLVIII, p. 319, para los edificios de maestranza del ferrocarril entre Santiago y Valparaíso; Ley de 2 de diciembre de 1881, BLDG, XLIX, p. 490, que autorizó al Presidente de la República para invertir hasta treinta mil pesos para la traslación de la Biblioteca Nacional e instalarla "en el local que estime conveniente"; Ley de 7 de diciembre de 1882, BLDG, LI, p. 1079, que autorizó al Presidente de la República para invertir ciento sesenta mil pesos en distintas dependencias de la Aduana de Valparaíso; Ley de 20 de enero de 1883, BLDG, LII, p. 41, que autorizó al Presidente de la República para invertir hasta treinta y un mil pesos para adaptar el antiguo edificio del Congreso Nacional como la Biblioteca del Estado; leyes sobre el muelle fiscal de Valparaíso, de 20 de enero de 1883 (BLDG, LII, p. 100) y de 17 de enero de 1884 (BLDG, LIII, p. 169); Ley de 11 de octubre de 1883, BLDG, LII, p. 930, que autorizó al Presidente de la República para invertir hasta un millón doscientos mil pesos en la construcción de escuelas primarias; Ley de 18 de enero de 1884, BLDG, LIII, p. 160, que autorizó al Presidente de la República para invertir una suma para adquirir el terreno y construir la cárcel y los juzgados del crimen de Santiago; Ley de 27 de agosto de 1886, BLDG, LV, p. 732, que autorizó al Presidente de la República para adquirir ciertas casas en la Alameda de las Delicias y en Teatinos; Ley de 10 de septiembre de 1887, BLDG, LVI, p. 1345, que dispuso de veinte mil pesos para el arreglo y ornamentación de la plazuela del Congreso; Ley de 13 de enero de 1888, BLDG, LVII, p. 280, que autorizó al Presidente de la República para invertir hasta quinientos mil pesos para la canalización del Mapocho; Ley de 13 de enero de 1888, BLDG, LVII, p. 9, que autorizó al PR para invertir hasta veinte mil pesos en la

puntos controvertidos en su régimen[2657]. Y, asimismo, hubo importante actividad normativa relacionada con buques del Estado[2658], material bélico[2659], bosques[2660] y ferrocarriles[2661], entre otros rubros[2662]. Era esperable, por lo tanto, que, entrado el período, distintas dispo-

---

terminación de la línea telegráfica entre Calama y Ascotán; Ley de 7 de septiembre de 1888, BLDG, LVII, p. 1232, que autorizó al Presidente de la República para invertir sumas en la construcción de la línea telegráfica Andacollo-Serón; Ley de 20 de enero de 1888, BLDG, LVII, p. 18, que autorizó al Presidente de la República para invertir hasta treinta mil pesos en varias líneas telegráficas; y leyes de 17 de enero de 1890 (BLDG, LIX, p. 16), 1° de septiembre de 1890 (BLDG, LIX, p. 815) y 1° de septiembre de 1890 (BLDG, LIX, p. 816), que autorizaron al Presidente de la República para adquirir casas en la Alameda. Incluso hubo una ley que se refirió a materiales específicos provenientes de edificios fiscales: Ley de 8 de noviembre de 1876, BLDG, XLIV, p. 388, "autorízase al Presidente de la República para que aplique a los gastos de traslación de la Biblioteca Nacional, el producto de los materiales que se saquen del edificio donde ahora se halla colocada".

2657 *V. gr.*, *Corbalán* (1863), en que se juzgó que las dependencias en que funcionaban los estanquilleros no eran oficinas fiscales y, por lo tanto, no era el Fisco quien debía pagar las contribuciones ligadas a ellas, sino los respectivos titulares.

2658 Ley de 28 de julio de 1863, BLDG, XXXI, p. 157, que autorizó la venta del pontón *Chile*; Ley de 25 de junio de 1864, BLDG, XXXII, p. 154, que señaló que uno de los buques de mayor porte de la Armada tendrá siempre el nombre de *O'Higgins*; Ley de 24 de julio de 1867, BLDG, XXXV, p. 183, que autorizó al Presidente de la República a vender "los buques de la Escuadra cuya enajenación crea conveniente"; Ley de 4 de enero de 1872, BLDG, XL, p. 91, que autorizó al Presidente de la República a adquirir uno o dos buques de guerra blindados, y un vapor destinado a Magallanes, y a levantar un empréstito para pagar los anteriores buques; Ley de 23 de diciembre de 1875, BLDG, XLIII, p. 695, que autorizó la venta de los vapores *Valdivia* y *Ancud*, permitiendo al Presidente de la República determinar "la forma en que se efectuará la venta"; Ley de 10 de noviembre de 1876, BLDG, XLIV, p. 419, que autorizó al Presidente de la República a vender "en licitación pública" el vapor *Independencia*; Ley de 5 de noviembre de 1877, BLDG, XLV, p. 559, que autorizó al Presidente de la República a vender en licitación pública los vapores *Abtao* y *Ancud*; Ley de 8 de noviembre de 1884, BLDG, LIII, p. 1363, que autorizó al Presidente de la República a vender los vapores *Chile*, *Lautaro* y *Gaviota* en licitación pública, y la corbeta *Abtao* en la forma que creyere más conveniente; y Ley de 20 de enero de 1888, BLDG, LVII, p. 267, que autorizó al Presidente de la República a invertir cuatrocientos dos mil doscientos cincuenta y ocho pesos cuarenta y cinco centavos para pagar a la Marina el valor de las presas de la Guerra del Pacífico.

2659 Ley de 1° de septiembre de 1890, BLDG, LIX, p. 863, que autorizó al presidente Balmaceda —justo antes de la Guerra Civil— "para enajenar en licitación pública el armamento mayor y menor, municiones y artículos de cobre, bronce y fierro que se consideren inadecuados para el uso del Ejército o de la guardia nacional y para la defensa de la costa". En jurisprudencia, *Cotapos* (1872), sobre la propiedad de uniformes destinados a militares, que finalmente se entienden pertenecer al particular litigante.

2660 Decreto Supremo de 3 de mayo de 1873, BLDG, XLI-1, p. 390, art. 2°: "[...] la explotación de los bosques pertenecientes al Estado, que fuesen explotables de conformidad con las prescripciones del artículo anterior, se hará por medio de arrendamientos, los que se efectuarán en conformidad a las leyes. El intendente de la provincia, en cuyo territorio se encuentra el bosque, fijará las condiciones de cada contrato y lo firmará en representación del Estado, debiendo además someterlo a la aprobación del Gobierno".

2661 Sobresalen las leyes que autorizaban a comprar las acciones del ferrocarril Santiago-Valparaíso que aún se hallaban en manos de los particulares: Ley de 30 de septiembre de 1862, BLDG, XXX, p. 311, y Ley de 9 de mayo de 1863, BLDG, XXXI, p. 89. Y, por cierto, también la Ley de Ferrocarriles de 4 de enero de 1884, BLDG, LIII, p. 5.

2662 En jurisprudencia podía hallarse aspectos muy variados. Por ejemplo, en *Norambuena Reyes* (1879), que versaba sobre animales fiscales de la colonia de Magallanes.

siciones ordenasen inventariar los distintos bienes que se hallaban en la esfera jurídica del Estado[2663].

b. La tópica inaparente

El tratamiento especial de los *bienes nacionales* en el ya referido Título III, sin que existieran otros dirigidos a reglar otros eventuales tipos de dominio público, podría sugerir que el dominio público quedaría circunscrito y agotado en la categoría general de los bienes nacionales. Sin embargo, tal conclusión sería precipitada. Aun cuando evidentemente existe un claro predominio conceptual de esta categoría, tanto el Código como el resto de la normativa de la época dejan de manifiesto que esta materia tenía un tratamiento más sutil y articulado de lo que pudiera pretenderse a primera vista.

En efecto, existe en materia del dominio público una categoría tópica *inaparente*, que ha pasado bastante desapercibida para nuestra doctrina: la del *dominio municipal*[2664]. Hasta antes del Código Civil, un estatuto variopinto pero muy concreto correspondiente a los bienes de las municipalidades era parte del paisaje jurídico, con sus categorías propias y una lógica que reconocía muy bien su raigambre y su especial finalidad[2665]. Y una lectura rápida de dicho Código podría dar la impresión de haberse absorbido el dominio municipal en el dominio nacional, atendida la inexistencia de cualquier título especial o, al menos, un artículo aparte que sintetizase sus reglas[2666].

Sin embargo, una apreciación más detenida muestra que el Código Civil no solo tuvo en vista la existencia de esta categoría especial como antecedente, sino que incluso, silenciosa y discretamente, la recogió. Escondido en el cuerpo del Código, el artículo 1105 dispuso lo siguiente:

> "No vale el legado de cosa incapaz de ser apropiada, según el artículo 585, *ni los de cosas que al tiempo del testamento sean de propiedad nacional o municipal y de uso público*, o formen parte de un edificio, de manera que no puedan separarse sin deteriorarlo; a menos que la causa cese antes de deferirse el legado.

2663 Decreto Supremo de 14 de abril de 1877, BLDG, XLV, p. 232, que mandó formar una relación de los bienes raíces de propiedad fiscal; Decreto Supremo de 31 de mayo de 1882, BLDG, LIX, p. 433, que extendió la anterior obligación a los muebles; y Decreto Supremo de 12 de septiembre de 1887, BLDG, LVI, p. 1349, que obligó a intendentes y gobernadores a levantar inventario detallado de todos los muebles y utensilios de propiedad fiscal que existan en sus oficinas.

2664 CLARO SOLAR (1898-1945), VI, p. 248, destacó su existencia —dejando su análisis al derecho público y administrativo—, subrayando también la de los bienes de los establecimientos públicos o fundaciones de derecho público, sobre la base del artículo 1923 del Código Civil, que abordaremos a continuación.

2665 BOCKSANG HOLA (2015 a), título tercero, capítulo segundo, A.I.b.

2666 Contrariamente al Código Civil francés, que recogió la categoría de los *bienes comunales* en el artículo 542: "Les biens communaux sont ceux à la propriété ou au produit desquels les habitants d'une ou plusieurs communes ont un droit acquis" ("Los bienes comunales son aquellos a cuya propiedad o a cuyo producto tienen un derecho adquirido los habitantes de una o varias comunas". La traducción es nuestra).

Lo mismo se aplica a los legados de cosas pertenecientes al culto divino; pero los particulares podrán legar a otras personas los derechos que tengan en ellas, y que no sean según el derecho canónico intransmisibles"[2667].

Quizás no alcance a tratarse de una resonante proclamación dogmática, pero sí puede calificarse como un reconocimiento dogmático y, a pesar de su brevedad, un reconocimiento dogmático bastante rico. En efecto, a través de la fórmula contenida en el artículo 1105 del Código Civil se desprenden tres conclusiones distintas.

La primera consiste en que los bienes de "propiedad nacional" —es decir, los bienes nacionales— son distintos de los bienes de "propiedad municipal". De otra manera, la disyunción sería inexplicable en la frase. Si la propiedad nacional está dada por los bienes nacionales —según el ya referido Título III del Libro II—, la propiedad municipal estará dada por los bienes municipales. Ello es concordante con el artículo 547 del mismo Código, que recogió la separación patrimonial de la Nación, del Fisco y de las municipalidades; y con disposiciones más específicas, como el artículo 1923, que planteó que "los arrendamientos de *bienes* nacionales, *municipales* o de establecimientos públicos, están sujetos a reglamentos particulares y, en lo que no lo estuvieren, a las disposiciones del presente título"[2668]; y el artículo 2497, al separar Estado y municipalidades en el precepto que dispone que "las reglas relativas a la prescripción se aplican igualmente a favor y en contra del Estado, de las iglesias, de las municipalidades, de los establecimientos y corporaciones nacionales, y de los individuos particulares que tienen la libre administración de lo suyo".

La segunda consiste en que los bienes de las municipalidades están sujetos también al concepto general del dominio o propiedad. Al existir en la mirada del Código una *propiedad municipal*, se reconoce su correspondencia a la definición de dominio del artículo 582. Por ende, los bienes municipales pueden entrar perfectamente dentro del género *dominio público*, aun cuando no pertenezcan a la categoría de los bienes nacionales. El dominio público, por consiguiente, quedaría constituido —al menos— por los bienes nacionales y por los bienes municipales.

Y la tercera consiste en que tanto los bienes nacionales como los bienes municipales pueden estar afectados o no al uso público. La fórmula "de propiedad nacional o municipal y de uso público" muestra a las claras que la propiedad municipal puede ser de uso público; de tal fórmula solo quedarían dudas sobre si el "uso público" le corresponde solamente a la propiedad municipal, o tanto a la propiedad nacional o municipal, pero con el artículo 589 del Código Civil tal interrogante es totalmente estéril, debiendo interpretarse en la afirmativa. Por ello, parafraseando el artículo 589, se podría sostener que los bienes municipales se subdividen entre "bienes municipales" o "bienes de las municipalidades", por una parte, y "bienes municipales de uso público", por otra.

Lo cierto es que lo esbozado por el Código Civil fue consistente con lo que, coetáneamente, estableció la Ley de Municipalidades de 1854. Desde la mera perspectiva del articulado, un Título VII, "De la administración de los bienes y rentas", concentró el tratamiento de las

2667 Las cursivas son nuestras.
2668 Las cursivas son nuestras.

disposiciones concernientes a los bienes municipales, lo que desde ya recogía la peculiaridad de su tratamiento. Sin pretender detallar todo su funcionamiento, sino solo aludir al tratamiento de las categorías principales, puede tenerse en vista que el "uso público" aparecía invocado tanto en el artículo 64[2669] como en el artículo 68[2670], y que una expresión analogable, el "servicio público" de ciertos bienes, se empleaba en los artículos 65[2671] y 66[2672]. Es cierto que el establecimiento de los límites entre los bienes nacionales y los bienes municipales aparece allí como bastante difuso y precario, pero también es cierto que dichos artículos permiten ratificar la existencia de la categoría de los bienes municipales de uso público. Algo de la antigua terminología municipal también subsistió, como al retomar en el artículo 75 las tradicionales categorías de los ejidos y las dehesas —estas últimas, sin ser expresamente mencionadas: "[...] en los departamentos en que existieren *ejidos o terrenos que gozaren en común* los habitantes de una aldea o lugar, la Municipalidad tendrá el derecho de reglamentar su uso y acordar su enajenación a censo cuando una verdadera conveniencia pública lo exija, destinando su producto íntegro en provecho de la misma aldea o lugar que tiene el goce".

La Ley de Municipalidades de 1887 mantuvo un Título —también el VII— destinado a regular esta materia, replicando exactamente el acápite de la ley anterior. Sin embargo, en su articulado se advierte claramente cómo la práctica condujo a ir delineando mejor las categorías de dominio público que estaban involucradas.

Por de pronto, la categoría de los bienes municipales no había desaparecido. Tómese como ejemplo implícito el artículo 57 que, al imperar que "los bienes raíces que pertenezcan a la corporación no podrán ser enajenados o gravados sino en caso de necesidad o utilidad, reconocida y declarada por los tres cuartos de los municipales en ejercicio", reconocía la existencia de tales bienes. Y, asimismo, como ejemplo explícito el artículo 59, al ordenar que "toda enajenación o arrendamiento de bienes raíces, ramos de entradas y arbitrios, toda obra o trabajo cuyo importe pasare de quinientos pesos, y, en general, todo contrato o negocio sobre *bienes municipales*, deberá hacerse en subasta pública. Solo podrá omitirse cuando la

2669 "Los bienes destinados al uso público y común de los habitantes, como plazas, calles, paseos, no pueden ser enajenados por la Municipalidad. Le corresponde conservarlos, mejorarlos y hacer en aquellos las modificaciones que los hagan más adecuados a su destino, y aumentarlos según lo exija el bien de la localidad; y respecto de las calles y plazas, recuperar las que hubieren sido cerradas u ocupadas. Sin embargo, podrán enajenarse con autorización del Presidente de la República, para regularizar las poblaciones o proporcionarse al incremento o nuevas necesidades de las mismas".

2670 "La adquisición de propiedades para abrir calles, plazas u otras obras análogas, o dar ensanche o comodidad a las que existan o para situar un establecimiento municipal destinado a un uso público especial, se llevará a efecto acordando la compra los dos tercios de los municipales en ejercicio. Pero si la adquisición no tuviere ninguno de estos objetos, será necesario para la compra que el Presidente de la República apruebe el acuerdo".

2671 "Los bienes destinados a un servicio público especial, como cárceles, mercados, etc., podrán ser enajenados siempre que se proporcione otro local o edificio para el destino especial con ventaja del servicio municipal, o que para dar a las cárceles, mercados, etc., la extensión y comodidad que requiere el aumento de la población, sea necesaria la enajenación".

2672 "Los bienes raíces que poseen las municipalidades y que no estuvieren afectos a un servicio público especial, o que estándolo se hallasen en el caso del artículo precedente, podrán ser enajenados en subasta pública en la forma que establezcan las ordenanzas municipales. La utilidad de la enajenación deberá ser calificada por los dos tercios de los municipales en ejercicio".

naturaleza del contrato lo impida, como en la permuta"[2673]. No cabe ninguna duda de que los bienes municipales seguían teniendo una entidad propia y que, por lo demás, como aparece del último artículo citado, seguían subsistiendo referencias a las antiguas categorías municipales, con la invocación de los *arbitrios*[2674], que también habían sido mencionados por la ley de 1854.

Pero la ley de 1887 también se movió por un afán de esclarecer tanto cuanto fuera posible el alcance de cada una de las categorías. En ello, escindió el tratamiento de los bienes de uso público, que la ley de 1854 había reglado con una plástica —y también inquietante— indefinición. El artículo 56 de la ley posterior, por una parte, se refirió a los bienes *nacionales* de uso público y las prerrogativas que pesarían sobre las municipalidades en relación con ellos:

> "La Municipalidad deberá proveer a la conservación y mejora de los bienes nacionales *de uso público*, y reivindicar las vías públicas ocupadas o cerradas indebidamente. La Municipalidad no podrá enajenar los bienes nacionales *de uso público*, angostar las plazas y calles, abrir nuevas en la parte plana de las poblaciones ni prolongar las existentes con una anchura inferior a veinte metros"[2675].

Pero ello no significó la supresión de los bienes *municipales* de uso público, como sobresale del artículo 58:

> "La adquisición de propiedades para abrir calles, plazas u otras obras análogas, o dar ensanche o comodidad a las que existan, o para situar un establecimiento municipal destinado a un *uso público* especial, se llevará a efecto acordando la compra los dos tercios de los municipales en ejercicio"[2676].

A mayor abundamiento, debe notarse que otras normas de menor alcance recogieron la categoría de los bienes municipales. Por ejemplo, al declararse por ley "de propiedad municipal los terrenos actualmente abandonados por el mar en el puerto del Tomé y a los cuales tenga derecho el Fisco"[2677]; o, en la ley sobre apertura y prolongación de calles y paseos de Santiago, la declaración "de propiedad municipal todos los sitios de la capital que, según el título III, libro II del Código Civil, corresponden al Estado, para los efectos de la ejecución de la presente ley"[2678], con lo que se reconocía una mutación de bienes, de nacionales a municipales; es decir, los bienes nacionales pasan a ser municipales para estos efectos; o, en fin, las autorizaciones legislativas a las municipalidades para enajenar ciertos terrenos[2679].

La jurisprudencia revela que este proceso de reafirmación silenciosa de la existencia del dominio municipal no fue sencillo. A inicios del período, está más que claro que la estructura

2673 Las cursivas son nuestras.
2674 Sobre esta categoría, véase Bocksang Hola (2015 a), título tercero, capítulo segundo, A.I.b.
2675 Las cursivas son nuestras.
2676 Las cursivas son nuestras.
2677 Ley de 17 de agosto de 1865, BLDG, XXXIII, p. 430.
2678 Ley de 25 de junio de 1874, BLDG, XLII-1, p. 416, art. 8°.
2679 *V. gr.*, Ley de 24 de agosto de 1877, BLDG, XLV, p. 428, art. 2°; y Ley de 2 de septiembre de 1880, BLDG, XLVIII, p. 283.

del Código Civil envalentonó al Fisco al punto de intentar ahogar el dominio municipal y procurar la absorción de sus bienes en el patrimonio fiscal. En una especie *Municipalidad de Valparaíso con Fisco*, de 1861, señaló el representante fiscal, al contestar la demanda, "que la Municipalidad carece de todo derecho a los bienes reclamados, por ser estos exclusivamente de la Nación, ya por la larga posesión que han tenido en ellos, ya por los verdaderos títulos de dominio que puede exhibir; *y que es necesario no confundir la propiedad con el derecho de inspección o policía que las leyes acuerdan a las municipalidades sobre ciertos lugares públicos*"[2680]. Aun sin dar lugar a la pretensión de la municipalidad, el juez estimó que "la Municipalidad tampoco ha probado que el terreno ubicado al costado del resguardo haya sido de uso común del pueblo"[2681], con lo que evidentemente se estaba reconociendo no solo la existencia del dominio municipal, sino también la existencia de los bienes municipales de uso público, y que el hecho de que el Fisco hubiera obtenido en el juicio no se desprendía de un dilema conceptual, sino que de circunstancias probatorias.

La tensión en torno a una eventual deglución del dominio municipal por parte del dominio nacional subsistió hasta finales del período, pero nuestra judicatura perseveró en su distinción. El testimonio más rutilante de ello está dado por una especie de 1890 en que un particular demandó al Fisco a fin de que se declarase que no estaba obligado a soportar una servidumbre de tránsito para un camino público que el gobernador pretendía abrir. Luego de que en primera instancia se hubo dado lugar a la demanda, la Corte Suprema se declaró incompetente, en atención al ya mentado artículo 56 de la Ley de Municipalidades de 1887[2682].

La trabajosa escisión conceptual entre el dominio nacional y el dominio municipal no significó que la aparición del Código Civil hubiera resultado anodina respecto de dichas categorías, pues sus disposiciones efectivamente alteraron los límites entre lo que se había considerado nacional o municipal bajo el imperio de la legislación hispánica. Ello queda de manifiesto en una especie de la década de 1870 derivada de la canalización de un estero en Valparaíso en la década de 1840. El demandante arguyó que, para llevarla a cabo, él le había enajenado una porción de terreno a la Municipalidad, bajo condición de que esta le transfiriese una extensión similar. Alegando incumplimiento, el demandante solicitó que se le restituyese el dominio de la extensión transferida a la Municipalidad. Pues bien, entretanto había operado el Código Civil, ante lo cual el tribunal entendió que "según la ley 9 tít. 28 part. 3ª, los arenales que estaban en las riberas eran bienes comunales de uso público, y por analogía debe decirse lo mismo respecto de los arenales que existían en las riberas de los esteros", pero que "la Municipalidad no posee el cauce ni las calles en cuestión, los cuales son bienes nacionales de uso público" —es decir, había operado el Código Civil—, por lo que "en consecuencia no ha

2680 Las cursivas son nuestras.

2681 *Municipalidad de Valparaíso con Fisco* (1861).

2682 *Correa* (1890). Hay un interesante voto de minoría del ministro Cousiño, que revela las complejidades de la materia: "versando la materia del negocio sobre apertura de un camino público ordenado por el gobernador, y gestionando el promotor fiscal en defensa de este bien nacional de uso público, es asunto de hacienda, en concepto del que suscribe. La *hacienda pública* es el cúmulo de los bienes nacionales, y bajo esta denominación genérica se comprenden los que afectan al patrimonio de la Nación, bien sean de uso público, como las plazas, calles y caminos públicos, bien estén destinados para la defensa nacional, como las naves de guerra o las fortalezas; bien sean las rentas que el Erario percibe por contribuciones, herencias, etc.".

debido deducirse contra ella la acción reivindicatoria, sino una acción puramente personal", entendiéndose que la acción real hubiera debido dirigirse contra el Fisco[2683]. Una situación análoga se debió enfrentar en una demanda respecto de una playa de mar, que, dirigida contra una Municipalidad, en realidad debía dirigirse contra el Fisco por influjo del Código Civil[2684].

Sin perjuicio de todas estas tensiones subyacentes al régimen de los bienes municipales, algo sí está claro. Aunque no formaban parte de los bienes nacionales, tampoco gozaban de una concepción estatutaria: habían padecido una subsunción en la noción de dominio que planteaba el artículo 582 del Código Civil[2685]. Esta asimilación no los despojaba de sus particularidades —mal que mal, las propias leyes municipales las desarrollaban— ni de la dependencia municipal en distintos ámbitos respecto del Supremo Gobierno[2686], con lo que silenciosamente se reafirmaba una pluralidad de dominios que no aparecía a simple vista de la lectura del Código Civil[2687]. Pero sí quedaba al descubierto una atenuación de su individualidad histórica y una integración al tronco común del *dominio*; ninguno de estos procesos ha sido desmentido radicalmente desde entonces.

B. LA CIRCUNSCRIPCIÓN DEL DOMINIO PÚBLICO

La determinación y modificación de las fronteras del dominio público, fueran ellas internas —entre personas jurídicas estatales— o externas —en relación con particulares—, ha sido una labor trabajosa y muchas veces litigiosa. Esta circunscripción del dominio público tuvo múltiples manifestaciones durante el período en curso —muchas de las cuales pueden

2683 *Herederos de Larraín* (1878).

2684 *Gundián* (1881).

2685 Y, por lo tanto, los bienes municipales estaban sometidos a la aplicación de las normas de prescripción, a favor y en contra: *v. gr.*, bajo las leyes hispanas, *Municipalidad de San Carlos con Canales Mercado* (1862), *Convento de San Agustín de Talca* (1862), *León* (1869) —en aplicación de las disposiciones de prescripción concernientes a las Iglesias—, y *De la Jara* (1871); y bajo el Código Civil, *Fisco con Municipalidad de Laja* (1887).

2686 *Municipalidad de San Felipe con Fuentes* (1861), sobre terrenos cedidos por la Municipalidad a un particular sin que el acuerdo hubiera sido aprobado por decreto supremo, lo que no perjudicó al particular, por ser "de la incumbencia" de la Municipalidad tramitar la aprobación correspondiente. Nuestra judicatura no quiso embrollarse con una invalidez que podía ser de difícil manejo o difícil denegación, por lo que se limitó a sostener que "mientras el Supremo Gobierno no desapruebe el mencionado acuerdo, don Pedro Fuentes debe continuar en la posesión de dichas tres cuadras de tierras".

2687 Y que podía engendrar interesantes controversias en torno a la relación entre o a la sucesión de unidades territoriales, como en *Municipalidad de Nacimiento con Municipalidad de Lautaro* (1878), sobre una disputa de terrenos por parte de dos municipalidades correspondientes a un antiguo departamento que les era común a ambas, y en que la Municipalidad de Lautaro, homónima al antiguo departamento de Lautaro que comprendía la antigua Municipalidad de Lautaro, se vio beneficiada por la continuidad en el nombre, entendiéndose ser la actual poseedora y presumiéndose, por lo tanto, su dominio. Otra sentencia que debe tenerse presente es *Municipalidad de Talca con Municipalidad de Linares* (1885), que terminó en una declaración de incompetencia, pero que pudo haber concluido como la segunda sentencia chilena de definición de límites entre dos unidades territoriales, después de *Municipalidad de Linares con Municipalidad del Parral* (1848).

constatarse en el apartado anterior—, pero quizás las más delicadas en la práctica fueron la relación de dicho dominio con la institución de la expropiación (I) y con el desarrollo del régimen territorial indígena (II).

I. El dominio público y la expropiación

En la segunda mitad del siglo XIX nadie podía cuestionar el hecho de que la expropiación era una institución bien asentada en lo político y en lo jurídico. Ya que su configuración general había tomado forma en las décadas de 1840 y 1850, una primera aproximación muestra que a partir de la de 1860 se había consolidado una estabilización de su marco institucional (a). Sin embargo —y como suele suceder en circunstancias de esta índole—, la sedimentación de las líneas generales de una institución le abre las puertas a un desarrollo más sofisticado en el tratamiento de las múltiples cuestiones derivadas de su aplicación, y por ello no resulta inesperado que en estos años haya eclosionado la jurisprudencia en materia expropiatoria (b).

a. La estabilización del marco institucional

El elemento más llamativo de la expropiación en el período 1861-1890 es su casi total petrificación normativa respecto de las disposiciones que se habían consolidado en el período anterior[2688]. La base normativa de esta materia seguía estando dada por la Constitución, cuyo artículo 12 n° 5, concerniente al derecho de propiedad, no sufrió ningún ajuste en las reformas constitucionales de esta etapa:

> "La Constitución asegura a todos los habitantes de la República... La inviolabilidad de todas las propiedades, sin distinción de las que pertenezcan a particulares o comunidades, y sin que nadie pueda ser privado de la de su dominio, ni de una parte de ella por pequeña que sea, o del derecho que a ella tuviere, sino en virtud de sentencia judicial; *salvo el caso en que la utilidad del Estado, calificada por una ley, exija el uso o enajenación de alguna; lo que tendrá lugar dándose previamente al dueño la indemnización que se ajustare con él, o se avaluare a juicio de hombres buenos*"[2689].

2688 Quizás si algunos elementos relevantes pero puntuales aparezcan disimulados en el ordenamiento jurídico. Por ejemplo, en el artículo 62 de la Ley de Ferrocarriles de 6 de agosto de 1862, BLDG, XXX, p. 199, se preveía el siguiente mecanismo de afectación a la propiedad: "En el caso de conmoción interior o de invasión extranjera, el Gobierno podrá tomar de su cuenta el uso de los ferrocarriles, abonando a la Empresa la cantidad que correspondiere, tomando por base para el avalúo el término medio de lo que hubiere producido el camino durante los últimos seis meses". La *confiscación*, por su parte, había sido prohibida por el artículo 145 de la Constitución de 1833, con lo que se tornaban inaplicables las disposiciones que la previeran, como la de confiscación de bienes del suicida: *Aravena* (1868).

2689 Las cursivas son nuestras.

Tampoco padeció de mutaciones su complemento legislativo, dado principalmente por el decreto ley de expropiaciones de 1838[2690] y la ley de expropiaciones de ferrocarriles de 1857[2691] —aspecto de mucha sensibilidad para la época—, que continuaron imperando durante los años en examen[2692].

Por su parte, el Código Civil pudo perfectamente haber introducido un régimen completo de tratamiento de esta materia, o al menos delinear algunos aspectos centrales[2693]; pero no lo hizo, probablemente considerando que la normativa existente era suficiente para alcanzar los propósitos de la institución[2694]. Es más, este cuerpo normativo solamente trató de la expropiación en *un artículo*, el 1960, a propósito del arrendamiento:

> "En el caso de expropiación por causa de utilidad pública, se observarán las reglas siguientes:
> 1ª Se dará al arrendatario el tiempo preciso para utilizar las labores principiadas y coger los frutos pendientes.
> 2ª Si la causa de la expropiación fuere de tanta urgencia que no dé lugar a ello, o si el arrendamiento se hubiere estipulado por cierto número de años, todavía pendientes a la fecha de expropiación, y así constare por escritura pública, se deberá al arrendatario indemnización de perjuicios por el Estado o la corporación expropiadora.
> 3ª Si solo una parte de la cosa arrendada ha sido expropiada, habrá lugar a la regla del artículo 1930, inciso 3°".

Sin desconocer la finalidad práctica de la disposición transcrita[2695], quizás el aspecto más interesante en lo dogmático sea el reconocimiento explícito de la procedencia de la "indemnización de perjuicios por el Estado o la corporación expropiadora", apuntando sin ambages a la procedencia de la responsabilidad del Estado-administración, que se desarrolló en esta época en sus vertientes contractual y extracontractual.

El Código Penal, por su parte, solo trató de la expropiación en una de sus disposiciones: el artículo 158, cuyo numeral 6° previó una pena para el empleado público que arbitrariamente "expropiare a otro de sus bienes o le perturbare en su posesión, a no ser en los casos que permite la ley"[2696].

2690 Decreto Ley de 14 de agosto de 1838, BLDG, VIII, p. 64.

2691 Ley de 18 de junio de 1857, BLDG, XXV, p. 125.

2692 Respecto del orden del procedimiento expropiatorio, véase *Intendente de Talca con Juez de Letras de Talca* (1879), del Consejo de Estado.

2693 A guisa de ejemplo, el proyecto español de Código Civil de 1836 expresaba en su artículo 622 que "ninguno puede ser obligado a vender o ceder su propiedad sino por causa de utilidad pública y previa indemnización en los casos determinados por la ley" —en CRÓNICA DE LA CODIFICACIÓN ESPAÑOLA, 4, CODIFICACIÓN CIVIL (1970)—. Es innegable la relación que dicha disposición tiene con el artículo 349 del Código español de 1889, que prescribió que "nadie podrá ser privado de su propiedad sino por autoridad competente y por causa justificada de utilidad pública, previa siempre la correspondiente indemnización".

2694 LIRA URQUIETA (1956), p. 70.

2695 Que recibió aplicación jurisprudencial, como en *Willcock* (1890), sobre el arrendamiento del molino de la Purísima en Santiago, que había sido expropiado para la canalización del río Mapocho.

2696 Debe tenerse en cuenta que esta disposición dio lugar a que el Consejo de Estado declarase haber lugar a formación de causa respecto del Gobernador de Cañete por haber ordenado la destrucción de un puente perteneciente a un particular: *Gobernador de Cañete* (1888).

La estabilización del régimen de la expropiación no debe mover a engaño en torno a una eventual falta de interés en esta materia. Es de toda evidencia un movimiento legislativo incesante en torno a las declaraciones de utilidad pública, que revela una permanente inquietud en torno a ir incorporando al dominio público distintos bienes que eran requeridos con finalidades específicas bastante disímiles[2697].

Así, entre las muchas leyes que con este objeto se promulgaron en este período —notoriamente más numerosas que en el período anterior—, constan varios conjuntos. Un gran número tuvo propósitos urbanísticos, como las de "los terrenos necesarios para abrir la calle de Nataniel, dándole comunicación con la de las Delicias con el mismo ancho que aquella tiene"[2698]; de los terrenos que fueren necesarios, a juicio del Presidente de la República, "para establecer en el pueblo de Vichuquén calles, plazas y edificios fiscales y municipales", dada la creación del departamento de Vichuquén[2699]; del terreno que fuere necesario tomar de la quinta de Dolores Portales, para la apertura de la calle de Loreto en el barrio de la Chimba[2700]; de terrenos para las mejoras de Santiago[2701]; de terrenos de particulares "que la empresa proveedora de agua potable de Valparaíso necesite para la ejecución de sus obras"[2702]; de terrenos situados en Viña del Mar, para construir almacenes de marina[2703]; de terrenos para las mejoras de Curicó[2704]; de los terrenos que ocupa el pueblo de Quilimarí, autorizándose al Presidente de la República para invertir hasta dos mil pesos en la compra de los terrenos y enajenarlos a censo a los pobladores por el precio de tasación[2705]; de terrenos para las mejoras de Valparaíso[2706]; de terrenos para la transformación de la ciudad de Iquique, según las reglas de expropiación de la ley de transformación de Valparaíso de 1876, rigiendo también a Pisagua luego de la reedificación de la ciudad[2707]; y de los terrenos municipales y de propiedad particular que fueran indispensables para la cañería de agua Pica-Iquique[2708]. Y, en términos algo más oblicuos, al imperarse en la ley indígena de 1866 la fundación de poblaciones "en los parajes del territorio de los indígenas que el Presidente de la República designe, debiendo adquirirse por el Estado los terrenos de propiedad particular que conceptuare convenientes para este y los demás objetos de la presente ley"[2709].

2697 En relación con estas declaraciones, es importante tener presente el criterio jurisprudencial que aparece de *Sucesión de Valdés* (1876), en cuanto a que el artículo 12 nº 5 de la Constitución no fijaba *per se* un plazo de vigencia de tales declaraciones, el que quedaba determinado "por la naturaleza de su objeto". Pero si la ley establecía un plazo de vigencia, la expropiación realizada con posterioridad a la caducidad del plazo era contraria a derecho: *Ojeda* (1883).

2698 Ley de 25 de julio de 1864, BLDG, XXXII, p. 165.

2699 Ley de 26 de agosto de 1865, BLDG, XXXIII, p. 431; y luego por ley de 3 de septiembre de 1868, BLDG, XXXVI, p. 289.

2700 Ley de 16 de septiembre de 1865, BLDG, XXXIII, p. 491.

2701 Ley de 25 de junio de 1874, BLDG, XLII-1, p. 416.

2702 Ley de 3 de enero de 1873, BLDG, XLI-1, p. 9.

2703 Ley de 13 de noviembre de 1874, BLDG, XLII-2, p. 438.

2704 Ley de 23 de junio de 1875, BLDG, XLIII, p. 193.

2705 Ley de 29 de agosto de 1876, BLDG, XLIV, p. 246.

2706 Ley de 6 de diciembre de 1876, BLDG, XLIV, p. 424.

2707 Ley de 31 de octubre de 1884, BLDG, LIII, p. 1130.

2708 Ley de 23 de enero de 1885, BLDG, LIV, p. 22.

2709 Ley de 4 de diciembre de 1866, BLDG, XXXIV, p. 425.

Otras se relacionaron con el impulso ferroviario, como las de los terrenos particulares y municipales requeridos para líneas férreas entre Talcahuano-Concepción y Llay Llay-San Felipe-Los Andes[2710], entre Talcahuano, Concepción y Chillán[2711], entre Huasco y Vallenar[2712], entre Santa Rosa de los Andes y San Felipe y entre San Felipe y la línea central[2713], hacia el Crucero de la Palmilla[2714], entre Maquehua y Bahía de Arauco[2715], entre Angol y Curicó con ramal a Los Ángeles[2716], entre Higuera y La Serena[2717], entre Raimenco, Trana y Trauco[2718], entre Concepción y Coronel[2719], entre La Serena y Vicuña[2720], entre las "Minas de Schwager" y el puerto de Coronel[2721], entre Talca y Constitución[2722], entre Chagres y Ñilhue de Catemu[2723], entre Rengo y Peumo, Coigüe y Mulchén, Angol y Traiguén, y Renaico y Fuerte Victoria[2724], entre Valdivia y La Unión[2725], para el ramal de la ribera sur del Mapocho[2726], para varias líneas férreas mandadas licitar por ley[2727], así como la expropiación de la línea férrea de Chañaral[2728]. Y, entre tantas leyes con este objeto, merece subrayarse una ley que habilitó en general en 1887 la expropiación de terrenos para los ferrocarriles y que disponía lo siguiente: "[...] se declaran de utilidad pública los terrenos de propiedad municipal o particular que se necesiten para regularizar las líneas férreas del Estado, o ensanchar las estaciones y paraderos, debiendo hacerse la expropiación en conformidad a la ley de 18 de junio de 1857 y dentro del término de cinco años contados desde la promulgación de la presente ley"[2729].

Otras se plantearon con fines camineros, como la de un terreno de la hijuela "El Artificio", "que fuere necesario para terminar el camino carretero que en la línea recta se construye entre la estación de la Calera y el pie meridional de la cuesta del Melón"[2730]; de los terrenos para la construcción de un camino "que, partiendo del río Maipo, comunique la antigua vía de la costa

2710 Ley de 14 de diciembre de 1866, BLDG, XXXIV, p. 440, expresándose literalmente en el artículo 10 que debía pagar el concesionario "su valor al precio de tasación de peritos, sin consideración a las ventajas que les dé o haya dado el camino".
2711 Ley de 17 de octubre de 1868, BLDG, XXXVI, p. 325.
2712 Ley de 13 de diciembre de 1867, BLDG, XXXV, p. 320, y luego por ley de 13 de enero de 1872, BLDG, XL, p. 27.
2713 Ley de 7 de enero de 1869, BLDG, XXXVII, p. 5.
2714 Ley de 15 de enero de 1870, BLDG, XXXVIII, p. 8.
2715 Ley de 3 de diciembre de 1872, BLDG, XL, p. 1011.
2716 Ley de 26 de diciembre de 1872, BLDG, XL, p. 1025.
2717 Ley de 2 de octubre de 1873, BLDG, XLI-2, p. 229.
2718 Ley de 10 de octubre de 1873, BLDG, XLI-2, p. 247.
2719 Ley de 11 de octubre de 1873, BLDG, XLI-2, p. 249.
2720 Ley de 11 de diciembre de 1873, BLDG, XLI-2, p. 402.
2721 Ley de 2 de septiembre de 1878, BLDG, XLVI, p. 353.
2722 Ley de 15 de septiembre de 1879, BLDG, XLVII, p. 299.
2723 Ley de 2 de octubre de 1880, BLDG, XLVIII, p. 313.
2724 Ley de 20 de enero de 1883, BLDG, LII, p. 14.
2725 Ley de 7 de septiembre de 1883, BLDG, LII, p. 735.
2726 Ley de 15 de marzo de 1887, BLDG, LVI, p. 338.
2727 Ley de 20 de enero de 1888, BLDG, LVII, p. 283.
2728 Ley de 20 de enero de 1888, BLDG, LVII, p. 292
2729 Ley de 15 de marzo de 1887, BLDG, LVI, p. 337.
2730 Ley de 6 de septiembre de 1866, BLDG, XXXIV, p. 285.

con los puertos viejo y nuevo de San Antonio, por el interior de la hacienda de Llolleo"[2731]; y de los terrenos para la construcción del camino carretero de las Condes[2732].

Y otras tuvieron fines misceláneos, como las del terreno que ocupaba el cementerio del departamento de San Felipe[2733]; la de los terrenos necesarios para la construcción del telégrafo trasandino[2734]; de "los derechos o privilegios que pudieran impedir al Estado la emisión de billetes de curso forzoso o privarlo de la facultad de autorizar su emisión", siendo por lo tanto un ejemplo notable de expropiación de bienes muebles[2735]; de la laguna "Los Negros" al norte de Concepción, señalándose expresamente que "la indemnización a que hubiere lugar, será de cargo de la Municipalidad de Concepción"[2736]; de los terrenos necesarios para la construcción de un dique seco en Talcahuano[2737]; y del agua de la vertiente "El Canelo" en el departamento de la Victoria, para la población de San Bernardo[2738].

Quizás el punto normativo más complejo que debió abordarse durante este período fue el de las expropiaciones que se desarrollaron en las áreas incorporadas a Chile tras la Guerra del Pacífico. Así, respecto de una ley expropiatoria concerniente a Iquique[2739], se estimó que "en virtud de lo dispuesto en esa misma ley, las relaciones jurídicas nacidas a consecuencia de la expropiación quedaban sometidas a la ley común y no se reglan por los principios del derecho internacional"[2740], a lo que no obstaba haberse ocupado el terreno con anterioridad a la ley expropiatoria, porque la propia ley hacía mención de que alcanzaba a "todos los terrenos ocupados hasta entonces con ese fin"[2741]. En aplicación de la misma ley, también se debatió el tratamiento jurídico —en relación con la expropiación— de los terrenos que el gobierno peruano había declarado por decreto supremo antes de la guerra como "de propiedad absoluta" de sus dueños, añadiendo que "las modificaciones o reducciones que resulten del mayor ancho que sea preciso dar a las nuevas calles para su mayor regularidad, y alejar al mismo tiempo la posibilidad de que se propaguen a otras manzanas los incendios que puedan sobrevenir". La respuesta de nuestros tribunales fue que tal declaración por vía administrativa no podía obstar al imperio de la ley expropiatoria[2742].

2731 Ley de 21 de agosto de 1868, BLDG, XXXVI, p. 264.
2732 Ley de 31 de agosto de 1880, BLDG, XLVIII, p. 237.
2733 Ley de 7 de septiembre de 1864, BLDG, XXXII, p. 205.
2734 Ley de 9 de octubre de 1871, BLDG, XXXIX, p. 365.
2735 Ley de 10 de abril de 1879, BLDG, XLVII, p. 119.
2736 Ley de 31 de agosto de 1880, BLDG, XLVIII, p. 238.
2737 Ley de 1° de febrero de 1888, BLDG, LVII, p. 362.
2738 Ley de 31 de julio de 1889, BLDG, LVIII, p. 563.
2739 Ley de 31 de octubre de 1884, BLDG, LIII, p. 1130.
2740 *Oviedo* (1886). En el mismo sentido, *Albizú de Borbonet* (1886). La ley común podía involucrar una mezcla de disposiciones chilenas y peruanas, como aparece de *Contreras* (1887).
2741 *Oviedo* (1887). En similar sentido, *Viuda de Rivera* (1888) y *González y compartes* (1890).
2742 *Pointis* (1887).

b. El despertar del aporte jurisprudencial

La jurisprudencia del período 1810-1860 concerniente a la materia expropiatoria fue bastante escasa[2743]. La litigiosidad en materia expropiatoria se desencadenó durante el período en actual examen, lo que permitió la sedimentación de aportes jurisprudenciales interesantísimos, algunos de los cuales deben contarse entre los más importantes en la historia de Chile en relación con esta institución. Si bien algunos aportes apuntan a cuestiones de interés preponderantemente histórico más que conceptual, como el desarrollo de los juicios prácticos hasta su desaparición en virtud de la LOAT[2744], existió un buen cuerpo de sentencias que da cuenta de la consolidación *jurídica*, más allá de lo meramente *político*, de la expropiación. Por ello, mereciendo un relieve especial *Valdés*, la primera especie de gran envergadura en materia expropiatoria, que cristalizó la importancia de la *causa expropriandi* (1), corresponde también destacar los aportes más diseminados que se desarrollaron a través de otras sentencias de nuestros tribunales tanto respecto de la expropiación propiamente tal (2), como en la tolerancia de una técnica de *expropiación fáctica* (3).

1. La vitalidad de la *causa expropriandi*

La sentencia *Valdés*[2745] versa sobre los orígenes de la construcción de la Estación Central de Santiago, poco después de que el presidente Manuel Montt hubo promovido la extensión de las vías férreas de nuestro país hacia el sur. Esta especie, decidida en 1864, es una muestra representativa de los conflictos jurídicos que estuvieron asociados al mejoramiento de la infraestructura de transportes en Chile.

Conviene recordar que, en sus comienzos, la actividad empresarial de ferrocarriles fue desarrollada por privados y que, solo a medida que se fue reconociendo por el Estado un interés público en su promoción y expansión, ella fue integrada como un elemento importante en la actividad administrativa. No obstante haber sido precedida por otras disposiciones de importancia, la primera ley general chilena sobre ferrocarriles fue promulgada en 1862.

Su artículo primero expresaba que "los ferrocarriles construidos por el Estado o a virtud de concesión o autorización de este, están sujetos a las prescripciones legales relativas a los caminos públicos en todo lo que no contraríen directamente los derechos que al empresario o empresarios que los hubieren construido correspondan, en conformidad a la ley que autorizó la construcción"[2746].

Como puede advertirse, la ley reconocía dos grupos principales de mecanismos técnicos dirigidos a perfeccionar el alcance de la red de ferrocarriles: podía el Estado directamente encargarse de su construcción, o bien contar con la colaboración de particulares mediante técnicas concesionales o autorizatorias.

2743 Bocksang Hola (2015 a), título tercero, capítulo segundo, B.III.b.
2744 *Avaria* (1862) y *Toro* (1864).
2745 *Valdés* (1864).
2746 BLDG, XXX, p. 199.

La Compañía del Ferrocarril del Sur, de iniciativa privada, previó desde la ley de 24 de agosto de 1855[2747] una participación fiscal en su propiedad. Su artículo 1° autorizaba al Presidente de la República para tomar en dicha Compañía "acciones hasta por la cantidad de un millón de pesos". Esta participación, como era de esperarse, iba asociada a ciertas prerrogativas de interés público encaminadas a facilitar la construcción de la obra.

Por una parte, se concedía a la Compañía "el uso de todos los terrenos fiscales o municipales que sean necesarios para la formación del camino y edificios de la empresa" (artículo 3°). Por otra, se declaraban "libres de derechos de alcabala los terrenos particulares que la Compañía adquiera para destinarlos al camino y oficinas necesarias", a más de otras ventajas tributarias (artículo 4°). Y, en fin, se declaraban "de utilidad pública los terrenos de particulares que se necesiten para el ferrocarril y sus oficinas, debiendo pagar la Sociedad su valor al precio de tasación de peritos, sin consideración a las ventajas que le dé o haya dado el camino" (artículo 5°).

Esta materia expropiatoria relacionada con la prerrogativa del artículo 5° de la ley de 24 de agosto de 1855 es la que permite aproximarse con mayor facilidad a la importancia de la sentencia *Valdés*. Expropiadas, en aplicación de esa disposición, algo más de diez cuadras de terreno para la construcción de la Estación Central de Santiago, parte de la extensión objeto de dicha operación fue enajenada por la Empresa de Ferrocarril del Sur al Ferrocarril del Norte. Esta enajenación hubiera quizás pasado desapercibida, de no ser por un punto práctico relevante: el precio de la enajenación había sido superior al de su adquisición. Con ello se planteó la discusión —de índole jurídico-económica— acerca de si una operación de esta naturaleza era o no conforme a derecho.

Sin entrar aún a examinar el punto —muy importante, en este caso— de la cláusula que el expropiado había logrado introducir en la enajenación del terreno previo a su aprobación judicial, conviene detenerse en el punto crucial acerca de *si es lícito o no que el Estado —o una empresa ligada a él— ejerza una potestad expropiatoria para obtener un beneficio económico.*

El demandante expropiado expuso, con el objeto de ser restituido en el dominio, o al menos indemnizado de su pérdida, que el expropiante "extendió su dominio más allá de lo que era indispensable, haciendo por este medio un negocio que solo al exponente pertenecía". La Compañía ferroviaria respondió a esta argumentación que "la expropiación por utilidad pública, una vez declarada por la autoridad competente, produce un título irrevocable de propiedad" —con lo que no procedería una restitución—, y que "la diferencia de precio del terreno no depende de que valieran más en 1862 al tiempo de la expropiación, sino de mejoras efectuadas en él y de varias ventajas concedidas por la empresa vendedora que el demandante jamás pudo ofrecer" —con lo que no procedería una indemnización—.

La acertada solución de los tribunales dependió en buena parte de una apreciación probatoria bien lograda. Por una parte, se sirvió de la confesión de la Compañía en torno a que "aún no se han construido en su estación central todas las oficinas, galpones y corrales que le son indispensables" (considerando 1°); por otra, de diversas declaraciones que llevaban a concluir que "no puede con entera seguridad afirmarse si el terreno enajenado a la empresa del norte era o no innecesario a la del sur" (considerando 2°). Con ello quedaba demostrado

2747 BLDG, XXIII, p. 120.

el carácter a lo menos anómalo de la enajenación, pues aparecía que los terrenos podían ser necesarios para el éxito del proyecto original.

Cabe entonces preguntarse el porqué de esta enajenación de terrenos entre ambas empresas ferroviarias. Y es aquí donde el motivo económico surge para explicar la anomalía. El Juzgado de Letras estimó que "habiendo adquirido mayor valor los terrenos inmediatos a la estación no tanto por el transcurso del tiempo como por la importancia que ella misma les ha dado y por las obras y adelantamientos operados en todo ese vecindario, Valdés ha sufrido un verdadero perjuicio obligándosele a aceptar por las treinta mil trescientas noventa y tres varas de terreno el precio que tenían al tiempo de la expropiación y no el que correspondía y tenía derecho legítimo para esperar en 1862, cuando fue vendido a la empresa del norte" (considerando 5°).

En otras palabras, el tribunal se puso en el caso de que estos terrenos, estimados en definitiva superfluos por la Compañía del Ferrocarril del Sur, jamás hubieran sido expropiados por esta. En tal caso, el predio se hubiera visto beneficiado de los adelantos que sufrió este vecindario de Santiago —a la sazón periférico— y el particular hubiera podido enajenarlo en un precio más favorable que el que le fue pagado.

De dicho incremento, sin embargo, terminó beneficiándose la Compañía. Habiéndose desprendido con tanta facilidad del predio, el tribunal entendió que, al menos en parte, la finalidad de la expropiación no había sido la utilidad pública, sino un provecho propio de la referida empresa, lo que era aún más censurable atendido a que se trataba de terrenos que, según los planos, estaban previstos para instalaciones y dependencias del servicio ferroviario.

En definitiva, o la finalidad de la expropiación había sido torcida, o la finalidad de la enajenación había sido torcida, o ambas; pero no podía entenderse que la Compañía había actuado lícitamente en este caso. Si se hubiera dado el primer caso, la expropiación había sido *directamente* contraria a la utilidad pública. Si se hubiera tratado del segundo, la expropiación lo había sido *indirectamente*, en razón de que, por una actuación de la Compañía, posterior a la expropiación, se había frustrado la utilidad pública de los terrenos.

En síntesis, en cuanto al comportamiento de la Administración, puede concluirse que los tribunales entendieron que la *conformidad a derecho de la finalidad* es un requisito de cualquier actuación pública, incluso de aquellas en que —como la expropiación— las potestades públicas muestran un mayor desequilibrio entre las prerrogativas del Estado y las posibilidades de los particulares. Por ello, una expropiación con una finalidad de satisfacción de la utilidad pública directa o indirectamente transgredida, y reemplazada por un afán de obtención de ventajas económicas injustas —para colmo, amparada en la imperatividad unilateral del Estado en estas materias—, es contraria a derecho: implicaría una violación de la *causa expropriandi*, que se erguía como uno de los elementos centrales en la dogmática de la expropiación. La claridad en este punto es verdaderamente impresionante, pues el desarrollo de la finalidad como elemento de la legalidad o juridicidad solo se da en regímenes administrativos que han alcanzado un nivel considerable de seriedad y sofisticación.

Otro ámbito en que lo decidido por nuestra judicatura en esta especie cobra especial relevancia es la *imperatividad de la contratación pública*. Esto no era una novedad en el derecho patrio: una importante sentencia arbitral, pronunciada en la década de 1820, declaró solemnemente que "es inherente al honor y gloria de la Nación el religioso cumplimiento de los empeños que a su nombre se contraen"[2748].

La sentencia *Valdés* se inscribe como continuadora de esta sana tradición jurídica chilena. El problema, en este caso, era confrontar la fuerza de la acción expropiatoria con la fuerza del contrato que la había precedido y que le había dado origen. Como puede advertirse de lo expositivo de la sentencia, la empresa estatal argumentaba que "la expropiación por utilidad pública, una vez declarada por la autoridad competente, produce un título irrevocable de propiedad que no depende de condiciones resolutorias". Dicho de otro modo, la empresa pretendía que se considerara irrelevante en derecho el *iter* por el cual se había llegado a consolidar la situación jurídica, porque su resultado —la expropiación— gozaba de tal fuerza que no podía ser afectada ni aun cuando se hubiera violado las disposiciones que le daban lugar.

No cabe duda de que, ya en esa época, así como en la nuestra, la expropiación se consideraba como una actuación dotada de una fuerza enorme y, por lo tanto, debía concebirse como una situación excepcional frente a la general protección que sobre el dominio otorgaba el ordenamiento jurídico, según lo prescrito por el artículo 12 n° 5 de la Constitución de 1833.

Frente a la interrogante de si podía concebirse la actividad expropiatoria como dotada de una fuerza irresistible, colocada fuera de la órbita de la legalidad, *Valdés* viene a responder decididamente por la negativa. Si la expropiación fue el producto de un acuerdo entre la empresa y un particular, este acuerdo —un contrato— es imperativo y debe ser respetado por las partes celebrantes.

Es cierto que la sentencia no resolvió directamente operando sobre el tenor de las cláusulas acordadas por las partes, sino que expresó depender de la aprobación de dichas cláusulas por parte de la autoridad judicial. Con ello, aparentemente, la imperatividad contractual se vería substituida por el reconocimiento de la autoridad de la cosa juzgada y, por lo tanto, esta sentencia no sería útil para apoyar conceptualmente el reconocimiento del rol del *iter* negocial.

Pero una conclusión tal sería errónea, porque desconocería el modo de configuración de la institucionalidad de la época. Como se ha visto, la Constitución de 1833 —siguiendo al artículo 17 de la de 1828— requería de una sentencia judicial para perfeccionar el acto expropiatorio. La legislación complementaria, dada eminentemente por el decreto ley de expropiaciones de 14 de agosto de 1838, reiteraba la misma regla en su artículo 1°: "[...] la expropiación por causa de utilidad pública a que hubiere lugar con arreglo a lo dispuesto en el número 5° artículo 12 de la Constitución, solo podrá llevarse a efecto por decreto de la autoridad judicial"[2749]. En síntesis, insoslayablemente la fuente directa debía ser una sentencia, porque sin sentencia jamás hubiera habido expropiación.

Por lo tanto, lo verdaderamente relevante en esto es que la sentencia *recogió efectivamente* las cláusulas contractuales, incluida aquella que apuntaba al condicionamiento de la enajenación al efectivo cumplimiento de la referida utilidad pública. De lo anterior se explica que, yendo más allá del mero reconocimiento a la finalidad de cumplimiento de la utilidad pública, el juez haya descartado la argumentación, astutamente alegada por la empresa, sobre que la utilidad pública se vería igualmente satisfecha por la empresa del Ferrocarril del Norte. Así, la *finalidad*

2748 *Portales, Cea y Compañía* (1827).

2749 BLDG, VIII, p. 64.

de la expropiación y la *imperatividad de la contratación* se complementaron mutuamente para reprochar doblemente la actuación de la Compañía de Ferrocarriles. Es más, el reproche en realidad fue triple, pues, al censurarse la violación de la sentencia que aprobaba el acuerdo conducente a la expropiación, el tribunal está planteando la necesidad de *acatar y obedecer la cosa juzgada* por parte de la empresa litigante.

La importancia de la lógica contractual fue tal, que condicionó la resolución del pleito. En efecto, el juez, reconociendo la actuación irregular de la Empresa, bien pudo haberlo examinado bajo el prisma legalidad/ilegalidad y, por lo tanto, el de validez/nulidad. Pero no lo hizo así. Reconoció que, eminentemente, esta cuestión pendía del problema de la imperatividad y, por lo tanto, de los efectos del incumplimiento del contrato —y de las sentencias— por parte de la Empresa.

Por ello, debiendo decidir entre las cosas pedidas por el particular —"restituirle los terrenos enajenados o bien la diferencia de precio entre el que se pagó por ellos y el obtenido ahora en el contrato de f. 1"—, optó por el pago de la diferencia de precio. Esto obedeció a una ponderación de naturaleza práctica, en el entendido que el particular no tenía una especial predilección por dichos terrenos, ya que el reclamo venía motivado por la merma patrimonial derivada de estas operaciones.

De tal modo, el juez operó conceptualmente sobre la base del artículo 1555 del Código Civil, en cuanto a la indemnización derivada de la violación de una obligación de no hacer, y el artículo 1556 del mismo cuerpo normativo, entendiendo que la indemnización comprendía tanto el daño emergente como el lucro cesante.

En este sentido, el tribunal dio por acreditado que el mayor valor que había adquirido el terreno "por la importancia que ella misma [la estación] les ha dado y por las obras y adelantamientos operados en todo ese vecindario" (considerando 5°) no era el único, sino que también se derivaba de las mejoras directamente realizadas en el terreno. En consecuencia, la indemnización debía calcularse considerando "el terreno sin las mejoras realizadas en él", según lo expresado dispositivo de la sentencia. De otro modo, la indemnización, lejos de representar una reparación por la pérdida del mayor valor, se hubiera transformado —al menos, parcialmente— en un enriquecimiento contrario a derecho y se hubiera alejado de la lógica correctiva que pretendía perseguir.

Como otras sentencias importantes, *Valdés* abrió perspectivas para el tratamiento de múltiples líneas. Así, por ejemplo, cabría también comentar las repercusiones que infiere sobre la lógica de los derechos reales una expresión como la de que la empresa "no tenía libertad para hacer todo lo que habría podido un verdadero y absoluto dueño" (considerando 4°), o las consecuencias de la aplicación del Código Civil en materia administrativa, ya evidente a pocos años de entrado este en vigor.

Pero quizás tal dispersión del análisis diluiría la inmediata apreciación del impacto de sus puntos basales: *finalidad, imperatividad, justicia indemnizatoria*; todo ello, en un contexto como el expropiatorio, en donde el peso del poder estatal pareciera ocasionalmente inspirar ínfulas de arbitrariedad a quienes primariamente están encargados de desplegar la praxis administrativa en vistas del bien común.

Es importante señalar que al año siguiente se pronunció la sentencia de liquidación de la diferencia de precio. En ella se entendió que, como el pago debía versar sobre "la diferencia de precio entre el que obtuvo Valdés cuando vendió ese terreno a la empresa demandada, y el que merecía el mismo terreno el 6 de agosto de 1862", y dado que era "imposible que en el transcurso de cinco años, que medió entre las dos enajenaciones, dicho terreno hubiese más que doblado su valor" en vistas de que la segunda enajenación se había efectuado "cuando los terrenos habían sufrido una gran depreciación a consecuencia de la crisis de 1861", se fijó el monto en cinco mil pesos, aplicando además el artículo 2° de la ley de expropiaciones de 1857, que prohibía tomar en cuenta la ventaja que a dicho terreno pudiese dar el ferrocarril[2750]. Anecdóticamente, años después se volvería a trabar una contienda entre el Estado y Valdés —y sus herederos[2751]—, pero se trató de una cuestión separada.

La *causa expropriandi*, núcleo conceptual de *Valdés*, sería complementado por nuestra judicatura ulteriormente. En un caso, se trató de una demanda entablada por un particular en términos análogos a los de Valdés —de hecho, invocaba en su demanda dicha jurisprudencia—, frente a lo cual se juzgó que las limitaciones a los usos del terreno expropiado no podían entenderse como perpetuas, sino que inmediatas. Se entendió que "aunque en ella va envuelta la condición de no aplicar la propiedad a otros usos que los motivantes de la expropiación, *dicha condición es de efectos inmediatos y no liga permanentemente al comprador*", por lo que si la empresa del sur decidía finalmente venderle un terreno a la del norte "por motivos imprevistos al tiempo de la expropiación" y sin "el propósito de eludir aquella implícita condición de la ley", no existiría reparo, con tal de que la empresa vendedora no hubiera tenido "con los demandantes ningún compromiso voluntario o forzado que la obligara a mantener perpetuamente en su servicio los terrenos expropiados"[2752]. Y en otra especie posterior se litigó sobre una parte de terreno que había sido expropiada, pero que finalmente la Municipalidad entregó en arrendamiento a un tercero, ante lo cual nuestros tribunales juzgaron que debía restituirse el terreno demandado o su valor, corroborando el criterio de que, si la expropiación no cumplía su finalidad, no era válida[2753].

2. Los objetos de la expropiación

Hubo interesantes aportes de la jurisprudencia chilena en relación con los dos objetos de la expropiación: la indemnización y el bien expropiado.

En relación con la *indemnización*, quizás si el principio más importante que se destiló jurisprudencialmente sea el de la integralidad de la reparación del daño, abordado en varias sentencias. En la más antigua de este período[2754] se declaró que "la indemnización a que tiene derecho el propietario expropiado *es completa, y no se limita por consiguiente al solo valor del terreno de que se le va a desapropiar*; porque semejante indemnización dejaría en pie perjuicios inmediatos y eso no se armonizaría con el respeto guardado a la propiedad, ni con el sentido del inciso 5° del art. 12 de la Constitución Política del Estado", rematando el razonamiento en

2750 *Valdés* (1865).

2751 *Sucesión de Valdés* (1876).

2752 *Aguiar* (1869).

2753 *Barril* (1890).

2754 A fines del período anterior, por *Empresa del Ferrocarril con Valdés* (1858), se dejó a firme el criterio de que se debía pagar intereses por los frutos que el propietario había dejado de percibir entre la fecha de toma de posesión del terreno y aquella en que se cubrió el valor del predio expropiado.

el considerando siguiente con una suerte de aseveración de espíritu general de la legislación, al declarar que "el Código Civil, en esta especie de expropiación que autoriza con el nombre de servidumbre de acueducto, y la ley de 13 de junio de 1857 sobre expropiación de terrenos para las vías férreas, están acordes en el mismo principio de una completa indemnización al propietario[2755].

Cabía entonces preguntarse a qué concretamente se extendía esta integralidad de la indemnización. Surgió en 1882 la interrogante de si los edificios situados en el terreno expropiado también debían ser indemnizados, aunque luego por la expropiación no se pudiesen aprovechar. El Juzgado de Letras juzgó que no, pero la Corte de Apelaciones revocó aquella sentencia, juzgando que sí y sosteniendo que "todas estas son condiciones de la indemnización" y que debía también indemnizarse el valor "de los perjuicios que sufra el expropiado". En síntesis, se indemnizaban los terrenos, más las obras, más otros eventuales perjuicios[2756]. Sin demora, nuestros tribunales perseveraron en la misma senda, declarando que debía procederse al avalúo "de los edificios, cerramientos, árboles y desmejoramiento de la propiedad de doña Leonarda Gallegos de Díaz, a consecuencia de la expropiación"[2757].

Una sentencia posterior abordó un punto complementario, pero no poco relevante en la práctica de la época: el de si frente a una expropiación se debía pagar alcabala, impuesto que gravaba la enajenación de ciertos bienes. La respuesta de la Corte Suprema fue inequívoca: si quería preservarse la integralidad de la reparación, no podía someterse a los particulares al pago de la alcabala[2758].

Una sentencia bastante temprana reconoció la posibilidad de renunciarse la indemnización: "[...] esa renuncia no era tampoco un acto de prodigalidad sino un estímulo para que se comprendiera y realizara una obra que iba a beneficiar a todas las propiedades y particularmente a las más inmediatas a ella"[2759]. Y, dada la *posibilidad* de renunciar, años más tarde se trabó controversia sobre el *modo* de renunciar, pues el Fisco pretendió hacer valer una supuesta renuncia tácita; pero la Corte Suprema juzgó que el hecho de entregar el predio antes de que se le pagara el precio al particular no era una renuncia al derecho para pedirlo[2760]. Por otra parte, se entendió ser lícita una transacción en orden a concluir el pleito indemnizatorio[2761].

2755 *Fisco con Monasterio de las Rosas* (1869).

2756 *Guzmán* (1882): "[...] la indemnización a que dieren lugar las expropiaciones a que dicha ley se refiere debe hacerse conforme a lo dispuesto en el inc. 5° art. 12 de la Constitución, *y que por consiguiente el precio de tal indemnización debe comprender no solamente el del terreno expropiado sino el de las obras que en este se comprenderían y el de los perjuicios que sufra el expropiado, puesto que todas estas son condiciones de la indemnización*" (las cursivas son nuestras).

2757 *Ferrocarril del Sur con Gallegos* (1882).

2758 *Rodríguez y otros* (1873).

2759 *Errázuriz* (1863).

2760 *Correa y otros* (1873), con voto disidente de los ministros Reyes y Prats: "[...] concediendo la ley al propietario el derecho de resistir la entrega de su propiedad mientras no se le pague el precio estimado por los peritos nombrados por el juez; y que, si verifica dicha entrega sin llenarse aquel requisito, renuncia implícitamente su derecho para reclamar contra el Fisco".

2761 *Larraín* (1890).

El avalúo motivó más de alguna controversia. Fuera de las esperables dificultades en los cómputos del justiprecio[2762], las hubo también en torno a las consecuencias de las impugnaciones de los avalúos. En un caso de expropiaciones ferroviarias en que el primer avalúo no dejó conforme a la empresa del ferrocarril, esta lo impugnó, resultando del segundo avalúo una suma de indemnización aun superior a la primera. La pregunta entonces fue si podía beneficiarse aún más la parte que había quedado conforme con la primera, es decir, el particular, entendiendo el Juzgado de Letras que "a este respecto no hay duda de que los peritos no han podido traspasar los límites del primer avalúo, puesto que no había reclamo para aumentarlo". El rigor de esta solución fue atemperado por la Corte Suprema, que entendió que, aunque los particulares no reclamaran contra el avalúo, ellos podían verse beneficiados por la segunda tasación si, antes de ser conocida la tasación, concurrían al nombramiento de la segunda comisión de peritos y realizaban otras gestiones útiles[2763]. Otro punto, esclarecido con posterioridad, fue que, si se impugnaba un avalúo y luego existía uno nuevo emanado de la comisión revisora, el tribunal estaba habilitado para declarar el avalúo impugnado como el definitivo[2764], pero lo que no se aceptó fue que un tribunal prescindiera de todo avalúo de tasadores para fijar el monto[2765].

También se reconoció, en aplicación del Código Civil, que la existencia de la obligación indemnizatoria entre el expropiante y el expropiado no obstaba a las eventuales responsabilidades que se derivaran de los daños que la ejecución de las obras infiriese a terceros: "[...] no habiéndose obligado don Enrique Meiggs por la contrata celebrada para la construcción del ferrocarril de Santiago a Quillota con fecha 14 de setiembre de 1861 a subsanar a los dueños de las propiedades vecinas al camino los daños que él o sus agentes les causaren, ha quedado el mencionado Meiggs sujeto a las responsabilidades que la ley común impone a todo empresario de cualquiera obra por los daños que originen a terceras personas sus dependientes o trabajadores"[2766].

Finalmente, en cuanto al *bien expropiado*, se determinó que el Estado solo podía hacer uso de los terrenos que aparecieran expresamente cedidos para ello, tal como se hallasen descritos en la escritura correspondiente, y no podía extenderse a otros que el Estado estimara necesitar para la finalidad prevista[2767]. También se proclamó el carácter restrictivo del bien expropiado, pues era indispensable para la legalidad de la expropiación que no hubiese otro medio de obtener la misma finalidad; pero por el hecho de expropiarle un cierto terreno a un particular no podía entenderse que el Estado renunciase al derecho de expropiarle nuevamente en el futuro[2768]. Y si, expropiado un bien *ad corpus*, comprometía parte de un bien nacional, como

2762 *Fernöh* (1874), *Díaz* (1884) y *Labarca* (1889).

2763 *Waddington y otros* (1869): "[...] y que los propietarios, antes de saber la cantidad a que ascendía el precio de los terrenos que iban a expropiarse, concurrieron al nombramiento de la segunda comisión de peritos y han hecho gestiones para que se haga la verdadera estimación del suelo y edificios denunciados".

2764 *Urrutia y otras* (1878).

2765 *Ferrocarril del Sur con Gallegos* (1883).

2766 *De la Puente* (1863).

2767 *Fisco con Tapia* (1875).

2768 *Sucesión de Valdés* (1876).

el lecho de un río, no procedía indemnizar por esta parte, pero sí por la parte del terreno que "no forme parte de la ribera del río entre los límites que determinan sus títulos"[2769].

3. La introducción de la expropiación fáctica

Asimismo, durante la jurisprudencia de esta época se examinó la figura de una *expropiación fáctica*, aludiendo esta fórmula a una situación en que la Administración, *de hecho*, sin previo proceso expropiatorio, aprehendía terrenos de los que no era titular, originando un pleito consecuencial.

Aparentemente, la primera manifestación de esta figura se dio en una disputa de terrenos entre el Fisco y un particular, quien alegaba que los almacenes fiscales de Valparaíso habían sido construidos por el Estado sobre una extensión que le pertenecía. En estricto rigor, lo más esperable hubiera sido que, dado que el Fisco había probado su posesión sobre una parte de los terrenos y que el particular lo había hecho sobre otra parte, el litigio hubiese concluido declarándose el dominio de uno y otro sobre sus respectivas partes. Sin embargo, en atención a que ya se había emprendido la construcción de los referidos almacenes fiscales, nuestra judicatura hizo relucir un criterio complementario, derivado de la legislación indiana, que bien merece ser transcrito a través de los considerandos fundantes:

> "[...] 4° que se ha hecho constar debidamente que antes de emprenderse las excavaciones y trabajos de los almacenes fiscales y en parte del lugar que ahora ocupan, existían al pie del cerro del castillo algunos terrenos firmes ocupados por particular y de que estaba en posesión Waddington por haberles aquellos vendido su derecho: 5° que según lo expuesto, está Waddington en su derecho al reclamar los terrenos últimamente mencionados, únicos comprendidos en la demanda de los ocupados por la obra del segundo cuerpo de almacenes: 6° *que aunque esos mismos terrenos hayan estado comprendidos dentro de las trescientas varas de que habla la 1ª tít. 7° lib. 3° de las leyes de Indias, tal circunstancia no perjudica y sí más bien favorece el reclamo de Waddington, puesto que en dicha ley, sin dar dominio al Fisco, se previene que, demolidas las obras particulares, deben ser éstos indemnizados del perjuicio que se les ocasione*: [...] de conformidad con lo prevenido en las leyes citadas y en las 32 tít. 16 part. 3ª, se declara: que *por parte del Fisco debe pagarse a don Josué Waddington el importe de los terrenos* mencionados en el cuarto considerando y de los que, con el cuartel y fortaleza u otros trabajos, puedan haber sido ocupados en el cerro Atalaya, si es que no estuviesen comprendidos dentro de los que se expresan en los considerando sétimo y octavo, los cuales se declaran pertenecientes al Fisco"[2770].

Como puede advertirse, en ninguna parte se aludió siquiera a la figura de la expropiación, ni siquiera como un paralelo de la controversia que se enfrentaba. Frente a esta actuación inconstitucional del Estado, la fuerza de los hechos —la existencia de los almacenes— hizo inviable la restitución de los terrenos que normalmente hubiera correspondido, y derechamente

2769 *Donoso* (1890).
2770 *Waddington* (1863). Las cursivas son nuestras.

se dio lugar a la indemnización por el monto de los terrenos cuyo dominio correspondía al demandante. Sin ley de declaración de utilidad pública, sin procedimiento expropiatorio, el Estado había obtenido el mismo propósito de adquisición forzosa de un bien, mediando en todo caso una indemnización.

Cinco años después, nuestra judicatura volvió a examinar esta controvertida figura, en relación con la construcción de un camino público en un predio particular[2771]. En esta oportunidad, el paralelo con la expropiación fue insoslayable, lo que se advierte de la sentencia de primera instancia:

> "Considerando: *1° Que la expropiación por causa de utilidad pública debe decretarse en virtud de una ley y reglarse su procedimiento a lo dispuesto en el supremo decreto de 14 de agosto de 1838: 2° Que no se ha hecho constar por parte del Fisco la promulgación de esa ley, y por el contrario, en el informe de f. 6 se dice que no la ha habido*; 3° que aunque la ley de 19 de diciembre de 1812 confiere al Supremo Gobierno algunas atribuciones sobre caminos, tal ley no debe entenderse en un sentido absoluto y general, puesto que podía atacarse el principio de inviolabilidad de la propiedad; lo que en ninguna manera es aceptable: 4° que por el informe de f. 2 vta. dado por el teniente de ministros de esta ciudad, en armonía con la primera parte del de f. 6, resulta que, lejos de ser una obra decretada como de utilidad pública el camino a la villa de Vicuña, ha sido más bien de particulares, puesto que se ha seguido en parte con erogaciones de estos, y de consiguiente no habría en ellos derecho para despejar a su arbitrio a quien voluntariamente no contribuyese a la obra; y 5° que del informe de f. 3, expedido por el ingeniero del camino por orden de la Intendencia y a solicitud del precitado Aracena, resulta avaluado en ciento dieciocho pesos ochenta y cuatro centavos el terreno ocupado por dicho camino y de pertenencia del demandante, sobre el cual versa únicamente la demanda, como se hace presente en la acta de f. 10, en que se renunció a toda prueba; en virtud de estas consideraciones y de las disposiciones citadas, y teniendo además presente el núm. 5°, art. 12 de la Constitución de 1833, y ley 8ª, tít. 3°, part. 3ª, se declara: que el Fisco debe pagar a don Alejandro Aracena, como curador de su hermano don Santos y de los hijos de éste, la cantidad de ciento dieciocho pesos ochenta y cuatro centavos, importe del terreno ocupado por el camino de esta ciudad a la villa de Vicuña; salvo el derecho del Fisco para hacer valer el que pudiera convenirle contra quien hubiese lugar. Consúltese a la Excma. Corte Suprema. *Carrasco Díaz. Beytía, secretario*"[2772].

A diferencia del caso *Waddington*, en que se había deducido una acción reivindicatoria, esta especie se derivó de una demanda por cobro de pesos; es decir, derechamente lo que se pidió por el afectado fue la indemnización de perjuicios. Quizás lo más notable del texto es el permanente cuidado en resaltar la protección del derecho de propiedad, casi como justificando la cuestionabilidad de la solución formal a través de la invocación de un principio que bajo ningún concepto se podía vulnerar. La sentencia de la Corte Suprema, que aprobó la de primera instancia, se movió más sucintamente por este mismo derrotero:

2771 *Aracena* (1868).

2772 Las cursivas son nuestras.

"Santiago, julio 24 de 1868 — Vistos: considerando: 1° que el terreno cuyo precio se demanda ha sido ocupado por un camino público; 2° que no se ha probado ni aun alegado que el propietario hubiese cedido dicho terreno para la apertura del camino; 3° que tampoco se ha objetado el justiprecio del terreno hecho por el ingeniero nombrado por la autoridad bajo cuyas órdenes se construía el camino; y 4° que nadie puede ser privado de su propiedad para objetos de utilidad pública sin ser previamente indemnizado, se aprueba la sentencia consultada de 1° del corriente. Tómese razón en la Contaduría Mayor. *Montt. Palma. Valenzuela*".

La censura que formuló la Corte Suprema es de una elegancia admirable. Eliminando toda referencia explícita a la expropiación, se limitó a sugerirla en el considerando cuarto a través de una perífrasis cuya lectura contiene el designio inequívoco de mencionar la expropiación sin nombrarla.

A fines del período, una tercera sentencia —un nuevo caso *Waddington*— abordó un problema similar al tratado por las dos anteriores, respecto de predios en los que se encontraban sitas unas fortificaciones en Valparaíso. De modo bastante llamativo, y a pesar de la existencia de estas construcciones, se decidió que "el Fisco debe, dentro del plazo de un mes, entregar a los demandantes los terrenos ocupados por los fuertes Ciudadela y Bueras, o pagar su valor a justa tasación de peritos que nombrarán las partes"[2773]. Con ello, aparentemente, se estaba dejando atrás la aplicación de la expropiación fáctica; pero, dado que alguna jurisprudencia contemporánea pareció volver a tolerar el mecanismo[2774], la situación de esta pseudoinstitución quedaría incierta y entregada a los desarrollos posteriores a 1890.

II. El dominio público y el régimen indígena

Sin desconocer el interés que, desde el punto de vista del derecho internacional, puedan revestir las consecuencias territoriales derivadas de la Guerra del Pacífico, quisiéramos detenernos especialmente sobre el régimen indígena, porque durante este período tuvo un impacto más integral en la legislación, la jurisprudencia y la actividad normativa administrativa.

La primera etapa del tratamiento normativo del régimen territorial indígena bajo el Chile independiente se extendió aproximadamente hasta 1860[2775]. Se advierte en ella un espíritu complejo, en que se conjugaban varios impulsos, y del cual en síntesis aparecían las líneas de integración del territorio nacional, de restablecimiento de mecanismos de protección de los indígenas, y de aliciente del desarrollo demográfico de la zona[2776].

2773 *Waddington* (1889).

2774 *Sucesión de Fernández Puelma* (1890).

2775 Sobre la evolución en particular del régimen desde los tiempos indianos hasta 1866, véase, *v. gr.*, Donoso Novoa y Velasco Velásquez (1928).

2776 Bocksang Hola (2015 a), título tercero, capítulo segundo, B.I.b.

El período 1861-1890 configuraría una nueva etapa, que, sin negar los lineamientos de protección desarrollados hacia el final del período anterior[2777], desarrolló una regulación más explícita pero sujeta a una incesante mutación, generándose, por lo tanto, nuevas dificultades en la determinación de la extensión del dominio público. En efecto, desde un punto de vista político, esto fue acompañado por una creciente presencia visible del Estado de Chile en áreas territoriales que previamente apenas la habían experimentado.

No es propósito de estas líneas examinar en su integridad la configuración y las consecuencias del régimen territorial indígena[2778] ni los casos de dificultades o infracciones, en las operaciones celebradas[2779], ni los escollos en la determinación conceptual de su ámbito de aplicación[2780], sino abordar aspectos centrales de la evolución jurídica desplegada por dicho régimen *en relación con el dominio público*. Para dichos efectos, convendrá distinguir una primera fase, de implementación del régimen especial (a), que fue sucedida por una segunda en la que se le superpusieron diversas modificaciones (b).

2777 Respecto de la protección de los indígenas, en *Huento* (1889) se expresó que las "leyes y decretos que se refieran a intereses de indígenas, someten a estos a un verdadero tutelaje, en resguardo de sus propios derechos". Esta finalidad protectora, según DÁVILA CAMPUSANO (2011), p. 122, fue más imperfectamente lograda que la existente bajo el derecho indiano, pues "a partir de 1866 se inicia en Chile una etapa en la que los gobiernos republicanos restablecen algunas de las instituciones del Derecho Indiano que protegían la propiedad indígena hasta 1819, pero no se vuelve a la solución global del Derecho Común, que consistía en declarar a los indios como relativamente incapaces para ampararlos".

2778 Ya a fines del período examinado, ZENTENO BARROS (1889), p. 425, enfatizaba que en dichas disposiciones "no faltan la *confusión* y la *antinomia*, según la apreciación del señor Rojas, fiscal de la Excelentísima Corte Suprema"; aunque los reparos de Zenteno parecen apuntar más bien hacia las complicaciones técnicas de la existencia de un régimen especial, y no hacia una exhortación a mejorar un sistema de protección de los indígenas, tal como se desprende de su aseveración conclusiva (pp. 428-429) sobre que "séanos permitido hacer votos por que al terminar el plazo de diez años fijados en aquella última ley no exista la necesidad que la motivó; y pueda el indígena entrar de lleno en la comunidad de la vida civil sin leyes proteccionistas que acusen deficiencia en su estado actual de civilización y cultura". DÁVILA CAMPUSANO (2019), pp. 148-149, sintetiza deficiencias en su diseño o implementación a partir de los autores de fines del siglo XIX y principios del siglo XX: destaca, por ejemplo, insuficiencia de las normas para impedir abusos y atropellos, desorden en la asignación de tierras, omisión en la mención de la cantidad de tierras correspondientes a las mercedes, y falta de claridad respecto de los requisitos necesarios para acreditar el estado de indígena.

2779 Que han impulsado, y siguen impulsando, variadas lecturas: recientemente, *v. gr.*, SILVA VARGAS (2019 a), y especialmente pp. 161-170, y CORREA CABRERA (2021).

2780 Marcado por la noción de *indígena*, como es evidente. En este período aparecieron intentos jurisprudenciales que tuvieron por finalidad destilar una noción que superase lo meramente intuitivo. El caso más claro que hayamos encontrado —revocado en segunda instancia, pero llamativo de todas formas— está dado en *Cayupán* (1877), en donde el Juzgado de Letras planteaba que "según el lenguaje comúnmente recibido en la frontera y en el país, son indígenas chilenos los nacidos de padres araucanos o pertenecientes a las razas que poblaban el territorio a la época de la conquista española y se han mantenido hasta el presente sin vínculos de familia con las clases civilizadas", añadiéndose que "no consultando las leyes distinciones o diferencias entre los indígenas civilizados y aquellos que aún conservan las costumbres de sus mayores y ni habiéndose determinado el grado de cultura necesaria para pasar de una categoría a otra, no es lícito, en concepto del juzgado, adoptar el temperamento que propone en conclusión el referido funcionario [es decir, el promotor de indígenas]; porque importaría someter a la apreciación judicial la fijación del rango o situación jurídica de un individuo, incumbencia que no le encargan las leyes vigentes sobre la materia".

a. La fase de implementación

En lo propiamente jurídico, quizás el Código Civil de 1857 ofrezca un punto de partida en torno al tratamiento de este tema en el período examinado[2781]; punto de partida que, en realidad, es más bien tácito, pues, como bien se ha enfatizado, "el Código oculta pudorosamente la existencia de indígenas en la región de la antigua Araucanía"[2782]. En efecto, en la visión del liberalismo decimonónico —y consistentemente con todo lo que se ha afirmado con anterioridad en este capítulo— la regulación general y la claridad asociada a la codificación eran primordiales, teniendo una primacía por sobre una visión estatutaria que, de ser necesaria, terminaría siendo implementada por leyes especiales.

Con todo, en la relación del dominio público con el régimen indígena —y con todo otro tipo de propiedades, indígenas o no indígenas, en realidad— hubo normas que terminarían siendo más decisivas que otras. Una de ellas fue el lacónico artículo 590 del Código Civil: "Son bienes del Estado todas las tierras que, estando situadas dentro de los límites territoriales, carecen de otro dueño"[2783]. Respecto de esta disposición, muy tempranamente se observó lo siguiente: "Importa sobre todo asignar un dueño a las cosas que por su naturaleza o su destinación no lo tienen, como las calles, plazas, aguas corrientes, sustancias que yacen en el fondo de la tierra, etc., porque si la ley no señalase un dueño a estas cosas adjudicando su dominio al Estado, se entendería que abandonaba su propiedad al primer ocupante, y esto dañaría o a la tranquila explotación de las minas, o al uso ordenado de las calles, aguas corrientes, etc."[2784]. Quizás Chacón tuviese razón en sus apreciaciones, quizás no; pero el hecho fue que el

2781 Ello, sin perjuicio de la existencia de jurisprudencia interesante sobre litigios que se sustentaban en documentación del período indiano. En *Covarrubias* (1861), no correspondiente a la Araucanía pero sí a indígenas, se examinó la validez de mercedes otorgadas a indígenas en el tiempo indiano, estimándose por el tribunal que una merced otorgada sin cumplir con las tramitaciones establecidas para su aprobación es nula: "[...] siendo concedida la merced por el Gobernador don Francisco Lazo de la Vega, debió intervenir el señor fiscal para ver y reconocer con toda diligencia la calidad y deposiciones de los testigos, y el despacho que obtuvo don Fernando Bravo de Naveda debía tener la confirmación Real, que tanto en este caso como si la merced hubiera sido concedida por algún virrey no podía ser auténtica ni valedera la referida confirmación", con lo que los tribunales prescindieron del referido título y decidieron que los terrenos eran fiscales. En *Caniu* (1864), referente a mapuches, la cuestión se zanjaba sobre la base de un pacto de 1793: "[...] en el segundo de los tres pactos o tratados que celebraron y concluyeron el día 8 de setiembre de 1793, en sus arts. 3° y 4° se comprometieron los caciques a ceder sin condición ninguna para el establecimiento de los pares misioneros 'tierras indispensables de las cedidas para los españoles, no solo para la misión de Cuyunco a orillas del río de las Canoas de la dependencia de los caciques Catriguala, Iñil y Caniu', sino también para la otra a inmediaciones del río Pilinaiquén, cuando el gobierno español juzgare conveniente establecerla, mal puede sostenerse que este convenio, parte integrante de un tratado solemne ya concluido, haya podido ser modificado con la conversación que refiere al final el mismo documento, ocurrida dos días después entre dos solamente de los varios individuos de que se compone cada una de las partes contratantes".

2782 Lira Urquieta (1956), p. 28.

2783 Es importante destacar que esta norma *no significó* una inversión de la carga de la prueba que uniformemente la hiciera recaer sobre los particulares, descargando por consiguiente necesariamente al Estado; por el contrario, lo que imperó normalmente era el principio *onus probandi incumbit actori*, tal como aparece, *v. gr.*, de *Fisco con Isla y Rodríguez* (1884) y *Fisco con Barruel* (1890).

2784 Chacón Barrios (1868), II, p. 59.

codificador civil adoptó deliberadamente una residualidad del dominio fiscal que configuraba, a la postre, una ventaja operativa; y ello sin perjuicio de los casos de disputas de terrenos en las que no era el Fisco[2785], sino una Municipalidad, quien litigase con los particulares[2786]. Por ello no ha de sorprender que el Estado figurase en buena parte de las controversias que llegaron a ventilarse ante los tribunales de justicia en relación con el régimen indígena[2787].

Según la óptica del Código Civil, entonces, este régimen era de carácter especial, por lo que, a más de las normas "comunes" sobre propiedad —que de todas formas se aplicaban en la práctica[2788]— estaba marcado por normas que habían entrado en vigor en el período anterior. Por ejemplo, en Arauco regía el decreto supremo de 1853 sobre contratos referidos a propiedades de indígenas[2789], en torno a que "toda compra de terrenos hecha a indígenas o de terrenos situados en territorio de indígenas debe verificarse con intervención del Intendente de Arauco y del gobernador de indígenas del territorio respectivo que el Intendente comisione especialmente para cada caso", y previendo la consulta del Intendente al Supremo Gobierno en caso de que la extensión del terreno fuese superior a mil cuadras[2790]; con su normativa

---

2785 Respecto del Fisco como parte, *v. gr.*, aún sin aplicar el Código Civil, aunque invocándoselo por las partes, *Guzmán* (1873), sobre un particular no indígena que intentó reivindicar dos islas del río Biobío arguyendo una supuesta posesión inmemorial de indígenas —finalmente, no probada— y que le habrían conferido un título —estimado finalmente como defectuoso—. En *García y Schroeder* (1878) se invoca a una misión como poseedora a nombre del Fisco, lo que es explicable bajo la unión entre Iglesia y Estado que entonces imperaba.

2786 *V. gr.*, *Beltrán y compartes* (1866), en que los particulares litigaban con la Municipalidad de Lautaro, la que obtuvo en el juicio tras haber probado el título de donación de los caciques fronterizos. También *Garcés y compartes* (1866), nuevamente contra la Municipalidad de Lautaro, en que los indígenas obtuvieron en el juicio, habiendo probado por testigos que habían poseído ellos y sus ascendientes, de modo inmemorial, los terrenos disputados.

2787 Que, como se verá, fueron importantes, pero no configuraron las bases del régimen, como sucedió en Estados Unidos, tal como explica ROBERTSON (2005).

2788 Aparentemente, el caso más antiguo de aplicación del Código Civil en esta materia es *Huentiante y compartes* (1865), una querella de despojo deducida por un grupo de indígenas contra la Municipalidad de Concepción. La Corte de Apelaciones juzgó que efectivamente los indígenas estaban siendo injustamente desposeídos por la entidad edilicia, la que, lejos de probar la inexistencia de la posesión de los particulares, solamente probó que existía una comunidad entre los indígenas y no títulos particulares individuales.

2789 Decreto Supremo de 14 de marzo de 1853, BLDG, XXI, p. 109.

2790 Si se producía una enajenación de más de mil cuadras con todos los requisitos correspondientes, pero no consultada al Supremo Gobierno, ella era válida por las mil cuadras y nula en el exceso: *Fisco con Ruiz* (1880). En *Fisco con Rebolledo* (1881) se expresó la posibilidad de adquirir el exceso por prescripción extraordinaria, de treinta años: "[...] aun cuando las ventas son de cuerpo cierto, no pudiendo exceder del máximo de mil cuadras, el comprador carece de título para poseer el exceso, y no puede tampoco prescribirlo por la prescripción ordinaria sino por la extraordinaria de treinta años, que no han transcurrido". Los requisitos previstos por la ley de 1853 no podían sanearse con trámites ulteriores, según lo expresado en *Fisco con Ruiz y otros* (1873): "Considerando: que el título en que se funda para poseer *no otorga derecho*, porque tratándose de enajenaciones de terreno de indígenas, ha debido otorgarse en conformidad a las prescripciones de la ley de 14 de marzo de 1853, y no se ha verificado; considerando: *que la inscripción del título y diligencias posteriores no han subsanado el defecto de formalidad en vista de lo que dispone la citada ley y especialmente en su art. 5°; no habiendo debido el escribano público de Nacimiento ni otorgar ni inscribir la escritura*" (las cursivas son nuestras). Pero a fines del período, en *Garrido y compartes* (1888), se declaró que "los requisitos que

complementaria que esclarecía que el referido decreto se aplicaba a toda persona, fueran o no indígenas[2791], así como otra que declaraba que no se requeriría intervención del Intendente ni consulta al Gobierno en enajenaciones "que se hicieren en subasta pública, por ejecución o por pertenecer dichos bienes a menores"[2792]. En Valdivia, también imperaba un decreto supremo sobre contratos de propiedades de indígenas[2793], y otro sobre deslindes de propiedades[2794]. En Llanquihue, el decreto supremo que lo fijó como terreno de colonización[2795], el que regía sobre contratos de propiedades celebrados o no por indígenas[2796] y, por último, el reglamento de la colonia[2797]. Cabe añadir que, en las disposiciones concernientes a la Colonia de Magallanes, tanto en su establecimiento como territorio de colonización[2798], así como en el reglamento de la colonia, de 1867[2799], no aparece mención alguna a los indígenas. Finalmente, son de interés para esta materia la ley de Colonización de 1845[2800], la ley sobre terrenos baldíos para el establecimiento de colonias[2801], y el decreto sobre naturalización de colonos extranjeros[2802].

El hito principal de este período en la configuración del régimen indígena estuvo dado por la ley de 4 de diciembre de 1866[2803], que en esta materia ha sido calificada, con razón, como "la ley más importante de todo el período hasta la dictación de las leyes de Propiedad Austral en el siglo XX"[2804]. En efecto, la ley de 1866 sintetizó varias grandes líneas que marcarían el rumbo del régimen indígena en lo sucesivo.

Por su artículo 1° ordenó fundar poblaciones "en los parajes del territorio de los indígenas, que el Presidente de la República designe, debiendo adquirirse por el Estado los terrenos de propiedad particular que conceptuare convenientes para este y los demás objetos de la presente ley", cuyos sitios serían, según el artículo 2°, gratuitos para sus pobladores, y

en dicho decreto se exigen para la validez de los contratos de compraventa de terrenos situados en territorio indígena, no tienen por origen la naturaleza del contrato, sino la calidad de los contratantes, y, por consiguiente, la omisión de ellos no produce nulidad absoluta sino relativa en conformidad a lo dispuesto en el art. 1682 del Código Civil".

2791 Decreto Supremo de 10 de marzo de 1854, BLDG, XXII, p. 188.

2792 Decreto Supremo de 17 de abril de 1856, BLDG, XXIV, p. 58.

2793 Decreto Supremo de 4 de diciembre de 1855, BLDG, XXIII, p. 215.

2794 Decreto Supremo de 9 de julio de 1856, BLDG, XXIV, p. 175.

2795 Decreto Supremo de 27 de junio de 1853, BLDG, XXI, p. 266.

2796 Decreto Supremo de 9 de julio de 1856, BLDG, XXIV, p. 173.

2797 Decreto Supremo de 28 de agosto de 1858, BLDG, XXVI, p. 409.

2798 Decreto Supremo de 8 de julio de 1853, BLDG, XXI, p. 309.

2799 Decreto Supremo de 2 de diciembre de 1867, BLDG, XXXV, p. 313.

2800 Ley de 18 de noviembre de 1845, BLDG, XIII, p. 164. Cabe apuntar que también los colonos sostenían litigios con el Fisco en esta época: *v. gr.*, *Fisco con Aubel y otros* (1862), en que se imputaba a los colonos un incumplimiento de sus obligaciones contractuales que hubiera podido conducir a la restitución de sus tierras al Estado; *Maldonado* (1866), cuyas partes eran un grupo de colonos alemanes, un sujeto que alegaba tener títulos más antiguos en Llanquihue, y el Fisco, citado por evicción; *Villarroel* (1866), en que un particular alegaba tener títulos más antiguos que los colonos, pero sin lograr probar la merced de tierras que invocaba; y *Kein* (1885), que abordó la resolución de un contrato celebrado con un colono.

2801 Ley de 9 de enero de 1851, BLDG, XIX, p. 3.

2802 Decreto Supremo de 18 de julio de 1856, BLDG, XXIV, p. 179.

2803 Ley de 4 de diciembre de 1866, BLDG, XXXIV, p. 425.

2804 Foerster González, Vergara del Solar, Gundermann Kröll (2017), p. 211.

auxiliándose "a los indígenas que quieran avecindarse en las nuevas poblaciones con el costo de sus habitaciones".

En segundo lugar, por su artículo 3° dispuso la enajenación de los terrenos fiscales, tanto actuales como futuros, por venta "en subasta pública en lotes que no excedan de quinientas hectáreas", estableciendo algunas condiciones básicas para ello[2805] y ordenando reservar una parte de los terrenos "al establecimiento de colonias de nacionales o extranjeros con arreglo a las leyes que rigen esta materia".

A continuación, el artículo 4° estableció las formalidades a que estarían sujetos los contratos traslaticios de dominio en este ámbito:

> "Los contratos traslaticios de dominio sobre terrenos situados en territorio de indígenas, solo podrán celebrarse válidamente cuando el que enajena tenga título escrito y registrado competentemente.
> Siendo indígena alguno de los contratantes, se necesita además que el contrato se celebre con arreglo a las prescripciones del decreto de 14 de marzo de 1853, el cual queda vigente en todo lo que no sea contrario a la presente ley; pero el Estado no estará sujeto a estas prescripciones en los contratos que celebre el agente del Ejecutivo en los casos a que se refieren los arts. 1° y 3°, inc. 1° y 4°[2806]".

Como se advierte, a más de estimularse la existencia de títulos formales y el régimen de la posesión inscrita[2807], la ley reafirmaba lo dispuesto por el decreto supremo de 1853, exceptuando al final del artículo los casos de fundación de poblaciones, establecimiento de colonias y subastas públicas de terrenos declarados fiscales. Adquiría, entonces, especial importancia la determinación de las extensiones de propiedad de indígenas, a cuyo respecto el artículo 5° ordenó:

2805 Sobre esta norma se apoyaron los remates previstos en el Decreto Supremo de 5 de agosto de 1873, BLDG, XLI-2, p. 95, sobre terrenos fiscales entre Renaico y Malleco; en el Decreto Supremo de 16 de noviembre de 1874, BLDG, XLII-2, p. 386, sobre la "Montaña de Curaco", en Angol; y en el Decreto Supremo de 4 de febrero de 1875, BLDG, XLIII, p. 49, sobre el fundo Rucapillán, en Angol, sin mencionar la norma, pero remitiéndose a las condiciones del primero de los decretos mencionados. De la colonización derivada de estos remates también surgieron litigios de envergadura con el Estado: véase, *v. gr.*, *Sociedad Colonizadora de los Terrenos de Arauco* (1883).

2806 En los otros casos, el Estado sí estaba sujeto a tales prescripciones, tal como aparece de *Fisco con Ruiz* (1880): "[...] el Fisco no ha adquirido el dominio del bien raíz por no haberse verificado la inscripción en el registro del conservador, como lo dispone el art. 686 del Código Civil". Y no bastaba con *solicitarse* la inscripción por el Fisco, sino que debía haberse practicado: *Bastidas* (1880).

2807 *Ruiz* (1882) muestra una aplicación destacada del artículo 11 del Código Civil en torno a las miras del cumplimiento de los requisitos de validez: "[...] declarada por la ley la invalidez de los contratos a que alude el considerando primero con la mira de poner término a los abusos a que ellos daban lugar, es dicha ley de rigorosa aplicación, según lo preceptuado por el art. 11 del Código Civil". Como se sabe, el artículo 11 del Código Civil imperó que "cuando la ley declara nulo algún acto, con el fin expreso o tácito de precaver un fraude, o de proveer a algún objeto de conveniencia pública o privada, no se dejará de aplicar la ley, aunque se pruebe que el acto que ella anula no ha sido fraudulento o contrario al fin de la ley".

> "Para los efectos del inciso 1° del artículo anterior, se procederá a deslindar los terrenos pertenecientes a indígenas por una comisión de tres ingenieros que designará el Presidente de la República, los cuales decidirán sumariamente las cuestiones que se suscitaren sobre cada propiedad que deslinden, debiendo asesorarse con el juez de letras más inmediato en los casos que lo estimaren necesario.
> Falladas dichas cuestiones y fijados los deslindes de un modo claro y preciso, los ingenieros extenderán acta de todo lo obrado en un libro que se llevará al efecto por un ministro de fe pública que servirá de secretario, y expedirán a favor del indígena o indígenas poseedores un título de merced a nombre de la República, insertando copia de dicha acta y anotando el título en otro libro que servirá de registro conservador.
> Estas diligencias serán gratuitas".

Esta práctica sistemática de deslindes apuntaba a materializar un antiguo anhelo cuyos orígenes se remontaban a finales de la época indiana y que las autoridades patrias no habían estado en condiciones de concretar[2808]. Una vez practicados los deslindes y expedidos los títulos de merced[2809], se procedería a configurar una cartografía completa, en los siguientes términos, que especificó el artículo 6°:

> "De cada extensión o sección de los territorios de indígenas en que el Presidente de la República mande ejecutar la disposición anterior, se levantará un plano, en el cual se marcarán las posesiones asignadas a cada indígena o a cada reducción y las que por no haber sido asignadas se reputen como terrenos baldíos.
> Para los efectos de este artículo, se reputarán como terrenos baldíos y por consiguiente de propiedad del Estado, todos aquellos respecto de los cuales no se haya probado una posesión efectiva y continuada de un año por lo menos".

El vínculo entre el inciso segundo del artículo recién transcrito y el artículo 590 del Código Civil es manifiesto. Desde un punto de vista jurídico, habría que probar una "posesión efectiva y continuada de un año por lo menos" para impedir que el terreno se computase como baldío[2810]. Sin perjuicio de que estas cuestiones probatorias siempre podían traer

---

2808 Bocksang Hola (2015 a), título tercero, capítulo segundo, B.I.b.

2809 La falta de título de merced pesó ulteriormente en perjuicio de los indígenas que alegaran su dominio, como aparece en *Anticheo y otros* (1882), y aún más claramente en *Huaiquipán* (1882), porque se entendió que la sola posesión no acompañada del título de merced no bastaba para configurar la protección de la propiedad. En *Fisco con González* (1884) la Corte Suprema revirtió el criterio, bastando la sola posesión.

2810 En *Fisco con Ruiz* (1880) se expresó una definición de terreno baldío con elementos que no aparecían en la legislación: "[...] se llaman terrenos baldíos o vacantes en general aquellas tierras más o menos extensas, fuera de cultivo, que por no hallarse poseídas por nadie se presume en consecuencia que no tienen dueño conocido y cuyo dominio se presume por lo tanto en el Estado". Nuestra judicatura entendió en tal especie que, "no siendo los terrenos de la cuestión baldíos en el sentido general que queda definido, ni en el especial que reconoce la ley citada, el Fisco carece de derecho para reivindicar fundado en tales causas", debiendo entenderse como sentido especial el que se desprende del inciso segundo del artículo 6°.

complicaciones, máxime en un momento en que recién se estaba configurando el sistema registral de la propiedad, esta norma introdujo un estándar probatorio más bajo que el general, pues la aplicación del plazo de prescripción adquisitiva de los inmuebles hubiera redundado en la exigencia de una posesión mucho más larga: según el artículo 2508 del Código Civil, diez años, en el caso de la prescripción ordinaria; y de treinta años, según el artículo 2511. En resumidas cuentas, del tenor literal de esta disposición se desgranaban dos consecuencias complementarias. Primeramente, dificultaba que el Fisco se asignase un terreno supuestamente baldío pero perteneciente a un indígena o una reducción; y, segundamente, al ligársele con el artículo 7°, promovía un efecto de facilitación de radicación de la propiedad en el indígena mediante la posesión del predio[2811]. En efecto, la regla 1ª de dicho artículo 7° fijaba como uno de los criterios para los deslindes que "la ocupación efectiva y continuada por el tiempo que designa el inciso 2° del artículo anterior, *será título bastante para que el indígena sea considerado como dueño*"[2812]. Los otros criterios establecidos para los deslindes reflejaban, por lo demás, elementos de una aproximación bastante pragmática de la propiedad indígena[2813].

2811 De *Namuncura y otros* (1881) se desprende que solo la posesión *personal*, según los criterios establecidos por el Código Civil, era invocable con efectos jurídicos, no aceptándose la posesión fundada en que los reclamantes "creen que les pertenece por haberlo poseído sus antepasados".

2812 Las cursivas son nuestras. En *Antil y otros* (1880), la Corte Suprema tendió —sin hacerlo de manera categórica— a circunscribir este plazo de un año a la vía administrativa, y dejar en una cierta indefinición la posibilidad de aplicarlo en la vía jurisdiccional: "[...] aunque han acreditado la posesión de algunos años sobre dichos terrenos antes de que el Estado entrase a ocuparlos; y aunque en la regla 1ª del art. 7° de la ley de 4 de diciembre de 1866 se declara que la posesión efectiva y continuada de más de un año será título bastante para que el indígena sea considerado como dueño, esta disposición no declara la existencia, sino una presunción del dominio, análoga a la del art. 700 del Código Civil, y que en la intención clara de aquella ley debía servir de antecedente para expedir a favor del indígena o indígenas poseedores el *título de merced*, a nombre de la República, de que habla el inc. 2° del art. 5° de la misma ley" (considerando 5°; las cursivas proceden del original), añadiendo que "ejercitándose en el presente juicio no una acción dirigida a recobrar la posesión perdida el año de 1868, sino la reivindicatoria que nace del dominio, de nada aprovechan a los demandantes los años de posesión que hayan tenido antes sobre las tierras demandadas, por cuanto la presunción legal de dominio favorece al actual poseedor que es el Estado, según el art. 700 citado" (considerando 6°). Dado que el actual poseedor era el Fisco, los indígenas no podrían invocar la prescripción cualquiera fuera el plazo aplicable, pero el considerando 5° parece apuntar a reconocer el plazo especial con operatividad solamente en la vía administrativa. Si los indígenas hubiesen sido los actuales poseedores, el juzgamiento de la Corte hubiera podido dilucidar el punto con total claridad. Dos años después, en *Fisco con González* (1884), la Corte Suprema esclareció la cuestión y declaró la protección de la propiedad de los indígenas amparándolos directamente en la posesión que habían demostrado en la vía jurisdiccional. Una sentencia posterior, *Paillao* (1886), aplicó en primera instancia el criterio de la utilidad para la sola vía administrativa, pero la Corte Suprema no vio el fondo, por rebeldía del demandante.

2813 El artículo completo, bastante largo, pero de interés, establecía lo siguiente: "Toda operación de deslindes se practicará con citación de los poseedores colindantes y con intervención del protector de indígenas; debiendo proceder los ingenieros conforme a las reglas siguientes:
1ª La ocupación efectiva y continuada por el tiempo que designa el inciso 2° del artículo anterior, será título bastante para que el indígena sea considerado como dueño.
2ª Cuando varios indígenas pretendan derecho a un mismo terreno, se considerará como dueño el que haya poseído los últimos cinco años.

A continuación, la ley enfatizaba la existencia de un *protector de indígenas*, nombrado por el Presidente de la República, que, según el artículo 8°, "ejercerá las funciones que atribuye a los intendentes y gobernadores el decreto de 14 de marzo de 1853, y representará los derechos de los indígenas en todas las circunstancias que se ofrezcan, y especialmente en el deslinde de sus posesiones y en todos los contratos traslaticios de dominio". También le correspondía "defender y agitar la resolución definitiva de las cuestiones pendientes sobre validez o nulidad de los contratos de venta o arriendo de terrenos de indígenas, efectuados con anterioridad a esta ley", e intervenir en las operaciones de deslindes, según lo previsto por el artículo 7°[2814].

Finalmente, el artículo 11 enunciaba que existiría un plazo para realizar los deslindes, fijado por el Presidente de la República para cada localidad, pero que solo sería vinculante para "las propiedades que no fueren de indígenas". El no cumplimiento de la diligencia dentro de plazo tendría por consecuencia que el particular correspondiente "responderá con el valor de su propiedad por el costo de los deslindes, que se demarcarán por cuenta del Fisco".

La reglamentación administrativa de estos años revela preocupación por el tema de las escrituras, cuya importancia en materia inmobiliaria está fuera de toda duda. En este contexto, se debió enfatizar que las escrituras de Arauco y Nacimiento no debían ser extendidas por escribanos, sino por el secretario del Intendente[2815], y que debía intervenir el protector de indígenas al extenderse las escrituras[2816]. Sin embargo, finalmente se dejó de considerar el departamento de Arauco como territorio de indígenas, "pudiendo sus habitantes celebrar contratos sin sujeción a la ley de 4 de diciembre de 1866"[2817] y, por lo tanto, removiendo de

---

3ª Si varios indígenas poseyesen un terreno sin que ninguno de ellos pueda establecer posesión exclusiva sobre una porción determinada, se les considerará como comuneros, y se les dividirá por partes iguales.

4ª Los derechos de propiedad que deberán reconocerse a favor de los indígenas se entenderán siempre a favor del que sea cabeza de familia, sea varón o mujer.

5ª Cuando los indígenas que ocupan un terreno posean como individuos de una reducción dependiente de un cacique, se les tendrá a todos como comuneros, y se deslindará el terreno como propiedad común a todos ellos.

6ª Si una octava parte de los indígenas cabezas de familia de la reducción reconocida como propietaria de un terreno, pidiese que se le asigne determinadamente lo que les corresponda, los ingenieros procederán a hacer la división y demarcación de límites, asignando al cacique el triple de la parte de terreno que se asigne a las cabezas de familia.

7ª Al fijar los linderos, sea en las posesiones de indígenas particulares, sea en las de una reducción, se preferirán los límites naturales, cuando los poseedores no presenten los límites precisos: y a fin de adoptar esos límites se podrán establecer compensaciones de los terrenos colindantes, pero en ningún caso de aquellos en que los indígenas tuvieran planteles o que destinaren a siembras".

2814 El artículo 9° fijaba su sueldo, así como el correspondiente al secretario de la comisión de ingenieros, y el artículo 10° disponía la norma prohibitiva de que "el protector, los ingenieros y el secretario no podrán adquirir, durante su comisión, para sí ni para sus parientes hasta el segundo grado de consanguinidad inclusive y primero de afinidad, terreno alguno de los indígenas". En *Fisco con Sánchez* (1872) la falta de citación del protector de indígenas hizo que la causa se repusiera al estado anterior a la omisión, mientras que en *Ñancul* (1875) se declaró no ser bastante un poder por no haber intervenido el protector de indígenas en su otorgamiento.

2815 Decreto Supremo de 16 de octubre de 1863, BLDG, XXXI, p. 312.

2816 Decreto Supremo de 11 de febrero de 1868, BLDG, XXXVI, p. 30.

2817 Ley de 15 de julio de 1869, BLDG, XXXVII, p. 173.

este departamento el régimen protector que dicha ley había establecido. Dicho régimen especial siguió imperando en otros departamentos, como Nacimiento, Angol, Lebu e Imperial, que recibieron nueva reglamentación dirigida a los escribanos en relación con el otorgamiento de las escrituras referidas a propiedades de indígenas[2818], y dirigida a asegurar la participación del protector de indígenas en el otorgamiento de dichas escrituras[2819].

b. La fase de superposición normativa

En 1874 se promulgó la segunda ley capital en el tratamiento de esta materia: la de 4 de agosto, sobre terrenos en la Araucanía[2820], cuyas disposiciones no derogaron, sino que se superpusieron a las de la ley de 1866. Esta nueva legislación combinó estrategias diferentes en áreas territoriales diversas. Respecto de una primera área, su artículo 1° dispuso lo siguiente:

> "Los terrenos situados entre los ríos Renaico por el norte, Malleco por el sur, el Vergara por el oeste y la cordillera de los Andes por el este, *y sobre los cuales los particulares pretendieran algún derecho, se enajenarán en subasta pública y por cuenta del Estado en conformidad a lo dispuesto en el art. 3° de la ley de 4 de diciembre de 1866.*
> En las ventas que se hicieren de los terrenos indicados en el inciso anterior, como en cualquiera otra enajenación de terrenos del Estado situados en el territorio indígena, se exigirá al comprador el pago al contado de una tercera parte del valor de la subasta y el resto se pagará por dividendos de un diez por ciento anual, hipotecándose la misma propiedad para responder al cumplimiento del contrato"[2821].

Aunque la redacción no ayuda a una fácil comprensión del impacto de la disposición, lo cierto es que esta norma estableció una suerte de expropiación velada de todos los terrenos comprendidos en la extensión descrita. Así, los títulos de propiedad anteriores a dicha ley solo darían derecho *a un crédito, y no a la propiedad de los terrenos*, que eran enajenados por subasta pública realizada por el Fisco; y ello, aun cuando la propiedad del titular hubiera sido reconocida previamente por resolución judicial, según el artículo 2°, caso en el cual se le entregaría "el valor que se hubiere obtenido por estos en la subasta". Por su parte, el artículo 3° reglaba el caso de que el rematante de la propiedad fuese su actual poseedor. Nuestra judicatura fue clara en entender que "los poseedores regulares o irregulares de la zona deslindada anteriormente solo conservan, en caso de efectuarse la subasta, los derechos que determinan los arts. 2° y 3° de la misma ley"[2822].

Los designios de esta ley se hicieron más evidentes a través de un artículo 5° que disponía que "la prohibición de enajenar contenida en el inciso 1° del art. 4° de la ley de 4 de diciembre de 1866, se extiende a las hipotecas, anticresis, arriendos o cualquiera otro contrato sobre

2818 Decreto Supremo de 6 de julio de 1872, BLDG, XL, p. 415.
2819 Decreto Supremo de 2 de marzo de 1873, BLDG, XLI-1, p. 267.
2820 Ley de 4 de agosto de 1874, BLDG, XLII-2, p. 82.
2821 Las cursivas son nuestras.
2822 *Seguel* (1878).

terrenos situados en territorio indígena". Con todo lo anterior, este artículo parecía arrasar, a nombre del Fisco, la propiedad de cualquier particular, indígena o no indígena, sita entre aquellos márgenes.

Sin embargo, nuestra Corte Suprema guardaba una sorpresa de primera magnitud en relación con el alcance de esta farragosa norma. En una especie que opuso al Fisco con unos indígenas[2823], la Corte declaró, revocando la sentencia de primera instancia, que "el art. 1° de la ley de 4 de agosto de 1874, que ordena la enajenación en pública subasta de los terrenos situados al norte del Malleco, *no es aplicable a los indígenas*, respecto de los cuales los arts. 8° y 9° de dicha ley establecen reglas especiales, refiriéndose a la ley de 4 de diciembre de 1866, *sino a los particulares que pretendiesen algún derecho a esos terrenos*"[2824]. Con ello, de un solo golpe, el tenor algo oscuro de esta disposición se esclarecía en el sentido de que la expropiación velada a que ella apuntaba *solo pesaba sobre los no indígenas*. Pero eso no era todo. En el siguiente considerando, la Alta Jurisdicción proclamó que "esta última ley en sus arts. 6° y 7° establece como título bastante para que el indígena sea considerado como dueño, la posesión efectiva y considerada continuada durante un año, la cual han acreditado los demandados", absolviendo de la demanda del Fisco a los indígenas a través de una reversión del criterio posesorio que había imperado por algunos años y por el cual se había exigido que, para que la propiedad del indígena fuese protegida, este contase, a más de la posesión de un año, con la merced otorgada por el gobierno. Como si fuera poco, este fallo resolvió la duda, pendiente durante unos años, respecto a si la posesión de un año podía invocarse en la vía jurisdiccional, a más de la vía administrativa, resolviéndose en la afirmativa. Se trata de una sentencia notable, pero que, dado su carácter técnico, podría pasar fácilmente desapercibida.

Una segunda área de la ley de 1874 fue regida por lo dispuesto en el artículo 4°: "Se rematarán también conforme a lo prescrito en el art. 1° los terrenos del Estado comprendidos entre los ríos Biobío, Vergara y Renaico y la cordillera de los Andes, siempre que sobre su propiedad los particulares pretendieren derecho y consintieren en la subasta". En este caso, como se advierte, la fórmula era distinta: solamente podría procederse al remate en caso de que los particulares voluntariamente accedieran a él.

Y, en fin, en el artículo 6° se estableció una tercera área, con protección explícitamente fuerte de los indígenas:

> "Se prohíbe a los particulares la adquisición por cualquier medio de terrenos de indígenas dentro de los límites siguientes: por el norte el río Malleco, desde su nacimiento en la cordillera de los Andes, hasta su desembocadura en el Vergara, y de este punto siguiendo al sur el curso del río Picoiquén hasta su nacimiento en la cordillera de Nahuelbuta, y desde allí una línea hasta la laguna de Lanalhue, situada en dicha cordillera y el curso del río Paicaví hasta su desembocadura en el mar, por el sur el límite que separa al departamento del Imperial de la provincia de Valdivia, por el este la cordillera de los Andes y por el oeste el mar.

2823 *Fisco con González* (1884). Calixto y Dionisio González eran de apellido Hueliñir por parte de madre.

2824 Las cursivas son nuestras.

No regirá esta prohibición respecto de los fundos cuyos títulos estuvieren ya inscritos en la forma legal[2825].
Los que estén establecidos o se establecieren dentro del mismo territorio no podrán pretender otro derecho que el de abono de las mejoras que hubieren introducido en ellos cuando el Estado disponga de esos terrenos. Esta disposición no comprende a los colonos ni a los indígenas"[2826].

Adicionalmente, el artículo 8° disponía que "a los indígenas que no probaren la posesión a que se refieren los arts. 6° y 7° de la ley de 4 de diciembre de 1866 se les considerará como colonos para el efecto de adjudicarles hijuelas sin que por ello queden sujetos a las condiciones impuestas a los demás colonos", reiterando entonces el tratamiento privilegiado para los indígenas en torno a la prueba de la posesión conducente a radicar su dominio[2827]. También se incorporó una disposición correspondiente a la posesión notoria del estado de padre, madre, marido, mujer o hijo en relación con los derechos hereditarios —artículo 9°—, y el artículo 10 enfatizó el rol del protector de indígenas, quien "representará los intereses fiscales en todo aquel territorio y litigará como pobre en defensa de los indios"[2828]. El artículo 7° le asignó a un ministro de la Corte de Apelaciones de Concepción las funciones que la ley de 1866 le

---

2825 Este inciso fue objeto de una declaración especial destinada a precisar su alcance, por la ley de 9 de noviembre de 1877 (BLDG, XLV, p. 550), en cuanto "la excepción contenida en el inciso 2° del art. 6° de la ley de 4 de agosto de 1874, se refiere solo a los fundos cuyos títulos estaban ya inscritos en forma legal a la fecha de la promulgación de esa ley, siendo, por lo tanto, absolutamente prohibido a los particulares adquirir terrenos de indígenas dentro de los límites que señala el inciso 1° del citado art. 6°". Claramente el legislador advirtió que en el intertanto se había practicado la argucia de invocar este inciso como pretexto para no cumplir con las prohibiciones establecidas por la ley, a través de inscripciones realizadas con posterioridad a la entrada en vigor de la ley de 1874.

2826 En aplicación de este artículo, véase *Ruiz* (1882).

2827 Pero, tal como aparece de *Huaiquipán* (1882), en un principio se entendió que el tratamiento privilegiado no se cerraba en la prueba de la posesión por un año, sino que requería también la expedición de un título de merced: "para que el indígena se considere dueño de una porción de esos terrenos, es necesario que haya probado que la ha poseído efectiva y continuadamente un año, por lo menos, y que se haya expedido a su favor un título de merced a nombre de la República, en la forma que prescribe el inc. 2° del art. 5° de la misma ley, por los funcionarios que en este inciso se indican o por los indicados en el art. 7° de la segunda de las indicadas leyes"; y como en este caso los indígenas no habían cumplido con ambos requisitos, "por el art. 8° de esta última ley, se ordena que a los indígenas que no probaren la posesión a que se alude en los arts. 6° y 7° de la ley de 4 de diciembre de 1866, se les tendrá solo como colonos para el efecto de adjudicárseles hijuelas, sin que por ello queden sujetos a las condiciones impuestas a los demás colonos". En *Fisco con González* (1884) la Corte Suprema revirtió el criterio y solo exigió la posesión, sin considerar la existencia o no de título de merced.

2828 Como defensor fiscal, véase *Seguel* (1878), contra un particular no indígena. Frente a la posibilidad de pleitos en los que se opusieran el Fisco con indígenas, se había emitido un Decreto Supremo de 16 de octubre de 1873, BLDG, XLI-2, p. 254, que dispuso que "el secretario de la comisión de ingenieros de Arauco reemplazará al protector de indígenas, como representante fiscal en todas aquellas causas en que el último no pudiera asumir o continuar la representación del Estado, a consecuencia de hallarse los intereses de este en oposición con los de los indígenas que le están confiados, o por afectarle cualquiera causa de implicancia o recusación legal". También véase el Decreto Supremo de 1° de mayo de 1875, BLDG, XLIII, p. 167.

había conferido a la comisión de ingenieros[2829]. Por último, preceptuó en los artículos 11 y 12 disposiciones referidas al establecimiento de colonias[2830].

Al año siguiente, la ley de 13 de octubre de 1875 volvería a modificar el ámbito de aplicación del régimen indígena, sobre la base de la generación dos nuevas provincias y un territorio de colonización a partir de la antigua provincia de Arauco y de los departamentos de Lebu e Imperial[2831]: la nueva provincia de Biobío, compuesta de los departamentos de Laja, Nacimiento y Mulchén (artículos 2° a 4°); la provincia de Arauco, integrada por los departamentos de Arauco, Lebu, Cañete e Imperial (artículos 5° a 8°); y el territorio de colonización de Angol, "dependiente directamente del Ministerio de Relaciones Exteriores y Colonización" (artículos 11 a 13). El artículo 14 de la ley dispuso lo siguiente:

> "Las prohibiciones de la ley de 4 de diciembre de 1866 y la de la de 4 de agosto de 1874 quedan derogadas en el nuevo departamento de Lebu y en la parte norte del departamento de Cañete comprendida hasta la ribera septentrional del río Tirúa.
> En el departamento de la Imperial quedan derogadas las mismas prohibiciones en el territorio comprendido entre el río Toltén, el mar, el límite con Valdivia y el río Lichuén"[2832].

Con todo, según el artículo 15 de este cuerpo normativo, "la venta de los terrenos indígenas se hará conforme a las prescripciones del decreto de 14 de marzo de 1853", lo que se entendió como una supresión del protector de indígenas[2833]; y, según el artículo 16, los

---

2829 El que no podía ser reemplazado por un juez de letras, según se juzgó en *Cariqueo y otros* (1880) y *Millapán y otra* (1880): "[...] la merced que solicitan los indígenas es un asunto no contencioso, y que por consiguiente los tribunales no pueden intervenir a menos que una ley expresa requiera su intervención, según lo dispuesto en el art. 2° de la ley de 15 de octubre de 1875".

2830 En cuanto a las subastas posteriores a la ley de 1874, pueden destacarse las ordenadas por el Decreto Supremo de 6 de marzo de 1877, BLDG, XLV, p. 128, referida a Purén; por el Decreto Supremo de 23 de marzo de 1881, BLDG, XLIX, p. 91, referida a Traiguén; por el Decreto Supremo de 9 de abril de 1881, BLDG, XLIX, p. 113, referida a Purén y Nahuelbuta; por el Decreto Supremo de 1° de septiembre de 1885, BLDG, LIV, p. 682, referida al territorio de Angol; y por el Decreto Supremo de 15 de marzo de 1887, BLDG, LVI, p. 350, concerniente a terrenos situados entre los ríos Traiguén y Cautín.

2831 BLDG, XLIII, p. 504.

2832 La zigzagueante estabilidad de las normas aplicables incomodó incluso a la Corte Suprema. En relación con este artículo 14, por ejemplo, véase *Etchepare* (1882), especie en la cual no se aplicó la derogación por esta ley de las prohibiciones incluso tratándose de un predio situado en el territorio a que el artículo se refería, con voto disidente del ministro Cousiño, quien estaba por reconocer dominio del demandante por no aplicársele las aludidas restricciones. El levantamiento de las restricciones debía interpretarse en sentido estricto: así, dado que Mulchén no estaba mencionado, seguía regido por las correspondientes normas de las leyes de 1866 y 1874, y su incumplimiento hacía improcedente la inscripción del título nulo, como aparece de *Fisco con Arriagada* (1883). Por otra parte, consta que la Corte Suprema jugaba un rol vigilante en revisar si los terrenos se hallaban en tal o cual área que estuviese regida por tales o cuales normas, ordenando enviar los autos al juez de primera instancia en caso de que ello no viniese esclarecido antes de ver la apelación: *Antil y otros* (1877).

2833 *Silva Arriagada* (1881): "[...] la ley de 13 de octubre de 1875 dispuso efectivamente en su art. 15 que la venta de los terrenos de indígenas se haga en lo sucesivo con arreglo a las prescripciones del decreto de 14 de marzo de 1853, disposición que deroga tácitamente el art. 8° de la ley de 4 de diciembre de 1866; debiendo además advertirse que ha cesado en sus funciones el Protector de Indígenas".

terrenos de indígenas quedaban sujetos al pago de la alcabala —es decir, el impuesto sobre sus compraventas— y, *después de vendidos*, también quedarían sujetos al pago del impuesto territorial. En fin, el artículo 17 preceptuaba que "los terrenos baldíos que existan en la nueva provincia y que hubieren sido medidos, hijuelados y tasados, se rematarán en pública subasta seis meses después de concluidas las operaciones de apeo".

En 1876, se emitió un decreto supremo que expresaba como motivación que, sobre la base de la ley de 1875, "no ha sido raro que los indígenas celebren contratos sobre propiedades de pertenencia del Estado, y es urgente poner atajo y remedio a este mal", exigiéndose por consiguiente en los contratos que los indígenas quisieran celebrar y en los poderes que confiriesen para litigar, "que se acredite previamente por medio de una información rendida ante el juez de letras o ante el juez de primera instancia, la existencia del derecho que los indígenas tengan sobre el terreno a que se refiere el contrato o el poder, con especificación de los linderos, extensión y demás circunstancias que permitan formar una idea exacta del terreno"[2834].

Posteriormente, una ley de 1877 derogó el inciso segundo del artículo 14 de la ley de 1875, con lo que el territorio que se extendía entre el río Toltén, el mar, el límite con Valdivia y el río Lichuén volvía a estar sujeto a las prohibiciones de las leyes de 1866 y 1874[2835].

La última ley relevante sobre esta materia entrada en vigor durante el período en examen fue la de 20 de enero de 1883[2836], cuyas disposiciones nuevamente giraban en torno a robustecer la protección de los indígenas.

Su artículo 1° amplió la prohibición de adquirir terrenos de indígenas que había establecido el artículo 6° de la ley de 1874 a otros tipos de actos: "[...] a las hipotecas, anticresis, arriendos *o cualquiera otro contrato en virtud del cual se prive directa o indirectamente a aquellos de la posesión o tenencia del terreno*, sobre terrenos situados dentro de esos límites, aun cuando el indígena o la reducción a quien pertenezcan tengan registrados su título de propiedad", añadiendo que "esta prohibición subsistirá por diez años"[2837]. El artículo 2° modificaba nuevamente el órgano que fijaría los deslindes de los predios: si el artículo 5° de la ley de 1866 había introducido un órgano *técnico*, la comisión de tres ingenieros, y el artículo 7° de la ley de 1874 lo había sustituido por un órgano *jurídico*, un ministro de la Corte de Apelaciones de Concepción, ahora se introducía la fórmula *ecléctica* de establecer una "comisión compuesta de un abogado, que la presidirá, y dos ingenieros nombrados por el Presidente de la República". Esta comisión debía sujetarse a las ya referidas reglas de deslindes de la ley de 1866, añadiéndose la de que "si el título que la comisión tuviere que extender a favor de un indígena o de una reducción pasare de trescientas hectáreas, deberá elevarse el expediente en consulta al Presidente de la República, acompañando un plano del terreno a que el título se refiere". Y, por último, su artículo 3° restablecía el cargo de protector de indígenas[2838].

2834 Decreto de 30 de noviembre de 1876, BLDG, XLIV, p. 385.

2835 Ley de 9 de noviembre de 1877, BLDG, XLV, p. 550.

2836 BLDG, LII, p. 161.

2837 Las cursivas son nuestras. En aplicación de esta disposición, véase *Fisco con De Mata* (1888).

2838 Un Decreto Supremo de 10 de noviembre de 1884, BLDG, LIII, p. 1278, dispuso que "los promotores fiscales de los departamentos fronterizos tomarán la defensa y representación de los indígenas en los juicios sobre propiedad o posesión de sus tierras y en los contratos de compraventa y arriendo que

Se añadía a toda la normativa anterior aquella que tuvo por objeto específico el establecimiento o la regulación de colonias de distintas índoles, como el decreto que erigió en territorios de colonización ciertos terrenos del departamento de Nacimiento[2839], el decreto que estableció una colonia de indígenas en Angol[2840] y el que oficializó dos colonias de indígenas, "una en la baja frontera, en el punto denominado los Altos de Terúa a treinta leguas al sur de Cañete; y la otra en la alta frontera, a una legua hacia el sur del río Traiguén", en aplicación de la ley de colonización de 1845 y la ley de 1866[2841]. También merecen mencionarse un decreto sobre colonos alemanes de Valdivia[2842] y, en Llanquihue, un decreto sobre hijos de colonos[2843], otro sobre naturalización de colonos[2844], y un último que declaró aplicable a los colonos de Llanquihue un criterio emanado del decreto complementario de 1865 que regía a los de Valdivia[2845]. Asimismo, un decreto supremo estableció minuciosas reglas sobre distribución y adquisición de sitios fiscales en los territorios de colonización, exceptuando a la colonia de Magallanes[2846].

---

celebraren", añadiendo que "en los casos de incompatibilidad de intereses entre el Fisco y el indígena, sustituirá al promotor el curador de la Municipalidad respectiva".

2839 Decreto Supremo de 8 de abril de 1868, BLDG, XXXVI, p. 73.

2840 Decreto Supremo de 29 de octubre de 1873, BLDG, XLI-2, p. 255. En los considerandos del decreto se expresa que "a consecuencia de la enajenación de los terrenos fiscales de los departamentos de Angol y Nacimiento, muchas familias de indígenas que eran toleradas en su posesión, van a ser obligadas a abandonarla para dejar libre y expedito el territorio enajenable", que era "de esperar que otras familias de las tribus no sometidas se decidan a radicarse dentro de nuestras líneas de frontera y a someterse a nuestras leyes, si se les proporcionase gratuitamente algún terreno en que vivir y algunas facilidades para trabajar", y que "es obligación del Estado el propender al adelanto y civilización de los araucanos como el sistema más eficaz para convertirlos en ciudadanos útiles de la República y para llevar a cabo su pacificación paulatina y completo sometimiento a las autoridades constituidas".

2841 Decreto Supremo de 14 de octubre de 1880, BLDG, XLVIII, p. 321. El decreto expresaba en su parte considerativa que tal establecimiento se debía a que "tanto en los departamentos de Arauco, Lebu y Cañete, como en la baja frontera, se encuentran numerosas familias indígenas errantes que carecen de todo género de recursos y que ponen en peligro la tranquilidad de los pueblos fronterizos" y que era "un deber del Estado el procurar que esos indígenas se conviertan en ciudadanos útiles por medio de la civilización y del trabajo, y que para lograr este propósito conviene establecerlos en poblaciones determinadas dentro de un territorio limitado, donde puedan ser vigilados por las autoridades".

2842 Decreto Supremo de 25 de mayo de 1864, BLDG, XXXII, p. 133, complementado por un Decreto Supremo de 7 de agosto de 1865, BLDG, XXXIII, p. 471.

2843 Decreto Supremo de 15 de mayo de 1868, BLDG, XXXVI, p. 123.

2844 Decreto Supremo de 31 de agosto de 1864, BLDG, XXXII, p. 185.

2845 Decreto Supremo de 7 de agosto de 1866, BLDG, XXXIV, p. 278.

2846 Decreto Supremo de 24 de abril de 1885, BLDG, LIV, p. 156.

TÍTULO CUARTO

LOS MEDIOS NORMATIVOS

Una creciente relevancia de los medios normativos a través de los cuales se plasmaba la actividad de la administración resulta innegable. Era parte del espíritu de la época y quizás obedece al reconocido legalismo chileno que hasta hoy suele reconocerse. Basta revisar someramente los números del Boletín de las Leyes y Decretos del Gobierno de este período para advertir cómo el paso del tiempo significó una potenciación de la cantidad de normas unilaterales y bilaterales relacionadas con el obrar de la Administración.

Frente a este auge normativo, una constatación esencial parece tan notable como sorprendente: la de la disparidad en los mecanismos de desarrollo de los distintos tipos de actos jurídicos de la Administración. Si, por una parte, sobre el régimen de los contratos administrativos —es decir, los actos bilaterales— la codificación y especialmente la codificación civil incidió muy fuertemente (capítulo segundo), los actos administrativos unilaterales parecieron desarrollarse mucho menos ceñidamente a las nuevas normas generales, quizás reconociéndose las dificultades de adecuación que muchas de ellas podían ofrecer en miras de una actividad unilateral imperativa, como la desarrollada por la Administración (capítulo primero).

CAPÍTULO PRIMERO
LOS ACTOS ADMINISTRATIVOS UNILATERALES

Quizás una de las áreas más impermeables a las innovaciones introducidas por la codificación fue la de los actos administrativos unilaterales. Mientras el Código Civil no parece haber condicionado especialmente el funcionamiento del derecho administrativo en este rubro —más allá de ciertas materias marcadas por una cierta continuidad con lo que históricamente se había trabajado—, el Código Penal, sorprendentemente, parece haber incidido más durablemente, colaborando con la inserción de las sanciones administrativas en la nueva arquitectura normativa.

Sin embargo, ello no significa que nuestro derecho administrativo no haya ofrecido aportes relevantes durante estos años en relación con los actos administrativos unilaterales. Bajo el acicate de la práctica administrativa y de la jurisprudencia, así como de la abundante legislación que también ofrecía luces en esta materia, el derecho chileno experimentó, por una parte, una consolidación ontológica de aquello que había desarrollado ya por décadas en este rubro (A) y, por otra, una renovación pragmática sobre técnicas o instituciones que son objeto de debate hasta el día de hoy (B).

A. LA CONSOLIDACIÓN ONTOLÓGICA

En lo más nuclear, el derecho administrativo chileno no introdujo una disrupción o una dislocación en relación con la naturaleza de los actos administrativos. En realidad, no podía hacerlo, porque los presupuestos sobre los cuales trabajaba seguían siendo los mismos que décadas atrás.

Así, si Carrasco Albano había formulado a fines de la década de 1850, en relación con el artículo 82 n° 2 de la Constitución, que "en general, todas las medidas administrativas que faciliten y hagan expedita la ejecución de las leyes entran en el círculo de atribuciones que confiere este párrafo al Presidente de la República"[2847]. Más de dos décadas después Huneeus Zegers subrayaba, con un énfasis más jurídico, pero siguiendo la misma línea, que "el Poder Ejecutivo, como lo indica su nombre, dicta medidas para hacer ejecutar la ley; pero no puede alterar en ningún sentido ni los derechos ni las obligaciones por ella creadas, debiendo limitarse a determinar la manera, la forma de cumplirlas"[2848].

Durante los años en estudio, nuestro derecho profundizó tanto en el ser de los actos administrativos como en su no-ser, contradicción cuyo estudio permite desprender una consolidación

2847 Carrasco Albano (1858), p. 139.
2848 Huneeus Zegers (1880), II, p. 46.

ontológica de este tipo de actos. Es así como abordaremos inicialmente su conceptualización, es decir, su ser (I), para luego examinar los desarrollos sobre la nulidad, esto es, su no-ser (II).

I. La conceptualización del acto administrativo

En esta época de nuestro desarrollo institucional no existió una visión conceptual sobre el acto administrativo tal como la que hoy podríamos plantear. Tampoco nuestro derecho administrativo parece haber tenido una especial necesidad de tomar el derecho comparado como referencia al respecto, posiblemente porque los puntos de referencia existentes trabajaban en miras de finalidades que en Chile no se requerían.

Así, por ejemplo, en Francia no se cristalizó una teoría sobre el acto administrativo sino hasta la década de 1880 y, cuando lo hizo, su finalidad principal era de delimitación contenciosa entre la jurisdicción ordinaria y la jurisdicción administrativa[2849]. Como la configuración jurisdiccional en Chile era distinta y no se enfrentaba a las dificultades contenciosas francesas, no ha de sorprender que el desarrollo de esta materia haya seguido cauces desprovistos de especiales ligámenes con la evolución francesa.

Sin embargo, respondiendo a sus propias características, nuestro derecho administrativo sí elaboró una conceptualización sobre el acto administrativo, que permitió una cierta sedimentación dogmática y ofreció una base operativa para la funcionalidad de la Administración. Esta conceptualización operó con movimientos complementarios: sintético, por una parte (a), y analítico, por otra (b).

a. La conceptualización sintética

La aproximación por vía de síntesis del acto administrativo revela importantes aprontes por parte de los juristas de este período. En lo más nuclear, cabe destacar el desarrollo de la noción y de la tipología de acto administrativo (1), que se vio complementado con un análisis reforzado en relación con la imperatividad, sobre todo teniendo presente la influencia que en este ámbito pudo haber tenido —y que no desplegó— el Código Civil (2).

1. Noción y tipología

Es relevante notar que en la segunda mitad de este período comenzó lentamente a decantar la existencia de la fórmula "acto administrativo" en su sentido técnico, aunque no de forma unívoca. Así, consta en la jurisdicción ordinaria alguna aplicación con el sentido de *comportamiento administrativo*[2850], pero también algunas otras con el sentido técnico que se le asigna en nuestros días[2851]. Por su parte, también aparece el sentido técnico ante el Consejo

---

2849 Gliniasty (2018), pp. 48-53.

2850 *Procter* (1883).

2851 *Balbontín y otros* (1885): "Que, en consecuencia, no estando asegurado por la ley a los dueños de terrenos el derecho de inhumar libremente en ellos, ni estando tampoco asegurado por las leyes el derecho de inhumar a perpetuidad en los lugares que una vez hayan sido destinados a cementerios,

de Estado[2852], no obstante también poder hallarse la expresión con un sentido ambivalente, e incluso dual[2853]. A pesar de la pluralidad de sentidos, es indudable que existía una protoutilización de la fórmula como designante genérico de los actos unilaterales emitidos en ejercicio de función administrativa[2854].

También es importante constatar que nuestro derecho administrativo advertía la diferencia entre el acto y el documento en el que pudiera constar el acto. El acto administrativo se comprendía propiamente como una cosa inmaterial, y, por lo tanto, si el documento en que constaba no subsistía, era posible suponer su existencia a partir de sus efectos[2855]. Complementariamente en este mismo ámbito, podía deducirse la existencia de un acto administrativo atendiendo a comportamientos concluyentes. Así, si se encomendaba a un municipal la negociación de un contrato, se asumía que dicho contrato había sido aprobado en la sesión de la municipalidad y, adicionalmente, si se incorporaba un gasto en el presupuesto nacional, se asumía que el contrato había sido aprobado por el Supremo Gobierno[2856].

Esto no significaba que los actos administrativos tuvieran que ser forzosamente escritos. Los actos administrativos verbales podían desplegar efectos tal como si se hubiese tratado de actos escritos, desde un permiso de Aduanas para depositar una determinada mercadería[2857] a la orden de no tocarse campanillas al sacarse el Santísimo Sacramento a la vía pública, y su sucesiva revocación, también verbal[2858]. Sin embargo, era indudable que desde un punto de vista práctico el acto administrativo verbal podía tener desventajas probatorias y, por lo tanto, ocasionarle inconvenientes prácticos a la Administración[2859], y que si la Constitución —u otra norma, para el caso— ordenaba que un acto administrativo fuese escrito, era ilegal la invocación de una orden verbal en su reemplazo[2860].

---

ya pertenezcan a particulares o a corporaciones, no puede el Tribunal, bajo ningún aspecto, injerirse en el *acto administrativo* que ha prohibido las inhumaciones en determinados cementerios". Las cursivas son nuestras. También *Barbé* (1887), reproduciendo las fórmulas de un Tratado: "Que en el art. 13 del tratado de paz celebrado con el Gobierno de Perú se estipuló que "los gobiernos contratantes reconocen y aceptan la validez de todos los actos administrativos y judiciales pasados durante la ocupación del Perú, derivados de la jurisdicción militar ejercida por el Gobierno de Chile [...]".

2852 Pero con un propósito de justificar una inimpugnabilidad: *v. gr.*, *General en Jefe del Ejército del Norte con Corte Suprema* (1883) e *Intendente de Curicó con Juez de Letras de Curicó* (1886 b).

2853 De hecho emanado de la Administración y de acto jurídico propiamente tal: *Diputado de minas de Atacama con Corte de Apelaciones de La Serena* (1874).

2854 Ello es tanto más destacable si se tiene en cuenta que el Código Civil, al invocar la fórmula "acto administrativo", lo hacía en relación con la administración en general como actividad, y no para designar a la Administración del Estado en particular. Cfr., *v. gr.*, art. 415 ("El tutor o curador es obligado a llevar cuenta fiel, exacta y en cuanto fuere dable, documentada, de todos sus actos administrativos, día por día [...]"), y art. 2076 ("Si la administración es conferida, por el contrato de sociedad o por convención posterior, a dos o más de los socios, cada uno de los administradores podrá ejecutar por sí solo cualquier acto administrativo, salvo que se haya ordenado otra cosa en el título de su mandato").

2855 *González Concha* (1861).

2856 *Monat y Borrowman* (1862).

2857 *Ferrari Hermanos* (1865).

2858 *Trujillo y otros* (1878).

2859 *Oñate* (1879).

2860 *Castro Pérez de Arce* (1878).

Ocasionalmente se pretendía desprender actos administrativos tácitos a partir de actuaciones o disposiciones previas. Sin embargo, ello se miró con bastante recelo por parte de nuestros jueces. Así, de la autorización para desembarcar de un navío no se desprendía una autorización para desembarcar a cualquier hora[2861] y, en materia tributaria, del hecho de gravarse una determinada actividad no se desprendía la autorización tácita para realizarla[2862].

Heredó esta época la multiforme tipología relacionada a los actos administrativos que había desarrollado Chile durante las primeras décadas del derecho patrio. El área de mayor sofisticación, por sus efectos prácticos, era la municipal, que sufrió adecuaciones importantes en el tránsito de una ley municipal a la otra.

Sobre la base de la Ley Municipal de 1854, se distinguía entre las ordenanzas, los reglamentos y los simples acuerdos. De las tres categorías, la de mayor importancia era la primera, que se hallaba circunscrita a ciertos objetos ("Son materia de ordenanza [...]"), con un numerando de cierre que establecía ser del dominio de la ordenanza "en general toda resolución que establezca reglas, restringiendo el uso de la libertad personal o libre ejercicio de una profesión o industria o el libre uso de la propiedad". Eran, por su parte, materias de reglamento "las resoluciones que establecen reglas para el servicio interno y económico de los establecimientos municipales, para el desempeño de los empleados de la corporación, o las que teniendo un carácter más general no impongan las restricciones a que se refiere el número 7°, del párrafo anterior"[2863]. Y, por último, las demás resoluciones se traducían en simples acuerdos. Sus procedimientos administrativos variaban, de acuerdo con lo dispuesto por la Constitución y la referida ley.

La Ley de Municipalidades de 1887 modificó este cuadro, simplificándolo, al prescribir que "las resoluciones de la Municipalidad son ordenanzas o acuerdos"[2864]. Se advierte que el vocablo *resoluciones* pasaba a designar genéricamente los actos administrativos municipales, y que las ordenanzas y los acuerdos eran las especies de resoluciones existentes en esta esfera. En la perspectiva de esta ley, las ordenanzas tenían una mayor importancia, quedando los acuerdos como figura residual. Y aunque esto replicaba en cierta medida la situación existente bajo la ley municipal de 1854, se apartaba de ella en la forma de plantearlo, estableciendo un *dominio mínimo* de las ordenanzas:

> "*Solo por medio de una ordenanza se puede*:
> 1° Penar con más de cinco pesos de multa la infracción de las resoluciones municipales.
> 2° Organizar la policía de seguridad.
> En estas ordenanzas se fijará el mínimum del personal y se establecerán las dotaciones.
> El Gobernador o Subdelegado podrá hacer cumplir estas ordenanzas y girar contra la tesorería municipal para el sostenimiento de la policía de seguridad, cuando la Municipalidad no votare en los presupuestos la suma necesaria para el personal establecido como mínimum.
> 3° Dictar resoluciones sobre las materias contenidas en los artículos 102 y 103 de esta ley"[2865].

2861 *Fisco con Compañía Sudamericana de Vapores* (1883).
2862 *Meje* (1882).
2863 Art. 103.
2864 Art. 89.
2865 Artículo 90. Las cursivas son nuestras.

Hay varios aspectos destacables de este dominio mínimo. Respecto del numeral segundo, resulta de interés que la organización de la policía quedaba explícitamente entregada a las municipalidades, incluyendo en ello la fijación del personal y de las dotaciones, lo que significaba que el legislador era ajeno a esta esfera. Sin embargo, dada la importancia de la continuidad de la prestación de este servicio, se disponía el mecanismo para evitar que la policía quedara sin asignación presupuestaria municipal suficiente, en cuyo caso la tutela del Ejecutivo pasaba a predominar. Y respecto del numeral tercero, la remisión a los dos artículos allí mencionados abordaba un tema especialmente delicado ya en esta época: el régimen jurídico de las aguas. El ámbito de las ordenanzas se veía completado por el artículo 93 de la misma ley, que sostenía que "a la Municipalidad incumbe dictar las ordenanzas locales a que se refiere el artículo 598 del Código Civil", es decir, concernientes al uso y goce de los particulares sobre los bienes nacionales de uso público.

En cuanto a los decretos supremos, su conceptualización no sufrió alteraciones significativas durante este período. Desde una perspectiva doctrinal, Huneeus Zegers formuló una clasificación de este tipo de actos administrativos, al explicar el alcance del artículo 82 n° 2 de la Constitución de 1833, que preceptuaba que era atribución especial del Presidente "expedir los *decretos, reglamentos e instrucciones* que crea convenientes para la ejecución de las leyes"[2866].

La raíz de su explicación es clara: procurar que se evitara el error de considerar las tres categorías aludidas como incompatibles, para lo cual identificó al decreto como un género, y los reglamentos e instrucciones como especies del referido género. A este efecto, aseveró que "cuando el decreto es una colección ordenada de reglas o preceptos que el Presidente de la República dicta para la ejecución de una ley, o para el régimen interior de establecimientos u oficinas, o para el arreglo de servicios o de empleados públicos, toma el nombre específico de *reglamento*"[2867]. Asimismo, explicó que "las *instrucciones* no son otra cosa que comunicaciones dirigidas por el Presidente de la República, por medio de los Ministros de Estado, a los Intendentes y demás subalternos de la jerarquía administrativa, indicándoles la manera como deben hacer ejecutar las leyes, y, en consecuencia, fijando la inteligencia que aquel les da, a fin de que sirva a todos de norma idéntica", añadiendo que "de ordinario, y para este último propósito, las instrucciones se imparten por medio de *circulares*"[2868].

En jurisprudencia, entre las sentencias de este período hay una que puede contarse entre las más importantes de nuestra historia en torno a este tipo de actos. Su talante es tan discreto que puede pasar desapercibido, pero encierra, como se verá, mucho más de lo que aparenta a primera vista. Se trata de una especie de 1888 sobre nulidad de una remensura de una oficina salitrera, cuya sentencia de primera instancia expresaba lo que sigue:

2866 Las cursivas son nuestras.

2867 Huneeus Zegers (1880), II, p. 48. Las cursivas se hallan en el original.

2868 Huneeus Zegers (1880), II, pp. 48-49. Las cursivas se hallan en el original. Es interesante que en estos mismos años haya comenzado un análisis dogmático más intenso de la potestad reglamentaria en Francia, principalmente obra jurisprudencial del Consejo de Estado y la Corte de Casación, como subraya Steck (2007).

> "2° Que, siendo dicho decreto supremo reglamentario del artículo tercero del citado Código, y expedido por el Presidente de la República en ejercicio de la atribución que le confiere el núm. 2° del art. 82 de la Constitución, quedó incorporado en el Código respectivo en los términos legales"[2869].

El Código al que se refería el considerando transcrito era el Código de Minería, por lo que la figura que planteaba el Juzgado de Letras era la elevación a la jerarquía normativa de la ley de un decreto supremo expedido en ejecución del referido Código. La sentencia fue confirmada, pero con exclusión de dos considerandos, entre los que se encuentra, precisamente, el segundo. De tal forma, la Corte Suprema había entendido que, por más que se tratara de un reglamento de aplicación de una ley, el reglamento no mutaba de naturaleza, no se "incorporaba" en el Código y tampoco se aceptaba que la Constitución prescribiera tal transmutación. El decreto supremo conservaba su naturaleza administrativa y, con ello, todos los caracteres que le eran distintivos.

2. La imperatividad frente al Código Civil

Suele enfatizarse la configuración del Código Civil como "derecho común" de todas las ramas de nuestro ordenamiento jurídico. Ello encierra una buena medida de acierto, pero, al mismo tiempo, sería erróneo entender que dicho cuerpo normativo debiese ser aplicado a ultranza sobre todo tipo de instituciones y de soluciones. El derecho de la época entendió muy bien la necesidad de esta adaptación *mutatis mutandis* y quizás una de las mejores demostraciones de ello procede de las normas que abordaban —y siguen abordando en nuestros días— los aspectos cardinales de los actos jurídicos.

Poco se repara, en efecto, que una aplicación a rajatabla de los criterios contenidos en el Código Civil conduciría a una negación práctica de buena parte del derecho administrativo y, en especial, de aquella que se relaciona con la actividad unilateral de la Administración. Hemos tenido oportunidad de destacar que esta, desde antaño y con toda claridad, había planteado la imperatividad de los actos unilaterales como un carácter fundamental, sin perjuicio de las matizaciones que introducía el reconocimiento del *ius resistendi* a las disposiciones antijurídicas[2870]. Pues bien, quizás conviene tener a la vista el artículo 1437, que abre el Libro IV del Código refiriéndose a las distintas fuentes de las obligaciones:

> "Las obligaciones nacen, ya del concurso real de las voluntades de dos o más personas, como los contratos o convenciones; ya de un hecho voluntario de la persona que se obliga, como en la aceptación de una herencia o legado y en todos los cuasicontratos; ya a consecuencia de un hecho que ha inferido injuria o daño a otra persona, como en los delitos y cuasidelitos; ya por disposición de la ley, como entre los padres y los hijos de familia".

2869 *Fisco con Gibbs y Ca.* (1888).

2870 Bocksang Hola (2015 a), título cuarto, capítulo primero, A.I.a.

Este artículo, quizás uno de los más célebres del Código, no solo muestra la pluralidad de fuentes de las obligaciones que se reconocían en él, sino también muestra una mentalidad liberal en torno a la generación de obligaciones. En efecto, leído en sentido estricto parecería negarle cabida a la imperatividad de los actos administrativos, pues, salvo el caso de la "disposición de la ley", todas las otras fuentes de las obligaciones implican la aceptación de la persona que se obliga. Una imperatividad unilateral, que es la que caracteriza a los actos administrativos, parecería estar fuera de la órbita de su alcance. Esto se reafirma en su artículo 1450:

> "Siempre que uno de los contratantes se compromete a que por una tercera persona, de quien no es legítimo representante, ha de darse, hacerse o no hacerse alguna cosa, esta tercera persona no contraerá obligación alguna, sino en virtud de su ratificación; y si ella no ratifica, el otro contratante tendrá acción de perjuicios contra el que hizo la promesa".

Es cierto que la lógica contractual a la que alude el artículo recién citado escapa del ámbito unilateral que estamos tratando, pero es indiscutible que el criterio apunta a la imposibilidad de imponerse obligaciones a otro sin su consentimiento, confluyendo por lo mismo con la idea general del artículo 1437. Y, volviendo a este último, si se atiende a su gestación, nada apunta a una integración de fuentes que pudiéramos llamar *de derecho público*, allende la evocación de la ley que cierra la disposición, que casi hasta el final estaba planteada bajo la fórmula de "la ley sola"[2871].

Debe restársele dramatismo a esta constatación, si se tiene en cuenta que "en el artículo 1437 se contiene una descripción no taxativa de causas concretas de las que nacen las obligaciones"[2872]. Pero en la conjunción entre legalismo, voluntarismo y liberalismo, la idea de otras fuentes de derecho público distintas de la ley entendida en su sentido más estricto resultó *al menos* de interés secundario para el Código Civil. En el marco del artículo 1437, hay dos alternativas: o bien entender que la expresión "la ley" tendría un sentido amplio, abarcando todos los tipos de "actos de autoridad" capaces de desplegar unilateralmente sus efectos, o bien que los actos administrativos están fuera de la órbita del artículo 1437 y que constituyen una fuente de las obligaciones presente en el ordenamiento jurídico, pero no prevista literalmente en dicho artículo.

Es útil tener presente que durante todo el período 1861-1890 no parece haber ninguna aplicación relevante del artículo 1437 en materia de actos administrativos unilaterales.

Por consiguiente, la reflexión referida a la imperatividad de los actos administrativos corrió, durante esta época, como una natural continuación de los criterios que habían regido desde antes del Código Civil.

Estaba clara, en esta esfera, la ejecutoriedad, es decir, su "eficacia legal"[2873], por lo que ciertos actos derivados de un acto administrativo sacaban "toda su fuerza del decreto en que se funda"[2874]; su transgresión podía ser asociada a una sanción, como una multa[2875]; y, desde

2871 Barrientos Grandon (2016), II, pp. 308-310.
2872 Barrientos Grandon (2016), II, p. 311.
2873 *Díaz* (1881).
2874 *Levington* (1870).
2875 *Ugarte* (1890 a).

otra perspectiva, la existencia de un reclamo administrativo no obstaba normalmente a la ejecutoriedad de un acto administrativo[2876]. En ocasiones, la afirmación de la ejecutoriedad estaba planteada en términos muy discretos; por ejemplo, en una sentencia *Brown* por la que la Corte Suprema no le reconoció mérito al tercer considerando del fallo del Juzgado de Letras, que sostenía que "sea cual fuere respecto de Brown el efecto legal del decreto, no constituye una obligación a favor de la Ilustre Municipalidad", declaración que significaba que para la Corte Suprema un decreto sí podía originar unilateralmente una obligación[2877].

En nuestros días suele interpretarse la ejecutoriedad desde una perspectiva exclusivamente favorable al Estado, como si tal ejecutoriedad no pudiese producir efectos favorables a los particulares. Pero en esta época estaba claro que, de emitirse un acto administrativo, los derechos que de él surgiesen para cualquiera —incluidos los particulares— se consolidaban por la producción del acto, y no por el transcurso de un plazo. Así, por ejemplo, dado que las ordenanzas municipales requerían aprobación por decreto supremo, los efectos se consolidaban desde la fecha de emisión del decreto supremo aprobatorio:

> "Considerando: 1° que *por el supremo decreto de 10 de setiembre de 1861*, corriente a f. 2, por el que el Supremo Gobierno aprobó la Ordenanza Municipal que concede una pensión vitalicia de treinta pesos mensuales al ex comandante de serenos don Tadeo Guerra, *adquirió este un perfecto derecho a dicha pensión, y no puede ser privado de ella sin los requisitos determinados por la ley*: 2° que el asunto sobre que versa el derecho referido es de materia de ordenanza, porque la pensión concedida equivale a la jubilación de un empleado municipal, y en carácter de ordenanza fue considerado por la Ilustre Municipalidad y aprobado por el Supremo Gobierno; y 3° que como tal ordenanza no ha podido revocarse por un acuerdo de la corporación; con arreglo a lo prevenido en el art. 103 de la ley de 8 de noviembre de 1854, y arts. 41 y 42 de la de 8 de febrero de 1837, fallo: que debe seguirse adelante en los trámites de este juicio hasta hacer pago a don Tadeo Guerra de los doscientos diez pesos demandados con la cantidad embargada en poder de don Joaquín Naranjo, en la diligencia de f. 10 y costas"[2878].

La ejecutoriedad tenía limitaciones muy importantes. De partida, y por supuesto, un acto administrativo, por más explícito e imperativo que fuese, no podía dejar sin efecto derechos adquiridos con anterioridad por parte de los particulares[2879]. Por lo mismo, la aserción, no respaldada, de deberse una suma de dinero al Fisco no era un acto administrativo que pudiera gozar de ejecutoriedad y dar lugar a la prosecución de su cumplimiento[2880]. En esta misma línea, no podía extenderse, por analogía, la aplicación de un acto administrativo destinado a regir a otras extensiones territoriales, aun cuando existiera una razón común que las hubiera afectado a todas[2881]. Y era perfectamente posible que determinados actos administrativos pudieran carecer de imperatividad, aun estando en vigencia, cuando el gobierno declarara faltar

2876 *Vargas* (1861).
2877 *Brown* (1871).
2878 *Guerra* (1865). Las cursivas son nuestras.
2879 *Lambert* (1878).
2880 *Fisco con Cuadros* (1865).
2881 *Herrera* (1883).

determinadas medidas reglamentarias indispensables para su aplicación[2882]. Pero quizás lo más importante de destacar es la total conciencia que existía en torno a que los actos administrativos tenían una naturaleza distinta a los jurisdiccionales, marcada por la inexistencia de la cosa juzgada, desprendiéndose de tal distinción la impugnabilidad de aquellos:

> "Esa resolución no puede producir cosa juzgada porque no es la autoridad administrativa la llamada por la ley a fallar los asuntos contenciosos, sino que el conocimiento de esta es privativo de los Tribunales de Justicia"[2883].

A todo lo anterior debe tenerse presente la existencia de disposiciones que habilitaban a ciertas autoridades centrales a suspender los actos emanados de autoridades territoriales. El caso más representativo se daba en la relación entre los intendentes o gobernadores y las municipalidades, sobre la base de la Constitución de 1833, que prescribía que "ningún acuerdo o resolución de la Municipalidad que no sea observancia de las reglas establecidas podrá llevarse a efecto, sin ponerse en noticia del Gobernador, o del Subdelegado en su caso, quien podrá suspender su ejecución, si encontrare que ella perjudica al orden público"[2884]. Esta disposición, que hallaba una contrapartida en el artículo 133 de la Ley de Régimen Interior de 1844[2885], posteriormente no la halló en la Ley de Régimen Interior de 1885, sino en la Ley Municipal de 1887[2886].

En cuanto a la ejecutividad —la posibilidad de compeler al cumplimiento de los actos administrativos—, que había sido aceptada en buena medida durante el primer período patrio[2887], comenzaban a aparecer señales de crítica, manifestándose por el Poder Judicial una preferencia por una intervención de los tribunales de justicia al respecto[2888]. Esta posición judicialista terminó sedimentándose fuertemente en la última década del período a través de la Ley de la Dirección del Tesoro y de Contabilidad, en la que, aunque se establecía claramente que "los

---

2882 *Salvo* (1873): "[...] el supremo Gobierno mismo tiene declarado por el órgano del Ministerio de instrucción pública que el mencionado art. 79 no puede tener aplicación práctica mientras no se dicten medidas reglamentarias que se consideran de absoluta necesidad para este efecto, como se expresa en la circular de 30 de septiembre de 1868, publicada en el diario que corre a f. 16".

2883 *Riquelme* (1888).

2884 Artículo 129.

2885 Artículo 133: "Cuando una Municipalidad pusiere en noticia, como debe hacerlo, del Gobernador, su presidente, alguna resolución que no sea observancia de las reglas establecidas, esto es, que no sea manifiesta y exactamente conforme a la letra de las leyes y ordenanzas municipales, debe el Gobernador suspender la ejecución de lo resuelto si encontrare que perjudica al orden público o a los intereses confiados a aquel cuerpo, el que si no se conformare con la suspensión podrá hacer observaciones sobre ellas al jefe que la ordenó, y aún reclamar en caso necesario al Gobierno Supremo por el conducto que corresponda".

2886 Artículo 36: "Ningún acuerdo o resolución de la Municipalidad que no sea observancia de las reglas establecidas podrá llevarse a efecto sin ponerse en noticia del Gobernador o Subdelegado en su caso, quien podrá suspender su ejecución si encontrare que ella perjudica al orden público.
Esta facultad se ejercerá en el término de tres días, y si la Municipalidad insistiere por mayoría en la resolución observada, se remitirán los antecedentes al Consejo de Estado para que resuelva".

2887 Bocksang Hola (2015 a), título cuarto, capítulo primero, A.I.a.1.

2888 *Larraín* (1864).

recibos que sirvan para el cobro de las contribuciones llevarán aparejada ejecución"[2889], acto seguido se señalaba que "los tesoreros procederán a hacer efectivo el pago de las contribuciones en caso de mora, *empleando el procedimiento ejecutivo*", con algunas modificaciones[2890].

Adicionalmente, algún antecedente —bastante tímido— de lo que hoy se denomina *presunción de legalidad* aparece de la jurisprudencia de la época. En 1877, una sentencia del Tribunal de Elecciones Municipales planteaba la siguiente fórmula: "[...] siendo la calificación que hizo de la imposibilidad del antiguo alcalde, como la designación de otro en su reemplazo, legales y legítimas y obligatorias para todos los ciudadanos *mientras la autoridad competente, ante quien según la ley puede ocurrirse a reclamar de sus resoluciones, no decida lo contrario*"[2891]. Diez años después, una sentencia de la jurisdicción ordinaria plantearía que "los ferrocarriles del Estado prestan sus servicios conforme a los reglamentos dictados para ello, por lo cual no pueden estimarse incompatibles sus disposiciones con los preceptos de la ley"[2892].

Estos indicios, sin embargo, no debieran tomarse como afirmaciones dogmáticas contundentes, ya que no demuestran una especial peculiaridad de los actos administrativos. Análoga presunción merecería cualquier tipo de acto, tratárase de derecho público o de derecho privado. Por ejemplo, en el caso de ferrocarriles a que se ha hecho alusión, la conclusión se relacionaría con el artículo 219 del Código de Comercio, que prescribía que "los empresarios públicos de transportes están sujetos no solo a las disposiciones del presente título, sino también a los reglamentos que se dicten para regularizar el ejercicio de su industria". Si se tiene presente que "empresarios públicos" no eran solamente los "empresarios estatales" —pues según el artículo 172 del mismo Código eran tales "los que tienen anunciado y abierto al público un establecimiento de conducciones, y las ejecutan en los períodos, por el precio y las condiciones que prefijan sus anuncios"—, queda de manifiesto que, de entenderse regir una presunción de legalidad, ella caracterizaría a los actos jurídicos en general y no solo a los actos administrativos.

Por último, debe tenerse presente que la imperatividad de la acción de la Administración también podía beneficiar a los particulares en relación con su responsabilidad penal. Muy tempranamente se advirtió la imposibilidad de aplicar sanciones si la conducta en que consistía la infracción había sido motivada por una opinión —un *dictamen*— de la Administración favorable a la conducta[2893]. Con mayor razón existía tal imposibilidad en caso de que el particular obrara de conformidad a una autorización otorgada por la autoridad administrativa[2894]. Esta imposibilidad de sancionar regía aun cuando se entendiera que se trataba de un *error* de la Administración, tanto antes del Código Penal[2895] como a partir de su entrada en vigor[2896].

2889 Ley de 20 de enero de 1883, BLDG, LII, p. 88, art. 27.

2890 Ley de 20 de enero de 1883, BLDG, LII, p. 88, art. 28. Las cursivas son nuestras.

2891 *Nulidad de elecciones municipales de Quillota* (1877). Las cursivas son nuestras.

2892 *Naveillán* (1887), expresiones que por lo demás revertían la apreciación formulada por la sentencia de primera instancia, que había afirmado que la disposición se hallaba "en pugna con los principios legales que regulan el contrato de transporte".

2893 *Flügge* (1862).

2894 *Fisco con Morales* (1863) y *Fisco con Sociedad Chilena de Fundición* (1889). Y si había una falta de cumplimiento de trámites imputable a la Administración, igualmente se entendía no poder perjudicarse al particular: *Gómez* (1867).

2895 *Hernández Hermanos* (1865) y *Fisco con Holzapfel y Scholle* (1873).

2896 *Fisco con Betteley Christie y Ca.* (1879).

Esto demuestra que lo que prevalecía era más un principio de derecho que la aplicación de una norma concreta; y, de hecho, debe tenerse presente que esta solución, a partir de 1875, se obtenía sin necesidad de invocar el Código Penal.

b. La conceptualización analítica

Paralelamente a la conceptualización sintética del acto administrativo que viene de describirse, corrió también una conceptualización analítica, derivada de la interacción de los distintos elementos constitutivos de los actos administrativos. Esta materia, que recibía la elaboración de importantes insumos del primer período patrio, se desarrolló con especial intensidad en relación con el procedimiento administrativo (1), mientras la elaboración derivada de los demás elementos del acto administrativo pareció menos explícita y más tímida, pero de todos modos bien presente (2).

1. El procedimiento administrativo

Aunque estaba muy claro que las atribuciones conferidas a las autoridades administrativas se hallaban subordinadas "al orden y trámites establecidos por leyes preexistentes"[2897], todavía era imposible encontrar en esta época alusión alguna a la fórmula "procedimiento administrativo", que aparecería con posterioridad en nuestro régimen jurídico. Tampoco en Chile existió durante estos años una ley general de procedimientos administrativos, que España sí vio surgir hacia fines de siglo a través de la llamada *Ley Azcárate* de 1889[2898]. Con todo, como *institución*, claramente se hallaba reconocida en distintos cuerpos normativos de nuestro país y en este período es posible encontrar variados testimonios importantes de su importancia.

Quizás el que mejor la pueda ilustrar sea el Código Penal. Entre sus disposiciones se encuentran dos, calificadas bajo el rótulo de *abusos contra particulares*, que describen conductas típicas de importancia y directamente relacionadas con los procedimientos administrativos. El artículo 256 del Código Penal disponía que "en iguales penas incurrirá todo empleado público del orden administrativo que maliciosamente retardare o negare a los particulares la protección o servicio que deba dispensarles en conformidad a las leyes y reglamentos". También de incidencia en esta materia, el artículo 257 del mismo Código preceptuaba que "el empleado público que arbitrariamente rehusare dar certificación o testimonio, o impidiere la presentación o el curso de una solicitud, será penado con multa de ciento a quinientos pesos. Si el testimonio, certificación o solicitud versaren sobre un abuso cometido por el mismo empleado, la multa será de ciento a mil pesos".

Este período vio un aumento de los procedimientos en vigor[2899], en tramitaciones con mayor o menor grado de formalización, y en materias tan disímiles como la determinación de

---

2897 *Larraín* (1864).

2898 López Menudo (1992), pp. 38-43. Para una apreciación contemporánea a la ley, véase Santamaría de Paredes (1891), pp. 815-824.

2899 Incluso, fuera del ámbito propiamente administrativo, se procuró regir las solicitudes de gracia ante el Congreso, con un procedimiento especial, a través de la ley de 10 de septiembre de 1887, BLDG, LVI, p. 1346.

la tarifa de avalúos de la Ordenanza de Aduanas[2900], las solicitudes de licencia de empleados públicos del Ministerio del Interior[2901], el registro de marcas de animales vacunos y caballares[2902], la fijación de la policía de orden interior de las estaciones ferroviarias y de los trenes en marcha[2903], la determinación de reglas de explotación de bosques[2904] y el otorgamiento de becas y medias becas en los internados de los liceos[2905].

Normalmente se advertían procedimientos no formalizados, pero algunos procedimientos formalizados podían ser de considerable impacto. Dos ejemplos muy característicos están dados por el de matrícula de naves, contenido en la Ley de Navegación y que se extendía por alrededor de veinte artículos[2906], y por el de solicitud de jubilación civil, formalizado con toda claridad en 1878[2907]. Pero quizás el caso más notable del período sea el de la tramitación de los decretos supremos de pago, que, hacia fines del período, deja de manifiesto cómo la lógica burocrática de los procedimientos administrativos se iba desarrollando casi incontenible y —paradójicamente— con métodos que procedimentalmente no eran los más irreprochables. Debe tenerse presente que, a fines de 1888, el presidente Balmaceda expidió el siguiente decreto supremo:

> "1° Los decretos de pago que se dicten con cargo a partidas variables de la Ley de Presupuestos o a leyes especiales, serán remitidos a la Dirección de Contabilidad por el Ministerio que los expida a fin de que sean anotados en el libro de la oficina.
> Entre los antecedentes de cada decreto se acompañará la correspondiente transcripción para la Dirección del Tesoro.
> 2° La Dirección de Contabilidad, después de hacer las anotaciones del caso, remitirá los decretos a la Dirección del Tesoro, oficina que, una vez que haya hecho el registro respectivo, se reservará la transcripción acompañada a los antecedentes y elevará estos al Ministerio de Hacienda, el cual los devolverá al respectivo Departamento con la constancia de haberse refrendado.
> 3° Corresponderá a la Dirección de Contabilidad suministrar los datos que necesitan los diversos Ministerios sobre inversión de fondos con cargo a partidas variables del Presupuesto o a leyes especiales [...] [2908].

Podría presumirse que una pormenorización de esta naturaleza debiese haberse entendido como satisfactoria en vista de un tiempo razonablemente largo. Sin embargo, no fue el caso. Un decreto supremo de pocos meses después, con instrucciones para el régimen de las

---

2900 Ordenanza de Aduanas de 1864, ley de 31 de octubre de 1864, BLDG, XXXII, p. 305, art. 36 a 38.
2901 Decreto Supremo de 23 de junio de 1888, BLDG, LVII, p. 690.
2902 Ley de 12 de noviembre de 1874, BLDG, XLII-2, p. 417.
2903 Ley de 6 de agosto de 1862, BLDG, XXX, p. 199, art. 81.
2904 Ley de 13 de junio de 1872, BLDG, XL, p. 438, y Decreto Supremo de 3 de mayo de 1873, BLDG, XLI-1, p. 390.
2905 Decreto Supremo de 9 de abril de 1885, BLDG, LIV, p. 159.
2906 Ley de 24 de junio de 1878, BLDG, XLVI, p. 221, artículos 9° a 29. Dicha ley contenía otros procedimientos administrativos formalizados, como el de transferencia de buques (artículos 34 a 39), y otras diligencias administrativas (v. gr., art. 123 ss.).
2907 Decreto Supremo de 6 de junio de 1878, BLDG, XLVI, p. 205.
2908 Decreto Supremo de 30 de noviembre de 1888, BLDG, LVII, p. 1989.

tesorerías fiscales, tenía —supuestamente— por objeto "reunir en un solo cuerpo las diversas disposiciones dictadas respecto a los pagos que se hacen con arreglo al presupuesto y leyes especiales", siendo de conveniencia "poner en armonía dichas disposiciones", así como dictar algunas otras. Al final de un apartado II, este decreto expresaba, entre paréntesis, lo siguiente: "(Decreto de 30 de noviembre de 1888)". Con ello se daba a entender que se estaba transcribiendo el acto administrativo anterior. Pero, por el contrario, si se constata su tenor, queda claro que, lejos de tratarse de una mera transcripción, se estaba introduciendo una nueva norma:

> "II.
> 6ª Todo decreto supremo que ordena un pago deberá ser remitido por el Ministerio que lo expida a la Dirección de Contabilidad con todos sus antecedentes para los efectos de la refrendación. Entre los antecedentes de cada decreto se acompañará la correspondiente transcripción para la Dirección del Tesoro.
> El Director de Contabilidad, o en su defecto el sub-director, comprobará, antes de darle curso, si hay fondos suficientes en el ítem de presupuesto a que deba imputarse el gasto y si la imputación corresponde a la glosa del ítem y partida del presupuesto.
> Si a juicio de esa oficina resultare que la imputación no es correcta o que el gasto excediere los fondos consultados, devolverá el decreto al Ministerio de origen con las observaciones del caso. Si el Ministerio insistiera, le dará curso.
> 7ª La Oficina de Contabilidad remitirá los decretos con sus respectivos antecedentes al Tribunal de Cuentas para los efectos de la *toma de razón* y el cumplimiento de las disposiciones de los números X y XI del artículo 5° de la ley de 20 de enero de 1888.
> 8ª Una vez practicada por el Tribunal de Cuentas la toma de razón, remitirá el decreto al Director del Tesoro, el cual, si no lo encuentra observable, desglosará la transcripción correspondiente y le dará curso después de efectuar el registro que establece el artículo 15 de la ley de 16 de septiembre de 1884.
> 9ª La Dirección del Tesoro remitirá los decretos a la Dirección de Contabilidad para que esta oficina los devuelva, ya definitivamente diligenciados, al Ministerio que los ha expedido, cancelándose los recibos que hubiere dado al efecto.
> 10. Todo decreto que ordene un pago deberá publicarse íntegro en el *Diario Oficial*, a lo menos en su parte dispositiva, salvo que en el mismo decreto se ordene su reserva, en cuyo caso se observará lo prescrito en el artículo 36 de la ley de 20 de enero de 1883.
> 11. Para facilitar el cumplimiento del presente decreto, las órdenes de pago que se dicten con cargo a variables del presupuesto o a leyes especiales, llevará al final la siguiente disposición: "Refréndese, tómese razón, regístrese y comuníquese" [...] (Decreto de 30 de noviembre de 1888)"[2909].

Si bien sobresale a primera vista la diferencia sustancial entre el texto de 1888 y el de 1889, lo más sorprendente es la técnica subrepticia empleada por la Administración en el cambio de la descripción del procedimiento[2910]. ¿No bastaba con emitir un nuevo acto administrativo

2909 Decreto Supremo de 22 de febrero de 1889, BLDG, LVIII, p. 156.

2910 Y esto es perceptible aun cuando, por ejemplo, el trámite de la refrendación tuviese normas claras desde la década de 1830, y que existiera, por ejemplo, un decreto supremo de 17 de diciembre de que reemplazase al anterior? ¿Para qué dar a entender que lo que se hacía era recopilar un acto anterior, citándolo con fecha, si el texto era sustancialmente diferente? El hecho de que las nuevas disposiciones pudieran apoyarse en otras normas en vigor no cambia en nada la perplejidad ante el método escogido. Tal facilidad para ajustar los procedimientos —y caracterizarlos, con cierta malicia, como una mera recopilación— podría haber abierto más de alguna pugna judicial en un ambiente jurídico más proclive a lo contencioso en cuestiones internas de la Administración, e ilustra el nivel de avance de la lógica procedimental hacia fines de este período.

También existían algunas disposiciones procedimentales no específicas para tal o cual materia, sino generalmente aplicables para los procedimientos que se sustanciaran ante un determinado organismo. Así se dispuso, por ejemplo, en 1878 respecto de los plazos dentro de los cuales debían evacuarse los informes correspondientes al Ministerio del Interior que se pedían a funcionarios de su misma dependencia: "[...] este Departamento ha resuelto desde esta fecha fijar como regla general la de que esos informes se remitan despachados dentro del término de quince días, a fin de poder dictar sin dilación las providencias correspondientes"[2911].

Principios procedimentales como el de gratuidad seguían estando muy presentes, tanto en jurisprudencia[2912] como en normas expresas, de las cuales quizás la más representativa de la época sea la de que "todos los negocios gubernativos se despacharán gratuitamente", que preveía la Ley de Régimen Interior de 1885[2913] y que proseguía el criterio previsto en la ley de 1844[2914]. Comenzaban también a surgir disposiciones respecto de la reserva o secreto de los actos administrativos, tal como la que disponía que "los informes que en cumplimiento de su deber expidieren los jefes de oficinas públicas para pedir la remoción de los empleados subalternos de su dependencia, permanecerán secretos y reservados en los archivos, y no se dará copia de ellos a quien lo solicite, sino en virtud de decreto supremo, después de calificar la justicia de la petición y la necesidad o conveniencia de acceder a ella"[2915].

Y el Código Civil también ofreció algunos aportes en materia de procedimientos administrativos, tanto en lo que se preceptuara por vía legislativa como en las reglamentaciones administrativas complementarias. Ello queda de manifiesto a través de su artículo 48:

> "Todos los plazos de días, meses o años de que se haga mención en las leyes o en los decretos del Presidente de la República, de los tribunales o juzgados, se entenderá que han de ser completos; y correrán además hasta la medianoche del último día del plazo".

1861 que complementaba el régimen de este trámite (BLDG, XXIX, p. 484), y uno de 2 de septiembre de 1868 que disponía los trámites relacionados con gastos variables e imprevistos, requiriendo que se autorizasen por decreto supremo, se tomase razón de ellos, y se les refrendase (BLDG, XXXVI, p. 297).

2911 Decreto Supremo de 14 de marzo de 1878, BLDG, XLVI, p. 67. No se asignaba ningún efecto al silencio administrativo, pero sí se establecía la obligación de darse cuenta al Ministerio en caso de no despacharse el informe oportunamente.

2912 *Monti* (1867): "Todos los negocios gubernativos deben despacharse gratis".

2913 Ley de 22 de diciembre de 1885, BLDG, LIV, p. 1309, art. 19 inciso 3°.

2914 Bocksang Hola (2015 a), título cuarto, capítulo primero, A.II.b.

2915 Decreto Supremo de 7 de septiembre de 1872, BLDG, XL, p. 591.

En relación con lo anterior, una sentencia de la Corte Suprema introdujo en 1868 un dispositivo anómalo por el cual se mandó oficiar al administrador del Estanco acerca de cuándo vencen los plazos en las gestiones sustanciadas por los organismos públicos, definiéndose que se trataba de la medianoche del último día del plazo, en aplicación del Código Civil, "previniéndole que el art. 48 del Código Civil determina como plazo en que pueda cumplirse una obligación la medianoche del último día del plazo fijado por las leyes o decretos, y que siendo el 30 de abril el día fijado por la Ordenanza para la Factoría General del Estanco el día en que se ha de hacer el pago de las contribuciones antedichas, ese plazo no transcurre sino pasado las doce de la noche de ese día"[2916]. Es importante tener presente que el vencimiento del plazo a la medianoche regía no solo en cuanto pudiese beneficiar a la Administración, sino que era "necesario garantir *tanto al administrador de estanco como a los particulares* contra los perjuicios que pudieran irrogarles por la falta de inteligencia de las disposiciones que rige en estos casos"[2917], permitiéndose la máxima extensión del plazo cualquiera fuera el sujeto a que concerniere. Y también debía tenerse presente el artículo 50, que, en la misma línea universalista del artículo 48, determinaba que "en los plazos que se señalaren en las leyes, o en los decretos del Presidente de la República, o de los tribunales o juzgados, se comprenderán aun los días feriados; a menos que el plazo señalado sea de días útiles, expresándose así: pues en tal caso no se contarán los feriados".

En cuanto a las etapas de los procedimientos administrativos, ya se podía advertir las que hoy se entienden caracterizarlos: la iniciativa[2918], la instrucción[2919], la decisión[2920] [2921],

2916 *Ministerio Fiscal con deudores de contribución territorial* (1868).

2917 Las cursivas son nuestras.

2918 *V. gr.*, *Gómez* (1867), por solicitud de parte.

2919 *V. gr.*, *Pradel* (1874) y *Recabarren* (1888).

2920 *V. gr.*, *Fisco con Flores* (1878). En esta materia pueden encontrarse aspectos de interés. Por ejemplo, el hecho de que la expresión de la motivación en un acto administrativo podía solo excepcionalmente constituir una injuria: "[...] debiendo los jefes, al pedir la destitución de sus subalternos, obrar por motivos fundados, la expresión de estos motivos no constituye una injuria por regla general, y solo en casos excepcionales dará acción deducible ante los tribunales de justicia", en *Barros Arana* (1863). Asimismo, un reconocimiento velado de la doctrina de los actos propios, en atención a que, si la autoridad emitió el acto bajo una determinada forma o tipo de acto, no puede después alegar que el tipo que correspondía era otro, en *Guerra* (1865). Sentencias puntuales pueden ser más controversiales. Por ejemplo, se decidió en una especie *Convento de la Merced* (1866 b) que la falta de firma de un documento no es reprochable procedimentalmente si es que el acta consignaba la intervención del funcionario. Pero la reglamentación de los actos decisorios podía establecer criterios distintos, tal como sucedía respecto del artículo 86 de la Constitución de 1833 y el requisito de firma por el Ministro de las órdenes del Presidente de la República, sin cuyo cumplimiento las órdenes no podían ser obedecidas; y, en la Ley de Ministerios de 1887, el requisito de que el decreto de promulgación de la declaración de guerra debía ser firmado "por todos los Ministros del Despacho": Ley de 21 de junio de 1887, BLDG, LVI, p. 709, art. 9°.

2921 Debe tenerse presente también, en relación con la decisión, que ciertos tipos de acto requerían la aprobación de varias autoridades para integrarse al ordenamiento jurídico. El caso más importante es el de las ordenanzas municipales, que requerían aprobación del Presidente de la República, según el artículo 128 n° 10 de la Constitución de 1833, sin cuya aceptación no valían ni siquiera como ordenanzas provisorias: *Díaz y otros* (1885). Pero había otros casos menos llamativos, como el de las planillas de Aduanas que debían ser "firmadas por el comandante del gremio de jornaleros y visadas por el tesorero del mismo gremio", como aparecía de *Pradel y Berríos* (1861). Pero quizás la especie

el control cuando correspondiese[2922] y la publicidad[2923]. Y todo ello era sin perjuicio de los procedimientos de segundo grado, es decir, los procedimientos administrativos impugnatorios que pudiesen desencadenarse. El caso más notable es de la Ley de Régimen Interior de 22 de diciembre de 1885, que disponía que "sin perjuicio de los artículos anteriores, la persona ofendida o perjudicada por actos u omisiones de estos funcionarios podrá reclamar por escrito ante ellos mismos", lo que involucraba lo que hoy llamamos *reposición*; previendo después que "si estos persisten en sus resoluciones, el querellante tendrá derecho para ocurrir a la autoridad inmediatamente superior", es decir, lo que hoy llamamos *recurso jerárquico*; y contemplándose también que "si esta aprueba lo obrado, podrá el reclamante acudir de grado en grado hasta llegar al Presidente de la República", lo que implica una figura impugnatoria

---

más llamativa de toda esta época en relación con la presente materia sea *Covarrubias* (1861), que versaba sobre el caso de una merced otorgada antaño en Indias sin cumplir con la aprobación del Rey, ante lo cual los tribunales prescindieron del título, decidiendo que los terrenos eran fiscales y no de propiedad de un particular: "[...] segundo y último, el título presentado carece de los requisitos que la ley 16, tít. 12, lib. 4° de Indias exige, porque siendo concedida la merced por el Gobernador don Francisco Lazo de la Vega, debió intervenir el señor fiscal para ver y reconocer con toda diligencia la calidad y deposiciones de los testigos, y el despacho que obtuvo don Fernando Bravo de Naveda debía tener la confirmación Real, que tanto en este caso como si la merced hubiera sido concedida por algún virrey no podía ser auténtica ni valedera la referida confirmación".

2922 El caso más importante era el de la toma de razón, previsto en la Ley de la Contaduría Mayor de 18 de mayo de 1839, BLDG, VIII, p. 153, art. 1° n° 6 a 9, y en la Ley de 20 de enero de 1883, BLDG, LII, p. 88, art. 23 ("en todos los decretos de pago se tomará razón en la Dirección de Contabilidad y en la Dirección del Tesoro"), a más de los actos administrativos que preveían este trámite, como el decreto supremo de 1889 evocado más atrás en esta misma sección. Jiménez Salas (2021), p. 600, sostiene que "ciertamente alguna forma de procedimiento de revisión *ex-ante* precede la creación de la Contraloría General de la República... Todas estas regulaciones otorgaban a los predecesores de la Contraloría General —la Contaduría Mayor y el Tribunal de Cuentas— poderes de autorización jurídica, aunque circunscritos a decretos de gasto y nombramiento". A nuestro juicio, el autor queda algo corto en la descripción: el control *ex ante* al que se refiere se llamaba, precisamente, *toma de razón*, y si bien su alcance no era el mismo que le conocemos en nuestros días, eso no significa que no haya tenido importancia. La Contraloría General de la República tuvo como base lo que la Contaduría, la Dirección de Contabilidad y la Dirección del Tesoro habían configurado con anterioridad.

2923 Entendido como requisito de validez, tal como históricamente lo había sido. Un acto administrativo solo vale tras el cumplimiento de la medida de publicidad, tal como aparece de *Fisco con Serdio Hermanos* (1881) y de *Goich Zayos y Ca. y otros* (1885), caso este último en que se advierte que, si se cumple con la medida prevista por el ordenamiento, no obsta a la validez el hecho de no haberse dispuesto alguna otra "forma especial de promulgación". Si la medida no se cumplía, no podía hacerse valer ningún tipo de efectos que se derivarían de su aplicación, como aparece de *Velásquez* (1884), criterio que rige también si hay distintas medidas de publicidad previstas y alguna de ellas no se cumple, como se desprende de *Fisco con Capitán de la Barca General Pike* (1865); y, cumplida, por supuesto no puede exigirse de los particulares que cumplan un acto respecto de hechos anteriores a su publicación, lo que aparece claramente de *Herrera* (1883): "La usurpación de que se acusa al señor Herrera tuvo lugar el 4 de noviembre, esto es, veinte y tres días antes de que se diera a la publicidad el decreto de la Intendencia de 27 de octubre". La entrada en vigor, una vez publicado el acto, podía darse diferidamente, no solo cuando ello se dispusiera de modo expreso en el acto, sino también cuando las disposiciones sustantivas del acto fueran inconciliables con la entrada en vigor inmediata: *Municipalidad de Pisagua con Empresa de los Ferrocarriles Salitreros* (1889).

que hoy no existe de modo general, configurando un *recurso jerárquico integral*, no restringido a la jerarquía más próxima, sino que abarcaba toda la línea jerárquica[2924].

2. Los demás elementos del acto administrativo

La claridad del desarrollo del procedimiento administrativo no debe mover a pensar que los otros elementos del acto no estuvieran presentes en esta época. Ellos aparecen de múltiples perspectivas jurisprudenciales y, como se verá, tal como en materias procedimentales, en estos otros rubros también es posible encontrar resonancias de parte del Código Penal.

Ello se advierte desde ya en relación con el requisito de investidura, en donde el Código de 1874 nos prodigó la que es quizás la más clara de las disposiciones que hayan regido en nuestro país sobre esta materia, como es el tipo penal de *anticipación indebida de funciones públicas*: "El que hubiere entrado a desempeñar un empleo o cargo público sin haber prestado en debida forma el juramento o fianza, o llenado las demás formalidades exigidas por la ley, quedará suspenso del empleo o cargo hasta que cumpla con aquellos requisitos, incurriendo además en una multa de ciento a quinientos pesos"[2925].

En relación con la competencia, puede tomarse también el Código Penal como una excelente señal de su importancia en la época, pues a lo menos tres tipos penales abordaban esta materia. Primeramente, el de *usurpación de atribuciones*, que disponía que "el empleado público que dictare reglamentos o disposiciones generales excediendo maliciosamente sus atribuciones, será castigado con suspensión del empleo en su grado medio"[2926]. Segundamente, el de *usurpación de funciones judiciales*, que prescribía que "en la misma pena incurrirá todo empleado del orden administrativo que se arrogare atribuciones judiciales o impidiere la ejecución de una providencia dictada por tribunal competente. Las disposiciones de este artículo solo se harán efectivas cuando entablada la competencia y resuelta por la autoridad correspondiente, los empleados administrativos o judiciales continuaren procediendo indebidamente"[2927]. Tal remisión a la "autoridad correspondiente" significaba, en esta época, la definición de la competencia por parte del Consejo de Estado[2928]. Y, finalmente, en relación con el término *ad quem* del período asignado al funcionario para el desarrollo de las actividades administrativas, el tipo penal de *prolongación indebida de funciones públicas*, que disponía que "el empleado público que continuare desempeñando su empleo, cargo o comisión después de que debiere cesar conforme a las leyes, reglamentos o disposiciones especiales de su ramo respectivo, será castigado con las penas de inhabilitación especial temporal para el cargo u oficio en su grado mínimo y multa de ciento a trescientos pesos"[2929].

Con todo, no debiera suponerse que el Código Penal constituyó el eje sobre el cual se construyó la doctrina sobre la competencia administrativa. Por el contrario, el referido Código sintetizó algunos criterios de competencia que habían venido desarrollándose hasta el gobierno

---

2924 Ley de 22 de diciembre de 1885, BLDG, LIV, p. 1309, art. 40.
2925 Código Penal de la República de Chile, art. 216.
2926 Código Penal de la República de Chile, art. 221.
2927 Código Penal de la República de Chile, art. 222.
2928 Véase, *supra*, título segundo, capítulo primero, B.I.
2929 Código Penal de la República de Chile, art. 217.

de Manuel Montt[2930], y cuyo despliegue prosiguió durante todo el período que es objeto de esta obra. A más del criterio de la atribución expresa y estricta de competencias[2931], que se derivaba de la aplicación directa de la Constitución de 1833[2932] y que sobresale de varias sentencias en diversas materias[2933], figuran muchos otros aspectos de relieve que se escrutaron en esta época, tales como la incompetencia de las autoridades administrativas para anular actos extendidos por particulares[2934], así como para imponer contribuciones de por sí, pues ello estaba sujeto a reserva legal[2935]; la invalidez de los nombramientos hechos por autoridad incompetente, en cuyo caso el nombrado no era reconocido como funcionario público[2936]; la incompetencia del Presidente de la República para otorgar pensiones fuera de los casos previstos por las leyes[2937]; y el blindaje penal —solo en relación con el requisito de competencia— de los funcionarios públicos en caso de que obrasen "en virtud de atribuciones propias, encargadas por la ley"[2938].

También el contenido de los actos administrativos fue abordado en nuestro ordenamiento jurídico. Esta fue una vertiente multifacética, que exploró múltiples aspectos, como la necesidad de definir correcta y suficientemente el objeto del acto administrativo[2939]; la imposibilidad de modificar las leyes a través de actos administrativos[2940], aun cuando se tratase

---

2930 Bocksang Hola (2015 a), título cuarto, capítulo primero, A.II.a.

2931 Con algún grado de aceptación de aspectos que inequívocamente pudieran inferirse de una atribución explícita. Así aparece, por ejemplo, de una sentencia muy interesante del Consejo de Estado referida a los Conservadores de Bienes Raíces. El Reglamento de dichos funcionarios establecía que el Presidente de la República era competente para nombrarlo, pero no expresaba la atribución de removerlo, ante lo cual la Corte de Apelaciones sugirió que a ella le correspondía removerlo. El Consejo no entendió que, por esta omisión, hubiese existido una imposibilidad de remover a los Conservadores; y zanjó la cuestión reconociendo que quien tiene la potestad de nombrar tiene también la de remover, apoyándose también, en todo caso —pues el Consejo probablemente advirtió la debilidad de esta solución meramente tácita—, en "la atribución general conferida al Presidente de la República por el inciso 10° art. 82 de la Constitución, aplicable a todos los empleados públicos excepto a aquellos expresamente exceptuados por la misma Constitución y las leyes, entre los cuales no se encuentra designado el Conservador": *Corte de Apelaciones de Santiago con Presidente de la República* (1867).

2932 *Mellado* (1882): "Que ningún funcionario, ni ninguna persona o reunión de personas, puede atribuirse otra autoridad o derechos que los que expresamente se les haya conferido por las leyes; y no existe disposición legal alguna que confiera a los comandantes de policía la facultad de arrestar sin los requisitos antes indicados".

2933 *V. gr.*, *Briones* (1878), en materia policial; *Chávez* (1878), en materia de aguas; *Santelices* (1886), en materia de administración territorial.

2934 *Fisco con Alfaro* (1861). En la especie, se trataba del intento de un Gobernador de interferir en el sentido descrito.

2935 *Zúñiga* (1878)

2936 *Valenzuela Castillo y otros* (1880).

2937 *Pradel* (1874).

2938 *Henríquez* (1876).

2939 *Herederos de Villalobos* (1866), en materia tributaria, designando claramente el monto del impuesto, la identificación de la propiedad gravada y la persona obligada.

2940 *Cousiño* (1870), *Irarrázabal* (1878), *Valenzuela* (1878), *Tolosa y otros* (1885), *Romero Roa* (1885) y *Herrera* (1889 a). Pero se subrayaba la posibilidad de reglamentar siempre que ello se realizara con respeto de las disposiciones legislativas vigentes: *Díaz* (1881). En la legislación, puede tomarse como excelente ejemplo el artículo 94 de la ley municipal de 1887, que disponía que "las ordenanzas y

de reglamentos[2941], y especialmente en materia tributaria, violando las leyes vigentes[2942], o intentando revivir una atribución administrativa otrora vigente y luego derogada por ley[2943]; la imposibilidad de modificar actos administrativos de mayor jerarquía con otros de inferior entidad[2944]; y la antijuridicidad de las pretensiones de la Administración que apuntaran a "disponer de la propiedad particular"[2945], lo que le abría las puertas a la vertiente de nulidad de los actos administrativos emitidos en violación de derechos fundamentales.

En relación con la discrecionalidad en el contenido de los actos administrativos, corresponde subrayar que quizás el testimonio más claro de su importancia se halla en una sentencia del Consejo de Estado en la que se reconocía la existencia para la Administración de la "facultad de obrar en ciertos casos discrecionalmente y según su criterio, sin subordinar su acción a reglas ni procedimientos especiales", y planteando que tales casos escapaban "a la calificación de la justicia ordinaria, la cual no podría apreciarlos sino con arreglo a las prescripciones estrictas del derecho"[2946]. Sin embargo, debe tenerse presente que esta rotunda afirmación final se veía desmentida por la práctica jurisdiccional de la época[2947].

También es importante recordar que el Código Penal se refirió abiertamente al contenido de los actos administrativos en un tipo penal, el de la prevaricación, al disponer que "el que, desempeñando un empleo público no perteneciente al orden judicial, dictare a sabiendas providencia o resolución manifiestamente injusta en negocio contencioso-administrativo o meramente administrativo, incurrirá en las penas de suspensión del empleo en su grado medio y multa de ciento a quinientos pesos. Si la resolución o providencia manifiestamente injusta la diere por negligencia o ignorancia inexcusables, las penas serán suspensión en su grado mínimo y multa de ciento a trescientos pesos"[2948].

Por último, en relación con la finalidad de los actos administrativos, nuestra judicatura siguió ofreciendo algunos casos de tratamiento de esta esfera. Una muy importante, y que concierne al Código Civil, está dada en materia municipal. Se trata de una especie en la que la Municipalidad de Coelemu pretendió reabrir un remate que ya había adjudicado, con el fin de obtener condiciones más ventajosas. Tal finalidad, sin embargo, se hallaba prohibida por la ley si es que se avasallaban derechos de particulares —en este pleito, el rematante

---

acuerdos municipales no prevalecerán contra lo dispuesto en las leyes, ni sobre las resoluciones que en la materia dictare la autoridad competente".

2941 *Compañía Explotadora de Lota y Coronel* (1878): "En ningún caso un acto gubernativo como el de que se trata, transitorio y sujeto por su naturaleza a continuas modificaciones, puede alterar la idea y la autoridad del poder legislativo". También *Allendes* (1890), en que la Corte Suprema rechaza la teoría planteada por el Juzgado de Letras sobre que las disposiciones del Código de Minería podían ser derogadas por las disposiciones de un decreto supremo reglamentario.

2942 *Compañía de Navegación por Vapor en el Pacífico* (1873).

2943 *Compañía Explotadora de Lota y Coronel* (1879): "El supremo decreto de 21 de octubre de 1875 hizo revivir una contribución que ya no existía desde la publicación de la ley de 1° de setiembre de 1874, lo cual no está en las facultades del Presidente de la República".

2944 *Recabarren* (1888), concerniente a la imposibilidad de que las circulares deroguen reglamentos.

2945 *Herrera* (1889 a).

2946 *Pinto Concha* (1885). En España de la época parece haber existido correspondencia con esta visión de la discrecionalidad, siendo un "espacio de inmunidad": Medina Alcoz (2022), p. 208.

2947 Véase *supra*, título segundo, capítulo segundo, B.II.a.2.

2948 Código Penal de la República de Chile, art. 228.

original— y esto, de modo absoluto, porque las disposiciones que antaño hubieran podido permitirlo habían sido derogadas por el Código Civil:

> "Concepción, agosto 3 de 1861 — Vistos: teniendo presente que el privilegio invocado por la Municipalidad de Coelemu para la apertura del remate con el fin de obtener mejor precio es una emanación del privilegio de restitución por causa de lesión, el cual ha sido denegado por el artículo final del Código Civil"[2949].

Un caso muy rutilante de la importancia de la finalidad se desprendía de la aplicación de la Ley de Régimen Interior de 1844, cuyo artículo 165 se refería a la posibilidad de "tomar las medidas del momento que fueren indispensables para la conservación del orden en los distritos; para impedir cualquier atentado contra la seguridad de los individuos o de las propiedades; para evitar la fuga de los que delinquieren en ellos, y para perseguir y aprehender, cada uno en su distrito, a los criminales que se asilen a él aunque hayan cometido su delito en otro", mientras que el 166 contemplaba, en caso de que los inspectores no tuvieran fuerza armada suficiente para dichos designios, la posibilidad de llamar "en su auxilio a cualesquiera personas que se encuentren en los distritos". Si las finalidades allí previstas no se daban, el acto era contrario a derecho, y era susceptible de dar lugar a sanción penal y condena en costas[2950].

Por último, en relación con la finalidad, de la lectura de una sentencia de este período aparece un principio importante: el de que la violación de la finalidad no significaba —al menos, necesariamente— que el funcionario que la perpetrara actuase fuera de la órbita oficial del servicio. En la especie, se trataba de un caso de un funcionario que obraba movido por vengarse de ofensas personales, juzgándose que era un acto del servicio y, por lo tanto, subsumible en el tipo penal del artículo 255 del Código Penal, un abuso contra particulares que preveía la fórmula "desempeñando un acto del servicio". Si se hubiera entendido que la violación concreta de finalidad —y la venganza difícilmente podría considerarse como parte de la actividad administrativa— hacía que el acto adoptara una naturaleza privada, hubiera tenido que buscarse un tipo penal distinto para castigar al funcionario[2951].

II. La nulidad del acto administrativo

El examen del derecho administrativo de este período en relación con la nulidad de los actos administrativos revela aspectos muy interesantes, que en cierto modo retoman dificultades existentes en el primer período patrio, pero bajo un prisma renovado. En esta materia se advierte con especial claridad la vitalidad del derecho de la época, que, impulsado por la codificación, se resistía a transformarse en un autómata de la norma escrita.

2949 *Muñoz* (1864 b).
2950 *Zúñiga* (1878).
2951 *Salazar* (1878).

En efecto, lo primero que debe advertirse en treinta años de evolución jurídica es que el Código Civil no tuvo incidencia práctica sobre la nulidad de los actos administrativos, a pesar de contener disposiciones *eventualmente* aptas para ser aplicadas en esta área (a). Ello, como ha de suponerse, no podía desarrollarse solamente a través de la anterior negación, sino que implicó también una afirmación: la de sujetarse la nulidad a un régimen de derecho público (b), proyectado a través de una pluralidad de mecanismos (c).

a. La irrelevancia práctica del Código Civil

Está fuera de discusión que el Código Civil introdujo una regulación bastante articulada de la materia de la nulidad. Aunque un análisis completo histórico-dogmático sobre su tratamiento excede el propósito de estas líneas[2952], sí conviene apuntar ciertos elementos centrales sobre esta materia en relación con el texto legislativo y su aplicación jurisprudencial.

Lo primero que debe destacarse es la introducción de un título específico que tuvo por objeto la regulación general —aunque no total— en materia de nulidad. Se trata del Título XX del Libro IV: "De la nulidad y la rescisión". Esto era una aproximación novedosa para nuestro derecho, que lo que había enfrentado hasta la entrada en vigor del Código era más bien una multiplicidad de normas aplicables en esta materia, desarrollada de forma más bien tópica. La lógica sistemática del tratamiento de la nulidad y la rescisión no era original de Bello, y se apoyaba en códigos más antiguos, como el *Code civil des français*, cuya sección VII, capítulo V, título III, libro III se denominaba "*De l'action en nullité ou en rescision des conventions*" ("De la acción de nulidad o rescisión de las convenciones").

También tomó del francés el Título XX del Código chileno una propensión a caracterizar la nulidad como una anulabilidad, es decir, un tipo potencial, prescriptible, de invalidez. La "nulidad absoluta" y la "nulidad relativa" contenidas en dicho título son, en realidad, anulabilidades absolutas y anulabilidades relativas, cuyo eje central de diferenciación —sin perjuicio de otros aspectos formales y sustantivos— es el de la titularidad activa para ejercer la acción de nulidad. Dado que la llamada "nulidad de derecho público" establecida en el artículo 160 de la Constitución de 1833 era una nulidad en sentido propio[2953] —es decir, una inexistencia jurídica, cuya acción es imprescriptible— puede desde ya anticiparse que la influencia del Código Civil haya sido más bien escasa en el tratamiento de la invalidez de los actos administrativos unilaterales.

Sin embargo, es importante destacar que el Código Civil chileno no fue una mera copia del *Code civil*, pues se apartó de este en varios puntos importantes. Por de pronto, y aunque era de origen francés, quepa destacar que la distinción entre nulidad absoluta y relativa no aparecía en el *Code*, pero, como se sabe, es uno de los ejes principales del Código Civil chileno en esta área.

También debe tenerse presente que no todas las normas que rigen la nulidad se encuentran concentradas en el referido Título XX. Dos de gran importancia se encuentran en el Título Preliminar del Código. Por una parte, el artículo 10, que es la norma matriz sobre la

2952 Para ello, remitimos a Bocksang Hola (2023).

2953 Bocksang Hola (2015 a), título cuarto, capítulo primero, B.I.

nulidad y que prescribe que "los actos que prohíbe la ley son nulos y de ningún valor; salvo en cuanto designe expresamente otro efecto que el de nulidad para el caso de contravención"; y, por otra, el artículo 11, que dispone que "cuando la ley declara nulo algún acto, con el fin expreso o tácito de precaver un fraude, o de proveer a algún objeto de conveniencia pública o privada, no se dejará de aplicar la ley, aunque se pruebe que el acto que ella anula no ha sido fraudulento o contrario al fin de la ley". Asimismo, cabe subrayar desde un punto de vista procesal el artículo 1469, que dispone que "los actos o contratos que la ley declara inválidos no dejarán de serlo por las cláusulas que en ellos se introduzcan y en que se renuncie la acción de nulidad", estableciendo así la irrenunciabilidad de dicha acción.

Teniendo en vista este panorama general, corresponde formularse una pregunta crucial: la de si el Código Civil tenía en vista regir la invalidez de los actos administrativos, o si, por el contrario, solo se satisfacía con regular la invalidez en el ámbito del derecho privado. La respuesta no es sencilla, y lo es menos al tener presente que para poder dar lugar a ella resulta indispensable consultar no el texto actual del Código, sino el texto que entró en vigor en 1857.

En efecto, la sorpresa puede ser mayúscula al constatar el tenor de la versión original del artículo 1686 del Código Civil:

> "Los actos y contratos de los incapaces en que no se ha faltado a las formalidades y requisitos necesarios, no podrán declararse nulos ni rescindirse, sino por las causas en que gozarían de este beneficio las personas que administran libremente sus bienes.
> *El Fisco, las municipalidades, las Iglesias, las comunidades religiosas, y los establecimientos públicos de educación y beneficencia, son asimilados en cuanto a la nulidad de sus actos o contratos a las personas que están bajo tutela o curaduría*"[2954].

El inciso segundo fue suprimido en 1943 por la ley n° 7612, con lo que en la actualidad es normalmente ignorado para un análisis dogmático. Sin embargo, parece importante detenerse sobre él desde un punto de vista histórico, porque la existencia de esta fórmula podría entenderse como la demostración de que la visión original del Código planteaba que los actos administrativos unilaterales debían someterse a la disciplina del Título XX.

Pero lo cierto es que una conclusión de tal índole resultaría apresurada. Para ello, primeramente debe tenerse presente que el inciso segundo del artículo 1686 no era una innovación técnica de Andrés Bello, sino que un resabio del antiguo derecho castellano-indiano, derivándose de la siguiente ley de Partidas:

> "Porque los bienes de las Eglesias, e de los Reyes, e de los Concejos se pierden, o se menoscaban, por culpa de los que los han a procurar, o por engaño de los otros. E porende fue establecido antiguamente, que tales bienes ayan aquel preuillejo, e aquella mejoria que han las cosas de los menores de veinte e cinco años"[2955].

2954 Las cursivas son nuestras.

2955 Ley 10, Tít. 19, Partida 6ª.

Como puede intuirse, dicha disposición de las Partidas no era desconocida por nuestro Derecho. Por el contrario, aún hallaba aplicación en 1856, al aprontarse el Código Civil para entrar en vigor al año siguiente, y dejando claramente establecido que su finalidad era de protección del patrimonio de la persona a que se refiriese: "[…] estos bienes no pueden enajenarlos sus guardadores sino por causa de necesidad o utilidad debidamente calificada, con intervención de la justicia y con los demás trámites prescritos"[2956]. En el caso que viene de evocarse, se trataba de un contrato de compraventa de un sitio en el que no se habían guardado las solemnidades correspondientes, declarándose finalmente nulo. No ha de sorprender, por consiguiente, que en el Código Civil se recogiera esta norma.

Pero lo que se observa en el correlato de la norma original y el artículo 1686 inciso segundo es que no parece tratarse de una norma que esté diseñada conceptualmente para regir de modo sistemático la actividad unilateral e imperativa del Estado. Por el contrario, su óptica es la de un específico régimen de salvaguardia de los bienes que pudieran verse perjudicados por una actividad ilegal de los tutores o curadores —"asimiladas" las personas jurídicas estatales a las personas sujetas a tutela o curaduría—, y no la de una absorción dogmática del régimen de nulidad por el comentado Título XX.

En efecto, si este último fuera el caso, hubiera debido invocarse por nuestros tribunales el artículo 1686 del Código Civil cada vez que se hubiera analizado la validez de un acto o contrato del Estado o las municipalidades, ora para aseverarla, ora para descartarla. Y lo cierto es que de la jurisprudencia de este período correspondiente al derecho administrativo no parece sobresalir *ni un solo caso de aplicación del artículo 1686*[2957]. No es solo que no existan casos en que se aplique esta norma sobre la actividad unilateral de la Administración, sino que tampoco sobre la actividad contractual ni ninguna otra. Ello permite concluir que esta norma, la única que pareciera subsumir específicamente la actividad de la Administración al Título XX del Libro IV del Código Civil, tenía un objeto puntual de protección patrimonial, y no de régimen de la invalidez en este ámbito.

Pero hay más para abonar este punto de inviabilidad de extender el inciso segundo del 1686 al ámbito administrativo. En la lógica de nuestro Código, este inciso era indisociable de la redacción original de otro: el artículo 1447, que, al enumerar a las personas relativamente incapaces, mencionaba también a "las personas jurídicas", y tal era la imbricación, que la misma ley n° 7612 que derogó el inciso segundo del artículo 1686, derogó también la mención a la incapacidad de las personas jurídicas que efectuaba el 1447. Pero tal incapacidad de las personas jurídicas se entendió por la doctrina como aplicable a las personas jurídicas de derecho privado que no perseguían un fin de lucro —es decir, a las corporaciones y fundaciones de derecho privado— y no a las personas jurídicas de derecho público y a las sociedades[2958].

2956 *De las Peñas* (1856).

2957 Claro Solar (1898-1945), XII, p. 645, al examinar este artículo, no introdujo ninguna elaboración dogmática, sino que se limitó a señalar que "si se han llenado los requisitos establecidos por los estatutos y leyes que los rigen, sus actos y contratos serán válidos como los de personas de mayor edad y no podrán ser invalidados sino en los casos en que lo serían los actos o contratos de personas capaces".

2958 Alessandri Rodríguez (2017), p. 58; Lira Urquieta (1956), p. 137; y Somarriva Undurraga (1955), pp. 240-243.

Por lo mismo, no ha de sorprender que ya en estos años no se exhibieran aplicaciones jurisprudenciales del inciso segundo del artículo 1686 en la esfera del derecho administrativo[2959].

Abordado el tema de la aplicación —la no aplicación, en realidad— del único inciso del Título XX que hacía referencia explícita a la actividad estatal, quedaría por abordar aún el punto de la eventual aplicación de los otros artículos de dicho título sobre la nulidad de actos administrativos unilaterales. Una vez más, la jurisprudencia es elocuente —en su silencio. No existe en estos años *ni siquiera un caso* de aplicación de alguno de estos artículos en materia de nulidad de actos unilaterales, contrariamente a lo que sucedió respecto a la nulidad referida a actividad contractual del Estado.

Es cierto que la pureza de la conclusión se ve enturbiada por el hecho de que, por una cuestión de mentalidad jurídica de la época en Chile, no existía una especial euforia en torno a perseguirse la nulidad de los actos administrativos de manera directa, abordándose más bien los efectos de los respectivos actos; y, por lo tanto, podría interpretarse que la falta de interés sobre la aplicación del Título XX no se desprendía de una cuestión de principios, sino práctica. Pero ello no obsta a que, además, en esto pudiera entenderse hasta cierto punto un reconocimiento de la época acerca de la especificidad de este tipo de actos, que no podían absorberse sin más ni más en la mentalidad recogida en el Título XX respecto del régimen de la nulidad. Un esclarecimiento sobre este punto solo podría darse a través del seguimiento que sobre esta materia daría nuestra jurisprudencia en las décadas siguientes, hasta la derogación operada por la ley n° 7612.

b. Un régimen de derecho público

El hecho de que el Código Civil no haya tenido mayor influencia en el tratamiento de la nulidad de los actos administrativos unilaterales no significa que en este período la nulidad no haya existido como una institución dotada de operatividad práctica. Continuando con la línea desarrollada en el período anterior, la nulidad se halló presente en el derecho público.

Como es de esperarse, el artículo 160 de la Constitución de 1833 siguió siendo reconocido como norma relevante en esta materia. El caso más prístino de aplicación de esta disposición está dado por una especie penal en la que se examinaba la legalidad del acto de un gobernador que disponía medidas para las cuales la ley no lo había habilitado, pues de tal legalidad dependía de si el comportamiento de un particular —que se había opuesto a tales medidas— podía ser calificado como usurpación de aguas. Los considerandos más directamente relacionados con ello son de gran claridad:

> "2° Que el señor gobernador no ha tenido facultad para dictar el reglamento de 27 de octubre de 1871, corriente a f. 12, ni los decretos de 21 de junio de 1877, ni el de 19 de agosto de 1875, compulsados a f. 13, reglamentando el turno para el riego de las propiedades ubicadas en las subdelegaciones a que se refieren dichos decretos; pues el art. 103 de la ley de 9 de

2959 Sí consta una aplicación aislada —en materia *contractual*, no de actos unilaterales— del inciso cuarto original del artículo 1691, que se refería a "las personas jurídicas que por asimilación a los menores tengan derecho para pedir la declaración de nulidad": véase *infra*, título cuarto, capítulo segundo, A.II.b.2.

octubre de 1861, reformando la Ley Orgánica de las Municipalidades, solo confiere a estas corporaciones la facultad de dictar ordenanzas o reglamentos dentro de los límites y para los fines que se detallan en el citado artículo.
3° *Que según el art. 160 de la Constitución Política de la República, ninguna magistratura, ninguna persona ni reunión de personas pueden atribuirse, ni aun a pretexto de circunstancias extraordinarias, otra autoridad o derechos que los que expresamente se les haya conferido por las leyes; declarando nulos todos los actos en contravención a este artículo*;
4° Que siendo, en consecuencia, nulos los mencionados reglamentos, no ha habido por parte de don Melitón Samit infracción de una disposición legal que lo haga reo de usurpación de aguas"[2960].

La invasión de atribuciones por parte del Gobernador en materia de turnos de riego había significado la nulidad no solo de *un acto*, sino de una *serie de actos* de distinta extensión y objeto. También debe repararse en que el hecho de haberse consagrado un considerando completo para recordar la norma central de la nulidad en el derecho público ofrece dos perspectivas de gran importancia. Por una parte, tal como en la antigua sentencia *Ex municipales de Vallenar*[2961], el artículo 160 de la Constitución recibía aplicación directa; la invocación del nuevo artículo 103 de la Ley de Municipalidades tenía por objeto la determinación del ámbito de las atribuciones municipales y no de la nulidad correlativa a su infracción, pues dicha norma no se refiere jamás a la nulidad. Y, por otra parte, recoge la operatividad de la nulidad que había caracterizado a esta norma desde sus inicios, pues la fórmula "declarando nulos todos los actos en contravención a este artículo" es en realidad una paráfrasis del texto del artículo 160 de la Constitución con un énfasis en la *declaración* de nulidad. Como se sabe, dicha disposición no contenía las palabras "declaración", "declarar" o ninguna otra semejante. Esta resolución, sin apartarse de la órbita natural de la nulidad, enfatiza lo que para ella resultaba de especial interés: *era la propia Constitución la que declaraba la nulidad* y no otro acto posterior, lo que indica a las claras que se trata de una nulidad *ipso iure*, de pleno derecho.

Lejos de entender esta posición como una cuestión excepcional, la misma Corte de Apelaciones perseveró con la misma solución en otras dos oportunidades. Mientras una de ellas[2962] reiteró muy próximamente lo decidido en la sentencia ya comentada, en la otra expresó lo que a continuación se reproduce:

"3° Que, importando la reglamentación en el uso de las aguas de un fundo una restricción o limitación al derecho de propiedad, solo la Municipalidad del departamento puede legalmente acordar las ordenanzas que tuviere a bien sobre dicho objeto; y someterlas en seguida a la

2960 *Samit* (1878 a). Las cursivas son nuestras.

2961 *Ex municipales de Vallenar* (1851). Coincidentemente, se trataba de la misma Corte de Apelaciones de La Serena, aunque con casi tres décadas de distancia.

2962 *Samit* (1878 b): "4° Que, no existiendo tal ordenanza, no pueden hacer sus veces y surtir todos sus efectos legales los reglamentos dictados por la autoridad administrativa, porque carece de facultad para ello, y según el art. 160 de la Constitución citada, ninguna magistratura puede atribuirse, ni aun a pretexto de circunstancias extraordinarias, otra autoridad o derechos que los que expresamente se le hayan conferido por las leyes, siendo nulos todos los actos que contravengan a este artículo".

> aprobación del Presidente de la República, para su aprobación con audiencia del Consejo de Estado, según lo prevenido en el art. 128 de la Constitución;
> 4° Que no existe ninguna ordenanza con aprobación suprema que reglamente el uso de las aguas en este departamento;
> 5° Que según el art. 160 de la Constitución citada, ninguna magistratura puede atribuirse, ni aun a pretexto de circunstancias extraordinarias, otra autoridad o derecho que los que expresamente se les hayan conferido por las leyes; siendo nulos todos los actos en contravención a este artículo;
> 6° *Que, en consecuencia, el reglamento dictado por el señor gobernador sobre el turno de Ramadilla es nulo y no tiene, por lo tanto, fuerza alguna obligatoria, ni puede producir efectos legales*"[2963].

Aunque los hechos eran esencialmente compartidos con la primera especie —en la primera, la persona perseguida era el dueño del predio, mientras que en la segunda era el mayordomo—, aunque el tipo de acto impugnado era el mismo —un acto reglamentario, lo que deja de manifiesto que no existía en Chile una inmunidad de este tipo de actos— y aunque la estructura del razonamiento planteado por la Corte era esencialmente la misma en ambos casos —infracción, norma que establece la nulidad, consecuencia de la infracción—, es evidente que esta segunda resolución aporta perspectivas distintas a la primera, concentradas principalmente en el considerando sexto. No contentándose con señalar que el acto era nulo, añadía como corolario que "no tiene, por lo tanto, fuerza alguna obligatoria, ni puede producir efectos legales", con lo que nuestra judicatura se plegaba a la doctrina permanente sobre la razón de ser de la nulidad. Lejos de tratarse de una entelequia intelectual, la nulidad cumplía —y cumple— funciones prácticas decisivas. Atiéndase, en relación con ello, las siguientes expresiones de una sentencia de fines del período:

> "3° Que, reconocida por la autoridad administrativa la competencia del juzgado de letras para conocer en este negocio, y habiendo sido reclamada esta competencia antes del 6 de noviembre de 1884, debió primero quedar en suspenso y después sin efecto el decreto de 5 de ese mismo mes, pues con la reclamación de Encinas debió suspenderse todo procedimiento, y con el reconocimiento de la jurisdicción del juez letrado *ese decreto no tenía ninguna eficacia legal*"[2964].

Y ello explica que, en muchas ocasiones, aunque no se evocara el vocablo *nulidad*, esta implícitamente formara parte del paisaje habitual de la labor jurisdiccional. Hay pocos ejemplos más claros que el siguiente en torno a que la infracción conllevaba la insusceptibilidad de producirse los efectos correspondientes, afirmándose "que Barazarte *no era empleado público*, por cuanto su nombramiento de subdelegado sustituto, en cuyo carácter ha sido procesado, emanaba del subdelegado propietario, que no es autoridad facultada por la ley para hacer esos nombramientos"[2965]. Ante la transgresión, la consecuencia: no era empleado público, porque era nulo —aunque el término no se mencionase— el acto de nombramiento.

2963 *Chávez* (1878). Las cursivas son nuestras.
2964 *Bravo* (1886). Las cursivas son nuestras.
2965 *Valenzuela Castillo y otros* (1880).

Con todo, quizás el caso más refulgente de la eficacia práctica de esta institución sobresalió de una sentencia *Cruzat* pronunciada en 1888 por el Consejo de Estado, que examinó el caso de la destitución de un tesorero municipal. Declarada la nulidad del acto por varias infracciones, esta jurisdicción dejó "sin efecto la separación de don Manuel Cruzat del cargo de tesorero de ese departamento y la designación de la persona nombrada para reemplazarlo"[2966]. Tales consecuencias de la declaración de nulidad saltan a la vista con total nitidez, privando de toda eficacia al supuesto acto, lo que significaba reintegrar al funcionario injustamente apartado y excluir a quien había pasado a desempeñar sus funciones. Podrá pensarse que la declaración de estas consecuencias era de total obviedad; pero, si se atiende al derecho comparado, la verdad es que no lo era. Para el Consejo de Estado francés, el jalón en esta materia se produjo muchísimo después: en 1925, a través del fallo *Rodière*, que sigue siendo destacado en nuestros días como uno de los más importantes en la jurisprudencia administrativa francesa[2967]. Así las cosas, nuestro Consejo se anticipó en esta materia en casi cuarenta años al Consejo francés.

También se abordó durante este período el carácter de la imprescriptibilidad de la nulidad de derecho público. El ejemplo más nítido aparece de una interesante especie, *Herrera*, de 1889, en la que se examinaba la denegación de la solicitud de una peticionaria en torno a que le fuera pagada la cuarta parte de los fondos que el Congreso peruano le había asignado al Ejército de Chile como gratificación por los servicios prestados en la guerra contra la Confederación Perú-Boliviana, dado que el sobrante que no hubiera sido cobrado por los eventuales solicitantes debía acrecer a los demás interesados. La suma objeto de la *litis* no era irrelevante: se trataba de cincuenta mil pesos de la época, que apoyaba invocando un decreto supremo de 1851 que disponía la manera en que debía hacerse la partición. Los considerandos que finalmente fueron tomados en cuenta por la Corte Suprema para la confirmación de la sentencia del Juzgado de Letras que absolvió al Fisco fueron los que siguen:

> "Considerando:
> Que la cantidad existente en arcas fiscales corresponde a muchos individuos que han hecho la campaña al Perú, pero que no han reclamado el pago de la cuota con que figuran en la nómina formada por orden del Supremo Gobierno de Chile;
> Que la expresada cantidad pertenece individualmente a las personas a quienes les reconocieron sus derechos las comisiones encargadas de formar las nóminas, y debe permanecer en depósito a disposición de los interesados o de sus herederos, *puesto que las resoluciones administrativas como la del año de 1851 que han declarado la caducidad del derecho de las personas que no han exhibido sus títulos en un plazo determinado, no tienen valor alguno, porque el Gobierno carece de facultad para decretar disposiciones contrarias a las leyes ni para disponer de la propiedad particular*; doctrina que se corrobora con la copia corriente a f. 76, en la cual se ve que en el mes de mayo de 1886 se mandó a pagar una cantidad a los soldados José Lezana y Pacífico Lobo, acreedores a la gratificación peruana, que no habían ocurrido hasta ahora"[2968].

2966 *Cruzat* (1888).
2967 26 de diciembre de 1925, Rec. p. 1065.
2968 *Herrera* (1889 a). Las cursivas son nuestras.

Las frases destacadas brindan una oportunidad inmejorable para constatar el carácter de nulidad *stricto sensu*, imprescriptible, de la nulidad de las "resoluciones administrativas" sobre las que la peticionaria apoyaba su pretensión. Tales ordenaciones no tenían "valor alguno" —clara alusión a la nulidad—, por razones especialmente fuertes y que adquieren una especial relevancia en el derecho público. Primeramente, "el Gobierno carece de facultad para decretar disposiciones contrarias a las leyes". La fórmula utilizada está dotada de una especial intensidad, porque está planteada en términos absolutos: el Ejecutivo carece de facultad para ello en toda ocasión y de modo rotundo, categórico e imperativo, que no admite adecuaciones ni modulaciones. Pero, segundamente, porque este es uno de los antecedentes más claros en el siglo XIX de que la violación de derechos fundamentales, como lo es la propiedad, implica la nulidad del acto que la perpetra.

c. La pluralidad de mecanismos

Aunque la existencia de un régimen de nulidad en el derecho público es incuestionable, habiendo sido invocado y desarrollado durante todo el período patrio, podrían surgir dudas acerca de los mecanismos a través de los cuales esta nulidad se pudiera hacer presente en la vida concreta de las personas. No nos referiremos aquí al caso de la invalidación —que, por su especificidad, será objeto de un análisis en otra parte[2969]—, sino que a los de las acciones cuyo objeto específico era que la nulidad se declarase, así como a la técnica de la prescindencia, que quizás es la que más se ha enfatizado sobre el desarrollo de esta materia en el período en cuestión.

Ciertamente no existía en esta época una acción general de nulidad de derecho público con la misma fisonomía que hoy se le reconoce en nuestro régimen jurídico. Esto, más que reflejar un desinterés en la operatividad práctica de la institución —que no era tal, por las razones ya apuntadas en esta sección—, plasmaba una mentalidad alejada de una obsesión de análisis normativos y más inclinada a ver en la nulidad un concepto que servía para resolver problemas propiamente jurídicos, es decir, funcional a la determinación de lo suyo de cada uno. Sería vano buscar en este período entelequias abstractas acerca de la validez o la nulidad, desapegadas de efectos concretos en la esfera jurídica de determinados sujetos jurídicos, y ello corría tanto para la jurisprudencia como para la doctrina.

Pero ello no significaba que la lógica de acciones de nulidad no terminara plasmándose, en ciertas áreas que al legislador le interesaba custodiar especialmente. De estas áreas, la más importante era la municipal, que destacamos en su momento como una innovación de la Ley de Municipalidades de 1854[2970], que tenía varias facetas luego reformuladas con la entrada en vigor de la Ley de Municipalidades de 1887[2971].

Las cuestiones relacionadas con la nulidad municipal no fueron especialmente numerosas, aunque puede constatarse su desarrollo durante todo el período en examen. Y quizás más llamativo es el hecho de que la mayor parte de las cuestiones resueltas por esta vía hayan terminado declarando la existencia de una nulidad. Estas abarcaban una multiplicidad de materias. El primer caso de este período parece ser el de la nulidad de un acuerdo que mandaba

---

2969 Véase *infra*, en este capítulo, B.II.b.1.

2970 Bocksang Hola (2015 a), título cuarto, capítulo primero, B.I.a.

2971 Véase *supra*, título segundo, capítulo primero, B.I.c.2.

devolver una cantidad de dinero que había sido pagada a un tesorero en ejecución de una cuenta de inversión[2972]. Al año siguiente, se examinó la nulidad de otro acuerdo en que se había negado un certificado de hallarse inscritas ciertas personas en el registro electoral[2973], lo que significaba que el Consejo podía declarar ciertas nulidades en el ámbito electoral, siempre que no coincidieran con la esfera de atribuciones del Tribunal de Elecciones Municipales[2974]. También hubo declaraciones de nulidad referidas a un acuerdo municipal adoptado en una sesión extraordinaria en la que no se discutieron materias previstas en la convocatoria[2975]; a un acuerdo adoptado con una composición ilegal del Cabildo[2976]; al acuerdo por el que se nombraba un nuevo tercer alcalde para reemplazar a otro que supuestamente había mudado de residencia, cambio que no era efectivo[2977]; y también consta la declaración de nulidad de un veto que el Gobernador había opuesto a un acuerdo municipal[2978].

Un caso orgánicamente delicado parece haber sido el del ejercicio de las funciones del tesorero municipal, pues, por distintas razones, dio lugar a declaraciones de nulidad bajo las dos leyes municipales del período. Bajo la ley de 1854, se declaró la nulidad de un acuerdo por el cual la Municipalidad había nombrado a este funcionario, en circunstancias de que el artículo 31 n° 9 prescribía que los empleos municipales eran de nombramiento del Gobernador, con el acuerdo de la Municipalidad[2979]. Posteriormente, imperando la ley de 1887, se declaró la nulidad de la destitución de un tesorero municipal por no haberse atenido la Municipalidad a las reglas previstas para ello, omitiendo el trámite de audiencia previsto por la ley, infringiendo el quórum requerido para su destitución y prescindiendo de la comprobación de mala conducta y mal desempeño[2980]. En los años sucesivos, se pronunciaron sentencias análogas respecto de otras municipalidades[2981].

2972 *Corvalán* (1865).

2973 *Bravo y Castillo* (1866): "Por unanimidad que era ilegal el acuerdo celebrado por la Municipalidad de Ovalle el 1° de junio de este año, en virtud del cual se negaron a don Raimundo Bravo y don Víctor Ramón Castillo los correspondientes certificados de hallarse inscritos en el respectivo registro electoral; comprendiendo también esta resolución a otros individuos del mismo departamento que se encontraban en igual caso que los expresados Bravo y Castillo, y de cuyas protestas se instruyó al Consejo".

2974 Véase *supra*, título segundo, capítulo primero, B.II.

2975 *Municipalidad de Cauquenes con Intendente del Maule* (1868).

2976 *Municipales de Melipilla con Gobernador de Melipilla* (1875 b), pues habían formado sala municipales pretéritos, siendo que en el orden de prelación previsto por la ley debían ser llamados antes que aquellos los municipales suplentes actuales.

2977 *Rodríguez* (1877).

2978 *Municipales de Melipilla con Gobernador de Melipilla* (1875 c).

2979 *Vela* (1868): "[...] el nombramiento de don Ramón Barros, objetado por el Gobernador de Linares, no se ha verificado en la forma que establece la disposición anterior; se declara ilegal y sin valor alguno el nombramiento de Tesorero Municipal hecho por la Municipalidad del Departamento en sesión de 15 de mayo del año próximo pasado".

2980 *Cruzat* (1888): "[...] no habiendo sido separado de su puesto don Manuel Cruzat por las causales y en la forma que señala el art. 54 de la Ley Orgánica de Municipalidades ni habiendo concurrido a la ejecución de este acto los dos tercios de los Municipales en ejercicio, el acuerdo reclamado contiene una resolución ilegal que no consulta los intereses de la localidad".

2981 *Gobernador de Combarbalá con Municipalidad de Combarbalá* (1889), prácticamente idéntica a la de 1888; y *Sierralta* (1890), en la que se declaraba la nulidad por faltar el trámite de audiencia previsto por la ley, pero no se advertía una infracción del quórum.

Los casos de rechazo a la alegación de nulidad fueron, como se ha expresado, menos numerosos, pero abordaron aspectos interesantes que pueden ser tomados como antecedentes para soluciones a cuestiones de interés en nuestros días. Así, por ejemplo, el acuerdo de funcionar en lugar no previamente determinado era válido, por no ser "contrario a la ley ni al orden público, puesto que es un deber de la Corporación procurarse la sala en que deban tener lugar las sesiones que la ley le manda celebrar"[2982]. Tampoco había nulidad —al menos, necesariamente— en los casos de conflictos de interés en la adopción de un acuerdo, pues tales irregularidades "cuando más, anularían el voto del que no hubiera debido tomar parte en él", lo que pasaba a ser irrelevante desde un punto de vista de la validez cuando dicho voto "no ha influido en el resultado de la votación"; es decir, solo podría llegar a producir la nulidad del acuerdo si el voto nulo modificara la mayoría de un acuerdo[2983]. Y una especie especialmente destacable fue aquella en que se analizó la eventual nulidad de un acto municipal en relación con su contenido, descartándose finalmente una invalidez. Se trataba de una ordenanza que establecía que los puestos que estaban fuera de recova en la ciudad de Valparaíso debían pagar los mismos derechos que los que estaban dentro. Para descartar la nulidad, el Consejo de Estado se apoyó en tres argumentaciones principales. Primeramente, que ya se había cobrado lo mismo desde 1859 por varias normas; segundamente, en que tal decisión se hallaba dentro de las atribuciones de las municipalidades; y, terceramente, en que "no sería justo" eximir a los puestos de afuera, "porque esa exención arruinaría a los segundos, haciéndoles una competencia que no podrían sostener, y además privaría a las municipalidades de uno de sus principales ramos de entradas"[2984]. Esta tercera argumentación anticipaba la sofisticación de argumentaciones económico-jurídicas de décadas posteriores y da cuenta de la profundidad con que, en ciertas especies, el Consejo de Estado podía examinar aspectos bastante delicados relacionados con la legalidad.

Por último, en relación con estas nulidades municipales, es importante destacar que, a más de los casos de declaración de nulidad o de declaración de validez, en algunos casos el Consejo de Estado optaba por suspender el acto impugnado. Es relevante apuntar que esta posibilidad de suspensión podía añadirse a una declaración de validez en la misma sentencia[2985], pero aún más interesante es el hecho de que, en casos en los que no se declaraba propiamente la nulidad, la suspensión producía efectos cuyos ribetes frisaban una invalidez. Así, por ejemplo, al entender el Consejo que "la validez o nulidad del reglamento están subordinadas a la resolución que libre la autoridad competente sobre la cuestión principal; no siendo por consiguiente oportuno resolver acerca de una reclamación que depende de otra previa que no ha sido aún resuelta", pero al mismo tiempo ordenando "que deben suspenderse los efectos del reglamento dictado por la Ilustre Municipalidad de Limache sobre el uso y goce

2982 *Gobernador de Curepto con Municipalidad de Curepto* (1889).

2983 *Regidores de Copiapó con Municipalidad de Copiapó* (1876).

2984 *Municipales de Valparaíso con Municipalidad de Valparaíso* (1872).

2985 *Díaz* (1868): "1° Que es válido y legal el acuerdo celebrado por la Municipalidad de San Fernando, en sesión de 12 de junio del presente año, en cuanto por él se resuelve recuperar la calle que se dice cerrada por el solicitante; y 2° Que el referido acuerdo no puede ejecutarse sino en virtud de la resolución que libre la jurisdicción a que corresponde este negocio y ante la cual los interesados harán uso de sus derechos".

de los terrenos denominados Olmué, Alvarado, Dormida y Escobares, *restituyéndose las cosas al estado que tenían antes de dictarse los referidos reglamentos*"[2986]. Este acercamiento a la lógica de la nulidad, a pesar de tratarse de una suspensión, se percibe aún más claramente en otra especie en la que, atendido a que "en el citado reglamento se contienen disposiciones que son materia de ordenanza municipal, y que estas no pueden ponerse en vigor sin acuerdo del Consejo de Estado", este último resolvió que debían "suspenderse los efectos del reglamento dictado por la Ilustre Municipalidad de la Ligua sobre el uso y goce de las tierras de Valle Hermoso, *restituyéndose las cosas al estado que tenían antes de dictarse el referido reglamento*"[2987]. La lógica interna de esta sentencia es distinta a la precedentemente expuesta, pues mientras en la primera la suspensión obedecía a razones de interferencia jurisdiccional, en este caso representa más bien la idea de que el acto no valdría mientras el propio Consejo que juzgaba *jurisdiccionalmente* la nulidad no autorizase *administrativamente* el respectivo acto que hubiese cumplido con los pertinentes requisitos de validez.

Sin embargo, es importante tener presente que en esta época no solo se conocía de la nulidad por vía de la deducción de una acción al respecto. En esto, nuestra jurisdicción fue sagaz y práctica, reconociendo la posibilidad de que los distintos tribunales pudiesen prescindir de un acto administrativo nulo sin necesidad de sustanciarse un juicio específico al respecto. Esta posibilidad se había gestado desde antaño —basta recordar que la primera gran declaración de nulidad con operatividad directa del artículo 160 de la Constitución de 1833 se había dado en un juicio penal[2988]— y se siguió desarrollando en el período 1861-1890.

Esta prescindencia por nulidad del acto no solo fue importante, sino también polifacética. Abarcaba, por ejemplo, la posibilidad de considerar nulos actos administrativos que habían sido emitidos durante el período indiano sin cumplir con las tramitaciones establecidas para su aprobación, en orden a decidir la titularidad de ciertos terrenos[2989]; la prohibición de cobrar derechos de recova a vendedores ambulantes, dado que la ordenanza sobre la que se sustentaban era contraria a la ley[2990]; y a la declaración de no deberse pagar la contribución territorial en el caso de una matrícula que gravaba a un predio urbano con un impuesto previsto respecto de predios rústicos[2991]. Y, como si lo anterior fuera poco, se extendía incluso a la posibilidad de esquivarse la competencia expresa del Consejo de Estado en materia de declaración de nulidad de actos municipales, permitiendo que una Corte de Apelaciones prescindiera del acto sin una declaración previa de aquel[2992].

La teoría de la prescindencia —si así pudiese llamársela— suscitó alguna resistencia. Atiéndase, por ejemplo, en el siguiente voto particular de una sentencia de fines de la década de 1870:

2986 *Alvarado y otros* (1869). Las cursivas son nuestras.
2987 *Márquez y otros* (1870). Las cursivas son nuestras.
2988 *Ex municipales de Vallenar* (1851).
2989 *Covarrubias* (1861).
2990 *Vergara* (1879).
2991 *Bezamat* (1884).
2992 *Municipalidad de Vallenar con Mendoza* (1872).

> "El juez de primera instancia se ha detenido en consideraciones generales sobre la falta de autoridad del gobernador para dictar medidas que reglamenten el uso de las aguas nacionales de uso público, y se ha olvidado de que está en su poder, y para pesquisar el delito de la usurpación denunciada, fallando desde luego y sin someterla a contradicción, una cuestión que ha estimado de derecho y por eso sin duda es que ni ha tomado su declaración al indicado como autor de ese delito.
> Ha creído ver en el reglamento y demás disposiciones sobre distribución de las aguas dictadas por el gobernador un avance de la autoridad administrativa sobre el poder judicial; *y sin más que eso, y sin conocer los antecedentes de esas disposiciones que pudieran darle una fuerza obligatoria y conferir derechos, los declara nulos, escapándose por ese motivo a la acción de la justicia el juzgamiento del delito denunciado*"[2993].

Fue esta la realidad sobre la que se apoyó Huneeus cuando formuló sus célebres expresiones de *La Constitución ante el Congreso* sobre esta materia:

> "En cuanto a los decretos que el Ejecutivo dictare, arrogándose atribuciones propias de otros poderes, invadiendo atribuciones ajenas, limitando las garantías individuales, ofendiendo algún derecho, o, en general, violando la Constitución o las leyes, no es menester que su nulidad sea declarada expresamente por alguna autoridad pública. No. Basta, como lo hemos dicho ya en otra parte, que los tribunales, como lo han hecho más de una vez, prescindan de ellos, cuando se reclamare su aplicación, y los dejen virtualmente sin efecto alguno. En verdad, aquello que es nulo ningún efecto debe producir. Negar, pues, sus efectos a una medida, es declarar virtualmente la nulidad a que se refiere la parte final del artículo 160 de nuestra Constitución, el cual no ha sugerido, por lo demás, cuestiones de aplicación práctica"[2994].

Con toda razón Huneeus reconocía que la idea no era suya, sino que ya se había desarrollado en la jurisprudencia nacional. Y acertaba también en otros elementos axiales. En primer lugar, en que la nulidad podía desencadenarse por distintos tipos de transgresiones; en segundo lugar, en que la prescindencia podía coexistir sin problemas con la declaración expresa de nulidad, la que no descartaba, reconociendo que *bastaba* con que los tribunales prescindieran del acto[2995]; en tercer lugar, en que la nulidad tiene una finalidad práctica orientada a la ineficacia de los actos nulos; y, en cuarto lugar, en que la solución de la prescindencia o la de

2993 *Samit* (1878 a), voto particular del ministro Cavada. Las cursivas son nuestras.

2994 Huneeus Zegers (1880), II, p. 406.

2995 Pero debe tenerse presente que, hacia finales del período, había signos de erosión al respecto, inclinándose la balanza a favor de la prescindencia y en desmedro de la declaración expresa de nulidad en manos de la jurisdicción ordinaria. Quizás el ejemplo más claro sea el de la vista emitida por el fiscal Rodríguez a la Corte de Apelaciones de Iquique en la cuestión *Prado* (1888), que expresaba: "De conformidad con lo dispuesto en el art. 160 de la Constitución, son nulos los actos judiciales de los alcaldes de Tocopilla, y de consiguiente, la propuesta en terna, a virtud de lo que la gobernación nombró al juez sumariamente, propuesta que es requisito esencial para la validez del nombramiento. *Y si es verdad que no toca a los tribunales pronunciar la nulidad de un acto del gobernador o autoridad administrativa, es de sana y correcta doctrina que puedan prescindir del acto nulo en la apreciación de un caso concreto de competencia judicial, como es el de que se trata*". Las cursivas son nuestras.

la declaración expresa de nulidad se fundamentaban directamente sobre el artículo 160 de la Constitución de 1833. Quizás, si hay algún elemento en la frase que pudiese debatirse, sería el alcance de la frase final: "[...] el cual no ha sugerido, por lo demás, cuestiones de aplicación práctica". Si con ello Huneeus se refería a que el artículo 160 de la Constitución de 1833 no se había aplicado en la práctica judicial, ello sería un error, dado que consta que fue invocado en distintas sentencias desde la década de 1840[2996].

B. LA RENOVACIÓN PRAGMÁTICA

En la actividad desplegada por la Administración pueden destacarse múltiples aristas de relación con los particulares, o incluso entre las propias entidades administrativas, que fueron impulsadas a través de aportes novedosos e interesantes en la praxis jurídica de la época. El estudio exhaustivo de todas ellas excedería el propósito de estas líneas; pero sí parece procedente —y aun conveniente— abordar algunas que puedan contener un especial interés, tanto para la época en análisis como para nuestros días.

En atención a lo anterior, hemos optado por destacar dos materias que coinciden en congregar tanto un interés histórico absoluto como un interés histórico relativo a nuestros días.

La primera de ellas es la de las sanciones administrativas (I), cuyas dificultades aún no han sido totalmente resueltas, más de un siglo después; y la segunda es la de la extinción de los actos administrativos, cuya sistematización normalmente es situada a mediados del siglo XX, pero respecto de la cual, como veremos, el derecho administrativo del siglo XIX tenía bastante que ofrecer (II).

I. Las sanciones administrativas

Hemos expresado previamente que la posibilidad de imponer sanciones a través de actos administrativos estaba reconocida sobre la base de leyes castellano-indianas, cuya manifestación más acentuada en nuestro temprano derecho patrio se dio a través de los llamados "secuestros de bienes"[2997]. Esta atribución sancionatoria se habría derivado de la función de policía, asociada a la actividad administrativa del Estado, y las disposiciones que la preveían "fueron toleradas al margen de los estrictos preceptos constitucionales en materia de medidas punitivas[2998].

Con todo, un recorrido por el derecho de la época parece mostrar algo más que una simple tolerancia. Existen múltiples fuentes que demuestran que el Estado decimonónico no solo perseveró en la aplicación de normas del Antiguo Régimen, sino que planteó e introdujo *activamente* sanciones administrativas[2999]. Con todo, es importante subrayar que, al mismo

2996 Cfr., *v. gr.*, *Ex miembros de la mesa receptora de la Serena* (1841).

2997 Bocksang Hola (2015 a), título quinto, capítulo segundo, A.

2998 Gómez González (2019), *in totum*, esp. p. 380.

2999 Y también introdujo figuras misceláneas, en el sentido de que la norma sancionatoria fuese emitida por la Administración, quedando sin embargo la imposición del castigo no en manos de la Administración, sino que de la autoridad jurisdiccional. *V. gr.*, *Azócar* (1887): "[...] don Lucio Azócar, ya sea como tiempo, se advierte un recelo en torno a estas atribuciones de castigo que iba bastante más allá de un cuestionamiento meramente especulativo.

A fin de examinar esta importante materia, resulta conveniente abordar en primer lugar la cuestión de la existencia de las sanciones administrativas (a), a fin de examinar, como segundo aspecto, elementos importantes de la operatividad de las sanciones administrativas previstas en la época (b).

a. La existencia de las sanciones administrativas

La existencia de una actitud activa respecto del establecimiento de sanciones administrativas pudo constatarse en dos esferas fundamentales. Una estaba dada por normas sectoriales que contemplaban disposiciones sancionatorias administrativas, es decir, tópicamente (1); otra, de mayor impacto dogmático, se consolidó más sistemáticamente a través de la entrada en vigor del Código Penal (2).

1. La existencia tópica de las sanciones administrativas

Distintos cuerpos legales y reglamentarios especiales preveían disposiciones concernientes a las sanciones administrativas. Así, por ejemplo, en la Ley de Ferrocarriles de 1862 se expresaba, con relación a la obligación de cierro de las vías férreas, que "el Intendente de la provincia respectiva *podrá compeler a la Empresa a que cumpla lo prescrito en los cuatro artículos precedentes con una multa de cincuenta a trescientos pesos. Si, requerida por el Intendente, no ejecutare los trabajos necesarios en el tiempo que señalare, podrá ser compelida con multa doble, sin perjuicio del pago de aquella en que hubiere incurrido*"[3000].

Aún más claro y drástico era el artículo que en la ley antedicha se refería a las sanciones vinculadas con la interrupción de los servicios ferroviarios: "Si en ese tiempo no se restableciere la comunicación, *el Intendente aplicará a la Empresa una multa de mil a cinco mil pesos, y transmitirá los antecedentes al Gobierno para que adopte las medidas que fueren del caso*"[3001]. A mayor abundamiento, hacia el final de las disposiciones de este cuerpo normativo se disponía que "la policía de orden interior de las estaciones, y de los trenes en marcha, se sujetará al reglamento que la Empresa someterá a la aprobación del Presidente de la República. *En ese reglamento, que deberá aprobarse con acuerdo del Consejo de Estado, se podrán señalar multas hasta de cien pesos*"[3002].

Otro buen ejemplo procede de la ley sobre impuesto de patentes, de 1866, cuya redacción no deja lugar a dudas respecto de la inequívoca intención legislativa de plantear sanciones administrativas: "El importe de las multas en que incurrieren los contraventores a esta ley, *el cual se cobrará gubernativamente*, será en favor de los comisionados para practicar la visita o del

dueño del Café de la Bolsa, ya como administrador de la asociación constituida con el nombre de Club Unión y Progreso, es responsable de la infracción de la disposición de la Ordenanza de Policía materia de la querella [...]".

3000 Ley de 6 de agosto de 1862, BLDG, XXX, p. 199, art. 18. Las cursivas son nuestras.

3001 Ley de 6 de agosto de 1862, BLDG, XXX, p. 199, art. 26. Las cursivas son nuestras.

3002 Ley de 6 de agosto de 1862, BLDG, XXX, p. 199, art. 81. Las cursivas son nuestras.

que dé noticia de la infracción a la autoridad respectiva"[3003]. Tal "cobro gubernativo", como es evidente, se oponía al "cobro judicial" que, como veremos más abajo, seguía siendo la fórmula natural en esta materia. En caso de que el supuestamente obligado no pagara la patente y la multa, "se le prohibirá seguir ejerciendo su industria o profesión hasta que lo verifique"[3004].

Un caso de características diferentes estaba dado por las penas correccionales que se impusieran en la cárcel penitenciaria: "Solo tendrán facultad de aplicar las penas indicadas en el artículo anterior, los jefes a quienes especialmente la concede este Reglamento, quedando a su elección la pena que mejor convenga en cada caso"[3005].

Hacia el final del período, un ejemplo sobresaliente de prerrogativas administrativas sancionatorias sería ofrecido por la Ley de Policía Sanitaria, con fuertes atribuciones en caso de epidemia contagiosa: "Las penas que se impongan con arreglo al artículo precedente y las que se encuentren establecidas en las ordenanzas municipales relativamente al aseo y salubridad de las poblaciones, se harán efectivas administrativamente mientras rijan las declaraciones autorizadas por los artículos 1° y 6°. Todo lo cual se entiende sin perjuicio del derecho que asista a los interesados para repetir judicialmente, en el término de treinta días, por las multas indebidamente cobradas"[3006]. Lejos de aparecer como una mera tolerancia de una práctica de otros tiempos, el régimen viene detallado con una sofisticación decimonónica: el particular al cual se le aplicase una sanción administrativa podría impugnar la decisión estatal y solicitar la repetición de lo pagado en virtud de la multa impuesta.

Y aún más representativa de la época —incluso, emparentada con la mentalidad del Código Penal— era la Ordenanza General de Salubridad, complementaria a la referida ley, que disponía lo siguiente al tratar en su Parte Quinta "de las penas":

> "Toda contravención a las disposiciones contenidas en la parte segunda de esta Ordenanza, será penada con una multa de uno a veinte pesos.
> Las contravenciones a las disposiciones contenidas en la parte tercera, serán penadas con una multa de cinco a treinta pesos.
> Las contravenciones a las prescripciones contenidas en la parte cuarta, serán penadas con una multa de diez a cincuenta pesos.
> Las disposiciones que tengan penas especiales en las leyes, se penarán con arreglo a estas; y si esas penas excedieren de cincuenta pesos, serán decretadas por los tribunales de justicia"[3007].

Lo último aludía elegantemente a que todo lo anterior debía complementarse con los tipos penales contenidos en el Código Penal, que por cierto eran de resorte del Poder Judicial y no de la Administración; por ejemplo, los delitos contra la salud pública del Libro II, Título VI, párrafo 14. Existía, con todo, un ámbito innegable de aplicación de sanciones administrativas, cuyo límite se hallaba establecido por el umbral máximo de los cincuenta pesos a los que aludía el último inciso del artículo transcrito.

3003 Ley de 22 de diciembre de 1866, BLDG, XXXIV, p. 500, art. 15. Las cursivas son nuestras.
3004 Ley de 22 de diciembre de 1866, BLDG, XXXIV, p. 500, art. 13 inciso 2°.
3005 Decreto Supremo de 14 de julio de 1876, BLDG, XLIV, p. 157, art. 33.
3006 Ley de 30 de diciembre de 1886, BLDG, LV, p. 1311, art. 9°.
3007 Decreto Supremo de 10 de enero de 1887, BLDG, LVI, p. 28, art. 33.

2. La existencia sistemática de las sanciones administrativas

La lógica activa en relación con las sanciones administrativas apareció no solo de la legislación y reglamentación sectorial, sino también del espíritu de la codificación decimonónica, a través del Código Penal. Este cuerpo normativo incorporó disposiciones generales referidas a las prerrogativas sancionatorias de la Administración que, aunque poco numerosas, grafican desde una perspectiva más sistemática el estado general de la cuestión en una época tan relevante para el derecho sancionatorio.

La existencia sistemática de las sanciones administrativas aparece de dos normas axiales del referido Código sobre esta materia[3008]: el artículo 20 (i) y el artículo 501 (ii), aunque debe tenerse presente también la existencia de recelos doctrinarios respecto de las sanciones administrativas que anticipan elementos de las discusiones que sobrevendrían décadas después al respecto (iii).

i. El artículo 20 del Código Penal

El texto original del artículo 20 expresaba lo siguiente:

> "No se reputan penas, la restricción de la libertad de los procesados, la separación de los empleos públicos acordada por las autoridades en uso de sus atribuciones o por el tribunal durante el proceso o para instruirlo, ni las multas y demás correcciones que los superiores impongan a sus subordinados y administrados en uso de su jurisdicción disciplinal o atribuciones gubernativas".

Cabe recordar que esta norma subsiste actualmente en un estado muy similar al original, con las adecuaciones introducidas a inicios del siglo XXI a fin de actualizarla en consideración a las disposiciones del nuevo Código Procesal Penal.

Hay varios pilares conceptuales que pueden reconocerse en este texto.

La fórmula "no se reputan penas" merece especial atención. Si está claro de ella que, para todos los efectos jurídicos, las sanciones administrativas no deben considerarse como penas, al mismo tiempo reconoce tácitamente que, en lo sustancial, son penas. El alcance de esta fórmula es discutible, máxime si no engendró problemas de aplicación práctica en el período estudiado, pero quizás se le entendió útil para justificar conceptualmente la posibilidad de coexistencia de las sanciones penales y las sanciones administrativas.

También es de interés la fórmula "multas y demás correcciones", que asume, junto con la "separación de los empleos públicos", la posibilidad de que la ley contemplase sanciones de distinta naturaleza.

3008 Gómez González (2019), pp. 368-370.

Asimismo, de la fórmula "subordinados y administrados", se desprende que la norma asume la existencia de dos esferas sancionatorias: la de las sanciones administrativas internas o disciplinarias[3009] y la de las sanciones administrativas externas[3010].

Este último punto es muy relevante, y su envergadura aparece más claramente al contrastarse la fuente que a nuestro Código le sirvió de referencia al introducir esta norma. Nuestro artículo es una copia casi textual del artículo 22 del Código Penal español de 1848 —veremos que el *casi* es importante—, cuyo texto era el que sigue:

> "No se reputan penas la restricción de la libertad de los procesados, la separación o suspensión de los empleados públicos, acordada por las autoridades gubernativas en uso de sus atribuciones, o por los tribunales durante el proceso, o para instruirlo, ni las multas y demás correcciones que los superiores impongan a sus subordinados en uso de su jurisdicción disciplinal".

Está fuera de discusión la similitud de los textos. Pero si se observa detenidamente, el artículo 22 del Código español está formulado por completo, en lo no propiamente judicial, sobre la óptica administrativa *disciplinaria*, es decir, de las sanciones de superiores a subordinados al interior de la propia Administración, y falta en él totalmente la óptica de las sanciones administrativas *externas*, es decir, las que se imponen sobre particulares.

Nuestro Código introdujo dos arietes correspondientes a esta óptica externa: (1) las multas y correcciones se podían imponer no solo a los subordinados, sino a los "administrados"[3011]; y (2) las multas y correcciones se podían imponer no solo en relación con la "jurisdicción disciplinal", sino también con las "atribuciones gubernativas".

El espíritu era claro en torno a integrar bajo la sistemática del Código algo que el ordenamiento jurídico chileno había integrado tópicamente en normas dispersas. Si nuestro artículo hubiera calcado a su modelo español, ello hubiera podido servir de fuerte argumentación en torno a un impulso político para desmantelar las sanciones administrativas existentes.

ii. El artículo 501 del Código Penal

El otro artículo que concierne esta materia en el Código Penal chileno es el 501, cuyo tenor es el que sigue:

> "En las ordenanzas municipales y en los reglamentos generales o particulares que dictare en lo sucesivo la autoridad administrativa no se establecerán mayores penas que las señaladas en

3009 Sobre la distinción entre lo disciplinario y lo penal, véase, *v. gr.*, *Paredes* (1878), y en el Consejo de Estado, *Corte de Apelaciones de Santiago con Presidente de la República* (1867).

3010 No coincidimos con Gómez González (2019), p. 369, cuando sostiene de modo absoluto que se trata del "primer reconocimiento de las sanciones administrativas", pues, como hemos destacado, ya se daba de modo tópico con anterioridad. Pero es claro que esta norma configura un reconocimiento sistemático de las sanciones administrativas como jamás se había dado en nuestra legislación.

3011 Lamentable expresión, desde el punto del realce de la dignidad de la persona, dado que las personas no pueden ser "administradas", como si fueran cosas; pero el alcance externo a la Administración de la palabra escogida parece estar fuera de dudas, en todo caso.

este libro, aun cuando hayan de imponerse en virtud de atribuciones gubernativas, a no ser que se determine otra cosa por leyes especiales".

El texto hoy vigente sigue siendo el mismo del Código aprobado en 1874. Su lógica es complementaria a la del artículo 20:

1) Por una parte, se articulaba con nuestro principio constitucional de establecimiento explícito de atribuciones estatales —entonces contenido en el artículo 160 de la Constitución— en el sentido de que las atribuciones sancionatorias administrativas deben explicitarse específicamente en textos normativos. Así, queda claro que el artículo 20 no es una norma general de atribución sancionatoria administrativa, sino una norma de integración sistemática de las que pudieran existir en un momento determinado y que defina expresamente el ordenamiento jurídico.

Nuestra jurisprudencia tuvo en cuenta esta aplicación específica del principio general de juridicidad, rechazando la posibilidad de que a una norma que estaba desprovista de toda sanción se le asociara una, en atención a que —según el parecer de la Administración— ello fuera necesario para su efectividad: "[...] si mediante el decreto recordado no se consigue todo el fruto que se ha perseguido al dictarlo, no puede, por esta circunstancia, dársele mayor alcance del que el mismo decreto tiene"[3012].

2) Por otra parte, reconocía el que normas de distintas naturalezas pudiesen regir las atribuciones sancionatorias administrativas. Así, a más de referirse a las "leyes especiales", hacía referencia a que se podían establecer penas en "ordenanzas municipales y en reglamentos", es decir, fijarlas por vía administrativa.

Como puede intuirse, quedaría para períodos sucesivos la determinación más precisa del tratamiento de las fuentes del derecho sancionatorio, sobre todo en la relación entre la esfera de la ley y la del acto administrativo. Pero algunas líneas ya empezaban a florecer. Por de pronto —y quizás sea un elemento determinante en cualquier reflexión posterior—, para el derecho de la época ya estaba claro que no podía quedar al alcance de la Administración cualquier tipo de atribución punitiva, reconociéndose, por así decirlo, la existencia de un núcleo sancionatorio que quedaba fuera de la órbita del derecho administrativo, sometiéndose al derecho penal, y que era estrictamente materia de ley[3013].

3) Por último, el artículo 501 también destacaba que las penas que se establecieran por vía administrativa no podían ser mayores que las establecidas en "este libro", es decir, el Libro III del Código Penal, que rige a las faltas. Por el contrario, sí podían ser mayores en caso de que la ley así lo dispusiera.

Los énfasis ya apuntados en torno al artículo 501 de nuestro Código Penal se ven corroborados al contrastarlo con el artículo 495 del Código Penal español de 1848, sobre el que el Código chileno se había apoyado fuertemente:

3012 *Irarrázabal* (1878), que versaba sobre una multa. Existió una disidencia del ministro Vargas Fontecilla, entendiendo que "las disposiciones... se habrían dictado sin fruto alguno".

3013 *V. gr.*, *Fisco con Muñoz* (1877): "[...] que las penas de comiso, multa y prisión con que se castiga el contrabando de especies estancadas, son materia de ley y no pueden imponerse por un simple decreto ejecutivo".

"En las ordenanzas municipales y demás reglamentos generales de la administración que se publicaren en lo sucesivo, no se impondrán a los contraventores mayores penas que las señaladas en este libro, a no ser que así se determine por leyes especiales".

Cotejando ambos textos, puede percibirse que los sutiles cambios introducidos por el Código chileno se centran en dos puntos:

1) Aceptar que reglamentos "particulares" de la Administración estableciesen sanciones administrativas, añadidura que presumiblemente apuntaba a describir mejor la recepción tópica que a la sazón se desarrollaba en Chile sobre esta materia;
2) Introducir la frase "aun cuando hayan de imponerse en virtud de atribuciones gubernativas". Ello no apuntaba al *establecimiento* de las normas sancionatorias correspondientes, sino que a su *imposición*: es decir, la añadidura justamente tiene como propósito esclarecer que la Administración puede aplicar sanciones, lo que no aparecía explícitamente del artículo 495 del Código español.

En síntesis, la comparación de nuestros artículos 20 y 501 con sus antecedentes españoles muestran que existió un propósito deliberado de recoger a la sanción administrativa en el Código Penal chileno, con un espíritu más bien sistemático, y con una aproximación más precisa a lo que ya existía en nuestra normativa.

iii. Los recelos doctrinarios

Con todo, a pesar del tenor literal del Código Penal y de las normas dispersas ya existentes sobre la materia, sería erróneo sostener que el espíritu de la época habría aceptado las sanciones administrativas sin recelo alguno. Un par de ejemplos podrá ilustrar esta cuestión.

Huneeus, probablemente el más distinguido publicista de esta época, no escatimó expresiones de desconfianza frente a estos mecanismos sancionatorios, aduciendo que "solo cuando se tratare de contravención a disposiciones de policía, dictadas por las autoridades administrativas con arreglo a leyes especiales, y a lo que tenemos dicho al ocuparnos de la parte 21ª del art. 82, y cuando esas contravenciones no estuvieren incluidas entre las faltas que enumera y detalla el Código Penal, podrán dichas autoridades imponer multas, o, en su defecto, prisión a los infractores de esas disposiciones", añadiendo acto seguido que "la facultad de aplicar penas es tan exclusiva de los tribunales, que solo a ellos la reserva la Constitución aun en los casos de leyes excepcionales a que se refiere la parte 6ª del art. 36, reformada en 1874"[3014].

A nuestro juicio, las expresiones de Huneeus pueden mostrar algo más que el hecho de que quedase radicada en los tribunales la aplicación de las penas propiamente tales, y que no se reputasen penas las sanciones administrativas, tal como expresó el artículo 20 del Código Penal. Parece también evidenciar una cierta preferencia abstracta en torno a la aplicación de las sanciones en general por los tribunales, y una advertencia implícita a los riesgos relacionados con la actividad administrativa sancionatoria.

3014 Huneeus Zegers (1880), II, p. 252.

Huneeus no parece haber sido el único autor receloso. Ballesteros adujo que el artículo 5° de la LOAT había suprimido "la facultad de juzgar administrativamente"[3015]. Con todo, las consecuencias de la línea de argumentación anterior no parecen haber fructificado entre nuestros tribunales, que aceptaron la existencia de potestades sancionatorias aplicadas por la propia Administración.

Como veremos en el apartado siguiente, esta aplicación se abocó en buena medida a aspectos de procedencia concreta, definiendo el ámbito de aplicación de las atribuciones sancionatorias y, por lo tanto, reconociendo tácitamente la existencia de tales prerrogativas.

Sin embargo, también nuestros organismos jurisdiccionales abordaron ocasionalmente de manera directa la *posibilidad* de existencia de atribuciones administrativas sancionatorias. Quizás la sentencia más clara en este sentido procede del Consejo de Estado:

> "Que la Superintendencia de las Aduanas de la República está regida por una ley especial, y conforme a ella ejerce atribuciones administrativas y económicas que le dan el carácter de autoridad pública constituida y mediante las cuales puede imponer penas"[3016].

Más allá de la cuestión terminológica —de acuerdo con el Código Penal, la sanción aplicada por el Superintendente de Aduanas no debía reputarse pena—, esta sentencia resume perfectamente lo que hemos expresado en estas líneas: la recepción abstracta de las sanciones administrativas en nuestro ordenamiento jurídico, que se derivaba en la posibilidad de aplicar tales castigos en caso de que normas expresas fijasen la atribución.

b. La operatividad de las sanciones administrativas

Las normas vigentes impactaron en la determinación del ámbito de las sanciones administrativas. Debe tenerse presente, por una parte, la determinación de los tipos de sanciones aplicables.

Algunas estaban proscritas de raíz a nivel constitucional, como la pena de confiscación de bienes, cuya erradicación procedía originalmente de la Constitución de 1822[3017], y que la Constitución de 1833 recogía en los siguientes términos: "No podrá aplicarse tormento ni imponerse en caso alguno la pena de confiscación de bienes"[3018]. Si ello valía para el ámbito propiamente penal[3019], obviamente también regía sobre el ámbito administrativo. Otros tipos de medidas sí estaban abiertas para el legislador o la Administración, tales como la clausura de locales[3020], pero el ámbito más natural en relación con las sanciones administrativas era el de las multas[3021].

3015 Ballesteros Ríos (1890), I, p. 57.
3016 *Pinto Concha* (1885).
3017 Constitución Política del Estado de Chile (1822), art. 216.
3018 Constitución Política de la República Chilena (1833), art. 145.
3019 *Aravena* (1868).
3020 *V. gr.*, *Salas Hermanos y otros* (1884).
3021 *V. gr.*, *Waters* (1867), *Barros* (1880) y *Gaete* (1882).

En el curso de los años 1861-1890 se advierten ciertas evoluciones en las prerrogativas sancionatorias existentes en determinados sectores de la Administración. El caso que quizás es más notorio es el del Régimen Interior. La ley de 1844 integraba prerrogativas sancionatorias en distintos niveles con evidente facilidad. De partida, el artículo 56 introducía un marco conceptual al plantear que "no se tendrá por asunto contencioso la exacción de las multas en que incurrieren los infractores de las leyes y reglamentos de policía, ni ninguno de aquellos en que por la presente toca conocer y decidir gubernativamente a los empleados del orden ejecutivo", pues la relación entre la primera frase y la segunda parece claramente ser de especie a género: las multas impuestas en los casos señalados no eran contenciosas porque en ningún caso en que la Administración conociera y decidiera gubernativamente existía propiamente una contención, y por ende no eran tocantes al Poder Judicial.

Esta posibilidad general se desgranaba en los distintos estratos del Régimen Interior. Así, el artículo 97 n° 9 preceptuaba que era deber del Secretario de Intendencia "llevar una cuenta de las cantidades que se reciban en cada secretaría para gastos de escritorio y de su inversión, y otra de las multas de policía que se cobren, a fin de que el Intendente a principio de cada año, poniéndoles su visto bueno, pase la primera al Ministerio del Interior, y la segunda a la Municipalidad del departamento en que reside". El artículo 106 en su atribución 4ª les confería a los gobernadores "la de imponer multas, que no excedan de veinticinco pesos, o en su defecto una prisión que no exceda de cuarenta y ocho horas, a los que le desobedeciesen o faltasen el respeto, o a los que turben el orden o el sosiego público, *no cometiendo contravenciones o delitos, sobre los cuales se deba formar causa, por tener una pena determinada en las leyes*"[3022]. Es decir, no siendo una sanción judicial, por tener "pena determinada en las leyes", aparecía claramente para estas autoridades la posibilidad de imponer sanciones por vía administrativa, existiendo una disposición más adelante que reflejaba más extensamente esta misma figura[3023]. Y, por último, ciertos artículos se referían a la potestad sancionatoria de subdelegados[3024] e inspectores[3025].

3022 Las cursivas son nuestras.

3023 Art. 127: "Fuera de las facultades que tienen los gobernadores para hacer efectivas en su caso las penas impuestas por las leyes y reglamentos de policía, la tienen también para imponer proporcionadas multas que jamás pasarán de cincuenta pesos, o en su defecto una prisión que no exceda de dos meses, a los que quebranten las disposiciones generales concernientes a dicho ramo que partieren de los mismos gobernadores, siendo obligados a hacer publicar en los periódicos, al principio de cada mes, las multas que en el anterior, ellos, los subdelegados o inspectores de sus dependencia hayan cobrado, lo que siempre deben verificar dando recibo a los que paguen, y a llevar una cuenta exacta y suficientemente detallada de esas multas, exigiendo que la lleven también los otros funcionarios mencionados de las que saquen; y que se las remitan a debido tiempo para que los gobernadores las pasen todas mensualmente a las municipalidades, con las sumas que en ellas aparezcan, las cuales serán aplicadas con preferencia a objetos de policía por estos cuerpos, y servirán además para ciertos gastos indispensables de los gobiernos de departamento, como premios a individuos que hubieren aprehendido o cooperado a la aprehensión de algún delincuente, pago de portadores de comunicaciones en casos urgentes o a puntos donde no pudieren ser conducidas por los correos establecidos, etc., para cuyos fines se solicitarán de los cabildos las cuotas necesarias".

3024 Artículo 154.

3025 Artículo 166.

Si se contrasta aquella ley de 1854 con la Ley de Régimen Interior de 1885, esta apareció bajo un marco bastante distinto, pues prácticamente no contenía menciones a sanciones administrativas. La única vez en que hizo mención de una multa, se refirió a la aplicable sobre aquellas personas que rehusasen desempeñar los cargos de subdelegado o inspector[3026].

Por el contrario, el ámbito municipal guardó un orden que se derivaba de una realidad orgánica y del que carecía el Régimen Interior: normalmente estas cuestiones eran de competencia de los alcaldes, quienes ejercían funciones propiamente jurisdiccionales. Así, en la ley de 1854, frente a una disposición como "toda sentencia de alcalde que imponga multa será puesta en conocimiento del tesorero o administrador de fondos municipales"[3027], no había duda de que existía una figura que se apartaba de la lógica de la sanción administrativa. Eso se prolongó hacia la ley de 1887[3028], la que, sin perjuicio de enunciar multas y otras sanciones en materia municipal[3029], dejaba claro que se trataba de sanciones jurisdiccionales de policía local[3030].

Otros ámbitos también veían aparecer o desaparecer disposiciones sancionatorias. Parece menos importante describir el marco de estas ampliaciones o disminuciones sectoriales —algunas de las cuales en todo caso hemos destacado *supra*[3031]— que subrayar algunos criterios correspondientes a esta materia y que aparecen del derecho de la época, pues nos permiten remitirnos a cuestiones medulares que aún tienen relieve en nuestros días.

Es significativo destacar que, si la infracción de la cual se derivaba la sanción se originaba en un comportamiento de la propia Administración, la sanción era ilícita y debía quedar sin efecto. Así sucedió, por ejemplo, en el caso de una multa aplicada por una administración de Aduana derivada del hecho de que el particular no había pagado una patente por el ejercicio de varias industrias. Este último reclamaba no haberlas pagado porque la Administración no tenía la documentación respectiva; esta, por su parte, alegaba que "si no hubo patente, debió la casa demandante pagar el derecho y pedir certificado que habría cambiado por las patentes cuando la administración las recibió". Nuestros tribunales resolvieron lo siguiente:

> "Teniendo presente: 1° que la Factoría General debe mandar oportunamente a las administraciones de estanco las patentes para que puedan tomarlas los comerciantes dentro del plazo que se les prefija, como se infiere del art. 121 de la Ordenanza del Estanco; y 2° que si la casa demandante no pagó en tiempo el impuesto y tomó la patente, fue porque no las tenía el administrador del estanco; de modo que no sería equitativo aplicarle la multa imprevista al que no quiera tomar la patente, declaro: que debe devolverse a la casa de Sansón Waters los setenta y ocho pesos que fue obligado a enterar como multa"[3032].

3026 Artículo 25.

3027 Artículo 39 inciso 2°.

3028 Ley de 12 de septiembre de 1887, BLDG, LVI, p. 1351.

3029 Artículos 90 a 92, y 97 en materia disciplinaria.

3030 Artículo 98: "Los regidores desempeñarán por turno mensual las funciones de jueces de policía local, *debiendo conocer breve y sumariamente y en única instancia de las infracciones penadas por las ordenanzas y acuerdos municipales*, sin perjuicio del derecho que puede hacerse valer ante la justicia ordinaria para la devolución de las multas". Las cursivas son nuestras.

3031 Véase en este mismo apartado de las sanciones administrativas, a.1.

3032 *Waters* (1867).

Asimismo, es importante destacar que existía una conciencia de lo que hoy llamaríamos aplicación de un principio de proporcionalidad en materia sancionatoria. En una notable sentencia de 1884, se examinó el caso de una multa que el particular se negó a pagar, siendo demandado ejecutivamente por el Fisco para compelerlo a ello. El particular finalmente fue absuelto de la demanda fiscal por no concurrir todos los requisitos previstos por la ley para ello, pero nuestra judicatura nos brindó adicionalmente uno de los considerandos más notables de todo el período:

> "Considerando: que, según el art. 24 del Código Civil, los pasajes oscuros o contradictorios deben interpretarse del modo que más conforme parezca al espíritu general de la legislación y a la equidad natural; *y no es equitativo que la demora de siete días para pagar una contribución que importa veintiún pesos se pene con doscientos de multa*"[3033].

No solo es notable que la cuestión se resuelva sustancialmente en torno a una noción claramente jurídica de proporcionalidad de las obligaciones, sino también el instrumento normativo en el que el tribunal se apoyó: el artículo 24 del Código Civil, entendiendo que las reglas que establecían la sanción eran oscuros o contradictorios, y que por lo tanto la determinación concreta de ella podía regularse invocando la equidad natural, no siendo equitativa la proporción entre infracción y sanción. Sería difícil encontrar un ejemplo más elocuente que este para ilustrar el punto.

Por último, es interesante preguntarse acerca de si la jurisprudencia de la época entendía existir cierta conexión entre las potestades sancionatorias administrativas y las sanciones penales; o bien, como ocasionalmente se sostiene en nuestros días, que fuesen comprendidas como dos esferas mutuamente excluyentes y no regidas por principios comunes. Aunque probablemente sería vano buscar una teorización completa en esta época, sí parece haberse reconocido un sustrato común entre ambas esferas.

Una buena ilustración sobre este punto nos es ofrecida por una especie de la década de 1880 —es decir, ya entrado en vigor el Código Penal— que versaba sobre la conformidad a derecho en la aplicación de una multa por la Administración en materia tributaria. El considerando decisivo a este respecto es el siguiente:

> "Que por la ley de contribuciones de 5 de julio de 1884 se abolió la contribución que gravaba la renta de los empleados públicos y particulares, y de consiguiente la parte penal concerniente a la multa en que incurrían los que no prestaban la declaración jurada, y según el inc. 2° del art. 18 del Código Penal, siempre que después de perpetrado un hecho penado por la ley y antes que se pronuncie sentencia de término se promulgare otra ley que exima tal hecho de toda pena, deberá arreglarse a ella su juzgamiento"[3034].

La sentencia de primera instancia, confirmada en consulta por la Corte Suprema, declaró a los reclamantes exentos de pagar la multa, en atención a lo expresado en el considerando

3033 *Fisco con Anrique* (1884).

3034 *Martínez y otros* (1886).

transcrito. No había lugar a dudas de que la multa era propiamente *administrativa*: la propia sentencia expresaba en su parte expositiva que "por la Tesorería Fiscal se les declaró incursos en una multa de doscientos pesos a cada uno", que "la Tesorería Fiscal persiste en hacerles efectiva la multa" y que "con el propósito de evitar un juicio ocurrieron al Supremo Gobierno, solicitando se les eximiera del pago de la multa, pero no se accedió a esa petición".

Pues bien, sobre esta multa *administrativa* nuestros tribunales aplicaron el artículo 18 del Código Penal, entendiendo que el *pro reo* que implicaba dicha disposición no solo regía el ámbito propiamente sancionatorio-jurisdiccional, sino también el ámbito de las sanciones administrativas. Abolida la ley de contribución sobre los haberes, se abolían las disposiciones sancionatorias que ellas contenían y, por lo tanto, los particulares quedaban exentos de la sanción respectiva. Por el contrario, la contribución no se extinguía por esta vía: devengada, debía pagarse, reluciendo por lo tanto una diferencia ontológica entre las obligaciones derivadas de la contribución y las que emanaban de la sanción administrativa.

II. La extinción de los actos administrativos

A más de las sanciones administrativas, un segundo elemento en el que se advirtió una renovación en torno al desarrollo de aspectos relevantes de los actos administrativos en la práctica administrativa fue el de su extinción. En este ámbito, nuestro derecho ya desarrollaban la revocación —sin expresarla aún con tal fórmula, propia del siglo XX— (a), la técnica de la invalidación (b), y la técnica de la derogación (c).

a. La revocación

Aparentemente fue en el período 1861-1890 en donde se comenzó a profundizar en un tratamiento propiamente jurídico de la revocación administrativa; es decir, la extinción de los actos administrativos por razones de mérito, oportunidad o conveniencia.

No parecen existir antecedentes acerca de que la revocación hubiera sido contemplada en el pasado o en esta época como una institución intrínsecamente impracticable. Por el contrario, la jurisprudencia de la época alude a la revocación con bastante naturalidad, sin dirigirle un reproche institucional[3035]. En realidad, el tratamiento más delicado acerca de la revocación por parte de nuestros órganos jurisdiccionales parece relacionarse con una mayor advertencia de los efectos que sobre eventuales derechos adquiridos hubieran podido desprenderse de las revocaciones practicadas. Esto guarda consonancia con el protagonismo general alcanzado por la noción de derechos adquiridos durante esta época, que terminó cristalizándose dogmáticamente bajo una forma moderna hacia la década de 1880[3036].

La sentencia capital del tratamiento de la revocación parece ser *Muñoz*, de mediados de la década de 1860[3037]. En ella se examinaba la revocación por parte de la Municipalidad

3035 *Benavides* (1867).

3036 Véase *supra*, título primero, capítulo primero, B.II.

3037 *Muñoz* (1864 b).

de Coelemu —sobre la base de legislación castellano-indiana— de la adjudicación de una concesión de recova y carnes muertas, en razón de haber aparecido un oferente que presentaba una oferta más conveniente. El Juzgado de Letras, en sentencia confirmada por la Corte de Apelaciones de Concepción, abordó el problema de los derechos adquiridos desde una óptica más bien formal, pero no por ello ausente. En primer lugar, consideró "que las leyes citadas no pueden incluirse en el número de las que demarcan un procedimiento especial, desde que establecen un privilegio a favor de ciertas personas o corporaciones"; es decir, reconocía el tribunal que el problema principal no era de forma o procedimiento, sino de un derecho que podía estar afectándose a través de la invocación de un privilegio. Seguidamente, destacó que "es un hecho reconocido que el artículo final del Código Civil ha extinguido los privilegios de restitución *in integrum* y restitución del término probatorio establecidas por leyes preexistentes", puntualizando entonces que la figura que invocaba la municipalidad había sido derogada por la norma principal de transición entre el orden antiguo y el orden nuevo en materia de instituciones jurídicas que fueran materia del Código Civil.

Con las dos argumentaciones anteriores, quedaba claro que la falta de atribuciones revocatorias de la Municipalidad de Coelemu podía interpretarse, desde una perspectiva propiamente jurídica —el *suum*— como una vulneración a derechos adquiridos por parte de un particular. Pero añadió "a mayor abundamiento" el juzgado dos considerandos más, también bajo una óptica formal, pero apuntando en realidad a una protección de lo sustantivo. Recordó, así, un auto acordado emitido por la Corte Suprema en 1858, que "estableció que la diligencia o acta de remate se extendiese en el protocolo del escribano ante el cual se hiciese la subasta, *cuya disposición ha tenido por objeto evitar los perjuicios que se originaban por la retractación de las partes en muchas ocasiones alegando el pretexto de no haberse extendido en escritura pública*"[3038]. Y enfatizó que "en virtud de este auto acordado, bastaría la simple diligencia de remate para la perfección del contrato y en el caso presente se ha extendido además la correspondiente escritura pública". En síntesis, la revocación no era procedente porque implicaba la vulneración de derechos adquiridos que ya constaban por el acto administrativo y que además se habían formalizado por escritura pública. Si la argumentación puede ser vista como formalista, la solución en realidad no lo es. Gira precisamente en torno a la imposibilidad de vulnerar derechos adquiridos a través de una revocación.

Si la sentencia anterior requiere algún empeño de conceptualización, una sentencia del año posterior, *Guerra*, ya sería inequívoca en torno a esta materia. Se trataba de una demanda ejecutiva de un excomandante de serenos de La Serena, a quien por ordenanza de la Municipalidad se le había concedido una pensión vitalicia de treinta pesos mensuales, la que posteriormente se había revocado unilateralmente por la entidad edilicia. Los considerandos se cuentan entre los más notables de la época y sintetizan de manera formidable los límites intrínsecos de la revocación:

> "Considerando: 1° que por el supremo decreto de 10 de setiembre de 1861, corriente a f. 2, por el que el Supremo Gobierno aprobó la Ordenanza Municipal que concede una pensión vitalicia de treinta pesos mensuales al ex comandante de serenos don Tadeo Guerra, adquirió

3038 Las cursivas son nuestras.

> este un perfecto derecho a dicha pensión, y no puede ser privado de ella sin los requisitos determinados por la ley: 2° que el asunto sobre que versa el derecho referido es de materia de ordenanza, porque la pensión concedida equivale a la jubilación de un empleado municipal, y en carácter de ordenanza fue considerado por la Ilustre Municipalidad y aprobado por el Supremo Gobierno; y 3° *que como tal ordenanza no ha podido revocarse por un acuerdo de la corporación*; con arreglo a lo prevenido en el art. 103 de la ley de 8 de noviembre de 1854, y arts. 41 y 42 de la de 8 de febrero de 1837, fallo: que debe seguirse adelante en los trámites de este juicio hasta hacer pago a don Tadeo Guerra de los doscientos diez pesos demandados con la cantidad embargada en poder de don Joaquín Naranjo, en la diligencia de f. 10 y costas"[3039].

Aquí se advierte que el argumento formal desarrollado en los considerandos segundo y tercero, sobre que una ordenanza solo puede revocarse por una ordenanza, y no por un mero acuerdo municipal, es relevante pero solo complementario del argumento sustantivo. La verdadera razón de que la revocación haya sido antijurídica es que se había consolidado un derecho adquirido —un "perfecto derecho"— a la pensión, y que por lo tanto la privación de la pensión solo podía darse bajo los "requisitos determinados por la ley". Esta última frase es bastante vaga, pero para esclarecerla debe tenerse presente que no existía a la sazón una ley de procedimiento administrativo ni un tratamiento legislativo específico acerca de la revocación. Si el "perfecto derecho" debía considerarse como una propiedad del beneficiario de la pensión, cabe concluir que la fórmula de los "requisitos determinados por la ley" apunta en realidad a que, si se pretendiera privar al particular de la pensión, debía intervenir una ley expropiatoria y seguirse la tramitación del procedimiento del caso. La protección de los derechos adquiridos era muy fuerte, como puede advertirse, y ello se desprende de lo ya expuesto como de un elemento adicional y que debe tenerse presente como un criterio fundamental de la operatividad de los actos administrativos y de la limitación de la revocación. Se trata de la imperatividad, que ha sido abordada específicamente en otra parte de esta obra[3040]. La imperatividad de los actos unilaterales normalmente se destaca como un elemento que *beneficia* a la Administración, pero lo cierto es que una adecuada concepción de la institución debe asumir que también implica los correlativos deberes y responsabilidades. Si los actos administrativos son normalmente imperativos desde la fecha de su entrada en vigor, eso significa que los derechos que ellos producen son adquiridos instantáneamente y no agotado el transcurso de un determinado plazo: por lo tanto, no procede la revocación dentro de tal o cual plazo, ni afectar la propiedad que se ha constituido, salvo que se proceda conforme a una expropiación. Por consiguiente, nuestra judicatura dio lugar a la demanda ejecutiva correspondiente, dado que el acto del interesado no había sido válidamente revocado. Si en la especie *Muñoz* se había abierto el tratamiento de la revocación, en la especie *Guerra* nuestro país encontró la sentencia axial en relación con esta materia.

Se abría, por consiguiente, la posibilidad de explorar horizontes más variados en relación con la revocación. Uno de alto interés, y que resuena hasta nuestros días, es el de la precariedad

3039 *Guerra* (1865). Las cursivas son nuestras.
3040 Véase *supra*, en este capítulo, A.I.a.2.

de los permisos administrativos. Esta materia fue abordada por la Corte Suprema a través de una sentencia de 1870. La cuestión de hecho puede parecer bastante prosaica. Se trataba de la solicitud de un particular en orden a desarrollar en el Catálogo de la Exposición Nacional de Agricultura una sección de avisos, dirigida a darle difusión a las distintas actividades que se desarrollaran en dicho evento. La Comisión encargada de la Exposición le otorgó el permiso que solicitaba, pero con posterioridad se lo revocó. El interesado demandó al Fisco por los perjuicios sufridos en tal oportunidad y la Corte Suprema tuvo presente lo siguiente al momento de no dar lugar a la pretensión del particular:

> "Considerando que el permiso concedido a don Gabriel Cueto para agregar al catálogo de la exposición una sección de avisos no imponía deberes recíprocos a las partes, ni a ninguna de ellas en particular, y no puede estimarse como un contrato, sino meramente como un acto de aquellos por los cuales la autoridad concede una licencia que está siempre en sus facultades el suspender o revocar.
> Considerando que, ya sea que el permiso concedido a don Gabriel Cueto se haya revocado por no haberse publicado el catálogo a expensas de la comisión, según se pensó hacerlo al principio, como se expone en el citado informe de f. 20, ya por otras causas más o menos fundadas, la revocación, cualquiera que sea su irregularidad, no privó al demandante de un derecho perfecto ya adquirido, sino de una facultad que por su carácter y naturaleza quedaba sujeto a ser alterado y derogado por el que los había concedido"[3041].

En síntesis, podía perfectamente revocarse por parte de la Administración un acto que consistía en "una licencia que está siempre en sus facultades el suspender o revocar", y, en tal caso, la revocación era posible porque no afectaba un derecho adquirido —que en la especie era descrito como "un derecho perfecto ya adquirido", lo que apunta claramente al "perfecto derecho" que había aparecido en la sentencia *Guerra* unos años atrás. Así, los permisos, siendo esencialmente precarios, solamente podían dar lugar a *facultades* que podían ser modificadas o revocadas (o "derogadas", según el vocablo escogido por la Corte). Esta decisión de la Alta Jurisdicción es tanto más relevante si se tiene en consideración que la Corte Suprema revocó la sentencia del Juzgado de Letras, que había dado lugar a indemnización, teniendo presente —entre otras consideraciones— que, dado que la comisión había accedido "a la solicitud de Cueto para agregar al Catálogo los avisos mencionados, adquirió el solicitante un derecho que debió respetarse en los acuerdos posteriores sobre publicación de dicho Catálogo".

El Consejo de Estado llegó a una conclusión análoga a la que dispuso la Corte Suprema en *Cueto*, pero focalizándose en el caso de las concesiones y no de los permisos. En una sentencia de 1883 abordó el caso de concesiones de suministro de aguas para la ciudad de Valparaíso, que la municipalidad comienza a revocar con posterioridad. El principio que aparece para las concesiones es exactamente el contrario que el de los permisos: las concesiones engendran derechos adquiridos y, por lo tanto, están limitadas en torno a su revocación. Sin embargo, la revocación es posible en caso de que los actos de concesión sí la prevean y por ello se destaca en la sentencia que, "con excepción de una sola, todas las concesiones hechas a la Empresa de

3041 *Cueto* (1870).

Quebrada Verde, a la Compañía Marítima, y a la Compañía Chilena de Remolcadores, cuyos derechos representa hoy la Compañía reclamante, *tienen la limitación de que en cualquier tiempo que la Intendencia o Municipalidad determine la cesación del permiso, el concesionario queda obligado a retirar sus cañerías, dejando el pavimento a satisfacción de la Inspección de policía, sin derecho a reclamo ni indemnización de ninguna especie*, y sin que el tiempo corrido le diera derecho a exigencia alguna por la concesión que se le hacía"[3042]. Ocasionalmente también la jurisdicción ordinaria abordó el tema de la imposibilidad de revocarse libremente una concesión en otras esferas, como la de los bienes raíces pertenecientes al Estado[3043].

Conviene añadir un par de reflexiones complementarias en torno a esta materia. En primer lugar, que no solo regía en el ámbito municipal la idea de que la revocación es posible solo por un acto de igual naturaleza que el primero —como aparecía en la sentencia *Guerra*—, sino que también en otros ámbitos de la Administración, como el del Presidente de la República, tal como juzgó la Corte Suprema[3044]. Y de la jurisprudencia del Consejo de Estado, quizás conviene destacar un reconocimiento de la importancia de la doctrina de los actos propios en materia de autorizaciones para realizar actividades que de otra manera hubieran sido ilícitas. El caso comprometía el artículo 11 de la Ley de Ferrocarriles de 1862, que disponía que "los que contraviniendo a lo prescrito en los artículos 4°, 5°, 6° y 7° ejecutaren los trabajos, construcciones, plantaciones y demás actos que en dichos artículos se enumeran, sufrirán una multa de cinco a cien pesos, *y serán además obligados a destruir lo hecho y a restablecer el suelo al mismo estado que tenía*"[3045]. La Administración, sin embargo, otorgó una autorización para plantar en un lugar que, en principio, estaba vedado para ello. El Consejo de Estado entendió que "tratándose de una plantación expresamente autorizada, no es aplicable al caso actual el art. 11 de la ley de policía de ferrocarriles, que faculta a los gobernadores para impedir y hacer destruir las plantaciones que se hagan en los terrenos laterales de las líneas en contravención al art. 6° de la misma ley", reconociendo entonces la imposibilidad de revocar la autorización previamente otorgada, y, consecuentemente, de destruir las plantaciones[3046]. Esto, por supuesto, implica un reconocimiento del rol de las dispensas administrativas, aun contra texto expreso de la ley, lo que puede ser discutido; pero, en lo más inmediato, existe un claro reproche a que de la actividad de la Administración pueda engendrarse un daño a un particular por la revocación de un acto que ella misma había emitido. El esclarecimiento completo de este punto y su desarrollo técnico quedarían para etapas posteriores de nuestro derecho administrativo.

3042 *Compañía de Consumidores de Agua de Valparaíso* (1883).

3043 *Fisco con Labes* (1890).

3044 *Pradel* (1874), que alude a los decretos "de carácter interino", con lo que probablemente también se está evocando indirectamente a la limitación de la revocación por distintas circunstancias, no especificadas en la sentencia, pero que apuntarían a decretos "de carácter definitivo", si se permite el paralelo.

3045 Las cursivas son nuestras.

3046 *Gobernador de La Victoria con Corte de Apelaciones de Santiago* (1887).

b. La invalidación

Siendo un modo de declaración de nulidad, en estricto rigor la invalidación no configura un caso de extinción del acto administrativo, sino de constatación por vía administrativa de una inexistencia ya configurada. Con todo, dado que usualmente esta figura es considerada como un mecanismo de extinción de los actos administrativos, será tratada en esta sección.

La figura de la invalidación procedía de etapas previas de nuestro desarrollo institucional, tal como hemos tenido oportunidad de destacar[3047], y el cuerpo normativo que más claramente la recogía era la Ley de Municipalidades de 1854, que siguió rigiendo prácticamente por todo el período que es objeto de las presentes líneas. Cuando su artículo 23 señalaba que "el Gobernador o subdelegado hará la declaración correspondiente" de nulidad, o cuando su artículo 111 disponía que las ordenanzas o reglamentos municipales que excedieran lo estrictamente local eran nulos y que "el Gobernador o subdelegado o el Intendente de la provincia podrán declararlos tales", en ambos casos la normativa apuntaba derechamente a la figura de la invalidación.

En la Ley Municipal de 1887, la figura propuesta por la ley anterior fue modificada sustancialmente. Su artículo 96 dispuso que "cualquier ciudadano podrá reclamar ante la Municipalidad contra sus resoluciones ilegales, que no consulten los intereses locales, o que no sean de su competencia", y que "si la Municipalidad desestimare el reclamo contra sus resoluciones ilegales, podrá acudirse ante el Consejo de Estado para que resuelva". Desaparecía entonces la figura tutelar de la legalidad de los actos municipales que había representado el Intendente, el Gobernador o el subdelegado. Y, a primera vista, también la invalidación desaparecía.

Sin embargo, lo cierto es que solo se había transmutado. La posibilidad de que la Administración declarase ella misma la nulidad de un acto permanecía allí, incólume. El cambio que se había producido era, sencillamente, que la figura de una suerte de recurso jerárquico había cedido en beneficio de una especie de reposición, que se concretaba a través de la aceptación por parte de la Municipalidad de la ilegalidad de su acto.

Hay otro aspecto interesante acerca de la invalidación contenida en este artículo de la ley de 1887, y que no aparece a simple vista, sino que a partir de una perspectiva sistémica. Cuando este cuerpo normativo trató una reclamación de la envergadura de la indemnizatoria por perjuicios ocasionados por las autoridades municipales, se contemplaba el plazo de prescripción de "un año contado desde el día en que tuviere lugar el acto u omisión que se imputaren"[3048]. La prescripción era, por lo tanto, una institución que se estableció cuidadosamente al plantearse la posibilidad de entablar una reclamación. Pues bien, en el caso de la reclamación de ilegalidad del artículo 96, *no se prevé ningún plazo de prescripción*. Tampoco lo hay en las restantes disposiciones del Título X, en donde se halla el referido artículo 96; ni en otra disposición cualquiera de dicha Ley de Municipalidades. Esta omisión apunta claramente al hecho de que la reclamación concerniente a la invalidación de los actos municipales era

---

3047 Bocksang Hola (2015 a), título cuarto, capítulo primero, B.I.a.

3048 Artículo 88.

imprescriptible, lo que, por lo demás, coincide plenamente con la imprescriptibilidad que se derivaba del artículo 160 de la Constitución de 1833.

En síntesis, aunque de manera bastante silenciosa, la invalidación seguía presente en nuestro ordenamiento jurídico. Comparativamente al período anterior, no obstante, sobresale un aspecto en el cual se encuentra una discreta novedad: el tratamiento jurisprudencial de la invalidación. Mientras en el período 1810-1860 nuestros tribunales parecen no haberse enfrentado a cuestiones relevantes en esta materia —o, por lo menos, no hicieron sobresalir la invalidación en sus razonamientos—, del período 1861-1890 parecen provenir las primeras sentencias que la abordaron de modo perceptible. Los vestigios son escasos —y, como se verá, inorgánicos—, pero merecen una mención especial, por tratarse de los antecedentes más remotos en este sentido.

La sentencia más antigua procede de la jurisdicción ordinaria: se trata de una especie de 1866 en que se ventilaba el caso de una herencia que originalmente había sido aceptada por la Municipalidad de Valparaíso; aceptación que posteriormente fue objeto de una rescisión, pero sin cumplirse con las formalidades legales; y que, por ello, fue objeto de un tercer acto, en que la Municipalidad "revocaba" la referida rescisión —es decir, el segundo acto— y declaraba subsistente la aceptación original.

Es crucial para comprender la naturaleza de esta "revocación" tener presente que el acto de rescisión de la aceptación se consideró nulo por una serie de apreciaciones que se conjugaron bajo el prisma del Código Civil:

> "[...] 6° Que el acuerdo de 17 de abril de 1863, por el cual la Municipalidad resolvió rescindir la aceptación de la herencia de Brown, no está comprendido entre las facultades que confiere a la corporación el inciso tercero del art. 28 de la ley de 8 de febrero de 1854, desde que ese artículo habla taxativamente de aceptación o repudiación de herencia, legados, etc., y no de rescisión, que es un acto bien distinto, por cuya razón, y no hallándose reglamentado el caso de rescisión en la ley especial citada, debe ocurrirse a la fuente común que es el Código Civil;
> 7° Que según el art. 1234 del Código, una vez aceptada la herencia con los requisitos legales, no puede rescindirse la aceptación sino en los casos previstos por la misma ley, y no está comprobado en autos el de lesión que alega doña Elisa en sus escritos, pues la Municipalidad se limitó en el citado acuerdo de 17 de abril a consignar simplemente una determinación sin expresar la causa;
> 8° Que según el art. 70 de la ley de 8 de noviembre de 1854, las municipalidades no pueden dispensarse del cumplimiento de obligaciones contraídas en su favor sino por graves consideraciones de equidad y mediante ciertos requisitos previos, entre los que figura la autorización del Presidente de la República, y no hay constancia de que hasta la fecha se haya cumplido con esa formalidad, sin embargo, de obrar los antecedentes del acuerdo rescisorio en poder del Supremo Gobierno;
> 9° Que esa autorización es tanto más necesaria en el presente caso cuanto que el Gobierno intervino directamente en todo lo concerniente a la aceptación del legado hasta proponer y obtener del Congreso una ley con el objeto de llevar a efecto la disposición testamentaria de Brown;
> 10° Que el acuerdo rescisorio importa una especie de donación, desde que no es otra cosa que la liberación de una deuda que pesa sobre la testamentaria de Brown para con un establecimiento que la ley coloca bajo la custodia del municipio, donación que la Municipalidad

no ha podido hacer como encargada del fomento de instituciones piadosas, ni mucho menos tomando en consideración la cuantía de los bienes renunciados"[3049].

Y, en definitiva, en la sentencia se entendió "que el citado acuerdo de 17 de abril de 1863 ha sido revocado posteriormente con fecha 13 de abril del presente año por la misma corporación que lo celebró", sin manifestarse ningún reparo a la "revocación", es decir, la invalidación por causa de ilegalidad, dado que "si la Municipalidad tuvo facultades para celebrar ese primer acuerdo, con las mismas ha podido revocarlo por otra posterior". Esta última aseveración es importante, porque tiende a reconocer una suerte de prerrogativa general de invalidación a la autoridad que hubiese emitido el acto invalidado. Si alguna duda hubiese quedado en torno a la naturaleza de la llamada "revocación", ella se disiparía en lo dispositivo de la sentencia, que expresaba que "con arreglo a lo dispuesto en la ley 1ª tít. 14 part. 3ª, art. 28 inciso tercero y art. 70 de la ley de 8 de noviembre de 1854, y art. 1234 del Código Civil, *se declara de ningún valor el acuerdo* que con fecha 17 de abril de 1863 celebró la Ilustre Municipalidad de Valparaíso, rescindiendo la aceptación del legado"[3050]. Se trataba inequívocamente de una cuestión de legalidad, no de oportunidad o conveniencia.

Al año siguiente, bajo el vocablo "derogación", la Corte de Apelaciones de Concepción pronunció una sentencia con un dispositivo anómalo que contemplaba una invalidación. Se trataba de una especie sobre tributos ilegalmente cobrados, frente a lo cual se ordenó por el tribunal reclamarse "de quien corresponda la derogación de las autorizaciones que han dado origen a las exacciones de que se ha hecho mérito"[3051].

También el Consejo de Estado tuvo oportunidad de referirse a la potestad invalidatoria. En resumidas cuentas, lo que proclamó fue su legitimidad general, a través de una frase elocuentemente sintética: "[...] *el hecho de anular un funcionario administrativo una disposición que por error u otros motivos ha dictado en contravención a la ley no importa usurpación de atribuciones*"[3052]. Así, esta falta de "usurpación de atribuciones" apunta al hecho de que la declaración de nulidad no es de exclusivo resorte jurisdiccional, sino que también la autoridad administrativa correspondiente es competente para hacerlo. Por ello, de esta sentencia de fines del período ya se desprende una integración estructural al ordenamiento jurídico de la invalidación, de un modo más inequívoco y abstracto que la sentencia antes referida de la jurisdicción ordinaria.

3049 *Municipalidad de Valparaíso con Brown* (1866).

3050 Las cursivas son nuestras.

3051 *Monti* (1867).

3052 *Gobernador de Maipo* (1885 b). En la parte expositiva de la sentencia se expresaba que "con posterioridad a su primera solicitud, el ocurrente presentó otra al Consejo, *en la que acusa al mismo gobernador de haber usurpado las atribuciones del Poder Judicial*, al dejar sin efecto los nombramientos de jueces de distrito de la subdelegación de Viluco, tan pronto como se impuso de la presente reclamación".

c. La derogación

La derogación, como puede suponerse, halló aplicación en Chile desde antes del Código Civil, tanto respecto de normas indianas[3053] como patrias[3054]. Dicho Código Civil contempló un tratamiento explícito de la derogación, aunque circunscrito al caso específico de la derogación de las leyes. El artículo 52 señaló y definió las categorías de la derogación expresa y la derogación tácita, e indicó las de la derogación total y la derogación parcial; mientras que el artículo 53 planteó los efectos de la derogación tácita sobre las leyes anteriores.

Por el contrario, respecto de la derogación de otros tipos de actos, el Código no contempló ninguna disposición similar. Ello no debe mover a suponer que la derogación se hallase circunscrita exclusivamente a la relación entre leyes anteriores y posteriores. Ya en el período 1810-1860 estaba claro que, bajo la óptica de la división moderna de funciones estatales, los actos administrativos podían derogar y podían ser derogados[3055]; y, como es de esperarse, esta visión fue trasegada al período 1861-1890. El aporte de esta época no fue, por lo tanto, la introducción de esta figura, sino su sistematización y profundización bajo la arquitectura normativa de la época.

Nuestra jurisprudencia, ante todo, reconoció la posibilidad de derogación de actos administrativos por leyes posteriores:

> "8° Que, refiriéndose todo lo expuesto en los considerandos anteriores a la contribución denominada de abastos, que es una de las en que se funda la demanda y la cual la Municipalidad la cobra sin fundarse en otra cosa que en las dos resoluciones ya indicadas; respecto de las carnes muertas, que es la otra por la cual también se demanda, debe tenerse además presente que, *aunque es efectivo que el 12 de marzo de 1866 el Presidente de la República sancionó una ordenanza estableciendo ese impuesto en Vallenar, esa ordenanza, que se refiere a la ley de 24 de julio de 1834, quedó derogada por la ley de 26 de noviembre de 1873*, la que, estableciendo el impuesto de carnes muertas, derogó en su artículo final las leyes y decretos en virtud de los cuales se han estado cobrando los derechos de matadero, carnes muertas y peletería"[3056].

Esto sería reiterado en otra jurisprudencia de la época[3057], y aparecía también a través de la entrada en vigor de la codificación, tal como lo planteaba el Código Penal, cuyo artículo final derogó no solo las leyes, sino también las "demás disposiciones preexistentes sobre todas las materias que en él se tratan"[3058]. Es el sentido en que debiera también interpretarse el artículo final del Código Civil, pues, al referirse a la derogación de las "leyes preexistentes sobre todas las materias que en él se tratan", sin duda no reservaba la subsistencia de los actos administrativos preexistentes sobre todas las materias que en él se tratan.

3053 V. gr., *Municipalidad de Linares con Municipalidad de Cauquenes* (1837).
3054 V. gr., *Cuerpo de ingenieros civiles* (1850).
3055 V. gr., *Puelma* (1856).
3056 *Díaz y otros* (1885). Las cursivas son nuestras.
3057 *Jiménez* (1890).
3058 *Encina* (1885).

Esto se ve corroborado por el reconocimiento del principio contrario: un acto administrativo no podía derogar o modificar una disposición dotada de jerarquía legislativa[3059], aun cuando el acto administrativo fuese un decreto supremo[3060], y ni siquiera si tuviese naturaleza reglamentaria[3061]. Y, por lo tanto, una ley derogada por otra ley posterior no podía revivir por la acción de un acto administrativo posterior a ambas[3062].

Consta, además, que la figura de la derogación tácita se analizó en la relación entre un acto administrativo anterior y una ley posterior, apoyándose en el criterio fundamental de la conciliabilidad o inconciliabilidad de las respectivas disposiciones[3063].

Respecto de la derogación de disposiciones administrativas entre sí, de la jurisprudencia de la época aparece también tal posibilidad. Más allá de la figura —más esperable— de la derogación de un acto por otro de la misma naturaleza, la jurisprudencia advirtió que también podía darse una derogación de actos administrativos por otros de distinta naturaleza. En una oportunidad, al Consejo de Estado le correspondió examinar la relación entre un decreto supremo y un decreto de intendencia, entendiendo que el primero podía derogar al segundo[3064]. Si bien en la sentencia no se expresa si la derogación se sustentaba sobre un criterio de una genuina jerarquía normativa, derivada de la jerarquía orgánica entre el Presidente y el Intendente, o sobre el de una mera posterioridad del decreto supremo, es presumible que ambos factores hayan sido tenidos en vista para dicha solución. También en la jurisdicción ordinaria se planteó el problema, pero sin efectuar un análisis detallado de fuentes que permita dotar de total claridad a la reflexión de los tribunales, como en el caso de una circular que se confrontaba a un reglamento[3065].

Por último, es interesante destacar el criterio, reconocido por la jurisprudencia, de que la falta de aplicación de un determinado acto administrativo no implicaba su derogación[3066]. Este no se fundaba en ninguna norma expresa del período patrio, aunque sí podía desprenderse *a contrario* de las disposiciones sobre derogación del Código Civil. Quizás el antecedente normativo más próximo se hallaba en la Novísima Recopilación, cuya ley 11, título II, Libro III disponía que "todas las leyes del Reyno, que expresamente no se hallan derogadas por otras posteriores, se deben observar literalmente, *sin que pueda admitirse la excusa de decir que no están en uso*, pues así lo ordenaron los Señores Reyes Católicos y sus sucesores en repetidas leyes, y yo lo tengo mandado en diferentes ocasiones".

3059 *Romero Roa* (1885).

3060 *Irarrázabal* (1878).

3061 *Allendes* (1890).

3062 *Compañía Explotadora de Lota y Coronel* (1879).

3063 *Zambrano* (1890): "Considerando: 1° Que la ley de 20 de enero de 1883, que organizó las oficinas de tesorería y de contabilidad, no derogó expresamente el art. 38 del Reglamento de giros postales de 3 de setiembre de 1887 y el art. 11 de la Ordenanza General de Correos, *ni tampoco tácitamente, por cuanto, teniendo por único objeto aquella ley organizar las tesorerías fiscales, no puede ser contraria o derogatoria de las disposiciones que se refieren a un servicio diverso, como es el de correos* [...]". Las cursivas son nuestras.

3064 *Intendente de Llanquihue* (1885 b).

3065 *Recabarren* (1888).

3066 *Salvo* (1872).

La aplicación del criterio es, por ende, tanto más llamativa cuanto se tenga en consideración la incompatibilidad de la norma sobre derogación de la Novísima Recopilación con la que contenía el Código Civil. La invocación silenciosa del criterio concerniente a la falta de uso, sin siquiera desprenderla de algún modo a partir del referido Código, da testimonio de que el derecho indiano seguía modelando nuestras instituciones incluso en áreas regladas por las leyes patrias; y que, sin la perspectiva del derecho indiano, estas figuras no regidas por las leyes patrias podrían aparecer erróneamente como innovaciones derivadas de la deducción de principios generales[3067].

3067 Como puede imaginarse, esta norma referida al desuso era conocida entre nuestros juristas del siglo XIX: por ejemplo, se la invocaba expresamente en la vista fiscal de una sentencia pronunciada en 1844 (JVALP 892 pieza 1, f. 69).

CAPÍTULO SEGUNDO
LOS CONTRATOS ADMINISTRATIVOS

El crecimiento de la Administración propició un muy importante desarrollo de la actividad contractual. Si este ya había sido relevante en la época 1810-1860, su incidencia y su complejidad creció durante los años que son objeto de la presente obra. Como es de imaginarse, ello significó un incremento correlativo de la actividad jurisdiccional en relación con contiendas contractuales en que la Administración era una de sus partes[3068], y que, desgraciadamente, fue casi totalmente ignorada por la doctrina posterior[3069].

Una primera aproximación sinóptica sobre esta importante materia requerirá, por una parte, explorar la visión dogmática general que el derecho de la época podía proyectar sobre los contratos administrativos (A), y, por otra, escrutar las líneas de desarrollo de la responsabilidad contractual en aquellos casos en que el incumplimiento de lo pactado engendrase un daño a alguna de las partes (B).

A. LA CONFIGURACIÓN CONTRACTUAL

La entrada en vigor del Código Civil, y el desarrollo de los complementos a través de leyes y reglamentaciones correspondientes a esta materia, perfiló los contornos de los contratos en general y, especialmente, los de los contratos administrativos. Ello se logró concretar a través de una labor abundante de la jurisprudencia, consiguiéndose logros espléndidos que responden bien a las prioridades que sobre esta área parecían ser aconsejables.

Primeramente, y siguiendo el espíritu del Código Civil, nuestro derecho administrativo combinó los aspectos de continuidad y renovación, haciendo que los elementos centrales en esta materia pudieran adquirir un profundo relieve dogmático y un indispensable realismo práctico adaptado a las necesidades de la época (I). Y, segundamente, la labor de nuestros juristas hizo posible que el aspecto de la legalidad —compuesto, a pesar de su simplicidad, en realidad por un binomio— pudiera desarrollarse a través de cauces que terminaron favoreciendo tanto la acción administrativa como la protección de los particulares (II).

3068 Moraga Klenner (2009), pp. 383-391.

3069 Moraga Klenner (2009), pp. 391-392.

I. La renovada continuidad

El tratamiento de los contratos que introdujo el Código Civil no significó una ruptura con los elementos centrales que se habían desplegado durante la larga aplicación de la legislación castellano-indiana. En su lugar, lo que se advierte es una triple renovación de elementos cuyas raíces se habían desarrollado en épocas anteriores y que abarcaba la unidad conceptual (a), el sustento normativo (b) y la interpretación de los contratos (c).

a. La renovación de la unidad conceptual

Bajo la influencia del *Code Civil des français*, de Pothier y de Delvincourt[3070], el artículo 1438 de nuestro Código Civil ofreció una noción moderna de contrato ("*contrato* o *convención* es un acto por el cual una parte se obliga para con otra a dar, hacer, o no hacer alguna cosa") que no parece haber modificado significativamente la operatividad de este tipo de negocios en nuestro derecho. En particular, la huella de esta disposición del Código sobre nuestro derecho administrativo parece haber sido muy marginal, pues en jurisprudencia casi no constan aplicaciones suyas durante estos años —a nuestro conocimiento, solo fueron dos—, y las existentes probablemente se hubieran resuelto en el mismo sentido aun prescindiendo del referido artículo. En efecto, si en una de estas especies la invocación solo parece haber ofrecido un sustento general para una noción de obligación que presentase consecuencias a su infracción[3071], en la otra —de un modo que puede parecer sorprendente a nuestros ojos, pero que es totalmente consistente con el sentido práctico de la época— se le invocó para quitarle relevancia a la categorización o no de un acto como contrato, en el entendido de que, cualquiera fuera su forma o denominación, igualmente hubiera engendrado una obligación para el Estado[3072].

Esta constatación es interesante, porque es una de las muchas manifestaciones del espíritu de continuidad con el antiguo derecho con que, en la medida de lo posible, los juristas abordaron la codificación. En este sentido, con mucha razón se han destacado los ligámenes que unían a muchas de las disposiciones del Código Civil con el antiguo derecho castellano-indiano; pero menos se ha reparado en la morigeración por vía jurisprudencial de los cambios que fueron introducidos por la codificación. En la materia contractual en análisis, esto colaboró a que se consolidara una *renovación* de su unidad conceptual[3073].

En efecto, si bien era esperable —y de total continuidad— que nuestros organismos jurisdiccionales siguieran entendiendo que los contratos administrativos eran actos que engendran

---

3070 Corral Talciani (2002), esp. p. 81.

3071 *Cueto* (1870).

3072 *García Quintana* (1888): "[...] que el documento de f. 1 (llámese decreto, acto o como se quiera), envuelve una convención por la cual el Supremo Gobierno se obligó para con el doctor García Quintana a darle por un año la subvención de tres mil quinientos pesos entregables por trimestres vencidos, bajo ciertas condiciones que se detallan en el citado documento".

3073 Esto, sin perjuicio de la ocasional sobrevivencia de soluciones jurídicas eventualmente improcedentes a la luz de las nuevas normas. Es el caso de las controversias sobre el hecho generador de la alcabala y la controversia entre la escritura pública y la inscripción en el registro conservatorio: ver Bocksang Hola (2017), esp. pp. 741-743.

derechos y obligaciones recíprocos[3074], otras evoluciones eran compatibles con la doctrina tradicional, pero formuladas de un modo que hace presumir un influjo de las nuevas ideas. Atiéndase al siguiente ejemplo:

> "[...] Chile ha entrado en pleno goce para usar y disponer, con entera libertad y sin restricción alguna, no solo de la propiedad de las cosas corporales, como bienes muebles e inmuebles, sino de las incorporales, *como créditos, contratos y obligaciones*"[3075].

Como bien es sabido, el artículo 576 del Código Civil —y, más ampliamente, el párrafo 2° que lo contiene— abordó el tema de las *cosas incorporales*, señalando el referido artículo que "las cosas incorporales son derechos reales o personales". Bello parece haber tomado esta conceptualización de Delvincourt[3076], pero ambos parecen restringirse a los *derechos* como cosas incorporales, y no a los *contratos* —o actos en general— como cosas incorporales. La introducción de la palabra "contratos" por parte de la sentencia recién citada muestra cómo la categoría de las cosas incorporales había permeado a nuestro régimen jurídico al punto de hacerse extensible a un objeto relacionado, pero totalmente diferente de los expresamente señalados por la ley. ¿Era ello improcedente? Lo cierto es que, en el fondo, no lo era. El Código Civil había ofrecido un instrumento que los juristas podían aprovechar en su sentido propio —el que fue previsto por el artículo 576—, pero que también abrió un paisaje conceptual que no tardarían en advertir.

En el fondo, la pregunta que subyace a la aseveración de la sentencia era la de si un contrato era una cosa corporal o incorporal. Si hubiera sido una cosa corporal, ello arrastraba a identificarlo con el documento en que constase el contrato. Sin embargo, por muchas razones ello no solo resultaba incómodo, sino erróneo. Los contratos consensuales no requerían de la existencia de un documento escrito[3077] y, en estricto rigor, la destrucción o desaparición de la respectiva escritura no era causal de extinción de los contratos que requerían la formalidad de la escrituración —aunque, por cierto, tales ocurrencias pudiesen engendrar problemas gravísimos en caso de requerirse el documento con posterioridad para todo tipo de efectos, partiendo por los probatorios. No identificándose el acto con el instrumento, y abiertas las compuertas de las "cosas incorporales", no es sorprendente que nuestros juristas terminaran asociando a los contratos con esta nueva categoría, aun cuando no se los mencionase explícitamente en el artículo 576 del Código Civil.

3074 *Díaz* (1862): "los derechos y obligaciones recíprocos entre don Manuel Díaz y el Fisco nacen del contrato celebrado por escritura pública en 17 de diciembre de 1849".

3075 *Neves* (1880). Las cursivas son nuestras.

3076 Barrientos Grandon (2016), I, p. 757.

3077 Algunos contratos formulados solo verbalmente originaron controversias jurídicas muy interesantes. Así, en *Severino y otros* (1887) se examinaba la promesa del general Maturana durante la Guerra del Pacífico de pagarle a unos arrieros una suma de dinero si salvaban la línea de fuego y daban municiones a las tropas, dándose finalmente por acreditada la existencia de la obligación; y en *Jones* (1889), la existencia de un contrato verbal dio lugar a una discusión acerca de la naturaleza del vínculo laboral prestado por un trabajador a la Empresa del Ferrocarril.

La configuración ontológica de los contratos permitía, por lo demás, diferenciar un contrato de un mero proyecto de contrato, tal como aparece del siguiente extracto de una sentencia de mediados del período:

> "[...] no estando las partes de acuerdo respecto de las condiciones del contrato de venta, no habiéndose otorgado escritura pública de dicho contrato; y no existiendo por consiguiente derechos y obligaciones entre las partes, sobre los cuales pueda recaer una decisión judicial, según lo dispuesto en el art. 1801 del Código Civil, se suspenden los efectos de la sentencia apelada de 22 de junio último, corriente a f. 16 vta., quedando las partes en libertad para arreglar su proyectado contrato en la forma que juzguen conveniente"[3078].

Resulta notable que no solo haya faltado la solemnidad de la escritura pública, sino que ella hubiera sido en realidad impracticable como consecuencia de que no existía genuino acuerdo respecto del objeto del contrato. Como puede imaginarse, al estimarse que la falta de contrato implicaba la inexistencia de derechos y obligaciones entre las partes, lo expresado en esta sentencia se vincula directamente con la nulidad contractual[3079].

Como resulta de toda lógica, para que un contrato fuese administrativo, se requería su celebración por parte del representante legal de la persona jurídica correspondiente del Estado. Por ello, en una especie se entendió que, si otra persona lo hubiera celebrado en supuesta representación del Estado, el celebrante particular se obligaba personalmente[3080].

Por último, el contrato administrativo implicaba una compatibilidad de los intereses de los contratantes, es decir, del Estado, a través de la persona jurídica de que se tratara y del particular, en los casos de contratos propiamente tales; o de las dos personas jurídicas estatales, en los casos de los que hoy —no entonces— son calificados como *convenios administrativos*[3081]. Por supuesto, la finalidad específica perseguida por los particulares podía variar de caso a caso; pero en la actividad de la Administración se requería una unidad de perspectiva que justificara la técnica contractual en orden a la finalidad del Estado y, en todo caso, mientras tal finalidad se persiguiera dentro del marco de competencias del órgano respectivo, y no fuera de él[3082].

Así, por ejemplo, en una oportunidad la jurisdicción ordinaria expresó que era "de interés general" el cumplimiento del propósito del cocontratante[3083]; mientras que el Consejo de Estado, en una cuestión por cumplimiento de contrato, el pago de sumas eventualmente adeudadas por el Fisco dependió de un criterio basal: que las obras de que se trataba "han cedido en beneficio público"[3084]. Podrá discutirse si el "interés general" o el "beneficio públi-

3078 *González Morán* (1872).

3079 Véase *infra*, en este capítulo, A.II.b.2.

3080 *Zamudio* (1871), respecto de un contrato de suministro. Pero podía haber zonas grises: en *Maluenda* (1872) se juzgó que un ingeniero del cuerpo de ingenieros civiles podía ordenar obras a favor del Fisco, aun sin autorización del superior, pero para que el Fisco quedara obligado la obra debía ejecutarse en favor del Fisco y haber una orden de pago.

3081 *V. gr.*, *Municipalidad de Caldera con Municipalidad de Copiapó* (1875), con un convenio para la extracción y exportación de cobre.

3082 *V. gr.*, *Compañía de Navegación por Vapor en el Pacífico* (1873) y *Silva* (1888).

3083 *De la Cerda* (1876), respecto de una donación.

3084 *García Aguilera y otros* (1865).

co" son los conceptos que más fielmente pueden representar la visión larga que justifique la acción administrativa, pero resulta fuera de controversia que la finalidad en la contratación administrativa consolidaba el régimen de su unidad conceptual.

b. La renovación del sustento normativo

En términos generales, puede señalarse que el repertorio contractual del período 1861-1890 siguió siendo muy similar al del primer período patrio. Aunque la entrada en vigor del Código Civil no rigidizó las figuras contractuales disponibles, sino que dejó abierta la posibilidad de estipularse las cláusulas que las partes vieren convenir, lo cierto es que la aproximación de la Administración a las técnicas contractuales giró normalmente en torno a categorías más o menos bien asentadas.

Con todo, esto no significó una petrificación, y no lo significó doblemente. Por una parte, porque la calificación típica del contrato no superaba en importancia a la preeminencia de la realidad de sus cláusulas[3085]. Por otra parte, porque los contratos no se restringían a los que respondieran a ciertos casos típicos. Así, entre otros, están los casos del contrato entre el Fisco y el Banco Nacional de Chile en Santiago para encargarle a este la venta de bonos de deuda interior y de su servicio bancario sin comisión[3086], del convenio entre Perú y Chile en miras de arreglar la deuda externa peruana[3087], del contrato suscrito entre la Universidad de Chile y la Sociedad Nacional de Agricultura para la formación y mantención de un jardín botánico en la Quinta Normal[3088], y de contratos aún más inusuales que dan cuenta de un margen de maniobra más o menos importante en materia empresarial del Estado[3089].

Sin embargo, las figuras contractuales más usuales siguieron teniendo una presencia dominante. Sin excepción, todas tuvieron sustentos normativos renovados, tratárase del Código Civil o de otras leyes que especialmente las rigieran.

En la categoría de los contratos de suministro y compras públicas, el Código Civil se aplicó principalmente en cuanto a las reglas generales de contratos y obligaciones[3090]. Varias disposiciones reglamentarias sectoriales abordaban estos contratos en áreas específicas, como

---

3085 V. gr., *Urmeneta y compartes* (1873): "[...] cualquiera que sea la calificación que deba darse al contrato celebrado entre los demandantes y la Ilustre Municipalidad de Santiago [...]".

3086 Contrato de 15 de mayo de 1876, en Lira Argomedo (1879), IV, p. 391.

3087 Ley de 12 de marzo de 1890, BLDG, LIX, p. 178.

3088 Decreto Supremo de 21 de julio de 1871, BLDG, XXXIX, p. 274: "La Sociedad Nacional de Agricultura se obliga a formar y sostener en la quinta de la Sociedad un jardín botánico de media cuadra de extensión, en el cual se cultivarán y mantendrán las plantas que designe el profesor de historia natural y botánica de la Universidad" (cláusula 1ª). "Como compensación de los gastos que demandan las obligaciones que contrae la Sociedad, el Consejo de la Universidad se obliga a pagar a esta la suma de seiscientos pesos anuales por trimestres vencidos, valor en que se calculan los gastos que origine este jardín" (cláusula 7ª).

3089 *V. gr.*, *Quiroga* (1889), en que consta un contrato en que el particular debía hacerse cargo de mantener un cierro, la Empresa de mantener un desvío de carga hacia la hacienda del particular y el particular debía costear los gastos de mantener un cuidador que atendiera el cambio ferroviario.

3090 *V. gr.*, *Badillo* (1861), *Monat y Borrowman* (1862), *Núñez* (1880) y *Betteley* (1881). En algunas especies importantes, como *Ovalle* (1869 b), del Consejo de Estado, probablemente no se invocó el Código Civil por datar el contrato de 1849, antes de su entrada en vigencia.

el reglamento de suministro de especies estancadas a los depósitos[3091], el reglamento para la provisión de víveres y artículos navales para la Armada[3092], y el reglamento para la provisión de víveres a los cuerpos del Ejército[3093]. Los suministros abarcaron las áreas tradicionales, pero también algunas bastante más insospechadas, como el caso en que el Gobierno de Chile encomendó "la provisión completa de aparatos de alumbrado, torres y candelabros para iluminar las costas de Chile desde el Cabo de Hornos hasta Taltal, reservándose la facultad de extenderla hasta Arica"[3094], y en materia legislativa la alta sensibilidad de esta materia llegó al punto de autorizar por ley al Presidente de la República a pagar ciertos suministros a un tipo de cambio determinado[3095]. Sin sorpresas, la técnica licitatoria se contuvo en distintos cuerpos normativos, como en la Ordenanza del Estanco, respecto del procedimiento de compra de especies estancadas[3096], la Ley General de Ferrocarriles del Estado, respecto de "la compra de útiles o materiales o artículos de consumo, de cualquier clase que sean"[3097], y el reglamento para la provisión de artículos navales y de víveres frescos y secos destinados al consumo de la Armada nacional, que conforma uno de los casos de tratamiento más completo en esta materia[3098].

Por su parte, el contrato de construcción de obra pública se sujetó esencialmente a las reglas del Código Civil sobre los contratos de arrendamiento para la confección de una obra material[3099], a más de las disposiciones generales sobre obligaciones y contratos[3100]. Pero la normativa concerniente a este tipo de contrato fue abundante. En una línea similar al Reglamento para la ejecución de obras públicas de 1857[3101], a inicios del gobierno del presidente Pérez se expidió un decreto supremo sobre obras fiscales dependientes del Ministerio

3091 Decreto Supremo de 20 de mayo de 1862, BLDG, XXX, p. 99.

3092 Decreto Supremo de 16 de octubre de 1890, BLDG, LIX, p. 939.

3093 Decreto Supremo de 20 de noviembre de 1890, BLDG, LIX, p. 976.

3094 Decreto Supremo de 29 de mayo de 1890, BLDG, LIX, p. 357.

3095 Ley de 10 de septiembre de 1887, BLDG, LVI, p. 1499.

3096 Decreto Supremo de 7 de septiembre de 1861, BLDG, XXIX, p. 300. Vale la pena detenerse en la descripción de su régimen. El artículo 41 establecía que "la compra de especies estancadas se hará pidiéndose propuestas por la Factoría General, para lo que, con la anticipación conveniente, se publicarán avisos en los diarios expresándose todas las bases del contrato, y el día, hora y lugar en que hayan de abrirse las propuestas". Por su parte, el artículo 42 prescribía que "el día y hora designados se abrirán las propuestas a presencia de los interesados, si hubieren concurrido, y se remitirán con informe del Factor al Ministerio de Hacienda para que se acepte la que más convenga. El Gobierno podrá desechar todas las propuestas y ordenar que se pidan nuevamente en la forma prevenida en el artículo anterior". El artículo 43 añadía que "ajustado el contrato, el Factor General nombrará tres peritos para que reconozcan las especies contratadas, y si del examen resulta que las que se presentan para la entrega son de la clase y calidad convenidas, se tendrán por aprobadas, a menos que sea contraria la opinión del Factor, que en este caso será definitiva", mientras que el artículo 44 disponía que "siendo el fallo de los peritos desaprobatorio de las especies, se tendrán por desechadas".

3097 Ley de 4 de enero de 1884, BLDG, LIII, p. 5, art. 55.

3098 Decreto Supremo de 18 de enero de 1884, BLDG, LII, p. 202.

3099 *Síndico de Pagenstecher* (1864), *Pellé* (1867), *Municipalidad de los Ángeles con Testamentaria de Larenas* (1872), *Municipalidad de Osorno con Testamentaria de García* (1878), *Mayers y Hillman* (1885), *Gómez* (1886), *Videla* (1889) y *Moreno* (1889).

3100 *Fisco con Reyes* (1874), *Cordero Velasco* (1884), *Slater* (1889). En el Consejo de Estado, *Varin* (1869).

3101 BLDG, XXV, p. 436, art. 1° n° 2.

de Hacienda que da cuenta de la seriedad con que se enfrentaba la materia en dicha época, estableciéndose un proceso de licitación pública[3102], fijándose el criterio de adjudicar el contrato a "la propuesta que se considere más ventajosa" y disponiendo que "en toda contrata deberá estipularse la responsabilidad del contratista por los daños o deterioros que la obra sufra durante los seis meses subsiguientes a su entrega, siempre que provengan de defectos de construcción o de la mala calidad de los materiales empleados"[3103]. Asimismo, por decreto supremo se dispuso que "toda oficina que entregue fondos en virtud de orden del Gobierno para la ejecución de obras y trabajos públicos exigirá que la persona que los recibió rinda con oportunidad cuenta instruida y documentada del gasto hecho, y pasará dicha cuenta a la Contaduría Mayor"[3104]. Se fijó también un procedimiento muy detallado para la construcción de templos y edificios para seminarios[3105], y se estableció la necesidad de que en todo edificio público en construcción existiese "un inspector permanente encargado de velar por que los trabajos se ejecuten con arreglo a los planos y especificaciones correspondientes", señalándose sus requisitos, obligaciones y otros aspectos[3106]. Además, a fines del período entraron en vigor decretos sobre pagos efectuados por los intendentes a contratistas de edificios públicos, derivados de autorizaciones especiales[3107], y sobre las obras o trabajos que debían ejecutarse en los ramos dependientes del Ministerio de Industria y Obras Públicas[3108] y del Ministerio del Interior[3109], en una línea similar al que se había expedido para el Ministerio de Hacienda en 1861. También, en la materia específica de caminos, existió un reglamento para su apertura y reparación, que establecía su procedimiento y formalidades[3110], un reglamento para la inversión de fondos fiscales destinados a reparación de caminos[3111], y un decreto supremo con disposiciones contractuales relativas a caminos[3112]. Las normas referidas a licitaciones conducentes a la construcción de obras públicas fueron numerosas: por no poner más que algunos ejemplos, versaron sobre la construcción de un muelle en Valparaíso[3113], de los almacenes de depósito y obras anexas de Valparaíso[3114], de puentes sobre los ríos Aconcagua, Maipo

3102 Salvo que el monto no excediera de quinientos pesos, caso en el cual se podían celebrar "contratos especiales", y dejándose también a salvo los casos en que "el Gobierno por razones de conveniencia pública encomendase directamente cualquiera de los trabajos a que se refiere este decreto a personas determinadas" (art. 2°).

3103 Decreto Supremo de 15 de octubre de 1861, BLDG, XXIX, p. 398.

3104 Decreto Supremo de 20 de marzo de 1877, BLDG, XLV, p. 156.

3105 Decreto Supremo de 21 de enero de 1882, BLDG, L, p. 47.

3106 Decreto Supremo de 25 de noviembre de 1887, BLDG, LVI, p. 1807. Por Decreto Supremo de 15 de septiembre de 1888, BLDG, LVII, p. 1356, se establecieron las atribuciones de los ingenieros para las obras de canalización del río Mapocho.

3107 Decreto Supremo de 25 de enero de 1889, BLDG, LVIII, p. 129.

3108 Decreto Supremo de 17 de noviembre de 1888, BLDG, LVII, p. 1735.

3109 Decreto Supremo de 30 de junio de 1890, BLDG, LIX, p. 372.

3110 Decreto Supremo de 23 de diciembre de 1871, BLDG, XXXIX, p. 484.

3111 Decreto Supremo de 7 de mayo de 1878, BLDG, XLVI, p. 116. Según Lira Argomedo (1879), I, p. 239, este reglamento derogó tácitamente el Reglamento para la Ejecución de Obras Públicas de 1857.

3112 Decreto Supremo de 30 de marzo de 1889, BLDG, XLVIII, p. 221.

3113 Ley de 11 de enero de 1872, BLDG, XL, p. 84.

3114 Ley de 24 de diciembre de 1872, BLDG, XL, p. 1128.

e Itata[3115], de escuelas primarias[3116], de un canal en la barra del río Maule[3117], del Observatorio Astronómico de Santiago[3118] y de la superestructura del puente ferroviario del Maule[3119], a más de tratar sobre la remodelación del antiguo edificio del Congreso para pasar a albergar a la Biblioteca Nacional[3120]. Y, en fin, deben considerarse todos los casos de extensión ferroviaria que se rigieron por la figura del contrato de construcción de obra pública: por ejemplo, los ferrocarriles entre Santiago y Quillota[3121]; entre Chillán, Concepción y Talcahuano[3122]; el del Crucero de la Palmilla[3123]; entre Rengo y Peumo, entre Coigüe y Mulchén, entre Angol y Traiguén, y entre Renaico y Fuerte Victoria[3124]; y entre Victoria, Osorno y Valdivia, entre Coihue y Mulchén, entre Tomé y un punto de la línea central, entre Talca y Constitución, entre Palmilla y Alcones, entre Pelequén y Peumo, entre Santiago y Melipilla, entre La Calera, La Ligua y Cabildo, entre Salamanca, Illapel y los Vilos, entre Vallenar y Huasco, entre Ovalle y San Marcos, y entre Santiago y Barnechea o el Peñón[3125].

La concesión de obra pública también tuvo relevancia en estos años, aplicándose el Código Civil en relación con las normas generales de las obligaciones[3126]. Esta técnica apuntó principalmente a la construcción de vías[3127]. En algunos casos, camineras, como en la concesión para la construcción de un camino entre el departamento de Elqui y Argentina, con derecho a peaje, previéndose una fase de construcción de doce meses y una de explotación por ocho años[3128]; en la concesión a doce años para la construcción de un camino entre Vallenar y la cordillera de los Andes[3129]; y la construcción del camino carretero de las Condes, con concesión y peaje por veinte años a favor de la *Sociedad del Camino de Las Condes*, y pudiendo el Estado adquirir posteriormente el camino[3130]. Pero, sobre todo, versó sobre la expansión de las vías férreas,

3115 Ley de 20 de enero de 1883, BLDG, LII, p. 14.
3116 Ley de 11 de octubre de 1883, BLDG, LII, p. 930.
3117 Decreto Supremo de 16 de noviembre de 1876, BLDG, XLIV, p. 421.
3118 Decreto Supremo de 20 de enero de 1882, BLDG, L, p. 44.
3119 Decreto Supremo de 17 de febrero de 1883, BLDG, LII, p. 149.
3120 Decreto Supremo de 20 de enero de 1882, BLDG, L, p. 45.
3121 Ley de 14 de septiembre de 1861, BLDG, XXIX, p. 246; el contrato en BLDG, XXIX, p. 435.
3122 Decreto Supremo de 28 de mayo de 1869, BLDG, XXXVII, p. 120.
3123 Ley de 15 de enero de 1870, BLDG, XXXVIII, p. 8.
3124 Ley de 20 de enero de 1883, BLDG, LII, p. 14.
3125 Ley de 20 de enero de 1888, BLDG, LVII, p. 283.
3126 *Municipalidad de Chillán con Zañartu* (1871) y *Fernández Puelma* (1872).
3127 En algunos casos podían hallarse contratos con otros objetos, como el que se preveía en la ley de 1° de febrero de 1888, BLDG, LVII, p. 362 —por autorización al Presidente de la República— para contratar la construcción de un dique seco en Talcahuano, respecto del cual el pago del precio "podrá hacerse cediendo el Estado al constructor la explotación del dique por el espacio de veinticinco años y garantizándole durante este tiempo un interés del cinco por ciento anual y una amortización acumulativa del dos por ciento también anual". La adjudicación se verificó por Decreto Supremo de 10 de abril de 1888, BLDG, LVII, p. 509. Igualmente, el Decreto Supremo de 28 de febrero de 1871, BLDG, XXXIX, p. 59, tenía por objeto una concesión "para construir en la bahía de Valparaíso o en otras de la costa los varaderos conocidos con el nombre de *patent slip*".
3128 Decreto Supremo de 29 de agosto de 1865, BLDG, XXXIII, p. 451.
3129 Decreto Supremo de 12 de marzo de 1880, BLDG, XLVIII, p. 92.
3130 Ley de 31 de agosto de 1880, BLDG, XLVIII, p. 237.

como la construcción de los ferrocarriles entre Los Andes, San Felipe y Llay-Llay[3131], entre La Higuera y Totoralillo[3132], entre la Higuera y La Serena[3133], entre La Serena y Vicuña[3134], entre Talca y Constitución[3135], entre Chagres y Ñilhue de Catemu[3136], entre Antofagasta y Aguas Blancas[3137], entre La Serena y Rivadavia[3138], entre Santiago y Valparaíso por Melipilla[3139], y entre Valdivia y La Unión[3140].

Sobre la concesión de servicio público recayó la aplicación del Código Civil en relación con normas generales contractuales[3141]. En esta época continuó la tecnificación de la concesión de servicio público a través de contratos como el de concesión del ferrocarril urbano de Valparaíso, a través de la instalación de la Compañía de Ferrocarril Urbano de Valparaíso "cuyo objeto es la construcción y explotación de ferrocarriles en las calles de Valparaíso en conformidad con la concesión hecha al efecto por la Ilustre Municipalidad y el Supremo Gobierno a favor de don Juan Enrique Ramírez"[3142]; del contrato de concesión de agua potable para la ciudad de Santiago, por el cual se expresaba que "la Municipalidad cede a los empresarios por el espacio de treinta años contados desde la fecha en que firmen su contrato con ella, el derecho de usar gratuitamente de las aguas que le pertenezcan, salvo las reservas que se expresan más adelante, para emplearlas en la bebida, lavado, aseo y demás usos domésticos de la población"[3143]; el establecimiento de vías eléctricas entre Copiapó y Lota[3144]; y la explotación, en las líneas férreas del Estado, de servicios de carros-palacios, carros-salones y carros-dormitorios, con duración de quince años[3145]; y la construcción y explotación de ferrocarril a vapor por el Camino de Cintura de Santiago[3146]. Otras esferas de aplicación tenían más raigambre en

3131 Ley de 14 de diciembre de 1866, BLDG, XXXIV, p. 440.

3132 Ley de 3 de enero de 1873, BLDG, XLI-1, p. 5.

3133 Ley de 2 de octubre de 1873, BLDG, XLI-2, p. 229.

3134 Ley de 11 de diciembre de 1873, BLDG, XLI-2, p. 402.

3135 Ley de 15 de septiembre de 1879, BLDG, XLVII, p. 299; adjudicación por Decreto Supremo de 21 de agosto de 1883, BLDG, LII, p. 652.

3136 Ley de 2 de octubre de 1880, BLDG, XLVIII, p. 313.

3137 Ley de 13 de enero de 1882, BLDG, L, p. 18.

3138 Ley de 31 de agosto de 1882, BLDG, LI, p. 650.

3139 Ley de 31 de agosto de 1882, BLDG, LI, p. 652, sin plazo determinado, pero permitiendo el rescate en cualquier momento con un régimen de indemnizaciones.

3140 Ley de 7 de septiembre de 1883, BLDG, LII, p. 735, con un mecanismo análogo al de la concesión anteriormente señalada.

3141 *Empresa de Gas de Valparaíso* (1863), *Municipalidad de Coelemu con Nogueira* (1866), *Plaza de los Reyes* (1866), *Wood* (1876), *Fisco con Echavarría* (1880) y *Carojil* (1884).

3142 Decreto Supremo de 18 de junio de 1861, BLDG, XXIX, p. 103. Los estatutos se reformaron poco después, a través de Decreto Supremo de 10 de septiembre de 1863, BLDG, XXXI, p. 204.

3143 Decreto Supremo de 27 de noviembre de 1861, XXIX, p. 461. Otro caso similar fue el de la concesión a la Compañía Huanchaca de Bolivia para surtir de agua potable a Antofagasta (Ley de 21 de enero de 1888, BLDG, LVII, p. 21).

3144 Ley de 10 de enero de 1884, BLDG, LIII, p. 121, declarándose que "diez años después de entregadas al servicio público las líneas cuya construcción autoriza la presente ley, podrán ser adquiridas por el Estado, pagando el importe de ellas a justa tasación de peritos".

3145 Decreto Supremo de 11 de febrero de 1886, BLDG, LV, p. 106. Se agregó una cláusula por Decreto Supremo de 28 de abril de 1886, BLDG, LV, p. 251.

3146 Decreto Supremo de 7 de octubre de 1886, BLDG, LV, p. 962.

nuestro ordenamiento jurídico, como la de recaudación de impuestos[3147], como el de plazas y tendales en Santiago[3148]; los de servicios de transporte en agua, como el de vapores en el lago Llanquihue[3149], en el río Valdivia[3150], entre Valdivia y Cruces[3151], e incluso la formación de un "nuevo derrotero del estrecho de Magallanes y canales occidentales de la Patagonia"[3152]; y la concesión de balseos[3153] y pontazgos[3154].

En el caso de los arrendamientos, el sustrato básico que proveyó el Código Civil[3155] fue complementado con otras disposiciones aplicables a la Administración. Por ejemplo, en el reglamento sobre corta de bosques se dispuso que "la explotación de los bosques pertenecientes al Estado, que fuesen explotables de conformidad con las prescripciones del artículo anterior, se hará por medio de arrendamientos, los que se efectuarán en conformidad a las leyes. El intendente de la provincia, en cuyo territorio se encuentra el bosque, fijará las condiciones de cada contrato y lo firmará en representación del Estado, debiendo además someterlo a la aprobación del Gobierno"[3156]. Asimismo, debe recordarse el Decreto Supremo que dispuso un procedimiento de información sobre los arrendamientos de predios fiscales, tanto rurales como urbanos, por el cual las tesorerías fiscales debían enviar la información a la Contaduría Mayor, la que a su vez anualmente le expediría la información al Ministerio de Hacienda, subrayándose que "en ningún caso se procederá al arriendo sin orden del Gobierno"[3157]. Y también debe tenerse presente la importancia de los procedimientos licitatorios destinados a seleccionar los arrendatarios de bienes públicos de distinta índole, como la Maestranza de Limache[3158], la isla de Más Afuera en el archipiélago de Juan Fernández[3159], los depósitos de guano de la isla San Félix[3160], y el fundo rústico *Paso Hondo* en el departamento de Lautaro[3161].

3147 Con algunas expresiones más bien anómalas, como la cesión del cobro de impuestos en favor de persona determinada si es que eventualmente pudiesen ser establecidos: Ley de 8 de octubre de 1862, BLDG, XXX, p. 340.

3148 Decreto Supremo de 25 de noviembre de 1861, XXIX, p. 457.

3149 Hay varios casos. *V. gr.*, Decreto Supremo de 8 de mayo de 1869, BLDG, XXXVII, p. 97; Decreto Supremo de 28 de septiembre de 1877, BLDG, XLV, p. 473; Decreto Supremo de 11 de diciembre de 1879, BLDG, XLVII, p. 440; y Decreto Supremo de 11 de junio de 1890, BLDG, LIX, p. 369.

3150 Ley de 13 de enero de 1872, BLDG, XL, p. 26.

3151 Decreto Supremo de 9 de noviembre de 1872, BLDG, XL, p. 932.

3152 Decreto Supremo de 5 de enero de 1889, BLDG, LVIII, p. 111.

3153 Decreto Supremo de 15 de mayo de 1874, BLDG, XLII-1, p. 324.

3154 *Muñoz* (1885).

3155 *V. gr.*, en la justicia ordinaria, *Municipalidad de Concepción con Pradenas* (1863), *Cisternas* (1874), *Fuentes* (1874), *Flemming* (1876), *Moreno* (1877), *Garay* (1882) y *Ugarte* (1890 b); y en el Consejo de Estado, *Fisco con Fernández* (1863) y *Fernández* (1866 b).

3156 Decreto Supremo de 3 de mayo de 1873, BLDG, XLI-1, p. 390, art. 2°.

3157 Decreto Supremo de 18 de agosto de 1877, BLDG, XLV, p. 425.

3158 Decreto Supremo de 5 de julio de 1875, BLDG, XLIII, p. 249, al convenir "mantenerla en actividad de servicio a fin de evitar el deterioro de los edificios y maquinaria".

3159 Se ordenó abrir proceso de licitación por Decreto Supremo de 23 de noviembre de 1876, BLDG, XLIV, p. 413; el llamado se llevó a cabo por Decreto Supremo de 15 de marzo de 1877, BLDG, XLV, p. 153; y se adjudicó por Decreto Supremo de 6 de abril de 1877, BLDG, XLV, p. 223.

3160 Se ordenó abrir licitación por Decreto Supremo de 17 de enero de 1878, BLDG, XLVI, p. 36; se adjudicó por Decreto Supremo de 8 de mayo de 1878, BLDG, XLVI, p. 134.

3161 Decreto Supremo de 6 de junio de 1879, BLDG, XLVII, p. 202.

La huella del Código Civil quedó impresa en los contratos de compraventa[3162], en los de sociedad en que participaba el Estado —como la Sociedad del Canal del Maipo[3163]—, los de confección de obra material mueble —destacándose controversias respecto de maquinarias de distinta índole[3164]—, los de mutuo —reconociéndose la aplicación basal de las normas del Código Civil y la preferencia que, sobre el artículo 4° del Código Civil, tenían las normas especiales de hacienda[3165]—, y los de transporte —no solo con aplicación del Código Civil[3166], sino luego añadiéndose el Código de Comercio[3167]—.

Figuras más complejas y llamativas también tenían lugar en esta época. Entre ellas quizás descuellan, desde una perspectiva jurídica, los contratos que el Fisco celebró con la Compañía Sud-Americana de Vapores, que implicaban misceláneamente desde elementos de transporte hasta comisiones de guerra y de construcción de buques[3168]; y los contratos de colonización, que en esta época recibieron especial impulso[3169].

c. La renovación de la hermenéutica contractual

El surgimiento en el Código Civil chileno de un título especialmente dirigido a sintetizar las reglas de interpretación de los contratos —el XIII del Libro IV— muestra la impronta de la codificación francesa, los trabajos a la sazón en curso de la codificación civil española, el Código de Luisiana y alguna fuente doctrinaria de especial influencia, como la de Vattel[3170]. Sin embargo, debe tenerse presente que la suerte de estas compilaciones de reglas hermenéuticas contractuales no siempre fue muy feliz en la práctica. Por ejemplo, en Francia, la jurisdicción judiciaria fijó desde 1807 la posición de que dichas normas no eran propiamente imperativas, sino que más bien meras recomendaciones[3171].

Valga señalar de entrada que, durante estos años, en Chile no cupo ninguna duda acerca de la pertinencia de aplicar este cuerpo de normas hermenéuticas del Código Civil en los casos de controversias sobre contratos celebrados por la Administración. Pero, como veremos, y según el espíritu de la época, tampoco nuestros juristas parecen haber visto este conjunto

---

3162 *V. gr.*, *Ramírez* (1862), *González Morán* (1872) y *Montero* (1879).

3163 *V. gr.*, *Fermandois* (1877) y *Accionistas del Canal del Maipo* (1884).

3164 *Thorner* (1869) y *Fisco con Leylaud* (1876).

3165 *Síndico de Gandarillas* (1862).

3166 *V. gr.*, *Gormaz* (1862), y *Maqueira* (1872), en que se expresó que "el transporte participa a la vez del arrendamiento de servicios y del depósito".

3167 *Goich Zayos y Ca. y otros* (1885); y, respecto del caso del salvamento, con aplicación exclusiva del Código de Comercio, *Compañía de Vapores Kosmos* (1881).

3168 Ley de 6 de agosto de 1874, BLDG, XLII-2, p. 52. La relación contractual se complementó con disposiciones posteriores, como la Ley de 29 de diciembre de 1875, BLDG, XLIII, p. 629, la Ley de 29 de diciembre de 1883, BLDG, LII, p. 1117, y la Ley de 1° de febrero de 1888, BLDG, LVII, p. 313.

3169 Para un ejemplo de condiciones contractuales en general, véase el Decreto Supremo de 5 de agosto de 1873, BLDG, XLI-2, p. 97, sobre una colonia agrícola en Nacimiento. En jurisprudencia, *v. gr.*, *Zañartu* (1887), *Palacios* (1889); y, en el Consejo de Estado, *Gobernador de Angol con Juez de Letras de Angol* (1887), que expresamente los sujeta al Código Civil.

3170 Barrientos Grandon (2016), II, pp. 574-592.

3171 Deroussin (2012), p. 469.

de preceptos como una amarra inquebrantable y supieron complementarlo con criterios que respondían a la realidad del derecho público[3172].

Respecto de las normas contenidas en el Título XIII, quizás convenga comenzar por la principal de todas ellas, la del artículo 1560, que enmarca la visión hermenéutica contractual *subjetiva* del Código Civil[3173]: "Conocida claramente la intención de los contratantes, debe estarse a ella más que a lo literal de las palabras". Esta disposición se invocó en múltiples especies, tanto en la judicatura ordinaria[3174] como en el Consejo de Estado[3175], pero quizás en ninguna de modo tan claro como en una sentencia que versó sobre la compraventa de un predio por un particular al Fisco en subasta pública, en que se expresó que "atendida la intención de los contratantes claramente manifestada en la misma cláusula, la entrega de que allí se habla no es solamente la tradición legal del predio, sino su entrega real y el ejercicio tranquilo de la posesión que el Fisco ha querido asegurar al comprador", lo que no se había cumplido porque "hasta el presente ocupan las hijuelas rematadas varias familias de indígenas que alegan derechos de dominio y se niegan a entregarle la posesión"[3176]. Con todo, la importancia hermenéutica del artículo 1560 no significaba una vaporización del rol normativo del sentido literal de las cláusulas de un contrato. Este muchas veces se enfatizaba a través de la invocación del artículo 1545[3177], cuyo impacto en el derecho administrativo resultó indiscutible[3178], pero otras veces aparecía como criterio sin radicación normativa precisa[3179].

El artículo 1561 del Código Civil expresó que "por generales que sean los términos de un contrato, solo se aplicarán a la materia sobre que se ha contratado". Esta disposición no parece haber despertado un interés especial en materias administrativas, pero consta de todos modos su aplicación. Un caso elocuente es el que se derivó de un contrato de pasaje por embarcación a través del Bío-Bío, celebrado entre la Municipalidad de Concepción y un particular, y que despertó la insatisfacción de este último al entender que otro contrato de la Municipalidad, cuyo objeto era la operación de una línea de coches, la estaba perjudicando patrimonialmente. El tribunal entendió que "la corporación al contratar el arriendo del pasaje del Bío-Bío con Wood, no concedió a este derecho exclusivo para explotar su línea de coches", por lo que no podía pretender que la celebración de su contrato tenía efectos respecto de inhibir a terceros de celebrar otros cuyo objeto fuese distinto.

3172 Respecto de la hermenéutica contractual antes del Código Civil, véase Bocksang Hola (2015 a), título cuarto, capítulo segundo, B.II.a.

3173 Ducci Claro (1997), p. 204.

3174 *Municipalidad de Curicó con Arriarán* (1861), *Urmeneta y compartes* (1873), *Rodríguez y otros* (1873), *Moyano* (1874), *Ahrens* (1877), *Sociedad Colonizadora de los Terrenos de Arauco* (1883) y *Carojil* (1884).

3175 *Varin* (1869).

3176 *Barriga* (1880).

3177 *V. gr.*, *Plaza de los Reyes* (1866), sobre el problema de si los carniceros que pagaban impuesto en la Plaza de Abastos de Santiago debían pagar impuesto solo por su asiento, o si también debían pagarlo por el espacio que ocupaban con el palo picador, estimándose por el tribunal que en justicia solo correspondía lo primero.

3178 Véase *infra*, en este capítulo, A.II.b.1.

3179 *De la Cerda* (1876), sobre el cómputo de un plazo previsto en una escritura, que debía "entenderse de una manera estricta y correr desde el acto posesorio entendidos los términos de la misma escritura".

Dispuso el artículo 1563 que "en aquellos casos en que no apareciere voluntad contraria, deberá estarse a la interpretación que mejor cuadre con la naturaleza del contrato". Este criterio fue aplicado para resolver el problema de la latitud con que se habría o no extendido una fianza, y, dado que no había "razón para creer que haya habido voluntad en los demandados para afianzar por más cantidad que los nueve mil pesos, la interpretación expresada en el anterior considerando *cuadra mejor a la causa del contrato referido*"[3180]. Dicho anterior considerando invocaba el artículo 1560 para concluir que "por generales que sean los otros términos de la escritura de fianza, ellos no importan una obligación distinta ni hacen extensiva la responsabilidad de los fiadores a más cantidad que los nueve mil pesos que afianzaron"[3181]. Resulta llamativa, de todos modos, la sustitución de la expresión "naturaleza del contrato", que aparece en el Código, por la de "causa del contrato", que se expresa en la sentencia: es posible que este sea un buen indicio de la importancia que se le asignaba a la finalidad en orden a comprender la naturaleza de un contrato. Otro caso interesante de aplicación se dio para discernir si una expropiación, entendida como una venta forzada, debía pagar alcabala; se resolvió que no la debía, entre otras consideraciones, por la aplicación del artículo 1563, debiendo entenderse que la alcabala debía pagarse respecto de las ventas cuya naturaleza fuese voluntaria y no respecto de las ventas forzadas[3182]. Asimismo, resulta interesante la invocación de este artículo para fundamentar por qué los sueldos de los empleados públicos debían pagarse desde la fecha de la toma de posesión del cargo y no desde la fecha del acto de nombramiento[3183].

El artículo 1564 fue aplicado en varias ocasiones en relación con lo dispuesto en su inciso tercero: la continuación[3184] del criterio hermenéutico de "la aplicación práctica que hayan hecho de ellas [las cláusulas de un contrato] ambas partes, o una de las partes con aprobación de la otra", que por lo demás se ligaba fuertemente con el artículo 1560 del mismo Código[3185]. En una especie, concerniente al reparto de aguas de un canal entre particulares y una municipalidad, el tribunal juzgó que "en el presente caso los interesados han entendido lo estipulado por el espacio de dos años, sin la construcción de marcos", por lo que se perseveraría en la interpretación que las propias partes le habían dado al contrato[3186]. En otra, cuyo objeto era el cobro de premios y gratificaciones supuestamente derivados de un contrato concerniente a

3180 *Fisco con Acuña y fiadores* (1863).

3181 También se invocaba el artículo 1564 inciso primero para reforzar la conclusión, expresándose que con la interpretación del contrato que se sostenía "se da a sus cláusulas el sentido que más conviene a su totalidad".

3182 *Rodríguez y otros* (1873).

3183 *Salas* (1875).

3184 Tal como se expresa en *Waddington* (1869), se trataba de una continuidad con el derecho anterior: "[...] según las más obvias reglas de hermenéutica aceptadas *y reconocidas a la época de la celebración del contrato y sancionadas expresamente por la actual legislación civil*, uno de los medios más eficaces y propios para interpretar las cláusulas de un contrato, es la aplicación práctica que hayan hecho de ellas ambas partes o una de las partes con aprobación de la otra" (las cursivas son nuestras).

3185 Por ejemplo, en *Sociedad Colonizadora de los Terrenos de Arauco* (1883) se invocó el artículo 1560 en un sentido muy próximo al del artículo 1564 inciso 3°. Algo similar se da en *Carojil* (1884), especie en la que el referido artículo 1560 alude más bien a la práctica de las partes y la práctica general de la actividad en cuestión.

3186 *Municipalidad de Curicó con Arriarán* (1861).

la función pública, se juzgó que "no habiendo mediado reclamo alguno respecto de la ilustre municipalidad, no exigiéndose el premio y gratificaciones una vez devengados, se ha dado al contrato de servicios inmateriales, por lo que respecta a la corporación demandada, la inteligencia práctica de que dichos emolumentos no eran exigibles y no lo serían hasta que no los autorizase el supremo Gobierno"[3187].

El artículo 1566 del Código Civil fue invocado en un par de ocasiones en relación con su inciso primero ("No pudiendo aplicarse ninguna de las reglas precedentes de interpretación, se interpretarán las cláusulas ambiguas a favor del deudor")[3188]. Uno de dichos casos no grafica muy bien el espíritu de esta norma hermenéutica. Su aparición se relacionaba con sustentar la improcedencia de que el rematante de una venta forzada pagase alcabala, entendiéndosele a este como eventual deudor. Empero, la aplicación era más bien analógica, pues la obligación que era objeto de la interpretación emanaba en realidad de la ley, y no de un contrato; la "cláusula ambigua" era en realidad una norma de rango legislativo[3189]. La otra aplicación que recibió el artículo 1566 tampoco fue muy rutilante, expresándose que "no exhibiéndose contrato sobre los servicios de estos operarios, ni habiendo justificado el Fisco con otro medio de prueba la naturaleza y accidentes del contrato, existe en todo su vigor la presunción de que ellos han sido retribuidos a *jornal*, tomada esta palabra en su sentido natural y obvio, a virtud de lo que dispone el art. 1566 del Código Civil, que en caso de duda sobre la interpretación de un contrato favorece los derechos del deudor"[3190].

Los artículos 1562[3191] y 1565[3192] no parecen haber influido especialmente en el derecho de este período.

Pero el panorama de la hermenéutica contractual quedaría incompleto si no se hiciera énfasis en el hecho de que ella no se restringía a las antedichas normas del Título XIII. Del análisis de la jurisprudencia de la época aparecen varios lineamientos de considerable interés.

Lo primero que conviene destacar —por lo demás, de interés para la sistematicidad interna del Código Civil— es que la hermenéutica contractual parece haber sido permeada ocasionalmente por las reglas de la hermenéutica legal que se contemplaban en el mismo cuerpo normativo. Esto salta a la vista en una especie ventilada ante el Consejo de Estado, en que se expresó lo siguiente:

3187 *Salvo* (1873).

3188 El inciso segundo fue aplicado una vez a fines del período anterior, en la sentencia *Olmedo* (1860), en la que se ventiló el contenido del remate del derecho de recova en Valparaíso, sosteniéndose que "las cláusulas dudosas que han dado lugar al presente juicio fueron dictadas por la Ilustre Municipalidad" en orden a fundamentar el derecho de cobrar derechos que habían regido anteriormente y a hacer procedente la indemnización de perjuicios en favor del particular.

3189 *Rodríguez y otros* (1873).

3190 *Edwards y otros* (1885)

3191 "El sentido en que una cláusula puede producir algún efecto, debe preferirse a aquel en que no sea capaz de producir efecto alguno". Se le aplicó, más bien tangencialmente, en *Urmeneta y compartes* (1873).

3192 "Cuando en un contrato se ha expresado un caso para explicar la obligación, no se entenderá por solo eso haberse querido restringir la convención a ese caso, excluyendo los otros a que naturalmente se extienda". La única y discreta aplicación que nos consta se halla en la especie *Pellé* (1867).

"Considerando que, según las reglas de buena interpretación, las palabras de un contrato, lo mismo que las de una ley, deben entenderse cuando llegue a haber oscuridad y duda, del modo que más conforme parezca al espíritu general de la legislación"[3193].

Curiosamente, no se citó en la sentencia ninguna norma del Código Civil, pero es totalmente inconcebible ignorar que la referencia al "espíritu general de la legislación" no se encuentra en las reglas hermenéuticas contractuales del Código Civil y que, por el contrario, sí se expresa literalmente en su artículo 24, correspondiente a las reglas de interpretación de la ley[3194]. Este mecanismo de transfusión conceptual, bastante llamativo por lo demás, no terminó sedimentándose, probablemente porque fue planteado por el Consejo de Estado casi al derogarse su competencia contenciosa en estas materias, y no parece haber tenido una prolongación en la actividad jurisdiccional ordinaria.

Un segundo elemento adicional que conviene tener presente es que la hermenéutica contractual tuvo adaptaciones en relación con la especial naturaleza del derecho administrativo como componente del derecho público. En este sentido, las *atribuciones*, *funciones* o, en general, *competencias* de que estaban provistos los órganos públicos condicionaban el alcance de los actos bilaterales que podían celebrar. En ello, se puede advertir una manifestación del principio de legalidad que impera en esta materia y un contraste con la libertad contractual que rige ampliamente en el derecho privado. Por ello, las cláusulas de un contrato debían interpretarse en conformidad con las leyes vigentes y no podían justificar la ampliación de las prerrogativas del Estado. Por ello, en una especie se subrayaba que un contrato "no podía menos de referirse a los terrenos de playa, únicos acerca de los cuales podía [el Gobierno] contratar válidamente", entendiéndose que "esta inteligencia se desprende naturalmente, tanto del derecho y facultades con que el Gobierno contrataba, derecho y facultades que no podía ignorar la otra de las partes contratantes"[3195].

Y, por último, debe enfatizarse que la hermenéutica contractual del período debía entenderse bajo la lógica de justicia que en general seguía infundiendo a los juristas de la época. Esto comprometía dos perspectivas complementarias. Por una parte, el hecho de que la interpretación debía engendrar una solución jurídica justa o, como bien se expresó en una sentencia, "racional y justa"[3196], pues es imposible que una solución justa sea irracional. Y, por otra, que la interpretación justa implicaba poder y saber discernir entre aquellas cosas que —siguiendo la mentalidad clásica— fueran de *justicia* y aquellas que fueran de *gracia*: "[...] la mera equidad invocada por el arrendatario al solicitar, junto con la terminación del contrato, una remuneración de dos mil pesos, es cuestión de apreciación que no corresponde en el presente caso fallarla a la justicia ordinaria"[3197], implícitamente derivando al particular a la Administración en orden a ver si pudiese, por esa vía de gracia, satisfacerse su pretensión.

3193 *Compañía de Navegación por Vapor en el Pacífico* (1873).
3194 Véase *supra*, título primero, capítulo primero, B.I.a.
3195 *Cood* (1883).
3196 *Goicolea* (1878).
3197 *Sánchez* (1887).

II. La reforzada legalidad

La legalidad de los contratos administrativos durante esta época, amplificada y moldeada por las nuevas leyes, y en particular por el Código Civil, puede examinarse desde dos puntos de vista distintos pero complementarios. Una faceta subrayaba la existencia de una legalidad de los contratos administrativos en atención a que ellos debían someterse al ordenamiento jurídico (a), mientras que la otra enfatizaba la conceptualización de la legalidad como el reconocimiento de que el contrato era "una ley para los contratantes", con las consecuencias que de ello podían derivarse (b).

a. El contrato bajo la ley

Que el contrato se hallase bajo la ley implicaba esencialmente la sujeción a Derecho de la actividad bilateral de la Administración, lo que coincidía con los criterios centrales del liberalismo decimonónico. Pero ello no significaba que tal sujeción se entendiera como una mímesis de la situación que se daba en el derecho privado, regida fuertemente por el principio de la libertad contractual, sino que debía ajustarse a los criterios de legalidad imperantes en el derecho público (1).

La importancia de este sometimiento de la actividad contractual se veía reflejada también en aspectos de la ley aplicable, con antecedentes tales como una ley de finales de período que pretendía evitar que, so pretexto de internacionalización de la colaboración público-privada, se debilitara el imperio de la ley nacional: "Siempre que se otorguen permisos o concesiones para la construcción de una obra o trabajo público, o para el goce de algún derecho a una persona o empresa particular, ellas o quienes sus derechos representen, aun cuando sean extranjeras y no residan en Chile, se considerarán domiciliadas en la República, y quedarán sujetas a las leyes del país, como si fueran chilenas, para la resolución de todas las cuestiones que se susciten con motivo de la obra para la cual se otorgan el permiso o las concesiones"[3198].

Pero, al mismo tiempo, también se daba, excepcionalmente, el reconocimiento para el Estado de ciertas prerrogativas privilegiadas —o, como suele denominárselas, exorbitantes— en los contratos que así lo previeran (2).

1. La libertad contractual frente a la legalidad

La aserción de la Constitución de 1833 en orden a que "ninguna magistratura, ninguna persona ni reunión de personas pueden atribuirse, ni aun a pretexto de circunstancias extraordinarias, otra autoridad o derechos que los que expresamente se les haya conferido por las leyes" no solo comprometía a la actividad unilateral del Estado. En efecto, la visión de nuestro principio de legalidad como uno *estricto* y *expreso* comprometía en realidad a toda la actividad estatal, incluyendo el ejercicio de las prerrogativas que en materia contractual se le pudiese entregar por el ordenamiento jurídico a la Administración.

3198 Ley de 28 de agosto de 1886, BLDG, LV, p. 690.

Quizás la sentencia más importante que expresa la recepción de este criterio en relación con los actos bilaterales de la Administración sea *Cousiño*, de 1870. Abordando una demanda cuyo objeto era solicitar la restitución de una suma de dinero pagada por concepto de alcabalas, que la actora entendía indebidamente pagada, en la venta que había hecho de las minas de Lota. Dado que el monto se había mantenido en depósito, el demandante pidió que no se le restituyese la suma nominal, sino que ajustada a los intereses que correspondían, "porque las cosas producen para su dueño y no sería lícito al Fisco aprovecharse de lo ajeno, haciendo así una adquisición que carecería de causa". Nuestra judicatura terminó absolviendo al Fisco, sobre la base principal de los siguientes considerandos:

> "Considerando que, aun en el caso de depósito, se presume la facultad de emplear el dinero depositado en la obligación de restituir otro tanto, como se prescribe por el art. 2221 del Código Civil;
> Considerando que, para alterar las disposiciones legales sobre la materia, habría necesidad de un pacto expreso;
> Considerando que el señor Cousiño no ha hecho constar la existencia de convenio alguno con el Fisco para que se le abonare intereses, limitándose solo a decir que el administrador del estanco hizo el depósito con su acuerdo;
> Considerando que, aún supuesto este acuerdo, no ligaría al Fisco por carecer el administrador del Estanco de facultad para celebrarlo, y por estar obligado, como lo ordena el número quinto, art. 15 de la ordenanza de 7 de setiembre de 1861, a enterar semanalmente las cantidades que recibe"[3199].

Más allá de la llamativa invocación del Código Civil en una situación de esta naturaleza, que abona a la vastedad de sus repercusiones como fuente sobre el derecho administrativo, lo verdaderamente notable es la continuación del razonamiento: la alteración de las disposiciones legales que regían la materia era, *en abstracto*, posible, siempre que existiese un pacto expreso; sin embargo, tal pacto expreso no se había celebrado; pero la apertura *en abstracto* se cerraba definitivamente por estar hollando *en concreto* el terreno del derecho público. La palabra *legalidad* o *juridicidad* no se expresa allí en ninguna parte, pero el criterio de la juridicidad estatal salta a la vista bajo la fórmula de que, aunque se hubiera celebrado tal acuerdo, "no ligaría al Fisco por carecer el administrador del Estanco de facultad para celebrarlo". Lo que la Corte Suprema proclamó, por lo tanto, al confirmar la sentencia de primera instancia, fue la improcedencia de sostener la eventualidad de una *libertad contractual* en el área del derecho administrativo. La asignación expresa de atribuciones no se desmejoraba en el área contractual, sino que regía tal como en el resto de las actividades del Estado y, de violarse la juridicidad, el vínculo jurídico correspondiente no se hubiera consolidado en realidad. En resumidas cuentas, los contratos estaban bajo la ley porque, de partida, estaban sujetos a una *legalidad o juridicidad contractual* que operaba en vez de la libertad contractual imperante sobre el derecho privado.

3199 *Cousiño* (1870).

A la misma conclusión llegó el Consejo de Estado, estando aún vigentes sus prerrogativas jurisdiccionales en materia contractual. Se trató de una cuestión derivada de una cláusula contractual pactada entre el Estado y una empresa de vapores, que señalaba que "la compañía contratista gozará durante el contrato de todas las franquicias que al presente dispensan las leyes del país a los vapores mercantes". Con posterioridad a la celebración del contrato, se restableció un derecho de faro y tonelaje, por lo que se suscitó la controversia de si el Fisco podía o no exigir su pago, dado que se podía entender que no estar sujeto a tal tributo era una franquicia de las que trataba la referida cláusula. El Fisco resultó absuelto de la demanda, en primer lugar, porque "con la exposición de los señores Covarrubias y Eastman no se ha probado legalmente que entrase en la mente del contrato de 23 de octubre de 1867 el asegurar la exención de los derechos de faro y tonelaje u otros que pudieran imponerse en virtud de leyes posteriores", aseveración que comprometía el sentido que las partes hubieran podido conferirle a la convención celebrada. Sin embargo, el Consejo de Estado no se detuvo en ello y añadió lo siguiente:

> "Considerando que el Supremo Gobierno no podía trabar las facultades legislativas del Congreso Nacional, ni otorgar concesiones que estaban fuera del límite de sus atribuciones administrativas; Considerando que, al asegurar el artículo 8° del contrato a la compañía contratista el goce de todas las franquicias que a la sazón dispensaban las leyes del país a los vapores mercantes, solo podía referirse a aquellas facilidades que el Presidente de la República está facultado por las leyes para conceder a dichos vapores, y de ninguna manera a exención de derechos que son generales a todos los buques de comercio, y que el Presidente de la República no puede imponer por sí mismo, ni dispensar de ellos, una vez impuestos en virtud de una ley"[3200].

Como se advierte de la lectura de los considerandos, el fondo de la argumentación era idéntico al que había planteado la jurisdicción ordinaria en la especie anteriormente referida: la inexistencia de la libertad contractual en el derecho administrativo. Cualquier contrato que se celebre por el Estado debe respetar las atribuciones que la propia ley le confiere, a lo que en este caso se añade la imposibilidad de justificarse una usurpación de la función legislativa, que en realidad también gira en torno al criterio de la legalidad.

Algunos años más tarde, quedaría límpidamente reconocido el mismo criterio en la esfera municipal. Se trató de una especie acerca de un contrato celebrado por el Supremo Gobierno con un particular para explotar el hielo natural de las regiones australes de la República y que se confrontaba con atribuciones municipales en materia de hielo. La sentencia del Juzgado de Letras dio lugar a la demanda "solo en cuanto por ella se pide que se declare que el demandante puede vender e introducir en este departamento el hielo que explote en los depósitos que le ha concedido el Supremo Gobierno", pero la Corte Suprema revocó tal sentencia sobre la base de lo siguiente:

> "1° Que se ha justificado, y las partes están de acuerdo, en que la Ilustre Municipalidad de Santiago ha tenido el monopolio de la venta de la nieve desde tiempo inmemorial;

3200 *Compañía de Navegación por Vapor en el Pacífico* (1873).

2° Que este monopolio ha sido reconocido por los poderes públicos del Estado al sancionar los presupuestos municipales, y en especial por el Congreso al dictar la ley de 22 de julio del año próximo pasado; y
3° Que por el art. 2° de esta ley se autoriza expresamente el monopolio de la nieve y el hielo a favor de las municipalidades"[3201].

La sentencia es notable dentro de su sencillez. El reconocimiento de un monopolio municipal "desde tiempo inmemorial" en un considerando ya es impresionante, porque asume el eje *jurídico* de los derechos adquiridos; pero la Corte decidió complementar tal eje con el de la *legalidad* en sentido estricto, subrayando que el monopolio municipal había sido reconocido por el Legislador —lo que, de paso, comprometía al Presidente de la República— al aprobar anualmente el presupuesto de entradas de la municipalidad, añadiendo, para colmo, que la ley *expresamente* había consolidado la legalidad del monopolio de marras. Por ende, la improcedencia de la libertad contractual en el ámbito público no solo comprometía la legalidad estatal estrictamente entendida, sino que también desde el punto de vista de los derechos adquiridos. Por supuesto, si la aplicación de la legalidad se verificaba en el ámbito municipal con efectos favorables para las municipalidades frente a otras personas jurídicas estatales, también debía regir en aquellos casos en que ella, como persona jurídica estatal, pretendía celebrar un contrato[3202].

2. El reconocimiento excepcional de privilegios

El sometimiento general a la legalidad en materia contractual implicó, correlativamente, que cualquier eventual privilegio —o, si se prefiere, prerrogativa exorbitante— tuviese una connotación excepcional.

En múltiples ocasiones nuestra judicatura debió enfatizar que la Administración, que pretendía asignarse atribuciones especiales en el marco de un contrato, estaba sujeta a las normas contractuales generales. Hay ejemplos bien disímiles que giran en torno a esta misma idea central. En un convenio entre dos municipios cuyo objeto era repartirse los derechos sobre minerales de cobre que se exportaban por el puerto de Caldera y sus dependencias, pretendió uno de ellos declarar unilateralmente la extinción del acto, ante lo cual se juzgó que "aun dado el caso que fuera efectiva la aseveración hecha por la Municipalidad de Copiapó de que los metales que se exportaban por el puerto de Carrizal Bajo pertenecen exclusivamente al departamento, *esto no importaría sino una acción o derecho para que el municipio solicitara de quien corresponde la cesación del contrato, sin que pueda declararlo írrito de su propia autoridad*"[3203].

Algunos años después se ventiló un litigio relacionado con la construcción de los cimientos del hospital del Salvador, paralizado por falta de fondos. Lo más importante no estuvo en disputa: el Fisco pagó por el trabajo que había alcanzado a realizarse, y no se escudó en la referida falta de fondos ni siquiera como supuesta prerrogativa exorbitante. Tan poco exorbitante era

3201 *Municipalidad de Santiago con Sánchez* (1879).
3202 *Silva* (1888).
3203 *Municipalidad de Caldera con Municipalidad de Copiapó* (1875). Las cursivas son nuestras.

el régimen, que resulta peculiarmente evocativo que el pleito que se sostuvo haya versado sobre los materiales que habían quedado en el lugar sin habérselos empleado para construir y muy particularmente si, entendiéndose como un depósito, estaba sujeto o no a remuneración, entendiéndose finalmente que era gratuito en aplicación del artículo 2219 del Código Civil[3204].

A fines del período, otra sentencia abordó las pretensiones de modificación unilateral del contrato que podía albergar el Estado. Se trataba de un contrato por el cual un particular se obligaba a mantener un establecimiento de vacuna animal y el Gobierno le asignaba una subvención. Sin embargo, durante la ejecución del contrato, el Gobierno decidió unilateralmente someter a dicho establecimiento a un régimen de inspección distinto del acordado, que el particular no aceptó, frente a lo cual el Gobierno decidió no seguir pagándole la subvención. De la sentencia aparece la siguiente justificación del Fisco para fundamentar la modificación unilateral del régimen de inspección:

> "Según los art. 59 y 81 de la carta, la administración y gobierno del Estado están confiados al Presidente de la República, y entre los actos que comprende de la palabra administración, figura la de fomentar y reglamentar los establecimientos de beneficencia o que se relacionen con la salubridad pública. Por eso ejecutó un acto privativo y procedió dentro de sus facultades constitucionales al conceder una subvención al instituto de vacuna animal bajo cierta regla a que debía someterse y son los que se registran en el decreto supremo de 24 de febrero. Estas reglas fueron modificadas por el decreto supremo de 4 de agosto dictado en el uso de las mismas facultades en el sentido de que el establecimiento del doctor García Quintana debería quedar sometido a la inspección de la Junta Central de Vacuna.
>
> La importancia y utilidad de estas medidas y la perfecta facultad que tuvo el Presidente para dictarlas, no puede escaparse al criterio de toda persona imparcial.
>
> Sin embargo, el demandante se negó a admitir en su establecimiento a la comisión nombrada por la junta de vacuna.
>
> Resultado lógico de esta negativa fue el decreto supremo de 9 de septiembre que ordenó suspender el pago de la subvención, y este acto de S. E. el Presidente de la República es el que pretenden calificar como un delito o cuasidelito"[3205].

Premonición del estatismo que se vería en el siglo XX, la justificación quedaba anclada, según el mismo Gobierno, por el hecho mismo de la *administración*, de cuyo ejercicio emanaba la posibilidad de modificar unilateralmente el contrato y la supuesta injusticia de la resistencia del particular a obedecer tal alteración. La Corte Suprema zanjó el problema con admirable concisión, sosteniendo simplemente que "el Supremo Gobierno, con el decreto de 4 de agosto de 1885, modificó el modo o manera de ejercitar la vigilancia sobre el instituto de vacuna animal sin el consentimiento del doctor García Quintana", y declarándose que García Quintana tenía derecho a pedir el pago de la suma íntegra de la subvención insoluta, con intereses desde los respectivos vencimientos hasta la fecha efectiva de pago. Quedaba meridianamente claro que era totalmente improcedente una supuesta prerrogativa estatal general de adaptación de los contratos por el solo hecho de estar a cargo de la Administración del Estado.

3204 *Venegas* (1884).

3205 *García Quintana* (1888).

En realidad, las atribuciones exorbitantes que pudiesen discernirse debían emanar de disposiciones que expresamente las previeran. Ello se daba desde las cuestiones más sencillas, como un arrendamiento —en que el Fisco estaba dotado de la prerrogativa de terminar el contrato de arrendamiento en cualquier momento solamente porque le habían sido atribuidas *por cláusulas expresas* del contrato[3206]—, hasta cuestiones más alambicadas, como la ejecución de un contrato que tenía por objeto ensayar la eventual producción de tabaco dentro del territorio chileno.

Este último caso reviste gran interés. Dado que el Estado percibió, durante la ejecución del contrato, que el experimento había resultado exitoso, pues con las extensiones del ensayo ya se podía satisfacer el total del consumo que a la sazón registraba el Estanco, el Supremo Gobierno emitió un decreto por el cual "prohibía al contratista hacer más de una sementera en cada departamento y le obligaba a depositar anticipadamente la suma de doscientos pesos por cada sementera para pagar los gastos de su vigilancia". Se trabó entonces pleito en relación con la legalidad de esta última disposición, desprendiéndose dos razones por las cuales el decreto era ajustado a derecho. En primer lugar, porque "se le impuso la obligación de designar al Ministerio de Hacienda los lugares en que se hicieran las plantaciones (designación que no consta de autos)", con lo que habría incurrido en infracción, pero también, y quizás más determinantemente, porque en el contrato existía una cláusula que disponía que "el contratista quedará sujeto a las demás disposiciones reglamentarias que el Gobierno creyere conveniente dictar en resguardo de los intereses fiscales". Con esto último, como puede imaginarse, la atribución exorbitante terminaba hallando una radicación propiamente contractual, pues sería difícil imaginar algo que pudiese afectar más los intereses fiscales en esta área que la desfiguración, a través del éxito del experimento, del régimen monopólico sobre el tabaco en que consistía esencialmente el Estanco[3207]. Aunque huelga señalar que la abolición del Estanco estaba muy próxima[3208], esta formulación dejaba bastante claro que la Corte Suprema no entendería como ilegal una cláusula más o menos amplia que abriese la posibilidad de que la propia Administración modificara el contrato por vía unilateral, configurándose con ello un anticipo de prácticas correspondientes a épocas posteriores. En lo central, en todo caso, es inconcuso que subsistía el principio de que no habría prerrogativas exorbitantes sin una fuente normativa que expresamente la estableciese.

Retrospectivamente, una cláusula como la cuarta del contrato de construcción del ferrocarril de Santiago a Quillota, celebrado con Enrique Meiggs en 1861[3209], respondía en lo

3206 *Alvarado* (1877).

3207 *Reyes* (1879).

3208 Ley de 2 de septiembre de 1880, BLDG, XLVIII, p. 280.

3209 BLDG, XXIX, p. 435. "Si la obra no se ejecutare en conformidad a los planos y especificaciones e instrucciones del ingeniero en jefe o de los ingenieros que el Gobierno comisionare para determinar o rectificar las especificaciones e instrucciones conforme a las cuales debe ejecutarse la obra consultando la debida seguridad y solidez en ella, o se ejecutare de una manera imperfecta, y requerido el contratista por los ingenieros para que se conforme a los planos y para que en la construcción se observen las especificaciones e instrucciones del ingeniero en jefe o las rectificadas por comisionados que el Gobierno nombre y que deben asegurar la solidez y firmeza de la obra, y no lo hiciere reconstruyendo la parte que no estuviere conforme a contrata, podrá el Gobierno poner término a ésta. Si el contratista suspendiese los trabajos o no los mantuviese en actividad a lo menos con quinientos esencial al mismo criterio. De pretender introducirse ulteriores modificaciones, la práctica que en ocasiones se aceptaba era la de autorizarse por ley al Presidente de la República para alterar lo originalmente convenido. Así, se dispuso que "en consideración a las circunstancias extraordinarias por que atraviesa el país, de acuerdo con el Consejo de Estado, haga las modificaciones que estime conveniente en el contrato celebrado con don Tomás Bland Garland para la construcción del ferrocarril entre San Fernando y Curicó"[3210]; y, en 1889, que el Presidente de la República pudiese modificar una cláusula contractual específica[3211]. Ello era una demostración, por lo demás, de que el contrato era efectivamente visto como una ley, tal como se expondrá en el apartado que sigue.

b. El contrato como ley

Lejos de ser un aspecto pendiente de resolución desde el derecho del primer período patrio, estaba muy claro que el contrato asumía —y debía asumir— una carga de legalidad en sentido amplio. De allí que se enfatizase, a través del Código Civil, en su imperatividad (1); de allí también que las violaciones a la legalidad significaran el desencadenamiento de consecuencias de invalidez (2); y ello, sin obstar a la existencia de mecanismos de flexibilidad del equilibrio económico, de modo que la legalidad llevada al extremo no significara un perjuicio para los sujetos del contrato (3).

1. La severidad de la imperatividad

La imperatividad de los contratos administrativos, que ya había sido reconocida bajo las normas previas a la codificación[3212], halló un sustrato lógico en el artículo 1545 del Código Civil, que dispuso que "todo contrato legalmente celebrado es una ley para los contratantes, y no puede ser invalidado sino por su consentimiento mutuo o por causas legales"[3213]. De esta disposición puede advertirse derivaciones de distinta índole en la jurisprudencia de esta época, relacionadas con la actividad administrativa[3214].

En primer lugar, esta disposición se interpretó en el sentido de una imperatividad directa del contrato, sin requerir para su obligatoriedad de actos complementarios, salvo que estos fuesen expresamente dispuestos por la ley. Así sucedía en materia municipal, en la que, respecto de un contrato destinado a proveer de agua a la población, se entendió lo siguiente:

---

trabajadores, y requerido por los ingenieros para que los restablezca, podrá también el Gobierno rescindir el contrato. En cualquiera de estos casos el Gobierno solo estará obligado a responder por la obra o por la parte de obras ya ejecutadas y de ninguna manera por los materiales preparados u otros gastos que no se hubieren invertido en las obras ya hechas".

3210 Ley de 23 de noviembre de 1865, BLDG, XXXIII, p. 376.

3211 Ley de 21 de enero de 1889, BLDG, LVIII, p. 128.

3212 Bocksang Hola (2015 a), título cuarto, capítulo segundo, A.I.a.

3213 Su primera invocación en materia administrativa se había dado en *Municipalidad de Santiago con Empresarios del Teatro Municipal* (1858).

3214 El Consejo de Estado también invocó esta disposición, sin mayor desarrollo, en relación con los contratos de la Administración: véase *Cisneros* (1862) y *Díaz* (1862).

"Considerando: que dados esos antecedentes y en la inteligencia de que las partes al contratar tuvieron el propósito de fijar el principio del plazo estipulado, no puede suponerse que ese propósito fuese otro que el de designar como día inicial aquel en que el contrato fue aprobado por el Supremo Gobierno que era también el en que la convención principiaba a ser obligatoria, según las prescripciones de la Ley Orgánica de Municipalidades, y si la de Valparaíso ha fijado fecha de la promulgación de la ley de 1862, ello importa solo una concesión y una renuncia de partes de sus derechos, porque atendido lo incierta de la condición y lo precario de la estipulación del art. 5° del contrato a que dicha ley se refiere, *no podía la falta de sanción del Congreso enervar los efectos de un contrato por lo demás perfecto y valedero*"[3215].

En este caso bastaba para la obligatoriedad del acto, por lo tanto, con una ratificación por parte del Supremo Gobierno, pues ella estaba prescrita por la Ley de Municipalidades de 1854: si el contrato era con ello "perfecto y valedero", no podía pretenderse que además se requiriese con una autorización parlamentaria que la ley no exigía.

En segundo lugar, la imperatividad delimitaba por vía de contradicción aquello a lo que las partes no estaban obligadas. Así, por ejemplo, un derecho exclusivo o monopolio no se desprendía de un contrato si no estaba explícitamente acordado[3216]; y no podía pedirse a un carnicero el pago de un impuesto por el espacio que ocupaba el palo picador en la Plaza de Abastos si es que del contrato aparecía que solo se le obligaría a tributar por el asiento que ocupase[3217].

En tercer lugar, es importante destacar que de la aplicación del artículo 1545 se desprendía que la imperatividad no era un atributo que pesase solo sobre el particular para cumplir con sus obligaciones y que no pesase sobre la Administración para cumplir con las suyas, como si se tratara de un privilegio de los organismos estatales. La imperatividad vinculaba a todas las partes del negocio jurídico. En efecto, consta de la jurisprudencia que la imperatividad era vista como una consecuencia indisociable del hecho de habérsele atribuido personalidad jurídica a la entidad estatal que hubiese celebrado el contrato:

"[...] la municipalidad, como persona jurídica capaz de ejercer derechos y contraer obligaciones, está obligada a respetar y cumplir los acuerdos que celebra, en uso de las atribuciones que le otorga la ley orgánica; y solo puede excusarse del cumplimiento de sus actos y contratos, en virtud de causas legales"[3218].

La paráfrasis del artículo 1545 que se delinea en esta sentencia es verdaderamente evocativa, porque las diferencias con el tenor literal del artículo permiten ilustrar muy bien los perfiles de la imperatividad que regían en la época. A más de la importancia de la noción de *persona jurídica* para estos efectos, muestra singular vigor la expresión "respetar y cumplir", dándole a la imperatividad una connotación que, yendo más allá de una actitud de

3215 *Waddington* (1869). Las cursivas son nuestras.
3216 *Wood* (1876).
3217 *Plaza de los Reyes* (1866).
3218 *Municipalidad de Vallenar con Mendoza* (1872).

contemplación o meramente teórica, implicaba un compromiso activo dirigido al cumplimiento de lo acordado.

En cuarto lugar, la imperatividad del artículo 1545 se aplicó haciendo especial foco en que la posibilidad de invalidar un contrato solamente podía darse por mutuo acuerdo de las partes[3219], o bien por las causas legales. La Administración, por más fuertes atribuciones que tuviera en distintos sentidos, no podía prescindir de este marco general, y si lo hacía, la pretendida invalidación no podía surtir efecto[3220]. Por lo mismo, si un contrato preveía un plazo de vigencia, la Administración no podía terminar el contrato con anterioridad a su vencimiento, entendiéndose que "el Fisco o sus representantes no han podido terminar por sí solos el contrato cuya duración fue estipulada hasta el 31 de diciembre de 1880" *ni aun a pretexto de haberse suprimido del presupuesto general de gastos públicos la respectiva cantidad designada al cumplimiento del contrato*[3221].

En quinto lugar, la imperatividad le vedaba al Estado la posibilidad de modificar por un acto unilateral las obligaciones convenidas originalmente por un contrato[3222], prohibición que también se puso en ejercicio sin necesidad de recurrir a la invocación del artículo 1545[3223].

En sexto lugar, de este atributo contractual se desprendía que, si una obligación estaba expresada en términos genéricos, no era exigible que el deudor la cumpliese en un sentido específico que la Administración pretendiese asignarle por sí sola[3224].

En séptimo lugar, la imperatividad del contrato implicaba que si la Administración le ordenaba al particular cocontratante a realizar una acción que se encontrase fuera de lo convenido, los efectos perjudiciales que pudiesen derivarse de ello recaerían sobre la propia Administración[3225]. Pero si el cocontratante no lograba probar la existencia de tal orden, o bien un acuerdo complementario en orden a alterar bilateralmente las condiciones originales del contrato, tales efectos perjudiciales —como una multa— recaerían sobre él en caso de incumplimiento[3226].

3219 Respecto del mutuo disenso, véase *Ahrens* (1877), *Sánchez* (1887), y, en el Consejo de Estado —sin invocarse el artículo 1545—, *Vergara* (1871).

3220 *Municipalidad de Caldera con Municipalidad de Copiapó* (1875).

3221 *Albarracín* (1883).

3222 *García Quintana* (1888). Pero en *Cortés Monroy* (1888) se dejó entrever que si una determinada consecuencia jurídica asociada a un contrato estaba prevista por un acto administrativo unilateral, existiría la posibilidad de modificarla por un acto administrativo posterior o por un acto legislativo; aunque debe repararse en que en la especie ello se abordó de modo más bien superficial, sin ingresarse en el problema de los derechos adquiridos, que sin duda hubiera tenido relieve si hubiese sido objeto directo de la cuestión. Se trataba de un préstamo otorgado en relación con los gastos de la Guerra contra España: "Bajo esta condición se otorgaron los certificados a favor de don Pedro y de don Francisco Cortés Monroy por la suma de trescientos pesos, *sin que posteriormente haya habido ley o acto alguno que modifique aquella obligación*, y, en consecuencia, les son debidos los intereses convenidos que reclaman los demandantes" (las cursivas son nuestras).

3223 *Municipalidad de Vichuquén con Silva* (1873).

3224 *Municipalidad de Coelemu con Nogueira* (1866): "[...] aunque por el mismo artículo se impuso a Nogueira la obligación de asegurar la obra por cuatro años, no hay prueba alguna de que la corporación lo hubiera requerido por el otorgamiento de fianza para garantir esa obligación, ni de que él se hubiera resistido a prestarla".

3225 *Fisco con Echavarría* (1880), sobre la pérdida de una nave en la zona fluvial próxima a Valdivia.

3226 *Gómez* (1886).

En octavo lugar, es importante destacar que del artículo 1545 se desprendía que, si tras la debida ejecución del contrato, el cocontratante particular llegaba a un resultado que la Administración entendía como insatisfactorio, esta no podría hacer responsable al particular por los defectos que advirtiese:

> "Considerando:
> Que el ingeniero don José Basterrica, nombrado en el carácter de perito antes del presente juicio, informa que, *no obstante los vicios de construcción que nota en los galpones para lazareto que hizo don Manuel Velasco, el trabajo se ha ejecutado con perfecta sujeción al plano y presupuesto de la dirección de obras municipales y al contrato celebrado con el intendente de la provincia el 23 de marzo de 1880*;
> Que el jefe del cuerpo de ingenieros civiles *manifiesta también que los defectos de construcción de los galpones provienen de la concepción del proyecto y del empleo de la madera de álamo* [...].
> Visto lo dispuesto en la ley 1ª tít. 14 part. 3ª y en el art. 1545 del Código Civil, se declara que el Fisco debe pagar a don Manuel Velasco el saldo de la cuenta de f. 1, ascendente a la cantidad de siete mil trescientos ochenta y cinco pesos, con deducción de quinientos pesos por el valor de la pieza y ventiladores que no construyó.
> Se revoca, en la parte apelada, la sentencia de 20 de setiembre de 1882, que se registra a f. 180, y se absuelve al demandante de la reconvención"[3227].

Y, en noveno lugar, el artículo 1545 implicaba que, si existía un contrato legalmente celebrado, este no se vería modificado si con posterioridad el Estado intervenía en la misma actividad *adoptando como presupuesto* la existencia de las relaciones contractuales previas. Así, en la construcción de un ferrocarril que primero era impulsada por aportes particulares y que luego era asumida por el Estado, la obligación original de los particulares subsistía aun frente a la irrupción de la Administración[3228].

2. La nulidad contractual

Mientras el Código Civil no parece haber ejercido influencia en el régimen de la nulidad de los actos administrativos unilaterales, otra realidad se advierte en relación con los contratos administrativos. Aunque la jurisprudencia que permite ilustrar este punto no es especialmente numerosa, sí resulta suficiente para conformar una visión global bastante consistente en torno a demostrar la aplicación de las normas civiles sobre estos negocios[3229]. Esto significa, por de pronto, que la noción principal —aunque, como veremos, no exclusiva— de "nulidad" que se aplicó en esta área no era la de la nulidad *stricto sensu* —es decir, la inexistencia jurídica—, sino que lo que técnicamente se conoce como anulabilidad: una propensión del acto a ser destruido con posterioridad a su constitución, en razón de padecer de algún tipo de vicio,

3227 *Velasco* (1884). Las cursivas son nuestras.

3228 *Ferrocarril del Sur con Arriagada* (1872).

3229 A fines del período anterior, ya constaba una sentencia *Izquierdo* (1859) en que, sin invocar artículos del Título XX, declaraba la nulidad de un remate sobre la base de los artículos 1445 y 1454 del Código Civil.

óptica que precisamente terminó consolidando el Código Civil en sus normas del Título XX del Libro IV[3230].

Como punto de partida de esta materia, debe tenerse presente que nuestro derecho la abordó con bastante consistencia dogmática. Incluso en las cuestiones más controversiales en este ámbito, la disputa se centró sobre la procedencia o improcedencia de anularse un determinado acto; pero no sobre la invocabilidad de la nulidad en materia contractual ni sobre la pertinencia de aplicarse en esta esfera las normas del Título XX, ambas innegables para nuestros juristas[3231].

En cuanto al régimen de la nulidad absoluta en esta área, resulta muy interesante la conclusión que, *a contrario*, puede desprenderse de una sentencia de fines del período. Ella versaba sobre un contrato de compraventa celebrado entre el Fisco y un particular, arguyéndose un vicio de incompetencia de parte del Intendente que había suscrito el instrumento en que constaba el acto. Aunque tal incompetencia se descartó en primera instancia y en alzada, el elemento relevante para el tratamiento de la nulidad se dio por la eliminación, ordenada por la Corte Suprema, del considerando décimo de la sentencia del tribunal inferior, que expresaba lo siguiente:

> "Que, por otra parte, habiendo el señor Intendente de la provincia celebrado a nombre del Fisco la mencionada escritura de compraventa o concesión, no puede el mismo Fisco decir de nulidad absoluta de esa escritura, pues el art. 1683 del Código Civil prohíbe alegar esta nulidad al que ha ejecutado el acto o celebrado el contrato, sabiendo o debiendo saber el vicio que la invalidaba"[3232].

La supresión de este considerando parece apuntar en una sola dirección: la frase "sabiendo o debiendo saber el vicio que la invalidaba" implicaba un conocimiento subjetivo y personal de la persona natural respectiva, y no podía decirse, por lo tanto, que careciese de acción para pedir la nulidad el Fisco, como persona jurídica, por el hecho de que un agente que actuaba en su nombre —el Intendente— conociera o hubiera debido conocer el vicio.

También debe tenerse presente que no todas las nulidades contractuales en derecho administrativo se consideraban nulidades absolutas, como erróneamente pudiera suponerse. También podía darse el caso de una nulidad relativa, tal como aparece de toda evidencia de una especie en que la Municipalidad de Cauquenes pidió declararse la nulidad de un contrato que dicha entidad había celebrado con un hermano de quien a la época del contrato era alcalde. Más allá de desestimarse una nulidad por este supuesto conflicto de intereses, por el hecho de que "la ley de 8 de noviembre de 1854, al decir que no podrá subastar ni tomar en administración ramos municipales los miembros de la corporación, ni sus parientes, no se refiere a la venta o subasta de bienes raíces sino de arbitrios municipales", el tribunal blindó lo juzgado a través de las normas de prescripción de las nulidades del Título XX:

3230 Véase, para un examen más detenido en esta materia, Bocksang Hola (2023).

3231 *V. gr.*, *Montero* (1879), comprometiendo entre la sentencia y los votos particulares a los artículos 1464, 1681 y 1682 del Código Civil.

3232 *Fisco con Barruel* (1890).

> "3° Que, en la hipótesis en que pudiera aplicarse el art. citado, la Ilustre Municipalidad habría perdido ya su acción para pedir la rescisión del contrato, porque desde la fecha de este a la demanda van transcurridos más de ocho años"[3233].

¿De dónde emanaba este plazo de ocho años al que aludía la sentencia del Juzgado de Letras, confirmada por la Corte de Apelaciones de Concepción? De un inciso cuarto del artículo 1691, suprimido en 1943 por la ley n° 7612, que preceptuaba que "a las personas jurídicas que por asimilación a los menores tengan derecho para pedir la declaración de nulidad, se les duplicará el cuadrienio y se contará desde la fecha del contrato". En suma, se trataba de un caso que, de haber involucrado una nulidad relativa, ya hubiese prescrito, incluso teniendo en cuenta la extensión del plazo que beneficiaba a la Municipalidad en cuanto persona jurídica[3234].

Estaba claro para nuestra jurisprudencia que, a diferencia del reconocimiento de la invalidación en materia de actos unilaterales, las personas jurídicas estatales no podían declarar unilateralmente la nulidad de un contrato. La expresión de que ningún contratante podía "declararlo írrito de su propia autoridad" se vinculaba, por lo demás, con el tenor del artículo 1545 del Código Civil[3235].

De modo bastante llamativo, de esta época data la primera alusión a una eventual recepción de la figura de la *conversión* del acto inválido en el derecho administrativo chileno. Se trataba de una materia en principio bastante prosaica: una demanda dirigida contra un particular por parte de una municipalidad, en razón de sumas adeudadas por concepto del arrendamiento de una pieza. De estos sencillos hechos surgió un razonamiento que pareciera sorprendente para la época:

> "1° Que *el acuerdo municipal por el que se determinó arrendar por diez pesos mensuales al escribano Mendoza el local de la oficina de la escribanía pública de Vallenar no tiene valor alguno*, por no haberse sujetado a las prescripciones del art. 69 de la ley de organización municipal;
> 2° Que ese acuerdo, *si no vale como contrato de arrendamiento, es un verdadero desahucio del arrendamiento anterior*, se declara que don Manuel Modesto Mendoza está obligado a pagar a tasación de peritos la renta correspondiente al uso local demandado desde el 6 de febrero del año anterior, fecha en que se denegó por la municipalidad lo solicitado en el escrito testimoniado a f. 12"[3236].

Podrá argüirse que lo que estaba en juego no era propiamente un contrato, sino un acuerdo de la municipalidad. Aunque dicha observación contenga una dosis de realidad, lo cierto es que un análisis completo de la sentencia muestra que ella —tanto en primera como

---

3233 *Municipalidad de Cauquenes con Del Río* (1874).
3234 Esta aplicación sobre la Municipalidad de una norma de asimilación a incapaces es aislada y no parece haber tenido un impacto sistemático en la visión sobre la nulidad contractual en el derecho administrativo. Quedaría para el análisis del período posterior la verificación de si eventualmente tuvo una continuación en la jurisprudencia de la que pudiera desprenderse una connotación dogmática más sólida.
3235 *Municipalidad de Caldera con Municipalidad de Copiapó* (1875).
3236 *Municipalidad de Vallenar con Mendoza* (1872).

en segunda instancia— estuvo focalizada en una óptica bilateral, al punto de que el Juzgado de Letras explícitamente declaró ver en "el acuerdo de 1865 de que se ha hecho mérito en el considerando primero un contrato bilateral conmutativo" y citó a continuación varios artículos, entre los cuales se encontraban el 1441 y el 1545 del Código Civil, que, como se sabe, giran ambos en torno al concepto de contrato. No era la primera vez, ni será la última, en que la actividad unilateral de la Administración se imbricase fuertemente con su actividad bilateral.

Otra sentencia posterior corroboraría el aserto que acaba de enunciarse. El pleito giró en torno a un mutuo celebrado por la Municipalidad de Constitución, que parecía verse afectado por ciertas causales de nulidad. Al discutirse qué era lo que constituía el acto en cuestión, sobre la base de los artículos 10 y 1683 se entendió que "esta clase de nulidad, o sea, la absoluta, debe ser declarada por el juez, aun sin petición de parte, cuando aparece de manifiesto, como en el presente caso, en la escritura pública, base de la ejecución, y acuerdo municipal inserto en ella". Dicho de otro modo, el acuerdo municipal *también* se tomaba como base para examinar la eventualidad de una causal de nulidad, aunque en este caso el razonamiento se nimba un tanto por el hecho de destacarse que el acuerdo se hallaba inserto en la escritura[3237].

Asimismo, debe tenerse presente que ocasionalmente las declaraciones de nulidad contractual podían redundar en manifiesto perjuicio de los particulares cocontratantes. Así sucedió en una especie en la que el propietario de un inmueble le demandaba al Fisco el pago de cánones insolutos de arriendo. Aunque el representante fiscal reconoció judicialmente que el Fisco había estado ocupando las piezas de propiedad del particular y que el Juzgado de Letras pronunció sentencia condenatoria contra el Fisco, la Corte Suprema lo absolvió, bajo la llamativa argumentación de que "no existe autorización ni contrato alguno por escrito del arriendo cuyos cánones se cobran y que, por consiguiente, no puede hacerse responsable al Fisco por el cumplimiento de un contrato que no ha autorizado con las formalidades que las leyes exigen para su validez"[3238].

Una especie similar a la anterior dio lugar a conclusiones un poco más audaces. Frente a la falta de instrumento en el que constase el contrato de arrendamiento, y no constando tampoco la aprobación del Supremo Gobierno, el Juzgado de Letras declaró que el supuesto arrendamiento "*no es un contrato*... puesto que lo ha aceptado solo una de las partes y no puede ser obligatorio para la parte que no ha manifestado su voluntad ni aceptado las estipulaciones en el contenido", aplicándose, por lo demás, los artículos 1445 y 1921 del Código Civil. No obstante, y a diferencia de la especie *Santelices*, la solución que emanó de esta cuestión —en que la Corte Suprema revocó en parte la sentencia de primera instancia— tuvo consideraciones más poderosas de justicia. Entre otros elementos, en ello había una cuestión de proscripción del enriquecimiento injusto, porque no podía entenderse que, por no haber contrato, la ocupación del inmueble fuera gratuita. La combinación de las sentencias de ambas instancias es muy interesante y muestra cómo el criterio de nuestros jueces podía brindar resultados muy interesantes en torno a la consideración del Código Civil como fuente del derecho administrativo[3239].

3237 *Arancibia* (1890).
3238 *Santelices* (1881).
3239 *Bentjerodt* (1881).

3. La flexibilidad en el equilibrio económico

Frente a la rigurosidad derivada de su carácter de "ley para las partes" y de las consecuencias de invalidez derivadas de su antijuridicidad, los contratos administrativos veían una atemperación de su régimen en relación con ciertas circunstancias que pudiesen afectar su equilibrio económico. En esto se advierte una continuidad con los criterios que en general habían imperado hasta antes de la entrada en vigor del Código Civil[3240].

En la jurisdicción ordinaria, un primer apronte tuvo relación con el *hecho del príncipe*, es decir, la alteración de las condiciones económicas del contrato por la propia autoridad pública, pues la jurisdicción ordinaria tuvo la oportunidad de volver a abordarlo —desde que por última vez lo había hecho en la década de 1840[3241]— en una contienda que versaba sobre una concesión de recovas. El cocontratante particular demandó a la Municipalidad de Copiapó al entender que una prohibición de colocarse puestos de carne en ciertos lugares de la ciudad le privaba de legítimos ingresos a que hubiera tenido derecho en relación con la concesión.

Quizás lo más llamativo de esta especie es el objeto de la demanda del particular, quien solicitó que debían dejarse las cosas en el estado en que estaban antes de la prohibición, o, negándose a ello la municipalidad, que se diera por rescindido el contrato con indemnización de perjuicios. Como puede notarse, la alusión al supuesto desequilibrio económico fue bastante oblicua, lo que probablemente se derivaba del hecho de que este tipo de pretensiones se había tornado en algo inusual. Nuestra judicatura absolvió a la Municipalidad, pero al hacerlo dejó abierta la posibilidad de perseguir pretensiones de esta naturaleza: "[...] no se ha probado tampoco ni es manifiesto que la prohibición de establecer puestos de carne en determinados puntos de la población altere el goce de la renta o derechos arrendados, disminuyéndolos o haciendo más difícil o gravoso su cobro, o infiera cualquier otro daño o molestia al arrendador"[3242]. Dicho de otro modo, el problema no era una imposibilidad dogmática de aceptar este tipo de ajustes patrimoniales, sino probatorio —o de inexistencia de hechos notorios.

Quizás no sea coincidencia que este mecanismo de reequilibrio haya reaparecido jurisprudencialmente al tiempo en que por vía legislativa se entreveía el resurgimiento de la *teoría de la imprevisión*, que los tribunales ordinarios no habían recogido durante varias décadas. En efecto, tres leyes les atribuyeron a los contratistas del ferrocarril entre Llay-Llay y San Felipe[3243], del ramal del ferrocarril de la Palmilla[3244] y del ferrocarril San Felipe-Los Andes[3245] sumas bastante cuantiosas —cincuenta mil, cuarenta mil, y treinta y cinco mil pesos, respectivamente— en resarcimiento de pérdidas, y del alza extraordinaria del fierro y otros materiales y objetos que se empleaban en tales obras.

Con todo, parece que una reaparición más plena en la jurisdicción ordinaria de los mecanismos de reequilibrio debió esperar hasta la década de 1880. En 1884, frente a un contrato de construcción de obra pública, se reconoció el reequilibrio derivado del ejercicio

---

3240 Bocksang Hola (2015 a), título cuarto, capítulo segundo, B.I.a.
3241 *Dávila* (1844).
3242 *Espoz* (1871).
3243 Ley de 11 de septiembre de 1871, BLDG, XXXIX, p. 317.
3244 Ley de 14 de noviembre de 1872, BLDG, XL, p. 937.
3245 Ley de 14 de noviembre de 1872, BLDG, XL, p. 938.

de un *ius variandi* por parte de la Administración, que en estricto rigor respondía a dos vías no exactamente coincidentes[3246]. Por una parte, al destacarse que "en la escritura se estipuló que, si se ordenaba al contratista hacer más metros de trabajo que los que indica el plano de los dos galpones, se le abonarían al precio de presupuesto", se entiende que el reequilibrio se derivaba expresamente de una cláusula. Y, por otra parte, se expresaba lo siguiente: "[...] que dicha junta convino, por la cláusula 13 del contrato, en pagar a Velasco, además del precio de dos galpones, la cantidad de ochocientos pesos por el entablado colocado debajo de las planchas de fierro, *y siendo tres los galpones construidos, debe aumentarse esta suma en cuatrocientos pesos por el entablado del tercer galpón*"[3247]. De lo último se advierte que el *ius variandi* y su mecanismo compensatorio no aparecían de las estipulaciones contractuales, sino que se derivaban de modo matemáticamente proporcional. Poco podría dudarse de la naturalidad de una solución de dicha índole.

Al año siguiente, en otra sentencia se reconocería la procedencia del reequilibrio tras un *ius variandi* de modo menos nítido pero más propiamente conceptual, respecto de un contrato de construcción de vías férreas: "[...] que, ajustado el contrato dentro de los términos del mandato, es indudable que el mandante está sujeto al mayor costo proveniente de los trabajos no especificados en las bases del contrato, desde que habría quedado obligado a ese recargo, aun cuando dicho contrato hubiera sido celebrado por él mismo"[3248]. Pero, como una sombra, el voto disidente del ministro Cousiño recordaba cuánto podía verse afectada esta flexibilidad en caso de tenderse a una petrificación de las disposiciones contractuales: "Que, establecidas por dicha ley las bases principales para la construcción, una de las cuales es el precio máximo de la obra, no es lícito excederse de él en la celebración del contrato, ni menos, una vez celebrado, modificarlo estipulando un precio mayor que el fijado en la autorización legal".

En 1887, una sentencia de la Corte Suprema reconoció la procedencia del reequilibrio económico en un contexto de aplicación de derecho internacional, lo que significaba una novedad en nuestro desarrollo institucional. Si, primeramente, la Corte aducía que "las bases del contrato primitivo celebrado por don Juan F. Barbé para el cobro de los derechos sobre los mercados de Lima fueron alteradas en dos ocasiones distintas por la autoridad pública en beneficio de las industrias establecidas en aquella capital", reconociendo la ocurrencia de un desequilibrio, a continuación la Corte no manifestaba reparos en torno a que, "reconocida la justicia de su reclamo y la efectividad de los perjuicios, la autoridad pública lo eximió, tratando de compensarlo de una manera equitativa de la obligación de pagar renta de la última quincena, y le extendió a término de su contrato hasta el 31 de diciembre de 1883"[3249].

No obstante, la Corte Suprema cerró este período recordando la existencia de una norma en el Código Civil que podía hacer pantalla a un eventual reequilibrio patrimonial del contrato. Se trató del artículo 2003, que regía aquellos casos en que se tratara de un contrato de construcción de edificios, celebrado con un empresario, y que "se encarga de toda la obra por un precio único prefijado". Dándose tales circunstancias, se aplicaba la regla 1ª,

3246 *Velasco* (1884).

3247 Las cursivas son nuestras.

3248 *Mayers y Hillman* (1885).

3249 *Barbé* (1887).

que preceptuaba que "el empresario no podrá pedir aumento de precio, a pretexto de haber encarecido los jornales o los materiales, o de haberse hecho agregaciones o modificaciones en el plan primitivo; salvo que se haya ajustado un precio particular por dichas agregaciones o modificaciones". Como se advierte, esta figura excluía tanto ajustes derivados de la *teoría de la imprevisión* —por los jornales o los materiales— como del *ius variandi* —por las agregaciones o modificaciones—, salvo el ajuste de un precio particular, que en el caso examinado por la Corte no se había dado[3250].

Pero eso no era todo lo que nos ofrece el período 1861-1890. También se había pronunciado sobre esta materia el Consejo de Estado, para el cual estos mecanismos no eran una novedad. En una primera sentencia, *Varin*, de 1869, consta la introducción de un equilibrio financiero del contrato merced a las figuras de los *vicios del consentimiento* que contempló el Código Civil:

> "Considerando: que *el error de hecho vicia el consentimiento*, tanto más si recae sobre materia sustancial determinada y específicamente consultada en la estipulación; y que, en el caso presente, aun cuando se fijó un precio por la construcción del Liceo, ese precio era el resultado total de la suma de las diversas obras que el contratista se obligó a ejecutar;
> Considerando: que, de los documentos citados en el informe del Intendente, consta que Varin cargó únicamente el importe de la colocación de las puertas, ventanas y coronaciones que se detallan en las partidas 1ª, 2ª, 4ª y 5ª de la cuenta de f. 2, constando al mismo tiempo que esas especies se comprendieron entre las otras de que se componían las existencias del Liceo que el contratista recibió en pago por el precio de factura.
> Considerando: que *al cobrar Varin el valor de esos objetos, exige lo que él mismo ha pagado y que hizo suyo adquiriendo las existencias, no habiendo ningún motivo que induzca a creer que se obligó o quiso cederlas sin ninguna remuneración*, tanto menos cuanto que las especies mencionadas eran indispensables para el edificio y se cargó en la propuesta el costo de colocación"[3251].

Puede verse que el vicio del consentimiento se invoca para flexibilizar la propuesta del contratista que había sido aceptada. En lugar de una aplicación ciega del principio *pacta sunt servanda*, se siguió un criterio de justicia correspondiente a las prestaciones, aceptándose que el proponente se hubiera equivocado en la propuesta y que pudiera tener lugar una adecuación para flexibilizarla un poco. Por ello, en suma, se mandó abonar a Varin una suma "cuyo precio dejó de cargar por error". No parece haber existido previamente en la historia de nuestro derecho administrativo una sentencia con este cariz y tales repercusiones.

Otro caso de reequilibrio revisado por el Consejo de Estado, menos notable en lo jurídico, pero aún más memorable en los hechos que implicaba, se derivó de un contrato celebrado entre el Fisco y un particular en orden a proveer de ciertos insumos a la Escuadra que sostenía la Guerra contra España en 1866. Por las circunstancias de la guerra, tales insumos debieron ser entregados en un punto más remoto, frente a lo cual el particular pidió el reconocimiento de un mayor precio por ser mayor la distancia de entrega. El Consejo de Estado entendió lo siguiente:

3250 *Moreno* (1889).
3251 *Varin* (1869). Las cursivas son nuestras.

"3° Que, atendida la distancia que existe entre Ancud y el apostadero de Huito y entre el primero de dichos puntos y Chayahué, y atendida la diferencia de precios estipulados en los dos primeros convenios para la provisión de víveres, la que ahora pretende Navarro por su demanda guarda perfecta conformidad con el mismo aumento antes establecido, según las respectivas distancias, importando esto un antecedente seguro para considerarse justo y equitativo el que se reclama;
4° Que estas mismas consideraciones hacen aceptable la demanda en cuanto al aumento de precio por el flete del buque que condujo a Huito el cargamento de carbón, salvo solo que no existen antecedentes bastantes para fijar el monto exacto del mismo, precio que por lo tanto debe dejarse a la regulación prudencial de peritos"[3252].

Esta última sentencia devela también una atención en torno a la radicación normativa de la flexibilidad introducida sobre el equilibrio económico del contrato. Ella se apoyó en solo dos artículos: el 2158 y el 1546, ambos del Código Civil. Si el primero, versando sobre las obligaciones del mandante, regía específicamente los hechos del pleito, el segundo revestía aún mayor interés, porque se trata de una de las principales normas generales en materia contractual: "[...] los contratos deben ejecutarse de buena fe, y por consiguiente obligan no solo a lo que en ellos se expresa, sino a todas las cosas que emanan precisamente de la naturaleza de la obligación, o que por la ley o la costumbre pertenecen a ella". Desgraciadamente, no existe en la sentencia un desarrollo más pormenorizado acerca del vínculo del artículo 1546 con la situación que era objeto de la controversia. Sin embargo, quizás el reequilibrio económico se sustentase en este caso a través de la aludida ejecución de buena fe.

B. LA RESPONSABILIDAD CONTRACTUAL

La llamada *responsabilidad contractual* puede entenderse en un sentido lato y en un sentido estricto. Mientras en el primero apunta a "la garantía patrimonial del deudor", que "comprende todas las herramientas de tutela del acreedor", en el segundo se refiere a "una herramienta específica, destinada a la reparación del daño causado al acreedor[3253], en el entendido de que la obligación correspondiente se derive de una relación contractual[3254]. Esta institución versa, por lo tanto, en el cumplimiento por equivalencia o indemnización de perjuicios, una de las figuras normalmente reconocidas bajo la denominación de *efectos de las obligaciones*[3255].

Tales efectos fueron, por supuesto, objeto de aplicación en el derecho administrativo. Por de pronto, la ejecución forzada, incluso respecto de convenios que unían a dos entidades administrativas[3256]. Asimismo, la resolución, que mirada desde nuestros días parece una prerrogativa obvia, pero que fue en realidad una innovación introducida por el Código Civil, pues nuestros propios tribunales reconocieron que "según la legislación vigente en 1849 y 1851,

3252 *Navarro* (1873).
3253 Aedo Barrena (2021), p. 52.
3254 Rodríguez Grez (2005), p. 9.
3255 Alcalde Rodríguez (2018), p. 466 en relación con p. 366.
3256 *Municipalidad de Caldera con Municipalidad de Copiapó* (1875).

la sustitución de un modo de cumplir el contrato por otro, y aun su infracción en puntos sustanciales por una de las partes, no autoriza a la otra para resolver el contrato o ponerle término, sino únicamente para exigir su cumplimiento y la indemnización de perjuicios según las reglas generales"[3257].

Su introducción por el Código Civil condujo a que ella pudiese ser pedida por el Estado[3258] o por el particular[3259], así como a varios otros aspectos relevantes. Por de pronto, la imposibilidad de que la Administración por sí misma la declarase[3260]; la imposibilidad de aplicarla frente a la supuesta infracción de una obligación condicional, que no lo era porque la condición no se había cumplido[3261]; o la imposibilidad de pedirla frente a la efectiva infracción de una obligación, pero que según el contrato no originaría la resolución del contrato, sino otra consecuencia[3262]; y la plena vigencia en materia administrativa del artículo 1552 del Código Civil, que dispone que "en los contratos bilaterales ninguno de los contratantes está en mora dejando de cumplir lo pactado, mientras el otro no lo cumple por su parte, o no se allana a cumplirlo en la forma y tiempo debidos"[3263].

También se destacó, respecto de la resolución, el carácter estricto de las obligaciones para efectos de una eventual resolución, que impedía que se diese por resuelto un contrato cuyo objeto era de proveer de tabaco virginio, si es que la imposibilidad de comerciar con Virginia durante la guerra civil de los Estados Unidos no impedía la posibilidad de comprar tabaco virginio en otras partes[3264], y que obstaba a la resolución también en el caso de que una obliga-

3257 *Díaz* (1862).

3258 *Fisco de Chile y Fisco de Bolivia con Arman* (1870).

3259 *Barriga* (1880).

3260 Expresado por el mismísimo Consejo de Estado en *Gobernador de Angol con Juez de Letras de Angol* (1887), en los siguientes términos: "Considerando: que, si los colonos no han cumplido las obligaciones que les impone el contrato, el señor Gobernador debó ordenar al promotor fiscal que pidiera su resolución ante la justicia ordinaria, *ya que los contratos no se resuelven o invalidan de hecho y a voluntad de una de las partes*". Las cursivas son nuestras. Hacia finales del gobierno del presidente Balmaceda, el Consejo de Estado sostuvo el criterio de que el Estado podía resolver los contratos unilateralmente, *pero solo si se hallaba amparado en una cláusula contractual expresa*, expresando en el considerando 6° que "la referida cláusula 20 carecería de objeto si debiera entenderse que el Gobierno no estaba facultado para apreciar y decidir cuándo hubieren ocurrido los casos previstos en ella", y añadiendo en el considerando 7° que "atribuyendo a esta misma cláusula la inteligencia de que el Gobierno solo puede declarar la caducidad cuando el concesionario se conforme con su resolución, resultaría que ella no produciría efecto alguno o solo se cumpliría en cuanto conviniera al concesionario, burlando así los fines de interés público que se tuvo en vista al otorgar un privilegio que lo faculta para impedir la construcción de cualquiera línea férrea entre la costa de Tarapacá y las salitreras del interior".

3261 *Ferrocarril del Sur con Sanfuentes y Bianchi* (1861).

3262 *Fermandois* (1877).

3263 *Sociedad Colonizadora de los Terrenos de Arauco* (1883).

3264 *Manterola* (1863), que enfatizaba que el propio Estado se lo había procurado en Europa el año anterior. Esto último parece haber sido determinante, porque casi simultáneamente, en la sentencia *Fisco con Waddington* (1863), el mismo Consejo de Estado estimó no proceder el pago de una multa de un particular que no pudo procurarse tabaco saña por el hecho de haberse destruido todas las plantaciones de tabaco del valle de Lambayeque, criterio que el mismo Consejo reiteró pocos años después en *Soaje Hermanos* (1866), juzgando la improcedencia de una multa contra un particular que no había podido proveer de tabaco tarija por el acaecimiento de turbulencias políticas en Tucumán.

ción invocada en realidad no aparecía expresada en el contrato[3265]; y la determinación de que "la acción resolutoria que el art. 1489 del Código Civil concede, en los contratos bilaterales, a uno de los contratantes contra el otro que no cumple lo pactado, es una acción personal que debe estimarse indivisible en sus efectos, puesto que la resolución del contrato implica necesariamente la indemnización de perjuicios, y no puede tener lugar si el demandante no prueba que el demandado no cumplió por su parte lo pactado"[3266].

Dicho lo anterior, quizás el aspecto más destacable en relación con los problemas de incumplimiento contractual fue el de la responsabilidad contractual en sentido estricto, es decir, con la indemnización de perjuicios que se recogió en normas capitales del Código Civil sobre efectos de las obligaciones, como los artículos 1548, 1553, 1555, 1556, 1557, 1558 y 1559. Para examinar las líneas centrales de esta responsabilidad contractual, escrutaremos cómo ella se construyó en su arquitectura básica (I), para luego verificar el desarrollo especial que tuvo a través de ciertas vertientes tópicas, aún muy desconocidas (II).

I. La construcción general de la responsabilidad

Uno de los ámbitos en los que más se puede advertir la apertura de una nueva etapa en el derecho administrativo, en contraste con el período anterior, está dado por el desarrollo de la responsabilidad contractual. El Código Civil introdujo una visión sobre este tema que estaba ausente con anterioridad, ora por las normas aplicables del régimen anterior, ora por la aplicación que se efectuó de dichas normas. Comoquiera que sea, lo primero que salta a la vista es un florecimiento de la responsabilidad contractual como no se había advertido precedentemente (a), que estuvo asociado a un tratamiento muy razonable e interesante del caso fortuito, que en la formulación literal del Código podía presentar más de alguna duda (b).

a. El florecimiento bajo el Código Civil

Contrastando con la inopia —aunque no ausencia— de casos de responsabilidad contractual de la Administración del primer período patrio[3267], los años en estudio en esta obra marcan una diferencia notoria, pues en ellos se dio el verdadero despegue de esta figura en el derecho administrativo.

En esto no puede sino reconocerse la influencia del Código Civil, que consta desde la primera sentencia en que se reconoció la procedencia de indemnización sobre la base dicho cuerpo normativo: tratándose de una indemnización moratoria en un contrato de suministro, se aplicaron sus artículos 1551 y 1559[3268]. El aumento de la cantidad de especies posteriores referidas a la indemnización en materia contractual —aunque no se citara el Código Civil y

3265 *Fernández Puelma* (1872).

3266 *Compañía Financiera y Comercial del Pacífico* (1884), pero con interesantes votos disidentes de los ministros Cousiño y Bernales.

3267 Bocksang Hola (2015 a), título cuarto, capítulo segundo, B.I.b.

3268 *Monat y Borrowman* (1862).

aunque la parte obligada a la indemnización fuese el particular[3269]— es demasiado evidente como para desconocer que el Código Civil estuvo en la raíz de esta aceleración. Este despegue permitió que nuestra jurisprudencia examinara, con mayor o menor detalle, varios puntos importantes en relación con esta materia.

Por supuesto, a fin de darse lugar a la indemnización era necesario que existiera la violación de una conducta acordada. Por lo mismo, en relación con el contrato de arrendamiento de un predio municipal, que incluía el sobrante de las aguas que llegaran a él luego de pasar al pueblo, se entendió no transgredirse la obligación de la Municipalidad en caso de no recibirse agua en el predio, infiriéndose del propio libelo del demandante "que no ha habido el sobrante de agua que la Municipalidad se comprometió a cederle"[3270].

El requisito de que un daño fuera cierto y no meramente eventual, para poder procederse a la indemnización de perjuicios, apareció bastante tempranamente, respecto de contratos de servicios de gas, hallándose "justificado *no la actual existencia de un perjuicio efectivo*, sino la posibilidad de que ocasione perjuicio a la empresa demandante la manera en que se halla colocada, en algunos puntos, la cañería de la de Consumidores de gas"[3271]. Análogamente, en otra especie, concerniente al arriendo del pasaje por el río Bío-Bío, se entendió que no había derecho a indemnización si los perjuicios por el ingreso de una competencia comercial eran solo imaginarios: "[...] la corporación, al contratar el arriendo del pasaje del Bío-Bío con Wood, no concedió a este derecho exclusivo para explotar su línea de coches, y si bien es verdad que la competencia de la línea Núñez Hermanos le disminuía el número de pasajeros, también es un hecho que le aumentaba los derechos de pasaje, desde que por la baja del precio de transporte se aumentó, como era consiguiente, el número de pasajeros entre Concepción y Coronel, siendo en consecuencia imaginarios los perjuicios que reclama Wood"[3272].

Estaba claro, en todo caso, que el daño imputable al Fisco debía ser reparado directamente por él y no por los funcionarios que hubieran cometido los actos dañosos. Tal solución era consistente con el carácter directo que se le asignaba a la obligación indemnizatoria en materia contractual[3273], tal como sucedía en materia extracontractual[3274].

No procedía una indemnización si el daño ya había sido reparado. Así se desprende de una especie que examinaba las consecuencias del mutuo disenso acordado respecto de un taller de encuadernación establecido en la cárcel, en cuya virtud no podía proceder ninguna indemnización porque el demandante había "recibido todos los haberes que le correspondían

3269 V. gr., *Fisco con Dávila* (1866).

3270 *Fuentes* (1874). En el mismo sentido, *Goicolea* (1878), en que aparece que si en el contrato se había establecido que el arrendatario tendría derecho a las aguas que sobrasen luego de extraídas las necesarias para la población, y se probaba que "apenas corría el agua suficiente para las necesidades del pueblo", no existía responsabilidad de la Municipalidad arrendadora.

3271 *Empresa de gas de Valparaíso* (1863). Las cursivas son nuestras.

3272 *Wood* (1876).

3273 *Cádiz* (1890), en que, frente a la consideración de que "aunque *el inquilino o arrendatario* no es responsable del deterioro que provenga del tiempo y uso legítimos o de fuerza mayor o caso fortuito o de la mala calidad del edificio, no ha probado ninguno de estos hechos como le incumbía hacerlo, y, a falta de esta prueba, la ley lo declara responsable", no resultaban condenados los funcionarios, sino que el propio Fisco. Las cursivas son nuestras.

3274 Véase *infra* el título quinto, *passim* pero en especial su capítulo primero, B.I.b.

en el contrato rescindido"[3275]. Tampoco procedía indemnizar en caso de que el daño sufrido por una de las partes se hubiera producido una vez vencido el plazo para cumplir con lo acordado: "[...] si por su demora algún mal le sobrevino, no le da títulos para que el otro contratante le indemnice los perjuicios que dice haber sufrido"[3276].

La entrada en vigor del Código Civil fue favorable para la integración de la indemnización por lucro cesante, prácticamente inexistente en el período anterior en cualquier tipo de vertiente de responsabilidad. Durante este período hay especies en las que inequívocamente se dio lugar a la reparación del lucro cesante, en aplicación del artículo 1556 del referido cuerpo normativo. Por ejemplo, debiendo responder la sucesión de aquel cocontratante particular a quien, antes de su fallecimiento, se le había encargado la construcción de un hospital, y se le había entregado en vida unos sitios como contraprestación por parte de la Municipalidad. Habiendo constatado el incumplimiento ya en vida del deudor, el tribunal declaró la resolución del contrato y, entendiendo como único perjuicio ocasionado "el lucro cesante que le corresponde por la pérdida de la posesión de los sitios que dio en parte de pago de la obra", obligó a la sucesión "a pagar, por vía de lucro cesante, los frutos que dichos sitios han debido producir desde el 6 de febrero de 1869 hasta la fecha"[3277]. En otros casos no se dio lugar a lucro cesante —fuese porque el perjuicio por este concepto no se había verificado[3278], fuese porque se hubiera limitado expresamente la indemnización respectiva[3279]— pero no cabía duda de que el tribunal examinaba su procedencia y que era aplicable en esta área del derecho.

Respecto de la indemnización moratoria, quedó muy claro que no procedía la indemnización de perjuicios por incumplimiento del contrato si es que el plazo para cumplir con la prestación aún pendía, aplicándose los artículos 1551 y 1557[3280]; y tampoco procedía, en relación con el artículo 1552, si el supuesto infractor no era responsable del atraso en el cumplimiento de prestaciones de un contrato de obra pública, sino que lo era la propia Administración por falta de entrega oportuna de materiales, aunque el particular se viese beneficiado por el retardo que le era imputable a la Administración[3281]. Conviene apuntar que en relación con este tipo de indemnización hubo especies bastante llamativas, como la de una acción deducida en relación con el cumplimiento de un contrato de adquisición de un palco del Teatro Municipal, habiendo respondiendo el particular a todas las condiciones previstas por la Municipalidad para quienes habían adquirido uno antes del incendio, ordenándose finalmente sobre la base del artículo 1551 del Código Civil que "la Ilustre Municipalidad debe entregar dentro de diez días, a contar desde la notificación de la sentencia, al señor don José Rafael Echeverría, el referido palco núm. 22, satisfaciéndole además los perjuicios que le hubiere originado por la mora desde la notificación de la demanda"[3282].

3275 *Ahrens* (1877).
3276 *Cordero Velasco* (1884).
3277 *Municipalidad de Osorno con Testamentaria de García* (1878).
3278 *Díaz* (1862).
3279 *Stevenson y Davis* (1864).
3280 *Betteley* (1881).
3281 *Gómez* (1886).
3282 *Echeverría* (1874).

La influencia del Código Civil también puede percibirse a través de la aplicación de las normas indemnizatorias de los contratos específicos de que se tratase. El caso más frecuente fue el del arrendamiento, con distintas consideraciones. Algunas veces las sentencias asumían una aproximación más bien lacónica, a pesar de aplicar expresamente las normas del arrendamiento del Código Civil[3283]. Pero otras veces el análisis podía ser más claro. Por ejemplo, la aseveración de que la demora por parte del arrendador en entregarle el bien al arrendatario no daba derecho a prolongar su tenencia por el tiempo en que no se le entregó, sino solo a la indemnización de perjuicios[3284]; asimismo, el criterio de que no procedía indemnización por el Estado respecto de una casa arrendada en caso de que "los deterioros que en ella aparecen existían al tiempo de recibirse de ella el representante fiscal, ni si dichos deterioros son o no la consecuencia de su uso y goce legítimo"[3285]; también, el hecho de que el Fisco como "arrendatario es obligado a restituir la casa al fin del arriendo en el estado en que le fue entregada, siendo responsable de los daños y perjuicios sobrevinientes por su culpa o por la de sus huéspedes o dependientes"[3286]; de que el arrendamiento por una Municipalidad de una isla a un particular que finalmente no la recibe, porque luego de la celebración se la entregó a otro particular, implicaba una violación a lo dispuesto en los artículos 1924, 1925 y 1926 del Código Civil[3287]; y, finalmente, la importancia del desahucio del artículo 1951 del Código Civil para efectos del cálculo de las eventuales indemnizaciones con que debiese cargar la Administración[3288].

También consta la aplicación de las normas correspondientes al depósito, como el artículo 2235 del Código Civil en relación con la tenencia por parte del Fisco de piedras de una construcción derivada de un contrato de construcción de obra pública terminado por la propia Administración[3289]. Y, en relación con el contrato de promesa, se aplicó el artículo 1554 del Código Civil sobre de la Administración, enfatizándose que "la promesa de celebrar un contrato no produce obligación alguna, salvo que concurran ciertas circunstancias, entre otras, la de que la promesa contenga un plazo o condición que fije la época de la celebración de lo pactado, y en nuestro caso no existe esa circunstancia", con lo que no podía perseguirse una indemnización[3290].

También conviene apuntar que el Estado de Chile introdujo normas de exclusión de responsabilidad[3291] en relación con eventuales indemnizaciones que hubiera podido asumir en razón de la sucesión con el Perú respecto a los territorios incorporados a Chile. El artículo 8° del Tratado de Paz de 1884 expresaba que "fuera de las declaraciones consignadas en los artículos precedentes y de las obligaciones que el Gobierno de Chile tiene espontáneamente

3283 *Flemming* (1876).
3284 *Fisco con Barros Torrealba* (1880).
3285 *Garay* (1882).
3286 *Ossandón* (1885).
3287 *García* (1887).
3288 *Ugarte* (1890 b).
3289 *Venegas* (1884).
3290 *Peña* (1886).
3291 Véase *infra*, en este mismo capítulo, B.II.b, respecto de limitaciones de responsabilidad en relación con la actividad de ferrocarriles.

aceptadas en el supremo decreto de 28 de marzo de 1882 que reglamentó la propiedad salitrera de Tarapacá, el expresado Gobierno de Chile no reconoce créditos de ninguna clase que afecte a los nuevos territorios que adquiere por el presente tratado, cualquiera sea su naturaleza y procedencia"[3292]. Con todo, se abría la eventualidad de proceder una indemnización respecto de las obligaciones que sí hubieran sido aceptadas por Chile, y ello fue objeto de una sentencia en que finalmente se declaró no haber lugar a indemnización por ciertos beneficios o provechos derivados del arrendamiento de una salitrera, en aplicación del derecho internacional, pues "esta especie de cargos denominados comúnmente perjuicios indirectos no son procedentes en el Derecho Internacional"[3293].

Por último, quizás resulta de interés advertir que nuestra jurisprudencia parece haberse aproximado en una oportunidad al reconocimiento de una responsabilidad precontractual. Se trató de un contrato de suministros que no se celebró formalmente, pero que se ejecutó materialmente, consistente en proveer el rancho de las fuerzas de Tarapacá durante la Guerra del Pacífico. Nuestra judicatura declaró no haber lugar a indemnización a una violación de contrato, en atención a que "la Intendencia General, en uso de una atribución legítima, no aprobó la aceptación de las propuestas a que se refieren las bases y decreto de f. 3 y 4, y, por consiguiente, el Fisco no puede ser responsable de los perjuicios que haya podido sufrir el demandante por gastos efectuados para cumplir un contrato que ni siquiera fue extendido por escritura, según se indicaba en las bases de provisión". Esto, por cierto, respondía al presupuesto lógico de que no puede existir responsabilidad contractual en caso de no existir propiamente un contrato. Sin embargo, se añadió un considerando sumamente llamativo que apunta a complementar —al menos, doctrinariamente— la aseveración anterior: "[...] que el demandante *no ha intentado siquiera justificar que la no celebración del contrato de provisión le hubiera ocasionado perjuicios*"[3294]. Sin declarar su procedencia en la especie, dicha formulación parece abrir las puertas a una responsabilidad precontractual del Estado, cuyo desarrollo quedaría, sin embargo, pendiente para etapas ulteriores de nuestro derecho administrativo.

b. Indemnización y caso fortuito

El caso fortuito o fuerza mayor es, según el artículo 45 del Código Civil, "el imprevisto a que no es posible resistir". Contempla los requisitos de imprevisibilidad e irresistibilidad, a los que, para que opere la exención de responsabilidad, podría añadirse un tercero, el de la independencia de la voluntad de las partes en relación con el artículo 1547 inciso segundo del mismo cuerpo normativo[3295], aunque también puede estimarse que este se encuentra comprendido en la lógica de la imprevisibilidad[3296]. Esta figura fue abordada en varias oportunidades en lo concerniente a la obligación indemnizatoria de la responsabilidad contractual[3297].

3292 BLDG, LIII, p. 372.

3293 *Fréraut* (1889).

3294 *Solar* (1886). Las cursivas son nuestras.

3295 Alcalde Rodríguez (2018), p. 545.

3296 Rodríguez Grez (2005), p. 192.

3297 En relación con la responsabilidad extracontractual, véase *infra*, título quinto, capítulo primero, B.I.a.1.

El primer caso relevante del período es, en realidad, un caso de transición, que devela los últimos fulgores del derecho castellano-indiano en esta materia. Se trató de una concesión de servicio público, correspondiente al peaje del camino entre Tomé y Chillán, adjudicado a mediados de 1858 y que se vio afectado en 1859 con los episodios revolucionarios contra el gobierno de Manuel Montt. Aunque la sentencia de primera instancia daba lugar a una indemnización de los perjuicios padecidos por el concesionario, ordenando rebajársele de los cánones venideros una parte proporcionada a los derechos que no percibió, la Corte Suprema revocó dicha sentencia y, sorprendentemente, absolvió al Fisco:

> "Santiago, setiembre 29 de 1863 — Vistos: considerando: 1° que en materia de arrendamientos de rentas fiscales están vigentes las leyes de la Nueva Recopilación, según lo dispuesto en la de 23 de diciembre de 1837: 2° que por la ley 1ª tít. 9° lib. 9° de aquel código se determina que no se pueda poner descuento en dichos arrendamientos por ningún caso fortuito, enumerándose entre estos expresamente los casos de guerra, ya sean intestinas o exteriores; se revoca la sentencia apelada de 19 de mayo de 1860, y se absuelve al Fisco de la demanda de don Darío Navarro, corriente a f. 1. Tómese razón en la Contaduría Mayor. Devuélvanse. *Montt. Cerda. Palma. Barriga. Valenzuela. Reyes. Tagle*"[3298].

De lo anterior se desprendió el criterio —a la sazón, crepuscular— de que el caso fortuito era de cargo del concesionario, si se trataba de rentas fiscales. Resulta bien llamativo el esmero con que nuestra judicatura rastreó la norma sobre la que se aplicaba tal criterio, dado que se encontraba entre las normas de la Nueva Recopilación de 1567 que no fueron recopiladas en la Novísima de 1805. El Título 9° del Libro IX se denominaba "de las condiciones generales, con que se arriendan las rentas reales", y, dentro de la ley 1ª referida, se trataba más puntualmente de la condición 2ª, que expresaba lo siguiente:

> "Mandamos que sea avido por lei general para en todos los arrendamientos de nuestras Rentas que los Arrendadores, que arrendaren las nuestras Rentas, las cojan, y recauden a toda su aventura, poco, ò mucho lo que uviere, sin poner en ellas, ni en alguna parte dellas, descuento alguno, aunque daño, ò perdida, ò mengua venga en las tales Rentas por fuego, ò por robo, ò por agua, ò por guerra, ò piedra, ò nublado, ò por otro caso fortuito, ò por otra causa, ò razón qualquier que sea, ò ser pueda, mayor, ò menor, ò igual destas, pensada, ò no pensada, quier las dichas guerras sean dentro destos Reinos, quier fuera dellos, quier sean por mar, quier por tierra, i aunque se muevan, i comiencen por nuestra parte; salvo que todo ello sea à su ventura, segun dicho es, aunque digan, ò aleguen que los casos, que sucedieron, fueron de tales guerras, pestilencias, ò hambres, ò terremotos, aguaduchos, i otros casos fortuitos, que no pudieron ser pensados, ni jamás fueron vistos, ni oìdos, ni acaescidos, i que sea, i pase ansi en fecho de verdad, i que por ello vino quiebra, i daño a las Rentas en todo, ò en parte, i que son de tal qualidad, que, à no se aver expresado, se debia hacer baxa, y descuento; i que ansimismo, no pidan, ni pongan descuento alguno por ningunos Navìos, ni bestias de carga,

3298 *Navarro* (1863).

que su Magestad embargare, ò tomare para casos, que tocan à su servicio, en qualesquier Puertos, i Lugares del Reino, ò fuera dèl".

Ciertamente, la expresión "quier las dichas guerras sean dentro destos Reinos" se refería precisamente al caso de una revolución como la de 1859. Esta especie constituye una suerte de triste despedida de nuestra judicatura a la aplicación de las antiguas leyes sobre esta materia; triste, no por una aproximación nostálgica, sino por las lamentables consecuencias que tuvo sobre el particular la aplicación de la Nueva Recopilación.

La entrada en vigor del Código Civil y su formulación del caso fortuito o fuerza mayor también comprendieron elementos inquietantes sobre la responsabilidad contractual, aunque ello parezca pasar hoy desapercibido. En efecto, aunque la ejemplificación que el Código Civil desarrolló sobre esta materia, calificando como casos de esta figura a "un naufragio, un terremoto, el apresamiento de enemigos", no parece ser especialmente llamativa, la añadidura acto seguido de "los actos de autoridad ejercidos por un funcionario público" parece ser comprometedora para el derecho administrativo. ¿Acaso la Administración podría unilateralmente perjudicar a un particular con el que se encontrase ligado por vía contractual, sin estar sujeta a indemnizarle los daños ocasionados? La pregunta no parece ser exagerada, máxime tomando en cuenta la referencia de la aplicación de la Nueva Recopilación, que parecía sintetizar elementos centrales del estado de la cuestión a la entrada en vigor del Código Civil.

Sin perjuicio de la existencia de un discreto antecedente a fines del período anterior[3299], la respuesta no llegó inmediatamente. Tardó hasta 1871, cuando el Consejo de Estado debió resolver el caso de la paralización por resolución suprema de los trabajos de construcción de los almacenes fiscales, lo que repercutía negativamente sobre un contrato de suministro de cales dirigidas a tales obras. El pleito concluyó con una transacción por la que el Fisco abonaría al demandante "cuatro mil pesos por todos los perjuicios causados por la inejecución del contrato", añadiéndose que quedaría "dicho contrato vigente en la parte no cumplida y obligado el Fisco a darle perfecto cumplimiento dentro del término de dieciocho meses contados desde esta fecha"[3300].

Más allá del reconocimiento de la procedencia de la indemnización, debe repararse en otro aspecto sobresaliente: la opinión de los fiscales judiciales. Primero se le solicitó su parecer al Fiscal de Hacienda, quien la aceptó como justa y pidió "que se declare que el Fisco está obligado a cumplir el contrato y a indemnizar perjuicios por la mora en la forma dispuesta por el art. 1559 del Código Civil", y luego el propio Fiscal de la Corte Suprema opinó del mismo modo que el Fiscal de Hacienda. De todo lo anterior reluce que, ya en este primer apronte de la relación entre incumplimiento contractual y caso fortuito, *nadie* —ni el Consejo de Estado, ni el particular, ni el Fiscal de Hacienda, ni el Fiscal de la Corte Suprema— tuvo la torcida audacia de siquiera intentar proclamar la irresponsabilidad del Estado por los daños

3299 *Tesorero de los Establecimientos de Beneficencia con Errázuriz* (1859), en que la orden del Supremo Gobierno de enviar a un particular fuera del territorio nacional se consideró como un caso fortuito; pero ello fue para beneficio del particular demandado y no en su perjuicio, pues apuntó a absolver a un fiador contra el cual se pedía el cumplimiento de una obligación frente la imposibilidad del deudor principal que se hallaba en el extranjero.

3300 *Huici* (1871).

derivados de una resolución suprema so pretexto de que se tratase de un "acto de autoridad" que eximía de responsabilidad por encontrarse catalogado como uno de los ejemplos de caso fortuito que suministraba el artículo 45 del Código Civil.

Tampoco se entendió haber en la ley un acto de autoridad que constituyese caso fortuito. Un caso interesante es el concerniente al remate del ramo de balseaje del Mataquito por parte de la Municipalidad de Vichuquén, cuya entrada en vigor se vio entorpecida por el retardo en promulgarse la ley anual de contribuciones, con lo que se imposibilitaba jurídicamente el cobro de los respectivos tributos de balseaje. En esta especie, mientras el Juzgado de Letras negó lugar a indemnización, expresando que "no se ha comprobado que el retardo en dictarse esa ley ocasionara perjuicios al demandante" y que "todo contrato es una ley para los contratantes siempre que sea legalmente celebrado", la Corte de Apelaciones de Santiago confirmó la sentencia anterior, pero con declaración de que "la Municipalidad de Vichuquén debe pagar al rematante don José Tomás Nantuí los perjuicios que haya sufrido durante los días transcurridos desde que expiró el tiempo en que estuvo vigente la ley de contribuciones y la fecha en que principió a regir la misma ley de contribuciones para el año de 1887, perjuicios que serán avaluados por el juez de la causa oyendo un perito, si lo creyese necesario"[3301].

Otro caso interesante en este sentido, y en el cual quedó claro que la ley no excusaba la damnificación de los particulares bajo la conceptualización de un caso fortuito, fue el del arrendamiento de un reñidero de gallos, celebrado entre un particular y una municipalidad, y en el que, durante su ejecución, se cambiaron por ley los límites del departamento, quedando el reñidero bajo otra municipalidad. En dicho caso, se entendió que "el hecho sobreviniente de la ley a que se refiere el considerando anterior, no previsto por ninguno de los contratantes, puede estimarse como un caso fortuito de que no es responsable la Municipalidad de la Victoria, pues no ha sido ocasionado por culpa de ella". Sin embargo, lejos de dejar inerme al particular, se ordenó a la Municipalidad devolverle "la parte de renta que no se haya devengado por la falta de cumplimiento del contrato", pues el cocontratante había pagado su canon de arrendamiento de todo el período[3302].

Por supuesto, la improcedencia de invocarse al "acto de autoridad" como caso fortuito en el sentido ya explicado no significó que el caso fortuito no tuviese aplicación en nuestro derecho administrativo con relación a la responsabilidad contractual. Se eximió de responsabilidad al Estado, por ejemplo, por la avería sufrida en una cantidad de café depositada en almacén y deteriorada por consecuencia del agua que cayó del piso superior, pues "la manera en que estaban colocadas las mercaderías en el almacén no permitió que se notase el derrame del agua ni por los guardadores de ellas ni por sus dueños", con lo que "no hay en el Fisco o en sus empleados ni aun culpa leve en no haberse puesto a cubierto del accidente que motiva la demanda, y que este accidente debe reputarse para el Fisco como caso fortuito e imprevisto"[3303]. También se le eximió de responsabilidad frente a la muerte de un caballo tras un desrielamiento del ferrocarril, asumiendo nuestros tribunales que se había tratado de un

---

3301 *Nantuí* (1889).

3302 *Cisternas* (1874).

3303 *Kendall y Ca.* (1876). Pero hubo una interesante disidencia del ministro Covarrubias, en atención a que los empleados hubieran podido "prever y evitar con mediana diligencia" los referidos daños.

caso fortuito, pues debía probarse por el afectado que hubiera existido culpa de la empresa demandada "o que esta no haya empleado toda la diligencia y pericia necesarias para atenuar los efectos del mismo accidente, o que por el porteador no se hubiera empleado la diligencia y cuidado que acostumbran los portadores inteligentes y precavidos"[3304].

Asimismo, en otro caso de irresponsabilidad por transporte ferroviario, correspondiente al incendio de unos muebles en un tren por haber sido trasladados de un carro cerrado a un carro abierto, la Corte Suprema dio por probado haberse empleado la debida diligencia en el transporte, dado que el particular no logró probar que había contratado un carro cerrado y no un carro abierto, ni que hubiera existido una obligación de transportar en carro cerrado, sino que el boleto de flete solo significaba una constancia de que se habían introducido en un carro cerrado[3305]. Con todo, debe tenerse presente que algunos años después, frente a hechos bastante similares, se declaró la responsabilidad fiscal por mercaderías incendiadas, invirtiéndose la carga de la prueba en razón de que "el art. 207 del Código de Comercio establece la presunción de que la pérdida proviene por culpa del porteador cuando no se ha probado lo contrario"[3306].

Por cierto, en otras ocasiones fue el particular quien se vio exento de responsabilidad por el acaecimiento de un caso fortuito. Fue el caso de la pérdida de una nave en los alrededores de Valdivia, en que la irresponsabilidad por este concepto se derivó de declaraciones de testigos, quienes depusieron sobre "hechos y circunstancias que entrañan la certidumbre de que el suceso fue por caso fortuito, y en este sentido la prueba es preferente a la producida por el agente fiscal de que se ha hecho referencia en el anterior considerando", aplicándose, por lo demás, el artículo 1547 del Código Civil[3307].

Quizás conviene añadir algunas consideraciones en relación con la imprevisibilidad como requisito de procedencia del caso fortuito. Ya en 1864 entendió la Corte Suprema que un derrumbe no constituía caso fortuito que favoreciera al contratista cuando este había podido "conocer el estado en que se encontraban los trabajos ya hechos, y la naturaleza del cerro", y que "si bien un reconocimiento ocular no es suficiente para formarse idea de la composición de un cerro, puede esto conseguirse por medio de barrenos"[3308]. En este mismo sentido, algunos años después la Corte Suprema declaró la responsabilidad fiscal frente a la pérdida de un cargamento de más de cien toneladas de cebada en un incendio que afectó las bodegas de ferrocarriles, considerando que la empresa del Ferrocarril no podía escudarse en un caso fortuito si es que el siniestro "podía ser previsto y fácilmente evitado, retirando de la bodega la sustancia fácil de inflamarse que le comunicó el fuego, y cuya existencia a su costado ha sido también probada". Por ello, "puesta la cebada en una bodega de la empresa y destruida por un accidente que pudo evitarse con mediana diligencia, se hace forzoso convenir en que dicha empresa no puede excusar su responsabilidad", dado que "el acarreador no puede alegar el caso fortuito que pudo evitar con mediana prudencia o cuidado, lo que en realidad hace

3304 *García* (1876 b). Hubo voto disidente de Montt, quien opinó por la indemnización.

3305 *Antúnez* (1880). Nuevamente, hubo voto disidente de Montt, quien era favorable a indemnizar los muebles afectados.

3306 *Molina y Ca.* (1885).

3307 *Fisco con Echavarría* (1880).

3308 *Síndico de Pagenstecher* (1864).

que no exista semejante caso fortuito, cuyo carácter es el de ser imprevisto y de no poderse resistir, lo que hace de estricta aplicación la regla común según la cual toda persona que por negligencia cause un daño debe repararlo"[3309]. El Consejo de Estado también debió abordar el tema de la imprevisibilidad, entendiendo que no era caso fortuito la falta de carbón en un transporte, que debió haberse previsto con anterioridad, ni tampoco lo eran —al menos, en ciertas zonas geográficas— "el mal tiempo y las tempestades que son frecuentes y comunes en los mares del sur"[3310].

II. El desarrollo tópico de la responsabilidad

Sin perjuicio de haberse formulado un diseño de la responsabilidad contractual que enmarcase al derecho en general —y al derecho administrativo—, existió también un impulso enfatizado de este tipo de responsabilidad a partir de tres vertientes de gran interés. Dos fueron notables no solo por sus caracteres, sino que por su fertilidad: la responsabilidad por depósitos en almacenes de Aduana (a), y la responsabilidad ferroviaria contractual (b). Una tercera merece especial mención por abrir rutas desconocidas hasta entonces para nuestro régimen político republicano: los albores de la responsabilidad del Estado legislador (c).

a. La responsabilidad por depósitos en almacenes de Aduana

Quizás el desarrollo tópico más característico de la responsabilidad contractual está dado por la responsabilidad derivada de depósitos en almacenes de Aduana. Respecto a esta vertiente debe enfatizarse que ella fue establecida por las sucesivas Ordenanzas de Aduanas, en las que existió una continuidad esencial a pesar de las evoluciones relacionadas con los aspectos contenciosos de su conocimiento[3311] y con las adecuaciones sucesivas del vínculo entre responsabilidad del Estado y responsabilidad de los funcionarios de Aduana[3312].

La Ordenanza de Aduanas de 1851[3313], en vigor al inicio del período en estudio, planteó en el artículo primero de su capítulo XIV el criterio general de que "la Hacienda Nacional se constituye inmediatamente responsable por el detrimento o averías que sufran los géneros depositados dentro de los almacenes de Aduana", complementándolo con el de que "acreditando los respectivos consignatarios de un modo fehaciente que algunas mercaderías de su dominio han recibido detrimento, o han sido robadas dentro de los almacenes de las aduanas sin escalamiento de murallas o fractura de puertas, les cubrirá el Fisco todo el valor del daño o falta", contenido en el artículo segundo[3314]. De lo juzgado bajo el imperio de esta Ordenanza, quizás conviene destacar que el vocablo *géneros* no fue interpretado en su sentido textil,

3309 *Maqueira* (1872).

3310 *Fisco con Compañía de Vapores del Mar del Sur* (1864).

3311 Véase *supra* título segundo, capítulo primero, B.III.b.1.

3312 Véase *supra* título tercero, capítulo primero, B.I.a.3.

3313 Ley de 23 de agosto de 1851, BLDG, XIX, p. 295.

3314 Véase también lo expresado sobre estas normas de la Ordenanza de 1851 en Bocksang Hola (2015 a), título quinto, capítulo primero, B.I.b.

como erróneamente pudiera colegirse, sino en su sentido de conjuntos de cosas dotadas de caracteres comunes y, por lo tanto, era procedente la indemnización por el deterioro de una caja de fierro, por ejemplo[3315].

En la Ordenanza de Aduanas de 1864[3316] se abordó el tema de esta responsabilidad en un Título VI que se extendía entre los artículos 53 y 63. El criterio general, contenido en el artículo 53, no varió en lo esencial, salvo que se trabajó su redacción de modo de incluir también la *pérdida* de la mercadería, que no se hallaba en la enunciación principal de la Ordenanza de 1851 y que incorporó al mismo artículo la exención de responsabilidad que antes se trataba separadamente, incluyendo, por lo demás, algunos casos que previamente no se hallaban expresados:

> "El Erario Nacional se constituye inmediatamente responsable por la pérdida, detrimentos o averías que sufran las mercaderías depositadas en los almacenes de Aduana, salvo los casos siguientes:
> 1° Por accidentes fortuitos, como incendios, terremotos, inundaciones y demás acontecimientos imprevistos que puedan ocurrir;
> 2° Por el daño o avería que causaren las ratas o insectos;
> 3° Por la descomposición o menoscabo de las especies o líquidos que haya sobrevenido ya sea por la acción natural del tiempo, ya por su mala calidad, ya por defecto de los envases;
> 4° Por la avería que ocasionare algún bulto que, conteniendo artículos inflamables, aceite, bálsamo, vino o cualquier otro líquido no hubiese sido manifestado en el por menor respectivo. En este caso será obligado a resarcir el daño al dueño de la mercadería deteriorada o inutilizada el consignatario del bulto que lo haya ocasionado;
> 5° Por los hurtos que se ejecutaren con fractura de puertas o ventanas, escalamiento de murallas y, en general, en todos los casos y circunstancias en que no haya estado en la facultad de los encargados del depósito el poder evitarlos;
> 6° Por las mercaderías que se despachasen equivocadamente, a causa de manifestarse como un solo bulto el que contuviere varios paquetes con los mismos números y marcas que los del envase o forro exterior; salvo que se hubiere pasado una nota a la Alcaidía declarando aquella circunstancia para la extracción de los paquetes antes de depositarse en los almacenes".

La aproximación casuística de varias de las disposiciones muestra que en la formulación del artículo hay una suerte de sedimentación de la experiencia de los almacenes de Aduanas en los años previos en relación con las dificultades que podían surgir en la custodia de los bienes que les eran confiados. El artículo 54, recogiendo lo esencial del correspondiente de la Ordenanza de 1851, proyectaba el criterio de que el *onus probandi* que debía satisfacer el particular era meramente el de justificar la pérdida o deterioro de las especies, y no del comportamiento culposo o doloso del funcionario, a través de la fórmula "siempre que los respectivos consignatarios justifiquen de un modo fehaciente que algunas de sus mercaderías (salvo las excepciones expresadas en el artículo anterior) han recibido detrimento, faltas o

3315 *Williamson Duncan y Ca.* (1863).
3316 Ley de 31 de octubre de 1864, BLDG, XXXII, p. 305.

sido hurtadas dentro de los almacenes de Aduana, les cubrirá el Fisco el valor del daño o falta sufridos". Esto, como ha de intuirse, se orientó más bien hacia un régimen de responsabilidad estricto u objetivo, respecto del cual las alusiones a la culpa —por lo demás, poco frecuentes— abordaron la responsabilidad de los funcionarios que eventualmente podía estar comprometida[3317], con una sola excepción que se refirió a la culpa del Fisco[3318]. También es importante subrayar que esta responsabilidad fue concebida como una responsabilidad directa del Estado, sin perjuicio de las eventuales repeticiones que el Fisco dedujese según las reglas de Ordenanza[3319] y de las correspondientes acciones penales que el Fisco dirigiese contra funcionarios que pudiesen haber perpetrado una infracción de tal naturaleza[3320]. La importancia de la repetición según la Ordenanza marcaba fuertemente el diseño general de esta figura, al punto que, en último término y sin perjuicio de responderle el Fisco directamente al particular en un primer momento, existía un importante énfasis en hacer recaer finalmente las consecuencias patrimoniales de la indemnización sobre los funcionarios.

Aunque los casos de declaración de la responsabilidad del Estado por esta vía fueron bastante numerosos[3321], en general ellos no contuvieron cuestiones jurídicas de alta dificultad, aunque en algunas especies se aportaron elementos de interés, como, por ejemplo, el problema de la avaluación del daño, respecto del cual primero se estimó que debía tenerse como referencia el precio real que la especie tenía en el mercado[3322] luego variándose a que la avaluación debería efectuarse "con arreglo a la tarifa vigente en la época del extravío"[3323]; igualmente apareció en jurisprudencia el deber de indemnizar no solo el valor del daño de los bienes perdidos o averiados, sino también los derechos de internación y almacenaje que se hubieran pagado[3324]; y, en fin, surgió el reforzamiento de la carga de la prueba en manos del Fisco, al declararse que recaía sobre él la prueba de la mala condición original del bulto, ya que de lo contrario se habría efectuado la anotación respectiva al recibirse la mercadería[3325].

Cuando la Ordenanza de Aduanas de 1864 fue reemplazada por la de 1872, un Título X reunió nuevamente las disposiciones de esta especie de responsabilidad, desarrollada entre los artículos 72 y 82[3326]. Las disposiciones centrales variaron poco, incluso en la fuerte inclinación a la repetición contra los funcionarios, pero existieron algunas diferencias perceptibles. El artículo 72, continuador del antiguo artículo 53, parece revelar una mayor influencia terminológica del Código Civil al introducir, para situaciones como incendios y terremotos, la fórmula "y demás que se comprenden con la denominación de casos fortuitos"; y también eliminó la

---

3317 *Weir y Ca.* (1866), *Zahn y Ca.* (1867) y *Zahn y Ca.* (1873).

3318 *Kendall y Ca.* (1876).

3319 *V. gr.*, *Gunston Ledward y Ca.* (1865), *Huth Gruning y Ca.* (1866), *Smith, Masenlli y Ca.* (1866), *Schutte y Ca.* (1871) y *Mertel* (1872).

3320 *Ábalos y otros* (1870).

3321 *V. gr.*, *Alsop y Ca.* (1865), *Werner* (1865), *Scott y Ca.* (1865), *Zahn y Ca.* (1866), *Graham Rowe y Ca.* (1867), *Ávila y otro* (1869), *Casa de La Fuente y sobrino* (1869), *Gibbs y Ca.* (1869), *Brieba* (1870) y *Betteley y Ca.* (1872).

3322 *Graham Rowe y Ca.* (1865).

3323 *Ábalos y otros* (1870).

3324 *Calvary y Ca.* (1866); también otras sentencias, como *Williamson Balfour y Ca.* (1866).

3325 *Zahn y Ca.* (1873).

3326 Ley de 24 de diciembre de 1872, BLDG, XL, p. 1130.

irresponsabilidad del Fisco por los casos de bultos que, conteniendo artículos inflamables, produjesen daño a otros bultos, planteando correlativamente en el artículo 73 el principio de que "el Fisco responderá directamente al dueño de los efectos averiados o inutilizados", dejando a salvo el derecho del Fisco para repetir contra el dueño de la mercadería que ocasionó el daño. Por su parte, el nuevo artículo 74 introdujo un principio de celeridad de la indemnización, al expresar que "el Fisco pagará las indemnizaciones a que, según el artículo 72 esté obligado, *tan pronto como* los dueños o consignatarios justifiquen de una manera fehaciente la pérdida o deterioro de las mercaderías"[3327].

Esta celeridad, como puede imaginarse, no significó la desaparición de los pleitos referidos a esta materia. Estos, tal como había sucedido bajo el imperio de la Ordenanza de Aduanas de 1864, fueron bastante numerosos y, en general, también bastante típicos, sin grandes innovaciones en lo jurídico e inclinándose a debatir sobre los hechos de la especie[3328]. No se alteró la figura general: siguió siendo una configuración indemnizatoria tendiente a lo objetivo y de responsabilidad estatal directa, dándose usualmente derecho a repetir[3329] contra los funcionarios o los gremios de jornaleros[3330]. En las especies ventiladas jurisdiccionalmente, la inmensa mayoría de los casos concluían con sentencias condenatorias al Fisco, con algunas raras excepciones en que se le absolvía[3331], debiendo el Fisco "justificar la irresponsabilidad fiscal"[3332].

Dentro de esta masividad, algunas sentencias se elevaban sobre el resto y abordaban aspectos más controvertidos. En este sentido, la avaluación del perjuicio siguió planteando algunas consideraciones, con sentencias que estimaron que la indemnización debía darse "a precio de tarifa o, si no la hubiere, al de factura debidamente legalizada"[3333], pudiendo atenderse al

3327 Las cursivas son nuestras.

3328 *V. gr.*, *Sarratea* (1874), *Jouve y Ca.* (1874), *Houston Steel y Ca.* (1875), *Smith, Masenlli y Ca.* (1876), *Pfeiffer Thiele y Ca.* (1877), *Guevara* (1877), *Steel Hedderwik y Ca.* (1877), *Queille y Billwiller* (1877), *Schuchard y Ca.* (1878), *Pfeiffer Thiele y Ca.* (1878), *Oetling y Ca.* (1878), *Sucesión de Poisson* (1878), *Duncan Fox y Ca.* (1878), *Schutte Heineken y Ca.* (1878), *Rogers Symington y Ca.* (1878), *Plaza* (1878), *Gunston Edmondson y Ca.* (1878), *Guérin Hermanos* (1878), *Weber y Ca.* (1879), *Jouve y Gorlier* (1879), *Pfeiffer Thiele y Ca.* (1879), *Gautreau y Ca.* (1880), *Huth Gruning y Ca.* (1880), *Gibbs y Ca.* (1880), *Holzapfel y Scholle* (1880), *Seckel e Hijos* (1881 a), *Calvary y Ca.* (1881), *Williamson Balfour y Ca.* (1881), *Herrera* (1882), *Plaza y Ca.* (1882), *Weber y Ca.* (1884), *Hellmann* (1885), *Hellmann* (1887) y *Bennett y Ca.* (1889).

3329 En algunos casos poco numerosos no se daba lugar a repetición, sino que el Fisco asumía en definitiva todo el peso indemnizatorio, por aplicación de las mismas disposiciones de la Ordenanza: *v. gr.*, *Heineken Schwartz y Ca.* (1886), *y Mathieu, Brañas y Ca.* (1889) y *Gleisner y Ca.* (1889); en estos dos últimos casos, por considerarse que los daños derivados de la humedad y las goteras en los almacenes no podían ser imputables a falta de celo o vigilancia de los funcionarios.

3330 *Fisco con Gremio de Jornaleros de Valparaíso* (1874), *Cerveró y Ca.* (1877), *Jannaut Dutrenit y Ca.* (1883), *Devès Frères* (1883), *Queille y Billwiller* (1884) y *Graham Rowe y Ca.* (1889). Pero sin el previo juicio de reclamos por las especies perdidas, el Fisco no podía demandar a los funcionarios: *Fisco con empleados de la Aduana de Valparaíso* (1890).

3331 *Kendall y Ca.* (1876), por caso fortuito; *Williamson Balfour y Ca.* (1880), por haberse devuelto el bulto en buena condición; y *Bordes* (1881), por haberse entregado un vino por el particular en un envase que estaba en mala condición.

3332 *Duguid y Ca.* (1878).

3333 *Cerveró y Ca.* (1878). En el mismo sentido, *Vorwerk y Ca.* (1879) y *Pfeiffer Thiele y Ca.* (1882).

valor que se expresara en la póliza[3334], pero inhibiéndose el tribunal de determinar él mismo el monto de la especie perdida o dañada[3335]. Asimismo, se declaró no haber responsabilidad del Estado si se remataban unas especies depositadas en Aduanas y respecto de las cuales los propietarios no habían efectuado los trámites para la renovación del depósito[3336]; y haberla, en caso de que el daño se produjese sobre bultos cerrados si es que su contenido había sido detallado y los funcionarios de Aduana los habían admitido a almacenes[3337]. También consta algún caso en que los particulares dolosamente reclamaron por perdidas ciertas mercaderías que les habían sido entregadas, caso en el cual se les aplicó una sanción[3338].

Es menester destacar, en fin, que solo ocasionalmente las normas especiales de este tipo de responsabilidad fueron coordinadas con las normas del Código Civil sobre responsabilidad, aunque ejemplos clarísimos de su compatibilidad aparecen de nuestra jurisprudencia, como aquel en que se aseveró que "el Estado, en su carácter de depositario de las mercaderías depositadas en aduana, debe responder de ellas a sus dueños, *bien se atienda a las disposiciones de las leyes especiales de hacienda, o a las generales que reglan la materia*, salvo los casos exceptuados entre los cuales no se halla comprendida la reclamación de que se trata"[3339].

b. La responsabilidad ferroviaria contractual

En materia contractual ferroviaria, la jurisprudencia derivó consecuencias indemnizatorias circunscritas esencialmente al contrato de transporte. En este sentido, la norma basal concerniente a la responsabilidad ferroviaria contractual provino del Código Civil, cuyo artículo 2015 del Código Civil, que prescribía que "el acarreador es responsable del daño o perjuicio que sobrevenga a la persona por la mala calidad del carruaje, barco o navío en que se verifica el transporte", añadiendo que era "asimismo responsable de la destrucción y deterioro de la carga, a menos que se haya estipulado lo contrario, o que se pruebe vicio de la carga, fuerza mayor o caso fortuito", y concluyendo que "tendrá lugar la responsabilidad del acarreador no solo por su propio hecho, sino por el de sus agentes o sirvientes", lo que desde ya era plenamente compatible con la lógica orgánica de operatividad de la Administración del Estado. En una especie de 1862 que versó sobre la pérdida de un teodolito se aplicó esta norma, concluyéndose, sin embargo, en la absolución de la empresa del ferrocarril por el hecho de que el objeto había venido "como equipaje de mano al cuidado y bajo la responsabilidad de su propio dueño". Sin embargo, se contiene en la sentencia una consideración bastante desconcertante en relación con una alegación de haberse dejado el objeto en la oficina del jefe de estación Gaskill, entendiendo el tribunal que "no habiendo constancia en autos de que Gaskill

3334 *Molina* (1880).
3335 *Seckel e Hijos* (1881 b).
3336 *Gibbs y Ca.* (1879).
3337 *Wolde y Ca.* (1879).
3338 *Rodríguez y Ca.* (1889).
3339 *Jannaut Dutrenit y Ca.* (1880). Las cursivas son nuestras. En lo dispositivo, se expresaba lo siguiente: "Visto lo dispuesto en los arts. 72, 74 y 76 de la Ordenanza de Aduanas, y en los arts. 1576, 1578, 2228 y 2257 del Código Civil, se revoca la sentencia apelada de 25 de mayo último, corriente a f. 21 vta., y se declara que el Fisco debe pagar al representante de E. Jannaut Dutrenit y Ca. los doscientos cincuenta y seis cajones de vino y de coñac que reclama según el precio de tarifa".

por su empleo tenga el inmediato encargo de cuidar los objetos que el tren conduce y llegan a la estación, faltan antecedentes para conocer si obró dentro de la esfera de sus funciones y si la empresa es o no responsable"[3340].

Afortunadamente, el régimen de la responsabilidad ferroviaria se vio mejor especificado ese mismo año de 1862, cuando la ley de ferrocarriles de 1862 introdujo un artículo que comprometió tanto a la responsabilidad contractual como la extracontractual de dicho tipo de empresas. El criterio era que toda empresa ferroviaria sería responsable "de los daños y perjuicios procedentes de los actos u omisiones relativos al servicio, causados por los administradores y demás empleados en la explotación del camino", añadiendo que "esta responsabilidad pesará sobre el Estado si la explotación se hiciese por él o de su cuenta"[3341].

Conviene destacar que, desde una perspectiva contractual[3342], la aplicación de esta norma impactó específicamente en el contrato de transporte, coincidiendo con la del Código Civil que se había puesto en ejercicio en esta esfera. Curiosamente, el despegue de esta vertiente de responsabilidad contractual no se produjo inmediatamente. El paso de los años resultó ser tan relevante desde el punto normativo que el caso más notable que siguió a la entrada en vigor de la ley de ferrocarriles no desarrolló una aplicación de ella, sino que aplicó el Código de Comercio de 1865. Se trató del caso de la pérdida de cien sacos de trigo que el Ferrocarril del Norte debía portear y que, reconociéndose la responsabilidad de la Empresa, condujo a la correspondiente indemnización, sobre la exclusiva base de los artículos 191, 199, 200 y 209 del Código de Comercio[3343]. Finalmente, tres años después se aplicó el citado artículo 38 de la ley de 1862 en una sentencia *Maqueira*, aplicándolo asociadamente con el Código Civil[3344], y cuyos hechos darían lugar a otra sentencia tres años después, distinguiendo la responsabilidad contractual del Estado de la responsabilidad personal del encargado de la estación[3345].

Desde un punto de vista normativo, también resulta interesante el testimonio de la jurisprudencia en orden a que, si el régimen de los cierros se encontraba totalmente abordado por vía contractual entre la empresa y el particular afectado, el régimen de responsabilidad se sustentase exclusivamente sobre los artículos 1553 y 1556 del Código Civil, omitiéndose toda referencia a la ley de 1862 y al Código de Comercio[3346].

Otros elementos fueron subrayados en ulteriores sentencias. Por ejemplo, en una especie de 1877, al declararse la procedencia de la reparación[3347], se subrayó la relevancia del criterio del inicio de la responsabilidad en el transporte de mercaderías que contenía la ley de 1862, cuyo artículo 45 imperaba que "la responsabilidad de la empresa por las mercaderías, equipajes y demás objetos que se encargue de conducir, principia desde el momento en que el empleado

3340 *Gormaz* (1862).
3341 Ley de 6 de agosto de 1862, BLDG, XXX, p. 199, art. 38.
3342 Respecto de la extracontractual, véase *infra*, título quinto, capítulo segundo, B.II.
3343 *Salas Hermanos* (1869).
3344 *Maqueira* (1872).
3345 *Fisco con Quinteros* (1875).
3346 *Montes* (1884).
3347 Se trata de una de las apelaciones más debatidas de todo el período en la Corte Suprema, con una muy interesante dispersión de votos que da cuenta de las dificultades que aparecían en la recepción de esta materia.

destinado a recibirlos, dé el respectivo documento resguardo al remitente o a quien obra a su nombre"[3348]. La importancia de este documento para la posterior entrega de las especies al destinatario fue subrayada en 1881, al no aceptarse como excusa para la empresa el hecho de que se invocara como "costumbre entregar la carga a personas conocidas como el demandante sin exigirles el boleto"[3349].

Por su parte, no solo la pérdida de las mercaderías era relevante para efectos indemnizatorios, sino también su avería "hasta el punto de quedar inútiles para su venta y consumo", según lo expresado por el artículo 210 del Código de Comercio. Ello fue objeto de una especie sobre sacos de harina manchados con parafina[3350], dándose lugar a la correspondiente indemnización. También podía llegarse a la misma conclusión sin recurrir a dicho precepto, como en el caso de un cargamento de azúcar que se estropeó producto de un aguacero que cayó sobre un carro cuyo techo estaba malogrado[3351].

En relación con la culpa, el estándar era el de la culpa leve, respecto del cual no solo se invocaban criterios generales, sino que existía una norma especial, el artículo 207 del Código de Comercio, que prescribía explícitamente que "el porteador responde de la culpa leve en el cumplimiento de las obligaciones que le impone el transporte"[3352].

También debe tenerse en cuenta que los atropellamientos de animales que se producían como consecuencia de la infracción en la obligación —que pesaba sobre la Administración— de mantener los cierros que circundaban las vías férreas, normalmente relacionada con consecuencias indemnizatorias *extracontractuales* respecto de los dueños de los animales muertos, también podían producirlas *contractuales* en relación con los daños que sufriesen mercaderías transportadas por los ferrocarriles implicados en tales accidentes[3353].

El principio general de responsabilidad estuvo limitado, sin embargo, por ciertos criterios de exención o limitación. Quizás el más importante era la norma de exención de responsabilidad que se contenía en el artículo 49 de la Ley de Ferrocarriles de 1872:

> "La Empresa no responde de los objetos que lleven consigo los pasajeros. Tampoco responde por las joyas, pedrerías, dinero, billetes de banco, títulos de la deuda pública o hipotecarios u otros documentos de la misma clase que se contuvieren en un equipaje que se hubiere entregado para conducir, si no se manifestaren especial y determinadamente".

Tal fuente no era la única que permitía limitar el régimen de la responsabilidad contractual[3354]. Sobre la base del artículo 40 de la ley de 1862, que permitía fijar a cada empresa sus propias reglas de funcionamiento, se reconoció la posibilidad de establecer reglas adicionales

3348 *Salas Hermanos* (1877).

3349 *Nieto* (1881). Curiosamente, no se invocó la ley de 1862, sino que el artículo 209 del Código de Comercio y los artículos 1553, 1557 y 1558 del Código Civil.

3350 *Lanz* (1882).

3351 *Sanguinetti Hermanos* (1889).

3352 En jurisprudencia, *v. gr.*, *Salinas* (1888).

3353 *Pérez* (1885).

3354 Respecto de la licitud de la limitación de responsabilidad contractual, véase, *v. gr.*, De la Maza Rivadeneira (1989), pp. 631-632.

de limitación de responsabilidad. En virtud de tal disposición se aceptó, aun declarándose la responsabilidad de la empresa, que no se indemnizara la pérdida de un fardo de mercaderías por su valor integral, sino que sujetándose al monto máximo de cincuenta pesos que el reglamento interno de la empresa declaraba[3355]. Empero, tales limitaciones debían interpretarse de modo estricto, por lo que si la norma limitativa expresaba aplicarse a los bultos de contenido desconocido, no podía extenderse a los que tuviesen mercaderías conocidas[3356], y hacia fines del período la limitación de responsabilidad se fue estrechando, destacándose que "la irresponsabilidad de la Empresa en la conducción de mercaderías por carros completos… *no puede referirse a los daños causados por culpa de la misma Empresa*, sino a los deterioros o pérdidas producidos por otras causas en las mercaderías introducidas por el cargador en el carro y cuya calidad o cantidad no tiene para qué averiguar el portador"[3357]. Adicionalmente, de una sentencia de 1879 en que se examinó la avería de un carruaje, apareció la posibilidad para el Fisco de aceptarle al litigante particular una estimación de perjuicios inferior a la cuantía total de la demanda, sin que ello se entendiese importar una transacción y sin que ello apareciese como contrario a derecho para el juez[3358].

En cuanto a la relación entre la actividad de los funcionarios ferroviarios y la responsabilidad contractual del Estado, quizás el vínculo conceptual más claro parece recogerse en una especie que expresó "que según nuestra legislación vigente (art. 38 y 70 de la ley de policía de ferrocarriles y 2314 del Código Civil) las empresas destinadas a prestar el servicio de transporte son responsables de los daños y perjuicios procedentes de los actos u omisiones de los empleados"[3359]. Con todo, y como se sabe, el artículo 2314 no contiene ninguna disposición que enlace el plano de los empleados y el de la empresa del Ferrocarril, por lo que bien puede preguntarse de dónde provendría la formulación de la sentencia. Aparentemente, la única explicación razonable de acuerdo con lo expresado por la sentencia se relacionaría con la subsunción de la situación en el artículo 2320 del Código Civil ("toda persona es responsable no solo de sus propias acciones, sino del hecho de aquellos que estuvieren a su cuidado"), que el dispositivo discretamente mencionaba. Ello implicaría que los empleados ferroviarios estarían al cuidado del Estado, giro que es ineludiblemente forzado, y quizás por ello el tribunal prefirió no ser demasiado prístino al construirlo, desmembrando el total de la construcción entre lo considerativo y lo dispositivo.

Quizás lo más destacable del régimen —algo desmembrado, pero consistente— de la responsabilidad contractual ferroviaria es que propició el avance hacia zonas de frontera en materia de responsabilidad. Ello, por cierto, no se verificó en la totalidad de las especies ventiladas durante este período, pero algunos casos puntuales resultan muy evocadores. En uno de ellos, por ejemplo, se desprendió el criterio de que era de responsabilidad de la

3355 *Barrenechea* (1872).

3356 *Naveillán* (1887).

3357 *Sanguinetti Hermanos* (1889). Las cursivas son nuestras. Sin mucha claridad en el texto, pero también apuntando a restringir el impacto de las limitaciones de responsabilidad, véase también *Lacourt* (1889).

3358 *Aldunate* (1879). Respecto de las dificultades en la determinación de la cuantía de los perjuicios, véase *Pérez* (1887).

3359 *Prado* (1889).

Administración cumplir con los trámites previstos por la ley para dar por establecido con posterioridad el cumplimiento efectivo del transporte, y si no los cumplía —y probaba—, se le obligaba a indemnizar. Esto, tal como venía formulado, significaba un avance hacia criterios de responsabilidad estricta: el incumplimiento de las obligaciones por parte de la Administración que se relacionaba con el acaecimiento de un daño daba lugar a una indemnización. Si no se podía quizás referirse a una responsabilidad objetiva, al menos cabía en ello reconocer una responsabilidad objetivizante que giraba con claridad frente a la figura de un estándar concreto de comportamiento[3360].

Pero en otra sentencia posterior, *Rojas*, de 1889, nuestra jurisprudencia estuvo a punto de cruzar el Rubicón —o quizás lo cruzó. Se trataba de un pleito por responsabilidad del Estado, derivado de la destrucción de sandías que habían sido enviadas por ferrocarriles e impedidas de llegar a destino en razón de la epidemia de cólera. Así, detenido el convoy dirigido al sur, se enviaron las sandías de vuelta al particular, mandándose que, "si el interesado no quiere recibir las sandías, avise al señor intendente en esa para que las haga botar", lo que finalmente se cumplió, arrojándose las sandías al río Guaiquillo, con lo que "no se condujo la carga al lugar de su destino y la mercadería se perdió totalmente". En este caso, sobre la base de los artículos 199, 207 y 209 del Código de Comercio, se entendió que "el portador es obligado a la custodia y conservación de las mercaderías porteadas, y en caso de pérdida, a pagarlas al precio que tengan a juicio de peritos, en el día y lugar en que debió verificarse la entrega", y se dio lugar a la indemnización[3361]. Es muy notable que la Corte Suprema no se haya escudado en la epidemia de cólera para pretextar una causal de exención de responsabilidad de la empresa ferroviaria por el fallido despacho y la pérdida de las mercaderías. Bajo criterios menos garantistas, la solución hubiera estado a pedir de boca. Y aunque la invocación del artículo 207 del Código de Comercio, que se refería a la culpa leve, parece hacer girar la solución en torno a la óptica subjetiva, no resulta muy difícil ver en esta sentencia el correlato *contractual* de la sentencia *Ábalos*[3362], que también versaba sobre un caso de pérdida de sandías, pero bajo la óptica *extracontractual*. En el caso *Rojas*, tal como en *Ábalos*, las medidas administrativas condujeron a la pérdida de la fruta: un acto administrativo —en este caso, una circular— seguido de la ejecución del acto —en este caso, la prohibición de que la fruta siguiese su camino—.

Es cierto que, en esta especie, a diferencia de *Ábalos*, hay un acto posterior que enturbia la pulcritud de la figura, que es el haberse arrojado las sandías al río, porque el particular no quiso recibirlas de vuelta. Sin embargo, lo cierto es que si las sandías hubieran quedado en el punto más alejado al cual llegaron antes de ser devueltas, su pérdida probablemente hubiera sido inevitable, pues bajo el cólera nadie hubiera pretendido consumirlas y el incumplimiento de lo pactado hubiera no solo probable, sino indiscutible. Resulta muy evocativo que no se haya aplicado el caso fortuito para regir esta materia, y la invocación del artículo 207 del Código de Comercio parece responder más a una necesidad de sustentar normativamente la responsabilidad que a una verdadera proclamación de la existencia de una culpa leve. Leyendo

3360 *Asquet Hermanos* (1882).

3361 *Rojas* (1889 b).

3362 Véase *infra*, título quinto, capítulo segundo, B.III.a.

entre líneas, no parece descabellado advertir en todo esto la proclamación subrepticia por parte de la Corte Suprema, cinco meses antes de la célebre sentencia *Ábalos*, de una responsabilidad estricta, aquí en materia contractual.

c. El anuncio de la responsabilidad del Estado legislador

Chile, mucho antes que otros países considerados generalmente como referencia por parte de nuestros administrativistas, introdujo la categoría de la responsabilidad del Estado legislador[3363]. Esto se dio a través de la sentencia *Boucherat*, una joya escondida entre los millares de páginas de la *Gaceta de los Tribunales*[3364]. Ella presenta un caso que mezcla aspectos de imperatividad de contratos administrativos y responsabilidad del Estado, a horcajadas entre la responsabilidad del Estado-Administración y la responsabilidad del Estado-Legislador. Es un testimonio de la sofisticación y el sentido de justicia con que nuestros tribunales abordaban alambicadas cuestiones que, en otros países, fueron discutidas y llegaron a tener solución solo décadas después.

Los hechos de la causa son bastante simples. Se trata de un caso de sueldos de un funcionario público extranjero, en el que, habiéndosele contratado para realizar distintas prestaciones relacionadas con actividades pirotécnicas, la Administración celebró un contrato que establecía un pago en moneda nacional expresado con equivalencia en moneda extranjera: según lo expuesto en la parte expositiva de la sentencia de primera instancia, "cien pesos o sean quinientos francos mensuales", o según la parte considerativa "cien pesos equivalentes a quinientos francos".

Dicha equivalencia mantuvo una sustancial estabilidad económica al inicio de la ejecución del contrato, de modo que el peticionario originalmente no efectuó ningún tipo de reclamación por eventuales disconformidades menores. Pero luego intervino un factor desequilibrante que nadie anticipó en un principio: la actividad del propio Legislador.

Ello se dio a través de la ley de 23 de julio de 1878, sobre inconvertibilidad de billetes de banco. Su artículo único disponía que "desde la fecha de la promulgación de esta ley hasta el treinta y uno de agosto de mil ochocientos setenta y nueve, se considerarán como moneda legal para la solución de todas las obligaciones que deben cumplirse en Chile, contraídas antes o con posterioridad a la fecha de esta ley, y cualquiera que sea la forma en que se hayan otorgado, los billetes de banco a la vista y al portador emitidos por los bancos enumerados en el artículo primero de la ley de veintisiete de junio último, que cumplan con las condiciones de la presente ley"[3365].

Esta ley representaba el desenlace normativo de una importante crisis monetaria, derivada de la recesión mundial que comenzó en 1873 y que disminuyó drásticamente las exportaciones chilenas. Para enfrentar esta situación y propiciar la obtención de divisas, se exportó oro, con

3363 En Francia esta categoría apareció poco antes de la Segunda Guerra Mundial, a través del fallo *La Fleurette*: WEIDENFELD (2010), p. 225; y no es que antes no se hubiera abordado el tema, pues en p. 218 la autora subraya que en 1875 el Consejo de Estado descartó explícitamente la procedencia de tal responsabilidad.

3364 *Boucherat* (1884).

3365 BLDG, XLVI, p. 324.

lo que se desencadenó una reducción de la masa monetaria y un retiro de buena parte de los depósitos existentes. El Estado, a fin de evitar una corrida bancaria, adoptó la medida de la inconvertibilidad, a través de la referida ley de 23 de julio de 1878. Al disponer que los billetes emitidos por los bancos pasaban a tener curso legal para todo tipo de obligaciones —y sin perjuicio de otros factores concomitantes—, el peso chileno se desvalorizó[3366].

Así, la especie *Boucherat* representa bien cómo en el derecho público pueden influirse y relacionarse distintos ámbitos de la realidad. En este caso, una medida político-económica, como la ley de inconvertibilidad de los billetes de banco, terminó perturbando un vínculo propiamente jurídico, es decir, referido a lo justo debidamente asignado a una persona.

El primer elemento jurídico que sobresale de esta sentencia —palmario, incontrovertible— es la plena vigencia de la imperatividad de los contratos administrativos, incluso al aplicársele en la esfera de la función pública[3367].

Pues bien, si el Estado no tenía prerrogativas para violar el contrato celebrado, ¿podía ser declarado responsable por los perjuicios derivados de la violación?

La sencillez del lenguaje de esta sentencia puede mover a subestimar su aporte. Y por ello es importante examinar cuidadosamente sus expresiones. El considerando crucial en este sentido es el segundo:

> "Considerando... que, después del 24 de agosto de 1877, fecha del contrato, el peso chileno ha sufrido depreciaciones más o menos considerables según el cambio con Europa, hasta el punto de que el sueldo de Boucherat ha podido disminuir hasta un tercio o más de su apreciación en francos".

¿A qué apuntan estas expresiones? A un desequilibrio económico del contrato producido por factores externos. En otras palabras, y sin mencionar ningún concepto de acentuado significado técnico, apuntan a lo que hoy designamos bajo las denominaciones de *hecho del príncipe* o *teoría de la imprevisión*; la primera, más bien imputable a un hecho o acto de la autoridad política; la segunda, a un evento casual o derivado de otros factores externos.

El debate de la cuestión muestra una concomitancia de ambos tipos de factores, pero destacando que la influencia determinante habría sido la actividad del propio Estado de Chile. Así, el demandante no solo se basó en la interferencia producida por la ley de 23 de julio de 1878, sino que añadió otro texto legislativo, destacando que "la ley de 10 de abril de 1879, dando curso forzoso a la primera emisión de papel moneda que hacía el gobierno, *abatió, como era muy natural, el valor del papel emitido*, subiendo el cambio sobre Europa hasta un noventa o un ciento por ciento, haciendo de esta manera las condiciones de mi contrato muy desfavorables, porque la depreciación de la moneda legal reducía en buenos términos a dos terceras partes y aun a la mitad mis honorarios"[3368].

3366 Para una síntesis de toda la crisis económica de la década de 1870 señalada en este párrafo, pueden consultarse, *v. gr.*, Correa Sutil (2013), esp., pp. 175-181; y Vial Correa (2010), pp. 870-874.

3367 Véase *supra*, en este capítulo, A.II.b.1.

3368 Las cursivas son nuestras.

Esta ley de 10 de abril de 1879 sencillamente continuaba la política monetaria de inconvertibilidad del gobierno del presidente Aníbal Pinto, al autorizarle "emitir, ya directamente, ya por medio de los bancos de emisión establecidos en la República, hasta seis millones de pesos en billetes al portador, de curso forzoso y que serán moneda legal para la solución de toda especie de obligaciones, cualesquiera que sean su fecha y los términos en que estén otorgadas"[3369].

Igualmente, la defensa fiscal entendió como primordial la actividad legislativa en este caso. Y amparaba la irresponsabilidad del Estado que aspiraba a demostrar en el hecho de tratarse de un caso de actividad del Legislador: "[...] *la ley de 23 de julio de 1878 que hizo inconvertible el billete de banco*, lo consideró como moneda legal para la solución de todas las obligaciones que debían cumplirse en Chile" (fundamentación 3ª)[3370]. En otras palabras, si había existido un perjuicio, este se había derivado de la existencia de una disposición legal, y como el sueldo debía pagarse "en la moneda legal que circulase en la república" (fundamentación 1ª), del perjuicio de que se reclamaba no se debería reparación alguna, dado que la víctima estaría obligada a someterse a las disposiciones que el Legislador emitiera sobre la materia.

Con todo, la sentencia no proclamó abiertamente que la causalidad del daño se había producido exclusivamente por la acción del Estado legislador. En esto dio muestras de una gran delicadeza de razonamiento.

Ella se derivaba del hecho de que también la Administración había contribuido a engendrar el daño que había padecido el afectado, porque ella se había negado a pagarle el monto real de remuneraciones a Aquiles Boucherat, cobijándose en las disposiciones legales para pagarle nominalmente en pesos, prescindiendo de la equivalencia que expresaba el contrato y optando por la interpretación que más le convenía.

Por ello es que el considerando cuarto de la sentencia apuntaba que "la ley de 23 de julio de 1878 que hizo inconvertible el billete de banco y lo consideró como moneda legal para la solución de todas las obligaciones que debían cumplirse en Chile, *no dispuso nada respecto de los casos en que se tomaba por tipo la moneda extranjera*". El rol hermenéutico del juez sobresale en esto con todo vigor, pues hay que tener presente que la referida ley de 1878 había dispuesto que los billetes de banco a que se refería "se considerarán como moneda legal para la solución de todas las obligaciones que deben cumplirse en Chile, contraídas antes o con posterioridad a la fecha de esta ley, y cualquiera que sea la forma en que se hayan otorgado".

¿Qué significaba la fórmula "todas las obligaciones"? La Administración hubiera podido entender que esto involucraba aun las obligaciones que expresaran equivalencias con monedas extranjeras. Pero nuestros tribunales, sin ninguna deferencia por la interpretación efectuada por la Administración, estimaron que esta había sido antijurídica, porque para extenderse a aquellas obligaciones que tomaban por tipo de cambio una moneda extranjera, se hubiera necesitado de una mención expresa. No existiendo tal, el derecho de Boucherat no se había visto afectado por la disposición legal y debía, por lo tanto, cumplirse en su sentido original que comprendía la equivalencia en francos. La Administración había violado el contrato, invocando falsamente una disposición legal y debiendo por lo tanto responder.

3369 BLDG, XLVII, p. 119, art. 1°.

3370 Las cursivas son nuestras.

¿Y no había entonces responsabilidad del Estado legislador? Es cierto que no hay ninguna mención formal a ella, y también lo es que la Administración fue quien efectuó el pago según un nominalismo injustamente perjudicial al afectado.

Pero no hay que olvidar un criterio que está expresado transversalmente en la especie *Boucherat*: que la desvalorización del peso se había producido precisamente por la intervención del Legislador en una materia económica. El desequilibrio financiero no fue ocasionado por la Administración, sino que por el Legislador.

Y el reconocimiento de un hecho del príncipe *de origen legislativo* y de esta naturaleza implica asumir en cierta medida una responsabilidad del Estado legislador, aun concomitante con la del Estado Administración. Es más; si los tribunales hubieran asumido los perjuicios producidos por la ley de 1878 como un "acto de autoridad", el razonamiento pudo haberse conducido por las veredas de la irresponsabilidad derivada del caso fortuito o fuerza mayor; pues, aunque *la violación de la equivalencia* era ilegal, el *perjuicio derivado de la violación de la equivalencia* se derivaba de las consecuencias económicas de la actividad del Legislador, un "acto de autoridad". En otras palabras, en aplicación del Código Civil, el "acto de autoridad" pudo haber suministrado la fuente normativa para bloquear la aparición de una responsabilidad del Estado legislador. Jueces menos garantistas podrían haber razonado en este sentido, pero no fue así.

Por lo anterior, puede entenderse que la sentencia *Boucherat* es el punto de partida de la elaboración de nuestra visión sobre la responsabilidad del Estado legislador. Esto resulta tanto más notable en consideración a que nuestra doctrina usualmente remite los orígenes de este tipo de responsabilidad a las últimas décadas del siglo XX y, muy particularmente, a la vigencia de la Constitución de 1980[3371], con lo que cualquier consideración anterior pasaría a modificar sustancialmente la perspectiva histórica sobre este tema. Pues bien, esta consideración anterior se puede proyectar a casi un siglo antes de la aparición de la Constitución actualmente vigente.

Por último, cabe destacar que, desde el punto de vista de la imputación del daño a la persona jurídica correspondiente, el tribunal no se veía enfrentado a ninguna complicación. Bajo cualquier hipótesis en que se estimara ser responsable el Estado, la persona jurídica correspondiente hubiera sido la misma: el Fisco, puesto que tanto el Estado legislador como la Administración central operaban a su amparo.

La lógica —explícita e implícita— desarrollada en esta sentencia muestra también que los intentos de inserción de una cosmovisión jurídica positivista sobre el Chile del siglo XIX no parecen haber consolidado una nomolatría construida sobre la majestad irreprochable de la ley positiva. Cabe recordar que al momento de pronunciarse la sentencia *Boucherat* habían transcurrido menos de treinta años desde la entrada en vigor del Código Civil, para el cual, como bien es sabido, la ley era "la declaración de la voluntad soberana que, manifestada en la forma prescrita por la Constitución, manda, prohíbe o permite".

Si la voluntad hubiera sido propiamente "soberana" en el grado más intenso del término, ¿hubiera cabido alguna posibilidad de examinar los daños que la declaración hubiera inferido en algún sujeto? Probablemente no. Por ello, de esta sentencia también pueden inferirse

---

3371 *V. gr.*, Zúñiga Urbina (2005), *in totum* pero esp. pp. 95-98.

lecturas jurídico-políticas interpretables desde la óptica del antiguo y del nuevo régimen, que nunca en realidad fueron concebidas como totalmente incompatibles desde el punto de vista del Derecho[3372]. En efecto, desde la perspectiva del antiguo régimen, el del derecho indiano, hay ecos de una óptica menos obsesa en la exactitud en la geometría normativa y dotada de una docilidad más natural para entender a la ley como un instrumento —importante, pero instrumento al fin y al cabo— de justicia; y desde la perspectiva del nuevo régimen, el del derecho patrio, se percibe una profundización de la visión chilena sobre el principio moderno de separación de funciones estatales, partiendo del simple hecho de siquiera tramitar una cuestión como la de marras.

3372 Respecto de los importantes elementos transicionales del derecho público del primer período patrio, véase Bocksang Hola (2015 a), capítulo preliminar, B.I.

TÍTULO QUINTO

LA RESPONSABILIDAD DEL ESTADO

Prácticamente desconocida en nuestros días, salvo por un par de aspectos puntuales, la responsabilidad extracontractual del Estado en el período 1861-1890 merece un estudio más detenido. Es cierto que la responsabilidad pudo haberse desplegado con más energía, o que los propios particulares podrían haber tenido una conciencia reparatoria más fértil al momento de experimentar distintos daños engendrados por el Estado, o que la elaboración técnica de esta materia pudo haber sido más sofisticada. Sin embargo, también es cierto que el derecho chileno no se contaba entre los más atrasados en esta materia. Por el contrario, en múltiples vertientes puede entenderse que se hallaba bastante avanzado, e incluso en algunas nuestro derecho merecería un reconocimiento de su carácter pionero.

En efecto, en otros países la situación de la responsabilidad del Estado se verificaba con caracteres bastante menos alentadores. Ello se ha advertido en general en el derecho continental europeo[3373], aunque quizás pueda ilustrar mejor el punto un ejemplo, como el de la existencia en España de una notable y lamentable tensión jurisprudencial entre el reconocimiento general del principio de responsabilidad y la declaración de que "no es posible acudir con los fondos públicos a semejantes indemnizaciones sin que así se ordene por una disposición legislativa"[3374].

En estas líneas no se agota todo el análisis de la responsabilidad en estos años, pues la de carácter contractual viene de ser estudiada a propósito de los contratos administrativos[3375]. La exposición del presente título versa sobre la responsabilidad *extracontractual* del Estado, escrutándose en primer lugar sus fundamentos (capítulo primero) para luego entrar al plano tópico desplegado por nuestro derecho en dichos años (capítulo segundo).

3373 Véase especialmente Mannori y Sordi (2011), pp. 394-397.

3374 Nieto García (1986), p. 178.

3375 Véase *supra*, título cuarto, capítulo segundo, B.

CAPÍTULO PRIMERO
LOS FUNDAMENTOS DE LA RESPONSABILIDAD

No era desconocido para nuestro derecho el que la responsabilidad del Estado tuviese que apoyarse sobre ciertos pilares a fin de asegurar una sustentabilidad institucional: así había acaecido en el período 1810-1860. Sin embargo, el impulso sistemático del derecho administrativo chileno había cambiado la configuración de tales pilares, por lo que nuestros juristas debieron moverse en una arquitectura novedosa y desafiante.

En este contexto, cabe destacar ante todo el problema de la articulación de las fuentes disponibles, atendidos los cambios considerables que nuestro ordenamiento jurídico había experimentado en este sentido (A). Pero, despejada la incidencia de las distintas fuentes sobre esta materia, convendrá desentrañar los elementos centrales del desarrollo dogmático que se destilaba de la operación general de nuestro régimen jurídico en materia de responsabilidad del Estado (B).

A. LA ARTICULACIÓN DE FUENTES

Tal como en otras materias, el desarrollo de la responsabilidad extracontractual del Estado implicó en esta época la conjunción de distintas normas. En esta materia, la influencia directa de la Constitución de 1833 parece haber sido bastante tangencial más allá de brindar un marco político general, sin perjuicio de algunas aplicaciones concretas dotadas de cierta relevancia[3376].

Por ello, el peso principal del régimen normativo de la responsabilidad reposó en el estrato legislativo. Sin embargo, debe tenerse presente que durante esta época ya surgió la posición —a la sazón, minoritaria— de que las leyes comúnmente aplicables no preveían la responsabilidad del Estado. Por ello, por ejemplo, en una importante sentencia se expresaba que "el Estado, *a quien las leyes no imponen responsabilidad alguna por los actos abusivos de las autoridades*, se halla, sin embargo, obligado a pagar todos aquellos objetos empleados legítimamente en el servicio de su ejército, por la muy obvia razón de ser de su incumbencia el mantenimiento de este"[3377]. Como se advierte, la finalidad de la referida formulación no era de excluir la responsabilidad del Estado, sino de radicarla en un sustento distinto al meramente legal.

Sin embargo, la inmensa mayoría de los antecedentes de que disponemos revela que nuestros jueces entendieron aplicables las normas legislativas pertinentes a la materia de responsabilidad. En ello, el rol fundamental le cupo al Código Civil (I), sin perjuicio de que el resto de la legislación también influyó variada pero sensiblemente (II).

3376 V. gr., *Dueñas* (1871).

3377 *Ovalle* (1868). Las cursivas son nuestras.

I. El Código Civil

El Código Civil no solo sistematizó en un solo Título —el XXXV, *De los delitos y cuasidelitos*— las normas generales aplicables sobre la responsabilidad extracontractual, antes dispersas en el vasto panorama de la legislación castellano-indiana[3378], sino que además las situó en un contexto sistemático derivado de la lógica interna de su Libro IV. En efecto, su posición en dicho Libro implicó reconocer este tipo de responsabilidad dentro de la lógica de las fuentes principales de las obligaciones, estableciendo como cierre de esta categoría el de los delitos y cuasidelitos, como fuentes principales no-convencionales[3379].

Es importante puntualizar que la primera aplicación de una norma del Título XXXV en el ámbito del derecho administrativo se dio justo antes del período estudiado en el presente libro: se trató de una sentencia que aplica los artículos 2314 y 2315 del Código Civil, pero no con el fin de sustentar la responsabilidad del Estado, sino que la de un particular que tomó especies de una administración del Estanco durante la revolución de 1859[3380]. Y, por su parte, la primera sentencia de responsabilidad del Estado en la que se invocó el Código Civil es precisamente de inicios del período abordado en esta obra: una sentencia *Noguera* que aplicó el artículo 2320 en un caso de daños ocasionados durante un episodio bélico[3381].

La aplicación del Código Civil respecto de la responsabilidad del Estado-Administración era esperable, máxime tratándose de una jurisdicción ordinaria que entendía estas normas como un sustrato unificador. Como contraste, puede advertirse la evolución —o involución, como quiera vérsele— desarrollada en Francia durante el siglo XIX, donde originalmente no se vio obstáculo en aplicar el Código Civil, principalmente en sentencias de responsabilidad del Estado pronunciadas por la Corte de Casación; pero luego, a medida que la competencia para conocer de estas materias se fue estabilizando en el Consejo de Estado, se fue perjudicando en estas la aplicación del referido Código[3382].

A fin de examinar de manera sinóptica la influencia del Código Civil, procederemos a analizar primeramente la conceptualización que él operó en relación con las normas no aplicadas durante este período (a), para ulteriormente escrutar la configuración que él introdujo a través de las normas que sí fueron aplicadas (b).

a. La conceptualización tras las normas no aplicadas

De los veintiún artículos que integran el Título *De los delitos y cuasidelitos* del Código Civil[3383], nueve parecen no haber recibido aplicación en materias de derecho administrativo: se trata

3378 Y en la complejidad y profundidad de nuestra tradición jurídica, desde el derecho romano hasta la precodificación del período patrio: Barrientos Grandon (2016), II, pp. 1055-1058.

3379 Guzmán Brito (1982), I, pp. 406-407.

3380 *Fisco con Letelier* (1860). Poco después vendría una sentencia similar: *Fisco con Gallo* (1860).

3381 *Noguera* (1861).

3382 Bigot (2015), pp. 42-51. Véase también Burdeau (1993), pp. 149 y 239-241.

3383 Ello, sin perjuicio de otras normas que inciden en esta materia y que se encuentran fuera del referido título. Quizás de entre las de mayor realce se cuenten los artículos 44 y 45 del Código Civil. De manera muy llamativa, ellos casi no fueron invocados por los tribunales en esta materia, apareciendo enunciados útilmente, y de modo más bien difuso, solo en una sola sentencia: *Beard* (1889).

de los artículos 2318, 2319, 2321, 2323, 2324, 2326, 2327, 2328, 2331, 2333 y 2334. De la falta de aplicación de estas normas, y clasificándolas en dos grupos generales, pueden extraerse algunas conclusiones importantes.

Un primer grupo de normas parece no haber recibido aplicación solamente por la circunstancia de no haberse dado los hechos conducentes a invocarlas, y no por una imposibilidad intrínseca de aplicación.

En primer lugar, el artículo 2318 aborda el caso de la responsabilidad del ebrio por su delito o cuasidelito. Como se advierte, esta norma perfectamente podría haber generado algún tipo de aplicación; por ejemplo, en razón del daño perpetrado por un funcionario en estado de intemperancia alcohólica. Sin embargo, no se advierte aplicación alguna en este sentido, a pesar de que pudo haber comprometido al menos una de dos vertientes: la responsabilidad del funcionario y la responsabilidad del Estado en relación con el daño ocasionado por el funcionario.

El artículo 2319, que se refiere a los delitos o cuasidelitos perpetrados por menores de siete años o dementes, por una parte, y por menores de dieciséis años, por otra, también parece haber sido circunstancial en su inaplicación. Por ejemplo, no es inimaginable la eventualidad de un agente público con un acceso de demencia —en el sentido en que se comprendía este vocablo en la época del Código—, y es concebible también que un menor de dieciséis años le ocasione algún daño al Estado, pero tales eventualidades no parecen haberse dado durante este período. Por otra parte, parece mucho más remota —casi de laboratorio— la posibilidad de que un menor de siete años, o de dieciséis años con discernimiento, actuase como agente público.

En tercer lugar, los artículos 2323 y 2324, referidos a los daños ocasionados por la ruina de un edificio, perfectamente podrían haber recibido aplicación en caso de que un inmueble perteneciente a una persona jurídica estatal hubiese padecido dicha situación. Ello podría haberse dado, en general, por haberse faltado de alguna manera "al cuidado de un buen padre de familia", según el artículo 2323; o bien por proceder el daño de algún vicio de construcción, de conformidad al artículo 2324 en relación con el art. 2003 del mismo Código.

Algo similar a lo anterior puede colegirse de la falta de aplicación del artículo 2328, referido al daño causado por una cosa que cae o se arroja de la parte superior del edificio.

En fin, la aplicación en el ámbito administrativo del artículo 2327, referido al daño causado por un animal fiero, parecería bastante poco probable. Es más, no tenemos conocimiento de ningún caso en que se mencione en esta disciplina, la existencia o la actividad de un animal de esta categoría.

Un segundo grupo de falta de aplicación de normas de este Título indica ciertas posibilidades excluidas en torno a la configuración de la responsabilidad del Estado bajo la óptica del Código Civil.

Primeramente, está el caso del artículo 2321. Este aborda la responsabilidad de los padres por los delitos o cuasidelitos cometidos por sus hijos menores: "Los padres serán siempre responsables de los delitos o cuasidelitos cometidos por sus hijos menores, y que conocidamente provengan de mala educación, o de los hábitos viciosos que les han dejado adquirir". La falta de aplicación de esta norma permite concluir que nunca se pretendió construir la responsabilidad del Estado por analogía de paternidad entre el Estado y el funcionario.

Por su parte, el artículo 2326 también pudo haber tenido alguna aplicación en esta época, en que parte importante de la actividad administrativa tenía relación con la utilización de animales en distintas tareas. Es poco probable que durante treinta años de Administración no haya existido un caso en que se derivase algún perjuicio por la acción de animales —como caballos, por ejemplo— relacionados con el ejercicio de labores de orden y seguridad, de construcción o de transporte. Sin tener certeza de ello, y más allá de lo meramente circunstancial, la inaplicación de este artículo quizás puede sustentar consideraciones referidas a las limitaciones a la responsabilidad en esta época.

Una conclusión próxima a la anterior puede desprenderse de la falta de aplicación del artículo 2331 del Código Civil, que se refiere a la posibilidad de demandar una indemnización en caso de imputaciones injuriosas. Sabiendo que durante esta época se verificaron situaciones de esta naturaleza[3384], la irrelevancia de este artículo en el ámbito administrativo durante la época examinada quizás denota ciertos énfasis relacionados con la presencia de un funcionario o autoridad pública en las respectivas situaciones.

En suma, de todo lo anterior aparece que la falta de aplicación de ciertas normas del Código Civil incorpora elementos de omisión derivados de la falta de acaecimiento de situaciones fácticas que dieran lugar a su invocación —las normas del primer grupo examinado—, pero también da algunas luces, en las normas del segundo grupo, sobre la mentalidad referida a la responsabilidad del Estado imperante en esta época.

b. La configuración a partir de las normas aplicadas

De entre las normas del Título XXXV, Libro IV, del Código Civil que efectivamente fueron aplicadas por los tribunales de justicia en esta materia, pueden distinguirse dos grupos principales. El primero de ellos, que pudiera denominarse como de *normas centrales*, está dado por aquellas que, con distancia, revisten la aplicación más numerosa. Otro grupo de normas es de aplicación menos reiterada, pero de relevancia en el tratamiento de la responsabilidad del Estado.

El grupo de las *normas centrales* constituye, en la óptica de la jurisprudencia de la época, una columna vertebral en el régimen de responsabilidad. Está compuesto por dos normas que hasta nuestros días son de importante aplicación en esta materia: los artículos 2314 y 2329 del Código Civil.

El artículo 2314, que encabeza el Título XXXV, dispone que "el que ha cometido un delito o cuasidelito que ha inferido daño a otro, es obligado a la indemnización sin perjuicio de la pena que le impongan las leyes por el delito o cuasidelito".

Este precepto parece haber desempeñado varias funciones. Está, por de pronto, la función básica de articular los elementos centrales que dan lugar a la indemnización correspondiente[3385], aunque también desempeñó funciones complementarias de interés.

En primer lugar, sirvió para justificar la irresponsabilidad del Estado sin aludir a los conceptos de caso fortuito o fuerza mayor. Fue el caso de la privación de dominio de una imprenta, perpetrada durante la revolución de 1859 por las autoridades de gobierno y cuya devolución con indemnización de perjuicios pedía el demandante, o bien un monto por indemnización

3384 Véase *supra*, título tercero, capítulo primero, B.II.a. y B.III.

3385 *V. gr.*, *Valdés* (1882), *Cerda* (1887), *Coñoeñir y Calfupán* (1889) y *Larenas* (1890).

total. El Juzgado de Letras, cuya decisión confirmó la Corte Suprema, entendió en el considerando segundo que "la parte que la autoridad gubernativa pudo tener en la traslación de la imprenta del Provinciano *nunca podría entrañar un acto de usurpación, sino una providencia exigida tal vez por las mismas circunstancias excepcionales de la localidad, que no puede producir otra responsabilidad que la que puede tener cualquier otro tercer poseedor de la propiedad reivindicada*", por lo que, de acuerdo al considerando tercero, "como el art. 2314 del Código Civil *supone la ejecución de un delito o cuasidelito que pueda producir dicha acción de perjuicios*, este juzgado es incompetente para entrar en tales apreciaciones"[3386]. Como se advierte, la sentencia deriva la irresponsabilidad del Estado de la supuesta licitud del acto: si el acto era lícito, no podía calificarse de delito o cuasidelito, y si no podía calificarse de delito o cuasidelito, no podía dar lugar a indemnización.

Y, en segundo lugar, el artículo 2314 sirvió de puente para que, en sentencias penales relacionadas con el ejercicio de la función pública, se declarase la responsabilidad personal del funcionario. Así sucedió, por ejemplo, en el caso de un funcionario de policía que, habiéndole disparado a un particular para intimidarlo, y habiéndolo puesto en la barra, le había ocasionado lesiones leves; con lo que, a más de las sanciones penales, se le obligaba a "indemnizar a don Telésforo Espiga los daños y perjuicios que le hubiera causado"[3387].

La segunda norma central, el artículo 2329, establece el criterio de que "por regla general todo daño que pueda imputarse a malicia o negligencia de otra persona debe ser reparado por esta". Claramente existe una correlación entre esta norma y la del 2314, entendidos los binomios delito-malicia y cuasidelito-negligencia[3388]. Sin embargo, es interesante constatar que la mayor parte de las veces en que una de las dos disposiciones era citada, la otra no lo fuera. Ello apunta, en el caso del 2329, a la existencia de algún foco conceptual que implique al menos una especificidad en la visión de la judicatura.

Aparentemente, y sin perjuicio de existir sentencias que dan cuenta de una aplicación general o inespecífica del artículo de marras[3389], este foco podría estar dado por la cuestión probatoria de la responsabilidad[3390]. El artículo 2329 frecuentemente fue invocado para dar lugar o descartar la procedencia de la indemnización, al lograrse o no lograrse acreditar la existencia de malicia o negligencia[3391]. Así, por ejemplo, en una especie que concernía a la Sociedad del Canal del Maipo, se descartaba toda indemnización porque "el demandante no

3386 *Opazo* (1862). Las cursivas son nuestras.

3387 *Pinto* (1866).

3388 Respecto al papel que se entendía jugar la culpa o negligencia, véase *infra*, en este capítulo, B.II.a.

3389 *Miranda* (1874).

3390 En este sentido, más que una cuestión propiamente dogmática, este artículo aportaría un apoyo práctico. Por lo mismo, no se advertiría propiamente una presunción de culpa, que se advirtió en el siglo posterior a toda esta jurisprudencia por varios autores, incluyendo a ALESSANDRI RODRÍGUEZ (1983), t. II, p. 292, quien señalaba que "ese precepto establece *una presunción de culpabilidad cuando el daño proviene de un hecho que, por su naturaleza o por las circunstancias en que se realizó, es susceptible de atribuirse a culpa o dolo del agente*". Pero, como se explicará, tampoco se veía en esta norma una mera repetición, con otras palabras, del artículo 2314.

3391 Pero también había sentencias en que, sin invocarse ni el artículo 2329 ni ninguna otra norma del Código Civil, se hacía recaer la carga de la prueba de la culpa o dolo en el demandante que pedía la indemnización. *V. gr.*, *Larraín* (1875): "[...] estando ya resuelto implícitamente por el Consejo de Estado que a la Municipalidad corresponde terminar la continuación o la clausura de la recova, *sería*

ha justificado que la Sociedad demandada haya tenido culpabilidad alguna en los perjuicios sufridos por Sanfuentes"[3392]. Y, correlativamente, se citaba el artículo 2329 en especies en las que la prueba ofrecida por el demandante resultaba vital para dar por sentados los hechos que habilitaban a exigir la indemnización[3393].

También debe tenerse presente que en ocasiones la utilización del artículo 2329 como regulador de la carga de la prueba quedaba de manifiesto al acudirse por los tribunales, conjuntamente con esta norma, a otras inequívocamente relacionadas con esta materia. Ellas podían ser de origen castellano-indiano, como la Ley 1ª, Título 14, Partida Tercera[3394], o bien otras normas patrias, como el artículo 1698 del mismo Código Civil[3395].

En síntesis, el artículo 2329 del Código Civil podía presentar una operatividad práctica difusa, como norma basal de la responsabilidad en general, y una operatividad práctica focalizada en torno al *onus probandi*, dada por la fórmula "pueda imputarse".

En cuanto a otras normas aplicadas en relación con la responsabilidad del Estado, conviene en primer lugar atender al artículo 2316 del Código Civil, cuyo inciso primero señala que "es obligado a la indemnización el que hizo el daño, y sus herederos". Las aplicaciones que se registran de esta norma en nuestro ámbito no parecen haber sido sino un complemento de los criterios generales ya plasmados a través de los artículos 2314 y 2329[3396]. La referencia a los herederos, tratándose de personas jurídicas estatales, no parece de mucha utilidad, mientras que el inciso segundo, al referirse al provecho del dolo ajeno, solo parece haber tenido aplicación útil una vez en este período, en la que se desechó la responsabilidad del Estado por la vía de este precepto en atención a que "el Fisco no ha reportado provecho alguno de las especies y animales de la propiedad del cacique Colihuinca, que don Pascual López tomó para sí y repartió a los oficiales y gente de tropa"[3397].

También recibió aplicación el artículo 2320, que dispone que "toda persona es responsable no solo de sus propias acciones, sino del hecho de aquellos que estuvieren a su cuidado". Como se puede intuir, la mención a los "que estuvieren a su cuidado" aludía a los funcionarios públicos, de modo de radicar la responsabilidad en el Estado, en el entendido que este estaba al cuidado de aquellos, lo que implica una aproximación algo forzada. Las sentencias referidas a esta norma fueron esporádicas y muestran una línea zigzagueante. Una primera jurisprudencia aceptó su aplicación en un caso correspondiente a la revolución de 1859 en que el Ejército había tomado especies pertenecientes a un particular con el fin de aprovisionar

---

indispensable para condenarla a pagar perjuicios ocasionados por sus resoluciones el que se hubiese probado que había abusado procediendo con culpa o dolo". Las cursivas son nuestras.

3392 *Sanfuentes* (1879). Similarmente, *v. gr.*, *Hurtado* (1884).

3393 *V. gr.*, *Cerda* (1887), en la que el considerando primero invoca la norma y el considerando segundo enuncia largamente todas las cuestiones probadas; ver también *Frost* (1890)

3394 *Guzmán* (1886): "[...] con arreglo a lo prevenido en la ley 1ª tít. 14 part. 3ª y en el art. 2329 del Código Civil, se declara sin lugar la demanda de f. 1 y su ampliación de f. 8".

3395 *Astaburuaga* (1890): "[...] teniendo presente lo dispuesto en los arts. 1698 y 2329 del Código Civil [...]".

3396 *Calderón* (1867), en la sentencia de primera instancia, revocada por la CS; y *Cerda* (1887) y *Larenas* (1890).

3397 *Coñoeñir y Calfupán* (1889).

a la tropa[3398]. Con posterioridad, se desechó la aplicación del artículo 2320 en este ámbito, sosteniéndose que "la excepción establecida por el art. 2320 del Código Civil, que tiende a la responsabilidad de ciertas personas sobre las acciones de otras, no tiene analogía alguna con el caso presente; pues se refiere a padres de familia, maridos, tutores y directores de colegio o escuelas", desechando seguidamente el acaecimiento de la responsabilidad del Estado[3399]. Sin embargo, debe tenerse presente que, a fines del período, en 1889, la analogía parece haber recobrado al menos parcialmente su vigor, al menos en materia de responsabilidad contractual[3400].

Por último, una última deriva analógica —en realidad, casi una metonimia— se produjo con la aplicación, bastante esporádica, del artículo 2322 del Código Civil para radicar la responsabilidad extracontractual del Estado. A pesar de la escasez de sentencias en aplicación de esta norma, hay en esta línea una aplicación más coherente, pues al parecer no existió jurisprudencia que descartara claramente la procedencia de su aplicación. Existe evidencia de haberse imputado la responsabilidad al Estado principalmente a través de este artículo en una especie concerniente al daño ocasionado por una empresa de ferrocarriles a inicios del período, sin mayor argumentación al respecto[3401]. Y la sentencia más clara en este sentido procede de mediados de la década de 1870, respecto de daños producidos en un episodio bélico, de modo de descartar la responsabilidad del Estado en atención al inciso segundo de dicho artículo:

> "Originado el reclamo de Lara del perjuicio irrogado por el delegado del gobierno, y estimada en este sentido la responsabilidad que la ley impone a toda persona por el hecho de aquellas que estuvieren a su cuidado, el art. 2322 del Código Civil resolvería el caso contra la demanda, por cuanto él dispone "que no responderán por lo que hayan hecho sus servidores en el ejercicio de sus respectivas funciones si se probare que las han ejercido de un modo impropio que los amos no tenían medios de prever o impedir, empleando el cuidado ordinario y la autoridad competente". Así es que, verificado el saqueo dos días después de pacificada la plaza, el Estado o el gobierno que lo representa se halla precisamente en el caso previsto por la ley"[3402].

Como se advierte, en la cita existe una invocación tácita del artículo 2320, al señalar que los funcionarios estaban "a cuidado" del Estado —expresión que no aparece en el artículo 2322—, con lo que este último artículo era invocado asumiendo que los funcionarios eran sus "criados o sirvientes", analogía que, como se sabe, rendiría frutos más abundantes en períodos posteriores. En la introducción de esta construcción intelectual amos/sirvientes no puede solamente apuntarse a los tribunales, pues consta que las propias partes demandantes articulaban ocasionalmente su argumentación enfatizando esta analogía, y que los tribunales no necesariamente la recogían en lo dispositivo de la sentencia[3403].

3398 *Noguera* (1861).
3399 *Ovalle* (1868).
3400 *Prado* (1889).
3401 *Garín* (1861).
3402 *Lara* (1875).
3403 *V. gr.*, *Hurtado* (1884).

II. La legislación restante

Aunque el rol del Código Civil fue fundamental en la configuración del régimen de responsabilidad extracontractual del Estado durante esta época, este cuerpo normativo no fue el único que incidió —directa o indirectamente— en esta articulación. Por una parte, aún quedaron resabios conceptuales, muy puntuales, de normas castellano-indianas[3404]. Por otra, existió un tratamiento tópico en ciertas materias que atrajeron especialmente la atención de nuestro mundo jurídico[3405]. Pero, a más de lo anterior, existió una incidencia, más o menos gravitante, dependiendo del caso, de otras fuentes de distinta naturaleza, entre las que conviene destacar el rol que desempeñaron los códigos sustantivos distintos del Civil, por una parte (a); y otras leyes especiales de distinta naturaleza (b).

a. Los códigos sustantivos

Un rol de definición —aun discreto— de la responsabilidad extracontractual sobre la base de los otros dos grandes códigos sustantivos parece un ejercicio un tanto artificial. Sin embargo, si bien es cierto que su incidencia no es protagónica, tampoco es correcto desconocer el rol que a estos cuerpos normativos les correspondió durante esta época. Así, si por una parte el Código de Comercio presenta algún grado de incidencia *activa* en la configuración de ciertos casos de responsabilidad extracontractual (1), el Código Penal permite apreciar, desde una óptica *pasiva*, elementos de una mentalidad restrictiva imperante en esta materia (2).

1. El Código de Comercio

Aunque su aplicación parece bastante remota en estas materias, debe subrayarse que el Código de Comercio tuvo alguna incidencia en ellas.

En primer lugar, debe tenerse presente que la esfera de aplicación del Código de Comercio, delineada fuertemente por el artículo 3°, que enuncia cuáles son actos de comercio, incluye expresiones que pueden comprender casos de responsabilidad extracontractual. El caso más notorio es, quizás, el del numeral 17: "Son actos de comercio, ya de parte de ambos contratantes, ya de parte de uno de ellos... Los hechos que producen obligaciones en los casos de averías, naufragios y salvamentos".

Esta disposición precisamente fue aplicada como fuente de responsabilidad extracontractual. En una sentencia de 1868, la Corte Suprema reconoció que en el caso de abordaje con resultado de una avería que comprometía a un empresario particular y a un buque de guerra de la Armada, el régimen de responsabilidad se configuraba fundamentalmente por la aplicación del Código de Comercio:

> "Considerando... que es evidentemente acto de comercio todo hecho que produce obligación por averías, naufragios y salvamentos, según la disposición expresa y clara del inciso

---

3404 Véase *infra*, en este título, capítulo segundo, B.III.b.

3405 Véase *infra*, en general, el capítulo segundo de este título.

decimoséptimo art. 3° del Código de Comercio: ya sea de parte de ambos obligados, o de uno solo de ellos, según el inciso primero del mismo artículo, y aquí el demandado es el capitán de un buque mercante, sujeto a la ley comercial"[3406].

Ciertamente el caso era llamativo desde un punto de vista conceptual y movió a la alegación de inaplicabilidad del Código de Comercio en estas materias. Ante ello, el Tribunal de Reclamos —cuya decisión confirmó la Corte Suprema— realizó el siguiente análisis, de gran interés:

> "Considerando... que el Código de Comercio ha derogado todas las leyes preexistentes que tratan sobre la materia, y no pueden prevalecer contra él las disposiciones reglamentarias, que no tienen fuerza para derogar leyes anteriores, y por lo tanto mucho menos la tendrían para desvirtuar leyes posteriores; no pudiendo tampoco contraponérsele las antiguas leyes españolas sobre la Armada, tanto por ser de fecha anterior, como por la dudosa vigencia de la mayor parte de sus disposiciones"[3407].

Finalmente, la acción se declaró inadmisible por aplicación del régimen procesal derivado de las acciones de este Código y, por lo tanto, no existió un pronunciamiento sustantivo respecto de la responsabilidad del Estado. De haberlo habido, es altamente probable que, considerando la supletoriedad del Código Civil respecto del Código de Comercio, las disposiciones del Título XXXV del Libro IV hubieran sido aplicadas. Dado el razonamiento, resulta irrelevante para nuestro análisis que la acción haya sido deducida por el Fisco contra el particular —y que en estricto rigor, por lo tanto, se tratase de un caso de responsabilidad de un particular por daños producidos al Estado—, pues de haberse dado al revés hubiera estado igualmente comprometido un particular sujeto a la ley comercial y por lo tanto la avería igualmente hubiera estado sujeta al Código de Comercio. En síntesis, esto demuestra que ciertas áreas puntuales del derecho extracontractual de daños relacionado con el Estado podían —y, en realidad, debían— someterse a las reglas del Código de Comercio.

En segundo lugar, puede reconocérsele al Código de Comercio una suerte de función sistemática en enfatizar la procedencia de la responsabilidad del Estado en las materias que involucraban a su actividad empresarial. Ello se advierte preponderantemente en el rubro de ferrocarriles, respecto del cual regía —como sigue rigiendo en nuestros días— el párrafo 6 del Título V, Libro II, referido a las "reglas especiales relativas al transporte ajustado con empresarios públicos".

El artículo 219 del Código de Comercio, que es el que encabeza el referido párrafo, da una primera aproximación amplia a la necesidad de atender a la existencia de normas complementarias en orden a tener una visión completa del régimen del área estatal de transportes: "Los empresarios públicos de transportes están sujetos no solo a las disposiciones del presente título, sino también a los reglamentos que se dicten para regularizar el ejercicio de su industria". A ella se añadía el artículo de cierre del párrafo, el 232, que se refería específicamente al

3406 *Fisco con McGrath* (1868), considerando 1°.
3407 *Fisco con McGrath* (1868), considerando 2°.

régimen de ferrocarriles: "Las disposiciones del presente párrafo no derogan la ley de policía de ferrocarriles".

Aunque la correlación de ambas normas, en consideración con el tenor de los demás preceptos del párrafo 6, mueve a entender estas disposiciones como arietes de la responsabilidad contractual, es importante subrayar que en ocasiones puntuales nuestra jurisprudencia se sirvió del Código de Comercio como un puente para enlazar la responsabilidad extracontractual. Esta función es llamativa, pero a nuestro juicio aparece con bastante claridad de una sentencia de fines del período. En ella se examinaba el caso de una persona que, no siendo pasajero del servicio de ferrocarriles, había subido en la Estación del Mercado de la capital a uno de los vagones para despedir a sus familiares, para lo cual había contado con la autorización del jefe de estación. Hallándose en el interior del vagón, una máquina remolcadora impactó al tren de pasajeros produciéndole lesiones graves.

Fuera de la determinación de la responsabilidad de la Empresa de Ferrocarriles en sí misma, son de interés las fuentes normativas sobre las que el tribunal se apoya para decidir el pleito. La expresión del Juzgado de Letras es inequívoca: "[...] en vista de los claros preceptos de los arts. 38 de la ley de Policía de Ferrocarriles, 232 del Código de Comercio y 2500 y 2314 del Civil, se puede establecer que la indemnización de perjuicios reclamada por don Ruperto Allendes es atendible"[3408]. Como se advierte, el artículo 232 del Código de Comercio sirvió en este caso de enganche sistemático, a fin de enlazar el cumplimiento diligente de las obligaciones de la Empresa de Ferrocarriles con las disposiciones sobre responsabilidad en la ley especial que regía esta área[3409].

Lo interesante es que evidentemente no se estaba frente a un caso de responsabilidad contractual, dado que no había ningún contrato de transporte suscrito por Allendes, fuera de los que correspondiesen a su familia. Eventualmente, la Corte Suprema habría podido suprimir la referencia al Código de Comercio, de haberla entendido improcedente en este caso. Sin embargo, no lo hizo; y el hecho de haber suprimido otra norma aplicada por el Juzgado de Letras —una del Código Civil— demuestra que hubo una detenida revisión de las normas aplicables a un caso que, desde el punto de vista dogmático, no era de sencilla conceptualización.

2. El Código Penal

Como ya se ha tenido ocasión de examinar[3410], el Código Penal incidió de manera determinante en la configuración de la responsabilidad de los funcionarios y, más ampliamente, en generar un protoestatuto del desempeño de la función pública.

Otra fue la situación respecto de la responsabilidad del Estado. Las normas del Código Penal no parecen haber incidido de manera perceptible en esta área. Y, aunque en teoría pudieran coexistir en una misma sentencia menciones al Código Penal y a la eventual responsabilidad del Estado, lo cierto es que en este período no parece haber ninguna sentencia

3408 *Allendes* (1890).

3409 Véase *infra* en este título, capítulo segundo, B.II.

3410 Véase *supra*, título tercero, capítulo primero, B.III.

importante en que se invocara el Código Penal y se revisara principalmente el problema de la responsabilidad extracontractual.

Esta constatación mueve a señalar que la responsabilidad del Estado no tenía la extensión que tiene en nuestros días, a pesar del importante desarrollo que experimentó en todo el siglo XIX, tanto bajo normas indianas como patrias. Ello, por una parte, parece mostrar desde una perspectiva dogmática que existía un cierto encapsulamiento de la responsabilidad penal y sus consecuencias: dado un caso de responsabilidad penal del funcionario, las consecuencias jurídicas de la situación se focalizaban en la persona del funcionario. Y, por otra parte, desde una perspectiva más política, e incluso sociológica, da cuenta de una mentalidad poco proclive aún a imputarle institucionalmente al Estado la responsabilidad por hechos dañosos, incluso en casos muy graves.

Los elementos que vienen de señalarse muestran una continuidad con el derecho penal anterior a la codificación. Así, antes del 1° de marzo de 1875, y más allá de las consideraciones sobre la procedencia o improcedencia de la responsabilidad penal de los funcionarios involucrados, ni siquiera se mencionaba el problema de la eventual responsabilidad del Estado en situaciones tan diversas como la muerte de un reo que se fugaba, en razón de un disparo de un inspector luego de haber agotado todos los medios para conducirlo ante el subdelegado[3411]; el incendio de la Iglesia de la Compañía, sin perjuicio de apercibirse en la sentencia al Arzobispo para "tomar medidas precautorias de sucesos análogos" [3412]; el fallecimiento de una niña de un lazareto al ser transportada a otro lugar[3413]; la herida de un sujeto por una bala disparada por un policía al intentar aprehender a otra persona[3414]; la herida de un sujeto herido por un policía y que luego falleció, habiéndose retirado del hospital contra las indicaciones del médico[3415]; y las graves heridas sufridas por un sujeto ante la defensa desproporcionada del policía al que había acometido[3416]. Ello continuaba, por cierto, la realidad que podía constatarse en el período precedente[3417].

Esta falta de simple mención de la posibilidad de ser el Estado responsable en situaciones similares prosiguió bajo la aplicación del Código Penal: así, por ejemplo, frente al homicidio de un preso por parte de otro preso en un penal[3418] o por parte de policías[3419]; al homicidio de un particular por un inspector en ejercicio de sus funciones, a través de una acción innecesaria[3420]; a la muerte de un delincuente que agredió injustamente a policías[3421]; a la muerte de una persona por atropello en la vía férrea[3422]; a muertes y lesiones derivadas de choques

3411 *Longworth* (1863).

3412 *Incendio de la Compañía* (1864).

3413 *Muñoz* (1865).

3414 *Navarro y Dublé* (1865).

3415 *Larrieta* (1865).

3416 *Poblete* (1866).

3417 Bocksang Hola (2015 a), título quinto, capítulo primero, B.II.a.

3418 *González Díaz* (1878) y *Guerra* (1878).

3419 *Núñez Yáñez* (1879) y *Motín de la cárcel de Rengo* (1880). Respecto de la muerte de un reo que escapa después de una imprudencia de un policía, *Lagos Marchant* (1880).

3420 *León* (1878).

3421 *Avilés y otros* (1878).

3422 *Sumario sobre la muerte de Briseño* (1878) y *Pearcy Ritchen* (1884).

de trenes[3423]; a la violación de la libertad de industria por parte de un subdelegado[3424]; a la imposición a particulares de servicios personales no autorizados por la ley, y arrestos ilegales, por parte de un subdelegado[3425]; a prisiones arbitrarias[3426]; y a la lesión de un particular por parte de un policía, sea en sí misma[3427], o en casos en que cuya herida posteriormente le produce la muerte[3428].

Cuando mucho, en puntuales ocasiones se daban alusiones bastante elípticas a la eventual procedencia de la responsabilidad del Estado en sentencias penales. Tal parece ser el caso, por ejemplo, de una sentencia de 1880 que versaba sobre un siniestro en la vía férrea y uno de cuyos considerandos expresaba que "no hay constancia en autos que el siniestro haya ocurrido por falta de seguridad en la llave del desvío o por otra causa"[3429], expresión que podría aludir discretamente a la esfera de responsabilidad del Estado.

b. Leyes especiales

El tratamiento de las materias de responsabilidad no estaba exclusivamente concentrado en los códigos de la época. Algunas leyes que pudieran llamarse *sectoriales* abordaban distintas vertientes de responsabilidad, y, por su importancia en el desarrollo tópico de esta materia, serán abordadas en un capítulo especial[3430]. Pero, aparte de estas leyes sectoriales, es importante tener presente otros aspectos de la legislación que permiten entender la configuración general de la responsabilidad.

Por una parte, es de interés constatar la sorda incorporación del vocablo "responsabilidad" en las leyes de Administración Territorial, que permite, casi *a contrario*, discernir ciertos elementos útiles (1); y, por otra, la existencia de leyes *casuísticas* que tenían por objeto subsanar casos puntuales de situaciones desfavorables para los particulares y que demuestran que no solo el Poder Judicial, sino que también el Legislador, abordaba la responsabilidad desde esta óptica (2).

1. El mutismo de las nuevas leyes de Administración Territorial

Hacia el final de este período entraron en vigor dos leyes muy relevantes en relación con la Administración Territorial: la Ley de Régimen Interior de 22 de diciembre de 1885, que reemplazó a la antigua de 10 de enero de 1844, y la Ley de Municipalidades de 12 de septiembre de 1887, que rigió en lugar de la de 8 de noviembre de 1854[3431].

3423 *Romero* (1890).

3424 *Barazarte* (1882).

3425 *Gaete* (1879).

3426 *Díaz de Páez* (1880).

3427 *Valdés, Muñoz y Gutiérrez* (1886).

3428 *Pérez Cortínez* (1879), *González* (1882) y *Abarca y otros* (1886).

3429 *González Bravo* (1880).

3430 Véase, *infra*, en este Título, el capítulo segundo.

3431 Véase *supra*, sobre esta materia, título primero, capítulo segundo, B.II.

Uno de los elementos estructurales más importantes de estas leyes es la existencia de un título especial denominado "de la responsabilidad", que en el caso de la Ley de Régimen Interior es el Título VI, mientras que en la Ley de Municipalidades es el Título IX. En esto claramente se advierte una visión legislativa de conjunto, que se deriva de dos factores: que el nombre del Título es el mismo en ambas, y que ninguna de las leyes antecesoras a ellas contenía un título semejante.

Con todo, las expectativas que se abren al constatar la existencia de esta innovación estructural se ven fuertemente menguadas al corroborar el contenido de los artículos que los referidos títulos contienen.

En efecto, estos títulos, más que abrir vías para dejar más expedita la responsabilidad del Estado, parecen haber establecido barreras conceptuales para facilitarla. En efecto, ambos cuerpos normativos coinciden en focalizar sobre autoridades y funcionarios la eventual responsabilidad de que pudiera tratarse[3432].

Así, la más antigua de ambas leyes —la de Régimen Interior— disponía en su artículo 38 lo siguiente:

> "Los intendentes, gobernadores, subdelegados e inspectores son responsables de los delitos que cometan en el ejercicio de sus funciones.
> Su responsabilidad civil o criminal se hará efectiva ante los tribunales establecidos por la ley.
> Esta acción prescribirá en seis meses contados desde el día en que tuviere lugar el acto u omisión que se les imputare".

Los artículos siguientes del Título no hicieron sino complementar lo dispuesto por esta norma principal. Así, el artículo 39 abordó los requisitos previos de admisibilidad de la acción, tratárase de una acción civil o de una acción penal, y el artículo 40, la expresión de recursos de reposición y de recursos jerárquicos en esta materia. No se contenía ninguna disposición que pudiera evocar la responsabilidad del Estado —que en este plano sería fiscal— derivada de las actuaciones de autoridades y funcionarios de las distintas esferas regidas por la ley de 22 de diciembre de 1885.

Es evidente que esto no significa por fuerza que la responsabilidad del Estado se excluyese. Por el contrario, bajo el imperio de la antigua ley de 1844 ya se había entendido que la actividad de los intendentes podía asociarse a un deber de responder por parte del Estado, como en un caso en que Vicente Pérez Rosales había privado a un particular de una gran cantidad de animales vacunos[3433], y bajo la nueva ley de 1885 también se dio lugar a

3432 En esto no debe verse una mutación especialmente deliberada. Si se examina la jurisprudencia anterior a la nueva legislación, la situación era similar. Un buen ejemplo es *Ravinet* (1876), por indemnización de perjuicios en razón de que el intendente Valdés Vigil, con ocasión del incendio nocturno del Portal de Sierra Bella, ordenó abrir una tienda de armería, temiendo que la pólvora que quizás se encontraba en ella hubiera podido agravar las consecuencias del siniestro. Habiéndose perdido especies tras la apertura, el afectado demandó su indemnización —que finalmente no se le concedió, por no haberse demostrado que Valdés Vigil hubiera dado, a más de la orden de apertura, una orden de retirar las especies—, pero la demanda no fue dirigida contra el Fisco, sino que contra la persona del Intendente.

3433 *V. gr.*, *Villarroel* (1866).

indemnizaciones por actuaciones de intendentes, como en la célebre sentencia *Ábalos*[3434]. Así, estas disposiciones de la nueva ley no excluyeron la responsabilidad del Estado, sino que focalizaron el término *responsabilidad* en la personal que le cupiera a las autoridades correspondientes. Es posible que la existencia del sustrato supletorio del Código Civil en materias de responsabilidad extracontractual haya sido entendida como suficiente para regir las cuestiones relacionadas con esta materia; pero, de todos modos, queda claro que la nueva ley no aportó nada nuevo relevante.

Algo similar puede sostenerse respecto de la Ley Municipal de 1887, cuyas disposiciones en esta área, de cualquier modo más sofisticadas que las de la Ley de Régimen Interior de 1885, obedecían a una misma lógica central. Así, el artículo 82 disponía lo siguiente:

> "Toda persona agraviada por una resolución ilegal de la Municipalidad tendrá acción civil para ser indemnizada por los que la acordaron.
> Igual acción compete contra el Gobernador, Subdelegado y alcalde, por sus actos o decretos ilegales".

Por su parte, el artículo 84 complementaba respecto de las posibles omisiones:

> "En la misma forma podrá hacerse valer la responsabilidad resultante de omisiones graves en el cumplimiento de los deberes que imponen las leyes".

Es bastante claro que la fórmula "los que la acordaron", añadida a la mención de los gobernadores, subdelegados y alcaldes, se refería esencialmente a la responsabilidad personal que les pudiera corresponder a los regidores como integrantes de la respectiva corporación municipal y no a la corporación en sí misma. Si se advierte que bajo la vigencia de la antigua Ley Municipal de 1854 se había declarado la responsabilidad de la Municipalidad correspondiente, como persona jurídica, sin ningún problema[3435], y aun bajo la vigencia de la nueva Ley, pero por hechos acaecidos con anterioridad a su entrada en vigor[3436], la situación parece ser exactamente la misma que respecto de la aplicación de la Ley de Régimen Interior: el Título que rige la responsabilidad en la nueva ley implica una focalización del término sobre la responsabilidad personal, que no es incompatible con la responsabilidad del Estado, en este caso, la Municipalidad.

Dicho todo lo anterior, hay un aspecto en que sí es posible que la ley de 1887 haya podido sugerir —solo sugerir, no introducir— un aspecto dogmático relevante para la responsabilidad del Estado al regir la responsabilidad de las autoridades en el referido Título. Es un elemento de gran interés. El artículo 83 disponía lo siguiente:

3434 *Ábalos* (1889). Véase, *infra*, en este título, capítulo segundo, B.III.a.

3435 *V. gr.*, *Dueñas* (1871) y *Herederos de Larraín* (1878).

3436 *Beard* (1889).

"Esta indemnización procede por los decretos y resoluciones legales, siempre que pueda justificarse que se obró sin tomar principalmente en consideración el bien de la comunidad".

La mención a una indemnización a la que pudieran ser obligadas las autoridades frente a sus decretos y resoluciones *legales* apunta directamente a la posibilidad de establecerse lo que hoy se denomina responsabilidad del Estado por actos lícitos. Dado que en estos mismos años nuestra judicatura analizó y juzgó favorablemente algunas cuestiones en este ámbito específico[3437], puede quizás especularse sobre una influencia —indirecta, por cierto— de este artículo 83 en la evolución de nuestra jurisprudencia. Resulta imposible —al menos, con los antecedentes que hemos podido recopilar— ir más allá de esta especulación en torno a una eventual causalidad, pero sí es muy indicativo de que la sofisticación de nuestro mundo jurídico en esta materia incorporaba elementos que excedían de la mera responsabilidad subjetiva clásica, como pudiera eventualmente suponerse.

2. El aporte de las leyes casuísticas de responsabilidad

También resulta interesante, en esta área, la existencia de leyes de responsabilidad referidas a situaciones concretas y que resolvían por la vía legislativa lo que quizás hubiera sido decidido por vía jurisdiccional. Estas leyes no son muy numerosas, pero dan cuenta de una actividad relevante por parte del Legislador, que se sitúa fuera de la órbita clásica de regulación general y abstracta con que normalmente se asocia a esta función estatal.

Las leyes más llamativas a este respecto son aquellas que explícitamente se refieren a una indemnización. Un caso paradigmático se refiere a hechos dañosos perpetrados por las fuerzas armadas en la revolución de 1859:

"Artículo único. Concédese, por gracia, a don Pedro Calderón la cantidad de seis mil pesos en indemnización de los perjuicios que le causó el incendio de su casa y molinos ocurrido el 18 de febrero de 1859, por orden del jefe de la fuerza encargada de sofocar la revolución de San Felipe"[3438].

Debe tenerse presente que un par de años antes la Corte Suprema había absuelto al Fisco en la acción jurisdiccional correspondiente a este suceso[3439]. Ello explica que se haya subrayado en la referida ley que el otorgamiento de la indemnización era "por gracia", que en lenguaje de la época aún se contraponía a lo que *en justicia* correspondiera. Se trataba, en suma, de un favor, que no se contradecía con que la negativa de la Corte a indemnizar hubiera sido conforme a derecho. El panorama jurídico diseñado es bastante cuestionable; pero conviene destacar que, en último término, el equilibrio jurídico perturbado por la acción de la Administración haya sido restablecido, al menos en parte, a través de esta ley especial.

3437 Véase, *v. gr.*, *infra*, en este título, capítulo segundo, B.III.a.
3438 Ley de 27 de octubre de 1869, BLDG, XXXVII, p. 365.
3439 *Calderón* (1867).

La ley indemnizatoria a Pedro Calderón fue aprobada en la Cámara de Diputados por 52 votos a 2, lo que da cuenta de la evidencia que existía para los parlamentarios de la necesidad de reparar la injusticia que no se había corregido por la vía jurisdiccional[3440], y fue despachada rápidamente por el Senado.

Menos evidente y más debatida fue una segunda ley, analizada el mismo día por la Cámara de Diputados y que tenía por objeto una pretensión indemnizatoria distinta: resarcir los daños inferidos en la explotación de guano a un particular. De hecho, resultó aprobada por una estrecha mayoría de 25 votos contra 24. Y no solo eso: debe tenerse presente que, en una versión preliminar, esta petición ya había sido examinada en 1866[3441] y que el nuevo proyecto tardó un año adicional en concluir el procedimiento legislativo, despachándose en 1870 con la siguiente redacción:

> "Artículo único. Se concede a don José Squella, como descubridor del guano en la provincia de Atacama y por los perjuicios que se le infirieron en su explotación, la cantidad de quince mil pesos que se deducirán de los productos del mismo guano.
> La cantidad anterior se satisfará por terceras partes en los plazos de seis, doce y dieciocho meses, contados desde la promulgación de esta ley"[3442].

Como se advierte, la ley es extremadamente austera en expresiones relativas a la naturaleza de la explotación. Sin embargo, es inequívoco en este caso que la cuestión se zanjó entendiendo que no era una mera gracia; de otra forma, el legislador no hubiera perdido oportunidad de destacarlo en ese sentido. En fin, es interesante reparar en que el pago en cuotas no venía en el proyecto original de la Cámara de Diputados y fue agregado con posterioridad.

La Guerra del Pacífico dio lugar a un par de casos más de indemnización, dirigida a militares que intervinieron en puntuales eventos bélicos. Resulta interesante que en ambos casos el concepto sobre el cual se otorgaba el monto era el de "subsidio extraordinario", pero que al mismo tiempo se evocara la lógica reparatoria, lo que muestra que el fondo del asunto era verdaderamente el de una indemnización.

La primera ley abordó el hundimiento del vapor *Loa* en la bahía del Callao:

> "Concédese, por una sola vez, la cantidad de trescientos pesos a cada uno de los oficiales sobrevivientes de la catástrofe del *Loa* y de cien pesos a los demás tripulantes, como subsidio extraordinario para reparar las pérdidas que les ocasionó aquel siniestro"[3443].

Esta alusión, bastante holgada, a "las pérdidas que les ocasionó aquel siniestro", da pábulo a inquirir acerca del alcance de la expresión. Análogas consideraciones pueden proponerse

---

3440 SCN, 1869, Cámara de Diputados, 39ª ordinaria (11/9/1869), p. 424.

3441 SCN, 1866, Cámara de Diputados, 30ª ordinaria (25/9/1866), p. 217: "Art. único. Autorízase al Supremo Gobierno para que por un artículo adicional al tratado celebrado con el Gobierno de Bolivia puedan ser considerados y previamente arreglados los reclamos interpuestos por don José Squella, referentes al guano de Mejillones de que fue descubridor".

3442 Ley de 25 de octubre de 1870, BLDG, XXXVIII, p. 343.

3443 Ley de 1° de octubre de 1880, BLDG, XLVIII, p. 351, art. 2°.

respecto de la segunda ley que giró en torno a una reparación a soldados en estas circunstancias, la que tuvo por objeto indemnizar a los oficiales y tripulantes sobrevivientes de la *Covadonga*, una vez hundida por acción de un artefacto explosivo:

> "Artículo único. Concédese, por una sola vez, la cantidad de trescientos pesos a cada uno de los oficiales sobrevivientes de la catástrofe de la cañonera *Covadonga* y de cien pesos a los demás tripulantes, como subsidio extraordinario para reparar las pérdidas que les ha ocasionado aquel siniestro"[3444].

La ley de recompensas a sobrevivientes de la *Esmeralda* y a los deudos de los fallecidos no contuvo expresiones análogas a las anteriores, anclándose principalmente sobre el concepto de gratificación[3445].

En materia de relaciones internacionales, es importante destacar la promulgación de una ley que autorizó el pago de la mitad del monto fijado por un protocolo entre Chile y Argentina, respecto de reclamaciones de franceses por la captura de la barca *Jeanne Amélie* y la destrucción del establecimiento *Rouquaud*[3446], en relación con el apresamiento de la referida embarcación por nuestra Armada en 1876, cuestión cuyas complejidades pueden advertirse en los dictámenes que emitió Ambrosio Montt como Fiscal de la Corte Suprema[3447], y que se zanjó en definitiva bastante avanzado el siglo XX[3448].

Por otra parte, si se incorporan dentro del espectro de la responsabilidad las restituciones o compensaciones correlativas a privaciones que hubieran padecido particulares por efecto de medidas de la Administración, el catálogo de leyes especiales en esta área se amplía un poco más. Así, se decidía otorgar en 1861 "a la viuda e hijos del finado Encargado de Negocios cerca del Gabinete de Washington, don Juan Bello, la suma de tres mil pesos, de fondos nacionales, en compensación de los gastos hechos en sus funerales y en atención a los servicios que prestó al país"[3449].

Otra ley semejante tenía por objeto abonarle a Fernando Urízar Garfias la mitad del sueldo de un empleo que servía y había sido suprimido, así como una cantidad que no se le había pagado de su jubilación[3450]. Y, en el mismo orden de cosas, se promulgó una ley que le concedía —en 1877— a la viuda de un militar una suma de dinero "en compensación de

3444 Ley de 7 de septiembre de 1883, BLDG, LII, p. 911.

3445 Ley de 12 de septiembre de 1879, BLDG, XLVII, p. 324.

3446 Ley de 2 de agosto de 1888, BLDG, LVII, p. 1173.

3447 Montt Luco (1894), Tomo I, pp. 120-147.

3448 Ley de 31 de julio de 1924, n° 4027, que promulgó un protocolo firmado en 1910 que exponía estar "pendiente de la consideración de ambos Gobiernos la reclamación de los herederos de don Federico Van de Velde, sobre cargo de la barca *Jeanne Amélie*, apresada el 27 de abril de 1876 por la corbeta de guerra chilena *Magallanes*, y que disponía que "debe pagarse a los herederos del señor Van de Velde, en cancelación total de la reclamación y de los intereses correspondientes al tiempo transcurrido desde 1876 hasta ahora, la suma a que ascienda la liquidación que practique el Gobierno de la República Argentina, siempre que no exceda de ochenta mil francos. El pago lo harán por mitad los dos Gobiernos".

3449 Ley de 3 de septiembre de 1861, BLDG, XXIX, p. 201.

3450 Ley de 29 de julio de 1864, BLDG, XXXII, p. 171.

los descuentos que se hicieron al sueldo de su marido durante los años de 1819 y 1820"[3451], haciéndose referencia a que era "por gracia", no porque la deuda no hubiera existido, sino que indudablemente por el tiempo que había transcurrido desde que la merma se había verificado, con lo que los plazos de prescripción, que habían transcurrido largamente, hubieran hecho inviable una reclamación jurisdiccional.

Por último, es llamativa la ley que ordenó a la Tesorería Fiscal de Santiago devolver a un teniente 112 pesos plata o su equivalente, "que el referido teniente invirtió en el pago de las operaciones requeridas a efecto de sanar de la herida de bala que recibió en la batalla de San Francisco"[3452] de la Guerra del Pacífico. No había una indemnización por el daño sufrido en la operación bélica, pero sí se reconocía que el tratamiento de las heridas debía ser de cargo del Estado y que, pagado, se debía resarcir su monto.

B. EL DESARROLLO DOGMÁTICO

En lo propiamente dogmático, la evolución y el tratamiento de la responsabilidad del Estado entre 1861 y 1890 tuvo dos grandes vertientes de desarrollo. La primera fue constituida por la fijación de ciertos límites conceptuales a la operatividad de la responsabilidad del Estado (I), mientras que la segunda reunió los esfuerzos dirigidos a configurar jurídicamente a esta responsabilidad bajo el influjo del impulso codificador (II).

I. La delimitación de la responsabilidad

El trabajo de delinear la responsabilidad del Estado en el contexto del impulso codificador requirió varias definiciones y análisis que, a nuestro conocimiento, no fueron estudiados en su momento. Una primera esfera estuvo dada por las aproximaciones en torno a la exclusión de la responsabilidad, elemento siempre presente, al menos como una sombra ominosa cuando de la responsabilidad del Estado se trata (a). Y una segunda esfera abordó los límites entre los ámbitos de distintos tipos de responsabilidades, cuya distribución puede condicionar fuertemente el funcionamiento de un régimen administrativo (b).

a. La exclusión de la responsabilidad

El arco externo del análisis sobre la responsabilidad estaba dado por los casos de exclusión de responsabilidad del Estado que podían darse en esta época. Nuestro derecho, a este respecto, forjó una cosmovisión que prescindió de elementos que, de ser adoptados de manera literal, hubieran redundado en un manifiesto desmedro de los derechos de las personas (1), y que se concretó a través de figuras técnicas cuya configuración podía tener incidencia en el resultado de los respectivos pleitos (2).

3451 Ley de 29 de agosto de 1877, BLDG, XLV, p. 454.

3452 Ley de 20 de agosto de 1890, BLDG, LIX, p. 685.

1. La cosmovisión sobre la exclusión

De la jurisprudencia de esta época puede advertirse la existencia de un primer grupo de criterios que establece un zócalo primario de procedencia o improcedencia de la responsabilidad del Estado, y que se desarrolla en atención a lo que pudiera concebirse como la cosmovisión básica de los juristas sobre esta materia. Sinópticamente, ellos plantean que la responsabilidad del Estado se excluía en caso de no existir la actuación de un órgano del Estado, y que la responsabilidad del Estado no se excluía por la mera aserción de que el daño se derivase de la actuación de una autoridad pública.

El primer filtro es el que concierne a la actuación de un órgano del Estado, el que ya se había desarrollado bajo el imperio de la legislación anterior a la codificación sustantiva, abordando problemas de gran complejidad derivados de la simultaneidad o la sucesión de autoridades —o de pretendidas autoridades[3453]. Si bien en el período 1861-1890 las especies que abordaron esta materia tuvieron la ventaja de estar inmersas en circunstancias políticas internas menos complejas, se siguió distinguiendo entre los casos en que la actuación de una persona es susceptible de servir de criterio de imputación a la responsabilidad del Estado y aquellos en que tal actuación compromete su responsabilidad personal. Esto aparecerá con toda claridad en las distintas manifestaciones de desarrollo tópico de la responsabilidad del Estado[3454].

El impacto de este aporte, sin embargo, se vio fuertemente mermado por una mentalidad que, como ya se ha expresado, no era muy favorable a focalizar el deber de responsabilidad en el Estado, sino que en la persona de los funcionarios[3455], y que además aun cuando no procediera una responsabilidad del funcionario —por las razones que fueran— tampoco procuraba determinar la vertiente propiamente estatal.

Así se advierte, por ejemplo, de un caso de comiso en que, no aplicándose una sanción penal al capitán de un barco por no existir una intención fraudulenta de infringir la normativa de aduanas, ni siquiera se reparaba en una eventual indemnización por los perjuicios que se hubiesen derivado de la detención de la nave[3456]; en la situación de un sujeto que fue tratado con "excesivo rigor" tras haber disparado un arma de fuego contra un policía que intentaba aprehenderlo ilegalmente[3457]; frente al caso de la destrucción de árboles plantados por un particular, ordenada por un Gobernador[3458]; y en el caso en que, aplicándose una sanción penal al hijo de un cartero por violación de correspondencia, no se persiguió ni una eventual responsabilidad personal del cartero —por haberle encomendado expresamente a su hijo el desempeño de las funciones que a él, como funcionario público, le habían sido confiadas— ni se aludió siquiera a una eventual responsabilidad del Estado por la pérdida de lo que la carta contenía[3459].

3453 Bocksang Hola (2015 a), título quinto, capítulo primero, A.I y II.
3454 Véase *infra*, en este mismo título, su capítulo segundo.
3455 Véase *supra*, en este capítulo, A.II.a.2.
3456 *Fisco con Wilson y otros* (1865), que prolonga una situación ya advertida en *Barca Pantheon* (1847).
3457 *Carvacho Sáez* (1880).
3458 *Martínez* (1889).
3459 *Sepúlveda* (1878).

Es más: pueden incluso hallarse algunas expresiones enérgicas que parecerían apuntar en el sentido de sostener que no hay responsabilidad del Estado por actos de particulares que no ejercen funciones oficiales, pero que en realidad encierran una connotación distinta. El caso más distintivo está dado por una especie de mediados de la década de 1870, que sentó el principio de que el Fisco "no es responsable de los actos que indebidamente ejecutan en su nombre"[3460]. Ello, en abstracto, podría leerse en el sentido de excluir la responsabilidad del Estado por los daños cometidos por personas sin vinculación con él, máxime si en la misma sentencia existe el correlato de que el Fisco "tampoco puede aprovecharse de los beneficios" que dichos actos puedan reportarle. Pero la situación varía examinando la sentencia en concreto, toda vez que en la especie se había dado la actuación de funcionarios públicos. Por lo tanto, esta sentencia más bien se enlazaría con las desfiguraciones en la responsabilidad que podían producirse al interpretarse erróneamente el artículo 2314 del Código Civil, focalizándose la responsabilidad en los funcionarios. Tal inclinación aparece claramente de lo dispositivo de la sentencia de término, al señalársele al demandante la reserva de derechos por perjuicios contra quien viere convenirle.

En síntesis, del derecho de esta época se desprende claramente que no hay responsabilidad del Estado en caso de existir una actuación no oficial. Sin embargo, el problema era que había actuaciones oficiales respecto de las cuales podían imperar ciertas barreras a la procedencia del deber de indemnizar.

Cabe entonces preguntarse si estas barreras se derivaban del hecho de ejercerse una autoridad estatal. Por ello es importante tener presente la visión de la judicatura sobre si la aplicación de la lógica de la autoridad fuese un elemento de exclusión basal de la responsabilidad del Estado. Desde ya debe subrayarse que nuestra jurisprudencia jamás aceptó durante este período una línea argumentativa de inmunidad del Estado sobre la base de este concepto. Sin embargo, debe tenerse presente que las autoridades administrativas ocasionalmente la pretextaban.

Así se advierte en un caso que comprometía la responsabilidad civil de un Intendente y en el cual este alegaba la incompetencia de la justicia ordinaria para juzgarlo. Dicha autoridad sostenía "que los intendentes, como agentes del Presidente de la República, *solo pueden ser responsables ante este magistrado de sus actos administrativos, siendo de esta clase el que sirve de fundamento a la demanda*; o bien ante el Senado si se le considera como reo del abuso que señala el inciso 5° del art. 12 de la Constitución", de lo que concluía que "careciendo este tribunal de jurisdicción para juzgar los actos de intendentes, ocurre la dificultad prevenida en el inc. 5° del art. 104 de la Constitución, y deben elevarse estos antecedentes al Consejo de Estado para que resuelva la competencia"[3461].

La Corte examinó la cuestión y retuvo el conocimiento de la cuestión en la propia justicia ordinaria, desestimando la ocurrencia real de una cuestión de competencia. Es cierto que la cuestión versaba directamente sobre la responsabilidad civil del Intendente y no sobre la responsabilidad del Estado propiamente tal, pero también debe tenerse presente que, más allá de la reticencia cultural en torno a demandar directamente al Estado, es inconcuso que la responsabilidad del Estado se perseguía y se declaraba en esta época, por lo que una eventual

3460 *Convento de Santo Domingo de Valparaíso* (1874).
3461 *Illanes* (1878).

alegación de irresponsabilidad sin más fundamento que tratarse de una actuación de la autoridad no hubiera sido aceptable en derecho y hubiera sido descartada bajo idénticos fundamentos que los que esta sentencia expresa. Cuando mucho, lo que operaría es un desplazamiento de la imputación concreta, pero no una exclusión.

Así sucedió, por ejemplo, en una especie que comprometía derechos de aguas, en la cual la Municipalidad pretendió blindarse arguyendo que no había "hecho más que cumplir con lo dispuesto por la Intendencia", que no había causado ningún despojo ni era "por consiguiente responsable de los perjuicios que se reclaman y que no ha ocasionado". Nuestros tribunales entendieron que, "naciendo de una orden de la Intendencia el uso que actualmente hace del agua la parte demandada, no debe esta responder por los perjuicios que se reclaman, y a que ella no ha dado lugar con un hecho exclusivamente propio", pero ordenando en definitiva que "tanto la indicada parte del agua como la indemnización que dispone dicho inciso[3462], deben ser determinadas sin ulterior recurso por un solo perito que será nombrado por las partes o por el juzgado en caso de no avenirse"[3463]. Nada más lejos de una lógica de irresponsabilidad so pretexto de autoridad.

Pero hay otro aspecto muy relevante que da cuenta de que el ejercicio de la autoridad administrativa no se tomó en consideración como elemento de exclusión de la responsabilidad estatal. Se trata de un aspecto normativo, fundado sobre una norma del título preliminar del Código Civil: su artículo 45 dispone que "se llama *fuerza mayor* o *caso fortuito* el imprevisto a que no es posible resistir, como un naufragio, un terremoto, el apresamiento de enemigos, los actos de autoridad ejercidos por un funcionario público, etc."[3464].

En relación con esta norma, es importante destacar que entre los ejemplos de fuerza mayor o caso fortuito se contempla precisamente el de los *actos de autoridad ejercidos por un funcionario público*, por lo que existía el riesgo normativo de que se declarase la eventual irresponsabilidad del Estado sobre la base de que cualquier ejercicio de la autoridad pública fuese un caso fortuito que eximiese de la procedencia de restituir o indemnizar. El riesgo, en efecto, era meramente normativo, porque en el contexto de la vida jurídica real de la época hubiera representado una ruptura radical con la tradición administrativista que se había venido construyendo por largo tiempo.

Por eso no debe sorprender que la judicatura, durante todo este período, *jamás* parece haber aplicado el artículo 45 para excluir la responsabilidad extracontractual del Estado so pretexto de que sus actuaciones hubiesen estado cubiertas bajo el concepto de "actos de autoridad", previsto en dicha norma[3465]. Por el contrario, cuando el artículo 45 benefició al Estado y excluyó su responsabilidad, ello se derivó de imprevistos irresistibles en sentido

---

3462 Se refiere al numeral tercero del artículo 835 original del Código Civil, que disponía lo siguiente: "El uso que el dueño de una heredad puede hacer de las aguas que corren por ella se limita… 3° Cuando las aguas fueren necesarias para los menesteres domésticos de los habitantes de un pueblo vecino, pero en este caso se dejará una parte a la heredad y se la indemnizará de todo perjuicio inmediato. / Si la indemnización no se ajusta de común acuerdo, podrá el pueblo pedir la expropiación del uso de las aguas en la parte que corresponda y en conformidad al art. 12 de la Constitución, núm. 5".

3463 *Miranda y compartes* (1863).

3464 Las cursivas están en el original.

3465 Y tampoco ello se dio respecto de la responsabilidad contractual, como se explica *supra*, título cuarto, capítulo segundo, B.I.b.

propio, como los daños relacionados con desmontes de terreno arrastrados por un aluvión como consecuencia de lluvias torrenciales[3466]. E igual conclusión sobresale de los casos relacionados con la fuerza mayor en que no se invocó el artículo 45[3467], tanto cuando ella fue reconocida existir en la especie[3468] como cuando ella no lo fue[3469]. Por consiguiente, no tiene asidero alguno la aserción que algún autor ha procurado introducir respecto de que el referido artículo del Código Civil demuestra que la Administración en "su actuación de poder público, sus actos de derecho público... no se hallaron bajo la sujeción del derecho sino más tarde" y en particular en el derecho francés[3470].

2. Las modulaciones técnicas de la exclusión

Dicho lo anterior, es importante precisar que, más allá de la visión general sobre la eventual exclusión de responsabilidad del Estado, la judicatura introdujo —o, al menos, avizoró— algunas modulaciones técnicas que, sin perturbar la visión de conjunto, incidían en la procedencia o improcedencia del deber de reparar por parte de las personas jurídicas estatales.

Un primer elemento técnico que debe destacarse, descartado casi inmediatamente pero conceptualmente muy elocuente, es el correspondiente al impacto sobre esta materia de una aplicación a ultranza de las reglas del mandato. Este fenómeno de contractualización específica de la función pública, que fue bastante importante en el período en estudio[3471], era susceptible de tener un impacto considerable sobre la responsabilidad, tal como aparece de un planteamiento de una sentencia de primera instancia de principios del período, en circunstancias que nuestros tribunales estaban recién asimilando el Código Civil chileno:

> "2° que las autoridades subalternas, cuando extralimitan las atribuciones que les confieren la Constitución política, la ley del régimen interior y demás a que deben amoldar estrictamente su conducta, no obligan al Estado con sus actos, ni le imponen la responsabilidad de indemnizar los males que con ellos causen, *a la manera de un mandatario privado que, obrando fuera de los límites del mandato o en abierta oposición a él no obligará a su comitente*"[3472].

La sentencia terminaba absolviendo al Fisco de la demanda, que perseguía la indemnización de ciertas especies de que la Administración había privado a un particular durante la revolución de 1859. Como se advierte, la aplicación de la óptica del mandato al ejercicio de la función pública terminaba condicionando gravemente la procedencia de la responsabilidad

3466 *Beard* (1889).

3467 Ocasionalmente podía encontrarse alguna disposición en leyes especiales concerniente al caso fortuito o la fuerza mayor. Por ejemplo, "si el defecto representado por los inspectores o por el Intendente que la Empresa no hubiere corregido, diere origen a accidentes, la Empresa no podrá eximirse de responsabilidad alegando caso fortuito" (Ley de 6 de agosto de 1862, BLDG, XXX, p. 199, art. 22 inciso 2°).

3468 *Hurtado* (1884).

3469 *Aguilera* (1869), *Valdés* (1882) y *Larenas* (1890).

3470 Pantoja Bauzá (2004), p. 93.

3471 Véase *supra*, título tercero, capítulo primero, A.I.b.

3472 *Lazo* (1863). Las cursivas son nuestras.

del Estado, haciéndola inviable en el caso en comento —y, de haberse prolongado esta línea argumental, en muchos otros casos—, por entenderse que, como los funcionarios públicos no estaban habilitados legalmente para dañar, cualquier perjuicio que ocasionaran se hallaría fuera de la esfera del mandato y, por lo tanto, no obligaría al comitente, es decir, al Estado. Afortunadamente, la Corte Suprema terminó condenando al Estado a la correspondiente indemnización[3473], pero el problema terminaría enquistándose en la mentalidad jurídica de la época.

En efecto, un par de años después se volvería a abordar este problema en un asunto que concernía al administrador de un cementerio:

> "2° que si bien es verdad que *el mandatario que excede sus atribuciones obliga al mandante como si hubiera obrado dentro de la esfera de ellas, siempre que este quiera aprovecharse del mandato*, no es menos evidente que debe el mandatario probar el exceso de las obligaciones contraídas, pues de lo contrario debe suponerse que el mandato ha sido cumplido conforme a las instrucciones dadas por el mandante"[3474].

El Estado, por consiguiente, sería responsable solo en cuanto quisiera aprovecharse del mandato y en caso contrario la responsabilidad quedaría circunscrita a la personal del empleado público. A fines del período otra sentencia abordaría este problema, negando lugar a la indemnización; pero, a pesar de aplicar expresamente los artículos 2131 ("el mandatario se ceñirá rigorosamente a los términos del mandato, fuera de los casos en que las leyes le autoricen para obrar de otro modo") y 2160 del Código Civil ("el mandante cumplirá las obligaciones que a su nombre ha contraído el mandatario dentro de los límites del mandato"), la decisión parece haber pasado esencialmente por el hecho de que el demandante ni siquiera había intentado probar la existencia de los perjuicios[3475].

Es interesante que también el Consejo de Estado haya abordado este problema en aplicación del Código Civil. Ello se dio una sola vez, en una causa por arriendo de una bodega, declarando que "el mandatario no obliga a su mandante cuando excede los límites del mandato, ni aun se constituye el mismo responsable, siempre que haga conocer la naturaleza y extensión de sus facultades", expresión esta última derivada del artículo 2154 del Código Civil que la sentencia citaba en lo dispositivo[3476].

De la existencia de muchas sentencias que declararon la responsabilidad del Estado por haber actuado ilícitamente la Administración se desprende patentemente que, más allá de las turbulencias expresadas, las normas de responsabilidad del mandato no alcanzaron a configurar una exclusión de responsabilidad, sino cuando mucho una amenaza develada a través de ciertas manifestaciones puntuales. Con todo, de este período sí sobresale un par de facetas técnicas relevantes de exclusión.

3473 Y, por lo demás, debe tenerse presente que, tácitamente, la revocación operada por la Alta Jurisdicción, en relación con el considerando que se ha destacado más arriba, implicaba que no solo la dañosa extralimitación de las leyes, sino también la de la Constitución, podían dar lugar a indemnización.

3474 *Herederos de Silva* (1865). Las cursivas son nuestras.

3475 *Solar* (1886).

3476 *Fernández* (1866 b).

En primer lugar, algún apronte surgió en relación con el rol que puede jugar en la irresponsabilidad del Estado la culpa de la víctima. Así se juzgó en un pleito en el que un particular, "procurando subir a un carro del convoy, siendo que ya el tren caminaba con alguna velocidad, pisó mal, por cuyo motivo cayó sobre la línea, pasándole las ruedas de los dos últimos carros sobre la pierna izquierda, despedazándola". El tribunal entendió que "el accidente solo debe imputarse al descuido o ligereza de la víctima", y no dio lugar a responsabilidad penal alguna en la especie[3477]. Dado que no hubo referencias posteriores a la responsabilidad del Estado o a la responsabilidad civil de algún funcionario que se derivasen de estos hechos, puede intuirse que la apreciación efectuada sobre la materia criminal tuvo impacto en las otras esferas. Otro tanto puede sostenerse de una especie en que nuestra judicatura se negó a indemnizar los perjuicios derivados de un atropello de animales que habían penetrado a la vía férrea por hallarse en mal estado los cierros que dividían propiedades particulares: "[...] si se hubiera conservado en buen estado por quien corresponde los cierros de ambos fundos, los animales del señor Astaburuaga no se habrían pasado al fundo vecino, y en consecuencia el atropello no se hubiera verificado"[3478].

En atención a lo anterior, es interesante tener presente que el artículo 2330 del Código Civil dispone que "la apreciación del daño está sujeta a reducción, si el que lo ha sufrido se expuso a él imprudentemente". Mientras las dos especies antedichas implicaron exclusión de responsabilidad por hecho de las víctimas, las veces que los tribunales invocaron el artículo 2330 en esta área fue precisamente para minorar la indemnización[3479], y no para excluir responsabilidad.

En segundo lugar, podía excluirse la procedencia de responsabilidad del Estado, invocándose la carencia de una disposición legal expresa. No parece haber habido durante este período aproximaciones a una exclusión absoluta *de toda responsabilidad* por esta vía, pero sí restringiendo la irresponsabilidad a ciertos tipos de actos que fueran conciliables con tal lógica. Tal fue la aproximación de una sentencia de 1870 que abordaba el caso de la revocación de un permiso para agregarse avisos en el catálogo de la Exposición de Agricultura, tras la cual el beneficiario del permiso pidió ser indemnizado por los perjuicios sufridos. Mientras la sentencia de primera instancia había dado lugar a la reparación solicitada, la Corte Suprema juzgó la irresponsabilidad del Estado en este caso.

Para ello, a más de subrayar la especial naturaleza del permiso, enfatizó que "no hay ninguna disposición legal de la cual pueda deducirse el deber del tesoro público de indemnizar al demandante por la expectativa de las ganancias que esperó de la publicación de los avisos, ni tampoco por las expensas que pudo haber hecho para pagar algunos de dichos avisos"[3480]. De lo anterior no puede desprenderse que la falta de una disposición especial que establezca la responsabilidad para un determinado tipo de acto implique necesariamente la irresponsabilidad

3477 *Lesiones de Castro* (1890).

3478 *Astaburuaga* (1890).

3479 Claramente en *Garín* (1861), en que se sostuvo que "bajo el influjo de la legislación actual no queda libre de responsabilidad el que infiere el daño, por el solo hecho de haberse expuesto a él quien lo sufrió, y solo hay lugar a la minoración en el pago del perjuicio"; y de manera más sutil en *Fariña* (1878).

3480 *Cueto* (1870).

del Estado —buena parte de las sentencias en esta materia no se fundan sino en normas generales, trátese del Código Civil u otras, patrias o indianas—, pero sí que, *en la lógica específica del permiso*, que ya en ese entonces se entendía como un instrumento revocable[3481], no habría lugar a indemnización a menos que una ley expresamente así lo estableciera.

Y, en tercer lugar, podía excluirse la responsabilidad del Estado en caso de entenderse prescrita la acción correspondiente. No existe ningún indicio de que la responsabilidad en este tiempo se haya entendido como imprescriptible, sino que se hallaba sujeta a los plazos de prescripción que estableciera la ley. Como se sabe, el Código Civil estableció por primera vez en nuestro derecho una norma especial de prescripción general en esta materia, dada por el artículo 2332:

> "Las acciones que concede este título por daño o dolo, prescriben en cuatro años contados desde la perpetración del acto".

Esta norma de prescripción extintiva fue aplicada en varias oportunidades por nuestros tribunales. En ellas se precisaron varios aspectos, como el hecho de que el cómputo de los cuatro años se efectuaba efectivamente a partir de la perpetración material del acto[3482], y que era de carga del demandante particular probar la fecha del acaecimiento del perjuicio, de modo de impedir una declaración de prescripción[3483].

De la introducción de esta norma especial de prescripción se derivaron ocasionales perplejidades jurisdiccionales, como por ejemplo la indeterminación de si se aplicaría el artículo 2332 o el artículo 2508[3484] del Código Civil, y la invocación del artículo 2515 en vez del artículo 2332 para regir el caso de la acción de perjuicios[3485].

b. La distinción de responsabilidades

Un segundo factor dogmático desempeñó un rol muy relevante en la configuración de la responsabilidad del Estado en este período: la distinción de responsabilidades de distinta naturaleza. Ello no significó apartarse de las líneas desarrolladas con anterioridad en el primer período patrio. Muy por el contrario, la labor de estos años se cristalizó en una continuidad con lo anteriormente desarrollado, tanto sobre la distinción entre responsabilidad del Estado y responsabilidad del funcionario (1) como en la que escindía la responsabilidad del Fisco y la que concernía a otras personas jurídicas (2).

3481 Salvo que el mismo permiso mencionase un plazo, caso en el cual debía respetarse; pero, de lo contrario, la revocación podía tener lugar en cualquier momento y no daba lugar a indemnización: *Larraín* (1875).

3482 *Lara* (1875), sobre un saqueo en medio de una revolución; *Ríos y otros* (1890).

3483 *Villamil Blanco* (1885).

3484 *Correa de Saa* (1869): "La acción que ejercita el señor don Juan de Dios Correa en contra del Fisco no puede ya tener lugar, bien se atienda a lo dispuesto en el art. 2332 o en el art. 2508 del Código Civil".

3485 *Sanhueza* (1879): "Considerando la prescripción alegada como medio de extinguir la acción de perjuicios, se necesita el lapso de tiempo determinado por el art. 2515 del Código Civil".

1. Responsabilidad del Estado y responsabilidad del funcionario

De la jurisprudencia de esta época sobresale una primera delimitación fundamental, que es la que opone a la responsabilidad del Estado y la responsabilidad del funcionario en cualquiera de sus vertientes —penal, disciplinaria, civil—, y que no hace más que proseguir una distinción básica que ya se había desarrollado con anterioridad.

Así, por ejemplo, en una sentencia temprana del período en examen en la presente obra, la judicatura estimó claramente que "aun cuando la Junta de Reclamos ha absuelto al Fisco de la acción entablada por Hemenway y Ca. a virtud del convenio de que se ha hecho mérito, y de que la misma casa había firmado el documento respectivo para la cancelación del manifiesto, tal absolución no importa la del empleado de cuya conducta funcionaria se trata", disponiéndose en definitiva la condena "al capataz de jornaleros José Dolores Berríos a un año de prisión, que se contará desde el 28 de julio último en que fue aprehendido, y a don Raimundo Pradel a la pérdida de su destino de guarda-almacenes de pólvora, debiendo ambos de mancomún *et insólidum* pagar a la Caja de ahorros del respectivo gremio el valor que a esta corresponde de las planillas"[3486].

Esta distinción fundamental implica, en la práctica, la existencia de criterios específicos para dar lugar a cada tipo de responsabilidad. No existen especies que proclamen con total claridad una síntesis de los elementos conducentes específicamente a la responsabilidad del Estado, pero puede tenerse como punto de partida una sentencia que expresa que la responsabilidad "afecta al Fisco" cuando la acción correspondiente ha sido realizada por el "empleado público competente y en su carácter de tal empleado"[3487]. Con todas sus limitaciones, estas expresiones contienen la concentración más clara de requisitos de distribución entre la responsabilidad del Estado y la responsabilidad civil del funcionario que se pueda encontrar en toda la época —y, lo cierto, en toda la historia patria hasta 1890.

La responsabilidad a que se alude no solo puede comprometer a una responsabilidad fiscal, sino de cualquier persona jurídica estatal, llegado el caso, *mutatis mutandis*. Pero en dicha sentencia es importante advertir un conjunto de elementos de gran relieve para esta materia. En primer lugar, la distinción entre la responsabilidad del Estado y la responsabilidad del funcionario, que no sobresale explícitamente de lo dispositivo de la sentencia, pero que es un presupuesto que tácitamente lo sobrevuela, dado que la imputación al Estado se produce después de que la defensa fiscal, infructuosamente, hubiera intentado desviar la construcción dogmática hacia la responsabilidad funcionarial, al sostener que el empleado público "pudo haber contraído una obligación personal, pero no ligar al tesoro público por un valor que no había entrado en sus arcas".

Por ello es que la fórmula "empleado público competente y en su carácter de tal empleado" resulta de altísimo interés. Sobre ella se construye la argumentación judicial que hace recaer sobre el Estado la responsabilidad correspondiente. Es más; debe tenerse especialmente

3486 *Pradel y Berríos* (1861).

3487 *Espinosa* (1878). En estricto rigor, se trata de un caso de responsabilidad contractual, pero los criterios son planteados como generales y no en relación con el acto concreto que había dado lugar a las obligaciones.

presente la yuxtaposición de dos fórmulas en dicha fórmula, que, a pesar de su brevedad, en realidad envuelve tres aspectos distintos: el daño debe haberse ocasionado (i) por un *empleado público*, (ii) por un empleado público *competente*, y (iii) por un empleado público competente *en su carácter de tal empleado*. El primer requisito no parece plantear inconvenientes y prolonga la línea central que se había desarrollado durante el período anterior en relación con varias aristas[3488]. El tercer requisito también parece bastante pacífico, pues en síntesis obedece a lo que en nuestros días denominaríamos una actuación "en ejercicio de sus funciones" administrativas, dejando en el universo de la responsabilidad personal cualquier daño inferido por la persona natural en su carácter privado o particular, no oficial.

Pero el segundo elemento es más complejo e introduce un criterio eventualmente perturbador de la imputación de la responsabilidad: bastaría con que no se satisficiera la carga de la prueba de la competencia del funcionario en la actuación para que se declarase la irresponsabilidad del Estado. La pregunta, naturalmente, es qué grado de precisión en la competencia debía probarse.

Lo que se requería era una correspondencia, a lo menos general, con el área de la Administración de que se tratase. Así, en una sentencia de fines del período, en la que se examinaba el perjuicio ocasionado en 1881 a unos indígenas por parte de militares del Ejército, finalmente no se dio lugar a la responsabilidad del Estado por no haberse probado que las actuaciones dañosas se hubieran ejecutado "en virtud de órdenes o instrucciones emanadas de autoridades a que estaba subordinadas en el ejercicio de funciones públicas u operaciones militares que tenían a su cargo", con lo que el tribunal concluía absolviendo al Fisco "sin perjuicio de los derechos de Coñoeñir y Calfupán para hacerlos valer contra quien vieren convenirles"[3489], lo que por supuesto alude a una desviación de la responsabilidad hacia el plano de la responsabilidad civil de los funcionarios.

Hay, como se advierte, un riesgo cierto de irresponsabilidad estatal bajo este concepto, alimentado, por otra parte, por el Código Civil. Ello aparece de la expresión en la misma sentencia de que "solo el autor del daño o sus herederos tienen la obligación de repararlo o indemnizar los perjuicios que ocasione", paráfrasis del artículo 2316 del referido Código. En síntesis, la invocación del funcionario público *competente* se yergue como un criterio de distribución de responsabilidad poco favorable para los particulares, máxime frente al asomo de una hermenéutica civilista inclinada al iusprivatismo.

2. Responsabilidad del Fisco y responsabilidad de otras personas jurídicas

Durante todo el período del nacimiento del derecho administrativo patrio —y antes—, estaba clara la distinción esencial entre la personalidad jurídica del Estado central y otras entidades dotadas de tal personalidad, como las municipalidades. Ello había repercutido en el hecho de que las respectivas responsabilidades, en sus líneas matrices, estuvieran deslindadas: un daño perpetrado por las autoridades centrales sería reparado por el Fisco, mientras si en el origen del perjuicio se encontraba otra entidad con personalidad jurídica, esta debería responder patrimonialmente por él.

3488 Bocksang Hola (2015 a), título quinto, capítulo primero, A.II.c y B.II.a.

3489 *Coñoeñir y Calfupán* (1889).

Tal distinción siguió operando durante el período en estudio. Sin embargo, el crecimiento de la envergadura estatal —y funcionarial— condujo a nuevos aportes en la delimitación de las fronteras entre la responsabilidad del Fisco y de otras personas jurídicas.

Tal como en épocas anteriores, el polo alternativo principal a la responsabilidad fiscal siguió siendo la responsabilidad municipal. En esta vertiente existen aportes interesantes de la jurisprudencia, que permiten advertir cómo paulatinamente se iba forjando la operatividad de las personas jurídicas estatales.

Una primera línea jurisprudencial establece una frontera en la imputación de responsabilidad fundada en un sustento *operativo*, consistente en determinar *a nombre de quién* se realizaban las actividades correspondientes. Quizás la sentencia más importante a este respecto sea una de 1868, que definió varias aristas relevantes a propósito de la colaboración que prestaban funcionarios fiscales a la recaudación de tributos municipales:

> "Considerando: 1° que el cobro de estos derechos, cualquiera que sea el mérito de las leyes en virtud de las cuales se ha procedido, se ha verificado a favor de establecimientos municipales, cuyos fondos son extraños y diversos de los del tesoro público; 2° que la intervención que han tenido los empleados de aduana, en el cobro de estos derechos, no les da el carácter de fiscal, porque han procedido en representación y en beneficio exclusivo de corporaciones municipales; 3° que el Fisco no alega título ninguno a los derechos recaudados ni pretende disponer de ellos como de cosa propia, permaneciendo por consiguiente íntegra la completa separación que existe entre fondos fiscales y municipales; 4° que la responsabilidad fiscal no puede extenderse a actos ejecutados por sus empleados en virtud de las leyes que, en su concepto, les autorizan para obrar en representación y favor de corporaciones no fiscales y en cierta manera como mandatarios de estas, se declara: que el tesoro público no es responsable a la devolución de los derechos demandados por la casa de Urmeneta y Errázuriz"[3490].

Esta sentencia de la Corte Suprema, doblemente interesante porque revocó la de primera instancia que había planteado una solución opuesta, se pronuncia sobre esta materia de manera tan clara como rotunda. La distinción entre los patrimonios del Fisco —"tesoro público"— y de las municipalidades (considerando 1°) termina construyendo una arquitectura de responsabilidad que resulta técnicamente irreprochable. Si los funcionarios de Aduana —que eran fiscales— actúan "en representación y en beneficio exclusivo" de las municipalidades, ellos no comprometen el patrimonio fiscal, sino el de las entidades a las que han representado y apoyado con su actividad (considerando 2°), lo que se ve realzado por el hecho de que en ningún momento el Fisco ha pretendido apropiarse de los tributos de que se trataba (considerando 3°). El considerando 4° sintetiza todo lo anterior, extrayendo el corolario de la improcedencia de la "responsabilidad fiscal" dado que los funcionarios de Aduana habían obrado "como mandatarios" de las "corporaciones no fiscales". En síntesis, se reconocía una inconvertibilidad entre la responsabilidad fiscal y la responsabilidad municipal, por lo que finalmente en lo dispositivo se reservaba al demandante "su derecho para que los haga valer

---

3490 *Sociedad de Urmeneta y Errázuriz* (1868).

contra quien viere convenirle", es decir, contra la respectiva Municipalidad en lugar del Fisco que había sido demandado en el pleito de marras.

La Corte Suprema tuvo oportunidad de subrayar el mismo principio algunos años después, con una sentencia apoyada casi literalmente sobre la parte considerativa de la anterior, a más de añadir una referencia a la Ordenanza de Aduanas de 1864 que se estimaba útil para la resolución de la especie[3491].

Paralelamente a la línea jurisprudencial anterior, se desarrolló una segunda argumentación, no estrictamente coincidente, pero que puede asociársele. Esta imputación de responsabilidad se radica en una consideración propiamente *patrimonial*, consistente en asociarle el deber de responder *al patrimonio más directamente comprometido*. El mejor ejemplo de esta línea de argumentación procede de una sentencia de 1872:

> "1° Que el art. 12 de la ley de 24 de noviembre de 1860 determinó los fondos con que debería costearse la instrucción primaria en cada departamento incluyendo entre ellos la suma con que el tesoro nacional contribuiría anualmente con este objeto;
> 2° Que todos estos fondos se entregan a las municipalidades para que los distribuyan conforme al presupuesto que deben pasar al Presidente de la República en conformidad a los arts. 14 y 15 de la citada ley;
> 3° Que la obligación que la ley impone al Fisco se satisface anualmente consultando en el presupuesto general del Estado las sumas que se asignan a cada departamento; y
> 4° Que los preceptores son pagados de sus sueldos por la caja municipal, sin que el Fisco tenga a este respecto a otro gravamen que la asignación que sin detalles se concede a cada municipalidad"[3492].

Como se puede advertir, en sentido lato existía una participación patrimonial del Fisco y de las municipalidades, por la cual el primero le otorgaba una subvención pecuniaria a las segundas, que finalmente definían la aplicación de las distintas sumas a los pagos por distintos conceptos. El demandante, sabedor del origen remoto de los fondos, demandó al Fisco a fin de que se le pagase una gratificación que se le debía. La Alta Jurisdicción, revocando la sentencia del Juzgado de Letras, focalizó la responsabilidad, entendiendo que, aunque exista un apoyo remoto del Fisco en las correspondientes prestaciones, la responsabilidad de este se extingue al pagarle a las municipalidades las sumas respectivas y que la responsabilidad por los pagos específicos depende de quien gestiona la caja que *directamente* los soluciona, que es la caja municipal.

Mutatis mutandis, este criterio podría sostener también el hecho de que ciertas entidades de naturaleza societaria se beneficiasen de ciertas ventajas jurídicas fiscales en materia de responsabilidad, como el hecho de estar sometidos a los juicios de hacienda y no a los juicios ordinarios, pero que, determinada la responsabilidad de la persona jurídica correspondiente, recayera directamente sobre esta el deber de responder. El caso más reiterado era el de las

3491 *Garriga* (1874).
3492 *Salvo* (1872).

empresas de ferrocarriles[3493], pero se daba también en otros menos sobresalientes, como el de la Sociedad del Canal del Maipo[3494].

Naturalmente, las controversias respecto de la especificidad de la persona jurídica que debía responder por una determinada merma se disipaban en caso de que la ley designara expresamente quién debía satisfacer la obligación. Así, por ejemplo, se daba en el caso en que un particular había debido satisfacer el precio de una publicación ante la negativa de la Municipalidad[3495], siendo que la propia ley establecía que ello era de cargo de la propia corporación edilicia[3496].

II. La configuración de la responsabilidad

En relación con los elementos que hacen procedente la responsabilidad extracontractual del Estado y que fueron desarrollados en estos años, parece conveniente detenerse especialmente en aquellos que dogmáticamente contribuyeron a modelar la visión de nuestro derecho en esta época. En este sentido, sobresalen por su relevancia el aspecto de la culpa (a) y del daño reparable (b).

a. La culpa

Como se ha visto, la culpa era uno de los elementos que implícita o explícitamente se mencionaba en las dos disposiciones del Código Civil que más fuertemente incidieron en el tratamiento de la responsabilidad: los artículos 2314 y 2329[3497]. Ahora bien, también hemos destacado que la función desempeñada por ambos artículos no se circunscribía solamente a enfatizar el rol que la culpa o negligencia pudiera jugar en esta materia. Es importante, por lo tanto, detenerse sobre la jurisprudencia para verificar de qué modo esta presencia de la culpa a nivel normativo se terminó asentando concretamente sobre nuestro derecho.

Los distintos vocablos relacionados con esta figura aparecen utilizados, más o menos frecuentemente, para aludir a las personas jurídicas estatales en las resoluciones judiciales de la época. Así, se alude a la culpa de una Municipalidad[3498] o de una empresa de Ferrocarriles[3499];

3493 Véase, *infra*, capítulo segundo, B.II; y en materia de responsabilidad contractual, *supra*, título cuarto, capítulo segundo, B.II.b.

3494 *Sanfuentes* (1879).

3495 *Martel* (1887). También *Chevesich* (1889), añadiendo una restitución que en estricto rigor no estaba prevista por la ley, pero podía fundarse en ella y no había sido impugnada por el representante municipal.

3496 Ley de 9 de enero de 1884, BLDG, LIII, p. 59, art. 33 y 50.

3497 Véase *supra*, en este capítulo, A.I.b.

3498 *Larraín* (1875).

3499 *Guzmán* (1886), en donde se alude a la posibilidad de que la culpa sea de la Empresa o de sus trabajadores ("esos daños hayan sido ocasionados por culpa o negligencia de la misma Empresa o de sus dependientes").

a la negligencia de una empresa de Ferrocarriles[3500] o del Fisco[3501]; y a la culpabilidad de la Sociedad del Canal del Maipo[3502] o de una empresa de Ferrocarriles[3503]. Pero, asimismo, no debe ignorarse que la mayor parte de las veces en que estos vocablos son utilizados en sentencias que abordan —o debiesen abordar— la responsabilidad del Estado, lo son para referirse a la culpa, culpabilidad o negligencia de los funcionarios o de particulares.

En cuanto a los términos diligencia o cuidado, como oposición a la culpa y sus afines, ellos también aparecen ocasionalmente aplicados a las personas jurídicas estatales. Así ocurre, por ejemplo, en las frases "la Empresa no ha probado haber empleado la *diligencia o cuidado que le incumbía* para precaver dichos daños, ni ha alegado circunstancia alguna que pueda eximirle de responsabilidad"[3504] y "la Empresa no ha probado ni intentado probar *que haya empleado toda la diligencia y cuidado posibles* para evitar los incendios que dieron origen a los perjuicios indicados"[3505].

En ninguno de los casos en que se ha invocado la culpa o los términos que le son próximos es posible advertir una perspectiva de reproche en torno a una intencionalidad psicológica, es decir, una aproximación propiamente subjetiva, sino que responde a la lógica del "estándar de debido cuidado"[3506]. Este implica un "aspecto objetivo"[3507], sin propiamente apuntar a una responsabilidad estricta; y ello no debe hacer perder de vista que en este período la responsabilidad administrativa fue asociada también a criterios de responsabilidad estricta.

En lo que concierne al dolo —también denominado en nuestra doctrina actual bajo la figura de la *culpa intencional*[3508]—, es importante subrayar que *por lo general* no se le invocó con ocasión de una acción u omisión de alguna persona jurídica estatal.

Con todo, *ocasionalmente* se empleaban fórmulas que aludían al dolo o la malicia respecto de una persona jurídica estatal. Así, por ejemplo, respecto de una Municipalidad, "sería indispensable para condenarla a pagar perjuicios ocasionados por sus resoluciones *el que se hubiese probado que había abusado procediendo con culpa o dolo*"[3509]. También en la expresión de que "el señor Beard reconoce que para reclamar contra la Ilustre Municipalidad necesita justificar la existencia de un delito o cuasidelito, *es decir, de una acción u omisión contraria a la ley, cometida con dolo o malicia, en cuyo caso sería delito, y solo con culpa un cuasidelito*"[3510]. Asimismo, al señalarse que "tratándose de una construcción que la Empresa del Ferrocarril había hecho con el objeto de prevenir accidentes más graves, *no es posible estimar que dicha Empresa hubiera procedido con malicia o negligencia al llevar a efecto esa obra*"[3511].

3500 *Freire* (1884), *Larenas* (1890) y *Vattier* (1890).
3501 *Frost* (1890).
3502 *Sanfuentes* (1879).
3503 *Guzmán* (1886).
3504 *Ríos y otros* (1890). Las cursivas son nuestras.
3505 *Urzúa* (1890). Las cursivas son nuestras.
3506 Barros Bourie (2007), pp. 158-161.
3507 Corral Talciani (2013), p. 203.
3508 Barros Bourie (2007), pp. 158-161.
3509 *Larraín* (1875). Las cursivas son nuestras.
3510 *Beard* (1889). Las cursivas son nuestras.
3511 *Vattier* (1890). Las cursivas son nuestras.

Es cierto que los antecedentes no son tan numerosos como para trazar conclusiones categóricas respecto del alcance de estas expresiones. Sin embargo, en todos los casos aludidos hay algo común: la *yuxtaposición* de la culpa y del dolo. Ninguno de ellos alude al dolo *aisladamente*, de modo de que pudiera entenderse que efectivamente lo que se estaba dando era una conducta maliciosa del Estado —y no solo de un funcionario del Estado. Por lo mismo, no es posible deducir de la aparición del dolo en estas sentencias una eventual pretensión judicial de *subjetividad psicológica* del Estado, que, en estricto rigor técnico, resultaría completamente fuera de lugar. Lo que se encuentra en dichas fórmulas, por lo tanto, no es tanto una construcción intelectual meditada, sino la reproducción de un binomio de culpabilidad general que se halla literalmente, por lo demás, en el propio Código Civil. Y, por lo demás, su falta de protagonismo puede estar relacionada con la nula[3512] o escasa[3513] relevancia práctica que incluso en nuestros días se le asigna específicamente al dolo en la responsabilidad extracontractual.

Por el momento, entonces, pareciera que un reproche de intencionalidad psicológica quedaría más bien asociado a la actividad de los funcionarios estatales. Y —ahora sí— es importante apuntar que este *dolo de los funcionarios* podía, eventualmente, comprometer la responsabilidad consecuencial del Estado, en aplicación del artículo 2316 del Código Civil, que dispone que "el que recibe provecho del dolo ajeno, sin ser cómplice en él, solo es obligado hasta concurrencia de lo que valga el provecho". Esta circunstancia fue examinada por nuestros tribunales, admitiéndose su aplicación respecto del Estado, pero reconociéndose que, en el caso de la especie, "el Fisco no ha reportado provecho alguno de las especies y animales"[3514].

En síntesis, del análisis de la culpa como requisito para dar lugar a la responsabilidad extracontractual puede desprenderse, en primer lugar, que nuestra jurisprudencia no vio en este concepto una incompatibilidad con el ámbito de la actuación estatal; en segundo lugar, que no lo enfocó como un elemento de reprochabilidad psicológica, que solo sería correspondiente a los funcionarios públicos, sino que como un estándar objetivo de cuidado; y, en tercer lugar, que el dolo no fue objeto de un análisis detenido en torno a la responsabilidad del Estado.

Por último, quizás convenga apuntar que nunca apareció, ni siquiera remotamente, la expresión "falta de servicio", usual en nuestros días respecto de la responsabilidad del Estado, pero que solo fue trasplantada a nuestro país desde el derecho francés bastante avanzado el siglo XX. Y nuestro derecho administrativo no parece haberse resentido de ello. Lo cierto es que la culpa, entendida como un estándar, y apoyada en el Código Civil, parece haber sido suficiente para los juristas de la época en torno a la resolución de este tipo de conflictos.

Y conste, por lo demás, que la mentalidad de la época no era carente de audacia para descubrir y desarrollar soluciones sofisticadas: de ello da testimonio el desarrollo, por ejemplo, de la responsabilidad estricta u objetiva en sentido propio, como se verá en su momento[3515].

3512 Alessandri Rodríguez (1983), t. I, p. 15.

3513 Corral Talciani (2013), p. 203. Esto no significa que no pueda en absoluto infundírsele más vigor conceptual, tal como expresa elocuentemente Banfi del Río (2017), teniendo presentes aspectos del derecho inglés, que, en la época que comentamos, escasa influencia podía tener en nuestra evolución doctrinal y jurisprudencial en materia de derecho de daños.

3514 *Coñoeñir y Calfupán* (1889).

3515 Véase *infra*, en este Título, capítulo segundo, B.II.b y B.III.a.

b. El daño reparable

En lo concerniente a la responsabilidad del Estado, el período 1810-1860 se había caracterizado por circunscribir el daño reparable casi esencialmente a la privación de la cosa y al daño emergente[3516], mientras que el lucro cesante se había limitado a un caso excepcional y el daño moral ni siquiera se lograba entrever[3517].

El período 1861-1890 amplificó el espectro de lo que en derecho administrativo se había concebido como eventualmente indemnizable en responsabilidad extracontractual, incorporando tímidamente, por una parte, al lucro cesante (1), y, por otra, adelantando algunas consideraciones que giran en torno a lo que hoy conocemos como daño moral (2).

1. El lucro cesante

Un aspecto del derecho de daños en el que el tenor literal del Código Civil parece haber sido determinante en nuestra evolución jurídica es el de la consideración del lucro cesante como tipo de perjuicio que podía ser objeto de indemnización. De otra manera no puede explicarse por qué la entrada en vigor de este cuerpo normativo coincida casi exactamente con el inicio de la jurisprudencia judicial que lo tomó en consideración en materia de responsabilidad extracontractual.

Esto no era totalmente evidente. Como bien es sabido, la norma principal que lo contempla en el Código Civil es el artículo 1556, que prescribía lo siguiente:

> "La indemnización de perjuicios comprende el daño emergente y lucro cesante, ya provengan de no haberse cumplido la obligación, o de haberse cumplido imperfectamente, o de haberse retardado el cumplimiento.
> Exceptúanse los casos en que la ley la limita expresamente al daño emergente".

Ahora bien, dado que el artículo 1556 se encuentra entre las normas que rigen a la responsabilidad contractual, existía la posibilidad de que nuestros tribunales entendieran que el alcance de esta disposición se limitaba a dicha esfera, dejando excluida la de la responsabilidad extracontractual. En nuestros días, se ha enfatizado que "entre nosotros, doctrina y jurisprudencia nunca han dudado de que este concepto (como otros tipos descritos en las normas sobre el daño) es también aplicable a la responsabilidad extracontractual"[3518]. Los antecedentes que emanan de la jurisprudencia en derecho administrativo de esta época dan cuenta de una aproximación favorable, pero más bien circunspecta.

Puede advertirse, sin duda, que la tendencia fundamental fue proclive a su recepción. En efecto, sin jurisprudencia anterior en aplicación del Código Civil que apuntara en sentido opuesto, una sentencia *Garín* de 1861 fue la que incorporó definitivamente al lucro cesante como daño indemnizable en la responsabilidad extracontractual del Estado. Se trataba del caso

---

3516 Estaba claro que las costas no eran perjuicios: *Benavides* (1868).

3517 Bocksang Hola (2015 a), título quinto, capítulo primero, A.III.

3518 Peñailillo Arévalo (2018), p. 23.

de un sujeto que fue atropellado por uno de los carros del ferrocarril de sangre de Santiago, habiendo resultado de este evento la pérdida de su brazo izquierdo.

Frente a ello, el afectado solicitó que la Empresa del Ferrocarril le pagara "doce mil pesos como indemnización del mal y perjuicios causados, y que hace consistir en los padecimientos de su enfermedad, en los gastos de curación *y en la inhabilidad absoluta para el trabajo a que ha quedado reducido*". La Empresa, por su parte, sostuvo que "los padecimientos de la enfermedad no son indemnizables" y que "es una imprudencia injustificable que una persona sorda, tan anciana y falta de agilidad, como Garín, elija el mismo trayecto del camino habiendo a sus costados una vereda ancha por donde traficar sin riesgo alguno".

El Juzgado de Letras decidió favorablemente a las pretensiones del demandado, disponiendo que "la empresa demandada debe pagar a don Pedro Pablo Garín el daño y perjuicios que le ha ocasionado, consistente en los gastos de curación, *en lo que haya perdido de ganar y pierda en lo sucesivo con motivo de la enfermedad y de la amputación del brazo izquierdo*"[3519].

En la sentencia de liquidación, complementaria a la anterior y que la sucedió algunos meses después, el tribunal decidió que "en cuanto a lo que ha dejado o dejare de ganar a consecuencia de la herida y amputación del brazo, teniendo presente; que don Pedro Pablo Garín es de setenta y cinco años poco más o menos, tardo de oído y que vivía de limosna, según la información que él mismo rindió, y corre a f. 33 y 34 para declararse por pobre; regulo en diez pesos mensuales lo que don Pedro Pablo Garín ha dejado de ganar durante los tres años de la enfermedad, y de los tres años en adelante no estimo en nada la falta de ganancias, pues no ha quedado imposibilitado para seguir pidiendo limosna". El lucro cesante, entonces, se liquidaba en trescientos sesenta pesos, que, sumados a los mil quinientos por daño emergente, sumaban un total de mil ochocientos sesenta pesos.

La Corte Suprema confirmó las antedichas sentencias, con una declaración en lo referido al cálculo de la liquidación:

> "Teniendo presente que *los testigos de la información de pobreza se refieren a la época en que declararon, y no a la en que tuvo lugar el suceso que ha dado mérito a la demanda*; y que don Pedro Pablo Garín, *aunque anciano, se ha ocupado en trabajar honrosamente*; se declara: que la empresa del ferrocarril del sur debe pagar por todos los daños y perjuicios demandados la cantidad de dos mil quinientos pesos por una sola vez"[3520].

Más allá del aumento en la avaluación del daño que dispuso la Corte, resulta de gran importancia la forma de apreciación del lucro cesante, que también por primera vez era abordada en la jurisprudencia de nuestros tribunales. Del conjunto de las sentencias se desprende que Pedro Pablo Garín llevaba una vida como trabajador, que se vio alterada por el accidente al punto de que tuvo que pedir limosna —mientras su condición física se lo permitió. Al declarar los testigos acerca de la ocupación del afectado, aseveraron que era limosnero, dando cuenta de la actividad que Garín desarrollaba al momento en que ellos deponían, pero no la que realizaba con anterioridad al accidente. Por ello, esta sentencia planteó el criterio de que el

3519 *Garín* (1861). Las cursivas son nuestras.

3520 Las cursivas son nuestras.

lucro cesante debe ser apreciado en atención a las ganancias que se dejasen de percibir *tomando en cuenta la actividad que se desarrollaba al momento de producirse el daño*, y no otra posterior.

Sin embargo, la sentencia *Garín* no fue sucedida por una línea jurisprudencial abundante. Los casos en que se examinó la posibilidad de indemnizar el lucro cesante son contadísimos, y usualmente ella se descartaba por las circunstancias de la especie. Así, en 1869, en relación con eventuales perjuicios derivados de la Guerra contra España, la Corte Suprema entendió que "el pago de un constante flete en cada uno de los seis meses corridos desde el 16 de noviembre de 1865 hasta el 16 de marzo de 1866 es una hipótesis que no debe sentarse como base de la demanda, porque era imposible que, hallándose bloqueados nuestros puertos, pudiera la *Carmen Anguita*, aunque llevara bandera neutral, traficar constantemente por ellos"[3521]. En 1870, frente a un caso de un farmacéutico que, para evacuar un informe solicitado por el Estado, debió clausurar su botica, la misma Corte entendió que "no probó ni ofreció probar que durante su ausencia estuvo cerrado su establecimiento de botica y no hay, por consiguiente, motivo fundado para abonarle lucro cesante"[3522]. Y en 1884, en una resolución que resolvió una denuncia de obra nueva contra la Municipalidad de Valparaíso, se afirmó que "la indemnización de perjuicios comprende el daño emergente y el lucro cesante, y la demandante no ha comprobado en autos ni el daño ni el lucro, por concretarse a manifestar el provecho que la Municipalidad obtuviera con la excavación, provecho que en manera alguna evidenciara los perjuicios reclamados ni serviría de norma o base para justificarlos"[3523]. Asimismo, en 1890, en un accidente ferroviario en el que se atropelló una vaca lechera, se dio lugar al pago del valor de la vaca, pero se desestimó dar lugar al lucro cesante que se pedía en atención a la leche no producida, por razones que no quedan totalmente claras de la lectura de la sentencia[3524].

Pero en otras ocasiones la exclusión del lucro cesante parecía algo más que meramente circunstancial. Una sentencia de 1870 negó lugar a indemnización en este sentido, arguyendo que "no hay ninguna disposición legal de la cual pueda deducirse el deber del tesoro público de indemnizar al demandante por la expectativa de las ganancias que esperó de la publicación de los avisos"[3525], construcción que deja un margen de incertidumbre acerca del alcance de la conceptualización, pero que puede apuntar al desconocimiento de que el artículo 1556 del Código Civil rigiese el caso de la responsabilidad extracontractual. Otro tanto podría sostenerse de una sentencia de 1889 en la que, examinándose los perjuicios derivados de la destrucción de un plantel de álamo por parte del Gobernador de la Victoria, la mayoría dio lugar a una indemnización más baja que la que planteaba uno de los votos particulares, que fundamentaba un mayor valor en que "la obligación de indemnizar perjuicios comprende no solo la de abonar el daño emergente sino también el lucro cesante, según lo dispone el art. 1556 del Código Civil". Aunque la acción se dirigió contra el Gobernador personalmente, lo cierto es que la fundamentación sirve plenamente para ilustrar el punto[3526].

3521 *Pérez Anguita* (1869).

3522 *Araos* (1870).

3523 *Sanhueza* (1884).

3524 *Astaburuaga* (1890).

3525 *Cueto* (1870).

3526 *Martínez* (1889). Posteriormente el Ministro Covarrubias —autor del voto particular en comento— insistía en que "el lucro cesante y el daño emergente originados a Martínez por aquella destrucción,

A nuestro conocimiento, la revivificación del lucro cesante en la vertiente indemnizatoria extracontractual se dio recién a fines del período. En 1887, y sin mencionar la fórmula "lucro cesante", se ordenó indemnizar, a más de los viñedos que habían sido consumidos por un incendio, también la pérdida de casi trescientas arrobas de vino que hubieran producido los viñedos perdidos[3527]. En otro caso de daños producidos por un accidente de ferrocarriles, se dispuso que "en autos no hay antecedentes bastantes para apreciar precisamente el valor del daño emergente y del lucro cesante, por cuya razón es necesario recurrir a un reconocimiento pericial para determinarlo"[3528]. Otro tanto sucedió en un caso de desmonte de un cerro que, entre otros perjuicios, afectaba los cánones de arrendamiento correspondientes a un inmueble[3529]. Y, en fin, en una resolución que resolvió una denuncia de obra ruinosa en contra de una casa que había sido adquirida por el Fisco, a más de disponerse la obligación de demoler la casa o practicar las reparaciones necesarias, se obligaba al Fisco a indemnizar a los querellantes, "de los cánones de arriendos de que se han visto privados por causa de la obra ruinosa a contar desde julio del año próximo pasado y a razón de setenta pesos mensuales *hasta que el peligro desaparezca*"[3530], lo que podría entenderse lindar con el daño emergente futuro, más bien representa un caso de pérdida de legítimas ganancias por un lapso futuro aún indeterminado.

2. El daño moral

Aunque el Código Civil no incorporó la noción de daño moral ni ninguna equivalente, es interesante constatar que el derecho administrativo chileno comenzó a aproximarse discretamente a ella.

Primeramente, puede destacarse en ello una vía jurisprudencial. La sentencia *Garín*, ya analizada en torno a su aporte en cuanto al lucro cesante, presenta una atmósfera que algo parece acercarse al daño moral. Si bien en todo momento se circunscribe estrictamente a consideraciones de pérdida de ganancia —"en lo que haya perdido de ganar y pierda en lo sucesivo con motivo de la enfermedad y de la amputación del brazo izquierdo", "aunque anciano, se ha ocupado en trabajar honrosamente"[3531]—, los jueces del fallo parecieran estar contemplando al daño moral a la distancia, como si fuera a través de un ventanal.

La eclosión del daño moral tardó en llegar. Solo en 1890 se pronunció la sentencia *Frost*, que integró esta vertiente indemnizatoria. Se trataba del caso de la propietaria de un inmueble que colindaba con una propiedad fiscal, cuyas edificaciones habían sido demolidas para

no consiste únicamente en la pérdida de las plantas de álamo que se arrancaron, que es lo único que la sentencia apelada le manda abonar, sino también en el trabajo y gastos de su plantación y conservación, en los gastos que le ocasione la reposición de las cosas al estado que tenían antes del despojo, y en la pérdida del valor que esos álamos habrían adquirido o tendrían hoy, si la destrucción no se hubiera verificado, todo lo cual estima prudencialmente el que suscribe, según el mérito de autos, a falta de una tasación pericial, que por su parte ha juzgado necesaria".

3527 *Gana* (1887).

3528 *Allendes* (1890).

3529 *Olivares* (1890).

3530 *Herederos de García* (1890).

3531 *Garín* (1861).

reconstruirlas, pero que habían sido dejadas en abandono, al punto que ni siquiera se había levantado la muralla divisoria.

La demandante no solo reclamaba por la "destrucción de un quiosco, de un acuario, y de dos construcciones que se apoyaban en la citada muralla", sino que, sobre todo, "el abandono que he tenido que hacer de mi casa, en razón del justo temor de verla invadida de un momento a otro por la cuadrilla de peones que hay en el sitio fiscal o por los transeúntes de la calle de Morandé".

En lo considerativo y dispositivo, la sentencia corrió como sigue:

> "Considerando:
> Que las partes están de acuerdo respecto de lo pedido en el primer punto de la demanda, con la condición de que el avalúo de las reparaciones se haga previo el dictamen de un perito;
> Que la señora Frost ha justificado plenamente con las declaraciones de los cinco testigos contestes y no tachados que responden al interrogatorio de f. 12:
> 1° Que la pared medianera fue destruida en junio de 1888 y no se ha reconstruido hasta la fecha de la demanda;
> 2° Que el cierro provisorio que se ha hecho es de tal naturaleza que deja expedito el paso de uno a otro sitio y la calle de Morandé por varios puntos; de manera que la casa de la señora demandante está en común con el solar vecino y la calle pública; y
> 3° Que por esta causa la señora Frost y su familia han abandonado su habitación durante varios meses.
> Que todo daño que pueda imputarse a negligencia de otra persona debe ser reparado por esta;
> Que el representante fiscal no ha rendido prueba alguna en apoyo de sus asertos o defensas.
> En consecuencia, y con arreglo a las leyes 2ª tít. 13, 1ª tít. 14, y 32, part. 3ª, y arts. 857, 1698 y 2329 del Código Civil, se declara que ha lugar a la demanda en todas sus partes.
> El juzgado fijará el monto de la indemnización oyendo previamente la opinión de un perito nombrado en la forma ordinaria. *Henríquez. Lavín, secretario*"[3532].

La expresión del abandono de la casa como justificación de la indemnización parece apuntar directamente a lo que hoy se denomina "alteración en las condiciones normales de vida", como constitutivo del daño moral.

Ello, por una parte, porque en ninguna parte se menciona un cariz propiamente patrimonial, como sería el de una indemnización por un arriendo u otras sumas ocupadas en pagarse por la demandante una residencia alternativa. En efecto, el daño está descrito en la sentencia nada más que en términos del mero abandono del inmueble, tanto en lo considerativo como en las expresiones de la demandante, que sencillamente se limita a apuntar al "tiempo de la comunidad forzosa que se me ha impuesto".

Y, por otra parte, por la radicación normativa que se efectúa en la sentencia, efectuada directa y expresamente respecto del artículo 2329 del Código Civil[3533], apuntándose con ello

3532 *Frost* (1890).

3533 Sin contar el artículo 857 del Código Civil, que se refiere a una cosa totalmente distinta, que es la mera reedificación de la pared medianera.

directamente a la fórmula crucial de "todo daño", que justamente permite abrir las vías del daño moral.

Es cierto que la sentencia *Frost* no es tan minuciosa y categórica como se quisiera, pero basta para permitir el impulso jurisprudencial que épocas posteriores transformarían al daño moral en un componente protagónico del daño indemnizable.

Pero, a más de la vía jurisprudencial, existieron ciertos indicios de recepción del daño moral por vía legislativa. No se trata de proclamaciones categóricas, pero sí de expresiones cuyos contexto y naturaleza hacen poco probable que la lógica del daño moral no permease las respectivas indemnizaciones.

Hay un par de ejemplos bastante elocuentes. Uno de ellos concierne a la pérdida del vapor *Loa* en el Callao, durante la Guerra del Pacífico:

> "Concédese, por una sola vez, la cantidad de trescientos pesos a cada uno de los oficiales sobrevivientes de la catástrofe del *Loa* y de cien pesos a los demás tripulantes, como subsidio extraordinario para reparar las pérdidas que les ocasionó aquel siniestro"[3534].

Análogamente, se estableció algunos años después un subsidio para los sobrevivientes de la pérdida de la *Covadonga*, bajo condiciones idénticas[3535]. Este "subsidio extraordinario", si bien pudiera interpretarse como una ayuda, es más que ello, pues las propias disposiciones reconocen tratarse de un subsidio "para reparar las pérdidas", es decir, de naturaleza indemnizatoria en lo central. Aunque de ello no se recoja explícitamente el daño moral o una fórmula equivalente, la consideración en general a las "pérdidas" hace difícil entender comprometido en estas normas solo lo meramente patrimonial.

3534 Ley de 1° de octubre de 1880, BLDG, XLVIII, p. 351, art. 2°.

3535 Ley de 7 de septiembre de 1883, BLDG, LII, p. 911.

CAPÍTULO SEGUNDO
EL DESARROLLO TÓPICO DE LA RESPONSABILIDAD

Una vez descrita la elaboración conceptual que sobre la responsabilidad nuestro derecho administrativo logró desarrollar en el período en curso, conviene detallar aquellas áreas en las que, tópicamente, logró florecer en la práctica la respuesta indemnizatoria del Estado frente a la perpetración de hechos dañosos.

Dos grandes rubros sobresalen a primera vista: el cierre de materias rezagadas, relacionadas con hechos acaecidos en el período anterior respecto de los cuales ciertas especies habían quedado pendientes de resolverse (A), y el tratamiento de materias contingentes, cuyos énfasis distintos dan cuenta de una lucidez para enfrentar dificultades jurídicas de índoles bastante diversas (B).

A. LAS MATERIAS REZAGADAS

El desarrollo tópico de la responsabilidad extracontractual tuvo una continuidad con la etapa anterior, dado que existieron categorías de daño, juzgadas durante el período en actual examen, que procedían de los primeros años del período patrio. Estas categorías habían sido zanjadas en su gran mayoría hasta 1860, pero subsistió un rezago que constituyó parte relevante de las cuestiones ventiladas sobre responsabilidad del Estado.

Principalmente, estos juicios pueden dividirse en dos grandes rubros. Por una parte, el de los secuestros de bienes (I) y, por otra, el de los bienes de regulares en relación con las leyes de deuda interior (II).

I. Los secuestros de bienes

Entendidos como una "sanción administrativa por la cual las autoridades de un régimen en ejercicio privaban de sus bienes a los adversarios políticos, con el doble propósito de amedrentarlos respecto de una eventual rebelión y de recaudar fondos para las arcas públicas"[3536], los secuestros de bienes perpetrados durante la época de la Emancipación siguieron repercutiendo después de 1860[3537].

3536 Bocksang Hola (2015 a), título quinto, capítulo segundo, A.III.

3537 Pero debe tenerse presente que la conceptualización de los "secuestros" no solo implicó instrumentos para resolver las injusticias perpetradas durante el proceso independentista, sino que se clavó en el derecho de la época. Así, una sentencia que examinaba daños producidos en la revolución de 1859 también recurrió a la categoría del "secuestro de bienes" para resolver el litigio: *Ovalle* (1868).

En efecto, sobre la base de la Ley de Secuestros de 1853[3538], que había plasmado un mecanismo jurídico que a la vez permitía perseguir la responsabilidad del Estado y darles un cierre político definitivo a estas controversias, se ventiló un gran número de cuestiones hasta 1860[3539], pero ciertos pleitos cuya *litis* se había trabado oportunamente siguieron desenvolviéndose por bastantes años más. Aparentemente, la última sentencia de término referida a estas materias se pronunció en 1878[3540], es decir, sesenta años después de la declaración de Independencia.

Las respectivas sentencias permitieron no solo continuar la línea jurisprudencial anterior, sino también desarrollar aspectos no vistos con anterioridad. Se examinarán, en primer lugar, aspectos del régimen de los requisitos necesarios para dar lugar a la reparación (a), para luego revisar algunos aspectos referidos a la naturaleza de la reparación (b).

a. Los requisitos de la reparación

Un primer elemento que aportó la jurisprudencia de este período fue el énfasis en el carácter personal de la reparación. Un demandante solo tenía titularidad activa para pedirla en caso de que acreditase ser directamente perjudicado por el hecho dañoso.

Esto se advierte claramente de una sentencia *Treyes y otros*, de inicio del período, por la cual se perseguía la consolidación de un cargamento que había sido secuestrado en una fragata inglesa a fines de 1816[3541]. Mientras las autoridades realistas realizaban en Valparaíso la inspección de la carga, tuvo lugar la batalla de Chacabuco, ante cuyo resultado los transportistas decidieron partir, dejando gran parte de la carga en la Aduana. Los patriotas, habiendo asumido la Administración, efectuaron un inventario y las especies fueron finalmente vendidas a beneficio del Erario Nacional.

En atención a la Ley de Secuestros, y dado que los otros transportistas que habían participado de la empresa no se mostraron proclives a demandar, los tres demandantes pidieron que se les reembolsara por el total de las especies, es decir, tanto de su parte del cargamento como de la de los demás cuatro empresarios. El Juzgado de Letras desechó que fueran indemnizados por la totalidad del cargamento, tomando en cuenta varias circunstancias, tales como que existían especies que eran de propiedad del capitán y no de los transportistas, y el hecho de existir una sentencia extranjera —española— relacionada con los hechos de la especie y que expresamente le asignaba una séptima parte a cada uno. Y sobreabundó en otras consideraciones jurídicas de interés:

> "4° A más de los poderosos fundamentos alegados por los defensores del Fisco para que la consolidación se limite a solo tres sétimas partes del reclamo, existen estas otras dos razones: primera, que *entre los reclamantes no había sociedad general ni siquiera particular* sobre el cargamento de la *Bill*, pues cada uno traía tales o cuales bultos, y se convinieron en considerarlo común, y dividirlo en siete partes, una para cada uno, fue solo por la dificultad casi insuperable

3538 Ley de 15 de septiembre de 1853, BLDG, XXI, p. 470.
3539 Bocksang Hola (2015 a), título quinto, capítulo segundo, B.
3540 *Herederos de Fresno* (1878).
3541 *Treyes y otros* (1861).

que se les presentó para distinguir con inequívoca certeza la propiedad respectiva; y segunda, que *el derecho de acrecimiento, que es lo que se pretende ejercitar, no tendría lugar ni aun cuando hubiera existido sociedad general, pues es solo propia de las asignaciones testamentarias y no de los contratos*, cuando en aquellas se llama indivisa y solidariamente a los asignatarios"[3542].

Por una parte, puede notarse que la ausencia de sociedad general o particular entre los reclamantes fue determinante, ya que, si la carga era considerada "común", ello era para efectos informales de expedición de las mercaderías y no porque la carga efectivamente constituyese una comunidad entre los interesados que se dividiese cuotativamente. Y, por otra parte, es interesante constatar la argumentación sobre el acrecimiento, delimitándose claramente su ámbito de aplicación en consonancia con lo dispuesto por el, a la sazón, reciente Código Civil. Por ende, solo debían consolidarse "a favor de los demandantes tres sétimas partes de mil trescientos cincuenta y cinco zurrones de yerba mate y de los tres mil cueros curtidos, debiendo agregarse en la misma proporción el valor de la caja tapa de suela".

Otro requisito de la reparación que aparece claramente de la actividad de nuestros tribunales es la importancia de cumplirse con el plazo de prescripción para entablar la respectiva reclamación de reparación de los secuestros. Así, en el caso del secuestro de una fragata inglesa a principios de 1817, nuestra judicatura había resuelto favorablemente las reclamaciones de tres interesados, mientras otros cuatro eventuales interesados no habían comparecido. Con posterioridad, apareció un cuarto reclamante, arguyendo que como la cuestión ya se había ventilado en relación con otros interesados, no podía oponérsele a él la prescripción, dado que la interrupción que había beneficiado a los otros también lo beneficiaría a él.

Sobre la base del artículo 13 de la Ley de Secuestros, que prescribía que "los individuos que se creyeren con derecho a cobrar las cantidades o bienes secuestrados presentarán sus reclamos o entablarán sus gestiones en el término de cuatro años, contados desde la promulgación de la presente ley, transcurridos los cuales no se admitirá reclamación alguna", el Juzgado de Letras decidió lo siguiente, luego confirmado por la Corte Suprema:

> "3° Debe absolutamente prescindirse de los motivos de justicia en que se funda el reclamo de don Leopoldo Romero, pues que ellos no influyen en la cuestión previa de oportunidad, para cuya resolución tampoco debe ocurrirse al art. 15 de la citada ley que dispone otra cosa diversa, ni a los demás artículos de la misma con el fin de sondear su espíritu; puesto que no hay la menor necesidad de reglas de interpretación para entender aquella disposición tan clara del art. 13 relativa al término dentro del cual deben interponerse los reclamos de secuestros: 4° aun suponiendo que la gestión entablada ante el Ministro de Relaciones de Chile debiera mirarse como la iniciación del reclamo de Romero siempre sería extemporánea, pues a juzgar por la nota compulsada a f. 97, la fecha en que el gobierno recibió el reclamo fue el 12 de noviembre de 1857, casi dos meses después de vencido el cuadrienio"[3543].

3542 Salvo en el nombre de la nave, las cursivas son nuestras.

3543 *Romero* (1864).

Por consiguiente, e invocándose el artículo 19 del Código Civil como fuente del criterio interpretativo, se decidió no haber lugar "el reclamo de don Leopoldo Romero, contenido en su demanda de f. 90, por haberlo deducido fuera del término prefijado por el art. 13 de la ley de 15 de setiembre de 1853". Quizás el único elemento perturbador de la sentencia se desprende del considerando cuarto, por cuanto parece abrirle una rendija a la posibilidad de entender que una gestión efectuada ante la Administración por la parte interesada era una demanda útil para estos efectos, lo que parecería reñir con el artículo 2518 del Código Civil.

Un tercer elemento que aparece de la jurisprudencia de esta época es el carácter especial de la Ley de Secuestros de 1853 frente a otras leyes que abordaban casos de daños y de eventuales reparaciones. Lo cierto es que en un par de sentencias del período este posicionamiento aparece con mayor claridad que en múltiples fallos de la época precedente.

La ley de 1853, en primer lugar, se entendió como especial frente a las disposiciones anteriores que habían regido las cuestiones concernientes a la deuda interior que, como ha podido destacarse, fueron varias y de evolución algo sinuosa[3544]. Esto apareció de una sentencia de principios de la década de 1861 que versaba sobre el secuestro de una capellanía constituida en 1803 y que, por sucesivos decretos de 1813, los réditos del capital pasaron a beneficiar al Fisco, primero, y después al Instituto Nacional[3545].

Para el considerando cuarto de la sentencia de la Corte Suprema que resolvió la apelación, "el predicho capital no puede considerarse comprendido entre los designados en la ley de 17 de noviembre de 1835, puesto que conforme al inciso segundo del art. 1° del Supremo Decreto de 22 de febrero de 1837 quedó exceptuado del reconocimiento como los capitales consolidados". No consolidada la deuda de que se trataba por la vía de la ley de 1835 y la reglamentación correspondiente, el régimen de indemnización pasaba a ser derechamente el de los secuestros, tal como lo había señalado la sentencia de primera instancia: "[...] habiendo iniciado sus gestiones don Ramón González Concha para que se declarara patrón de la capellanía mandada fundar por don Agustín de la Concha Díaz en febrero de 1857 y dádose audiencia al señor fiscal de hacienda en agosto del mismo año, *no ha transcurrido el término de cuatro años fijado por el art. 13 de la ley citada de setiembre de 1853 para entablar las gestiones relativas a bienes secuestrados*"[3546].

Algo similar se desprendió de una especie posterior derivada de la sentencia arbitral de 1863 sobre el caso del *Macedonian*[3547]. Originalmente una cuestión de presas[3548], no conservó propiamente esta calificación una vez que se trató de determinar a quién pertenecían las dos quintas partes que el fallo arbitral del Rey de los Belgas no había asignado a ciudadanos norteamericanos. Solicitada la suma remanente por el heredero del ciudadano español que

3544 Bocksang Hola (2015 a), título quinto, capítulo primero, B.I.b.

3545 *González Concha* (1861).

3546 Las cursivas son nuestras.

3547 *Macedonian* (1863). La cuestión del *Macedonian* fue sometida a arbitraje en 1858 por parte de Chile y de los Estados Unidos ante el Rey de los Belgas. El fallo fue breve, de bastante relieve histórico y cuyo aporte jurídico quizás más importante giraba en torno a que "según los principios del derecho de gentes, la propiedad privada no está sujeta a captura en tierra, ya sea que pertenezca a un neutral o a un enemigo". Sobre esta cuestión puede consultarse Marambio Cabrera (1989).

3548 Véase *infra*, en este capítulo, B.I.b.

pretendía la suma, la cuestión fue juzgada en primera instancia por un Juzgado de Letras y en segunda por la Corte Suprema; es decir, de acuerdo con el procedimiento de hacienda que le correspondía a una causa fiscal, lo que significaba que la cuestión propiamente se entendía como de secuestros y no como de presas. De haberse tratado de esta última figura, el conocimiento de la cuestión en primera instancia se hubiera radicado en un ministro de la Corte Suprema[3549], lo que no ocurrió[3550].

Esta sentencia *Abadía* no circunscribe exclusivamente su interés a la cuestión normativa anterior. Es en verdad una resolución muy interesante, que aborda simultáneamente otras materias de relieve en relación con los requisitos de reparación.

En efecto, de ella se desprende un cuarto elemento de interés, que es el reconocimiento de la Ley de Secuestros como un cuerpo normativo con aplicación extraterritorial. Ello se desprende de las siguientes expresiones, que reproducimos por su interés:

> "2° Que, aunque esta captura se verificó en propiedades que ahora se reclaman como pertenecientes a súbditos del enemigo con quien se encontraba en guerra la República, la ley de 15 de setiembre de 1853 mandó reconocer en la deuda nacional esta clase de secuestros".

El apresamiento se había llevado a cabo el 9 de mayo de 1821 en el valle de Sitana, sito, a la sazón, en el antiguo Virreinato del Perú. Según el considerando recién transcrito, la Ley de Secuestros había reconocido que secuestros como este pudieran ser reparados a través de ella. Sin embargo, si se revisa el texto de la ley, no existe ninguna expresión que explícitamente se refiera al deber de responder por actos realizados fuera del territorio chileno. Cuando mucho, expresiones generales podrían servir para ello, tal como la del artículo primero de la ley, que ordenaba proceder "a la consolidación de las sumas que ingresaron al tesoro a título de secuestros o embargos en los casos, modo y formas que se expresan en los artículos siguientes". Por lo tanto, ha de entenderse que la extraterritorialidad estaba tácitamente comprendida en el espíritu de la ley de 1853 —lo que, por lo demás, era contrapartida del tenor literal de su artículo 10, que disponía que "ningún Juzgado admitirá reclamaciones sobre deudas fiscales procedentes de secuestros, que expresa *o tácitamente* se hallen excluidas del reconocimiento por la presente ley"[3551].

También aportaba la sentencia *Abadía* un quinto elemento relevante para la procedencia de la reparación: que las especies o sumas secuestradas hubieran ingresado efectivamente al patrimonio fiscal. Así se desprende de un considerando del Juzgado de Letras —el sexto—, que debiera entenderse no modificado por la sentencia de la Corte Suprema y que expresaba que "es ya un hecho averiguado que el valor de las dos quintas partes de la presa del *Macedonian* a que Abadía limita su reclamo, es solo de veinte y ocho mil ciento sesenta pesos, suma que debe considerarse como ingresada al tesoro nacional, porque fue destinada al pago de sueldos de nuestro ejército". Habiéndose acreditado la aplicación de dichas sumas para solucionar

---

3549 De acuerdo con la Constitución de 1828, que regía bajo el imperio de la de 1833, eran causas de competencia de la Corte Suprema "las de almirantazgo, presas de mar y tierra, y actos en alta mar" (art. 96 n° 6).

3550 *Abadía* (1867).

3551 Las cursivas son nuestras.

determinadas obligaciones relacionadas con la función pública, era ya irrefutable el ingreso de las sumas al Erario.

Un último elemento que puede destacarse respecto de los requisitos de la reparación es más bien anecdótico, pero mueve a reflexionar sobre los condicionamientos que pueden desgajarse en las relaciones existente entre derecho y política. Los secuestros de bienes implicaban normalmente la afectación de la propiedad de realistas que habían emigrado del país, lo que implicaba a su vez altas probabilidades de que obraran en los juicios sobre secuestros bajo nacionalidad española. Hemos destacado, asimismo, que no todas las cuestiones habían sido zanjadas antes de entrarse a la década de 1860, y si se tiene presente que a fines de esta década tuvo lugar la Guerra contra España, bien puede inquirirse si esta nueva contienda bélica tuvo consecuencias sobre los procedimientos que entonces hubieran estado pendientes de resolución y que concernían a la "antigua" guerra contra España —es decir, la de la Independencia.

Conviene a este respecto tener presente una sentencia *Herederos de Aguirre Solarte*, que dispuso lo siguiente:

> "Considerando que los súbditos españoles, por el estado de guerra en que se encuentra la República con España, han quedado privados de todos los derechos conferidos por las leyes y tratados antes existentes, se declara: que debe sobreseerse en la prosecución de esta causa"[3552].

Tales fueron las expresiones del Juzgado de Letras, que la Corte Suprema no modificó porque el representante de los demandantes no había apelado de dicha sentencia. Como puede percibirse, los tribunales no fueron tan lejos como una denegación abierta de justicia, pero se ve que, políticamente, la cuestión no era evidente y que las enemistades podían tener consecuencias en el debido y expedito juzgamiento de los contenciosos.

b. La prueba del daño y la naturaleza de la reparación

La prueba de los perjuicios originados por el secuestro fue en este período un aspecto jurídico muy exigente, tal como lo había sido durante el período anterior[3553]. En materia probatoria siguió siendo determinante la expresión del artículo 12 de la Ley de Secuestros que ordenaba que "las reclamaciones que estuvieren pendientes o las que nuevamente pudieran entablarse, y sujetarse a pleitos, serán ventiladas ante los juzgados ordinarios, debiendo comprobarse la legitimidad del derecho con documentos fehacientes".

En cuanto a la prueba de la efectividad del secuestro, las sentencias de esta época permitieron ahondar en algunos aspectos. Debía tratarse, en primer lugar, de una prueba "clara y satisfactoria", la que, no siendo fácil de lograr, podía beneficiarse de los documentos oficiales existentes en los archivos de la Administración que complementaban aquellos que fueran presentados por las partes[3554]. Es más; un solo documento oficial que diera cuenta del se-

3552 *Herederos de Aguirre Solarte* (1870).

3553 Bocksang Hola (2015 a), título quinto, capítulo segundo, B.II.b.1.iii.

3554 *Treyes y otros* (1861).

cuestro bastaba para determinar la responsabilidad del Estado[3555], lo que hallaba consonancia con el artículo 8° de la Ley de Secuestros, que disponía que "los certificados de las oficinas de Hacienda contestados con los libros, y visados por la Contaduría Mayor, serán suficientes justificativos para acreditar las acciones contra el Fisco". También podía obrar en beneficio de los interesados el hecho de que el propio Congreso Nacional reconociera explícitamente la existencia del secuestro[3556]. Las meras presunciones de secuestro, por cierto, no constituían prueba fehaciente[3557], pero la confesión de los representantes fiscales bastaba para dar por acreditado el secuestro[3558].

Asimismo, de una sentencia de esta época sobresale un criterio, que no existe en la ley y que tampoco había sido desarrollado por la jurisprudencia, de que, a más de probarse la *efectividad del secuestro* con documentos fehacientes, también debía probarse la *legitimidad del reclamo*:

> "Considerando... 3° que los demás documentos suscritos por don Juan Urrutia no están reconocidos, y si lo estuvieran, contribuirían a probar solamente la efectividad del secuestro, constante ya por el citado oficio de f. 1, y no la legitimidad del reclamo de las especies apuntadas a f. 8, valor de diez mil doscientos cuarenta y nueve pesos, reclamo que, según el art. 12 de la ley de 13 de setiembre de 1853, debe probarse con documentos fehacientes"[3559].

La fórmula escogida por la sentencia permite alojar cierta inquietud en torno a la carga efectiva de la prueba que debía ser satisfecha por los demandantes particulares contra el Fisco en este tipo de cuestiones. Si el secuestro se hallaba probado —tanto el hecho de haberse ordenado por una autoridad en ejercicio de sus funciones como por el hecho de haber ingresado las especies al Erario—, ¿en qué consistía entonces la "legitimidad del reclamo"?

Esta pregunta no parece tener una respuesta unívoca; y tampoco de la referida sentencia podría desprenderse tal carácter. Comoquiera que sea, de dicha sentencia parece desprenderse la idea de que obsta a la legitimidad del reclamo el hecho de que el secuestro *ya hubiese sido indemnizado con anterioridad*, lo que coincide con lo dispuesto en algunas sentencias del período anterior. En la especie en cuestión existía controversia acerca de la eventual restitución de *parte* de los bienes que habían sido secuestrados y cuya carga no se había satisfecho debidamente, a juicio del tribunal, por lo que no procedía una consolidación de la suma.

Con todo, también la *efectividad del secuestro* guardaba alguna sorpresa conceptual en la jurisprudencia de este período. En efecto, un aspecto muy llamativo se da en una sentencia en la que, habiéndose probado que la suma había ingresado a las arcas de la comisión de secuestros, el tribunal no dio lugar a la consolidación de la suma y a la consiguiente indemnización.

3555 *González Concha* (1861). Presumiblemente, bajo la fórmula de "certificado fehaciente", es también el caso de la sentencia *Herederos de Fresno* (1864).

3556 *González Concha* (1861): "3° que este reconocimiento explícito, reiterado periódicamente, tanto por el Congreso Nacional, aprobando el pago de esa partida, como por la oficina pagadera, hace inadmisibles las excepciones alegadas por los Ministros del Tesoro en su escrito de f. 39".

3557 *Rozas Mendiburen* (1863).

3558 *Abadía* (1867).

3559 *Ruiz Bravo* (1861).

Dispuso la sentencia que, "aunque los cinco certificados de fs. 32 a 36 son fehacientes, no se descubre claramente por ellos que don Nicolás Muñoz sufriera algún secuestro; pues solo hacen constar que, a cuenta de mayor cantidad que debía y en pago de sus intereses al cinco por ciento, entregó mil cuatrocientos pesos a la comisión de secuestros, deuda que pudo tener ese como cualquiera otro origen"[3560]. En otras palabras, el hecho de recibir la comisión de secuestros las correspondientes especies no era prueba suficiente de la existencia del secuestro: recaía sobre la parte demandante también la carga probatoria de que *la entrega de las especies a la comisión de secuestros hubiera sido oficial y directamente consecuencial a un secuestro*. Este aspecto era nuevo en la aplicación de la ley de 1853, y terminaría siendo meramente puntual, pues no volvió a aparecer en la jurisprudencia posterior.

En lo que concierne a la prueba del valor de las especies, los tribunales solían examinarla con rigurosidad, sin perjuicio de requerir la estimación de peritos para tasar las especies correspondientes. Así, por ejemplo, en un caso que concernía fardos de cueros, la Corte Suprema aprobó la sentencia de primera instancia con declaración de que no solo se considerara que existía prueba del secuestro de diecinueve y no de veinte fardos, sino que también que no constaba la cantidad de cueros que contenía cada fardo y por lo tanto no debía hacerse una estimación exacta de la cantidad de cueros, como la había efectuado el Juzgado de Letras; y que los zurrones de yerba que estaban averiados debían computarse como tales y no como indemnes[3561]. En caso de que el valor de las especies secuestradas se hubiera reconocido previamente por otra sentencia, se estaría a dicha avaluación[3562].

Por último, debe tenerse presente que la naturaleza de la reparación de los secuestros añadió algunos aspectos de interés en la jurisprudencia de estos años.

Uno de estos aspectos era el de los intereses que debía pagar el Fisco. En esta materia se desarrolló jurisprudencialmente el enlace entre los artículos que la regían en la ley de 1853.

Por una parte, estaba el caso de los intereses que hipotéticamente hubieran podido devengarse con anterioridad a la consolidación de la deuda, cuyo tratamiento se hallaba en el artículo 7°: "Los bienes raíces que se hallen en secuestro y en poder del Fisco, serán devueltos inmediatamente, sin que los interesados tengan derecho a reclamo, por frutos percibidos, y el Fisco a cargo por costos de conservación, ni por intereses penales o de otro género por las deudas provenientes de secuestros".

En este orden de cosas, la jurisprudencia fue clara en subrayar que "esta misma ley excluye del reconocimiento los frutos e intereses de las propiedades y capitales secuestrados"[3563]. Y, por lo mismo, no era procedente declarar que las sumas pagadas por cuarenta años en beneficio del Instituto Nacional en razón de una capellanía secuestrada debieran ser restituidas a su legítimo patrón. La Corte Suprema declaró en tal caso, "primero, que la Tesorería General debe pagar anualmente a don Ramón González Concha la misma suma que hasta el presente ha cubierto al Instituto Nacional; y segundo, que el juez de primera instancia, con audiencia

3560 *Rozas Mendiburen* (1863).

3561 *Treyes y otros* (1861).

3562 *Abadía* (1867), cuya referencia era la sentencia arbitral del Rey de los Belgas, que había versado sobre el apresamiento de las mercaderías procedentes del *Macedonian*.

3563 *Abadía* (1867).

del defensor de obras pías y del Ministerio público, resolverá lo que sea de justicia, acerca del modo y forma en que el patrón de la capellanía debe cumplir la voluntad del testador"[3564].

Pero, por otra parte, se trataban separadamente aquellos intereses que se derivaran de la deuda una vez oficialmente consolidada. Por ello el artículo 16 de la Ley de Secuestros disponía que "se asigna a la deuda consolidada el interés anual del tres por ciento que se pagará en cuatro dividendos desde el día 8 hasta el 12 de los meses de enero, abril, julio y octubre de cada año"; y el artículo 20, que "toda deuda que se consolide desde la publicación de la presente ley principiará a ganar intereses desde el trimestre inmediato siguiente a su consolidación". Pero, para que dichos intereses comenzaran a correr, era indispensable que hubiera certeza de la identidad del acreedor. Así apareció de la última sentencia que trató el problema de los secuestros de bienes:

> "Y considerando:
> Que según lo dispuesto en el art. 20 de la ley de 15 de setiembre de 1853, las deudas que se consoliden no ganan interés sino desde el trimestre inmediato siguiente a su consolidación;
> Que, si bien se resolvió por las sentencias de 12 de marzo y 5 de abril de 1864, compulsadas a f. 5, que debía consolidarse la cantidad de seis mil cuarenta y cuatro pesos sesenta y cuatro y medio centavos que cobraban los herederos de Fresno y los de Pérez del Campo y Padín, no se estableció por ellas a favor de cuál de las dos sucesiones debía hacerse la consolidación, y se les indicó en la misma sentencia que ocurrieran al juzgado que conocía del juicio que tenían pendiente sobre mejor derecho a la cantidad que debía consolidarse;
> Considerando: que debiendo hacerse la consolidación, según lo dispuesto en el art. 6° de la ley de 15 de setiembre de 1853, a favor de la persona a quien se hizo el secuestro o de sus legítimos representantes, y no estando esto averiguado por no saberse a quién pertenecía la cantidad secuestrada ni haberse ordenado la consolidación a favor de uno u otro de los que la pretendían, ni constar que el Fisco haya sido legalmente requerido para verificarla a favor de las dos sucesiones que disputaban el mejor derecho a la cantidad secuestrada, *no puede imputarse al Fisco la mora en verificar dicha consolidación, y por consiguiente no está obligado a pagar los perjuicios, o sea los intereses, que se le cobran*"[3565].

Por ende, el tribunal absolvió al Fisco de la demanda, invocando, por lo demás, los artículos 1551, 1557 y 1559 del Código Civil, en relación con los efectos de las obligaciones.

II. La deuda interior y los bienes de regulares

Este período vio también los últimos asomos de reparación de los distintos créditos relacionados con la llamada "deuda interior", cuya síntesis más importante se había verificado a través de la ley de 17 de noviembre de 1835[3566] y cuyo propósito era, por una parte, habilitar al cobro de las cantidades respectivas y, por otra, poner un límite temporal a las reclamaciones.

3564 *González Concha* (1861).
3565 *Herederos de Fresno* (1878). Las cursivas son nuestras.
3566 BLDG, VI, p. 219.

Tal barrera quedaba claramente expresada en una sentencia *Atero*, que versaba sobre gratificaciones debidas por la sociedad del Canal del Maipo en razón de ciertos servicios prestados. El límite temporal terminaba estableciéndose tanto por la vía de la configuración de las acciones aplicables en la época como por la vía de las disposiciones especiales que fijaron el régimen de la deuda interior.

Así, por una parte, esta sentencia que disponía que "procediendo la cobranza de servicios personales, debe aceptarse la excepción de prescripción alegada porque, aunque se elija para empezar a contar el tiempo la fecha más próxima, esto es, la de la cesión del gobierno en 1827, siempre resultará que, en noviembre de 1840, cuando la señora Atero hizo su primer reclamo, escrito de f. 7, estaba vencido con exceso el término designado por la ley 9ª tít. 11 lib. 10 de la Nov. Recop. para el ejercicio de acciones análogas a la entablada por la demandante"[3567]. La referida ley procedía de una disposición de Felipe II de 1579, y mandaba lo siguiente:

> "Que los Letrados, Procuradores y solicitadores solamente puedan pedir de los salarios que corrieren de aquí adelante, lo que se les debiere de los tres años que últimamente hubieren pasado; y que lo demás que hubiere corrido, no sean las partes obligadas a pagarlo, no habiéndose contestado demanda sobre ello, antes que hayan pasado tres años, después que el dicho salario se hubiere debido: lo cual todo haya lugar, así cuanto a los asientos que en lo de adelante se hicieren, como en los que ya están hechos. Y asimismo mandamos que lo contenido en esta ley no se pueda renunciar, no embargante la tal renunciación, lo que aquí mandamos se guarde, cumpla y ejecute".

Es interesante la aplicación de esta norma como comprensiva de la prescripción de todo tipo de servicios personales, lo que constituía una norma general sobre esta materia. Atendiendo a esta misma generalidad, la sentencia debió abordar la existencia de disposiciones posteriores y especiales concernientes a la deuda interior, lo que aparece del considerando cuarto:

> "Esta misma excepción, alegada a nombre del Fisco, debería asimismo tener cabida, caso que contra él pudiera dirigirse la cobranza, pues, *a más de la ley citada existen muchas disposiciones especiales sobre reconocimiento y consolidación de la deuda interior, a la cual correspondía la demanda, cuyos últimos plazos para entablar esta especie de reclamos, fijados por la ley de 22 de febrero de 1837 y por Supremo decreto de 3 de abril de 1839*, habían también transcurrido cuando la reclamante inició sus gestiones ante el supremo gobierno"[3568].

Como es de lógica, ya bien entrada la segunda mitad del siglo XIX aparecería como excepcional la eventual reparación de perjuicios que pudieran relacionarse con la deuda interior de Chile. Tanto lo era que, a inicios del período en estudio, prácticamente no quedaba sino asumir las eventuales deudas no como *justicia*, sino como *gracia*, lo que a su vez requería una especial declaración de la ley. Así sucedió, por ejemplo, en la siguiente disposición:

3567 *Atero* (1862).
3568 Las cursivas son nuestras.

> "Se reconoce, por gracia, en la deuda interior consolidada del tres por ciento, a favor del convento de la Merced, la cantidad de ochenta y dos mil quinientos cuarenta y nueve pesos doce centavos que están anotados en el libro de reconocimientos de la deuda nacional"[3569].

Es llamativo, por lo tanto, que ciertas reparaciones posteriores a 1860 aún pudieran caber dentro de la lógica de la *justicia*. Sin embargo, ello se dio en varias oportunidades, en relación con las confiscaciones perpetradas sobre bienes de regulares a inicios de la República y que, junto con la categoría de los daños por secuestros, constituyeron el único rubro "histórico" de responsabilidad del Estado que logró proyectarse hasta este período. Su final, de todas formas, parece haber sido anterior al de los secuestros, extendiéndose hasta fines de la década de 1860[3570].

Este problema se arrastraba desde la década de 1820. En 1824 el Fisco se había apropiado de los bienes de regulares[3571] y en 1826 una ley había permitido su venta[3572], lo que fue revertido después de la guerra civil de 1829-1830, ordenándose su restitución y exceptuándose los casos en que la enajenación se hubiera verificado "con autorización de los cuerpos legislativos"[3573], fórmula que, como veremos, tuvo resonancia práctica aún en la década de 1860. Ulteriormente, la ley de deuda interior de 1835 contempló como tal deuda "el producto de la venta de propiedades pertenecientes a los conventos de regulares que hubieren entrado al Erario público"[3574].

Como hemos tenido ocasión de apuntar, las cuestiones judiciales de dichos años que tuvieron por objeto los bienes de regulares parecen haber sido escasas[3575]. Pero abordaron aspectos significativos.

La primera de ellas versaba sobre una hijuela que había pertenecido a un convento ubicado en Talca, aprehendida por el Estado en 1824, y que la Municipalidad de Talca alegaba haber comprado con posterioridad. Con todo, el Cabildo no había podido acreditar el contrato de compraventa, con lo que solo podía ampararse en una prescripción para oponerse a la demanda del convento. Nuestros tribunales entendieron que "aun cuando aparece que la Ilustre Municipalidad ha poseído pacíficamente estos terrenos como desde el año de 1828 con el título presuntivo del remate que invoca, no ha alcanzado a poseer los cuarenta años que la ley exige para que se consumase la prescripción"[3576]. Esto implicaba que, en pleno vigor del Código Civil, se aplicase la norma de prescripción establecida la ley 26, tít. 29, part. 3ª, que la propia sentencia invocaba: "Qual cosa quier que sea de aquellas que son llamadas rayzes, que pertenezca a alguna Eglesia, o lugar religioso, non se puede perder por menor tiempo de

3569 Ley de 6 de septiembre de 1862, BLDG, XXX, p. 320.
3570 *Fisco con Herederos de Cisternas* (1869).
3571 Decreto Supremo de 6 de septiembre de 1824, BLDG, II, p. 45; Decreto Supremo de 16 de octubre de 1824, BLDG, II, p. 63.
3572 Ley de 22 de septiembre de 1826, BLDG, III, p. 69.
3573 Ley de 14 de septiembre de 1830, BLDG, V, p. 69, art. 2°.
3574 BLDG, VI, p. 219.
3575 Bocksang Hola (2015 a), título quinto, capítulo primero, A.III.a.
3576 *Convento de San Agustín de Talca* (1862), considerando 3° de la sentencia del Juzgado de Letras.

quarenta años". Así, no habiéndose adquirido los terrenos por prescripción, se ordenó a la Municipalidad de Talca entregárselos al convento demandante.

Con posterioridad, tres especies examinaron en 1866 distintas reclamaciones que giraron principalmente en torno a un problema conceptual de énfasis normativo: el significado de la fórmula "cuerpo legislativo", que estaba prevista como barrera a la reparación en los casos de temporalidades.

En la primera de ellas, referida a la hacienda de Ramadilla, la Corte Suprema decidió lo siguiente:

> "Santiago, mayo 22 de 1866 — Vistos: considerando: 1° que por las disposiciones de 6 de septiembre y 16 de octubre de 1824, se incorporaron en la hacienda nacional los bienes de los regulares: 2° que la hacienda de Ramadilla que ahora demanda el convento de la Merced, fue uno de estos bienes y se enajenó, como propiedad fiscal, ante la junta de almoneda: 3° que esta enajenación fue aprobada por el Director Supremo del Estado, que ejercía en esa época facultades suficientes para este efecto; y 4° que la devolución de bienes de regulares, mandada hacer por la disposición de 14 de septiembre de 1830, no comprende este fundo, por cuanto su enajenación había sido antes competentemente aprobada. Con arreglo a los fundamentos que preceden, se confirma la sentencia apelada de 30 de agosto del año próximo pasado, con costas del recurso. Tómese razón en la Contaduría Mayor. Devuélvanse. *Montt. Palma. Barriga. Valenzuela. Güemes. Tagle. Jara.*"[3577].

Ciertamente, las expresiones del considerando tercero no son precisamente técnicas, pero permiten entender perfectamente la función que cumplen. La fórmula "facultades suficientes" opera en el peligroso límite entre la identificación de la barrera a la indemnización dada por los "cuerpos legislativos" y la proclamación abierta de que la institucionalidad aún precaria de dicha época implicaba que el Director Supremo hubiera ejercido propia y directamente una función legislativa. Rara vez en la historia de nuestro derecho público se ha transitado con tanta audacia en el borde afilado que implica institucionalizar tácitamente lo que expresamente no parecía justificable. Las "facultades suficientes" son, por consiguiente, el reconocimiento de una potestad legislativa no expresamente reconocida —y aun una formidable concentración de poderes en el Director Supremo—, conceptualmente indispensable, de acuerdo con la ley de 1830, para obstaculizar la reparación del daño[3578].

3577 *Convento de la Merced* (1866 a).

3578 En su considerando segundo, la sentencia de primera instancia había entendido que "dichos decretos [los de incorporación al Fisco de los bienes de regulares] deben ser considerados con fuerza de ley, *tanto por las circunstancias extraordinarias que imperaban en la época de su promulgación, cuanto por las facultades omnímodas de que se encontraba investido el Supremo Director del Estado*" (las cursivas son nuestras). En ello parece existir una prefiguración de la fórmula empleada por la Corte Suprema, con la importante salvedad de que, por alguna razón, el Juzgado de Letras focalizó estas "facultades omnímodas" en el decreto de incorporación y no en el decreto de enajenación, que era el que obstaría a la reparación en caso de entenderse como ejercicio normativo de un "cuerpo legislativo". En efecto, posteriormente, al tratar de la enajenación, el Juzgado de Letras ni siquiera abordó el punto de "legislativizarla" —si se permite el neologismo—: "4° que dicha hacienda se enajenó en remate público el 7 de marzo de 1826 por la junta de almoneda de la provincia de Coquimbo: 5° que el

Una segunda sentencia, de la misma fecha y que versó sobre la estancia del Tangue, no pudo invocar un supuesto ejercicio de poder legislativo en miras de impedir la debida reparación del daño:

> "Y considerando: 1° que los bienes de los regulares se incorporaron a la hacienda nacional por los decretos supremos de 6 de setiembre y 16 de octubre de 1824: 2° que además de hallarse investido en esa época el Supremo Director del Estado del poder público, las leyes posteriores dictadas sobre la materia han reconocido y sancionado el hecho de la expropiación: 3° que por la copia de la escritura corriente a f. 5 vta., consta que don Daniel Frost compró al Fisco el 29 de abril de 1826 la estancia del Tangue por el precio de seis mil ciento veinte y cinco pesos al contado, cuya cantidad confiesa haberse recibido la junta de almoneda que hizo el remate, después de abrir las propuestas que en pliego cerrado hicieron los licitadores, con arreglo a lo prevenido en el decreto supremo de 23 de diciembre de 1825: 4° que aun cuando en dicha escritura no aparece la firma del intendente de la provincia, en ella se asigna que este funcionario presidió el remate y no se ha rendido ninguna prueba en contra de esta aseveración: 5° que por parte del Fisco, lejos de contradecirse, ha sostenido la validez de la venta; y 6° que los demandados han poseído el fundo más de treinta años antes de la demanda y lo compraron al Fisco cuando lo había hecho suyo. Con arreglo a los fundamentos que preceden, se revoca la sentencia apelada de 16 de mayo de 1864, y se absuelve a don Juan Miguel, don Jorge, doña Socorro y doña Rosario Munizaga de la demanda de f. 1. Tómese razón en la Contaduría Mayor; y devuélvanse. *Palma. Barriga. Valenzuela. Güemes. Tagle. Riesco*"[3579].

Como puede notarse en el considerando cuarto, la enajenación del inmueble se dio en circunstancias muy distintas a las del caso anterior, dado que en la enajenación no solo no habían intervenido el Poder Legislativo ni el Jefe de Estado, sino que tampoco se contaba con la firma del Intendente, lo que privaba al negocio de cualquier reconocimiento formal de una autoridad política. Solo había participado la Junta de Almoneda, cuya caracterización como "cuerpo legislativo" hubiera constituido una deformación aún más escandalosa. Por lo mismo, la Corte Suprema no pudo impedir la restitución sino invocando el transcurso del plazo de prescripción de treinta años, que beneficiaba a los particulares actuales poseedores del predio, pero indirectamente también al Fisco, al menos tal como se prosiguió la tramitación de la especie. A diferencia del caso anterior, la Corte revocó la sentencia de primera instancia, que había sido favorable a la demandante[3580].

---

producto de la venta pasó a arcas fiscales, no como una cosa o bien ajeno, sino como el producto de una propiedad perteneciente a la Nación". La Corte Suprema percibió este desenfoque y, sin modificar las consecuencias prácticas del fallo, reenfocó la argumentación sobre el punto que era crucial. La solución es sustantivamente cuestionable, pero, en lo argumentativo, pasaba a responder a los requerimientos que la propia legislación exigía.

3579 *Convento de la Merced* (1866 b).

3580 Sí puede advertirse un inquietante ligamen de esta sentencia con la anterior en torno a la caracterización de los Directores Supremos de la época: al aseverar en el considerando segundo "hallarse investido en esa época el Supremo Director del Estado del poder público", la Corte Suprema parece estar subrayando el hecho de no existir un Estado de derecho en la época, de modo tan elocuente que parece rozar el reconocimiento de un régimen absoluto.

Vendría, en fin, una tercera especie, posterior en algunos meses y que versaba sobre el edificio del convento de la Merced que se hallaba en La Serena. Dicha especie aborda un nuevo elemento de consideración respecto de la referida condicionante de los "cuerpos legislativos": la eventualidad de si las Asambleas Provinciales creadas en la década de 1820 pudieran ser tenidas por tales.

La sentencia del Juzgado de Letras optó por una respuesta negativa:

> "Considerando: 1° que por el art. 2° de la ley de 14 de setiembre de 1830 se mandaron devolver a los regulares sus temporalidades, a excepción de las que hubieren sido enajenadas con autorización de los Cuerpos Legislativos, en cuya excepción no están comprendidos los capitales acensuados, que, por decreto de 5 de octubre de 1827, compulsado a f. 13, se aplicó al hospital de esta ciudad, porque en esa fecha el Supremo Gobierno no estaba investido de facultades extraordinarias, pues la ley de 22 de julio del mismo año, que disolvió el Congreso que había en esa fecha, solo dejó una comisión nacional que consultase a las asambleas sobre la forma de gobierno por que debía constituirse la República: 2° que aunque por ley de 14 de junio de 1826 se ordenó que la Nación se constituyese por el sistema federal; y el decreto citado de 5 de octubre hace referencia de la eficaz recomendación de la Asamblea de Coquimbo, tal dictamen no puede considerarse como ley de ese cuerpo, desde que no está revestido de las solemnidades prescritas por el Reglamento de 30 de noviembre de 1825 y proyectos de Constitución de 1° de diciembre de 1826 y 19 de enero de 1827, ni versaba sobre bienes de que las Asambleas pudieran disponer [...]"[3581].

El razonamiento, que se muestra plenamente consciente de las dificultades políticas de la época, admitió *en abstracto* la posibilidad de que hubiera podido existir algo como una actividad legislativa de las Asambleas, pero *en concreto* la descartó. Ello, en atención a que la "recomendación" de la Asamblea no se había sujeto a las formalidades previstas por la normativa vigente ni tampoco había respetado la esfera de atribuciones de estos cuerpos en materia de bienes. La sentencia de primera instancia terminaba dando lugar a la restitución solicitada, al menos en lo que concernía a la Municipalidad de La Serena, pero la Corte Suprema la revocó, revirtiendo la antedicha consideración orgánica:

> "Santiago, octubre 12 de 1866 — Vistos: considerando: 1° que el templo materia de la demanda fue restituido a la comunidad de la Merced: 2° que los censos, edificios y terrenos que se reclaman, tanto de la Municipalidad como del Hospital y Liceo de la Serena, les fueron cedidos a estos establecimientos por la disposición de 5 de octubre de 1827, a virtud de la gestión que para ello hizo la Asamblea provincial de Coquimbo: 3° que por la ley de 14 de setiembre solo se manda devolver a los regulares los bienes que no hubieren sido enajenados, se absuelve a la Municipalidad, Hospital y Liceo de la Serena de la presente demanda. Revócase la sentencia apelada de 11 de enero de 1865 en lo que fuere contraria a esta. Tómese razón en la Contaduría Mayor: devuélvanse. *Montt. Palma. Barriga. Valenzuela*".

3581 *Convento de la Merced* (1866 c).

Nuevamente estamos frente a una sentencia cuya redacción es bastante acomodaticia en torno a obtener un determinado resultado. La Corte invoca la "gestión" que efectuó la Asamblea Provincial como fuente del impedimento para restituir los bienes, asumiendo implícitamente que su actividad había tenido una naturaleza legislativa. Sin embargo, es muy interesante constatar cómo la Alta Jurisdicción se cohibió, quizás por motivos de sensibilidad política, en torno a declararlo explícitamente. Está claro en la sentencia que "por la ley de 14 de setiembre solo se manda devolver a los regulares los bienes que no hubieren sido enajenados", entendiéndose, *a contrario*, que los que hubieran sido enajenados no podrían haber sido objeto de restitución. Pero, como sabemos, la ley de 1830 no decía lo que la Corte sostenía que decía, pues ordenaba entregar todas las temporalidades que hubieran sido aprehendidas, enajenadas o no, solo exceptuándose aquellas que hubieran sido enajenadas "con autorización de los cuerpos legislativos". Aparentemente, entre alterar el tenor literal de la ley y aceptar expresamente que las Asambleas Provinciales hubieran servido como cuerpos legislativos, la Corte Suprema entendió que lo primero era un mal menor. Se trata de una solución reprochable, a nuestro juicio abiertamente contraria a derecho, y que claramente persiguió obstar a la restitución como fin indiscutible sin reparar en el precio que significaba el sacrificio de una argumentación racional.

La última sentencia que parece haber involucrado directamente aspectos de temporalidades de regulares se pronunció en 1869[3582]. En ella, coexistiendo aspectos de secuestros y de temporalidades, lo más importante sobre estos últimos es de naturaleza procesal, en atención a que "habiéndose iniciado el presente juicio cuando ya los conventos de regulares estaban mandados restituir en los bienes de que no hubiese dispuesto el Fisco, carece este de personería para hacer el cobro de una deuda en favor del convento en referencia"[3583]. En otras palabras, si se pretendía cualquier tipo de reparación, debía ser el mismo convento quien la solicitara y no el Fisco.

B. LAS MATERIAS CONTINGENTES

Un segundo conjunto de cuestiones ventiladas estos años en los tribunales de justicia giró en torno a daños ocasionados a fines del período anterior o derechamente durante este período, propiamente *contingentes* en relación con el escaso lapso que las separaba de los hechos que las habían originado.

En este orden de cosas, la responsabilidad extracontractual del Estado se desarrolló a partir de tres núcleos principales. Primeramente, la responsabilidad por hechos bélicos (I); segundamente, la responsabilidad ferroviaria extracontractual[3584] (II); y terceramente, las materias

---

3582 En el sentido de las privaciones de dominio perpetradas en la década de 1820. Curiosamente, una sentencia posterior, *Establecimientos de Beneficencia de Santiago con Fisco* (1871), abordó un caso de las temporalidades de regulares que se relacionaba con la expulsión de la Compañía de Jesús en las décadas de 1760-1770, es decir, en pleno período indiano. Esta especie en concreto versaba sobre la titularidad de los claustros que ocupaba el Hospital de San Borja, sito en la Alameda de las Delicias.

3583 *Fisco con Herederos de Cisternas* (1869).

3584 La responsabilidad ferroviaria *contractual* también se desarrolló, como hemos examinado *supra*, título cuarto, capítulo segundo, B.

de avanzada que ofrecieron una base jurisprudencial en miras de evoluciones posteriores de nuestro derecho (III).

I. La responsabilidad por hechos bélicos

El derecho de la responsabilidad extracontractual debió enfrentarse durante este período a varios hechos de connotación bélica. Contrariamente a lo que podría hacer suponer el alcance interno de su contexto, los pleitos derivados de daños producidos durante las revoluciones de 1851 y 1859 contienen elementos de gran interés (a). Y, tal como puede intuirse, las controversias derivadas de las guerras externas del período —es decir, la Guerra contra España y la Guerra del Pacífico— plantearon aspectos importantes, frecuentemente en relación con materias de presas (b).

a. Las revoluciones internas

Atendiendo a la jurisprudencia de este período, poco puede agregarse respecto de las consecuencias de la revolución de 1851 a lo que se había examinado durante la misma década. Como se recordará, en relación con la responsabilidad del Estado había existido una sentencia de gran interés derivada de daños perpetrados durante la revolución de 1851[3585]. Con relación a esta, no existe nada comparable durante el período en comento. El problema de la reparación apenas se abordó de manera colateral, cuya máxima expresión está dada por un caso de devolución por el Fisco del monto que un sujeto había consignado por exigencia de la Administración, en atención a que tal monto se lo habían entregado las autoridades revolucionarias. Sobreseído el sujeto, la suma no era debida y, por lo tanto, había surgido el deber de restituir la suma[3586].

Por el contrario, la revolución de 1859 sí dio pábulo a un cuerpo importante de cuestiones relevantes de responsabilidad del Estado, que se extendieron hasta mediados de la década de 1870.

Nuestra jurisprudencia en este ámbito prosiguió la evolución que se había ido trazando en las décadas anteriores. El descarte de la teoría del "mal de guerra" en abstracto, que se había desarrollado con posterioridad a la Emancipación, había conducido a la teoría de un mal de guerra concreto en el que, si bien el contexto bélico ofrecía un entorno desfavorable en general para la declaración de responsabilidad del Estado, no se impedía del todo alguna reparación en caso de que las circunstancias así lo justificaran[3587]. La declaración abstracta de la teoría, en todo caso, no había conducido aún a ninguna sentencia que ordenase indemnizar frente a hechos de esta especie.

Por ello, la sentencia *Noguera* marca un hito en el tratamiento de la responsabilidad extracontractual en Chile. Por primera vez, y fuera de las áreas rezagadas de la deuda interior y de

3585 V. gr., *Edwards* (1856); Bocksang Hola (2015 a), título quinto, capítulo primero, B.I.a.
3586 *Figueroa* (1861).
3587 Bocksang Hola (2015 a), título quinto, capítulo primero, B.I.a.

los secuestros de bienes, que contaban con leyes especiales, se indemnizaron daños procedentes de episodios bélicos. La especie versaba sobre la aprehensión de un gran número de animales de un fundo cercano a Talca, perpetrada por la división pacificadora del Gobierno durante el sitio a dicha ciudad que se había verificado en la revolución de 1859. Dichas fuerzas militares también habían tomado de los afectados queso y leña. Frente a la gravedad de los hechos, la sentencia de primera instancia, aprobada por la Corte Suprema con algunas declaraciones menores, es verdaderamente escueta:

> "Y considerando: 1° que el demandante ha probado de una manera satisfactoria que la división pacificadora consumió o aplicó a su servicio los animales y objetos detallados en la lista preinserta: 2° que también ha probado que el valor de ellos es el mismo que cobra, excepto solo respecto de los carneros, en que hay divergencia diez y ocho, veinte y veinte y cuatro reales por cabeza, debiendo por consiguiente considerarse como precio la tercera parte de la suma que den esas tres aplicaciones, esto es, dos pesos cincuenta y ocho centavos; y 3° que el Supremo Gobierno ha reconocido ya la obligación de pagar lo tomado por el ejército, mandando al efecto satisfacer lo que ante él se justificó claramente, obligación que se halla terminada además con la prescripción necesaria en el art. 2320 del Código Civil, se declara: que debe pagar el Fisco al demandante la suma a que asciende el valor total de todos los animales y objetos de la predicha lista, con descuento de lo recibido ya, y de diez pesos cincuenta centavos que se disminuyen a la partida de los carneros. Consúltese. *Ugarte Zenteno. Ante mí, Silva*"[3588].

Más allá de los temas probatorios, siempre importantes en cuestiones como esta, lo que debe advertirse es el impulso que terminó simplificando la controversia y permitiendo la proclamación del deber de indemnizar: el del Supremo Gobierno, que había reconocido la existencia de la deuda y, por lo tanto, del deber de indemnizar. Nunca tendremos claridad acerca de qué hubiese sucedido si el Gobierno no hubiese admitido unilateralmente la existencia de la deuda, pero lo cierto es que esta sentencia permitió atravesar una compuerta que había quedado abierta desde la sentencia *Edwards* de la década anterior, al plantear la teoría del mal de guerra en una vertiente concreta[3589] y —como se verá— se yergue como la primera en una serie de sentencias que condenan al Estado por daños producidos en circunstancias bélicas.

Esta línea[3590] fue proseguida por la sentencia *Ossa*, que franqueó un segundo paso, al declarar la responsabilidad del Estado por hechos bélicos con prescindencia del compromiso

---

3588 *Noguera* (1861). Al aprobar la sentencia en consulta, la Corte Suprema se limitó a avaluar los perjuicios de distintas categorías y a insertar la expresión de que "no es verosímil que se hayan muerto todas las crías de las vacas lecheras que sacaron las fuerzas pacificadoras sin que haya habido algún descuido o negligencia de parte de los reclamantes".

3589 *Edwards* (1856).

3590 Debe advertirse que, junto a la línea propiamente tal de responsabilidad extracontractual, se desarrolló una línea de restituciones por pagos efectuados por estanquilleros durante la revolución de 1859, que abordaban desde el caso de la restitución de sumas pagadas al Fisco como equivalentes a especies sustraídas por los revolucionarios, y que luego se consideraban correspondientes a fuerza mayor —como *Morales* (1865)—, hasta el caso de la restitución de sumas por parte del Fisco a estanquilleros que habían efectuado un pago a las autoridades revolucionarias, reconociéndose una suerte de *función de hecho* —como en *Arestizábal y Ca.* (1867): "Es justo que esta cantidad les sea devuelta,

explícito y previo de la Administración en orden a responder por los daños producidos. La sentencia del Juzgado de Letras expresó lo siguiente:

> "Y teniendo presente: 1° que los animales y monturas que se expresan en la cuenta f. 6 fueron tomados por la división pacificadora del norte: 2° que de autos aparece que el número y valor de dichos animales y monturas eran en la época en que la división se apoderó de ellos el mismo que se expresa en la cuenta presentada por el demandante: 3° que no hay duda que los animales vacunos fueron consumidos por la división pacificadora del norte durante el tiempo que estuvo acampada en el lugar denominado Monte Amargo: 4° que por parte del representante del Fisco no se ha probado, que parte de los animales que se expresan en la cuenta que se demanda fueron quitados al enemigo; y 5° que tampoco se ha probado que el demandante no haya sido dueño de las mulas y monturas y que estas se devolvieron a los que las reclamaron. Con el mérito de las anteriores consideraciones, y de conformidad con lo establecido en la ley 32, tít. 16, part. 3ª, y art. 1698 del Código Civil, se declara: que el Fisco debe pagar al demandante don José Ramón de Ossa los tres mil quinientos noventa y cuatro pesos cincuenta centavos que se expresan en la cuenta de f. 6. Hágase saber y si no se apelare en tiempo, consúltese. *Passi. Ante mí, Vallejo*"[3591].

Es interesante constatar que el tribunal no solo tomó en cuenta que las especies hubieran sido tomadas (considerando primero), sino también que —en el caso de los animales— hubieran sido consumidos (considerando tercero). ¿Cómo interpretar esta yuxtaposición? ¿Acaso no basta, para engendrar el deber de responder, que los animales hayan sido sustraídos y no devueltos? ¿Es necesario, además, que se consuman? Las expresiones de la sentencia no son totalmente claras, pero el punto enfatizado por el considerando tercero parece apuntar al hecho de que la sustracción no fue realizada por los miembros de la división pacificadora en cuanto particulares, sino que lo hicieron precisamente para permitir la subsistencia de los integrantes durante el campamento. En ese contexto, el considerando tercero cumple la función de justificar que se trataba de la operación de órganos del Estado —requisito que, por lo demás, ya estaba claro en esta materia desde antes de la entrada en vigor del Código Civil[3592].

Esta última consideración permite comprender por qué, el mismo año, frente a hechos muy similares, la Corte haya reconocido en una sentencia *Ovalle* la existencia de responsabilidad extracontractual del Estado con bastante más reticencia. En dicha especie, en la que se solicitaba indemnizar el valor de un gran número de animales que, según el demandante, habían sido empleados en beneficio del Ejército, finalmente solo se mandó resarcir un número limitado de ellos —de hecho, la Corte Suprema amplió el daño reparable que el Juzgado de Letras había circunscrito a solo tres vacas. Las expresiones son inequívocas en torno a desestimar la

tanto a consecuencia de la ley de amnistía que les privó del derecho de repetir contra los particulares responsables de la revolución, como por el hecho de haber recibido las especies expendidas de manos de esa misma autoridad de hecho a la que no podían menos de respetar desde que era la que mandaba y poseía los medios de hacer ejecutar sus mandatos".

3591 *Ossa* (1868).

3592 BOCKSANG HOLA (2015 a), título quinto, capítulo primero, A.II.

reparación de daños que no hubiesen sido inferidos por la actuación de órganos del Estado y en miras del beneficio de la actividad estatal.

Así, el Juzgado de Letras arguyó que "cada persona, sea particular o funcionario público, responde de sus propios actos; y, por consiguiente, si alguna de las autoridades abusa o infiere daño, debe el perjudicado ocurrir a las vías judiciales para hacer efectiva la responsabilidad civil o criminal del mismo autor del abuso o de los que lo aprobaron o cooperaron a su ejecución"; pero que, asimismo, "el Estado, a quien las leyes no imponen responsabilidad alguna por los actos abusivos de las autoridades, se halla, sin embargo, obligado a pagar todos aquellos objetos empleados legítimamente en el servicio de su ejército, por la muy obvia razón de ser de su incumbencia el mantenimiento de este".

Estas expresiones son notables, porque grafican, a poco de entrado en vigor el Código Civil, que existía una percepción judicial de que la materia de responsabilidad del Estado *no estaba ni prevista ni regida por las leyes*, pero que la jurisprudencia podía establecerla a fin de responder a los correspondientes criterios de justicia[3593]. Consistentemente con lo anterior, el Juzgado de Letras no se sirvió de ninguna norma de responsabilidad del Código Civil para radicar el deber de indemnizar y aprovechó la ocasión para criticar acerbamente la idea de que el artículo 2320 se aplicaría en esta materia. La Corte Suprema, sin entrar en la cuestión normativa, coincidió en el criterio de fondo planteado en primera instancia, justificando la indemnización solo en cuanto la prueba de rendida en ambas instancias había demostrado que "una parte de los bienes secuestrados, se invirtieron en provecho del Estado"[3594].

De igual manera se advierte el aspecto del provecho efectivo en la última sentencia por la que se dio lugar a indemnización derivada de daños de la revolución de 1859. En ella se expresó que "habiéndose interpuesto la demanda de f. 3 solo en diciembre último para que se declare al Fisco obligado al pago de los caballos *tomados para el servicio del Estado*, no puede según el art. 1559 del Código Civil, imputársele mora"[3595].

Debe tenerse presente que de los casos concernientes a la revolución de 1859 y que no dieron lugar a indemnización del Estado se pueden desprender varias observaciones útiles.

Ante todo, era importante distinguir entre los casos en que hubieran actuado las fuerzas del Gobierno y aquellos en que los daños hubieran sido inferidos por las tropas y autoridades revolucionarias. En estos últimos, la responsabilidad se cernía sobre los particulares que hubieran inferido el perjuicio correspondiente. Así, en un caso cuyos hechos de beneficio de animales son análogos a los que dieron lugar al deber de indemnizar por parte del Fisco, se juzgó "que don Pedro León Gallo, que fue quien formó y mandó ese ejército, estaba naturalmente obligado a mantenerlo, y debe restituir o pagar todo aquello que con este fin haya tomado o hecho tomar de propiedad ajena", y que "habiéndolos consumido Gallo en su ejército, debe restituir su valor e indemnizar los perjuicios conforme a lo dispuesto en el art. 898 del Código Civil"[3596].

3593 Véase también, en este sentido, lo contextualizado *supra* en el acápite a la sección A del capítulo primero de este título.

3594 *Ovalle* (1868). Respecto de la liquidación, véase también *Ovalle* (1869 a).

3595 *Pinto y otros* (1869).

3596 *Gana* (1866).

Sin embargo, en acciones bélicas en las que los daños a particulares podían derivarse de operaciones conjuntas de ambos ejércitos, es evidente que los afectados estaban expuestos a quedar privados de todo tipo de reparación por los daños que sufriesen, si es que se estimaba que el rol de los revolucionarios era suficientemente importante. Es lo que aparece de una sentencia *Calderón*, que juzgó el caso del incendio de una casa y un molino en San Felipe durante la revolución de 1859. Mientras el Juzgado de Letras había fallado favorablemente al demandante, la Corte Suprema revocó la sentencia de primera instancia y decidió lo siguiente:

> "Considerando: 1° que la casa y establecimiento del molino, cuyo valor reclama don Pedro Calderón, no habían sido ocupados ni tomados por autoridad competente para el servicio del Estado: 2° que el jefe de la división, en el parte oficial, expone que ordenó incendiar la casa y el establecimiento porque le impidió trabajar para salvar el obstáculo que le oponía un foso y llevar adelante las operaciones militares para tomar la plaza: 3° que el daño causado por el incendio fue por consiguiente una necesidad del ataque y una calamidad inherente a la guerra, por cuyos resultados no es responsable el Fisco: 4° que aun cuando el demandante ha pretendido probar que fue innecesario el incendio, las apreciaciones de los testigos están en contradicción con el parte del jefe; y no puede calificarse la oportunidad y necesidad de la medida, ni si ha habido culpa por su parte que lo haga responsable, sin un nuevo juicio previo sujeto a otra autoridad. Con arreglo a lo dispuesto en la ley 1ª, tít. 14, part. 3ª se absuelve al Fisco a la demanda de f. 18"[3597].

Los dramáticos hechos muestran en toda su magnitud la indefensión a la que podían exponerse los particulares frente a situaciones como esta. En síntesis, por esta sentencia se erradicó del ámbito de la responsabilidad del Estado un daño cuya causa inmediata era reconocida y probadamente la actuación de las tropas gubernamentales, en razón de que la ocupación ilícita del inmueble había tenido lugar por acción de las tropas revolucionarias y de que el daño había sido "una necesidad del ataque y una calamidad inherente a la guerra". Aparentemente, según esta sentencia, la única posibilidad de dar lugar a una reparación hubiera sido que la ocupación se efectuase por las tropas gubernamentales y que de dicha ocupación se hubiera derivado un daño a los bienes.

Sin embargo, otra sentencia posterior muestra que esta última conclusión tampoco resultaba irredargüible. Frente al saqueo de una casa, ordenado por orden de la autoridad local de San Felipe, hubiera debido entenderse que, al actuarse innecesariamente y fuera de las acciones bélicas inmediatas, existiría el deber del Estado de responder de los perjuicios. Sin embargo, la Corte Suprema consideró que el Fisco "de ninguna manera se aprovechó de los bienes de que Lara fue despojado"[3598], reviviendo así con perniciosas consecuencias el binomio que se había planteado en algunas de las sentencias que habían dado lugar a indemnización y que encerraba una supuesta inocuidad. Y, como si lo anterior no fuese suficientemente desfavorable, la Corte sobreabundó el razonamiento con una cita del artículo 2314 del Código Civil, con el objeto de desintegrar *en abstracto* la posibilidad de una responsabilidad del Estado, concluyendo que

3597 *Calderón* (1867).
3598 *Lara* (1875).

"los abusos cometidos por los funcionarios públicos en el ejercicio de sus funciones no pueden afectar la responsabilidad fiscal, desde que la ley los hace a ellos personalmente responsables". Aunque el argumento de más peso en torno a absolver al Fisco está dado por la prescripción de la acción entablada (considerando tercero)[3599], lo cierto es que la parte considerativa de la sentencia de la Corte Suprema figura entre las más nefastas del período y demuestra cómo expresiones aparentemente neutras en casos específicos favorables para las víctimas —es el caso del complemento *daño* más *provecho*— pueden degenerarse en soluciones hondamente antijurídicas, dotadas —para peor— de pretensiones omnicomprensivas.

A modo de cierre, debe tenerse presente que hubo alguna sentencia temprana que pareció retroceder a la visión abstracta de la teoría del mal de guerra; es decir, a que los perjuicios ocasionados en episodios bélicos o como consecuencia de ellos no fuesen en ningún caso indemnizables. Tal parece ser la conclusión que se desprende de una especie en la que se examinó el caso de la aprehensión unilateral de una imprenta por el Gobierno al tercer día de concluidas las reyertas. Al juzgarse el caso, y no obstante haberse ordenado la devolución de la imprenta, nuestros tribunales no accedieron a la indemnización de perjuicios, entendiendo que "la parte que la autoridad gubernativa pudo tener en la traslación de la imprenta del Provinciano *nunca podría entrañar un acto de usurpación, sino una providencia exigida tal vez por las mismas circunstancias excepcionales de la localidad*, que no puede producir otra responsabilidad que la que puede tener cualquier otro tercer poseedor de la propiedad reivindicada"[3600]. *Contra constitutionem*, la sentencia proponía que las circunstancias excepcionales de la guerra debían ser tenidas en cuenta en miras de eximir de responsabilidad. Afortunadamente, como se ha visto, el desarrollo posterior de las sentencias —tanto condenatorias como absolutorias— en relación con la responsabilidad del Estado no perseveró en esta ruta peligrosa.

b. Las guerras externas

Tal como había sucedido en otros momentos de nuestra historia, bien puede suponerse que las guerras externas suscitadas en este período dieron lugar a cuestiones interesantes en relación con la responsabilidad del Estado.

Conviene abordar separadamente las dos guerras externas que sostuvo nuestro país en este período: la Guerra contra España (1) y la Guerra del Pacífico (2).

1. La Guerra contra España

La primera de las guerras externas de este período, la Guerra contra España, no dio lugar a muchas cuestiones relacionadas con la responsabilidad del Estado. Pero las pocas que surgieron son bastante relevantes, tanto para el período como para la evolución general del derecho de daños relacionado con contextos bélicos en el ámbito administrativo.

3599 Y que es corroborado por otra sentencia de la época, que examina la prescripción de varias acciones conciliables con la pretensión del demandante: *Correa de Saa* (1869).

3600 *Opazo* (1862). Las cursivas son nuestras.

La primera de ellas dio lugar a una interesante introducción de una figura jurídica antigua que hallaba, en el contexto bélico, una aplicación moderna: se trata del derecho de *angaria*, "retraso forzoso impuesto a la salida de un buque para emplearlo en un servicio público, generalmente retribuido, que el Gobierno de una nación impone a buques extranjeros"[3601]. Esta figura "surgió en el Medioevo cuando las naciones beligerantes no tenían capacidad suficiente para ayudar a los esfuerzos de guerra transportando carga. Para compensar esta falencia, tomaban las naves mercantes neutrales presentes en sus puertos y las obligaban (a veces, junto con sus tripulaciones), para el transporte de tropas o municiones, previo pago de una compensación"[3602].

En el caso en comento, se trataba de la aprehensión de un buque, el *Carmen Anguita*, que luego de haber tenido nacionalidad chilena pasó a tener nacionalidad guatemalteca, y cuyo propietario era español, lo que desencadenó el recelo de las autoridades nacionales. Habiendo llegado en noviembre de dicho año al puerto de Lota, se le detuvo y se le empleó, por orden unilateral de la autoridad administrativa, para transportar carbón en el sur de Chile. La controversia judicial versó, entonces, en el resarcimiento del perjuicio que esto le había ocasionado al propietario, máxime si la supuesta connivencia con el enemigo —esto es, el gobierno español— no logró ser probada y por lo tanto no podía entenderse la aprehensión como una sanción amparada por el derecho de gentes.

Por ende, la eventual indemnización de perjuicios quedaba abierta, en caso de que los requisitos correspondientes resultasen probados: "[...] aun suponiendo que el dueño de este buque hubiera alcanzado a fijar en él de un modo real y positivo su nueva nacionalidad y el carácter neutral que asumía, las autoridades nacionales tenían siempre el derecho de retenerlo y servirse de él, como lo reconoce el demandante, sin más obligación que el pago del flete y la indemnización de todo perjuicio"[3603]. En efecto, según la misma sentencia, "el Estado que impone la obligación de prestarle el servicio, a más del justo flete, queda comprometido a la indemnización de todos los perjuicios que se sufran, lo cual no sucede en los pactos privados y voluntarios del fletamento".

Residía entonces el problema en la determinación de qué perjuicios podían ser indemnizados. Dado que no existían antecedentes próximos de esta figura, nuestros tribunales tuvieron bastante holgura respecto de la aproximación concreta. Así, si es cierto que las bases conceptuales estaban ancladas en la Constitución de 1833 y sobre el derecho internacional[3604], existía un margen de razonamiento y de elaboración que era entregado a la prudencia de los jueces. En este sentido, resulta de gran interés seguir el razonamiento desarrollado por la sentencia; y conviene destacar que "la indemnización de todo perjuicio" se reducía más bien a la indemnización de *ciertos* perjuicios. En este sentido, lo primero que el fallo destacó fue lo siguiente:

3601 Diccionario de la Real Academia Española, v° *angaria*.
3602 Céspedes Proto (2019), pp. 189-190.
3603 *Pérez Anguita* (1869).
3604 Céspedes Proto (2019), p. 193.

"Considerando... Que el demandante no ha impugnado ni la tasa del flete, ni el número de viajes, ni los demás pormenores de la cuenta de f. 11, ni ha señalado tampoco los perjuicios que se le hayan irrogado mediante la detención del buque, no debiendo tenerse por tales los deterioros que obligaron a carenarlo, porque no consta desde cuándo ni de qué modo vinieron causándose, y no hay por consiguiente datos para imputarlos al Estado en el corto tiempo que se sirvió del buque".

En buenas cuentas, lo que el tribunal puso de relieve en este caso fue la necesidad de la causalidad entre la acción estatal y el acaecimiento del daño para dar lugar a la responsabilidad del Estado, cuya carga de la prueba recaía sobre el demandante. Si se alegaba la existencia de perjuicios, pero no se acreditaba que ellos se hubiesen producido durante el tiempo que la nave había estado ocupada por el Estado, no podía imputárseles a este último y, por lo tanto, no eran indemnizables.

Luego de un considerando que abordaba el problema de avaluar los fletes en circunstancias de que el tráfico marítimo se encontraba considerablemente alterado, otro considerando profundizó en el tema del ámbito del daño indemnizable, explícitamente sobre la base del derecho internacional:

"Que es además una regla de derecho internacional 'el no estimar como perjuicio, reclamable por los neutrales, la simple privación de un lucro, nacida del estado de guerra'".

Las aspiraciones del considerando recién transcrito exceden largamente el mero análisis del derecho de angaria. Su tenor claramente aborda los perjuicios producidos en razón de la situación bélica *en abstracto*, que no depende de las figuras dañosas concretas que pudiesen estar comprometidas. Categórico, el criterio que expresa es, en términos sucintos, que un neutral no puede demandar a un Estado por el lucro cesante derivado del estado de guerra. Con ello, la eventual indemnización relacionada *concretamente* con la angaria se debía circunscribir al daño emergente. Y, por ello, el último considerando se focaliza en excluir la posibilidad de que todos los daños emergentes que se hubo alegado dieran lugar a indemnización:

"Que no hay datos en autos para atribuir al uso ordinario del buque todas las faltas apuntadas a f. 8 y que se notan entre ambos inventarios, pues hay algunos objetos que demuestran por sí mismos la verosimilitud de su destrucción con el uso, como las especies alimenticias, habiendo también otros, como los rifles, que se encuentran en un caso opuesto".

En lo dispositivo, la sentencia fue notablemente vaga, imperando solamente que "por toda indemnización de perjuicios, *debe además pagarle el valor de los objetos que faltaron cuando fue devuelto que no se hubiesen consumido o destruido en el uso ordinario del buque*; debiendo las partes nombrar peritos para que hagan esta apreciación"[3605]. La liquidación dio lugar a dos sentencias posteriores. En la primera, se aprobó la avaluación de los objetos faltantes, dándose

3605 Las cursivas son nuestras.

por "valor de los objetos mandados abonar, seiscientos catorce pesos"[3606], entendiéndose por tal el daño emergente indemnizable; dejándose para una nueva avaluación de peritos el precio de los servicios, que se determinó en una segunda sentencia[3607].

Conviene proyectar una última consideración acerca de este caso. Si se advierte, en ninguna parte aparece que exista un acto ilícito. Tal como se ha destacado con toda claridad, "es interesante que el tribunal no concibe la indemnización como un 'castigo' por un mal actuar administrativo, sino solo una compensación por el sacrificio especial del dueño en aras de los esfuerzos de guerra; una forma de justicia distributiva aristoteliana"[3608]. Ello coloca a esta sentencia en la órbita de la responsabilidad estricta u "objetiva"; una manifestación especial, caracterizada por su fuente —mezcla de derecho antiguo y de derecho internacional— y por su carácter parcial, no integral —al excluirse abiertamente el lucro cesante—, pero que se emparenta con los desarrollos más propios de la responsabilidad estricta que serán examinados más adelante[3609].

No obstante el relieve que tuvo la especie ya comentada, debe tenerse presente que la Guerra contra España dio lugar a una segunda importante especie en relación con la responsabilidad del Estado. Se trató de una cuestión derivada de un juicio de apresamiento, que había concluido con la absolución de los imputados en torno a la confiscación de la nave *Lucie* y de su cargamento. En vistas de la sentencia favorable, el dueño y armador de la fragata de marras demandó al Fisco para que se le resarcieran todos los perjuicios derivados de la retención.

La sentencia de término es bastante sencilla y contiene algunos considerandos que sintetizan de manera admirable la posición de la Corte Suprema en torno a esta materia[3610]. En resumidas cuentas, la solución se desprendió de dos aspectos complementarios. El primero de ellos era el siguiente:

> "Considerando que durante la persecución del juicio se permitió al capitán Le Provost disponer bajo fianza del buque, concesión de que no quiso aprovecharse, y que además aquel juicio se prolongó, en gran parte, por la circunstancia de no haberse presentado originales los papeles del buque".

Dicho de otro modo, la Corte le reprochó a la demandante solicitar indemnización de perjuicios en circunstancias que en *posibilidad* y en *magnitud* ella podría haber evitado los daños sufridos: en cuanto a la posibilidad, pagando la fianza para poder operar con la nave, y, en cuanto a la magnitud, presentando la documentación que obraba en su poder y que hubiera permitido zanjar con prontitud el litigio. Esto solo, probablemente, hubiera bastado para absolver al Fisco de la demanda. Sin embargo, la Alta Jurisdicción plasmó un razonamiento de fondo en dos considerandos que representa una excelente síntesis de los contornos de la responsabilidad en materia de presas:

3606 *Pérez Anguita* (1871).
3607 *Pérez Anguita* (1874).
3608 Céspedes Proto (2019), p. 193.
3609 Véase *infra*, en este capítulo, B.III.a.
3610 *Deglaire* (1871).

"Considerando, que, aunque la sentencia de 14 de enero de 1867 absolvió de la confiscación pedida por el ministerio público a la Lucie y su cargamento por no haber prueba clara y evidente de que hubiese venido con el objeto de favorecer las operaciones de la escuadra española, reconoció, sin embargo, que había fuertes sospechas de estos propósitos hostiles [...]. Considerando, *que en materia de presas marítimas es un principio reconocido que bastan las presunciones fundadas de duda sobre el carácter de la propiedad para detenerla y someterla a examen; y que los daños y perjuicios resultantes de la detención no deben abonarse sino cuando aparece que no ha habido motivo suficiente para abrigar esas dudas*; y en el caso de la Lucie los hechos antes enumerados forman, contra el buque y su cargamento, presunciones vehementísimas y de tal carácter que pueden equipararse a una verdad probada"[3611].

Aparece *ictu oculi* de la sentencia que en los casos de presas no existe una exclusión de responsabilidad a todo evento. Por el contrario, los Estados solamente estarán exentos de responsabilidad en caso de que no haya existido *motivo suficiente para abrigar presunciones fundadas de duda* acerca de la eventual connivencia de la nave con el enemigo, y por lo tanto no habiendo existido un fundamento racional para el apresamiento. Y es posible que nunca antes en nuestro derecho público se haya expresado esta configuración de la responsabilidad por presas con tanta claridad.

2. La Guerra del Pacífico

Frente a las repercusiones que la Guerra del Pacífico originó en Chile, Perú y Bolivia, es razonable sospechar de la existencia de numerosas controversias jurídicas en materia de responsabilidad del Estado. En este sentido, es menester tener presente que, aunque nuestros tribunales abordaron algunas materias puntuales, la mayoría de las cuestiones de relieve fueron examinadas por tribunales arbitrales internacionales, cuyo ámbito excede el propósito de estas líneas y que han sido extensamente analizados en una obra monográfica de importancia que ha abordado su perspectiva histórica[3612], habiendo también sido examinados desde una perspectiva diplomática[3613].

En lo central, debe tenerse presente que estas cuestiones fueron ventiladas durante la década de 1880 en cuatro tribunales distintos, integrados por un árbitro nombrado por Chile, uno por el país reclamante, y un tercer árbitro nombrado por el Emperador de Brasil. Así se constituyeron, por convenciones de arbitraje, los tribunales Ítalo-Chileno[3614], Anglo-Chileno[3615], Franco-Chileno[3616] y Germano-Chileno[3617], cuya actividad fue notoriamente accidentada[3618]

3611 Las cursivas son nuestras.

3612 Soto Cárdenas (1950), *in totum*.

3613 Barros van Buren (1970), pp. 443-450 y 458-459.

3614 BLDG, LII, p. 249.

3615 BLDG, LII, p. 467.

3616 BLDG, LII, p. 749.

3617 BLDG, LIV, p. 686.

3618 Véase Sentencias pronunciadas por el Tribunal Anglo-Chileno en las reclamaciones deducidas por súbditos ingleses contra el Gobierno de Chile (1888), y Sentencias pronunciadas por el Tribunal Ítalo-Chileno en las reclamaciones deducidas por súbditos ingleses contra el Gobierno de Chile (1891).

y requirió que un buen número de cuestiones debiesen zanjarse por protocolos especiales. Finalmente, las distintas vías de resolución terminaron siendo bastante favorables a Chile, que debió satisfacer menos del 5% del total de las sumas que fueron objeto de las demandas de los interesados[3619].

Desde el punto de vista normativo, nuestra legislación interna efectuó múltiples enlaces con la resolución de estas reclamaciones.

Una primera ley aprobó en 1887 el protocolo correspondiente a la transacción de las reclamaciones pendientes en el Tribunal Germano-Chileno, que no solo las había alemanas, sino también austrohúngaras y suizas[3620]. Todas ellas quedaron extinguidas por una suma total de veinte mil pesos fuertes chilenos de plata, encargándose a Alemania, que había estipulado en nombre de los tres países a los que el protocolo concernía[3621], la distribución del referido monto.

Una segunda ley dispuso, con una redacción algo más elaborada, la transacción de las veintiún reclamaciones pendientes en el Tribunal Anglo-Chileno, por una suma total de cien mil pesos plata, "que el Gobierno de Chile pagará dentro de los quince días siguientes a la aprobación de este convenio por el Congreso de Chile, debiendo deducirse de esta suma el seis por ciento que por la Convención respectiva debe aplicarse a los gastos del expresado tribunal", quedando extinguidas las correspondientes reclamaciones"[3622]. Sin embargo, lo más llamativo estaba contenido en la cláusula tercera, redactada con una clara finalidad estratégica:

> "3° Queda expresamente establecido que este arreglo voluntario y directo se ha efectuado por el Gobierno de Chile con el propósito de llevar a pronto desenlace las reclamaciones pendientes; *y sin que afecte directa ni indirectamente a los principios de jurisprudencia mantenidos por el Tribunal y sostenidos por el Gobierno de Chile*"[3623].

Poco después, otra ley dotada de la misma estructura que la del Tribunal Anglo-Chileno —y que siguió muy de cerca la cláusula antedicha de no afectación de los principios de jurisprudencia sostenidos por Chile— aprobó la transacción de las ochenta y nueve reclamaciones sometidas a decisión del Tribunal Franco-Chileno, por la suma de trescientos mil pesos fuertes chilenos de plata[3624]. Seguidamente, en 1888 se resolvió, con un protocolo similar a los dos anteriores, las doscientas sesenta y una cuestiones pendientes ante el Tribunal Ítalo-Chileno,

---

3619 Para una síntesis de esta materia, véase Biggs Bruna (2009), pp. 65-72.

3620 La convención de arbitraje con el Imperio Austrohúngaro puede consultarse en BLDG, LV, p. 875; y la que se celebró con el Consejo Federal Suizo, en BLDG, LV, p. 1046. El protocolo celebrado entre Chile y el Imperio Germánico fue aprobado por ley de 7 de julio de 1887, y puede consultarse en Bascuñán Montes (1894), t. II, p. 295.

3621 Este aspecto es, desde el punto de vista del derecho internacional, el más llamativo de la cuestión. Así, se ha sostenido que "este arbitraje no reclama ningún comentario. No se destaca más que por la manera como terminó; el Ministro de Alemania, en el protocolo de transacción que puso fin al litigio, estipuló, en efecto, no solamente por Alemania, sino igualmente por Austria-Hungría y Suiza": La Fontaine (1902), p. 274 (la traducción es nuestra).

3622 Ley de 21 de noviembre de 1887, BLDG, LVI, p. 1672.

3623 Las cursivas son nuestras.

3624 Ley de 30 de diciembre de 1887, BLDG, LVI, p. 1829.

por doscientos noventa y siete mil pesos fuertes chilenos de plata[3625]. En 1889, en relación con las reclamaciones portuguesas, una ley se circunscribió a aprobar el protocolo, sin reproducir su contenido, y a autorizar al Presidente de la República para invertir siete mil pesos en los correspondientes pagos[3626].

Quedarían pendientes para años posteriores algunas otras aristas de los problemas indemnizatorios referidos a la Guerra del Pacífico. Así, por ejemplo, la ley concerniente a las reclamaciones españolas no vería la luz sino hasta 1895[3627]; y una ley de 1898 aprobaría la convención entre Chile y Perú para establecer un Tribunal Arbitral Chileno Peruano, cuyo objeto, empero, no sería verificar reclamaciones contra Chile, sino que "fallar las reclamaciones de chilenos perjudicados con motivo de la Guerra del Pacífico"[3628]. También las cuestiones que concernían a los Estados Unidos de América quedaron pendientes, solo desplegándose a partir de 1892, con el caso del *Baltimore* como detonante[3629].

Con todo, existieron algunos atisbos de reclamaciones por responsabilidad del Estado derivados de hechos sucedidos en la Guerra del Pacífico que comenzaron a ventilarse ante los tribunales ordinarios de justicia. Tal fue el caso de una causa sobre comiso en la que, siguiendo lo planteado por el Fiscal, la demandante prefirió remitirse solamente a pedir la devolución de las especies aprehendidas y no perseverar en solicitar indemnización de perjuicios[3630]. Quizás lo más importante que pueda apuntarse acerca de estas escasas especies sean dos cosas. En primer lugar, que los tribunales eran, en principio, competentes para examinar estas cuestiones. Ello sobresale de una sentencia en que la propia Corte Suprema declaró palmariamente la competencia del Poder Judicial en este sentido[3631]. Pero, en segundo lugar, que estas materias debían fallarse "con arreglo a los principios del derecho internacional"; de lo que se desprendía que ellas tuviesen una radicación especial, en conformidad a lo dispuesto por el artículo 117 de la LOAT, que imperaba que no se conociesen en primera instancia por un Juzgado de Letras, sino que por un ministro de la Corte Suprema[3632].

En alguna ocasión, asimismo, se previno excepcionalmente por vía legislativa la interposición de una eventual acción de responsabilidad dirigida contra el Estado. Así sucedió, por ejemplo, en el caso de esta brevísima ley:

> "Concédese, por una sola vez, al ingeniero de la lancha porta-torpedo *Janequeo* don Santiago Wright, la suma de cuatrocientos noventa y cuatro pesos, como indemnización por los objetos de su propiedad perdidos en el combate sostenido en la rada del Callao con varias lanchas peruanas"[3633].

3625 Ley de 31 de enero de 1888, BLDG, LVII, p. 28.
3626 Ley de 19 de enero de 1889, BLDG, LVIII, p. 65.
3627 Ley n° 281, de 17 de junio de 1895.
3628 Ley n° 1014, de 22 de enero de 1898.
3629 Barros van Buren (1970), p. 459.
3630 V. gr., *Compañía de Vapores Kosmos* (1882).
3631 *Massardo* (1885).
3632 *Carrasco* (1883).
3633 Ley de 15 de julio de 1887, BLDG, LVI, p. 1016.

Por último, y como era previsible, no faltó durante esta guerra el surgimiento de controversias en eventuales resarcimientos derivados de cuestiones de presas. En algunas oportunidades ni siquiera se examinaba la cuestión de la responsabilidad del Estado en situaciones que no eran declaradas buenas presas[3634]. Sin embargo, en otras se lograba delinear una suerte de continuidad con la jurisprudencia *Deglaire* en torno a la posibilidad de indemnizar perjuicios en estas situaciones[3635]. Así, por ejemplo, aparece de una especie *Barahona*, cuyo objeto era el apresamiento de una ametralladora con sus útiles y sus municiones, respecto del cual nuestra judicatura entendió que no había "comprobación, ni aun presunción, de que Barahona haya comerciado con el enemigo después de declarada la guerra, en estos u otros artículos de contrabando de guerra", desechando también la posibilidad que los referidos efectos perteneciesen a alguno de los países beligerantes. Por ello, la puerta de la indemnización se reconocía como abierta: desde ya, al ordenar devolver los bienes injustamente apresados, "o pagarle su valor" a la demandante, pero también al expresar que la demandante "no ha producido justificativos de ninguna especie para acreditar los perjuicios que demanda"[3636], lo que verosímilmente apunta a la indemnización del lucro cesante, dado que el daño emergente estaría comprendido en la noción de "valor" en caso de que la devolución de las especies no hubiera sido posible.

II. La responsabilidad ferroviaria extracontractual

El impulso de los ferrocarriles en Chile trajo consigo el desarrollo de una vertiente de responsabilidad extracontractual muy relevante. En efecto, el Estado adoptó una posición crecientemente activa en la extensión de los servicios ferroviarios[3637]. Por lo mismo, no ha de sorprender que la Ley General de Ferrocarriles de 1862 haya dispuesto aplicarse sobre "los ferrocarriles construidos por el Estado o a virtud de concesión o autorización de este"[3638].

Esta ley fue vanguardista, por cuanto tempranamente incluyó disposiciones referidas a la responsabilidad. Aunque en 1862 ya regía el Código Civil, la importancia del sector ferroviario promovió normas que sobresalen a primera vista:

> "La Empresa es responsable, como toda empresa destinada a prestar el servicio de transporte, de los daños y perjuicios procedentes de los actos u omisiones relativos al servicio, causados por los administradores y demás empleados en la explotación del camino. Esta responsabilidad pesará sobre el Estado si la explotación se hiciese por él o de su cuenta. Lo dispuesto en este artículo se entenderá sin perjuicio de la responsabilidad personal de los administradores o empleados"[3639].

3634 *Fisco con Serdio Hermanos* (1881).
3635 Véase *supra*, n° 1, en esta misma sección, referente a las guerras externas.
3636 *Barahona* (1884).
3637 Véase *supra*, título primero, capítulo segundo, A.II.b.1.
3638 Ley de 6 de agosto de 1862, BLDG, XXX, p. 199, art. 1°.
3639 Ley de 6 de agosto de 1862, BLDG, XXX, p. 199, art. 38.

Como puede advertirse, esta norma no solo es destacable por introducir una responsabilidad "sectorial", sino además porque prácticamente sintetiza las líneas centrales de un régimen de responsabilidad en el área del derecho público. Primeramente, subraya la existencia de la responsabilidad del Estado —es decir, se descarta en ella la irresponsabilidad del Estado— sea bajo régimen de explotación directa o indirecta. Y segundamente, distingue entre la responsabilidad del Estado y la responsabilidad de los funcionarios, las cuales pueden perfectamente coexistir al derivarse de un mismo hecho. Sería prácticamente imposible encontrar otra disposición más clara que demostrase el grado de madurez técnica con que nuestro legislador se aproximaba a esta materia a mediados del siglo XIX.

En esto, la ley de 1862 recogía una preocupación práctica indiscutible. Antes de su entrada en vigor, ya existían importantes sentencias jurisdiccionales relacionadas con daños producidos por ferrocarriles: por ejemplo, la sentencia *Garín*, que ya ha sido comentada en relación con la incorporación del lucro cesante y la aplicación del Código Civil en la responsabilidad del Estado-Administración[3640]. También se comenzaba a advertir la importancia de las consecuencias penales de ciertos sucesos, dado que la envergadura de estas máquinas era susceptible de producir daños considerables[3641].

Con todo, debe tenerse presente la flexibilidad en el tratamiento de las fuentes que imperaba en esta época. La ley de 1862 ciertamente tuvo un impacto considerable, pues consta que tras ella comenzó a florecer con creciente energía la responsabilidad en este ámbito, aunque de ello no debe desprenderse una suerte de esclavización normativa por parte de los tribunales. Así, si es indesmentible que el artículo 38 del referido cuerpo normativo era invocado con cierta frecuencia[3642], también lo es que había un buen número de sentencias que no invocaban dicho artículo 38 pero sí otras normas de la misma ley[3643] y, lo que es más notable, un grupo no despreciable de fallos que no aludía a ninguna norma de la referida ley para resolver los pleitos en esta materia[3644].

Hacia fines del período era indesmentible que se estaba frente a una categoría de cuestiones de responsabilidad del Estado que merecía especial atención[3645]. Quizás su particularidad se fundamenta —aunque no se agota— en el hecho de que por primera vez en materias de responsabilidad del Estado se podía advertir que la mecanización, asociada a la regularidad de ciertas prestaciones, desencadenaba tipos específicos y frecuentemente reiterados de daños. En este sentido, conviene distinguir ciertos tipos de daños que fueron objeto de un tratamiento más bien convencional —pero, de todas formas, interesante— por parte de nuestros tribunales (a), mientras que otros, por su relación con la especial naturaleza de la actividad ferroviaria, parecieron abrir ciertas puertas a conceptualizaciones más incisivas (b).

3640 *Garín* (1861).

3641 *Conductor del Ferrocarril del Sur* (1861).

3642 V. gr., *Aguilera* (1869), *Miranda* (1874), *Gana* (1887) y *Astaburuaga* (1890).

3643 V. gr., *Fariña* (1878), *Villamil Blanco* (1885) y *Astaburuaga* (1887).

3644 V. gr., *Cerda* (1887), *Flores* (1889) y *Valdés* (1889).

3645 Así lo notó VERA DÍAZ (1888), pp. 471-474, quien, a propósito de un tipo específico de pleitos en esta categoría, terminaba abordando misceláneamente otros unidos por su común naturaleza ferroviaria, contractuales y extracontractuales.

a. Las ópticas corrientes de la mecanización

Es posible que el tipo de daños más frecuente y con el que más se identificó la vertiente ferroviaria de la responsabilidad del Estado haya sido el que se derivaba del mal estado de los cierros de la vía. Su aplicación se vinculaba con la existencia en la Ley de Ferrocarriles de una norma especial que hacía pesar la obligación respectiva sobre las empresas:

> "Las empresas de ferrocarriles estarán obligadas a cerrar a su costa la vía por uno y otro lado. El Presidente de la República, oyendo a la respectiva Empresa, determinará la clase de cierro que debe emplearse en cada camino o en cada sección de él, y fijará el plazo en que deba llevarse a efecto el cerramiento"[3646].

Usualmente, las controversias relacionadas con esta norma se derivaban del atropello de animales de predios colindantes por el ferrocarril, que involucraban normalmente indemnización del daño emergente[3647], pero ocasionalmente implicaron algún análisis sobre lucro cesante[3648].

La claridad de la norma antes transcrita acerca de la naturaleza de la obligación que pendía sobre las empresas era frecuentemente enfatizada por nuestros tribunales. Dado que "la ley impone a las empresas de ferrocarriles la obligación de cerrar la vía por ambas líneas y las hace responsables de los perjuicios que resultaren de la omisión en el cumplimiento de las obligaciones que ella les impone", por consiguiente "la omisión de reparar los cierros arguye negligencia, que afecta la responsabilidad de la Empresa y la obliga a reparar el daño que hubiere causado"[3649]. Ello no se veía modificado en caso de que la empresa de ferrocarriles subcontratara la colocación de los cierros, pues la ley "impone a esta clase de Empresas la obligación de mantener cerrada la vía, y aun cuando ellas puedan celebrar con particulares los convenios que tengan a bien sobre este punto, tales convenios no pueden afectar a terceras personas, como sucede en el presente caso"[3650]. Y tampoco se alteraba la responsabilidad en caso de que el Presidente de la República no cumpliera con el deber establecido en el inciso segundo del artículo transcrito, que señalaba que "la falta de cumplimiento a lo que ordena el inc. 2° del art. 14 de la ley de 6 de agosto de 1862 no puede libertar a la Empresa de los daños irrogados a terceros"[3651].

Como puede constatarse, la obligación era de carácter permanente. Las vías debían cerrarse y permanecer debidamente cerradas[3652] y, si los cierros se estropeaban, debía la empresa ferroviaria repararlos de inmediato. Igualmente, se entendía que los cierros debían tener una

3646 Ley de 6 de agosto de 1862, BLDG, XXX, p. 199, art. 14.

3647 V. gr., *Aguilera* (1869) y *Fariña* (1878).

3648 *Astaburuaga* (1890), sobre la muerte de una vaca lechera, en la que finalmente no se indemnizó el lucro cesante.

3649 *Freire* (1884).

3650 *Flores* (1889).

3651 *Dueñas* (1885).

3652 *Urzúa* (1890 b).

altura que sirviera al propósito de evitar percances de esta naturaleza, aun cuando no existiera una norma que determinara exactamente dicha altura[3653].

En ningún caso podía entenderse que se tratase de una obligación que pesase sobre los particulares, tal como lo expresó la Corte Suprema al sostener que la empresa "no puede excusar su responsabilidad por el daño ocurrido fundándose en que el fundo en que fueron puestos los animales tuviera sus cierros en mal estado, puesto que sin perjuicio de ellos le correspondía tener propios"[3654]. Y si los particulares adoptaban personalmente medidas para subvenir a la falta de cumplimiento del deber de mantención de los cierros por parte de la empresa de ferrocarril, el Fisco debía indemnizarlos; así sucedió, a guisa de ejemplo, con los gastos relacionados con los servicios de un rondín que custodiaba a los animales, de modo de impedir su ingreso a la vía férrea[3655].

La carga de la prueba, en todo caso, recaía normalmente en los demandantes, según las reglas generales. Aunque la intensidad de la carga no era necesariamente intensa[3656], había que satisfacerla. Así, no había lugar a indemnización si no se probaba que los cierros no solo estaban averiados a la fecha del pleito, sino, por cierto, a la fecha en que se suponían inferidos los daños; que los animales hayan ingresado a la vía por puntos en que el cercado se encontraba deteriorado y no en lugares bien cercados o en lugares en que no existía la obligación de cercar; que la muerte de los animales se debía precisamente a un atropello de las locomotoras y no por otra causa; y, finalmente, "que esos daños hayan sido ocasionados por culpa o negligencia de la misma Empresa o de sus dependientes, circunstancia indispensable para que pueda hacerse pesar sobre ella la obligación de indemnizarlos"[3657].

El hecho de la víctima podía tener relevancia en este ámbito, a fin de eximir de responsabilidad a la Administración. Fue el caso, por ejemplo, de un particular que construyó un cierro de materias inflamables o combustibles, infringiendo el artículo 6 n° 1 de la Ley de Ferrocarriles. Aun cuando la obligación de cerrar recaía sobre el Estado, "al trabajar el señor Villamil Blanco esas cercas ejecutó actos prohibidos por la ley, que le privan del derecho de reclamar los perjuicios que a consecuencia de ellos haya sufrido"[3658]. Asimismo, se declaró no haber lugar a responsabilidad del Estado en caso de que el mal estado de los cercos que sí eran de obligación de los particulares originase finalmente la introducción de los animales a la vía férrea que daba lugar al accidente[3659]; pero los particulares podían asumir la responsabilidad respecto de los hechos que se derivaran de ciertos cercos que se designaran por vía contractual, caso en el cual se producía la exención de responsabilidad fiscal[3660].

3653 *Astaburuaga* (1887).

3654 *Dueñas* (1885). El mismo criterio se desprende, más escuetamente, de *Vial* (1875): "[...] es obligación de la empresa conservar los cierros de la línea en buen estado".

3655 *Urzúa* (1890 b): "[...] que el mal estado de los cierros de la línea ha hecho necesario el cuidado permanente de un rondín para impedir mayores destrozos y peligros en los trenes del Estado, y que el salario de quince pesos al mes que se le ha pagado a ese cuidador es equitativo".

3656 *Zelada* (1889), por ejemplo, dependiendo de una prueba testimonial.

3657 *Guzmán* (1886).

3658 *Villamil Blanco* (1885).

3659 *Astaburuaga* (1890).

3660 *Valdés Vigil* (1877).

Por último, en cuanto a la avaluación de los perjuicios, es importante detenerse un momento en observar la forma con que nuestra judicatura la resolvía en torno a la muerte de animales. Aunque en alguna ocasión la Corte se contentó con disponer sencillamente que "debe rebajarse a justa apreciación de peritos el valor de dichos animales, según el estado en que quedaron después del atropellamiento"[3661], la jurisprudencia pronto se encaminó a una solución más compleja. Si, por una parte, se tomaban en cuenta las características de los animales muertos, de ello se pasaba a deducir "el valor calculado por la venta o beneficio de los restos de esos animales"[3662], lo que podía expresarse más certeramente como el valor que con "mediana diligencia"[3663] o "mediana inteligencia"[3664] pudo la víctima obtener "de la parte aprovechable de los expresados animales"[3665]. Dicho cálculo debía efectuarse "a precio de plaza, en la fecha del accidente"[3666]. Había, sin embargo, excepciones. En una oportunidad en que no se efectuó la deducción del beneficio de los restos de los animales perdidos y se indemnizó por el valor total del animal, era presumible que ello se debiera a las especiales características de este: se trataba de un caballo de raza, sobre cuyo valor el aprovechamiento de los restos debe haberse entendido irrelevante[3667].

A más del atropello de animales, debe tenerse presente que se verificaron en esta época otras figuras relativamente ordinarias en relación con la responsabilidad extracontractual en el ámbito ferroviario.

El caso del mal estado de los cruces de la vía férrea con los caminos carreteros tuvo algún desarrollo en esta época. También se derivaba de una norma expresa de la Ley de Ferrocarriles:

> "En todos los puntos en que los ferrocarriles cruzaren a nivel los caminos públicos, se establecerán en estos barreras que deberán cerrarse con la debida anticipación al tránsito de cada tren. En los demás casos en que el ferrocarril cortare caminos públicos, será obligada la Empresa constructora a dejar expedito el tráfico por ellos.
> La obligación de establecer barreras a que se refiere este artículo solo se aplicará a los caminos carreteros"[3668].

El aspecto aparentemente principal de la norma, que es el de las barreras, no parece haber engendrado controversias importantes. El que sí pudo desarrollar alguna jurisprudencia fue el concerniente a la segunda oración del artículo, en relación con la noción de tráfico expedito.

Una primera sentencia dio lugar a indemnización en relación con la infracción del referido artículo 16. Se trataba de una especie en que una carreta de buena construcción y tirada por buenas mulas se quedó atascada en la intersección de la ferrovía por quince minutos antes de llegar el tren, por el mal estado de la intersección, en un fundo que curiosamente se denominaba

3661 *Aguilera* (1869).
3662 *Fariña* (1878), a más de otras sentencias; *v. gr.*, *Flores* (1889).
3663 *Jiménez* (1877) y *Freire* (1884).
3664 *Zelada* (1889).
3665 *Freire* (1884).
3666 *Dueñas* (1885).
3667 *Astaburuaga* (1887).
3668 Ley de 6 de agosto de 1862, BLDG, XXX, p. 199, art. 16.

Malpaso. Habiendo hecho con los carretoneros todo el esfuerzo posible para liberar la carreta, el tren finalmente pasó por el lugar, destruyendo la carreta y matando las mulas. La sentencia es notable porque destacaba que "aunque no consta de autos que el incidente tuviera lugar por culpa o negligencia del maquinista o de los otros empleados que venían en el tren, con todo es natural creer que no habría sucedido si la empresa hubiera conservado el camino expedito en ese punto, cumpliendo con la obligación que impone el art. 16 de la ley de 6 de agosto de 1862 a las empresas de ferrocarriles"[3669]. Con ello, como se advierte, se reforzaba el punto de la objetividad de la culpa o negligencia, en el sentido del incumplimiento de un determinado estándar, escapando del ámbito del mero reproche moral. De manera bastante llamativa, la empresa había reconvenido al demandante por los daños que el tren había podido sufrir con el accidente, indemnización que fue desestimada por los tribunales sobre la base de que "de ningún modo es equitativo que el demandante pague a la empresa el daño que el tren haya sufrido al atropellar la carreta, que no podía salvar los rieles porque la empresa no conservaba expedito ese paso, sino por el contrario, en muy mal estado".

Pero debe tenerse presente que en otra especie cuyos hechos fueron bastante similares no se dio lugar a la indemnización pretendida. Ello, en atención a que el demandante no había acreditado "que el atropellamiento se debiera a culpa del maquinista u otros empleados de la Empresa o por lo menos a descuido o negligencia de los mismos", añadiéndose que "el carretón cayó en un hoyo existente entre los rieles de la línea, y cuando vio que el tren marchaba en esa dirección desde la estación del puerto se dirigió a caballo él mismo en persona para avisar al maquinista que detuviese el convoy", pero que el "maquinista difícilmente puede atender y oír los gritos que se dan desde abajo sobre todo de noche en que no puede llamarle la atención la persona que le dirige la palabra, por el ruido que forma el tren caminando y por el sonido de la campana"[3670]. Si algún paralelo con la sentencia *Miranda* fuera pertinente en orden a determinar por qué las decisiones fueron las opuestas en términos de la reparación, él se radicaría en la falta de reprochabilidad de la imperfección en el terreno que inmovilizó al vehículo que resultó arrollado por el tren. Tal reprochabilidad se había dado en aquella, pero no se reconocía en esta última.

Una última figura ordinaria de responsabilidad ferroviaria tuvo relación con accidentes ocurridos en las dependencias de los ferrocarriles, sin relacionarse con el tránsito de una máquina. El caso más paradigmático es una especie *Vattier*, que en términos sencillos versa sobre un sujeto que, al cruzar la vía férrea en una estación, cayó a un foso descubierto y sufrió lesiones. Este pleito —cuyos hechos se aproximan bastante a algunos muy connotados de nuestros días— resultó bastante novedoso para el derecho de la época y motivó, por lo mismo, una sentencia cuidadosamente fundada. Nuestra judicatura entendió que la indemnización pretendida no era conforme a derecho, pero en el entendido de que habían confluido tres circunstancias determinantes. En primer lugar, que el particular podía llegar sin dificultad al otro lugar de la estación; en la especie, se trataba de la boletería (considerando tercero). En segundo lugar, que el daño se había producido por seguir un camino que no estaba destinado al tránsito de particulares, cuando, sin embargo, existía un camino destinado a su tránsito y

3669 *Miranda* (1874).
3670 *Hurtado* (1884).

que permitía llegar al destino que pretendía (considerando quinto). En tercer lugar, que era notoria la existencia del foso en que el particular había caído y que, "tratándose de una construcción que la Empresa del Ferrocarril había hecho con el objeto de prevenir accidentes más graves, no es posible estimar que dicha Empresa hubiera procedido con malicia o negligencia al llevar a efecto esa obra" (considerando sexto). Y, en cuarto lugar, que el comportamiento del particular infringía especialmente la ley de ferrocarriles:

> "7° Que, si bien es verdad que, para llegar a la boletería, yendo del lado poniente al oriente, tenía Vattier que atravesar precisamente la línea del ferrocarril, también es cierto que debió atravesar la línea por el lugar destinado al efecto, o sea, por la calle pública, siguiendo la dirección *d dc* marcada en el croquis de f. 13; y no pudo penetrar a la estación por donde lo hizo, violando el art. 3° de la ley de policía de los ferrocarriles de 6 de agosto de 1862, que prohíbe introducirse en la vía de los ferrocarriles extendidos por sitios inadecuados"[3671].

b. Las ópticas incisivas de la mecanización

La mecanización que está aparejada con la proliferación de cuestiones de responsabilidad en materia ferroviaria trajo consigo otros aspectos fuera de los que ya han sido destacados en la sección anterior, y que muestran aproximaciones que colaboraron a perfilar agudamente la complejidad de las cuestiones que englobaba esta materia.

Una primera vertiente es la determinación de los límites entre la responsabilidad extracontractual y la responsabilidad contractual. Esto se advirtió en un caso en que la mala conducción de una máquina remolcadora de ferrocarriles había terminado lesionando a una persona que se hallaba dentro de un vagón sin haber comprado un pasaje para viajar a destino[3672]. ¿Cómo se resolvía el problema de la responsabilidad en este caso? Dado que no había comprado el pasaje, ¿habría de considerársele como ilícitamente presente dentro del vagón y, por lo tanto, excluido de la posibilidad de ser indemnizado? ¿O estaría sujeto a una responsabilidad contractual por analogía con el resto de los pasajeros? ¿O bien, por último, estaría sujeto a una responsabilidad extracontractual, dado que no había celebrado el contrato de transporte?

La solución propuesta por nuestra judicatura fue inequívoca y se desprende de dos considerandos de la sentencia de primera instancia. Mientras en el considerando segundo se determinaba que "este siniestro tuvo lugar por descuido y temeridad del maquinista de la remolcadora", en el considerando tercero se expresaba lo siguiente:

> "3° Que don Ruperto Allendes *se encontraba legítimamente dentro de uno de los carros*, acompañando a parte de su familia que se dirigía a Valparaíso, *habiendo obtenido previamente, aunque sin necesidad*, el permiso del jefe de la Estación del Mercado para ocupar un asiento"[3673].

3671 *Vattier* (1890).

3672 *Allendes* (1890).

3673 Las cursivas son nuestras.

De las expresiones subrayadas aparece cómo la juridicidad del comportamiento de la víctima permite en definitiva la correspondiente indemnización; juridicidad que, por lo demás, había sido sobreabundante en el caso concreto, porque no solo se entendía que era conforme a derecho la presencia en el tren, antes de su partida, de una persona que no viajase en él, sino que además esta persona había solicitado explícitamente la autorización al jefe de estación para poder quedarse con su familia. No había óbice, por consiguiente, para determinar la correspondiente indemnización a la víctima por las lesiones graves que había padecido, cuya estimación finalmente se determinaría por peritos.

Sin embargo, nuestra jurisprudencia nos ofrece aún un segundo rubro importante en relación con avances conceptuales en materia de responsabilidad ferroviaria. Se trata de la responsabilidad por incendios derivados del tránsito de las máquinas, que, como se sabe, funcionaban en la época con mecanismos de combustión que podían expeler material susceptible de ocasionar daños.

La Ley de Ferrocarriles contenía algunas disposiciones destinadas a disminuir la ocurrencia de estos perjuicios. Su artículo 4° impedía a menos de veinte metros de la vía férrea "1° abrir zanjas, hacer excavaciones, explotar canteras o minas, hacer represas, estanques o pozos o cualquiera otra obra de la misma clase que pueda perjudicar a la solidez de la vía; 2° construir edificios de paja o de otra materia combustible, si el ferrocarril fuese servido por locomotivas; 3° hacer depósitos o acopios de materias inflamables o combustibles". Por su parte, el artículo 5° impedía a menos de cinco metros de distancia de la vía "1° construir edificios o fachadas u otras obras elevadas de más de cinco metros de alto, sobre los muros o cierros; 2° dar a los muros o cierros que se construyan salida sobre la vía [...]; 3° hacer depósitos o acopios de frutos, materiales de construcción, o cualesquiera otros objetos". Y, en fin, el artículo 6° impedía tanto "construir muros o cierros a menos de dos metros de distancia de la vía" como "hacer plantaciones de árboles a menos de doce metros".

Como se advierte, había reglas bastante rigurosas para las áreas colindantes con la línea del ferrocarril. Ellas, por cierto, abren varias preguntas complementarias en materia de daños. En primer lugar, la de si el cumplimiento de las correspondientes distancias eximía de responsabilidad a las empresas de ferrocarriles, en caso de que algún perjuicio sobreviniera del paso de un tren. Esto aparece claramente del caso del incendio de una siembra de cebada que estaba más allá de las áreas de restricción previstas por la ley, y respecto de la cual el propietario había adoptado medidas adicionales de protección[3674]. Como era esperable, la empresa demandada arguyó que "no tiene culpa alguna por la salida de las chispas de la locomotiva; que estas caen siempre a orillas de la línea y en su mayor parte apagadas, si es que son impelidas por un fuerte viento que a nadie es dado evitar; que impedir la expulsión de las chispas por la chimenea es absolutamente imposible; y, finalmente, que no solo es falso que la ley citada imponga a los ferrocarriles responsabilidad por los incendios de sementeras situadas a más de veinte metros de la vía, sino también el principio de que, no habiendo dolo, culpa o negligencia, haya responsabilidad por daños originados por accidentes casuales". En síntesis, la empresa ferroviaria pretendía una inmunidad en materia de daños producidos más allá de las distancias protegidas previstas por la ley.

3674 *Valdés* (1882).

La sentencia del Juzgado de Letras, confirmada por la Corte Suprema, dispuso lo siguiente:

> "4° Que la empresa no ha demostrado que el daño provenga de una causa ajena, o de fuerza mayor a que no haya podido resistir, manifestándose, por otra parte, según la prueba contraria, que proviene el incendio de los carbones encendidos que arroja la locomotiva, esto es, de un hecho de la empresa, sin que conste se hayan empleado medios que conduzcan a evitar el daño ajeno".

En definitiva, la empresa de ferrocarriles sí era responsable por daños producidos más allá de las distancias previstas legalmente[3675], y el fundamento de dicha responsabilidad reposaba tanto en que los materiales que habían desencadenado la combustión de las sementeras habían provenido de la locomotora como en que no se había demostrado la adopción de medios para evitar los perjuicios de terceros. Esto, como se ve, se acercaba fuertemente a la consideración de una responsabilidad estricta y, quizás por ello, el presidente Covarrubias no confirmó la sentencia de primera instancia, sino que, disidiendo, era de parecer de absolver a la empresa.

Lo que puede percibirse es que la Corte mostró en lo sucesivo una cierta ambivalencia, y quizás una cierta perplejidad, en la resolución de esta categoría de problemas. En efecto, ello se dio a través de dos líneas jurisprudenciales paralelas: una de ellas, tendente a realzar la relevancia de la responsabilidad por culpa; y la otra, tendente hacia una objetivización de la responsabilidad.

Por una parte, la responsabilidad por culpa aparecía claramente de una sentencia en la que se subrayaba la necesidad de haberse cumplido con los estándares de diligencia correspondientes. Así, una primera sentencia dispuso que "aun dando por establecido que el fuego haya provenido de las locomotoras de la Empresa, no habiéndose demostrado la culpabilidad o negligencia de esta, es improcedente la demanda en cuanto tiende a hacer efectiva su responsabilidad por esos hechos"[3676], enfatizándose la necesidad de demostrarse la culpabilidad para desencadenar el deber de indemnizar. El mismo criterio podía introducirse también con la óptica inversa, es decir, la necesidad de que la empresa demostrara su diligencia. Así, otra sentencia declaró haber lugar a indemnización "por destrucción y corta de álamos, cercas y pastos" porque "la Empresa no ha probado ni intentado probar que haya empleado toda la diligencia y cuidado posibles para evitar los incendios que dieron origen a los perjuicios indicados"[3677].

Pero, por otra parte, varias sentencias se inclinaban hacia criterios más objetivos de responsabilidad. En una sentencia *Cerda*, la judicatura consideró que "todos los incendios son debidos a que no llevan rejillas las chimeneas de las máquinas, por cuya razón se desprendían carbones encendidos que iban a caer muy distantes de la línea", lo que se reiteraba en lo dispositivo al expresarse que "la Empresa del Ferrocarril del Sur está obligada al pago del daño causado por su descuido, no usando en la época del incendio de que se trata rejillas en

---

3675 La distancia podía ser considerable. En *Gana* (1887), se obligó a indemnizar por viñedos y un monte, situados a más tres cuadras de distancia de la vía férrea.

3676 *Guzmán* (1886).

3677 *Urzúa* (1890 b).

las chimeneas"[3678]. Aunque la palabra "descuido" parece aproximarse a la responsabilidad por culpa, lo cierto es que esta situación más bien se acerca a la figura que ha sido nombrada bajo la expresión de "responsabilidad estricta calificada", es decir, aquella responsabilidad estricta que "exige una *valoración objetiva de la calidad de una cosa o de un servicio*, de conformidad con el estándar de calidad que el público tiene derecho a esperar"[3679]. Por una especie posterior se dio un paso atrás en la configuración de la responsabilidad estricta calificada, relacionando la responsabilidad estricta con la eventualidad de un caso fortuito relacionado con el cumplimiento de los requisitos técnicos: "[...] aceptando que las locomotoras hayan tenido rejas de fierro en las chimeneas para impedir la salida de las chispas, sin embargo, la Empresa no ha probado que, aun empleando este medio es inevitable la salida del carbón encendido y que puedan producirse los incendios; así es que no hay datos que manifiesten la utilidad o la practicabilidad de este medio para precaver los peligros, lo que incumbía probar a la Empresa que ha alegado el caso fortuito, art. 1547 del Código Civil"[3680].

En suma, frente a estas dos líneas jurisprudenciales no ha de sorprender la existencia de una sentencia "sincrética", en la cual se aliaban aspectos de responsabilidad estricta y de responsabilidad por culpa. En la especie, se absolvió a la empresa de ferrocarriles en atención a que no se había probado "que la chimenea de la máquina no llevara el canastillo destinado a impedir que se escapen chispas o carbón encendidos, ni que el suceso pueda imputarse a culpa o negligencia de los empleados encargados de la dirección del tren"[3681]. A través de las expresiones de la sentencia puede advertirse la existencia de una articulación de dos aspectos de responsabilidad. Si fallaban los criterios de responsabilidad estricta, podía de todos modos acudirse a la responsabilidad por culpa para perseguir la imputación de la responsabilidad de la empresa de ferrocarriles.

Al concluir el período en examen, aún no se había fijado establemente el tipo de responsabilidad aplicable sobre estos casos. Pero es incuestionable la existencia de fuertes tendencias conducentes al reconocimiento de un tipo de responsabilidad estricta. ¿Dependió, acaso, de las especiales características de este tipo de cuestiones —y principalmente de la mecanización tecnológica que recogían— esta propensión de nuestra jurisprudencia? Probablemente no de modo absoluto, dado que un régimen como el de los incendios que viene de describirse puede darse sin constatarse una tal mecanización en la actividad respectiva, pero sí es posible que su aparición no haya sido una mera coincidencia y que el perfil de estas prestaciones ferroviarias haya hecho más fácil esta configuración.

Sea como sea, y sin desconocer las dificultades y ambivalencias que encierra, esta quizás sea la categoría de responsabilidad del Estado más antigua en la que se advierte con toda claridad, en una serie de sentencias similares, las tensiones existentes entre la responsabilidad extracontractual por culpa y la responsabilidad extracontractual estricta. Y, de paso, permite comprender con mayor claridad cómo se terminó concretando, en otras vertientes, una

3678 *Cerda* (1887).
3679 Barros Bourie (2007), p. 448.
3680 *Larenas* (1890).
3681 *Pino* (1889).

responsabilidad estricta al punto de reconocerse la responsabilidad por "actos lícitos", lo que será objeto de la sección que sigue[3682].

III. Las materias de avanzada

El período 1861-1890 permitió la aparición de ciertas vertientes de responsabilidad en materias de avanzada. No siempre prosperaron. Sí lo hizo la responsabilidad estricta u objetiva, de manera creciente y claramente identificable (a). Por su parte, la extensión de la responsabilidad del Estado a otras funciones estatales tuvo de dulce y de agraz, pues mientras la responsabilidad del Estado legislador comenzó a aflorar durante este período, relacionada con materias contractuales[3683], la responsabilidad del Estado en su faceta jurisdiccional apenas alcanzó a entreverse y no fue jamás declarada, hallándose nuestro derecho aún condicionado por la lógica de la judicatura como *oficio* (b).

a. La responsabilidad estricta

Uno de los elementos más notables de este período en materia de derecho de la responsabilidad del Estado es el surgimiento de la responsabilidad estricta u objetiva[3684]. Como tal se ha entendido aquella que "no exige negligencia del autor del daño"[3685], con lo que "el problema de la responsabilidad es en ella un problema de *causalidad* y no de *imputabilidad*: basta que se haya causado un daño en la persona o bienes ajenos por hecho u omisión de otra, para que esta deba repararlo"[3686].

Contrariamente a lo que ha podido sostenerse respecto del derecho de nuestros días[3687], debe tenerse presente que en esta época nuestra judicatura integró esta vertiente de responsabilidad sin necesidad de norma expresa, solamente al constatarse que los hechos hicieran aconsejable su incorporación en orden a obtener una decisión justa. Tal incorporación parece haberse dado de manera progresiva, primero aflorando en sentencias en materia municipal (1) y luego desplegándose enérgicamente en materia fiscal, con tal fuerza que se llegó a proclamar la responsabilidad por "actos lícitos" (2), sin perjuicio de que también deban tenerse presentes las oscilaciones jurisprudenciales referidas en torno al derecho de angaria[3688] y a la responsabilidad ferroviaria[3689].

3682 Véase *infra*, en este capítulo, A.III.a.

3683 Véase *supra*, título cuarto, capítulo segundo, B.II.c.

3684 Esto, en el contexto de nuestra institucionalidad de derecho administrativo. La responsabilidad estricta tiene una evolución larguísima, desde el derecho romano, tal como desarrolla Etier (2006), *in totum*. Pero, como correlato de lo expresado por Krynen (2018), p. 353, Chile habría sido el primer país en plantear este tipo de responsabilidad en relación con la actividad administrativa.

3685 Barros Bourie (2007), p. 29.

3686 Alessandri Rodríguez (1983), t. I, p. 114.

3687 Barros Bourie (2007), pp. 446 y 514. *Contra*, Corral Talciani (2013), p. 218, que sostiene que "estas zonas de responsabilidad por riesgo o sin culpa son admitidas a veces expresamente por los textos legales".

3688 Véase, *supra*, en este mismo capítulo, B.I.b.1.

3689 Véase, *supra*, en este mismo capítulo, B.II.

1. Una introducción progresiva

En materia de responsabilidad estricta, algunos apurontes ya podían advertirse durante la década de 1870. Algo de esto hay, por ejemplo, en una sentencia penal en que el querellado era el rematante por técnica concesional del tributo de plazas y tendales del departamento de San Fernando. Dirigida la acción contra él por exacciones ilegales, finalmente se le eximía de responsabilidad penal, atendido el hecho de que había procedido a los correspondientes cobros en virtud "de orden expedida por el intendente de la provincia y de sentencias dadas por los jueces respectivos, en cuyo caso no hay delito"[3690]. Con todo, dado "que los impuestos no pueden ser contrarios a la ley ni a las ordenanzas municipales, debiendo, al contrario, ajustarse a estas disposiciones", la Corte Suprema terminaba disponiendo que "solo podrá cobrar el impuesto denominado de plazas y tendales con arreglo a lo prescrito en la Ordenanza de 22 de junio de 1878, *sin perjuicio de los derechos que puedan corresponderle contra la Municipalidad del departamento*"[3691]. En lo anterior se advierte una posibilidad que no es propiamente identificada con una acción de responsabilidad, pero que no la excluye ni mínimamente y que, lejos de citar normas referidas a culpa o dolo, parecen sencillamente satisfacerse con mencionar una infracción, una causalidad y un daño en la eventual antijuridicidad de las órdenes planteadas por la propia Municipalidad. La puerta hacia una responsabilidad de esta naturaleza parecía entreabrirse.

El siguiente paso también vendría por vía municipal, en una especie sobre cobro de perjuicios derivados de un pleito anterior sobre denuncia de obra nueva. Esta había consistido en una galería o excavación subterránea practicada en terrenos de la demandante para extraer el agua de las vertientes que en ellos existían, de modo de llevarla a distintos establecimientos municipales. El Juzgado de Letras y la Corte de Apelaciones entendían que debía indemnizarse a la demandante "el valor en que se hubiere depreciado o desmejorado el terreno que ocupa la excavación u obra denunciada a que se refieren las sentencias corrientes a f. 99 y 105 vta." del expediente de la denuncia de obra nueva[3692], lo que no revestía ninguna sorpresa. Pero cuando se sigue el razonamiento seguido por ambos tribunales, el panorama que se ofrece es bastante más llamativo. El considerando séptimo del Juzgado de Letras, confirmado por la Corte, expresaba lo siguiente:

> "Considerando... 7° Que no obstante de lo antes expuesto, *es natural suponer, por ser inevitable*, que con la obra o excavación denunciada *se ha por lo menos depreciado o hecho perder en su valor el terreno mismo donde el trabajo se operó, lo que constituye un perjuicio real y evidente* que debe ser avaluado equitativamente por el juzgado previo el informe de un perito, quien, para evacuar su informe, tomará en cuenta la calidad de la obra emprendida por la Municipalidad para reponer las cosas al estado anterior"[3693].

3690 *Vergara* (1879).
3691 Las cursivas son nuestras.
3692 *Sanhueza* (1884).
3693 Las cursivas son nuestras.

Tal lenguaje —tan categórico, expresando derechamente una inevitabilidad— no era frecuente entre los tribunales de la época. Esto, por supuesto, hace pensar en una responsabilidad estricta, es decir, en una responsabilidad objetiva en sentido propio. El Juzgado de Letras, con todo, se había procurado cubrir las espaldas respecto de una interpretación semejante por la influencia de dos considerandos consecutivos que enfatizaban el carácter subjetivo de la responsabilidad:

> "3° Que la indemnización de perjuicios comprende el daño emergente y el lucro cesante, *y la demandante no ha comprobado en autos ni el daño ni el lucro*, por concretarse a manifestar el provecho que la Municipalidad obtuviera con la excavación, provecho que en manera alguna evidenciara los perjuicios reclamados ni serviría de norma o base para justificarlos;
> 4° Que, *no imputándose dolo a la Ilustre Municipalidad, solo sería responsable de los perjuicios que se previeron o pudieron preverse*, y por tanto, aunque la demandante haya comprobado en autos, con las declaraciones de sus testigos que declaran sobre el interrogatorio de f. 36, que el agua de vertientes cuyo uso beneficiaban su predio han mermado o desaparecido, no sería la Ilustre Municipalidad responsable de dicha merma o falta de agua, puesto que no pudo prever esa consecuencia o al menos no consta de autos el que debía y podía presumirla al emprender la excavación"[3694].

En un vuelco notable, y sin perjuicio de confirmar lo dispositivo de la sentencia de primera instancia, la Corte de Apelaciones lo hizo "con el mérito de los considerandos 1° y 2°, primera parte del 3°, del 5°, 7° y 8° de la sentencia de primera instancia". Es decir, suprimió del razonamiento aquellos elementos que permitían concebir la responsabilidad como subjetiva, dejando descarnadamente a la vista un razonamiento que implicaba entender que la actuación reprochada producía inevitablemente un daño. Y por ello sostuvo en un considerando propio que "está plenamente justificado, sobre el cual las partes no disienten, que la mencionada excavación o galería fue practicada para aprovechar el agua que por su medio se obtuviera, y este es un perjuicio que debe ser indemnizado".

Esta sentencia revela también que cuando, por el contrario, un daño puede originarse de otras causas, no da lugar necesariamente a responsabilidad mientras no se prueben los elementos de la responsabilidad estricta. En la especie, a más del daño inferido a su terreno, la demandante reclamaba por el agotamiento de las vertientes, ante lo cual la Corte sostuvo que "aun cuando no es aceptable la prueba testimonial para acreditar que la obra de que se trata ha disminuido o agotado el agua de las vertientes del lugar de la disputa, hecho que puede provenir de varias y muy diversas causas y cuya exacta apreciación requiere conocimientos facultativos o especiales, es preciso y justo tomar en cuenta esta circunstancia en la regulación de los perjuicios".

Al año siguiente, una nueva sentencia en la esfera municipal seguiría abonando el terreno para el asentamiento de la responsabilidad estricta en el derecho administrativo. Se trataba de una cuestión de obras públicas, fundadas en una ley de la década precedente[3695]. La

3694 Las cursivas son nuestras.
3695 Ley de 19 de octubre de 1877, BLDG, XLV, p. 521.

Municipalidad de Talca, al efectuar ciertos arreglos en las calles de la ciudad, había ejecutado unas trincheras de poco menos de un metro de profundidad, que, según el demandante, dejaba su casa "sin cimientos en la extensión de treinta y un metros treinta y cinco centímetros, y sin poder utilizar sus puertas mientras no se coloquen al nivel de la vereda y se hagan las escaleras y demás arreglos necesarios para dejar expedito el acceso a la misma casa".

La sentencia de la Corte de Apelaciones, confirmatoria de la de primera instancia, resolvió la cuestión sobre la base de la Ley de Municipalidades de 1854, sosteniendo que dicho cuerpo normativo les atribuía prerrogativas a las corporaciones edilicias en la materia en cuestión: "[...] los núms. 5° y 7° del art. 27 de la ley de 8 de noviembre de 1854 disponen que, a las municipalidades, como cuerpos administrativos encargados de la policía municipal, corresponde, entre otros deberes, proveer a la seguridad y comodidad del tránsito por las calles, a la comodidad, regularidad, aseo y ornato de las poblaciones en las calles, plazas y paseos públicos"[3696]. La delicadeza del razonamiento de la Corte se funda en que, no obstante lo anterior, no excluye la posibilidad de que la Municipalidad pueda llegar a ser responsable; es decir, el otorgamiento *abstracto* de una determinada atribución no significa que el ejercicio *concreto* de ella se halle forzosamente exento de producir daños antijurídicos. Ello aparece con toda claridad del considerando tercero de la sentencia:

> "Que, en consecuencia, las obras o trabajos que las municipalidades mandan ejecutar en las calles para atender, en consideración al interés general de la localidad, a alguno o algunos de los objetos a que la ley les ordena proveer, *no les imponen responsabilidad respecto de los particulares sino cuando con las obras o trabajos dichos infieren daño a la propiedad privada o al derecho que aquellos tengan al uso y goce de las mencionadas calles*"[3697].

Se advierte que la construcción formulada por la Corte es inequívocamente de responsabilidad estricta. En el caso concreto se desestimó que procediese una indemnización. Según la Corte, "no teniendo los particulares reconocido por la ley el derecho de que en las calles se mantengan en un nivel determinado, la variación ordenada por la Municipalidad para atender, sea a la comodidad, regularidad, aseo u ornato de la población, no le impone el deber de indemnizar los gastos que por esta causa haya de hacer el demandante en el edificio de su propiedad, desde que la variación del nivel se ejecuta por orden de la Municipalidad, en ejercicio de una atribución que la ley le confiere, y desde que la obra indicada no priva al demandante del derecho que como particular tiene al uso y goce de la calle ni coarta o impide el ejercicio de ninguno de los derechos que le corresponden como dueño del edificio mencionado". Pero, *a contrario*, si hubiera existido un detrimento a los derechos que enunciaba la Corte, se hubiera hecho procedente la responsabilidad.

Así, la responsabilidad estricta anunciada por la sentencia *Vergara*, reconocida discretamente por la especie *Sanhueza*, y planteada *a contrario* por el fallo *Carrasco*, operando en el ámbito municipal, dejaron preparado el terreno para la recepción de la figura en el ámbito fiscal.

3696 *Carrasco* (1885).

3697 Las cursivas son nuestras.

2. La proclamación manifiesta

Probablemente una de las sentencias más notables en la historia del derecho administrativo chileno, *Ábalos* es una de las pocas sentencias de responsabilidad del siglo XIX que ha atraído desde hace algún tiempo la atención de nuestro administrativismo[3698]. Eduardo Soto Kloss la ha destacado especialmente, sintetizando lo esencial de su aporte bajo la máxima de que "si para el bien común se han de sacrificar los derechos de alguno, debe ser éste indemnizado por el Estado, que es el encargado del bien común"[3699].

Los hechos de la causa son muy llamativos. En razón de la epidemia de cólera que azotó a Chile a fines de la década de 1880, la ley de 30 de diciembre de 1886, sobre policía sanitaria, dispuso en su artículo 8° lo siguiente:

> "En los casos de epidemia contagiosa a que se refiere esta ley, el Presidente de la República podrá dictar ordenanzas generales sobre el aseo y desinfección de las poblaciones, imponiendo multas de uno a cincuenta pesos"[3700].

Fundándose en dicha disposición, el Supremo Gobierno emitió unos días después una Ordenanza General de Salubridad[3701], que señalaba algunas atribuciones generales en este rubro, radicadas en algunos organismos. El artículo primero establecía una *Junta General de Salubridad*, presidida por el Ministro del Interior e integrada por veinticuatro personas nombradas por el Presidente de la República. Su objeto era, según la Ordenanza:

> "1° Estudiar y proponer medidas de todo género tendentes a contener la propagación de las epidemias;
> 2° Indicar los medios adecuados para la mejor asistencia de los enfermos;
> 3° Redactar las instrucciones cuyo conocimiento convenga divulgar, para prevenir el desarrollo de las epidemias;
> 4° Dar dictamen al Gobierno y a las juntas departamentales sobre los asuntos que le sean consultados;
> 5° Nombrar comisiones de su seno que visiten los departamentos de la República, que inspeccionen los servicios sanitarios y recomienden a las juntas departamentales los medios apropiados para precaver las epidemias o para corregir y atenuar sus efectos".

Asimismo, los artículos 2° a 4° de la Ordenanza disponían que en la capital de cada departamento se estableciese una *Junta Departamental de Salubridad*, con funciones administrativas de ejecución y de coordinación.

Sobre la base de estas normas, la Intendencia de Aconcagua expidió a fines de enero y principios de febrero de 1887 varios decretos por los cuales se le ordenó a funcionarios civiles

3698 *Ábalos* (1889).
3699 Soto Kloss (1996), t. II, p. 463.
3700 Ley de 30 de diciembre de 1886, BLDG, LV, p. 1311.
3701 Decreto Supremo de 10 de enero de 1887, BLDG, LVI, p. 28.

y militares destruir sandiales de propiedad de Ábalos, por un total de más de treinta cuadras de plantación.

Ábalos, al demandar al Fisco, entendió la medida como ilegal, por violar el derecho de propiedad previsto en el artículo 12 n° 5 de la Constitución, dado que no se había procedido a expropiarle los sandiales por ley, única forma de afectar la propiedad de las particulares. En cuanto a la Ley de Policía Sanitaria, destacaba que en ninguna parte ella autorizaba a adoptar una medida de esta naturaleza.

La defensa fiscal sostuvo que "es fácil encontrar la base de la legalidad del decreto de la Intendencia que no hace otra cosa que aceptar y poner en vigor una de las medidas propuestas por la Junta Departamental de Salubridad, en uso de las atribuciones de que se encontraba revestida, conforme a la Ordenanza de 10 de enero del mismo año". Y no solo alegaba la legalidad de la medida, sino que además señalaba que no podría haber lugar a indemnización, dado que, al destruirse los sandiales, su comercialización ya había sido prohibida, por lo que "las sandías dejaron de ser un objeto comerciable, y de ningún valor".

Frente a esta controversia, lo primero que debió abordar el Juzgado de Letras fue el problema de la legalidad o ilegalidad de la medida adoptada por la Intendencia:

> "Considerando: 1° Que, si bien es verdad que *ni la ley de 30 de diciembre de 1886 ni la Ordenanza de 10 de enero de 1887 facultan de un modo expreso* a la autoridad local para decretar la destrucción de ciertos sembrados, *es indudable que esa misma ley y esa Ordenanza permiten a la autoridad dictar todas aquellas medidas que la ciencia y la prudencia aconsejan para disminuir los efectos de una epidemia contagiosa*, aunque esas medidas menoscaben ciertos intereses individuales, desde que se trata del bien y la salvación general de todos los habitantes"[3702].

A la luz de las disposiciones aplicables, se advierte sin ningún problema la tensión que se había formado sobre este punto. El régimen chileno, construido sobre atribuciones o competencias explícitas según el propio artículo 151 (160) de la Constitución de 1833, no se conciliaba fácilmente con el hecho de señalar un vínculo con disposiciones más o menos generales de policía. El tribunal no podía sino admitir que no existía norma expresa, tal como lo hizo. Sin embargo, el salto para justificar la actuación de la Administración por la vía de alguna norma general de atribución fue muy largo; tanto que, si se revisan las disposiciones de la ley y de la Ordenanza, ninguna de ellas utiliza expresiones ni siquiera cercanas a las que planteó el fallo. La radicación más verosímil se podría dar a través de la Ordenanza, en lo que le concernía a la Junta General en torno a "estudiar y proponer medidas de todo género tendentes a contener la propagación de las epidemias", entendiendo a las juntas departamentales como colaboradoras de esta.

Y por ello el juzgado se esmeró en subrayar en el considerando segundo que "consta que al decretar el señor intendente de Aconcagua la destrucción de los sandiales que motiva la presente demanda, lo hizo a solicitud de la junta de salubridad y con la opinión unánime de todos los facultativos del departamento, como una medida absolutamente necesaria para atenuar los efectos de una epidemia terrible que amenazaba la vida de todos los habitantes

3702 Las cursivas son nuestras.

del departamento". La apremiante necesidad movía, entonces, a interpretar del modo más extensivo posible, de modo de proveer a la salud de quienes vivían en la zona. La medida, entonces, debía entenderse conforme a derecho.

Frente a tal constatación de su legalidad, todo apuntaba a que la indemnización solicitada no podría tener lugar de ningún modo. Y es aquí en donde se introduce una argumentación sorprendente, de las más notables no solo de este período, sino de nuestra historia entera:

> "3° Que, si la destrucción de los sandiales cuyo pago reclaman los demandantes fue una medida necesaria en beneficio de los habitantes de la República, el Fisco, como representante de toda la comunidad, es el directamente obligado a indemnizar el daño que hizo a ciertos particulares en beneficio de todos".

Es el nacimiento, en nuestro derecho administrativo, de la llamada *responsabilidad por actos lícitos*. Habiéndose sostenido anteriormente la legalidad del acto al punto de lindar en la generación jurisprudencial de una regla atributiva de competencia, este considerando da un giro inesperado: en derecho público no solo puede engendrarse un deber de indemnizar derivado de una infracción, sino que también derivado de una medida legítima pero que engendra un daño que desequilibra injustamente la realidad jurídica, asignando en perjuicio de uno solo aquello que debiera distribuirse y soportarse por todos. Por ello, la única forma de restablecer el criterio de justicia es que el "representante de toda la comunidad", el Fisco, indemnice el daño correspondiente[3703]. Nuestra judicatura estaba muy consciente de estar dando un paso audaz: quepa advertir, en este sentido, el hecho de que en lo dispositivo de la sentencia *no se enunció ninguna de las normas del Código Civil sobre responsabilidad*, aun cuando el propio demandante había invocado los artículos 2314 y 2329 al impugnar la medida.

Quedaba aún, por cierto, la determinación del daño reparable. Y en ello, *aparentemente*, se verificaba un nuevo vuelco, inspirado por el problema de los bienes de ilícito comercio:

> "4° Que, atendiendo a que con fecha 3 de marzo de 1887 se alzó el decreto en que se declaraba infestado este departamento, desde esa fecha para adelante la venta de sandías era un objeto de lícito comercio, y, por lo tanto, solo desde entonces debe estimarse que hay derecho para pedir indemnización de perjuicios, pues anteriormente la venta de frutas era prohibida por la autoridad, que así lo había decretado, haciendo uso de la facultad concedida por la ley de 30 de diciembre de 1886;
> 5° Que con los documentos que corren de f. 1 a f. 12, y con la prueba testimonial que corre en autos, han justificado los demandantes el hecho de la destrucción de sus respectivos sandiales y en la extensión que los mismos documentos indican".

El alzamiento del decreto a inicios de marzo de 1887 fijaba un límite entre lo indemnizable y lo no indemnizable. Y por ello es que la sentencia del Juzgado de Letras dispuso haber lugar

---

3703 Debe tenerse presente que la defensa fiscal, tratando de ampararse en el énfasis que en esta época se ponía sobre la responsabilidad personal de los funcionarios, había argüido que los demandantes debían "dirigir su acción contra aquellos que pudieran aparecer directamente responsables".

a la demanda, "en cuanto que el Fisco debe pagar a los demandantes el valor de los sandiales que fueron destruidos por orden del señor Intendente de la provincia *en cuanto a lo que aquellos podían valer, según el estado en que debieron encontrarse desde el día 3 de marzo de 1887, hasta la época en que se concluye esta clase de producción*, cuyo valor será estimado por el juez oyendo el dictamen de un perito designado por las partes o en desacuerdo por el juzgado", lo que fue confirmado por la Corte Suprema con declaración de que "el juez, previo dictamen pericial, determinará el valor de los sandiales destruidos atendido el provecho que sus dueños pudieran reportar de ellos, *teniendo en cuenta las circunstancias de haber estado prohibido el expendio de su fruta hasta el 8 de marzo de 1887*"[3704]. Si es que la fruta se había destruido en un período en que era de ilícito comercio, ¿cómo entonces podía llegar a darse algún tipo de indemnización?

La respuesta surge a partir de la sentencia del juicio posterior cuyo objeto era la determinación de la cuantía de la indemnización. En lo central, en ella se advierte el siguiente razonamiento:

> "3° Que consta de la articulación octava del interrogatorio de los demandantes, corriente a f. 56, absuelta afirmativamente por los testigos que deponen a su tenor, que la época oportuna para empezar la cosecha de los sandiales, es decir, *el fruto de la primera flor es a fines del mes de enero*;
> 4° Que, desde esta fecha hasta la [fecha] en que se suspendió la prohibición de la venta de sandías, transcurrió más o menos el tiempo necesario para la venta del fruto que produce la primera flor, y si no transcurrió del todo, puede justamente reputarse, si hubiera esto permitido su venta, que después del 3 de marzo muy poco o nada hubiera quedado por vender, debiendo además considerarse el artículo como retardado, y de condiciones inferiores al de la primera o segunda corta;
> 5° Que, *desde el 3 de marzo para adelante el fruto de la segunda flor de un sandial, a más de ser de inferior calidad al de la primera, tiene que competir con otras frutas, como duraznos, uvas, que son tanto o más apetecidas que las sandías, por cuyo motivo su precio disminuye naturalmente*; debiendo tenerse también presente que el fruto de la segunda flor es inferior en calidad y rendición al de la primera, ya por el agotamiento y extenuación de la planta, ya por el mal trato que sufre durante la corta;
> 6° Que consta de autos que *algunos sandiales, particularmente los que pertenecían a Cruz Mendoza y Vicente Muñoz, y de los que tratan los documentos de f. 5 y 6, solamente se destruyó la fruta, quedando la planta en condiciones naturales para producir una segunda flor*"[3705].

La indemnización estaba condicionada por factores agronómicos y comerciales: lo que se podía indemnizar era el fruto de una segunda flor, de características más pobres que el de primera, pero que no había podido producirse porque a Ábalos se le había destruido las plantas enteras, en circunstancias de que a otros productores solo se les había destruido los frutos, permitiendo que las plantas sobrevivientes de estos últimos produjesen segundas flores y nuevos frutos. El Juzgado de Letras avaluó los perjuicios en la no despreciable suma de cuatro mil seiscientos sesenta y ocho pesos setenta y cinco centavos, la que fue elevada por la Corte

3704 Las cursivas son nuestras.
3705 *Ábalos* (1890). Las cursivas son nuestras.

Suprema a seis mil pesos. Sin embargo, más allá de la cuantía específica correspondiente a este caso, las sentencias *Ábalos* proclamaron una arista conceptual hasta entonces inexplorada, o casi inexplorada[3706], propiamente visionaria, y cuya proyección, aún en nuestros días, no ha terminado de consolidarse.

b. Estado, función jurisdiccional y responsabilidad

A fin de concluir el análisis de la responsabilidad extracontractual del Estado durante el período objeto de estudio, conviene formular un par de apreciaciones respecto de la responsabilidad derivada del ejercicio de la función jurisdiccional. Es cierto que no responde propiamente al espectro del derecho administrativo, pero parece importante examinarla por recaer dentro de la órbita del derecho público, dado que se trata del ejercicio de una función estatal, tal como la función administrativa, y —en principio— podrían existir coincidencias entre ambas esferas. Sin embargo, como se verá, la responsabilidad en el ámbito jurisdiccional no evolucionó conjuntamente a la del ámbito administrativo.

Los juicios por los que se perseguía la responsabilidad derivada del ejercicio de la función jurisdiccional no eran frecuentes, pero sí se daban en nuestro derecho. Antes de la entrada en vigor del Código Penal, se entendía que su fundamento era el de antiguas leyes españolas, que seguían vigentes a la sazón. Quizás la más clara era la ley 2ª, Título II, Libro II, del Fuero Real de España:

> "Si alcalde juzga tuerto por ruego, o por precio que le den, o quel prometan, o si mandare quitar alguna cosa a alguno sin derecho, aquel que tiene la cosa por mandado del Alcalde, entreguela a cuya es. Y el Alcalde, porque juzgó tuerto, o mandó tomar la cosa que no debía, peche otro tanto de lo suyo aquel a quien la tomaron sin la entrega que es de suso dicha. E si no hubiere otro tanto como lo que tomó, pierda todo lo que hubiere, e si no hubiere nada, pierda el Alcaldía. E si el Alcalde juzgó tuerto, o mandó tomar alguna cosa por su negligencia, que lo no entiende, jure que no lo fizo por ruego, ni por amor, ni por precio; e non vala lo que juzgó, ni él no haya ninguna pena: e si alguno se querellare del Alcalde a tuerto en esta razon, haya la pena sobredicha que el Alcalde habría si tuerto juzgase".

Prolongando la línea del Fuero Real, otra norma posterior sobre la materia era la ley 24, Título XXII, Partida Tercera, titulada "*Que pena deue auer el Judgador, que a sabiendas, o por necedad, judgo mal en pleyto que no sea de justicia*"[3707]:

> "Malamente yerra el Judgador que judga contra derecho a sabiendas. E otrosi el que da algo, o gelo promete, porque lo faga. E porende queremos decir, que pena deuen auer cada vno dellos. E primeramente dezimos del Judgador, que si judga tuerto a sabiendas, por desamor

3706 Entre otros casos en los que comenzaba a aflorar esta aproximación a la responsabilidad, véase lo señalado *supra*, en el título cuarto, capítulo segundo, B.II.b, respecto de la sentencia *Rojas* (1889 b).

3707 Para los "pleitos de justicia", es decir, en la lengua de la época, los pleitos criminales, se aplicaba otra ley, la 25, del mismo Título y Partida.

que aya aquel contra quien da el juyzio, o por amor que aya con el otro su contendor, e non por algo que le diessen o le prometiessen; si el juyzio fuere dado en razon de auer mueble, o rayz, o sobre otra cualquier, que no pertenezca a pleyto de justicia, o de escarmiento; *tenemos por bien, e mandamos, que peche otro tanto de lo suyo, a aquel contra quien dio tal juyzio, quantol fizo perder; e demas todos los daños, e los menoscabos, e las despensas que jurare que fizo por razon deste juyzio; e aun deue fincar enfamado para siempre, porque fizo contra la jura que juro quando le pusieron en el oficio; e sobre todo deuele ser tollido el poderio de judgar, porque vso mal, e tortizeramente de su oficio.* Mas si por auentura judgasse tortizeramente por necedad, o por non entender el derecho, si el juyzio fuere dado en razon de los pleytos que de suso diximos, *non ha otra pena, si non que deue pechar a bien vista de la Corte del Rey a aquel contra quien dio el juyzio, todo el daño, o el menoscabo que el vuo por razon del.* E sobre todo se deue saluar, jurando que aquel juyzio non lo dio maliciosamente; mas por yerro, o por su desentendimiento, non sabiendo escoger el derecho. Pero si el Judgador diere juyzio tortizero, por alguna cosa que le ayan dado, o prometido; sin la pena sobredicha, que de suso diximos, que deue auer aquel que juzgare mal a sabiendas, es tenudo de pechar al Rey tres tanto de quanto recibió, e de lo quel prometieran. E si non lo auia recebido, deuelo pechar doblado al Rey: e sobre todo, el juyzio que assi fuere vendido por precio, non deue valer, maguer que aquel que fue dado por vencido, non se alçasse del"[3708].

De las normas anteriores se pueden desprender dos criterios centrales. El primero, básico, es que el ejercicio antijurídico de las prerrogativas jurisdiccionales estaba sujeto a ciertas consecuencias. El segundo es más bien la caracterización del primero: la responsabilidad de los jueces era *personal*: no comprometía, bajo la lógica monárquica, al patrimonio de la Corona o de la Real Hacienda. Y, transmutándose a la lógica republicana, no comprometería al Fisco. Esto puede entenderse por la naturaleza de la función ejercida por los jueces, que aparece claramente de la ley de Partida transcrita: "[...] porque fizo contra la jura que juro quando le pusieron en el oficio; e sobre todo deuele ser tollido el poderio de judgar, porque vso mal, e tortizeramente de su oficio". La palabra fundamental en lo anterior es *oficio*: el ejercicio de la jurisdicción estaba configurado bajo la óptica del oficio, no de la oficina, y por lo tanto la imputación al Estado asociada a la teoría del órgano no operaba. Las consecuencias que se describían, como se ve, dependían de si el juez había fallado contra derecho a sabiendas o por negligencia o ignorancia.

Este resabio de mentalidad del Antiguo Régimen todavía persistía en nuestro derecho durante la segunda mitad del siglo XIX. Así, por ejemplo, en una cuestión de 1866 dirigida contra el Regente y tres ministros de la Corte de Apelaciones de La Serena, se dio la circunstancia de que los demandantes, que se entendían perjudicados por una sentencia pronunciada por aquellos, solo entablaron la acción civil, sin entablar acción criminal alguna. La Corte Suprema, conociendo de la apelación de la causa, dispuso lo siguiente:

"Considerando: 1° que la acción que entablan los demandantes contra los señores Ministros de la Corte de Apelaciones de la Serena es la que concede la ley 24 tít. 22 part. 3ª, para la indemnización del daño causado por el juez que faltare torcidamente por necedad: 2° que esta

3708 Las cursivas son nuestras.

> acción no tiene lugar por todo juicio dado contra derecho, sino únicamente por aquellos en que hay malicia por parte del juez, como se deduce claramente de la disposición de la misma ley, concordante en esta parte con la segunda, tít. 2° lib. 2° del Fuero Real, que libera de responsabilidad al juez que afirma no haber procedido maliciosamente: 3° que los demandantes no imputan esa malicia o culpabilidad a los señores Ministros acusados, según lo exponen en su escrito de f. 69, se declara: que no ha lugar a proceder en la presente demanda contra los señores Ministros de la Corte de la Serena en los términos en que ha sido entablada. Se confirma la sentencia apelada de 7 de octubre del año anterior en lo que fuere conforme a esta"[3709].

Como se advierte, la Corte se apoyó sobre las dos antiquísimas disposiciones que transcribimos más arriba para explicar bajo qué condiciones podía prosperar la demanda: no cabía una indemnización simplemente por fallar contra derecho, sino que debía, además, existir malicia por parte de los jueces. Sin la prueba de tal malicia —es decir, dolo— no había lugar a responsabilidad patrimonial. Pero la óptica que impregna toda la construcción es precisamente la del *oficio*, como contrapuesta a la de *oficina*[3710]: en ningún momento la Corte siquiera sugirió que el Fisco pudiera llegar a ser responsable por el daño ocasionado, probada que fuese la malicia.

La entrada en vigor del Código Penal no cambió lo esencial de la construcción recibida del derecho indiano. Así, en el caso —juzgado en 1880— de un grupo de operarios de minas que resistieron a una fuerza armada enviada por un subdelegado sustituto ilícitamente nombrado, el juez de subdelegación —que no corroboró la veracidad de los hechos ni requirió antecedentes justificables— fue condenado a pagar una multa, las costas, y la indemnización correspondiente[3711]. El carácter personal de la responsabilidad penal, fundada en este caso sobre el tipo del artículo 158 del Código Penal, se articulaba a la perfección con la lógica de la responsabilidad civil personal en este ámbito.

Quizás atizada por el fortalecimiento de la responsabilidad del Estado Administración, una última sentencia llegó a plantear —aunque no a aceptar— una indemnización de cuenta del Estado respecto de los daños inferidos en ejercicio de la función jurisdiccional. Se trata de una especie de 1884, en la que un sujeto, exempleado público, demandó al Fisco "por la suma de seis mil cuatrocientos pesos procedentes de indemnización de perjuicios por el tiempo de más de treinta y dos meses que estuvo en la cárcel de esta ciudad sin motivo justificado; o, en subsidio, por la suma de veinte mil cuatrocientos pesos de sueldo devengados en su destino de cajero, tenedor de libros y traductor de la oficina del muelle fiscal en construcción de Valparaíso, a razón de doscientos pesos mensuales desde el 1° de febrero del 74 hasta la fecha de la demanda (5 de agosto del 82)". El demandante había sido imputado en el caso *Monk*[3712], pero finalmente había sido absuelto en las sentencias de primera y segunda instancias.

Nuestra judicatura no se movió de la antiquísima línea jurisprudencial, ya comentada, al examinar las pretensiones del demandante:

3709 *Miller y otros* (1866).

3710 Bravo Lira (1981).

3711 *Valenzuela Castillo y otros* (1880).

3712 Véase *supra*, título tercero, capítulo primero, B.III.a.

"Considerando sobre la demanda de perjuicios:
Que Morris no ha justificado que se le hubiere procesado por defraudación y se le mantuviera preso sin mérito legal;
Que, por otra parte, el Fisco no sería responsable de actos ajenos a su intervención, sino los funcionarios que hubieran procedido arbitrariamente contra el demandante;
Considerando sobre la acción subsidiaria para el pago de sueldos: que dicha acción fue fallada contra el demandante por sentencia de 30 de octubre del 77"[3713].

Ciertamente, los actos dañosos no podían ser las sentencias definitivas de las respectivas instancias, ya que habían sido absolutorias. El demandante transitaba, entonces, entre la imputación a la totalidad de la actividad jurisdiccional general y la actividad administrativa-penitenciaria que lo habían privado de libertad durante un tiempo tan prolongado. Es posible que este carácter misceláneo haya sido relevante para franquear el Rubicón y demandar al Fisco, en lugar de hacerlo contra los funcionarios correspondientes. Comoquiera que sea, la influencia de la perspectiva sobre la responsabilidad jurisdiccional parece haber sido determinante para una negativa tan categórica de la Corte Suprema sobre este planteamiento. En épocas posteriores, otros protagonistas terminarían haciendo florecer la responsabilidad del Estado-juez —responsabilidad que en la década de 1880 comenzaba a mostrar apenas unos tímidos brotes[3714].

3713 *Morris* (1884).

3714 En esto puede ser de interés advertir el proceso de gestación del artículo 12 de la LOAT de 1875. Su texto definitivo fue el siguiente: "Las decisiones o decretos que los jueces expidieren en los negocios de que conocen no les imponen responsabilidad sino en los casos expresamente determinados por la ley", apuntando claramente a una responsabilidad personal. Pero el texto del artículo 9° del proyecto de Vargas Fontecilla para la LOAT —véase Ballesteros Ríos (1890), I, p. 136— tenía un alcance bastante diferente: "*El poder judicial* es, en cuanto al ejercicio de sus funciones, independiente de todos los otros poderes del Estado, *y las decisiones que expidiere no le imponen responsabilidad sino en los casos expresamente determinados por las leyes*" (las cursivas son nuestras). Es decir, Chile bien pudo en 1875 haber tenido una norma patria que consagrase expresamente un criterio de apertura —aun bajo reenvío— de la responsabilidad del Estado-juez.

CONCLUSIÓN GENERAL

El derecho administrativo decimonónico de talante liberal llegó a su apogeo en los treinta años que se extendieron desde 1861 a 1890. La atmósfera era propicia para un desarrollo jurídico mayor, pues en los cincuenta años anteriores se habían consolidado tanto la reinterpretación en clave republicana de las instituciones políticas como un régimen operativo en orden a la determinación de lo justo administrativo.

A estas alturas, resultaba indudable que la Constitución de 1833 había conseguido el objetivo de configurar a Chile de manera estable, logrando la proeza de recoger elementos centrales de su tradición histórica y proyectar una modernización con sentido de realidad. En este contexto constitucional, el derecho administrativo tuvo un doble carácter: si, por una parte, *recogió* los frutos del orden institucional para profundizar en el desarrollo de soluciones justas, también, por otra, *ofreció* sus avances en miras a robustecer y perfeccionar el mismo orden institucional[3715]. En síntesis, el derecho administrativo desarrolló una connotación propiamente jurídica que tuvo repercusiones políticas —tomando esta última palabra en su sentido propio de una relación con la *polis*.

Nuestro derecho administrativo mostró una capacidad asombrosa de adaptación. Frente a la sustitución por parte del Código Civil, del Código Penal y del Código de Comercio de buena parte —no la totalidad— del antiguo tesoro de normas del derecho castellano-indiano, no se advirtió en el derecho de la época ni una perplejidad operativa ni existió una sensación de ruptura. Ello es explicable porque nuestra codificación se desarrolló sin ínfulas ni delirios exentos de conexión con la realidad o con nuestras raíces jurídicas. Y si bien hubo áreas en las que surgieron inconvenientes, ello se produjo de manera más o menos focalizada, y el ordenamiento jurídico fue capaz de superarlos o al menos atenuar sus consecuencias negativas.

En relación con esto último, es interesante constatar que varios de los problemas más complejos de resolver por nuestro derecho se derivaron de lo que en nuestros días se ha calificado como "injertos extranjerizantes"[3716], es decir, instituciones o soluciones que en sus respectivos países de origen pueden tener consistencia por su correlación con el medio en el que se hallan insertas, pero que trasplantadas a otro régimen jurídico quedan desprovistas de sentido o desfiguradas por un entorno jurídico muy distinto.

El caso de aspectos centrales del contencioso administrativo habla por sí solo en este sentido. Si se toma el caso de la jurisdicción contenciosa contractual del Consejo de Estado, desaparecida en 1874, no puede sino concluirse que sus aportes significativos en lo sustantivo no disminuyen los reparos sobre el extraño paralelismo existente con las competencias

3715 Haciendo un paralelo con las dos funciones de la jurisprudencia que destaca Puigelier (2012) y que, específicamente en relación con la jurisprudencia, también se verificaron en Chile.

3716 *V. gr.*, Soto Kloss (1996), II, p. 179.

contractuales de los tribunales ordinarios, el que, a pesar de los esfuerzos de los juristas, nunca en realidad se pudo explicar o justificar debidamente. El trasplante del derecho extranjero, sencillamente, no había funcionado. Desgraciadamente, como hemos visto, a esta distorsión contenciosa otra le sirvió de relevo: el artículo 4° de la LOAT de 1875 fue interpretado en ocasiones por nuestros tribunales como una justificación para no ejercer un control de los actos de la Administración, interpretándose dicho precepto bajo la lógica —ajena por completo a nuestra tradición— de separación total entre la función administrativa y la función judicial, ignorando que nuestra institucionalidad estaba configurada en torno a una visión de contrapesos, de la cual el control judicial de la Administración era un elemento determinante. Los casos en que se siguió esta desfiguración fueron, afortunadamente, puntuales; pero uno de fines del período —el de la *Compañía de los Ferrocarriles de Tarapacá*, de 1889— puso al contencioso administrativo al borde de una crisis gravísima, cuyo impacto solo podrá medirse completamente a través del estudio del período posterior.

Fuera de los casos puntuales que, como los recién reseñados, ocasionaron perturbaciones importantes en nuestro régimen jurídico, la mayoría de las materias fue abordada con profundidad y lucidez. Podrá existir discrepancias acerca de tal o cual solución, pero el tratamiento en general fue consistente y, en ocasiones, brillante. La conjunción de una legislación avanzada, de una administración bien organizada y activa, y de jueces cultos y lúcidos, dio frutos muy notables. Baste recordar, por ejemplo, lo señalado en relación con la protección de los derechos adquiridos en este período, que desmiente de modo categórico la idea de que ellos hubieran sido una invención más bien reciente de nuestro régimen jurídico en derecho público. Otro tanto podría decirse de muchas otras materias, como el tratamiento intensificado de los sueldos de los funcionarios públicos, la concreción en la práctica de las acciones de resguardo de derechos fundamentales a través del *habeas corpus*, o las audacias en materia de responsabilidad, como la responsabilidad del Estado legislador y la responsabilidad objetiva o estricta.

Por cierto, la labor jurídica de la codificación fue notable, y tuvo un impacto muy considerable en el derecho administrativo, cuya magnitud dependió no solamente del Código de que se tratase, sino también de la materia específicamente en cuestión. Tal como ya se ha expresado, la labor de nuestra codificación fue doble: cristalizar y modernizar. La codificación *cristalizó* porque permitió destilar buena parte de la sustancia del antiguo derecho castellano-indiano y sintetizarlo en cuerpos normativos de fácil manejo. Los casos de ello son numerosos y desbordarían cualquier síntesis. Y, asimismo, *modernizó*, porque introdujo instituciones y soluciones que antes no existían, pensando en poner a tono el derecho chileno al contexto de las características de nuestro país en el siglo XIX. Piénsese, por ejemplo, en el Código Civil y sus innovaciones en el tratamiento del dominio público —tan profundamente interiorizadas por los observadores de nuestros días que no resulta fácil percibir cuánto cambiaron el paisaje dogmático—, o en su influencia sobre el despegue de la responsabilidad contractual de la Administración, bastante adormilada con anterioridad; o en el Código Penal y la reformulación de las conductas típicas, con la aparición de muchas figuras novedosas para nuestro derecho.

La *posibilidad* de la aplicación de la codificación sobre el derecho administrativo no estuvo jamás en duda. Ni respecto del Código Civil ni del Código de Comercio ni del Código Penal, todos los cuales fueron invocados y utilizados por parte de nuestros juristas en el área del derecho administrativo. Sin ir más lejos que la mera constancia de que nos deja testimonio la jurisprudencia, el Código Civil, entrado en vigor en 1857, fue aplicado en derecho administrativo desde el mismo 1857[3717]; el Código de Comercio, que rigió desde 1867, comenzó su trayectoria sobre esta área en 1868[3718]; y el Código Penal, entrado en vigor en 1875, comenzó a nutrir al administrativismo en ese mismo año[3719]. La hipótesis de un *sistema totalmente autónomo*, impermeable a influencias externas o de normas generales, jamás imperó y ni siquiera se preconizó.

En cuanto a la *pertinencia* de la aplicación de la codificación en el derecho administrativo, hay que tener presente una perspectiva histórica que no resulta evidente desde nuestros días y que está dada por la función que cumplieron los códigos respecto de la legislación que ellos sustituyeron. En este sentido, era inconcuso que la antigua legislación castellano-indiana —por ejemplo, las Partidas, la Novísima Recopilación, la Recopilación de Indias— se había aplicado sobre el derecho administrativo. Por ende, si los nuevos códigos habían sustituido a dicha legislación antigua, su vocación era la de cubrir el vacío que se estaba dejando con su desaparición. Y así, con toda naturalidad, los nuevos códigos se aplicaron en estas materias.

Pero del examen del derecho de la época se puede constatar que la pertinencia *histórica* de la aplicación del Código respectivo no implicaba automáticamente una pertinencia *dogmática* de su aplicación, sobre todo en el caso del Código Civil[3720]. Este es uno de los aspectos más interesantes y notables de un análisis transversal del derecho administrativo de la época, y en la práctica significó que hubo algunas áreas en las que el Código Civil se aplicó sin lugar a dudas —como las normas hermenéuticas, las de dominio público y las de los contratos—, frente a otras en las que parece haber tenido muy escasa incidencia, como la de los actos administrativos. Esto último se deriva probablemente de la lógica de imperatividad unilateral que en ellos prevalece, la que se aleja de la óptica predominante del Código Civil. Podrá argüirse alguna explicación alternativa, pero el hecho de la escasa incidencia del referido Código es inequívoco y da cuenta de la plástica mentalidad jurídica de la época, que terminó aplicando el Código en todo lo que correspondía aplicar, y excluyéndolo en lo que fuese inadaptado a la realidad del derecho administrativo o del derecho público en general.

Por ello, quizás la principal llave del éxito del tránsito a este período marcado por la codificación sustantiva y, como trasfondo, el constitucionalismo, pasó por los jueces y su aplicación inteligente y creativa de las normas disponibles. En esto, se advierte una continuidad con la tradición jurídica del pasado, pues, aunque filosóficamente la codificación ya estuviese relacionándose con un cierto normativismo de corte moderno, la mentalidad de los juristas seguía siendo más bien clásica, viendo en las normas no el derecho a secas, sino una cierta medida del derecho.

3717 *Fisco con casa de Germain Hermanos y otros* (1857).

3718 *Fisco con McGrath* (1868).

3719 *Echeverría* (1875).

3720 La aplicación del Código Penal no parece haber ofrecido mayores dudas sobre la pertinencia de su aplicación en el derecho administrativo, salvo en atención a cuestiones no propiamente conceptuales, como las inevitables cuestiones competenciales relacionadas con la delimitación del ámbito de sus normas frente a las normas penales del ámbito militar.

De todo lo anterior —y de lo explicado en el libro— puede advertirse la labor enorme de los juristas en torno en esta época que hemos calificado como la del *impulso sistemático del derecho administrativo chileno*[3721]. Este impulso sistemático, en lo propiamente jurídico, llevó a la determinación de lo justo administrativo en una pléyade de situaciones distintas, que puso a Chile en una posición de avanzada, incluso comparativamente a regímenes administrativos influyentes del extranjero. La evolución de estos años alcanzó todas las esferas posibles —el marco general, la organización administrativa, los medios sustantivos, los medios normativos y la responsabilidad—, sin que ello obste, por cierto, a reconocer ciertas áreas de incidencia o evolución más acentuada que otras.

Y no solamente alcanzó lo propiamente jurídico, sino que también lo político. El derecho administrativo, abordando problemas de distinta naturaleza, colaboró a consolidar lo desarrollado por la Constitución de 1833 y las demás normas estructurales de la República. En tal guisa, ciertamente se trató de un derecho al servicio de la justicia, pero también fue un derecho al servicio del orden y de la libertad, y algunas de sus deficiencias jurídicas —como las que hemos reseñado más arriba— pasaron no por razones propiamente jurídicas, sino que por distorsiones políticas —originales o derivadas— de la estructura matriz de nuestro régimen administrativo.

Esta connotación política del derecho administrativo no debe sorprender. Si, como se ha expresado, el período 1861-1890 muestra en lo normativo un eje central que conjuga al constitucionalismo con la codificación, debe tenerse en cuenta que ninguno de estos dos movimientos se circunscribía a una mera labor jurídica —ni tampoco, por cierto, a una mera labor política. Por una parte, estaba claro que la Constitución era el cuerpo normativo más eminentemente político, pero también desde inicios del período patrio saltó a la luz la importancia de su dimensión jurídica, concretada a través de varios mecanismos, y principalmente de su operatividad directa, que siguió imperando con fuerza durante el período en estudio. Por otra parte, la codificación, a la que habitualmente se la examina bajo un ángulo jurídico, cumplió un rol político muy importante, en general, aunque también específicamente en materias administrativas. ¿Acaso no hay una mirada política evidente en la forma escogida por el Código Civil para regir el dominio público y en el tratamiento del Código Penal de los delitos perpetrados por funcionarios públicos? ¿O, escarbando un poco más a fondo, en la consolidación por el Código Civil de una imperatividad contractual que obligase a la propia Administración, y en la clara acentuación de la relevancia de la autoridad pública en las circunstancias eximentes, atenuantes y agravantes de responsabilidad contenidas en el Código Penal?

Salta a los ojos la importancia de esta época en la consolidación de nuestras instituciones y en los fundamentos de su configuración futura. Buena parte del tratamiento actual del derecho administrativo se desarrolló entre 1861 y 1890, y por ello el desconocimiento de este período resulta particularmente nocivo para la comprensión íntegra de los problemas de hoy. Podrá criticarse sus soluciones, o bien podrá aplaudírselas, pero ciertamente no debiera prescindirse de tenerlas en cuenta. Es más: el impulso sistemático del derecho administrativo chileno fue producto de una época y una mentalidad jurídica que, a pesar de todo, no

---

3721 Véase *supra*, Introducción general.

son ni muy lejanas ni radicalmente diferentes de las nuestras, quizás en parte porque las nuestras siguen moviéndose en un similar contexto normativo, y en parte porque, a pesar de influjos posteriores de distinta índole, la tradición jurídica hispánica, que el impulso sistemático recogió de épocas anteriores a él, sigue perviviendo de algún modo en el espíritu de nuestro derecho.

Sin embargo, hay una distancia perceptible entre nuestro derecho administrativo y el que se consolidó en aquellos años. Y tal distancia se comenzó a forjar en 1891 con el acaecimiento de la Guerra Civil y prosiguió con las silenciosas mutaciones que, bajo una atmósfera jurídica aparentemente inerte, trabajaron los juristas en las últimas décadas de vigor de la Constitución de 1833, como epígonos del liberalismo decimonónico.

BIBLIOGRAFÍA

Documentos

AHUMADA MORENO, Pascual (1884-1892): *Guerra del Pacífico. Recopilación completa de todos los documentos oficiales, correspondencias y demás publicaciones referentes a la guerra que ha dado a luz la prensa de Chile, Perú y Bolivia* (Valparaíso, Imprenta del Progreso, Imprenta y Librería Americana, Imprenta y Litografía Excelsior).

BASCUÑÁN MONTES, Aurelio (1894): *Recopilación de tratados y convenciones celebrados entre la República de Chile y las potencias extranjeras* (Santiago de Chile, Imprenta Cervantes).

BOZA LILLO, Agustín, ANGUITA ACUÑA, Ricardo (1898): *Legislación política, administrativa y judicial, o sea Colección completa de las leyes y decretos dictados en Chile y vigentes en 30 de junio de 1898* (Santiago de Chile, Establecimiento Poligráfico Roma).

CRÓNICA DE LA CODIFICACIÓN ESPAÑOLA, 4, CODIFICACIÓN CIVIL (1970) (Madrid, Ministerio de Justicia).

GALLARDO FERNÁNDEZ, Francisco (1805): *Origen, progresos y estado de las rentas de la Corona de España* (Madrid, Imprenta Real).

LA FONTAINE, Henri (1902): *Pasicrisie internationale 1794-1800. Histoire documentaire des arbitrages internationaux* (Berne, Imprimerie Stämpfli & Cie.).

LEY DE PRESUPUESTOS DE LOS GASTOS GENERALES DE LA ADMINISTRACIÓN PÚBLICA DE CHILE (1879) (Santiago de Chile, Imprenta Nacional).

LEY DE PRESUPUESTOS DE LOS GASTOS GENERALES DE LA ADMINISTRACIÓN PÚBLICA DE CHILE (1882) (Santiago de Chile, Imprenta Nacional).

LEY DE PRESUPUESTOS DE LOS GASTOS GENERALES DE LA ADMINISTRACIÓN PÚBLICA DE CHILE (1886) (Santiago de Chile, Imprenta de la República).

LIRA ARGOMEDO, José Bernardo (1879): *La legislación chilena no codificada* (Santiago de Chile, Imprenta de El Correo).

MONTT LUCO, Ambrosio (1894): *Dictámenes del Fiscal de la Corte Suprema de Justicia de Chile, Ambrosio Montt* (Santiago de Chile, Imprenta Nacional).

ORDENANZAS GENERALES DE LA ARMADA NAVAL [Ordenanzas de Grandallana] (1793) (Madrid, Imprenta de la Viuda de Joaquín Ibarra).

PRIMER PROYECTO DE CÓDIGO CIVIL DE CHILE (1978) (Santiago de Chile, Editorial Jurídica de Chile).

RODRÍGUEZ DE SAN MIGUEL, Juan Nepomuceno (1839): *Pandectas Hispano-Mexicanas o sea Código General* (México, Mariano Galván Rivera).

SENTENCIAS PRONUNCIADAS POR EL TRIBUNAL ANGLO-CHILENO EN LAS RECLAMACIONES DEDUCIDAS POR SÚBDITOS INGLESES CONTRA EL GOBIERNO DE CHILE (1888) (Santiago de Chile, Imprenta Nacional).

SENTENCIAS PRONUNCIADAS POR EL TRIBUNAL ÍTALO-CHILENO EN LAS RECLAMACIONES DEDUCIDAS POR SÚBDITOS INGLESES CONTRA EL GOBIERNO DE CHILE (1891) (Santiago de Chile, Imprenta Nacional).

SESIONES DEL CONGRESO NACIONAL.

Libros

Alcalde Rodríguez, Enrique (2018): *La responsabilidad contractual. Causa y efectos de los contratos y sus obligaciones* (Santiago de Chile, Ediciones Universidad Católica de Chile).

Alessandri Rodríguez, Arturo (1983): *De la responsabilidad extracontractual en el derecho civil chileno* (Santiago de Chile, Ediar Editores S.A.).

Alessandri Rodríguez, Arturo (2017): *De los contratos* (Santiago de Chile, Editorial Jurídica de Chile).

Alli Aranguren, Juan Cruz (2005): *Derecho, Estado y Administración en el pensamiento de Sáinz de Andino* (Navarra, Universidad Pública de Navarra).

Álvarez-Gendín, Sabino (1960): *Teoría y práctica de lo contencioso-administrativo* (Barcelona, Bosch).

Amunátegui Rivera, José Domingo (1892): *Algunas observaciones sobre la reorganización administrativa* (Santiago de Chile, Imprenta Cervantes).

Amunátegui Rivera, José Domingo (1900): *Resumen de derecho administrativo aplicado a la legislación de Chile* (Montevideo, La Razón).

Amunátegui Rivera, José Domingo (1907): *Tratado general de derecho administrativo aplicado a la legislación de Chile* (Santiago de Chile, Imprenta, Litografía y Encuadernación Barcelona).

Ballesteros Ríos, Manuel Egidio (1890): *La Ley de Organización y Atribuciones de los Tribunales de Chile* (Santiago de Chile, Imprenta Nacional).

Barrientos Grandon, Javier (2015): *Historia del Código de Comercio de la República de Chile* (Santiago de Chile, Producciones Gráficas Ltda./Facultad de Derecho de la Pontificia Universidad Católica de Chile).

Barrientos Grandon, Javier (2016): *El Código Civil. Su jurisprudencia e historia* (Santiago de Chile, Thomson Reuters).

Barros Bourie, Enrique (2007): *Tratado de responsabilidad extracontractual* (Santiago de Chile, Editorial Jurídica de Chile).

Barros van Buren, Mario (1970): *Historia diplomática de Chile (1541-1938)* (Barcelona, Ediciones Ariel).

Bermúdez Soto, Jorge (2012): *Las relaciones entre el derecho administrativo y el derecho común* (Santiago de Chile, Thomson Reuters).

Bigot, Grégoire (2002): *Introduction historique au droit administratif depuis 1789* (Paris, Presses Universitaires de France).

Bigot, Grégoire (2015): *Ce droit qu'on dit administratif... Études d'histoire du droit public* (Paris, Éditions La Mémoire du Droit).

Bloquet, Sylvain (2017): *La loi et son interprétation à travers le Code Civil (1804-1880)* (Paris, Librairie Générale de Droit et de Jurisprudence).

Bocksang Hola, Gabriel (2015 a): *El nacimiento del derecho administrativo patrio de Chile (1810-1860)* (Santiago de Chile, Thomson Reuters).

Borja, Luis Felipe (1901-1908): *Estudios sobre el Código Civil chileno* (Paris, Roger y Chernoviz).

Bravo Lira, Bernardino (1986): *Historia de las instituciones políticas de Chile e Hispanoamérica* (Santiago de Chile, Editorial Jurídica de Chile).

Bravo Lira, Bernardino (1996): *El Estado de Derecho en la Historia de Chile* (Santiago de Chile, Ediciones Universidad Católica de Chile).

Burdeau, François (1995): *Histoire du droit administratif* (Paris, Presses Universitaires de France).

Caffarena Morice, Elena (1957): *El recurso de amparo frente a los regímenes de emergencia* (Santiago de Chile, sin mención editorial).

Campos Harriet, Fernando (1956): *Historia constitucional de Chile* (Santiago de Chile, Editorial Jurídica de Chile).

Campos Harriet, Fernando (1992): *Historia constitucional de Chile. Las instituciones políticas y sociales* (Santiago de Chile, Editorial Jurídica de Chile, 7ª edición).

Carrasco Albano, Manuel (1858): *Comentarios sobre la Constitución Política de 1833* (Santiago de Chile, Imprenta y Librería del Mercurio).

Carrasco Delgado, Sergio (2002): *Génesis y vigencia de los textos constitucionales chilenos* (Santiago de Chile, Editorial Jurídica de Chile, 3ª edición).

Chacón Barrios, Jacinto (1868): *Exposición razonada y estudio comparativo del Código Civil chileno* (Valparaíso, Imprenta del Mercurio).

Claro Solar, Luis (1898-1945): *Explicaciones de derecho civil chileno y comparado* (Santiago de Chile, Establecimiento Poligráfico Roma/Nascimento).

Cordero Rebolledo, Raúl (1999): *Historia de la Caja Nacional de Ahorros* (Santiago de Chile, Banco del Estado de Chile).

Corral Talciani, Hernán (2013): *Lecciones de responsabilidad civil extracontractual* (Santiago de Chile, Thomson Reuters).

Corral Talciani, Hernán (2018): *Curso de derecho civil. Parte general* (Santiago de Chile, Thomson Reuters, 2ª edición).

Correa Cabrera, Martín (2021): *La historia del despojo* (Santiago de Chile, Pehuén Editores).

Courcelle-Seneuil, Jean-Gustave (1887 a): *Préparation à l'étude du droit — Étude des principes* (Paris, Librairie Guillaumin et Cie).

Courcelle-Seneuil, Jean-Gustave (1887 b): *Estudio de los principios del derecho o preparación para el estudio del derecho* (Santiago de Chile, Imprenta Gutenberg).

Cruz, Nicolás (2002): *El surgimiento de la educación secundaria pública en Chile. 1843-1876* (Santiago de Chile, Ediciones de la Dirección de Bibliotecas, Archivos y Museos).

Delvincourt, Claude-Étienne (1813): *Cours de Code Napoléon* (Paris, Gueffier).

Deroussin, David (2012): *Histoire du droit des obligations* (Paris, Economica, 2ᵉ édition).

Descheemaeker, Christian (2019): *Brûler et renaître. La Cour des comptes du Second Empire à la Troisième République. 1865-1885* (Paris, La documentation Française).

Donoso Novoa, Ricardo, y Velasco Velásquez, Fanor (1928): *Historia de la constitución de la propiedad austral* (Santiago de Chile, Imprenta Cervantes).

Ducci Claro, Carlos (1997): *Interpretación Jurídica* (Santiago de Chile, Editorial Jurídica de Chile, 3ª edición).

Esteve Pardo, José (2018): *Lecciones de derecho administrativo* (Madrid, Marcial Pons, 8ª edición).

Etcheberry Orthusteguy, Alfredo (2005): *El derecho penal en la jurisprudencia* (Santiago de Chile, Editorial Jurídica de Chile, 2ª edición).

Etier, Guillaume (2006): *Du risque à la faute* (Bruxelles, Éditions Bruylant; Genève, Schulthess).

Eyzaguirre Gutiérrez, Jaime (1966): *Historia constitucional de Chile* (Santiago de Chile, Editorial Universitaria).

Eyzaguirre Gutiérrez, Jaime (1967): *Historia del Derecho* (Santiago de Chile, Editorial Universitaria, decimocuarta edición de 1995).

Fabres Fernández, José Clemente (1912): *Instituciones de derecho civil chileno*, en *Obras completas, tomo IX* (Santiago de Chile, Imprenta y Encuadernación La Ilustración).

FERNÁNDEZ, Pedro Javier (1875): *Código Penal de la República de Chile explicado y anotado* (Santiago de Chile, Imprenta de la Librería del Mercurio).

FERNÁNDEZ TORRES, Juan Ramón (1998): *La formación histórica de la jurisdicción contencioso-administrativa (1845-1868)* (Madrid, Civitas).

FUENZALIDA, Alejandro (1883): *Concordancias y comentarios del Código Penal chileno* (Lima, Imprenta Comercial).

GALLOSTRA Y FRAU, José (1881): *Lo contencioso-administrativo* (Madrid, Imprenta y Fundición de Manuel Tello).

GLINIASTY, Jeanne de (2018): *Les théories jurisprudentielles en droit administratif* (Paris, Librairie Générale de Droit et de Jurisprudence).

GUZMÁN BRITO, Alejandro (1982): *Andrés Bello codificador. Historia de la fijación y codificación del derecho civil en Chile* (Santiago de Chile, Ediciones de la Universidad de Chile).

GUZMÁN BRITO, Alejandro (2007): *Las reglas del "Código Civil" de Chile sobre interpretación de las leyes* (Santiago de Chile, LexisNexis).

GUZMÁN BRITO, Alejandro (2019): *La interpretación administrativa en el derecho chileno* (Santiago de Chile, Thomson Reuters, segunda edición).

HEISE GONZÁLEZ, Julio (1959): *Historia constitucional de Chile* (Santiago de Chile, Editorial Jurídica de Chile).

HERZOG, Tamar (2019): *Una breve historia del derecho europeo* (Madrid, Alianza Editorial).

HUNEEUS ZEGERS, Jorge (1880): *La Constitución ante el Congreso* (Santiago de Chile, Imprenta de "Los Tiempos").

KRYNEN, Jacques (2018): *Le théâtre juridique. Une histoire de la construction du droit* (Paris, Gallimard).

LARRAÍN ZAÑARTU, José Joaquín (1886): *El ciudadano y el gobierno. Nueva Ley del Régimen Interior* (Santiago de Chile, Imprenta de El Progreso).

LASTARRIA, José Victorino (1864): *Instituta del derecho civil chileno* (Gante, Vanderhaeghen, segunda edición).

LETELIER MADARIAGA, Valentín (1907): *Apuntaciones de derecho administrativo* (Santiago de Chile, Imprenta y Encuadernación Chile).

LIRA ARGOMEDO, José Bernardo (1867): *Prontuario de los juicios* (Santiago de Chile, Imprenta Nacional, 1ª edición).

LIRA ARGOMEDO, José Bernardo (1895): *Prontuario de los juicios* (Santiago de Chile, Librería Central de Mariano Servat, 5ª edición).

LIRA URQUIETA, Pedro (1956): *El Código Civil chileno y su época* (Santiago de Chile, Editorial Jurídica de Chile).

MANNORI, Luca; SORDI, Bernardo (2011): *Storia del diritto amministrativo* (Roma: Laterza, 3ª edición).

MARAMBIO CABRERA, Augusto (1989): *La cuestión del Macedonian: en las relaciones de Chile con Estados Unidos de América y Bélgica (1819-1863)* (Santiago de Chile, Editorial Jurídica de Chile).

MARTÍN-RETORTILLO BAQUER, Sebastián (1960): *El derecho civil en la génesis del derecho administrativo y de sus instituciones* (Sevilla, Instituto García Oviedo).

MARTÍNEZ MÉNDEZ, Nemesio (1885): *Chile y la Declaración de París de 1856* (Santiago de Chile, Imprenta Cervantes).

MATUS ACUÑA, Jean Pierre (2011): *Evolución histórica de la doctrina penal chilena desde 1874 hasta nuestros días* (Santiago de Chile, Thomson Reuters).

MEDINA ALCOZ, Luis (2022): *Historia del derecho administrativo español* (Madrid, Marcial Pons).

Montesquieu, Charles Louis de Secondat, baron de la Brède et de (1748): *De l'esprit des loix* (Genève, Barrillot & Fils).

Montt Oyarzún, Santiago (2002): *El dominio público. Estudio de su régimen especial de protección y utilización* (Santiago de Chile, ConoSur).

Navarro Beltrán, Enrique (2011): *El control de constitucionalidad de las leyes en Chile (1811-2011)* (Santiago de Chile, Cuadernos del Tribunal Constitucional).

Neyrat, Anna (2019): *Le rapport du droit administratif national aux droits administratifs étrangers. Les cas de la France et de l'Espagne* (Paris, L'Harmattan).

Nieto García, Alejandro (1986): *Estudios históricos sobre administración y derecho administrativo* (Madrid, Instituto Nacional de Administración Pública).

Novak, William J. (1996): *The People's Welfare. Law & Regulation in Nineteenth-Century America* (Chapel Hill, The University of North Carolina Press).

Pacteau, Bernard (2003): *Le Conseil d'État et la fondation de la justice administrative française au XIXe siècle* (Paris, Presses Universitaires de France).

Padoa-Schioppa, Antonio (1992): *Saggi di storia del diritto commerciale* (Milano, Edizioni Universitarie di Lettere Economia Diritto).

Padoa-Schioppa, Antonio (2017): *A history of Law in Europe. From the Early Middle Ages to the Twentieth Century* (Cambridge, Cambridge University Press).

Pantoja Bauzá, Rolando (2004): *La organización administrativa del Estado* (Santiago de Chile, Editorial Jurídica de Chile).

Pierry Arrau, Pedro (2017): *Obra reunida* (Valparaíso, Ediciones Universitarias de Valparaíso).

Plessix, Benoît (2003): *L'utilisation du droit civil dans l'élaboration du droit administratif* (Paris, Éditions Panthéon-Assas).

Prado Bustamante, Santiago (1859): *Principios elementales de derecho administrativo chileno* (Santiago de Chile, Imprenta Nacional)

Puigelier, Catherine (2012): *Temps et création jurisprudentielle* (Bruxelles, Éditions Bruylant).

Renaut, Marie-Hélène (2006): *Histoire du droit des affaires* (Paris, Ellipses).

Rengifo V., Osvaldo (1983): *Don Manuel Rengifo. Su vida y obra* (Santiago de Chile, Editorial Andrés Bello).

Rivacoba y Rivacoba, Manuel de (1991): *Evolución histórica del derecho penal chileno* (Valparaíso, Edeval).

Robertson, Lindsay G. (2005): *Conquest by Law* (Oxford, Oxford University Press).

Rodríguez Collao, Luis, y Ossandón Widow, María Magdalena (2008): *Delitos contra la función pública* (Santiago de Chile, Editorial Jurídica de Chile, 2ª edición).

Rodríguez Grez, Pablo (2005): *Responsabilidad contractual* (Santiago de Chile, Editorial Jurídica de Chile).

Roubier, Paul (1960): *Le droit transitoire. Conflits des lois dans le temps* (Paris, Dalloz et Sirey, segunda edición).

Royer, Jean-Pierre, et al. (2016): *Histoire de la justice en France* (Paris, Presses Universitaires de France, 5e édition).

Salazar Vergara, Gabriel (2019): *Historia del Municipio y la soberanía comunal en Chile, 1820-2016* (Santiago de Chile, Editorial Universitaria).

Santamaría de Paredes, Vicente (1891): *Curso de derecho administrativo según sus principios generales y la legislación actual de España* (Madrid, Establecimiento Tipográfico de Ricardo Fe).

Serrano Pérez, Sol; Ponce de León Atria, Macarena; Rengifo Streeter, Francisca (2012): *Historia de la Educación en Chile (1810-2010). Tomo I. Aprender a leer y escribir (1810-1880)* (Santiago de Chile, Aguilar Chilena de Ediciones).

SOLON, Victor-Hippolyte (1835): *Théorie sur la nullité des conventions et des actes de tout genre en matière civile* (Paris, Videcoq et Barba).

SOMARRIVA UNDURRAGA, Manuel (1955): *Evolución del Código Civil chileno* (Santiago de Chile, Editorial Nascimento).

SOTO CÁRDENAS, Alejandro (1950): *Guerra del Pacífico: los tribunales arbitrales (1882-1888)* (Santiago de Chile, Universidad de Chile).

SOTO KLOSS, Eduardo (1996): *Derecho administrativo. Bases fundamentales* (Santiago de Chile, Editorial Jurídica de Chile).

STECK, Olivier (2007): *La contribution de la jurisprudence à la renaissance du pouvoir réglementaire central sous la IIIe République* (Paris, Librairie Générale de Droit et de Jurisprudence).

SWENSON, Astrid (2013): *The rise of heritage. Preserving the past in France, Germany and England, 1789-1914* (Cambridge University Press).

SZRAMKIEWICZ, Romuald y DESCAMPS, Olivier (2013): *Histoire du droit des affaires* (Paris, Librairie Générale de Droit et de Jurisprudence, 2e édition).

TEBOUL, Gérard (1989): *Usages et coutume dans la jurisprudence administrative* (Paris, Librairie Générale de Droit et de Jurisprudence).

TOUZEIL-DIVINA, Mathieu (2019): *Dix mythes du droit public* (Paris, Librairie Générale de Droit et de Jurisprudence).

UGARTE GODOY, José Joaquín (2021): *Curso de Derecho Civil. El Derecho Civil y teoría de la ley* (Santiago de Chile, Thomson Reuters).

URZÚA VALENZUELA, Germán (1970): *Evolución de la Administración Pública chilena* (Santiago de Chile, Editorial Jurídica de Chile).

URZÚA VALENZUELA, Germán (1992): *Historia política de Chile y su evolución electoral (desde 1810 hasta 1992)* (Santiago de Chile, Editorial Jurídica de Chile).

VALENZUELA BOWIE, Arturo (1977): *Political Brokers in Chile: Local Government in a Centralized Polity* (Durham, Duke University Press).

VERA DÍAZ, Robustiano (1883): *Código Penal de la República de Chile comentado* (Santiago de Chile, Imprenta de P. Cadot y Ca.).

VERA DÍAZ, Robustiano (1886): *Ley de Régimen Interior de la República de Chile* (Valparaíso, Imprenta y Librería Americana).

VERA DÍAZ, Robustiano (1888): *La jurisprudencia práctica de nuestros tribunales de justicia* (Santiago de Chile, Imprenta de los Debates).

VERGARA BLANCO, Alejandro (1992): *Principios y sistema del derecho minero. Estudio histórico-dogmático* (Santiago de Chile, Editorial Jurídica de Chile).

VERGARA BLANCO, Alejandro (2010 a): *El derecho administrativo como sistema autónomo* (Santiago de Chile, AbeledoPerrot).

VERGARA BLANCO, Alejandro (2010 b): *Instituciones de derecho minero* (Santiago de Chile, AbeledoPerrot).

VIAL CORREA, Gonzalo (2010): *Chile, cinco siglos de historia* (Santiago de Chile, Zig-Zag).

VILA GARCÍA, Bernardino Antonio (1858): *Prontuario de los juicios* (Santiago de Chile, Imprenta de la Sociedad, 2ª edición).

VILLALOBOS RIVERA, Sergio, y SAGREDO BAEZA, Rafael (2004): *Los estancos en Chile* (Santiago de Chile, Fiscalía Nacional Económica).

WEIDENFELD, Katia (2010): *Histoire du droit administratif. Du XIVe siècle à nos jours* (Paris, Economica).

White, G. Edward (2012): *Law in American History, volume I. From the Colonial Years through the Civil War* (Oxford, Oxford University Press).
Wiecek, William M. (1998): *The Lost World of Classical Legal Thought* (Oxford, Oxford University Press).
Yannakopoulos, Constantin (1997): *La notion de droits acquis en droit administratif français* (Paris, Librairie Générale de Droit et de Jurisprudence).
Zúñiga Urbina, Francisco (2005): *Responsabilidad patrimonial del Estado Legislador* (Santiago de Chile, Lexis Nexis).

Artículos, capítulos de libros y comentarios de sentencias

Acevedo Tarazona, Álvaro, y Torres Güiza, Johan Sebastián (2016): "La renta de tabaco en la Nueva Granada, 1744-1850. Administración, comercio y monopolio", *Sociedad y economía*, n° 30, pp. 281-303.
Aedo Barrena, Cristián (2021): "Contornos de la responsabilidad contractual", *Revista de Derecho (Valdivia)*, 34 n° 2, pp. 51-71.
Aldunate Lizana, Eduardo (2005): "La evolución de la función de control de la Contraloría General de la República", *Revista de Derecho de la Pontificia Universidad Católica de Valparaíso*, XXVI, pp. 19-30.
Alfonso Cavada, José Andrés (1888): "La reforma del poder municipal", *Revista Forense Chilena*, IV, n° 2, pp. 79-96, y IV, n° 3, pp. 144-163.
Arias Yurisch, Karina (2010): "Revisión de las estructuras político-administrativas territoriales en el Chile del siglo XIX", *Universum*, 25/1, pp. 44-59.
Arlegui Gorbea, Juan de Dios (1887): "De la inviolabilidad de la correspondencia en la pesquisa criminal", *Revista Forense Chilena*, II, n° 10, pp. 580-594.
Ávila Martel, Alamiro de (1978): "Las presas marítimas en el derecho patrio chileno", *Revista Chilena de Historia del Derecho*, 7, pp. 173-178.
Banfi del Río, Cristián (2017): "Relevancia del dolo en la responsabilidad extracontractual chilena: una relectura desde el derecho inglés", *Revista de Derecho (Universidad Católica del Norte)*, año 24 n° 2, pp. 69-107.
Barahona Gallardo, Claudio, Cerón Reyes, Roberto y Peroti Díaz, Felipe (2010): "El Ministerio Público y el fiscal en Chile. Notas para el estudio de su historia institucional", *Revista Chilena de Historia del Derecho*, 22, pp. 735-798.
Barría Traverso, Diego (2008): "Continuista o rupturista, radical o sencillísima: la reorganización de Ministerios de 1887 y su discusión político-administrativa", *Historia*, n° 41, vol. 1, pp. 5-42.
Barría Traverso, Diego (2015): "Rasgos burocráticos en las reformas administrativas en el Chile de la década de 1880", *Historia Crítica*, 56, pp. 61-84.
Barría Traverso, Diego (2018): "Carreras administrativas en Chile, 1884-1920. ¿Patronazgo o carreras burocráticas?, *Historia*, 51, pp. 317-338.
Biggs Bruna, Gonzalo (2009): "Evolución y singularidad de la institución arbitral en Chile" en Velasco, Rodrigo y Morales, Marcos (coord.), *Estudios de Derecho y Propiedad Intelectual. Colección de trabajos en homenaje a Arturo Alessandri Besa* (Santiago de Chile, Editorial Jurídica de Chile), pp. 59-82.
Bocksang Hola, Gabriel (2015 b): "Política jurisdiccional en dispositivos anómalos de sentencias referidas a la administración del Estado (1819-1858)", *Revista de Estudios Histórico-Jurídicos*, XXXVII, pp. 277-294.

Bocksang Hola, Gabriel (2017): "La reconfiguración y consolidación de la alcabala en el derecho patrio chileno (1810-1866)", *Revista Chilena de Derecho*, 44 n° 3, pp. 727-753.

Bocksang Hola, Gabriel (2021 a): "Presidential Regimes", en Cane, Peter, Hoffmann, Herwig C. H., Ip, Eric C., Lindseth, Peter L. (ed.), *The Oxford Handbook of Comparative Administrative Law* (Oxford, Oxford University Press), pp. 297-314.

Bocksang Hola, Gabriel (2021 b): "La jurisprudencia del Tribunal de Elecciones Municipales de Chile (1865-1888)", *Revista de Estudios Histórico-Jurídicos*, 43, pp. 519-543.

Bocksang Hola, Gabriel (2023): "Título XX. De la nulidad y rescisión", en Amunátegui, Carlos (ed.), *Comentario Histórico-Dogmático al Libro IV del Código Civil de Chile* (Valencia, Tirant lo Blanch), pp. 721-776.

Bravo Lira, Bernardino (1981): "Oficio y oficina, dos etapas en la historia del Estado indiano", *Revista Chilena de Historia del Derecho*, 8, pp. 73-92.

Bronfman Vargas, Alan (2017): "Génesis de la delegación legislativa en Chile", *Revista de Estudios Histórico-Jurídicos*, XXXIX, pp. 269-297.

Cartes Montory, Armando (2020): "Hacia una construcción provincial de la historia de Chile", en Cartes Montory, Armando (ed.), *Región y Nación. La construcción provincial de Chile. Siglo XIX* (Santiago de Chile, Editorial Universitaria), pp. 19-54.

Céspedes Proto, Rodrigo (2017): "Cargas públicas y enriquecimiento sin causa, un caso del siglo XIX", *Revista de Estudios Histórico-Jurídicos*, XXXIX, pp. 379-383.

Céspedes Proto, Rodrigo (2019): "El derecho de angaria: un precedente chileno del siglo XIX", *Derecho Público Iberoamericano*, n° 14, pp. 189-196.

Chabot, Jean-Luc (2005): "Cartésianisme méthodologique et Code Civil" en Chabot, Jean-Luc, Didier, Philippe y Ferrand, Jérôme (ed.), *Le Code Civil et les droits de l'homme* (Paris, L'Harmattan), pp. 25-42.

Coo, Ramón (1889): "¿Pueden las municipalidades conceder gratuitamente en uso sus bienes raíces, en favor de una empresa particular?", *Revista Forense Chilena*, V, n° 3, pp. 190-192.

Corral Talciani, Hernán (2002): "La definición de contrato en el Código Civil chileno y su recepción doctrinal. Comparación con el sistema francés", *Cuadernos de extensión jurídica (U. de los Andes)*, 6, pp. 69-97.

Correa Sutil, Sofía (2013): "El proceso económico" en Fermandois, Joaquín (ed.) *Chile. La construcción nacional (1830-1880)* (Madrid, Taurus), pp. 139-181.

Dávila Campusano, Óscar (2011): "La aplicación de las leyes de indígenas en Chile durante la República (1866-1930). La labor de la prensa. La labor fiscalizadora", *Revista Chilena de Historia del Derecho*, 23, 119-127.

Dávila Campusano, Óscar (2019): "La doctrina sobre derecho indígena en Chile en la etapa de las radicaciones (1866-1930)", *Derecho Público Iberoamericano*, 14, pp. 133-150.

De la Maza Rivadeneira, Lorenzo (1989): "Responsabilidad contractual", *Revista Chilena de Derecho*, 16, pp. 619-634.

Díaz Couselo, José María (1990): "La revisión de los actos administrativos en la Argentina (1853-1900)", *Revista Chilena de Historia del Derecho*, 16, pp. 413-444.

Dougnac Rodríguez, Fernando (1983): "El juicio de presas en el derecho patrio", *Revista Chilena de Historia del Derecho*, 9, pp. 165-176.

Drago, Roland (1972): "L'histoire du droit administratif en France au XIXe siècle", en *Histoire de l'Administration* (Paris, Éditions Cujas), pp. 55-63.

Duvauchelle Rodríguez, Mario (1998): "La justicia naval penal chilena. Una mirada a su evolución histórica", *Revista de Marina*, vol. 3, pp. 266-280.

Dussaillant Christie, Jacqueline (2018): "De la botica a la cadena. Para una historia del comercio de Santiago (1840-1950)", *Historia 396*, vol. 8 n° 1, pp. 109-130.

Dussaillant Christie, Jacqueline (2015): "Turnos, títulos e "intrusos": Los dolores de cabeza de los boticarios (Santiago, 1846-1943)", *Historia*, vol. 48, pp. 99-118.

Estefane Jaramillo, Andrés (2017): "Estado y ordenamiento territorial en Chile, 1810-2016", en Jaksi , Iván, Rengifo, Francisca (eds.), *Historia política de Chile, 1810-2010. Tomo II. Estado y Sociedad* (Santiago de Chile, Fondo de Cultura Económica), pp. 87-138.

Fernández Abara, Joaquín, y Jerez Leiva, Dany (2020): "Construyendo el Estado en la Frontera minera. Atacama en el siglo XIX, en Cartes Montory, A. (ed.), *Región y Nación. La construcción provincial de Chile. Siglo XIX* (Santiago de Chile, Editorial Universitaria), pp. 91-131.

Ferrada Bórquez, Juan Carlos (2005): "El sistema de derecho administrativo chileno: una revisión crítica desde una perspectiva histórica", *Revista de Derecho, Universidad de Concepción* n° 217-218 (2005), pp. 99-118.

Ferreira, Jean-Philippe (2019): "Le rôle de l'argument historique dans la formation de la doctrine administrativiste française au XIXe siècle", en Hakim, Nader (dir.), *L'histoire du droit entre science et politique* (Paris, Éditions de la Sorbonne), pp. 175-195.

Foerster González, Rolf, Vergara del Solar, Jorge Iván, Gundermann Kröll, Hans (2017): "Dos siglos de política indígena republicana. Del Estado monocultural al reconocimiento étnico", en Jaksi , Iván, Rengifo, Francisca (eds.), *Historia política de Chile, 1810-2010. Tomo II. Estado y Sociedad* (Santiago de Chile, Fondo de Cultura Económica), pp. 205-242.

Gálvez Montero, José Francisco (2010): "Codificación y derecho indiano: el Código Civil peruano de 1852", *Revista Chilena de Historia del Derecho*, 22-I, pp. 481-498.

Gómez González, Rosa Fernanda (2019): "Antecedentes históricos de la potestad sancionadora de la Administración en Chile", *Revista Derecho del Estado*, 44 (2019), pp. 361-384.

González Miranda, Sergio (2020): "El origen del Norte Grande de Chile: imagen y territorio", en Cartes Montory, A. (ed.), *Región y Nación. La construcción provincial de Chile. Siglo XIX* (Santiago de Chile, Editorial Universitaria), pp. 55-90.

González Pizarro, José Antonio (2010): "La influencia de la legislación municipal boliviana en Antofagasta, 1879-1888", *Revista Chilena de Historia del Derecho*, 22, 913-937.

Griesinger, Joanna L. (2013): "Law and the Administrative State", en Hadden, Sally E., y Brophy, Alfred L. (eds.), *A Companion to American Legal History* (Chichester, Wiley-Blackwell), pp. 367-386.

Guzmán Brito, Alejandro (1978): "Estudio Histórico-Crítico", en Primer Proyecto de Código Civil de Chile (1978) (Santiago de Chile, Editorial Jurídica de Chile), pp. 11-123.

Guzmán Brito, Alejandro (2017): "Historia abreviada de la codificación del derecho civil", en Guzmán Brito, Alejandro, *La fijación y la codificación del derecho en Occidente* (Valparaíso, Ediciones Universitarias de Valparaíso), pp. 71-83.

Guzmán Brito, Alejandro (2019): "La evolución jurídica", en Silva Vargas, Fernando, Vargas Cariola, Juan Eduardo (eds.), *Historia de la República de Chile. 1826-1881. La búsqueda de un orden republicano* (Santiago de Chile, Ediciones Universidad Católica de Chile), t. I, pp. 183-224.

Iñesta Pastor, Emilia (2003): "El Código Penal chileno de 1874", *Revista Chilena de Historia del Derecho*, 19, pp. 293-328.

Irarrázaval Gomien, Andrés (2014): "Los inicios del registro civil de Chile: ¿Ruptura o continuidad con las antiguas partidas eclesiásticas?", *Revista de Estudios Histórico-Jurídicos*, XXXVI, pp. 315-341.

Jara Reyes, René (2017): "Regularidad electoral, secreto de voto y exclusión. Las tesis dominantes en las memorias de prueba sobre el sufragio en Chile (1897-1920)", *Revista de Estudios Histórico-Jurídicos*, XXXIX, pp. 329-349.

Jiménez Salas, Guillermo (2021): "El surgimiento del guardián administrativo: la Contraloría General de la República", *Revista de Estudios Histórico-Jurídicos*, XLIII, pp. 587-610.

López Menudo, Francisco (1992): "Los principios generales del procedimiento administrativo", *Revista de Administración Pública*, 129, pp. 19-76.

López Taverne, Elvira (2017): "El proceso de formación de la burocracia estatal chilena. 1810-1930", en Jaksi , Iván, Rengifo, Francisca (eds.), *Historia política de Chile, 1810-2010. Tomo II. Estado y Sociedad* (Santiago de Chile, Fondo de Cultura Económica), pp. 55-85.

Mariani Martín, Francisco (2003): "El Subsecretario de Estado 1817-1891, una figura desconocida en la vida institucional de Chile", *Revista Chilena de Historia del Derecho*, 19, pp. 135-198.

Marín Lleucún, Alejandro (2014): "Palena, Quitralco y Melimoyu: Intentos fallidos de colonización en el litoral de la Región de Aysén (1889-1983)", en *Revista Austral de Ciencias Sociales*, 27, pp. 137-156.

Mayorga García, Fernando (1991): "Pervivencia del derecho español durante el siglo XIX y proceso de codificación civil en Colombia", *Revista Chilena de Historia del Derecho*, 14, pp. 291-313.

Melis, Guido (2003): "La storia del diritto amministrativo", en Cassese, Sabino (dir.), *Trattato di diritto amministrativo* (Milano, Giuffrè), pp. 95-171.

Mirow, Matthew C. (2018): "Spanish Law and its expansion", en Pihlajamäki, Heikki, Dubber, Markus D., Godfrey, Mark (eds.), *The Oxford Handbook of European Legal History* (Oxford, Oxford University Press), pp. 782-805.

Moraga Klenner, Claudio (2008): "Derecho público chileno, y los principios de legalidad administrativa y de juridicidad", en Pantoja Bauzá, Rolando (coord.), *Derecho administrativo. 120 años de cátedra* (Santiago de Chile, Editorial Jurídica de Chile), pp. 277-323.

Moraga Klenner, Claudio (2009): "Los contratos administrativos en la doctrina chilena (1859-2009)", en Pantoja Bauzá, Rolando (coord.), *Derecho administrativo. 150 años de doctrina* (Santiago de Chile, Editorial Jurídica de Chile), pp. 379-427.

Muñoz Chiú, Natalia (2009): "La organización administrativa del Estado: 1859-2009", en Pantoja Bauzá, Rolando (coord.), *Derecho administrativo. 150 años de doctrina* (Santiago de Chile, Editorial Jurídica de Chile), pp. 269-325.

Muñoz Machado, Santiago (2005): "Retroactividad", en Muñoz Machado, Santiago (dir.), *Diccionario de Derecho Administrativo* (Madrid, Iustel) pp. 2287-2291.

Nazer Ahumada, Ricardo (1999): "Las finanzas municipales chilenas: 1833-1887", *Historia*, 32 (1999), pp. 265-314.

Peña Wasaff, Silvia (1982): "Las raíces histórico-culturales del derecho penal chileno", *Revista de Estudios Histórico-Jurídicos*, VII, pp. 289-314.

Peñailillo Arévalo, Daniel (2018): "Sobre el lucro cesante", *Revista de Derecho (Universidad de Concepción)*, vol. 86 n° 243, pp. 7-35.

Pinto Vallejos, Sonia (1989): "Antecedentes para una historia cultural. La Universidad de Chile, 1842-1901", *Cuadernos de Historia*, 9, pp. 71-88.

PONCE DE LEÓN ATRIA, Macarena (2017): "Estado y elecciones. La construcción electoral del poder en Chile, siglos XIX y XX", en Jaksi , Iván, Rengifo, Francisca (eds.), *Historia política de Chile, 1810-2010. Tomo II. Estado y Sociedad* (Santiago de Chile, Fondo de Cultura Económica), pp. 243-270.

PREUSS LAZO, Alejandro (2021): "Orígenes de la defensa judicial del Fisco en Chile: antecedentes histórico-jurídicos previos a la creación del Consejo de Defensa del Estado en 1933", *Revista de Estudios Histórico-Jurídicos*, XLIII, pp. 611-635.

RENGIFO STREETER, Francisca (2020): "Poder municipal. La territorialización del gobierno estatal en Chile, 1830-1890", *Palimpsesto*, 10, n° 17, pp. 247-266.

RENOUX-ZAGAMÉ, Marie-France (2009): "Définir le droit naturel de propriété?", en Gauvard, Claude (coord.), *Les penseurs du Code Civil* (Paris, La Documentation Française), pp. 321-329.

RODRÍGUEZ-ARANA MUÑOZ, Xaime (1995): "Manuel Colmeiro: Un ilustre administrativista galego", en Rodríguez-Arana Muñoz, Xaime (ed.), *Manuel Colmeiro (1818-1894). Estudios conmemorativos do seu primeiro centenario* (Santiago de Compostela, Escola Galega de Administración Pública), pp. 143-198.

RUIZ ROSAS, Andrea (2008): "Los 120 años de cátedra de derecho administrativo y la huella imborrable de don Valentín Letelier", en Pantoja Bauzá, Rolando (coord.), *Derecho administrativo. 120 años de cátedra* (Santiago de Chile, Editorial Jurídica de Chile), pp. 13-56.

SALINAS ARANEDA, Carlos (2006): "La actuación de los obispos en la supresión del fuero eclesiástico en Chile en el siglo XIX", *Revista de Estudios Histórico-Jurídicos*, XXVIII, pp. 515-547.

SANDULLI, Aldo (2013): "La storia e i principi", en Sandulli, Aldo (dir.), *Diritto processuale amministrativo* (Milano, Giuffrè, seconda edizione), pp. 1-26.

SILVA VARGAS, Fernando (2005): "Intendentes, gobernadores, subdelegados y municipios: una aproximación al ejercicio del poder durante los gobiernos de Santa María y Balmaceda", *Boletín de la Academia Chilena de la Historia*, 114, pp. 267-298.

SILVA VARGAS, Fernando (2019 a): "La población indígena", en Silva Vargas, Fernando, Vargas Cariola, Juan Eduardo (eds.), *Historia de la República de Chile. 1826-1881. La búsqueda de un orden republicano* (Santiago de Chile, Ediciones Universidad Católica de Chile), t. I, pp. 152-179.

SILVA VARGAS, Fernando (2019 b): "Bolivia: un arreglo pasajero", en Silva Vargas, Fernando, Vargas Cariola, Juan Eduardo (eds.), *Historia de la República de Chile. 1826-1881. La búsqueda de un orden republicano* (Santiago de Chile, Ediciones Universidad Católica de Chile), t. II, pp. 457-469.

SILVA VARGAS, Fernando (2019 c): "La acusación a la Corte Suprema", en Silva Vargas, Fernando, Vargas Cariola, Juan Eduardo (eds.), *Historia de la República de Chile. 1826-1881. La búsqueda de un orden republicano* (Santiago de Chile, Ediciones Universidad Católica de Chile), t. II, pp. 507-515.

SOTO KLOSS, Eduardo (1984): "Los derechos adquiridos en el derecho público chileno (Réquiem para una inepcia doctrinaria)", *Revista de Derecho y Jurisprudencia*, vol. 81, sección Derecho, pp. 13-23.

TSCHORNE VENEGAS, Samuel (2017): "Estado y justicia: el rol de la judicatura en la historia del Estado constitucional", en Jaksi , Iván, Rengifo, Francisca (eds.), *Historia política de Chile, 1810-2010. Tomo II. Estado y Sociedad* (Santiago de Chile, Fondo de Cultura Económica), pp. 271-301.

VALENZUELA BOWIE, Julio Samuel (1997): "Hacia la formación de instituciones democráticas: prácticas electorales en Chile durante el siglo XIX", *Estudios Públicos*, 66, pp. 215-257.

VALENZUELA BOWIE, Julio Samuel (1998): "La ley electoral de 1890 y la democratización del régimen político chileno", *Estudios Públicos*, 71, pp. 265-296.

VAQUER CABALLERÍA, Marcos (2005): "Retroactividad (normas)", en Muñoz Machado, Santiago (dir.), *Diccionario de Derecho Administrativo* (Madrid, Iustel) pp. 2291-2295.

Verdugo Ramírez, Sergio (2016): "Lastarria y la revisión judicial de la ley en el marco de la Constitución chilena de 1833", en *Revista Chilena de Derecho*, 43, pp. 927-953.

Zenteno Barros, Julio (1889): "Condición legal del indígena", *Revista Forense Chilena*, V, n° 5, pp. 329-345, y V, n° 6, pp. 413-429.

Zilci Kevorkian, Sonia (1990): "La ordenanza de Aduanas de 1864", *Cuadernos de Historia*, n° 10, pp. 109-125.

Tesis y memorias

Cárdenas Galli, Daniel (2004): *El Consejo de Estado como tribunal contencioso-administrativo bajo la vigencia de la Constitución de 1833* (Memoria para optar al grado de Licenciado en Ciencias Jurídicas y Sociales, Universidad Austral de Chile).

Castilla, Aurelio (1919): *Jurisprudencia del Consejo de Estado* (Memoria para optar al grado de Licenciado en la Facultad de Leyes y Ciencias Políticas de la Universidad de Chile).

Saavedra Ramírez, Karin (2012): *El Consejo de Estado y la reforma constitucional constituyente de 1874* (Tesis para optar al grado de Magíster en Derecho de la Facultad de Derecho de la Universidad de Chile).

Zelaya Etchegaray, Pedro (1986): *Génesis histórica del derecho administrativo chileno. El pensamiento de los primeros catedráticos de la disciplina (Jorge Huneeus Zegers y Valentín Letelier Madariaga)* (Memoria de prueba para optar al grado de Licenciado en Ciencias Jurídicas y Sociales de la Universidad de Chile).

SENTENCIAS CITADAS

Anteriores al año 1861

Del Villar (1811): Junta Superior Gubernativa, 4 y 14 de enero de 1811, JLAND, 11, pieza 4, f. 3 y 4.
Angulo (1826): C. Ap., 14 de junio de 1826 (FV 295, f. 30).
Santos (1836): CS, 16 de mayo de 1836, JS 874 pieza 3, f. 22.
Municipalidad de Linares con Municipalidad de Cauquenes (1837): CS, 15 de mayo de 1837 (JCAU 65 pieza 5, f. 11 vta.).
Ex miembros de la mesa receptora de la Serena (1841): CS, 2 de noviembre de 1841 (GT n° 2 [1841], p. 4).
Matos (1842): CS, 11 de octubre de 1842 (GT n° 46 [1842], p. 179).
Dávila (1844): C. Ap. Santiago, 8 de enero de 1844 (GT n° 106 [1844], p. 3).
González Palma (1846): Junta Provincial de Caminos de Cauquenes, 20 de mayo de 1846 (JQUIR 4 pieza 24, f. 9).
Mancilla (1846): CS, 22 de septiembre de 1846 (GT n° 237 [1846], p. 881).
Barca Pantheon (1847): CS, 20 de marzo de 1847 (GT n° 258 [1847], p. 1137).
Municipalidad de Linares con Municipalidad del Parral (1848): C. Ap., 10 de agosto de 1848 (GT n° 326 [1848], p. 1885); también en JLI 186 pieza 1.
Cuerpo de ingenieros civiles (1850): CS, 29 de octubre de 1850 (GT n° 434 [1850], p. 3003).
Ex municipales de Vallenar (1851): C. Ap. La Serena, 24 de julio de 1851 (GT n° 475 [1851], p. 3413).
Garcés (1852): CM Santiago, 19 de junio de 1852 (GT n° 515 [1852], p. 3778).
Herederos de Urrejola (1853): CS, 13 de diciembre de 1853 (GT n° 593 [1853], p. 4749).
De las Peñas (1856): C. Ap. La Serena, 2 de enero de 1856 (GT n° 711 [1856], p. 6575).
Edwards (1856): CS, 16 de mayo de 1856 (GT n° 719 [1856], p. 6703).
Puelma (1856): CS, 21 de octubre de 1856 (GT n° 742 [1856], p. 7070).
Fisco con casa de Germain Hermanos y otros (1857): CS, 1° de diciembre de 1857 (GT n° 805 [1857], p. 7977).
Municipalidad de Santiago con Empresarios del Teatro Municipal (1858): C. Ap. Santiago, 21 de mayo de 1858 (GT n° 829 [1858], p. 6).
Empresa del Ferrocarril con Valdés (1858): CS, 24 de agosto de 1858 (GT n° 843 [1858], p. 2).
Municipalidad de Curicó con Lazcano y otros (1858): Juzgado de Letras de Curicó, 12 de noviembre de 1858 (GT n° 887 [1859], p. 597).
Fisco con Luco (1859): CS, 25 de enero de 1859 (GT n° 865 [1859], p. 122).
Mira (1859): CS, 13 de abril de 1859 (GT n° 876 [1859], p. 386).
Vial (1859): CS, 8 de julio de 1859 (GT n° 888 [1859], p. 610).
Vásquez (1859): CS, 8 de julio de 1859 (GT n° 888 [1859], p. 611).
Price (1859): C. Ap. Concepción, 23 de julio de 1859 (GT n° 894 [1859], p. 752).
Zelaya (1859): CS, 14 de octubre de 1859 (GT n° 904 [1859], p. 938).

Tesorero de los Establecimientos de Beneficencia con Errázuriz (1859): C. Ap. Santiago, 31 de octubre de 1859 (GT n° 905 [1859], p. 1014).
Izquierdo (1859): CS, 4 de noviembre de 1859 (GT n° 905 [1859], p. 1012).
Fisco con Arestizábal y Arana (1859): CS, 15 de noviembre de 1859 (GT n° 907 [1859], p. 1058).
Municipalidad de La Serena con vecinos de la Pampa (1859): C. Ap. La Serena, 19 de diciembre de 1859 (GT n° 920 [1860], p. 178)
Espinosa (1859): CS, 30 de diciembre de 1859 (GT n° 913 [1860], p. 4).
Fisco con Parga (1860): CS, 17 de enero de 1860 (GT n° 916 [1860], p. 74).
Municipalidad de Concepción con Castillo y otros (1860): C. Ap. Concepción, 22 de junio de 1860 (GT n° 943 [1860], p. 726).
Fisco con Letelier (1860): CS, 31 de julio de 1860 (GT n° 944 [1860], p. 747).
Bates y Pilcher (1860): CS, 21 de agosto de 1860 (GT n° 947 [1860], p. 818).
Fisco con Gallo (1860): CS, 23 de octubre de 1860 (GT n° 956 [1860], p. 1033).
Olmedo (1860): C. Ap. Santiago, 18 de diciembre de 1860 (GT n° 964 [1860], p. 1232).

PODER JUDICIAL

Año 1861

Acuña (1861): CS, 26 de noviembre de 1861 (GT n° 1013 [1861], p. 1165).
Albano (1861): CM Santiago, 25 de julio de 1861 (GT n° 996 [1861], p. 761).
Alenk (1861): CS, 8 de octubre de 1861 (GT n° 1006 [1861], p. 995).
Badillo (1861): C. Ap. La Serena, 18 de febrero de 1861 (GT n° 978 [1861], p. 324).
Cabello (1861): CS, 16 de diciembre de 1861 (GT n° 1016 [1861], p. 1235).
Caja del Crédito Hipotecario con Fernández (1861): C. Ap. Santiago, 19 de marzo de 1861 (GT n° 977 [1861], p. 303).
Contreras (1861): C. Ap. Concepción, 28 de noviembre de 1861 (GT n° 1024 [1862], p. 156).
Cousiño (1861): CS, 17 de abril de 1870 (GT n° 1451 [1870], p. 362).
Covarrubias (1861): CS, 3 de mayo de 1861 (GT n° 983 [1861], p. 445).
Ferrer (1861): C. Ap. Concepción, 4 de noviembre de 1861 (GT n° 1021 [1862], p. 109).
Ferrocarril del Sur con Sanfuentes y Bianchi (1861): CS, 16 de abril de 1861 (GT n° 981 [1861], p. 397).
Figueroa (1861): CS, 26 de noviembre de 1861 (GT n° 1013 [1861], p. 1165).
Fisco con Alfaro (1861): CS, 28 de mayo de 1861 (GT n° 987 [1861], p. 539).
Fisco con Martínez (1861): CS, 15 de noviembre de 1861 (GT n° 1011 [1861], p. 1117).
Fisco con Moreno (1861): CS, 21 de mayo de 1861 (GT n° 986 [1861], p. 515).
Fisco con Riobó (1861): CS, 30 de julio de 1861 (GT n° 996 [1861], p. 755).
Fisco con Testamentaria de Raveau (1861): CS, 26 de julio de 1861 (GT n° 995 [1861], p. 733).
Garín (1861): CS, 15 de noviembre de 1861 (GT n° 1011 [1861], p. 1117).
Goicolea (1861): CS, 13 de agosto de 1861 (GT n° 998 [1861], p. 804).
González Concha (1861): CS, 16 de octubre de 1861 (GT n° 1007 [1861], p. 1020).
Gremio de Minería de Copiapó (1861): C. Ap. La Serena, 2 de abril de 1861 (GT n° 990 [1861], p. 619).
Henríquez (1861): CS, 20 de diciembre de 1861 (GT n° 1016 [1861], p. 1240).
Herederos de Cárdenas (1861): CS, 26 de febrero de 1861 (GT n° 974 [1861], p. 228).

Letelier (1861): CS, 11 de septiembre de 1861 (GT nº 1002 [1861], p. 900).
Manzano (1861): CS, 10 de diciembre de 1861 (GT nº 1015 [1861], p. 1213).
Mery y Fisco (1861): CS, 3 de mayo de 1861 (GT nº 984 [1861], p. 468).
Municipalidad de Curicó con Arriarán (1861): C. Ap. Santiago, 31 de diciembre de 1861 (GT nº 1020 [1862], p. 82).
Municipalidad de San Felipe con Fuentes (1861): C. Ap. Santiago, 2 de diciembre de 1861 (GT nº 1014 [1861], p. 1190).
Municipalidad de Valparaíso con Fisco (1861): CS, 8 de noviembre de 1861 (GT nº 1010 [1861], p. 1094).
Noguera (1861): CS, 11 de junio de 1861 (GT nº 989 [1861], p. 588).
Ovalle (1861): CS, 3 de septiembre de 1861 (GT nº 1001 [1861], p. 875).
Pradel y Berríos (1861): CS, 2 de abril de 1861 (GT nº 980 [1861], p. 373).
Presbítero González (1861): C. Ap. Santiago, 5 de diciembre de 1861 (GT nº 1015 [1861], p. 1218).
Sanhueza Latorre (1861): C. Ap. Concepción, 4 de diciembre de 1861 (GT nº 1025 [1862], p. 169).
Soto y otros (1861): C. Ap. Concepción, 7 de enero de 1861 (GT nº 976 [1861], p. 281).
Sotomayor (1861): CS, 27 de agosto de 1861 (GT nº 1000 [1861], p. 854).
Treyes y otros (1861): CS, 21 de mayo de 1861 (GT nº 986 [1861], p. 515).
Vargas (1861): C. Ap. Santiago, 26 de septiembre de 1861 (GT nº 1004 [1861], p. 957).
Yáñez (1861): CS, 21 de marzo de 1861 (GT nº 979 [1861], p. 347).

Año 1862

Acuña (1862): CS, 23 de septiembre de 1862 (GT nº 1056 [1862], p. 722).
Acuña y compartes (1862): C. Ap. Concepción, 17 de junio de 1862 (GT nº 1056 [1862], p. 734).
Álvarez y Ross (1862): CS, 29 de julio de 1862 (GT nº 1048 [1862], p. 585).
Atero (1862): CS, 15 de julio de 1862 (GT nº 1046 [1862], p. 555).
Avaria (1862): CS, 3 de junio de 1862 (GT nº 1040 [1862], p. 459).
Convento de San Agustín de Talca (1862): C. Ap. Santiago, 24 de septiembre de 1862 (GT nº 1056 [1862], p. 730).
Donoso (1862): CS, 3 de junio de 1862 (GT nº 1040 [1862], p. 457).
Fisco con Acuña (1862): CS, 26 de agosto de 1862 (GT nº 1052 [1862], p. 651).
Fisco con Aubel y otros (1862): CS, 30 de septiembre de 1862 (GT nº 1057 [1862], p. 746).
Fisco con Castro (1862): CS, 10 de junio de 1862 (GT nº 1041 [1862], p. 474).
Fisco con ex administrador del Estanco de Tierra Amarilla (1862): CS, 9 de septiembre de 1862 (GT nº 1054 [1862], p. 683).
Fisco con Ramírez y síndico del concurso de Audois (1862): CS, 2 de mayo de 1862 (GT nº 1035 [1862], p. 351).
Flügge (1862): CS, 28 de marzo de 1862 (GT nº 1030 [1862], p. 266).
Freudemburg y Ca. (1862): CS, 23 de septiembre de 1862 (GT nº 1056 [1862], p. 724).
Gallo y otros (1862): CS, 1° de julio de 1862 (GT nº 1044 [1862], p. 521.
García (1862): C. Ap. Concepción, 20 de agosto de 1862 (GT nº 1063 [1862], p. 907).
González (1862): CS, 10 de junio de 1862 (GT nº 1041 [1862], p. 475).
Gormaz (1862): CS, 22 de julio de 1862 (GT nº 1047 [1862], p. 570).
Humeres (1862): CS, 3 de junio de 1862 (GT nº 1040 [1862], p. 460).
M. y L. (1862): CS, 23 de mayo de 1862 (GT nº 1039 [1862], p. 433).

Martel (1862): CS, 8 de julio de 1862 (GT n° 1045 [1862], p. 537).
Mesa y otros (1862): C. Ap. La Serena, 5 de septiembre de 1862 (GT n° 1066 [1862], p. 972).
Miller y Preston (1862): CS, 2 de mayo de 1862 (GT n° 1036 [1862], p. 361).
Monat y Borrowman (1862): C. Ap. La Serena, 1° de julio de 1862 (GT n° 1059 [1862], p. 808).
Montes (1862): C. Ap. Santiago, 14 de enero de 1862 (GT n° 1022 [1862], p. 133).
Municipalidad de San Carlos con Canales Mercado (1862): C. Ap. Concepción, 2 de mayo de 1862 (GT n° 1039 [1862], p. 444).
Opazo (1862): CS, 4 de noviembre de 1862 (GT n° 1062 [1862], p. 865).
Parraguirre (1862): CS, 12 de agosto de 1862 (GT n° 1050 [1862], p. 620).
Price (1862): C. Ap. Concepción, 9 de diciembre de 1862 (GT n° 1075 [1863], p. 114).
Ramírez (1862): C. Ap. Santiago, 3 de diciembre de 1862 (GT n° 1066 [1862], p. 967).
Romero y compartes y herederos de Pedro Mendoza (1862): CS, 16 de diciembre de 1862 (GT n° 1068 [1862], p. 1013).
Síndico de Gandarillas (1862): CS, 30 de diciembre de 1862 (GT n° 1070 [1863], p. 28).
Solar (1862): CS, 12 de agosto de 1862 (GT n° 1050 [1862], p. 618).
Susarte (1862): CS, 14 de julio de 1862 (GT n° 1046 [1862], p. 553).
Tounens (1862): C. Ap. Concepción, 20 de agosto de 1862 (GT n° 1063 [1862], p. 906).
Villarroel (1862): CS, 10 de junio de 1862 (GT n° 1041 [1862], p. 474).
Yáñez (1862): CS, 4 de noviembre de 1862 (GT n° 1062 [1862], p. 865).

Año 1863

Álvarez de Araya (1863): CM Santiago, 18 de diciembre de 1863 (GT n° 1120 [1863], p. 926).
Arenas (1863): CS, 28 de julio de 1863 (GT n° 1100 [1863], p. 570).
Arias y Llanos (1863): CS, 6 de marzo de 1863 (GT n° 1079 [1863], p. 150).
Barros Arana (1863): CS, 3 de octubre de 1863 (GT n° 1109 [1863], p. 741).
Caja de Crédito Hipotecario con Mariño (1863): C. Ap. Santiago, 2 de octubre de 1863 (GT n° 1110 [1863], p. 771).
Castillo (1863): C. Ap. La Serena, 21 de noviembre de 1863 (GT n° 1129 [1864], p. 138).
Castro (1863): CS, 14 de agosto de 1863 (GT n° 1102 [1863], p. 605).
Chacón (1863): CS, 20 de octubre de 1863 (GT n° 1112 [1863], p. 795).
Convento de la Merced (1863): CS, 2 de septiembre de 1863 (GT n° 1105 [1863], p. 675).
Cood (1863): CS, 19 de mayo de 1863 (GT n° 1090 [1863], p. 354).
Corbalán (1863): CS, 28 de julio de 1863 (GT n° 1100 [1863], p. 570).
Córdova (1863): CM Santiago, 1° de mayo de 1863 (GT n° 1088 [1863], p. 314).
Cortés (1863): CS, 9 de noviembre de 1863 (GT n° 1115 [1863], p. 843).
De la Puente (1863): C. Ap. Santiago, 26 de octubre de 1863 (GT n° 1113 [1863], p. 814).
Del Río (1863): CS, 7 de octubre de 1863 (GT n° 1111 [1863], p. 778).
Empresa de Gas de Valparaíso (1863): C. Ap. Santiago, 28 de agosto de 1863 (GT n° 1104 [1863], p. 655).
Errázuriz (1863): CS, 9 de enero de 1863 (GT n° 1071 [1863], p. 44).
Fisco con Acuña y fiadores (1863): CS, 26 de mayo de 1863 (GT n° 1091 [1863], p. 378).
Fisco con Beeche (1863): CS, 24 de marzo de 1863 (GT n° 1082 [1863], p. 194).
Fisco con De la Cruz (1863): CS, 26 de mayo de 1863 (GT n° 1091 [1863], p. 378).
Fisco con Laharrague (1863): CS, 5 de mayo de 1863 (GT n° 1088 [1863], p. 306).

Fisco con Morales (1863): CS, 14 de abril de 1863 (GT n° 1085 [1863], p. 242).
Fisco con Municipalidad de Concepción (1863): CS, 19 de agosto de 1863 (GT n° 1103 [1863], p. 628).
Fisco con Ramos (1863): CS, 4 de agosto de 1863 (GT n° 1101 [1863], p. 587).
Fisco con Rauch (1863): CS, 21 de abril de 1863 (GT n° 1086 [1863], p. 258).
Fisco con Soto Aguilar (1863): CS, 11 de septiembre de 1863 (GT n° 1106 [1863], p. 692).
Gallo (1863): CS, 27 de octubre de 1863 (GT n° 1113 [1863], p. 810).
Hernández (1863): CS, 5 de mayo de 1863 (GT n° 1088 [1863], p. 307).
Lazo (1863): CS, 29 de diciembre de 1863 (GT n° 1121 [1864], p. 18).
Longworth (1863): CS, 27 de noviembre de 1863 (GT n° 1117 [1863], p. 877).
Mercado (1863): C. Ap. Concepción, 7 de septiembre de 1863 (GT n° 1119 [1863], p. 914).
Miranda y compartes (1863): C. Ap. Santiago, 9 de abril de 1863 (GT n° 1084 [1863], p. 235).
Molinié (1863): CS, 7 de abril de 1863 (GT n° 1084 [1863], p. 226).
Mora (1863): C. Ap. Concepción, 29 de julio de 1863 (GT n° 1104 [1863], p. 664).
Moreira (1863): CS, 9 de septiembre de 1863 (GT n° 1106 [1863], p. 690).
Municipalidad de Concepción con Pradenas (1863): C. Ap. Concepción, 30 de noviembre de 1863 (GT n° 1132 [1864], p. 191).
Navarro (1863): CS, 29 de septiembre de 1863 (GT n° 1109 [1863], p. 740).
Olavarría (1863): CS, 13 de octubre de 1863 (GT n° 1111 [1863], p. 778).
Sáez (1863): CS, 30 de junio de 1863 (GT n° 1096 [1863], p. 497).
Tardón (1863): CS, 28 de julio de 1863 (GT n° 1100 [1863], p. 570).
Ulobo (1863): CS, 15 de julio de 1863 (GT n° 1098 [1863], p. 531).
Valverde y Boza (1863): CS, 17 de marzo de 1863 (GT n° 1081 [1863], p. 178).
Véjares (1863): CS, 23 de julio de 1863 (GT n° 1099 [1863], p. 556).
Waddington (1863): CS, 17 de noviembre de 1863 (GT n° 1120 [1863], p. 921).
Williamson Duncan y Ca. (1863): CS, 6 de marzo de 1863 (GT n° 1079 [1863], p. 150).

Año 1864

Arancibia (1864): CS, 7 de noviembre de 1864 (GT n° 1167 [1864], p. 824).
Arteaga (1864): CM Santiago, 17 de diciembre de 1864 (GT n° 1172 [1864], p. 942).
Astaburuaga (1864): CS, 11 de octubre de 1864 (GT n° 1163 [1864], p. 737).
Becerra (1864): CS, 28 de junio de 1864 (GT n° 1148 [1864], p. 435).
Cabrera (1864): CS, 5 de diciembre de 1864 (GT n° 1171 [1864], p. 913).
Caniu (1864): CS, 22 de noviembre de 1864 (GT n° 1169 [1864], p. 866).
Contreras (1864): C. Ap. Santiago, 21 de abril de 1864 (GT n° 1138 [1864], p. 280).
Convento de San Agustín de Talca (1864): C. Ap. Santiago, 13 de mayo de 1864 (GT n° 1142 [1864], p. 341).
Degelone (1864): C. Ap. Concepción, 28 de septiembre de 1864 (GT n° 1171 [1864], p. 926).
Fisco con Heyer y Ca. (1864): CS, 30 de agosto de 1864 (GT n° 1157 [1864], p. 595).
Fisco con Martínez (1864): CS, 5 de julio de 1864 (GT n° 1149 [1864], p. 450).
Fuenzalida (1864): CS, 5 de abril de 1864 (GT n° 1136 [1864], p. 241).
García Huidobro y otro (1864): C. Ap. Santiago, 18 de noviembre de 1864 (GT n° 1168 [1864], p. 850).
González (1864): CM Santiago, 28 de mayo de 1864 (GT n° 1144 [1864], p. 378).
Guzmán (1864): CM Santiago, 6 de agosto de 1864 (GT n° 1154 [1864], p. 533).

Henríquez (1864): CS, 24 de mayo de 1864 (GT nº 1143 [1864], p. 355).
Jaque (1864): C. Ap. Concepción, 28 de septiembre de 1864 (GT nº 1171 [1864], p. 925).
Larraín (1864): C. Ap. Santiago, 15 de diciembre de 1864 (GT nº 1173 [1864], p. 966).
Incendio de la Compañía (1864): CS, 5 de octubre de 1864 (GT nº 1162 [1864], p. 715).
Martínez (1864): CS, 2 de agosto de 1864 (GT nº 1153 [1864], p. 513).
Merino (1864): CS, 6 de diciembre de 1864 (GT nº 1171 [1864], p. 914).
Motín de Carrizal Alto (1864): C. Ap. La Serena, 1° de diciembre de 1864 (GT nº 1179 [1865], p. 114).
Municipales de Illapel (1864): C. Ap. La Serena, 6 de mayo de 1864 (GT nº 1159 [1864], p. 657).
Municipales de Santa Rosa de Los Andes (1864): CS, 21 de octubre de 1864 (GT nº 1164 [1864], p. 763).
Municipalidad de Coelemu con Lagos (1864): C. Ap. Concepción, 6 de agosto de 1864 (GT nº 1164 [1864], p. 776).
Municipalidad de Concepción con Jara (1864): C. Ap. Concepción, 13 de enero de 1864 (GT nº 1137 [1864], p. 267).
Municipalidad de Concepción con Reyes (1864): C. Ap. Concepción, 3 de octubre de 1864 (GT nº 1173 [1864], p. 971).
Municipalidad de La Serena con Empresa del Ferrocarril (1864): CS, 3 de agosto de 1864 (GT nº 1153 [1864], p. 514).
Muñoz (1864 a): CS, 24 de junio de 1864 (GT nº 1147 [1864], p. 423).
Muñoz (1864 b): C. Ap. Concepción, 3 de agosto de 1864 (GT nº 1164 [1864], p. 775).
Opazo (1864): CS, 2 de julio de 1864 (GT nº 1148 [1864], p. 435).
Ortiz (1864): C. Ap. La Serena, 7 de abril de 1864 (GT nº 1157 [1864], p. 610).
Poblete (1864): CS, 29 de marzo de 1864 (GT nº 1135 [1864], p. 225).
Renard (1864): CS, 12 de diciembre de 1864 (GT nº 1172 [1864], p. 937).
Robles (1864): CM Santiago, 18 de junio de 1864 (GT nº 1148 [1864], p. 440).
Romero (1864): CS, 27 de diciembre de 1864 (GT nº 1174 [1865], p. 3).
Síndico de Pagenstecher (1864): CS, 28 de junio de 1864 (GT nº 1148 [1864], p. 433).
Tagle (1864): CS, 24 de junio de 1864 (GT nº 1147 [1864], p. 424).
Tejeda (1864): CS, 13 de mayo de 1864 (GT nº 1141 [1864], p. 322).
Toro (1864): CS, 8 de marzo de 1864 (GT nº 1132 [1864], p. 178).
Torres, Morandé y Mardones (1864): CS, 7 de mayo de 1864 (GT nº 1140 [1864], p. 309).
Valdés (1864): CS, 8 de junio de 1864 (GT nº 1145 [1864], p. 388).
Valenzuela (1864): CS, 9 de noviembre de 1864 (GT nº 1167 [1864], p. 826).
Vargas (1864): CS, 22 de diciembre de 1864 (GT nº 1173 [1864], p. 963).

Año 1865

Álamos (1865): CS, 23 de junio de 1865 (GT nº 1.199 [1865], p. 486).
Alsop y Ca. (1865): CS, 14 de marzo de 1865 (GT nº 1185 [1865], p. 209).
Arestizábal y Ca. (1865): CS, 5 de septiembre de 1865 (GT nº 1210 [1865], p. 722).
Briseño (1865): CS, 3 de marzo de 1865 (GT nº 1183 [1865], p. 182).
Bunster (1865): CS, 9 de enero de 1865 (GT nº 1176 [1865], p. 52).
Cajales (1865): CS, 17 de marzo de 1865 (GT nº 1185 [1865], p. 212).
Castro (1865): CS, 21 de marzo de 1865 (GT nº 1186 [1865], p. 226).
Cerveró (1865): CS, 10 de enero de 1865 (GT nº 1176 [1865], p. 51).

Del Fierro (1865): CM Santiago, 23 de septiembre de 1865 (GT nº 1212 [1865], p. 759).
Del Villar (1865): C. Ap. La Serena, 28 de diciembre de 1865 (GT nº 1232 [1866], p. 101).
Díaz (1865 a): CS, 4 de abril de 1865 (GT nº 1188 [1865], p. 257).
Díaz (1865 b): C. Ap. Concepción, 29 de marzo de 1865 (GT nº 1192 [1865], p. 346).
Donoso (1865): CS, 27 de mayo de 1865 (GT nº 1195 [1865], p. 396).
Escudero (1865): CS, 17 de marzo de 1865 (GT nº 1185 [1865], p. 210).
Ferrari Hermanos (1865): CS, 10 de octubre de 1865 (GT nº 1215 [1865], p. 803).
Fisco con Bulnes (1865): CS, 23 de junio de 1865 (GT nº 1200 [1865], p. 505).
Fisco con Capitán de la Barca General Pike (1865): CS, 1° de diciembre de 1865 (GT nº 1222 [1865], p. 967).
Fisco con Capitán de la Barca Palatine (1865): CS, 1° de diciembre de 1865 (GT nº 1222 [1865], p. 967).
Fisco con concurso de Silva y Rivas (1865): CS, 1° de agosto de 1865 (GT nº 1205 [1865], p. 626).
Fisco con Cuadros (1865): CS, 21 de abril de 1865 (GT nº 1190 [1865], p. 291).
Fisco con De la Cruz (1865): CS, 19 de diciembre de 1865 (GT nº 1225 [1865], p. 1038).
Fisco con Del Campo (1865): CS, 10 de marzo de 1865 (GT nº 1184 [1865], p. 196).
Fisco con Ferreira y Aguiar (1865): CS, 6 de junio de 1865 (GT nº 1197 [1865], p. 438).
Fisco con Fuenzalida (1865): CS, 9 de mayo de 1865 (GT nº 1193 [1865], p. 354).
Fisco con López y compartes (1865): CS, 25 de abril de 1865 (GT nº 1191 [1865], p. 306).
Fisco con Wilson y otros (1865): CS, 9 de junio de 1865 (GT nº 1198 [1865], p. 457).
Galindo (1865): CM Santiago, 10 de junio de 1865 (GT nº 1198 [1865], p. 465).
Graham Rowe y Ca. (1865): CS, 21 de julio de 1865 (GT nº 1203 [1865], p. 579).
Guerra (1865): C. Ap. La Serena, 23 de septiembre de 1865 (GT nº 1222 [1865], p. 972).
Gunston Ledward y Ca. (1865): CS, 19 de diciembre de 1865 (GT nº 1225 [1865], p. 1039).
Herederos de Silva (1865): C. Ap. La Serena, 22 de junio de 1865 (GT nº 1202 [1865], p. 567).
Herederos de Tagle (1865): C. Ap. Santiago, 6 de junio de 1865 (GT nº 1196 [1865], p. 416).
Hernández Hermanos (1865): CS, 26 de septiembre de 1865 (GT nº 1213 [1865], p. 772).
Huentiante y compartes (1865): C. Ap. Concepción, 10 de enero de 1865 (GT nº 1181 [1865], p. 149).
Humeres (1865): CS, 28 de marzo de 1865 (GT nº 1187 [1865], p. 241).
Juez de primera instancia de La Unión (1865): C. Ap. Concepción, 9 de octubre de 1865 (GT nº 1223 [1865], p. 996).
Larrieta (1865): CS, 28 de junio de 1865 (GT nº 1201 [1865], p. 534).
Martínez (1865): CS, 14 de noviembre de 1865 (GT nº 1220 [1865], p. 914).
Morales (1865): CS, 31 de marzo de 1865 (GT nº 1187 [1865], p. 246).
Municipalidad de San Felipe con Vargas (1865): C. Ap. Santiago, 16 de agosto de 1865 (GT nº 1208 [1865], p. 684).
Municipalidad de Talcahuano con Vergara (1865): C. Ap. Concepción, 10 de octubre de 1865 (GT nº 1223 [1865], p. 1000).
Municipalidad de Valparaíso con Waddington (1865): C. Ap. Santiago, 27 de diciembre de 1865 (GT nº 1226 [1866], p. 5).
Muñoz (1865): CS, 12 de enero de 1865 (GT nº 1177 [1865], p. 73).
Navarro y Dublé (1865): C. Ap. La Serena, 24 de junio de 1865 (GT nº 1202 [1865], p. 571).
Olave (1865): CS, 1° de mayo de 1865 (GT nº 1192 [1865], p. 329).
Ortega (1865): CS, 7 de noviembre de 1865 (GT nº 1219 [1865], p. 893).
Puente (1865): CS, 3 de octubre de 1865 (GT nº 1214 [1865], p. 787).

Ruiz (1865): CS, 19 de mayo de 1865 (GT n° 1194 [1865], p. 382).
Salcedo (1865): CM Concepción, 18 de abril de 1865 (GT n° 1198 [1865], p. 468).
Scott y Ca. (1865): CS, 12 de mayo de 1865 (GT n° 1193 [1865], p. 355).
Seminario Conciliar de Santiago (1865): C. Ap. Santiago, 24 de julio de 1865 (GT n° 1204 [1865], p. 608).
Valdés (1865): CS, 5 de diciembre de 1865 (GT n° 1223 [1865], p. 986).
Valdivia y Morales (1865): CS, 26 de junio de 1865 (GT n° 1202 [1865], p. 556).
Venegas y Sánchez (1865): CS, 6 de junio de 1865 (GT n° 1197 [1865], p. 437).
Vera (1865): CS, 4 de julio de 1865 (GT n° 1201 [1865], p. 533).
Werner (1865): CS, 12 de mayo de 1865 (GT n° 1193 [1865], p. 355).

Año 1866

Administrador del Estanco de Curicó (1866): CS, 6 de marzo de 1866 (GT n° 1236 [1866], p. 154).
Albacea de Donoso (1866): CS, 31 de julio de 1866 (GT n° 1257 [1866], p. 530).
Beltrán y compartes (1866): C. Ap. Concepción, 8 de mayo de 1866 (GT n° 1252 [1866], p. 427).
Calderón (1866): CS, 13 de abril de 1866 (GT n° 1241 [1866], p. 226).
Calvary y Ca. (1866): CS, 10 de abril de 1866 (GT n° 1240 [1866], p. 212).
Cifuentes y otros (1866): C. Ap. Concepción, 5 de enero de 1866 (GT n° 1234 [1866], p. 132).
Comandancia General de Armas de Concepción con Juez de Letras de Concepción (1866): C. Ap. Concepción, 12 de julio de 1866 (GT n° 1259 [1866], p. 574).
Comandancia General de Armas de Concepción (1866): C. Ap. Concepción, 12 de julio de 1866 (GT n° 1259 [1866], p. 574).
Comandante General de Armas de Arauco (1866): C. Ap. Concepción, 11 de enero de 1866 (GT n° 1234 [1866], p. 133).
Convento de la Merced (1866 a): CS, 22 de mayo de 1866 (GT n° 1247 [1866], p. 323).
Convento de la Merced (1866 b): CS, 22 de mayo de 1866 (GT n° 1247 [1866], p. 325).
Convento de la Merced (1866 c): CS, 12 de octubre de 1866 (GT n° 1268 [1866], p. 727).
Del Fierro (1866): CS, 15 de octubre de 1866 (GT n° 1268 [1866], p. 730).
Del Río (1866): C. Ap. Concepción, 25 de abril de 1866 (GT n° 1250 [1866], p. 389).
Donoso (1866): CS, 18 de julio de 1866 (GT n° 1255 [1866], p. 492).
Fernández (1866 a): C. Ap. Concepción, 2 de mayo de 1866 (GT n° 1252 [1866], p. 428).
Fisco con Dávila (1866): CS, 5 de junio de 1866 (GT n° 1249 [1866], p. 354).
Franco (1866): CS, 23 de abril de 1866 (GT n° 1243 [1866], p. 259).
Gana (1866): C. Ap. La Serena, 12 de mayo de 1866 (GT n° 1250 [1866], p. 396).
Garcés y compartes (1866): C. Ap. Concepción, 17 de agosto de 1866 (GT n° 1268 [1866], p. 741).
González (1866 a): CM La Serena, 20 de marzo de 1866 (GT n° 1240 [1866], p. 219).
González (1866 b): CM Santiago, 11 de agosto de 1866 (GT n° 1261 [1866], p. 620).
Guerra (1866): C. Ap. La Serena, 3 de abril de 1866 (GT n° 1244 [1866], p. 283).
Guerrero (1866): CS, 30 de julio de 1866 (GT n° 1257 [1866], p. 529).
Herederos de Villalobos (1866): CS, 8 de mayo de 1866 (GT n° 1245 [1866], p. 290).
Herrera (1866): CS, 2 de junio de 1866 (GT n° 1249 [1866], p. 353).
Huth Gruning y Ca. (1866): CS, 3 de julio de 1866 (GT n° 1253 [1866], p. 442).
Lazo (1866): CS, 13 de abril de 1866 (GT n° 1241 [1866], p. 226).
Madariaga (1866): C. Ap. Concepción, 29 de octubre de 1866 (GT n° 1281 [1867], p. 55).

Madariaga y Araya (1866): CM Concepción, 3 de julio de 1866 (GT nº 1259 [1866], p. 573).
Maldonado (1866): CS, 20 de marzo de 1866 (GT nº 1238 [1866], p. 189).
Márquez (1866): CS, 4 de septiembre de 1866 (GT nº 1262 [1866], p. 634).
Martínez Cruz (1866): CS, 10 de abril de 1866 (GT nº 1241 [1866], p. 225).
Miller y otros (1866): CS, 30 de mayo de 1866 (GT nº 1248 [1866], p. 339).
Morán (1866): CS, 23 de julio de 1866 (GT nº 1256 [1866], p. 514).
Municipalidad de Coelemu con Nogueira (1866): C. Ap. Concepción, 14 de mayo de 1866 (GT nº 1252 [1866], p. 430).
Municipalidad de Valparaíso con Brown (1866): C. Ap. Santiago, 11 de enero de 1866 (GT nº 1234 [1866], p. 129).
Muñoz (1866): CS, 12 de septiembre de 1866 (GT nº 1263 [1866], p. 651).
N.N. (1866): CS, 3 de marzo de 1866 (GT nº 1237 [1866], p. 172).
Ossa Varas (1866): CM Santiago, 29 de diciembre de 1866 (GT nº 1287 [1867], p. 150).
Pearson (1866): CS, 3 de agosto de 1866 (GT nº 1257 [1866], p. 533).
Pertucio (1866): CS, 23 de octubre de 1866 (GT nº 1269 [1866], p. 744).
Pescadores de la hacienda de Concón (1866): C. Ap. Santiago, 14 de abril de 1866 (GT nº 1242 [1866], p. 251).
Pinto (1866): C. Ap. La Serena, 11 de octubre de 1866 (GT nº 1282 [1867], p. 76).
Piña (1866): C. Ap. La Serena, 22 de marzo de 1866 (GT nº 1240 [1866], p. 220).
Plaza de los Reyes (1866): C. Ap. Santiago, 22 de junio de 1866 (GT nº 1251 [1866], p. 404).
Poblete (1866): CS, 16 de marzo de 1866 (GT nº 1238 [1866], p. 185).
Scottish Maid (1866): CS, 9 de noviembre de 1866 (GT nº 1271 [1866], p. 778).
Seminario Conciliar (1866): CS, 9 de julio de 1866 (GT nº 1254 [1866], p. 465).
Sepúlveda (1866): CM Concepción, 7 de julio de 1866 (GT nº 1259 [1866], p. 573).
Sepúlveda y otros (1866): CS, 3 de abril de 1866 (GT nº 1239 [1866], p. 201).
Smith, Masenlli y Ca. (1866): CS, 25 de septiembre de 1866 (GT nº 1265 [1866], p. 678).
Torres (1866): CS, 9 de enero de 1866 (GT nº 1228 [1866], p. 34).
Urzúa (1866): CS, 12 de noviembre de 1866 (GT nº 1272 [1866], p. 791).
Vega (1866): CS, 8 de mayo de 1866 (GT nº 1245 [1866], p. 290).
Viel (1866): CS, 8 de mayo de 1866 (GT nº 1245 [1866], p. 289).
Villarroel (1866): CS, 30 de noviembre de 1866 (GT nº 1274 [1866], p. 827).
Weir y Ca. (1866): CS, 10 de abril de 1866 (GT nº 1240 [1866], p. 212).
Werner (1866): CS, 29 de mayo de 1866 (GT nº 1248 [1866], p. 338).
Williamson Balfour y Ca. (1866): CS, 6 de octubre de 1866 (GT nº 1267 [1866], p. 711).
Yáñez (1866): C. Ap. La Serena, 8 de agosto de 1866 (GT nº 1266 [1866], p. 704).
Zahn y Ca. (1866): CS, 10 de abril de 1866 (GT nº 1241 [1866], p. 225).

Año 1867

Abadía (1867): CS, 22 de mayo de 1867 (GT nº 1299 [1867], p. 393).
Arestizábal y Ca. (1867): CS, 28 de mayo de 1867 (GT nº 1300 [1867], p. 397).
Arís (1867): CS, 27 de septiembre de 1867 (GT nº 1317 [1867], p. 714).
Avello (1867): CS, 19 de noviembre de 1867 (GT nº 1326 [1867], p. 923).
Benavides (1867): CM Santiago, 28 de septiembre de 1867 (GT nº 1318 [1867], p. 738).

Bland Garland (1867): CS, 30 de julio de 1867 (GT n° 1309 [1867], p. 537).
Calderón (1867): CS, 6 de noviembre de 1867 (GT n° 1324 [1867], p. 875).
Cerveró (1867): CS, 11 de diciembre de 1867 (GT n° 1328 [1867], p. 973).
Dardignac (1867): CM Santiago, 25 de marzo de 1867 (GT n° 1302 [1867], p. 433).
Fisco con Robles (1867): CS, 23 de julio de 1867 (GT n° 1309 [1867], p. 537).
Fragata Thalaba (1867): CS, 10 de enero de 1867 (GT n° 1282 [1867], p. 65).
Frías (1867): CM Santiago, 6 de abril de 1867 (GT n° 1302 [1867], p. 432).
Gómez (1867): CS, 8 de abril de 1867 (GT n° 1294 [1867], p. 297).
Graham Rowe y Ca. (1867): CS, 7 de marzo de 1867 (GT n° 1288 [1867], p. 171).
Guzmán (1867): CM Santiago, 28 de junio de 1867 (GT n° 1311 [1867], p. 573).
Marín (1867): C. Ap. Concepción, 7 de octubre de 1867 (GT n° 1325 [1867], p. 912).
Martínez (1867): CS, 12 de julio de 1867 (GT n° 1306 [1867], p. 490).
Monti (1867): C. Ap. Concepción, 18 de diciembre de 1867 (GT n° 1335 [1868], p. 116).
Newman (1867): CS, 29 de mayo de 1867 (GT n° 1301 [1867], p. 409).
Pedraza y otros (1867): CS, 20 de julio de 1867 (GT n° 1307 [1867], p. 507).
Pellé (1867): C. Ap. Santiago, 10 de enero de 1867 (GT n° 1287 [1867], p. 147).
Pontón (1867): CS, 31 de junio de 1867 (GT n° 1304 [1867], p. 459).
Ruiz (1867): CS, 2 de marzo de 1867 (GT n° 1288 [1867], p. 163).
Silva Latorre (1867): CS, 22 de octubre de 1867 (GT n° 1321 [1867], p. 804).
Tocornal y compartes (1867): C. Ap. Santiago, 20 de marzo de 1867 (GT n° 1291 [1867], p. 239).
Waters (1867): CS, 27 de agosto de 1867 (GT n° 1313 [1867], p. 618).
Yáñez (1867): CM Santiago, 14 de enero de 1867 (GT n° 1287 [1867], p. 152).
Zahn y Ca. (1867): CS, 31 de julio de 1867 (GT n° 1310 [1867], p. 553).
Zapata (1867): CM Concepción, 7 de agosto de 1867 (GT n° 1316 [1867], p. 699).

Año 1868

Aracena (1868): CS, 24 de julio de 1868 (GT n° 1360 [1868], p. 614).
Aravena (1868): C. Ap. Concepción, 29 de abril de 1868 (GT n° 1353 [1868], p. 450).
Araya (1868): CM La Serena, 30 de septiembre de 1868 (GT n° 1378 [1868], p. 948).
Arriagada (1868): C. Ap. Concepción, 22 de junio de 1868 (GT n° 1359 [1868], p. 513).
Barros (1868): C. Ap. Concepción, 3 de agosto de 1868 (GT n° 1367 [1868], p. 741).
Benavides (1868): CS, 17 de marzo de 1868 (GT n° 1342 [1868], p. 221).
Edmund (1868): CS, 9 de septiembre de 1868 (GT n° 1367 [1868], p. 732).
Escobar (1868): C. Ap. La Serena, 23 de junio de 1868 (GT n° 1360 [1868], p. 630).
Ferrocarril del sur con Valdés y otros (1868): CS, 21 de noviembre de 1868 (GT n° 1378 [1868], p. 937).
Fisco con deudores de contribución territorial (1868): CS, 23 de junio de 1868 (GT n° 1356 [1868], p. 513).
Fisco con McGrath (1868): CS, 11 de noviembre de 1868 (GT n° 1377 [1868], p. 915).
Fisco con Velasco (1868): CS, 24 de julio de 1868 (GT n° 1360 [1868], p. 613).
Fisco con Vergara (1868): CS, 24 de julio de 1868 (GT n° 1360 [1868], p. 613).
Fuentealba (1868): CM Concepción, 30 de septiembre de 1868 (GT n° 1378 [1868], p. 949).
Gormaz (1868): CS, 17 de noviembre de 1868 (GT n° 1377 [1868], p. 916).
Gormaz y otros (1868): CS, 3 de julio de 1868 (GT n° 1358 [1868], p. 572).
Hernández (1868): CS, 21 de noviembre de 1868 (GT n° 1378 [1868], p. 938).

Hudson (1868): CM Santiago, 28 de marzo de 1868 (GT n° 1343 [1868], p. 238).
Larraín (1868): CS, 11 de diciembre de 1868 (GT n° 1380 [1868], p. 985).
Loncochino y otros (1868): C. Ap. Concepción, 2 de diciembre de 1868 (GT n° 1387 [1869], p. 104).
Meneses (1868): C. Ap. La Serena, 18 de julio de 1868 (GT n° 1367 [1868], p. 738).
Morales (1868): CM Concepción, 4 de enero de 1868 (GT n° 1336 [1868], p. 130).
Moreno (1868): CS, 14 de julio de 1868 (GT n° 1359 [1868], p. 586).
Municipalidad de Vallenar con Rojas Salamanca (1868): C. Ap. La Serena, 9 de octubre de 1868 (GT n° 1380 [1868], p. 1000).
Navarro (1868): CS, 2 de octubre de 1868 (GT n° 1370 [1868], p. 786).
Ossa (1868): CS, 10 de enero de 1868 (GT n° 1333 [1868], p. 73).
Ovalle (1868): CS, 31 de diciembre de 1868 (GT n° 1383 [1869], p. 20).
Saavedra (1868): CM Santiago, 18 de abril de 1868 (GT n° 1347 [1868], p. 306).
Sociedad de Urmeneta y Errázuriz (1868): CS, 26 de junio de 1868 (GT n° 1361 [1868], p. 633).
Torres (1868): CS, 13 de junio de 1868 (GT n° 1355 [1868], p. 489).
Urízar Garfias (1868): CS, 9 de diciembre de 1868 (GT n° 1380 [1868], p. 987).
Vielma y otros (1868): CM Santiago, 22 de agosto de 1868 (GT n° 1366 [1868], p. 716).
Woodville (1868): CS, 24 de junio de 1868 (GT n° 1356 [1868], p. 513).
Zañartu (1868): CS, 10 de julio de 1868 (GT n° 1360 [1868], p. 612).
Zuleta (1868): C. Ap. La Serena, 8 de julio de 1868 (GT n° 1366 [1868], p. 723).

Año 1869

Administrador del estanco de Freirina (1869): CS, 3 de agosto de 1869 (GT n° 1414 [1869], p. 659).
Aguiar (1869): CS, 27 de noviembre de 1869 (GT n° 1431 [1869], p. 1029).
Aguilera (1869): CS, 22 de julio de 1869 (GT n° 1412 [1869], p. 614).
Ávila y otro (1869): CS, 18 de mayo de 1869 (GT n° 1403 [1869], p. 412).
Bustos (1869): CS, 24 de julio de 1869 (GT n° 1413 [1869], p. 640).
Casa de La Fuente y sobrino (1869): CS, 11 de agosto de 1869 (GT n° 1415 [1869], p. 684).
Correa de Saa (1869): CS, 6 de abril de 1869 (GT n° 1397 [1869], p. 273).
Cuninghan (1869): C. Ap. Concepción, 24 de mayo de 1869 (GT n° 1408 [1869], p. 532).
Dickson Harker y Ca. (1869): CS, 23 de abril de 1869 (GT n° 1400 [1869], p. 337).
Escuela Normal de Preceptores con Cortés (1869): CS, 13 de agosto de 1869 (GT n° 1416 [1869], p. 707).
Ferrocarril Central con Cerveró (1869): CS, 8 de junio de 1869 (GT n° 1406 [1869], p. 482).
Ferrocarril Santiago-Valparaíso con Cajales (1869): CS, 6 de enero de 1869 (GT n° 1384 [1869], p. 43).
Fisco con Herederos de Cisternas (1869): CS, 9 de octubre de 1869 (GT n° 1423 [1869], p. 852).
Fisco con Monasterio de las Rosas (1869): CS, 31 de agosto de 1869 (GT n° 1418 [1869], p. 755).
Gibbs y Ca. (1869): CS, 9 de septiembre de 1869 (GT n° 1420 [1869], p. 786).
Guerra (1869): CM Concepción, 24 de noviembre de 1869 (GT n° 1438 [1870], p. 109).
Larraín (1869): CS, 14 de mayo de 1869 (GT n° 1402 [1869], p. 390).
León (1869): C. Ap. Santiago, 28 de septiembre de 1869 (GT n° 1422 [1869], p. 835).
Letelier (1869): CS, 1° de septiembre de 1869 (GT n° 1419 [1869], p. 771).
Masquiarán (1869): CS, 20 de mayo de 1869 (GT n° 1403 [1869], p. 413).
Montero y otros (1869): CS, 18 de agosto de 1869 (GT n° 1416 [1869], p. 708).
Montes (1869): CS, 1° de septiembre de 1869 (GT n° 1418 [1869], p. 757).

Municipalidad de Linares con Soto (1869): C. Ap. Concepción, 18 de mayo de 1869 (GT n° 1407 [1869], p. 516).
Municipalidad de San Fernando con Arellano (1869): C. Ap. Santiago, 12 de agosto de 1869 (GT n° 1415 [1869], p. 694).
Municipalidad de Vallenar con Rojas Salamanca (1869): C. Ap. La Serena, 28 de diciembre de 1869 (GT n° 1441 [1870], p. 170).
Órdenes (1869): CM Concepción, 9 de diciembre de 1869 (GT n° 1439 [1870], p. 123).
Ovalle (1869 a): CS, 4 de agosto de 1869 (GT n° 1414 [1869], p. 660).
Parroquia de Caldera (1869): C. Ap. La Serena, 3 de mayo de 1869 (GT n° 1405 [1869], p. 473).
Pérez Anguita (1869): CS, 25 de junio de 1869 (GT n° 1409 [1869], p. 537).
Pinto y otros (1869): CS, 21 de septiembre de 1869 (GT n° 1421 [1869], p. 803).
Salas Hermanos (1869): CS, 5 de agosto de 1869 (GT n° 1414 [1869], p. 662).
Sucesión de Donoso (1869): CS, 8 de julio de 1869 (GT n° 1411 [1869], p. 585).
Urmeneta y Errázuriz (1869): CS, 13 de julio de 1869 (GT n° 1411 [1869], p. 591).
Valdivia (1869): C. Ap. La Serena, 30 de diciembre de 1869 (GT n° 1441 [1870], p. 173).
Vergara (1869): C. Ap. La Serena, 30 de diciembre de 1869 (GT n° 1441 [1870], p. 173).
Waddington (1869): C. Ap. Santiago, 5 de marzo de 1869 (GT n° 1396 [1869], p. 265).
Waddington y otros (1869): CS, 12 de enero de 1869 (GT n° 1385 [1869], p. 57).

Año 1870

Ábalos y otros (1870): CS, 9 de junio de 1870 (GT n° 1459 [1870], p. 509).
Aguiar Hermanos y compartes (1870): CS, 18 de octubre de 1870 (GT n° 1477 [1870], p. 852).
Araos (1870): CS, 19 de octubre de 1870 (GT n° 1481 [1870], p. 918).
Asociación Patriótica del Corazón de Jesús (1870): C. Ap. Santiago, 7 de diciembre de 1870 (GT n° 1503 [1871], p. 239).
Brieba (1870): CS, 25 de octubre de 1870 (GT n° 1482 [1870], p. 924).
Carrasco (1870): CM Santiago, 5 de mayo de 1870 (GT n° 1466 [1870] p. 646).
Contreras (1870): CS, 24 de septiembre de 1870 (GT n° 1474 [1870], p. 782).
Cousiño (1870): CS, 17 de abril de 1870 (GT n° 1451 [1870], p. 362).
Cueto (1870): CS, 8 de noviembre de 1870 (GT n° 1493 [1871], p. 110).
Del Campo (1870): CS, 30 de noviembre de 1870 (GT n° 1496 [1871], p. 146).
Del Río (1870): CS, 10 de marzo de 1870 (GT n° 1441 [1870], p. 261).
Espinosa (1870): CS, 13 de diciembre de 1870 (GT n° 1497 [1871], p. 157).
Empresa del Ferrocarril con Municipalidad de Caldera (1870): C. Ap. La Serena, 30 de agosto de 1870 (GT n° 1485 [1870], p. 964).
Ferrocarril de Copiapó (1870): C. Ap. La Serena, 7 de junio de 1870 (GT n° 1479 [1870], p. 896).
Gamboa (1870): CM Concepción, 7 de diciembre de 1870 (GT n° 1509, p. 291).
Guzmán (1870): CM Concepción, 13 de julio de 1870 (GT n° 1485 [1870], p. 972).
Herederos de Aguirre Solarte (1870): CS, 22 de julio de 1870 (GT n° 1464 [1870], p. 597).
Herederos de Manzanos (1870): CS, 9 de junio de 1870 (GT n° 1459 [1870], p. 505).
Hurtado y López (1870): CM Santiago, 24 de mayo de 1870 (GT n° 1466 [1870] p. 647).
Letelier (1870): C. Ap. Concepción, 13 de diciembre de 1870 (GT n° 1508 [1871], p. 279).
Levington (1870): C. Ap. Santiago, 12 de septiembre de 1870 (GT n° 1477 [1870], p. 860).

Martel (1870): CM Concepción, 20 de junio de 1870 (GT nº 1483 [1870], p. 938).
Orrego (1870): CM Concepción, 28 de diciembre de 1870 (GT nº 1517 [1871] p. 424).
Palazuelos (1870): CS, 17 de marzo de 1870 (GT nº 1446 [1870], p. 273).
Peña (1870): CM Concepción, 20 de julio de 1870 (GT nº 1486 [1870], p. 978).
Pizarro (1870): C. Ap. La Serena, 19 de diciembre de 1870 (GT nº 1519 [1871], p. 452).
Quiroz (1870): CM Concepción, 6 de septiembre de 1870 (GT nº 1487 [1871], p. 14).
Rodríguez (1870): CM Concepción, 12 de agosto de 1870 (GT nº 1507 [1871], p. 267).
Silva (1870): CS, 2 de agosto de 1870 (GT nº 1466 [1870], p. 634).
Urmeneta, Errázuriz y Ca. (1870): CS, 22 de octubre de 1870 (GT nº 1482 [1870], p. 922).
Urzúa (1870): CM Concepción, 4 de mayo de 1870 (GT nº 1470 [1870], p. 721).
Viel (1870): CS, 27 de mayo de 1870 (GT nº 1459 [1870], p. 506).
Vinet (1870): CS, 17 de octubre de 1870 (GT nº 1477 [1870], p. 850).

Año 1871

Andrade (1871): C. Ap. Concepción, 7 de enero de 1871 (GT nº 1520 [1871], p. 474).
Aracena (1871): CS, 18 de enero de 1871 (GT nº 1518 [1871], p. 360).
Ávila (1871): CS, 10 de enero de 1871 (GT nº 1518 [1871], p. 359).
Bates y Medina (1871): CS, 10 de noviembre de 1871 (GT nº 1575 [1872], p. 717)
Bravo (1871): CS, 21 de julio de 1871 (GT nº 1538 [1871], p. 775).
Brown (1871): C. Ap. Santiago, 4 de agosto de 1871 (GT nº 1543 [1872], p. 137).
Caja Hipotecaria con Rodríguez (1871): C. Ap. Concepción, 3 de mayo de 1871 (GT nº 1518 [1871], p. 433).
Castro (1871): CS, 19 de julio de 1871 (GT nº 1548 [1872], p. 210).
Catalán (1871): CS, 2 de mayo de 1871 (GT nº 1533 [1871], p. 677).
Cotapos (1871): CS, 21 de marzo de 1871 (GT nº 1524 [1871] p. 533).
De la Jara (1871): C. Ap. Concepción, 4 de noviembre de 1871 (GT nº 1564 [1872], p. 506).
Deglaire (1871): CS, 27 de marzo de 1871 (GT nº 1526 [1871] p. 563).
Dueñas (1871): C. Ap. Concepción, 16 de junio de 1871 (GT nº 1542 [1872], p. 115).
Espoz (1871): C. Ap. La Serena, 29 de agosto de 1871 (GT nº 1550 [1872], p. 264).
Establecimientos de Beneficencia de Santiago con Fisco (1871): CS, 26 de abril de 1871 (GT nº 1532 [1871], p. 661).
Fáez (1871): CS, 11 de julio de 1871 (GT nº 1543 [1872], p. 131).
Finher (1871): CS, 29 de abril de 1871 (GT nº 1533 [1871], p. 673).
Fisco con Bahamondes (1871): CS, 28 de octubre de 1871 (GT nº 1571 [1872], p. 635).
Fisco con Prado (1871): CS, 28 de marzo de 1871 (GT nº 1526 [1871], p. 565).
Flores Villanueva (1871): CM Concepción, 11 de mayo de 1871 (GT nº 1539 [1872], p. 17).
González (1871): CM Concepción, 23 de marzo de 1871 (GT nº 1528 [1871], p. 594).
Hen (1871): C. Ap. La Serena, 30 de octubre de 1871 (GT nº 1556 [1872], p. 362).
Holley (1871): CM Santiago, 14 de agosto de 1871 (GT nº 1547 [1872], p. 196).
Jarpa (1871): C. Ap. Santiago, 20 de abril de 1871 (GT nº 1522 [1871], p. 505).
López (1871): CS, 2 de mayo de 1871 (GT nº 1533 [1871], p. 678).
Maldini (1871): C. Ap. Santiago, 17 de noviembre de 1872 (GT nº 1578 [1872], p. 802).
Martel (1871): C. Ap. Concepción, 26 de mayo de 1871 (GT nº 1540 [1872], p. 62).

Montecinos (1871): CS, 3 de enero de 1871 (GT nº 1513 [1871], p. 355).
Municipalidad de Chillán con Zañartu (1871): C. Ap. Concepción, 21 de abril de 1871 (GT nº 1535 [1871], p. 714).
O'Ryan (1871): C. Ap. Concepción, 25 de abril de 1871 (GT nº 1538 [1871], p. 793).
Ortiz (1871): CM Santiago, 17 de noviembre de 1871 (GT nº 1562 [1872], p. 461).
Pérez (1871): CS, 18 de julio de 1871 (GT nº 1547 [1872], p. 195).
Pérez Anguita (1871): CS, 26 de abril de 1871 (GT nº 1532 [1871], p. 660).
Rivera (1871): CM Santiago, 11 de abril de 1871 (GT nº 1522 [1871], p. 504).
Rosas (1871): CS, 15 de julio de 1871 (GT nº 1546 [1872], p. 177).
Schutte y Ca. (1871): CS, 9 de junio de 1871 (GT nº 1537 [1871], p. 749).
Silva (1871 a): CS, 13 de enero de 1871 (GT nº 1499 [1871] p 185).
Silva (1871 b): CS, 12 de julio de 1871 (GT nº 1544 [1872], p. 146).
Thompson (1871): CS, 18 de enero de 1871 (GT nº 1513 [1871], p. 361).
Urmeneta y Errázuriz (1871): C. Ap. La Serena, 8 de noviembre de 1871 (GT nº 1558 [1872], p. 396).
Valledor (1871): CS, 11 de enero de 1871 (GT nº 1513 [1871], p. 360).
Villagrán Acuña (1871): CS, 4 de diciembre de 1871 (GT nº 1580 [1872], p. 844).
Zamudio (1871): CS, 27 de diciembre de 1871 (GT nº 1579 [1872], p. 830).

Año 1872

Barrenechea (1872): CS, 15 de octubre de 1872 (GT nº 1595 [1872], p. 1521).
Betteley y Ca. (1872): CS, 12 de noviembre de 1872 (GT nº 1596 [1873], p. 1581).
De la Barra (1872 a): CS, 10 de agosto de 1872 (GT nº 1591 [1872], p. 1301).
De la Barra (1872 b): CS, 22 de noviembre de 1872 (GT nº 1596 [1872], p. 1589).
Caballero Samit (1872): C. Ap. La Serena, 27 de julio de 1872 (GT nº 1590 [1872], p. 1268).
Caminos (1872): CS, 21 de mayo de 1872 (GT nº 1586 [1872], p. 1065).
Cárdenas (1872): C. Ap. Santiago, 18 de mayo de 1872 (GT nº 1584 [1872], p. 1035).
Clausen (1872): C. Ap. Santiago, 5 de julio de 1872 (GT nº 1587 [1872], p. 1130).
Concurso de Álamos y Ca. (1872): CS, 23 de julio de 1872 (GT nº 1590 [1872], p. 1250; sentencia de 1ª instancia en GT nº 1576 [1872], p. 764).
Cordovez (1872): CS, 29 de julio de 1872 (GT nº 1591 [1872], p. 1294).
Cotapos (1872): CS, 27 de agosto de 1872 (GT nº 1593 [1872], p. 1386).
Darrigrande (1872): CS, 9 de marzo de 1872 (GT nº 1584 [1872], p. 962).
Escalona (1872): C. Ap. Concepción, 13 de diciembre de 1872 (GT nº 1597, p. 1702).
Farías (1872): CS, 10 de septiembre de 1872 (GT nº 1594 [1872], p. 1452).
Fernández Puelma (1872): CS, 29 de julio de 1872 (GT nº 1591 [1872], p. 1293).
Ferrocarril del Sur con Arriagada (1872): 18 de abril de 1872 (GT nº 1585 [1872], p. 1013).
Fisco con Arrate (1872): CS, 9 de agosto de 1872 (GT nº 1591 [1872], p. 1299).
Fisco con Farías (1872): CS, 10 de septiembre de 1872 (GT nº 1594 [1872], p. 1452).
Fisco con Sánchez (1872): CS, 23 de octubre de 1872 (GT nº 1595 [1872], p. 1531).
González Morán (1872): C. Ap. Santiago, 2 de enero de 1872 (GT nº 1579 [1872], p. 832).
Jara (1872): CS, 14 de octubre de 1872 (GT nº 1595 [1872], p. 1522).
Lamarca y Ca. (1872): CS, 22 de junio de 1872 (GT nº 1588 [1872], p. 1155).
Maqueira (1872): CS, 1º de octubre de 1872, GT nº 1594 [1872], p. 1463).

Maluenda (1872): CS, 21 de agosto de 1872 (GT n° 1592 [1872], p. 1345).
Mertel (1872): CS, 10 de septiembre de 1872 (GT n° 1594 [1872], p. 1450).
Municipalidad de Ancud con Andrade (1872): C. Ap. Concepción, 8 de mayo de 1872 (GT n° 1584 [1872], p. 1005).
Municipalidad de Los Ángeles con Fisco (1872): CS, 5 de marzo de 1872 (GT n° 1582 [1872], p. 902).
Municipalidad de Los Ángeles con Testamentaria de Larenas (1872): C. Ap. Concepción, 8 de julio de 1872 (GT n° 1590 [1872], p. 1274).
Municipalidad de Vallenar con Mendoza (1872): C. Ap. La Serena, 26 de diciembre de 1872 (GT n° 1598 [1872], p. 1734).
Muñoz (1872): CS, 10 de julio de 1872 (GT n° 1589 [1872], p. 1217).
Patiño (1872): CS, 12 de octubre de 1872 (GT n° 1595 [1872], p. 1519).
Pérez (1872): C. Ap. La Serena, 18 de marzo de 1872 (GT n° 1573 [1872], p. 675).
Ramírez y Carreño (1872): CS, 5 de enero de 1872 (GT n° 1580 [1872], p. 851).
Salvo (1872): CS, 9 de enero de 1872 (GT n° 1589 [1872], p. 868).
Tapia (1872): CM Concepción, 12 de marzo de 1872 (GT n° 1579 [1872], p. 839).
Valenzuela (1872): CM Concepción, 14 de mayo de 1872 (GT n° 1585 [1872], p. 1050).
Vargas Bascuñán (1872): C. Ap. Santiago, 4 de abril de 1872 (GT n° 1583 [1872], p. 950).
Viel (1872): CS, 29 de noviembre de 1872 (GT n° 1597 [1872], p. 1641).

Año 1873

Alarcón (1873): C. Ap. Concepción, 16 de junio de 1873 (GT n° 1615 [1873], p. 537).
Astorga (1873): C. Ap. La Serena, 17 de abril de 1873 (GT n° 1606 [1873], p. 247).
Banco Sud Americano (1873): CS, 15 de julio de 1873 (GT n° 1619 [1873], p. 645).
Camino (1873): CS, 30 de mayo de 1873 (GT n° 1612 [1873], p. 434).
Coñiam (1873): CS, 22 de octubre de 1873 (GT n° 1632 [1873], p. 1046).
Cood (1873): C. Ap. Santiago, 19 de agosto de 1873 (GT n° 1621 [1873], p. 708).
Correa y otros (1873): CS, 12 de diciembre de 1873 (GT n° 1639 [1873], p. 1284).
Del Piano y otros (1873): CS, 11 de octubre de 1873 (GT n° 1630 [1873], p. 990).
Errázuriz (1873): CS, 20 de mayo de 1873 (GT n° 1611 [1873], p. 403).
Ferrocarril central con sucesión de Martínez (1873): CS, 6 de junio de 1873 (GT n° 1613 [1873], p. 464).
Fisco con Canto y otros (1873): CS, 20 de mayo de 1873 (GT n° 1611 [1873], p. 404).
Fisco con Germain Hermanos (1873): CS, 6 de agosto de 1873 (GT n° 1622 [1873], p. 741).
Fisco con Gremio de Jornaleros (1873): CS, 25 de julio de 1873 (GT n° 1620 [1873], p. 669).
Fisco con Gutiérrez (1873): CS, 24 de abril de 1873 (GT n° 1607 [1873], p. 262).
Fisco con Holzapfel y Scholle (1873): CS, 21 de noviembre de 1873 (GT n° 1636 [1873], p. 1182).
Fisco con Ruiz y otros (1873): CS, 5 de septiembre de 1873 (GT n° 1626 [1873], p. 862).
Fisco con Weir Scott y Ca. (1873): CS, 16 de agosto de 1873 (GT n° 1623 [1873], p. 765).
Fuentealba (1873): CS, 22 de octubre de 1873 (GT n° 1632 [1873], p. 1046).
Guzmán (1873): CS, 27 de marzo de 1873 (GT n° 1604 [1873], p. 168).
Hesse (1873): CS, 25 de julio de 1873 (GT n° 1620 [1873], p. 671).
Hospital de Mujeres de Concepción (1873): C. Ap. Concepción, 31 de diciembre de 1873 (GT n° 1641 [1873], p. 1359).

Intendente de Valparaíso con Aguayo (1873): C. Ap. Santiago, 19 de agosto de 1873 (GT n° 1621 [1873], p. 707).
Larraín (1873): CS, 24 de julio de 1873 (GT n° 1620 [1873], p. 680).
Lecaros Valdés (1873): CS, 30 de agosto de 1873 (GT n° 1625 [1873], p. 826).
Lezaeta (1873): CS, 25 de julio de 1873 (GT n° 1620 [1873], p. 670).
Molina (1873): CS, 8 de julio de 1873 (GT n° 1619 [1873], p. 647).
Montenegro (1873): CS, 27 de marzo de 1873 (GT n° 1608 [1873], p. 292).
Mujica (1873): CS, 30 de diciembre de 1873 (GT n° 1641 [1873], p. 1332).
Municipalidad de Freirina con Montt y Ca. (1873): C. Ap. La Serena, 23 de mayo de 1873 (GT n° 1611 [1873], p. 412).
Municipalidad de Valparaíso con Pérez (1873): C. Ap. Santiago, 13 de septiembre de 1873 (GT n° 1627 [1873], p. 910).
Municipalidad de Vichuquén con Silva (1873): C. Ap. Santiago, 19 de noviembre de 1873 (GT n° 1636 [1873], p. 1185).
Olea (1873): CS, 15 de diciembre de 1873 (GT n° 1640 [1873], p. 1305).
Palacios (1873): CS, 26 de julio de 1873 (GT n° 1620 [1873], p. 673).
Pérez (1873): C. Ap. Santiago, 13 de septiembre de 1873 (GT n° 1627 [1873], p. 910).
Pérez Veas y otros (1873): CS, 26 de abril de 1873 (GT n° 1607 [1873], p. 268).
Ponce de León (1873): C. Ap. Concepción, 27 de agosto de 1873 (GT n° 1625 [1873], p. 849).
Rodríguez y otros (1873): CS, 22 de octubre de 1873 (GT n° 1632 [1873], p. 1047).
Rojas (1873): C. Ap. La Serena, 7 de octubre de 1873 (GT n° 1630 [1873], p. 1005).
Salvo (1873): C. Ap. Santiago, 6 de septiembre de 1873 (GT n° 1626 [1873], p. 869).
Sanhueza (1873): CS, 20 de mayo de 1873 (GT n° 1611 [1873], p. 404).
Titus y compartes (1873): CS, 19 de noviembre de 1873 (GT n° 1636 [1873], p. 1180).
Toro (1873): CS, 20 de diciembre de 1873 (GT n° 1640 [1873], p. 1309).
Urmeneta y compartes (1873): C. Ap. Santiago, 16 de agosto de 1873 (GT n° 1624 [1873], p. 804).
Wormald (1873): CS, 10 de septiembre de 1873 (GT n° 1627 [1873], p. 892).
Wormald y otros (1873): CM Santiago, 10 de enero de 1873 (GT n° 1600 [1873], p. 40).
Zahn y Ca. (1873): CS, 27 de marzo de 1873 (GT n° 1604 [1873], p. 169).

Año 1874

Acuña (1874): C. Ap. Concepción, 25 de noviembre de 1874 (GT n° 1680 [1874], p. 1395).
Andrade (1874): CM Santiago, 21 de diciembre de 1874 (GT n° 1684 [1874], p. 1552).
Aravena (1874): CS, 23 de abril de 1874 (GT n° 1650 [1874], p. 302).
Banco Sud Americano (1874): CS, 7 de diciembre de 1874 (GT n° 1682 [1874], p. 1449).
Bravo (1874): C. Ap. Santiago, 29 de agosto de 1874 (GT n° 1668 [1874], p. 962).
Cavincura (1874): CM Santiago, 15 de diciembre de 1874 (GT n° 1683 [1874], p. 1500).
Cisternas (1874): C. Ap. Santiago, 19 de noviembre de 1874 (GT n° 1679 [1874], p. 1342).
Contardo (1874): CS, 22 de abril de 1874 (GT n° 1650 [1874], p. 300).
Convento de Santo Domingo de Valparaíso (1874): CS, 20 de abril de 1874 (GT n° 1650 [1874], p. 297).
Coronado (1874): CM Concepción, 24 de marzo de 1874 (GT n° 1650 [1874], p. 319).
De la Cerda (1874): CS, 11 de diciembre de 1874 (GT n° 1682 [1874], p. 1455).
Delo (1874): CM Santiago, 18 de abril de 1874 (GT n° 1649 [1874], p. 274).

Echeverría (1874): C. Ap. Santiago, 13 de abril de 1874 (GT nº 1649 [1874], p. 259).
Fernöh (1874): CS, 21 de octubre de 1874 (GT nº 1675 [1874], p. 1193).
Fisco con Compañía de Diques Flotantes (1874): CS, 10 de agosto de 1874 (GT nº 1666 [1874], p. 874).
Fisco con Gremio de Jornaleros de Valparaíso (1874): CS, 1° de septiembre de 1874 (GT nº 1669 [1874], p. 977).
Fisco con Reyes (1874): CS, 20 de noviembre de 1874 (GT nº 1679 [1874], p. 1337).
Fisco con Sucesión de Ahumada (1874): CS, 14 de agosto de 1874 (GT nº 1666 [1874], p. 873).
Fisco con Sucesión de Reyes (1874): CS, 19 de marzo de 1874 (GT nº 1646 [1874], p. 155).
Fisco con Testamentaria de Reyes (1874): CS, 2 de octubre de 1874 (GT nº 1672 [1874], p. 1089).
Fisco con Tilmans (1874): CS, 6 de mayo de 1874 (GT nº 1652 [1874], p. 370).
Fisco con Valdés (1874): CS, 6 de octubre de 1874 (GT nº 1673 [1874], p. 1121).
Fuentes (1874): C. Ap. Concepción, 10 de diciembre de 1874 (GT nº 1682 [1874], p. 1471).
García (1874 a): CS, 3 de noviembre de 1874 (GT nº 1677 [1874], p. 1265).
García (1874 b): CM Concepción, 15 de diciembre de 1874 (GT nº 1683 [1874], p. 1514).
Garriga (1874): CS, 19 de marzo de 1874 (GT nº 1646 [1874], p. 154).
Guajardo (1874): CM Santiago, 22 de septiembre de 1874 (GT nº 1671 [1874], p. 1059).
Gutiérrez (1874): CM Concepción, 3 de noviembre de 1874 (GT nº 1677 [1874], p. 1296).
Iglesias (1874): CS, 10 de octubre de 1874 (GT nº 1673 [1874], p. 1122).
Jamen (1874): C. Ap. La Serena, 6 de marzo de 1874 (GT nº 1644 [1874], p. 113).
Jouve y Ca. (1874): CS, 29 de julio de 1874 (GT nº 1664 [1874], p. 809).
Manríquez (1874): CS, 29 de septiembre de 1874 (GT nº 1672 [1874], p. 1091).
Merino (1874): CM Santiago, 18 de abril de 1874 (GT nº 1649 [1874], p. 273).
Miranda (1874): C. Ap. La Serena, 26 de diciembre de 1874 (GT nº 1684 [1874], p. 1556).
Monk (1874): CS, 21 de septiembre de 1874 (GT nº 1671 [1874], p. 1043).
Moyano (1874): C. Ap. Santiago, 16 de junio de 1874 (GT nº 1658 [1874], p. 609).
Municipalidad de Cauquenes con Del Río (1874): C. Ap. Concepción, 23 de septiembre de 1874 (GT nº 1671 [1874], p. 1073).
Municipalidad de Concepción con Figueroa (1874): C. Ap. Concepción, 12 de octubre de 1874 (GT nº 1674 [1874], p. 1180).
Municipalidad de Concepción con Pradenas (1874): C. Ap. Concepción, 20 de junio de 1874 (GT nº 1658 [1874], p. 627).
Muñoz (1874 a): CS, 26 de mayo de 1874 (GT nº 1655 [1874], p. 486).
Muñoz (1874 b): CM Santiago, 16 de mayo de 1874 (GT nº 1653 [1874], p. 433).
Navarrete (1874): CM Santiago, 3 de marzo de 1874 (GT nº 1644 [1874], p. 108).
Nieto (1874): CS, 6 de octubre de 1874 (GT nº 1673 [1874], p. 1121).
Pérez (1874): C. Ap. La Serena, 27 de agosto de 1874 (GT nº 1668 [1874], p. 968).
Pérez Anguita (1874): CS, 17 de julio de 1874 (GT nº 1662 [1874], p. 745).
Pradel (1874): CS, 4 de noviembre de 1874 (GT nº 1677 [1874], p. 1267).
Ramírez (1874): CM Santiago, 24 de agosto de 1874 (GT nº 1668 [1874], p. 963).
Ravinet (1874): C. Ap. Santiago, 28 de diciembre de 1874 (GT nº 1684 [1874], p. 1541).
Retamal (1874): CM Santiago, 4 de mayo de 1874 (GT nº 1652 [1874], p. 393).
Riquelme (1874): CM Concepción, 17 de noviembre de 1874 (GT nº 1679 [1874], p. 1362).
Rojas (1874): CS, 18 de marzo de 1874 (GT nº 1646 [1874], p. 162).

Sarratea (1874): CS, 20 de marzo de 1874 (GT n° 1646 [1874], p. 155).
Tapia (1874): C. Ap. Concepción, 5 de noviembre de 1874 (GT n° 1677 [1874], p. 1291).
Valencia (1874): CS, 5 de marzo de 1874 (GT n° 1644 [1874], p. 98).

Año 1875

Aguirre (1875): C. Ap. La Serena, 19 de junio de 1875 (GT n° 1699 [1875], p. 509).
Aravena y otros (1875): CM Concepción, 1° de junio de 1875 (GT n° 1699 [1875], p. 518).
Armijo (1875): CS, 19 de abril de 1875 (GT n° 1691 [1875], p. 215).
Astudillo (1875): CS, 13 de octubre de 1875 (GT n° 1717 [1875], p. 1130).
Bahamondes (1875): CM Concepción, 1° de abril de 1875 (GT n° 1690 [1875], p. 204).
Beard (1875): C. Ap. Santiago, 19 de mayo de 1875 (GT n° 1697 [1875], p. 409).
Cáceres (1875): CS, 27 de septiembre de 1875 (GT n° 1715 [1875], p. 1063).
Carrillo (1875): CM La Serena, 14 de junio de 1875 (GT n° 1701 [1875], p. 589).
Durán (1875): CM Concepción, 24 de octubre de 1875 (GT n° 1718 [1875], p. 1162).
Echeverría (1875): C. Ap. La Serena, 7 de mayo de 1875 (GT n° 1695 [1875], p. 392).
Fisco con Convento de la Merced (1875): CS, 22 de abril de 1875 (GT n° 1693 [1875], p. 291).
Fisco con Ehrenfeld (1875): CS, 13 de agosto de 1875 (GT n° 1709 [1875], p. 841).
Fisco con García (1875): CS, 21 de julio de 1875 (GT n° 1706 [1875], p. 745).
Fisco con Kendall y Ca. (1875): CS, 14 de julio de 1875 (GT n° 1705 [1875], p. 714).
Fisco con Quinteros (1875): CS, 27 de octubre de 1875 (GT n° 1719 [1875], p. 1201).
Fisco con Tapia (1875): CS, 20 de abril de 1875 (GT n° 1693 [1875], p. 290).
Garcés (1875): CS, 14 de julio de 1875 (GT n° 1705 [1875], p. 713).
González (1875): CM Santiago, 22 de noviembre de 1875 (GT n° 1722 [1875], p. 1357).
Houston Steel y Ca. (1875): CS, 29 de abril de 1875 (GT n° 1694 [1875], p. 331).
Jaque (1875): CM Concepción, 28 de septiembre de 1875 (GT n° 1715 [1875], p. 1083).
Lara (1875): CS, 11 de junio de 1875 (GT n° 1701 [1875], p. 561).
Larraín (1875): C. Ap. Santiago, 19 de mayo de 1875 (GT n° 1694 [1875], p. 349).
León (1875): CS, 26 de octubre de 1875 (GT n° 1719 [1875], p. 1201).
Letelier (1875): CS, 8 de marzo de 1875 (GT n° 1688 [1875], p. 113).
Lobos (1875): CM Santiago, 6 de octubre de 1875 (GT n° 1716 [1875], p. 1105).
Lynch (1875): CM Santiago, 11 de octubre de 1875 (GT n° 1717 [1875], p. 1145).
Municipalidad de Caldera con Municipalidad de Copiapó (1875): C. Ap. La Serena, 8 de abril de 1875 (GT n° 1691 [1875], p. 228).
Municipalidad de Concepción con Navarro (1875): C. Ap. Concepción, 11 de octubre de 1875 (GT n° 1717 [1875], p. 1151).
Municipalidad de Loncomilla con Municipalidad de Linares (1875): C. Ap. Concepción, 15 de julio de 1875 (GT n° 1705 [1875], p. 735).
Muñoz (1875): CS, 19 de abril de 1875 (GT n° 1693 [1875], p. 289).
Ñancul (1875): CS, 16 de diciembre de 1875 (GT n° 1726 [1875], p. 1457).
Quezada (1875): CM Santiago, 22 de junio de 1875 (GT n° 1702 [1875], p. 631).
Quiñones (1875): CM Concepción, 6 de octubre de 1875 (GT n° 1716 [1875], p. 1121).
Rodríguez (1875): CS, 19 de mayo de 1875 (GT n° 1697 [1875], p. 453).
Salas (1875): CS, 21 de abril de 1875 (GT n° 1693 [1875], p. 290).

Soto Dávila (1875): CM La Serena, 18 de mayo de 1875 (GT nº 1697 [1875], p. 463).
Torres (1875): CM Concepción, 22 de julio de 1875 (GT nº 1706 [1875], p. 775).
Ugalde (1875): C. Ap. Santiago, 28 de septiembre de 1875 (GT nº 1715 [1875], p. 1064).
Uribe (1875): CM Santiago, 23 de junio de 1875 (GT nº 1702 [1875], p. 631).
Vargas (1875): C. Ap. Concepción, 3 de diciembre de 1875 (GT nº 1724 [1875], p. 1419).
Vial (1875): CS, 23 de junio de 1875 (GT nº 1702 [1875], p. 617).

Año 1876

Aguayo (1876): CM Concepción, 16 de mayo de 1876 (GT nº 1742 [1876], p. 469).
Albornoz (1876): CM Santiago, 31 de agosto de 1876 (GT nº 1760 [1876], p. 1023).
Alcalde de Mulchén con Juez de Subdelegación de Mulchén (1876): C. Ap. Concepción, 25 de abril de 1876 (GT nº 1739, [1876], p. 353).
Alcalde de Vichuquén con Jurado Electoral de Vichuquén (1876): CS, 20 de mayo de 1876 (GT nº 1742 [1876], p. 446).
Arenas y otros (1876): C. Ap. La Serena, 26 de abril de 1876 (GT nº 1739 [1876], p. 348).
Banco de la Alianza (1876): CS, 27 de septiembre de 1876 (GT nº 1761 [1876], p. 1041).
Barra (1876): CS, 5 de julio de 1876 (GT nº 1749 [1876], p. 666).
Correa (1876): CS, 1º de marzo de 1876 (GT nº 1731 [1876], p. 57).
De la Cerda (1876): C. Ap. Santiago, 9 de marzo de 1876 (GT nº 1732 [1876], p. 194).
Del Río (1876): CS, 28 de junio de 1876 (GT nº 1748 [1876], p. 640).
Escobar (1876): CS, 14 de enero de 1876 (GT nº 1730 [1876], p. 31).
Figueroa (1876): CM Concepción, 28 de marzo de 1876 (GT nº 1735 [1876], p. 220).
Flemming (1876): CS, 17 de agosto de 1876 (GT nº 1755 [1876], p. 849).
Garcés (1876): CS, 9 de mayo de 1876 (GT nº 1741 [1876], p. 401).
García (1876 a): CS, 25 de agosto de 1876 (GT nº 1756 [1876], p. 881).
García (1876 b): CS, 4 de noviembre de 1876 (GT nº 1766 [1876], p. 1193).
Guzmán (1876): CS, 15 de septiembre de 1876 (GT nº 1758 [1876], p. 945).
Henríquez (1876): CS, 26 de julio de 1876 (GT nº 1752 [1876], p. 761).
Juez de Letras de Cauquenes con Comandante General de Armas de Cauquenes (1876): CS, 27 de mayo de 1876 (GT nº 1743 [1876], p. 473).
Juez de Letras de Chillán con Comandante General de Armas de Ñuble (1876): CS, 2 de junio de 1876 (GT nº 1744 [1876], p. 497).
Kendall y Ca. (1876): CS, 25 de abril de 1876 (GT nº 1739 [1876], p. 321).
Leiva (1876): C. Ap. Concepción, 9 de mayo de 1876 (GT nº 1741 [1876], p. 430).
M.C.O. y J.E.G. (1876): CS, 10 de marzo de 1876, en VERA DÍAZ (1883), p. 425.
Monk y otros (1876): CS, 27 de julio de 1876 (GT nº 1752 [1876], p. 762).
Oróstegui (1876): CS, 6 de octubre de 1876 (GT nº 1762 [1876], p. 1065).
Otaiza (1876): CS, 11 de enero de 1876 (GT nº 1730 [1876], p. 25).
Ramírez (1876): C. Ap. La Serena, 10 de abril de 1876 (GT nº 1737 [1876], p. 270).
Ravinet (1876): CS, 7 de diciembre de 1876 (GT nº 1770 [1876], p. 1329).
Reyes y Elufí (1876): C. Ap. La Serena, 14 de marzo de 1876 (GT nº 1733 [1876], p. 140).
Rosas (1876): C. Ap. La Serena, 12 de mayo de 1876 (GT nº 1741 [1876], p. 424).
Smith, Masenlli y Ca. (1876): CS, 13 de octubre de 1876 (GT nº 1763 [1876], p. 1097).

Soto (1876): CM Santiago, 29 de agosto de 1876 (GT n° 1760 [1876], p. 1023).
Sucesión de Valdés (1876): CS, 17 de octubre de 1876 (GT n° 1764 [1876], p. 1129).
Wood (1876): C. Ap. Concepción, 12 de enero de 1876 (GT n° 1730 [1876], p. 47).

Año 1877

Ahrens (1877): CS, 30 de junio de 1877 (GT n° 1793 [1877], p. 697).
Alvarado (1877): CS, 5 de noviembre de 1877 (GT n° 1812 [1877], p. 1449).
Antil y otros (1877): CS, 30 de octubre de 1877 (GT n° 1812 [1877], p. 1449).
Cayupán (1877): C. Ap. Concepción, 3 de marzo de 1877 (GT n° 1776 [1877], p. 85).
Cerveró y Ca. (1877): CS, 14 de junio de 1877 (GT n° 1791 [1877], p. 626).
Chiarella (1877): C. Ap. Concepción, 22 de mayo de 1877 (GT n° 1788 [1877], p. 536).
Concha (1877): C. Ap. Concepción, 15 de noviembre de 1877 (GT n° 1814 [1877], p. 1570).
De la Fuente (1877): CS, 14 de agosto de 1877 (GT n° 1800 [1877], p. 969).
Díaz (1877): CS, 12 de mayo de 1877 (GT n° 1786 [1877], p. 424).
Eguiluz y otros (1877): C. Ap. Concepción, 6 de septiembre de 1877 (GT n° 1803 [1877], p. 1109).
Fermandois (1877): C. Ap. Concepción, 27 de abril de 1877 (GT n° 1783 [1877], p. 322).
Fisco con Muñoz (1877): CS, 11 de julio de 1877 (GT n° 1795 [1877], p. 777).
Fisco con Pérez (1877): CS, 23 de abril de 1877 (GT n° 1785 [1877], p. 379).
González (1877): CS, 31 de julio de 1877 (GT n° 1798 [1877], p. 899).
Guevara (1877): CS, 20 de septiembre de 1877 (GT n° 1805 [1877], p. 1145).
Guzmán (1877 a): CS, 5 de abril de 1877 (GT n° 1781 [1877], p. 230).
Guzmán (1877 b): CS, 26 de noviembre de 1877 (GT n° 1815 [1877], p. 1577).
Herrera (1877): C. Ap. Concepción, 5 de julio de 1877 (GT n° 1794 [1877], p. 771).
Irribarra (1877): CS, 26 de septiembre de 1877 (GT n° 1806 [1877], p. 1189).
Jiménez (1877): CS, 6 de octubre de 1877 (GT n° 1807 [1877], p. 1234).
Lemuhot (1877): CS, 2 de octubre de 1877 (GT n° 1807 [1877], p. 1233).
Moreno (1877): C. Ap. Santiago, 26 de septiembre de 1877 (GT n° 1810 [1877], p. 1370).
Municipalidad de Concepción con Navarro (1877): C. Ap. Concepción, 10 de enero de 1877 (GT n° 1774 [1877], p. 62).
Paredes (1877): CS, 5 de diciembre de 1877 (GT n° 1816 [1877], p. 1617).
Pfeiffer Thiele y Ca. (1877): CS, 2 de agosto de 1877 (GT n° 1798 [1877], p. 897).
Procurador municipal de Coquimbo (1877): C. Ap. La Serena, 20 de julio de 1877 (GT n° 1792 [1877], p. 680).
Queille y Billwiller (1877): CS, 20 de septiembre de 1877 (GT n° 1805 [1877], p. 1146).
Rojas (1877): CS, 6 de agosto de 1877 (GT n° 1799 [1877], p. 939.
Salas Hermanos (1877): CS, 7 de septiembre de 1877 (GT n° 1803 [1877], p. 1075).
Serrano Montaner (1877): CS, 5 de junio de 1877 (GT n° 1790 [1877], p. 581).
Steel Hedderwik y Ca. (1877): CS, 20 de septiembre de 1877 (GT n° 1805 [1877], p. 1145).
Valdés Vigil (1877): CS, 7 de noviembre de 1877 (GT n° 1812 [1877], p. 1450).
Vargas (1877): CS, 7 de junio de 1877 (GT n° 1790 [1877], p. 577).
Villagrán (1877): C. Ap. Concepción, 26 de julio de 1877 (GT n° 1797 [1877], p. 893).

Año 1878

Alcaldes de Lebu (1878): C. Ap. Concepción, 2 de noviembre de 1878 (GT nº 1854 [1878], p. 1691).
Allende Padín (1878): CS, 2 de abril de 1878 (GT nº 1826 [1878], p. 337, nº 845).
Alvarado y Loaiza (1878): C. Ap. Concepción, 27 de junio de 1878 (GT nº 1838 [1878], p. 942).
Amengual (1878): CM Santiago, 5 de abril de 1878 (GT nº 1826 [1878], p. 368).
Arangua (1878): CS, 11 de septiembre de 1878 (GT nº 1848 [1878], p. 1359).
Avilés y otros (1878): CS, 5 de junio de 1879 (GT nº 1878 [1879], p. 486).
Barra, Elgueta y Lagos (1878): C. Ap. Concepción, 29 de octubre de 1878 (GT nº 1854 [1878], p. 1694).
Bories y Lyon (1878): CS, 19 de octubre de 1878 (GT nº 1852 [1878], p. 1563).
Briones (1878): C. Ap. Concepción, 15 de junio de 1878 (GT nº 1835 [1878], p. 805).
Canales y Díaz (1878): CS, 26 de junio de 1878 (GT nº 1837 [1878], p. 861).
Canales y otros (1878): CS, 18 de julio de 1878 (GT nº 1840 [1878], p. 1005).
Castro Pérez de Arce (1878): C. Ap. Concepción, 29 de octubre de 1878 (GT nº 1854 [1878], p. 1699).
Cerveró y Ca. (1878): CS, 12 de octubre de 1878 (GT nº 1850 [1878], p. 1459).
Chávez (1878): C. Ap. La Serena, 22 de julio de 1878 (GT nº 1842 [1878], p. 1116).
Cifuentes (1878): CS, 15 de noviembre de 1878 (GT nº 1856 [1878], p. 1752).
Compañía Explotadora de Lota y Coronel (1878): CS, 27 de diciembre de 1878 (GT nº 1861 [1878], p. 2001).
Cortés Carvajal (1878): C. Ap. La Serena, 5 de noviembre de 1878 (GT nº 1855 [1878], p. 1730).
Dendariena (1878): C. Ap. Concepción, 17 de octubre de 1878 (GT nº 1852 [1878], p. 1614).
Desórdenes en la Academia Militar (1878): CS, 29 de abril de 1878 (GT nº 1828 [1878], p. 457).
Díaz (1878): C. Ap. Concepción, 24 de agosto de 1878 (GT nº 1845 [1878], p. 1260).
Duguid y Ca. (1878): CS, 3 de julio de 1878 (GT nº 1838 [1878], p. 899).
Duncan Fox y Ca. (1878): CS, 3 de julio de 1878 (GT nº 1838 [1878], p. 898).
Espinosa (1878): CS, 5 de agosto de 1878 (GT nº 1844 [1878], p. 1185).
Fariña (1878): CS, 27 de septiembre de 1878 (GT nº 1849 [1878], p. 1413).
Fisco con barca Countess of Rothers (1878): CS, 15 de abril de 1878 (GT nº 1827 [1878], p. 393).
Fisco con Compañía Explotadora de Lota y Coronel (1878): CS, 27 de julio de 1878 (GT nº 1842 [1878], p. 1089).
Fisco con Flores (1878): CS, 12 de julio de 1878 (GT nº 1840 [1878], p. 993).
Fisco con Ministros del Tesoro (1878): CS, 7 de noviembre de 1878 (GT nº 1858 [1878], p. 1852).
Fisco con Piedra y Ca. (1878): CS, 5 de septiembre de 1878 (GT nº 1847 [1878], p. 1305).
Flores Carvajal (1878): C. Ap. La Serena, 24 de septiembre de 1878 (GT nº 1850 [1878], p. 1492).
Gaete (1878): C. Ap. Concepción, 8 de enero de 1879 (GT nº 1864 [1879], p. 54).
Gallardo (1878): CS, 26 de diciembre de 1878 (GT nº 1862 [1878], p. 2033).
García (1878): C. Ap. Concepción, 27 de junio de 1878 (GT nº 1838 [1878], p. 942).
García y Schroeder (1878): CS, 26 de septiembre de 1878 (GT nº 1849 [1878], p. 1412).
Goicolea (1878): C. Ap. Concepción, 30 de julio de 1878 (GT nº 1841 [1878], p. 1064).
González Carrasco (1878): CM Santiago, 10 de abril de 1878 (GT nº 1826 [1878], p. 368).
González Díaz (1878): CS, 16 de mayo de 1878 (GT nº 1833 [1878], p. 684).
González y Mancilla (1878): CS, 23 de noviembre de 1878 (GT nº 1857 [1878], p. 1795).
Guérin Hermanos (1878): CS, 23 de noviembre de 1878 (GT nº 1857 [1878], p. 1795).
Guerra (1878): CS, 23 de julio de 1878 (GT nº 1842 [1878], p. 1094).

Gunston Edmondson y Ca. (1878): CS, 25 de julio de 1878 (GT nº 1842 [1878], p. 1089).
Guzmán Fuenzalida (1878): CS, 3 de abril de 1878 (GT nº 1826 [1878], p. 338).
Henríquez y Araneda (1878): C. Ap. Concepción, 22 de junio de 1878 (GT nº 1836 [1878], p. 851).
Herederos de Larraín (1878): C. Ap. Santiago, 22 de agosto de 1878 (GT nº 1846 [1878], p. 1275).
Hospital de Chillán con Hermosilla (1878): C. Ap. Concepción, 24 de julio de 1878 (GT nº 1842 [1878], p. 1126).
Ibáñez (1878): CS, 2 de enero de 1878 (GT nº 1820 [1878], p. 3).
Illanes (1878): C. Ap. Concepción, 19 de diciembre de 1878 (GT nº 1861 [1878], p. 2024).
Irarrázabal (1878): C. Ap. Santiago, 16 de octubre de 1878 (GT nº 1852 [1878], p. 1577).
Isaza Bonamaison (1878): C. Ap. La Serena, 24 de junio de 1878 (GT nº 1837 [1878], p. 887).
Kendall y Ca. (1878): CS, 13 de julio de 1878 (GT nº 1842 [1878], p. 1082).
Lambert (1878): C. Ap. La Serena, 18 de octubre de 1878 (GT nº 1852 [1878], p. 1592).
León (1878): C. Ap. La Serena, 8 de julio de 1878 (GT nº 1839 [1878], p. 980).
Martínez (1878): C. Ap. Santiago, 9 de agosto de 1878 (GT nº 1846 [1878], p. 1277).
Miranda Ávila (1878): C. Ap. La Serena, 17 de junio de 1878 (GT nº 1836 [1878], p. 831).
Miranda Velásquez (1878): C. Ap. Concepción, 11 de abril de 1878 (GT nº 1827 [1878], p. 441).
Molina (1878): CS, 4 de noviembre de 1878 (GT nº 1855 [1878], p. 1706).
Motín de la colonia de Magallanes (1878): CM Santiago, 24 de junio de 1878 (GT nº 1839 [1878], p. 968).
Municipalidad de Nacimiento con Municipalidad de Lautaro (1878): C. Ap. Concepción, 6 de marzo de 1878 (GT nº 1822 [1878], p. 161).
Municipalidad de Osorno con Testamentaria de García (1878): C. Ap. Concepción, 28 de diciembre de 1878 (GT nº 1862 [1878], p. 2091).
Municipalidad de Santiago con Martínez (1878): C. Ap. Santiago, 16 de octubre de 1878 (GT nº 1852 [1878], p. 1583).
Novoa, Del Campo y otros (1878): C. Ap. Santiago, 26 de diciembre de 1878 (GT nº 1862 [1878], p. 2067).
Oetling y Ca. (1878): CS, 3 de julio de 1878 (GT nº 1838 [1878], p. 897).
Paredes (1878): CM Santiago, 15 de marzo de 1878 (GT nº 1824 [1878], p. 259).
Pedreros (1878): CM Santiago, 4 de abril de 1878 (GT nº 1826 [1878], p. 367).
Pfeiffer Thiele y Ca. (1878): CS, 15 de junio de 1878 (GT nº 1835 [1878], p. 777).
Plaza (1878): CS, 18 de julio de 1878 (GT nº 1842 [1878], p. 1086).
Reyes y otros (1878): CS, 11 de enero de 1878 (GT nº 1822 [1878], p. 100).
Rivera (1878): CS, 11 de diciembre de 1878 (GT nº 1862 [1878], p. 2033).
Rogers Symington y Ca. (1878): CS, 4 de julio de 1878 (GT nº 1838 [1878], p. 899).
Saavedra y Gómez (1878): CS, 22 de abril de 1878 (GT nº 1828 [1878], p. 450).
Salazar (1878): CS, 11 de diciembre de 1878 (GT nº 1860 [1878], p. 1953).
Samit (1878 a): C. Ap. La Serena, 18 de junio de 1878 (GT nº 1836 [1878], p. 831).
Samit (1878 b): C. Ap. La Serena, 5 de agosto de 1878 (GT nº 1843 [1878], p. 1167).
San Martín (1878): CS, 3 de septiembre de 1878 (GT nº 1847 [1878], p. 1309).
Sánchez (1878): C. Ap. Santiago, 10 de septiembre de 1878 (GT nº 1848 [1878], p. 1379).
Santander y Ulloa (1878): C. Ap. Santiago, 7 de noviembre de 1878 (GT nº 1855 [1878], p. 1722).
Schuchard y Ca. (1878): CS, 2 de abril de 1878 (GT nº 1826 [1878], p. 337).
Schutte Heineken y Ca. (1878): CS, 3 de julio de 1878 (GT nº 1838 [1878], p. 898).
Seguel (1878): CS, 13 de septiembre de 1878 (GT nº 1849 [1878], p. 1409).

Sepúlveda (1878): C. Ap. Concepción, 30 de abril de 1878 (GT nº 1829 [1878], p. 544).
Silva (1878): CS, 5 de enero de 1878 (GT nº 1820 [1878], p. 3).
Sotomayor y otra (1878): CS, 21 de junio de 1878 (GT nº 1836 [1878], p. 809).
Sucesión de Poisson (1878): CS, 3 de julio de 1878 (GT nº 1838 [1878], p. 898).
Sumario sobre la muerte de Briseño (1878): C. Ap. La Serena, 22 de julio de 1878 (GT nº 1842 [1878], p. 1116).
Tapia (1878): CS, 15 de noviembre de 1878 (GT nº 1856 [1878], p. 1751).
Trujillo y otros (1878): CS, 23 de julio de 1878 (GT nº 1842 [1878], p. 1118).
Urrutia y otras (1878): CS, 1º de agosto de 1878 (GT nº 1841 [1878], p. 1041).
Valenzuela (1878): CS, 24 de diciembre de 1878 (GT nº 1862 [1878], p. 2034).
Villegas (1878): CS, 31 de mayo de 1878 (GT nº 1833 [1878], p. 681).
Zañartu (1878): CS, 2 de enero de 1878 (GT nº 1820 [1878], p. 1).
Zapata (1878): C. Ap. Concepción, 18 de junio de 1878 (GT nº 1836 [1878], p. 842).
Zúñiga (1878): C. Ap. Concepción, 7 de enero de 1878 (GT nº 1821 [1878], p. 81).

Año 1879

Aguiar (1879): CS, 14 de junio de 1879 (GT nº 1881 [1879], p. 585).
Aldunate (1879): CS, 14 de noviembre de 1879 (GT nº 1901 [1879], p. 1265).
Allende Padín (1879): CS, 18 de abril de 1879 (GT nº 1872 [1879], p. 265).
Briones Báez (1879): C. Ap. La Serena, 30 de junio de 1879 (GT nº 1881 [1879], p. 613).
Carmona y otros (1879): C. Ap. La Serena, 16 de septiembre de 1879 (GT nº 1892 [1879], p. 999).
Chandía Figueroa (1879): C. Ap. Concepción, 23 de diciembre de 1879 (GT nº 1906 [1879], p. 1472).
Claris y otros (1879): CS, 13 de noviembre de 1879 (GT nº 1901 [1879], p. 1266).
Compañía Explotadora de Lota y Coronel (1879): CS, 23 de junio de 1876 (GT nº 1747 [1876], p. 601).
Establecimientos de Beneficencia con Fisco (1879): CS, 5 de julio de 1879 (GT nº 1882 [1879], p. 633).
Fisco con Berstein (1879): CS, 31 de mayo de 1879 (GT nº 1877 [1879], p. 442).
Fisco con Betteley Christie y Ca. (1879): CS, 24 de octubre de 1879 (GT nº 1899 [1879], p. 1193).
Fisco con Brieba (1879): CS, 18 de diciembre de 1879 (GT nº 1905 [1879], p. 1393).
Fisco con Coco (1879): CS, 3 de junio de 1879 (GT nº 1878 [1879], p. 483).
Fisco con Monasterio del Carmen de San Rafael (1879): CS, 23 de julio de 1879 (GT nº 1887 [1879], p. 826).
Fisco con Viel (1879): CS, 12 de agosto de 1879 (GT nº 1888 [1879], p. 857).
Fuentes (1879): CM Concepción, 7 de agosto de 1879 (GT nº 1886 [1879], p. 821).
Gaete (1879): C. Ap. Concepción, 8 de enero de 1879 (GT nº 1864 [1879], p. 54).
García Ramírez y Bustamante Alarcón (1879): CS, 17 de marzo de 1879 (GT nº 1867 [1879], p. 113).
Gibbs y Ca. (1879): CS, 30 de mayo de 1879 (GT nº 1878 [1879], p. 482).
Hinojosa Mella (1879): CS, 24 de marzo de 1879 (GT nº 1867 [1879], p. 116).
Huneeus (1879): CS, 10 de mayo de 1879 (GT nº 1875 [1879], p. 377).
Ibarra Lobos y Morales Plaza (1879): CS, 15 de julio de 1879 (GT nº 1884 [1879], p. 693).
Jarabrán Lizana (1879): C. Ap. Concepción, 15 de julio de 1879 (GT nº 1883 [1879], p. 683).
Jouve y Gorlier (1879): CS, 21 de mayo de 1879 (GT nº 1876 [1879], p. 409).
Lillo (1879): C. Ap. Concepción, 12 de diciembre de 1879 (GT nº 1904 [1879], p. 1387).
López (1879): CS, 1º de octubre de 1879 (GT nº 1894 [1879], p. 1041).

Luco (1879): C. Ap. Santiago, 31 de marzo de 1879 (GT n° 1869 [1879], p. 167).
Molina y Venegas (1879): C. Ap. La Serena, 5 de julio de 1879 (GT n° 1881 [1879], p. 617).
Montero (1879): C. Ap. Santiago, 28 de octubre de 1879 (GT n° 1898 [1879], p. 1180).
Montt (1879): CS, 4 de septiembre de 1879 (GT n° 1890 [1879], p. 921).
Municipalidad de Concepción con Figueroa y compartes (1879): C. Ap. Concepción, 24 de julio de 1879 (GT n° 1884 [1879], p. 716).
Municipalidad de Concepción con Ocampo y Urra (1879): C. Ap. Concepción, 2 de julio de 1879 (GT n° 1881 [1879], p. 621).
Municipalidad de Santiago con Sánchez (1879): C. Ap. Santiago, 6 de mayo de 1879 (GT n° 1873 [1879], p. 318).
Norambuena Reyes (1879): CS, 7 de mayo de 1879 (GT n° 1874 [1879], p. 339).
Núñez Alfaro (1879): CS, 10 de septiembre de 1879 (GT n° 1891 [1879], p. 961).
Núñez Yáñez (1879): CS, 31 de mayo de 1879 (GT n° 1877 [1879], p. 456).
Oñate (1879): C. Ap. Concepción, 4 de septiembre de 1879 (GT n° 1890 [1879], p. 956).
Pérez Cortínez (1879): CS, 12 de mayo de 1879 (GT n° 1875 [1879], p. 383).
Pérez Vergara y Guevara Rojas (1879): CS, 28 de julio de 1879 (GT n° 1886 [1879], p. 782).
Pfeiffer Thiele y Ca. (1879): CS, 27 de octubre de 1879 (GT n° 1900 [1879], p. 1233).
Prado Toro (1879): C. Ap. La Serena, 19 de diciembre de 1879 (GT n° 1905 [1879], p. 1418).
Rivera Toledo (1879): C. Ap. Concepción, 23 de agosto de 1879 (GT n° 1888 [1879], p. 881).
Rojas Huerta (1879): CS, 30 de mayo de 1879 (GT n° 1877 [1879], p. 456).
Salamanca (1879): C. Ap. La Serena, 1° de diciembre de 1879 (GT n° 1903 [1879], p. 1351).
Salazar Cordero y otros (1879): C. Ap. Concepción, 25 de abril de 1879 (GT n° 1871 [1879], p. 258).
Salinas (1879): CS, 9 de agosto de 1879 (GT n° 1886 [1879], p. 777).
Sánchez (1879): CS, 22 de septiembre de 1879 (GT n° 1893 [1879], p. 1009).
Sanhueza (1879): C. Ap. Santiago, 27 de mayo de 1879 (GT n° 1876 [1879], p. 418).
Sanfuentes (1879): CS, 16 de octubre de 1879 (GT n° 1897 [1879], p. 1139).
Sublevación de Rancagua (1879): CS, 29 de noviembre de 1879 (GT n° 1903 [1879], p. 1338).
Sublevación de Linares (1879): C. Ap. Concepción, 12 de septiembre de 1879 (GT n° 1891 [1879], p. 985).
Vergara (1879): CS, 22 de agosto de 1879 (GT n° 1888 [1879], p. 860).
Vorwerk y Ca. (1879): CS, 2 de abril de 1879 (GT n° 1869 [1879], p. 161).
Weber y Ca. (1879): CS, 13 de mayo de 1879 (GT n° 1875 [1879], p. 379).
Wolde y Ca. (1879): CS, 30 de agosto de 1879 (GT n° 1894 [1879], p. 1041).

Año 1880

A. Edwards y Ca. (1880): CS, 11 de noviembre de 1880 (GT n° 1945 [1880], p. 1203).
Achurra (1880): C. Ap. La Serena, 23 de marzo de 1880 (GT n° 1912 [1880], p. 179).
Antil y otros (1880): CS, 23 de agosto de 1880 (GT n° 1934 [1880], p. 841).
Antúnez (1880): CS, 24 de julio de 1880 (GT n° 1930 [1880], p. 729).
Araya (1880): C. Ap. La Serena, 3 de junio de 1880 (GT n° 1922 [1880], p. 495).
Arias Madariaga y Pérez Guajardo (1880): CS, 7 de agosto de 1880 (GT n° 1932 [1880], p. 803).
Barriga (1880): CS, 31 de julio de 1880 (GT n° 1930 [1880], p. 730).
Barros (1880): CS, 26 de agosto de 1880 (GT n° 1935 [1880], p. 876).

Bastidas (1880): CS, 27 de agosto de 1880 (GT nº 1934 [1880], p. 844).
Cariqueo y otros (1880): CS, 17 de noviembre de 1880 (GT nº 1946 [1880], p. 1233).
Carvacho Sáez (1880): C. Ap. Concepción, 20 de marzo de 1880 (GT nº 1911 [1880], p. 161).
Cockbain Roxburgh y Ca. (1880): C. Ap. La Serena, 16 de diciembre de 1880 (GT nº 1949 [1880], p. 1370).
Cura de los Doce Apóstoles (1880): CS, 15 de octubre de 1880 (GT nº 1940 [1880], p. 1035).
De la Cruz con Soto y otro (1880): CS, 30 de septiembre de 1880 (GT nº 1940 [1880], p. 1033).
Díaz de Páez (1880): C. Ap. La Serena, 26 de julio de 1880 (GT nº 1930 [1880], p. 750).
Dunn (1880): C. Ap. La Serena, 22 de noviembre de 1880 (GT nº 1947 [1880], p. 1286).
Espinosa Moraga (1880): CS, 15 de marzo de 1880 (GT nº 1911 [1880], p. 138).
Fisco con Barros Torrealba (1880): CS, 10 de septiembre de 1880 (GT nº 1936 [1880], p. 913).
Fisco con Echavarría (1880): CS, 19 de junio de 1880 (GT nº 1924 [1880], p. 548).
Fisco con Molina Smith (1880): CS, 31 de julio de 1880 (GT nº 1930 [1880], p. 730).
Fisco con Ruiz (1880): CS, 5 de agosto de 1880 (GT nº 1931 [1880], p. 769).
Fisco con Testamentaria de Díaz (1880): CS, 17 de agosto de 1880 (GT nº 1935 [1880], p. 874).
Gana (1880): CM Santiago, 24 de noviembre de 1880 (GT nº 1947 [1880], p. 1273).
Gautreau y Ca. (1880): CS, 19 de junio de 1880 (GT nº 1924 [1880], p. 547).
Gibbs y Ca. (1880): CS, 26 de junio de 1880 (GT nº 1925 [1880], p. 585).
Gómez (1880): CS, 3 de noviembre de 1880 (GT nº 1944 [1880], p. 1177).
González Bravo (1880): C. Ap. Concepción, 20 de mayo de 1880 (GT nº 1921 [1880], p. 478).
González Pizarro (1880): C. Ap. Concepción, 2 de abril de 1880 (GT nº 1913 [1880], p. 210).
Holzapfel y Scholle (1880): CS, 27 de junio de 1880 (GT nº 1925 [1880], p. 585).
Huth Gruning y Ca. (1880): CS, 19 de junio de 1880 (GT nº 1924 [1880], p. 547).
Jannaut Dutrenit y Ca. (1880): CS, 21 de diciembre de 1880 (GT nº 1950 [1880], p. 1401).
Jaramillo (1880): CS, 4 de junio de 1880 (GT nº 1922 [1880], p. 489).
Lagisse (1880): CM La Serena, 10 de marzo de 1880 (GT nº 1910 [1880], p. 100).
Lagos Marchant (1880): C. Ap. Concepción, 11 de mayo de 1880 (GT nº 1919 [1880], p. 410).
Lemus Velasco (1880): CS, 20 de marzo de 1880 (GT nº 1912 [1880], p. 169).
Leyton (1880): C. Ap. La Serena, 18 de junio de 1880 (GT nº 1924 [1880], p. 573).
Macaya Soto y otros (1880): C. Ap. Concepción, 20 de abril de 1880 (GT nº 1916 [1880], p. 318).
Martínez Cruz (1880): C. Ap. Concepción, 12 de mayo de 1880 (GT nº 1919 [1880], p. 404).
Mellado y otros (1880): CS, 31 de julio de 1880 (GT nº 1930 [1880], p. 731).
Millapán y otra (1880): CS, 17 de noviembre de 1880 (GT nº 1946 [1880], p. 1234).
Molina (1880): CS, 25 de septiembre de 1880 (GT nº 1938 [1880], p. 970).
Morales y Gatica (1880): C. Ap. La Serena, 20 de marzo de 1880 (GT nº 1911 [1880], p. 152).
Motín de la cárcel de Rengo (1880): CS, 2 de agosto de 1880 (GT nº 1931 [1880], p. 772).
Municipalidad de Concepción con Rebolledo (1880): C. Ap. Concepción, 22 de octubre de 1880 (GT nº 1942 [1880], p. 1134).
Municipalidad de Constitución con Waymann (1880): C. Ap. Concepción, 25 de septiembre de 1880 (GT nº 1938 [1880], p. 998).
Municipalidad de Santiago con Páez Jaramillo (1880): C. Ap. Santiago, 7 de septiembre de 1880 (GT nº 1936 [1880], p. 918).
Neves (1880): CS, 23 de noviembre de 1880 (GT nº 1947 [1880], p. 1265).
Núñez (1880): CS, 21 de octubre de 1880 (GT nº 1942 [1880], p. 1113).

Pizarro Urbina (1880): C. Ap. La Serena, 5 de julio de 1880 (GT n° 1927 [1880], p. 657).
Rodríguez (1880): C. Ap. La Serena, 16 de abril de 1880 (GT n° 1915 [1880], p. 270).
Rojas Córdova (1880): CS, 5 de octubre de 1880 (GT n° 1940 [1880], p. 1048).
Romero Soto (1880): CS, 1° de septiembre de 1880 (GT n° 1935 [1880], p. 874).
Rubio (1880): C. Ap. Concepción, 27 de octubre de 1880 (GT n° 1943 [1880], p. 1167).
Salamanca (1880): C. Ap. La Serena, 2 de julio de 1880 (GT n° 1926 [1880], p. 625).
Santelices Mena y otro (1880): CS, 9 de octubre de 1880 (GT n° 1940 [1880], p. 1049).
Silva (1880 a): CS, 28 de agosto de 1880 (GT n° 1934 [1880], p. 848).
Silva (1880 b): CS, 7 de octubre de 1880 (GT n° 1940 [1880], p. 1033).
Soto (1880): CS, 31 de diciembre de 1880 (GT n° 1950 [1880], p. 1401).
Valdés Carrera (1880): C. Ap. Santiago, 28 de julio de 1880 (GT n° 1930 [1880], p. 745).
Valenzuela Castillo y otros (1880): C. Ap. La Serena, 2 de diciembre de 1880 (GT n° 1948 [1880], p. 1323).
Vallejos (1880): C. Ap. Concepción, 30 de septiembre de 1880 (GT n° 1939 [1880], p. 1029).
Varela (1880): C. Ap. Concepción, 7 de diciembre de 1880 (GT n° 1949 [1880], p. 1388).
Vera (1880): CS, 14 de junio de 1880 (GT n° 1924 [1880], p. 545).
Williamson Balfour y Ca. (1880): CS, 19 de junio de 1880 (GT n° 1924 [1880], p. 547).
Wittwer y compartes (1880): C. Ap. Concepción, 25 de mayo de 1880 (GT n° 1921 [1880], p. 480).

Año 1881

Ahumada (1881): CS, 22 de agosto de 1881 (GT n° 1978 [1881], p. 881).
Álvarez Toledo (1881): CS, 9 de abril de 1881 (GT n° 1958 [1881], p. 221).
Asociación Recta Provincia (1881): C. Ap. Concepción, 24 de mayo de 1881 (GT n° 1965 [1881], p. 455).
Aspee (1881): CS, 6 de diciembre de 1881 (GT n° 1993 [1881], p. 1433).
Asquet Hermanos (1881): CS, 24 de septiembre de 1881 (GT n° 1981 [1881], p. 985).
Barrena y Contreras (1881): C. Ap. La Serena, 14 de mayo de 1881 (GT n° 1963 [1881], p. 376).
Barros Arana (1881): CS, 28 de diciembre de 1881 (GT n° 1994 [1881], p. 1512).
Benavente (1881): C. Ap. Concepción, 5 de marzo de 1881 (GT n° 1953 [1881], p. 88).
Bentjerodt (1881): CS, 11 de junio de 1881 (GT n° 1969 [1881], p. 570).
Betteley (1881): CS, 5 de octubre de 1881 (GT n° 1984 [1881], p. 1082).
Bordes (1881): CS, 2 de junio de 1881 (GT n° 1966 [1881], p. 465).
Bordón y Ledesma (1881): C. Ap. La Serena, 25 de mayo de 1881 (GT n° 1965 [1881], p. 451).
Calvary y Ca. (1881): CS, 27 de agosto de 1881 (GT n° 1978 [1881], p. 885).
Cid (1881): CS, 17 de octubre de 1881 (GT n° 1986 [1881], p. 1145).
Compañía Explotadora de Caracoles y otros (1881): CS, 9 de septiembre de 1881 (GT n° 1980 [1881], p. 963).
Compañía de Vapores Kosmos (1881): CS, 13 de agosto de 1881 (GT n° 1976 [1881], p. 813).
Corbalán (1881): CS, 9 de diciembre de 1881 (GT n° 1992 [1881], p. 1402).
Córdova (1881): CS, 10 de noviembre de 1881 (GT n° 1989 [1881], p. 1267).
Delpiano (1881): C. Ap. La Serena, 12 de marzo de 1881 (GT n° 1954 [1881], p. 119).
Díaz (1881): C. Ap. Santiago, 17 de diciembre de 1881 (GT n° 1993 [1881], p. 1452).
Fisco con Aguiar Hermanos (1881): CS, 25 de agosto de 1881 (GT n° 1978 [1881], p. 882).
Fisco con Béjares y otro (1881): CS, 6 de julio de 1881 (GT n° 1969 [1881], p. 571).

Fisco con Concha (1881): CS, 2 de mayo de 1881 (GT n° 1962 [1881], p. 321).
Fisco con Gutiérrez (1881): CS, 9 de mayo de 1881 (GT n° 1963 [1881], p. 353).
Fisco con Hermosilla (1881): CS, 5 de agosto de 1881 (GT n° 1975 [1881], p. 780).
Fisco con Hott (1881): CS, 20 de mayo de 1881 (GT n° 1964 [1881], p. 397).
Fisco con Rebolledo (1881): CS, 13 de mayo de 1881 (GT n° 1963 [1881], p. 356).
Fisco con Schutte Heinekein y Ca. (1881): CS, 12 de octubre de 1881 (GT n° 1986 [1881], p. 1147).
Fisco con Serdio Hermanos (1881): CS, 27 de septiembre de 1881 (GT n° 1981 [1881], p. 986).
Fisco con Sociedad Anónima Ferrocarril de Coquimbo (1881): CS, 26 de octubre de 1881 (GT n° 1987 [1881], p. 1188).
Fisco con Toro Martínez (1881): CS, 3 de junio de 1881 (GT n° 1966 [1881], p. 466).
García (1881): CS, 6 de agosto de 1881 (GT n° 1975 [1881], p. 781).
Gazmuri (1881): CS, 23 de diciembre de 1881 (GT n° 1994 [1881], p. 1567).
González (1881): CS, 19 de mayo de 1881 (GT n° 1964 [1881], p. 395).
Gundián (1881): C. Ap. Concepción, 10 de agosto de 1881 (GT n° 1977 [1881], p. 876).
Gutiérrez (1881): C. Ap. Santiago, 20 de septiembre de 1881 (GT n° 1981 [1881], p. 992).
Gutiérrez y otro (1881): CS, 4 de enero de 1881 (GT n° 1951 [1881], p. 5).
Hurtado (1881): CS, 31 de mayo de 1881 (GT n° 1966 [1881], p. 468).
Juez Letrado de Rengo con Juez Letrado de Rancagua (1881): CS, 3 de noviembre de 1881 (GT n° 1988 [1881], p. 1217).
López (1881): CS, 3 de septiembre de 1881 (GT n° 1979 [1881], p. 936).
Mandujano (1881): CS, 8 de junio de 1881 (GT n° 1967 [1881], p. 506).
Medina (1881): C. Ap. Concepción, 17 de agosto de 1881 (GT n° 1977 [1881], p. 877).
Medina Pantoja (1881): C. Ap. Concepción, 8 de noviembre de 1881 (GT n° 1989 [1881], p. 1296).
Mora (1881): C. Ap. Concepción, 23 de septiembre de 1881 (GT n° 1982 [1881], p. 1033).
Muñoz y otros (1881): C. Ap. Concepción, 15 de marzo de 1881 (GT n° 1955 [1881], p. 142).
Namuncura y otros (1881): CS, 25 de abril de 1881 (GT n° 1961 [1881], p. 289).
Navarro Santelices (1881): CS, 19 de julio de 1881 (GT n° 1973 [1881], p. 716).
Nieto (1881): CS, 29 de septiembre de 1881 (GT n° 1982 [1881], p. 1017).
Olivares (1881): C. Ap. Concepción, 19 de julio de 1881 (GT n° 1973 [1881], p. 740).
Orovia y Arenas (1881): C. Ap. Santiago, 14 de octubre de 1881 (GT n° 1985 [1881], p. 1126).
Pizarro y otra (1881): CS, 14 de octubre de 1881 (GT n° 1985 [1881], p. 1110).
Portales (1881): CS, 19 de noviembre de 1881 (GT n° 1990 [1881], p. 1315).
Puga (1881): C. Ap. Concepción, 1° de diciembre de 1881 (GT n° 1992 [1881], p. 1425).
Puyó (1881): CS, 7 de octubre de 1881 (GT n° 1984 [1881], p. 1084).
Raquio y otros (1881): C. Ap. Concepción, 3 de agosto de 1881 (GT n° 1975 [1881], p. 796).
Retamal (1881): C. Ap. Concepción, 10 de diciembre de 1881 (GT n° 1993 [1881], p. 1495).
Reyes y otros (1881): C. Ap. Concepción, 12 de mayo de 1881 (GT n° 1963 [1881], p. 389).
Rivera y Navarrete (1881): C. Ap. La Serena, 18 de octubre de 1881 (GT n° 1986 [1881], p. 1168).
Robo en Tenencia de Ministros de Vallenar (1881): CS, 18 de junio de 1881 (GT n° 1968 [1881], p. 538).
Rodríguez (1881): CS, 9 de junio de 1881 (GT n° 1967 [1881], p. 506).
Rojas Chacana (1881): CS, 14 de noviembre de 1881 (GT n° 1989 [1881], p. 1265).
Ruiz (1881): CS, 22 de julio de 1881 (GT n° 1973 [1881], p. 713).
Sánchez y Cerda (1881): C. Ap. Concepción, 19 de mayo de 1881 (GT n° 1964 [1881], p. 430).
Santelices (1881): CS, 6 de mayo de 1881 (GT n° 1962 [1881], p. 321).

Seckel e Hijos (1881 a): CS, 23 de abril de 1881 (GT nº 1960 [1881], p. 266).
Seckel e Hijos (1881 b): CS, 26 de diciembre de 1881 (GT nº 1995 [1882], p. 1).
Silva y otra (1881): CS, 18 de mayo de 1881 (GT nº 1964 [1881], p. 393).
Silva Arriagada (1881): C. Ap. Concepción, 6 de julio de 1881 (GT nº 1971 [1881], p. 665).
Sota (1881): CS, 25 de abril de 1881 (GT nº 1961 [1881], p. 289).
Tocornal (1881): C. Ap. Santiago, 20 de octubre de 1881 (GT nº 1986 [1881], p. 1155).
Urrutia y otros (1881): CS, 18 de mayo de 1881 (GT nº 1964 [1881], p. 393).
Valenzuela Castillo (1881): CS, 19 de diciembre de 1881 (GT nº 1994 [1881], p. 1505).
Vásquez Urrutia (1881): C. Ap. Concepción, 21 de septiembre de 1881 (GT nº 1982 [1881], p. 1038).
Veas (1881): CS, 24 de agosto de 1881 (GT nº 1978 [1881], p. 882).
Vega (1881): CS, 19 de mayo de 1881 (GT nº 1964 [1881], p. 396).
Vilches (1881): CS, 21 de junio de 1881 (GT nº 1969 [1881], p. 569).
Vivar (1881): CS, 4 de agosto de 1881 (GT nº 1975 [1881], p. 778).
Walch y Zúñiga (1881): C. Ap. Concepción, 9 de junio de 1881 (GT nº 1968 [1881], p. 559).
Watson (1881): CS, 9 de mayo de 1881 (GT nº 1963 [1881], p. 354).
Williamson Balfour y Ca. (1881): CS, 27 de agosto de 1881 (GT nº 1978 [1881], p. 886).
Zapata (1881): CS, 18 de octubre de 1881 (GT nº 1986 [1881], p. 1145).

Año 1882

Andrade Huidobro (1882): C. Ap. Concepción, 29 de abril de 1882 (GT nº 2005 [1882], p. 423).
Anticheo y otros (1882): CS, 8 de mayo de 1882 (GT nº 2008 [1882], p. 513).
Arias y Garrido (1882): C. Ap. Concepción, 16 de marzo de 1882 (GT nº 1999 [1882], p. 192).
Asquet Hermanos (1882): CS, 23 de octubre de 1882 (GT nº 2031 [1882], p. 1529).
Astorga (1882): CS, 1º de septiembre de 1882 (GT nº 2023 [1882], p. 1169).
Bahamonde (1882): C. Ap. Concepción, 2 de marzo de 1882 (GT nº 1997 [1882], p. 110).
Banco Agrícola (1882): CS, 28 de marzo de 1882 (GT nº 2001 [1882], p. 235).
Barazarte (1882): C. Ap. La Serena, 23 de mayo de 1882 (GT nº 2011 [1882], p. 654).
Barraza (1882): C. Ap. La Serena, 29 de septiembre de 1882 (GT nº 2027 [1882], p. 1366).
Becerra (1882): CS, 22 de julio de 1882 (GT nº 2017 [1882], p. 907).
Bown (1882): C. Ap. La Serena, 25 de agosto de 1882 (GT nº 2022 [1882], p. 1155).
Braga (1882): CS, 6 de diciembre de 1882 (GT nº 2037 [1882], p. 1789).
Briseño (1882): C. Ap. La Serena, 20 de junio de 1882 (GT nº 2014 [1882], p. 789).
Cárdenas (1882): CS, 2 de junio de 1882 (GT nº 2010 [1882], p. 593).
Castagnola (1882): CS, 7 de septiembre de 1882 (GT nº 2024 [1882], p. 1222).
Castillo (1882): CM Santiago, 13 de diciembre de 1882 (GT nº 2057 [1883], p. 817).
Compañía de Vapores Kosmos (1882): CS, 24 de junio de 1882 (GT nº 2014 [1882], p. 761).
Competencia entre Juez Letrado de Cauquenes y Comandante General de Armas del Maule (1882): CS, 22 de abril de 1882 (GT nº 2005 [1882], p. 377).
Corbalán (1882): C. Ap. La Serena, 14 de septiembre de 1882 (GT nº 2025 [1882], p. 1278).
Díaz (1882): CS, 7 de agosto de 1882 (GT nº 2020 [1882], p. 1047).
Espinosa (1882): CM Santiago, 18 de abril de 1882 (GT nº 2004 [1882], p. 351).
Establecimientos de Beneficencia con Fisco (1882): CS, 22 de noviembre de 1882 (GT nº 2035 [1882], p. 1706).

Etchepare (1882): CS, 17 de agosto de 1882 (GT nº 2021 [1882], p. 1089).
Ferrocarril del Sur con Gallegos (1882): CS, 9 de agosto de 1882 (GT nº 2020 [1882], p. 1041).
Figueroa (1882): C. Ap. Concepción, 20 de julio de 1882 (GT nº 2018 [1882], p. 990).
Fisco con Brito y Arias (1882): CS, 6 de mayo de 1882 (GT nº 2006 [1882], p. 429).
Fisco con Letelier (1882): CS, 22 de noviembre de 1882 (GT nº 2035 [1882], p. 1706).
Fisco con Mora (1882): CS, 25 de mayo de 1882 (GT nº 2009 [1882], p. 564).
Fisco con Pavón (1882): CS, 20 de junio de 1882 (GT nº 2013 [1882], p. 713).
Fisco con Sociedad de Sainte Marie et Lappé (1882): CS, 27 de octubre de 1882 (GT nº 2031 [1882], p. 1529).
Fisco con Solari y Brignardello (1882): CS, 6 de diciembre de 1882 (GT nº 2038 [1882], p. 1865).
Garay (1882): CS, 18 de marzo de 1882 (GT nº 1999 [1882], p. 165).
González (1882): CS, 9 de octubre de 1882 (GT nº 2029 [1882], p. 1434).
Gundián (1882): CS, 20 de abril de 1882 (GT nº 2004 [1882], p. 342).
Guzmán (1882): C. Ap. Santiago, 13 de junio de 1882 (GT nº 2012 [1882], p. 682).
Hernández (1882): C. Ap. Concepción, 17 de junio de 1882 (GT nº 2012 [1882], p. 709).
Herrera (1882): CS, 15 de marzo de 1882 (GT nº 1998 [1882], p. 161).
Huaiquipán (1882): CS, 5 de diciembre de 1882 (GT nº 2037 [1882], p. 1788).
Hurtado (1882): C. Ap. La Serena, 2 de mayo de 1882 (GT nº 2006 [1882], p. 462).
Ibáñez (1882): C. Ap. Concepción, 29 de diciembre de 1882 (GT nº 2038 [1882], p. 2004).
Junta de Mayores Contribuyentes de Vallenar (1882): C. Ap. La Serena, 15 de abril de 1882 (GT nº 2004 [1882], p. 358).
Lanz (1882): CS, 20 de octubre de 1882 (GT nº 2030 [1882], p. 1481).
Lavín Matta (1882): C. Ap. Santiago, 17 de abril de 1882 (GT nº 2004 [1882], p. 343).
Lorca (1882): CS, 24 de mayo de 1882 (GT nº 2009 [1882], p. 561).
Machado (1882): C. Ap. La Serena, 4 de febrero de 1882 (GT nº 1997 [1882], p. 105).
Martin (1882): CS, 17 de agosto de 1882 (GT nº 2021 [1882], p. 1090).
Meje (1882): C. Ap. Concepción, 23 de noviembre de 1882 (GT nº 2035 [1882], p. 1741).
Mellado (1882): C. Ap. Concepción, 4 de abril de 1882 (GT nº 2003 [1882], p. 316).
Monasterio de la Visitación (1882): CS, 19 de agosto de 1882 (GT nº 2021 [1882], p. 1092).
Monzalne (1882): C. Ap. Concepción, 14 de diciembre de 1882 (GT nº 2037 [1882], p. 1860).
Municipalidad de Chañaral con Schjolberg (1882): C. Ap. La Serena, 10 de junio de 1882 (GT nº 2013 [1882], p. 740).
Municipalidad de San Carlos con Rodríguez (1882): C. Ap. Concepción, 21 de diciembre de 1882 (GT nº 2038 [1882], p. 1985).
Ortúzar (1882): CS, 14 de diciembre de 1882 (GT nº 2038 [1882], p. 1869).
Pfeiffer Thiele y Ca. (1882): CS, 16 de marzo de 1882 (GT nº 1999 [1882], p. 164).
Plaza y Ca. (1882): CS, 16 de marzo de 1882 (GT nº 1998 [1882], p. 163).
Ramos de Claro (1882): CS, 5 de junio de 1882 (GT nº 2011 [1882], p. 633).
Ruiz (1882): CS, 24 de mayo de 1882 (GT nº 2009 [1882], p. 562).
Silva e Icaza (1882): CS, 11 de diciembre de 1882 (GT nº 2038 [1882], p. 1866).
Sociedad del Canal de Maipo con Fisco (1882): CS, 16 de diciembre de 1882 (GT nº 2038 [1882], p. 1871).
Soto y Contreras (1882): CS, 11 de septiembre de 1882 (GT nº 2025 [1882], p. 1257).
Sugg (1882): CS, 6 de noviembre de 1882 (GT nº 2034 [1882], p. 1656).

Toro Rodríguez (1882): C. Ap. La Serena, 18 de julio de 1882 (GT n° 2017 [1882], p. 938).
Valdés (1882): CS, 3 de mayo de 1882 (GT n° 2006 [1882], p. 425).

Año 1883

Albarracín (1883): CS, 13 de julio de 1883 (GT n° 2059 [1883], p. 890).
Arrieta (1883): CS, 8 de junio de 1883 (GT n° 2056 [1883], p. 776)
Balbontín (1883): CS, 3 de diciembre de 1883 (GT n° 2081 [1883], p. 1936).
Carrasco (1883): CS, 5 de noviembre de 1883 (GT n° 2076 [1883], p. 1689).
Carvajal y otros (1883): CS, 2 de mayo de 1883 (GT n° 2049 [1883], p. 457).
Chapron (1883): CS, 24 de septiembre de 1883 (GT n° 2070 [1883], p. 1399).
Compañía Financiera y Comercial del Pacífico (1883): CS, 27 de diciembre de 1883 (GT n° 2082 [1883], p. 1992).
Cood (1883): CS, 16 de julio de 1883 (GT n° 2060 [1883], p. 945).
Devès Frères (1883): CS, 2 de noviembre de 1883 (GT n° 2075 [1883], p. 1650).
Durán (1883): CS, 29 de agosto de 1883 (GT n° 2066 [1883], p. 1219).
Fariña (1883): CS, 10 de mayo de 1883 (GT n° 2050 [1883], p. 493).
Ferrocarril del Sur con Gallegos (1883): CS, 6 de septiembre de 1883 (GT n° 2067 [1883], p. 1258).
Fisco con Arriagada (1883): CS, 28 de mayo de 1883 (GT n° 2056 [1883], p. 769).
Fisco con Compañía Sudamericana de Vapores (1883): CS, 10 de noviembre de 1883 (GT n° 2076 [1883], p. 1690).
Fisco con Portaluppi (1883): CS, 22 de septiembre de 1883 (GT n° 2069 [1883], p. 1369).
Fisco con Tiffon Hermanos (1883): CS, 15 de diciembre de 1883 (GT n° 2081 [1883], p. 1939).
Fisco con Urriaga (1883): CS, 13 de julio de 1883 (GT n° 2064 [1883], p. 1129).
Florín Latapia (1883): CS, 6 de octubre de 1883 (GT n° 2072 [1883], p. 1497).
Fritz (1883): CM Santiago, 13 de abril de 1883 (GT n° 2046 [1883], p. 341).
Fuentealba (1883): C. Ap. Concepción, 4 de julio de 1883 (GT n° 2058 [1883], p. 884).
Gandarillas (1883): CS, 23 de noviembre de 1883 (GT n° 2079 [1883], p. 1841).
García Calderón (1883): CS, 7 de septiembre de 1883 (GT n° 2068 [1883], p. 1313).
Garrao (1883): CS, 31 de marzo de 1883 (GT n° 2044 [1883], p. 227).
Herrera (1883): C. Ap. La Serena, 9 de octubre de 1883 (GT n° 2072 [1883], p. 1533).
Ibáñez, Venegas y Correal (1883): C. Ap. La Serena, 20 de octubre de 1883 (GT n° 2073 [1883], p. 1587).
Jannaut Dutrenit y Ca. (1883): CS, 7 de julio de 1883 (GT n° 2058 [1883], p. 853).
Letelier, Lagos y Romero (1883): CS, 24 de octubre de 1883 (GT n° 2074 [1883], p. 1602).
Marney (1883): CS, 2 de junio de 1883 (GT n° 2053 [1883], p. 634).
Maturana (1883): CS, 11 de junio de 1883 (GT n° 2055 [1883], p. 729).
Municipalidad de Santiago con Ferrocarril Urbano de Santiago (1883): C. Ap. Santiago, 6 de agosto de 1883 (GT n° 2063 [1883], p. 1097).
Ojeda (1883): CS, 24 de diciembre de 1883 (GT n° 2082 [1883], p. 1991).
Plaza y Rojas (1883): C. Ap. La Serena, 27 de noviembre de 1883 (GT n° 2079 [1883], p. 1862).
Procter (1883): CS, 29 de septiembre de 1883 (GT n° 2070 [1883], p. 1395).
Quilaqueo y otros (1883): C. Ap. Concepción, 2 de enero de 1883 (GT n° 2039 [1883], p. 29).
Reos de Constitución (1883): C. Ap. Concepción, 19 de diciembre de 1883 (GT n° 2082 [1883], p. 2077).

Ruiz (1883): C. Ap. Concepción, 14 de abril de 1883 (GT nº 2046 [1883], p. 355).
Serdio Hermanos (1883): CS, 31 de octubre de 1883 (GT nº 2076 [1883], p. 1690).
Sierra Vásquez (1883): CS, 5 de diciembre de 1883 (GT nº 2080 [1883], p. 1895).
Silva (1883): CS, 23 de junio de 1883 (GT nº 2057 [1883], p. 809).
Sociedad Colonizadora de los Terrenos de Arauco (1883): CS, 15 de diciembre de 1883 (GT nº 2082 [1883], p. 1985).
Thompson (1883): CS, 27 de septiembre de 1883 (GT nº 2070 [1883], p. 1394).
Tusche y Fischer (1883): CM Santiago, 9 de mayo de 1883 (GT nº 2051 [1883], p. 551).
Vecinos del Barrio de San Juan de Dios (1883): C. Ap. La Serena, 13 de agosto de 1883 (GT nº 2064 [1883], p. 1147).
Vega (1883): CS, 15 de octubre de 1883 (GT nº 2074 [1883], p. 1605).

Año 1884

Accionistas del Canal del Maipo (1884): CS, 12 de julio de 1884 (GT nº 2103 [1884], p. 967).
Aguirre Sáez (1884): C. Ap. Santiago, 16 de octubre de 1884 (GT nº 2117 [1884], p. 1649).
Arancibia (1884): CM Santiago, 26 de julio de 1884 (GT nº 2108 [1884], p. 1216).
Astorga (1884): CS, 22 de julio de 1884 (GT nº 2105 [1884], p. 1049).
Barahona (1884): CS, 25 de abril de 1884 (GT nº 2092 [1884], p. 435).
Bezamat (1884): CS, 24 de octubre de 1884 (GT nº 2119 [1884], p. 1905).
Boucherat (1884): CS, 5 de septiembre de 1884 (GT nº 2113 [1884], p. 1457).
Callfupán (1884): CS, 21 de noviembre de 1884 (GT nº 2125 [1884], p. 2153).
Caris Donoso (1884): CM Concepción, 23 de diciembre de 1884 (GT nº 2126 [1884], p. 2261).
Carojil (1884): C. Ap. Santiago, 31 de marzo de 1884 (GT nº 2089 [1884], p. 316).
Comandante General de Armas de Atacama con Corte Marcial de La Serena (1884): CS, 2 de enero de 1884 (GT nº 2083 [1884], p. 1).
Compañía Financiera y Comercial del Pacífico (1884): CS, 29 de noviembre de 1884 (GT nº 2125 [1884], p. 2154).
Concha Marín (1884): CS, 24 de mayo de 1884 (GT nº 2096 [1884], p. 619).
Cordero Velasco (1884): C. Ap. Santiago, 19 de julio de 1884 (GT nº 2106 [1884], p. 1116).
Díaz (1884): CS, 17 de octubre de 1884 (GT nº 2118 [1884], p. 1839).
Dorado Hermanos (1884): CS, 13 de junio de 1884 (GT nº 2099 [1884], p. 769).
Escobar (1884): CM Concepción, 8 de marzo de 1884 (GT nº 2086 [1884], p. 217).
Escobar y Browne (1884): CS, 24 de octubre de 1884 (GT nº 2119 [1884], p. 1906).
Espinosa (1884): CS, 15 de octubre de 1884 (GT nº 2118 [1884], p. 1856).
Jefferson y Ca. (1884): CS, 15 de marzo de 1884 (GT nº 2086 [1884], p. 180).
Ferrada (1884): CS, 31 de octubre de 1884 (GT nº 2119 [1884], p. 1910).
Fisco con Anguita (1884): CS, 14 de marzo de 1884 (GT nº 2086 [1884], p. 177).
Fisco con Anrique (1884): CS, 1° de octubre de 1884 (GT nº 2116 [1884], p. 1601).
Fisco con Barrera (1884): CS, 2 de septiembre de 1884 (GT nº 2112 [1884], p. 1410).
Fisco con Carrasco (1884): CS, 24 de octubre de 1884 (GT nº 2119 [1884], p. 1906).
Fisco con González (1884): CS, 27 de mayo de 1884 (GT nº 2097 [1884], p. 659).
Fisco con Hidalgo (1884): CS, 21 de noviembre de 1884 (GT nº 2125 [1884], p. 2153).
Fisco con Isla y Rodríguez (1884): CS, 1° de septiembre de 1884 (GT nº 2112 [1884], p. 1410).

Fisco con Slater y Compañía de Depósitos y Consignaciones (1884): CS, 4 de agosto de 1884 (GT nº 2107 [1884], p. 1145).
Fisco con Valdés (1884): CS, 2 de enero de 1884 (GT nº 2083 [1884], p. 1).
Flores (1884): C. Ap. Concepción, 18 de noviembre de 1884 (GT nº 2120 [1884], p. 1986).
Freire (1884): CS, 2 de julio de 1884 (GT nº 2102 [1884], p. 913).
Gómez (1884): CS, 29 de mayo de 1884 (GT nº 2097 [1884], p. 670).
Herrera Díaz (1884): CS, 15 de noviembre de 1884 (GT nº 2124 [1884], p. 2100).
Hurtado (1884): CS, 24 de septiembre de 1884 (GT nº 2115 [1884], p. 1556).
Jefferson y Ca. (1884): CS, 15 de marzo de 1884 (GT nº 2086 [1884], p. 180).
Montes (1884): CS, 30 de agosto de 1884 (GT nº 2111 [1884], p. 1369).
Morris (1884): CS, 26 de julio de 1884 (GT nº 2105 [1884], p. 1051).
Municipalidad de Concepción con Juez de Letras de Concepción (1884): C. Ap. Concepción, 30 de septiembre de 1884 (GT nº 2115 [1884], p. 1583).
Municipalidad de Coquimbo con Edwards (1884): C. Ap. La Serena, 6 de junio de 1884 (GT nº 2098 [1884], p. 742).
Municipalidad de Quillota con Castro (1884): C. Ap. Santiago, 13 de junio de 1884 (GT nº 2100 [1884], p. 844).
Oquendo (1884): CM Santiago, 21 de junio de 1884 (GT nº 2101 [1884], p. 894).
Pearcy Ritchen (1884): C. Ap. Concepción, 19 de diciembre de 1884 (GT nº 2125 [1884], p. 2196).
Perfetti (1884): C. Ap. Iquique, 30 de diciembre de 1884 (GT nº 2130 [1885], p. 175).
Pino (1884): CS, 23 de julio de 1884 (GT nº 2105 [1884], p. 1051).
Queille y Billwiller (1884): CS, 10 de julio de 1884 (GT nº 2103 [1884], p. 961).
Remolcador Isluga (1884): CS, 6 de junio de 1884 (GT nº 2098 [1884], p. 717).
Salas Hermanos y otros (1884): CS, 25 de abril de 1884 (GT nº 2092 [1884], p. 437).
Sanhueza (1884): C. Ap. Santiago, 18 de julio de 1884 (GT nº 2104 [1884], p. 1008).
Silva (1884): C. Ap. Santiago, 28 de mayo de 1884 (GT nº 2097 [1884], p. 677).
Sucesión de Almeida (1884): CS, 24 de octubre de 1884 (GT nº 2118 [1884], p. 1846).
Valdés y otros (1884): C. Ap. La Serena, 27 de septiembre de 1884 (GT nº 2114 [1884], p. 1521).
Velasco (1884): CS, 16 de mayo de 1884 (GT nº 2096 [1884], p. 617).
Velásquez (1884): CM Santiago, 26 de agosto de 1884 (GT nº 2110 [1884], p. 1339).
Venegas (1884): CS, 26 de diciembre de 1884 (GT nº 2126 [1884], p. 2223).
Weber y Ca. (1884): CS, 14 de marzo de 1884 (GT nº 2086 [1884], p. 177).

Año 1885

Álvarez (1885): C. Ap. La Serena, 24 de abril de 1885 (GT nº 2135 [1885], p. 425).
Anguita (1885): CS, 9 de mayo de 1885 (GT nº 2140 [1885], p. 675).
Arenas Maturana (1885): CM Santiago, 17 de abril de 1885 (GT nº 2134 [1885], p. 364).
Arévalo y Castillo (1885): C. Ap. La Serena, 6 de junio de 1885 (GT nº 2141 [1885], p. 761).
Arrieta (1885): CS, 20 de marzo de 1885 (GT nº 2134 [1885], p. 355).
Balbontín y otros (1885): CS, 13 de agosto de 1885 (GT nº 2158 [1885], p. 1555).
Becagno, Baglietto y Vallarino (1885): CS, 15 de septiembre de 1885 (GT nº 2161 [1885], p. 1737).
Cañas y Vial (1885): CS, 21 de abril de 1885 (GT nº 2138 [1885], p. 563).
Carrasco (1885): C. Ap. Santiago, 1° de octubre de 1885 (GT nº 2158 [1885], p. 1573).

Coloma (1885): C. Ap. Iquique, 4 de julio de 1885 (GT nº 2146 [1885], p. 972).
Díaz y otros (1885): C. Ap. La Serena, 22 de septiembre de 1885 (GT nº 2157 [1885], p. 1533).
Dueñas (1885): CS, 13 de noviembre de 1885 (GT nº 2167 [1885], p. 2067).
Edwards y otros (1885): CS, 28 de abril de 1885 (GT nº 2139 [1885], p. 609).
Encina (1885): CS, 11 de junio de 1885 (GT nº 2147 [1885], p. 1001).
Fisco con Ampuero (1885): CS, 29 de mayo de 1885 (GT nº 2146 [1885], p. 946).
Fisco con Andrade y Oyarzo (1885): CS, 3 de enero de 1885 (GT nº 2127 [1885], p. 1).
Fisco con Cárdenas (1885): CS, 29 de mayo de 1885 (GT nº 2146 [1885], p. 946).
Fisco con Geisse (1885): CS, 20 de agosto de 1885 (GT nº 2158 [1885], p. 1558).
Fisco con Romero Roa (1885): CS, 10 de octubre de 1885 (GT nº 2165 [1885], p. 1924).
Fisco con Serdio (1885): CS, 13 de octubre de 1885 (GT nº 2165 [1885], p. 1920).
Fuenzalida (1885): CS, 21 de mayo de 1885 (GT nº 2146 [1885], p. 945).
Goich Zayos y Ca. Y otros (1885): C. Ap. Iquique, 8 de junio de 1885 (GT nº 2142 [1885], p. 789).
Hellmann (1885): CS, 22 de julio de 1885 (GT nº 2155 [1885], p. 1402).
Irribarra (1885): C. Ap. Concepción, 27 de agosto de 1885 (GT nº 2153 [1885], p. 1353).
Kein (1885): CS, 6 de noviembre de 1885 (GT nº 2167 [1885], p. 2065).
Ladrón de Guevara (1885): CS, 7 de mayo de 1885 (GT nº 2140 [1885], p. 673).
Leiva y otros (1885): C. Ap. Concepción, 20 de marzo de 1885 (GT nº 2131 [1885], p. 238).
León Sánchez (1885): CM Santiago, 15 de junio de 1885 (GT nº 2143 [1885], p. 818).
Lorca y Palomino (1885): CM La Serena, 18 de abril de 1885 (GT nº 2134 [1885], p. 375).
Lucero Maldonado (1885): C. Ap. Santiago, 7 de abril de 1885 (GT nº 2135 [1885], p. 402).
Luco Lynch (1885): CS, 3 de junio de 1885 (GT nº 2147 [1885], p. 1004).
Massardo (1885): CS, 6 de junio de 1885 (GT nº 2155 [1885], p. 1401).
Mayers y Hillman (1885): CS, 10 de agosto de 1885 (GT nº 2157 [1885], p. 1500).
Molina y Ca. (1885): CS, 3 de julio de 1885 (GT nº 2152 [1885], p. 1241).
Municipalidad de Puchacay con Muñoz (1885): C. Ap. Concepción, 10 de marzo de 1885 (GT nº 2130 [1885], p. 193).
Municipalidad de Talca con Municipalidad de Linares (1885): C. Ap. Concepción, 19 de junio de 1885 (GT nº 2143 [1885], p. 831).
Ossandón (1885): CS, 17 de abril de 1885 (GT nº 2137 [1885], p. 505).
Pérdida de fondos del Correo (1885): C. Ap. Iquique, 20 de junio de 1885 (GT nº 2143 [1885], p. 825).
Pérez (1885): CS, 18 de agosto de 1885 (GT nº 2158 [1885], p. 1557).
Pérez Izquierdo y otros (1885): CS, 16 de junio de 1885 (GT nº 2149 [1885], p. 1096).
Puelma (1885): C. Ap. La Serena, 28 de mayo de 1885 (GT nº 2140 [1885], p. 712).
Ramírez (1885): C. Ap. Iquique, 4 de mayo de 1885 (GT nº 2137 [1885], p. 529).
Romero Roa (1885): CS, 10 de octubre de 1885 (GT nº 2165 [1885], p. 1915).
Salas Lavaqui (1885): CS, 27 de mayo de 1885 (GT nº 2149 [1885], p. 1089).
Sánchez (1885): C. Ap. Concepción, 13 de mayo de 1885 (GT nº 2138 [1885], p. 597).
Sayago (1885): CS, 25 de junio de 1885 (GT nº 2150 [1885], p. 1138).
Sepúlveda (1885 a): C. Ap. Concepción, 13 de mayo de 1885 (GT nº 2138 [1885], p. 597).
Sepúlveda (1885 b): C. Ap. Concepción, 13 de mayo de 1885 (GT nº 2138 [1885], p. 597).
Sepúlveda y otros (1885): CM Concepción, 23 de mayo de 1885 (GT nº 2139 [1885], p. 663).
Tolosa y otros (1885): CS, 3 de enero de 1885 (GT nº 2127 [1885], p. 1).
Toro y otros (1885): CM Iquique, 28 de agosto de 1885 (GT nº 2153 [1885], p. 1332).

Varela y Román (1885): CS, 19 de mayo de 1885 (GT nº 2146 [1885], p. 947).
Villagra (1885): C. Ap. Concepción, 13 de mayo de 1885 (GT nº 2138 [1885], p. 598).
Villamil Blanco (1885): CS, 8 de julio de 1885 (GT nº 2151 [1885], p. 1193).

Año 1886

Abarca y otros (1886): CS, 12 de julio de 1886 (GT nº 2192 [1886], p. 1243).
Adriasola (1886): CS, 17 de agosto de 1886 (GT nº 2197 [1886], p. 1554).
Aguayo (1886): CS, 30 de noviembre de 1886 (GT nº 2212 [1886], p. 2382).
Albizú de Borbonet (1886): C. Ap. Iquique, 30 de julio de 1886 (GT nº 2194 [1886], p. 1403).
Alcalde de Melipilla con Juez Letrado de Melipilla (1886): CS, 17 de junio de 1886 (GT nº 2188 [1886], p. 1025).
Alvarado (1886): CS, 7 de agosto de 1886 (GT nº 2196 [1886], p. 1490).
Araya (1886): CM Santiago, 23 de noviembre de 1886 (GT nº 2214 [1886], p. 2553).
Becerra y Cortés (1886): CS, 26 de junio de 1886 (GT nº 2189 [1886], p. 1085).
Bowey y otro (1886): CS, 17 de diciembre de 1886 (GT nº 2214 [1886], p. 2505).
Bravo (1886): C. Ap. Concepción, 14 de enero de 1886 (GT nº 2172 [1886], p. 104).
Cabrera (1886): CS, 25 de junio de 1886 (GT nº 2190 [1886], p. 1131).
Canales (1886): CM Concepción, 6 de agosto de 1886 (GT nº 2195 [1886], p. 1485).
Carrasco (1886): CS, 2 de septiembre de 1886 (GT nº 2199 [1886], p. 1649).
Carrizo (1886): CM Iquique, 10 de julio de 1886 (GT nº 2191 [1886], p. 1218).
Compañía de Ferrocarriles de Tarapacá (1886): CS, 23 de noviembre de 1886 (GT nº 2211 [1886], p. 2329).
Díaz (1886): CS, 27 de agosto de 1886 (GT nº 2197 [1886], p. 1655).
Figueroa y otros (1886): C. Ap. La Serena, 20 de agosto de 1886 (GT nº 2197 [1886], p. 1598).
Fisco con Compañía de Destilación del Sol (1886): CS, 9 de abril de 1886 (GT nº 2178 [1886], p. 353).
Fisco con Larrieu y Ca. (1886): CS, 9 de abril de 1886 (GT nº 2178 [1886], p. 354).
Gabella (1886): CS, 23 de julio de 1886 (GT nº 2193 [1886], p. 1305; también en GT nº 2195 [1886], p. 1425).
García (1886): CS, 18 de noviembre de 1886 (GT nº 2208 [1886], p. 2284).
Gil (1886): CS, 21 de octubre de 1886 (GT nº 2206 [1886], p. 2058).
Godoy (1886): C. Ap. Concepción, 16 de septiembre de 1886 (GT nº 2201 [1886], p. 1827).
Gómez (1886): C. Ap. Santiago, 12 de junio de 1886 (GT nº 2187 [1886], p. 996).
Grez (1886): CS, 5 de agosto de 1886 (GT nº 2195 [1886], p. 1426).
Guzmán (1886): CS, 17 de noviembre de 1886 (GT nº 2208 [1886], p. 2283).
Heineken Schwartz y Ca. (1886): CS, 26 de junio de 1886 (GT nº 2189 [1886], p. 1087).
Intendente de Ñuble (1886): C. Ap. Concepción, 19 de mayo de 1886 (GT nº 2184 [1886], p. 859).
Juez de Letras de Tacna con Comandante General de Armas de Tacna (1886): CS, 19 de mayo de 1886 (GT nº 2184 [1886], p. 801).
Juez Letrado de Tacna con Administrador de Aduana de Arica (1886): CS, 27 de mayo de 1886 (GT nº 2185 [1886], p. 865).
Loyola (1886): CS, 11 de enero de 1886 (GT nº 2172 [1886], p. 57).
Luco y Clary (1886): C. Ap. Concepción, 1º de abril de 1886 (GT nº 2177 [1886], p. 340).
Manuel González y Ca. (1886): CS, 13 de septiembre de 1886 (GT nº 2201 [1886], p. 1785).

Marcó (1886): C. Ap. Iquique, 10 de abril de 1886 (GT n° 2179 [1886], p. 443).
Martínez (1886): CS, 2 de septiembre de 1886 (GT n° 2199 [1886], p. 1649).
Martínez y otros (1886): CS, 17 de abril de 1886 (GT n° 2179 [1886], p. 415).
Massardo (1886): CS, 23 de septiembre de 1886 (GT n° 2202 [1886], p. 1833).
Millán (1886): C. Ap. Concepción, 31 de julio de 1886 (GT n° 2195 [1886], p. 1475).
Municipalidad de Coquimbo con Empresa de Ferrocarril de Coquimbo (1886): C. Ap. La Serena, 28 de octubre de 1886 (GT n° 2207 [1886], p. 2132).
Municipalidad de Iquique con De la Cruz (1886): C. Ap. Iquique, 2 de enero de 1886 (GT n° 2171 [1886], p. 25).
Municipalidad de Iquique con Pointis (1886): C. Ap. Iquique, 8 de abril de 1886 (GT n° 2178 [1886], p. 384).
Ovalle (1886): CS, 16 de abril de 1886 (GT n° 2179 [1886], p. 413).
Oviedo (1886): C. Ap. Iquique, 29 de julio de 1886 (GT n° 2194 [1886], p. 1403).
Paillao (1886): CS, 30 de diciembre de 1886 (GT n° 2214 [1886], p. 2528).
Parot y otro (1886): CS, 14 de agosto de 1886 (GT n° 2196 [1886], p. 1502).
Peña (1886): CS, 3 de abril de 1886 (GT n° 2176 [1886], p. 249).
Puelma (1886): C. Ap. La Serena, 30 de agosto de 1886 (GT n° 2200 [1886], p. 1755).
Reos de la cárcel de Constitución (1886): C. Ap. Concepción, 5 de junio de 1886 (GT n° 2187 [1886], p. 1019).
Ríos y otros (1886): CM Concepción, 15 de septiembre de 1886 (GT n° 2201 [1886], p. 1827).
Riquelme (1886): CS, 24 de septiembre de 1886 (GT n° 2202 [1886], p. 1837).
Rivera (1886): C. Ap. Concepción, 12 de julio de 1886 (GT n° 2192 [1886], p. 1284).
Riveros (1886): CS, 16 de octubre de 1886 (GT n° 2206 [1886], p. 2049).
Rodríguez y Bravo (1886): CS, 26 de junio de 1886 (GT n° 2189 [1886], p. 1087).
Rozas (1886): CS, 26 de julio de 1886 (GT n° 2194 [1886], p. 1369).
Ruiz (1886): CS, 30 de diciembre de 1886 (GT n° 2214 [1886], p. 2530).
Ruiz y Aldea (1886): C. Ap. Concepción, 7 de enero de 1886 (GT n° 2171 [1886], p. 44).
Santelices (1886): CS, 13 de abril de 1886 (GT n° 2179 [1886], p. 419).
Solar (1886): CS, 17 de noviembre de 1886 (GT n° 2214 [1886], p. 2506).
Suárez y Ossandón (1886): C. Ap. La Serena, 19 de agosto de 1886 (GT n° 2197 [1886], p. 1594).
Sucesión de Arteaga (1886): CS, 12 de mayo de 1886 (GT n° 2183 [1886], p. 753).
Sucesión de Vargas Fontecilla (1886): CS, 18 de junio de 1886 (GT n° 2188 [1886], p. 1025).
Valdés, Muñoz y Gutiérrez (1886): CS, 4 de agosto de 1886 (GT n° 2195 [1886], p. 1433).
Venegas (1886): CS, 23 de septiembre de 1886 (GT n° 2202 [1886], p. 1833).
Vidal y otros (1886): CS, 18 de diciembre de 1886 (GT n° 2214 [1886], p. 2507).
Vivanco (1886): CS, 1° de mayo de 1886 (GT n° 2181 [1886], p. 506).
Zúñiga Acuña (1886): CM Santiago, 15 de mayo de 1886 (GT n° 2184 [1886], p. 825).

Año 1887

Achurra y otros (1887): CS, 22 de agosto de 1887 (GT n° 2317 [1887], p. 1225).
Ahumada y Rojas (1887): CS, 13 de mayo de 1887 (GT n° 2239 [1887], p. 515).
Alderete Díaz (1887): CM Santiago, 26 de abril de 1887 (GT n° 2232 [1887], p. 401).
Alfieri y otros (1887): CM Santiago, 5 de enero de 1887 (GT n° 2215 [1887], p. 11).

Aninat (1887): C. Ap. Concepción, 25 de noviembre de 1887 (GT nº 2428 [1887], p. 2277).
Argandoña (1887): C. Ap. La Serena, 1° de julio de 1887 (GT nº 2289 [1887], p. 1011).
Astaburuaga (1887): CS, 28 de mayo de 1887 (GT nº 2245 [1887], p. 621).
Azócar (1887): CS, 9 de julio de 1887 (GT nº 2276 [1887], p. 891).
Barbé (1887): CS, 28 de noviembre de 1887 (GT nº 2395 [1887], p. 1989).
Briones y otros (1887): C. Ap. Concepción, 22 de agosto de 1887 (GT nº 2346 [1887], p 1495).
Caldera y otros (1887): CM Santiago, 28 de octubre de 1887 (GT nº 2369 [1887], p. 1729).
Calvo (1887): CS, 2 de septiembre de 1887 (GT nº 2323 [1887], p. 1269).
Campino (1887): CS, 5 de noviembre de 1887 (GT nº 2372 [1887], p. 1761).
Cerda (1887): CS, 12 de agosto de 1887 (GT nº 2306 [1887], p. 1161).
Contreras (1887): C. Ap. Tacna, 2 de diciembre de 1887 (GT nº 2417 [1887], p. 2177).
Contra varios policiales (1887): C. Ap. La Serena, 24 de marzo de 1887 (GT nº 2224 [1887], p. 254).
Cubillos y otros (1887): C. Ap. Santiago, 1° de diciembre de 1887 (GT nº 2393 [1887], p. 1965).
Dávalos (1887): C. Ap. Iquique, 30 de junio de 1887 (GT nº 2286 [1887], p. 981).
De Arza (1887): CS, 10 de enero de 1887 (GT nº 2216 [1887], p. 25).
Ferrocarril de Tarapacá (1887): CS, 11 de agosto de 1887 (GT nº 2305 [1887], p. 1153).
Fisco con Municipalidad de Laja (1887): CS, 10 de septiembre de 1887 (GT nº 2328 [1887], p. 1325).
Fisco con Sucesión de Ábalos (1887): CS, 21 de junio de 1887 (GT nº 2261 [1887], p. 765).
Flores (1887): C. Ap. Iquique, 16 de junio de 1887 (GT nº 2277 [1887], p. 902).
Frías (1887): CS, 19 de julio de 1887 (GT nº 2283 [1887], p. 950).
Fritis (1887): CM Iquique, 8 de agosto de 1887 (GT nº 2315 [1887], p. 1215).
Fuentes Norambuena (1887): C. Ap. Concepción, 1° de abril de 1887 (GT nº 2230 [1887], p. 371).
Fuenzalida (1887): C. Ap. Iquique, 9 de mayo de 1887 (GT nº 2240 [1887], p. 538).
Gana (1887): CS, 29 de noviembre de 1887 (GT nº 2393 [1887], p. 1965).
García (1887): C. Ap. Concepción, 6 de junio de 1887 (GT nº 2271 [1887], p. 849).
González (1887): CS, 3 de agosto de 1887 (GT nº 2296 [1887], p. 1069).
Hellmann (1887): CS, 14 de enero de 1887 (GT nº 2217 [1887], p. 49).
Hermosilla Sanhueza (1887): CS, 5 de septiembre de 1887 (GT nº 2325 [1887], p. 1293).
Hidalgo (1887): C. Ap. La Serena, 13 de junio de 1887 (GT nº 2273 [1887], p. 870).
Iglesias Baeza (1887): CM Santiago, 30 de septiembre de 1887 (GT nº 2341 [1887], p. 1453).
Jara (1887): CS, 26 de septiembre de 1887 (GT nº 2339 [1887], p. 1425).
Jara y otros (1887): CS, 12 de septiembre de 1887 (GT nº 2329 [1887], p. 1337).
López y otros (1887): CS, 7 de enero de 1887 (GT nº 2216 [1887], p. 26).
Luco y otros (1887): C. Ap. Concepción, 27 de septiembre de 1887 (GT nº 2379 [1887], p. 1840).
Mardones (1887): CM Santiago, 17 de mayo de 1887 (GT nº 2240 [1887], p. 532).
Marín y otros (1887): C. Ap. La Serena, 24 de mayo de 1887 (GT nº 2246 [1887], p. 649).
Martel (1887): C. Ap. Concepción, 9 de mayo de 1887 (GT nº 2243 [1887], p. 596).
Monasterio de Agustinas de Santiago (1887): CS, 30 de agosto de 1887 (GT nº 2320 [1887], p. 1245).
Moraga (1887): CM Santiago, 13 de junio de 1887 (GT nº 2252 [1887], p. 706).
Municipalidad de Puchacay con Barriga (1887): C. Ap. Concepción, 30 de junio de 1887 (GT nº 2284 [1887], p. 964).
Naveillán (1887): CS, 5 de agosto de 1887 (GT nº 2299 [1887], p. 1093).
Ojeda (1887): C. Ap. Concepción, 9 de mayo de 1887 (GT nº 2243 [1887], p. 595).
Ossandón (1887): C. Ap. La Serena, 27 de julio de 1887 (GT nº 2303 [1887], p. 1143).

Oviedo (1887): C. Ap. Iquique, 19 de julio de 1887 (GT nº 2298 [1887], p. 1088).
Pérez (1887): CS, 22 de agosto de 1887 (GT nº 2313 [1887], p. 1201).
Pérez de Arce (1887): CS, 27 de julio de 1887 (GT nº 2289 [1887], p. 1005).
Pérez y Aldunate (1887): C. Ap. La Serena, 18 de abril de 1887 (GT nº 2233 [1887], p. 425).
Perfetti y otros (1887): CS, 30 de julio de 1887 (GT nº 2293 [1887], p. 1045).
Pointis (1887): C. Ap. Iquique, 28 de mayo de 1887 (GT nº 2258 [1887], p. 746).
Redolés (1887): CM Santiago, 9 de diciembre de 1887 (GT nº 2400 [1887], p. 2041).
Ríos Egaña y otro (1887): CS, 15 de junio de 1887 (GT nº 2257 [1887], p. 733).
Rodríguez (1887 a): CS, 14 de abril de 1887 (GT nº 2229 [1887], p. 321).
Rodríguez (1887 b): C. Ap. Iquique, 7 de junio de 1887 (GT nº 2266 [1887], p. 816).
Rose Innes y Ca. (1887): C. Ap. Santiago, 31 de marzo de 1887 (GT nº 2225 [1887], p. 263).
Sánchez (1887): C. Ap. Tacna, 17 de noviembre de 1887 (GT nº 2402 [1887], p. 2056).
Santander (1887): CS, 29 de septiembre de 1887 (GT nº 2342 [1887], p. 1461).
Santibáñez (1887): CS, 13 de octubre de 1887 (GT nº 2358 [1887], p. 1597).
Severino y otros (1887): CS, 23 de septiembre de 1887 (GT nº 2340 [1887], p. 1445).
Sewell (1887): C. Ap. Santiago, 1º de abril de 1887 (GT nº 2226 [1887], p. 279).
Silva Vergara (1887): C. Ap. Iquique, 16 de abril de 1887 (GT nº 2231 [1887], p. 385).
Toro (1887): CS, 21 de noviembre de 1887 (GT nº 2386 [1887], p. 1901).
Velasco (1887): C. Ap. Santiago, 9 de diciembre de 1887 (GT nº 2401 [1887], p. 2049).
Venegas (1887): CS, 21 de mayo de 1887 (GT nº 2242 [1887], p. 561).
Vernal y Castro (1887): CS, 27 de mayo de 1887 (GT nº 2245 [1887], p. 617).
Viuda de Rivera (1887): C. Ap. Iquique, 2 de junio de 1887 (GT nº 2261 [1887], p. 772).
Wichoff (1887): C. Ap. Concepción, 28 de abril de 1887 (GT nº 2240 [1887], p. 543).
Zañartu (1887): C. Ap. Concepción, 29 de julio de 1887 (GT nº 2319 [1887], p. 1237).
Zilleruelo y otro (1887): CM Concepción, 1º de julio de 1887 (GT nº 2288 [1887], p. 1003).

Año 1888

Badilla (1888): CS, 19 de junio de 1888 (GT nº 2520 [1888, t. 1], p. 855).
Barrera (1888): CS, 27 de septiembre de 1888 (GT nº 2603 [1888, t. 2], p. 269).
Berroeta (1888): CS, 24 de marzo de 1888 (GT nº 2449 [1888, t. 1], p. 183).
Bissig (1888): C. Ap. Concepción, 15 de junio de 1888 (GT nº 2532 [1888, t. 1], p. 694).
Bowen (1888): C. Ap. Tacna, 28 de junio de 1888 (GT nº 2540 [1888, t. 1], p. 1036).
Calvo (1888): CS, 10 de abril de 1888 (GT nº 2461 [1888, t. 1], p. 287).
Campino (1888): CS, 30 de junio de 1888 (GT nº 2530 [1888, t. 1], p. 940).
Campos (1888): C. Ap. Tacna, 30 de abril de 1888 (GT nº 2487 [1888, t. 1], p. 545).
Carmona (1888): C. Ap. La Serena, 10 de enero de 1888 (GT nº 2428 [1887], p. 2277).
Carreño y otros (1888): CS, 4 de agosto de 1888 (GT nº 2562 [1888, t. 1], p. 1234).
Castro (1888): CS, 17 de marzo de 1888 (GT nº 2441 [1888, t. 1], p. 103).
Compañía de Salitre y Ferrocarril de Antofagasta (1888): CS, 12 de octubre de 1888 (GT nº 2615 [1888, t. 2], p. 381).
Contreras (1888): CS, 5 de marzo de 1888 (GT nº 2432 [1888, t. 1], p. 26).
Cortés (1888): CS, 3 de noviembre de 1888 (GT nº 2638 [1888, t. 2], p. 625).
Díaz (1888): C. Ap. La Serena, 9 de enero de 1888 (GT nº 2428 [1887], p. 2277).

Elgueta (1888): C. Ap. Concepción, 7 de mayo de 1888 (GT nº 2499 [1888, t. 1], p. 662).
Fisco con De Mata (1888): CS, 30 de junio de 1888 (GT nº 2530 [1888, t. 1], p. 939).
Fisco con Gibbs y Ca. (1888): CS, 2 de noviembre de 1888 (GT nº 2641 [1888, t. 2], p. 661).
Fisco con Warner (1888): CS, 24 de marzo de 1888 (GT nº 2449 [1888, t. 1], p. 183).
Franco (1888): CM Santiago, 22 de marzo de 1888 (GT nº 2445 [1888, t. 1], p. 137).
Gaete (1888): C. Ap. Concepción, 24 de abril de 1888 (GT nº 2484 [1888, t. 1], p. 524).
Garrido y compartes (1888): C. Ap. Concepción, 8 de agosto de 1888 (GT nº 2576 [1888, t. 1], p. 1387).
González (1888): CS, 2 de abril de 1888 (GT nº 2454 [1888, t. 1], p. 227).
Guajardo (1888): CS, 8 de mayo de 1888 (GT nº 2485 [1888, t. 1], p. 528).
Herrera (1888): C. Ap. Santiago, 21 de agosto de 1888 (GT nº 2574 [1888, t. 1], p. 1365).
Huerta (1888): C. Ap. La Serena, 26 de abril de 1888 (GT nº 2486 [1888, t. 1], p. 538).
Islas (1888): C. Ap. Concepción, 8 de marzo de 1888 (GT nº 2451 [1888, t. 1], p. 205).
Jofré (1888): C. Ap. Tacna, 12 de julio de 1888 (GT nº 2551 [1888, t. 1], p. 1127).
Lagos (1888): CS, 14 de mayo de 1888 (GT nº 2498 [1888, t. 1], p. 649).
Lavanderos (1888): CS, 3 de agosto de 1888 (GT nº 2560 [1888, t. 1], p. 1212).
Letelier (1888): CS, 27 de septiembre de 1888 (GT nº 2604 [1888, t. 2], p. 277).
Lezana (1888): C. Ap. Santiago, 14 de agosto de 1888 (GT nº 2568 [1888, t. 1], p. 1300).
Madrigal (1888): CM Santiago, 20 de abril de 1888 (GT nº 2471 [1888, t. 1], p. 386).
Mendiburo y Lafrentz (1888): C. Ap. Tacna, 13 de junio de 1888 (GT nº 2531 [1888, t. 1], p. 953).
Millán (1888): CS, 11 de mayo de 1888 (GT nº 2488 [1888, t. 1], p. 554).
Mujica (1888): CS, 9 de octubre de 1888 (GT nº 2612 [1888, t. 2], p. 349).
Municipalidad de Iquique con Pointis (1886): C. Ap. Tacna, 7 de junio de 1888 (GT nº 2526 [1888, t. 1], p. 908).
Núñez Valenzuela (1888): CM Santiago, 17 de julio de 1888 (GT nº 2563 [1888, t. 1], p. 1251).
Palmieri (1888): C. Ap. Tacna, 26 de julio de 1888 (GT nº 2566 [1888, t. 1], p. 1282).
Pérez y otro (1888): CS, 27 de septiembre de 1888 (GT nº 2603 [1888, t. 2], p. 269).
Pozo y otros (1888): C. Ap. Tacna, 4 de octubre de 1888 (GT nº 2617 [1888, t. 2], p. 403).
Prado (1888): C. Ap. Tacna, 1° de mayo de 1888 (GT nº 2487 [1888, t. 1], p. 487).
Recabarren (1888): CS, 16 de junio de 1888 (GT nº 2518 [1888, t. 1], p. 836).
Riquelme (1888): CS, 3 de noviembre de 1888 (GT nº 2638 [1888, t. 2], p. 625).
Rodríguez (1888): C. Ap. La Serena, 25 de mayo de 1888 (GT nº 2555 [1888, t. 1], p. 720).
Salinas (1888): CS, 28 de septiembre de 1888 (GT nº 2605 [1888, t. 2], p. 285).
Sayago (1888): CS, 30 de junio de 1888 (GT nº 2530 [1888, t. 1], p. 939).
Schuth (1888): CM Santiago, 23 de agosto de 1888 (GT nº 2575 [1888, t. 1], p. 939).
Sepúlveda (1888 a): CS, 22 de agosto de 1888 (GT nº 2578 [1888, t. 1], p. 1399).
Sepúlveda (1888 b): CS, 22 de agosto de 1888 (GT nº 2578 [1888, t. 1], p. 1400).
Silva (1888): C. Ap. Talca, 22 de noviembre de 1888 (GT nº 2668 [1888, t. 2], p. 957).
Tillería (1888): C. Ap. Concepción, 21 de abril de 1888 (GT nº 2480 [1888, t. 1], p. 473).
Valenzuela (1888): CS, 13 de julio de 1888 (GT nº 2542 [1888, t. 1], p. 1051).
Villagra (1888): CS, 22 de agosto de 1888 (GT nº 2578 [1888, t. 1], p. 1407).
Villalobos (1888): CS, 27 de septiembre de 1888 (GT nº 2609 [1888, t. 2], p. 322).
Viuda de Rivera (1888): C. Ap. Tacna, 17 de agosto de 1888 (GT nº 2580 [1888, t. 2], p. 7).
Zelaya (1888): CS, 15 de marzo de 1888 (GT nº 2443 [1888, t. 1], p. 123).

Año 1889

Ábalos (1889): CS, 10 de diciembre de 1889 (GT nº 3001 [1889, t. 2], p. 1835).
Aldunate Lastra (1889): CS, 11 de octubre de 1889 (GT nº 2941 [1889, t. 2], p. 907).
Álvarez (1889): C. Ap. La Serena, 15 de abril de 1889 (GT nº 2808 [1889, t. 1], p. 995).
Álvarez Rodríguez (1889): CM Santiago, 27 de marzo de 1889 (GT nº 2737 [1889, t. 1], p. 206).
Arís García (1889): CS, 8 de julio de 1889 (GT nº 2836 [1889, t. 1], p. 1276).
Beard (1889): C. Ap. Santiago, 9 de abril de 1889 (GT nº 2748 [1889, t. 1], p. 342).
Bennett y Ca. (1889): CS, 6 de junio de 1889 (GT nº 2803 [1889, t. 1], p. 945).
Bunster (1889): CS, 23 de mayo de 1889 (GT nº 2795 [1889, t. 1], p. 852).
Castro (1889): CS, 10 de abril de 1889 (GT nº 2757 [1889, t. 1], p. 440).
Chevesich (1889): C. Ap. Talca, 18 de marzo de 1889 (GT nº 2740 [1889, t. 1], p. 241).
Cisternas y otros (1889): CS, 5 de octubre de 1889 (GT nº 2934 [1889, t. 2], p. 808.
Comandante General de Armas de Santiago (1889): CS, 28 de noviembre de 1889 (GT nº 2993 [1889, t. 2], p. 1674).
Coñoeñir y Calfupán (1889): CS, 28 de octubre de 1889 (GT nº 2969 [1889, t. 2], p. 1307).
Díaz Cárcamo (1889): CM Santiago, 13 de agosto de 1889 (GT nº 2855 [1889, t. 1], p. 1497).
Douglas (1889): CS, 28 de agosto de 1889 (GT nº 2893 [1889, t. 2], p. 256).
Echeñique (1889): CS, 27 de abril de 1889 (GT nº 2769 [1889, t. 1], p. 575).
Echeverría (1889): CS, 26 de junio de 1889 (GT nº 2827 [1889, t. 1], p. 1179).
Fisco con Goyenechea (1889): CS, 9 de septiembre de 1889 (GT nº 2902 [1889, t. 2], p. 359).
Fisco con Mathieu, Brañas y Ca. (1889): CS, 4 de noviembre de 1889 (GT nº 2974 [1889, t. 2], p. 1380).
Fisco con Sociedad Chilena de Fundición (1889): CS, 4 de julio de 1889 (GT nº 2835 [1889, t. 1], p. 1263).
Flores (1889): CS, 21 de mayo de 1889 (GT nº 2789 [1889, t. 1], p. 787).
Fréraut (1889): CS, 15 de julio de 1889 (GT nº 2850 [1889, t. 1], p. 1439).
Fuentevilla (1889): C. Ap. Tacna, 16 de agosto de 1889 (GT nº 2982 [1889, t. 2], p. 1489)
Gaete (1889): CS, 4 de septiembre de 1889 (GT nº 2896 [1889, t. 2], p. 290).
Gallardo (1889): CS, 12 de julio de 1889 (GT nº 2841 [1889, t. 1], p. 1332).
Gallegos (1889): C. Ap. Tacna, 6 de noviembre de 1889 (GT nº 5488 [1889, t. 2], p. 2000).
Gamboa (1889): CS, 14 de noviembre de 1889 (GT nº 2983 [1889, t. 2], p. 1497).
García (1889): CS, 3 de octubre de 1889 (GT nº 2933 [1889, t. 2], p. 792).
Gleisner y Ca. (1889): CS, 26 de agosto de 1889 (GT nº 2889 [1889, t. 2], p. 215).
Graham Rowe y Ca. (1889): CS, 12 de agosto de 1889 (GT nº 2876 [1889, t. 2], p. 94).
Herrera (1889 a): CS, 21 de octubre de 1889 (GT nº 2961 [1889, t. 2], p. 1187).
Herrera (1889 b): C. Ap. Concepción, 5 de julio de 1889 (GT nº 2966 [1889, t. 1], p. 1278).
Huento (1889): CS, 5 de noviembre de 1889 (GT nº 2976 [1889, t. 2], p. 1403).
Inostroza (1889): CM Santiago, 10 de septiembre de 1889 (GT nº 2888 [1889, t. 2], p. 206).
Inzunza y otros (1889): CS, 7 de agosto de 1889 (GT nº 2868 [1889, t. 2], p. 1).
Jara (1889): CS, 7 de junio de 1889 (GT nº 2809 [1889, t. 1], p. 1004).
Jones (1889): CS, 30 de septiembre de 1889 (GT nº 2929 [1889, t. 2], p. 736).
Kingler (1889): CS, 25 de septiembre de 1889 (GT nº 2924 [1889, t. 2], p. 663).
Labarca (1889): CS, 10 de julio de 1889 (GT nº 2838 [1889, t. 1], p. 1300).
Lacourt (1889): CS, 21 de diciembre de 1889 (GT nº 3010 [1889, t. 2], p. 2020).

Lastra (1889): CM Concepción, 26 de agosto de 1889 (GT nº 5234 [1889, t. 2], p. 1856).
Le Fort (1889): CS, 6 de mayo de 1889 (GT nº 2776 [1889, t. 1], p. 651).
Martínez (1889): CS, 15 de mayo de 1889 (GT nº 2785 [1889, t. 1], p. 751).
Mathieu, Brañas y Ca. (1889): CS, 16 de mayo de 1889 (GT nº 2785 [1889, t. 1], p. 752).
Montt (1889): CS, 12 de agosto de 1889 (GT nº 2876 [1889, t. 2], p. 93).
Moreno (1889): CS, 23 de octubre de 1889 (GT nº 2964 [1889, t. 2], p. 1235).
Municipalidad de Pisagua con Empresa de los Ferrocarriles Salitreros (1889): C. Ap. Tacna, 14 de diciembre de 1889 (GT nº 3013 [1889, t. 2], p. 2105).
Muñoz (1889): CS, 3 de abril de 1889 (GT nº 2753 [1889, t. 1], p. 400).
Nantuí (1889): C. Ap. Santiago, 19 de marzo de 1889 (GT nº 2731 [1889, t. 1], p. 136).
Nichols (1889): CS, 12 de julio de 1889 (GT nº 2841 [1889, t. 1], p. 1331).
Pérez y otros (1889): CS, 27 de mayo de 1889 (GT nº 2798 [1889, t. 1], p. 887).
Pino (1889): CS, 14 de agosto de 1889 (GT nº 2877 [1889, t. 2], p. 105).
Poblete (1889): CS, 7 de noviembre de 1889 (GT nº 2979 [1889, t. 2], p. 1443).
Prado (1889): CS, 13 de mayo de 1889 (GT nº 2783 [1889, t. 1], p. 727).
Quiroga (1889): CS, 30 de septiembre de 1889 (GT nº 2929 [1889, t. 2], p. 735).
Quiroga Hermanos (1889): CS, 22 de agosto de 1889 (GT nº 2887 [1889, t. 2], p. 193).
Rafael y otros (1889): CS, 11 de abril de 1889 (GT nº 2758 [1889, t. 1], p. 447).
Reyes (1889): CS, 3 de julio de 1889 (GT nº 2833 [1889, t. 1], p. 1239).
Rodríguez y Ca. (1889): CS, 12 de octubre de 1889 (GT nº 2945 [1889, t. 2], p. 967).
Rojas (1889 a): CS, 5 de abril de 1889 (GT nº 2753 [1889, t. 1], p. 395).
Rojas (1889 b): CS, 4 de julio de 1889 (GT nº 2834 [1889, t. 1], p. 1251).
Rosas (1889): CS, 22 de mayo de 1889 (GT nº 2793 [1889, t. 1], p. 831).
Salas (1889): CS, 14 de octubre de 1889 (GT nº 2946 [1889, t. 2], p. 981).
Sanguinetti Hermanos (1889): CS, 10 de diciembre de 1889 (GT nº 5186 [1889, t. 2], p. 1836).
Santa María (1889): CS, 12 de diciembre de 1889 (GT nº 3004 [1889, t. 2], p. 1905)
Sebrero (1889): CS, 16 de octubre de 1889 (GT nº 2955 [1889, t. 2], p. 1095).
Slater (1889): CS, 12 de enero de 1889 (GT nº 2700 [1888, t. 2], p. 1277).
Stulzel (1889): CM Santiago, 25 de noviembre de 1889 (GT nº 2940 [1889, t. 2], p. 897).
Sucesión de Almeida (1889): CS, 15 de octubre de 1889 (GT nº 2949 [1889, t. 2], p. 1015).
Tirado (1889): CS, 2 de octubre de 1889 (GT nº 2931 [1889, t. 2], p. 763).
Valdés (1889): CS, 2 de noviembre de 1889 (GT nº 2973 [1889, t. 2], p. 1364.
Vargas (1889): CS, 10 de agosto de 1889 (GT nº 2875 [1889, t. 2], p. 81).
Vega (1889): C. Ap. La Serena, 29 de marzo de 1889 (GT nº 2759 [1889, t. 1], p. 472).
Vera (1889): CS, 6 de agosto de 1889 (GT nº 2866 [1889, t. 1], p. 1611).
Vicuña Mackenna y otros (1889): CS, 26 de diciembre de 1889 (GT nº 3011 [1889, t. 2], p. 2045).
Videla (1889): CS, 8 de octubre de 1889 (GT nº 2938 [1889, t. 2], p. 869).
Villagrán (1889): CS, 15 de octubre de 1889 (GT nº 2954 [1889, t. 2], p. 1080).
Waddington (1889): CS, 28 de agosto de 1889 (GT nº 2893 [1889, t. 2], p. 255).
Zelada (1889): CS, 5 de enero de 1889 (GT nº 2688 [1888, t. 2], p. 1193).
Zúñiga (1889): CS, 5 de noviembre de 1889 (GT nº 2977 [1889, t. 2], p. 1415).

Año 1890

Ábalos (1890): CS, 17 de noviembre de 1890 (GT nº 3254 [1890, t. 3], p. 177).
Aguayo (1890): CS, 30 de junio de 1890 (GT nº 3160 [1890, t. 2], p. 281).
Aldea (1890): CS, 19 de marzo de 1890 (GT nº 3048 [1890, t. 1], p. 313).
Allendes (1890): CS, 15 de julio de 1890 (GT nº 3175 [1890, t. 2], p. 489).
Anguita (1890): CS, 6 de septiembre de 1890 (GT nº 3206 [1890, t. 2], p. 917).
Arancibia (1890): C. Ap. Concepción, 24 de abril de 1890 (GT nº 3075 [1890, t. 1], p. 633).
Arriagada Quiñones (1890): CM Santiago, 11 de abril de 1890 (GT nº 3068 [1890, t. 1], p. 553).
Arriagada y otros (1890): C. Ap. Santiago, 29 de mayo de 1890 (GT nº 3089 [1890, t. 1], p. 797).
Arrizaga (1890): CS, 25 de noviembre de 1890 (GT nº 3269 [1890, t. 3], p. 370).
Astaburuaga (1890): CS, 15 de noviembre de 1890 (GT nº 3252 [1890, t. 3], p. 149).
Atentado contra S. E. el Presidente de la República (1890): CS, 24 de abril de 1890 (GT nº 3083 [1890, t. 1], p. 730).
Barril (1890): C. Ap. Tacna, 19 de julio de 1890 (GT nº 3173 [1890, t. 2], p. 473).
Belcke (1890): C. Ap. Tacna, 28 de junio de 1890 (GT nº 3148 [1890, t. 2], p. 114).
Bravo (1890): CS, 9 de diciembre de 1890 (GT nº 3284 [1890, t. 3], p. 545).
Briones (1890): CS, 28 de octubre de 1890 (GT nº 3234 [1890, t. 2], p. 1365).
Cabrera (1890): CS, 2 de agosto de 1890 (GT nº 3185 [1890, t. 2], p. 621).
Cádiz (1890): CS, 8 de noviembre de 1890 (GT nº 3243 [1890, t. 3], p. 17).
Carrión (1890): CS, 11 de julio de 1890 (GT nº 3173 [1890, t. 2], p. 465).
Casanova (1890): CS, 1º de abril de 1890 (GT nº 3076 [1890, t. 1], p. 641).
Castillo (1890): C. Ap. Talca, 6 de marzo de 1890 (GT nº 3031 [1890, t. 1], p. 119).
Castro (1890): CS, 20 de diciembre de 1890 (GT nº 3291 [1890, t. 3], p. 632).
Coloma (1890): C. Ap. Concepción, 17 de marzo de 1890 (GT nº 3043 [1890, t. 1], p. 253).
Comandante de Armas de Imperial con Juez de primera instancia de Imperial (1890): CS, 13 de noviembre de 1890 (GT nº 3249 [1890, t. 3], p. 113).
Compañía de Gas de Santiago (1890): C. Ap. Santiago, 21 de noviembre de 1890 (GT nº 3243 [1890, t. 3], p. 20).
Córdoba (1890): CS, 6 de septiembre de 1890 (GT nº 3205 [1890, t. 2], p. 902).
Correa (1890): CS, 7 de julio de 1890 (GT nº 3167 [1890, t. 2], p. 373).
De la Fuente (1890): CS, 15 de noviembre de 1890 (GT nº 3251 [1890, t. 3], p. 138).
Degeyter (1890): CS, 5 de mayo de 1890 (GT nº 3099 [1890, t. 1], p. 901).
Díaz Villar (1890): CS, 3 de diciembre de 1890 (GT nº 3278 [1890, t. 3], p. 481).
Donoso (1890): CS, 14 de junio de 1890 (GT nº 3142 [1890, t. 2], p. 9).
Echeverría (1890): CS, 6 de octubre de 1890 (GT nº 3218 [1890, t. 2], p. 1109).
Espech (1890): CS, 13 de agosto de 1890 (GT nº 3188 [1890, t. 2], p. 666).
Espina (1890): CS, 31 de mayo de 1890 (GT nº 3132 [1890, t. 1], p. 1281).
Fábrega (1890): CS, 4 de agosto de 1890 (GT nº 3186 [1890, t. 2], p. 641).
Fernández Blanco y otros (1890): CS, 19 de julio de 1890 (GT nº 3178 [1890, t. 2], p. 533).
Ferrocarril Urbano de Santiago (1890): CS, 22 de diciembre de 1890 (GT nº 3292 [1890, t. 3], p. 643).
Fisco con Barruel (1890): CS, 12 de abril de 1890 (GT nº 3061 [1890, t. 1], p. 469).
Fisco con Cood (1890): CS, 14 de marzo de 1890 (GT nº 3035 [1890, t. 1], p. 153).
Fisco con Curphey y Ca. (1890): CS, 15 de abril de 1890 (GT nº 3065 [1890, t. 1], p. 518).

Fisco con Echeverría y otros (1890): CS, 28 de marzo de 1890 (GT n° 3053 [1890, t. 1], p. 377).
Fisco con empleados de la Aduana de Valparaíso (1890): CS, 30 de abril de 1890 (GT n° 3090 [1890, t. 1], p. 805).
Fisco con Labes (1890): CS, 2 de agosto de 1890 (GT n° 3185 [1890, t. 2], p. 621).
Fisco con Urrutia (1890): CS, 9 de octubre de 1890 (GT n° 3219 [1890, t. 2], p. 1126).
Frost (1890): CS, 27 de diciembre de 1890 (GT n° 3298 [1890, t. 3], p. 715).
Fuentes (1890): C. Ap. Talca, 14 de marzo de 1890 (GT n° 3038 [1890, t. 1], p. 192).
Gajardo (1890): CM Concepción, 11 de diciembre de 1890 (GT n° 3303 [1890, t. 3], p. 778).
González Montt (1890): CS, 24 de mayo de 1890 (GT n° 3117 [1890, t. 1], p. 1108).
González y compartes (1890): C. Ap. Tacna, 6 de mayo de 1890 (GT n° 3087 [1890, t. 1], p. 773).
González y otros (1890): CS, 16 de octubre de 1890 (GT n° 3223 [1890, t. 2], p. 1189).
Herederos de García (1890): CS, 24 de noviembre de 1890 (GT n° 3257 [1890, t. 3], p. 213).
Hurtado (1890): CS, 9 de diciembre de 1890 (GT n° 3283 [1890, t. 3], p. 534).
Irarrázaval y Gaymer (1890): CS, 7 de abril de 1890 (GT n° 3059 [1890, t. 1], p. 440).
Jiménez (1890): C. Ap. Talca, 27 de septiembre de 1890 (GT n° 3230 [1890, t. 2], p. 1314).
Larenas (1890): CS, 10 de enero de 1890 (GT n° 3016 [1889, t. 2], p. 2185).
Larraguibel (1890): CS, 17 de junio de 1890 (GT n° 3145 [1890, t. 2], p. 41).
Larraín (1890): CS, 22 de mayo de 1890 (GT n° 3113 [1890, t. 1], p. 1057).
Lesiones de Castro (1890): CS, 16 de septiembre de 1890 (GT n° 3210 [1890, t. 2], p. 982).
Lois (1890): CS, 27 de mayo de 1890 (GT n° 3122 [1890, t. 1], p. 1161).
Mac Iver (1890): CS, 29 de agosto de 1890 (GT n° 3200 [1890, t. 2], p. 821).
Marín Solar (1890): CS, 22 de diciembre de 1890 (GT n° 3292 [1890, t. 3], p. 643).
Mendoza y Zúñiga (1890): CS, 17 de noviembre de 1890 (GT n° 3253 [1890, t. 3], p. 161).
Meza (1890): CS, 4 de julio de 1890 (GT n° 3165 [1890, t. 2], p. 349).
Montano (1890): CS, 1° de octubre de 1890 (GT n° 3215 [1890, t. 2], p. 1062).
Municipalidad de San Carlos con Almarza (1890): C. Ap. Talca, 30 de agosto de 1890 (GT n° 3205 [1890, t. 2], p. 914).
Naveillán (1890): CS, 27 de mayo de 1890 (GT n° 3123 [1890, t. 1], p. 1173).
Olivares (1890): CS, 9 de enero de 1890 (GT n° 3016 [1889, t. 2], p. 2184).
Páez (1890): CS, 4 de junio de 1890 (GT n° 3134 [1890, t. 1], p. 1301).
Peña (1890): CS, 28 de octubre de 1890 (GT n° 3233 [1890, t. 2], p. 1350).
Prudant y otros (1890): CS, 27 de mayo de 1890 (GT n° 3122 [1890, t. 1], p. 1162).
Ríos y otros (1890): CS, 18 de diciembre de 1890 (GT n° 3290 [1890, t. 3], p. 619).
Romero (1890): CS, 21 de agosto de 1890 (GT n° 3193 [1890, t. 2], p. 728).
Scott y otros (1890): CS, 13 de marzo de 1890 (GT n° 3035 [1890, t. 1], p. 153).
Silva (1890): CS, 9 de julio de 1890 (GT n° 3171 [1890, t. 2], p. 433).
Sucesión de Fernández Puelma (1890): CS, 6 de noviembre de 1890 (GT n° 3240 [1890, t. 2], p. 1461).
Ugarte (1890 a): CS, 1° de mayo de 1890 (GT n° 3097 [1890, t. 1], p. 881).
Ugarte (1890 b): C. Ap. Santiago, 31 de mayo de 1890 (GT n° 3093 [1890, t. 1], p. 839).
Urzúa (1890 a): CS, 30 de agosto de 1890 (GT n° 3200 [1890, t. 2], p. 823).
Urzúa (1890 b): CS, 29 de diciembre de 1890 (GT n° 3305 [1890, t. 3], p. 791).
Valenzuela (1890): CS, 22 de abril de 1890 (GT n° 3079 [1890, t. 1], p. 685).

Vattier (1890): CS, 8 de julio de 1890 (GT nº 3168 [1890, t. 2], p. 393).
Vera (1890 a): CS, 22 de abril de 1890 (GT nº 3081 [1890, t. 1], p. 709).
Vera (1890 b): CS, 3 de julio de 1890 (GT nº 3166 [1890, t. 2], p. 361).
Waddington (1890): CS, 8 de noviembre de 1890 (GT nº 3243 [1890, t. 3], p. 18).
Waddington y otros (1890): CS, 20 de mayo de 1890 (GT nº 3109 [1890, t. 1], p. 1017).
Willcock (1890): CS, 25 de noviembre de 1890 (GT nº 3269 [1890, t. 3], p. 369).
Zambrano (1890): CS, 4 de junio de 1890 (GT nº 3135 [1890, t. 1], p. 1313).

CONSEJO DE ESTADO

Año 1861

Peña (1861): CE, 7 de septiembre de 1861 (ANCE 11, f. 9 vta.).

Año 1862

Cisneros (1862): CE, 20 de octubre de 1862 (ANCE 11, f. 57 vta.).
Díaz (1862): CE, 26 de diciembre de 1862 (ANCE 11, f. 66).*Intendente de Coquimbo con Juez de Letras de La Serena* (1862): CE, 28 de octubre de 1862 (ANCE 11, f. 59).

Año 1863

Fisco con Fernández (1863): CE, 20 de noviembre de 1863 (ANCE 105, f. 296 vta.; ANCE 11, f. 99).
Fisco con Waddington (1863): CE, 10 de agosto de 1863 (ANCE 105, f. 77).
Manterola (1863): CE, 9 de abril de 1863 (ANCE 105, f. 389).

Año 1864

Fisco con Compañía de Vapores del Mar del Sur (1864): CE, 7 de noviembre de 1864 (ANCE 11, f. 157).
Fisco con Waddington (1864): CE, 7 de noviembre de 1864 (ANCE 11, f. 157 vta.).
Sada (1864): CE, 30 de junio de 1864 (ANCE 106, f. 393; ANCE 11, f. 121).
Stevenson y Davis (1864): CE, 7 de noviembre de 1864 (ANCE 11, f. 156 vta.).

Año 1865

Corvalán (1865): CE, 12 de mayo de 1865 (ANCE 11, f. 173 vta.).
García Aguilera y otros (1865): CE, 19 de julio de 1865 (ANCE 11, f. 180 vta.).
Gobernador de Limache con Juez de Primera Instancia de Limache (1865): CE, 10 de octubre de 1865 (ANCE 11, f. 215 vta.).
Intendente de Santiago con Juez de Letras en lo Civil de Santiago (1865): CE, 28 de diciembre de 1865 (ANCE 11, f. 224).

Año 1866

Bravo y Castillo (1866): CE, 15 de noviembre de 1866 (ANCE 11, f. 251 vta.).
Fernández (1866 b): CE, 8 de noviembre de 1866 (ANCE 106, f. 170; ANCE 11, f. 250 vta.).
Soaje Hermanos (1866): CE, 18 de octubre de 1866 (ANCE 11, f. 248 vta.).

Año 1867

Bland Garland (1867): CE, 30 de noviembre de 1867 (ANCE 12, p. 2).
Corte de Apelaciones de Santiago con Presidente de la República (1867): CE, 4 de mayo de 1867 (ANCE 106, f. 637; ANCE 11, f. 279 vta.).
Diputado de Minas de Atacama con Juez Letrado de Atacama (1867): CE, 13 de diciembre de 1867 (ANCE 12, p. 9).
Gobernador de Vallenar (1867): CE, 11 de noviembre de 1867 (ANCE 11, f. 293).

Año 1868

Díaz (1868): CE, 28 de noviembre de 1868 (ANCE 12, p. 112).
Municipalidad de Cauquenes con Intendente del Maule (1868): CE, 2 de septiembre de 1868 (ANCE 12, p. 82).
Vela (1868): CE, 17 de abril de 1868 (ANCE 12, p. 30).
Vial (1868): CE, 21 de agosto de 1868 (ANCE 106, f. 203; ANCE 12, p. 75).

Año 1869

Alvarado y otros (1869): CE, 13 de diciembre de 1869 (ANCE 42, f. 72; ANCE 12, p. 273).
Ovalle (1869 b): CE, 12 de enero de 1869 (ANCE 105, f. 223; ANCE 12, p. 120).
Varin (1869): CE, 3 de noviembre de 1869 (ANCE 107, f. 93; ANCE 12, f. 129).
Vives (1869): CE, 27 de octubre de 1869 (ANCE 12, p. 255).

Año 1870

Arman con Fisco de Bolivia (1870): CE, 11 de noviembre de 1870 (ANCE 107, f. 370 vta.).
Fisco de Chile y Fisco de Bolivia con Arman (1870): CE, 3 de junio de 1870 (ANCE 107, f. 122; ANCE 12, p. 314).
Márquez y otros (1870): CE, 20 de mayo de 1870 (ANCE 42, f. 215; ANCE 12, p. 310).

Año 1871

García (1871): CE, 23 de marzo de 1871 (ANCE 108, f. 90).
Huici (1871): CE, 21 de octubre de 1871 (ANCE 109, f. 338).
Intendente de Santiago con Juzgado de Letras de Santiago (1871): CE, 28 de octubre de 1871 (ANCE 13, p. 36).

Intendente de Talca con Juzgado de Letras de Cauquenes (1871): CE, 18 de noviembre de 1871 (ANCE 13, p. 41).
Junta de Reclamos con Juez de Letras de Valparaíso (1871): CE, 16 de agosto de 1871 (ANCE 12, f. 193 vta.).
Vergara (1871): CE, 2 de diciembre de 1871 (ANCE 110, f. 443 vta.; ANCE 13, p. 52).

Año 1872

Municipales de Valparaíso con Municipalidad de Valparaíso (1872): CE, 25 de septiembre de 1872 (ANCE 13, p. 159).
Municipalidad de Santiago con Intendencia de Santiago (1872): CE, 10 de abril de 1872 (ANCE 13, p. 98).
Propietarios de Cachapoal (1872): CE, 13 de noviembre de 1872 (ANCE 13, p. 176).

Año 1873

Compañía de Navegación por Vapor en el Pacífico (1873): CE, 4 de septiembre de 1873 (ANCE 14, p. 29; ANCE 109, f. 38).
Intendente de Santiago con Juez de Letras de Santiago (1873): CE, 21 de mayo de 1873 (ANCE 13, p. 223).
Intendente de Valparaíso con Juez de Letras de Valparaíso (1873): CE, 23 de octubre de 1873 (ANCE 14, p. 66).
Lira (1873): CE, 6 de agosto de 1873 (ANCE 14, p. 12).
Navarro (1873): CE, 4 de junio de 1873 (ANCE 109, f. 254; ANCE 13, p. 225).
Primer alcalde de San Felipe con Municipalidad de San Felipe (1873): CE, 4 de abril de 1873 (ANCE 13, p. 203).

Año 1874

Diputado de minas de Atacama con Corte de Apelaciones de La Serena (1874): CE, 8 de julio de 1874 (ANCE 14, p. 198).
Juez de Letras de San Fernando con Gobernador de Caupolicán (1874): CE, 30 de diciembre de 1874 (ANCE 14, p. 313).
Velasco con Intendente de Santiago (1874): CE, 16 de diciembre de 1874 (ANCE 14, p. 297).

Año 1875

Gobernador de Coelemu (1875): CE, 30 de junio de 1875 (ANCE 14, p. 353).
Intendente de Arauco con Juez de Letras de Arauco (1875): CE, 7 de abril de 1875 (ANCE 14, p. 327).
Intendente de Valdivia con Corte de Apelaciones de Concepción (1874): CE, 17 de abril de 1874 (ANCE 14, p. 139).
Juez de Letras de Freirina con Gobernador de Freirina (1875): CE, 28 de julio de 1875 (ANCE 15, p. 7).
Municipales de Melipilla con Gobernador de Melipilla (1875 a): CE, 28 de julio de 1875 (ANCE 15, p. 4).
Municipales de Melipilla con Gobernador de Melipilla (1875 b): CE, 11 de agosto de 1875 (ANCE 15, p. 18).
Municipales de Melipilla con Gobernador de Melipilla (1875 c): CE, 18 de agosto de 1875 (ANCE 15, p. 19).

Año 1876

Brunet (1876): CE, 1° de diciembre de 1876 (ANCE 15, p. 198).
Gobernador de Ovalle con Municipalidad de Ovalle (1876): CE, 5 de julio de 1876 (ANCE 15, p. 118).
Gobernador de Quillota (1876 a): CE, 26 de abril de 1876 (ANCE 15, p. 95).
Gobernador de Quillota (1876 b): CE, 19 de julio de 1876 (ANCE 15, p. 121).
Güemes (1876): CE, 15 de marzo de 1876 (ANCE 15, p. 82).
Regidores de Copiapó con Municipalidad de Copiapó (1876): CE, 5 de julio de 1876 (ANCE 15, p. 116).

Año 1877

Gobernador de La Ligua (1877): CE, 15 de junio de 1877 (ANCE 56, f. 109; ANCE 15, p. 251).
Gobernador de Lautaro (1877): CE, 11 de julio de 1877 (ANCE 56, f. 166; ANCE 15, p. 260).
Gobernador de Lautaro con Juez de Letras de Concepción (1877): CE, 23 de mayo de 1877 (ANCE 15, p. 239).
Gobernador de Quillota con Juez de Letras de Quillota (1877): CE, 3 de noviembre de 1877 (ANCE 15, p. 312).
Intendente de Curicó con Juez de Letras de Curicó (1877): CE, 29 de noviembre de 1877 (ANCE 15, p. 320).
Rodríguez (1877): CE, 30 de mayo de 1877 (ANCE 15, p. 247).

Año 1878

Juez de Letras de La Victoria con Gobernador de La Victoria (1878): CE, 1° de octubre de 1878 (ANCE 16, p. 97).
Silva (1878): CE, 5 de septiembre de 1878 (ANCE 16, p. 89).

Año 1879

Intendente de Talca con Juez de Letras de Talca (1879): CE, 8 de enero de 1879 (ANCE 16, p. 132).
Lermanda (1879): CE, 13 de noviembre de 1879 (ANCE 113, f. 210; ANCE 16, p. 213).
Sanhueza (1879 a): CE, 9 de diciembre de 1879 (ANCE 113, f. 335 vta.; ANCE 16, p. 259).
Sanhueza (1879 b): CE, 9 de diciembre de 1879 (ANCE 113, f. 335 vta.; ANCE 16, p. 259).

Año 1880

Gobernador de Itata con Juez de Letras de Itata (1880): CE, 8 de abril de 1880 (ANCE 16, p. 288).
Gobernador de Limache con Juez de Letras de Quillota (1880): CE, 15 de abril de 1880 (ANCE 16, p. 292).
Intendente de Santiago con Corte de Apelaciones de Santiago (1880): CE, 23 de diciembre de 1880 (ANCE 16, p. 398).
Intendente de Santiago con Juez de Letras de Santiago (1880 a): CE, 29 de abril de 1880 (ANCE 16, p. 296).
Intendente de Santiago con Juez de Letras de Santiago (1880 b): CE, 18 de junio de 1880 (ANCE 16, p. 311).
Intendente de Santiago con Juez de Letras de Santiago (1880 c): CE, 23 de diciembre de 1880 (ANCE 16, p. 397).

Intendente de Santiago con Juez de Letras de Santiago (1880 d): CE, 23 de diciembre de 1880 (ANCE 16, p. 397).
Miranda Velásquez y otros (1880): CE, 10 de enero de 1880 (ANCE 115, f. 363 vta.).

Año 1882

Intendente de Curicó con Juez de Letras de Curicó (1882): CE, 7 de diciembre de 1882 (ANCE 17, p. 183).
Intendente de Santiago con Juez de Letras de Santiago (1882 a): CE, 5 de enero de 1882 (ANCE 17, p. 92).
Intendente de Santiago con Juez de Letras de Santiago (1882 b): CE, 5 de enero de 1882 (ANCE 17, p. 126).

Año 1883

Compañía de Consumidores de Agua de Valparaíso (1883): CE, 21 de diciembre de 1883 (ANCE 18, p. 86; ANCE 118, f. 238).
Donoso y Vergara (1883): CE, 5 de abril de 1883 (ANCE 17, p. 245).
General en Jefe del Ejército del Norte con Corte Suprema (1883): CE, 22 de mayo de 1883 (ANCE 17, p. 260).
Gobernador de Rere (1883): CE, 15 de noviembre de 1883 (ANCE 18, p. 66; ANCE 57, f. 397 vta.).
Gobernador de Vallenar (1883): CE, 25 de octubre de 1883 (ANCE 57, f. 350; ANCE 18, p. 61).
Herrera Díaz y otros (1883): CE, 2 de agosto de 1883 (ANCE 116, f. 394 vta.).
Intendente de Santiago con Juez de Letras de Santiago (1883): CE, 17 de mayo de 1883 (ANCE 17, p. 258).
Intendente de Talca (1883): CE, 27 de septiembre de 1883 (ANCE 18, p. 48).

Año 1884

Comandante General de Armas de Bío-Bío con Comandante en Jefe del Ejército de la Frontera (1884): CE, 15 de mayo de 1884 (ANCE 18, p. 130).
General en Jefe del Ejército del Norte con Corte Marcial (1884): CE, 10 de enero de 1884 (ANCE 18, p. 115).
Gobernador de Lautaro con Juez de Letras de Concepción (1884): CE, 26 de septiembre de 1884 (ANCE 18, p. 191).
Gobernador de Quillota con Juez de Letras de Quillota (1884): CE, 20 de octubre de 1884 (ANCE 18, p. 227).
Intendente de Aconcagua con Juez de Letras de San Felipe (1884): CE, 28 de agosto de 1884 (ANCE 18, p. 168).

Año 1885

Comandante General de Armas de Chiloé con Juez de Letras de Ancud (1885): CE, 15 de octubre de 1885 (ANCE 19, p. 87).
Espinoza (1885): CE, 20 de agosto de 1885 (ANCE 19, p. 68; ANCE 37, p. 9; ANCE 119, f. 192).
Gobernador de Maipo (1885 a): CE, 23 de enero de 1885 (ANCE 18, p. 286; ANCE 58, f. 132).
Gobernador de Maipo (1885 b): CE, 6 de agosto de 1885 (ANCE 19, p. 59; ANCE 37, p. 6; ANCE 58, f. 28).

Gobernador de Putaendo (1885): CE, 23 de enero de 1885 (ANCE 18, p. 287; ANCE 58, f. 113).
Intendente de Llanquihue (1885 a): CE, 23 de julio de 1885 (ANCE 19, p. 36; ANCE 37, p. 3; ANCE 58, f. 91).
Intendente de Llanquihue (1885 b): CE, 24 de septiembre de 1885 (ANCE 19, p. 79; ANCE 37, p. 21; ANCE 58, f. 136).
Pinto Concha (1885): CE, 23 de diciembre de 1885 (ANCE 19, p. 160; ANCE 119, f. 34).

Año 1886

Gobernador de Arauco (1886): CE, 5 de agosto de 1886 (ANCE 19, f. 335; ANCE 121, f. 83).
Gobernador de Coelemu (1886): CE, 27 de abril de 1886 (ANCE 19, p. 232; ANCE 59, f. 335).
Gobernador de Loncomilla (1886): CE, 12 de abril de 1886 (ANCE 19, p. 228).
Gobernador de Los Andes (1886): CE, 5 de agosto de 1886 (ANCE 19, p. 333; ANCE 58, f. 285).
Gobernador de Petorca (1886 a): CE, 5 de agosto de 1886 (ANCE 19, p. 336; ANCE 58, f. 386).
Gobernador de Petorca (1886 b): CE, 16 de septiembre de 1886 (ANCE 19, p. 368; ANCE 59, f. 321).
Gobernador de Vallenar (1886): CE, 27 de abril de 1886 (ANCE 19, p. 231).
Intendente de Chiloé (1886): CE, 23 de diciembre de 1886 (ANCE 20, p. 66; ANCE 58, f. 338).
Intendente de Curicó con Juez de Letras de Curicó (1886 a): CE, 14 de enero de 1886 (ANCE 19, p. 186).
Intendente de Curicó con Juez de Letras de Curicó (1886 b): CE, 12 de julio de 1886 (ANCE 19, p. 272).
Intendente de Linares con Juez de Letras de Linares (1886): CE, 1° de mayo de 1886 (ANCE 19, p. 257).
Letelier (1886): CE, 29 de abril de 1886 (ANCE 19, p. 236; ANCE 119, f. 102).

Año 1887

Gobernador de Angol con Juez de Letras de Angol (1887): CE, 29 de septiembre de 1887 (ANCE 20, p. 265).
Gobernador de Cachapoal (1887): CE, 25 de agosto de 1887 (ANCE 59, f. 145).
Gobernador de Caupolicán con Juez de la 2ª subdelegación de Caupolicán (1887): CE, 13 de octubre de 1887 (ANCE 20, p. 285).
Gobernador de Coelemu con Juez de Letras de Coelemu (1887): CE, 10 de octubre de 1887 (ANCE 20, p. 278).
Gobernador de Constitución con Juez de Letras de Constitución (1887 a): CE, 20 de octubre de 1887 (ANCE 20, p. 289).
Gobernador de Constitución con Juez de Letras de Constitución (1887 b): CE, 3 de noviembre de 1887 (ANCE 20, p. 299).
Gobernador de La Victoria con Corte de Apelaciones de Santiago (1887): CE, 17 de noviembre de 1887 (ANCE 20, p. 309).
Gobernador de Limache con Juez de Letras de Quillota (1887): CE, 29 de septiembre de 1887 (ANCE 20, p. 259).
Gobernador de Maipo con Corte de Apelaciones de Santiago (1887): CE, 10 de octubre de 1887 (ANCE 20, p. 270).
Gobernador de Parral con Juez de Primera Instancia de Parral (1887): CE, 3 de noviembre de 1887 (ANCE 20, p. 297).
Gobernador de Petorca con Juez de Letras de Petorca (1887): CE, 24 de noviembre de 1887 (ANCE 20, p. 315).

Gobernador de Quillota con Juez de Letras de Quillota (1887): CE, 1° de diciembre de 1887 (ANCE 20, p. 321).
Intendente de Chiloé (1887): CE, 21 de julio de 1887 (ANCE 20, p. 219; ANCE 59, f. 9).
Intendente de Llanquihue con Juez de Letras de Melipulli (1887 a): CE, 29 de septiembre de 1887 (ANCE 20, p. 267).
Intendente de Llanquihue con Juez de Letras de Melipulli (1887 b): CE, 10 de octubre de 1887 (ANCE 20, p. 282).
Intendente de Talca con Juez de Letras de Talca (1887): CE, 29 de septiembre de 1887 (ANCE 20, p. 264).
Intendente de Valdivia con Juez de Letras de Valdivia (1887): CE, 24 de noviembre de 1887 (ANCE 20, p. 318).
Jefe Político de Tarapacá con Juez de Letras de Tarapacá (1887): CE, 3 de noviembre de 1887 (ANCE 20, p. 295).
Subdelegado de la 3ª subdelegación de Caupolicán con Juez de Letras de Caupolicán (1887): CE, 10 de octubre de 1887 (ANCE 20, p. 277).

Año 1888

Cruzat (1888): CE, 23 de agosto de 1888 (ANCE 20, p. 518; ANCE 44, f. 72).
Gobernador de Antofagasta con Juez de Letras de Antofagasta (1888): CE, 22 de septiembre de 1888 (ANCE 20, p. 551).
Gobernador de Cañete (1888): CE, 1° de septiembre de 1888 (ANCE 20, p. 544).
Gobernador de Cañete con Juez de Letras de Cañete (1888 a): CE, 22 de junio de 1888 (ANCE 20, p. 438).
Gobernador de Cañete con Juez de Letras de Cañete (1888 b): CE, 22 de junio de 1888 (ANCE 20, p. 440).
Gobernador de Chañaral con Alcalde de Chañaral (1888): CE, 30 de agosto de 1888 (ANCE 20, p. 542; ANCE 44, f. 90).
Intendente de Aconcagua (1888 a): CE, 12 de julio de 1888 (ANCE 20, p. 462; ANCE 59, f. 197).
Intendente de Aconcagua (1888 b): CE, 12 de julio de 1888 (ANCE 20, p. 460; ANCE 59, f. 221).
Intendente de Aconcagua con Juez de Letras de Los Andes (1888): CE, 19 de enero de 1888 (ANCE 20, p. 353).
Vecinos de Toltén (1888): CE, 23 de agosto de 1888 (ANCE 20, p. 520).

Año 1889

Intendente de Santiago con Primer Alcalde de la Municipalidad de Santiago (1889): CE, 11 de enero de 1889 (ANCE 21, p. 25).
Gobernador de La Victoria con Alcalde de la Municipalidad de la Victoria (1889): CE, 11 de enero de 1889 (ANCE 21, p. 27).
Gobernador de Combarbalá con Municipalidad de Combarbalá (1889): CE, 11 de enero de 1889 (ANCE 21, p. 28).
Segundo Alcalde de la Municipalidad de Melipilla con Gobernador de Melipilla (1889): CE, 23 de mayo de 1889 (ANCE 21, p. 92; ANCE 44, f. 102).
Primer Alcalde de la Municipalidad de Valparaíso con Intendente de Valparaíso (1889): CE, 10 de julio de 1889 (ANCE 44, f. 317).

Presidente de la República con Corte Suprema (1889): CE, 13 de septiembre de 1889 (ANCE 21, p. 169; ANCE 54, f. 512).
Ferrocarril Urbano de Santiago CE, 26 de septiembre de 1889 (ANCE 21, p. 188; ANCE 44, f. 409).
Gobernador de Curepto con Municipalidad de Curepto (1889): CE, 22 de octubre de 1889 (ANCE 21, p. 193).

Año 1890

Jefe de la Oficina de Tramitación con Juez de Letras de San Felipe (1890): CE, 12 de abril de 1890 (ANCE 21, p. 249).

TRIBUNAL DE ELECCIONES MUNICIPALES

Nulidad de elecciones municipales de Quillota (1877): TEM, 5 de julio de 1877, D. O. n° 110, 13 de julio de 1877
Nulidad de elecciones municipales de Chillán (1880): TEM, 15 de abril de 1880, D. O. n° 921, 16 de abril de 1880.
Nulidad de elecciones municipales de Valparaíso (1882): TEM, 10 de noviembre de 1882, D. O. n° 1681, 13 de noviembre de 1882.
Nulidad de elecciones municipales de Valdivia (1888 a): TEM, 20 de septiembre de 1888, D. O. n° 3406, 28 de septiembre de 1888.
Nulidad de elecciones municipales de Valdivia (1888 b): TEM, 20 de septiembre de 1888 D. O. n° 3406, 28 de septiembre de 1888.
Nulidad de elecciones municipales de Lautaro (1888): TEM, 28 de septiembre de 1888, D. O. n° 3408, 1° de octubre de 1888.
Nulidad de elecciones municipales de Lebu (1888 a): TEM, 1° de octubre de 1888, ANCE, 123, f. 381, D. O. n° 3416, 10 de octubre de 1888.
Nulidad de elecciones municipales de Lebu (1888 b): TEM, 1° de octubre de 1888, ANCE, 124, f. 369, D. O. n° 3412, 5 de octubre de 1888.
Nulidad de elecciones municipales de Arauco (1888): TEM, 1° de octubre de 1888, D. O. n° 3412, 5 de octubre de 1888.

SENTENCIAS ARBITRALES

Portales, Cea y Compañía (1827): Tribunal arbitral, 9 de noviembre de 1827, RENGIFO V. (1983), p. 30.
Macedonian (1863): Rey de los Belgas, 15 de mayo de 1863 (Memoria del Ministro de Relaciones Exteriores, 1863, Santiago, Imprenta Nacional, p. 65).

www.ingramcontent.com/pod-product-compliance
Lightning Source LLC
LaVergne TN
LVHW082235051026
849532LV00012B/3993
* 9 7 8 9 5 6 1 4 3 3 1 4 4 *